संगीत श्री-रामायण।

A Musical Poem of the interesting stories of Shrī Rāma's amazing deeds
in Hindī, Sanskrit and Music.

श्री कृष्ण की अद्भुत लीलाओं की संगीत मय सचित्र हिंदी कविता ।

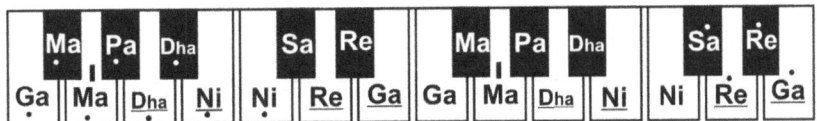

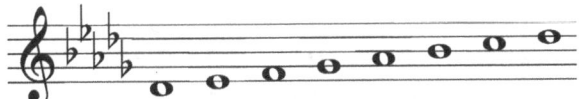

Prof. Ratnakar Narale

Pustak Bharati, Toronto, Canada

Author : Dr. Ratnakar Narale, Prof. Hindī, Ryerson University, Toronto.
B. Sc. (Nagpur), M. Sc. (Pune), Ph. D. (IIT, Kharagpur), Ph. D. (Kālīdas Sanskrit Univ. Nagpur);

web : www.books-india.com
email : books.india.books@gmail.com
WhatsApp : +1 416 666 6932

Book Title : संगीत रामायण

इतिहास रचनेवाला संगीत महाकाव्य ऐसा न कभी हुआ न ही होगा कभी. रघुवीर श्रीराम चंद्र व परम भक्त श्री हनुमान के सर्वतोपरी दैवी अद्भुत लीलाओं से ओतप्रोत भरा हुआ यह मनोरम चरित्र आध्यात्मिक गहनता से परिपूर्ण चरित्र जागतिक इतिहास में अनुपम हैं. नये रूप रामायण लिख कर उसे उत्तमतम छंद, राग सरगम से अलंकृत की हुई यह कवितारूप प्रस्तुति अपूर्व, असामान्य एवं अद्वितीय है.

भारतीय संस्कृति का ऐसा कोई भी पहलू नहीं है जो इस अनूठे महाकाव्य में रुचिरता से सन्नद्ध न किया हो. यह केवल काव्य मात्र ही नही बल्कि यह गंभीर संशोधन से भरा हुआ सचित्र शोधप्रबंध भी है. यह काव्य-संगीत प्रेमियोंके लिये राग-छंदों का दोहाबद्ध व्याख्याओंका ऐसा महान भांडागार है जैसा अन्य कहीं भी विद्यमान नहीं है. यह स्वरलीपी से परिपूर्ण महान ग्रंथ लेखक की दस वर्षों की काव्य तपस्या व संगीत साधना है. विश्व का पहिला रामायण श्री वाल्मीकि जी का था, उनके बाद श्री तुलसी रामायण और फिर अनेकों रामायण निकले, परंतु प्रस्तुत काव्य विश्व का सर्वप्रथम और एकमेव इतिहास रचेता स्वरलिपि युक्त संगीत-रामायण है.

Sanskrit and Hindi Font : Sarasvatī Font Designed and Created by Ratnākar Narale.
Graphics : Ratnakar Narale, Madhavi Borikar, Rajni Phansalkar
Published by : PUSTAK BHARATI (Books India), Toronto, Canada, M2R 3E4.

ISBN 978-1-897416-90-7
90000
9 781897 416907

Copyright © 2018

ISBN 978-1-897416-90-7

© All rights reserved. No part of this book may be copied, reproduced or utilised in any manner or by any means, computerised, e-mail, scanning, photocopying or by recording in any information storage and retrieval system, without the permission in writing from the author.

Hindu Ratna Awar recipient, Designer and Creator of the well known Sarasvati Font, Dr. Ratnakar Narale has Ph.D. from IIT, Kharagpur and Ph.D. from Kalidas Sanskrit University, Nagpur, India. He is an author, lyricist and musician. Ratnakar is Prof. of Hindī at Ryerson University, Toronto, Canada. He is living in Toronto since last 50 years.

He has studied **Sanskrit, Hindi, Marathi, Bengali, Punjabi, Urdu** and **Tamil** languages and has written books for learning these languages. He has written excellent and unique books on Gītā, Rāmāyan, Shivājī and Music. His books can be viewed at www.books-india.com and they are available at amazon.com and other international book distributors.

His writings have been applauded by such organizations as the World Hindi Secretariat, Mauritius, Sangit Natak Akademi, New Delhi; Indian Council for Cultural relations (ICCR), New Delhi; Strings-N-Steps, New Delhi; ATN News Channel, OMNI News Channel, Hindi Times, The Hitwad, The Tarun Bharat, the Lokmat, The Sakal, Des Pardes, Nav Bharat Times, Sahitya Amrit, The Voice, The Indian Express, ... etc.

He has received citations from some of the most prominent people as, **Hon. Atal Vihari Vajpai,** *Prime Minister of India;* **Hon. Basdeo Panday,** *Prime Minister of Trinidad and Tobaggo;* **Dr. Murli Manohar Joshi,** *Federal HRD Minister of India;* **Ashok Singhal,** *President, VHP, New Delhi;* **Shri Mohan Bhagavat,** *Sarsanghachalak, Rashtriya Swayamsevak Sangh, Nagpur, India,* etc.

His music compositions are endorsed by such great Indian music Maestros as *Bharat Ratna* **Dr. Ustad Bismillah Khan Trust,** New Delhi; *Padma Vibhushan* **Amjad Ali Khan,** New Delhi; *Padmashri* **Ustad Ghulam Sadiq Khan,** New Delhi; *Music Maestro* **Rashid Mustafa Thirakwa,** New Delhi; *Padmabhushan* **Ustad Sabri Khan,** New Delhi; *Padmabhushan* **Pandit Debu Chaudhuri,** New Delhi; *Pundit* **Birju Mahataj,** New Delhi; etc.

दादरा ताल

♪ म-ग म-म- म प-म- ग म-प-, रे-ग म-म- मध- प- मग-म- ।
रे-गमम म- म ध-प- गम-प-, रे-ग-मम म- म ध-प- मग-रे- ।।

गीत शारद ने मंजुल है गाया, साज नारद मुनि ने बजाया ।
रत्नाकर से है मंगल रचाया, रामायण को है सुंदर सजाया ।।

ॐ श्लोकौ

श्रीरामेण समो वीरो दासो हनुमतः समः ।
श्रीकृष्णेन समो योगी भविष्यन्ति न वै पुनः ।। 1/2422

काव्यं सुभाषितं तेषां छन्दोरागैरलंकृतम् ।
सङ्गीतमीदृशं विश्वे भूतं न च भविष्यति ।। 2/2422

Nirmala Armstrong
Regional Councillor

October 18th, 2017

Dr. Ratnakar Narale
Hindu Institute of Learning
2411 Dundas Street West
Toronto, Ontario
M6P1X3

HINDU-RATNA AWARD

Dear Dr. Narale,

As a Regional Councillor for the City of Markham and a Honourary Co-Chair of the Markham Hindu Heritage Month Committee, it is my pleasure to request your presence at the Markham Hindu Heritage Month Celebrations and to inform you that you have been selected to receive a "Hindu Ratna Award" on the day of this event.

This event has been organized by members of the Hindu Canadian Community who formed the Markham Hindu Heritage Month Committee in partnership with the City of Markham. As such, this event will commemorate the proclamation that was made by the Markham City Council on December 12, 2016. On this day, a motion was passed to proclaim the month of November as Hindu Heritage Month in the City of Markham. This proclamation goes on to recognize the many ways that Hindu Canadians have contributed to Markham's growth and success and reaffirms the city's commitment to celebrating Markham's diversity.

During this event, the 'Hindu Ratna Award' will be graciously presented to you for your service to the Hindu Canadian Community. Please do inform whether you will be able to attend this event to receive your award in person.

Event: Hindu Heritage Month Celebrations - "Come Celebrate with us Hindu Heritage Month"

Date: November 12th, 2017

Time: 5:00 pm – 7:30 pm

Location: Markham Civic Centre, 101 Town Centre Blvd., Markham ON L3R 9W3

Sincerely,

N. Armstrong

Nirmala Armstrong
Regional Councillor

The Corporation of the City of Markham, Anthony Roman Centre, 101 Town Centre Boulevard, Markham, ON L3R 9W3 Canada
T: 905-415-7534 • M: 416-509-2037 • F: 905-479-7763 • narmstrong@markham.ca • www.markham.ca

विश्व हिंदी सचिवालय

WORLD HINDI SECRETARIAT

सत्यमेव जयते

भारत सरकार व मॉरीशस सरकार की द्विपक्षीय संस्था

A bilateral organization of the Government of India and the Government of Mauritius.

Ref: WHS/LETTERS/2015/77

29.09.2016

प्रो. रत्नाकर नराले
कनाडा

<u>विषय: 'संगीत श्री-कृष्णायन' एवं 'संगीत श्री-रामायण' की प्राप्ति</u>

आदरणीय प्रो. नराले,

नमस्कार।

आपके द्वारा प्रेपित 'संगीत श्री-कृष्णायन' तथा 'संगीत श्री-रामायण' पुस्तकें दिनांक 22 सितंबर 2016 को प्राप्त हुईं। हार्दिक धन्यवाद।

यह जानकर अत्यंत हर्ष हुआ कि कनाडा में भी हिंदी सृजन अपने उत्कर्ष पर है।

आपके द्वारा प्रकाशित 'संगीत श्री कृष्णायन' व 'संगीत श्री रामायन' के अवलोकन का अवसर प्राप्त हुआ। दोनों कृतियों में जिस प्रकार कविताओं को प्रस्तुत किया गया है, जिन बारीकियों के साथ कविताओं की व्याख्या हुई है तथा संगीतबद्धता का सुप्रयास भी हुआ है, वे अत्यंत सराहनीय हैं। यह बच्चों, युवकों व वयस्कों तथा शोधकर्ताओं के लिए भी अत्यंत रोचक व सुनियोजित सामग्री है। यह कृति हिंदी जगत के लिए बड़ी उपलब्धि है। इसके लिए आपको हार्दिक बधाई।

भावी योजनाओं के लिए शुभकामनाएँ।

पुन: आभार।

सादर।

भवदीय,

29/9/16

विश्व हिंदी सचिवालय World HINDI Secretariat Mauritius मॉरीशस

डॉ. विनोद कुमार मिश्र
महासचिव

स्विफ्ट लेन, फ़ॉरेस्ट साइड, मॉरीशस / Swift Lane, Forest Side, Mauritius * वेबसाइट / website: www.vishwahindi.com
दूरभाष / Tel :230-676 1196 ** फ़ैक्स / Fax : 230-676 1224 ** ई-मेल / e-mail: info@vishwahindi.com

SANGIT-SHRI-RAMAYAN

INTRODUCTION

संगीतसंयुता हृद्या छन्दोरागैरलंकृता ।
ईदृक्षी कविता विश्वे न भूता न भविष्यति ।।

Hari Om.
In this poem of *"Sangīt-Shrī-Rāmāyan,"* beholding the title of the book and the sequence of the stories therein, one may wonder, "why the stories of Shrī Krishna appear before the stories of Shrī Rāma, when Shrī Rāma appeared to us before Shrī Krishna." The reason is : in the Bhagavad-Gītā (4:1) Lord Krishna says, "I told the eternal yoga to Manu Vivasvān (अहं विवस्वते योगं प्रोक्तवान्)." As we know, Vivasvān whom Shrī Krishna told the ancient yoga, came much before Shrī Rāma. Therefore, the stories of Shrī Krishna appear before the stories of Shrī Rāma. Also one may think that, Rāmāyan was composed much before the Gītā. In that case also, Lord Krishna says (Gītā 4:5), "बहुनि मे व्यतीतानि जन्मानि many of my births have taken place."

One may also wonder why write and who will buy, a book of Dhārmic stories, in this modern age? The truth is that the whole world hasn't gone insane yet. There are people with devotion at their heart. The stories in this book are not just any stories, but they are timeless. Shrī Krishna is timeless. Shrī Rādhā is timeless. Shrī Rāma is timeless. Shrī Sītā is timeless. Shrī Hanumān is timeless, Shrī Vālmīki is timeless, Shrī Tulsīdāsa is timeless, Their stories are timeless. Their glory is timeless. Their charm is timeless. The yogas are timeless. The philosophy is timeless. The teachings are timeless. The music is timeless. The shlokas are timeless. The Dohās are timeless. The Chaupāīs are timeless. The Chhandas are timeless. The Rāgas are timeless. Therefore, this epic is timeless. Such Opera Style colossal musical epic work संगीतमयं महाकाव्यं was never composed before and may never be composed again न भूतं न च भविष्यति ।

1. The Reason :
Even if Shrī Krishna of the Gītā came after Shrī Rāma of Rāmāyan, the stories of Shrī Krishna appear before the stories of Shrī Rāma in this book, because the present poem covers <u>specific #four events</u>. The first and the second of which are historic events. The third and the fourth are the present events. These two later events form the main subject

of this book. They are the reason why Shrī Krishna's stories appear in this book before the Shrī Rāma's stories. The flow of the four #Main Events appear in 233 ♣ Short individual Musical Stories as follows :

2. The Scenario :

At Kailāsa mountain, the abode of Lord Shiva, everything is serene. Lord Shiva has finished his meditation and Goddess Pārvatī has finished her daily chorus. They are sitting relaxed and discussing about the world events and the avatārs of Vishnu and Shiva. Standing on the ground on the right side of Shiva are the Trishūl, Damrū, Kamandalu and Nandī Bull. A peacock is dancing nearby. Children Ganesh and Sarasvatī are playing the game of Kāvya-chitram. Brahmājī is watching their game. Sanskrit is the common spoken language. Shrī Nārad muni, who regularly comes to pay homage to Lords Shiva-Pārvatī, is about to come. Gangā is flowing from the hair of Shivajī. Shiva's forehead is adorned with the moon. The Vāsuki snake is around the neck of Shiva. Pārvatī Devī is wearing a white Sārī and a necklace of wild flowers. Shivajī has Bibhuti on his body. He is wearing the deer hide around his waist and a necklace of Rudra beads on his neck.

3. The First event :

During the discussion, Pārvatī Devī wondered about the Rāma-avatāra and she made

a request to Shiva to tell her the story in Sanskrit poem. Shiva said, no problem! When Shrī Nārad muni comes to Vaikuntha, I shall ask him to fulfill your request. Therefore, when Shrī Nārad muni came to visit Shiva, he conveyed Pārvatī's request to him. Shrī Nārad muni said, consider done. Taking the message from Goddess Pārvatī, Shrī Nārad muni came to Brahmā for help. Shrī Nārad muni told him Goddess Pārvatī's desire. Brahmā said, it just so happened that I heard sage

Vālmīki saying a Shloka (मा निषाद...) and I believe that Shrī Vālmīki is the worthy poet to compose Shrī Rāma's story in that noble Anushtubh meter.

Brahmā asked Shrī Nārad muni to go to sage Vālmīki's hermitage and give him the message to write Shrī Rāma's story in Shlokas for Pārvatī Devī. Accordingly, Shrī Nārad muni visited Shrī Vālmīki. Shrī Nārad muni told him the Shrī Rāma's story in brief and asked him to write it in Sanskrit Anushtubh meter. When the poem was composed, Shrī Nārad muni took it to Vaikuntha. Shiva read it to Pārvatī, while Shrī Nārad muni played the Veenā. Pārvatī liked the Sanskrit poem. She was joyful.

4. **The Second event :**

Many ages passed. Use of Sanskrit as a spoken language became infrequent and the Hindī language took its place. Again, one day, while Lords Shiva and Pārvatī were talking about the world events, Pārvatī Devī said to Shiva, now that Sanskrit is not the spoken language of the masses and Avadhī Hindī has become a popular poetic language, I would like to hear the Rāma's story as a Hindī poem. Shiva smiled and said no problem. Accordingly, when Shrī Nārad muni came to Vaikuntha, Shiva told him Pārvatī Devī's request. Shrī Nārad muni said, sure! He then came to Ratnāvalī's thoughts and told her to ask her husband Goswāmī Tulsīdās, to write the Hindī poem of Shrī Rāma. Ratnāvalī suggested Tulsīdās to write the story accordingly. Poet Tulsīdās sat at the banks of the holy river Gangā and composed the poem of *Rāma-charita-Mānas* in Avadhī Hindī. When the divine work was accomplished, Shrī Nārad muni took the poem to Lord Shiva. Shiva jī read it to Pārvatī Devī, while Shrī Nārad muni played his Vīnā. Pārvatī Devī was very joyful.

5. **The Third event :**

Many years passed and the Hindī language got modernized and tainted with foreign languages. Avadhī was no more the spoken language of masses. At the same time, Hindī became enriched with Rāgas, Chhandas and musical styles. One day then, while Shiva and Pārvatī were talking about the world events and the Avatārs, Pārvatī Devī got a desire to hear the story of Shrī Krishna, the next avatār after Shrī Rāma, in contemporary Hindī language. She requested Shiva jī to tell Shrī Krishna's story in Hindī, but this time embellished with musical Rāgas and Chhandas. Shiva jī said, no problem! When Shrī Nārad muni came to Vaikuntha, Shiva jī told him Pārvat Devī's request. Shrī Nārad muni said, alright!

Accordingly, Shrī Nārad muni came in the pre-morning thoughts of an author and conveyed him Pārvatījī's request. The poet said, "I am neither a poet, nor I know Hindī, nor Sanskrit, nor music, nor Rāma's story very well. I am also caught up in the struggle for my daily life, but I must obey the wishes of Pārvatī Devī. I will need help." Shrī Nārad muni said, no problem! You have dedication, faith and potential. That is all I am looking for. I will give you the eye witnessed stories and Shāradā Devī will give you the rest. The poet said, *"Hari Om, tathāstu."* Shrī Nārad muni said, pray to Ganesh and start! When the poem of *Sangīt-Shrī-Krishnayan* was composed, Shrī Nārad muni took it to Shiva. Lord Shiva read it to Pārvatī Devī, while Shrī Nārad muni played the Vīnā. Pārvatī Devī was joyful, she said, "a musical poem like this was never composed before and may never be composed again. न भूता न च भविष्यति."

6. The Fourth event :

One day then Shrī Nārad muni went to see Rādhā. She was in deep thoughts. Shrī Nārad muni asked, what are you thinking about? She said, I am wondering, when Umā Devī asked Shiva jī to tell Rāma's story in Sanskrit, you went to Sage Vālmīki and got the divine poem of Rāmāyan written for her. Then she asked Shivajī to tell her that Rāma's story in Avadhī Hindī, you went to Tulsīdās and got a divine Avadhī Hindī poem written. Then she asked Shivajī to tell her Shrī Krishna's musical story, you went to a poet and got a musical poem written. I would like to hear that musical poem of Shrī Krishna coupled with a Rāma's poem in the same musical style. Shrī Nārad muni said, no problem! He again went in the pre-dawn thoughts of that poet and instructed him about

Rādhā's wishes. The poet said, "my pleasure!" When the poem of *Sangīt-Shrī-Krishna-Rāmāyan* was composed, Shrī Nārad muni played his Vīnā and sang the poem to Rādhā. Rādhe Rānī was joyful. She said, "a musical epic like this was never and will never be created again न भूतं न च भविष्यति."

7. The Mega Epic :
The present epic poem of *Sangīt-Shrī-Krishna-Rāmāyan*, is in the form of 233 Short musical stories. While the shlokas, Chaupāīs, dohās, chhandas, geets and are nested and intertwined to form the epic poem, each verses within each of the ten strings is classified and numbered accordingly in ascending order for easy and precise reference to any point in the poem.

The 500 Chhandas of the poem form a complete guide with interesting examples for learning chhanda shastra. Similarly, the 757 songs in 50 different Rāgs with their live examples form a wonderful tutor for learning Indian Music.

The most interesting aspect of this *mahākavya* is that, ten independent stand alone melodical strings are intertwined together to form the Master Musical Cord of the musical poem of the *Sangīt-Shrī-Krishna-Rāmāyan*.

The 1st string is the Chhanda Mālā of 500 pearls. The pearls either begin each of the 233 short stories of this poem or they highlight the interesting junctures within the stories. The opening chhanda at the begining of each story gives a quick preview of that story.

The 2nd string is the *Malkauns Rāg Mālā* in Kaharvā tāl. Each of the 14 flowers of this garland is placed at the end the first 14 stories of the chapter of **Avataranika**.

The 3rd string is the *first Bhairavī Rāg Mālā* in Kaharvā tāl. Each of the 32 flowers of this garland is placed at the end the next 32 stories of the chapter of **Bāl Krishna Anubhāg**.

The 4th string is the 🎼second Bhairavī Rāg Mālā in Kaharvā tāl of a different tune. Each of the 4 flowers of this garland is placed at the end the next 4 stories of the chapter of **Vandana** in the **Gītā Anubhāg**.

The 5th string is the 🎼third Bhairavī Rāg Mālā in Kaharvā tāl. Each of the 33 🌹flowers of this garland is placed at the end the next 33 stories of the chapter of the **Gītā Anubhāg**.

The 6th string is the ⊛Shloka Mālā of Gitopanishad. The 1447 shlokas of this garland forms the complete independent story of Gitopanidhad गीतोपनिषद् solely in Sanskrit Anushtubh meter. The Gitopanishad is the aothor's grand expositopn on the Shrīmad Bhagavad Gītā. It is unique (अद्वितीय) in Sanskrit literature. One may not find such thorough and interesting explanation elsewhere. This is the most precious of the gems of the 🎹Sangīt-Shrī-Krishna-Rāmāyan.

The 7th string is the 🎼fourth Bhairavī Rāg Mālā in Dadrā tāl (waltz rhythm). Each of the 143 flowers of this garland is placed at the end the next 143 stories of the chapter of the **Sangīt Rāmāyan.** The concluding 🌹Bhajan gives a short summary at the end of each of the 🏺233 stories.

The 8th string is the 📖 Gītā-Dohāvalī. The 4000 Dohās from the Gītā-Anubhāg convey the complete independent summary of the eighteen chapters of the Gītā.

The 9th string is the 📖 Rāmāyan-Dohāvalī. The 3500 Dohās from the Rāmāyan-Anubhāg tell the complete independent story of the Rāmāyan.

The 10th string is the remaining string is the 5200 📜Chaupāīs and 767 🌹songs in 50 different 🎼Rāgas that interconnect and weave the other nine strings to form one complete musical cord of the poem of the 🎹Sangīt-Shrī-Krishna-Rāmāyan.

8. The Research work :

The Musical poem of *Sangīt-Shrī-Krishna-Rāmāyan* is formulated with a serious research work and contemplaion on the events in Shrī Krishna's and Shrī Rāma's divine deeds. The presentation is designed with symbols, numbers, diagrams and foot-notes to make it as user-friendly as possible. In order to meticulously ascertain the accurate step-by-step logical flow of each event, this monumental work has following notable twelve points :

(i) Keeping **Vālmīki Rāmāyan as the ultimate truth**, and thus keeping in line with Vālmīki'e text, poetic styles of Tulsīdāsa and detailing styles of Kalīdāsa are followed for composing this poem in various Rāgas and Chhandas.

(ii) While enhancing the stories, are has been taken to make sure there is a proper correlation without conflict between each of the 233 stories and between each verse of each story. No fantastic or incongruous descriptions. Care is also taken to meticulously include the contemporary finer details of each scene in each story. While writing the stories, it is specifically understood that while giving protection, the Lord does not couse any permanent harm to innocent people and their property, while removing the evil people. For this reason, some people may find some stories a bit different at places (underlined for your help) than they may have read them elsewhere, specially at the conclusion where the Lord restores any apparent harm caused to the people and property. For this particular reason, my "*Satya-Nārāyan Vrat Kathā*" (story 233) is a bit different than you will read it anywhere else, but for a good reason. These stories are composed after serious thinking and thus, please read these stories on their own, without conflicting, comparing or confusing them with the stories written elsewhere. You will see a clear, realistic and logical sequence of the stories supported by maps and reseach findings.

(iii) Readers will find it interesting to trace story of Rāma's yojan-by-yojan travel from Ayodhyā to Lankā and back, and Bharat's travel from Mithilā to Kekaya and back to Ayodhyā, (please see the map on the back cover, Volume II).

(iv) The 575 footnotes given in this book have very valuable information. They include nearly 500 unique Doha compositions for the ▶*Lakshna-Geets* of all the ♪ Chhandas and Rāgas used in this mega poem.

(v) It must be noted that when 🕉 shloka, 🎵 Chaupāī, 🎵 dohā, 🎵 chhanda, 🎵 songs form a group, they are not translations/transliterations of each other, but rather they all together make up one complete thought.

(vi) After a long research, we have developed a novel musical style called 卐*Kīrjans*. The Kīrjans are our own innovation of a hybrid musical style in which the *Sthāyī* of the devotional song is composed as a Kīrtan and the *Antarās* are composed as a Bhajan.

(Vii) The vast research work in prosody with live paradigms and beautiful context to learn 🎵 Chhanda-shastra and 🎼 Rāga-shastra in this book is educational as well as fascinating for the poerty and music scholars.

(Viii) ☪ *Ghazals* are normally written in Urdū around the subjects of love and passion. However, for this work I have ventured to compose **devotional** *Ghazals* with Hindī, Urdū and Sanskrit words. These Ghazals are written in Kaharvā tāl with Sthāyī and Antarās, so that they can be sung like a Geet. There are six such ☪ ghazals in this poem. Also, for the first time you will see Hindi 🕉 Shlokas and Sanskrit 🎵 Dohas, written in this book.

(ix) In order to match the average Indian voice, **D-flat-Major** Scale (*Black-1-Middle-Octave*) is used for wtiting the Harmonium music notations of each song in this book. The tunes given in this book are in their simple forms for the ease of the average music lovers and music learners. The advanced music professionals may improvise them or change the scale to suite their own style and standard.

(x) The **N**otations for each song are innovatively given in the form of 🎵 "music-words," for each word of the lyric, including the punctuation marks. The tablā *Tāl* is given in the form of the name of the *Tāl* . Unless the *Tāl* (rhythm) is mentioned, *Kaharvā tāl* is default and unless the name of 🎼 *Rāga* is mentioned, mixed *rāga* is default.

(xi) For the first time you will discover in this book a new *raga* chich I named 🎼 *Ratnākar Rāga*, in which **N̩i** (नि), when used, is regular (शुद्ध); and either the **Ga** (ग) or **Ni** (नि), but not both, is flat (कोमल). Also you will find a new meter called 🎵 *Ratnākar Chhanda* (13, 11, 13, 13)

(xii) For the first hand authentic information, following references were consulted in particular : *Vālmīki Rāmāyan*; (ii) *Mahābhārat* - Ādi parva 122, 139, 185; Vana Parva 25,85, 188.115; Sabhā Parva 10, 38, 45; Udyog Parva 83.27, Drona Parva 143.57; Shānti Parva 334.36, 352.23; Anushāsan Parva 18.8, 26.29; (iii) *Shiva Purāna - Shatarudra Samhitā*, (iv) *Bhavishya Purāna* - Pratisarga Parva, (v) *Padma Purāna* - Pātal Khand, (vi) *Agni Purāna* - Skand 1, (vii) *Devī Bhāgavat* - Skand 9-10, (viii) *Skand Purāna* - Asura Kand. (ix) *Bhāgavat Purāna* - Harivamsa 13, (x) *Historical Atlas of the Indian Peninsula* by C. Collin Davies, Oxford Univ. Press, (xi) *Complete History of the World*. Times Books, London, 7th ed. (xii) *Britannica Atlas*. Encyclopaedia Britannica, Inc. Chicago. (xiii) *Historical Atlas of South Asia*. ed. by Joseph E. Schwartzberg. The Univ. of Chicago Press.

9. The Typical Story Format :

The 233 stories of the "*Sangīt-Shrī-Krishna-Rāmāyan*" are independent individual units of the composite poem. The general format of each individual story includes the following seven elements :

(i) The **Story Number** and **Title** for the core subject of the story.

(ii) **Introductory Summary :**

(1) Each story typically begins with a unique ♪Chhanda (meter) from the Chhanda Shāstra. Each of these unique Chhandas appear only once in the book. They are the individual pearls in the Chhanda-Mālā (pearl-garland).

(2) Summary ✪Shloka. All the shlokas in the Volume-I form the most precious gem of Gītā-Shlokāvalī.

(3) ≣Chaupāīs, ✍Dohās and ❀opening Devotional song or songs.

(iii) **Core of the Story** : The body of the story is composed of various elements, depending up on the mood and the delicateness of the matter. They include Chaupāīs, Dohās, Chhandas and Rāgas. The Dohās together in the volume I form the lovely Gītā-Dohāvalī; and the Dohās in the Volume II collectively form the interesting Rāmāyan-

Dohāvalī. The body of each story is composed of unique Chhandas and/or some special Chhandas. The special Chhandas include such names as Vasant-tilakā, (वसंततिलका) Shikharinī (शिखरिणी), Prithvī (पृथ्वी), Shārdūlavikrīdit (शार्दूलविक्रीडित), Bhujangprayāt (भुजंगप्रयात), Fatkā (फटका), Kundaliyā (कुंडलिया), etc. Unlike the unique chhandas, the special Chhandas are repeated intermittently in the garlands of Chhanda-Mālā in the book.

(iv) **Conclusion** : Each story then concludes with a song that tells the whole story in a particular Rāga. The concluding songs in Volume I form the 𝄞Rāga-Mālā in Kaharvā Tāl. The concluding songs in Volume II form 𝄞Rāga-Mālā in Dādrā Tāl.

10. Acknowledgements :

It took me over six years around the clock to critically study Vālmīki, Vyāsa, Kālidās, Patañjalī, Pānini, Pingal, Satyānand, Brahmānand, Bhānu, etc. and to master the Phontographer, HTML, Corel Draw, Page Maker, MS Office and Photoshop CS3. It took me additional ten years to learn Music and to compose the poem of *Sangīt-Shrī-Krishna-Rāmāyan*" including the ocean of the shlokas of the *Gitopanishad*.

I would like to express my humble gratitude to Shrī Nārad muni, Shāradā Devī, Shivajī, Pārvatī Devī, Ganeshjī, Shrī Rāma and Shrī Krishna for their kind blessings for the success of this work. Thanks are also due to the writings of Swāmī Brahmānand and Satyānandjī for giving me the musical inspiration and the unique ideas for the flow of the stories. I would like to recognize the tireless help given by my caring wife Sunita during the long course of this divine project. I thank my sister Madhavi Borikar for drawing line sketches for various stories in the book. I am grateful to Sangītchārya Shrī Dev Bansaraj, whom I met with a divine chance and who awakened the music in me just when I needed it as if pre-arranged. I appreciate his help of innumerable hours in preparing the tunes for the Nayī Sangīt Roshanī. I would like to greatly appreciate *Shrī* Jagdīsh Chandra Shardā Shāstrijī for giving me his precious time in going over the Sanskrit part of this work.

PLEASE NOTE : Due to the technical limitation of binding machines, maximum 1200 pages per book, many details and Appendix had to be unfortunately condensed, compacted, curtailed, modified and/or omitted in both volumes of this Hindi Edition of Sangit-Shri-Krishnayan, from its Hard Cover Full Edition.

IN THIS EPIC MUSICAL POEM

Lyrical Item	संगीत पद	all original
1. Shlokas	श्लोक	2,422
2. Chaupāīs	चौपाई	5,200
3. Dohās	दोहा	7,162
4. Songs (New Compositions)	गीत, भजन, कीर्तन	765
6. Kīrjan	कीर्जन	10
7. Chhandas (Meters)	छन्द	501
8. Formulas	लक्षण गीत	560
9. Rāga		50
10. Meter & Rāga Antarās	छन्द और राग के अंतरे	3,000

श्लोक:
छन्दोरागसमायुक्तं भूतं न च भविष्यति ।
विद्यया रचितं काव्यं, रत्नाकरेण लिख्यते ॥ 3/2422

दोहा॰ नारद जी ने दी कथा, सरस्वती संगीत ।
रत्नाकर ने है रचा, छंद राग में गीत ॥ 1/7162

संगीतश्रीकृष्णरामायण गीतमाला, पुष्प 1 of 763

दादरा ताल, 12 मात्रा

(संगीत श्रीकृष्णरामायण)

स्थायी

कविता होगी न ऐसी हुई है,
राग छंदों भरी ये नदी है ।
तुलसी ने कथा जो कही है,
व्यास वाल्मीक वाणी यहीं है ।।

♫ रेसा- रे-रे- रे ग-रे सारे- ग-, रे-ग म-म- मप- म- गरे- रे- ।
सासारे- रे- रेग- रे- सारे- ग-, रे-ग म-म-म प-म- गरे- रे- ।।

अंतरा-1

इसमें वो है जो करने सही है,
अवगुणों की प्रशंसा नहीं हैं ।
वेद शास्त्रों का आशय यही है,
ऋषि-मुनियों ने गाया वही है ।।

♫ सां-सां नि- सां- सां धधनि- धप- म-, सां-सांनि- सां- निध-नि- धप- म- ।
मग म-म- म प-मम गम- प-, रेग- ममम- म प-म- गरे- रे- ।।

अंतरा-2

ज्ञान गंगा ये मंगल बही है,
धन्य जिससे हुई ये मही है ।
बात युग युग से जो आ रही है,
मैंने संगीत में वो कही है ।।

अनुक्रम

✍दोहा॰

रामकृष्ण संगीत के, भजनन का भण्डार ।
जो गाता है प्रेम से, उसका है भव पार ।। 2/7162

संगीत-श्री-रामायण

१. बाल काण्डPAR

88. श्री शिव-पार्वती गणेश वन्दना (Page 1063)

89. श्री लक्ष्मीनारायण वन्दना (Page 1070)

90. श्री सरस्वती वन्दना (Page 1074)

91. श्री भारत माता वन्दना (Page 1076)

92. श्री सूर्यनारायण वन्दना (Page 1081)

93. श्री कृष्ण स्वरूप श्री रामजी वन्दना (Page 1086)

94. श्री राधेरानी स्वरूप श्री सीतादेवी वन्दना (Page 1090)

95. श्री हनुमान चालीसा (Page 1092)

96. श्री गुरुवर वाल्मीकि वन्दना (Page 1099)

97. रत्नाकर डाकू की कथा (Page 1100)

98. क्रौंच वध की कथा (Page 1122)

99. श्री गुरुवर वाल्मीकि की कथा (Page 1126)

100. तमसा तट पर श्री नारद के आगमन की कथा (Page 1130)
101. श्री नारद-वाल्मीकि मिलन की कथा (Page 1134)
102. श्री राम गुणगान की कथा (Page 1137)
103. अयोध्या वर्णन (Page 1144)
104. ब्रह्मर्षि वसिष्ठ की कथा (Page 1150)
105. राजा दशरथ की कथा (Page 1154)
106. कैकेयी के दो-वरों की कथा (Page 1157)
107. श्रवण कुमार की कथा (Page 1162)
108. पुत्रेष्टि यज्ञ की कथा (Page 1176)
109. श्री राम जन्म की कथा (Page 1182)
   - चंद्रमा के लिए हठ की कथा (Page 1197)
110. श्री राम के गुरुकुल गमन की कथा (Page 1200)
111. श्री राम के गुरुकुल समापन की कथा (Page 1204)
112. श्री अगस्त्य मुनि की कथा-1 (Page 1208)
113. ताड़का वध की कथा (Page 1212)
114. सिद्धाश्रम में स्वागत की कथा (Page 1238)
115. मिथिला नरेश जनक जी की कथा (Page 1244)
116. मिथिला नगरी को प्रस्थान की कथा (Page 1249)
117. अहल्योद्धार की कथा (Page 1257)
118. सीता स्वयंवर की कथा (Page 1269)

119. श्री राम -लक्ष्मण-भरत-शत्रुघ्न विवाह की कथा (Page 1286)

120. श्री परशुराम भार्गव की कथा (Page 1304)

२. अयोध्या काण्ड. Ayodhya Kānd

121. श्री राम-सीता के अवध में आगमन की कथा (Page 1313)

122. श्री राम के राज तिलक की कथा (Page 1317)

123. कुब्जा मंथरा दासी की कथा (Page 1341)

124. कैकेयी के हठ की कथा (Page 1358)

125. कैकेयी-राम संवाद की कथा (Page 1378)

126. वनवास गमन आज्ञा की कथा (Page 1389)

127. श्री राम-सुमित्रा लक्ष्मण संवाद की कथा (Page 1392)

128. श्री राम-सीता संवाद की कथा (Page 1401)

129. उर्मिला-लक्ष्मण संवाद की कथा (Page 1419)

130. श्री राम-सीता-कौशल्या संवाद की कथा (Page 1426)

131. श्री राम-दशरथ संवाद की कथा (Page 1438)

132. श्री राम-लक्ष्मण-सीता वनवास गमन की कथा (Page 1446)

133. श्री गंगा मैया की कथा (Page 1463)

134. गुह निषाद की कथा (Page 1467)

135. श्री भरद्वाज मुनि की कथा (Page 1487)

136. श्री यमुना रानी की कथा (Page 1492)

137. चित्रकूट पर्वत की कथा (Page 1495)
138. श्री राम के, चित्रकूट गमन की कथा (Page 1503)
139. सुमंत्र के अयोध्या आगमन की कथा (Page 1511)
140. श्री दशरथ जी के स्वर्गारोहण की कथा (Page 1516)
141. भरत के अयोध्या आगमन की कथा (Page 1525)
    - नैमिषारण्य की कथा (Page 1528)
    - सत्यनारायण-व्रत की नई कथा (Page 1529)
142. भरत के चित्रकूट गमन की कथा (Page 1530)
143. श्री राम-भरत मिलाप की कथा (Page 1556)
144. भरत के राज्यारोहण की कथा (Page 1572)

३. अरण्य काण्ड 3. Aranya Kānd

145. साध्वी अनसूया की कथा (Page 1579)
    - श्री दत्तात्रय की कथा (Page 1580)
146. श्री शरभंग मुनि की कथा (Page 1586)
147. श्री सुतीक्ष्ण ऋषि की कथा (Page 1592)
148. श्री अगस्त्य मुनि की कथा-2 (Page 1597)
149. विंध्याद्रि पर्व की कथा (Page 1603)
150. श्री नर्मदा देवी की कथा (Page 1605)
151. सातपुड़ा पहाड़ की कथा (Page 1609)
152. श्री ताप्ती देवी की कथा (Page 1611)

153. सह्याद्रि पर्वत की कथा (Page 1616)
154. रामटेक नगर की कथा (Page 1620)
155. श्री गोदावरी देवी की कथा (Page 1625)
156. पंचवटी में श्री राम के आगमन की कथा (Page 1628)
157. शूर्पणखा की कथा (Page 1637)
158. असुर खर-दूषण की कथा (Page 1642)
    - देव बाण की कथा (Page 1650)
159. मायावी मारीच की कथा (Page 1653)
160. कांचन-मृग की कथा (Page 1662)
161. लक्ष्मण रेखा की कथा (Page 1669)
162. सीता अपहरण की कथा (Page 1677)
163. सीता के विलाप की कथा (Page 1682)
164. वीर जटायु की कथा (Page 1688)
165. श्री राम के विलाप की कथा (Page 1692)
    - वृक्षराज अश्वत्थ की कथा (Page 1700)
166. जटायु के स्वर्गरोहण की कथा (Page 1701)
167. वीर संपाती की कथा (Page 1711)
168. श्री अगस्त्य मुनि की कथा-3 (Page 1715)
    - गजेंद्र मोक्ष की कथा (Page 1717)
    - श्री राम के प्रतिस्थान से प्रस्थान की कथा (Page 1720)

४. किष्किन्धा काण्ड 4. Kishkindhā Kānd

169. सीता के आभूषणों की कथा (Page 1731)
170. सीता के लंका प्रवेश की कथा (Page 1733)
171. अशोक वटिका की कथा (Page 1743)
172. मंदोदरी देवी की कथा (Page 1747)
173. असुर भक्त कबंध की कथा (Page 1751)
174. शबरी भीलनी के जूठे बेरों की कथा (Page 1755)
175. श्री हनुमान जन्म की कथा (Page 1769)
    - पुंजिकस्थला की कथा (Page 1770)
    - केसर और अंजनी की कथा (Page 1772)
176. श्री राम-हनुमान मिलन की कथा (Page 1776)
177. सुग्रीव पत्नी रुमा हरण की कथा (Page 1791)
178. श्री राम-सुग्रीव मिलन की कथा (Page 1797)
179. सुग्रीव-बाली संग्राम की कथा (Page 1800)
    - साखु वृक्ष की कथा (Page 1804)
180. साध्वी तारा देवी की कथा (Page 1819)
181. सुग्रीव के राज्यारोहण की कथा (Page 1824)
    - रामलीला की कथा (Page 1826)
182. सीता आभूषण पहिचान की कथा (Page 1833)
183. श्री राम के लंका के लिए प्रस्थान की कथा (Page 1839)

५. सुंदर काण्ड / 5. Sundar Kānd

184. सीता की खोज की कथा (Page 1846)
    - सुरसा अहिनी की कथा (Page 1856)
    - हिरण्यनाभ गिरि की कथा (Page 1857)
    - त्रिकूट गिरि की कथा (Page 1857)
    - अशोक वाटिका की कथा (Page 1859)
185. हनुमान समक्ष सीता पर रावण के अत्याचार कथा (Page 1862)
    - त्रिजटा दासी की कथा (Page 1875)
186. श्री हनुमान-सीता मिलन की कथा (Page 1876)
187. छाती फाड़ हनुमान की कथा (Page 1787)
188. सीता-उपलब्धि के शुभ संदेश की कथा (Page 1896)

६. लंका काण्ड / 6. Lankā Kānd

189. सेतु बंधन की कथा (Page 1918)
190. श्री हनुमान-रावण मिलन की कथा (Page 1931)
    - अशोक वाटिका ध्वंस की कथा (Page 1933)
    - अक्षकुमार की कथा (Page 1936)
191. लंका दहन की कथा (Page 1945)
192. नीति वीर बिभीषण की कथा (Page 1951)
193. सरमा देवी की कथा (Page 1963)
194. बिभीषण-सीता मिलन की कथा (Page 1967)
195. बिभीषण-राम मिलन की कथा (Page 1971)

196. वीर अंगद के दौत्य की कथा (Page 1978)
197. रावण द्वारा युद्ध ललकार की कथा (Page 1985)
198. जंबुमाली की कथा (Page 1988)
- धुम्राक्ष की कथा (Page 1990)
199. अंगद-अकंपन युद्ध की कथा (Page 1992)
- वज्रदंष्ट्र की कथा (Page 1992)
200. नील-प्रहस्त युद्ध की कथा (Page 1995)
201. कुंभकर्ण की कथा (Page 1999)
202. इन्द्रजीत मेघनाद की कथा (Page 2006)
- अतिकाय की कथा (Page 2008)
- मायावी सीता की कथा (Page 2009)
- ऐन्द्रास्त्र की कथा (Page 2011)
203. श्री राम-रावण युद्ध की कथा (Page 2012)
204. संजीवनी जड़ी बूटी की कथा (Page 2015)
- अमोघ अस्त्र की कथा (Page 2016)
- सुषेण हनुमान संवाद की कथा (Page 2019)
- मेरु द्रोण गिरि की कथा (Page 2021)
205. रावण के प्रथम शीश की कथा (Page 2026)
- चन्द्र अस्त्र की कथा (Page 2028)
206. रावण के द्वितीय शीश की कथा (Page 2030)
207. रावण के तृतीय शीश की कथा (Page 2033)
208. रावण के चतुर्थ शीश की कथा (Page 2037)

209. रावण के पंचम शीश की कथा (Page 2040)

210. रावण के षष्ठम शीश की कथा (Page 2045)

- त्रिशूलास्त्र की कथा (Page 12047)

211. रावण के सप्तम शीश की कथा (Page 2049)

- सुदर्शन अस्त्र की कथा (Page 2050)

212. रावण के अष्टम शीश की कथा (Page 2052)

- कुन्तास्त्र की कथा (Page 2053)

213. रावण के नवम शीश की कथा (Page 2055)

214. रावण के दशम शीश की कथा (Page 2059)

215. ज्ञानी रावण की कथा (Page 2064)

216. विभीषण के राज्यारोहण की कथा (Page 2071)

217. श्रीलंका में रामराज्य की कथा (Page 2078)

218. श्री राम-सिया मिलन की कथा (Page 2082)

219. अग्नि परीक्षा की कथा (Page 2092)

220. लंका से प्रस्थान की कथा (Page 2098)

221. पुष्पक विमान की कथा (Page 2107)

- कुबेर की कथा (Page 2109)

222. किष्किन्धा में आगमन की कथा (Page 2115)

७. भरत-मिलाप काण्ड 7. Bharat-Milāp Kānd

223. भरत-मिलाप की कथा (Page 2124)

224. दिवाली उत्सव की कथा (Page 2130)
225. श्री राम के राज्याभिषेक की कथा (Page 2136)
226. रामराज्य की कथा (Page 2143)
227. मोती के हार की कथा (Page 2151)
228. धोबी की कथा (Page 2160)

८. लव-कुश काण्ड 1. Lav-Kush Kānd

229. लव-कुश जन्म की कथा (Page 2170)
230. अश्वमेध यज्ञ की कथा (Page 2174)
231. धरणी भंग की कथा (Page 2187)
232. श्री राम-नाम महति की कथा (Page 2193)
    i. **REFERENCES** (Page 2213)

संगीत-श्री-रामयण।

दादरा ताल

♫ म-ग म-म- म प-म- ग म-प-, रे-ग म-म- मध- प- मग-म- ।
रेगम-म म- म ध-प- गम-प-, रेग-मम म- म ध-प- मग-रे- ।।

गीत शारद ने मंजुल है गाया, साज नारद मुनि ने बजाया ।
रत्नाकर से है मंगल रचाया, रामायण को है सुंदर सजाया ।।

अथ सङ्गीतश्रीरामायणम् ।

सुनना चाहे राधे रानी, राम रूप में कृष्ण कहानी ।
रत्नाकर लिखे सहसंगीत, श्री रामायण का सुंदर गीत ।। 2105/5205

✍दोहा॰ राधे रानी के लिए, रत्नाकर कृत गीत ।
राम-सिया के रूप में, प्रस्तुत सह संगीत।। 2027/7162

संगीतश्रीकृष्णरामायण गीतमाला, पुष्प 420 of 763

गीत : कहरवा ताल 8 मात्रा

(चाल और तबला ठेका के लिए देखिए हमारी "*नई संगीत रोशनी*" का गीत 76)

(लव-कुश)

स्थायी

सुना रहे हैं लव-कुश सुंदर, रामायण का कथा समुंदर ।

♫ पधनि सांनिपमं मं- -मंध निध म-गग, -गमधपरेरे सा- साध- धनिधपपप ।

अंतरा-1

ब्रह्मा बोले, नारद धाए, बाल्मीक लेखा, शारद गाए ।
मंगल पावन ये श्लोक सागर, आनंदित हैं भवानी शंकर ।।

♫ -गंगंगरें गं-गं-, -गं-गंमं गंरेंरें-, -निसांनिध निरेंरें- -निरेंगरें निरेंसां- ।
-प-सांनि पमंमंमं -मंमंधनिध म-गग । -गमधपरेरे सा - साध-ध निधपपप ।।

अंतरा-2

अवध पुरी में रघुकुल साजा, "दो-वर" दीन्हा दशरथ राजा ।
कैकयी कुब्जा रचा कुचक्कर, भेजा वन में राम सुमंगल ।।

अंतरा-3

हरिण सुनहरा, हरण सिया का, जटायु शबरी, वध बाली का ।
लंक जरावन, सेतु बंधन, लखन संजीवन, रावण भंजन ।।

अंतरा-4

लव-कुश बालक अश्व जीत कर, हारे हनुमत भरत लखन दल ।
भूप अवध का बना है राघव, हर्ष भरे हैं धरती अंबर ।।

ॐ श्लोका:

रामायणकथा रम्या सर्वश्रेष्ठा सनातना ।
काव्यसङ्गीतरूपेण रत्नाकरेण लिख्यते ।। 1766/2422

♫ मं-मं-मंमंपमं- ध-प-, ध-निसां-नि- धनि-सांनि- ।
रें-सांनि-ध-निसां-नि-ध-, नि-ध-पमं-ग मं-धप- ।।

यथेष्टा राधया देव्या नारदेन प्रचोदिता ।
छन्दोरागसमायुक्ता रत्नाकरेण लिख्यते ।। 1767/2422

नारदेन यथा दृष्टा स्वकर्णाभ्यां श्रुता यथा ।
शारदया स्वरैर्बद्धा रत्नाकरेण लिख्यते ।। 1768/2422

यथा कृष्णायनं पूर्वं तथा रामायणं पुनः ।
रत्नाकरेण राधायै दुर्गादेव्यै च लिख्यते ।। 1769/2422

यथाऽऽदिष्टं तथा स्पष्टं भक्तिपूर्णं शुभं च यत् ।
भावयुक्तं रसपृक्तं रत्नाकरेण लिख्यते ।। 1770/2422

✍दोहा॰ अथ रामायण का आ रहा, सुगम काव्य का ठाठ ।
रत्नाकर है रच रहा, राग छंद के साथ ।। 2034/7162

नारद ने देखी सुनी, यथा स्वयं हर बात ।
रत्नाकर ने है लिखी, यतन किए दिन-रात ।। 2035/7162

सरस्वती ने स्वर दिये, शिव जी ने आशीष ।
गौरी माता के लिए, लिखूँ, राम जगदीश! ।। 2036/7162

मंत्र:

<u>रामो</u> हि वेत्ति <u>श्रीरामं</u>, ज्ञातं <u>रामेण</u> तत्त्वत: ।
<u>रामाय</u> देहि सर्वं तत्, <u>रामप्राप्तं</u> हि यत्त्वया ।।

<u>रामस्य</u> हि कृतं कृत्स्नं, <u>रामे</u> सर्वं विलीयते ।
<u>राम</u> <u>रामे</u>ति <u>रामे</u>ति, भज <u>रामे</u>ति राघवम् ।।

(रत्नाकर:)

अध्याय 1
बाल काण्ड

अध्याय 1

बाल काण्ड
.CHAPT

दोहा॰   श्रीगणेश अब होत है, भारत माँ के नाम ।
रामायण संगीत का, जय सीता! जय राम! ॥ 2039/7162

प्राक्कथन ।

 संगीतश्रीकृष्णरामायण गीतमाला, पुष्प 421 of 763

गीत : राग रत्नाकर, कहरवा ताल 8 मात्रा

(त्राहि जगदंबे)

स्थायी
(छन्द शिखरिणी)

। ऽऽ, ऽऽऽ, । । ।, । । ऽ, ऽ । ।, । ऽ

हमें तारो! तारो!, जननी जगदंबे भँवर से ।
कृपा तेरी पाने, भगत जन गाते भजन हैं ॥

♪ सारे- सानिसा- रेगरे-, सारेग रेगम-ग- रेसारे सा- ।
सारे- सानिसा- रेगरे-, गरेग रेग म-ग रेगरे सा- ॥

अंतरा-1
(छन्द पृथ्वी)

कोई ज्ञान से, कोई ध्यान से, तुझे पूजता ।
कोई दान है, कोई मान है, तुम्हें माँगता ।
सभी, दुर्गे माते! भगत जन तेरी शरण में ॥

♪ गम- पमग रे-, गम- पमग रे-, सारे- ग-रेसा- ।
गम- पमग रे-, गम- पमग रे-, सारे- ग-रेसा- ।
सारे-, सानिसा- रेगरे-! सारेग रेग म-ग- रेगरे सा- ॥

1061
रत्नाकर रचित संगीत-श्री-रामायण

अंतरा–2

कोई नमन से, कोई भजन से, तेरी चाह में ।
कोई करम से, कोई धर्म से, तेरी बाँह में ।
सभी, अंबे देवी! भगत जन तेरे चरण में ।।

अंतरा–3

हमें भक्ति दे, हमें शक्ति दे, हमें तार माँ ।
हमें बुद्धि दे, हमें प्रीति दे, सदा प्यार माँ ।
सभी, गौरी माते! भगत करते अध्ययन हैं ।।

संगीतश्रीकृष्णरामायण गीतमाला, पुष्प 422 of 763

राग : रत्नाकर, तीन ताल 16 मात्रा

(संगीत दायिनी वन्दना)

स्थायी

हम ध्यान धरें माँ का, स्वर गान करें माँ का ।
अज्ञान परे करने, वर दान हमें दो माँ ।
स्वर ज्ञान हमें दो माँ, हम ध्यान धरें माँ का ।।

♫ सारे गपप धसांध पग रे-ग - - -, रेरे ग-प पधसां धप गरे- - - - ।
प-प-प पध- पमगरे- - - -, गप ध-सां धप- ग- रे- - - - - ।
सारे गपप धसांध पग रे- - - - -, रेरे ग-प पधसां धप गरे- - - - ।।

अंतरा–1

संगीत की देवी तू, काव्य कला रस सेवी ।
हर कारीगर की माता, पावन सरगम सरिता ।
सुर सुंदर की मूर्ति, कवि की तन्मय स्फूर्ति ।
तुझसे चिन्मय धरती, कल्याण करो माता ।
निस्तार करो माता, हम ध्यान धरें माँ का ।।

♫ प-प-प प धपमग मप- - - -, प-प पप- धप मपध- - - - - ।
पध ध-प-धध प- प-म- - -, पधपप पपगरे गरेसा- - - - - ।
सारे ग-पप धसां धपग- - - - -, सारे गप प-पध सांधपग- - - - ।
सारेगप- प-पध सांधपग- - - -, ध-रें-रें सांध- पधपगरे- - - ।

सारेग-प धसांध पगरेग - - -, रेरे ग-प पधसां धप गरे- - - - ।।

अंतरा-2

वचनों की रानी तू, निर्मल अमृत वाणी ।

ज्ञान की अक्षय दानी, कोई नहीं तव सानी ।

देव देवता सारे, ऋषि-मुनि कवि जन भारे ।

कहते बाँह पसारे, आधार करो माता ।

उद्धार करो माता, हम ध्यान धरें माँ का ।।

(नारदजी बोले)

तो फिर सुनलो, राधे रानी! रामायण की सुगम कहानी ।
रत्नाकर की सरल बखानी, लिखी तुम्हारे लिए सुहानी ।। 2106/5205

दोहा॰ नारद बोले, राधिके! जस तुमरी अरदास ।
रत्नाकर ने है लिखा, रामायण यह खास ।। 2040/7162

संगीतश्रीकृष्णरामायण गीतमाला, पुष्प 423 of 763

भजन : राग रत्नाकर, कहरवा ताल 8 मात्रा

(राधे को उपहार)

स्थायी

राधे तेरे लिए उपहार, है ये रामचरित का सार ।

♪ सारेग- प-म गरे- मगरे, ग- म- प-मगरेग रे- सा- ।

अंतरा-1

इसमें कृष्ण का राम रूप है, साथ में तेरा सिय स्वरूप है ।

इतिहास पुनः साकार, देवी! राम-सिया अवतार ।।

♪ सारेग रे-रे रे- ग-म म-म म-, म-म म प-म- गग रेग-म ग- ।
गगम-म पम- गरेसा-, सारेग-! प-म गरे- गरेसा- ।।

अंतरा-2

कृष्ण सुदामा नंद यशोदा, राम लखन दशरथ कौशल्या ।

अब बदले केवल नाम, रानी, भरमाया संसार ।।

अंतरा-3

88. Prayers to Shiva, Pārvatī and Ganesh

रूप सिया का तूने धरा था, वास विपिन में तूने करा था ।
अब कुंज गलिन में रास, तेरे, पायल की झनकार ।।

संगीतश्रीकृष्णरामायण गीतमाला, पुष्प 424 of 763

दादरा ताल

(प्राक्कथन)

स्थायी

गीत शारद ने मंजुल है गाया, साज नारद मुनि ने बजाया ।
रत्नाकर से है मंगल रचाया, रामायण को है सुंदर सजाया ।।

म-ग म-म- म प-म- ग म-प-, रे-ग म-म- मध- प- मग-म- ।
रेगम-म म- म ध-प- गम-प-, रे-ग-म- म- म ध-प- मग-रे- ।।

अंतरा-1

श्लोक सोरठ हैं चौपाई दोहे, गीत संगीत छन्दों में सोहे ।
भजनों ने है नेहा लगाया, रामायण का है ब्यौरा रचाया ।।

सांसां नि-रेंरें सां- ध-निध प-म-, सांसां निरें-सां ध-नि- ध प-म- ।
मगम- म- म प-म- गम-प-, रेगमम म- म- ध-प- गरे-रे- ।।

अंतरा-2

राग आसावरी भैरवी हैं, ताल चौताल की पैरवी है ।
मध्य लय में तराना मिलाया, सात रंगों ने नौ रस खिलाया ।।

अंतरा-3

सत्य युग की पुरानी प्रथा है, राम सीता की मनहर कथा है ।
दास हनुमत ने करतब दिखाया, कविवर से विधाता लिखाया ।।

88. श्री शिव पार्वती गणेश वन्दना :

88. Prayers to Shiva, Pārvatī and Ganesh

संगीतश्रीकृष्णरामायण छन्दमाला, मोती 290 of 501

88. Prayers to Shiva, Pārvatī and Ganesh

मालिनी-छन्द:[1]

। । ।, । । ।, ऽ ऽ ऽ, । ऽ ऽ, । ऽ ऽ

♫ सासासासासासासानि़सारे-, रे-गन-ग- मग-रे-

(गणेशवन्दना)

गणपतिगणनाथं लम्बकर्णं गणेशम् ।
शिवसुतगणराजं वक्रतुण्डं वरेण्यम् ।।
सकलभुवननाथं निर्गुणं विश्वमूर्तिम् ।
गजमुखलघुनेत्रं शम्भुपुत्रं भजेऽहम् ।।

संगीतश्रीकृष्णरामायण गीतमाला, पुष्प 425 of 763

भजन : राग रत्नाकर, कहरवा ताल 8 मात्रा

(पार्वती नंदन)

स्थायी

पार्वती नंदन, हे जग वन्दन, दया निधान ।
आरती चंदन, तुम्हें प्रणाम ।।

♫ ग-रेग म-मम, प- मग रे-गग, गम- पम-म ।
प-मग म-गरे, मग- रेसा-सा ।।

अंतरा-1

ज्ञान देवता, ध्यान विधाता, हे भव नाथा, मंगल दाता ।
मोदक मेवा पुष्प गुलाब, हे मन रंजन, तुम्हें प्रणाम ।।

♫ सा-रे ग-रेग-, रे-ग मग-म-, प- मग रे-ग-, म-गरे सा-सा ।
प-मग रे-ग- ग-म पम-म, प- मग म-गरे, मग- रेसा-सा ।।

अंतरा-2

---

[1] ♫ **मालिनी छन्द :** इस छन्द के चरण में 15 वर्ण 22 मात्रा होती हैं । इसमें न न म य य गण आते हैं । इसका लक्षण सूत्र । । ।, । । ।, ऽ ऽ ऽ, । ऽ ऽ, । ऽ ऽ इस प्रकार होता है । इसके 8-7 वर्ण पर यति विकल्प से आता है ।

▶ लक्षण गीत : ✍ **दोहा॰ मत्त बाईस हों जहाँ, सजा न न म य य वृंद ।**
आठ वर्ण पर यति जहाँ, कहा "मालिनी" छंद ।। 2041/7162

88. Prayers to Shiva, Pārvatī and Ganesh

नारद तुंबर, गात हैं शंकर, डोलत गूँजत, धरती अंबर ।
बाँसुरी सुंदर कृष्ण कुमार, पुण्य गजानन! तुम्हें प्रणाम ।।

अंतरा-3

कटि पीतांबर, पाँव में पैंजन, मुकुट शीश पर, कानन कुँडल ।
गल में सुंदर मोतियन हार, हे दुख भंजन, तुम्हें प्रणाम ।।

संगीतश्रीकृष्णरामायण गीतमाला, पुष्प 426 of 763

भजन : राग रत्नाकर, कहरवा ताल 8 मात्रा

(आदिनाथ)

स्थायी

आदि नाथ, आदि नाथ, आदि नाथ मेरा ।
सुख कारी, दुख हारी, शुभ बहुतेरा ।।

♬ प-प प-प, प-प प-प, प-म प-म ग-म- ।
पप- मग-, मम- गसा-, सासा- गग म-ग- ।।

अंतरा-1

साधु संत, ज्ञानवंत, करे तेरी पूजा,
तेरे जैसा दाता कोई और नहीं दूजा ।
करें ध्यान, करें मान, करें गान तेरा,
आदि नाथ, आदि नाथ, आदि नाथ मेरा ।।

♬ सा-सा रे-रे, ग-गम-म, पप- मग- रे-ग-,
मम- पप- मम- गग- म-ग रेग- म-प- ।
पप- प-प, पप- प-प, पम- प-म ग-म- ।
प-प म-ग, म-म गसा-, सा-सा ग-ग म-ग- ।।

अंतरा-2

वक्र तुंड, एक दंत, छवि तेरी प्यारी,
देवे ऋद्धि, देवे सिद्धि, देवे बुद्धि न्यारी ।
तुही राम, तूही श्याम, तूही प्राण मेरा,
आदि नाथ, आदि नाथ, आदि नाथ मेरा ।।

अंतरा-3

88. Prayers to Shiva, Pārvatī and Ganesh

तू अनंत, तू दिगंत, मूर्तिमंत धाता,
तू ही बंधु, तू ही ताता, तू ही मेरी माता ।
तूही रम्य, तूही गम्य, तू अनन्य देवा!
आदि नाथ, आदि नाथ, आदि नाथ मेरा ।।

ॐ श्लोकौ

दक्षिणे स्वस्तिको यस्य वामहस्ते च मोदकम् ।
तृतीययङ्कुशं हस्ते चतुर्थे पद्मपुष्पकम् ।। 1771/2422

आशीर्वादो गणेशस्य भाग्यं ददाति मङ्गलम् ।
ज्ञानं बुद्धिं सुखं चैव धनं मानं यशस्तथा ।। 1772/2422

दोहा॰ स्वस्तिक दक्षिण हस्त में, मोदक बायें हाथ ।
अंकुश तीजे पाणि में, पद्म पुष्प कर चौथ ।। 2042/7162

शुभ आशीष गणेश का, देता भाग्य प्रसाद ।
ज्ञान बुद्धि यश, भगत को, सुख धन की बरसात ।। 2043/7162

(शिवजी)

शिव शशिधर! तुम, सबके स्वामी! गिरिजा अरु भगतन अनुगामी ।
भजन स्मरण तुमरे सुखकारी, नर-नारी जिनके अधिकारी ।। 2107/5205

सेवक तुमरे ऋषि-मुनि ध्यानी, ब्रह्म शूद्र क्षत्रिय सब ज्ञानी ।
अर्धनारी नटेश्वर रूपा! अष्टमूर्ति तुम अगम अनूपा ।। 2108/5205

पँचानन! तुम चिन्मय मूर्ति, त्रिभुवन में तुमरी है कीर्ति ।
द्वादश ज्योतिर्लिंग सवारी, भुवन चतुर्दश, दिश हैं सारी ।। 2109/5205

त्र्यंबक मलिकार्जुन ओंकारा, नागो रामेश्वर केदारा! ।
सोमनाथ पशुपति महादेवा! आरत भगतन करते सेवा ।। 2110/5205

रावण तव तप कीन्हो भारी, दसमुख वर पायो, त्रिपुरारी! ।
महाबली फिर भयो हि पापी, शिवधनु से हरि उसको दापी ।। 2111/5205

मारुति बन तुम हरि के दासा, रावण का तुम कीन्हा नासा ।

88. Prayers to Shiva, Pārvatī and Ganesh

जय शिव शंकर अंतर्ज्ञानी! जय जय माता अजा भवानी ।। 2112/5205

(शिव-पार्वती)

✍दोहा॰ शिवजी पितुवर जगत के, गिरिजा जग की मात ।
उनके भगत सुपूत हैं, जो भजते दिन-रात ।। 2044/7162

सेवक शिव के ऋषि-मुनि, ज्ञानी ध्यानी लोग ।
ब्रह्म शूद्र क्षत्रिय सभी, वणिक वर्ण संजोग ।। 2045/7162

शिव शंकर नटराज हैं, अर्धनारी अनूप ।
डमरूधर शिवशंभु का, अष्टमूर्ति स्वरूप ।। 2046/7162

कीरति तीनों लोक में, भुवन चतुर्दश व्याप्त ।
द्वादश ज्योतिर्लिंग को, पंचानन हैं प्राप्त ।। 2047/7162

मलिकार्जुन ओंकार जी, सोमनाथ के नाथ।
महादेव तुम शिव प्रभो, पशुपति भोलेनाथ! ।। 2048/7162

रावण ने शिव-तप किया, दश-मुख उसको प्राप्त ।
अमृत गुत्थी नाभि में, अहंकार था व्याप्त ।। 2049/7162

दास राम के तुम हुए, बन कर कपि हनुमान ।
अंतर्ज्ञानी शिव प्रभो! किया जगत कल्याण ।। 2050/7162

♫ संगीतश्रीकृष्णरामायण छन्दमाला, मोती 291 of 501

खरारी छन्द[2]

8, 6, 8, 5 + ।ऽऽ

(शिव पार्वती गणेश)

जै गंगाधर, जै गौरी, जग जन माता, जै जै गणनाथा ।
शंभु सदाशिव, भालचंद्र, शंकर भोले, जै शुभ वर दाता ।। 1

---

[2] ♫ **खरारी छन्द** : इस 32 मात्रा वाले लाक्षणिक छन्द का लक्षण सूत्र 8, 6, 8, 10 इस प्रकार होता है ।

▶ लक्षण गीत : ✍ **दोहा॰ मत्त बत्तीस का बना, लघु गुरु गुरु हों अंत ।**
विरम आठ छः आठ पर, वही "खरारी" छंद ।। 2051/7162

88. Prayers to Shiva, Pārvatī and Ganesh

शेराँवाली, जै अंबे, जै जगदंबे, जै जै जगमाता ।

सिद्धिविनायक, जै गणपति, लंबोदर श्री, एकदंत की जै ।। 2

संगीतश्रीकृष्णरामायण गीतमाला, पुष्प 427 of 763

भजन : राग शंकरा, एकताल 12 मात्रा

(चाल के लिए गीत 225)

(रामचंद्र प्यारे!)

स्थायी

रामचंद्र प्यारे! लंकापति-संहारी! ।

वीरभद्र दाशरथी, शेषशायी अवतारी! ।।

♫ सां-सांनिधनि प-निध सांनि- प-पगगप रेगरेनि़रेसा ।

साप़ प़सा-सा सापगपप-, पनिसांरें-सां निधनिपगप ।।

अंतरा-1

त्राहि जन-संसारी, रक्षा कर सीतानाथ! । अवधपति रघुनाथ! ।

अवनीश तू, पाहि माम् ।।

♫ पगपसां-सां सांसां सांनिरेंसां-! सां-गं- गंपं रेंगंरेंनिरें-सां । सासासापग- पनिसां-सां।

पनिसांरेंसां सांनि ध-नि पगप ।।

(गौरी)

गौरी दुर्गे जय जगदंबे! महिषासूरमर्दनी जय अंबे! ।

जय सती माता काली कराली! उमा पार्वती शेराँवाली! ।। 2113/5205

जय जयवंती जय कल्याणी, जय चामुंडा जय रुद्राणी! ।

अष्टभुजा जय जय महादेवी! जय जय गंगे अंबे देवी! ।। 2114/5205

संगीतश्रीकृष्णरामायण गीतमाला, पुष्प 428 of 763

भजन : राग दुर्गा, कहरवा ताल 8 मात्रा

(ओ दुर्गा देवी)

स्थायी

ओ दुर्गा देवी! ओ दुर्गा देवी! ओ दुर्गा देवी वर दे ।

88. Prayers to Shiva, Pārvatī and Ganesh

ओ किरपा तेरी, ओ किरपा तेरी, ओ किरपा तेरी कर दे ।।

♫ रे म-म- पप-! म प-प- धध-! प ध-ध- सांध पप म- ।

सा रे-रे- मम-, रे म-म- पप-, म प-प- धप- मरे सा- ।।

अंतरा–1

झोली मेरी, कबसे खाली, भरदे झोली, माता काली ।

ओ झोली मेरी, ओ झोली मेरी, ओ झोली मेरी देवी भरदे ।।

♫ सा-रे- म-रे-, म-म- प-म-, प-प- ध-प-, ध-सां- ध-प- ।

म प-प- धध-, प ध-ध- सांध-, प धध पप मम रेरेसा- - ।।

अंतरा–2

नैया मेरी, टूटी डोरी, तूही तारे, माता गौरी ।

ओ नैया मेरी, ओ नैया मेरी, ओ नैया मेरी देवी तरदे ।।

अंतरा–3

गोदी मेरी, मैया खाली, भरदे गोदी, मैया काली ।

ओ गोदी मेरी, ओ गोदी मेरी, ओ गोदी मेरी देवी भरदे ।।

दोहा॰ जय माँ दुर्गे पार्वती! शिवजी भोले नाथ! ।
मुझे ज्ञान वर दीजिए, गणपति श्री गणनाथ ।। 2052/7162

करके वन्दन मैं तुम्हें, अंग झुकाकर आठ ।
श्रीगणेश शुभ मैं करूँ, रामायण का पाठ ।। 2053/7162

संगीतश्रीकृष्णरामायण गीतमाला, पुष्प 429 of 763

खयाल : राग दुर्गा, तीन ताल 16 मात्रा

(चाल, तबला ठेका और तान लिए देखिए हमारी "*नई संगीत रोशनी*" का गीत 38)

(ढूँढत पागल नैना)

स्थायी

ढूँढत पागल नैना म्हारे, मंदिर मंदिर इत उत तोहे ।

आन बसो मन म्हारे ।।

♫ सां-धप म-रेसा रेपप मपधपमरेसा, म-पमरे ध़सासासा रेम पध पधसांध- ।

रें-सां धसां- धप मपधसांधपमपधपममरेसा ।।

89. Prayers to Lakshmī-Nārāyana

अंतरा-1

शिव ओम् शंकर शंभु सदाशिव, हर गंगाधर प्यारे !

दिन में निश में कबहुँ बोलो, होंगे दरशन तोरे ।।

♪ मम पध सां-सांसां ध-सां रेंरें-रेंरें, सांरें रेंसां सां-मंरें सांधरेंसांधप-म- ।

रेम प- धसां धसांरेंसां धधम- मपम मपध, रें-सांध सांसांधप मपधसांधपमपधपममरेसा ।।

89. श्री लक्ष्मीनारायण वन्दना :

89. Prayers to Lakshmī-Nārāyana

♪ संगीतश्रीकृष्णरामायण छन्दमाला, मोती 292 of 501

अनुष्टुप्-छन्दः

(लक्ष्मीनारायण)

दयावन्तौ जगत्पालौ लक्ष्मीनारायणावुभौ ।

सद्धर्मस्य हि रक्षायै जायेते तौ युगे युगे ।। 1773/2422

यदा यदा हि धर्मस्य ग्लानिर्भवति भोः जनाः ।

अभ्युत्थानाय धर्मस्यावतरति प्रभुस्तदा ।। 1774/2422

♪ संगीतश्रीकृष्णरामायण छन्दमाला, मोती 293 of 501

करखा दंडक छन्द[3]

8, 12, 8, 9

(लक्ष्मीनारायण)

पद्मनाभ प्रभु, लक्ष्मीनारायण श्री, सर्वतोमुखी, आप कृपालु हों ।

श्री धनलक्ष्मी, पद्ममालिनी देवी, विष्णुप्रिया की, जय जय जय कहो ।। 1

दुष्ट दमन को, जनार्दन नारायणी, अवतार लिए, करत संगर हैं ।

---

[3] ♪ **करखा छन्द** : इस 37 मात्रा वाले दंडक के अंत में य गण (। ऽ ऽ) आता है । इसका लक्षण सूत्र 8, 12, 8, 9 इस प्रकार होता है ।

▶ लक्षण गीत : **दोहा॰ दंडक कल चौंतीस का, लघु गुरु गुरु से अंत ।**

यति आठ बारह आठ से, बनता "करखा" छंद ।। 2054/7162

89. Prayers to Lakshmī-Nārāyana

सत् रक्षण को, श्रीनाथ शेषशायी, भू पर लेते, रूप मंगल हैं ।। 2

कृपालु हरि तुम लक्ष्मीनाथा! हम गाएँ तुमरी जय गाथा ।
वन्दन देवी हंसवाहिनी, व्यंकटरमणी भाग्यदायिनी ।। 2115/5205

तू नारायण! सबका स्वामी, तू गिरिधारी अंतर्यामी ।
कुबेर का तू भरा भँडारा, वस्त्र द्रौपदी को तुम धारा ।। 2116/5205

पुरुषोत्तम तू अनाथरक्षक, श्रीवत्सल तू दैत्यसंहारक ।
शंखचक्रधर तू अवतारी, मंगलमूर्ति तू हितकारी ।। 2117/5205

दोहा॰ कृपालु हो तुम श्रीहरि! दयालु लक्ष्मीनाथ ।
गाएँ तुमरे गीत हम, जोड़े दोनों हाथ ।। 2055/7162

हंसवाहिनी को नमो, जो उजलाती भाग्य ।
व्यंकटरमणी को नमो, जावें पातक भाग ।। 2056/7162

अनाथ रक्षक तुम, प्रभो! पुरुषोत्तम भगवान ।
दैत्यसँहारक देवता, नारायण तव नाम ।। 2057/7162

 संगीतश्रीकृष्णरामायण गीतमाला, पुष्प 430 of 763

भजन : आसावरी, कहरवा ताल 8 मात्रा

(लक्ष्मी नारायण)

स्थायी

मोहे, दरस दिला भगवान रे, लक्ष्मी नारायण, घनश्याम रे ।
♪ सारे-, गगग मप- मगरे-ग म-, प-म गरे-सासा, रेरेगमग रे- ।

अंतरा-1

चैन दिलावे किरपा तेरी, राह दिखावे आभा तेरी ।
तेरी, करुणा प्रीति महान रे ।।
♪ सा-रे गरे-सा- सासारे- ग-म-, प-म गरे-ग- प-मग रे-सा- ।
सारे-, गरेसा- रे-रे गम-ग रे- ।।

अंतरा-2

मुख माँगे वर का तू दाता, जनम-जनम से तेरा नाता ।

89. Prayers to Lakshmī-Nārāyana

तेरा, मधुर मनोरम गान रे ।।

अंतरा–3

तूहि सँभारे भाग्य जगत का, दूर करे तू दुःख भगत का ।
तेरा, त्रिभुवन में सम्मान रे ।।

शेषशायी तू गरुडवाहना, सार्वभौम तू कष्टनाशना! ।
मुनिजनध्येया मुनिजनज्ञेया, जगद्गुरु तू पदारविंदा! ।। 2118/5205

दीनानाथा जगतवन्दना, पुंडरीकाक्षा शत्रुमर्दना! ।
कमललोचना प्रसन्नवदना, जय जय तेरी, जय निरंजना! ।। 2119/5205

 संगीतश्रीकृष्णरामायण गीतमाला, पुष्प 431 of 763

भजन : राग मालकंस, कहरवा ताल 8 मात्रा

(लक्ष्मी देवी)

स्थायी

तेरी आरती करूँ लछमी देवी । वर दान तेरा हमें भाता है ।।

♪ मम गमगसा निसा धनिसा- म-म- । मग म-म गसा- धनि सागमग सा- ।

अंतरा–1

दरशन तेरा शुभ मंगल है । तू, धन दाती जग माता है ।।

♪ गगमम ध-नि- सांसां सां-गंनि सां- । नि-, निनि नि-नि- धनि सांनिधम गसा ।।

अंतरा–2

बालक हम हैं देवी तेरे । देवी, जनम-जनम का नाता है ।।

अंतरा–3

शेष शायी आसन तेरा है । जो, शीश हमारा नवाता है ।।

अंतरा–4

मन से करता पूजा तेरी । देवी, सब कुछ वो नर पाता है ।।

अंतरा–5

सुमिरन तेरा सुख देता है । मन, बार-बार हमें आता है ।।

अंतरा–6

धन की राशी कर में तिहारे । देवी, प्यार तेरा हमें भाता है ।।

89. Prayers to Lakshmī-Nārāyana

अंतरा–7

तेरी किरपा का जो प्यासा । देवी, तेरे दुआरे आता है ।।

संगीतश्रीकृष्णरामायण गीतमाला, पुष्प 432 of 763

भजन : राग बागेश्री,[4] कहरवा ताल 8 मात्रा

(श्रीलक्ष्मी)

स्थायी

श्रीलक्ष्मीं शंखगदाचक्रपंकजकलशधनधारिणीम् ।
वन्दे-अहं पद्मिनीं, भवभयहारिणीं, नारायणीम् ।।

♪ सागम–म– ध–निसांनि–ध–पम–गगरेरेरेसागमगरेसा– ।
ग–ग–गग– म–गम–, धनिसांनिध–धध–, पमगरेनि़सा– ।।

अंतरा–1

मंगलां, धनदायिनीं, सुखकारिणीं, विष्णुपत्नीम् ।
सुरपूजितां, त्रिभुवनधारिणीं, श्रियं, भवजलतारिणीम् ।।
नारायणीम् ।

♪ सा–गम–, धनिध–पम–, गगम–गम–, ध–पम–ग– ।
नि़साग–साग–, ममममध–निध–, मम–, धनिधनिसांनिनिध–।।
पमगरेनि़सा– ।

अंतरा–2

चंचलां, गरूडारूढाम्, अघहारिणीं, परमेश्वरीम् ।
सुविभूषितां नानाविधशोभितां, देवीम्, अघभयसारिणीम् ।।
नारायणीम् ।

अंतरा–3

सुन्दरीं, वरदायिनीं, दुःखहारिणीं, बुद्धिं सिद्धिम् ।

---

[4] 𝄞 **राग बागेश्री** : यह काफी ठाठ का राग है । इसका आरोह है : नि़ सा ग म, ध नि सां । अवरोह है : सां नि ध, म प ध ग, म ग रे सा ।

▶ लक्षण गीत : ✍ **दोहा॰ कोमल स्वर ग नि हैं जहाँ, म सा वादि संवाद ।**
रे प वर्ज्य आरोह में, "बागेश्री" आह्लाद ।। 2058/7162

90. Prayers to Goddess Sarasvatī

सुरमातरं, विमलां, भगवतीं, शक्तिं, कलिमलदाहिनीम् ।।
नारायणीम् ।

दोहा॰ लक्ष्मीनारायण प्रभो! तुम ही हो करतार ।
तुम ही राधेश्याम हो, सियाराम अवतार ।। 2059/7162

90. श्री सरस्वती वन्दना :

90. Prayers to Goddess Sarasvatī

संगीतश्रीकृष्णरामायण छन्दमाला, मोती 294 of 501

मत्त समक छन्द

8 + । + 7

(शारदा)

शारदा का वर देत सुबुद्धि ।
विनय साधना नियति में वृद्धि ।
सद् विचार से हृदय में शुद्धि ।
माते! दीजो करम की सिद्धि ।।

संगीतश्रीकृष्णरामायण गीतमाला, पुष्प 433 of 763

श्लोका:

(शारदास्तवनम्)

विद्यां च देहि ज्ञानं च श्रद्धां च देवि देहि माम् ।
भाग्यस्य देहि दानं मे यशो देहि सरस्वति ।। 1775/2422

ग-ग- ग म-प म-ग- रे-, ग-ग- ग- म-प म-ग रे- ।
म-म-म- प-ध प-म- ग-, रेग- म-प- मग-रेसा- ।।

देहि काव्यं च गानं च देहि देवि कलाकृतिम् ।
स्वरं देहि वरं देहि देहि मे शब्दसङ्ग्रहम् ।। 1776/2422

ऋद्धिं देहि च सिद्धिं च बुद्धिं शुद्धिं च देहि मे ।
धैर्यं धनं च पाण्डित्यं धर्मं च देहि शारदे ।। 1777/2422

90. Prayers to Goddess Sarasvatī

सङ्गीतस्य च काव्यस्य सुखं देवि नु देहि मे ।
विनयं देहि स्नेहञ्च दीर्घायुष्यं च सुस्थताम् ।। 1778/2422

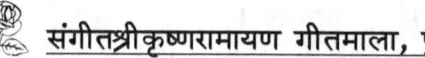

संगीतश्रीकृष्णरामायण गीतमाला, पुष्प 434 of 763

भजन : राग यमन कल्याण, कहरवा ताल 8 मात्रा

(शारदा वन्दना)

स्थायी

तन–मन धन सब अर्पण तुमको, कला काव्य का दर्पण तुम हो ।
जगत शारदा कहता है तुमको, दान ज्ञान का करती तुम हो ।।

♫ सांनि धध म॑प गप म॑धम॑ध म॑धप–, गपग म॑–ध प– नि–धप म॑ध प– ।
रेंरेंरे रे–गरे– गगम॑– ग म॑धप–, ग–प म॑–प ध– निनिधप रेंरे सा– ।।

अंतरा–1

हाथ में वीणा वाद्य विराजे, साम वेद की पुस्तक साजे ।
श्वेत वसन करे धारण तुमने, नील कमल पर आसन तुमरे ।।

♫ प–सां सां सां–सां– निरेंगं रेंनिरेंसां–, गं–रें सां–नि ध– गपगप म॑धप– ।
रे–रे गगग गग म॑–धप म॑धप–, ग–म॑ पधध धध निधपप रेरेसा– ।।

अंतरा–2

कुंडल पायल मोती माला, हार मुकुट नथ काजल काला ।
कंचन वाले कंगन झुमके, हंस मयूर गौ आंगन तुमरे ।।

अंतरा–3

नारद किन्नर आन दुआरे, भगत करत स्तुति गान तुहारे ।
मोर मुकुट को शीश पे धारे, माधव हरि जगदीश पधारे ।।

संगीतश्रीकृष्णरामायण गीतमाला, पुष्प 435 of 763

खयाल : राग पूरिया धनाश्री,[5] तीन ताल 16 मात्रा

---

[5] 𝄞 **राग पूरिया धनाश्री** : यह पूर्वी ठाठ का राग है । इसका आरोह है : नि़ रे॒ ग म॑ प, ध॒ प, नि सां । अवरोह है : रें॒ नि ध॒ प, म॑ ग, म॑ रे॒ ग, रे॒ सा ।

91. Prayers to Mother India

(चाल, तबला ठेका और तान के लिए देखिए हमारी "*नई संगीत रोशनी*" का गीत 51)

(वीणा वादिनी वन्दना)

स्थायी

झनक झनक वीणा झनकारी, मंजुल मंगल बंसी प्यारी ।

♫ पपमं गमंध़ निरेंनिध़ पपमंध़पमंग, प-मंग मंरेगग मंध़मंग रे-सा- ।

अंतरा-1

छम् छम-छम छम घुँघरू बोले, पायल रुन झुन पैंजन बाजे ।

साथ मजीरा धुन मन हारी ।।

♫ -मं गग मंमं धध धनिसांसां- निरेंसां-, -निरेंगंगं रेंगं रेंसांसां निरेंसांनिध़ निध़प- ।

-प-मं गमंरेग- मंध़ निरें धनिधप- ।।

अंतरा-2

सर् सर सर सर घुँघटा सरके, कुंडल चम-चम बिंदिया चमके ।

नाचत चंचल राधा गोरी ।।

✍ **दोहा॰ आशिष तुमसे पाइके, होवे शुभ आरंभ ।**
रामायण की यह कथा, बिन बाधा अविलंब ।। 2061/7162

स्वरदे! वर दे ज्ञान का, सजे राग संगीत ।
रचूँ विविध लय छन्द में, रामयण के गीत ।। 2062/7162

🔔 **91. श्री भारत माता वन्दना :**

91. Prayers to Mother India

♫ **संगीतश्रीकृष्णरामायण छन्दमाला, मोती 295 of 501**

माणवकक्रीडितक छन्द[6]

▶ लक्षण गीत : ✍ **दोहा॰ "पूरिया धनाश्री" जहाँ, तीव्र म कोमल रे ध ।**
प रे वादि संवाद हैं, इसी राग के भेद ।। 2060/7162

[6] ♫ **माणवकक्रीडितक छन्द** : आठ वर्ण वाले छन्द के चरण में भ त गण और एक लघु और एक गुरु वर्ण आता है । इसका लक्षण सूत्र ऽ । ।, ऽ ऽ ।, । ऽ है ।

91. Prayers to Mother India

ऽ । ।, ऽ ऽ ।, । ऽ

(भारतमाता)

भारत माते! जननी! । कांचन तेरी धरणी ।। 1
विंध्य हिमाद्री सुषमा । सागर गंगा जमुना ।। 2
माँ तव ध्यानी सुत हैं । कीर्ति किए अद्भुत हैं ।। 3
पंडित ज्ञानी विजयी । भक्ति सभी की तुझमें ।। 4

दोहा॰ पत्नी लक्ष्मी है जहाँ, पति माना परमेश ।
सुत शेर, सुता सिंहनी, जय हो भारत देश ।। 2058/7162

संगीतश्रीकृष्णरामायण छन्दमाला, मोती 296 of 501

पादाकुलक छन्द

4 + 4 + 4 + 4

(भारतमाता)

पावन देवी, भारत माते! ।
देश हमें अति उज्ज्वल दाते! ।। 1
विंध्य हिमाचल तेरे गहने ।
गंगा जमुना तन पर पहने ।। 2
वाल्मीक व्यास तेरे सुत हैं ।
वाङ्मय जिनका अद्भुत कृत है ।। 3
सीता राधा तेरी कन्या ।
जय जय जननी तू अति धन्या ।। 4
राघव माधव की तू माता ।
रत्नाकर तेरे गुण गाता ।। 5

संगीतश्रीकृष्णरामायण गीतमाला, पुष्प 436 of 763

भजन

▶ लक्षण गीत : दोहा॰ आठ वर्ण का जो बना, लघु गुरु मात्रा अंत ।
"माणवकवीक्रिडितक" है, भ त गण वाला छंद ।। 2063/7162

91. Prayers to Mother India

(भारतमाता वन्दना)

स्थायी

वन्दे भारतं, वन्दे मातरम् ।

♫ मं–ग– प–मंग–, नि़–रे– प–मंग– ।

अंतरा–1

मुकुट हिमाचल शीर्ष में सोहे, दाएँ बाएँ पद में सागर ।

ब्रह्म विष्णु शिव का नंदनवन, भूमि सनातन ऋषि–मुनियन की ।

वन्दामहे भारतमातरम् ।।

♫ नि़रेग मंप–पप ध–प मं ग–मं–, मंधमंध नि–सां निरें गं– रेंनिरेंसां ।
नि–ध प–प मंमं ध– निधमंधपप, मं–ध पमं–धध निध पपरेरे सा– ।
प–मं–गरे– सारेरे प–मंग– ।।

अंतरा–2

कन्या जिसकीं राधा सीता, गंगा जमुना सिंधु नर्मदा ।

सुपुत्र जिसके राम कृष्ण हैं, व्यास वाल्मीकि भीम मारुति ।

वन्दामहे भारतमातरम् ।।

अंतरा–3

वेद भागवत पुराण जिसकी, रामायण भारत है वाणी ।

मातृवत् जहाँ है परपत्नी, आत्मवत् पर कन्या भगिनी ।

वन्दामहे भारतमातरम् ।।

अंतरा–4

मिट्टी सोना, जल अमृत हैं, वायु में सौजन्य सचाई ।

कर्मभूमि उस धर्मभूमि को, पुण्यभूमि रण मातृभूमि को ।

वन्दामहे भारतमातरम् ।।

संगीतश्रीकृष्णरामायण गीतमाला, पुष्प 437 of 763

श्लोकछन्दः – भजनम्

(वन्दे भारतमातरम्)

वामे च दक्षिणे यस्या रत्नाकरोस्ति पादयोः ।

91. Prayers to Mother India

हिमाद्रिर्मुकुटो शुभ्रो, वन्दे भारतमातरम् ।। 1779/2422

♪ ग-ग- ग- ग-गरे- पग-, प-म-गरे-सा रे-मग- ।

पप-प-पपप- म-ग-, रे-रे- रे-मगरे-ऩिसा- ।।

राधा सीता सुकन्यासु कालीन्दिर्जाह्नवी तथा ।
नर्मदा ब्रह्मपुत्री च, वन्दे भारतमातरम् ।। 1780/2422

रामकृष्णौ सुपुत्रेषु भीमार्जुनौ च मारुतिः ।
वाल्मीकिः पाणिनिर्व्यासो, वन्दे भारतमातरम् ।। 1781/2422

परस्त्री मातृवद्यत्र परकन्या स्वकन्यका ।
आत्मवच्च परा जामिः, वन्दे भारतमातरम् ।। 1782/2422

यत्र पत्नी महालक्ष्मी पतिश्च परमेश्वरः ।
सुता रत्नं सुतः सिंहः, वन्दे भारतमातरम् ।। 1783/2422

वाङ्मये वेदवेदाङ्गे रामायणं च भारतम् ।
पञ्चतन्त्रं निघण्टुश्च, वन्दे भारतमातरम् ।। 1784/2422

भूमिः स्वर्णमया यत्र जलममृतवत्तथा ।
वायौ च सौरभं यस्याः, वन्दे भारतमातरम् ।। 1785/2422

कर्मभूमिं, धर्मभूमिं, रणभूमिं, तपोधराम् ।
पुण्यभूमिं, मातृभूमिं, वन्दे भारतमातरम् ।। 1786/2422

✍दोहा॰ वन्दे भारत मातु को, पूर्ण भक्ति के साथ ।
सादर शीश झुकाइके, जोड़ूँ दोनों हाथ ।। 2064/7162

जग में सबसे पूज्य जो, पावन भूमि महान ।
उसके जन सौजन्य से, जाना धन्य जहान । 2065/7162

हिमगिरि सिर पर मुकुट है, पग में सागर तीर ।
गंगा जमुना नर्मदा, मंगल अमृत नीर । 2066/7162

ब्रह्मा विष्णु महेश जी, ऋषि-मुनि जन का देश ।
वाङ्मय वेद पुराण का, रचना कियो गणेश । 2067/7162

91. Prayers to Mother India

दुर्गा राधा जानकी, जिनकी भारत मात ।
राम कृष्ण हनुमान हैं, सुपुत्र जिसके ज्ञात । 2068/7162

मिट्टी सोना है जहाँ, जल है अमृत धार ।
ऐसे भारत देश को, कीन्हा है करतार । 2069/7162

पर महिला मानी जहाँ, कन्या बहिना मात ।
अन्य पुरुष भाई जहाँ, पुत्र, पिता या तात । 2070/7162

पुण्य भूमि यह भारती, कर्मभूमि है नाम ।
मातृभूमि यह वंद्य है, स्वर्गभूमि सम धाम । 2071/7162

संगीतश्रीकृष्णरामायण गीतमाला, पुष्प 438 of 763

गीत : राग भैरव, कहरवा ताल 8 मात्रा

(जय भारत माता)

स्थायी

जाओ माता पुकारे, जाओ तुमको वतन बुलाए ।
वीर जवान हमारे ।।

♫ ग-मध प-ध पम गपगम रे-सा-, ग-मग रेरेगप मगम गरे-सा- ।
निसाग मपधनि सांधरेंसांनिनिधपमग ।।

अंतरा- 1

गौरव देश का बैरी लीन्हो, स्वाभिमान को जागृत कीन्हो ।
प्राणों को कर अर्पण प्यारे, जीतो या फिर स्वर्ग के द्वारे ।।

♫ प-पप ध-नि नि सां-सां- निसांसां-, नि-धनि-सां सां- रें-सांनि ध-प- ।
गमपध सां- धप गमपमग रे-सा-, निसागम पध निसां धरेंसां नि निधपमग ।।

अंतरा-2

शोले बारूद गोले खेलो, शस्त्र-अस्त्र सब हँस कर झेलो ।
विजय पताका हाथ में लेलो, जय जय माता भवानी बोलो ।।

अंतरा-3

याद करो शहीदों की होली, खेली थी जिन्ह माता काली ।
रणचंडी से आँख मिचौली, राणा शिवाजी झाँसी वाली ।।

92. Prayers to Sun God

अंतरा–4

कार्य परायण आर्यों जागो, धर्म नीति से कर्म निभाओ ।
त्याग इसी में याग मनाओ, भवानी का भगवा फहराओ ।।

दोहा॰ भारत माते! आपका, अति सुंदर इतिहास ।
रत्नाकर है लिख रहा, राग छन्द में खास ।। 2072/7162

माते! तेरा पूत मैं, मेरा यह सौभाग ।
तूने मुझको है दिया, गीत कला अनुराग ।। 2073/7162

92. श्री सूर्यनारायण वन्दना :

92. Prayers to Sun God

संगीतश्रीकृष्णरामायण छन्दमाला, मोती 297 of 501

भामिनी छन्द + विक्रांता छन्द[7]

---

[7] भामिनी छन्द : इस पाँच वर्ण, 8 मात्रा वाले छन्द के चरण में र और एक लघु और एक गुरु वर्ण आता है । इसका लक्षण सूत्र ऽ । ऽ, । ऽ इस प्रकार होता है । यति पदान्त होता है ।

▶ लक्षण गीत : दोहा॰ आठ मत्त का जो बना, लघु गुरु कल हो अंत ।
गुरु लघु गुरु कल आदि में, वही "भामिनी" छंद ।। 2075/7162

विक्रांता छन्द : इस छः वर्ण, 10 मात्रा वाले छन्द के चरण में भ म गण आते हैं । इसका लक्षण सूत्र ऽ । ।, ऽ ऽ ऽ इस प्रकार होता है । यति पदान्त होता है ।

92. Prayers to Sun God

S I S, I S + S I I, S S S

(सूर्य देवता)

सूर्य देवता, पाप जलाता है ।
ताम्रचूड़ को, आप जगाता है ।। 1
इन्द्र देव को, चाप दिलाता है ।
वृत्र[8] दैत्य का, ताप भगाता है ।। 2

 संगीत-श्रीकृष्णरामायण गीतमाला, पुष्प 439 of 763

भजन

(सूरज प्रभु!)

स्थायी

सूरज प्रभु! तू है दिन का मणि, रात चंदा में तूने भरी रोशनी ।

♪ रे-ग- पम- ग- म ध- प- मग-, ग-म ध-प- म ग-प- मग- म-गरे- ।

अंतरा–1

अग्नि का तू देवता, रश्मि से तू देखता ।
तेरा हि है, विश्व को आसरा, शीत चंदा में तेरी हि है चाँदनी ।।

♪ रे-ग- म ध- प-मग-, म-नि- ध प- नि-धप- ।
ध-नि- रें सां-, नि-सां ध- नि-धप-, नि-सां रें-सां- नि ध-प- म प- म-गरे- ।।

अंतरा–2

पूजा तेरी हम करें, तेरा हि व्रत हम धरें ।
पावन तेरी, प्रातः आराधना, तेरी भक्ति करें भावना से सनी ।।

अंतरा–3

तारों का तू है पति, तू ही ग्रहों की गति ।
रथ को तेरे, सात घोड़े लगे, आसमाँ में तेरी है सवारी बनी ।।

अंतरा–4

▶ लक्षण गीत : दोहा॰ दस मात्रा से है बना, छः वर्णों का वृंद ।
भ म गण जिसमें हों सजे, वह "विक्रांता" छंद ।। 2075/7162

[8] वृत्र = त्वष्टा नामक दैत्य का पुत्र जिसको इन्द्र ने बाण से मारा था । वृत्र दानव अंधकार का द्योतक था ।

92. Prayers to Sun God

तूही विवस्वान है, आदि मनु तू हि है ।

अवधेश तू, तू हि श्री राम है, सूर्यवंशी घराने का तू है धनी ।।

संगीतश्रीकृष्णरामायण गीतमाला, पुष्प 440 of 763

(सूर्यसप्तकम्)

श्लोकाः

सूर्यस्य परमं दानं श्रृणुध्वं खलु सज्जनाः ।
भास्वरः पद्मिनीनाथो दिनमणिर्दिवाकरः ।। 1787/2422

♫ रे-रे-रे गगरे- ग-म-, पम-ग- रेग म-गरे- ।
प-पप- म-गरे-ग-म-, पमगरे-मग-रेसा- ।।

आदित्यस्तारकानाथो मिहिरः स प्रभाकरः ।
भानुर्दहति नः पीडाम्-अहस्करोऽरुणो रविः ।। 1788/2422

ग्रहाणामादिरर्कः स ध्वान्तं हरति भास्करः ।
सौभाग्यदायकः पूर्णः शरीरारोग्यवर्धकः ।। 1789/2422

दृष्टिं ददाति दिव्यं स प्राणं च दिवसेश्वरः ।
सिद्धिं करोति भक्ताय कृत्वा तं स्वस्थमानसम् ।। 1790/2422

तेजो ददाति गात्रे स आधिव्याधिविनाशकः ।
सुर्यो वह्निसमायुक्तो भूतप्रेतनिवारकः ।। 1791/2422

पुष्णाति हृदये ह्रीं स मार्तण्डो भुवनेश्वरः ।
अतः स सूर्यदेवो हि सर्वदेवनमस्कृतः ।। 1792/2422

निर्विकल्पं विवस्वन्तं दीप्तांशुं प्रणमाम्यहम् ।
अर्घ्यं च चन्दनं पुष्पं बिल्वं समर्पयामि तम् ।। 1793/2422

संगीतश्रीकृष्णरामायण गीतमाला, पुष्प 441 of 7634

आरती : राग बिलावल, कहरवा ताल 8 मात्रा

(सूर्य देवता)

स्थायी

92. Prayers to Sun God

जय अग्नि रथ सूर्य विधाता, नवग्रह भूमंडल के धाता ।

पावन पूनित अंशु दाता, कृषि ऋषि-मुनि गुण तुमरे गाता ।।

♫ सांध पमगम रेरे गमप मगरेसा-, सागमरे गपनि-सांरें सां- निधप- ।

सां-धप मगमरे गमपग मरेसा-, साग मरे गप निनि निधपम गमरेसा ।।

अंतरा-1

पुष्प बिल्व जल गंध चंदना, धूप दुग्ध मधुपर्क वन्दना ।

पूजा पाठ तव अर्चन ध्याना, देत शील संतति सुख नाना ।।

♫ प-प ध-ध निनि सां-सां सां-रेंसां-, सांगंरें सां-सां निधप-प ध-निसां ।

सा-रे- ग-ग गग प-पप ध-ध-, सां-ध पमग म-रेग मप गमरेसा ।।

अंतरा-2

स्वर्ण कांति शुचि सवितुर भानु, शाश्वत अक्षर पवित्र जानूँ ।

अष्ट अश्व रथ अद्‌भुत माया, अग्नि देव रवि विशाल काया ।।

अंतरा-3

परम पुण्य गुण तुमरे जेते, चार वेद उनको नित गाते ।

तुमरी महती पार न पावें, ऋण तुमरे सब प्राणी ध्यावें ।।

अंतरा-4

सृष्टि बीज तुम अंबरतारे, जलत तमस् अंधकार घनेरे ।

पारस परिस कुधातु सुहावे, तुमरी शक्ति दिपै सब ठावे ।।

अंतरा-5

स्वास्थ्य बुद्धि बल सुख के दाता, आधि व्याधि आमय के त्राता ।

आरत अर्थी तपस्वी योगी, सूर्य नमत दीर्घायु भोगी ।।

92. Prayers to Sun God

✍दोहा॰ सूरज नारायण प्रभो! धरती अरु आकाश ।
पाते तुमरे तेज से, उज्ज्वल सुखद प्रकाश ।। 2076/7162

नौ द्वारों के देह में, चमके ज्ञान प्रकाश ।
जब हटता अँधकार सब, होत अविद्या-नाश ।। 2077/7162

सूर्य मिटाता तमस् है, देकर ज्ञान प्रकाश ।
दूर हटाता ध्वांत है, और तिमिर का नाश ।। 2078/7162

सूर्य अग्नि के देवता! शुभ तुमरे वरदान ।
तुम्हीं हमारे विष्णु हो, ब्रह्मा शिव भगवान ।। 2079/7162

पृथ्वी तुमरी है सुता, नव ग्रह तुमरे साथ ।
मँडराते सब ग्रह तुम्हें, तुम्हीं तारकानाथ ।। 2080/7162

तुमरे रथ को, गगन में, अश्व जुड़े हैं सात ।
रश्मि मार्ग से भागते, जब तक आती रात ।। 2081/7162

पूजा तेरी हम करें, हे सूरज जगदीश ।
तेरे ही मृदु तेज से, प्रकाशता रजनीश ।। 2082/7162

विवस्वान मनु तू हि है, उज्ज्वल सत्य प्रकाश ।
तेरे, रवि! कुल में हुए, रामचंद्र अविनाश ।। 2083/7162

तुमसे ही जग को मिले, ज्ञान भक्ति के योग ।
तुमरी महिमा जानते, सुर ऋषि-मुनि कवि लोग ।। 2084/7162

तुमसे ही दृष्टि मिले, स्वास्थ्य, अन्न, जल-पान ।
स्फूर्ति, आयु, बल, बुद्धि हैं, जीवन के वरदान ।। 2085/7162

कवि जन कहते हैं तुम्हें, सूरज भानु दिनेश ।
सूर्य अर्क आदित्य भी, रवि दिनमणि नलिनेश ।। 2086/7162

कोई कहता है तुम्हें, अरुण अंशुधर मित्र ।
मार्तंड प्रभाकर मिहिर भी, सविता किरणसहस्त्र ।। 2087/7162

विवस्वान आदित्य है, दिनकर नलिनीनाथ ।

1086
रत्नाकर रचित संगीत-श्री-रामायण

93. Prayers to Lord Shrī Rāma

पतंग मरीचि तरणि भी, भास्वर पद्मिनिनाथ ।। 2088/7162

तुम्हीं सृष्टि के बीज हो, तुम रघुकुल श्रीराम ।
रत्नाकर यह गात है, तुमरे मंगल नाम ।। 2089/7162

93. श्री कृष्ण स्वरूप रामजी वन्दना :

93. Prayers to Lord Shrī Rāma

संगीतश्रीकृष्णरामायण छन्दमाला, मोती 298 of 501

अरिल्ल छन्द

11 + । ऽ ऽ अथवा 14 + । ।

(श्याम स्वरूप रामजी)

राम-नाम की ज्योत जगाऊँ ।
राम श्याम मैं निशि दिन गाऊँ ।। 1
मन अँधियारा दूर भगाऊँ ।
जीवन नैया पार लगाऊँ ।। 2

संगीतश्रीकृष्णरामायण गीतमाला, पुष्प 442 of 763

भजन : राग बिलावल, कहरवा ताल 8 मात्रा

(ॐ नमो वासुदेवाय)

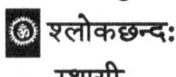

श्लोकछन्द:

स्थायी

ॐ नमो वासुदेवाय, पद्मनाभाय धीमहि ।
यदुनाथाय नाथाय, गोविन्दाय नमो नम: ।। 1794/2422

सा- नि़सा- रे-गम-ग-रे-, ग-मप-ध-प म-गम- ।
गमप-ध-नि ध-प-म-, ग-म-प-म- गरे- नि़सा- ।।

अंतरा-1

माधवं सच्चिदानन्दं, वन्देऽहं करुणाकरम् ।
आनन्दं मङ्गलं ब्रह्म, चक्रपाणिं नमाम्यहम् ।। 1795/2422

93. Prayers to Lord Shrī Rāma

♫ ग–गग– म–मम–प–म–, प–प–प– मगरे–गम– ।

सा–सा–सा– रे–रेरे– ग–ग–, म–पम–ग– मग–रेसा– ।।

अंतरा–2

मुकुन्दं परमानन्दं, योगेशं पार्थसारथिम् ।
गोवर्धनं हरिं कृष्णं, हृषीकेशं नमाम्यहम् ।। 1796/2422

अंतरा–3

अच्युतं केशवं विष्णुं, विश्वनाथं जगद्गुरुम् ।
दामोदरं हृषीकेशं, नन्दनन्दं नमाम्यहम् ।। 1797/2422

दोहा॰ अधर्म बढ़ कर दानवी, व्याकुल जब संसार ।
धरती पर प्रभु मानवी, लेते हैं अवतार ।। 2090/7162

गुण हैं कर्ता कर्म के, गुण कारण भवभार ।
पँच भूत के धर्म का, सकल जगत व्यवहार ।। 2091/7162

चार दिवस तू जग महिमाना, वापस फिर जँह मूल ठिकाना ।
आवे तँह, जिस पल फरमाना, जग विलास धन सब तज जाना ।। 2120/5205

जो करतब हो, किया बस वही, करणीय नहीं सो किया नहीं ।
कर्मफलों की जब चाह नहीं, कर्मयोग की राह है वही ।। 2121/5205

दोहा॰ चार दिनों का वास है, जग में तू महिमान ।
वापस फिर है लौटना, ब्रह्म मूल है धाम ।। 2092/7162

जग विलास सब छोड़ कर, जाना खाली हाथ ।
पैदल चलना राह है, विभव न आवे साथ ।। 2093/7162

पाप पुण्य बस कर्म के, देंगे तुझको साथ ।
"अतः कर्म निष्काम हों," कहते सद्गुरुनाथ ।। 2094/7162

संगीतश्रीकृष्णरामायण गीतमाला, पुष्प 443 of 763

भजन

(राम जी)

93. Prayers to Lord Shrī Rāma

स्थायी

इस दुनिया में, राम हमारे, कोई फिकर ही नहीं ।

अब तो, कोई फिकर ही नहीं ।।

♫ धध निसांनि- ध-, नि-ध पम-प-, ध-प मग- म- गरे- - - ।

मम प-, ध-प मग- म- गसा- - - ।।

अंतरा-1

राघव प्यारे, विश्व दुलारे, जब हमारे साईं ।

तब तो, डर किसी से नहीं ।।

♫ रे-गम ग-रे-, ग-म पम-ग-, मम मप-म- ग-रे- - - ।

मम प-, ध- पम- ग- रेसा- - - ।।

अंतरा-2

न कोई आँधी, न कोई हानि, खामी किसी की नहीं ।

अब तो, खामी किसी की नहीं ।।

अंतरा-3

न कोई धोखा, न कोई रोका, बाधा किसी से नहीं ।

अब तो, बाधा किसी से नहीं ।।

अंतरा-4

न कोई रोना, न कोई धोना, खुशियों की है लड़ी ।

अब तो, खुशियों की है लड़ी ।।

✍दोहा॰ पुरुषोत्तम परमातमा, मंगल रूप ललाम ।
कौशल्या के पुत्र का, रामचंद्र शुभ नाम ।। 2095/7162

योगी जन के ध्यान तुम, ज्ञानी जन का ज्ञान ।
जिस पर तुमरी है कृपा, वही बने गुणवान ।। 2096/7162

आभा, रघुवर! आपकी, है आनंद प्रकाश ।
सुंदर निर्मल सादगी, करे दुखों का नाश ।। 2097/7162

ऋषि-मुनि गुरुजन संत के, एक ध्येय हैं आप ।
विश्व जनों के आप हैं, मातु बंधु गुरु बाप ।। 2098/7162

93. Prayers to Lord Shrī Rāma

परम पुण्यमय आपका, सुगम सुमंगल धाम ।
वन्दन तुमको, हे प्रभो! जय जय सीताराम ।। 2099/7162

चलाचली की चेतना, चित्पावन चिरकाल ।
चारु चंद्र की चांदनी, चम-चम जग चमकाय ।। 2100/7162

नारायण की वन्दना, विश्वरूप भगवान ।
मंगल सचिदानंद का, राम रूप वरदान ।। 2101/7162

एक वचन श्री राम हैं, एक दार रघुवीर ।
असुर हनन के काज में, एक चलावैं तीर ।। 2102/7162

अंतर्यामी आप हैं, देवदेव जगदीश! ।
महिमा मय रघुनाथजी! सुरवर वन्दित ईश ।। 2103/7162

किरपा सागर, रामजी! रघुपति दयानिधान! ।
सिमरूँ अद्भुत आपका, हरि! मैं चरित महान ।। 2105/7162

पद में तुमरे, रामजी! परम दास हनुमान ।
तुमरे बायें जानकी, जय जय सीताराम ।। 2105/7162

वाल्मीकि जप कर नाम की माला, लिखा रमायण आदि वाला ।
आदि कथा शिवजी ने गाई, राम चरित गाथा कहलाई ।। 2122/5205

दोहा॰ जप जप माला नाम की, बाल्मिक बने सुजान ।
राम चरित सुंदर लिखा, श्लोक अनुष्टुभ् गान ।। 2106/7162

आदि कथा कवि ने लिखी, परम छंद विख्यात ।
रामयण के नाम से, हुई विश्व में ज्ञात ।। 2107/7162

संगीतश्रीकृष्णरामायण गीतमाला, पुष्प 444 of 763

भजन

(भवान् माता, पिता भवान्)

स्थायी

पिता तुम्ही हो, तुम्ही हो मैया, तुम्ही हो बंधु, सखा कन्हैया ।

94. Prayers to Goddess Sītā

तुम्ही ज्ञान धन अर्थ संपदा, धर्म काम भव मोक्ष रचैया ।।

रेग- गग- रे-, गम- म ग-रे-, गम- म प-प-, धप- मग-रे- ।
गम- प-प पप नि-ध प-मप-, नि-ध प-प मम ग-म गरे-सा- ।।

अंतरा-1

आप हमारे एक सहारे, भव सागर के निकट किनारे ।
हरे मुरारे सखे दुलारे, बीच भँवर से तुम्हें पुकारें ।
तुम्ही हो नैया तुम्ही खेवैया, पाहि सभी को सखा कन्हैया ।।

रे-ग मगरेसा- म-ग रेग-म- पप म-गग रे- मगप मग-म- ।
पध- पम-ग- मम- पग-म-, नि-ध पमम प- मग- मगरेसा- ।
रेग- म ग-रे- गम- पम-ग-, म-प ध-प- म- धप- मग-रे- ।।

अंतरा-2

आज हमारे भाग्य हैं जागे, भव तारक प्रभु खड़े हैं आगे ।
तुम्हीं सहारे, तुम्ही सुखारे, अरज हमारी सुनो पियारे ।
ओ नंद छैया, मेरे रमैया, त्राहि जगत को सखा कन्हैया ।।

दोहा॰ राम-नाम शुभ मैं भजूँ, मंगल सुबहो शाम ।
कथा सजे इस गीत की, पूरण कीजो काम ।। 2108/7162

94. श्री राधेरानी स्वरूप सीतादेवी वन्दना :

94. Prayers to Goddess Sītā

(सीतावन्दना)

संगीतश्रीकृष्णरामायण छन्दमाला, मोती 299 of 501

ईश अनुष्टुप् छन्द[9]

। । ऽ, । ऽ ।, ऽ ऽ

---

[9] **हेममिहिका छन्द :** इस अनुष्टप् छन्द के चारों चरणों में स ज ग ग (। । ऽ, । ऽ ।, ऽ ऽ) मात्रा आती हैं । यति 4, 4 पर होता है ।

▶ लक्षण गीत : **दोहा॰ आठ मत्त का चरण हो, गुरु गुरु मात्रा अंत ।**
स ज गण जिसके आदि में, "ईश" अनुष्टुप् छन्द ।। 2109/7162

94. Prayers to Goddess Sītā

(सीत देवी)

जग में महान देवी, हरि की कलत्र सीता ।
जिसने महा तपों से, इह औ परत्र जीता ।।

जनक आत्मजा राजकुमारी, चारु चरित की सुंदर प्यारी ।
चंद्रमुखी शुभ कमललोचना, कली कोमल सी सुमन शोभना ।। 2123/5205

मिथिलानंदा राघव-सजनी, राघवपत्नी लव-कुश जननी ।
सब दुख सहनी सब अघ दहनी, कृपा कारिणी दया दायिनी ।। 2124/5205

पति अनुचारिणी जगत वन्दिनी, भव-जल तरणी भगत रंजनी ।
रघुपति जाया धर्मचारिणी, मोद कारिणी दुःख हारिणी ।। 2125/5205

राधा बन कर श्याम पियारा, सीता बन कर राघव-जाया ।
सिया का पति राम ललामा, राधेश्यामा सीतारामा ।। 2126/5205

वैदेही जय जय जय सीते! वन्दन तुमको, देवी माते! ।
पवित्र निर्मल शुचि अभिरामा, जय जय जय जय सीतारामा! ।। 2127/5205

✎ दोहा॰ जनक आत्मजा जानकी, चारु चरित की नार ।
कमललोचना सुंदरी, रामचंद्र की दार ।। 2110/7162

सीता रानी अवध की, धर्मचारिणी नार ।
देवी पतिअनुगामिनी, रघुपति राघव दार ।। 2111/7162

जगतवन्दिनी मैथिली, दयादायिनी नार ।
सीता भवजलतारिणी, दशरथ-सुत की दार ।। 2112/7162

राधा बन कर श्याम की, भगत बनी जो नार ।
पतिव्रता सीता सजी, अवधनाथ की दार ।। 2113/7162

✎ दोहा॰ श्री अरु श्रीधर देह दो, कहत अनाड़ी लोग ।
श्री-नारायण एक हैं, जिन्हें ज्ञान का योग ।। 2114/7162

श्याम-राम राधा-सिया, श्री-विष्णु के रूप ।
अलग अलग अवतार हैं, सब कुछ ब्रह्म स्वरूप ।। 2115/7162

95. The Hanumān Chālīsā

प्रिया वल्लभा राम की! तेरी जय जयकार ।
शरण गहूँ मैं आपकी, नत शिर बारंबार ।। 2116/7162

संगीतश्रीकृष्णरामायण गीतमाला, पुष्प 445 of 763

भजन : राग भूपाली, कहरवा ताल 8 मात्रा

(राम-सिया भजु)

स्थायी

राम-सिया भजु मन सुख पावे, राम-सिया भजले सुख आवे ।
पार लगै बेड़ा, सियापति भजले ।।

सां-ध पगरे गरे साध़ सारे ग-ग-, गपधसांध पगरे सारेसाध़ सारे ग-ग- ।
गप धरें- सांसां- धसांधप गरेसा- ।।

अंतरा-1

व्याकुल जब हो पागल मनवा, नाम हरि का थामत तनवा ।

ग-पग पप सांध सां-सांसां सांरेसां-, सां-गं रेंध- सां- सां-धप गरेसा- ।

अंतरा-2

कोई न हो जब तेरा मितवा, राम करेगा तेरा हितवा ।

95. श्री हनुमान चालीसा :

95. The Hanumān Chālīsā

जो नित पठत हनुमान चलीसा, उसके होत दुखों का नासा ।
सो ही नर रघुवर का दासा, राम कृपा नित उसके पासा ।। 2128/5205

दोहा॰ चालीसा हनुमान का, जो पढ़ता हरि दास ।
राघव की किरपा उसे, अघ उसके सब नास ।। 2117/7162

संगीतश्रीकृष्णरामायण छन्दमाला, मोती 300 of 501

हेममिहिका छन्द[10]

[10] **हेममिहिका छन्द :** इस छन्द के चरण में 14 वर्ण 19 मात्रा होती हैं । इसमें भ ज ज भ गण आते और

95. The Hanumān Chālīsā

ऽ । ।, । ऽ ।, । ऽ ।, ऽ । ।, ऽ ।

(हनुमान)

ज्ञान गुण सागर पुंस रूप महेश ।

वायुसुत वानर रामदास कपीश ।। 1

संकट निवारण दुःख मोचन ईश ।

देव हनुमान पवित्र पावन कीश[11] ।। 2

संगीतश्रीकृष्णरामायण गीतमाला, पुष्प 446 of 763

(चाल और तबला ठेका के लिए देखिए
हमारी "*नई संगीत रोशनी*" का गीत 62)

ध्रुपद : कहरवा ताल 8 मात्रा

(शिवगौरी वन्दना)

स्थायी

एकलिंग डमरू धर! जगदंबिके भव त्र्यंबिके ।

दिगंबर गंगाधर, शिव शंकर, शिव शंकरी ।।

♫ निनि सां- - -सां- निपमंग गग- -! मंधमंगरे-रे रे-सा गरे सा-सासा- - ।

नि़ नि़ध़सा- - - - - नि़ध़सानि़- - - - -, नि़रे मं-मंमंग- गरे रेसासासा- - ।।

अंतरा-1

हे महेश जय उमेश, रुद्र भद्र भूतनाथ ।

हे भवानी महाकाली, त्राहि माम् भुवनेश्वरी ।।

♫ पग गप-प सांसां सांसां-सां, सां-सां सां-सां नि-रेंसां-सां ।

नि- निनि-नि निनि-नि-नि धनिसां सांसां सां-सांनिधनिप ।।

अंतरा-2

एक गुरु और एक लघु वर्ण आता है । इसका लक्षण सूत्र ऽ । ।, । ऽ ।, । ऽ ।, ऽ । ।, ऽ । इस प्रकार होता है । यति चरणान्त । अन्त्य अक्षर लघु होता है ।

▶ लक्षण गीत : **दोहा॰ मत्त उन्नीस हों जहाँ, गुरु लघु कल से अंत ।**
वहीं "हेममिहिका" कहा, भ ज ज भ गण का छंद ।। 2118/7162

[11] कीश = कपि, वानर ।

95. The Hanumān Chālīsā

नीलकंठ भालचंद्र, भोलेनाथ तुम अनंत ।

अंबे गौरी महाचंडी, पाहि माम् जगदीश्वरी ।।

संगीतश्रीकृष्णरामायण गीतमाला, पुष्प 447 of 763

भजन : राग दुर्गा, कहरवा ताल 8 मात्रा

(मोहे राम मिलादो)

स्थायी

मोहे राम मिलादो हनुमंता, मोहे दरस दिलादो भगवंता ।
लखन हि सम तुम राघव भाई, तुमरी माँ सीता देवी ।।

♫ मम ध-प मप-मरे रेरेप-प-, मप- धधप मप-मरे रेरेप-म- ।
रेरेरे रे मम मम ध-पम प-ध-, सांसांसां- रें- सां-ध- म-प- ।।

अंतरा-1

तुमरे गुन सब जन को भाते, रघुपति तुमरे सद् गुण गाते ।
लीला तुमरी बरनत नारद, बाल्मीकि शौनक तुलसी जी ।।

♫ ममप- धध धध सांसां सां रेंधसां-, धधधध सां-सांसां- धसां रेंसां धपम- ।
प-प- धमपध पधमम रे-सासा, सां-सांसां रें-सांसां धधमप प- ।।

अंतरा-2

तुमने रघुबर-काज संवारे, सुग्रीव को तुम राज दिलाए ।
संजीवन का परबत लाए, राम का आशिस तुमको ही ।।

अंतरा-3

तुम ही बांधा पुल सागर पे, लंका जारी असुर संहारे ।
सारे कपि हैं तुमरे दासा, वाणी मीठी तुमरी ही ।।

संगीतश्रीकृष्णरामायण गीतमाला, पुष्प 448 of 763

आरती : राग बिलावल, कहरवा ताल 8 मात्रा

आरती

(हनुमान चालीसा, हिंदी)

दोहा॰

सदा सहायक राम का, कर्म कुशल महावीर ।

95. The Hanumān Chālīsā

राघव दूत महाबली, विद्युत वेग सुधीर ।। 2119/7162

♫ नि नि- निनि-सांसां सां- -सां सां- - -, नि-नि निनिनि रेंसांसां- - सा ।

नि-निनि प-प पग-परे- - -, ग-गरे रे-रे सासा- - सां ।।

चौपाई

जै हनुमान ज्ञान गुण सिंधु, जै कपीश करुणा के इंदु । 1

महावीर! तुम कपि बजरंगी, रामदास हरि[12] परम उमंगी । 2

♫ रेग ममम-म ग-म पम ग-रे-, ध- पम-ग रेरेगम पम ग-रे- ।

रे-रे-ग-ग गग गम पपप-म-, गरेरेग-म मम पपप मग-रे- ।।

ऋष्यमूक गिरि तोर निबासा, पम्पा सुंदर सर के पासा । 3

शब्द वेध के निपुण विधाता, विघ्न विनाशक तुम सुख दाता । 4

उड़ कर आसमान का भानू, लील्यो लाल गगन फल जानूँ । 5

तुम ज्ञानी अति चातुर बानी, पवन पुत्र अनुपम तूफानी । 6

क्षण में उड़ कर सागर लाँघा, राम-नाम लिख सेतु बाँधा । 7

अस्त्र शास्त्र श्रुति के तुम ज्ञानी, सरल मधुरतम तुमरी बानी । 8

रावण की वाटिका उजाड़ी, अहिरावण की बाँह उखाड़ी । 9

ढूँढी तुमने सीता माई, राघव को शुभ खबर सुनाई । 10

रावन को तुम बोले, "भाई! लौटा दे तू सीता माई" । 11

अड़बंगा नहिँ तुमरी माना, पूँछ जराई वह दीवाना । 12

तुमने युद्ध बजाया डंका, फिर सोने की जारी लंका । 13

अपरंपारा तुमरी माया, जिसका पार न कोई पाया । 14

संजीवन का परबत लाए, शर से आहत लखन जियाये । 15

महा प्रतापी तुम, जगदीशा! ज्ञान सिंधु संपन्न कपीशा । 16

असुर निकंदन तुम सुर त्राता, धन्य अंजनी तुमरी माता । 17

काम राम के किए तमामा, जय जय कपिवर जय बलभीमा । 18

---

[12] हरि = वानर । राम, कृष्ण, विष्णु ।

95. The Hanumān Chālīsā

जै हनुमान राम के दासा, राम चरन तुमरा अधिबासा । 19
कपिवर तुमरी अमृत बाणी, राम–सिया को अति हर्षाणी । 20

राम–नाम रस भीनी काया, वक्ष फाड़ कर हरि दिखलाया । 21
फोड़ फोड़ माला के मोती, राम–नाम की ढूँढी ज्योति । 22

जो तुमरी लीला का ज्ञाता, किरपा राम–सिया की पाता । 23
जो हनुमान चलीसा गाता, भवसागर को पार लँघाता । 24

काम काज जिसको उलझाता, नाद नाम का तिन सुलझाता । 25
पी कर राम रसायन प्याला, नसीब जागे खुल कर ताला । 26

केसर–नंदन व्यंकट प्यारे! असुर निकंदन राम दुलारे! । 27
मुष्किल काज धरम के जेते, आतुर तुम करने को तेते । 28

तुम हो धीरज बल के दाता, आशिष दीन्हा सीता माता । 29
सुग्रीव को नृप तुमने कीन्हा, विभिषण को तुम मंतर दीन्हा । 30

निश–दिन राघव की कर सेवा, खाते परम मधुर तुम मेवा । 31
आवन जावन विद्युत गति से, राम काज करि सुकृत मति से । 32

विघ्न कष्ट संकट की वेला, तुमरा भगत न रहे अकेला । 33
बिकट विषम जब विपदा आवे, तुमरे सुमिरण से कट जावे । 34

घटना घोर घटे जिस बेरी, प्रभु आने में लगे न देरी । 35
क्षण में विशाल गिरिवर जैसे, क्षण में सूक्षम अणु सम ऐसे । 36

जिसमें हनुमत भक्ति जागी, उसकी सब बिध पीड़ा भागी । 37
जिसके मुख हनुमान सुनामा, होय सिद्धि वह पूरण कामा । 38

जो नर निश–दिन तुमको सुमरे, उस पर प्रेम अपारे तुमरे । 39
जिसके मुख रट हनुमत लागी, स्वर्ग दुआरे वह बड़भागी । 40

दोहा॰

पवन तनय हनुमान जी, अंजनी सुत बलवान ।
कपिदल–पति प्रभु! आपको, बारंबार प्रणाम ।। 2120/7162

95. The Hanumān Chālīsā

♪ सासासा रेरेरे रेरेग-रे ग-, प-मग रेरे गगम-म ।
पपपपपप पप ध-मम-, ग-म-ग-रे रेसा-सा ।।

आज्ञा दीजो हे प्रभो! खुले राम का द्वार ।
सफल करूँ संगीत ये, होवे मम उद्धार ।। 2121/7162

♪ सा-नि- ध्-नि- सा- रेसा-, पम- ग-रे सा- रे-रे ।
गगग मम- प-म-ग म-, ग-म- गग रे-सा-सा ।।

♪ संगीतश्रीकृष्णरामायण छन्दमाला, मोती 301 of 501

पादाकुलक छन्द
4 + 4 + 4 + 4

(हनुमान भगत)

तुमरा मंतर जो है गाता, वो है रघुनंदन को भाता ।
जो है राम रसायन रीता, कटु संकट में वो है जीता ।। 1
जो है तुमरे सद् गुण ध्याता, सीता देवी उसकी माता ।
कर जोड़े तुमरे दर आता, रघुपति दशरथ उसके ताता ।। 2
तुमरी शरणन जो है आता, उस भगत का भरत है भ्राता ।
जो हिरदय में तुम्हें बिठाता, उसे लखन भाई का नाता ।। 3

We are here to Serve!

Sankat Mochan Hanuman Mandir & Cultural Centre Inc.
339 Westney Road South, Unit 101, Ajax, On L1S-7J6 Tel# 905 426 1119

IS PROUD TO RECOGNIZE

Dr. RATNAKAR NARALE

FOR HIS

EXCEPTIONAL ACHIEVEMENT

His "Sangit-Shri-Krishna-Ramayan"
is wonderful source of Devotional Songs
for our Teple Services
and is very much loved by our devotees.

Pt. Rabindranauth Tiwari
Chair and Spiritual Leader

96. Prayers to Sage Vālmīki (Rāmāyan, 1. Bāl Kānd)

बाल काण्ड : पहिला सर्ग

96. श्री गुरुवर वाल्मीकि वन्दना :

96. Prayers to Sage Vālmīki *(Rāmāyan, 1. Bāl Kānd)*

संगीतश्रीकृष्णरामायण छन्दमाला, मोती 302 of 501

शार्दूलविक्रीडित छन्द

ऽ ऽ ऽ, । । ऽ, । ऽ ।, । । ऽ, ऽ ऽ ।, ऽ ऽ ।, ऽ

सा– रे–ग–मग रे–, गम–पम गरे– ग– प– मग– म–ग रे–

(वाल्मीकि रामायण)

जो "रत्नाकर"[13] को, महाकवि किया, वो है कृपा नाम की ।
श्रीवाल्मीक रची अनुष्टुप् कथा, वो है दया राम की ।। 1
श्रीरामायण में सती बड़ कही, वो है सिया, राम की ।
जो सर्वोत्तम है प्रभा, भँवर में, वो है हनूमान की ।। 2

दोहा० आदि कवीश्वर वाल्मिकी, विद्या के भंडार ।
महान कवि ऋषिवर हुए, सरस्वती अवतार ।। 2125/7162

विमल वचन वागीश थे, कविकोकिल गुणग्राम ।
तेजयुक्त शुभ ओज के, जय जय सीताराम ।। 2126/7162

मन मंदिर में रामजी, हिरदय सीता धाम ।
जिह्वा रूपी लेखनी, ओज देत श्री राम ।। 2127/7162

राम–सिया की जीवनी, कोमल काव्य महान ।
सुंदर कविता मोहनी, मंगल विविध बखान ।। 2128/7162

पठन मनन जिस काव्य का, जीवन का आधार ।
रामायण लिख, बाल्मिकी, किया जगत उपकार ।। 2129/7162

---

[13] रत्नाकर = रत्नाकर डाकू ।

97. Story of Ratnākar, the Robber (Rāmāyan, 1. Bāl Kānd)

<u>संगीतश्रीकृष्णरामायण गीतमाला, पुष्प 450 of 763</u>

भजन : राग खमाज, दादरा ताल 6 मात्रा

(महर्षि वाल्मीकि)

स्थायी

मनन मगन, सुमिरन रत, नयन मूँदे, भूले भान ।
जाप चलत, पाप जलत, राम राम, रटत नाम ।।

♫ सासासा गगम, पधगम पध, सांसांसां <u>नि</u>धम, पधम ग-ग ।
नि-नि निनिनि, सां-सां सांपध, सां-<u>नि</u> ध-म, पधम ग-ग ।।

अंतरा-1

भव विराग, वीतराग, चरम याग, परम त्याग ।
कर्म विरत, ध्यान निरत, नित्य घटत, पुण्य काम ।।

♫ गम गम<u>नि</u>ध, सां-निसां-सां, पनिनि सां-सां, निसां<u>नि</u> ध-ध ।
सा-सा गगग, म-म पधध, सांसांसां <u>नि</u>धम, पधम ग-ग ।।

अंतरा-2

रव निवांत, पूर्ण शाँत, मन नितांत, विगत भ्रांत ।
ध्येय अटल, हेतु सुफल, शून्य विलीन, पूज्य धाम ।।

97. रत्नाकर डाकू की कथा :

97. Story of Ratnākar, the Robber *(Rāmāyan, 1. Bāl Kānd)*

दोहा॰ रत्नाकर है लिख रहा, "रत्नाकर"[14] की बात ।
पावन श्रद्धा से सुनो, कथा सुमंगल, तात! ।। 2130/7162

♫ <u>संगीतश्रीकृष्णरामायण छन्दमाला, मोती 303 of 501</u>

सुनीता छन्द

ऽ ऽ ऽ, ऽ । ।, ऽ । ऽ

---

[14] रत्नाकर = रत्नाकर डाकू ।

97. Story of Ratnākar, the Robber (Rāmāyan, 1. Bāl Kānd)

(रत्नाकर)

डाकू रत्नाकर नाम का,
कीन्हा भारा जप राम का ।
नासाने पाप बचाखुचा,
द्रष्टा, रामायण को रचा ।।

ॐ श्लोकाः

आसीद्रत्नाकरस्स्तेनो हन्ति स्म पथिकान्वने ।
पालयति धनं हृत्वा पत्नीं च पितरौ सुताम् ।। 1798/2422

♫ प-प-प-प-धप-<u>नि</u>-ध-, सां<u>नि</u>- ध- पध<u>नि</u>-धप- ।
म-ममम- पम- ग-रे-, ध-प- म- गपम- गरे- ।।

पृष्टवानेकदा चोरं नारदो विपिने मुनिः ।
कथं प्राप्स्यसि त्वं मुक्तिं पापेभ्यो जीवने सखे ।। 1799/2422

ब्रूते रत्नाकरस्तेनो निश्चिन्तो नारदं मुनिम् ।
पापं मम ग्रहीष्यन्ति माता जाया पिता सुता ।। 1800/2422

अहं वने दिवानक्तं चौर्यकार्ये सदा रतः ।
भुञ्जन्ति ते धनं सर्वं सानन्देन गृहे स्थिताः ।। 1801/2422

आह रत्नाकरं स्तेनं स्नेहेन नारदो मुनिः ।
करोति स हि प्राप्नोति सर्वदा कर्मणः फलम् ।। 1802/2422

श्रुत्वा वचो मुनेस्स्तेनः भीतः स मुनिमब्रवीत् ।
मुक्तिं प्राप्तुं मुने! पापाद्, वदतु मामुपायमुत् ।। 1803/2422

ब्रूते तं नारदः प्रीत्या चिन्तां मा कुरु त्वं सखे ।
अधस्त्वं वटवृक्षस्य रामनामजपं कुरु ।। 1804/2422

वर्षाऽऽतपो न झञ्झा च तावद्भञ्ज्युर्न ते व्रतम् ।
पापं हित्वा च यावत्त्वं कृत्स्नं ज्ञानं न प्राप्स्यसि ।। 1805/2422

रामनाम जपन्पुण्यं रत्नाकर उपाविशत् ।

97. Story of Ratnākar, the Robber (Rāmāyan, 1. Bāl Kānd)

वल्मीकं[15] यस्य देहे स वाल्मीकिस्तापसो मतः ।। 1806/2422

✍दोहा॰ एक विपिन के छोर पर, रहता था इक चोर ।
"रत्नाकर" शुभ नाम था, मगर लुटेरा घोर ।। 2131/7162

हमला पथिकन पर किए, लूटे वह बटमार ।
धन उनका सब छीन कर, उनको देता मार ।। 2132/7162

चोरी के धन पर सुखी, उसका था परिवार ।
मातु-पिता पत्नी सुता, घर में सदस्य चार ।। 2133/7162

इक दिन नारद ने कहा, "तेरे सिर से पाप ।
कैसे उतरेंगे, सखे! बिना उतारे आप" ।। 2134/7162

बोला रत्नाकर उन्हें, "सीधी सी है बात ।
पत्नी लेगी अघ मेरे, मातु सुता मम तात ।। 2135/7162

"करता हूँ मैं तस्करी, जंगल में दिन-रात ।
पातक हैं उनके सभी, जो हैं धन वह खात" ।। 2136/7162

नारद बोले चोर से, बहुत स्नेह के साथ ।
"पाप लगें उनको सभी, कर्म करें जो हाथ" ।। 2137/7162

सुन कर नारद का कहा, रत्नाकर को शोक ।
बोला, "जुगत कहो, मुने! नरक सकूँ मैं रोक" ।। 2138/7162

नारद बोले, हे सखे! मत कर पश्चाताप ।
उपाय मैं तुनसे कहूँ, जिससे मिटते पाप ।। 2139/7162

बैठो बरगद के तले, जपत "राम" का नाम ।
आँधी वर्षा ताप में, निश-दिन सुबहो शाम ।। 2140/7162

अखंड तुमरा जाप हो, जब तक मिलें न राम ।

---

[15] **वल्मी** = 1. वल्मी = दीमक Termite ant, 2. वल्मीकः, वल्मीकम् = बिमौट Anthill, 3. वाल्मीक, वाल्मीकि = आदि कवि जिन पर वल्मी बढ़ा Sage Vālmīki, the one on whom an anthill grew ।

97. Story of Ratnākar, the Robber (Rāmāyan, 1. Bāl Kānd)

रत्नाकर "बाल्मिक" भया, मिट कर पाप तमाम ।। 2141/7162

📖 कथा 📖

रत्नाकर था डाकू तस्कर, बना वाल्मीकि आगे चल कर ।
रहता था वह विपिन किनारे, जिधर वीराना साँझ सकारे ।। 2129/5205

घर में उसके लोग चार थे, रत्नाकर से किए प्यार थे ।
मातु-पिता अरु बेटी दारा, उसका छोटा था परिवारा ।। 2130/5205

दोहा॰ एक विपिन के छोर पर, जन बस्ती से पार ।
रत्नाकर शुभ नाम का, रहता था बटमार ।। 2142/7162

रत्नाकर बटमार के, घर में जन थे चार ।
मातु-पिता पत्नी सुता, सबसे उसको प्यार ।। 2143/7162

(वन)

उस अरण्य में शाँत कुदरती, पगडंडी थी एक गुजरती ।
पगडंडी की इधर-उधर में, झाड़ी झरने घन तरुवर थे ।। 2131/5205

इर्द गिर्द थे खाँई टीले, गुफा गुफा में पशू कबीले ।
निबिड़ विपिन वो घन प्रचंड था, रत्नाकर की मन पसंद था ।। 2132/5205

(वहाँ)

छुपा ओट में झाड़ीयन की, चुप कर राह तके पथिकन की ।
ज्योंहि पथिक नजर आ जावे, उसे मार कर धन पा जावे ।। 2133/5205

मातु किसी की, पिता किसी का, भाई बंधु सखा किसी का ।
मारे उसने बिना विचारा, धन केवल था उसे पियारा ।। 2134/5205

धन सब वो पथिकन का लेके, खाई में फिर उनको फेंके ।
वो परिपंथी इस भाँति से, पेट पालता बड़ भ्रांति से ।। 2135/5205

पाप करम नित करते ऐसे, बीते बरस सहज दिन जैसे ।
आया दिन फिर भाग्य जगाने, रत्नाकर के पाप जलाने ।। 2136/5205

दोहा॰ घने विपिन की छोर पर, जहाँ न पशु का त्रास ।

वहाँ विराने स्थान में, सुख मय उसका वास ।। 2144/7162

बरगद तरु की ओट में, बैठे वह चुपचाप ।
उस अरण्य वीरान में, डगर किनारे आप ।। 2145/7162

जभी पथिक उस राह में, आवे उसके पास ।
ठग रत्नाकर दे उसे, लूट मार की त्रास ।। 2146/7162

इस भाँति के पाप में, बीते सुख में साल ।
इक दिन आया चोर का, भाग्य जगाने काल ।। 2147/7162

संगीतश्रीकृष्णरामायण गीतमाला, पुष्प 451 of 763

भजन

(भाग्योदय)

स्थायी

भाग्योदय का सूरज निकला, देखो आज हरि की लीला ।

♫ ग–म॑–म॑म॑ म॑– नि–धप म॑म॑ग–, सा–रे– ग–ग म॑प– म॑– गरेसा– ।

अंतरा–1

आज हवा में नया नंद है, रश्मि सुंदर, पवन मंद है ।
मंद पवन में मधु सुगंध है, धरती अंबर कनक रंग हैं ।
आज ये मंगल दिन है उजला, गात हैं पंछी, सुर है रसीला ।।

♫ ग–म॑ पम॑– ग– रेरे– ग–ग ग–, धपप– म॑–गग, म॑पप धपम ग– ।
म॑–म॑ म॑पप प– धध धप–प म॑–, गमग– रे–रेरे गगग म॑–म॑ म॑– ।
ग–ग ग म॑–म॑म॑ पप ध– पम॑ग–, सा–रे रे ग–ग–, म॑प म॑ गरे–सा–।।

अंतरा–2

मिटा अंधेरा अतिशय भय का, अंत हुआ नास्तिक निर्दय का ।
चमका रवि अब दृढ़ निश्चय का, भाग्योदय का, अकुतोभय का ।
सृष्टि चराचर मोहन माला, कण–कण पुलकित अरु फुर्तिला ।।

अंतरा–3

97. Story of Ratnākar, the Robber (Rāmāyan, 1. Bāl Kānd)

हिरदय हिरदय नई रोशनी, हर्ष भरा है रोम-रोमनि[16] ।
आनंदित हैं खग तरु प्राणी, सबके मुख में अमृत वाणी ।
घट-घट पावन आज तजीला, हरि भक्ति में प्रेम-नशीला ।।

(एक दिन)

आज हवा में मधुर गंध है, शीत पवन का झोंक मंद है ।
नभ में लाल रवि है निकला, कोमल तेजस् भू पर बिखरा ।। 2137/5205

बेली तरु पर विहग सुहाने, गाइ रहे हैं प्रभु-स्तुति गाने ।
पंछी चहकत गीत सुरीले, माँदों में हैं पशू सुतेले ।। 2138/5205

✍**दोहा॰ दिन है निकला भाग्य का, बहुत समय के बाद ।**
अंतरीक्ष में आज है, मंगल अनहद नाद ।। 2148/7162

सुंदर किरणें सूर्य की, नष्ट किए अँधकार ।
मंजुल झोंके पवन के, करत रोम संचार ।। 2149/7162

पंछी तरु पर गा रहे, मीठे सुर की तान ।
आए सुर गंधर्व हैं, गाने सुमधुर गान ।। 2150/7162

फूल खिले हैं सुरभि के, सौरभ चारों ओर ।
सृष्टि चराचर स्फूर्त है, कहीं न कोई शोर ।। 2151/7162

कण-कण में आनंद है, हर हिरदय में मोद ।
नारद मुनि ने धन्य की, वन देवी की गोद ।। 2152/7162

(तब, नारद जी)

वीणा की तब सुन मधु तारें, खग सहसा चुप होगए सारे ।
वीराने में आज ये कैसा, सुंदर सुर मन भावन ऐसा ।। 2139/5205

ब्रह्माजी से आज्ञा ले कर, गुजर रहे थे नारद मुनिवर ।
आज सकारे पगडंडी पर, छुपा हुआ था जँह रत्नाकर ।। 2140/5205

---

[16] रोमनि (संस्कृत) = (हिंदी) रोम-रोम में ।

97. Story of Ratnākar, the Robber (Rāmāyan, 1. Bāl Kānd)

✍दोहा० **ऐसे उस शुभ काल में, सुन कर वीणा तान ।**
पंछी सब चुप होगए, विस्मित, खो कर भान ।। 2153/7162

नारद मुनि थे आ रहे, गाते मंगल गान ।
कहाँ छुपा वो चोर है, मुनि ने लीन्हा जान ।। 2154/7162

✍दोहा० **आज्ञा ब्रह्मा से लिए, नारद आए आज ।**
गीत सुमंगल गा रहे, साथ बीन का साज ।। 2155/7162

(और फिर)

लख कर नारद पास आरहे, वीणा पर हैं गीत गा रहे ।
बोला, "मुनि ये आज मिला है, लगता मेरा भाग्य खिला है" ।। 2141/5205

न ये लड़ेगा, ना भागेगा, आसानी से सब दे देगा ।
लोभ चोर का बड़ा हो गया, राह रोक कर खड़ा हो गया ।। 2142/5205

(मगर, अहो आश्चर्य!)

मुनि को देखे भ्रांत खो गया, क्रूर नराधम शाँत हो गया ।
उद्धत मन भी संत हो गया, गुण तामस् का अंत हो गया ।। 2143/5205

(नारदजी-रत्नाकर संवाद)

मुनिवर ने उसको पहिचाना, रत्नाकर बटमार है जाना ।
बिना हिचक के चल कर आगे, न ही डरे वे, ना ही भागे ।। 2144/5205

नारद को लख कर तस्कर के, होश खो गए रत्नाकर के ।
छू कर चरणन, बोला हँस के, दे दो जो है, बिना बहस के ।। 2145/5205

सुन कर नारद बोले, प्यारे! पास मेरे बस वीणा तारें ।
सुर जिनके सुख दायक न्यारे, और नहीं कछु लायक तेरे ।। 2146/5205

✍दोहा० **देख पथिक को राह में, खड़ा हुआ वह चोर ।**
नारद मुनि थे लख रहे, रत्नाकर की ओर ।। 2156/7162

आँखे जब मुनि से मिली, नम्र हुआ बदमाश ।
पत्थर हिरदय नम हुआ, मन में पड़ा प्रकाश ।। 2157/7162

97. Story of Ratnākar, the Robber (Rāmāyan, 1. Bāl Kānd)

तापस गुण तन में जगा, तामस गुण का नास ।
पग छू कर मुनि से कहा, दो जो तुमरे पास ।। 2158/7162

प्रसन्न मुख मुनि ने कहा, मत हो तू नाराज ।
तुझे कभी ना जो मिला, वो धन दूँगा आज ।। 2159/7162

(और बोले)
बता मुझे तू मेरे प्यारे! कितने जन तू अब तक मारे ।
कितने घायल किए बिचारे, कितने हैं परिवार उजाड़े ।। 2147/5205

पातक कितने सिर पर धारे, भुगतेगा कब इतने सारे ।
पाप की गठरी बिना उतारे, मिले न मुक्ति स्वर्ग दुआरे ।। 2148/5205

(तो)
अब भी उपाय है तर जाने, मेरी बात अगर तू माने ।
सुने वचन तो हित हैं तेरे, गिरे नरक में वरना, प्यारे! ।। 2149/5205

♫ **संगीतश्रीकृष्णरामायण छन्दमाला, मोती 304 of 501**

हंसाल दंडक छन्द[17]

20, 12 + । ऽ ऽ

(नारद रत्नाकर संवाद)

नारद पूछे डाकू रत्नाकर को, "कितने अघ तू सिर पर धरे हैं ।
भुगतेगा कब कडुए फल जो तूने, निज खाते में संचित करे हैं" ।। 1
डकैत बोला, "घर है कन्या मेरी, वृद्धा माता अरु बाप मेरा ।
मुनिवर! जो खाते हैं वो बाँटेंगे, बड़े प्रेम से सब पाप मेरा" ।। 2

संगीतश्रीकृष्णरामायण गीतमाला, पुष्प 452 of 763

---

[17] ♫ **हंसाल छन्द :** इस 37 मात्रा वाले दंडक के अंत में य गण (। ऽ ऽ) आता है । इसका लक्षण सूत्र 20, 12 + । ऽ ऽ इस प्रकार होता है ।

▶ लक्षण गीत : **दोहा॰ दंडक कल सैंतीस का, लघु गुरु गुरु से अंत ।**
बीस मत्त पर यति जहाँ, "हंसाल" वही है छंद ।। 2160/7162

97. Story of Ratnākar, the Robber (Rāmāyan, 1. Bāl Kānd)

भजन

(भज ले रे नाम)

स्थायी

भज ले रे नाम हरि का बंदे! ।

टूटें सब भव बंधन फँदे, छुट जावेंगे पातक गंदे ।।

♫ पम ग रे- ध-प गरे- सा- रे-ग-! ।

ग-ग- पप पप ध-पग प-ध-, पप प-ध-ध- प-गग रे-सा- ।।

अंतरा-1

लख चौरासी जग के फेरे, मिट जावेंगे आप ही तेरे ।

देख ले, आँखें खोल के, अंधे! ।।

♫ रेरे रे-ग-ग- पप प- ध-ध-, निनि सां-निधप- ध-प ग प-प- ।

पमग रे-, ध-प ग-रे सा-, रे-ग-! ।।

अंतरा-2

पाप पुण्य का चक्र अनूठा, फल उनका है कडुआ मीठा ।

छोड़ दे सारे, नकली धंदे ।।

अंतरा-3

मन ये तेरा है कलुषित काला, राम-नाम का देख उजाला ।

बोल तू, हर दम "हरि हरि! वन्दे" ।।

(रत्नाकर बोला)

बात मुनि की सुन कर बोला, अविचारी रत्नाकर भोला ।
घर में मेरे चार लोग हैं, संपद् मेरी करत भोग हैं ।। 2150/5205

जितने मैंने लूटे नर हैं, रखे घड़ों में, मैं कंकर हैं ।
घर में ऐसे चार घड़े हैं, कंकरियों से भरे पड़े हैं ।। 2151/5205

जिना लई मैं बटमारा हूँ, उन सबका मैं अति प्यारा हूँ ।
पाप तस्करी का वापस में, बाँटेंगे वे सब आपस में ।। 2152/5205

(और)

भोगत हैं धन उपये कोटि, मातु-पिता मम दारा बेटी ।
मिले मुझे बस इक ही रोटी, और पहनने चीर लँगोटी ।। 2153/5205

97. Story of Ratnākar, the Robber (Rāmāyan, 1. Bāl Kānd)

सेवा यह मैं करता जिनकी, पाप की गठरी है वह उनकी ।
बड़ी खुशी से वे लेलेंगे, मुझे प्यार का आशिष देंगे ।। 2154/5205

✍दोहा॰ **पहले तू मुझको बता, सच्चे मन से बात ।**
फिर दे दूँगा मैं तुझे, तू जो चाहे, तात! ।। 2161/7162

"अब तक तूने, हे सखे! मारे कितने लोग ।
तेरे सिर कितने चढ़े, बता पाप के भोग ।। 2162/7162

"भुगतेगा कैसे कभी, घोर तिहारे पाप ।
बाँटेगा कोई नहीं, झेले तू ही आप ।। 2163/7162

"सिर से अघ उतरे जभी, मिले स्वर्ग का द्वार ।
उपाय कोई सोच ले, जिससे हो उद्धार" ।। 2164/7162

रत्नाकर बोला, "मुने! चिंता करो न आप ।
मातु, पिता, पत्नी, सुता, बाटेंगे मम पाप ।। 2165/7162

"बटमारी जिनके लिए, करता मैं दिन-रात ।
उनके माथे पाप है, सीधी सी है बात" ।। 2166/7162

(नारद जी बोले)
पुत्र! भूल में ना तुम रहना, सुनो प्रेम से मेरा कहना ।
पाप किसी के लोग न बाँटे, जिसने बोया वो ही काटे ।। 2155/5205

पाप करम के रमणिक वाले, फल दें तीते कडुवे काले ।
पुण्य धरम के सीदे सादे, आधे मीठे मधु रस आधे ।। 2156/5205

बात मेरी यदि तुझे न भावे, जा घर पूछ, समझ में आवे ।
बैठूँ मैं बरगद के नीचे, यहीं मगन मैं आँखें मीचे ।। 2157/5205

जब तक तू लौटा ना आवे, तब तक ये मुनि कहीं न जावे ।
सत्य कथन का गुणी नर मैं हूँ, नित्य वचन का मुनिवर मैं हूँ ।। 2158/5205

जा घर पूछन निज प्रिय जन से, कौन पाप लें तेरे तन से ।

97. Story of Ratnākar, the Robber (Rāmāyan, 1. Bāl Kānd)

आकर मुझको सब कुछ कहियो, आगे जो जी चाहे करियो ।। 2159/5205

दोहा॰ नारद बोले, "हे सखे! पाप न बाँटा जाय ।
जो करता है सो भरे, ज्यों बोए त्यों खाय ।। 2167/7162

"घर जाकर तू पूछ ले, कौन पाप हकदार ।
वापस आकर फिर मुझे, लूट सखे! या मार" ।। 2168/7162

(फिर)
सुन कर बातें मुनि की सारीं, घर जाने की करी तयारी ।
भागा-भागा घर वो आया, मन था उसका अति भरमाया ।। 2160/5205

माँ से बोला, माते! माते! मुझे पूछनी हैं दो बातें ।
उत्तर उनका मुझे बता दे, सचाई भव की मुझे जता दे ।। 2161/5205

लूट मार कर धन मैं लाया, आज तलक परिवार चलाया ।
सेवा मैंने की है सबकी, पाने को मैं किरपा रब की ।। 2162/5205

(दो प्रश्न)
मैंने इतने पाप करे हैं, घर में गागर चार भरे हैं ।
क्या तुम मेरे पातक लोगी, अरु मुक्ति का मार्ग कहोगी ।। 2163/5205

दोहा॰ घर जाकर वो मातु से, बोला माते! बोल ।
धन मैं पथिकन मारके, घर लाया बिनु तोल ।। 2169/7162

सबकी सेवा यों किए, घोर कमाया पाप ।
पातक के इस ढेर से, कितना लोगी आप ।। 2170/7162

(माँ बोली)
बात मेरे यदि बस में होती, अपने नाम घड़े कर लेती ।
पाप तेरे मैं सब धो देती, पाप मुक्त तुझको कर देती ।। 2164/5205

दुनिया यों नहिँ चलती, बेटा! पाप पुण्य का चक्र अनूठा ।
पाप पुण्य का सौदा नहिँ है, जो बोता फल खात वही है ।। 2165/5205

जो करता है, वो है भरता, यथा बीज हो गाछ उभरता ।

रत्नाकर रचित संगीत-श्री-रामायण

97. Story of Ratnākar, the Robber (Rāmāyan, 1. Bāl Kānd)

जो सत् करता भव है तरता, असत् करे सो दुख में मरता ।। 2166/5205

जनम दिया है तुझको मैंने, ज्ञानी संत महंत बनाने ।
मुझे क्या पता तू क्या करता, घर अपना तू कैसे भरता ।। 2167/5205

रत्नाकर से फिर माँ बोली, मैं हूँ अनपढ़ वृद्धा भोली ।
पूछ किसी तू ज्ञानी मुनि से, मार्ग मोक्ष का आसानी से ।। 2168/5205

दोहा॰ मातु-पिता पत्नी सुता, पाले हैं दिन-रात ।
चौथाई तुम चार लो, तभी बनेगी बात ।। 2171/7162

माता बोली पुत्र को, बड़े प्रेम के साथ ।
बेटा! "तेरा अघ सभी, ले लूँ अपने हाथ ।। 2172/7162

"मगर न दुनिया यों चले, पाप न बाँटा जाय ।
करनी जो करता, सखे! फल उसका, वो खाय ।। 2173/7162

"अनपढ़ तेरी मातु मैं, इतनी जानूँ बात ।
पूछ किसी मुनि साधु से, जिसको है सच ज्ञात" ।। 2174/7162

संगीतश्रीकृष्णरामायण छन्दमाला, मोती 305 of 501

झूलना-2 दंडक छन्द[18]

10, 10, 10, 2 + । ऽ ऽ

(करनी-भरनी)

माँ बोली सुत को, अघ तेरे सारे, लेती सिर अपने,
यदि रजा हो ।
मगर सुनो बेटा! दुनिया यों न चले, पाप बँटता नहीं,

---

[18] **झूलना-2 छन्द** : इस 37 मात्रा वाले दंडक में 10, 10 10, 7 मात्रा आती है । अंत में य (। ऽ ऽ) गण होता है । इसका लक्षण सूत्र 10, 10, 10, 2 + । ऽ ऽ होता है । 25 मात्रा वाला **झूलना-1 छन्द** पूर्वोक्त है ।

▶ लक्षण गीत : **दोहा॰ दंडक कल सैंतीस का, लघु गुरु गुरु से अंत ।**
दस दस दस पर यति जहाँ, "झूलाना-दो" छंद ।। 2175/7162

97. Story of Ratnākar, the Robber (Rāmāyan, 1. Bāl Kānd)

यदि हि चाहो ।

जो करे सो भरे, पाप सौदा नहीं, जगत व्ययहार का,

सूत्र है ये ।

पूछ किसी मुनि को, ज्ञानी ध्यानी को, "कर्म-फल का नियम,"

पुत्र है ये ।

संगीतश्रीकृष्णरामायण गीतमाला, पुष्प 453 of 763

भजन

(भवचक्र)

स्थायी दोहा, अंतरा चौपाई

स्थायी

भवसागर के चक्र से, कुल चौरासी लाख ।

बचने की तू फिक्र से, तन-मन बंधन राख ।। 797/7162

♫ ममम-पप प- ध-प ध-, पप ध-प-म- ग-ग ।

रेरेरे- ग- ग- प-म ग-, रेरे रेरे म-गरे सा-सा ।।

अंतरा-1

राम! राम! नित नाम जपाए, प्यास बुझत बिनु कूप खुदाए ।

कर्म छुटत नित हरि गुन गाए, पंथ कटत बिनु पाँव थकाये ।

मन के अंदर झाँक ।।

♫ सा-रे! ग-ग! गग प-म गरे-ग-, प-प मगग मम प-म गरे-ग- ।

म-म पपप पप धध निनि ध-प-, सांनि धपप मम ध-प पग-म- ।

रेरे रे म-गरे सा-सा ।।

अंतरा-2

नाम जपन बिनु मन न सुखावे, राम रतन बिनु तन न सुहावे ।

ध्यान मनन से चित हरषावे, ज्ञान परम यह, सुख बरसावे ।

जप का फल तू चाख ।।

अंतरा-3

कर्म किया बिनु आस लगाए, आप डूबे ना और डुबावे ।

97. Story of Ratnākar, the Robber (Rāmāyan, 1. Bāl Kānd)

उतार कलमष, पुण्य चढ़ावे, जनम-जनम के दुख बिसरावे ।

सुन ले बात मनाक्[19] ।।

(फिर, पिता से)

सुन कर माँ का सीधा उत्तर, गया पिता के पास अनंतर ।
बोला, बापू! पातक मेरा, सिर अपने तुम लेलो सारा ।। 2169/5205

(पिता बोले)

बापू बोले, देखो प्यारे! गणित सरल है सोच विचारे ।
पातक जो जो कीन्हे मैंने, कितने पाप लिए हैं तूने ।। 2170/5205

कर्म करे जो, भरे वही है, पाप पुण्य क्रय विक्रय नहिँ है ।
बेटा! तुझको बात कही है, इस जग में वो सदा सही है ।। 2171/5205

✍दोहा॰ **उन्मन माता से भया, गया पिता के पास ।**
बोला, बापू! मातु ने, मुझको किया उदास ।। 2176/7162

बोलो बापू! तुम मेरा, कितना लोगे पाप? ।
"पाप उसी का, जो करे," उत्तर दीन्हा बाप ।। 2177/7162

(फिर, पत्नी से)

दुखी पुनः वो पितु से हो कर, पत्नी से फिर बोला रो कर ।
तू मेरी प्रिय अर्धांगिनी है, आधे की तू अधिकारिणी है ।। 2172/5205

पाप किए जो मैंने सारे, आधे मेरे, आधे तेरे ।
सुनिये स्वामी! पत्नी बोली, पाप नहीं हैं नीलाम बोली ।। 2173/5205

✍दोहा॰ **नैनन आँसू पोंछ कर, गया दार के पास ।**
डाकू बोला, हे प्रिये! विनति आज है खास ।। 2178/7162

पतिव्रता तू है, सखी! अर्धांगिनी हमार ।
मैं जो कीन्हा आज तक, आधा भाग तिहार ।। 2179/7162

घर लाया मैं धन घना, वन में पथिकन मार ।

---

[19] मनाक् (संस्कृत) = जरा सी, थोडी सी ।

पातक आधा बाँट कर, दुख से मुझको तार ।। 2180/7162

(पत्नी बोली)

शादी मैंने तुमसे की है, कन्या मैंने तुमको दी है ।
नाथ! तिहारी मैं घरवाली, घर में जो हो, बाँटूँ खाली ।। 2174/5205

दोहा॰ **गृहिणी मैं तुमरी, सखे! पत्नी बोली, नाथ! ।**
मर्यादा मम गेह है, पाप पुण्य में साथ ।। 2181/7162

"कारज तुमने जो करे, उस सीमा के पार ।
उनके सदसत् फल सभी, तुमरा है अधिकार" ।। 2182/7162

(फिर, कन्या से)

उदास हो कर बोला, बेटी! तुम सबकी मैं लाया रोटी ।
मम पातक चौथाई लेले, बाकी तेरा बापू झेले ।। 2175/5205

(बेटी बोली)

बेटी ने फिर उसे बताया, मैं तो धन हूँ, तात! पराया ।
मेरे सुख-दुख सब आगामी, झेलेगा वो मेरा स्वामी ।। 2176/5205

सोच समझ के जो है करता, बिना पाप के वो है मरता ।
अब पछतावा काम चलावे, उपाय जो तव पाप जलावे ।। 2177/5205

दोहा॰ **बेटी को उसने कहा, बचा मुझे तू आज ।**
चौथाई तू पाप ले, रख ले मेरी लाज ।। 2183/7162

बेटी बोली, हे पिता! बनो न इतने दीन ।
पछतावा करके अभी, पाप मिटाओ हीन ।। 2184/7162

"पाप पुण्य ना बँट सके, भुगतो अपने आप ।
आगे से वह मत करो, जो दे पश्चाताप" ।। 2185/7162

श्लोकः

रामनामजपं कृत्वा पश्चातापो भवेद्यदि ।
हरिर्हरति पापानि दुःखानि यानि कानि च ।। 1807/2422

97. Story of Ratnākar, the Robber (Rāmāyan, 1. Bāl Kānd)

(जब)

सुन कर बातें हक्का-बक्का, आहत मन को पा कर धक्का ।
घर में कोई नहिँ है अपना, प्रेम वेम सब खाली सपना ।। 2178/5205

दोहा॰ इस दुनिया में हैं सभी, मतलब के ही यार ।
खड़े रहो निजि पाँव पर, करो प्रभु से प्यार ।। 2186/7162

संगीतश्रीकृष्णरामायण गीतमाला, पुष्प 454 of 763

भजन

(दुनिया का खेला)

स्थायी

झूठा है दुनिया का खेला, रे! जग चार दिनों का मेला ।
♫ सां-धप ग- रेगरे- प- गरेसा-, ग-! रेसा रे-ग पध- प- गरेसा- ।

अंतरा-1

आवा गमन चुरासी फेरा, पँच भूत ने जग है घेरा ।
बंधु भाई कोई न तेरा, तू, चार जनों में अकेला ।।
♫ सा-रे- गगग पध-प- ग-रे-, ग-प प-प प- सांसां सां- रे-सां- ।
गं-रें- सां-रें- सां-ध प म-ध-, म-, ग-ग पध- प गरे-सा- ।।

अंतरा-2

सत् रज तम नौ द्वार के अंदर, पवन अनल जल धरती अंबर ।
चमड़ी काली गोरी ऊपर, ये, चार छनों का झमेला ।।

अंतरा-3

सुनो भई साधो! सद्गुरु वाणी, नित्य गति है आनी-जानी ।
सुमिर हरि को निश-दिन प्राणी! तू, चारों याम की बेला ।।

(तब)

कहीं नहीं था उसे किनारा, मुनिवर थे अब एक सहारा ।
रोता रोता हुआ शरण में, नारद मुनि के गिरा चरण में ।। 2179/5205

बोला, मेरी भूल हुई है, ठीक करन को इक तू ही है ।
बोलो कैसे सब घुल जावें, पातक मेरे सब धुल जावें ।। 2180/5205

97. Story of Ratnākar, the Robber (Rāmāyan, 1. Bāl Kānd)

प्रसाद, मुनिवर! तुमसे पाऊँ, वापस अब मैं घर ना जाऊँ ।
जो भी बोलो वही करूँगा, करते करते भले मरूँगा ।। 2181/5205

दोहा॰ रोता आकर चोर वो, पड़ा मुनि के पाँव ।
मुनि के पग छू कर कहा, "मुझको मुने! बचाव" ।। 2187/7162

मुनिवर! तुम जोभी कहो, करूँ हृदय को जोड़ ।
शिष्य तिहारा मैं बनूँ, भव बंधन को तोड़ ।। 2188/7162

(फिर)

नारद बोले मत घबड़ाओ, अब बीती को मत दुहराओ ।
बैठो तुम बरगद के नीचे, आँखे वाँखे सब कुछ मींचे ।। 2182/5205

"मरा मरा" का रट लो मंतर, बिना किसी बाधा या अंतर ।
जब तक अंतर्ज्ञान न आवे, तुमरी आँख न खुलने पावे ।। 2183/5205

वर्षा, आतप, आँधी, कीड़ा, किसी से न हो तुमको पीड़ा ।
चिंतन तुमरा कभी न फूटे, राम-नाम की रट ना टूटे ।। 2184/5205

दोहा॰ नारद बोले, हे सखे! करो न अधिक विलाप ।
मार्ग मुक्ति का एक है, "राम" नाम का जाप ।। 2189/7162

बैठो बरगद के तले, नैन मीच चुपचाप ।
आसन ना टूटे कभी, जब तक मिटे न पाप ।। 2190/7162

आँधी या तूफान हो, आतप वर्षापात ।
राम-नाम जपते रहो, जितना हो उत्पात ।। 2191/7162

 संगीतश्रीकृष्णरामायण गीतमाला, पुष्प 455 of 763

खयाल : राग पूर्वी, तीनताल 16 मात्रा

(निस दिन गा रे)

स्थायी

निस दिन गा रे राम के भजना, हरि भजना, सदा भज मना ।
डगमग मत अब, कुछ नहीं उस बिन ।।

97. Story of Ratnākar, the Robber (Rāmāyan, 1. Bāl Kānd)

♫ पध़ पमं गम गरे़ ग-नि़ रे़ गमग-, गरे़ गमंप - - -, मंग- मंग रे़सा- ।
नि़नि़सारे़ गग मंध़, रें़नि धप मंग मग ।।

अंतरा-1

भजन करो नित मोरे जियरवा, काहे करे तू जग जन परवा ।
नकली जग में, मन न लगाना ।। निस दिन

♫ मंमंग गमं- धमंध़ सां-सां सांसांरेंसां-, सां-सां सांनिध़ निध़ निनिरें़ निध़ निध़प- ।
नि़नि़सारे़ गग मंध़, रें़नि ध पमंगमग ।। पध़ पमं

अंतरा-2

रघुपति राघव घड़ी-घड़ी भजले । मत कर प्यारे व्याकुल मनवा ।
ज्योति ज्ञान की, मन में जगाना ।। निस दिन

राम तुम्हारा एक सहारा, एक किनारा, एक अधारा ।
एक पुकारा, एक गुजारा, एक उबारा एक उद्धारा ।। 2185/5205

राम तुम्हारा एक हि चारा, एक हि यारा, एक हि प्यारा ।
एक हि आरा, एक हि पारा, एक हि सारा, राम तिहारा ।। 2186/5205

राम तुम्हारा एक सितारा, एक दीदारा, एक नजारा ।
एक बसेरा, एक सुखारा, एक तुम्हारा जय जय नारा ।। 2187/5205

राम तुम्हारे सदा पास में, राम आस में, साँस-साँस में ।
राम ज्ञान में, राम ध्यान में, राम प्राण में, रोम-रोम में ।। 2188/5205

दोहा॰ राम-नाम उद्धार है, राम-नाम भव तार ।
राम-नाम उच्चार हो, राम-नाम जयकार ।। 2192/7162

राम-नाम इस आर है, राम-नाम उस पार ।
राम-नाम उपकार है, राम-नाम उपचार ।। 2193/7162

राम-नाम करतार है, राम-नाम पतवार ।
राम-नाम हर बार हो, मुख से शुभ उद्गार ।। 2194/7162

राम-नाम सत् सार है, राम-नाम सत्कार ।
राम-नाम संस्कार हो, राम-नाम संसार ।। 2195/7162

97. Story of Ratnākar, the Robber (Rāmāyan, 1. Bāl Kānd)

राम-नाम अनिवार है, राम-नाम सुविचार ।
राम-नाम सुखकार है, राम-नाम अधिकार ।। 2196/7162

राम-नाम से होत है, सबका बेड़ा पार ।
राम-नाम का जप करो, मन में बारम्बार ।। 2197/7162

संगीतश्रीकृष्णरामायण छन्दमाला, मोती 306 of 501

हरिप्रिया छन्द[20]

12, 12, 12, 8 + ऽ

(राम-नाम)

राम-नाम उबार है, मृत्युसागर पतवार, जगत जल मझधार में ।
एक मदार वही ।।
राम-नाम इस आर है, राम ही है उस पार, विघ्न का हंतार है ।
अरु उपचार सही ।।
राम सद् उच्चार है, राम पुण्य अपार है, राम-नाम पुकार में ।
सुख का पार नहीं ।।
राम जप तप भगत में, ज्योति जगावे उज्ज्वल, ऐसा नहीं जगत में ।
दूजा और कहीं ।।

संगीतश्रीकृष्णरामायण गीतमाला, पुष्प 456 of 763

भजन

(कहो राम)

स्थायी

कहो रा-म, जपो रा-म, भजो रा-म ।
धनि़ सा-, नि़सा रे-, सानि़ ध़- ।

---

[20] **हरिप्रिया छन्द :** इस 46 मात्रा वाले दंडक के अंत में गुरु आता है । इसका लक्षण सूत्र 12, 12, 12, 8 + ऽ इस प्रकार होता है ।

▶ लक्षण गीत : **दोहा॰ जहाँ छियालिस मत्त हों, गुरु मात्रा से अंत ।**
प्रति बारह कल यति किए, "हरिप्रिया" है छंद ।। 2198/7162

97. Story of Ratnākar, the Robber (Rāmāyan, 1. Bāl Kānd)

अंतरा–1

राम–नाम है, एक सहारा, एक किनारा एक पियारा ।
राम तिहारा एक उबारा, एक उद्धारा, एक गुजारा ।
बोलो रा–म, गाओ रा–म ।।

♪ ध़–नि़ सा–सा सा–, ग–रे सानि़–रे–, सा–रे गम–म– प–म गरे–रे– ।
रे–ग मप–प– ध–प मग–म–, नि–ध पम–ग–, प–म गरे–सा– ।
नि़सा रे–, ध़नि़ सा– ।।

अंतरा–2

राम तुम्हारे सदा पास है, राम आस में साँस–साँस में ।
राम पवित्तर एक नाम है, राम ज्ञान है, राम ध्यान है ।
बोलो रा–म, गाओ रा–म ।।

अंतरा–3

राम तुम्हारा एक ही चारा, एक ही यारा, एक ही प्यारा ।
राम तुम्हारा है जग सारा, रटो राम का जय जय कारा ।
बोलो रा–म, गाओ रा–म ।।

(फिर)

इतना कह कर नारद मुनिवर, रत्नाकर का ध्यान लगा कर ।
गात राम अरु कृष्ण के नामा, हुए वहाँ से अंतर्धाना ।। 2189/5205

वर्ष चतुर्दश लगा ध्यान में, जाप निरंतर राम–नाम में ।
तन पर दीमक भीट बनाए, पता ना चला ध्यान लगाए ।। 2190/5205

बना वाल्मीकि, रत्नाकर वो, बना महर्षि, ठग तस्कर वो ।
छुपा हुआ कवि उसके भीतर, काव्य रचाने आया बाहर ।। 2191/5205

जादू ऐसा राम–नाम का, बने आदमी बड़े काम का ।
बनता पंडित वीर महाना, ध्यानी योगी धीर सयाना ।। 2192/5205

✍दोहा॰ रत्नाकर का शाँति से, प्रेरित करके ध्यान ।
राम–नाम गाते हुए, नारद अंतर्धान ।। 2199/7162

वर्ष चतुर्दश नाम का, किए निरंतर ध्यान ।

97. Story of Ratnākar, the Robber (Rāmāyan, 1. Bāl Kānd)

रत्नाकर-तस्कर बना, "ऋषि बाल्मीक" महान ।। 2200/7162

राम-नाम जादू भरा, अद्भुत जिसे रुझान ।
अंधन को दृष्टि मिले, अज्ञानी को ज्ञान ।। 2201/7162

♫ संगीतश्रीकृष्णरामायण छन्दमाला, मोती 307 of 501

बरवै छन्द[21]

(12, 3 + । ऽ ।) x 2 अथवा (12, 2 + ऽ ऽ ।) x 2

(राम-नाम जाप)

1

वर्ष चौदह जाप में, लगाय ध्यान ।
शीत वर्षा ताप का, रहा न ध्यान ।।

2

"राम! राम!" रटत रहा, मुख में नाम ।
कल्मष मिटा पूर्ण तब, पाया ज्ञान ।।

संगीतश्रीकृष्णरामायण गीतमाला, पुष्प 457 of 763

कीर्तन

(राम-नाम भजो)

स्थायी

राम राम राम नाम भजो मना, निशि-दिन जप ले रघुनंदना ।

♫ म- म- म- म- पग- मप – – –, पप पनि पम म- रेरेग-पम – – – ।

अंतरा-1

हरि ओम् तत्सत् नारायणा, जपु जपु जपु नित रामायणा ।

---

[21] ♫ **बरवै छन्द** : इस 38 मात्रा वाले अर्धसम मात्रिक छन्द के अंत में ज (। ऽ ।) अथवा त गण (ऽ ऽ ।) गण आता है । लक्षण सूत्र 12, 3 + । ऽ ।, 12, । ऽ । अथवा 12, 3 + ऽ ऽ ।, 12, ऽ ऽ । इस प्रकार होता है ।

▶ लक्षण गीत : **दोहा॰ बारह कल हों विषम में, मात्रा सम में सात ।**
मत्त अठत्तीस का बना, "बरवै" छंद प्रघात ।। 2202/7162

97. Story of Ratnākar, the Robber (Rāmāyan, 1. Bāl Kānd)

♫ सांसां सां- सां- सां-नि-सांगंसांनिध - -, पप पनि पम मम रे-ग पम - - - ।

अंतरा-2

नमस्तुभ्यं दुख निकंदना, स्वस्ति धीमहि निरंजना ।

अंतरा-3

नमो भगवते जनार्दना, ओम् भूर्भूवः सुदर्शना ।

संगीतश्रीकृष्णरामायण गीतमाला, पुष्प 458 of 763

दादरा ताल

(रत्नाकर तस्कर की कथा)

स्थायी

गीत शारद ने मंजुल है गाया, साज नारद मुनि ने बजाया ।
रत्नाकर से है मंगल रचाया, रामायण को है सुंदर सजाया ।।

♫ म-ग म-म- म प-म- ग म-प-, रे-ग म-म- मध- प- मग-म- ।
रेगम-म म- म ध-प- गम-प-, रे-ग-म- म- म ध-प- मग-रे- ।।

अंतरा-1

एक वन में था रत्नाकर डाकू, लूटे पथिकन को मारऽ के चाकू ।
एक दिन नारद को उसने रुकाया, मुनिवर ने फिर उसको बताया ।।

♫ सांसां नि- रें- सां ध-नि-ध- प-म-, सांसां निनिरेंरें सां ध-नि- ध प-म- ।
म ग म-म- म प-म- गम-प-, रेगमम म- म- ध-प- मग-रे- ।।

अंतरा-2

तूने जितने पथिऽकन हैं मारे, पाप कैसे तू सिर से उतारे ।
डाकू बोला, मेरे पाप लेंगे, मेरी माता-पिता पुत्री जाया[22] ।।

अंतरा-3

बोले नारद, तू घर जाके पूछे, कौन लेवेगा पातक समूचे ।
घर में सारों ने उसको बताया, "पाप उसका है, जिसने कमाया" ।।

अंतरा-4

[22] जाया = पत्नी । यया जायते सा जाया ।

98. Story of shooting the Karuñch bird (1. Bāl Kānd)

मुनि बोले, तू राम-नाम उचारे, तेरे पातक अब वो ही उबारे ।
वर्ष चौदह जब मंतर जपाया, "वह बाल्मीकि ज्ञानी," कहाया ।।

बाल काण्ड : दूसरा सर्ग

98. क्रौंच वध की कथा :

98. Story of shooting the Karuñch bird *(1. Bāl Kānd)*

संगीतश्रीकृष्णरामायण छन्दमाला, मोती 308 of 501

वनलता छन्द[23]

ऽ । ऽ, । । ।, ऽ । ।, ऽ । ।, ऽ ऽ

(क्रौंच वध)

शाँत प्रेम रत क्रौंचन का खग जोड़ा ।
हा! निषाद तुम क्यों उन पे शर छोड़ा ।। 1
"मा निषाद..." कह शाप तुझे मुनि दीन्हा ।
आदि छंद वह श्लोक "अनुष्टुप्" कीन्हा ।। 2

ॐ श्लोका:

एकदा मुनिवाल्मीकिः-गच्छन्नासीन्नदीतटे ।
एकवृक्षस्य शाखायां क्रौञ्चयुग्मं स दृष्टवान् ।। 1808/2422

व्याधोऽकस्माच्छरेणाहन्-रतिरतं खगं नरम् ।
विलपतीं खगीं दृष्ट्वा शप्तवान्विह्वलो मुनिः ।। 1809/2422

"क्रौञ्चं त्वमवधीर्व्याध मैथुनात्काममोहितम् ।
शृणु निषाद तस्माद्धि जीविष्यसि न त्वं चिरम्" ।। 1810/2422

---

[23] **वनलता छन्द** : इस 14 वर्ण, 20 मात्रा वाले छन्द में र न भ भ गण और दो गुरु वर्ण आते हैं । इसका लक्षण सूत्र ऽ । ऽ, । । ।, ऽ । ।, ऽ । ।, ऽ ऽ इस प्रकार है ।

▶ लक्षण गीत : **दोहा॰ मत्त बीस का जो बना, दो गुरु कल से अंत ।**
र न भ भ गण हों आदि में, वही "वनलता" छंद ।। 2203/7162

98. Story of shooting the Karuñch bird (1. Bāl Kānd)

कथा

(एक दिन)

इक दिन वाल्मिक मुनिवर ज्ञानी, भरद्वाज भी सह थे ध्यानी ।
शीत सुमंगल निर्मल जल में, अरुणोदय के पहले पल में ।। 2193/5205

तमसा नद निर्मल जल तर के, स्नान निमज्जन मार्जन करके ।
अर्घ्य अर्चना मंतर पढ़के, सूर्यनमस्कारादिक करके ।। 2194/5205

शुचि मन मौन तपस्या करके, सहस्त्र राघव नाम सिमरके ।
पद मारग की चल कर रेती, आन रहे थे तमसा सेती ।। 2195/5205

दोहा॰ इक दिन ऋषिवर बाल्मिकी, करके तमसा स्नान ।
पगडंडी से आ रहे, करत ईश का ध्यान ।। 2204/7162

(तब)

दोनों के मन शुद्ध शाँत थे, पवित्र पावन शुचि नितांत थे ।
पगडंडी के उभय किनारे, निसर्ग शोभा पंख पसारे ।। 2196/5205

सुंदर सौरभ मंद पवन में, रंग सुमन के सूर्य किरण में ।
मुनि दोनों की मोहित दृष्टि, अवलोकन कर अनुपम सृष्टि ।। 2197/5205

पादप नाना तरु पर बेली, विहंग चहकत, क्रीड़ा केली ।
एक डाल पर खग की जोड़ी, क्रौंच प्रणय में चंचू जोड़ी ।। 2198/5205

दोहा॰ राह किनारे वृक्ष थे, सुमन विविध के मंच ।
एक पेड़ की डाल पर, बैठे थे दो क्रौंच ।। 2205/7162

संगीतश्रीकृष्णरामायण गीतमाला, पुष्प 459 of 763

गीत : राग मालकंस, तीन ताल 16 मात्रा

(शुक मैना)

स्थायी

एक डाल पर दो शुक मैना, प्रेम पाश में जोड़ के डैना ।

98. Story of shooting the Karuñch bird (1. Bāl Kānd)

♪ सां-सां सांध॒म ध॒नि सां- सांध॒ निध॒म-, ग॒-मध॒ निसांनि सां- ग॒-ग॒ म ग॒सासा- ।

अंतरा-1

पंख पंख से बँधन बाँधे, चंचु चंचु में सारी रैना ।

♪ ग॒-म ध॒-ध॒ नि- सां-सांसां ग॒निसां-, नि-नि नि-नि नि- ग॒-ग॒म ग॒सासा- ।

अंतरा-2

बंद कभी वे खोलत नैना, मंद मंद थे बोलत बैना ।

अंतरा-3

हना तीर वो शुक को पैना, हाय! विलपती रोई मैना ।

(वहाँ)

पथ के उरले थी लघु झाड़ी, छुप कर जिसमें निषाद आड़ी ।
उसने खग पर सायक छोड़ा, यथा पवन पर उड़ता घोड़ा ।। 2199/5205

लगा बाण क्रीड़ा रत नर को, दया न आई निर्दय शर को ।
चीख निकाली चंचु फाड़ कर, शोणित धारा उड़ी दार पर ।। 2200/5205

गिरा धरा पर फड़ फड़ करता, काँप काँप कर पग थरथरता ।
प्राण पखेरु उड़े गगन में, मरा पखेरु गुरु चरणन में ।। 2201/5205

पति पतन पर विह्वल होती, वियोग दुख में पक्षिण रोती ।
सुन कर कविवर, विलाप उसका, पद्य कह गए सम सुर जिसका ।। 2202/5205

🖎 दोहा॰ दोनों रत थे प्रणय में, चंचु चंचु में डाल ।
देखत झाड़ी में छुपा, निषाद उनका काल ।। 2206/7162

नर पक्षी को देख कर, उसने छोड़ा बाण ।
शर ने छाती चीर कर, लिए विहग के प्राण ।। 2207/7162

पक्षी गुरु-पग में गिरा, पक्षिण किया विलाप ।
घातक चिड़ियामार को, मुनिवर दीन्हा श्राप ।। 2208/7162

❂ श्लोकौ
(रामायणे वाल्मीकिरुवाच)

"मा निषाद प्रतिष्ठां त्वमगमः शाश्वतीः समाः ।

98. Story of shooting the Karuñch bird (1. Bāl Kānd)

यत्क्रौञ्चमिथुनादेकमवधीः काममोहितम्" ।।

(रामायण में वाल्मीकि जी ने कहा है)

हिंदी श्लोक

काम तन्मय जोड़े में, मारा तू नर क्रौंच को ।
तू निषाद! न जीएगा, दीर्घ काल इसी लिए ।। 1811/2422

दोहा॰ "मार दिया रति युक्त को, क्रौंच युगल में एक ।
निषाद जीएगा नहीं, तू भी साल अनेक" ।। 2209/7162

संगीतश्रीकृष्णरामायण छन्दमाला, मोती 309 of 501

शार्दूलविक्रीडित छन्द

10, 6 + । ऽ

सा-रे- ग-म गरे-ग म-प मग रे-, ग-प- मग- म- गरे-

(क्रौंच पक्षी)

मारा बाण निषाद ने दबक के, पक्षी धरा पे गिरा ।
रोई पक्षिण आर्त नाद करके, हा! नाथ मेरा मरा ।। 1
देखे क्रौंच मरा, निषाद शर से, बाल्मीक बोले उसे ।
"जीएगा न निषाद काल बहु तू, तेरे इसी पाप से" ।। 2

(ब्रह्मा जी)

सुन कर मुनि की अद्भुत रसना, श्लोक बद्ध वह अनुपम रचना ।
ब्रह्मा बोले बड़े नंद में, रामकथा हो इसी छन्द में ।। 2203/5205

दोहा॰ सुन कर उस शुचि श्लोक को, ब्रह्मा को आनंद ।
बोले, "रामायण लई, यही योग्य है छंद" ।। 2210/7162

संगीतश्रीकृष्णरामायण गीतमाला, पुष्प 460 of 763

दादरा ताल

(क्रौंच वध की कथा)

स्थायी

99. Story of Sage Vālmīki (Rāmāyan, 1. Bāl Kānd)

गीत शारद ने मंजुल है गाया, साज नारद मुनि ने बजाया ।
रत्नाकर से है मंगल रचाया, रामायण को है सुंदर सजाया ।।
♫ म-ग म-म- म प-म- ग म-प-, रे-ग म-म- मध- प- मग-म- ।
रेगम-म म- म ध-प- गम-प-, रे-ग-म- म- म ध-प- मग-रे- ।।

अंतरा-1

एक डाली पर क्रौंचों का जोड़ा,[24] प्रेमालिंगन में पंखों को ओढ़ा ।
उनको छिपके शिकारी ने देखा, उन पर पापी ने तीरऽ चलाया ।।
♫ सांसां नि-रें- सां- ध-नि- ध प-म-, सांसांनि-रेंरें सां ध-नि- ध प-म- ।
म-ग ममम- मप-म- ग म-प-, रे- ग- म-म- म ध-प- मग-रे- ।।

अंतरा-2

बाण कुऽरर की छाती को चीरा, उड़ी कुररी पर शोणित की धारा ।
गिरा धरती पर वो फड़फड़ाता, रो रो कुररी ने उसको बुलाया ।।

अंतरा-3

देख कुररी का विह्वल वो होना, उसका सुन कर विलपता वो रोना ।
बाल्मीकिऽ ने जो श्लोकऽ रचाया, "मा निषादऽ.." वो ब्रह्मा को भाया ।।

99. श्री गुरुवर वाल्मीकि की कथा :

99. Story of Sage Vālmīki *(Rāmāyan, 1. Bāl Kānd)*

♫ संगीतश्रीकृष्णरामायण छन्दमाला, मोती 310 of 501

लक्ष्मी छन्द[25]

ऽ ऽ ।, ऽ । ।, । । ऽ, । ऽ ।, ऽ

---

[24] क्रौंचों का जोड़ा = कुरर-कुररी युगल, कुरर पक्षी और कुररी पक्षिण । क्रौंच = कुरर ।

[25] ♫ **लक्ष्मी-1 छन्द :** इस 13 वर्ण, 19 मात्रा वाले छन्द में त भ स ज गण और एक गुरु वर्ण आता है । इसका लक्षण सूत्र ऽ ऽ ।, ऽ । ।, । । ऽ, । ऽ ।, ऽ है ।

▶ लक्षण गीत : **दोहा॰ मत्त उन्नीस से बना, गुरु मात्रा से अंत ।**
त भ स ज गण जब आदि में, श्रीयुत "लक्ष्मी" छंद ।। 2211/7162

99. Story of Sage Vālmīki (Rāmāyan, 1. Bāl Kānd)

(वाल्मीक मुनि)

बाल्मीक आश्रम तमसा परे खड़ा ।
वाल्मीक का गुरुकुल पुण्य था बड़ा ।। 1
कीन्हे महामुनि जप राम-नाम का ।
पाया महाकवि, पथ स्वर्ग धाम का ।। 2

श्लोकौ

रामनाम जपन्नित्यम्-अगदन्नारदो यथा ।
रत्नाकरोऽभवद्विज्ञो गुरुर्वाल्मीकिकोकिलः ।। 1812/2422

तापसो वेदवेत्ता च मुनिश्रेष्ठश्च वाग्विदः ।
महायोगी महाज्ञानी वाल्मीकिः स महाकविः ।। 1813/2422

संगीतश्रीकृष्णरामायण गीतमाला, पुष्प 461 of 763

भजन : राग रत्नाकर, कहरवा ताल 8 मात्रा

(सुनो राधे रानी)

स्थायी

सुनो सुनो श्री राधे रानी, रामायण की कथा सुहानी ।
♫ सारेग सारे- रे- गपम- म-म-, पधम-गग रेसा सारे- गपमम- ।

अंतरा-1

नारद जी ने यथा बताई, शारद माता कला सजाई ।
बाल्मीक कविता ललित रचाई, तुलसी दोहे अरु चौपाई ।
अब गाऊँ मैं, बजाऊँ मैं, सुनाऊँ मैं, वो अमर कहानी ।।
♫ सा-रेग म- म- पम- गरे-सा-, रे-रेरे ग-ग- गम- पम-ग- ।
प-पप धधधध- निधनि धप-ध-, पपप- म-ग- पम ग-रे-सा- ।
सासा रे-रे- रे-, गम-म म-, पम-ग- रे-, सा- रेरेग गपमम- ।।

अंतरा-2

मंथर दासी आग लगाई, कैकयी माता तिन सुलगाई ।
रामचंद्र जी वन में जाई, साथ में निकली सीता माई ।
अब गाऊँ मैं, बजाऊँ मैं, सुनाऊँ मैं, वो मधुर बखानी ।।

99. Story of Sage Vālmīki (Rāmāyan, 1. Bāl Kānd)

अंतरा–3

लछमन, प्रभु का सच्चा भाई, हनुमत परबत लाय उठाई ।
सागर पर कपि सेतु बनाई, रावण को मारत रघुराई ।
अब गाऊँ मैं, बजाऊँ मैं, सुनाऊँ मैं, वो अमरित बानी ।।

(रामयण)

मंगल गाथा पुरुषोत्तम की, जग माही जो अति उत्तम सी ।
गौरव महिमा गुण की क्यारी, सुंदर सत् शुचि सब की प्यारी ।। 2204/5205

विमल सलिल की शीतल गंगा, नीति ज्ञान की सरित् तरंगा ।
शाँत सुखद शुभ तीरथ धारा, पुण्यकारिणी सुधा अपारा ।। 2205/5205

चरित चारु का चिन्तन सागर, कवित काव्य का अतुलित आगर ।
भक्ति भाव की स्नेहिल सरिता, निष्काम कर्म उज्ज्वल सविता ।। 2206/5205

निष्काम बुद्धि के चार चिरायु, लखन मारुति भरत जटायु ।
बाल्मीक कविवर कविता केतू, शब्द ज्ञान के सागर सेतू ।। 2207/5205

दोहा॰ मंगल चरित श्री राम का, निर्मल गंगा नीर ।
सद्गुण क्यारी नीति की, रामचंद्र रघुवीर ।। 2212/7162

कर्म भाव निष्काम है, जिनका जीवन नीर ।
लखन लला, कपिकेसरी, परम जटायु वीर ।। 2213/7162

सागर राघव चरित का, सुंदर श्लोक स्वरूप ।
लिखत बाल्मीकि, श्लोक में, कविता अमर अनूप ।। 2214/7162

(वाल्मीकि शैली)

राघव गाथा ज्ञान सरोवर, चिरकाल जनों की एक धरोहर ।
सुमन सुगंधी बाग सुहाना, सौरभ सुंदर राग सुजाना ।। 2208/5205

प्रीति पुष्प में प्रेम परागा, अमल विमल गुल फल अनुरागा ।
भक्ति भाव का बाग तिरंगा, भक्त भ्रमर भल भूरि सुढंगा ।। 2209/5205

उचित शब्द के मोहक मोती, अनुप्रास उत्तम रव सेती ।
मृदु मंजुल अमृत के बिंदु, अलंकार का स्वर लय सिंधु ।। 2210/5205

99. Story of Sage Vālmīki (Rāmāyan, 1. Bāl Kānd)

सुर संगीत सुधारस भीने, चरण पदों के अक्षर गीने ।
श्लोक सर्ग के साज रसीले, सुरचित सुचरित चारु सजीले ।। 2211/5205

कवित्त कोमल सौरभ सुंदर, राघवजी का चरित समुंदर ।
कथा कला की रुचिकर शैली, स्वादु कथन की अनुपम थैली ।। 2212/5205

दोहा॰ शैली कवि बाल्मीक की, जिसमें सुमन सुगंध ।
दिव्या वाणी भारती, मधुर अनुष्टुप् छंद ।। 2215/7162

लिखत छंद बाल्मीक जी, संस्कृत के वागीश ।
रुचिकर शब्दों से सजे, वर्ण हृद्य बत्तीस ।। 2216/7162

राघव-गाथा ज्ञान का, सुमन सुगंधित बाग ।
मोहक सौरभ से भरा, सुंदर राग पराग ।। 2217/7162

अलंकार रस सर्ग से, शोभित स्वर के साज ।
कविता राघव-चरित की, स्वर्ण रंग अंदाज ।। 2218/7162

(वाल्मीक आश्रम)

बाल्मिक ऋषि के भगतन चेरे, योगी यमी[26] यति मुनि बहुतेरे ।
गाथा गायन कथा परायण, गाते हरि हरि हरि नारायण! ।। 2213/5205

नाद ब्रह्म रव विपिन प्रसारे, चिन्मय कण-कण तरुवर सारे ।
तमसा तट पर मठ के द्वारे, इक दिन नारद प्रातः पधारे ।। 2214/5205

दोहा॰ आश्रम मुनि बाल्मीक का, वेद पठन का स्थान ।
तमसा सरिता रम्य पर, गुरुकुल बना महान ।। 2219/7162

इक दिन नारद आगए, बाल्मिक मुनि के पास ।
आज्ञा ब्रह्मा की लिए, लिखवाने इतिहास ।। 2220/7162

<u>संगीतश्रीकृष्णरामायण गीतमाला, पुष्प 462 of 763</u>

---

[26] यमी = संयमी, आत्मनिग्रही ।

100. Shrī Nārad muni's arrival at Tamasā river (1. Bāl Kānd)

दादरा ताल

(बाल्मीकि की कथा)

स्थायी

गीत शारद ने मंजुल है गाया, साज नारद मुनि ने बजाया ।

रत्नाकर से है मंगल रचाया, रामायण को है सुंदर सजाया ।।

♫ म-ग म-म- म प-म- ग म-प-, रे-ग म-म- मध- प- मग-म- ।

रेगम-म म- म ध-प- गम-प-, रे-ग-म- म- म ध-प- मग-रे- ।।

अंतरा-1

बालमीकि सनातन कविऽ थे, काव्य प्रतिभा के उज्ज्वल रविऽ थे ।

कथा सागर सुमंगल बनाया, आदि रामायण जग में कहाया ।।

♫ सांसां-नि-रें सांध-निध- पप म-, सांसां निनिरें- सां ध-नि- धप- म- ।

मग- म-म- मप-म- गम-प-, रेग म-म-म- निध प- गरे-ग- ।।

अंतरा-2

कविवर थे अलंकार केतुऽ, सारे संसार में ज्ञान सेतुऽ ।

आज चंदा के सूरज है आया, ज्ञान ज्योतिऽ को जगमग जगाया ।।

अंतरा-3

देखो "श्रीराम" का नाम जादू, बना रत्नाकर डाकू भी साधुऽ ।

मुनि नारद ने उसको उबारा, उसको "बाल्मीक-कविवर" बनाया ।।

बाल काण्ड तीसरा सर्ग

100. तमसा तट पर श्री नारद के आगमन की कथा :

100. Shrī Nārad muni's arrival at Tamasā river *(1. Bāl Kānd)*

♫ संगीतश्रीकृष्णरामायण छन्दमाला, मोती 311 of 501

कुमुदिनी छन्द[27]

---

[27] ♫ कुमुदिनी छन्द : इस 12 वर्ण, 18 मात्रा वाले छन्द में र य न य गण आते हैं । इसका लक्षण सूत्र ऽ ।

100. Shrī Nārad muni's arrival at Tamasā river (1. Bāl Kānd)

ऽ । ऽ, । ऽ ऽ, । । ।, । ऽ ऽ

(नारद संदेश)

स्वर्ग से यदा नारद मुनि आए ।
ब्रह्मदेव सेती अनुनय लाए ।। 1
स्वागतार्थ बाल्मीक मुदित धाए ।
योग क्षेम पूछे अरु बतलाए ।। 2

ॐ श्लोका:

ऋषीणां प्रमुखस्तस्मात्–महर्षिरिति संज्ञितः ।
यत ऋषिर्हि देवानां देवर्षिः स च उच्यते ।। 1814/2422

मुनिषु च महाज्ञातो नारदः स महामुनिः ।
लोकेषु वाक्पटुर्ज्ञातः सर्वलोकहितस्तथा ।। 1815/2422

वाल्मीकेराश्रमे पुण्ये सोऽगच्छन्नारदो यदा ।
स्वागतार्थेन सानन्दं–उपागच्छन्महाकविः ।। 1816/2422

आलिङ्गयन्मुनिं प्रेम्णा योगक्षेमं निगद्य च ।
श्रुतवान्नारदाच्छ्रेष्ठं सन्देशं ब्रह्मणः कविः।। 1817/2422

दोहा॰ **ऋषियों में जो श्रेष्ठ है, महर्षि वह सत् नाम ।**
देवों के देवर्षि जो, नारद नाम ललाम ।। 2222/7162

महान ज्ञानी जो मुनि, उन्हें महामुनि नाम ।
त्रिलोक में वागीश हैं, जन हित उनका काम ।। 2223/7162

कथा

(एक दिन)
लेकर ब्रह्मा जी की अनुमति, नारद इक दिन बैकुठ सेती ।
तमसा तट पर आन पधारे, मुनिवर नारद, वाल्मिक द्वारे ।। 2215/5205

ऽ, । ऽ ऽ, । । ।, । ऽ ऽ इस प्रकार है ।

▶ लक्षण गीत : **दोहा॰ मत्त अठारह का बना, र य न य गण का वृंद ।**
अक्षर बारह हों जहाँ, कहा "कुमुदिनी" छंद ।। 2221/7162

100. Shrī Nārad muni's arrival at Tamasā river (1. Bāl Kānd)

वीणा कर कमलों में धारे, झन् झन् करती जिसकी तारें ।
नारायण! नारायण! गाते, सुधा स्वादु स्वर मुनि बरसाते ।। 2216/5205

महामधुर सुर मंगल वाला, गाते हरि! हरि! रव की माला ।
नादकुशल मुनि नारद ऐसे, गान निपुण सुधि शारद जैसे ।। 2217/5205

मंगल स्मित से मन हर लेते, धीरज हिरदय में भर देते ।
हरि किरपा का जो अनुरागी, दरशन पाता वो बड़भागी ।। 2218/5205

जगे जन्म की उज्ज्वल रेखा, जिसने नारद सम्मुख देखा ।
नारद लाते प्रभु संदेसा, हरने व्याकुल मन अंदेसा ।। 2219/5205

दैवी मुनि को जो नर भाते, नारद उनके सपनन आते ।
प्रसन्न हिरदय वो हो जाते, शुभ फल जनम-जनम का पाते ।। 2220/5205

✍ दोहा॰ वीणा जिनके हाथ में, सजी रहे दिन-रात ।
"नारायण!" के गीत वे, गाते सुर में सात ।। 2224/7162

महा मधुर सुर गान का, हरि! हरि! शब्द उचार ।
नारद पटु संगीत के, सरस्वती अवतार ।। 2225/7162

आज्ञा ब्रह्मा की लिए, लिखने को इतिहास ।
निकले मुनि वैकुंठ से, आए ऋषि के पास पास ।। 2226/7162

बाल्मिक कवि ने थी पढ़ी, शास्त्रों में यह बात ।
नारद दर्शन हों जिन्हें, भाग्य उन्हीं के साथ ।। 2227/7162

♫ संगीतश्रीकृष्णरामायण छन्दमाला, मोती 312 of 501

योग छन्द[28]

---

[28] **♫ योग छन्द** : इस 20 मात्रा वाले महादैशिक छन्द के अन्त में य गण (। ऽ ऽ) आता है । यति 12-8 पर विकल्प से आता है ।

▶ लक्षण गीत : **✍ दोहा॰ बनता मात्रा बीस का, लघु गुरु गुरु से अंत ।**
यति बारह कल पर जहाँ, वहाँ "योग" है छंद ।। 2228/7162

100. Shrī Nārad muni's arrival at Tamasā river (1. Bāl Kānd)

12 + 3 + । ऽ ऽ

(नारद दर्शन)

जिसके सपनन नारद, मुनिवर आते ।
उसके संकट क्षण में, सब मिट जाते ।। 1
प्रसन्न मन बड़भागा, वह बन जाता ।
जनम-जनम वो नरवर, शुभ फल पाता ।। 2

(आगमन)

तमसा तटिनी स्वागत कीन्हा, नारद को पय प्राशन दीन्हा ।
बोले, अमृत पी कर मुनि हैं, "चित्रकूट का विश्व ऋणी है" ।। 2221/5205

दोहा॰ नारद मुनिवर आगए, तमसा नदिया तीर ।
मन में आनंदित हुए, पी कर पावन नीर ।। 2229/7162

मुदितमना मुनि ने कहा, "तमसा! तू है धन्य ।
तुझसे भी बड़भाग है, नदी न कोई अन्य ।। 2230/7162

"तेरी धरती पर करे, बालमीक ऋषि ध्यान ।
राम-सिया भी आयँगे, विश्व तेरा ऋणवान" ।। 2231/7162

संगीतश्रीकृष्णरामायण गीतमाला, पुष्प 463 of 763

दादरा ताल

(श्री नारद का तमसा पर आगमन)

स्थायी

गीत शारद ने मंजुल है गाया, साज नारद मुनि ने बजाया ।
रत्नाकर से है मंगल रचाया, रामायण को है सुंदर सजाया ।।

♫ म-ग म-म- म प-म- ग म-प-, रे-ग म-म- मध- प- मग-म- ।
रेगम-म म- म ध-प- गम-प-, रे-ग-म- म- म ध-प- मग-रे- ।।

अंतरा-1

महाज्ञानी श्री नारद मुनि हैं, शुभ वाणी विशारद गुणी हैं ।
ब्रह्माजी से वो आदेश पाया, बाल्मीकिऽ से मिलने को आया ।।

101. Dialogue between Nārad muni and Vālmīki (1. Bāl Kānd)

♪ सांसांनि-रें- सां ध-नि- धप- म-, सांसां नि-रें- सांध-नि- धप- म- ।

मगम- म- म प-म-ग म-प-, रेगम-म- म धधप- म ग-रे- ।।

अंतरा-2

अन्तर्ज्ञानी श्री नारद मुनिऽ हैं, सारी दुनिया मुनिऽ की ऋणी है ।

मुनि ब्रह्मा से संदेस लाया, गुरुवर से रामायण लिखाया ।।

अंतरा-3

सर्वगामी श्री नारद मुनि हैं, आँखों देखी जो कानों सुनी है ।

सारा ब्यौरा कविऽ को सुनाया, श्लोऽकों में चरित्तर लिखाया ।।

101. मुनिवर नारद गुरुवर वाल्मीकि संवाद की कथा :

101. Dialogue between Nārad muni and Vālmīki *(1. Bāl Kānd)*

♪ संगीतश्रीकृष्णरामायण छन्दमाला, मोती 313 of 501

चंद्रकांता छन्द[29]

ऽ । ऽ, ऽ । ऽ, ऽ ऽ ।, ऽ ऽ ।, । ऽ ऽ

(नारद-वाल्मीकि)

हस्त जोड़े खड़े बाल्मीक से नारद बोले ।

राम गाथा लिखो जो छन्द में अमृत घोले ।। 1

शाँत बाल्मीकि बोले वो कथा ज्ञात न मोहे ।

काव्य श्री राम का जो श्लोक-आनुष्टुप् सोहे ।। 2

ॐ श्लोका:

कविमुचाव देवर्षिर्लेखितुं श्लोकछन्दसि ।

अमृतमद्भुतं काव्यं रामस्य चरितं शुभम् ।। 1818/2422

---

[29] ♪ **चन्द्रकान्ता छन्द** : इस 15 वर्ण, 25 मात्रा के छन्द में र र त त य गण आते हैं । इसका लक्षण सूत्र ऽ । ऽ, ऽ । ऽ, ऽ ऽ ।, ऽ ऽ ।, । ऽ ऽ इस प्रकार है ।

▶ लक्षण गीत : **दोहा० र र त त य गण का बना, पच्चीस मत्त वृंद ।**

कहा "चंद्रकांता" जिसे, पन्द्रह अक्षर छंद ।। 2232/7162

101. Dialogue between Nārad muni and Vālmīki (1. Bāl Kānd)

मुनिमुचाव वाल्मीकिर्नाहं जानामि तां कथाम् ।
कृपया वदतान्मह्यं रामस्य चरितं मुने ।। 1819/2422

उवाच नारदस्तस्मात्-संक्षिप्तं चरितं शृणु ।
लिखताद्रसयुक्तं तत्-पार्वत्यै यदलंकृतम् ।। 1820/2422

📖 **कथा** 📖

(वाल्मीकि)

लख मुनि को बाल्मिक हरषाए, भागे-भागे सम्मुख आए ।
गुरुवर उनको आश्रम लाए, सादर आसन पर बिठलाए ।। 2222/5205

कविवर चरणन छू कर मुनि के, वन्दन कीन्हे ऋषि सद्गुणी के ।
कुशल क्षेम सब पूछे शुरू में, त्रिभुवन का फिर हाल गुरु ने ।। 2223/5205

रवि शशि सम वे दोनों तारे, जग को ज्ञान प्रकाशक सारे ।
अभिष्ट चिंतन मिष्ट मिलन में, हुआ मोद विनोद कथन में ।। 2224/5205

✍**दोहा॰ नारद को लख सामने, ऋषिवर को उत्साह ।**
भागे-भागे आगए, फैलाए दो बाँह ।। 2233/7162

स्वागत करने हर्ष से, नारद मुनि का आप ।
चरणन पर कवि गिर पड़े, मुख में हरि! हरि! जाप ।। 2234/7162

कुशल क्षेम फिर पूछ कर, लाए पूजा थाल ।
आसन पर बिठलाइ कर, पूछा त्रिभुवन हाल ।। 2235/7162

(फिर)

कवि बाल्मिक फिर अंजुलि जोड़े, हास्य वदन पर लेकर थोड़े ।
बोले, "मुनिवर अचानक ऐसे, आज आगमन हुआ ये कैसे" ।। 2225/5205

नारद बोले मैं आया हूँ, ब्रह्म सँदेसा मैं लाया हूँ ।
कथा लिखो तुम रामचंद्र की, अमरित बानी श्लोक छन्द की ।। 2226/5205

✍**दोहा॰ कृतांजली फिर सौम्य ने, किया प्रश्न, "मुनिराज! ।**
कैसे आगम है किया, मेरे मठ पर आज?" ।। 2236/7162

101. Dialogue between Nārad muni and Vālmīki (1. Bāl Kānd)

नारद बोले, हे गुरो! सुनो परम संदेस ।
ब्रह्मा जी का आज मैं, लाया हूँ आदेश ।। 2237/7162

"कथा लिखो तुम राम की, सकल विश्व में भव्य ।
छन्द अनुष्टुभ् में रचो, संस्कृत वाणी दिव्य" ।। 2238/7162

(तब)

गुरुवर बोले, प्रभो! सुनाओ, मुझे राम की कथा बताओ ।
प्रीत रामजी से है मोहे, राम चरित श्लोकों में सोहे ।। 2227/5205

मुनिवर बोले, कविवर! सुनलो, चरित राम का इससे बुन लो ।
स्वल्प कहूँगा, सूक्ष्म कहूँगा, शीघ्र कहूँगा, समय न लूँगा ।। 2228/5205

दोहा॰ कवि ने मुनिवर से कहा, मुझे कथा नहिँ ज्ञात ।
रामचंद्र की पूर्ण वो, मुझे कहो तुम, तात! ।। 2239/7162

नारद बोले, तो सुनो! राम कथा संक्षिप्त ।
अमृत वाणी तुम लिखो, नव-रस से जो लिप्त ।। 2240/7162

और न कोई लिख सके, त्रिभुवन में कविराज ।
ऐसे अद्‌भुत रूप में, कथा लिखो तुम आज ।। 2241/7162

गौरीजी ने है कही, शिवजी को अरदास ।
"राम कथा गिर्वाण सी, मुझे सुनन की प्यास" ।। 2242/7162

(और)

आगे बोले, गुरुवर-प्यारे! हरि में दुर्लभ सद्गुण सारे ।
सुगुण समाए उनमें न्यारे, उतने जितने नभ में तारे ।। 2229/5205

कथा राम की पवित्र जो ही, कबि कोबिद कहि सकै न कोई ।
अशक्त सुर मानव की बानी, शक्ति देगी शारद रानी ।। 2230/5205

दोहा॰ सद्‌गुण राघव में सभी, जितने गिर् को याद ।
और न सद्‌गुण है कहीं, रामचंद्र के बाद ।। 2243/7162

तुमको देंगी शारदा, अमृत वाणी स्त्रोत ।

102. Story of Shrī Rāma's Virtues (Rāmāyan, 1. Bāl Kānd)
कथा तिहारी जो पढ़े, जगे ज्ञान की ज्योत ।। 2244/7162

102. श्री राम गुणगान की कथा :

102. Story of Shrī Rāma's Virtues *(Rāmāyan, 1. Bāl Kānd)*

(फिर भी)

तदपि कहूँ बरणन सुखदाई, बोल सके जो और न कोई ।
एकमना बन दीजो काना, सुन कर लिखियो सुंदर गाना ।। 2231/5205

दोहा॰ कहते सब गुण राम के, बीतेंगे दिन-रात ।
अतः कहूँगा मैं यहाँ, स्वल्प रीति से, तात! ।। 2245/7162

संगीतश्रीकृष्णरामायण छन्दमाला, मोती 314 of 501

मदनहर दण्डक छन्द[30]

। । + 8 + 8 + 14 + 6 + ऽ

(राम स्वरूप)

अभिराम राम का, रूप सुमंगल, उत्तम रघुवर पुरुषोत्तम,
दिव्य देह का ।
गठित गात्र आभा हिरदय हारी, आजानुबाहु तन सुंदर,
परम नेह का ।। 1

हरि मुख मंडल पर, तेज सूर्य का, काले कुंतल नैन गोल,
विशाल सोहे ।
कटि पर पीतांबर, पाद खड़ाऊँ, गाल गुलाबी शुभ राघव,
लगते मोहे ।। 2

---

[30] **मदनहर दण्डक छन्द** : किसी भी 32 से अधिक मात्रा के छन्द को **दण्डक** कहा जाता है । इस 40 वर्ण वाले दंडक में आदि की दो मात्रा लघु और अन्तिम मात्रा गुरु होती है । यति 10 + 8 + 14 + 8 विकल्प से आता है ।

▶ लक्षण गीत : **दोहा॰ दंडक चालिस मत्त का, आदि दो ल, गुरु अंत ।**
यति हो दस आठ चौदह, वही "मदनहर" छंद ।। 2246/7162

102. Story of Shrī Rāma's Virtues (Rāmāyan, 1. Bāl Kānd)

श्लोका:

लोके-सम्प्रति, श्रीराम: प्रशस्तगुणवान्नर: ।
धर्मज्ञो वीर्यवान्राम: कृतज्ञश्च महामना ।। 1821/2422

♪ ध-ध- ध-धध प-नि-ध-, सांनि-धमपसांनिध- ।
प-प-प- नि-धप-नि-ध-, पम-ग-म- पम-गरे- ।।

जीतकामो गतक्रोधो वीतरागो जनप्रिय: ।
आनन्ददायको राम: सदाचारी च बुद्धिमान् ।। 1822/2422

नीतिज्ञो धृतिमान्रामो द्युतिमांश्च जितेन्द्रिय: ।
समस्तगुणसम्पन्नो दृढदेहो जनार्दन: ।। 1823/2422

शोभावान्दीर्घबाहुश्च कम्बुकण्ठो महाबल: ।
महावीर्यो धमुष्मान्स सर्वभूतहिते रत: ।। 1824/2422

रामो वाग्मी मनोज्ञश्च यशस्वी च विचक्षण: ।
विक्रम: सर्वशास्त्रज्ञो ज्ञानी दानी दयानिधि: ।। 1825/2422

दुर्लभसद्गुणा: सर्वे रामे हि सुलभा: खलु ।
अत एव मतो राम: पृथिव्यां पुरुषोत्तम: ।। 1826/2422

कथा

(गुणगान)

रामचंद्र उत्तम गुण गेही, दिव्य दीप्त वो दैवी देही ।
वो है सर्व कला का पूरा, सद्गुण सागर सुंदर शूरा ।। 2232/5205

राम-नाम लिख उपल तरायो, सागर पर कपि सेतु करायो ।
राम-नाम के अनुपम कामा, राम से ऊँचा राम का नामा ।। 2233/5205

सब सुख-सार उसे है जाना, पूर्ण पुरुष पुरुषोत्तम माना ।
सरब सृष्टि का सार है सारा, सुर सुख सरिता प्रेमल धारा ।। 2234/5205

राम ज्ञान विज्ञान भँडारा, सत्य सुरक्षक संत सहारा ।
सज्जन जन के मन को मोहे, सदाचार शुभ संपद् सोहे ।। 2235/5205

102. Story of Shrī Rāma's Virtues (Rāmāyan, 1. Bāl Kānd)

दोहा॰ सब नामों में एक है, उत्तम राघव नाम ।
एक मात्र शुभ नाम से, सफल होत सब काम ।। 2247/7162

जितने जग में देह हैं, राघव देही एक ।
जितने सद्गुण स्वर्ग में, राघव में प्रत्येक ।। 2248/7162

राघव जग में एक हैं, अनुपम गुण भँडार ।
राम कला कासार[31] हैं, क्षात्र-धर्म का सार ।। 2249/7162

सागर पर पत्थर तरे, लिख कर राघव नाम ।
राघव जो ना कर सकें, करे राम का नाम ।। 2250/7162

सुखदाता प्रभु राम है, पुरुषोत्तम है राम ।
सब सृष्टि का सार है, सर्व सुखों का धाम ।। 2251/7162

राम ज्ञान विज्ञान है, सत्य सुरक्षक राम ।
सज्जन मन का मोद है, सदाचार सत्नाम ।। 2252/7162

(और)

एक पत्नी वो, एक निशानी, एक वाणी अरु एक हि बाणी ।
राम एक अकेला ऐसा, जग में नाही नर उस जैसा ।। 2236/5205

पुण्यरूप प्रभु पुरुष प्रतापी, असुर निकंदन सुर पर्तापी ।
दानव दुर्जन डरते पापी, कीर्ति उसकी सब दिश व्यापी ।। 2237/5205

रामचंद्र प्रभु हैं अभिरामा, परम शाँति सुख के शुभ धामा ।
नीति निपुण हरि जन विश्रामा, कर्म करन धरी मन निष्कामा ।। 2238/5205

रघुपति राघव चरम वीर हैं, सकल जगत में परम धीर हैं ।
सागर सम हरि अचल गँभीरा, अमित विक्रमी हरि रघुबीरा ।। 2239/5205

तेज पुँज दिनमणी सूर्य हैं, शाँत सुखद शुचि शीत वीर्य हैं ।
महामना कुशल मति विद्वाना, विद्यापति पंडित विज्ञाना ।। 2240/5205

---

[31] **कासार** = सरोवर, तालाब ।

102. Story of Shrī Rāma's Virtues (Rāmāyan, 1. Bāl Kānd)

दोहा॰ इक-पत्नी हैं रामजी, एक-वचन के धीर ।
एक लक्ष्य पर दृढ़ मति, एक-बाण के वीर ।। 2253/7162

परम प्रतापी पुरुष हैं, पुण्य रूप भगवान ।
असुर निकंदन राम हैं, अनुपम कीरतिमान ।। 2254/7162

रामचंद्र अभिराम हैं, सुंदर रूप ललाम ।
नीति निपुण निष्काम हैं, परम शाँति के धाम ।। 2255/7162

तेज पुंज हरि सूर्य हैं, धर्म कुशल विद्वान ।
राघव को सब ज्ञात हैं, कला ज्ञान विज्ञान ।। 2256/7162

(और भी)

गात्र गठित स्थिर अंग गुलाबी, सरल सबल तनु, उठान लंबी ।
मुख मंडल पर तेज सूर्य का, प्रबल भुजा में वीर्य आर्य का ।। 2241/5205

शीश बृहत् पर कुंतल काले, सुंदर नैना विशाल वाले ।
चंचु नाक, पैने दो काना, जय जय राघव जय अभिरामा ।। 2242/5205

दंत सुशोभित अनार दाने, पंक्ति सुमंडित संत सयाने ।
स्कंध स्तंभ सम छाती चौड़ी, ग्रीवा कंबू, भुजा हथौड़ी ।। 2243/5205

गाल गुलाबी सुंदर साजे, इंद्र धनुष शुभ हाथ विराजे ।
कटि पीतांबर सुंदर सोहे, मूर्ति राम की भावै मोहे ।। 2244/5205

पद सरल, कद तेज भरा है, चरण कमल पर शिर मेरा है ।
कमलासन पर राम विरामा, जय जय जय जय सीतारामा ।। 2245/5205

दोहा॰ सुगठित तन है राम का, कान्तिमान हैं अंग ।
प्रभावान शुचि रूप है, सुखद सुनीला रंग ।। 2257/7162

सरल सबल तनु राम का, सुदृढ़ ऊँचा गात ।
मुख मंडल पर तेज है, लब पर मीठी बात ।। 2258/7162

प्रबल भुजाएँ राम कीं, वीरों के हैं वीर ।
ध्येय राम को साध्य है, एक चला कर तीर ।। 2259/7162

102. Story of Shrī Rāma's Virtues (Rāmāyan, 1. Bāl Kānd)

बृहत् शीश है राम का, कुंचित काले केश ।
नैन गोल विशाल हैं, कंबु ग्रीव परमेश ।। 2260/7162

चंचु नाक, श्रुति तीक्ष्ण है, दीर्घ राम के स्कंध ।
दंत सुमंडित राम के, पद हैं कदली स्तंभ ।। 2261/7162

छाती चौड़ी राम की, सुंदर कोमल गाल ।
भुजा हथौड़ी राम की, सिंहराज सम चाल ।। 2262/7162

सोहे तन पर राम के, पुण्य पितांबर पीत ।
धनुष विराजे हाथ में, राघव से मम प्रीत ।। 2263/7162

नील कमल पर राम का, आसन है अभिराम ।
चरण कमल पर शीश मम, जय जय सीताराम ।। 2264/7162

संगीतश्रीकृष्णरामायण गीतमाला, पुष्प 464 of 763

दादरा ताल

(श्रीनारद-वाल्मीकि आलाप की कथा)

स्थायी

गीत शारद ने मंजुल है गाया, साज नारद मुनि ने बजाया ।
रत्नाकर से है मंगल रचाया, रामायण को है सुंदर सजाया ।।
♫ म-ग म-म- म प-म- ग म-प-, रे-ग म-म- मध- प- मग-म- ।
रेगम-म म- म ध-प- गम-प-, रे-ग-म- म- म ध-प- मग-रे- ।।

अंतरा-1

उमा, शंकर से बोली बताओ, मोहे राघव कहानी सुनाओ ।
ब्रह्मा, नारद को धरती पठाया, मुनि नारद वो संदेस लाया ।।
♫ सांसां, नि-रें- सां ध-नि- ध-प-म-, सांसां नि-रें- सांध-नि- धप-म- ।
मग, म-म- म प-म- गम-प-, रेग म-म- म ध-पम ग-म- ।।

अंतरा-2

कवि बोले, न मोहे सही है, ज्ञान राघव कथा का नहीं है ।
मुनिवर ने वो ब्यौरा सुनाया, श्लोऽकन में कविऽ से बुनाया ।।

102. Story of Shrī Rāma's Virtues (Rāmāyan, 1. Bāl Kānd)

अंतरा-3

नौऽ रस में जो बरणन रचाया, नाना छन्दों से उसको सजाया ।
नाऽरद ने कविऽ से लिखाया, शिवजी ने उमा को सुनाया ।।

(मुनिवर आगे बोले)
आगे सुनिये कविवर, प्यारे! यथा तथा ही प्रसंग सारे ।
साथ बजेगी वीणा तारें, भजन गान भी सदा सुखारे ।। 2246/5205

यथा सुनाऊँ लिखते रहिये, साथ साथ में कुछ ना कहिये ।
सरस्वती का शुभ वर लिजो, भाषा सुंदर ललाम दीजो ।। 2247/5205

रचो अलंकृत कविता ऐसी, कभी न हो जग में उस जैसी ।
लिखो चरित जो मनहर होता, जग में जुग-जुग वाङ्मय सोता ।। 2248/5205

दोहा॰ इसके आगे और मैं, जो जो कहूँ प्रसंग ।
बिना रुके कछु बीच में, लिखते रहिए संग ।। 2265/7162

साथ बजाऊँ बीन मैं, गीत राग की तान ।
गाऊँ भजनन संग मैं, भक्ति भाव के गान ।। 2266/7162

पद्य अलंकृत यों रचो, लिखा न पहले कोय ।
ना भविष्य में भी कभी, वाङ्मय ऐसा होय ।। 2267/7162

संगीतश्रीकृष्णरामायण गीतमाला, पुष्प 465 of 763

भजन

(जय सिया राम)

स्थायी

छवि सुमंगल रूप ललाम, जै जै राघव जय सिया राम ।
♪ साध- मप-मग ध-नि निम-म, मम पप ध-पम रेरे गप म-म ।

अंतरा-1

कमल वदन शुभ लोचन सुंदर, संकट मोचन स्नेह समुंदर ।
भागा आए भगत के काम, जै जै रघुपति, जय सिया राम ।।
♪ सारेग ममम मम प-मग रे-गग, सा-रेग म-मम प-म गरे-गग ।

सा-ध- प-म- गगमम प-प, ध- नि- धपमम, रेरे गग म-म ।।

अंतरा-2

मुख मंडल पर दीर्घ हनु है, हाथ विराजत इन्द्र धनु है ।
राम से ऊँचा राम का नाम, जै जै रघुपति, जय सिया राम ।।

अंतरा-3

पीत पीतांबर कटि पर सोहे, आस दरस की निश-दिन मोहे ।
सपनन जाऊँ मैं राम के धाम, जै जै रघुपति, जय सिया राम ।।

संगीतश्रीकृष्णरामायण गीतमाला, पुष्प 466 of 763

दादरा ताल

(श्री राम के गुणगान की कथा)

स्थायी

गीत शारद ने मंजुल है गाया, साज नारद मुनि ने बजाया ।
रत्नाकर से है मंगल रचाया, रामायण को है सुंदर सजाया ।।

♫ म-ग म-म- म प-म- ग म-प-, रे-ग म-म- मध- प- मग-म- ।
रेगम-म म- म ध-प- गम-प-, रे-ग-म- म- म ध-प- मग-रे- ।।

अंतरा-1

दुनिया में जो सद्गुण हैं सारे, जितने आकाश में हैं सितारे ।
हर कला को है श्री राम पाया, राम विद्या का सागर कहाया ।।

♫ सांसांनि- रें- सां ध-नि- ध प-म-, सां-सां नि-रें-सां ध- नि- धप-म- ।
म- गम- म- म प- म-ग म-प-, रे-ग म-म- म ध-प- मग-रे- ।।

अंतरा-2

ज्ञान विज्ञान का है भँडारा, संत सज्जन अकिंचन सहारा ।
हर हुनर है हरिऽ में समाया, वीर रस से भरी उसकी काया ।।

अंतरा-3

राम नीतिऽ धुरंधर प्रतापी, उससे डरते हैं नादान पापी ।
असुरों का निकंदन कहाया, बड़ी अद्भुत है राघव की माया ।।

103. Story of the City of Ayodhyā (Rāmāyan, 1. Bāl Kānd)
बाल काण्ड : चौथा सर्ग

103. अयोध्या वर्णन :

103. Story of the City of Ayodhyā *(Rāmāyan, 1. Bāl Kānd)*

संगीतश्रीकृष्णरामायण छन्दमाला, मोती 315 of 501

केतुमाला छन्द[32]

ऽ ऽ ।, ऽ ऽ ।, ऽ ऽ

(अयोध्या नगरी)

रानी पुरों की अयोध्या, इक्ष्वाकु की राजधानी ।
आरंभ होती यहीं से, श्री राम सीता कहानी ।। 1
श्रीमंत समृद्ध जो ही, वैकुंठ से श्रेष्ठ मानी ।
शिक्षा कला ज्ञान विद्या, विज्ञान विख्यात जानी ।। 2

श्लोकौ

अयोध्या नगरी रम्या शरयूसरितस्तटे ।
इन्द्रपुर्या समा दिव्या सुन्दरी सुखदायिनी ।। 1827/2422

रविकुलस्य मूलं सा संस्थापिता विवस्वता ।
नगरीणां मता राज्ञी दशरथस्य गौरवम् ।। 1828/2422

कथा

(अयोध्या)

सरयू[33] तट पर जिसका धामा, महान जनपद ‘कोसल’ नामा ।

---

[32] **केतुमाला छन्द :** इस 8 वर्ण, 14 मात्रा वाले अनुष्टुप् छन्द के चरण में दो त गण और दो गुरु वर्ण आते हैं । इसका लक्षण सूत्र ऽ ऽ ।, ऽ ऽ ।, ऽ ऽ इस प्रकार है । इसमें चरणान्त विराम होता है ।

► लक्षण गीत : **दोहा॰ चौदह मात्रा से बना, दो गुरु कल हों अंत ।**
कहा “केतुमाला” जिसे, त त गण का वह छंद ।। 2268/7162

[33] **सरयू =** (हिंदी) सरयू, सरजू, सरयु; (संस्कृत) शरयु, शरयू ।

103. Story of the City of Ayodhyā (Rāmāyan, 1. Bāl Kānd)

बसा भुवन में बहुत पुराना, शीर्षक जिसका 'अवध' सुनामा ॥ 2249/5205

शीतल सुविमल शुचि सुखदाई, सरिता शोभित सरयू माई ।
शाँत सुहानी सुमधुर पानी, सरिताओं की सुंदर रानी ॥ 2250/5205

तरह तरह की जल में मछली, रंग विविध की मन मचली ।
जगह जगह में कच्छप सीपी, बगुले कदंब खग बहु रूपी ॥ 2251/5205

जलचर खग सब शोभा लाते, चहल पहल जन मन बहलाते ।
स्थान-स्थान उद्यान बगीचे, पुष्प वाटिका हरित गलीचे ॥ 2252/5205

✎दोहा॰ सरयु सरित के नीर से, सिंचित शोभित देश ।
रघुकुल का चिर काल से, कोशल पुण्य प्रदेश ॥ 2269/7162

सरयु पवित्तर पूज्य है, निर्मल सुमधुर तोय ।
गंगा से जाकर मिली, संगम सुंदर होय ॥ 2270/7162

अमृत नदिया नीर से, अवध नगर समृद्ध ।
फल-फूलों से थे भरे, घर-घर जन मन शुद्ध ॥ 2271/7162

उपवन विविध विधा से साजे, फूल फलों की महक बिराजे ।
रंग पुष्प से मोहित पंछी, मधु बैना से मुग्ध विरंची ॥ 2253/5205

तुंबर किन्नर सुर गण सारे, आते उपवन साँझ सकारे ।
मधुरस पराग पीकर जाते, बचा कुचा फिर मधुकर पाते ॥ 2254/5205

अलिदल पंछी रंग बिरंगे, पंख चंचु अरु तुर्रे सुढंगे ।
आम्र तरु पर कोयल मैना, मंजुल कलरव कूहू बैना ॥ 2255/5205

मोर पपीहे नाचे थैया, रँभाते हैं वत्सन गैया ।
फुदक-फुदकते खरहे भाते, कूद कूद कर मृग इतराते ॥ 2256/5205

✎दोहा॰ उपवन सुंदर नगर में, मधु फल के उद्यान ।
पंछी रंग बिरंग के, मंजुल गाते गान ॥ 2272/7162

चौड़े सुथरे मार्ग थे, दीपक दोनों ओर ।

103. Story of the City of Ayodhyā (Rāmāyan, 1. Bāl Kānd)

मंदिर मंदिर आरती, ज्यों ही होती भोर ।। 2273/7162

सजे सदन थे पंक्ति में, भुट्टे पर ज्यों बीज ।
हर घर में था सुख भरा, कमी न कोई चीज ।। 2274/7162

निलय सुमंडित थे सभी, परिसर लगे निसर्ग ।
नगर अयोध्या का कहा, धरती पर है स्वर्ग ।। 2275/7162

<u>संगीतश्रीकृष्णरामायण गीतमाला, पुष्प 467 of 763</u>

भजन : राग रत्नाकर, कहरवा ताल 8 मात्रा

(दशरथ की अयोध्या)

स्थायी

लाल पीले फूल खिले, पंछी सुंदर चहक रहे ।
नन्हे मुन्ने सुन कर उनको, भागे-भागे आते हैं ।।
♫ ग-ग प-म- ग-रे गम-, ग-प- ध-पम गगरे गम- ।
रे-रे- ग-ग- मम मम गगम-, प-ध- प-म- ग-मग रे- ।।

अंतरा-1

रंग बसंती छाया है, बाग में ईश्वर आया है ।
हरा हरा सा बिछा गलीचा, उसका स्वागत करता है ।।
♫ प-म गरे-ग- प-मप ध-, <u>नि</u>-ध प म-मम प-मप ध- ।
रेग- मग- रे- गप- मग-रे-, गगग- प-पप मगमग रे- ।।

अंतरा-2

मंगल मौसम फूलों का, मंजुल झूला झूलों का ।
जरा जरा सा ठंढा मौसम, तन में सिहरन भरता है ।।

अंतरा-3

मोर पपीहा नाचे रे, कोयल कूहू बोले है ।
हरा हरा सा शावक तोता, मिट्ठू मीया कहता है ।।

(वहाँ)

सरयू सरीत् समीप सजेली, अयोध्या पुरी नित्य नवेली ।
अवध नगर की शोभा न्यारी, सजी विविध विधि लगती प्यारी ।। 2257/5205

103. Story of the City of Ayodhyā (Rāmāyan, 1. Bāl Kānd)

सूर्य सुहाना गोला जैसे, अवध पुरी का चोला वैसे ।
प्रात: क्षितिज पर शीघ्र उभरता, सरयू तट पर द्रुत गति बढ़ता ।। 2258/5205

अवध पुरी की जनता ऐसी, घन संपद् धनकुबेर जैसी ।
नगरी में पथ सरल सुहाने, जिनके चौड़े चौक लुभाने ।। 2259/5205

गलियाँ कूचे निर्मल सुथरे, बाग बगीचे इत उत बिखरे ।
घर नगरी में सजीं कतारें, पूज्य वस्त्र पर जरी की तारें ।। 2260/5205

घर-घर आँगन अरु पिछवाड़े, पुष्प वाटिका अरु चौबारे ।
फूल चमेली रजनीगंधा, गुलाब चंपक जूहि सुगंधा ।। 2261/5205

तुलसी गेंदा कुन्द मालती, जवा कुसुम सूरज सेवंती ।
चंद्रकांत गुल, गुलबकावली, कमलिनि कैरव कुमुद चमेली ।। 2262/5205

दोहा॰ अवध पुरी के लोग थे, धन संपद् श्रीमंत ।
सबके मन आनंद था, सब थे सज्जन संत ।। 2276/7162

सरल सुहानी नगर की, चौड़ी थी हर बाट ।
सुंदर सुरचित थे सजे, विशाल सुथरे हाट ।। 2277/7162

बिखरे थे सब नगर में, फल-फूलों के बाग ।
पवित्र सरिता नीर से, सबके उजले भाग ।। 2278/7162

नगरी में गृह थे सजे, सर्व बनाय कतार ।
जैसीं पावन वस्त्र पर, बुनीं ज़री की तार ।। 2279/7162

घर-घर सुमन गुलाब के, जवा कुसुम कचनार ।
वनिता पहने मालती, कुमुद चमेली हार ।। 2280/7162

कृषि, प्रांगण घर के सभी, उपजाते फल-फूल ।
उज्ज्वल पावन नगरिया, लगी स्वर्ग अनुकूल ।। 2281/7162

(अत:)

पावन जल से उस सरिता के, भावन सुत थे हर वनिता के ।
हर कन्या थी कंचन गुड़िया, घर आँगन थे जग में बढ़िया ।। 2263/5205

103. Story of the City of Ayodhyā (Rāmāyan, 1. Bāl Kānd)

सुविपुल निर्मल शीतल पानी, सिंचन प्राशन की आसानी ।
खेती बाड़ी हरित सुहानी, प्रचुर सभी को दानापानी ॥ 2264/5205

क्रीड़ा कला पठन की शाला, खेलत कूदत बालक बाला ।
गुरुकुल में गुणी अंतेवासी, बनते पंडित अति विद्वांसी ॥ 2265/5205

सुखी सभी थे, स्वस्थ सभी थे, भक्ति भाव में मस्त सभी थे ।
पर सेवा में व्यस्त सभी थे, देशोन्नति में हस्त सभी के ॥ 2266/5205

जन-गण वर्तन नियमित चोखे, कहीं न चोर लुटेरे धोखे ।
सदाचार से रहता राजा, यथा हि राजा तथा थी प्रजा ॥ 2267/5205

व्यथा जरा से नहीं दुखी थे, स्वर्ग भूमि सम सभी सुखी थे ।
भेद भाव से पराङ्मुखी थे, वेद वाक्य सर्वतोमुखी थे ॥ 2268/5205

यहाँ सभी थे प्रसन्न जीवा, राम-राज्य की जानी नींवा ।
ऐसे देश भले को पाले, दशरथ जी नृप रघुकुल वाले ॥ 2269/5205

✍ दोहा॰ पूज्य नदी के नीर से, जनपद जन थे स्वस्थ ।
सबके पूत निरोग थे, सब थे सुखी गृहस्थ ॥ 2282/7162

वनिता सब व्रतधारिणीं, कन्या सभी सुशील ।
माताएँ थीं देवियाँ, बालक कुशल निखिल ॥ 2283/7162

प्रसन्न हिरदय थे सभी, कोमल सदय सुजान ।
वेद वाक्य सब वदन में, मंगल स्तुति के गान ॥ 2284/7162

दशरथ के इस नगर में, सभी सुखी थे लोग ।
चोर लुटेरे थे नहीं, न ही छूत के रोग ॥ 2285/7162

(इस लिए)
त्रिभुवन में जो थी पहिचानी, अमरावती सम जानी मानी ।
रघुकुल की वह पुरी पुरानी, अवध पुरी थी सब जग जानी ॥ 2270/5205

स्वर्ग तुल्य इस भू पर दानी, राज करी कौशल्या रानी ।
दशरथ राजा जन-दुख हारी, प्रजा निहारी अजिर बिहारी ॥ 2271/5205

103. Story of the City of Ayodhyā (Rāmāyan, 1. Bāl Kānd)

स्वर्ग तुल्य इस राज्य के, दशरथ नृप थे तात ।
कौशल्या रानी सजी, देवी सम थी मात ।। 2286/7162

भू पर दूजी इन्द्र की, नगरी और न कोय ।
राम जनम अधिकारिणी, अवध पुरी शुभ होय ।। 2287/7162

 संगीतश्रीकृष्णरामायण गीतमाला, पुष्प 468 of 763

भजन : राग रत्नाकर, कहरवा ताल 8 मात्रा

(अवध पुरी)

स्थायी

अवध पुरी जग से न्यारी, नर सुर ईश्वर की प्यारी ।
♪ रेरेरे रेग- रेसा रेग रेगम-, पप पप ध-पम गप मगरे- ।

अंतरा-1

सरयू नद के तट पर नगरी, अमृत जल की है गगरी ।
♪ रेगम- पप प- धध धनि धपप-, प-पप धप म- गप मगरे- ।

अंतरा-2

मातु प्रेम सम मंगलकारी, जनपद की प्राण पियारी ।

अंतरा-3

राम-राज्य की नींव सुनहरी, राम जनम की अधिकारी ।

अंतरा-4

भारत माँ की प्यारी दुलारी, हम तेरे हैं बलिहारी ।

 संगीतश्रीकृष्णरामायण गीतमाला, पुष्प 469 of 763

दादरा ताल

(अयोध्या वर्णन की कथा)

स्थायी

गीत शारद ने मंजुल है गाया, साज नारद मुनि ने बजाया ।
रत्नाकर से है मंगल रचाया, रामायण को है सुंदर सजाया ।।
♪ म-ग म-म- म प-म- ग म-प-, रे-ग म-म- मध- प- मग-म- ।

104. Story of Sage Vasishtha (Rāmāyan, 1. Bāl Kānd)

रेगम-म म- म ध-प- गम-प-, रे-ग-म- म- म ध-प- मग-रे- ।।

अंतरा-1

सरयु सरिता किनारे है न्यारी, सजी सुंदर महासुख की क्यारी ।

घर आँगन में हँसमुख है नारी, कन्या भगिनी स्वसा मातु जाया ।।

♪ सां-सां निनिरें- सांध-नि- ध प-म-, सांसां नि-रें- सांध-निनि ध प-म- ।

मग म-म- म- पपमम ग म-प-, रे-ग- ममम- धप- म-ग म-रे- ।।

अंतरा-2

फूल गेंदा सेवंती चमेली, कुन्द कैरव जपा पुष्प बेली ।

त्रिभुवन में जो जानी अकेली, स्वर्ग भूमिऽ कहाती अयोध्या ।।

अंतरा-3

नींव रघुकुल की जग में वो जानी, सारी दुनिया के नगरों की रानी ।

इक्ष्वाकुऽ जहाँ था विराजा, राम सीता ने गौरव बढ़ाया ।।

104. ब्रह्मर्षि वसिष्ठ की कथा :

104. Story of Sage Vasishtha *(Rāmāyan, 1. Bāl Kānd)*

♫ संगीतश्रीकृष्णरामायण छन्दमाला, मोती 316 of 501

मणिरंग छन्द[34]

ऽ । ऽ, । । ऽ, । । ऽ, ऽ

(वसिष्ठ मुनि)

श्रीवसिष्ठ महामुनि जाने ।

राम लक्ष्मण के गुरु स्याने ।। 1

वेद शास्त्र सनातन ज्ञाता ।

ज्ञान योग महामन दाता ।। 2

---

[34] ♫ **मणिरंग छन्द :** इस 10 वर्ण, 15 मात्रा वाले पंक्ति छन्द के चरण में र स स गण और एक गुरु वर्ण आता है । इसका लक्षण सूत्र ऽ । ऽ, । । ऽ, । । ऽ, ऽ इस प्रकार है । इसमें चरणान्त विराम होता है ।

▶ लक्षण गीत : ✍ **दोहा॰ पन्द्रह मात्रा हों जहाँ, गुरु कल से है अंत ।**

रहे र स स गण आदि में, "मणिरंग" वही छंद ।। 2288/7162

104. Story of Sage Vasishtha (Rāmāyan, 1. Bāl Kānd)

श्लोकः

वसिष्ठो ब्रह्मणः पुत्रः सूक्तकर्ता प्रजापतिः ।
योगवासिष्ठकर्ता स राघवस्य गुरुर्महान् ।। 1829/2422

कथा

(वसिष्ठ)

ब्रह्माजी के प्राण से जने, वसिष्ठ मुनिवर प्रजापति बने ।
देव देवताओं के गुरुवर, परम ज्ञान के बरगद तरुवर ।। 2272/5205

वसिष्ठ ऋषि थे मुनि देवर्षि, सूक्तकार वेदों के मनीषी ।
राजपुरोहित स्मृति-कर्ता थे, उघुकुल के विपदाहर्ता थे ।। 2273/5205

सरस्वती सरिता के तट पर, वसिष्ठ जी का आश्रम सुंदर ।
विवाद मुनि से करत शास्त्र पर, याज्ञवल्क्य बाल्मीक पराशर ।। 2274/5205

परशुराम जी छात्र मुनि के, सीखे थे पुरुषार्थ उन्हीं से ।
वसिष्ठ थे अवतार दक्ष के, यज्ञ साधना परम लक्ष्य के ।। 2275/5205

कामधेनु थी मुनि आश्रम में, मन वांछित फल देती क्षण में ।
निश-दिन मुनि की करती रक्षा, देती वांछित, बिना प्रतीक्षा ।। 2276/5205

वसिष्ठ ने जो योग लिखाया, वाल्मिकि मुनि ने उन्हें सिखाया ।
कविवर का वो लिखा पढ़ाया, वही "योगवासिष्ठ" कहाया ।। 2277/5205

दोहा॰ वसिष्ठ मुनि रघु वंश के, रघुकुलगुरु थे पात्र ।
याज्ञवल्क्य मुनि मित्र थे, परशुराम थे छात्र ।। 2289/7162

ब्रह्मा जी के पुत्र थे, वसिष्ठ विज्ञ महान ।
अगस्त्य मुनि के बंधु थे, कर्म धर्म मतिमान ।। 2290/7162

वसिष्ठ ने वाल्मीक से, सीखा था जो ज्ञान ।
लिखा योगवासिष्ठ में, करने जग कल्याण ।। 22913735

अवतार कहे थे दक्ष के, यज्ञ कर्म निष्णात ।
शस्त्र-अस्त्र के सूत्र सब, वसिष्ठ को थे ज्ञात ।। 2292/7162

104. Story of Sage Vasishtha (Rāmāyan, 1. Bāl Kānd)

वसिष्ठ मुनि के निलय में, कामधेनु थी गाय ।
वांछित फल देती सदा, बिना विलंब लगाय ।। 2293/7162

 संगीतश्रीकृष्णरामायण गीतमाला, पुष्प 470 of 763

भजन

(योगवासिष्ठ)

दोहा॰

कहा योगवासिष्ठ में, ब्रह्मज्ञान उपदेश ।
प्रश्नोत्तर गुरु ने दिये, राघव के निःशेष ।। 902/7162

♪ सारे- ग-गग-म-ग म-, म-गरे-ग मपम-म ।
प-प-पप पप ध- पध-, प-मग म- प-म-म ।।

स्थायी

गुरुवर, राम को योग सिखायो, ब्रह्म मार्ग दिखा- - - यो- - - ।
♪ रेगमग-, प-म ग म-ग रेग-म-, प-म ग-रे गरे- - - सा- - - ।

अंतरा-1

वसिष्ठ से राघव ने पूछा, ब्रह्म शब्द का, अर्थ समूचा ।
आत्म ब्रह्म का, अनहद नाता, पुरुष प्राणदा, प्रकृति माता ।
गुरुवर, राम को ज्ञान बतायो ।।

♪ रे-गम प- प-धप म- ग-म-, प-म ग-रे ग-, म-म गम-म- ।
ग-ग ग-ग ग-, रेरेरेरे ग-म-, रेगम गरेग-, म-गरे ग-म- ।
सारेगम-, प-म ग म-ग रेगरे- - - सा- - - ।।

अंतरा-2

विश्व अनादि, अनंत सारा, विश्व किसी ने, नहीं बनाया ।
चक्र ये भौतिक, परिवर्तन का, जल सागर पर, जलतरंग सा ।
गुरुवर, राम को राह बतायो ।।

अंतरा-3

अस्थि युक्त ये, रक्त माँस का, देह बना है, पँच भूत का ।
पुरुष प्रकृति, मेल से हुआ, खेल यहाँ का, भव का पसारा ।

104. Story of Sage Vasishtha (Rāmāyan, 1. Bāl Kānd)

गुरुवर, राम को शास्त्र बतायो ।।

अंतरा-4

ब्रह्म शून्य है, आत्म शून्य है, शून्य से निकला, सो भी शून्य है ।
ब्रह्म सत्य है, सत्य पूर्ण है, पूर्ण से निकला, सो भी पूर्ण है ।
गुरुवर, राम को गणित बतायो ।।

 संगीतश्रीकृष्णरामायण गीतमाला, पुष्प 471 of 763

दादरा ताल

(गुरुवर वसिष्ठ की कथा)

स्थायी

गीत शारद ने मंजुल है गाया, साज नारद मुनि ने बजाया ।
रत्नाकर से है मंगल रचाया, रामायण को है सुंदर सजाया ।।

♪ म-ग-म-म- म प-म- ग म-प-, रे-ग- म-म- मध- प- मग-म- ।
रेगम-म म- म ध-प- गम-प-, रे-ग-म- म- म ध-प- मग-रे- ।।

अंतरा-1

नाम गुरुवर वसिठ का था भारा, गुरु गण में गिना ध्रुऽव तारा ।
मुनि बाल्मिक से जो ज्ञान पाया, योगवासिष्ठ गुरुवर रचाया ।।

♪ सां-सां निनिरें- सांधध नि- ध प-म-, सांसां निनि रें- सांध- नि-ध प-म- ।
मग म-मम म प- म-ग म-प-, रे-गम-म-म धधप- मग-रे- ।।

अंतरा-2

ज्ञानियों का वो उज्ज्वल था भानु, पास गुरुवर के थी कामधेनुऽ ।
उनके मित्रों में थे परशुरामा, याज्ञवल्क्यादि ज्ञानी थे नाना ।।

अंतरा-3

रघुकुल के अधिऽकृत गुरुऽ थे, ज्ञान संपद् के बरगद तरुऽ थे ।
वेद मंत्रों के कर्ता उरुऽ थे, उनको ग्रंथों ने गुरुवर कहाया ।।

बाल काण्ड : पाँचवाँ सर्ग

105. Story of King Dashrath (Rāmāyan, 1. Bāl Kānd)

105. राजा दशरथ की कथा :

105. Story of King Dashrath *(Rāmāyan, 1. Bāl Kānd)*

संगीतश्रीकृष्णरामायण छन्दमाला, मोती 317 of 501

दयि छन्द[35]

। । ।, ।

(राजा दशरथ)

दशरथ रघुवर अनुपम रघुपति ।
अतिशय निधड़क भुजबल शुचिमति ।। 1
रघुकुल गुणतम सुवचन नृपवर ।
अजसुत हरिपितु दृढ़हिय नृ-प्रवर[36] **।। 2**

श्लोकाः

चालयित्वा रणे युद्धे रथं दशायिनेषु सः ।
नेमी दशरथो ज्ञातो सोऽयोध्याया नृपो महान् ।। 1830/2422

दशरथो महाराजा क्षात्रधर्मस्य रक्षकः ।
महावीरो महायोद्धा कीर्तिर्यस्य जगत्रये ।। 1831/2422

दीर्घदर्शी महातेजाः पौरजनप्रियो नृपः ।
भुवनत्रयविख्यातो वीरो धर्मपरायणः ।। 1832/2422

सत्यप्रतिज्ञधर्मात्मा वेदविन्नीतिशासकः ।
धर्मार्थसैन्यसम्पन्नो जितेन्द्रियः जगत्पति ।। 1833/2422

---

[35] **दयि छन्द :** इस चार वर्ण, 4 मात्रा वाले प्रतिष्ठ छन्द के चरण में न गण और एक लघु वर्ण आता है । इसका लक्षण सूत्र । । ।, । इस प्रकार है । चरणान्त विराम होता है ।

▶ लक्षण गीत : **दोहा॰ मत्त चार का जो बना, लघु कल का है वृंद ।**
न गण आदि, लघु अंत में, कहलाता "दयि" छंद ।। 2294/7162

[36] **अजसुत :** अज राजा का सुत दशरथ । **हरि पितु** = राम के पिता राजा दशरथ ।
नृ-प्रवर = मनुष्यों में प्रधान, पुरुषोत्तम, नृपवर राजा दशरथ ।

105. Story of King Dashrath (Rāmāyan, 1. Bāl Kānd)

🖋️दोहा॰ नेमी राजा वीर थे, धनुधर धीर महान ।
चलाय रथ दश अयन पर, पाए "दशरथ" नाम ।। 2295/7162

दशरथ नृप निष्पक्ष थे, न्यायशील गुणवान ।
सूर्यवंश के सूर्य थे, वीर क्षात्र धीमान ।। 2296/7162

पक्षपात से थे परे, उनको सभी समान ।
सज्जन की रक्षा करें, शठ को दंड महान ।। 2297/7162

नीर क्षीर के भेद में, राजहंस थे आप ।
नृत अनृत विच्छेद में, किया कभी ना पाप ।। 2298/7162

उनका सचिव सुमंत्र था, धर्मपाल अरु धीर ।
नव-रत्नों में श्रेष्ठ था, शस्त्र कला में वीर ।। 2299/7162

📖 कथा 📖

(दशरथ)

आदि अयोध्या नृपवर थे जो, इक्ष्वाकु के सुपुत्र थे दो ।
विकुक्षि-कुल में दशरथ आया, नीमी-कुल को जनक बढ़ाया ।। 2278/5205

दशरथ राजा सार्वभौम थे, परोपकारी तथा मौन थे ।
पति प्रजा के परम हितकारी, सब सुखकारी थे दु:खहारी ।। 2279/5205

तीन रानियाँ दशरथ जी की, कौशल्या थी रानी नीकी ।
मौन सुमित्रा उनमें न्यारी, रति कैकेयी नृप की प्यारी ।। 2280/5205

🖋️दोहा॰ दशरथ नृप की रानियाँ, सुप्रसिद्ध थीं तीन ।
कौशल्या अरु कैकयी, सौम्य सुमित्रा लीन ।। 2300/7162

मँझली के रति पाश में, दशरथ थे बेहाल ।
ना जाने वह एक दिन, बन जावेगी काल ।। 2301/7162

कौशल्या थी साधवी, सात्त्विक उसका वेश ।
मंगल वाणी से सदा, प्रसन्न करती देश ।। 2302/7162

कैकेयी सजती परी, राजकीय शृंगार ।

पहने ऊँचे वस्त्र वो, चौदह लाखे हार ।। 2303/7162

शाँत-सुमित्रा थी सदा, पूजे अपना नाथ ।
देते आदर सब उसे, सराहना के साथ ।। 2304/7162

संगीतश्रीकृष्णरामायण गीतमाला, पुष्प 472 of 763

दादरा ताल

(रघुपति दशरथ की कथा)

स्थायी

गीत शारद ने मंजुल है गाया, साज नारद मुनि ने बजाया ।
रत्नाकर से है मंगल रचाया, रामायण को है सुंदर सजाया ।।
♪ म-ग म-म- म प-म- ग म-प-, रे-ग म-म- मध- प- मग-म- ।
रेगम-म म- म ध-प- गम-प-, रे-ग-म- म- म ध-प- मग-रे- ।।

अंतरा-1

रवि कुल का रविऽ नृप था नेमिऽ, धर्म नीतिऽ प्रजा जन का प्रेमी ।
सत्य वचनों का मारग दिखाया, जनता को वो प्रीतिऽ सिखाया ।।
♪ सांसां निनि रें- सांध- निनि ध प-म-, सांसां नि-रें- सांध निनि ध प-म- ।
मग ममम- म प-म- गम-प-, रेगम- म- म ध-प- मग-रे- ।।

अंतरा-2

दशरथ था प्रजा दुःखहारी, जनपद का सदा लाभकारी ।
कोई सोये न भूखा न प्यासा, कोई रोये न दुखिया दुखाया ।।

अंतरा-3

राजा दशरथ था योद्धा महाना, क्षात्र तूफान अतुलित था माना ।
उसकी कीर्तिऽ ने जग महकाया, इन्द्र भगवान् भी था झुकाया ।।

अंतरा-4

नृप दशरथ की थीं तीन रानी, कौशल्या की न थी कोई सानी ।
कैकेयी थी रतिऽ नृप की प्यारी, मुनिऽ मन था सुमित्रा को भाया ।।

106. Story of the two-boons given to Kaikeyī (1. Bāl Kānd)

106. कैकेयी के दो-वरों की कथा :

106. Story of the two-boons given to Kaikeyī *(1. Bāl Kānd)*

(वरद्वयस्य कथा)

संगीतश्रीकृष्णरामायण छन्दमाला, मोती 318 of 501

सुंदरलेखा छन्द

ऽ ऽ ऽ, ऽ ऽ ।, । ऽ ऽ

(दो-वर)

राजा नेमी विभ्रम कीन्हा,
कैकेयी को "दो-वर" दीन्हा ।। 1
कैकेयी ने राम-सिया को,
गद्दी छीने, दंडक भेजा ।। 2

श्लोकौ

वरौ

असुरं शम्बरं युद्धे यदा नेम्यपराजयत् ।
कैकेयी तं समारक्षद्-द्विवारं समराङ्गणे ।। 1834/2422

मुदितः स नृपः पत्नीम्-अददाच्च वरद्वयम् ।
उवाच सा ग्रहिष्यामि योग्यकालो यदा भवेत् ।। 1835/2422

कथा

(दो-वर की काथा)

अब ये सुनिये कथा निराली, नृप दशरथ के दो-वर वाली ।
ध्यान रहे, ये प्रेम कहानी, आगे चल कर बनी तूफानी ।। 2281/5205

दोहा॰ अब सुनिये पहली कथा, रामायण की बीज ।
रघुकुल को जो दी व्यथा, कुल-कलहों की चीज ।। 2305/7162

तब दशरथ को थी लगी, हानि हीन यह बात ।
आगे चल कर दे गयी, रघुकुल पर आघात ।। 2306/7162

106. Story of the two-boons given to Kaikeyī (1. Bāl Kānd)

(नेमी)

सूरज कुल के नृपवर 'अज' के, सुपुत्र 'नेमी' अरु 'कुशध्वज' थे ।
नेमी राजा बड़ा शूर था, डंका उसका दूर दूर था ।। 2282/5205

नेमी नृप था प्रेमी जाना, कैकेयी का था दीवाना ।
प्यार सभी से वो करता था, पर कैकेयी पर मरता था ।। 2283/5205

नेमी नृप था अति बलबीरा, त्रिभुवन में था जाना हीरा ।
सुर-असुर सब उससे डरते, उसकी अदब सभी थे करते ।। 2284/5205

दोहा॰ नेमी राजा वीर थे, सबको उनसे प्यार ।
दुर्बल दिल नृपने दिया, कैकेयी पर वार ।। 2307/7162

नेमी नृप बलबीर थे, त्रिभुवन में मशहूर ।
उनसे डरते थे सभी, दुर्जन रहते दूर ।। 2308/7162

(एक दिन)

एक दिन असुरपति शंबर ने, लड़ कर इन्द्रासन थे छीने ।
इन्द्र डरा धरती पर आया, उसके पीछे शंबर धाया ।। 2285/5205

इन्द्र न उससे लड़ने पाया, नेमी नृप को इन्द्र बुलाया ।
नेमी बोला, अभी मैं आया, शंबर का मैं करूँ सफाया ।। 2286/5205

विशाल अपनी सेना बेडर, साथ कैकयी रथ में लेकर ।
टूट पड़ा शंबर पर नेमी, क्षात्र-धर्म का अविचल प्रेमी ।। 2287/5205

आधा मन लड़ने में लटका, आधा कैकेयी में अटका,
लड़ न सका वो पूरे मन से, आहत हो कर गिरा वो धन् से ।। 2288/5205

दोहा॰ शंबर कश्यप-पुत्र था, असुर बड़ा बलवान ।
मायावी वह दनुज था, असुरपति तूफान ।। 2309/7162

शंबर ने जब इन्द्र को, करी युद्ध ललकार ।
उससे इन्द्र न लड़ सका, आया नेमी-द्वार ।। 2310/7162

बोला, मुझे बचाइये, दुष्ट असुर के हाथ ।

106. Story of the two-boons given to Kaikeyī (1. Bāl Kānd)

सेना लेकर आइए, लड़ने को, जगनाथ! ।। 2311/7162

शंबर से जब लड़ पड़े, रण में नृप रघुराज ।
मन पत्नी में था लगा, रथ पर जो थी आज ।। 2312/7162

असुरपति के धनुष का, लगा नृपति को तीर ।
जखमी होकर गिर पड़ा, रथ में वह रणवीर ।। 2313/7162

(तब, रानी)

तभी पति को उठाय रानी, गोद लिटा कर पिलाय पानी ।
रथ को हाँके दूर ले गयी, रण में पति की जान बचाई ।। 2289/5205

नेमी नृप जब होश में आया, लज्जित होकर वह शरमाया ।
प्रेम हवस फिर दूर फेंक के, लड़ने निकला ध्यान एक से ।। 2290/5205

जागृत करके क्षात्र-धर्म को, मन में युध के मात्र कर्म को ।
घोर लड़ा दृढ़ आसन धर कर, एक साथ रथ दश आयन पर ।। 2291/5205

दोहा॰ रानी रथ को लेगई, रण से थोड़ी दूर ।
आया नृप जब होश में, लड़ने निकला शूर ।। 2314/7162

एक साथ लड़ने लगा, दस अयनों में वीर ।
रथ दस ओर भगाइके, छोड़े उसने तीर ।। 2315/7162

संगीतश्रीकृष्णरामायण छन्दमाला, मोती 319 of 501

चंद्र छन्द[37]

10 + 7

(दशरथ नेमी)

दश दिश में रण पर भगाया रथ ।
रण जेता वह नृप, वीर "दशरथ" ।। 1

---

[37] **चंद्र छन्द** : इस 17 मात्रा वाले महासंस्कारी छन्द में 10–7 पर विकल्प से यति आता है ।

▶ लक्षण गीत : **दोहा॰ सत्रह मात्रा से बना, लघु या गुरु से अंत ।**
दसवीं कल पर यति जहाँ, कहा "चंद्र" है छंद ।। 2316/7162

106. Story of the two-boons given to Kaikeyī (1. Bāl Kānd)

रघुपति नित पाले जो नीति पथ ।
इतिहास उस नृपति वीर का, अथ ॥ 2

(मगर)
रथ को दस दिश भगा भगा कर, गिरी चक्र की कील धरा पर ।
रानी ने जब देखा धोखा, यानचक्र को उसने रोका ॥ 2292/5205

जखमी बहुत हुई थी रानी, फिर भी हार न उसने मानी ।
दश रथ नेमी जीता संगर, हारा रण से भागा शंबर ॥ 2293/5205

(तब)
इन्द्र देव बोला नेमी से, क्षात्र-धर्म के दृढ़ प्रेमी से ।
जग में कीर्ति तुम पाओगे, अब तुम 'दशरथ' कहलाओगे ॥ 2294/5205

दशरथ रानी पर हरषाया, कहा दुबारा मुझे बचाया ।
दो-वर माँगो रानी हमको, जो माँगोगी दूँगा तुमको ॥ 2295/5205

दोहा॰ इधर-उधर रथ भागते, गिरी चक्र की कील ।
रक्षा रानी ने करी, भले गयी वह छील ॥ 2317/7162

युद्ध जीत कर इंद्र ने, बोला, नेमीराज! ।
'दश' आयन 'रथ' हाँक के, तुम हो 'दशरथ' आज ॥ 2318/7162

दशरथ बोले दार को, कीन्हे तुम दो काज ।
तुमरे मन में जो प्रिये! माँगो "दो-वर" आज ॥ 2319/7162

रानी बोली, "अब नहीं, फिर माँगूँगी, नाथ! ।
अवसर जब अनुकूल हो, अरु मौका हो साथ ॥ 2320/7162

"जो माँगूँगी वो, सखे! देना वह वरदान ।
"ना" मत कहना तुम मुझे, रखना अपना मान" ॥ 2321/7162

(हाय!)
माँगो मोती, माँगो हीरे, माँगो तुम सुख जग के सारे ।
रानी बोली, अभी कुछ नहीं, जब माँगूँगी लूँगी सो ही ॥ 2296/5205

106. Story of the two-boons given to Kaikeyī (1. Bāl Kānd)

✍दोहा॰ नीर क्षीर का भेद जो, नहीं जानता मूढ़ ।
दूर दृष्टि उसकी नहीं, न ही नीति का गूढ़ ।। 2322/7162

मोह प्यार से कैकयी, बनी चहेती आज ।
बांध नाथ को जाल में, करती उस पर राज ।। 2323/7162

रथ का संरक्षण किए, कीन्हा दशरथ-काज ।
पति से "दो-वर" माँग कर, कीन्हा वश में आज ।। 2324/7162

आज दे रही कैकयी, जिस दशरथ को मान ।
कल "दो-वर" में फाँस कर, लेगी उसकी जान ।। 2325/7162

संगीतश्रीकृष्णरामायण गीतमाला, पुष्प 473 of 763

दादरा ताल

(दशरथ के दो-वरों की कथा)

स्थायी

गीत शारद ने मंजुल है गाया, साज नारद मुनि ने बजाया ।
रत्नाकर से है मंगल रचाया, रामायण को है सुंदर सजाया ।।

♫ म-ग म-म- म प-म- ग म-प-, रे-ग म-म- मध- प- मग-म- ।
रेगम-म म- म ध-प- गम-प-, रे-ग-म- म- म ध-प- मग-रे- ।।

अंतरा-1

जब शंबर था असुरों का राजा, इन्द्रासन पर वो एक दिन बिराजा ।
तज के अमरावती इन्द्र धाया, राजा नेमी के वो पास आया ।।

♫ सांसां नि-रें- सां धधनि- ध प-म-, सांसांनि- रें- सां ध- नि- धप-म- ।
म- ग ममम-मप- म-ग म-प-, रे-ग- म-म- म ध- प-म ग-रे- ।।

अंतरा-2

बड़ा घमसान नेमी लड़ा था, चित्त पत्नी में उसका अड़ा था ।
शर से आहत जब मूर्छित पड़ा था, कैकेयी ने था उसको बचाया ।।

अंतरा-3

कहा दशरथ ने "दो-वर" मैं दूँगा, जोऽ माँगो "नहीं" ना कहूँगा ।

107. Story of Shravan Kumār (Rāmāyan, 1. Bāl Kānd)

रानी बोली, मैं फिर लूँगी राया! वादे में यों था नृप को फँसाया ।।

अंतरा–4

बढ़ा नेमी का रथ दश दिशा में, खड़ा योद्धा लड़ा दिन निशा में ।

दशरथ ने असुर को हराया, स्वर्ग भूमिऽ से उसको भगाया ।।

बाल काण्ड : छठा सर्ग

107. श्रवण कुमार की कथा :

107. Story of Shravan Kumār *(Rāmāyan, 1. Bāl Kānd)*

♫ संगीतश्रीकृष्णरामायण छन्दमाला, मोती 320 of 501

राजहंस छन्द[38]

10 + 2 + ऽ

(श्रवण कुमार)

दशरथ जब उनको बोला, "सुत मृत है तुमरा भोला" ।
सुन माता रोला कीन्ही, अँसुअन से आँखें भीनी ।।
प्रिय सुत बिन, अंधे ताता, का करिहैं अंधी माता ।
अंधों की लाठी छीनी, जीवन सब माटी कीन्ही ।।
"क्या कीन्हा नृप ये तूने ।
बिन सुत हमरे सब सूने" ।
कह, तजे प्राण बापू ने ।
"तू मरे! पुत्र–बिरहा में," कह, मरी मातु तनहा में ।। 1

ॐ श्लोका:

---

[38] ♫ **राजहंस छन्द** : इस 14 मात्रा वाले छन्द में 10–14 मात्रा पर यति विकल्प से आता हैं । अंतिम वर्ण गुरु होता है ।

▶ लक्षण गीत : **दोहा॰ चौदह मात्रा का बना, गुरु कल से है अंत ।
दस मात्रा पर यति जहाँ, "राजहंस" है छंद ।। 2326/7162**

107. Story of Shravan Kumār (Rāmāyan, 1. Bāl Kānd)

दशरथो दिवानक्तं चिन्तया व्यावृतो भृशम् ।
व्याकुलः पुत्रहीनः स नीरहीनो झषो यथा ।। 1836/2422

♫ मममम- पध-पम-, प-पप- नि-धप- मप- ।
म-मम- प-मग-म- रे-, रे-गम-प- मग- मरे- ।।

गच्छति मृगयायै स्म रञ्जनाय मनो वने ।
एकदा मृगयायै स गत आसीन्नृपो यदा ।। 1837/2422

नैकस्तेन मृगो लब्धो भ्रमित्वाचादिनं वने ।
तृषितः क्षुधितः सायम्-आगतः तटिनीतटे ।। 1838/2422

आस्त च द्रुममारुह्य प्रतीक्षायां मृगस्य सः ।
रात्रौ तत्रागतो बालः श्रवणो गृहितुं जलम् ।। 1839/2422

बुद्बुदं जलपात्रस्य श्रुत्वा रात्रौ ध्वनिं नृपः ।
अक्षिपत्सायकं तत्र शब्दवेधेन सत्वरम् ।। 1840/2422

विशिखः सोऽक्षिणोद्बालं यश्चीत्कृत्वाऽपतज्जले ।
श्रुत्वा नृपस्तु चित्कारं तत्स्थले धावनागतः ।। 1841/2422

आह बालो मृतप्रायः-तत्र स्तः पितरौ मम ।
अन्धौ तौ तृषितौ राजन्-गत्वा देहि जलं द्रुतम् ।। 1842/2422

यदाऽऽह मातरं राजा पुत्रस्तव हतो मया ।
अशप्यत्सा "त्वमप्येवं वियोगाग्नौ मरिष्यसि" ।। 1843/2422

📖 कथा 📖

(दशरथ)

राजा दशरथ धार्मिक पूरा, कर्म काण्ड का ज्ञाता भारा ।
ऋषि-मुनि संत महंत बुलाता, यज्ञ याग व्रत नित्य कराता ।। 2297/5205

साधु महर्षि अवध में आते, पारायण कर धर्म सुनाते ।
सुजान जन ज्ञानी बड़भारी, आते सुनने सब नर-नारी ।। 2298/5205

योगी त्यागी तापस ध्यानी, वेद शास्त्र दर्शन की वाणी ।
भजन प्रार्थना कीर्तन गाते, भक्ति प्रेम की बाढ़ बहाते ।। 2299/5205

107. Story of Shravan Kumār (Rāmāyan, 1. Bāl Kānd)

हर नर नृप से दुलार करता, नृप भी हर दम उन पर मरता ।
नृप का प्रेम सभी को प्यारा, जनपद में दशरथ का नारा ।। 2300/5205

✍दोहा॰ **दशरथ नृप धर्मिष्ठ थे, क्षात्र-कर्म में वीर ।**
आँख मूँद कर छोड़ते, शब्द वेध से तीर ।। 2327/7162

प्रजा जनों के प्राण थे, सबसे उनको प्रीत ।
जनपद जन के थे सखा, हर नर उनका मीत ।। 2328/7162

फिर भी नृप को दुःख था, सुत के बिना न चैन ।
सुत की चिंता ही उन्हें, खाती थी दिन रैन ।। 2329/7162

(एवं)

जन नगरी के बालक बूढ़े, स्नेह भूप से करते गाढ़े ।
तदपि नृप को दुःख सताता, पुत्रप्रेम बिन कछु ना भाता ।। 2301/5205

चिन्तित नृप थे निश-दिन रोते, पुत्र स्वपन में जगते सोते ।
उन्हें जरा[39] ज्यों पास बुलाती, सूनी गोदी उन्हें रुलाती रुलाती ।। 2302/5205

♫ **संगीतश्रीकृष्णरामायण छन्दमाला, मोती 321 of 501**

रास छन्द[40]

8 + 8 + 2 + ।। ऽ

(पुत्रेच्छा)

पुत्र बिना जीवन नृप दशरथ रघुपति का ।
नीर विहीना व्याकुल मीना की गति का ।। 1
यथा हि दीपक, बिना ज्योति ना जगमगता ।

---

[39] **जरा** = बुढ़ापा ।

[40] ♫ **रास छन्द** : इस 22 मात्रा वाले महारौद्र वर्ग के छन्द के अंत में स गण (।। ऽ) आता है । यति 8-8-6 विकल्प से आता है ।

▶ लक्षण गीत : ✍ **दोहा॰ मत्त बाईस का बना, लघु लघु गुरु हो अंत ।**
आठ आठ पर यति जहाँ, "रास" कहा है छंद ।। 2330/7162

107. Story of Shravan Kumār (Rāmāyan, 1. Bāl Kānd)

सुत हीना नृप दशरथ निर्धन था लगता ।। 2

"जब तक सुत के बोल न काना, तब तक खाली लगे जमाना ।
जब तक पुत्र न आँगन खेले, तब तक घर में लगे अकेले ।। 2303/5205

"जब तक घर में पुत्र न रोए, तब तक कछु ना मन को भाए ।
जब तक सुत नहिं उँगली पकड़े, तब तक भारी लगते दुखड़े ।। 2304/5205

"जब तक पुत्र न बैठे कंधे, तब तक रहते सब सुख बंधे ।
जब तक सुत 'बापू!' न बुलावे, तब तक कोई हाँक न भावे ।। 2305/5205

दोहा॰ ज्यों ज्यों बढ़ती थी जरा, अंत सरकता पास ।
त्यों त्यों ही होते चले, दसरथ बहुत उदास ।। 2331/7162

बिना पुत्र की गोद से, जग लगता वीरान ।
बोल तोतले सुनन को, आतुर उनके कान ।। 2332/7162

जब तक खेले पुत्र ना, आँगन में कर शोर ।
तब तक घर में है लगे, सन्नाटा सब ओर ।। 2333/7162

देख-भाल बिन, पुत्र की, लगो निकम्मे आप ।
बिना पुत्र के प्यार भी, लगे निठल्ला बाप ।। 2334/7162

सुत की सेवा के बिना, जीवन है निस्सार ।
बिना पुत्र के प्राप्ति की, धन दौलत बेकार ।। 2335/7162

(तथा ही)

"चहल पहल वो नहीं जहाँ पर, घर "वीराना-विपिन" वहाँ पर ।
पुत्र की नहीं हँसी जहाँ पर, गति श्मशान सी फँसी वहाँ पर ।। 2306/5205

"जहाँ पुत्र की नहिं है सेवा, वहाँ थाल में नहिं है मेवा ।
जहाँ पुत्र का प्यार नहीं है, वहाँ दुखन का पार नहीं है" ।। 2307/5205

(और)

दोहा॰ जब तक रौनक पुत्र की, ना देखो घर आप ।
भागा दौड़ी के सिवा, जगत लगे चुपचाप ।। 2336/7162

107. Story of Shravan Kumār (Rāmāyan, 1. Bāl Kānd)

जब तक काँधे पर नहीं, बैठे शिशु सुकुमार ।
तब तक तन को है लगे, कपड़ों का भी भार ।। 2337/7162

जब तक बालक का रहे, रोने का घर नाद ।
तब तक कोई शब्द ना, भाए उसके बाद ।। 2338/7162

"बेटा!" कह कर प्रेम से, कहो न जब तक आप ।
तब तक सचमुच ना लगे, आप हुए हो बाप ।। 2338–a/7162

(यों)

नृप के मन में यही विचारा, हर दम रोता रहे बिचारा ।
सब सुख में इक दु:ख नियारा, पुत्र बिना जब जले जियारा ।। 2308/52054

पुत्रप्रेम का अविरत प्यासा, हँसमुख का मन सदा उदासा ।
मुख में उसके एक हि भाषा, मुझे पुत्र की है अभिलाषा ।। 2309/52054

(और भी)

✍दोहा॰ जब तक उँगली थाम कर, शिशु ना चलता आप ।
तब तक पितु को ना लगे, सचमुच है वह बाप ।। 2339/7162

जब तक कानों में नहीं, "बापू" नाम पुकार ।
तब तक कोई हाँक ना, देती मन को प्यार ।। 2340/7162

जब तक बालक की हँसी, नहिँ सुनत हैं कान ।
तब तक सूना सब लगे, जैसे हो शमशान ।। 2341/7162

(तथा ही

✍दोहा॰ जब भी पितु की उँगली, काटे शिशु के दंत ।
रूखापन नव बाप का, होजाता है अंत ।। 2342/7162

मुत्र ओक मल पुत्र के, नहीं भिगोते अंग ।
तब तक पितु की हेकड़ी, होती नहिँ है भंग ।। 2343/7162

मृदुल त्वचा नव पुत्र की, जो ना छूते हाथ ।
वंचित परमानंद है, रहता उनके साथ ।। 2344/7162

107. Story of Shravan Kumār (Rāmāyan, 1. Bāl Kānd)

लाड़ प्यार में पुत्र के, बिते जब दिन-रात ।
फीके फिर सब हर्ष हैं, सुखद न कोई बात ।। 2345/7162

हठ जब करता पुत्र है, दिल को देता ताप ।
राजा हो या रंक हो, झुक जाता है बाप ।। 2346/7162

(इस लिए)

दोहा॰ निश-दिन दशरथ शोक में, करते सोच विचार ।
कैसे मन बहलाइए, बिना पुत्र-का-प्यार ।। 2347/7162

राजा दशरथ शोक से, उदासीन दिन रैन ।
ना ही मिलती रात में, ना ही दिन में चैन ।। 2348/7162

मगर किसी से ना कही, अपने मन की बात ।
बिन अँसुअन रोते रहे, मछली सम दिन-रात ।। 2349/7162

जाने पहले जनम में, किया कौनसा पाप ।
पता नहीं किसका लगा, मुझको यह अभिशाप ।। 2350/7162

 संगीतश्रीकृष्णरामायण गीतमाला, पुष्प 474 of 763

खयाल : राग जोगिया

(बिन अँसुअन मन रोये)

स्थायी
बिन अँसुअन मन रोये । ये दुखी, बिन अँसुअन, मन रोये ।।
♪ पनि धपमध पम गपमगरे-सा - । पनि धप-, मध पमगप, मग रे-सा- ।।

अंतरा-1
मोहे बालक की अभिलासा, नीर में खड़ा फिर भी प्यासा ।
जीवन में अब कछु नहीं भावे, मोरा जिया, कलपाए ।।
♪ सा-सारे म-मम मप गगमपप-, मधध ध- धधप मम धप म-ग- ।
म-पध सां- सांसां निसां निनि ध-प-, पनिधप मध, पमगपमगरे-सा- ।।

(अतः)
दुखी हृदय की पीड़ा हरने, निकला इक दिन शिकार करने ।

107. Story of Shravan Kumār (Rāmāyan, 1. Bāl Kānd)

वन में भटका दिन सारा वो, ढूँढे शिकार थक हारा वो ।। 2310/5205

श्वापद कोई नजर न आया, मतलब इसका समझ न पाया ।
भटका वो लेकर तीर हाथ में, कोई नहीं था और साथ में ।। 2311/5205

साँझ समय वो भूखा प्यासा, आया नदिया तीर उदासा ।
पी कर पानी नदी किनारे, लेट गया वह मुकुट उतारे ।। 2312/5205

✍ दोहा॰ बहलाने को मन दुखी, करके बहुत विचार ।
इक दिन वे वन में गए, करने वन्य शिकार ।। 2351/7162

निकल अकेले वे पड़े, और न कोई साथ ।
दिन भर भटके विपिन में, पशु ना आया हाथ ।। 2352/7162

पशु ढूँढत चलते गए, कर में लेकर तीर ।
साँझ समय तक भटकते, आए नदिया तीर ।। 2353/7162

भूखे बैठे रेत पर, पी कर निर्मल नीर ।
लेते लम्बी साँस वे, दूर हटाने पीर ।। 2854/7162

(वहाँ)
नदी किनारे तरु जंबुल का, देखा नृप ने लथ पथ फल का ।
निहार कर फल मधुर रसीले, हुए लार से मुख थे गीले ।। 2313/5205

बोले, "तरु पर मैं चढ़ जाऊँ, वहीं बैठ कर रैन बिताऊँ ।
निश में जल पीने जो आए, शिकार मेरा वो बन जाए ।। 2314/5205

हाथी शेर हरिण मृग कोई, नीर ढूँढता वनचर जो ही ।
जल का प्यासा इत आवेगा, मम शर से बच ना पावेगा" ।। 2315/5205

करके इतना नीच विचारा, चढ़ा पेड़ पर गम का मारा ।
बैठा निश्चल कान लगाए, डाल उच्च पर स्थान जमाए ।। 2316/5205

✍ दोहा॰ नदी किनारे एक था, जंबुल पेड़ विशाल ।
मधुर फलों से थी लदी, उस तरु की हर डाल ।। 2355/7162

107. Story of Shravan Kumār (Rāmāyan, 1. Bāl Kānd)

बिना अन्न के पेट में, प्राण रहे थे सूख ।
ललचाए फल देख कर, उन्हें लगी थी भूख ॥ 2356/7162

मीठे फल वे देखके, चढ़े वृक्ष पर आप ।
खान लगे फल रस भरे, करत नाम का जाप ॥ 2357/7162

पके पके जामून वे, मुख में लेते ठूँस ।
थोथा थोथा थूक कर, रस रस लेते चूस ॥ 2358/7162

बोले, श्वापद जब कोई, आवे पीने नीर ।
तुरंत उस पर धनुष से, छोड़ूँगा मैं तीर ॥ 2359/7162

(फिर)

भाग्य विवश तब भरी रात में, अँधियारी उस बुरी घात में ।
काँधे पर लेकर काँवर को, श्रवण जा रहा था निज घर को ॥ 2317/5205

मातु-पिता उसके थे अंधे, बूढ़े निर्भर थे सुत कंधे ।
इक पलड़े में बैठी माता, दूजे में बैठे थे ताता ॥ 2318/5205

लगी पिपासा जब थी उनको, दोनों बोले पुत्र श्रवण को ।
नदी तीर जब आवे समझो, बेटा! नीर पिला दे हमको ॥ 2319/5205

दोहा॰ उसी अँधेरी रात में, बालक श्रवण कुमार ।
मातु-पिता को ढो रहा, काँधे काँवर भार ॥ 2360/7162

अंधे थे माता-पिता, जिन्हें लगी थी प्यास ।
बोले, "जल ले आइयो, बेटा! यदि हो पास" ॥ 2361/7162

(और बोले)

तूहि हमारा एक सहारा, एक अधारा, एक किनारा ।
तूहि हमारा एक उबारा, एक मदारा, एक गुजारा ॥ 2320/5205

तूहि हमारा एक पियारा, तूहि हमारा एक जियारा ।
तू ही हम अंधों की सोटी, कामधेनु अरु अंतर्जोति ॥ 2321/5205

तेरे बिन, सुत! हमें न पारा, जग में कोई और हमारा ।

1170
रत्नाकर रचित संगीत-श्री-रामायण

107. Story of Shravan Kumār (Rāmāyan, 1. Bāl Kānd)

तू ही जीवन प्राण हमारा, तूही अब भगवान हमारा ।। 2322/5205

✍दोहा॰ **"तू ही हमरा एक है, जीवन का आधार ।**
अंधन की तू लाकड़ी, अनुपम तव सहकार ।। 2362/7162

"बिन तेरे हमरा नहीं, इस जग में आधार ।
मातु-पिता का भक्त तू, बेटा श्रवण कुमार!" ।। 2363/7162

♫ <u>संगीतश्रीकृष्णरामायण छन्दमाला, मोती 322 of 501</u>

श्रृंगार छन्द[41]

। । । + । । + 8 + ऽ ।

(दशरथ मृगया)

परम सुत मातु-पिता आधार ।
नयन दृग गत का श्रवण कुमार ।। 1
सरित जल लाने आया तीर ।
अवध नृप जहँ था ताने तीर ।। 2

(फिर)

बाल श्रवण ने सरित् किनारे, काँवर रख कर डगर कगारे ।
कर में लीन्हा जल का लोटा, माँ को बोला, "अभी मैं लौटा" ।। 2323/5205

छू कर चरण मातु-पिता के, निकला लाने जल सरिता के ।
अंधेरे में मंद गति से, आया जल तक संत मति से ।। 2324/5205

नाम हरि[42] का लेकर मुख में, पात्र डुबोया धोकर उसने ।

---

[41] ♫ **श्रृंगार छन्द** : इस 16 मात्रा वाले संस्कारी छन्द के चरण के आरंभ में पाँच लघु मात्राएँ और अंत में एक गुरु और एक लघु मात्रा आती है । इसका सूत्र । । । + । । + 8 + ऽ । इस प्रकार होता है । यह छन्द **पदपादाकुलक छन्द** तथा **चौपाई छन्द** के सदृश मगर निश्चित् भिन्न है । यह छन्द पदपादाकुलक छन्द से उल्टा होता है, (आदि 3-2 अंत ऽ ।).

▶ लक्षण गीत : ✍ **दोहा॰ सोलह मात्रा से बना, गुरु लघु से हो अंत ।**
मत्त पाँच लघु आदि में, "श्रृंगार" वही छंद ।। 2364/7162

[42] हरि = विष्णु

107. Story of Shravan Kumār (Rāmāyan, 1. Bāl Kānd)

हलकी आहट उसके पद की, लोटे में जल ध्वनि 'बुदबुद' की ।। 2325/5205

दोहा॰ नदिया तट काँवर रखे, लोटा लेकर हाथ ।
पानी लाने चल पड़ा, परम प्रेम के साथ ।। 2365/7162

उसी अँधेरी रात में, सुन्न शाँत उस तीर ।
उतरा जल में वह युवा, लेने सरिता नीर ।। 2366/7162

पात्र डुबोया नीर में, अति श्रद्धा के संग ।
गुड़गुड़ के उस शब्द ने, किया शाँति का भंग ।। 2367/7162

(तब)

ध्वनि पहुँचा जब नृप के कानों, हुआ सजग चौकन्ना जानो ।
बोला, "श्वापद कोई जल पर, आया शिकार मेरा बन कर" ।। 2326/5205

उसने धनु पर तीर चढ़ाया, शब्दवेध से शीघ्र बढ़ाया ।
सन्-सन् करता दूत वो यम का, विद्युत वेग, श्रवण पर धमका ।। 2327/5205

दोहा॰ आई जब आवाज वो, नृप दशरथ के कान ।
उसे वन्य पशु जान कर, उठे बाण को तान ।। 2368/7162

छोड़ा उस पर बाण को, शब्द वेध के साथ ।
सुनी चीख चिल्लान की, काँपे कोशलनाथ ।। 2369/7162

सन्-सन् करता तीर वो, लगा श्रवण के गात ।
गिरा नीर में वीर वो, विद्युत गति के साथ ।। 2370/7162

(तब)

"हरि! हरि!" कह कर गिरा वो जल में, दशरथ भी उत पहुँचे पल में ।
देखा बालक आहत शर से, बाण उतारा तन का कर से ।। 2328/5205

सना रुधिर से युवक उठाया, निजी गोद में उसे बिठाया ।
बोले, बेटा! गलती मेरी, बन आई है मृत्यु तेरी ।। 2329/5205

दोहा॰ दशरथ आए भागते, सुन बालक की – हाय! ।
काढ़ा शर को गात से, अपनी गोद लिटाय ।। 2371/7162

107. Story of Shravan Kumār (Rāmāyan, 1. Bāl Kānd)

बोले, "बेटा! माफ कर, मुझको मेरी भूल ।
गलती से मैंने तुझे, दीन्हा घातक शूल" ।। 2372/7162

(श्रवण कुमार)
बालक बोला, जल्दी जाओ, मातु-पिता को नीर पिलाओ ।
हुआ वही जो भाग्य रचा है, अब अवधि कुछ निमिष बचा है ।। 2330/5205

"ऊपर पगडंडी पर दोनों, काँवर में बैठे पहिचानो ।
नीर पिला कर प्यास बुझादो, 'पुत्र गया' उनको समझादो ।। 2331/5205

जो बोलेंगे चुप कर सुनलो, जो भी देंगे चुप कर तुम लो ।
बचनन उनके सत्य हमेशा, जाने जग जन अरु जगदीशा" ।। 2332/5205

(इतना कह कर)
बालक इतना कह कर मुख से, फेर लिया रुख अपना दुख से ।
साँसें उसकी मंद हो गई, क्षण में आँखें बंद हो गई ।। 2333/5205

दोहा॰ कहा श्रवण ने, हे प्रभो! विधि का है यह खेल ।
समय बहुत अब अल्प है, और न दुख तू झेल ।। 2373/7162

इस नदिया के तीर पर, आम्र वृक्ष के पास ।
अंधे मम माँ बाप हैं, उन्हें लगी है प्यास ।। 2374/7162

जल्दी जाओ दौड़ कर, मम पितरों के पास ।
उनको नीर पिलायके, बुझाव उनकी प्यास ।। 2375/7162

लोटा तुम देना उन्हें, कछु मत कहना आप ।
कुछ भी बोंलेंगे तुम्हें, सुन लेना चुपचाप ।। 2376/7162

संगीतश्रीकृष्णरामायण गीतमाला, पुष्प 475 of 763

(श्रवण वध)

स्थायी

लगा रे बाण श्रावण को, बचाओ पुत्र पावन को ।

♪ गमप म- ध-प म-गग म-, धप-म- ग-प म-गग रे- ।

107. Story of Shravan Kumār (Rāmāyan, 1. Bāl Kānd)

अंतरा-1

अंधी माता, पिता भी अंधे, ले कर कावड़ अपने कंधे ।
बूढ़े दोनों नीर के प्यासे, रख कर उनको नदी तीर पे ।
गया था, नीर लावन को ।।

♫ रे-गम प-प- धप- म ग-म-, रे- रेग म-मम पपम- ग-म- ।
रे-ग- म-म- प-म ग रे-ग-, मम मम ममम- गम- प-म ग- ।
धप- म-, ग-प म-गग रे- ।।

अंतरा-2

रात अँधेरी, शाँत किनारा, बैठा तरु पर भूप दुखारा ।
शब्द सुना जब जल में नृप ने, तीर चलाया तुरंत उसने ।
न देखा, पुत्र भावन को ।।

अंतरा-3

मातु-पिता ने, नृप को कोसा, अपशब्दों में दीन्हा दोसा ।
बोले, तू भी पुत्र-बिरह में, प्राण तजेगा, विरह हृदय में ।
मिला रे! शाप राजन् को ।।

आहट पा कर बोली माता, इतनी देर लगी क्यों बेटा! ।
हम चिंता में मरे यहाँ पर, क्या संकट था तुम्हें वहाँ पर ।। 2334/5205

चुप क्यों, बोलो कुछ तो बेटा! मुझको दो पानी का लोटा ।
अरु कुछ पल तुम अगर न आते, प्राण पखेरु मम उड़ जाते ।। 2335/5205

बेटा! क्यों रोते हो प्यारे! कह तो दो प्रिय-प्राण-हमारे! ।
नृप बोला, उनको विनती से, सुत मारा मैं बड़ गलती से ।। 2336/5205

(तब)
सुन कर बापू शब्द अखेटे, मृत होकर धरती पर लेटे ।
पुत्र बिरह में फिर माँ रो ली, मरते दम फिर नृप को बोली ।। 2337/5205

"बेटा! बेटा!" तुम भी करोगे, पुत्र विरह में तुम भी मरोगे ।
हाथ का लोटा हाथ रह गया, दुख से नृप का हृदय दह गया ।। 2338/5205

✍ **दोहा॰ इतना कह कर श्रवण ने, लीन्ही अंतिम साँस ।**

107. Story of Shravan Kumār (Rāmāyan, 1. Bāl Kānd)

प्राण पखेरु उड़ गए, मिला स्वर्ग में वास ।। 2377/7162

आए दशरथ जल लिए, तब तक भई सवेर ।
माता बोली, क्यों लगी, बेटा! इतनी देर ।। 2378/7162

कुछ तो बोलो तुम हमें, बेटा! क्यों हो मौन ।
आते-जाते राह में, तुमको रोका कौन ।। 2379/7162

माँ ने कीन्हा नीर को, लेने से इन्कार ।
बोली पहले दो मुझे, "माते!" कह कर प्यार ।। 2380/7162

 संगीतश्रीकृष्णरामायण गीतमाला, पुष्प 476 of 763

राग रत्नाकर, कहरवा ताल 8 मात्रा

(श्रावण कुमार)

स्थायी
मातु-पिता कहो, कैसे जियें, अब ।
तनय बिना देखो, हुए हैं अनाथ, ये ।।

♪ म-ग॒ रेग॒- रेसा, रे-रे गम-, ग॒रे ।
रेरेरे रेग॒- मग॒, मप म ग॒रे-सा, रे- ।।

अंतरा-1
पुत्र पियारा, एक सहारा ।
छीन लिया तो, दैया! हुए बेसहारा, अब ।।

♪ रे-रे रेग॒-ग॒-, प-म ग॒रे-ग॒- ।
रे-रे रेरे ग॒, मग॒! मप मग॒रेसा, रेरे ।।

अंतरा-2
अंधी माता, अंध पिता भी ।
दीन बनें हैं, रामा! नहीं सुत साथ, अब ।।

अंतरा-3
लैलो शरण में, लैलो चरण में ।
आर्त पुकार, सुनो! नहीं कोई नाथ, अब ।।

107. Story of Shravan Kumār (Rāmāyan, 1. Bāl Kānd)

(तब, दशरथ ने अंधी माता से कहा)

रो कर दशरथ ने कही, श्रवण–हनन की बात ।
सुन कर मरना पुत्र का, प्राण तज गए तात ।। 2381/7162

बोली माँ मरते समय, "करतब तव अति हीन ।
मार दिये निर्दोष तू, एक बाण से तीन ।। 2382/7162

"पुत्र विरह में जा रहे, यथा हमारे प्राण ।
सुत विरहा में तू मरे, बिना लगे ही बाण" ।। 2383/7162

संगीतश्रीकृष्णरामायण गीतमाला, पुष्प 477 of 763

दादरा ताल

(श्रवण कुमार की कथा)

स्थायी

गीत शारद ने मंजुल है गाया, साज नारद मुनि ने बजाया ।
रत्नाकर से है मंगल रचाया, रामायण को है सुंदर सजाया ।।
♫ म–ग म–म– म प–म– ग म–प–, रे–ग म–म– मध– प– मग–म– ।
रेगम–म म– म ध–प– गम–प–, रे–ग–म– म– म ध–प– मग–रे– ।।

अंतरा–1

एक दिन मृगया को दशरथ गया था, दिन में कोई न मृग हत भया था ।
भूखा प्यासा दुखी कुऽम्हलाया, चलता फिरता नदी पास आया ।।
♫ सां– सां– निनिरें– सां धधनि– धप– म–, सां– सां नि–रें– सां धध निनि धप– म– ।
म–ग– म–म– मप– म–गम–प–, रे–ग म–म– मध– प–म ग–रे– ।।

अंतरा–2

नीर पी कर चढ़ा वो तरुऽ पर, तीर ताने वो बैठा था ऊपर ।
रात आधी में ज्यों शब्द पाया, बाण उसने निशाने चलाया ।।

अंतरा–3

चीख बालक की सुन कर वो धाया, युवा बालक को आहत वो पाया ।
बाऽलक ने दिया लोटा जल का, "अँधी माँ को पिलादो," बताया ।।

108. Story of Putreshti Yajña (Rāmāyan, 1. Bāl Kānd)

अंतरा–4

माता बोली, किया क्या ये तूने, बिना सुत सब हमारे हैं सूने ।

एक दिन तू भी यों बिरहा में रोये, जैसा तूने है हमको रुलाया ।।

बाल काण्ड : सातवाँ सर्ग

108. पुत्रेष्टि यज्ञ की कथा :

108. Story of Putreshti Yajña *(Rāmāyan, 1. Bāl Kānd)*

संगीतश्रीकृष्णरामायण छन्दमाला, मोती 323 of 501

कुटजगति छन्द[43]

। । ।, । ऽ ।, ऽ ऽ ।, ऽ ऽ ।, ऽ

(पुत्रेष्टि यज्ञ)

बिन सुत सर्व सूना लगे सृष्टि का ।
दशरथ ढूँढते हौसला हृष्टि का ।। 1
वसिठ कहे, "करो याग संतुष्टि का" ।
दसरथ ने किया यज्ञ पुत्रेष्टि का ।। 2

श्लोका:

दुःखेन व्याकुलो राजा दशरथः सुतेच्छुकः ।
"कथं पुत्रं नु प्राप्स्यामि" चिन्तयति निरन्तरम् ।। 1844/2422

उपादिशद्वसिष्ठो तं प्राप्तुं पुत्रं नु यज्ञियम् ।
दशरथोऽकरोद्यज्ञं पुत्रेष्टिं हि यथाविधि ।। 1845/2422

पुत्रेष्टेश्च प्रसादेन सम्पन्ना गर्भधारणा ।

---

[43] कुटजगति छन्द : इस छन्द के चरणों में तेरह वर्ण, 19 मात्रा होती हैं । इसमें न ज त त गण और गुरु वर्ण आता है । इसका लक्षण सूत्र । । ।, । ऽ ।, ऽ ऽ ।, ऽ ऽ ।, ऽ इस प्रकार होता है । यति चरणांत ।

▶ लक्षण गीत : दोहा॰ मत्त उन्नीस का जहाँ, गुरु मात्रा से अंत ।
न ज त त गण आदि में, "कुटजगति" है छंद ।। 2384/7162

108. Story of Putreshti Yajña (Rāmāyan, 1. Bāl Kānd)

कौशल्या च सुमित्रा च कैकेयी कृपया प्रभो: ।। 1846/2422

📖 कथा 📖

(दशरथ)
उदास था नृप कई दिनों से, कुछ भी न बोला सभाजनों से ।
विचार-सागर जल में डूबा, निपुत्रता के दुख से ऊबा ।। 2339/5205

इक दिन अपने मन जो सोचा, सुमंत्र से उसने वह पूछा ।
को है मेरे वारिस अगले, मेरे पीछे राज्य सँभाले ।। 2340/5205

"वंशज मम जो काम चलावे, आगे मेरा नाम चलावे ।
नेह न्याय से अँचल पाले, रखे तुष्ट सब जनपद वाले" ।। 2341/5205

✍ दोहा॰ "श्रवण-हनन" से थे हुए, दशरथ थे दिन-रात ।
मगर किसी से ना कही, अपने मन की बात ।। 2385/7162

बार-बार नृप ने किए, शब्द शाप के याद ।
सोचत, "क्या इस राज्य का, होगा मेरे बाद" ।। 2386/7162

बिना पुत्र उनको लगे, सबसे बढ़ कर ताप ।
कैसे उतरे शीश से, घोर बड़ा यह पाप ।। 2387/7162

नृप ने सचिव सुमंत्र से, इक दिन छेड़ी बात ।
"वंश चलावे को मेरा, चिंता है दिन-रात ।। 2388/7162

"पुत्रहीन के बाद यह, कौन चलावे राज ।
न्याय नीति से जो करे, प्रजा जनों के काज" ।। 2389/7162

वसिष्ठ गुरुवर ने कहा, "चिंता करो न, तात! ।
पुत्रेष्टि के यज्ञ से, बने तिहारी बात ।। 2390/7162

"पुत्रेष्टि का देवता, प्रभो! बहुत हितकार ।
शास्त्र-नियम से व्रत किए, फल दे छप्पर फाड़" ।। 2391/7162

(इस लिए)
करिए यज्ञ शास्त्र अनुसारी, पाने को उत्तराधिकारी ।

108. Story of Putreshti Yajña (Rāmāyan, 1. Bāl Kānd)

पुत्रेष्टि से सुत-सुख आवे, अश्वमेध दिग्विजय दिलावे ।। 2342/5205

पुष्प सुगंधित तुलसी दल हो, बेल पत्र कुश गंगा जल हो ।
आम्र नारियल कदली फल हों, दुग्ध मधु घृत दधि निर्मल हों ।। 2343/5205

श्लोक प्रार्थना सुमिरण नामा, भक्ति भाव जप आवे कामा ।
संकट बाधा विघ्न हटावे, आधि व्याधि से प्राण बचावे ।। 2344/5205

कुमकुम हल्दी कपूर चंदन, अबीर अक्षत गुलाल वन्दन ।
सिंदूर सुपारी केसर मौली, धूप दूब गुड़ दीप रँगोली ।। 2345/5205

समिध् समग्री प्रसाद मेवा, वस्त्र दक्षिणा गुरुजन-सेवा ।
पूजा के हों साधन सारे, याद रहे सब, कछु न बिसारे ।। 2346/5205

विप्र पुरोहित पंडित लाओ, ऋषि-मुनि ज्ञानी संत बुलाओ ।
वामदेव कश्यप जाबाली, भरद्वाज वाल्मिक जाजाली ।। 2347/5205

ऋष्यश्रृंग गुरु वसिष्ठ आवें, नारद शारद अर्चन गावें ।
जनपद के सब सज्जन आवें, यजन स्थान में प्रसन्न होवें ।। 2348/5205

दोहा॰ पुत्र प्राप्ति के हेतु से, 'पुत्रेष्टी' का यज्ञ ।
विधि विधान से सब करें, यथा कहेंगे तज्ञ ।। 2392/7162

लाओ पुष्प सुगंध के, पीले लाल सफेद ।
तुलसी दल, कुश दर्भ भी, यथा बताते वेद ।। 2393/7162

श्रीफल कदली आम्र हों, घृत मधु गौ का दूध ।
हल्दी कुमकुम और हों, केसर अक्षत शुद्ध ।। 2394/7162

पावन गंगा नीर हो, अबीर अरु सिंदूर ।
समिधा चंदन धूप हों, कस्तूरी कर्पूर ।। 2395/7162

पूजा के साधन सभी, गायन के सामान ।
पट पीतांबर, मृग त्वचा, धर्म-दक्षिणा, दान ।। 2396/7162

विप्र पुरोहित लाइए, जाबाली सम संत ।
अश्वमेध से दिग्विजय, "निश्चित," कहें महंत ।। 2397/7162

108. Story of Putreshti Yajña (Rāmāyan, 1. Bāl Kānd)

लाओ पावन यज्ञ की, सामग्री नि:शेष ।
कुछ भी विस्मृत ना रहे, बतलाए अवधेश ।। 2398/7162

(तत:)
जैसी आज्ञा दशरथ दीन्ही, सचिव सुमंतर करनी कीन्ही ।
मंत्री मंडल निश-दिन जागे, यज्ञ योजना करने लागे ।। 2349/5205

सरयू नद के दक्षिण तट पर, वास्तु शास्त्र से स्थान नियुत कर ।
समतल भूतल खंड बनाया, मंडप में मख कुंड रचाया ।। 2350/5205

विशाल मंडप यूप रचाया, रंग ढंग से खूब सजाया ।
सुंदर आसन नरम गलीचे, रंग बिरंगे सुघड़ समूचे ।। 2351/5205

(और फिर)
ठीक समय जब आन बिराजा, देश-देश से नृप महाराजा ।
अँचल के आमंत्रित सारे, जन साधारण सज्जन प्यारे ।। 2352/5205

सज-धज नारी केश विभूषा, दर्शक गुणी जन मनहर वेशा ।
आए गुरुजन मंगल मन से, दशरथ दानी कुबेर धन से ।। 2353/5205

विधि विधान शुभ मन में धारे, मंत्र पाठ सब शुद्ध उचारे ।
पूजा भजनन कीर्तन प्यारे, गाकर बोले जय जय नारे ।। 2354/5205

दोहा॰ हुई तयारी यज्ञ की, आया ऋषि-मुनि वृंद ।
गए निमंत्रण शीघ्र ही, आए जन सानंद ।। 2399/7162

नर-नारी सब देश के, पहने मंगल वेश ।
आभूषण परिधान थे, सजाय सुंदर केश ।। 2400/7162

मंत्र पाठ सब शुद्ध से, यज्ञ हुआ सम्पन्न ।
पूजा कीर्तन गान से, जनता हुई प्रसन्न ।। 2401/7162

♪ संगीतश्रीकृष्णरामायण छन्दमाला, मोती 324 of 501

108. Story of Putreshti Yajña (Rāmāyan, 1. Bāl Kānd)

पदपादाकुलक छन्द[44]

। । + 14 अथवा ऽ + 14

(पुत्रेष्टि पायस)

मख पुत्रेष्टि का दशरथ रचा ।
मुनि वसिष्ठ गाए मंत्र ऋचा ।। 1
स्तुति गीत भजन सुंदर प्यारे ।
"जय अयोध्यानाथ!" के नारे ।। 2

(और)

भोजन स्वादु सुरस पकाये, वर्ण चार सब मिल कर खाए ।
दान दक्षिणा सबको दीन्ही, शुभ आशिष की अमृत वाणी ।। 2355/5205

यज्ञ अंत में वसिष्ठ मुनि ने, मन वांछित वर नृप को दीन्हे ।
रानीत्रय को दिये बधाई, पुत्र प्राप्ति की आस जगाई ।। 2356/5205

✍ **दोहा॰ भोजन रुचिकर स्वादु थे, विपुल दक्षिणा दान ।**
वर्ण चार ही एक थे, सबको सम सम्मान ।। 2403/7162

वसिष्ठ ने आशिष दिये, नृप को मंगल ढेर ।
रानीत्रय को वर मिले, प्रसाद मंतर फेर ।। 2404/7162

(पायस दान)

शीरीं पायस पुत्रेष्टि का, सुत दायक अतुलित मिष्टी का ।
दीन्हा ऋषिवर प्रसाद पावन, फल जो देवे मधु मन भावन ।। 2357/5205

---

[44] ♪ **पदपादाकुलक छन्द** : इस 16 मात्रा वाले संस्कारी मात्रा वृत्त के आरंभ में एक द्विकल (। । या ऽ) आता हैं । इस छंद की रचना में आदि में त्रिकल (। ऽ, ऽ ।, । । ।) नहीं आता, सभी चौकल भी नहीं आते हैं । आरंभ के द्विकल के स्थान पर त्रिकल हो तो वह ♪ **चौपाई छन्द** होता है, और सभी 16 मात्रा के चौकल बनते हों तो वह ♪ **पादाकुलक छन्द** होता है । पदपादाकुलक छंद का उल्टा (आदि 3-2 अंत ऽ ।) ♪ **शृंगार छन्द** होता है ।

▶ लक्षण गीत : ✍ **दोहा॰ आदि त्रिकल ना हो कभी, सोलह मात्रा वृंद ।**
वह "पदपादाकुलक" है, आदि द्विकल का छंद ।। 2402/7162

108. Story of Putreshti Yajña (Rāmāyan, 1. Bāl Kānd)

अर्ध पयस कौशल्या पाई, पाव खीर कैकेयी खाई ।
बची खीर जो दो भांडों में, गही सुमित्रा दो खंडों में ।। 2358/5205

हर्ष भरी तीनों महारानी, पी कर पायस अमृत पानी ।
मोद मनाती विविध विध भाँति, तन-मन पाई अविरत शाँति ।। 2359/5205

कल्प तरु के फल मधु खा कर, गर्भ धारणा फलित शुभ पा कर ।
मुदित मनोमन निश-दिन होती, तीनों पा कर सीप में मोती ।। 2360/5205

दोहा॰ पायस पावन यज्ञ का, गुरु वसिष्ठ ने काट ।
तीन रानियों को दिया, चार भाग में बाँट ।। 2405/7162

इस प्रसाद से होगया, मन वांछित परिणाम ।
तीन रानियों को मिला, गर्भ रूप वरदान ।। 2406/7162

माँगा नृप ने एक था, मिले उसे सुत चार ।
दशरथ को भगवान ने, दीन्हा छप्पर फाड़ ।। 2407/7162

संगीतश्रीकृष्णरामायण गीतमाला, पुष्प 478 of 763

दादरा ताल

(पुत्रेष्टि यज्ञ की कथा)

स्थायी

गीत शारद ने मंजुल है गाया, साज नारद मुनि ने बजाया ।
रत्नाकर से है मंगल रचाया, रामायण को है सुंदर सजाया ।।

♫ म-ग म-म- म प-म- ग म-प-, रे-ग म-म- मध- प- मग-म- ।
रेगम-म म- म ध-प- गम-प-, रे-ग-म- म- म ध-प- मग-रे- ।।

अंतरा-1

देखा उसने जब आता बुढ़ापा, बिना संतान मन उसका काँपा ।
राजा दशरथ दुखी, खोया आपा, उसने मंत्री सभा को बुलाया ।।

♫ सांसां नि-रें- सांसां ध-नि- धप-म-, सांसां नि-रें-सां धध नि-ध प-म- ।
म-ग- मममम मप-, म-ग म-प-, रे-ग म-म- मध- प- मग-रे- ।।

109. Story of Shrī Rāma's birth (Rāmāyan, 1. Bāl Kānd)

अंतरा-2

बोला, लगता है दुख मोहे दूना, बिना सुत के मेरा घर है सूना ।

उसको गुरुवर वसिठ ने बूझाया, यज्ञ पुत्रेष्टि का सिध कराया ।।

अंतरा-3

यज्ञ के मंत्र मुनिवर ने गाए, शुभ आशीष दशरथ ने पाए ।

पुण्य अमृत मिला जो यजन का, पत्नियों को वो पायस पिलाया ।।

बाल काण्ड : आठवाँ सर्ग

109. श्री राम जन्म की कथा :

109. Story of Shrī Rāma's birth *(Rāmāyan, 1. Bāl Kānd)*

♫ संगीतश्रीकृष्णरामायण छन्दमाला, मोती 325 of 501

गोपी छन्द[45]

3 + 2 + 6 + 2 + ऽ

(राम जन्म)

यज्ञ ठाकुर किरपा कीन्हे ।

चार सुत दसरथ को दीन्हे ।। 1

पुत्र कौशल्या का रामा ।

लखन सौमित्तर अभिरामा ।। 2

जुगल बंधु शत्रुघन नीका ।

भरत प्यारा कैकेयी का ।। 3

देख सुंदर सुत जो पाए ।

अवध नृप फूले न समाए ।। 4

---

[45] ♫ **गोपी छन्द :** इस 15 मात्रा वाले तैथिक छन्द में 3-2-6-4 की रचना होती है । आदि में त्रिकल (। ऽ, ऽ । या । । ।) और अन्त में एक गुरु मात्रा आती है ।

▶ लक्षण गीत : **दोहा० पन्द्रह कल से जो बना, गुरु मात्रा हो अंत ।**

एक त्रिकल हो आदि में, समझो "गोपी" छंद ।। 2408/7162

109. Story of Shrī Rāma's birth (Rāmāyan, 1. Bāl Kānd)

श्लोकौ

(रामजन्म)

कौशल्यायाः सुतो रामः कैकेय्या भरतः सुतः ।
युग्मौ लक्ष्मणशत्रुघ्नौ सुमित्रायाः सुतौ लघू ।। 1847/2422

अयोध्याया जनाः सर्वे दशरथश्च मातरः ।
जन्मोत्सवे महाहृष्टा देवाश्च देवतास्तथा ।। 1848/2422

कथा

(श्रावण मास)

आयो बरसत श्रावण मासा, दीन्हा सबके मन उल्लासा ।
घट घट में दी नई उमंगें, होंट होंट पर खुशी तरंगें ।। 2361/5205

संगीतश्रीकृष्णरामायण गीतमाला, पुष्प 479 of 763

(इस सुंदर गीत की चाल और तबला ठका के लिए देखिए हमारी "*नई संगीत रोशनी*" का गीत 66)

कजरी[46] : कहरवा ताल 8 मात्रा

(सावन की कजरी)

स्थायी

स्थायी

कैसी ये सुहानी सावन की कजरिया,
शीतल रिमझिम झरियाँ ।
शीतल रिमझिम झरियाँ,
शीतल रिमझिम झरियाँ ।। शीतल० ।।

♫ म-म- मप पनिनि-निध पधध ध पम म-म-प-म-,
ग-सा-सा- ग-म-पधपध- म-गम- - - - - ।
सां-सां-सां- सां-सां-सांरेंसांरें- नि-धप- - - - -,
ग-गसासा- ग-म-पधपध- म-गम- - - ।।

---

[46] **कजरी** : यह एक सावन ऋतु में गाया जाने वाला, एक बहुत पुराना लोकप्रिय गीत प्रकार है ।

अंतरा-1

गरजत बिजुरिया, बरसत बदरिया ।

गरजत बिजुरिया, बरसत बदरिया ।

कान्हा रे छलकत, मोरी गगरिया । शीतल॰ ।।

♫ म-म-मपप- नि-नि-सां-सां-, सां-सां-सां-सांनि निरेंसांरेंनि-ध- ।

म-म-मपप- नि-नि-सां-सां-, सां-सांरेंरेंमंमंगं गंरेंरेंसांसांनिध- ।

म-म- मप- - निनिनिनि ध- - - प- म-म-प-म-, ग-गसासा- ।।

अंतरा-2

दूर मोरी नगरिया, छोड़ मोरी डगरिया ।

कान्हा रे भीग गयी, मोरी चुनरिया ।। शीतल॰ ।।

अंतरा-3

आज तोरी साँवरिया, लूँगी मैं खबरिया ।

ना कर बरजोरी, मोरे कनाईया ।। शीतल॰ ।।

संगीतश्रीकृष्णरामायण गीतमाला, पुष्प 480 of 763

(चाल और तबला ठेका के लिए देखिए

हमारी "*नई संगीत रोशनी*" का गीत 63)

ठुमरी : कहरवा ताल 8 मात्रा

(सावन के बादर)

स्थायी

घिर आए सावन के, बादर कारे ।

आजा री सजनीया, पपीहा पुकारे ।।

♫ गम पसांनिसां-नि पपग-म- ग-सा-नि़- -, नि़सागरे गम- - - म- - - - - - ।

मपग- म पधपनि-धप- - -, पधपमग रे गमपप-प- ।।

अंतरा-1

मतवारी मोरनीया, नाच दिखावे ।

धुन टेर मोरवा की, मनवा रिझावे ।।

♫ - - -पपनि-नि सां-सां-सांसांसां- - - -, नि-सां- सांनिसांनिरेंसां-नि-प- - - ।

पसां सां-रें नि-नि-धप प- - - -, गमगरे गमप- -प- ।।

अंतरा-2

मेहा रे झरी तोरी, नेहा लगावे ।

शीतल रीम झीम, मोती पसारे ।।

संगीतश्रीकृष्णरामायण गीतमाला, पुष्प 481 of 763

(चाल, तबला ठेका, और तान के लिए देखिए

हमारी "*नई संगीत रोशनी*" का गीत 52)

राग : गौड़ मल्हार,[47] तीन ताल 16 मात्रा

(सावन की बादरिया)

स्थायी

कारी बादरिया भीनी चादरिया, चादरिया मोरी भीनी साँवरीया ।

♫ -गरे मगरेसा- गरेग मपगपमग, -गरेपपप- पप धनि संाध पगपमग ।

अंतरा-1

पल छिन तड़पत मोरा मनवा, गरजत बरसत कारो बदरवा ।

अधीर भई मैं बाँवरिया, अधीर भई मैं बाँवरिया ।।

♫ -पग पप निधनिनि सां-सां- निरेंसां-, -निनिनिनि निनिनिनि धनिसांनि सांध निधप ।

-मरेप पपध प- धनि सांधपगपमग, -मरेप पपध प- धनिसांरेंसांनिधप गपमग ।।

अंतरा-2

कड़कत चमकत बैरी बिजुरिया, आजा बलमवा मोरी डगरिया ।

हार गई मैं साँवरिया, हार गई मैं साँवरिया ।।

(सावन)

सावन भादो मौसम प्यारा, अवधपुरी में मदन बिखेरा ।

तीर मदन के लागे दिल पर, रति क्रीड़ा नर-नारी मिल कर ।। 2362/5205

---

[47] **राग गौड़ मल्हार** : यह खमाज ठाठ का राग है । इसका आरोह है : सा, रे ग रे म ग रे सा, रे म प, ध नि सां । अवरोह है : सां, ध नि प म, ग म रे सा ।

▶ लक्षण गीत : **दोहा॰ म सा वादि संवाद में, संपूरण विस्तार ।**

मृदु निषाद अवरोह से, राग "गौड़ मल्हार" ।। 2409/7162

109. Story of Shrī Rāma's birth (Rāmāyan, 1. Bāl Kānd)

पायस पय का पूज्य प्रतापा, पार कियो नृप का अनुतापा ।
यथा हि शुभ वर मुनिवर दीन्हे, गर्भ प्राप्ति भई सावन महीने ।। 2363/5205

शुभ वार्ता वह सुखद श्रवण में, चारों को दी गुदगुदी तन में ।
जन-गण अवधपुरी के प्यारे, मधुर उमंग से पुलकित सारे ।। 2364/5205

दोहा॰ सावन भादो का समाँ, मदन जगावे प्यार ।
नर-नारी के गात में, प्रणय भरी रस धार ।। 2410/7162

पावन पायस यज्ञ का, कीन्हा पुण्य प्रताप ।
दशरथ नृप के मनस का, दूर भया अनुताप ।। 2411/7162

तीन रानियों की जभी, भरी गर्भ से गोद ।
मुदित भए नृप अवध के, जन-गण के मन मोद ।। 2412/7162

करत प्रतीक्षा चैत की, सबके मन में प्यार ।
नौ मासों में आयँगे, दशरथ के सुत चार ।। 2413/7162

संगीतश्रीकृष्णरामायण गीतमाला, पुष्प 482 of 763

(चाल, तबला ठेका, और तान के लिए देखिए
हमारी "*नई संगीत रोशनी*" का गीत 25)
गीत : राग भीमपलासी, कहरवा ताल 8 मात्रा
(सावन आयो)

स्थायी

गरजत बरसत सावन आयो, प्यासन दुखियन के मन भायो ।
♫ मपनिसां निधपमप ग-गम गरेसा-, पनिसाग रेरेसासा प- गम गरेसा- ।

अंतरा-1

सब के मन में जोश जगायो, वन में पपीहा बहु हरषायो ।
मोर कोयलिया नाच नचायो ।।
♫ पप प- निमप गम पनिसां सांगंरेंसां-, निनि सांमं गंरेंसां- पनि सांसांनिधप- ।
प-गं गंरेंरेंसां- नि-नि निध-प- ।।

अंतरा-2

109. Story of Shrī Rāma's birth (Rāmāyan, 1. Bāl Kānd)

तरु बेली पर फूल खिलायो, हरी हरियाली अनूप बिछायो ।
दुखी नैनन की आस बुझायो ।।

(यों)

करत प्रतीक्षा मास चैत्र की, दशरथ जी के चार पुत्र की ।
प्रति दिन सभी जनों के मन में, पवित्र प्रतिमा मधु सपनन में ।। 2365/5205

नीर लबालब नदियाँ नाले, हरि हरियाली पुष्पित बेलें ।
रंग रंग के पंछी सुंदर, नाच गान रव करत मनोहर ।। 2366/5205

वर्षा झड़ियाँ सूर्य किरण पर, ओस बिंदु चमकाते तृण पर ।
इन्द्र धनुष की छटा गगन में, हर्ष जगाई जन-गण मन में ।। 2367/5205

 संगीतश्रीकृष्णरामायण गीतमाला, पुष्प 483 of 763

(ऋतु सावन)

स्थायी

ऋतु सावन की, मोद बढ़ावे, मन का मोर नचावे ।
हरा गलीचा तले बिछावे, तरु पर रंग रचावे ।।

♪ सारे म-पप प-, प-म सांध-प-, मम प- ध-प मगरेसा- ।
मप- पप-प- धनि- धप-म-, धध धध प-म गरे-सा- ।।

अंतरा-1

सुंदर सौरभ फूल फूल पर, तितली भ्रमर भुलावे ।
मंजुल झोंका मंद पवन का, पादप बेली डुलावे ।।

♪ सा-रेरे म-मम प-ध नि-ध पम, पपध- निनिसां रेंनि-सां- ।
रें-सांनि ध-प- नि-ध पमम प-, म-पप ध-प मगरेसा- ।।

अंतरा-2

चह चह चिड़ियाँ पपीहे मैना, मनहर गान सुनावे ।
आम्र वृक्ष पर काली कोयल, कूहू कूहू गावे ।।

अंतरा-3

सात रंग ये इन्द्र धनुष के, क्षितिज को हार पिन्हावे ।
पल में वर्षा पल में सूरज, बादर खेल खिलावे ।।

अंतरा–4

मधुर फलों के गुच्छ पेड़ पर, सबका मन ललचावे ।
बाल बालिका वृंद वृंद में, सावन हर्ष मनावे ।।

अंतरा–5

चाँद सितारे नील गगन के, चाँदनी रात सुहावे ।
अनूप नजारा सावन का ये, इन्द्र भी देख लजावे ।।

(शरद्)

सावन का ये घात सुहाना, उलास रानीत्रय को दीन्हा ।
वर्षा का जब गुजरा मौसम, शरद् ऋतु का पवन मनोरम ।। 2368/5205

✍दोहा॰ पवन शीत ऋतु शरद का, करता जब तन स्पर्श ।
रोम-रोम गदगद किए, देता मन को हर्ष ।। 2414/7162

संगीतश्रीकृष्णरामायण गीतमाला, पुष्प 484 of 763

(चाल, तबला ठेका और तान के लिए देखिए
हमारी "नई संगीत रोशनी" का गीत 20)

खयाल : राग भूपाली तीन ताल 16 मात्रा

(सावन ऋतु)

स्थायी

सावन ऋतु आयो, सुख लायो, सावन ऋतु आयो, सुख लायो ।
बरखा झरी रिम झिम बरसायो ।

♫ सां–धप गरे सारेध़– सारे गरेग–, गपधसांधप गरे सारेध़– सारे गरेग– ।
गगगरे गप धसां धसां धपगरेग– ।।

अंतरा–1

धरती पहने सुंदर गहने, रंगीन वाले हरित सुहाने ।

♫ पपग– पपसांध सां–सांसां सांरेसां–, सां–गरें ध–सां– सांसांध पगरेग– ।

अंतरा–2

बादल शीतल करत फुहारे, कोयल मंजुल कूहु पुकारे ।

(हेमंत)

109. Story of Shrī Rāma's birth (Rāmāyan, 1. Bāl Kānd)

निसर्ग शोभा शीतल न्यारी, हेमंत ऋतु दशरथ की प्यारी ।
बेर शरीफे मन ललचाते, गुलाब चंपक उनको भाते ।। 2369/5205

✍दोहा॰ शीतल ऋतु हेमंत की, दशरथ के मन भाय ।
देख शरीफे मिष्ट वे, उनका मन ललचाय ।। 2415/7162

(शिशिर)

गर्भवती की ओहद न्यारी, अनार इमली बेहद प्यारी ।
मटर छोलिया नरियल पानी, शिशिर ऋतु की भेंट सुहानी ।। 2370/5205

ठंढ गुलाबी ऋतु शिशिर की, गर्भवतिन को अति हितकर सी ।
जब-जब तन को मृदुल स्पर्श दे, उनके मन को बहुत हर्ष दे ।। 2371/5205

✍दोहा॰ शिशिर ऋतु की ठंढ का, पाकर पुलिकित स्पर्श ।
रोम-रोम में भर गया, गर्भवती का हर्ष ।। 2416/7162

मटर छोलिया खोपरा, शिशिर ऋतु में स्वाद ।
अनार इमली अम्ल की, आती उनको याद ।। 2417/7162

(माघ)

माघ मास रवि मकर राशि में, लेने आए तीर्थ काशि में ।
दशरथ जी अरु तीनों रानी, पावन करने स्नान त्रिवेणी ।। 2372/5205

✍दोहा॰ उष्ण माघ के मास में, मकर राशि में सूर्य ।
आए दशरथ काशि में, पातक धोने पूर्व ।। 2418/7162

रानी तीनों गंग में, पावन नीर नहाय ।
लीन्हे काशी धाम का, तीरथ आस लगाय ।। 2419/7162

(चैत्र)

मौसम कुनकुना चैत्र माह का, मौर आम्र के तरु पर महका ।
अम्ल आम की नई अंबियाँ, लख कर ललचावे कोयलिया ।। 2373/5205

एक खुशी थी ऋतुराज की, खुशी दूसरी, पुत्र आस की ।
बिंदु-बिंदु की बसंत बरखा, पुलकित करती तिनका तिनका ।। 2374/5205

109. Story of Shrī Rāma's birth (Rāmāyan, 1. Bāl Kānd)

दोहा॰ मौसम कोसा चैत्र का, हरे आम की घात ।
कोयल काली आम्र पर, कूहु कूहु है गात ॥ 2420/7162

(बसंत)

बसंत ऋतु की कोमल गरमी, नर पशु तरु को उमंग दीन्ही ।
दशरथ नृप को आतुर कीन्ही, पुत्र प्रतीक्षा निंदिया छीनी ॥ 2375/5205

बसंत ऋतु का मौसम गीला, रंग पसारा सरसों पीला ।
पीले पीले खेत सुनहले, पीत दुपट्टे केसर चोले ॥ 2376/5205

दोहा॰ बसंत देता है खुशी, रिम झिम बरखा मेह ।
बिंदु-बिंदु नभ से गिरे, सबन लगावत नेह ॥ 2421/7162

संगीत्श्रीकृष्णरामायण गीतमाला, पुष्प 485 of 763

खयाल : राग बसंत,[48] कहरवा ताल 8 मात्रा
(चाल, तबला ठेका, और तान के लिए देखिए
हमारी "*नई संगीत रोशनी*" का मीठा गीत 55)

(बसंत बरखा)

स्थायी

रंग गुलों की शोभा न्यारी, गंध सुगंधित हिरदय हारी ।
♪ सां–नि ध॒प– मंग मंध॒निसां रें॒निसांमंध॒, सां–नि ध॒प–मंग गमंध॒म गरे॒सा– ।

अंतरा-1

बसंत बरखा बरसत रिमझिम,
मंजुल रंगों की फुलवारी ।
♪ गमं–ध॒ ध॒निसांसां– सांसांसांसां निरें॒सांसां,
निरें॒मंग रें॒–सां– निध॒ सांसांनिरें॒सांनिध॒पमंध॒ ।

---

[48] राग बसंत : यह पूर्वी ठाठ का राग है । इसका आरोह है : सा ग, मं ध॒ रें॒ सां नि सां । अवरोह है :
रें॒ निध॒ प, मं ग मं ग, मं ध॒ मं ग, रे॒ सा ।

▶ लक्षण गीत : दोहा॰ वर्ज्य स्वर प आरोह में, सा म वादि संवाद ।
कोमल रे ध "बसंत" के, देत बसंती का नाद ॥ 2422/7162

109. Story of Shrī Rāma's birth (Rāmāyan, 1. Bāl Kānd)

अंतरा–2

मोर पपीहा कोयल कारी,
कूजत कूहु कूहु बारी–बारी ।

(चैत)

आतुरता से राह देखते, रम्य मास नौ सुख में बीते ।
चैत मास का दिन गरमी का, आया शुक्ल पक्ष नवमी का ।। 2377/5205

अब तक जो थी घड़ी अधूरी, हुई प्रतीक्षा अब है पूरी ।
चार प्रसव के क्षण जब आए, चार पुत्र दशरथ जी पाए ।। 2378/5205

भाग विश्व के तब थे जागे, राहु केतु जब सुदूर भागे ।
शुभ ग्रह थे जब अनुकूल सारे, नहीं थे लक्षण प्रतिकूल कारे ।। 2379/5205

✍दोहा॰ **चैत्र मास जब आगया, सबको उत्कट आस ।**
दशरथ सुत के जन्म का, समय आगया पास ।। 2423/7162

चंपत राहु केतु थे, लक्षण सब प्रतिकूल ।
भाग विश्व के जब जगे, शुभ ग्रह थे अनुकूल ।। 2424/7162

तब शुभ शुभ पल चार में, विधि के ज्यों आदेश ।
दशरथ के सुत आगए; हर्षित कोशल देश ।। 2425/7162

(राम जन्म)

यथा भाग्य ने किया रचित था, जब अवध पुर शिव शोभित था ।
कौशल्या–गोदी में आए, रामचंद्र रघुराज कहाये ।। 2380/5205

रूप सुमंगल आभा धारी, छवि निरंजन सुंदर सारी ।
दशरथ नंदन अनुपम न्यारा, कमल नयन मुख मनहर प्यारा ।। 2381/5205

(वसिष्ठ)

शिशु लक्षण जब गुरु ने देखा, दिव्य हस्त की परम वह रेखा ।
शुभ ग्रह उन पर बहुत सुभागा, बोले "रघुकुल है बड़भागा ।। 2382/5205

"सभी शकुन शुभ थे सुखदाता, पावन पुरुष परम परतापा ।

109. Story of Shrī Rāma's birth (Rāmāyan, 1. Bāl Kānd)

ज्योति जगी रघुकुल शशि रामा, स्वरूप भारत रवि अभिरामा ।। 2383/5205

"शिशु होगा यह हृदय पियारा, भारत जग का बने सितारा ।
चरित्र होगा जग उजियारा, सब चरितों में चरित नियारा ।। 2384/5205

"विद्या बुद्धि कला कुशलता, सद्गुण तेजस् शौर्य वीरता ।
रघुकुल का रवि रंग सुनहला, भूमि पर अवतार उजैला" ।। 2385/5205

✍दोहा॰ **कौशल्या की गोद में, आए राघव राम ।**
वदन सुमंगल कमल सा, नील वर्ण घनश्याम ।। 2426/7162

शिशु के कर को देख कर, हुए वसिष्ठ प्रसन्न ।
बोले, कोशल देश के, भाग्य हुए निष्पन्न ।। 2427/7162

शिशु होगा सब विश्व में, धर्म कर्म का वीर ।
सदाचार सद्भाव में, होगा अनुपम धीर ।। 2428/7162

विद्या बुद्धि कुशलता, दया क्षमा भंडार ।
धर्म सुरक्षा के लिए, क्षात्र तेज अंगार ।। 2429/7162

कैकेयी की कोख में, भरत सुभग अभिराम ।
जन्म सुमित्रा ने दिये, लखन शत्रुघन नाम ।। 2430/7162

♫ **संगीतश्रीकृष्णरामायण छन्दमाला, मोती 326 of 501**

दोही छन्द[49]

---

[49] ♫ **दोही छन्द :** चार पद मिला कर 52 मात्रा वाले इस छन्द में 15, 11, 15, 11 मात्राएँ होती हैं । दोहे के समान विषम पदों के अंत में र गण और सम पदों के अंत में ज गण होता है । इसका सूत्र 10 + ऽ । ऽ,

109. Story of Shrī Rāma's birth (Rāmāyan, 1. Bāl Kānd)

10 + ऽ । ऽ, 7 + । ऽ ।

(राम)

कौशल्या माँ की गोद में, जन्म लिए सुत राम ।
वदन सुमंगल अभिराम था, कमल पुष्प सत् नाम ।। 1
दशरथ नृप अत्यानंद से, हर्षित पुलकित गात ।
प्रसन्न अवध नगर मोद से, हुलसित तीन हि मात ।। 2

(भरत)

कैकेयी की कोख से उपजा, सुपुत्र दशरथ जी का दूजा ।
घटिका दूजी शुभ जब आई, जन्मा भरत, राघव का भाई ।। 2386/5205

(लक्ष्मण, शत्रुघ्न)

दो घटिका फिर सुंदर आई, लखन शत्रुघन जुड़वाँ भाई ।
पुत्र सुमित्रा के दो जन्मे, प्रेम समुंदर दशरथ मन में ।। 2387/5205

(बधाइयाँ)

हृष्ट हो गया जनपद सारा, गाया सबने मंगल नारा ।
आए सुर गण देन बधाई, स्वजन सुजन गुरु बंधु भाई ।। 2388/5205

आए शंकर नारद किन्नर, आए शारद ऋषि-मुनि तुंबर ।
बजे अवध में मंगल नारे, ढोल तंबूरे वीणा तारें ।। 2389/5205

✍ **दोहा॰** **खुश खबरी सुत जन्म की, सुन कर मुख पर हास ।**
देन बधाई आगए, जनपद जन नृप-वास ।। 2432/7162

सबने हर्षित हृदय से, बोली दशरथ जीत ।
ऋषि-मुनि नर-नारी सभी, गाए मंगल गीत ।। 2433/7162

ढोल बजे आनंद के, ऊँचे सुर के साथ ।
जय जय के नारे लगे, उभय हिला कर हाथ ।। 2434/7162

---

7 + । ऽ । होता है ।

▶ लक्षण गीत : ✍ **दोहा॰ पन्द्रह कल हों विषम में, गुरु लघु गुरु से अंत ।**
सम में ग्यारह, ल ग ल अंत, जानो "दोही" छंद ।। 2431/7162

109. Story of Shrī Rāma's birth (Rāmāyan, 1. Bāl Kānd)

संगीत श्रीकृष्णरामायण गीतमाला, पुष्प 486 of 763

गीत
(आनंद)

स्थायी

पायो जी आज, दशरथ नृप सुत पायो ।

♪ सारे म ग रे –, पमगरे सासा मग रे–सा– ।

अंतरा–1

कमल वदन, सखी! रामचंद्र का, चार चाँद लगायो ।

♪ सासारे रेगग, मम–! प–मगरे म–, पम ग–म गरे–सा– ।

अंतरा–2

कौशल्या कहे, धन्य भई मैं, राम रतन मन भायो ।

अंतरा–3

नारद शारद शंकर गौरी, कृष्ण कनाई है आयो ।

अंतरा–4

लखन भरत कहें, राघव भ्राता, हमको नेहा लगायो ।

(नामकरण)

घर–घर गली गली जयकारा, हाट घाट में उत्सव प्यारा ।
दसवे दिन पर वसिष्ठ गुरु ने, "राम" नाम शुभ शिशु को दीन्हे ।। 2390/5205

राम–नाम सबका सुख दाता, राम–नाम सबका प्रिय नाता ।
राम–नाम नित सबको भाता, राम–नाम सब हृदय रमाता ।। 2391/5205

दोहा॰ दसवे दिन पर महल में, नामकरण थे चार ।
पढ़ कर मंतर वेद के, यथा क्षात्र संस्कार ।। 2435/7162

नामकरण गुरुदेव ने, किया पवित्तर काम ।
कौशल्या के पुत्र को, दिया 'राम' शुभ नाम ।। 2436/7162

(रघु परिवार)

लाड़ प्यार में पले पियारे, भाई चारों, नैनन तारे ।
माता तीनों, दशरथ बाबा, आठ जनों का एक हिसाबा ।। 2392/5205

109. Story of Shrī Rāma's birth (Rāmāyan, 1. Bāl Kānd)

किसी को कोई मातु पिलाती, किसी शिशु को कोई खिलाती ।
किसी गोद में कोई होता, किसी गोद में कोई सोता ।। 2393/5205

हर शिशु की थीं तीनों माता, अंतर कोई देख न पाता ।
हर माता के चारों सुत थे, दृश्य यहाँ के अति अद्भुत थे ।। 2394/5205

अवधपुरी के सारे बच्चे, दशरथ के ही सुत थे सच्चे ।
उस जनपद की हर माता की, कौशल्या जी प्रिय माता थी ।। 2395/5205

दोहा॰ चारों सुत थे लाड़ले, तीन मातु के प्राण ।
तीनों माता को लगे, सब सुत एक समान ।। 2437/7162

कोई माँ, सुत को किसी, लेकर अपनी गोद ।
दूध पिलाती प्रेम से, मानत मन में मोद ।। 2438/7162

किसी अंक में कोई भी, सोता सुत सानंद ।
किसी क्रोड़ में कोई भी, पाता शिशु आनंद ।। 2439/7162

जनपद की जनता सभी, दशरथ-पुत्र समान ।
कौशल्या रानी उन्हें, लगती मातु महान ।। 2440/7162

(बचपन)

बालक बढ़ते चारों ऐसे, शुक्ल पक्ष का चंदा जैसे ।
चारों शिशु लीला दिखलाते, मातु-पिता आनंद लुटाते ।। 2396/5205

बालकाल की बोली सोहे, बचन बाल के सबको मोहे ।
कदम कदम शिशु आगे बढ़ते, गिरते उठते आँसू झड़ते ।। 2397/5205

अँसुअन पोंछन माता भागे, दूजी माता उसके आगे ।
बच्चे सीखत चढ़ना पौड़ी, दशरथ जी फिर बनते घोड़ी ।। 2398/5205

लचक लचक कर गिरते चलते, दौड़ लगाने पुत्र मचलते ।
मुन्ने जब आँगन में भागे, प्रमुदित माता-पिता सुभागे ।। 2399/5205

मीठे फल नव दंत चबाते, चीज हाथ की मुख में दबाते ।
अ आ इ ई पठत उचारा, ओम् ओम् का रटते नारा ।। 2400/5205

109. Story of Shrī Rāma's birth (Rāmāyan, 1. Bāl Kānd)

फल मीठे सब उनको भाते, लडुअन मोदक नेह लगाते ।
गेंद धनुष शर खेल खिलौने, अश्व छड़ी के बड़े लुभौने ।। 2401/5205

दोहा॰ दशरथ सुत बढ़ने लगे, यथा शुक्ल का चंद्र ।
शिशु-लीलाएँ देख कर, सबके मन आनंद ।। 2441/7162

बोली उनकी तोतली, देती सबको मोद ।
कदम उठाते गिर पड़े, मातु उठावे गोद ।। 2442/7162

दशरथ बापू खेल में, घोड़ा बनते आप ।
केश पकड़ शिशु खेंचते, नृप चलते चुपचाप ।। 2443/7162

(फिर)

फिर काँधे पर बैठ कर, करते दुनिया सैर ।
बारी-बारी सैर से, थकत न नृप के पैर ।। 2444/7162

बच्चे आँगन खेलते, बहुत मचाते शोर ।
ठुमक ठुमक कर नाचते, जैसे नाचे मोर ।। 2445/7162

जो भी आए हाथ में, चीज दबाते दंत ।
उनके नटखट खेल का, कछु नाही था अंत ।। 2446/7162

(और)

बाण धनुष से खेलते, योद्धा बन कर बाल ।
खेल कूद में प्रेम से, चला गुजरता काल ।। 2447/7162

ओम् ओम् शुभ मंत्र को, करते चारों याद ।
गायत्री का गीत भी, गाते उसके बाद ।। 2448/7162

1197
रत्नाकर रचित संगीत-श्री-रामायण

109-A. Story of baby Rāma's cry for the Moon (1. Bāl Kānd)

109-A. Story of baby Rāma's cry for the Moon *(1. Bāl Kānd)*

जोजन शत पर चाँद गगन में, कीन्ही प्रीति राघव मन में ।
रोया बालक शशि को धरने, मातु मुकुर लाई चुप करने ।। 2402/5205

दोहा॰ नील गगन का चन्द्रमा, चमकाता सुरपूर ।
जोड़ी प्रीति राम से, शत-शत योजन दूर ।। 2449/7162

रो रो कर मुन्ना कहे, जाओ नभ को फाँद ।
शुभ्र सुहाना गोल वो, हमका चाही चाँद ।। 2450/7162

मैया चंदा गगन से, ला दो अभी ललाम ।
चाँद मुकुर में पाइके, भया शाँतमन राम ।। 2451/7162

संगीतश्रीकृष्णरामायण गीतमाला, पुष्प 487 of 763

भजन

(चाँद गगन से ला दो)

स्थायी

मैया! चाँद गगन से ला दो, गेंद सुहाना हमका दै दो ।

♫ सा-म-! प-म गरेरे सा- रे- म-, प-म गरे-म- पपम- गरे म- ।

अंतरा-1

इतना रिझौना, इतना लुभौना, कोई खिलौना, नै यो - - - ।

♫ सासारे गम-म-, निधप- मग-म-, पम गरे-सा-, गरे म- - - ।

अंतरा-2

भाग के जाओ, कूद के जाओ, उड़ कर अंबर, जैयो - - - ।

अंतरा-3

पकड़ो मेरी, उँगली मैया, साथ लखन को, लै लो - - - ।

अंतरा-4

चाँद मुकुर का, मैया दीन्हा, राम भयो चुप, ऐ यो - - - ।

संगीतश्रीकृष्णरामायण गीतमाला, पुष्प 488 of 763

109-A. Story of baby Rāma's cry for the Moon (1. Bāl Kānd)

भजन

(लादो चंद्र, माँ!)

स्थायी

नीला आसमाँ ..., शुभ्र चंद्रमा ... ।
कहे राम मुन्ना, हमका, दै दो चंद्र, माँ! ।।

♪ रे-सा रे-ग_म-, ध_-प म-ग_म- ।
सारे- ग_-म प-म-, ग_ग_रे-, ध_- प म-ग_, म- - -! ।।

अंतरा–1

गगन में इतना ऊँचा, गेंदवा किसने फेंका ।
लगता सुहाना कितना, इंदु चंद्र, माँ! ।।

♪ ममम प- धधध नि_-ध_-, सां-नि_ध_- पपप- ध_-नि_- ।
सांसांनि_- ध_प-ध_ पपम-, ध_-प म-ग_, म- - -! ।।

अंतरा–2

बोलो लखन को जावे, गगन से कंदुक लावे ।
सारी रात हम सब खेलें, कंज चंद्र, माँ! ।।

अंतरा–3

चंद्र बिंब दर्पण में, दिखलाया जब माता ने ।
मुदित राम लेकर कर में, हँसे चंद्रमा ।।

हास विलास में निश-दिन सारे, बाल बिनोद सभी को प्यारे ।
अँचल माँ का, धर मुख मोड़े, बोले "चूमो, फिर हम छोड़ें" ।। 2403/5205

109-A. Story of baby Rāma's cry for the Moon (1. Bāl Kānd)

(राम का बचपन)

(हेमंत ऋतु)

दोहा० सुखमय ऋतु हेमंत में, चारों भाई साथ ।
नदिया तट पर खेलते, सब आनंदित गात ।। 2452/7162

सुबह सवेरे रजत-से, श्वेत सुहाने खेत ।
ओस बिंदु मोती बने, मन को रंजन देत ।। 2453/7162

सूर्य किरण से चमकते, नीले पीले लाल ।
जैसे हीरे हों उगे, देखे चारों बाल ।। 2454/7162

हरे खेत गोधूम के, पीले सरसों फूल ।
कुहरे के घन ध्वान्त से, मन को देते भूल ।। 2455/7162

(और)

जीव ठिठुरते शीत से, पशु-पक्षी सब मूक ।
राह देखते सूर्य की, कब सेकेंगे धूप ।। 2456/7162

नर-नारी सब काँपते, ठंडे अंग सिकोड़ ।
चादर कंबल ओढ़ते, बैठे नाक मरोड़ ।। 2457/7162

अवध पुरी में राम को, सब देते थे प्यार ।
भरत शत्रुघन लखन के, राम सुखद आधार ।। 2458/7162

संगीतश्रीकृष्णरामायण गीतमाला, पुष्प 489 of 763

दादरा ताल

(श्री राम जन्म की कथा)

स्थायी

गीत शारद ने मंजुल है गाया, साज नारद मुनि ने बजाया ।
रत्नाकर से है मंगल रचाया, रामायण को है सुंदर सजाया ।।

म-ग म-म- म प-म- ग म-प-, रे-ग म-म- मध- प- मग-म- ।
रेगम-म म- म ध-प- गम-प-, रे-ग-म- म- म ध-प- मग-रे- ।।

अंतरा-1

110. Story of Rāma's Gurukul initiation (1. Bāl Kānd)

यज्ञदेवी की मंगल कृपा से, पुत्र प्राप्ति की पावन तृषा से ।

तीनों रानी ने भ्रूण धन पाया, राजा दशरथ को बापू बनाया ।।

♪ सां-सांनि-रें- सां धनि- धप- म-, सांसां नि-रें- सां ध-नि- धप- म- ।

मग म-म- म प-प मग म-प-, रेग मममम म ध-प- मग-रे- ।।

अंतरा-2

कौशल्या जी की गोदी में रामा, कैकेयी का भरत अऽभिरामा ।

उर्मिला का मुनिऽ मन अपारा, शत्रुघन और लखन ने सजाया ।।

अंतरा-3

जन जनपद के हर्षित थे भारे, मधु गदगद से स्पर्शित थे सारे ।

अभिनंदन था हर कोई लाया, सुर मंगल से स्तुति गीत गाया ।।

बाल काण्ड : नौवाँ सर्ग

110. श्री राम के गुरुकुल गमन की कथा :

110. Story of Rāma's Gurukul initiation *(1. Bāl Kānd)*

♪ **संगीतश्रीकृष्णरामायण छन्दमाला, मोती 327 of 501**

मदकलिता छन्द[50]

। । ।, । ऽ ।, । । ।, । । ऽ, ऽ

(राम का गुरुकुल गमन)

गुरुकुल राम-लखन अब जाते ।

कटि पर पिंगल वसन सुहाते ।। 1

सिर पर कुंतल, चरण खड़ाऊँ ।

---

[50] ♪ **मदकलिता छन्द :** इस 13 वर्ण, 16 मात्रा वाले छन्द के चरण में न ज न स गण और एक गुरु वर्ण आता है । इसका लक्षण सूत्र । । ।, । ऽ ।, । । ।, । । ऽ, ऽ इस प्रकार होता है । विराम चरण के अन्त में ।

▶ लक्षण गीत : ✍ **दोहा॰ सोलह मात्रा से बना, गुरु कल से हो अंत ।**

न ज न स गण से आदि हो, वह "मदकलिता" छंद ।। 2559/7162

110. Story of Rāma's Gurukul initiation (1. Bāl Kānd)

कर धनु, स्कंध पर शुचि जनेऊ ।। 2

गुरुवर बेद बचनन पढ़ाते ।

जप तप चिंतन मनन सिखाते ।। 3

सुमिरण योग यजन दिखलाते ।

शिशुअन को उपनिषद् सुनाते ।। 4

श्लोकौ

(गुरुककुले)

गच्छति पञ्चवर्षीयो रामो गुरुकुलेऽधुना ।
पठति तत्र शास्त्राणि धनुर्विद्यां कलास्तथा ।। 1849/2422

रामभरतशत्रुघ्नलक्ष्मणाः प्राप्तसिद्धयः ।
वसिष्ठस्य प्रसादेन यशस्विनो धनुर्धराः ।। 1850/2422

कथा

(दशरथ)

राम हुआ है पाँच वर्ष का, आज दिवस है बड़े हर्ष का ।
चारों सुत अब गुरुकुल जाएँ, दशरथ निर्णय आज सुनाए ।। 2404/5205

पल भर भी जो कभी न बिछड़े, माँ के हिरदय के जो टुकड़े ।
"कल चारों तुम गुरुकुल जासूँ," बोलीं माता, नैनन आँसू ।। 2405/5205

दोहा॰ "वर्ष पाँच पूरे हुए," बोले दशरथ राज ।
गुरुकुल में मुनि वसिष्ठ के, चारों जावें आज ।। 2460/7162

माता तीनों रोइके, किए चार तैयार ।
भेजे गुरुकुल पठन को, देकर उनको प्यार ।। 2461/7162

(गुरुकुल)

दशरथ सुत अब गुरुकुल जाते, किशोर चारों बहुत सुहाते ।
गुरु वसिष्ठ उनको सिखलाते, धर्म कर्म का पथ दिखलाते ।। 2406/5205

पीत पितांबर कंधे कँबली, पाँव खडाऊँ चंदन वालीं ।
माला रुद्र की गल में साजे, कर में पुस्तक वेद विराजे ।। 2407/5205

110. Story of Rāma's Gurukul initiation (1. Bāl Kānd)

दोहा॰ वसिष्ठ गुरु से चार ने, सीखे शास्त्र अनेक ।
गुरुवर को वन्दन करें, बालक घुटने टेक ।। 2462/7162

कटि पीतांबर बांधके, काँधे कमली डाल ।
खड़ाऊँ चंदन पाँव में, गले रुद्र की माल ।। 2463/7162

धर्म कर्म सब सीखते, गुरुवर से तत्काल ।
धनुर्वेद रण नीति से, युद्ध कला की चाल ।। 2464/7162

संगीतश्रीकृष्णरामायण गीतमाला, पुष्प 490 of 763

(सत् नाम)

स्थायी

राम-नाम सत् नाम सुहाना, श्री राम जय राम जय जय रामा ।

♫ म॑-ध ध-ध धध म॑-ध धध-ध-, म॑- म॑-म॑ धध ध- म॑ध धध ध-धम॑ ।

अंतरा-1

पीत पितांबर कटि पर सोहे, छवि निरंजन मन को मोहे ।
दशरथ नंदन रघुपति रामा, दास परम प्रिय कपि हनुमाना ।।

♫ म॑म म॑ध-धध म॑ध धध म॑-ध-, म॑ध- धनि-धध धध नि- धधम॑- ।
मममम म॑-धध धधधम॑ म-म॑-, म॑-ध धधध निध धध निधध-म॑- ।।[51]

अंतरा-2

कमल लोचन सूरत प्यारी, मंगल मुख मूरतिया दुलारी ।
परम पुरुष परमेश्वर रामा, सुर नर पूजित हरि अभिरामा ।।

अंतरा-3

रघुपति राघव दीन-दयाला, भगतन के अविरत प्रति पाला ।
परम आतमा रूप ललामा, अंतर्यामी हिरदय धामा ।।

सुर्योदय से पहले घाते, गुरुकुल में विद्यार्थी आते ।
शिष्य गुरु के कुशाग्र सारे, राम-लखन दो विशेष प्यारे ।। 2408/5205

इक्ष्वाकु से योग पुरातन, परंपरागत चला सनातन ।

---

[51] इस गीत की स्वर रचना शुद्ध, तीव्र और कोमल स्वरों के सुंदर प्रयोग का अनूठा उदाहरण है ।

110. Story of Rāma's Gurukul initiation (1. Bāl Kānd)

वसिष्ठ ने अपरिहार्य बताया, कर्मयोग नित कार्य जताया ।। 2409/5205

पढ़ते गुरुकुल अंतेवासी, शास्त्र उपनिषद् के चौरासी ।
वसिठ वेद के मंत्र सिखाते, शस्त्र चला कर उन्हें दिखाते ।। 2410/5205

भाई चारों कुशल शास्त्र में, निपुण हो गए कला शस्त्र में ।
लखन लला तीनों को भाता, संग राम के सदा सुहाता ।। 2411/5205

रामचंद्र थे बहुत निराले, ओज तेज बल में बड़वाले ।
सबकी उन पर असीम प्रीति, वसिष्ठ गुरु की पूर्ण प्रतीति ।। 2412/5205

दोहा॰ दीन्हा मनु को कृष्ण ने, कर्मयोग का ज्ञान ।
शास्त्र योगवासिष्ठ का, गुरु ने किया प्रदान ।। 2465/7162

वसिठ सिखाते राम को, मंत्र वेद के चार ।
उपनिषदों के तत्त्व भी, आत्मज्ञान का सार ।। 2466/7162

 संगीत-श्रीकृष्णरामायण गीतमाला, पुष्प 491 of 763

दादरा ताल

(श्री राम के गुरुकुल गमन की कथा)

स्थायी

गीत शारद ने मंजुल है गाया, साज नारद मुनि ने बजाया ।
रत्नाकर से है मंगल रचाया, रामायण को है सुंदर सजाया ।।

♪ म-ग म-म- म प-म- ग म-प-, रे-ग म-म- मध- प- मग-म- ।
रेगम-म म- म ध-प- गम-प-, रे-ग-म- म- म ध-प- मग-रे- ।।

अंतरा-1

पाँच बरसों का है आज रामा, जावे गुरुकुल वसिठ जी के धामा ।
बोले दशरथ सभी भ्रात जावें, रानियों को ये निर्णय सुनाया ।।

♪ सांसां निनिरें- सां ध- नि-ध प-म-, सांसां निनिरें- सांधध नि- ध प-म- ।
मग मममम मप- म-ग म-प-, रेगम- म- म ध-पप मग-रे- ।।

अंतरा-2

पीत कटि पर पितांबर को डारे, पग में चंदन खड़ाऊँ सँवारे ।

111. Story of Rāma's Graduation from Gurukul (1. Bāl Kānd)

रुद्र माला मणी गल में सोहे, भाल पर लाल चंदन लगाया ।।

अंतरा-3

वेद वाङ्मय कला शास्त्र सारे, राज नीतिऽ महा योग धारें ।
बाण आयुऽध शस्त्रास्त्र भारे, गुरुवर ने चलाना सिखाया ।।

 111. श्री राम के गुरुकुल समापन की कथा :

111. Story of Rāma's Graduation from Gurukul *(1. Bāl Kānd)*

♪ संगीतश्रीकृष्णरामायण छन्दमाला, मोती 328 of 501

हलमुखी छन्द[52]

S I S, I I I, I I S

(राम का गुरुकुल समापन)

बैठके गुरुचरण में, ध्याइके सब स्मरण में ।
राम ज्ञान समझ लिया, क्षात्र-धर्म ग्रहण किया ।। 1
आज राम गुरुकुल से, आगए अवध पुर में ।
देख राम, दशरथ जी, मातु तीन मुदित भई ।। 2

❈ श्लोकाः

प्रत्यागतो युवा रामो गुरुकुलाद्यदा गृहे ।
वधूताता नु कुर्वन्तः परिणयाय प्रार्थनाः ।। 1851/2422

काचना दूरदेशस्था काचना बहुशिक्षिता ।
काचना सुन्दरी गौरा, धनाढ्या भार्गवी तथा ।। 1852/2422

कोऽपि कृत्स्नं न जानाति कुतः कथं कदा भवेत् ।
कः कस्य कुत्र सम्बन्धः विधिना वै नियोजितः ।। 1853/2422

---

[52] ♪ हलमुखी छन्द : इस 9 वर्ण और 12 मात्रा वाले छन्द के चरण में र न स गण आते हैं । इसका लक्षण सूत्र S I S, I I I, I I S इस प्रकार होता है । विराम विकल्प से 3-6 वर्ण पर ।

▶ लक्षण गीत : ❈ दोहा॰ बारह मात्रा से बना, र न स गणों का वृंद ।
नौ वर्णों से जो सजा, कहो "हलमुखी" छंद ।। 2467/7162

111. Story of Rāma's Graduation from Gurukul (1. Bāl Kānd)

संगीतश्रीकृष्णरामायण गीतमाला, पुष्प 492 of 763

राग : शंकरा, झप ताल 10 मात्रा

(सरस्वती वन्दना)

स्थायी

करूँ वन्दना स्वरदे, सुन ले वरदे, ज्ञान भर दे, सफल कर दे ।
करूँ वन्दन, दुआ दे ।।

♫ पनिसां नि-पग पसांनि-, पग ग- परेगप, सा-सा पऩि सा-, सागग पप प ।
पनिसां निपपग, परेग- सा ।।

अंतरा-1

माँ शारदे, ज्ञान तरु को अमर कर दे ।
शारदे तार दे, माँ झोली भर दे ।।

♫ पगप सां-सांसां-, सां-सां सांगं गं- पंगंरें सांरें सां ।
निधनिसांरेंनिसां निधनि प-, सांनिध पगपग रेग- सा ।।

कथा

गुरुकुल से जब चारों भाई, सफल हो गए श्री रघुराई ।
शूर वीरता अरु चतुराई, क्षात्र-धर्म की नींव बनाई ।। 2413/5205

गुरुकुल आश्रम पूर्ण हुआ था, गृहस्थ आश्रम शुरू किया था ।
जन रक्षा करतब था उनका, ब्रह्मचर्य अनुपम था उनका ।। 2414/5205

श्लोकः

(आश्रमाः)

चतुष्टमाश्रमं कृत्स्नं पालयेत् ब्राह्मणो द्विजः ।
क्षात्रस्त्रयं द्वयं वैश्यः शूद्र एकं समाचरेत् ।। 1854/2422

(युवावस्था)

चारों बालक युवा बने थे, यौवन-आसार से सने थे ।
तरुणावस्था उन पर आई, देह यष्टि पर लक्षण लाई ।। 2415/5205

नव युवकों को निहार प्यारे, मातु-पिता जनपद जन सारे ।

111. Story of Rāma's Graduation from Gurukul (1. Bāl Kānd)

हर्षित पुलकित मन को धारे, नजर ना लगे दीठ उतारे ।। 2416/5205

न्याय नीति में योग्य सभी थे, वीर धनुर्धर तेजस् भी थे ।
तीनों अग्रज के अनुयाई, भरत शत्रुघन लक्ष्मण भाई ।। 2417/5205

राम-नाम था सबके मुख में, राम सहारा था सुख-दुख में ।
तीनों अनुज राम के प्यारे, राम, लखन को लगते न्यारे ।। 2418/5205

लखन राम के बिना न जीता, राम-लखन का अनुपम नाता ।
राम रतन सब जन को भाता, राम राजकुँवर कहलाता ।। 2419/5205

✍दोहा० **गुरुकुल शिक्षा जब हुई, बच्चों की सम्पन्न ।**
सूत्र शस्त्र अरु शास्त्र के, उन्हें हुए प्रतिपन्न ।। 2468/7162

बालक चारों हो गए, सुदृढ़ नये जवान ।
गुरुवर बोले, राम को, हो तुम आयुष्मान ।। 2469/7162

चारों भाई देख कर, सबके मन में हर्ष ।
जन-गण के मन में सदा, चारों थे आदर्श ।। 3470/7162

न्याय नीति में योग्य थे, धनुधर चारों भ्रात ।
भरत लखन शत्रुघ्न को, राघव अग्रज भात ।। 2471/7162

तीनों अनुजन को सदा, प्रीत करत श्री राम ।
"राम! राम!" मुख में सदा, अनुजन के मुख नाम ।। 7267/7162

(लड़की वाले)

मातु-पिता जन सचिव पुरोहित, सबके मन में लड़िकन का हित ।
बच्चों का अब विवाह नाता, करिए उत्तम घर में रिश्ता ।। 2420/5205

परामर्श सब निश-दिन करते, उचित कुलों के नाम सुमिरते ।
दूर देश से सुझाव आते, लड़की वाले बात बनाते ।। 2421/5205

लिखी है कोई, ढ़ी है कोई, गुणों से लदी पड़ी है कोई ।
कोई सुंदर स्वयं परी है, धन की देवी कोई खरी है ।। 2422/5205

विधि विधान है जैसा होता, योग वो चल कर आप ही आता ।

111. Story of Rāma's Graduation from Gurukul (1. Bāl Kānd)

होनी कोई रोक न पाता, जहाँ लिखा हो जिसका नाता ।। 2423/5205

दोहा॰ "पुत्र तरुण चारों हुए, ढूँढें कन्या चार" ।
मातु-पिता गुरुदेव के, मन में एक विचार ।। 2473/7162

दूर दूर के देश से, आन लगे प्रस्ताव ।
परामर्श होने लगा, रोज नवीन सुझाव ।। 2474/7162

किसी की सुता है पढ़ी, जिसमें अहम विकार ।
कोई कन्या है परी, सुंदर रूप निखार ।। 2475/7162

धनाड्य की कोई सुता, कुबेर जैसा बाप ।
कोई खुद को गुणवती, कहती अपने आप ।। 2476/7162

कोई गोरे वर्ण की, और न कोई बात ।
लड़की वालों की यही, डींगें थीं दिन-रात ।। 2477/7162

रिश्ते आते थे नये, शादी के हर रोज ।
बिन ढूँढे भी, भाग्य की, विधि करता है खोज ।। 2478/7162

संगीतश्रीकृष्णरामायण गीतमाला, पुष्प 493 of 763

दादरा ताल

(श्री राम के गुरुकुल समापन की कथा)

स्थायी

गीत शारद ने मंजुल है गाया, साज नारद मुनि ने बजाया ।
रत्नाकर से है मंगल रचाया, रामायण को है सुंदर सजाया ।।

♪ म-ग म-म- म प-म- ग म-प-, रे-ग म-म- मध- प- मग-म- ।
रेगम-म म- म ध-प- गम-प-, रे-ग-म- म- म ध-प- मग-रे- ।।

अंतरा-1

चारों भाई बने क्षात्र भारे, ज्ञान पंडित धनुर्धर सितारे ।
अनुजों को लगे राम प्यारे, गुरुवर को भी श्री राम भाया ।।

♪ सांसां नि-रें- सांध- नि-ध प-म-, सांसां निरें- सांध-नि- धप-म- ।

112. Story-1 of Agastya muni (Rāmāyan, 1. Bāl Kānd)

मगम- म- मप- म-ग म-प-, रेगमम म- म ध- प-प ग-रे- ।।

अंतरा-2

गुरुकुल जब समापन भया था, अब यौऽवन का आगम नया था ।

"तव पुत्रों का परिणय है आया," दशरथ को गुरुऽ ने बताया ।।

अंतरा-3

दूर देशों से रिश्ते थे आते, लड़की वाले थे बातें बनाते ।

कोई ज्यादा पढ़ी कोई गोरी, कोई सुंदर परी जैसी काया ।।

बाल काण्ड : दसवाँ सर्ग

112. श्री अगस्त्य मुनि की कथा-1

112. Story-1 of Agastya muni *(Rāmāyan, 1. Bāl Kānd)*

संगीतश्रीकृष्णरामायण छन्दमाला, मोती 329 of 501

सुमित्र छन्द[53]

। ऽ । + 6 + 10 + । ऽ ।

(अगस्त्य कथा-1)

अगस्त्य मुनि को है, परम असुरनिकंदन नाम ।

अरण्य कारूषा था मुनिवर का आदि धाम ।।

---

[53] **सुमित्र छन्द :** इस 24 मात्रा वाले अवतारी छंद में विषम चरण दस मात्रा के और सम चरण 14 मात्रा के होते हैं । विशेष यह कि इसके इसके अदि और अंत में भी स गण (। ऽ । । आता है । इसका लक्षण सूत्र । ऽ । + 6 + 10 + । ऽ इस प्रकार है ।

▶ लक्षण गीत : **दोहा॰ मत्त चौबीस हों जहाँ, दस चौदश के वृंद ।**
जहाँ ज आदि ज अंत में, जानो "सुमित्र" छंद ।। 2479/7162

प्रत्यबोध छन्द : इस 11 वर्ण, 16 मात्रा वाले छन्द में भ त न गण और दो गुरु वर्ण आते हैं । इसका लक्षण सूत्र ऽ । ।, ऽ ऽ ।, । । ।, ऽ ऽ इस प्रकार है । इसमें 5-6 पर विकल्प से विराम होता है ।

▶ लक्षण गीत : **दोहा॰ सोलह मात्रा का बना, दो गुरु कल से अंत ।**
भ त न गण जहाँ आदि में, "प्रत्यबोध" है छंद ।। 2480/7162

112. Story-1 of Agastya muni (Rāmāyan, 1. Bāl Kānd)

सुबाहु का लछमन, कीन्हा ताड़का वध राम ।
अगस्त्य दंडक में बसे करने धार्मिक काम ।।

ॐ श्लोका:

ज्ञातोऽगस्त्यो मुनिर्मुख्यो रामायणकथाक्रमे ।
विविधेषु हि स्थानेषु वसति स्म स भारते ।। 1855/2422

शरयुगङ्गयोर्नद्योः सङ्गमाद्दक्षिणे दिशि ।
आसीत्सनातनं पुण्यं कारूषाविपिनं स्थितम् ।। 1856/2422

कारूषाविपिने तस्य मठ आसीत्पुरा मुनेः ।
आरब्धवान्मुनिस्तत्र धर्मकर्म हि सात्त्विकम् ।। 1857/2422

तेनैव दृष्टिक्षेपेन सुन्दासुरो नु भ्रज्जितः ।
तेनैव ताटका शप्ता विश्वामित्रश्च प्रेषितः ।। 1858/2422

नष्टान्तस्माद्वनात्कृत्वा राक्षसान्ताटकादयान् ।
गतः स दण्डकारण्ये विन्ध्यगिरौ ततो मुनिः ।। 1859/2422

विनष्टुं राक्षसान्तत्र त्रिशिराखरदूषणान् ।
नत्वा च रामचन्द्रं स गतो गोदावरीतटे ।। 1860/2422

आस्थितः स प्रतिस्थाने कर्तुं कार्यं नु धार्मिकम् ।
अस्थापयन्मठस्तत्र गोदावरीतटे मुनिः ।। 1861/2422

उपदिशन्मुनिः रामं लङ्कायां गमनं कथम् ।
प्राप्तव्या रावणाल्लब्धिः सीतायाश्च कथं ततः ।। 1862/2422

दोहा॰ रामायण के स्रोत पर, सर्वाधिक परिणाम ।
जिनकी गति का था हुआ, "अगस्त्य-मुनि" वह नाम ।। 2481/7162

रामायण के मंच पर, सबसे वीर महान ।
सप्त रंग का पात्र वो, कपिवर है "हनुमान" ।। 2482/7162

रामचंद्र को युद्ध में, करने में कृतकाम ।
योगदान जो सूक्ष्म था, "विभीषण" का है नाम ।। 2483/7162

112. Story-1 of Agastya muni (Rāmāyan, 1. Bāl Kānd)

(तो)

सत्य-धर्म के कर्म का, सर्व प्रथम प्रारंभ ।
कारूषा वन में किया, अगस्त्य ने आरंभ ॥ 2484/7162

करने विनष्ट ताड़का, सुबाहु का संहार ।
भेजे विश्वामित्र को, लाने रामकुमार ॥ 2485/7162

विविध वनों में थे किए, अगस्त्य मुनि ने धाम ।
करके कारज सफल वे, जाते अगले स्थान ॥ 2486/7162

कारूषा वन में बसे, गंगा दक्षिण तीर ।
असुर वहाँ के मारने, आए श्री रघुवीर ॥ 2487/7162

मारे सुबाहु ताड़का, किया धर्म का काम ।
कारूषा में ना रहा, असुर जनों का नाम ॥ 2488/7162

असुर नष्ट करके वहाँ, आए विंध्य प्रदेश ।
दंडक में मुनि आ बसे, करने नया निवेश ॥ 2489/7162

विंध्या में जब आगए, वनवासी बन राम ।
मुनि अगस्त्य ने राम को, दिया धर्म का काम ॥ 2490/7162

कहा राम को, तुम करो, पंचवटी में वास ।
दक्षिण दंडक में करो, अधर्मियों का नास ॥ 2491/7162

देकर करतब राम को, निकले दक्षिण देश ।
प्रतिस्थान में आ बसे, करने काम विशेष ॥ 2492/7162

प्रतिस्थान जब आगए, सीता ढूँढत राम ।
मुनि अगस्त्य से रामजी, आए मुनि के धाम ॥ 2493/7162

कहा मार्ग श्री राम को, जाने लंका देश ।
दिया मंत्र श्री राम को, जय पाने निःशेष ॥ 2494/7162

असुर निकंदन काम में, महान मुनि का नाम ।
अगस्त्य मुनिवर धन्य हैं, जय जय जय श्री राम ॥ 2495/7162

112. Story-1 of Agastya muni (Rāmāyan, 1. Bāl Kānd)

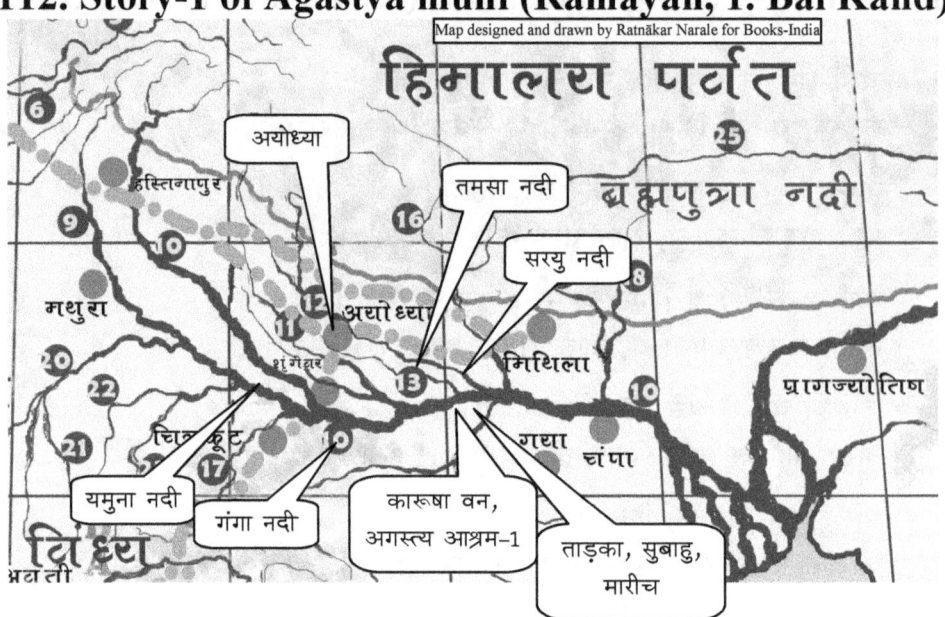

Map designed and drawn by Ratnākar Narale for Books-India

संगीतश्रीकृष्णरामायण गीतमाला, पुष्प 494 of 763

दादरा ताल

(श्री राम के गुरुकुल समापन की कथा)

स्थायी

गीत शारद ने मंजुल है गाया, साज नारद मुनि ने बजाया ।
रत्नाकर से है मंगल रचाया, रामायण को है सुंदर सजाया ।।

♫ म-ग म-म- म प-म- ग म-प-, रे-ग म-म- मध- प- मग-म- ।
रेगम-म म- म ध-प- गम-प-, रे-ग-म- म- म ध-प- मग-रे- ।।

अंतरा-1

बड़े ज्ञानी अगस्त्य मुनि थे, मुनि धार्मिक और सद् गुनी थे ।
असुरों ने उन्हें था सताया, उसने कोशिक मुनि को बताया ।।

♫ सांसां नि-रें- सांध-नि- धप- म-, सांसां नि-रें-सां ध- निनि धप- म- ।
मगम- म- मप- म- गम-प-, रेगम म-मम मध- प- पग-रे- ।।

अंतरा-2

मुनि कौशिक अयोध्या को आया, राजा दशरथ को उसने मनाया ।

113. Story of the Slaying of Tātakā (Rāmāyan, 1. Bāl Kānd)

उसने राघव लखन को बुलाया, मार कर राक्षसों को सुलाया ।।

113. ताड़का वध की कथा :

113. Story of the Slaying of Tātakā *(Rāmāyan, 1. Bāl Kānd)*

संगीतश्रीकृष्णरामायण छन्दमाला, मोती 330 of 501

रुद्रा छन्द[54]

ऽ । ।, । । ऽ, ऽ ऽ ।, ऽ ऽ ।, ऽ ऽ

(ताड़का वध)

राम-लखन विश्वामित्र के संग बीरे ।
आज विपिन के बीरान में हैं पधारे ।। 1
राम-शर महाना ताड़का को लिटाया ।
लक्ष्मण-शर शंपा सा,[55] सुबाहू मिटाया ।। 2

श्लोकाः

एकदा मेलितुं भूपं दशरथं हि कौशिकः ।
आगतः कौशिको दिष्टया विश्वामित्रो महामुनिः ।। 1863/2422

ताटका तापयत्यस्मान्-भूपमुवाच कौशिकः ।
करोति यज्ञभङ्गं सा व्यथिता मुनयो भृशम् ।। 1864/2422

नयिष्यामि ततो रामं कर्तुं तस्या हि संहृतिम् ।
लक्ष्मणोऽप्यनुजोऽगच्छत्-रामेण सह कानने ।। 1865/2422

एकेन सायकेनैव रामेण ताटका हता ।

---

[54] **रुद्रा छन्द** : इस 14 वर्ण, 22 मात्रा वाले छन्द के चरण में भ स त त गण और दो गुरु वर्ण आते हैं । इसका लक्षण सूत्र ऽ । ।, । । ऽ, ऽ ऽ ।, ऽ ऽ ।, ऽ ऽ इस प्रकार होता है । विराम चरणान्त होता है ।

▶ लक्षण गीत : **दोहा॰ मत्त बाईस का बना, दो गुरु कल हो अंत ।**
भ स त त गण हों आदि में, समझो "रुद्रा" छंद ।। 2496/7162

[55] **शंपा** = बिजली, विद्युत ।

113. Story of the Slaying of Tātakā (Rāmāyan, 1. Bāl Kānd)

लक्ष्मणस्य च बाणेन सुबाहुरसुरो हतः ।। 1866/2422

📖 कथा 📖

(ताड़का परिचय)

मित्र पुराना इक रावण का, यक्ष सुकेतु 'अरुसा' वन का ।
कन्या उसकी रूपवती थी, नाम ताड़का दुष्ट मति थी ।। 2424/5205

अरण्य अरुसा बहुत घना था, असुर जनों से भूरि सना था ।
दुष्ट ताड़का उनकी रानी, बिना हिचक करती मनमानी ।। 2425/5205

(अगस्त्य मुनि)

आरूषा के विपिन किनारे, योजन[56] अंतर ना अति दूरे ।
अगस्त्य मुनि का मठ सुंदर था, रम्य झाड़ियों के अंदर था ।। 2426/5205

अगस्त्य मुनि थे यज्ञ प्रणेता, श्राप मंत्र तंत्र के ज्ञाता ।
याग वहाँ होते बड़भारी, योगी यति जिनमें सहचारी ।। 2427/5205

वेद साम-नियम से पढ़ते, याग कर्म सब विधि से करते ।
राम-नाम सत् सदा सुमिरते, पुण्य बही खाते में भरते ।। 2428/5205

मुनि अगस्त्य के मित्र पुराने, विश्वामित्र परम जग जाने ।
साम वेद का मुनि था ज्ञाता, त्रैविद्या पावन का दाता ।। 2429/5205

✍दोहा॰ मित्र एक लंकेश का, नाम सुकेतू यक्ष ।
कारूषा वन में बसा, असुरों का अध्यक्ष ।। 2497/7162

कन्या उसकी सुंदरी, दुष्ट, ताड़का नाम ।
बिना हिचक करती सदा, मनमाने सब काम ।। 2498/7162

कारूषा के छोर पर, लगभग योजन दूर ।
मुनि अगस्त्य का वास था, जल फल से भरपूर ।। 2499/7162

अगस्त्य मुनि बहु ख्यात थे, यज्ञ प्रणेता आप ।

---

[56] योजन = लगभग 4 कोस, 8 मील, 13 कि.मी.

113. Story of the Slaying of Tātakā (Rāmāyan, 1. Bāl Kānd)

दुखदाता पर मारते, मंत्र तंत्र कटु श्राप ।। 2500/7162

शिष्य मित्र उनके सभी, करते यज्ञ महान ।
उनके मित्र घनिष्ठ थे, विश्वामित्र समान ।। 2501/7162

(ताड़का अगस्त्य संवाद)

अगस्त्य मुनि इक दिन आश्रम में, बैठे थे एकल चिंतन में ।
सहसा मुनि ने आहट पाई, देखा स्त्री है भीतर आई ।। 2430/5205

रमणी सुंदर रूपवती थी, नैनन उसके भरी रति थी ।
बोली, "मुझसे करलो शादी, या तुमरी होगी बरबादी ।। 2431/5205

"काम विषय यौवन में खोई, मुझसे सुगठित और न कोई ।
वन में सब हैं मुझसे डरते, मुझे दूर से प्रणाम करते" ।। 2432/5205

✍दोहा॰ **इक दिन मुनिवर ध्यान में, बैठे थे जब शाँत ।**
सहसा आई ताड़का, भंग किया एकांत ।। 2502/7162

काया देख अगस्त्य की, उपजा मन में काम ।
बोली, मुझसे ब्याह कर, चल तू मेरे धाम ।। 2503/7162

रति रस तुझे पिलाइके, कर दूँगी मद मस्त ।
जीवन तेरा व्यर्थ है, मठ में, सखे अगस्त! ।। 2504/7162

(मुनिवर बोले)

मुनि मैं ब्रह्म कर्म आचारी, वानप्रस्थ मैं सत् व्रतधारी ।
और बढ़ी तो श्राप धरूँगा, साथ लगी तो भस्म करूँगा ।। 2433/5205

मुनि के बचनन नहिं वो मानी, हवस वासना की दीवानी ।
आगे बढ़ी ताड़का ज्योंहि, मुनी ने दीन्हा सराप त्योंहि[57] ।। 2434/5205

"आमरण तू रहे कुँवारी, विशालकाया घोर आसुरी ।

---

[57] **सराप =** कुछ समय पहिले ताड़का का पति राक्षस सुंद अगस्त्य मुनि का आश्रम ध्वस्त कर रहा था, उसे अगस्त्य मुनि ने शाप देकर अपनी दृष्टिक्षेप से भस्म किया था ।

113. Story of the Slaying of Tātakā (Rāmāyan, 1. Bāl Kānd)

काम अधम तू सदा करेगी, ब्रह्मचारी के शर से मरेगी" ।। 2435/5205

चली शाप की तुरंत माया, बनी ताड़का विशालकाया ।
लंबी चौड़ी विद्रूप गंदी, क्रूर राक्षसी कुरूप भद्दी ।। 2436/5205

✍दोहा॰ **मुनिवर बोले, ताड़िके! अभी यहाँ से भाग ।**
आगे आई और तो, तुझे लगाऊँ आग ।। 2505/7162

ब्रह्मचर्य व्रतशील मैं, दूँगा तुझको श्राप ।
कहना यदि माना नहीं, पछतावेगी आप ।। 2506/7162

फिर भी वह आगे बढ़ी, मुनि का कहना टार ।
मुनि ने उस पर शाप का, दीन्हा मंतर मार ।। 2507/7162

असुरी नाजुक सुंदरी, बनी भयानक काय ।
कुरूपिणी वह राक्षसी, रो कर बोली, हाय! ।। 2508/7162

पीछे मुड़ कर ताड़का, बोली कुछ क्षण बाद ।
बदला लूँगी खूब मैं, तुम भी रखना याद ।। 2509/7162

(कुरूप देख कर)
पीछे मुड़ कर भागी वन में, "बदला लूँगी" बोली मन में ।
प्रति दिन बाद अचानक आती, विघ्न यज्ञ में कटुतर लाती ।। 2437/5205

धेनु चुराती कभी ताटिका, कभी रौंदती पुष्प वाटिका ।
कभी कुटी को तोड़-फोड़ती, समाधि मुनि की कभी मोड़ती ।। 2438/5205

कभी गरजती, कभी बरसती, यज्ञ तोड़ कर विकट वो हसती ।
ऋषि-मुनि योगी तंग आगए, याग कर्म सब बंद होगए ।। 2439/5205

✍दोहा॰ **प्रति निश फिर वो राक्षसी, आजाती मुनिवास ।**
मरिच सुबाहु साथ में, लाती करन विनास ।। 2510/7162

यज्ञ कुंड को फोड़ती, खाती बकरी गाय ।
माँस कुंड में फेंकती, बकती शोर मचाय ।। 2511/7162

113. Story of the Slaying of Tātakā (Rāmāyan, 1. Bāl Kānd)

कभी कुटी को तोड़ती, कभी बाग का नास ।
कभी मौन व्रत मोड़ती, तरह तरह दे त्रास ॥ 2512/7162

यज्ञ कर्म सब नष्ट थे, बंद हुए सत्संग ।
मरिच सुबाहु ताड़का, करते सबको तंग ॥ 2513/7162

(विश्वामित्र दशरथ मिलन)

एक दिन राज भवन में खासा, बैठे दशरथ वसिष्ठ पासा ।
नृपवर गुरु से पूछ रहे थे, सुत-विवाह की सोच रहे थे ॥ 2440/5205

गुरुवर जब कुछ लिखने को थे, विचार आगे रखने को थे ।
द्वारपाल दो भीतर आए, समाचार वो नृप को लाए ॥ 2441/5205

बोले, "द्वारे कोई मुनि हैं, बात-घात से लगते गुनि हैं ।
'बिस्सामित्तर' नाम बताए, काम काम का कछु लाए हैं लाए" ॥ 2442/5205

द्वारपाल का सुन संदेसा, दूर हुआ नृप का अंदेसा ।
सुकृत सूचक शुभ सबूत है, प्रभु का भेजा हुआ दूत है ॥ 2443/5205

बोले, मुनिवर को बाहर से, भीतर लाओ अति आदर से ।
नृपवर लेने आगे आए, साथ गुरुवर को भी लाए ॥ 2444/5205

पग धो कर फिर शीश नवाया, पूजित कर स्तुति पाठ गवाया ।
योग क्षेम पूछे बतलाए, मधुरापाक फिर भोज खिलाए ॥ 2445/5205

दोहा॰ दशरथ इक दिन कक्ष में, वसिष्ठ गुरु के साथ ।
चारों पुत्र विवाह की, करत रहे जब बात ॥ 2514/7162

कौशिक मुनिवर आगए, बड़ी आस के साथ ।
बोले, रक्षा कीजिए, हमरी, कोशलनाथ! ॥ 2515/7162

मुनि को दशरथ राज ने, दिया बहुत सम्मान ।
पग धोकर सेवा करी, देवेन्द्र के समान ॥ 2516/7162

योगक्षेम पूछा कहा, दीन्हे मधु पकवान ।
उन्हें पास बिठलाइके, दिया पयस का पान ॥ 2517/7162

113. Story of the Slaying of Tātakā (Rāmāyan, 1. Bāl Kānd)

(फिर)

नृप जानत मुनि बड़े हैं तीखे, आदर धन के बहुत हि भूखे ।
तृप्त हुए जब मुनिवर मन में, लाया उनको खास भवन में ।। 2446/5205

आसन देकर उन्हें बिठाया, मुनि से कहने जिया ढिठाया ।
परमादर से दशरथ बोले, शब्द सोच कर होले-होले ।। 2447/5205

"कहिए मुनिवर! क्या है सेवा, मेरे लायक बोलो क्या है, देवा!" ।
विनय सहित वे वच नृपवर के, शैली शिष्ट विशिष्ट अधर के ।। 2448/5205

हाथ जोड़ कर नृप वह ज्ञानी, बोला मंगल मधुतर वाणी ।
"कहिए क्या है विचार मन में, कर दूँ पूरी उसको क्षण में" ।। 2449/5205

✍दोहा॰ **दशरथ बोले, "क्या करूँ, सेवा तुमरी, नाथ!" ।**
उत्तर ना मैं "ना" कहूँ, मुने! शपथ के साथ ।। 2518/7162

"जो भी बोलोगे वही, कर दूँगा मैं काम ।
बिना देर के आज ही, माँगो धन या धाम" ।। 2519/7162

(कौशिक विश्वामित्र मुनि)

वचन स्वीकृति लेकर नृप से, सुन कर बचनन उनके मुख से ।
कौशिक मुनि फिर उनको बोले, वसिष्ठ के सम्मुख मन खोले ।। 2450/5205

तपोभूमि से इत आया हूँ, काज काम का मैं लाया हूँ ।
सुनलो, उत्तर "हाँ" ही लूँगा, प्रण प्रत्युत्तर "ना" नहीं लूँगा ।। 2451/5205

✍दोहा॰ **पा कर नृप से स्वीकृति, मुनि के मन में आस ।**
नृप को प्रण में बाँध कर, बुझी मुनि की प्यास ।। 2520/7162

दशरथ के शुभ वचन से, विश्वामित्र निहाल ।
सोचे, "अब तो ताड़का, होवेगी बेहाल" ।। 2521/7162

सूर्य वंश की रीत पुरानी, तन से प्यारी मुख की वाणी ।
दिया वचन सो टूट न पाए, डगर सत्य की छूट न जाए ।। 2452/5205

✍दोहा॰ **रघुकुल का ये नियम है, सदाचार की रीत ।**

113. Story of the Slaying of Tātakā (Rāmāyan, 1. Bāl Kānd)

"दिये बचन को पालना, मिले हार या जीत" ।। 2522/7162

राजन को मुनि ने कहा, कृपया रखिये याद ।
दिया वचन मत तोड़ना, अब तुम इसके बाद ।। 2523/7162

दशरथ रघुपति! तुम गुण मय हो, धन्य! धन्य! तुमरी जय जय हो ।
जनपद पालक तुम उत्तम हो, न्याय नीति में पुरुषोत्तम हो ।। 2453/5205

नीति नियम के तुम शासक हो, अधर्म कल्मष के नाशक हो ।
धर्म कर्म विधि के पालक हो, यज्ञ दान के प्रतिपालक हो ।। 2454/5205

✍दोहा॰ **रघुपति गुणमय आप हों, धन्य तिहारे काम ।**
दुनिया में अब अमर हो, पुण्य आपका नाम ।। 2524/7162

नीति नियम के तुम धनी, धर्म कर्म के नाथ ।
पुरुषोत्तम नृप आप हैं, सबल तिहारे हाथ ।। 2525/7162

(उद्देश)
अधम असुर वन में इतराते, याग कर्म में बाधा लाते ।
धर्म सनातन के वे वैरी, ध्वस्त तपोभूमि की है मेरी ।। 2455/5205

दुष्ट ताड़का उनकी रानी, देती है सबको हैरानी ।
मुश्किल हमरा खाना पीना, कठिन किया है उसने जीना ।। 2456/5205

कभी आन वो धेनु चुरावे, कभी अजा वो कच्ची खावे ।
यज्ञ कुंड को निश में तोड़े, हाड माँस सब उसमें छोड़े ।। 2457/5205

कभी करे वो मठ की हानि, पी जावे मटकों का पानी ।
बाग फलों के उजाड़ कीन्हे, व्रत साधन यतियों से छीने ।। 2458/5205

रंग भंग सत्संग करे वो, ऋषि-मुनि जन को तंग करे वो ।
सुबाहु मारिच को भी जोड़ा, नीच नहीं कछु कुकर्म छोड़ा ।। 2459/5205

शठ मारीच सुबाहु सताते, नीच ताड़का को फुसलाते ।
क्रूर अधम हैं राक्षस सारे, जीते कर्म करन को कारे ।। 2460/5205

✍दोहा॰ **लेकर नृप से बचन वे, मुनिवर बोले बात ।**

113. Story of the Slaying of Tātakā (Rāmāyan, 1. Bāl Kānd)

मतलब आने का सुनो, दशरथ जी गणनाथ! ।। 2526/7162

कारूषा में असुर हैं, करते अति उत्पात ।
उनकी रानी ताड़का, करती है आघात ।। 2527/7162

सुबाहु मारिच ताड़का, शत्रु हमारे तीन ।
आए हैं परदेस से, राक्षस लज्जा हीन ।। 2528/7162

यज्ञ ध्यान तप तोड़ते, यज्ञ कुंड को फोड़ ।
नीच बचन हैं बोलते, लाज शर्म को छोड़ ।। 2529/7162

ऋषि-मुनि जन को मार कर, यज्ञ किए हैं भंग ।
तपोभूमि में आज कल, बंद भए सत्संग ।। 2530/7162

उन्हें मदद लंकेश की, करने कारज हीन ।
उनके छल उत्पात से, संत हुए हैं दीन ।। 2531/7162

(इस लिए)

आए हैं सब परप्रांतों से, तंग किए हैं आक्रांतों से ।
आप हमारे अब तारक हों, दुःख हमारे सब हारक हों ।। 2461/5205

जब-जब संकट घिर कर आवे, विघ्न विनाशक तब तब आवे ।
विवस्वान से सीखा हमने, योग कृष्ण से पाया जिसने ।। 2462/5205

राम तुम्हारा ब्रह्मचारी है, शेर वीर आज्ञाकारी है ।
राघव लेने मैं आया हूँ, आशा स्वीकृति की लाया हूँ ।। 2463/5205

राम तुम्हारा असुरनिकंदन, राम अकेला है शठ भंजन ।
राघव को करता जग वन्दन, राघव को देदो, रघुनंदन! ।। 2464/5205

दोहा॰ "जब होता है धर्म की, हानि का संजोग ।
विघ्न हरण आवे तभी," कृष्ण कहे हैं योग ।। 2532/7162

अगस्त्य मुनि ने है दिया, उस असुरी को श्राप ।
"ब्रह्मचारी के बाण से, मरण तुझे सह ताप" ।। 2533/7162

मुनि अगस्त्य ने था कहा, उस असुरी के प्राण ।

113. Story of the Slaying of Tātakā (Rāmāyan, 1. Bāl Kānd)

लेगा बालक बिक्रमी, ब्रह्मव्रती का बाण ।। 2534/7162

बोले विश्वामित्र जी, अति गौरव के साथ ।
"मैं मरवाऊँ ताड़का, दशरथ सुत के हाथ" ।। 2535/7162

ब्रह्मव्रती है आपका, वीर पुत्र श्री राम ।
उसको मेरे साथ दो, तभी बनेगा काम ।। 2536/7162

रघुकुल की ये रीत है, क्षात्र-धर्म का ज्ञान ।
बचन नहीं टूटे कभी, चाहे निकले प्राण ।। 2537/7162

नृपवर मत बोलो "नहीं," वचन न तोड़ो आप ।
छोड़ा क्षत्रिय धर्म तो, दे दूँगा मैं शाप ।। 2538/7162

संगीतश्रीकृष्णरामायण गीतमाला, पुष्प 495 of 763

भजन

(राम विष्णु का अवतार)

स्थायी

राम विष्णु का है अवतारा, असुर निकंदन सिरजनहारा ।

♫ म-मं ध-ध ध- नि- धधमं-ध-, रेंनिध धध-निनि रेंरेंनिधध-मं- ।

अंतरा-1

अधम धरा पर जब-जब छाते, प्रभु नर रूप में तब तब आते ।
काम ये उनको लगे पियारा, भव सागर का वही किनारा ।।

♫ गगग ममं- मंमं धध धध ध-ध-, निरें रेंरें नि-ध ध- निनि निनि धधमं- ।
म-म म मंमंम- धनि- धमं-म-, गग मं-ममं ध- निध- मंम-ग- ।।[58]

अंतरा-2

शिव शंकर है प्रलय को लाता, ब्रह्म विधाता, विष्णु चलाता ।
राम रमैया परम सुखारा, हरि! हरि! जिसने आर्त पुकारा ।।

अंतरा-3

---

[58] इस गीत की स्वर रचना में विविध शुद्ध, तीव्र और कोमल स्वरों का सुंदर प्रयोग किया गया है ।

113. Story of the Slaying of Tātakā (Rāmāyan, 1. Bāl Kānd)

राम रतन सुंदर अभिरामा, चारु चरित सिमरूँ सियरामा ।
भजले नाम राम का प्यारा, नर योनि नहीं मिलै दुबारा ।।

(फिर)

सुनकर बचनन मुनि के तीखे, नृप को दिन में तारे दीखे ।
वसिष्ठ गुरु भी हक्के-बक्के, मगर नीति के थे वे पक्के ।। 2465/5205

डर कर नृप कछु कह नहीं पावे, क्या बोलूँ ये समझ न आवे ।
'हाँ' कहने को जी नहीं भावे, 'ना' करने रसना नहिँ धावे ।। 2466/5205

नृप की चुप्पी मुनि को खावे, धीरज मुनि का छूटा जावे ।
मुनि बोले, प्रण भंग करोगे, रघुकुल के मातंग[59] बनोगे ।। 2467/5205

चला यहाँ से जाऊँ हारा, शाप तुम्हें मैं जाऊँ मारा ।
गुरु वसिष्ठ फिर मुनि को बोले, रुक जाओ! नृप मुख तो खोले ।। 2468/5205

(वसिष्ठ दशरथ संवाद)

होश-विचारे नृप के भागे, चमके तारे नैनन आगे ।
नृप थर्रा कर मूर्छा खाए, कुछ भी आगे बोल न पाए ।। 2469/5205

वसिष्ठ बोले, नृपवर! मानो, विकट समस्या को पहिचानो ।
लड़-प्यार अब सुत का छोड़ो, क्षात्र-धर्म से मुख ना मोड़ो ।। 2470/5205

कौशिक मुनि को तुम हाँ बोलो, पुत्र-प्रीत वश प्रण ना टालो ।
रघुकुल रीति पुण्य पुरानी, वचन प्रतिष्ठा सब जग जानी ।। 2471/5205

✍दोहा॰ **सुन कर मुनिवर का कहा, दशरथ थे बेचैन ।**
ना "हाँ," ना "ना," कह सके, छम-छम बरसे नैन ।। 2539/7162

दशरथ भौंचक्के हुए, वसिष्ठ भी हैरान ।
दशरथ ने चुप्पी धरी, आतुर मुनि के प्राण ।। 2540/7162

धीरज मुनि का छूट कर, पाए वह संताप ।

---

[59] **मातंग** = चंडाल, चांडाल, कलंकी ।

113. Story of the Slaying of Tātakā (Rāmāyan, 1. Bāl Kānd)

बोले, नृपवर! "हाँ" कहो, वरना दूँ मैं शाप ॥ 2541/7162

वसिष्ठ गुरु ने तब कहा, धर लो, मुनिवर! धीर ।
नृप थोड़ी सी साँस लें, पोंछें दृग से नीर ॥ 2542/7162

(फिर)

दशरथ ने अपना मुख खोला, धीरे से फिर गुरु को बोला ।
राम छोड़ कर, माँगो कुछ भी, बिना विलंबा दूँगा सो ही ॥ 2472/5205

माँगो सेना, सैनिक सारे, शस्त्र-अस्त्र आयुध के धारे ।
असुरों को वे शर से मारें, सिद्ध करो फिर यजन तिहारे ॥ 2473/5205

राघव मेरा नयनन तारा, उस बिन जीना दुष्कर मेरा ।
घोर तपों से राघव पाया, आज बिछड़ने दिन क्यों आया ॥ 2474/5205

दोहा॰ मूर्छा खाकर गिर पड़े, दशरथ नीचे, धाँय! ।
वसिष्ठ ने जल छिड़क कर, नृप को दिया जगाय ॥ 2543/7162

दशरथ बोले, माँग लो, सेना सैनिक आज ।
असुरों को वे मार कर, सफल करेंगे काज ॥ 2544/7162

"राघव मेरा प्राण है, जीवन का आधार ।
बिना राम के मैं कभी, जीऊँ ना दिन चार" ॥ 2545/7162

दशरथ को गुरु ने कहा, भूलो मत कुल रीत ।
कर्म धर्म के सामने, तजो पुत्र से प्रीत ॥ 2546/7162

कौशिक मुनि को हाँ कहो, राखो कुल की रीत ।
राम तिहारा वीर है, होगी उसकी जीत ॥ 2547/7162

 संगीतश्रीकृष्णरामायण गीतमाला, पुष्प 496 of 763

भजन

(राम तन-मन मेरे)

स्थायी

राम बसा है तन-मन मेरे, साँस वही और प्राण वही ।

113. Story of the Slaying of Tātakā (Rāmāyan, 1. Bāl Kānd)

♫ म-मं धमं- म- ममं धनि धमंम-, म-मं धध-, ध-मं नि-ध धमं- ।

अंतरा-1

नाम है मुख में साँझ सकारे, राम हैं दुख में पास हमारे ।
दूर हुए जो गम थे घेरे, अब जान वही, वरदान वही ।।

♫ म-मं मं धध ध- नि-ध धमं-ध-, म-मं मं धध ध- नि-ध धमं-मं- ।
म-मं धम- म- मंमं ध- ध-ध-, मंमं म-मं धध-, धमनि-ध धमं- ।।[60]

अंतरा-2

राघव मेरी डोर सँभारे, नाव लगे भव पार किनारे ।
दूर हुए हैं जनम के फेरे, अभिमान वही, अभिधान वही ।।

अंतरा-3

काम मेरे सब नाम उचारे, ज्ञान ध्यान सब उसी विचारे ।
दूर हुए अब तम के अँधेरे, खान वही और, पान वही ।।

(वसिष्ठ)

गुरुवर बोले वचन निभाना, अब मारग है सरल सुहाना ।
धर्म क्षात्र का अब ना त्यागो, राजन्! कारज से ना भागो ।। 2475/5205

क्षात्र अधम जो प्रण को खोता, डर के मारे कायर होता ।
दिया वचन सो करना होगा, मन काबू में धरना होगा ।। 2476/5205

दोहा॰ **वसिष्ठ ने नृप से कहा, वचन निभाओ, नाथ! ।**
क्षात्र-धर्म से हैं, प्रभो! बंधे तुमरे हाथ ।। 2548/7162

क्षात्र-धर्म को जो तजे, कायर उसका नाम ।
दिया वचन जो आपने, वही करो अब काम ।। 2549/7162

मन पर अब काबू करो, कार्य करो निष्काम ।
कहना मेरा मानिये, वीर तिहारा राम ।। 2550/7162

(मगर, दशरथ)

पुष्प पंखुड़ी राघव मेरा, कोमल काया बाल किशोरा ।

---

[60] इस गीत की स्वर रचना में शुद्ध, तीव्र और कोमल स्वरों का बहुत सुंदर प्रयोग है ।

113. Story of the Slaying of Tātakā (Rāmāyan, 1. Bāl Kānd)

लाड़ प्यार में पाला जिसको, भेजूँ कैसे वन में उसको ।। 2477/5205

बीता जीवन सुख में जिसका, वास वनों में दुष्कर उसका ।
जिसने दुख है कभी न देखा, होगा उसके हिय में मेखा ।। 2478/5205

युद्ध न जिसने किया कभी हो, मंगल जिसके काज सभी हो ।
उसको अब असुरों के आगे, क्यों कर भेजूँ अचरज लागे ।। 2479/5205

✍️दोहा॰   दशरथ बोले, हे गुरो! बालक मेरा राम ।
           लाड़ प्यार में है पला, राजकुमार ललाम ।। 2551/7162

           कैसे भेजूँ विपिन में, कोमल जिसके गात ।
           कैसे मुनि को हाँ कहूँ, समझ न आवे बात ।। 2552/7162

           जीवन जिसका सुख भरा, कभी न दुख का नाम ।
           कैसे होगा अब भला, वन में उसका धाम ।। 2553/7162

           युद्ध अभी तक ना किया, कीन्हे मंगल काज ।
           असुरों से कैसे लड़े, अचरज लागे आज ।। 2554/7162

(फिर भी)

वसिष्ठ बोले शुभ बचनन में, सुनो पियारे! क्या मम मन में ।
मुनि को तुमरे दर पर लाना, किया भाग्य ने एक बहाना ।। 2480/5205

जभी अधम है उधम मचाता, तभी विधाता खेल रचाता ।
एक हाथ से असुर बनाता, दूजे कर से उसे हनाता ।। 2481/5205

हरि को मैंने शिक्षा दी है, क्षात्र-धर्म की दीक्षा दी है ।
कला शस्त्र-अस्त्रन की सारी, उसे पढ़ाई है बड़भारी ।। 2482/5205

राम तिहारा अब न किशोरा, वीर धनुर्धर क्षत्रिय घोरा ।
शब्दवेध की जाने भासा, ब्रह्म अस्त्र है उसके पासा ।। 2483/5205

मंत्र तंत्र सब उसको आता, असुर-प्रलय को क्षण में लाता ।
राक्षस शत-शत से लड़ सकता, निश-दिन लड़ कर भी ना थकता ।। 2484/5205

✍️दोहा॰   वसिष्ठ ने नृप से कहा, "सुनो मर्म की बात ।

113. Story of the Slaying of Tātakā (Rāmāyan, 1. Bāl Kānd)

रचा विधि ने खेल यह, करने राक्षस घात ।। 2555/7162

"असुर मचाते हैं जभी, भू पर अत्याचार ।
प्रभु लेकर अवतार तब, शठ को देते मार ।। 2556/7162

"एक हाथ से असुर को, करते हैं बलवान ।
दूजे कर से फिर उसे, नष्ट करें भगवान ।। 2557/7162

"किशोर अब राघव नहीं, वीरों का है वीर ।
असुर विनाशन वह करे, छोड़ एक ही तीर ।। 2558/7162

"शिक्षा मैंने दी उसे, निष्काम कर्म का योग ।
शब्दवेध वो जानता, धनुर्वेद प्रयोग ।। 2559/7162

"शत असुरों से आप ही, लड़ सकता है राम ।
निश-दिन राघव लड़ सके, बिना किए आराम" ।। 2560/7162

(विश्वामित्र)

✍दोहा॰ दशरथ से मुनि ने कहा, राघव वीर महान ।
दूँगा मैं श्री राम को, शस्त्र-अस्त्र का ज्ञान ।। 2561/7162

सिखलाऊँगा राम को, धनुर्वेद का तंत्र ।
नाना विध शस्त्रास्त्र के, महा गूढ जो मंत्र ।। 2562/7162

(अत: वसिष्ठ बोले)

असुरों से तुम डरो न प्यारे! सुन लो सच हैं वचन हमारे ।
कर में शर जब राम धरेगा, देवराज भी इन्द्र डरेगा ।। 2485/5205

विश्वामित्र महामुनि भारे, आए चल कर द्वार तिहारे ।
यही सिद्ध है प्रमाण प्यारे! विधि विधान है मंगलकारे ।। 2486/5205

शकुन सुमंगल मन में धरिए, विदा राम को सहर्ष करिए ।
मानो नृपवर! कहना मेरा, तब चमकेगा भाग्य सितारा ।। 2487/5205

होगा रोशन नाम तिहारा, गदगद माँ का मृदुल जियारा ।
प्रिय माता का पुत्र पियारा, करे जगत में जो उजियारा ।। 2488/5205

113. Story of the Slaying of Tātakā (Rāmayan, 1. Bāl Kānd)

गुरु ने नृप को जब समझाया, 'भेजो राघव' उहें मनाया ।
नृप ने कहना का माना, कहा लखन ने, "मैं भी जाना" ।। 2489/5205

दोहा॰ "असुरों से तुम मत डरो, सुनलो मेरी बात ।
कर में धनु जब हरि धरे, डरे इन्द्र भी, तात! ।। 2563/7162

"विश्वामित्र महामुनि, द्वार तिहारे आज ।
यह प्रमाण ही सिद्ध है, विधि का है यह काज" ।। 2564/7162

सुन वसिष्ठ की बात को, दशरथ ने तत्काल ।
बोला, "ले लो राम को, बने ताड़का–काल" ।। 2565/7162

 संगीत्‌श्रीकृष्णरामायण गीतमाला, पुष्प 497 of 763

भजन

(ताड़का वध)

स्थायी

ताड़िका वध को जात है रामा, संग में निकला लछमन भैया ।
♪ म-मँध॒ मँम मँ- नि-ध॒ ध॒ मँ-ध॒-, रेँ-नि ध ध॒ध॒ध॒- ध॒ध॒-ध॒ध॒ मँममँ- ।

अंतरा-1

खूँखार काया, लाल हैं आँखें, फेरत माया, दाँत हैं तीखे ।
रूप भयानक, दैया रे दैया ।।
♪ ग॒-ग॒-म मँ-म-, ध॒-ध॒ ध ध-ध॒-, नि-ध॒ध॒ मँ-ध॒-, ध-ध॒ मँ म-मँ- ।
मँ-मँ मँध॒-ध॒ध॒, ध-ध॒ मँ म-मँ- ।।[61]

अंतरा-2

क्रंदत दशरथ, आँखों में आँसू, प्राण पियारा, जीवन जासूँ ।
राम सहारा, राम रमैया ।।

अंतरा-3

विलपत रानी, कौसल माता, गुरुवर बोले, राम है त्राता ।
कर्तब करने, जाने दे मैया! ।।

---

[61] इस गीत की स्वर रचना में शुद्ध, तीव्र और कोमल स्वरों का असाधारण प्रयोग है ।

113. Story of the Slaying of Tātakā (Rāmāyan, 1. Bāl Kānd)

(वनवास गमन)

पिता का कहा स्वीकृत करके, मातु-पिता के चरणन धरके ।
हाथ जोड़ कर राम-लखन ने, मातु-पिता को वन्दन कीन्हे ।।। 2490/5205

बोला, मैया! आशिष दीजो, पीछे हमरी सोच न कीजो ।
माता ने शुभ ज्योत जलाई, दशरथ चूमी वाम कलाई ।। 2491/5205

✎ दोहा॰ दशरथ बोले जाइए, करिए मुनि का काज ।
धैर्य वीरता साथ हो, लो शुभ आशिष आज ।। 2565/7162

माताओं ने शीश पर, रख कर दक्षिण हाथ ।
दीन्हे शुभ वर प्रेम से, अति ममता के साथ ।। 2567/7162

अनुमति लेकर तात की, वन को निकले राम ।
साथ चला है लखन भी, सफल करन को काम ।। 2568/7162

(विश्वामित्र)

कौशिक मुनिवर आशिष दीन्हे, दशरथ नृप को वन्दन कीन्हे ।
बोले तुम हो जनता पालक, क्षात्र-धर्म के सच्चे चालक ।। 2492/5205

वचन तुम्हारे शिला रेखा, रघुकुल प्रण ये सब जग देखा ।
सबक नीति का शुभ है सीखा, अटल गगन के ध्रुव सरीखा ।। 2493/5205

मुड़ कर माताओं को दीन्हे, पावन आशिष कौशिक मुनि ने ।
बोले विवाह सुत के सुंदर, काम वो मंगल छोड़ो मुझ पर ।। 2494/5205

✎ दोहा॰ कौशिक मुनिवर ने कहा, बधाई हो नृपराज!
तुमने मंगल काज ये, कीन्हा है शुभ आज ।। 2569/7162

दिया वचन पालन किया, रखी वंश की रीत ।
परम तिहारी है, प्रभो! क्षात्र-धर्म से प्रीत ।। 2570/7162

रानी त्रय से फिर कहा, अमर तिहारे नाम ।
विवाह तुमरे पुत्र के, अब है मेरा काम ।। 2571/7162

(गमन)

113. Story of the Slaying of Tātakā (Rāmāyan, 1. Bāl Kānd)

लेकर अनुमति पूज्य पिता की, पावन प्रीति प्रिय माता की ।
कर से धर कर बंधु लखन को, शिष्य वसिठ का, निकला वन को ।। 2495/5205

मातु-पिता से विदाई ले कर, निकले राम-लखन सह मुनिवर ।
आगे पीछे दास औ दासी, राज भवन में घिरी उदासी ।। 2496/5205

दोहा॰ दशरथ बोले जाइयो, करियो मुनि का काज ।
धैर्य वीरता साथ हो, लीजो आशिष आज ।। 2572/7162

(जनता)
राज महल से गंगा तट तक, मार्ग जनों से भरा अचानक ।
उभय किनारे लोग खड़े थे, हिरदय जिनके स्नेह भरे थे ।। 2497/5205

पुष्प वृष्टि शुभ सभी ओर से, बजे शंख रव बड़े जोर से ।
अवध जनों ने कीन्हा नारा, राम-नाम का जय जयकारा ।। 2498/5205

हाथ किसी के पूजा थाली, कई बजावत कर से ताली ।
कोई लाया गुलाब की माला, प्रसाद कोई लडुअन वाला ।। 2499/5205

छिड़कत कोई गंगा जल के, छींटे तन पर तुलसी दल से ।
कोई चंदन तिलक लगावत, स्तोत्र सुमंडित कोई गावत ।। 2500/5205

कोई बचनन मंगल वाले, कोई प्रभु के गाते नाले ।
कोई नाचत तन्मय हो कर, अश्रु बहावत कोई रो कर ।। 2501/5205

दोहा॰ अनुमति पितुवर की लिए, माता से आशीष ।
वसिष्ठ गुरु के चरण में, रख कर अपना शीश ।। 2573/7162

हाथ पकड़ कर लखन का, वन को निकले राम ।
राम लखन मुनिवर चले, राह खड़े जन आम ।। 2574/7162

नैनन सबके नीर है, सब हैं बहुत उदास ।
राम विजय की एक है, सबके मन में आस ।। 2575/7162

गंगा तक जन अवध के, चले राम के साथ ।
करत वन्दना राम की, जोड़े दोनों हाथ ।। 2576/7162

113. Story of the Slaying of Tātakā (Rāmāyan, 1. Bāl Kānd)

हिरदय सबके थे भरे, परम स्नेह के साथ ।
पुष्प वृष्टि थे कर रहे, गाकर, "जय रघुनाथ!" ॥ 2577/7162

शंख मजीरे बज रहे, कर से ताली ताल ।
प्रसाद बाँटत नारियाँ, लेकर पूजा थाल ॥ 2578/7162

नाचत हैं जन भक्ति से, फेंकत रंग गुलाल ।
भगत लगावत भाल पर, चंदन टीका लाल ॥ 2579/7162

छिड़कत गंगा नीर हैं, गाते मंगल गीत ।
करत प्रार्थना रुद्र से, "राघव की हो जीत" ॥ 2580/7162

(यों)
भगत जनों की भीड़ बड़ी थी, हरि दर्शन की पुण्य घड़ी थी ।
रुचिकर हरि! हरि! परम शबद में, गूँजा जय जय नाद अवध में ॥ 2502/5205

आगे-आगे चलते मुनिवर, साथ राम, लछमन कर धर कर ।
पीछे जनपद जनता प्यारी, चली विदाई कहत दुखारी ॥ 2503/5205

चलते राह कटी गंगा तक, आया नदिया तीर अचानक ।
गंगा तट तक सब चल आए, आशिष मंगल सब जन लाए ॥ 2504/5205

हाथ जोड़ सब वन्दन कीन्हे, राम-लखन को शुभ वर दीन्हे ।
पीछे मुड़ कर सब घर आए, राम-नाम निरंतर गाए ॥ 2505/5205

दोहा॰ सब लोगों के हृदय में, हरि दर्शन की आस ।
सब जन-गण थे चाहते, असुरों का हो नास ॥ 2581/7162

देने राघव को विदा, दूर दूर के लोग ।
आकर पथ में थे खड़े, सबको अतिशय सोग ॥ 2582/7162

संगम गंगा सरयु का, आते बोले राम ।
जाते नदिया पार हम, लौटो तुम निज धाम ॥ 2583/7162

सबने कीन्हा राम को, वन्दन जोड़े प्रीत ।
पीछे मुड़ कर घर गए, गाते मंगल गीत ॥ 2584/7162

113. Story of the Slaying of Tātakā (Rāmāyan, 1. Bāl Kānd)

(सरयू तट पर)

संध्या ने जब आँखें मीचीं, रवि ने रश्मि वापस खींचीं ।
मुनि ने तृण की सेज बनाई, रात उन्हों ने यहाँ बिताई ।। 2506/5205

लेटे-लेटे हरि ने सोचा, जिज्ञासा से मुनि से पूछा ।
लाया क्यों है हमें यहाँ पे, जाना हमने कहाँ यहाँ से ।। 2507/5205

दोहा॰   आगे कौशिक मुनि चले, संग लखन के राम ।
तट गंगा का दिख रहा, आगे था अभिराम ।। 2585/7162

संध्या जब थी हो गई, मुनि बोले, हरि तात! ।
तृण की सेज बिछाइके, यहाँ बिताएँ रात ।। 2586/7162

(राम)

राघव बोले, है गुरुचरणा! क्या है हमने करतब करना ।
गंगा कैसे पार करेंगे, आगे मुनिवर कहाँ चलेंगे ।। 2508/5205

दोहा॰   लेटे-लेटे रात में, पूछत मुनि से राम ।
जाना हमने है कहाँ, करना क्या है काम ।। 2587/7162

गंगा कैसे पार हो, कहाँ आपका धाम ।
नदिया करके पार फिर, जाना है किस ग्राम ।। 2588/7162

(विश्वामित्र)

मुनिवर बोले सुनो पियारे! सुलझाता हूँ प्रश्न के तिहारे ।
क्षात्र-धर्म के बनो सहारे, जन जीवन के सदा सुखारे ।। 2509/5205

गंगा परले उस वीरन में, आगे वाले घोर विपिन में ।
क्रूर राक्षसी एक विचरती, किसी पाप से ना जो डरती ।। 2510/5205

दोहा॰   मुनिवर बोले, राम जी! गंगा नद के पार ।
कारूषा घन विपिन में, असुरों का संचार ।। 2589/7162

उनकी नेता राक्षसी, बहुत बनी है क्रूर ।
नाम उसे है ताड़का, नहीं यहाँ से दूर ।। 2590/7162

113. Story of the Slaying of Tātakā (Rāmāyan, 1. Bāl Kānd)

(ताड़का, मारीच, सुबाहु)

नाम ताड़का महा आसुरी, कराल दंष्ट्रा आँख भासुरी ।
महाकाय बड़ जबड़े वाली, नीच वृत्ति नित झगड़े वाली ।। 2511/5205

उसके सुत मारीच मायावी, सुबाहु राक्षस मद के हावी ।
परदेसी इस वन में आए, कपटी काले कर्म चलाए ।। 2512/5205

नाता उनका है रावण से, लंका वाले अहिरावण से ।
इन्द्रजीत से, महिरावण से, शुरपणखा अरु कुंभकरण से ।। 2513/5205

नर भक्षक तीनों ईर्षालु, अत्याचारी अति झगड़ालु ।
माँस रक्त के सदा पिपासु, उत्पाती शठ अधम लिबासु ।। 2514/5205

नास्तिक पापी घोर अधर्मी, दुष्कृत तीनों चोर कुकर्मी ।
यज्ञ कर्म में विघ्न छोड़ते, यज्ञ कुंड को तोड़-फोड़ते ।। 2515/5205

दूर देश से राक्षस आए, वन में हत्याकाण्ड रचाए ।
ऋषि-मुनि योगी तापस खाए, काट पीट कर उधम मचाए ।। 2516/5205

✍दोहा॰ **महा दुष्ट है ताड़का, तीखे उसके दाँत ।**
विशाल काया आसुरी, जीवित नर पशु खात ।। 2591/7162

सुत हैं सुबाहु मारिची, छल में उसके साथ ।
पाप कर्म में हैं लगे, नित तीनों के हाथ ।। 2592/7162

रक्त पिपासु अधम हैं, अत्याचारी ढीठ ।
ऋषि-मुनियन को मार कर, ध्वस्त यज्ञ के पीठ ।। 2593/7162

यज्ञ हमारे बंद हैं, नष्ट पुण्य के कर्म ।
खंडित पूजा पाठ हैं, छाया घोर अधर्म ।। 2584/7162

(और)

अगस्त्य आश्रम ध्वस्त किया है, वन का मंडल नष्ट किया है ।
धेनु चुरा कर कच्ची खाते, अस्थि चर्म मल तज कर जाते ।। 2517/5205

मुठ में अज हय वृषभ दबाते, मुख में कुरंग कुकुर चबाते ।

113. Story of the Slaying of Tātakā (Rāmāyan, 1. Bāl Kānd)

जड़ से फल के पेड़ उखाड़े, मठ के उपवन बाग उजाड़े ।। 2518/5205

अगस्त्य आश्रम उसी ओर है, ताड़कादि का जिधर जोर है ।
जाना हमने है जिस पथ से, रोकेगी वह राह, शपथ से ।। 2519/5205

हमला हम पर जभी करेगी, तुमरे शर से स्वयं मरेगी ।
तुम हो वीर धनुर्धर भारे, तीर तुम्हारा उसको मारे ।। 2520/5205

रामचंद्र जी! वचन हमारे, क्षात्र-धर्म के हैं अनुसारे ।
क्षात्र-धर्म का व्रत जो लेवे, रक्षा से जन-गण को सेवे ।। 2521/5205

पिशाच पापी अत्याचारे, दुष्ट जनों को जो नर मारे ।
जन जीवन से विघ्न हटावे, लेश मात्र वो पाप न पावे ।। 2522/5205

दोहा॰ **आकर तीनों रात में, हँसते धेनु चुराय ।**
अस्थि रक्त मल छोड़ते, गाय हमारी खाय ।। 2595/7162

फल-फूलन के पेड़ भी, जड़ से देत उखाड़ ।
मठ की सुंदर वाटिका, कीन्ही सर्व उजाड़ ।। 2596/7162

अगस्त्य आश्रम ध्वस्त है, मुनि मंडल है नष्ट ।
असुरों के आतंक से, सब संतन को कष्ट ।। 2597/7162

जाना हमने है जहाँ, उसी मार्ग के पास ।
आएगी वह ताड़का, खाने तुमरा माँस ।। 2598/7162

झपटेगी जब आप पर, सुबाहु सुत के साथ ।
आत्म सुरक्षा के लिए, लड़ो, लखन-रघुनाथ! ।। 2599/7162

मारेगा उस दुष्ट को, ब्रह्मचारी का बाण ।
शर से तुमरे, रामजी! जाएँ उसके प्राण ।। 2600/7162

पिशाच पापी भ्रष्ट को, मारेगा जो क्षात्र ।
पाप न उस नर को लगे, वही पुण्य का पात्र ।। 2601/7162

ॐ श्लोक:

हत्वाऽवध्यं हि यत्पापं शास्त्रेषु विदितं सखे ।

113. Story of the Slaying of Tātakā (Rāmāyan, 1. Bāl Kānd)

वध्यं तदेव चाहत्वा पातकं कथितं हरे ।। 1867/2422

(कर्तव्य)

पापी जन का पाप पचाना, सब शास्त्रों में कहा पाप है ।
पापी जन का पाप पचाता, पातक करता स्वयं आप है ।। 2523/5205

शास्त्रों में जो पाप कहा है, अवध्य का वध किए महा है ।
उसको मिलता वही पाप है, करे न वध जो, वध्य आप है ।। 2524/5205

दुष्ट ताड़का पापन नारी, नखशिखान्त है कटु विषधारी ।
महा भयानक कुटिला क्रूरा, जीना उसका करदो पूरा ।। 2525/5205

दोहा॰   जान बूझ कर झेलता, जो पापी का पाप ।
         पातक साँझेदार वो, पापी जाना आप ।। 2602/7162

         शास्त्र कहत हैं पाप जो, निरपराध को मार ।
         वही पाप निर्दिष्ट है, अपराधी को तार ।। 2603/7162

         नारी कोई ना कहीं, इतनी पापन दुष्ट ।
         जितनी पामर ताड़का, मति जिसकी है भ्रष्ट ।। 2604/7162

         नर हो, या नारी, रघो! जो है पापी स्पष्ट ।
         पापी को जो दंड दे, क्षात्र वही है इष्ट ।। 2605/7162

(राम ने कहा)

सुन कर बचनन मुनि के न्यारे, बोले उनको राघव प्यारे ।
"सच है मुनिवर! कहा आपका, भरा है उसका घड़ा पाप का" ।। 2526/5205

वसिष्ठ मुनि का मैं हूँ चेला, समाप्त असुरों का अब खेला ।
एक बाण में लक्ष्य बेधता, मेरा सायक वक्ष छेदता ।। 2527/5205

दोहा॰   सुन कर विश्वामित्र के, वचन नीति अनुसार ।
         राघव ने मुनि से कहा, "तुमरे सत्य विचार" ।। 2606/7162

         मुनिवर! सच है ताड़का, दुष्ट विषैली नार ।
         घड़ा भरा है पाप से, उसे मृत्यु अधिकार ।। 2607/7162

113. Story of the Slaying of Tātakā (Rāmāyan, 1. Bāl Kānd)

यदि दुष्टा हम पर करें, आक्रमणों का पाप ।
आत्मत्राण अधिकार है, मिलता हमको आप ।। 2608/7162

वसिष्ठ गुरु का छात्र मैं, क्षात्र-धर्म में वीर ।
मारूँगा मैं ताड़का, एक चला कर तीर ।। 2609/7162

(प्रात:)

सुचितम मंगल संगम जल में, करके स्नान सलिल निर्मल में ।
नीर नील सुखप्रद शीतल में, प्रात: स्नान समय सुविमल में ।। 2528/5205

नीर हरि के चरण छुआ है, हरि चरणों में शरण हुआ है ।
पावन जल वो शिव की गंगा, आज महान पवित्तर अंगा ।। 2529/5205

पूजा शिव शंकर की करके, हर हर गंगे! नाम सुमिर के ।
केवट की नैया पर चढ़के, निकले पार नदी को करने ।। 2530/5205

✍दोहा० **राम-लखन उठ भोर में, आए गंगा तीर ।**
उनके पग के स्पर्श से, धन्य हुआ वह नीर ।। 2610/7162

करके पूजा शंभु की, चढ़े नाव पर राम ।
नौका गंगा नीर पर, चली लिए भगवान ।। 2611/7162

(अरण्य में)

भयप्रद पथ पर चलते ऐसे, वन में निर्भय मृगपति जैसे ।
बन का पथ निर्जन था सारा, उस असुरी ने डर था डारा ।। 2531/5205

निबिड़ विपिन के बीच डगर पर, रुके मुनिश्वर ध्वनि वह सुन कर ।
बोले, रघुवर! बाण सिधारो, असुरी आ रही, सिर पर मारो ।। 2532/5205

कुछ पल में ताड़का कराला, सम्मुख देखी रघुपति बाला ।
बढ़े रामजी झट से आगे, उनके पीछे लछमन भागे ।। 2533/5205

असुरी डरती थी मुनिवर से, स्पर्श हटावे भूमि पर से ।
युवक देख असुरी ललचाई, रक्त माँस की भूख सताई ।। 2534/5205

✍दोहा० **निर्भय बन कर चल रहे, वन के पथ पर तीन ।**

113. Story of the Slaying of Tātakā (Rāmāyan, 1. Bāl Kānd)

निर्जन वन की राह थी, डर से, पथिक-विहीन ।। 2612/7162

राम-लखन को ताड़का, निहार वन के बीच ।
जगी प्यास मृदु माँस की, उसके मन में नीच ।। 2613/7162

ज्यों ही समीप आगए, मुनिवर लछमन राम ।
खड़ी सामने ताड़का, करने अपना काम ।। 2614/7162

उसके साथ सुबाहु था, खाने लखन कुमार ।
पीछे मारिच था खड़ा, मायावी मक्कार ।। 2615/7162

पीने रघुपति का लहू, खाने उनका माँस ।
झपटी उन पर ताड़का, आकर उनके पास ।। 2616/7162

सुबाहु लपका लखन पर, खाने लछमन माँस ।
मारिच पीछे था खड़ा, लिए विजय की आस ।। 2617/7162

(और)

सुबाहु उसके साथ खड़ा था, रक्त पिपासु असुर बड़ा था ।
मुनि से बच कर, लेकर झपके, दोनों राघुवीरों पर लपके ।। 2535/5205

दोहा॰ बोले मुनिवर, ताड़के! रघुकुल बीरन साथ ।
किस बल शर तुम आगयी, करने दो-दो हाथ ।। 2618/7162

मुनिवर बोले, राघव प्यारे! भेजो दोनों मृत्यु दुआरे ।
बीज पाप के जिन हैं बोये, फल दो उनको, फिर वे रोयें ।। 2536/5205

मन है उनका बहुत घिनौना, पाप से सना ओछा जीना ।
पालो धर्म, न देर लगाओ, आज धरा के कष्ट मिटाओ ।। 2537/5205

दोहा॰ मुनि फिर बोले, रामजी! छोड़ो अपना तीर ।
मारो शर से ताड़का, अनुमति है, रघुबीर! ।। 2619/7162

(तब)

"ठीक है" कह कर टुक निशान से, बींधी छाती एक बाण से ।
दूजा सायक लछमन छोड़ा, सुबाहु राक्षस का सिर फोड़ा ।। 2538/5205

113. Story of the Slaying of Tātakā (Rāmāyan, 1. Bāl Kānd)

गिरी ताड़का बीच सड़क के, मरा सुबाहू नीच, लुड़क के ।
मारीच भागा आहत हो कर, धीरज आपा अपना खो कर ।। 2539/5205

राघव बोले, जो है बोया, उसका तुमने फल है पाया ।
भागा मारीच लंका आया, ताड़िक वध का कथन बताया ।। 2540/5205

दोहा॰ अच्छा! कह कर राम ने, छोड़ा शिव का बाण ।
हृदय छिन्न करके तभी, लीन्हे उसके प्राण ।। 2620/7162

दूजे शर से लखन के, भया सुबाहु ढेर ।
तीर तीसरा लखन का, मारिच रखा उधेड़ ।। 2621/7162

डरा राम से मारिची, गया कारुषा छोड़ ।
दंडक वन में जा बसा, फिर से धीरज जोड़ ।। 2622/7162

मारिच ने लंकेश को, बतलाया सब हाल ।
रावण बोला मैं उन्हें, हनूँ बिछा कर जाल ।। 2623/7162

(इधर)
डाकिन-हत्या की खुश खबरी, तपोभूमि में हर्ष की गगरी ।
राम लषण को देत बधाई, माला मुनिवर ने पहनाई ।। 2541/5205

दोहा॰ असुरों के वध की खुशी, आश्रम में आनंद ।
बधाई लखन-राम को, बोला ऋषि-मुनि वृंद ।। 2624/7162

मारिच आहत बाण से, गया विंध्य पर भाग ।
आया रावण पास फिर, देने उसको जाग ।। 2625/7162

रावण बोला, कौन हैं, जिसने मारे तीर ।
मारी हमरी ताड़का, और सुबाहु वीर ।। 2626/7162

बदला लेंगे हम, सखे! कौन कहो वे बाल ।
मारेंगे हम भी उन्हें, बिछाय माया जाल ।। 2627/7162

(उधर)
रावण मारिच उत लंका में, बोले हम भी बदला लेंगे ।

113. Story of the Slaying of Tātakā (Rāmāyan, 1. Bāl Kānd)

मार ताड़का हमरी प्यारी, उसने भूल करी है भारी ।। 2542/5205

संगीतश्रीकृष्णरामायण गीतमाला, पुष्प 498 of 763

दादरा ताल

(ताड़का वध की कथा)

स्थायी

गीत शारद ने मंजुल है गाया, साज नारद मुनि ने बजाया ।
रत्नाकर से है मंगल रचाया, रामायण को है सुंदर सजाया ।।

♫ म-ग म-म- म प-म- ग म-प-, रे-ग म-म- मध- प- मग-म- ।
रेगम-म म- म ध-प- गम-प-, रे-ग-म- म- म ध-प- मग-रे- ।।

अंतरा-1

बिस्सामित्तर मुनिऽ आज धाया, राजा दशरथ से कहने को आया ।
ताड़का ने हमें है सताया, तेरे राघव को लेने मैं आया ।।

♫ सांसांनि-रे- सांध- नि-ध प-म-, सांसां निनिरें- सां धधनि- ध प-म- ।
म-गम- म- मप- म- गम-प-, रेग म-म- म ध-प- म ग-रे- ।।

अंतरा-2

राम चंदर चरण माँ के छूके, निकला वन को, पितापाँव छूके ।
भाई का हाथ लछमन ने थामा, साथ राघव के लछमन सुहाया ।।

अंतरा-3

राम का शर असुऽरी को फाड़ा, लछमन ने सुबाहुऽ को ताड़ा ।
घाऽयल होके मारीचऽ था धाया, पास रावण के लंका में आया ।।

114. Story of Rāma's welcom at Vishvāmitra's Āshram

114. सिद्धाश्रम में स्वागत की कथा :

114. Story of Rāma's welcom at Vishvāmitra's Āshram

🎵 संगीतश्रीकृष्णरामायण छन्दमाला, मोती 331 of 501

ललितपदा छन्द + प्रत्यबोध छन्द[62]

। । ।, । S ।, । S ।, । S S + S । ।, S S ।, । । ।, S S

(आभार)

मुनिवर राघव को वन लाया ।
दुष्टचरों का मरण बुलाया ।। 1
असुरों को शर मार गिराया ।
मुक्त खलों से विपिन कराया ।। 2

दशरथ नंदन राम दुलारे ।
काज हमारे तुम हि सँवारे ।। 3
जय जय राघव चंद्र पियारे ।
नाम सदा हो अमर तिहारे ।। 4

श्लोक:

ऋषयो मुनया: सर्वे सिद्धाश्रमे प्रफुलिता: ।
अवर्षन्नाशिषा रामे विश्वामित्रश्च हार्दिका: ।। 1868/2422

---

[62] 🎵 ललितपदा छन्द : इस 12 वर्ण, 16 मात्रा वाले छन्द में न ज ज य गण आते हैं । इसका लक्षण सूत्र । । ।, । S ।, । S ।, । S S इस प्रकार है । इसमें 8, 4 पर विराम विकल्प से होता है ।

▶ लक्षण गीत : 🎵 दोहा॰ सोलह मात्रा का बना, न ज ज य ग ग का वृंद ।
मत्त आठ पर यति जहाँ, "ललितपदा" वह छंद ।। 2628/7162

🎵 प्रत्यबोध छन्द : इस 11 वर्ण, 16 मात्रा वाले छन्द में भ त न गण और दो गुरु वर्ण आते हैं । इसका लक्षण सूत्र S । ।, S S ।, । । ।, S S इस प्रकार है । इसमें 5-6 पर विकल्प से विराम होता है ।

▶ लक्षण गीत : 🎵 दोहा॰ सोलह मात्रा का बना, दो गुरु कल से अंत ।
भ त न गण जहाँ आदि में, "प्रत्यबोध" है छंद ।। 2629/7162

114. Story of Rāma's welcom at Vishvāmitra's Āshram

📖 कथा 📖

सिद्धाश्रम शुभ रमणिक सुंदर, धाम ज्ञान का पवित्र मंदर ।
असुरों ने था चौपट कीन्हा, तोड़-फोड़ कर बिगाड़ दीन्हा ।। 2543/5205

मार-काट से सिद्ध डरे थे, यज्ञ भंग से धैर्य-मरे थे ।
रक्त माँस से कुंड भ्रष्ट थे, इर्दगिर्द सब विपिन नष्ट थे ।। 2544/5205

हनन ताड़का का सुख लाया, सुबाहु का वध दुःख हटाया ।
ऋषि-मुनि यति जन लगे काम में, सिद्धाश्रम के नवोत्थान में ।। 2545/5205

भय हिरदय से सभी भगाए, यज्ञ कुंड सब ठीक लगाए ।
धेनु वृषभ अज नूतन लाए, बाग बगीचे नये बनाए ।। 2566/5205

नये नये ऋषि योगी आए, पाठ पठन को दीर्घ बढ़ाये ।
जप, आसन, योग, समाधि, लगी रात दिन वैदिक वेदी ।। 2547/5205

संकट बाधा विघ्न सकल से, राहत पाई, कर्म सफल से ।
मुनि जन मंडल निर्भय सारे, रामचंद्र के ऋणिमन भारे ।। 2548/5205

(स्वागत)

ऋषि-मुनि यति गण मिले राम से, स्वागत कीन्हे बहुत मान से ।
हार बाहु का कंठ लगा कर, बधाई दीन्ही ज्योत जगा कर ।। 2549/5205

कृतज्ञता से, योगी सारे, मिले राम से भुजा पसारे ।
धन्य-धन्य! बोले रघुवर की, धन्य-धन्य! बोले मुनिवर की ।। 2550/5205

दोहा॰ सिद्धाश्रम का शाँत वो, परिसर रम्य ललाम ।
भग्न ताड़का ने किया, किया बहुत नुकसान ।। 2630/7162

सुबाहु मारिच साथ थे, करने को उत्पात ।
करते रोज नई-नई, तोड़-फोड़ दिन-रात ।। 2631/7162

यज्ञ कुंड सब ध्वस्त थे, बाग बगीचे नष्ट ।
असुरों का बल देख कर, अगस्त्य मुनि को कष्ट ।। 2632/7162

ऋषि-मुनि सारे थे डरे, यज्ञ भए थे भंग ।

114. Story of Rāma's welcom at Vishvāmitra's Āshram

मंत्र तंत्र सब वेद के, पाठ भए थे बंद ।। 2633/7162

मरी अधम जब ताड़का, सिद्धाश्रम में मोद ।
याग योग फिर से भए, वन में भरा प्रमोद ।। 2634/7162

निर्भय सारे थे भए, नये हर्ष के साथ ।
पुनरुत्थापन के लिए, जुटे सभी थे हाथ ।। 2635/7162

तोड़-फोड़ सब ठीक की, नये यज्ञ के कुंड ।
धेनु अजा नूतन सभी, नव छात्रन के झुंड ।। 2636/7162

पाठ पठन रव वेद के, जप तप आसन योग ।
गान भजन कीर्तन पुनः, हुए भक्ति के भोग ।। 2637/7162

ज्ञानी विश्वामित्र थे, धनुर्वेद विख्यात ।
तंत्र मंत्र शस्त्रास्त्र के, उनको चालिस ज्ञात ।। 2638/7162

मुनिवर विश्वामित्र ने, कर आदर सम्मान ।
दिया लखन अरु राम को, सर्व शस्त्र का ज्ञान ।। 2639/7162

(फिर)

मुनि अगस्त्य का जब यहाँ, सफल भया उद्देश ।
मठ नव गुरु को सौंप कर, निकले नूतन देश ।। 2640/7162

विंध्यगिरि में आ बसे, अगस्त्य मुनि नव धाम ।
दंडक वन में शाँति का, शुरू किया अब काम ।। 2641/7162

ॐ श्लोकाः

कृत्वा रामस्य सम्मानं विश्वामित्रेण सादरम् ।
दत्तं रामाय विज्ञानं शस्त्रास्त्राणां हि तान्त्रिकम् ।। 1869/2422

विश्वामित्रो महाज्ञानी युद्धकलाविचक्षणः ।
मन्त्रतज्ज्ञो धनुर्विज्ञः शस्त्रास्त्राणां सुपण्डितः ।। 1870/2422

महागूढान्महाश्रेष्ठान्-महातन्त्रान्समासतः ।
विश्वामित्रः स रामाय चत्वारिंशदशिक्षत ।। 1869/2422

114. Story of Rāma's welcom at Vishvāmitra's Āshram

दण्डचक्रं च वज्रास्त्रं ब्रह्मास्त्रं वारुणायुधम् ।
धर्मचक्रं च सौरास्त्रं सौम्यास्त्रं शिशिरायुधम् ।। 1871/2422

त्वाष्ट्रास्त्रं धर्मपाशं च क्रौञ्चास्त्रं परमायुधम् ।
वायव्यास्त्रं पिनाकास्त्रं ब्रह्मशिरास्त्रमैषिकम् ।। 1872/2422

कङ्कालास्त्रं च सत्यास्त्रं विष्णुचक्रसुदर्शमन् ।
अग्न्यस्त्रं मुसलास्त्रं च मोहास्त्रं कङ्कणायुधम् ।। 1873/2422

इन्द्रचक्रमहावज्रं कालचक्रं सुदामनम् ।
मोदकीशिखरीशस्त्रं शोषणास्त्रं विलापनम् ।। 1874/2422

शूलास्त्रं मानवास्त्रं च कालपाशं च सौमनम् ।
हयशिशरायुधं चण्डं घोरं मायाधरायुधम् ।। 1875/2422

मदनं संवरास्त्रं च चक्रप्रस्थापनायुधम् ।
वज्रतेजप्रभाशस्त्रं नारायणायुधं तथा ।। 1876/2422

✍दोहा॰ करके विश्वामित्र ने, राघव का सम्मान ।
दिया उन्हें शस्त्रास्त्र का, मंत्र तंत्र विज्ञान ।। 2642/7162

मुनिवर विश्वामित्र थे, युद्ध कला के ईश ।
मुनि ने राघव को कहे, शस्त्र सूत्र चालीस ।। 2643/7162

(चालीस धनुर्वेद सूत्र)

"दंडचक्र" के गुण सभी, "वज्र अस्त्र" का योग ।
"ब्रह्म अस्त्र" का मंत्र भी, "वारूणास्त्र" प्रयोग ।। 2644/7162

"धर्मचक्र" का भेद भी, "सौरास्त्र" का प्रहार ।
"सौम्यास्त्र" का रहस्य भी, शिशिरायुध का मार ।। 2645/7162

"त्वष्ट्र अस्त्र" का गौप्य भी, "धर्मपाश" का मंत्र ।
"क्रौंच अस्त्र" की शर कला, "परमायुध" का तंत्र ।। 2646/7162

"वायव्यास्त्र" प्रक्षेप भी, "ऐशिकास्त्र" का योग ।
"पिनाकास्त्र" कैसे चले, "कंकालास्त्र" प्रयोग ।। 2647/7162

114. Story of Rāma's welcom at Vishvāmitra's Āshram

वर्णन "ब्रह्मशिरास्त्र" का, "सत्य अस्त्र" विज्ञान ।
विष्णुसुदर्शन चक्र भी, अग्नि अस्त्र का ज्ञान ।। 2648/7162

"मूसलास्त्र" की साधना, "मोह अस्त्र" का पाश ।
"कंकणास्त्र" प्रताड़ना, "इन्द्रचक्र" से नाश ।। 2649/7162

"कालचक्र" उत्क्षेपना, "सुदामनायुध" बोध ।
"मोदकीशिखरी" तथा, "शोषणास्त्र" प्रतिशोध ।। 2650/7162

"कालपाश" को फेंकना, "विलापनास्त्र" प्रपात ।
"मानवास्त्र" को छोड़ना, "सौमनास्त्र" आघात ।। 2651/7162

"हयशिशरास्त्र" प्रयोग भी, "शूलास्त्र" का निपात ।
"मायाधरास्त्र" कैसे चले, "मदनास्त्र" का प्रताप ।। 2652/7162

"चक्रप्रस्थापनास्त्र" भी, "संवरास्त्र" संबोध ।
"वज्रतेजप्रभास्त्र" भी, "नारायणास्त्र" बोध ।। 2653/7162

संगीतश्रीकृष्णरामायण गीतमाला, पुष्प 499 of 763

भजन

(खुशी का गीत)

स्थायी

आज खुशी से गीत गाइए, राम मिलायो जीत है ।
आओ मिल कर मोद मनाएँ, हरि भजन संगीत, रे ।।

♫ म॑-ध पम॑- ग- म॑-ध प-म॑ग-, रे-रे रेग-म॑- प-म॑ ग- ।
सा-सा रेरे गग- म॑-ध पम॑-ग-, सासा रेगग म॑-ग-रे, सा- ।।

अंतरा-1

राम चंद्र की कृपा सुगम से, कष्ट हमारे नष्ट हैं ।
एक बाण से मरी ताड़का, मरा सुबाहु दुष्ट, रे ।।

♫ सा-रे ग-ग ग- म॑ध- पम॑म॑ ग-, म॑-प धनि-ध- प-म॑ ग- ।
सा-रे ग-ग ग- म॑ध- प-म॑ग-, सारे- गम॑-म॑- ग-रे, सा- ।।

अंतरा-2

114. Story of Rāma's welcom at Vishvāmitra's Āshram

चाहे किसी का काम हो बिगड़ा, नसीब चाहे फूटा हो ।
हरि के दर पर जो भी आता, फल पाता वो मीठा, रे ।।

अंतरा-3

चाहे नर या नारी कोई, भिखारी या धनी अपार हो ।
हरि की शरण में जो भी आता, बेड़ा उसका पार, रे ।।

अंतरा-4

प्रीत प्रभु से जोड़लो भगतों, कह गए मुनिवर सूत हैं ।
माँगलो मन का मीत कोई, मांगलो सोना पूत, रे ।।

 संगीतश्रीकृष्णरामायण गीतमाला, पुष्प 500 of 763

दादरा ताल

(सिद्धाश्रम में स्वागत)

स्थायी

गीत शारद ने मंजुल है गाया, साज नारद मुनि ने बजाया ।
रत्नाकर से है मंगल रचाया, रामायण को है सुंदर सजाया ।।

♪ म-ग म-म- म प-म- ग म-प-, रे-ग म-म- मध- प- मग-म- ।
रेगम-म म- म ध-प- गम-प-, रे-ग-म- म- म ध-प- मग-रे- ।।

अंतरा-1

जब मरे ताड़का और सुबाहुऽ, नाचे मुनि डाल बाहों में बाहुऽ ।
सबने राघव से नेहा लगाया, राम का वीर गुण सबको भाया ।।

♪ सां- सांनि- रें-सांध- नि- धप-म-, सांसां निनि रें-सां ध-नि- ध प-म- ।
म-ग म-म- म प-म- गम-प-, रे-ग म- म-म धध प-म ग-रे- ।।

अंतरा-2

बोले मुनिवर फिर आश्रम जनों से, आऽनंदित मनोरम मनों से ।
राम ने घोर संकट हटाया, यज्ञबाधा के डर को मिटाया ।।

अंतरा-3

उसने क्रूरों को शर से हनाया, उसने वन को तपोवन बनाया ।
असुरों में वो भगदड़ मचाया, हमें दुष्टों के भय से बचाया ।।

115. Story of King Janaka of Mithilā *(Rāmāyan, 1. Bāl Kānd)*
बाल काण्ड : ग्यारहवाँ सर्ग

 115. मिथिला नरेश जनक जी की कथा :

115. Story of King Janaka of Mithilā *(Rāmāyan, 1. Bāl Kānd)*

🎵 संगीतश्रीकृष्णरामायण छन्दमाला, मोती 332 of 501

पंचचामर–1 छन्द[63]

| | |, | | |, S | S, | S |, S | S, | S |, S

(राजा जनक)

जनक नृप महागुणी विदेह का बड़ा नरेश था ।
चरम पुरुष दिव्य याज्ञवल्क्य ने कहा, सुरेश था ।। 1
जनक परम आत्मज्ञान आत्मध्यान का गणेश था ।
धरम करम में महान नाम विश्व में विशेष था ।। 2

🕉 श्लोक:

आत्मध्यानी महाज्ञानी मिथिलेशो महागुणी ।
जानक्या जनकस्तस्मात्–जनक: कनको मत:[64] ।। 1877/2422

'मिथि' बसाई मिथिला नगरी, 'विदेह' में सद्गुण की गगरी ।
मिथिला का नृप जनक महाना, तत्त्व ज्ञान में बहुत सयाना ।। 2551/5205

दोहा॰ जनकभूप–दरबार में, ज्ञानी जन की भीड़ ।
याज्ञवल्क्य जमदग्नि से, यमी पराशर धीर ।। 2655/7162

---

[63] 🎵 **पंचचामर–1 छन्द** : इस 19 वर्ण, 26 मात्रा वाले छन्द में न न र ज र ज गण और एक गुरु वर्ण आता है । इसका लक्षण सूत्र | | |, | | |, S | S, | S |, S | S, | S |, S इस प्रकार है । इसमें पदान्त विराम होता है । **पंचचामर–2 छन्द** आगे है ।

▶ लक्षण गीत : दोहा॰ मत्त छब्बीस का बना, गुरु मात्रा से अंत ।
"प्रथम–पंचचामर" कहा, न न र ज र ज का छंद ।। 2654/7162

[64] **जनक:** = 1. सीताया: जनक: (पिता) । 2. राजा जनक: ।

115. Story of King Janaka of Mithilā (Rāmāyan, 1. Bāl Kānd)

♫ संगीतश्रीकृष्णरामायण छन्दमाला, मोती 333 of 501

रत्नाकर छन्द[65]

13, 11, 13, 13

(अष्टावक्र)

टेढ़ा आठों अंग से, अष्टावक्र सुजान ।
ज्ञानी माना विश्व में, तत्त्वज्ञान विज्ञ प्रधान ।। 1076/7162

श्लोकौ

(Ashtāvakra)

अष्ट वक्राणि गात्राणि देहे यस्य महात्मनः ।
अष्टावक्रः स तत्त्वज्ञः पण्डितश्च महाजनः ।। 1878/2422

आचार्यो याज्ञवल्क्यः स तत्त्वज्ञेषु महत्तमः ।
ज्ञानी ध्यानी च तर्कज्ञः पण्डितानां स पण्डितः ।। 1879/2422

कथा

(जनक)

सूर्य वंश का मिथिला नृपवर, ज्ञानी धर्मी क्षत्रिय दृढ़तर ।
ओज तेज से किए सब काज, राजत नृप वो, विदेह-समाज ।। 2552/5205

निश-दिन सभ्य जनों में रहता, बात ज्ञान की सुनता कहता ।
शक्ति युक्त सेना थी सबला, सदा सुरक्षित शिशु स्त्री अबला ।। 2553/5205

(जनपद)

---

[65] ♫ **रत्नाकर छन्द :** अर्ध सम दोहा छन्द के चतुर्थ चरण में दो मात्रा मिलाकर यह 50 मात्रा का विषम छन्द होता है । अतः इसका सूत्र 13, 11, 13, 13 होता है । सम चरण के अंत में ज गण (। ऽ ।) और विषम चरण के अंत में र गण (ऽ । ऽ) उत्तम होता है । विषम चरणों के अंत में ज गण (। ऽ ।) नहीं आना चाहिए । अन्य वर्णों के लिए मात्रिक बन्धन नहीं होता है । **दोहे में दो** मात्रा मिला कर प्राप्त होने के कारण इसको ♫ **दो-दो** (दोहे-में-दो) **छन्द** भी कहा जा सकता है । दोहा छन्द के विस्तृत वर्णन के लिए देखिए संज्ञा प्रकरण के आरंभ में ।

▶ लक्षण गीत : **दोहा॰ दोहे में दो कल मिलीं, विषम स्वरूप सुहाय ।**
"रत्नाकर" शुभ छंद ही, "दो-दो" छंद कहाय ।। 2655/7162

115. Story of King Janaka of Mithilā (Rāmāyan, 1. Bāl Kānd)

समाज सब विध प्रसन्न सारा, धान्य विपुल जनपद में भारा ।
जनक प्रजापति सुखदाई था, पक्षपात विरहित न्यायी था ॥ 2554/5205

याग यजन मिथिला में होते, कोई अर्थ व्यर्थ नहिँ खोते ।
भक्ति भाव हर नर में न्यारा, वैदिक वाणी करे उचारा ॥ 2555/5205

मिथिला के जन श्रद्धालु थे, नृप रक्षा में तन-मन देते ।
विद्या से सब जन अन्वित थे, उद्यम सेवा में रत नित थे ॥ 2556/5205

दोहा॰ ओज तेज से पूर्ण थे, जनक विदेह नरेश ।
आभा उनकी जानते, पंडित देश विदेश ॥ 2657/7162

जनक सभा में थी सजी, भद्र जनों की शान ।
याज्ञवल्क्य तत्त्वज्ञ थे, अष्टावक्र सुजान ॥ 2658/7162

जनक राज के राज्य में, कुशल सभी थे लोग ।
नर-नारी सुखभाग थे, आनंदकंद का भोग ॥ 2659/7162

प्रसन्न सब विध थे सभी, निश-दिन तृप्त समाज ।
जनक राज धर्मज्ञ थे, नीति नियम से काज ॥ 2660/7162

ऊँच नीच कोई न था, सबको मिलता न्याय ।
भेद भाव कोई न था, पक्षपात अन्याय ॥ 2661/7162

वेद पाठ नित राज्य में, योग यज्ञ सत्संग ।
भक्ति भाव सबमें बसा, सदाचार व्यासंग ॥ 2662/7162

जैसे नृप, वैसी प्रजा, सब थे श्रद्धावान ।
धर्म सुरक्षा के लिए, देते अपने प्राण ॥ 2663/7162

विद्या से अन्वित सभी, प्राप्त ज्ञान विज्ञान ।
उद्यम सेवा में लगे, तन्मय सबका ध्यान ॥ 2664/7162

बसा प्रजा में सुख सदा, चिंता का था नास ।
संपद् के सब थे धनी, सदन सभी के पास ॥ 2665/7162

सुंदर सुथरे पथ सभी, नगरी में अभिराम ।

115. Story of King Janaka of Mithilā (Rāmāyan, 1. Bāl Kānd)

गलियाँ कूचे सरल थे, पुष्पित बाग ललाम ।। 2666/7162

छात्र कुशल सब स्वस्थ थे, क्रीडा खेल प्रवीण ।
बालक बाला चुस्त थे, सीखत कला नवीन ।। 2667/7162

मीठी वाणी के सभी, स्निग्ध वचन थे बैन ।
यथा जनक थे, जन सभी, सत् धार्मिक दिन रैन ।। 2668/7162

गीता में गौरव जिन्हें, कर्म किए निष्काम ।
जनक राज वे एक हैं, उनको लाख प्रणाम ।। 2669/7162

(और)

बसा राज में सुख था सारा, धन संपत् का पार न वारा ।
साधन सबके पास सभी थे, सदन सुहाने साफ सभी थे ।। 2557/5205

गलियाँ कूचे सरल सुखारे, पथ मारग थे सुंदर सारे ।
वन उपवन सब हरित सुहाने, पुष्प लता तरु रंग लुभाने ।। 2558/5205

क्रीडा आंगन विद्या शाला, खेल कूदते बालक बाला ।
वर्ण चार का संगम प्यारा, एक बनाए जनपद सारा ।। 2559/5205

लोग सभी बोलत दिन रैना, स्निग्धा मधु बानी से बैना ।
जनक नृपति के सब जन प्यारे, जन-गण के थे जनक जियारे ।। 2560/5205

(सीता)

जनक नंदिनी सुंदर सीता, धरती से निकली थी प्रीता ।
भूमिसुता का रंग कनक सा; 'कुशध्वज' था अनुज जनक का ।। 2561/5205

✍दोहा॰ जनक नंदिनी जानकी, लक्ष्मी का अवतार ।
वैदेही धरणी सुता, तेरी जय जयकार ।। 2670/7162

(उर्मिला)

नृप कुशध्वज की सुता तीन थीं, मांडवी उर्मिला व श्रुतकीर्ति ।
सीता तीनों की थी दीदी, नृप चाहे चारों की शादी ।। 2562/5205

✍दोहा॰ कुशध्वज भ्राता जनक के, जनक समान महान ।

115. Story of King Janaka of Mithilā (Rāmāyan, 1. Bāl Kānd)

कन्या उनकी तीन थीं, तीनों थीं गुणवान ।। 2671/7162

श्रुतकीर्ति फिर मांडवी, उर्मिल अनुजा स्थान ।
सीता सबमें थी बड़ी, दीदी का सम्मान ।। 2672/7162

(शिव-धनु)
शिवधनु नृप ने शिव से पाया, जैसी विष्णु जी की माया ।
उस धनु का संकल्प लगाया, सिया-स्वयंवर जनक रचाया ।। 2563/5205

दोहा॰ राजा जनक महान थे, जग जाने मिथिलेश ।
ज्ञान संपदा से भरा, उज्ज्वल उनका देश ।। 2673/7162

शिवधनु नृप को था मिला, विष्णु ईश वरदान ।
बाल-सिया थी खेलती, डोरी उसकी तान ।। 2674/7162

सियास्वयंवर था रचा, चुनने को पति वीर ।
चढ़ा सके जो धनुष पर, भरी सभा में तीर ।। 2675/7162

संगीतश्रीकृष्णरामायण गीतमाला, पुष्प 501 of 763

दादरा ताल

(जनक जी की कथा)

स्थायी

गीत शारद ने मंजुल है गाया, साज नारद मुनि ने बजाया ।
रत्नाकर से है मंगल रचाया, रामायण को है सुंदर सजाया ।।

♫ म-ग म-म- म प-म- ग म-प-, रे-ग म-म- मध- प- मग-म- ।
रेगम-म म- म ध-प- गम-प-, रे-ग-म- म- म ध-प- मग-रे- ।।

अंतरा-1

मिथिला का महा नृप जनक था, ज्ञानियों में कहा वो कनक था ।
याज्ञवल्क्यादि विद्याधरों ने, ज्ञान मंडल था उसका सजाया ।।

♫ सांसांनि- रें- सांध- निनि धपप म-, सांसांनि- रें- सांध- नि- धपप म- ।
म-गम-म-म प-म-गम- प-, रे-ग म-म- म ध-प- मग-रे- ।।

अंतरा-2

116. Story of Shrī Rāma's Departure for Mithilā (1. Bāl Kānd)

अष्टवक्रादि उसकी सभा में, सर्व मंगल था उसकी प्रजा में ।
बड़ा शास्त्रों में था बोलबाला, गीता ने भी है उसको सराहा ।।

अंतरा–3

उसकी कन्या बड़ी प्यारी सीता, प्रेम रस की भरी थी सरिऽता ।
नृप ने दैवी धनुष शिव से पाया, सीऽताऽ का स्वयंवर रचाया ।।

116. मिथिला नगरी को प्रस्थान की कथा :

116. Story of Shrī Rāma's Departure for Mithilā *(1. Bāl Kānd)*

संगीतश्रीकृष्णरामायण छन्दमाला, मोती 334 of 501

वायुवेगा छन्द[66]

ऽ ऽ ऽ, । । ऽ, । ऽ ।, । । ऽ, । । ।, । ऽ ।, ऽ

(मिथिला गमन)

विश्वामित्र चले विदेहपुर राम–लखन को लिए ।
सीता का नृप ने स्वयंवर रचा, शिव–स्तवना किए ।। 1
"वैदेही पति वो चुने, विशिख जो, धनु पर जोड़ दे ।
हारा जो प्रतियोगिता, तुरत मंडप वह छोड़ दे" ।। 2

श्लोकः

विश्वामित्रो विदेहं वै नयति रामलक्ष्मणौ ।
रचितमस्ति सीताया जनकेन स्वयंवरम् ।। 1880/2422

(अभिनंदन)

यज्ञ सिद्धि जब हुई शाँति से, बिना विघ्न सब सही भाँति से ।
आनंदित थे अंतेवासी, कृतकृत्य थे सब बनवासी ।। 2564/5205

---

[66] **वायुवेगा छन्द** : इस 19 वर्ण, 27 मात्रा वाले छन्द में म स ज स न ज गण और एक गुरु वर्ण आता है । इसका लक्षण सूत्र ऽ ऽ ऽ, । । ऽ, । ऽ ।, । । ऽ, । । ।, । ऽ ।, ऽ इस प्रकार है ।

▶ लक्षण गीत : **दोहा० मात्रा सत्ताईस का, गुरु कल से हो अंत ।**
नाम "वायुवेगा" जिसे, म स ज स न ज गण छंद ।। 2676/7162

116. Story of Shrī Rāma's Departure for Mithilā (1. Bāl Kānd)

सिद्धाश्रम के सब मुनि मंडल, राम-नाम गाए शुभ मंगल ।
बोले, "हरि ने हमें उबारा, सिद्धाश्रम का किया उद्धारा" ।। 2565/5205

दूर दूर से ऋषि जन आए, मुनि मन आए यति गण आए ।
रघुनंदन अभिनंदन लाए, नत मस्तक से वन्दन गाए ।। 2566/5205

दोहा॰ **"मरी ताड़का!" जब सुनी, मुनियों ने शुभ बात ।**
सबने अभिनंदन किए, राघव के, सुख गात ।। 2677/7162

यज्ञ पाठ फिर से हुए, बिना विघ्न निर्भीक ।
कारूषा में अब हुई, मनःशाँति नैष्ठिक ।। 2678/7162

संगीतश्रीकृष्णरामायण गीतमाला, पुष्प 502 of 763

भजन

(मंगल नाम हरि का)

स्थायी

कहो कहो, मंगल नाम हरि का, देखो देखो, मंगल काम हरि का ।
♪ रेग पम- ध-पम ग-म रेग- म-, गम पम-, प-मग म-ग रेगरे सा- ।

अंतरा-1

ताड़का मर्दन राम हरि का, कंस निकंदन श्याम हरि का ।
भजो भजो, सुंदर नाम हरि का, जपो जपो, सुंदर नाम हरि का ।।
♪ प-मग रे-गग प-म गरेग म-, ध-प मप-धध नि-ध पमग म- ।
रेग मग-, प-मग रे-सा रेग- म-, गम पम-, प-मग म-ग रेगरे सा- ।।

अंतरा-2

सिया पति हैं सब सुख दाता, राधा रमण हरि विश्व विधाता ।
गाओ गाओ, सुंदर नाम हरि का, ध्याओ ध्याओ, सुंदर नाम हरि का ।।

अंतरा-3

पाप विमोचक राघव जी का, ताप विमोचक माधव जी का ।
बोलो बोलो, सुंदर नाम हरि का, लेलो लेलो, सुंदर नाम हरि का ।।

(ऋषि-मुनि)

दर्शन पाकर मुनिजन सारे, रामचंद्र के बने पियारे ।

116. Story of Shrī Rāma's Departure for Mithilā (1. Bāl Kānd)

उन्हें राम ने मान दिलाया, भगतन सम्मुख शीश झुकाया ।। 2567/5205

कमल वदन पर स्मित दरसाया, सबके हिरदय स्नेह जगाया ।
मान पान सब मन से छोड़े, विनय सहित दो हस्तक जोड़े ।। 2568/5205

कृतांजली से आदर दीन्हा, आर्य जनों को गदगद कीन्हा ।
रामचरण के रज को लेकर, मुनियों ने जोड़ा माथे पर ।। 2569/5205

दोहा॰ **कारूषा वन के मुनि, आए राघव पास ।**
चरण पड़े श्री राम के, बने राम के दास ।। 2679/7162

सबको विश्वामित्र ने, कहा, रचाएँ याग ।
सब मिल कर आदृत करें, हत मुनियन का त्याग ।। 2680/7162

(विश्वामित्र)

मुनिवर बोले, राम सहारे, संकट सारे आज निबारे ।
कुचक्र राघव चूर कराये, निर्दय दुर्दम दूर हटाये ।। 2570/5205

सिद्धाश्रम का स्थान बचाया, धर्म देश का मान बढ़ाया ।
सिद्ध मनोरथ मुनि मंडल का, किया राम ने शुभ मंगल का ।। 2571/5205

यज्ञ कुंड को नया बनाके, गंगा जल से शुद्ध कराके ।
गुरुवर ने शुभ याग रचाए, आमंत्रित जन भोग सजाए ।। 2572/5205

दोहा॰ **मुनिवर विश्वामित्र ने, यज्ञ किया सम्पन्न ।**
राम-लखन रक्षण किए, धर्म कर्म निष्पन्न ।। 2681/7162

सिद्धाश्रम में आज हैं, सफल हुए सब याग ।
बिन बाधा पूजा हुई, असुर गए हैं भाग ।। 2682/7162

बीता उत्सव शाम को, पर्व हुआ सब शाँत ।
संध्याकर्म समाप्त कर, सभी प्रसन्न नितांत ।। 2683/7162

(राम-लक्ष्मण)

राम-लखन मख रक्षण कीन्हे, राक्षस अड़चन कछु नहिँ दीन्हे ।
वेद मंत्र सब यथा रीति से, पढ़े मुनि सभी यथा नीति से ।। 2573/5205

116. Story of Shrī Rāma's Departure for Mithilā (1. Bāl Kānd)

सिद्धाश्रम में पुन: सिद्धि है, ऋषि-मुनि गण में हुई वृद्धि है ।
सब अकुतोभय सभी शाँत है, असुर रहित अब सब नितांत है ।। 2574/5205

दिन भर उत्सव बीता ऐसे, पहले कभी न देखा जैसे ।
संध्या कर्म किए बहुतेरे, हुए विसर्जित ऋषि जन चेरे ।। 2575/5205

कथा

(एक दिन, राम-विश्वामित्र संवाद)

एक दिवस वाणी में होले, राम-लछन को मुनिवर बोले ।
काम दूसरा अब करना है, मिथिला नगरी कल चलना है ।। 2576/5205

अरुणोदय के पहले शुभ पल, तत्पर रहिए निकलेंगे कल ।
जनक राज सद्भाव खचित हैं, उनको मिलने समय उचित है ।। 2877/5205

मिथिला नरेश जनक सयाने, ज्ञनी जन के ज्ञान लुभाने ।
ओज तेज के खरे भँडारे, सूर्य वंश के सूरज प्यारे! ।। 2578/5205

उनकी मिथिला विदेह-रानी, हर नर के मुख अमृत बानी ।
जनपद के जन सत् आचारी, जनक नृपति के आज्ञाकारी ।। 2579/5205

दोहा॰ एक दिवस मुनि ने कहा, और एक है काम ।
मिथिला नगरी मैं चला, चलो आप भी, राम! ।। 2684/7162

अखिल विश्व में एक ही, ज्ञानी कहे नरेश ।
हमरे स्नेही परम हैं, जनकराज मिथिलेश ।। 2685/7162

जनक सुता है जानकी, सीता उसका नाम ।
राजकुमारी मैथिली, अनुपम नारी, राम! ।। 2686/7162

मुनिवर बोले राम को, चलिए मिथिला देश ।
वहाँ भव्य प्रतियोगिता, मुझे मिला संदेश ।। 2687/7162

(सीता)

सिया जनक तनया है ऐसी, कहीं न सुंदर स्त्री उस जैसी ।
कोमल कलिका जूही जैसी, मोहक मन वैदीही ऐसी ।। 2580/5205

116. Story of Shrī Rāma's Departure for Mithilā (1. Bāl Kānd)

अनुपम सुगठित हिरदयहारी, चारुचरित प्रियदर्शी प्यारी ।
रूपमती है जनक दुलारी, वत्सल स्निेहिल राजकुमारी ।। 2581/5205

दोहा॰ जनक दुलारी है सिया, अनुपम उसका स्नेह ।
सेवा भावी है सिया, स्वर्ग किया है गेह ।। 2688/7162

चारु चरित है भूमिजा, सुरचित सुगठित गात ।
मधुर भाषिणी है सिया, प्रियतम उसकी बात ।। 2689/7162

कमल वदन है जानकी, मीन नुमा हैं नैन ।
सोने जैसा वर्ण है, कोयल के सम बैन ।। 2690/7162

लक्ष्मी का प्रतिरूप है, शिव की किरपा प्राप्त ।
धर्मचारिणी है सिया, भक्ति भाव से व्याप्त ।। 2691/7162

वेदवती है मैथिली, कला सर्व का ज्ञान ।
हँसमुख नारी है सिया, स्नेह भाव पर ध्यान ।। 2692/7162

क्षत्रिय कन्या जानकी, तेज युक्त है नार ।
विनयशील शुभदर्शिनी, धर्म कर्म संस्कार ।। 2693/7162

सीता जैसी सुंदरी, और कहीं ना कोय ।
जनक सुता है गुणवती, निर्मल गंगा तोय ।। 2694/7162

वैदेही है जोगिनी, जप तप व्रत में लीन ।
दया क्षमा सुख-शाँति में, हिरदय सदा विलीन ।। 2695/7162

(व्रत)

सीता ने सुव्रत है धारा, "चुनूँगी मैं वह वीर अपारा ।
सबल धनुर्धर जो है भारा, तेज ओज मय, जग से न्यारा" ।। 2582/5205

रचा स्वयंवर वैभवशाली, शोभा जिसकी जगत निराली ।
प्रण में धनु है शिव का न्यारा, परम दिव्य है चाप अपारा ।। 2583/5205

देश विदेशी नृपवर राजा, आए सज-धज नरवर ताजा ।
विजय पताका लेकर बाजे, महाबली हैं आन बिराजे ।। 2584/5205

116. Story of Shrī Rāma's Departure for Mithilā (1. Bāl Kānd)

दोहा॰ सीता ने है व्रत धरा, पति उसका वह वीर ।
भरी सभा में चढ़ सके, धनु पर जिससे तीर ॥ 2996/7162

रचा स्वयंवर है वहाँ, शोभावान अपार ।
शिव-धनु दैवी चाप है, शिव जी का उपहार ॥ 2697/7162

नृपवर देश विदेश से, आएँगे उस धाम ।
चलना चाहो तो चलो, मिथिला पुर, श्रीराम ॥ 2698/7162

(अतः)
जोश भरे हैं जन-गण सारे, मिथिला के जन जनक पियारे ।
राम! आप यदि चलना चाहें, उत्सव भव्य तुम्हें दिखलाएँ ॥ 2585/5205

कुंद हास से शीश नवाए, राम स्वीकृति भाव जताए ।
तथास्तु कह कर मुनिवर प्यारे, मनन कक्ष की ओर सिधारे ॥ 2586/5205

दोहा॰ चलना चाहो, ले चलूँ, बहुत हर्ष के साथ ।
जनक राज से हम मिलें, अनुमति दो, रघुनाथ! ॥ 2699/7162

मंद हास्य से राम ने, नम्र नवाया शीश ।
"तथास्तु" कह कर प्रेम से, "हाँ" बोले जगदीश ॥ 2700/7162

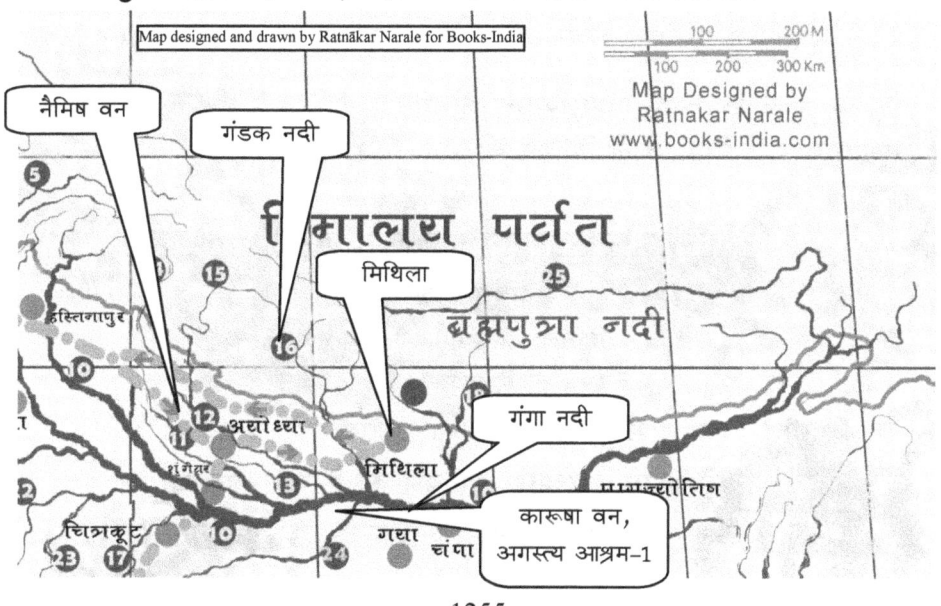

116. Story of Shrī Rāma's Departure for Mithilā (1. Bāl Kānd)

संगीतश्रीकृष्णरामायण गीतमाला, पुष्प 503 of 763

भजन

(सीते रानी)

स्थायी

सीते रानी सीते रानी, सपनन आना, जनक नंदिनी दरसन देना ।

♫ रेरे गग मम गग, मपधप मगरे-, ममम प-धप- मपधप मगरे- ।

अंतरा-1

कोमल कलिका सूरत प्यारी, सूंदर मूरत सीरत न्यारी ।
राम जिया का तू दरद न जाना, नाथ पुकारे, न देर लगाना ।।

♫ रे-सारे गगरे- प-मग रे-ग-, प-मग रे-गग रे-गग म-म- ।
म-म मप- प प- धधनि ध प-म-, रे-रे गम-म-, म प-ध पमगरे- ।।

अंतरा-2

याद करो उत वृंदावन में, श्याम समाए थे तोरे मन में ।
राधेरानी सीतेरानी एक ही नामा, श्याम अरु राम है एक समाना ।।

अंतरा-3

शिव-धनु पर मैं बाण चढाऊँ, आकर अपना हाथ बढ़ाऊँ ।
फूलमाला वरमाला लेकर आना, माला स्वयंवर मुझे पहनाना ।।

दोहा॰ पितु के वचन निभाइके, किए विपिन अभिराम ।
सिद्धाश्रम से ले विदा, चले मिथिल को राम ।। 2701/7162

संगीतश्रीकृष्णरामायण गीतमाला, पुष्प 504 of 763

दादरा ताल

(मिथिला को गमन की कथा)

स्थायी

गीत शारद ने मंजुल है गाया, साज नारद मुनि ने बजाया ।
रत्नाकर से है मंगल रचाया, रामायण को है सुंदर सजाया ।।

♫ म-ग म-म- म प-म- ग म-प-, रे-ग म-म- मध- प- मग-म- ।

117. Story of Ahalya's Salvation (Rāmāyan, 1. Bāl Kānd)

रे॒गम-म म- म ध॒-प- गम॒-प-, रे-ग॒-म- म- म ध॒-प- मग॒-रे- ॥

अंतरा-1
मुनिवर ने कहा राम प्यारे! मिथिला में है त्यौहार भारे ।
मिथिला के महा नृप जनक ने, कऽन्या का स्वयंवर रचाया ॥

♪ सांसांनिनि रें- सांध॒- नि-ध॒ प-म-! सांसांनि- रें- सा ध॒-नि-ध॒ प-म- ।
मग॒-म- म- मप- मम गमम प-, रे-ग- म- मध॒-प- मग॒-रे- ॥

अंतरा-2
नृप जनक की सुकन्या है सीता, बड़ी प्यारी पवित्तर वनीता ।
यदि चलना वहाँ तुमको भाया, राजा ने है सभी को बुलाया ॥

अंतरा-3
चले श्री राम मुनिवर के संगा, घोर वन में किए पार गंगा ।
छू कर गंगा का नीरऽ चरण से, राम लछमन ने अम्रित बनाया ॥

बाल काण्ड : बारहवाँ सर्ग

117. अहल्योद्धार की कथा :

117. Story of Ahalya's Salvation *(Rāmāyan, 1. Bāl Kānd)*

♪ संगीतश्रीकृष्णरामायण छन्दमाला, मोती 335 of 501

महास्रग्धरा छन्द[67]

। । ऽ, ऽ ऽ ।, ऽ ऽ ।, । । ।, । । ऽ, ऽ । ऽ, ऽ । ऽ, ऽ

(अहल्योद्धार)

पति के दुःशाप से पत्थर बन कर देवी अहल्या पड़ी थी ।

---

[67] ♪ **महास्रग्धरा छन्द** : इस 22 वर्ण, 33 मात्रा वाले छन्द में स त त न स र र गण और एक गुरु वर्ण आता है । इसका लक्षण सूत्र । । ऽ, ऽ ऽ ।, ऽ ऽ ।, । । ।, । । ऽ, ऽ । ऽ, ऽ । ऽ, ऽ इस प्रकार है । इसमें 8-7 का विराम विकल्प से होता है ।

▶ लक्षण गीत : 🪔 दोहा॰ मत्त तैंतिस का बना, गुरु मात्रा हो अंत ।
स त त न य र र ल सूत्र का, "महास्रग्धरा" छंद ॥ 2702/7162

117. Story of Ahalya's Salvation (Rāmāyan, 1. Bāl Kānd)

तन मिट्टी से ढका जीर्ण वसन सब काया झुराई बड़ी थी ।। 1

वन में श्री राम का आगमन, परम उद्धार की वो घड़ी थी ।

हरि श्री का हाथ छूते उठ कर मुदिता हस्त जोड़े खड़ी थी ।। 2

श्लोकाः

अशप्यद्गौतमः पत्नीं क्रोधेन कुपितो यदा ।

अहल्या गौतमी देवी दुःशापेनाभवच्छिला ।। 1881/2422

आतपे सा च वर्षायां धूलीमलेन व्यावृता ।

अरटद्रामरामेति दुःखिता सा पतिव्रता ।। 1882/2422

अस्पृश्यद्धि यदा रामो दुःखितां तां पतिव्रताम् ।

शिलायाः साऽभवन्नारी पुनः पुण्या तपस्विनी ।। 1883/2422

दोहा॰ सिद्धाश्रम से चल पड़े, मुनिवर लक्ष्मण राम ।

मिथिला जाने के लिए, चले ग्राम से ग्राम ।। 2703/7162

कथा

(गंडक नदी पर)

गंडक नद के दक्षिण तट पर, जब वे पहुँचे तीनों चल कर ।
बैठे नौ, नद पार कराने, गौतम ऋषि के आश्रम जाने ।। 2587/5205

गंडक नद का निर्मल पानी, लेकर निकली नौका रानी ।
चली डोलती हाथी जैसी, जल लहरों को काटत कैंची ।। 2588/5205

फुहार उछले जल लहरों से, लगते बिंदु मोती जैसे ।
तुषार शीतल कण गालों पर, राम लषण के घन बालों पर ।। 2589/5205

बूंद अंग पर जब बरसाते, छींटे रोम-रोम हरषाते ।
जलचर उछल उछल इतराते, कूद कूद कर खेल दिखाते ।। 2590/5205

पुलकित मौजें फुदक-फुदकती, पवन झोंक से नौ में उड़ती ।
हरि चरणों पर अर्घ्य चढ़ाती, गंडक नद का हर्ष बढ़ाती ।। 2591/5205

हरे हरे तरु सरित् किनारे, भाते मन को नेत्र सुखारे ।

117. Story of Ahalya's Salvation (Rāmāyan, 1. Bāl Kānd)

पंछी उड़त लुभाते नैना, मन हर्षित सुन उनकी बैना ।। 2592/5205

निरख रहे थे गुरु अनुयाई, निसर्ग शोभा वो सुखदाई ।
गंडक नद से लेत बधाई, मुनिवर लछमन अरु रघुराई ।। 2593/5205

दृश्य मनोहर मन भरमाया, कटा काल कब समझ न आया ।
करी पार कब गंडक मैया, लगी किनारे कब वो नैया ।। 2594/5205

दोहा॰ सिद्धाश्रम से रामजी, मुनिवर लखन कुमार ।
आए दक्षिण तीर पर, करने गंडक पार ।। 2704/7162

बैठे तीनों नाव में, निर्मल गंडक धार ।
डोलत नौका नीर पर, जैसी तन्मय नार ।। 2705/7162

दृश्य मनोहर देखते, करके नदिया पार ।
उतरे मुनिवर, रामजी, पीछे लखन कुमार ।। 2706/7162

(गौतम ऋषि)

जनक पुरी की ओर विपिन में, बना हुआ था अरण्य घन में ।
गौतम ऋषि का आश्रम सुंदर, उत्तर गंडक वन के अंदर ।। 2595/5205

गौतम ऋषि था महान कोपी, शीघ्र संशयी कठोर तापी ।
इक दिन क्रोध अवश अवसाना, कीन्हा पत्नी का अपमाना ।। 2596/5205

खोकर अपना मुनिगुण आपा, दीन्हा पत्नी को अभिशापा ।
कहा "अहल्ये! अघ तू कीन्हा, पड़ी रहो बिन खाना पीना ।। 2597/5205

"पत्थर बन, तुमरा हो नासा, लोगी केवल धीमी साँसा ।
करो निरंतर तुम उपवासा, सूखेगा सब मज्जा माँसा ।। 2598/5205

"आँधी पानी तुम्हें सतावे, तप आतप अब तुम्हें बतावे ।
तुनमे जो अब पाप किया है, दंड उसी का तुम्हें दिया है ।। 2599/5205

"करे स्पर्श जब हरि कर प्यारा, होगा तब उद्धार तिहारा ।
धुल जाएँगे अघ जब तेरे, आना पास शुचि बन मेरे ।। 2600/5205

117. Story of Ahalya's Salvation (Rāmāyan, 1. Bāl Kānd)

"देखो राह राम आगम की, कर कमलों के स्पर्श शुभम् की ।
मम आश्रम पीछे प्रांगण में, पड़ी रहो तुम वन निर्जन में" ।। 2601/5205

सुन कर करुण कथा मुनिवर से, बोले लछमन श्री रघुवर से ।
चलो अहिल के कष्ट हराने, अबला का उद्धार कराने ।। 2602/5205

दोहा॰ रामचंद्र जब आगए, गंडक नदिया पार ।
चले दिशा ईशान में, वन में योजन चार ।। 2707/7162

चलते-चलते राह में, मुनिवर बोले, राम! ।
कथा अहल्या की सुनो, देवी सती महान ।। 2708/7162

एक बिराने स्थान में, मिथिला पुर की ओर ।
गौतम ऋषि का वास है, उस अरण्य में घोर ।। 2709/7162

गौतम तुनक मिजाज हैं, रोक न पाते क्रोध ।
पत्नी की हर बात का, करते सदा विरोध ।। 2710/7162

मुद्गल मुनिवर की सुता, गौतम मुनि की दार ।
सती अहल्या साधवी, पतिपरायणा नार ।। 2701/7162

गौतम ऋषि हैं संशयी, उनके मन संदेह ।
इक दिन बोले दार को, अछूत तेरा देह ।। 2712/7162

इन्द्र देव ने है किया, तेरा आदर भंग ।
छूऊँगा मैं अब नहीं, मलीन तेरा अंग ।। 2713/7162

पत्नी ने उनको कहा, करो न तुम अविचार ।
मैं हूँ नार पतिव्रता, मुझे आप से प्यार ।। 2714/7162

गौतम ऋषि माने नहीं, उनके मन संताप ।
भ्रम वश अपनी दार को, दीन्हा कटुतम शाप ।। 2715/7162

पत्नी को उस मूढ़ ने, मठ से दिया खदेड़ ।
बोला, आश्रय के लिए, लो अब तुम वह पेड़ ।। 2716/7162

117. Story of Ahalya's Salvation (Rāmāyan, 1. Bāl Kānd)

पड़ी रहो पत्थर बनी, सदा वहाँ दिन-रात ।
आतप वर्षा वात से, छीजे तेरे गात ।। 2717/7162

खाने पीने के बिना, करो वहीं उपवास ।
धीमी तेरी साँस हो, सूखे मज्जा माँस ।। 2718/7162

तेरे पत्थर देह को, जब छूएँगे राम ।
तभी तुम्हें निःशाप हो, फिर आना मम धाम ।। 2719/7162

राह तको निश-दिन वहाँ, जब तक आवें राम ।
पड़ी रहो तब तक वहाँ, बिना किए आराम ।। 2720/7162

सुन कर दारुण वह कथा, लछमन बोले, भ्रात! ।
चलिए अहल्या मातु को, विमुक्त करिए, तात! ।। 2721/7162

 संगीतश्रीकृष्णरामायण गीतमाला, पुष्प 505 of 763

गीत
(अहल्योद्धार)

स्थायी

प्रभु विनय सुनो देवा, उद्धार करो मेरा ।
♪ सारे गपप पध- पगप-, ग-प-प धप- पमग- ।

अंतरा–1

मेरी जान फँसी दुख में, आवाज नहीं मुख में ।
हिरदय से पुकारूँ में, इन्तजार करूँ तेरा ।।
♪ गरे सा-रे रेग- पप ध-, सां-रें-सां निध- पप ध- ।
धपमम रे सारे-ग- म-, गगप-प पध- पमग- ।।

अंतरा–2

एक शाप की माया है, शिला बनी काया है ।
इक स्पर्श की है आसा, हरि! हस्त लगे तेरा ।।

अंतरा–3

कब आओगे, रामा! जपु निश-दिन तव नामा ।
मन में बस तू ही है, मैं नाम भजूँ तेरा ।।

117. Story of Ahalya's Salvation (Rāmāyan, 1. Bāl Kānd)

(मिथिला के पथ पर)

सिद्धाश्रम से लिए विदाई, निकले मुनिवर सह रघुराई ।
मारग मिथिला का था लंबा, जहाँ-तहाँ राह में अचंभा ।। 2603/5205

वन की शोभा अनुपम न्यारी, नाना वृक्ष लता की क्यारी ।
पुष्प पर्ण फल रंग बिरंगे, खग पशु न्यारे, गिरि बजरंगे ।। 2604/5205

नदियाँ नाले, टेकर टीले, साँप बिल कहीं दीमक किले ।
चीटियों की कहीं कतारें, चट्टानों में जल की धारें ।। 2605/5205

दोहा॰ मिथिला नगरी दूर थी, वन की छोटी राह ।
रामचंद्रभ्राता चले, धर कर लछमन बाँह ।। 2722/7162

वन की शोभा देख कर, सुंदर अति अभिराम ।
प्रसन्न अति मन में हुए, मुनिवर लछमन राम ।। 2723/7162

तरु पर बेली झूमतीं, मंद पवन के साथ ।
पुष्प पर्ण फल थे घने, पहुँच सकत थे हाथ ।। 2724/7162

खग पशु न्यारे ढंग के, सुंदर जिनके रंग ।
त्वचा पंख उनके मृदु, मोहक उनके अंग ।। 2725/7162

झरने निर्मल नीर के, मंगल शीतल वात ।
झोंके चंचल वायु के, करते पुलकित गात ।। 2726/7162

(इस तरह)

वन से टेढ़ी मेढ़ी विचरती, ग्राम-ग्राम से राह गुजरती ।
गाँव गाँव में हरि जब जाते, जन सागर दर्शन को आते ।। 2606/5205

भोजन पान साथ में लाते, कुसुम बिरंगे रंग सुहाते ।
आम अमरूद द्राक्ष रसीले, सेव शरीफे चितरे केले ।। 2607/5205

देख प्रीति रघुवर हरषाते, मधु रव में हरि हाल बताते ।
बिना कहे कछु सब कह जाते, उनको दैवी भाव जताते ।। 2608/5205

आभा उनकी सबसे प्यारी, कभी न देखी ऐसी न्यारी ।

117. Story of Ahalya's Salvation (Rāmāyan, 1. Bāl Kānd)

कमल नयन को देखे आगे, जन कहते हम हैं बड़भागे ।। 2609/5205

नर-नारी को राघव भाते, देख देख फूले न समाते ।
छूकर चरण कमल सुख पाते, माथे पर रज तिलक लगाते ।। 2610/5205

दोहा॰ राह गुजरती थी चली, जभी ग्राम से ग्राम ।
आते सज्जन ग्राम के, निहारने श्री राम ।। 2727/7162

लाते भोजन पान भी, करते अर्पण फूल ।
देख प्रेम वह, रामजी, थकान जाते भूल ।। 2728/7162

बैठ जनों के मध्य में, हरि करते सत्संग ।
भजनन से उस संग में, चढ़ता मनहर रंग ।। 2729/7162

आभा शुभ श्री राम की, सबके मन पर छात ।
कभी न देखी जो प्रभा, सबके चित को भात ।। 2730/7162

छू कर चरणन राम के, पाते सब जन पुण्य ।
लगाइके रज भाल पर, होजाते अघ-शून्य ।। 2731/7162

(और)

ग्राम-ग्राम से लिए विदाई, आगे पुनः चलत रघुराई ।
दिन प्रकाश में आगे बढ़ते, रात समय में विराम करते ।। 2611/5205

उषःकाल में, चंदा ढलते, तीनों आगे चले निकलते ।
देन विदाई ग्राम निवासी, सीमा तक आते सउदासी[68] ।। 2612/5205

कटे राह दिन समय मोद में, निशा काल नींद की गोद में ।
फटे भोर फिर वे उठ पड़ते, सूर्योदय पर आगे बढ़ते ।। 2613/5205

दोहा॰ लिए विदाई प्रात में, चलते आगे राम ।
दिन-बेला आगे बढ़े, निश में करत विराम ।। 2732/7162

चलते-चलते राह में, करते दिन में मोद ।

---

[68] सउदासी = स-उदासी, उदासी के साथ ।

117. Story of Ahalya's Salvation (Rāmāyan, 1. Bāl Kānd)

रुकते सूरज जब ढले, रात नींद की गोद ।। 2733/7162

संगीतश्रीकृष्णरामायण गीतमाला, पुष्प 506 of 763

(हरे! हरे!)

स्थायी

भज ले श्यामा, भज ले रामा, निश-दिन भज ले, हरे! हरे! ।

जीवन बीता जात है, प्यारे! पछतावेगा, अरे! अरे! ।।

♫ रेनि़ रे- ग-ग-, मंग रे- ग-ग-, सारे गग पमं गरे, मंग-! रेसा-! ।

प-मंध प-प- नि-ध प, मं-प-! धपमंप-ग-, मंग-! रेसा-! ।।

अंतरा-1

देर करे तो, सपने तेरे, रह जावेंगे, धरे धरे ।

♫ प-मं धप- प-, निधप- मं-प-! धप मं-ध-प-, मंग-! रेसा-! ।

अंतरा-2

हरि किरपा से, सींच ले बगिया, कर ले जीवन, हर भरे ।

अंतरा-3

रान नाम के, चुग ले मोती, अनमोले हैं, खरे खरे ।

अंतरा-4

हरि चरणन की, शरणन ले ले, विपदा तेरी, टरे टरे ।

(फिर)

उस वीरान में मुनि जब आए, स्थान पुराना उजाड़ पाए ।
धूली धूसर कुहर से सना, मरे तनों से भरा था घना ।। 2614/5205

एक शुष्क पादप के पीछे, ढ़की हुँइ पत्तों के नीचे ।
स्तब्ध अहल्या पड़ी हुई थी, मन में "हरि" रट अड़ी हुई थी ।। 2615/5205

केश धूलि से सने थे सारे, वस्त्र जीर्ण की निकलीं तारें ।
त्वचा झुराई काया ठठरी,[69] अंग समेटे बेसुध गठरी ।। 2616/5205

(संक्षेप में)

---

[69] ठठरी = ठटरी, हड्डियों का ढाचा ।

117. Story of Ahalya's Salvation (Rāmāyan, 1. Bāl Kānd)

दोहा॰ मुद्‌गल कन्या थी सती, गौतम ऋषि की दार ।
पतिव्रता थी योगिनी, धर्म परायण नार ।। 2734/7162

गौतम ऋषि मतिमान थे, करते ब्रह्मा जाप ।
शीघ्र कोपी अति ज्ञात थे, बिगड़े, देते शाप ।। 2735/7162

इक दिन मुनि थे क्रोध में, तन-मन में था ताप ।
पत्नी को आमर्ष में, मारा कटुतर शाप ।। 2736/7162

बोले, तुम पत्थर बनी, पड़ी रहो दिन-रात ।
आँधी पानी धूप में, छीजे तुमरे गात ।। 2737/7162

भूखी प्यासी तुम रहो, आश्रम के उस पार ।
राम हस्त के स्पर्श से, तुमरा हो उद्धार ।। 2738/7162

संगीतश्रीकृष्णरामायण गीतमाला, पुष्प 507 of 763

गीत

खयाल : राग जोगिया

(अहल्या)

स्थायी

बिन आँसू मन रोये, मोरा दुख जग जान न पाए ।

♫ पनि धपमध पम गपमगरेरेसा-, पनिधप मध पम गप म गरेरेसा- ।

अंतरा

जीवन नैया उसी किनारे, भँवर गहन है, दूर किनारे ।
केवट काहे देर लगावे, मोहे भव तरसाए ।।

♫ सा-सारे म-म- मपग गमपप-, मधध धधध धप, म-ध पम-ग- ।
म-पध सां-सां- निसांनि निध-प-, पनिधप मध पमगपमगरेरेसा- ।।

(श्रीराम)

देखी जब रघुवर ने नारी, पड़ी हुई निश्चल बेचारी ।
पिघल गया हिरदय राघव का, तारण करने दुख मानव का ।। 2617/5205

हरि ने उसको छूआ ज्यों ही, मूर्छाभग्न भई वह त्यों ही ।

117. Story of Ahalya's Salvation (Rāmāyan, 1. Bāl Kānd)

राम लछन ने कर फैलाया, चार करों में उसे उठाया ।। 2618/5205

मन के अंदर जो था मंतर, राम-नाम का चला अनंतर ।
आज पुनः वो मुख में आया, मातु अहल्या को हरषाया ।। 2619/5205

शुष्क त्वचा फिर बनी पुष्प सी, काया पुनः परी के जैसी ।
गिरी राम के चरण कमल में, दासी प्रभु के परम विमल में ।। 2620/5205

(अहल्या)
बोली, तुमने पुण्य किया हैं, आज मेरा उद्धार भया है ।
दासी मैं तव दीन-दयाला, तुम हो सकल जगत किरपाला ।। 2621/5205

दोहा॰ सती अहल्या थी वहाँ, पाकर पति से श्राप ।
पत्थर बन कर थी पड़ी, बिना किए कछु पाप ।। 2739/7162

देख अहिल्या को वहाँ, निश्चल जपती "राम!" ।
करुणा मन में राम के, करने को शुभ काम ।। 2740/7162

राघव के कर स्पर्श से, मिला उसे उद्धार ।
शुष्क त्वचा कोमल हुई, मुख पर तेज निखार ।। 2741/7162

गिरी चरण पर राम के, पद रज लाग्यो भाल ।
बोली, दो कर जोड़ कर, तुम हो, प्रभु! किरपाल ।। 2742/7162

संगीतश्रीकृष्णरामायण गीतमाला, पुष्प 508 of 763

(अहल्या)

स्थायी

तेरे चरण के छूते, मुक्ति मुझे मिली है ।
श्री राम तेरी किरपा, किस्मत मेरी खिली है ।।

सा-म- पधध नि ध-प-, म-म- पध- पम- ग- ।
ग- म-प ध-प मगरे-, रे-गग मप- मगरे सा- ।।

अंतरा-1

पत्थर बनी पड़ी थी, मेरी घड़ी अड़ी थी ।
पावन तेरे चरण से, बद किस्मती टली है ।।

117. Story of Ahalya's Salvation (Rāmāyan, 1. Bāl Kānd)

♫ म–मम पध– पमग म–, म–प– धनि– धप– म– ।

सा–रेरे गम– पमग रे–, गग म–पम– गरे– सा– ।।

अंतरा–2

पुलकित मेरा बदन है, मंगल हुआ है जीवन ।

अमृत बना हलाहल, दुष्कर घड़ी ढली है ।।

अंतरा–3

फिर से मेरा जनम ये, निर्मल मेरे करम हैं ।

कहे राम से अहल्या, करुणा तेरी भली है ।।

(तब)

सुना राम है विपिन पधारा, हुआ अहल्या का उद्धारा ।
गौतम दौड़ा-दौड़ा आया, राम चरण पर शीश नवाया ।। 2622/5205

✍दोहा॰ **गौतम ऋषि ने जब सुना, पत्नी का उद्धार ।**
आए राघव पास वे, करने को आभार ।। 2743/7162

पड़े राम के चरण में, कहने को निज भूल ।
बोले, भ्रम वश दार को, दीन्हा मैंने शूल ।। 3744/7162

कृपा करो श्री राम जी, हर लो मेरे पाप ।
निज पातक को सोच कर, लज्जित हूँ मैं आप ।। 2745/7162

(गौतम राम संवाद)

राघव बोले, मुनिवर! देखो, अपने कुकर्म से कुछ सीखो ।
क्रोध शाप से पहले सोचो, अपना दोष स्वयं आलोचो ।। 2623/5205

पत्नी धर्मचारिणी नारी, प्राण प्रिया आजीवन प्यारी ।
सतो धर्म के प्रण से ब्याही, त्याग वनीता का शुभ नाही ।। 2624/5205

तजिये मत सुत सुहृद भाई, पिता मित्र पति मातु लुगाई ।
तजिये झूठ मूठ के धंधे, कपटी कड़ुए कठोर बंदे ।। 2625/5205

दोष द्रोह छल से मुख मोड़ो, रोष कोह सब मन से छोड़ो ।
क्षमा करो! स्त्री गले लगाओ! नीर क्षीर सम अब मिल जाओ! ।। 2626/5205

117. Story of Ahalya's Salvation (Rāmāyan, 1. Bāl Kānd)

बात धर्म की सुन कर सारी, आया गौतम नयनन वारि ।
प्रभु चरण पर गिर कर बोला, वचन तिहारा है अनमोला ।। 2627/5205

दोहा॰ **राघव ने मुनि से कहा, "क्रोध बुरी है बात ।**
काम क्रोध ना हो कभी, ना हि शाप आघात ।। 2746/7162

"धर्मचारिणी दार हो, प्राण प्रिया सुखभाग ।
सत्य-धर्म से ब्याह कर, ना हो उसका त्याग ।। 2747/7162

"तजो न सुत सुहृद कभी, पिया बंधु पति मात ।
तजो न पत्नी क्रोध में, न शाप की बरसात ।। 2748/7162

"दोष द्रोह छल से परे, रोष क्रोध से दूर ।
शाप ताप तम को तजो, बनो न शठ मगरूर ।। 2749/7162

"दया क्षमा सुख-शाँति से, गले लगाओ दार ।
नीर क्षीर सम एक हो, सुखी करो संसार" ।। 2750/7162

धर्म कर्म की बात वो, सुन कर मुनि को लाज ।
बोले गौतम राम को, "हुआ त्राण मम आज" ।। 2751/7162

संगीतश्रीकृष्णरामायण गीतमाला, पुष्प 509 of 763

दादरा ताल

(अहल्या के उद्धार की कथा)

स्थायी

गीत शारद ने मंजुल है गाया, साज नारद मुनि ने बजाया ।
रत्नाकर से है मंगल रचाया, रामायण को है सुंदर सजाया ।।

♫ म-ग म-म- म प-म- ग म-प-, रे-ग म-म- मध- प- मग-म- ।
रेगम-म म- म ध-प- गम-प-, रे-ग-म- म- म ध-प- मग-रे- ।।

अंतरा-1

गंडक सरिता के उत्तर विपिन में, ऋषि गौतम का आश्रम था वन में ।
एक दिन गौतम था गुस्से में आया, अपनी पत्नी को पत्थर बनाया ।।

118. Story of Sītā's Engagement (Rāmāyan, 1. Bāl Kānd)

♪ सां-सां- निनिरें- सां ध-नि- धपप म-, सांसां नि-रें- सां ध-नि- ध पप म- ।

म- ग- म-म- म प-म- ग म-प-, रे-ग म-म- म ध-प- मग-रे- ।।

अंतरा-2

शिला बन कर वो तब से पड़ी थी, शीत आतप हवा से लड़ी थी ।

स्पर्श होते श्री राघव चरण का, हुआ उद्धार नारी शरण का ।।

अंतरा-3

बोली गदगद वो गौतम की दारा, मोहे तूने है राघव उबारा ।

नारी जातिऽ को तूने बचाया, नया इतिहास तूने रचाया ।।

बाल काण्ड : तेरहवाँ सर्ग

118. सीता स्वयंवर की कथा :

118. Story of Sītā's Engagement *(Rāmāyan, 1. Bāl Kānd)*

♪ संगीतश्रीकृष्णरामायण छन्दमाला, मोती 336 of 501

वातोर्मि छन्द[70]

---

[70] ♪ **वातोर्मि छन्द** : इस 11 वर्ण, 18 मात्रा वाले त्रिष्टुभ् छन्द में म भ भ गण और दो गुरु वर्ण आते हैं । इसका लक्षण सूत्र ऽ ऽ ऽ, ऽ । ।, ऽ । ।, ऽ ऽ इस प्रकार है । विराम 4-7 पर अथवा चरणान्त होता है ।

▶ लक्षण गीत : ✍ **दोहा० मत्त अठारह का बना, दो गुरु कल से अंत ।**

आदि म भ भ गण हों जहाँ, "वातोर्मि" वहाँ छंद ।। 2752/7162

118. Story of Sītā's Engagement (Rāmāyan, 1. Bāl Kānd)

ऽ ऽ ऽ, ऽ । ।, ऽ । ।, ऽ ऽ

(सीता स्वयंवर)

आए थे रावण सदृश भारे ।
हारे सारे नर वीर करारे ।। 1
खींची डोरी धनु की हरि ज्योंही ।
सीता का टूट गया धनु त्योंही ।। 2

जै जैकारा जनता सब बोली ।
मारी आनंद भरी सब ताली ।। 3
सीता डाली हरि को वरमाला ।
सीता को राघव ने जयमाला ।। 4

श्लोकौ

आगता देशदेशेभ्यो राजानो रावणादयः ।
महाबला महावीराः सीतास्वयंवरोत्सवे ।। 1884/2422

न कोऽपि शक्तवान्वीरः शिवधनुं तमुद्धृतुम् ।
रामहस्ते धनुर्भग्नो यावत्सोऽस्थापयच्छरम् ।। 1885/2422

कथा

(फिर)

करके देवी का उद्धारा, लिए अहल्या का वर प्यारा ।
निकले राघव मिथिला जाने, उत्सव रौनक देखन स्याने ।। 2628/5205

दोहा॰ किया अहल्या साधवी देवी का उद्धार ।
आशिष पाए रामजी, और ढेर सा प्यार ।। 2753/7162

कहे विदाई, चल पड़े, मिथिला के पथ राम ।
संग राम के है चला, लखन अनुज सुखधाम ।। 2754/7162

(विदेह)

धर के बंधु अनुज का हाथा, चले जनकपुरी को रघुनाथा ।
विदेह की जब सीमा आई, रुके लषण मुनिवर रघुराई ।। 2629/5205

118. Story of Sītā's Engagement (Rāmāyan, 1. Bāl Kānd)

मंदिर में मुनि लछमन रामा, टिके रात करने आरामा ।
सुन कर, "कौशिक मुनि हैं आए," जनक, मुनी से मिलने धाए ।। 2630/5205

✍ दोहा॰ मिथिला में राघव रुके, मुनिवर लखन सुजान ।
बहुत पुराना था जहाँ, शिव का देवस्थान ।। 2755/7162

(जनक विश्वामित्र संवाद)
जिस मंदिर में मुनिवर ठहरे, जनक पधारे लेकर पहरे ।
कहा जनक ने शीश झुकाये, हाथ जोड़ कर मुख मुसकाये ।। 2631/5205

अहो! भाग्य हैं आज हमारे, इस उत्सव में आप पधारे ।
सुस्वागत हैं, मुने! तिहारे, शुभ मंगल तव भए दीदारे ।। 2632/5205

नृप ने मुनि को प्रणाम कीन्हा, मुनि ने स्नेहालिंगन दीन्हा ।
मुनि ने नृप को पास बिठाया, योग क्षेम सब हाल बताया ।। 2633/5205

✍ दोहा॰ जब विदेह ने यह सुना, मिथिला आए राम ।
स्वागत करने चल पड़े, मुनि का जहाँ मुकाम ।। 2756/7162

राजा जनक प्रसन्न थे, मिल कर लछमन राम ।
बोले, मुनिवर को, चलो! रुकिये मेरे धाम ।। 2757/7162

(जनक जी बोले)
मुनिवर! पावन मूर्ति तुमरी, आज बढ़ाई कीर्ति हमरी ।
उत्सव की है शान चढ़ाई, भई प्रतिष्ठा मान सवाई ।। 2634/5205

(राम-लक्ष्मण को देख कर)
नृप बोले, ये दो शशि भानु, दिव्य युवक हैं को मैं जानूँ ।
तन यौवन संपन्न सुहाते, सुंदर रूप सुमंगल भाते ।। 2635/5205

दैवी दीप्ति, दिव्य दीदारे, लगे इन्द्र हैं आप पधारे ।
वीर रस नस–नस में बहता, शाँत प्रसन्न वदन है कहता ।। 2636/5205

गात गठित है सुडौल वाला, आजानुबाहु वक्ष विशाला ।
पुष्ट पीठ, पद कदली स्तंभा, अंग भव्य शुभ कद में लंबा ।। 2637/5205

118. Story of Sītā's Engagement (Rāmāyan, 1. Bāl Kānd)

दंत पंक्ति दाड़िम के दाने, गाल गोल दो लाल सुहाने ।
नयन कमल-से उज्ज्वल रंगा, सबल प्रबल बलशाली जंघा ।। 2638/5205

रूप शील सुचि मधु रस भीना, ऐसी विभूति दिखी कभी ना ।
एक झलक मम मन हर लीन्हा, आकर्षक स्मित चित मम छीना ।। 2639/5205

दोहा॰ नृप ने मुनिवर को कहा, तुमरा अति उपकार ।
आए उत्सव के लिए, उज्ज्वल भाग्य हमार ।। 2758/7162

उपस्थिति से आपकी, बढ़ा हमारा नाम ।
चरण कमल से आपके, पावन हमरा धाम ।। 2759/7162

(राम-लक्ष्मण को देख कर)

राम-लखन को देख कर, बोले मिथिला-नाथ ।
कौन दिव्य ये युवक दो, मुनिवर! तुमरे साथ ।। 2760/7162

चंद्र सूर्य सम तेज है, सुगठित इनके गात ।
वीर ओज परिपूर्ण हैं, धनुर्वेद निष्णात ।। 2761/7162

दीप्त दिव्य दीदार हैं, लगते इन्द्र समान ।
शाँत सुमंगल रूप हैं, बाँहें धनुष कमान ।। 2762/7162

पुष्ट पीठ, पद स्तंभ से, कद लंबा अभिराम ।
यौवन से तन हैं भरे, लगते युवक ललाम ।। 2763/7162

नैन कमल, मुख विमल हैं, अनुपम अद्भुत रूप ।
मंगल प्रतिमा देख कर, लगते दोनों भूप ।। 2764/7162

(मुनि बोले)

शिष्य-सुयश के मुनि अभिलाषी, बोले नृप को अति मधुभाषी ।
सुत दशरथ के राम दुलारे, अनुज लखन अभिराम सुखारे ।। 2640/5205

रामचंद्र हैं गुण भंडारा, शूर वीर कर्तब कर्तारा ।
सद्गुण सब जगत के जेते, राम लषण में प्रस्तुत तेते ।। 2641/5205

महिमा जिनकी कहते नारद, गान गुणों के करती शारद ।

118. Story of Sītā's Engagement (Rāmāyan, 1. Bāl Kānd)

करम पराक्रम अचरज वाले, वर्णन जिनके दिव्य निराले ।। 2642/5205

पितु-आज्ञा को सिर पर धारे, क्षात्र-धर्म के पालक प्यारे ।
पर हित इनका जीवन हेतु, असुर निवारक कलि के केतु ।। 2643/5205

मुनि बतलाए नृप को ज्ञानी, ताड़िक वध की पूर्ण कहानी ।
सुबाहु वध की करी बखानी, देवी अहल्या मोचित कीन्ही ।। 2644/5205

दोहा॰ मुनिवर विश्वामित्र ने, कहा, जनक नृपराज! ।
दशरथ नृप के पुत्र दो, साथ हमारे आज ।। 2765/7162

अग्रज भाई राम हैं, छोटे लखन कुमार ।
राम श्रेष्ठतम भ्रात हैं, लछमन आज्ञाकार ।। 2766/7162

राघव गुण भँडार हैं, शूर वीर बलवान ।
एक बाण से असुर के, ले लेते हैं प्राण ।। 2767/7162

लक्ष्मण रण में धीर हैं, वेद शास्त्र विद्वान ।
रण से राक्षस भागते, करने जीवन त्राण । 2768/7162

सद्गुण जितने जगत में, इनमें सको निहार ।
नारद शारद गीत से, करत सदा सत्कार ।। 2769/7162

करतब इनके परम हैं, वर्णन विस्मयकार ।
अतुलनीय दो बंधु हैं, राघव लखन कुमार ।। 2770/7162

पितु-आज्ञा पालन किए, आए हमरे साथ ।
क्षात्र-धर्म के कर्म को, आए वन रघुनाथ ।। 2771/7162

संग लखन भी चल पड़े, अग्रज के प्रिय भ्रात ।
बंधु भाव में रत सदा, लखन लला दिन-रात ।। 2772/7162

मुनिवर ने नृप को कही, ताड़िक वध की बात ।
सुबाहु के वध की कथा, मारिच पर आघात ।। 2773/7162

बोला विश्वामित्र ने, अहल्या का उद्धार ।
गौतम ऋषि पर जो किया, अनमोला उपकार ।। 2774/7162

118. Story of Sītā's Engagement (Rāmāyan, 1. Bāl Kānd)

♫ संगीतश्रीकृष्णरामायण छन्दमाला, मोती 337 of 501

शास्त्र छन्द[71]

17 + ऽ ।

(राम–लखन)

राम लक्ष्मण भूमंडल के शशि भानु ।
देह दिव्य मुख सतेज बाहु आजानु ।। 1
शूर वीर हैं रण जेते लखन राम ।
माता-पिता गुरु बंधु सकल सुख धाम ।। 2

(फिर, जनक)

मुनि बचनन सुन नृप हरषाए, कहा, तुम्हें हम लेने आए ।
घड़ी यही है शुभ मैं मानूँ, राम–लखन का आना जानूँ ।। 2645/5205

अति आदर से अब मैं चाहूँ, साथ आप को मैं ले जाऊँ ।
मंदिर यह है स्थान न ऐसा, राज कुँवर के रहने जैसा ।। 2646/5205

राज महल को स्थान बनाओ, आकर मेरा मान बढ़ाओ ।
राज भवन में सब है सुविधा, होगी नाही कोई बाधा ।। 2647/5205

यहाँ रात में घोर अँधेरे, मच्छर कीड़े कृमि बहुतेरे ।
होंगे तुमको कष्ट बतेरे, चलिए अब सब साथ हमारे ।। 2648/5205

✍दोहा॰ **सुन कर विश्वामित्र से, परम कर्म की बात ।**
जनक राज हर्षित भए, सुन प्रसन्न वृत्तांत ।। 2776/7162

बोले विश्वामित्र को, जनक राज मिथिलेश ।
मिले हमें सौभाग्य से, रामचंद्र अवधेश ।। 2777/7162

---

[71] ♫ **शास्त्र छन्द** : इस 20 मात्रा वाले महादैशिक छन्द के अन्त में एक गुरु और एक लघु मात्रा (ऽ ।) आती है । यति चरणांत ।

▶ लक्षण गीत : ✍ **दोहा॰ मत्त बीस से जो बना, गुरु लघु से हो अंत ।**
वर्ग महादैशिक जिसे, "शास्त्र" वही है छंद ।। 2775/7162

118. Story of Sītā's Engagement (Rāmāyan, 1. Bāl Kānd)

आए चल कर आज हैं, राम-लखन मम ग्राम ।
मैं चाहूँ तुम सब बसो, मुनिवर! मेरे धाम ॥ 2778/7162

प्राक्तन मंदिर यह नहीं, उचित तिहारे स्थान ।
राजकुँवर का वास हो, सुख से, सह सम्मान ॥ 2779/7162

मच्छर कीड़े रात में, तुम्हें करेंगे तंग ।
राज महल में तुम चलो, वहाँ मोद के रंग ॥ 2780/7162

(तत: राम)

प्रणाम नृप को करके रामा, बोले, आप दया के धामा ।
मान हमें दीन्हा बहु भारी, धन्यवाद प्रभु! धन्य तिहारी! ॥ 2649/5205

शिव मंदिर ये स्थान पुराना, हर[72] चरणन मम योग्य ठिकाना ।
संत महंत यहाँ जन आते, संग रंग वे तजे न जाते ॥ 2650/5205

ऋषि-मुनि पग में सुख दिन-राती, मंगल वाणी मन को भाती ।
पुराण पद सुमधुर वे गाते, पुण्य स्वाद मन में भर जाते ॥ 2651/5205

क्षमा हमें हो, विनति हम टाले, शब्द मधुर तव हम नहिँ पाले ।
राम वचन का आदर करके, विदा हुए नृप प्रसन्न मन से ॥ 2652/5205

दोहा॰ प्रणाम करके राम ने, कहा जनक, मिथिलेश! ।
धन्यवाद, प्रभु! आपको, करता है अवधेश ॥ 2781/7162

मंदिर ये प्राचीन है, मगर पूज्य शिव धाम ।
संत लोग आकर यहाँ, देते मन आराम ॥ 2782/7162

ऋषि-मुनि गाते वेद की, वाणी मंगल ताल ।
पुण्य रम्य सत्संग में, बीते सुख में काल ॥ 2783/7162

क्षमा करें हमको, प्रभो! हमने दिया नकार ।
आमंत्रण कल के लिए, नृपवर! हमें स्वीकार ॥ 2784/7162

---

[72] हर = शिव, शंकर ।

118. Story of Sītā's Engagement (Rāmāyan, 1. Bāl Kānd)

(विश्वामित्र मुनिवर)

✍दोहा॰ नृप को मुनिवर ने कहा, मधुर तिहारे बोल ।
मगर हमें सत्संग है, लगता अति अनमोल ।। 2785/7162

राज महल हमरे लिए, अनुचित लगता स्थान ।
क्षात्र-कर्म का व्रत लिए, निकले हैं श्री राम ।। 2786/7162

क्षमा कीजिए, हे प्रभो! हमें बहुत है खेद ।
मगर आप ही जानिये, नीर क्षीर का भेद ।। 2787/7162

आदर जो तुमने दिया, आकर हमरे द्वार ।
यही हमें पर्याप्त है, क्षमा करो इनकार ।। 2788/7162

बोले विश्वामित्र जी, नृप से, दो कर जोड़ ।
महामुनि के भाव को, पल भर मन से छोड़ ।। 2789/7162

मुनिवर बोले, जनक जी! परम तिहारी प्रीत ।
उत्सव में हम कल मिलें, यही उचित है रीत ।। 2790/7162

जनक राज को था पता, मुनि का तीव्र स्वभाव ।
हँस मुख से नृप जनक ने, मान लिया प्रस्ताव ।। 2791/7162

वन्दन करके प्रेम से, विदा हुए नृप राज ।
रक्षक चाकर साथ थे, चले बजाते साज ।। 2792/7162

(फिर, अगले दिन)

अगले दिन मिथिला में भारी, उत्सव की थी हुई तयारी ।
मुदित निमंत्रित जनता सारी, आई सज-धज कर नर-नारी ।। 2653/5205

वेश वस्त्र रंगीले ऐसे, फूल बाग में खिले हों जैसे ।
देश-देश के नाना राजे, ठीक समय पर आन बिराजे ।। 2654/5205

✍दोहा॰ अगले दिन मिथिला पुरी, सजी शान के साथ ।
आए देश विदेश से, जन-गण धरणीनाथ ।। 2793/7162

पहने नर-नारी सभी, वेश वस्त्र बहु ढंग ।

118. Story of Sītā's Engagement (Rāmāyan, 1. Bāl Kānd)

जैसे फूल गुलाब के, जिन्हें विविध हों रंग ।। 2794/7162

(स्वयंवर मंडप)

मण्डप सुंदर सजा विशाला, जनकपुरी में मोहक वाला ।
पुष्प हार मणि माला मंडित, माणिक मोती रत्न सुमंडित ।। 2655/5205

बिछे गलिचे नरम गजब के, सुंदर आसन जन-गण सबके ।
खाने पीने मिष्ट रसीले, संगीत मधुर गान सुरीले ।। 2656/5205

महान मंडप गोल बना था, हर वस्तु का मोल घना था ।
सब बैठे थे ध्यान जगाए, देख सुनन को कान लगाए ।। 2657/5205

ऊँचे पद पर जनक भूप थे, साथ मैथिली, कनक रूप थे ।
सबकी आँखे सीता पर थी, परी सी सजी सुंदरतर थी ।। 2658/5205

दाहिनी तरफ आसन मुनि के, रामचंद्र अरु लखन गुणी के ।
बाँयी बाजू बैठे राजे, उनके आगे अतिथि विराजे ।। 2659/5205

मध्य भाग में मंच भव्य था, उस पर शिव-धनु सजा दिव्य था ।
मंच किनारे दीये सुंदर, जगा रहे थे अलख समुंदर ।। 2660/5205

दिव्य धनुष वो सिया खिलौना, आसन पर था अद्‌भुत माना ।
रुद्र धनुष वो उस मंडप में, लगा वज्र ज्यों नभ मंडल में ।। 2661/5205

✍दोहा॰ मंडप मंगल था सजा, भूमंडल पर एक ।
जिससे सुंदर था कभी, कोई सका न देख ।। 2795/7162

माणिक मोती रत्न के, पुष्प सजीले हार ।
लटके झूमर झुंड में, नग मणियन की धार ।। 2796/7162

बिछे गलीचे पश्मिने, मधुर गीत के साज ।
आसन चंदन के बने, जिनमें अतिथि बिराज ।। 2797/7162

खाने को पकवान थे, पीने को रस पान ।
मंद नाद संगीत से, परियों का था गान ।। 2798/7162

(यों)

118. Story of Sītā's Engagement (Rāmāyan, 1. Bāl Kānd)

परम कला से था बना, विशाल मंडप गोल ।
बढ़कर स्वर्ग महान से, शोभा थी अनमोल ।। 2799/7162

ऊँचे पद पर जनक थे, सुता जानकी साथ ।
कौशिक मुनि के संग थे, बैठे कोशलनाथ ।। 2800/7162

सीता मोहक थी सजी, कोमल कली गुलाब ।
भई न ऐसी सुंदरी, श्रीलक्ष्मी के बाद ।। 2801/7162

भव्य मंच पर मध्य में, शिवधनु शोभित बाण ।
दिव्य धनुष को देख कर, भूले सबके भान ।। 2802/7162

(अतिथि)

दोहा॰ आए जनपद जन सभी, जनक राज के पूत ।
सबको सम सम्मान था, कोइ न छूत अछूत ।। 2803/7162

दूर दूर से वीर थे, आए मिथिला देश ।
कुंभकर्ण के संग था, मंडप में लंकेश ।। 2804/7162

कोई ऊँचा ताड़ सा, कोई नाटा पुष्ट ।
कोई तगड़ा साँड़ था, कोई पतला दुष्ट ।। 2805/7162

कोई दढ़ियल शेर था, कोई मूछड़ वीर ।
कोई लंबे बाल का, कोई गंजा पीर ।। 2806/7162

कोई डींगे मारता, बड़े गर्व के साथ ।
कोई सच्चा मर्द था, जैसे श्री रघुनाथ ।। 2807/7162

(शुभ घोषणा)

शुभारंभ का पल जब आया, जनक राज ने शंख बजाया ।
सबके आगे कही एषणा, ऊँचे स्वर में करी घोषणा ।। 2662/5205

"श्री शिव-धनु को उठाय धीरा, तीर चढ़ावे जो नर वीरा ।
उसके गल में मेरी बाला, डालेगी सीता वरमाला ।। 2663/5205

"प्यारी मेरी सिया दुलारी, अटल किया है यह प्रण भारी ।

रुद्र धनुष जो वीर चढ़ावे, वही वीर वर माला पावे" ।। 2664/5205

दोहा॰ शुभ मुहुर्त जब आगया, हुआ पर्व आरंभ ।
सचिव सुदामा ने किया, पूजन विना बिलंब ।। 2808/7162

"शिव-धनु पर दरबार में, जोड़ेगा जो तीर ।
जीतेगा प्रतियोगिता, वही श्रेष्ठतम वीर ।। 2809/7162

"वरमाला उसके गले, डाले सीता आज ।
चुना जाएगा वर वही, नरवर तीरंदाज" ।। 2810/7162

वीरों को नृप ने कहा, "जो न सके शर जोड़ ।
हारा वो प्रतियोगिता, जावे मिथिला छोड़" ।। 2811/7162

(फिर)

एक-एक फिर योद्धा आया, बल अपना सब खूब लगाया ।
उनके छूते लीला न्यारी, धनु बन जाता बोझल भारी ।। 2665/5205

रावण कुंभकरण सब हारे, हत दंभी लज्जा के मारे ।
उठा सके ना धनु वो शूरे, शरीर के बल लगाय पूरे ।। 2666/5205

भागे तज कर मंडप न्यारा, देख न पाए उत्सव प्यारा ।
लज्जित होकर, हारा जो ही, ना ही उधम मचा फिर कोई ।। 2667/5205

दोहा॰ एक-एक कर आगए, धनुष उठाने वीर ।
ना धनुष उनसे उठा, न ही चढ़ सका तीर ।। 2812/7162

हारे रावण असुर भी, कुंभकर्ण सम शूर ।
निकले मिथिला छोड़ कर, घमंड चकनाचूर ।। 2813/7162

(राम)

हारे जब सब वीर करारे, जनक राम की ओर निहारे ।
मुनिवर ने पहिचान इशारे, कहा राम को, "आप पधारें" ।। 2668/5205

अनुमति लेकर राघव आए, नृप पग को कर कमल लगाए ।
शिव वन्दन कर धनु के पासा, खड़े हो गए मुनि के दासा ।। 2669/5205

118. Story of Sītā's Engagement (Rāmāyan, 1. Bāl Kānd)

सिया देखती अति अभिलासा, राम रूप से स्नेह पीपासा ।
मन में जपने लगी प्रार्थना, राम विजय की एक अर्चना ।। 2670/5205

✍दोहा॰ **मुनिवर ने फिर राम को, करके शुभ संकेत ।**
बोले, "राघव! आइए, मंगल चित्त समेत" ।। 2814/7162

पाकर मुनि से अनुमति, खड़े हुए श्री राम ।
बोले शिव से रामजी, "सफल बने मम काम" ।। 2815/7162

छू कर चरणन जनक के, लीन्हे आशीर्वाद ।
सीता ने की प्रार्थना, करके दुर्गा याद ।। 2816/7162

बोली, माते! अंबिके! सफल बनें श्री राम ।
मेरी सुनिये अर्चना, शिवजी, ओ भगवान! ।। 2817/7162

(तब)

जन-गण सारे योद्धा भारे, राम देख कर विस्मय मारे ।
जहाँ करारे भट हैं हारे, वहाँ युवक ये क्या कर डारे! ।। 2671/5205

मध्य सभा में वीर खड़ा था, साथ रुद्र धनु तीर पड़ा था ।
सबकी आँखे वहाँ गड़ी थी, जहाँ सिया की आस खड़ी थी ।। 2672/5205

कोई न जाना अब क्या होगा, मुनिवर जाने कब क्या होगा ।
राम आगए निकट धनुष के, हरि अवतारी रूप मनुष के ।। 2673/5205

✍दोहा॰ **सब शठ जब मिथिला तजे, वीर बचे श्री राम ।**
जन-गण विस्मित देखते, खड़ा युवक अभिराम ।। 2818/7162

नृप से आज्ञा पाइके, करके उन्हें प्रणाम ।
आए धनु के पास वे, लेकर शिव का नाम ।। 2819/7162

सिया देखती नेह से, राघव प्रभा विलास ।
करती शिव से प्रार्थना, राम विजय की आस ।। 2820/7162

जन-गण हरि को देखते, अति अचरज के साथ ।
बड़े-बड़े हारे, वहाँ, क्या करलें रघुनाथ ।। 2821/7162

118. Story of Sītā's Engagement (Rāmāyan, 1. Bāl Kānd)

किसी को न कछु था पता, क्या कर सकते राम ।
ज्ञात न उनको, राम हैं, मनुज रूप भगवान ।। 2822/7162

(आश्चर्य)
नभ से नारद देख रहे थे, फूल सिया पर फेंक रहे थे ।
वीणा मंजुल बजा रहे थे, राम-नाम धुन सजा रहे थे ।। 2674/5205

राघव ने धनु सहज उठाया, अति लीलया[73] तीर चढ़ाया ।
बोझल जो था, दंभी अरि को, फूल सा लगा हलका हरि को ।। 2675/5205

खींची डोरी शर की ज्यों ही, टूट गया धनु कट् से त्यों ही ।
टूटी रज्जू का टंकारा, दिया सभी के हृदय झंकारा ।। 2676/5205

✍**दोहा॰** **नारद थे बरसा रहे, पुष्प सिया पर फेंक ।**
आशिष राघव को दिये, मंगल परम अनेक ।। 2823/7162

नारद मुनिवर जानते, विधि विधान के लेख ।
मुनवर शिव से कह रहे, उमा रही है देख ।। 2824/7162

पत्थर से भारी बड़ी, जो थी धनुष कमान ।
नारद आशिष से बनी, हल्की फूल समान ।। 2825/7162

खींची डोरी राम ने, बिना किसी भी पीड़ ।
टूटा झट से शिव-धनु, ज्यों हि चढ़ाया तीर ।। 2826/7162

(बधाइयाँ)
चकित चित हुए जन-गण सारे, हक्के-बक्के योद्धा भारे ।
सबने, जय श्री राम! पुकारा, साथ सिया का नाम उचारा ।। 2677/5205

नृप मुनि जन सब देत बधाई, आशीष वृष्टि शुभ बरसाई ।
नारद ने भी तुष्टि पाई, देख विजय वो सिय हरषाई ।। 2678/5205

सुन कर हरि की अद्‌भुत माया, हिय रावन का दुक सहमाया ।

---

[73] **लीलया** (सं) = (हिंदी) आसानी से ।

118. Story of Sītā's Engagement (Rāmāyan, 1. Bāl Kānd)

बोला, बालक सूरज जैसा, कौन, कभी ना देखा ऐसा ।। 2679/5205

दोहा॰ **खींचत डोरी बाण की, ज्यों ही श्री रघुनाथ ।**
टूट गया धनु हाथ में, शुभ लक्षण के साथ ।। 2827/7162

चकित हुए जन-गण सभी, देख राम की जीत ।
सबने जय सियराम के, गाए मंगल गीत ।। 2828/7162

राघव को अति हर्ष से, जनक बधाई देत ।
आशिष दीन्हे राम को, शुभ कामना समेत ।। 2829/7162

विजय राम की देख कर, सीता के मन तोष ।
जनपद के जन, मोद में, खोये अपने होश ।। 2830/7162

लख कर अद्‌भुत काम वो, सभा हुई गंभीर ।
बोली, रवि सम तेज ये, कौन भला है वीर ।। 2831/7162

संगीतश्रीकृष्णरामायण गीतमाला, पुष्प 510 of 763

भजन

(राम रतन)

स्थायी

ओ हो जी मेरो, आज वो शुभ दिन आयो ।
सखी री मैंने, राम रतन वर पायो ।।

♫ सा रे म गरे-, प-म ग रेरे सारे ग-म- ।
पम ग रेग-, प-म गरेरे गम गरेसा- ।।

अंतरा-1

राम धनु पर बाण चढ़ायो, तीर करजवा में, मेरे धायो ।
दैया रे दैया, टूट गयो धनु म्हारो ।।

♫ रे-ग रेग- गग म-ग रेग-म-, नि-ध पममम ध-, प-म ग-म- ।
नि-ध प म-प-, प-म गरे- गम गरेसा- ।।

अंतरा-2

दशरथ नंदन मिथिला आयो, एक नजर मोहे नेहा लगायो ।

118. Story of Sītā's Engagement (Rāmāyan, 1. Bāl Kānd)

दैया रे दैया, टूट गयो प्रण म्हारो ।।

अंतरा-3

का करू सजनी मैं, अवधकुमारा, ले गयो मन म्हारो, होश भी सारा ।

दैया रे दैया, छूट गयो बस म्हारो ।।

(तब)

लेकर वर माला सिय आई, राम कंठ में वो पहनाई ।
बाहु-हार हरि सिय को पाया, सिया गले वो बहुत सुहाया ।। 2680/5205

बजी तालियाँ, सुख का नारा, राम-सिया का जय जयकारा ।
गूँज उठा संगीत सुहाना, शहनाई का सुर मधु गाना ।। 2681/5205

दोहा॰ वर माला लाई सिया, वर उसके श्री राम ।
बाहु-हार श्री राम का, सिय को सजा ललाम ।। 2832/7162

ताली पीटी हर्ष से, सबने मिल कर साथ ।
गाए नारे, जन सभी, जय सिय! जय रघुनाथ! ।। 2833/7162

संगीतश्रीकृष्णरामायण गीतमाला, पुष्प 511 of 763

खयाल : राग पूर्वी, तीन ताल 16 मात्रा

(सुंदर बंसी)

स्थायी

सुंदर मंगल बंसी प्यारी, झनक झनक वीणा झनकारी ।

♪ प-मंग मंधनिरें निधप- मंधपमंग, पपमं गमंरे ग-मंध मंगरे-सा- ।

118. Story of Sītā's Engagement (Rāmāyan, 1. Bāl Kānd)

अंतरा–1

छम् छम–छम छम घुँघरू बोले, पायल रुन झुन पैंजन बाजे ।

साथ मजीरा धुन हिय हारी ।।

♪ –म– गग मंमं धध धनिसांसां– निरेंसां–, –निरेंगं रेंगंरें सांसा निरेंसांनिध निधप– ।

–प–मं गमंरेग– मंध निरें धनिधप– ।।

(कन्या को जनक जी का उपदेसा)

आशिष देते जनक विदेही, बोले सिय को नृप गुण गेही ।

बेटी! सुन लो अनुपम स्नेही, मंत्र महत्तम शुभ वैदेही ।। 2682/5205

"पति पुरुषोत्तम हो नित प्रियतम, पति बिन जीवन हीन मरण सम ।

सास श्वसुर हो मातु–पिता प्रिय, टहल[74] कार्य में रहियो सक्रिय" ।। 2683/5205

✍दोहा॰ **देते आशिष जनक जी, सीता को उपदेश ।**

बोले, "बेटी! अब तुम्हें, पति राघव अवधेश ।। 2834/7162

"पतिव्रता बन कर रहो, सदा पिया के संग ।

पति परमेश्वर हो सदा, अर्ध तिहारा अंग ।। 2835/7162

"तुम छाया हो जानकी, रहो पिया के साथ ।

सुख–दुख विपदा में सभी, संग रखो रघुनाथ ।। 2836/7162

"गृह लक्ष्मी तुम राम की, दशरथ तुमरे तात ।

अमृत वाणी से सदा, करो सभी से बात ।। 2837/7162

"क्षत्रिय की तुम हो सुता, रहे सदा यह याद ।

डरो कभी ना विपद् से, बिना किसी अपवाद ।। 2838/7162

"पति पुरुषोत्तम प्राण हो, पति बिन जीवन व्यर्थ ।

सास ससुर माता–पिता, अर्चित हों निःस्वार्थ" ।। 2839/7162

"दया क्षमा धृति सत्य विनय हो, सेवा करने सदा समय हो ।

---

[74] टहल = सेवा सुश्रूषा ।

त्याग तितीक्षा समता शुद्धि, सतत रहे वत्सलता बुद्धि" ।। 2684/5205

✍दोहा॰ **"दया क्षमा धृति सत्य हों, त्याग विनय के साथ ।**
वत्सलता की बुद्धि हो, सेवा में नित हाथ" ।। 2840/7162

"देवर तुमरे भाई जानो, या उनको सुत अपने मानो ।
साहस तुमरा अमर्याद हो, तुम्हें मंत्र ये सदा याद हो" ।। 2685/5205

✍दोहा॰ **"देवर जानो पुत्र सा, माता सम व्यवहार ।**
ममता ही सम्मान है, सर्वोत्तम उपहार" ।। 2841/7162

संगीतश्रीकृष्णरामायण गीतमाला, पुष्प 512 of 763

(जाओ री सीते)

स्थायी

जाओ री सीते! प्रीतम के घर जाओ ।

♫ सारे- प- मप-! सां-निनि ध- पप गरेसा- ।

अंतरा-1

सास ससुर की सेवा करना, मातु-पिता सम नेहा धरना ।
उफ् न कभी मुख लाओ ।।

♫ सा-सा सारेरे म- सांधप ममप-, स?ध पम- पप ध-पम ममप- ।
संध प मप- मम रेसा- ।।

अंतरा-2

साथ पति के निश-दिन रहना, साथ पति के सुख-दुख सहना ।
राघव की होजाओ ।।

अंतरा-3

लछमन की तुम माता बहिना, भावज प्रेमल बन कर रहना ।
सब पर नेह बहाओ ।।

(फिर, जनक जी ने)
कनक रत्न का मोति मढ़ाया, जनक राम को मुकुट चढ़ाया ।
"जुग-जुग जीयो!" आशिष दीन्हा, राम-सिया का मिलाप कीन्हा ।। 2686/5205

118. Story of Sītā's Engagement (Rāmāyan, 1. Bāl Kānd)

दोहा॰ स्वर्ण मुकुट मणि रत्न का, रखा राम के शीश ।
जनक राज ने स्नेह से, देकर शुभ आशीष ॥ 2842/7162

विदेह बोले राम को, अब तुम मेरे पूत ।
दशरथ जी को शीघ्र ही, ले आवेंगे दूत ॥ 2843/7162

  संगीतश्रीकृष्णरामायण गीतमाला, पुष्प 513 of 763

दादरा ताल
(सीता स्वयंवर की कथा)

स्थायी

गीत शारद ने मंजुल है गाया, साज नारद मुनि ने बजाया ।
रत्नाकर से है मंगल रचाया, रामायण को है सुंदर सजाया ॥

♪ म-ग म-म- म प-म- ग म-प, रे-ग म-म- मध- प- मग-म- ।
रेगम-म म- म ध-प- गम-प-, रे-ग-म- म- म ध-प- मग-रे- ॥

अंतरा–1

जब मुनिवर मिथिऽला में आये, उनके स्वागत को मिथिलेश धाये ।
बोले, उत्सव है हमने रचाया, राम को भाग लेने बुलाया ॥

♪ सांसां निनिरें- सांध-नि- ध प-म-, सांसां नि-रेंरें सांधधनि-ध प-म- ।
मग, म-म- म पपम- गम-प-, रे-ग म- म-म ध-प- मग-रे- ॥

अंतरा–2

वीर लंका का रावण भी आया, साथ आशा अहंकार लाया ।
सबको परियों ने मंडप में लाया, उनको आदर से नृप ने बिठाया ॥

अंतरा–3

शर चढ़ाने जो भी वीर आया, धनु कोई उठा ही न पाया ।
राम ने ज्योंहि शर को चढ़ाया, टूट कर चाप ने सर नवाया ॥

अंतरा–4

बजी मंगल मधुर शेहनाई, वर माला सिया ने पिन्हाई ।

119. Weddings of Rāma, Lakshman, Bharat & Shatrughana

राम ने भी उसे हार पाया,[75] सबने जै जै सियाराम गाया ।।

बाल काण्ड : चौदहवाँ सर्ग

119. श्री राम लक्ष्मण भरत शत्रुघ्न विवाह की कथा :

119. Weddings of Rāma, Lakshman, Bharat & Shatrughana

संगीतश्रीकृष्णरामायण छन्दमाला, मोती 338 of 501

सुपवित्रा छन्द[76]

। । ।, । । ।, । । ।, । । ।, ऽ ऽ

(राम लक्ष्मण विवाह)

जनक नृप, अवधअधिप बुलाया ।

शुभ अवसर पर लगन रचाया ।। 1

हरि-भरत-लखन-शतुघन भाई ।

कृत परिणत, दशरथ रघुराई ।। 2

---

[75] **पाया** = पहनाया ।

[76] **सुपवित्रा छन्द** : इस 14 वर्ण, 16 मात्रा वाले शक्वरी छन्द में चार न गण और दो गुरु वर्ण आते हैं । इसका लक्षण सूत्र । । ।, । । ।, । । ।, । । ।, ऽ ऽ इस प्रकार होता है । विराम 8-6 पर होता है ।

▶ लक्षण गीत : **दोहा० सोलह मत्ता से बना, गुरु गुरु कल हो अंत ।**

चार न गण से जो सजा, "सुपवित्रा" वह छंद ।। 2844/7162

119. Weddings of Rāma, Lakshman, Bharat & Shatrughana

जनपद जन ऋषि-मुनि सब आए ।
अवध मिथिल जन बहु हरषाए ।। 3
सब मिल अभिबचनन दुहराये ।
"जय जय हरिहर," भजनन गाए ।। 4

श्लोकः

जानकीं व्यवहद्रामो माण्डवीं भरतस्तथा ।
श्रुतकीर्तिं च शत्रुघ्न उर्मिलां च हि लक्ष्मणः ।। 1886/2422

कथा

मिला सिया को वर मन वांछित, विदा हुए सब जन आमंत्रित ।
सभा विसर्जित होकर सारे, लोग घर गए योद्धा भारे ।। 2687/5205

जनक राज ने सभा बुलाई, बोले लाओ, अवध रघुराई ।
अवधपुरी को तुरंत भेजो, सचिव कुशल आलाप करे जो ।। 2688/5205

दोहा॰ **समाप्त उत्सव जब हुआ, सभी गए घर लोग ।**
विदेह ठहराने लगे, राम-सिया संजोग ।। 2845/7162

सभा बुलाई जनक ने, अवध भेजने दूत ।
परिणय का प्रस्ताव जो, ठीक करे प्रस्तुत ।। 2846/7162

मंत्री बोले, जनक जी! जावे सचिव सुजान ।
वेश सुदर्शन पहन कर, साथ सभी सामान ।। 2847/7162

(अयोध्या में)

सचिव सुदामा सज-धज जावे, सब शुभ सामग्री ले जावे ।
नीति रीति से उन्हें बुलावे, आदर से मिथिला ले आवे ।। 2689/5205

छह घोड़ों से सजा रथ चला, नृप दशरथ को लाने मिथिला ।
सचिव सुदामा मंत्री ज्ञानी, चतुर सुसंस्कृत मधुतर वाणी ।। 2690/5205

दोहा॰ **सचिव सुदामा चल पड़े, शुभ करने सब काम ।**
छह घोड़ों का रथ सजा, जाने दशरथ धाम ।। 2848/7162

119. Weddings of Rāma, Lakshman, Bharat & Shatrughana

श्वेत अश्वषट् से सजे, रथ रमणीय विशाल ।
शीघ्र वेग, लाने गए, दशरथ को तत्काल ।। 2849/7162

(सचिव सुदामा)

सचिव अवध में आकर रथ से, हाथ जोड़ बोला दशरथ से ।
लाया हूँ संदेस जनक से, मिथिला नृप संतोष-जनक से ।। 2391/5205

जनककुमारी वेदवती से, लग्न राम का तव अनुमति से ।
जनक निमंत्रण मैं लाया हूँ, सबको लेने मैं आया हूँ ।। 2392/5205

पुत्र पत्नी सज्जन सह चलिए, मित्र वर्य दल बल सब चलिए ।
पँच पुरोहित लेकर, नाथा! लेकर मंगल साधन साथा ।। 2393/5205

चलिए शीघ्र सबांधव भाई, चलिए रचने ब्याह सगाई ।
धूमधाम से मम सह चलिए, कार्य सफल कर फूलें फलिए ।। 2394/5205

मिथिला कुल है तव सम ऊँचा, सूर्य वंश में चाँद समूचा ।
दशरथ सूरज, जनक शशी हैं, दोनों कुल की एक राशि है ।। 2395/5205

दोहा॰ सचिव सुदामा अवध में, लाए शुभ संदेश ।
स्वागत कीन्हे सचिव का, दशरथ श्री अवधेश ।। 2850/7162

बोले सचिव सुदाम जी, प्रणाम मम, अखिलेश! ।
भेजे हैं न्यौता, प्रभो! जनक राज मिथिलेश ।। 2851/7162

कह कर शिवधनु की कथा, सकल सहित विस्तार ।
रामचंद्र का तिलक भी, सिया राम का प्यार ।। 2852/7162

विनति प्रभो! है आपको, चलिए मिथिला देश ।
विवाह सीता-राम का, रचा रहे मिथिलेश ।। 2853/7162

चलिए लेकर साथ सब, सुत सुहृद परिवार ।
पंच पुरोहित, सेविका, सैनिक दल, सरकार! ।। 2854/7162

विराट आयोजन किए, गाते मंगल गीत ।
करिए सफल विवाह को, जोड़ें कुल में प्रीत ।। 2855/7162

119. Weddings of Rāma, Lakshman, Bharat & Shatrughana

रघुकुल ऊँचा है यथा, सूर्य वंश में ज्येष्ठ ।
मिथिला कुल भी उच्च है, क्षात्र-धर्म में श्रेष्ठ ।। 2856/7162

शुभ विवाह संपन्न ये, करिए मौली बाँध ।
राघव रवि कुल सूर्य हैं, सिया चौधवीं चाँद ।। 2857/7162

(सुदामा की बखानी)

सिद्धाश्रम की व्यथा कथायी, ताड़क वध की कथा बताई ।
चमत्कार सब चकाचौंध के, राम-लखन के गुण विविध के ।। 2696/5205

विश्वामित्र मुनि का आना, राम-लखन को मिथिला लाना ।
सचिव बतायो मधुर बखानी, सिया स्वयंवर रम्य कहानी ।। 2697/5205

वैदेही के प्रण का वर्णन, रामचंद्र का शिवधनु भंजन ।
सीता के सद्गुण का विवरण, सुंदरता का मंगल चित्रण ।। 2718/5205

दोहा॰ कथा बताई सचिव ने, बड़े प्रेम के साथ ।
मरी ताड़का आसुरी, रामचंद्र के हाथ ।। 2858/7162

गौतम ऋषि का झींखना, अहल्या का उद्धार ।
सीता का गुणगान भी, सुंदरता का सार ।। 2859/7162

(फिर)

वेदवती की पूर्व कहानी, भूमिसुता की पूर्ण बखानी ।
जनक राज हैं कितने ज्ञानी, नृपवर कितने महान दानी ।। 2699/5205

दोहा॰ कथा सिया के जन्म की, "भूमिसुता" क्यों नाम ।
जनक राज का ज्ञान भी, त्रिभुवन में सम्मान ।। 2860/7162

(दशरथ)

सुन कर सब वो मंजुल वाणी, स्नेह सहित वह सरस बखानी ।
दशरथ बोले, मिथिला चलिए, ठाट बाट से विवाह रचिए ।। 2700/5205

प्रमोद उत्सव किए अवध में, दान दक्षिणा दिये विविध में ।।
सब कुछ मंगल विचार करके, स्नेही जन सब तयार करके ।। 2701/5205

119. Weddings of Rāma, Lakshman, Bharat & Shatrughana

दोहा॰ सुन कर वाणी सचिव की, मंजुल मधुर सुजान ।
दशरथ बोले प्रेम से, करिए शुभ प्रस्थान ।। 2861/7162

करिए उत्सव ठाठ से, विवाह शोभावान ।
सजी अयोध्या शान से, बटे दक्षिणा दान ।। 2862/7162

अवध नगर के जन सभी, नचत राह से राह ।
ढोल बजे आनंद के, सबके मन उत्साह ।। 2863/7162

(दशरथ जी मिथिला चले)

बाजे शुभ मुहूर्त पर बाजे, रथ पर दशरथ सकुल बिराजे ।
पँच पुरोहित मंत्र उचारे, दीन्हे आशिष सगे पियारे ।। 2702/5205

आगे बढ़ने सभी खड़े थे, सजे हुए रथ बड़े-बड़े थे ।
अवधपुरी में हर्ष लड़ी थी, नगरी सारी सजी पड़ी थी ।। 2703/5205

बैठे सुमंत्र सुदामा मंत्री, दशरथ कुल अरु शासन तंत्री ।
गाते राघव-सीता नामा, चले बराती मिथिला धामा ।। 2704/5205

सबसे आगे भगवा ध्वज था, प्रतीक करता सारा व्रज था ।
ध्वज के पीछे दल चतुरंगी, बाजों वाले रंग बिरंगी ।। 2705/5205

दोहा॰ शुभ मुहूर्त जब आगया, निकले दशरथ राज ।
पंच पुरोहित साथ में, जाने मिथिला आज ।। 2864/7162

लेकर सब परिवार को, दशरथ जी अवधेश ।
ब्याह रचाने राम का, निकले मिथिला देश ।। 2865/7162

बाजे मंगल बज रहे, हर्षित सबके गात ।
राम-सिया की जय कहे, मिथिला चली बरात ।। 2866/7162

आगे रथ अवधेश का, पीछे जनपद लोग ।
सबके मन पर राम का, शुभ विवाह संजोग ।। 2867/7162

संगीतश्रीकृष्णरामायण गीतमाला, पुष्प 514 of 763

भजन

119. Weddings of Rāma, Lakshman, Bharat & Shatrughana

(दशरथ मिथिला चले)

स्थायी

दशरथ मिथिला चले ।

♪ रेसारेग़- पमग़- सारे- ।

अंतरा-1

राम-सिया का ब्याह रचेंगे ।

साथ रानियाँ पुत्र चलेंगे, सुंदर रथ हैं सजे ।।

♪ रे-सा रेग़- म- ध़-प मग़-म- ।

नि-ध़ प-मप- ध़-प मग़-रे-, रेग़रेसा पम ग़- सारे- - ।।

अंतरा-2

सिया-स्वयंवर जनक सजायो ।

राम धनु पर बाण चढ़ायो, शिवजी किरपा करे ।।

अंतरा-3

विश्वामित्र मुनि काज है कीन्हा ।

वसिष्ठ गुरु ने आशिष दीन्हा, रघुकुल आगे बढ़े ।।

अंतरा-4

सिया राम को हार पिनावे ।

राम-सिया को मंगल डाले, बाहों का हार गले ।।

(इधर)

मिथिला नगरी पुन: सजी है, शहनाई सुर धुनी बजी है ।
मोद जोश हर कण-कण में है, दशरथ दर्शन जन मन में है ।। 2706/5205

मिथिला पहुँचे जब अवधेशा, स्वागत कीन्हे शुभ मिथिलेशा ।
पुष्प वृष्टि अरु मंगल गाथा, बोले, जय जय कोसलनाथा! ।। 2707/5205

दोहा॰ मिथिला नगरी है सजी, शोभा सुघट अथाह ।
दशरथ दर्शन के लिए, सबके मन में चाह ।। 2868/7162

बाहों में धर कर मिले, दशरथ से मिथिलेश ।
क्षेम कुशल सब पूछ कर, मुदित हुए अवधेश ।। 2869/7162

119. Weddings of Rāma, Lakshman, Bharat & Shatrughana

कीन्हा स्वागत जनक ने, दशरथ के अनुकूल ।
बरसे राजा रानियों पर गुलाब के फूल ।। 2870/7162

(राम लक्ष्मण)

राम-लखन फिर आगे आए, मातु-पिता को शीश नवाए ।
मातु-पिता ने पुत्र पियारे, गले लगाए स्नेह दुलारे ।। 2708/5205

जनक भवन में महफिल बैठी, कुल दोनों की विचारगोष्ठी ।
जनक राज अरु कुशध्वज भाई, सचिव सुदामा, कुलगुरु राई ।। 2709/5205

दशरथ नृप अरु त्रय महारानी, सचिव सुमंतर, वसिठ गुरु ज्ञानी ।
केकय के नृप सुधाजीत थे, पँच पुरोहित नामांकित थे ।। 2710/5205

करके स्वागत सभा जनों का, खान-पान भी महाजनों का ।
मिथिला सचिव सुदामा बोले, कुल से कुल अब परिचित हो लें ।। 2711/5205

दोहा॰   छूए लछमन राम ने, मातु-पिता के पाँव ।
भरत-शत्रुघन से मिले, बंधु स्नेह के भाव ।। 2871/7162

लाकर सबको मान से, राज महल में दिव्य ।
सचिव सुदामा ने किया, सबका स्वागत भव्य ।। 2872/7162

राज भवन में की सभा, करने को सुविचार ।
कुशध्वज बोले, "क्यों न हों, विवाह बंधन चार" ।। 2873/7162

बंधु कुशध्वज जनक के, कन्या जिनकी तीन ।
यथा सिया है जनक की, तीनों सद्गुण लीन ।। 3874/7162

सुधाजीत ने भी कहा, ये है उचित सुझाव ।
उनकी बहिना कैकयी, बोली, शुभ यह भाव ।। 2875/7162

सचिव सुमंतर ने कहे, सबको हृद् आभार ।
पंच पुरोहित गा रहे, मंत्र वेद से चार ।। 2876/7162

(सचिव सुदामा बोले)

जनक वंश में हुए बतेरे, बोध विवेकी गुण भंडारे ।

नाम कहूँगा ना मैं सारे, वंशावलि में अनेक हीरे ।। 2712/5205

सूर्य वंश है जनक भूप का, महान ऊँचा गुण अनूप का ।
जैसा रघुकुल राघव जी का, इक्ष्वाकु से चला है नीका ।। 2713/5205

हुए यहाँ भी नर वर ज्ञानी, वीर अनेकों नर विज्ञानी ।
कछु मैं कह दूँ उनके नामा, जिनके बड़े-बड़े थे कामा ।। 2714/5205

निमि अरु मिथि थे ज्ञानी पूरे, धर्म कर्म तप दानी शूरे ।
नंदीवर्धन सुकेतु जाने, वेद शास्त्र के पंडित माने ।। 2715/5205

देवरात बृहद्रथ राजे, मिथिला में संपन्न बिराजे ।
महावीर सुधृति बलवीर थे, धृष्टकेतु हर्षश्व धीर थे ।। 2716/5205

कीर्तिरथ थे विज्ञ बतेरे, देवमीढ़ तत्त्वज्ञ घनेरे ।
स्वर्णरोम करतब के आगर, शीरध्वज विद्या के सागर ।। 2717/5205

दोहा॰ **सचिव सुदामा ने किया, परिचय को आरंभ ।**
बोले अब मैं सब कहूँ, विना किसी भी दंभ ।। 2877/7162

रवि कुल श्री मिथिलेश का, सूर्य समान अनूप ।
हुए अनेकों वीर हैं, महान इसमें भूप ।। 2878/7162

जैसा रघुकुल राम का, विवस्वान से ख्यात ।
वैसा ही कुल जनक का, इक्षवाकु से ज्ञात ।। 2879/7162

हुए यहाँ भी वीर हैं, दानी शूर महान ।
धीर धनुर्धर बाँकुरे, क्षत्रिय प्रतिभावान ।। 2880/7162

नाम यहाँ मैं कुछ कहूँ, जिनके मंगल काम ।
वंशावली विशाल है, सभी दिव्य हैं नाम ।। 2881/7162

निमि, मिथि सम नृप और ना, दानी जग विख्यात ।
धर्म कर्म तप ध्यान में, जो थे जग प्रख्यात ।। 2882/7162

नंदीवर्धन थे कहे, वेद शास्त्र में लीन ।
सुकेतु राजा ज्ञात थे, पंडित जग में तीन ।। 2883/7162

119. Weddings of Rāma, Lakshman, Bharat & Shatrughana

देवराज संपन्न थे, राज्य किया समृद्ध ।
बृहद्रथराज विदेह भी, विद्या दान प्रसिद्ध ।। 2884/7162

नृप सुधृति अति वीर थे, धृष्टकेतु बलवीर ।
महारथी हर्षश्व थे, मिथिला के रणधीर ।। 2885/7162

कीर्तिरथ महीपाल थे, शस्त्र शास्त्र के विज्ञ ।
देवमीढ़ नृप थे बड़े, तत्त्वज्ञान के तज्ञ ।। 2886/7162

स्वर्णरोम नृप ओज के, तेजस्वी अंगार ।
शीरध्वज सम्मान्य थे, विद्या के भंडार ।। 2887/7162

(सचिव सुमंत्र ने कहा)
नाम कहूँ अब कछु मैं उनके, रामचंद्र हैं सुपुत्र जिनके ।
वंश वृक्ष ये विशाल सबमें, नाम प्रमुख ही बोलूँ अब मैं ।। 2718/5205

विकुक्षि ककुत्स्थ नृप थे सारे, मांधाता जनपद में प्यारे ।
अंबरीश थे महान राजा, यज्ञ कर्म से सुखी थी प्रजा ।। 2719/5205

हरिश्चंद्र थे सत्य पुजारी, रोहित के व्रत कठोर भारी ।
सगर थे महाराजा दानी, भगीरथ लाए गंगा पानी ।। 2720/5205

राजा दिलीप संत समाना, रघु राजा था वीर महाना ।
अज राजा थे शाकाहारी, तथापि क्षत्रिय व्रत के भारी ।। 2721/5205

वंश जनक का ऊँचा जेता, रघु का भी है उत्तम तेता ।
दोनों कुल हैं पावन प्यारे, धर्म कर्म सद्गुण भंडारे ।। 2722/5205

दोहा॰ सचिव सुदामा से सभी, सुन कर वर्णन शाँत ।
सुमंत्र मंत्री ने कहा, रघुकुल का वृत्तांत ।। 2888/7162

सुनिये अब मिथिलेश जी! और सभाजन ज्येष्ठ ।
दशरथ जी के वंश के, नृपवर जो थे श्रेष्ठ ।। 2889/7162

दशरथ के सुत राम हैं, जिनका वंश विशाल ।
नाम प्रमुख उनके कहूँ, जिनसे प्रजा निहाल ।। 2890/7162

119. Weddings of Rāma, Lakshman, Bharat & Shatrughana

कुकुत्स्थ विकुक्षि हो गए, राजा अधिप सुजान ।
मान्धाता नृप राज थे, जन के प्रियतम प्राण ।। 2891/7162

अंबरीश मतिमान थे, यज्ञ कर्म के तज्ञ ।
हरिश्चंद्र नृप सत्य के, महा पुजारी प्रज्ञ ।। 2892/7162

रोहित राज महाव्रती, दानी सगर महान ।
भगिरथ लाकर भूमि पर, गंगा करी प्रदान ।। 2893/7162

राजा दिलीप संत थे, रघु राजा यशमान ।
अज शाकाहारी घने, क्षत्रिय थे बलवान ।। 2894/7162

वंश उच्च मिथिलेश का, जितना जग में ज्ञात ।
उतना ही अवधेश का, त्रिभुवन में प्रख्यात ।। 2895/7162

दोनों पावन वंश हैं, दोनों एक समान ।
दोनों कुल अब एक हों, और बढ़े सम्मान ।। 2896/7162

(दशरथ)

राम-सिया का जोड़ा ऐसा, बने न जग में दूजा वैसा ।
अमित हर्ष की आशा धरिए, बड़ी शान से शादी करिए ।। 2723/5205

दोहा॰ दशरथ बोले जनक को, विवाह रचिए भव्य ।
राम-सिया जोड़ा सजे, जग में सबसे दिव्य ।। 2897/7162

(विश्वामित्र)

सुन बचनन दशरथ नृप वर के, हर्ष से सभी स्वीकार करके ।
विश्वामित्र वसिठ मुनि बोले, और तीन शुभ विवाह हो लें ।। 2724/5205

लछमन ब्याहे सीताअनुजा, नाम उर्मिला जनक नृप तनुजा ।
कुशध्वज की मांडवी-श्रुतकीर्ति, ब्याहें भरत-शत्रुघन सेती ।। 2725/5205

दोहा॰ दशरथ को बोले जभी, विश्वामित्र मुनीश ।
वचन आपके मान्य हैं, अवध राज वागीश ।। 2898/7162

वसिष्ठ गुरुवर ने तभी, कहा जनक को, नाथ! ।

119. Weddings of Rāma, Lakshman, Bharat & Shatrughana

तीन ब्याह सम्पन्न हों, राम-सिया के साथ ।। 2899/7162

लछमन ब्याहें उर्मिला, कुशध्वज कन्या, तात! ।
श्रुतकीर्ति से शत्रुघन, भरत मांडवी साथ ।। 2900/7162

(कौशल्या)

दशरथ नृप सहमति जताए, जन मुदित फूले न समाए ।
कौशल्या फिर बोली मीठी, चार शादियाँ करें इकट्ठी ।। 2726/5205

सभी शकुन शुभ करके पूरे, अपशकुन सब करके दूरे ।
विवाह तय कर सब दरबारी, गए निवासा करन तयारी ।। 2727/5205

दोहा॰ दशरथ नृप की सहमति, विदेह ने स्वीकार ।
रानी-तीनों ने कहा, करिए विवाह चार ।। 2901/7162

दूर हुए अपशकुन हैं, शकुन हुए हैं स्पष्ट ।
विवाह का दिन आगया, कुल दोनों संतुष्ट ।। 2902/7162

(चार विवाह)

दिन अगले फिर मंगल तड़के, सज-धज लिबास सुंदर करके ।
बरात निकली धूम धड़ाके, गात बराती शोर पटाखे ।। 2728/5205

बाजत बाजे नाचत आगे, दृश्य मनोरम उत्तम लागे ।
सुंदर रथ में सुखी बिराजे, सपत्नी रघुवर दशरथ राजे ।। 2729/5205

श्वेत अश्व पर राम सवारी, सेहरा मणियन वाला भारी ।
कानन कुंडल मोतीयों वाले, हार फूल के गल में डाले ।। 2730/5205

अश्व राम का टप-टप नाचे, पग में घुँघरू छम-छम बाजे ।
संग बराती ताल बजाते, सुंदर ललना मधु सुर गाते ।। 2731/5205

दोहा॰ दिवस दूसरे प्रात को, जन सब हुए तयार ।
मंडप मंगल थे सजे, करने विवाह चार ।। 2903/7162

बाजत बाजे सामने, पीछे थे रथ चार ।
दशरथ, तीनों रानियाँ, दूल्हे अश्व सवार ।। 2904/7162

119. Weddings of Rāma, Lakshman, Bharat & Shatrughana

सुवेष सुंदर पहन कर, जैसे मनहर मोर ।
गात बराती नाचते, करत पटाखे शोर ।। 2905/7162

सेहरा सुंदर शीश पर, मणि मोती की धार ।
दूल्हे चारों थे सजे, गले गुलाबी हार ।। 2906/7162

कानन कुंडल कनक के, कर में धर तलवार ।
श्वेत अश्व सब शुभ्र पर, राजकुमार सवार ।। 2907/7162

घोड़े टप-टप ठुमकते, पग में घुँघरू डाल ।
एक चाल चारों चले, हिलते लंबे बाल ।। 2908/7162

ललिता ललना लचकती, लय में ताली ताल ।
पीछे पंडित पाँच थे, कर में लेकर थाल ।। 2909/7162

रथ में नृप परिवार था, प्रौढ़ जनों के साथ ।
दरसाते सब हर्ष थे, उभय हिला कर हाथ ।। 2910/7162

(मिथिला नगरी)

मार्ग नगर के सभी सजे थे, निर्मल सुंदर रंग रजे थे ।
फूल सुहाने चौक चौक में, लोग खड़े थे बड़े शौक में ।। 2732/5205

राम-नाम के नारे मुख में, दर्शन प्यासे न्यारे सुख में ।
बरातियों पर फूल फेंकते, अवध जनों का ठाठ देखते ।। 2733/5205

दोहा॰   पथ नगरी के थे सजे, तोरण नाना रंग ।
चौराहों पर पुष्प की, विविध सजावट ढंग ।। 2911/7162

लोग राह में, राम के, गाते मंगल गीत ।
बरातियों पर बरसते, फूल गुलाली पीत ।। 2912/7162

दर्शन पाकर राम के, मिथिला जन को हर्ष ।
कर से कोई करत हैं, राम चरण कों स्पर्श ।। 2913/7162

♪ संगीतश्रीकृष्णरामायण छन्दमाला, मोती 339 of 501

119. Weddings of Rāma, Lakshman, Bharat & Shatrughana

मृदु गति छन्द[77]

8 + ऽ ऽ, 8 + ऽ ऽ अथवा 9 + । ऽ, 9 + । ऽ

(राम विवाह बरात)

राम-नाम के नारे, गाते चले बराती ।
पुष्प फेंकते गेंदा, कुन्द कमल मधुमाती ।। 1
ढम् ढम् ढोल बजाते, घुँघरू झाँझ मजीरे ।
मिथिला के नर-नारी, नाचत सहर्ष सारे ।। 2

(स्वागत)

बरात वर की ज्यों ही आई, मिलनी की शुभ रसम सजाई ।
विशाल स्वागत उनके कीन्हे, नृप ने सबको तोहफे दीन्हे ।। 2734/5205

वधू वालों ने वृष्टि सुमन की, कीन्ही जय जयकार सु-मन की ।
फुलेल छिड़का वर वालों पर, गुलाब इत्र लगाया उन पर ।। 2735/5205

दोहा॰ बरात आई शान से, वधू पक्ष के द्वार ।
रिवाज मिलनी के हुए, पृथक् वरों के चार ।। 2915/7162

वधू पक्ष ने पुष्प की, अविरत की बरसात ।
जय जय के नारे लगे, बहुत हर्ष के साथ ।। 2916/7162

(राम)

राम जनक को वन्दन कीन्हे, जनक राम को आशिष दीन्हे ।
हार गले में मणि मोतीयन का, मुकुट शीश पर रत्न सुवन का ।। 2736/5205

सिय ने पहनाई वरमाला, राघव ने सिय को जयमाला ।
राघव पावन कर फैलाया, सिया-हाथ से, हाथ मिलाया ।। 2737/5205

दोहा॰ पिता जनक को राम ने, सादर किया प्रणाम ।

---

[77] **मृदु गति छन्द** : इस 24 मात्रा के अवतारी छन्द में 12-12 मात्रा होती है । अन्त में लघु-गुरु अथवा दो गुरु मात्रा उचित हैं । इसका अन्य नाम है **दिगपाल छन्द** ।

▶ लक्षण गीत : **दोहा॰ मत्त चौबीस का बना, बारह-बारह वृंद ।**
अन्य नाम "दिगपाल" से, जाना "मृदु गति" छंद ।। 2914/7162

आशिष दीन्हा जनक ने, "सदा बनो कृतकाम" ।। 2917/7162

मुकुट रत्न का जनक ने, रखा राम के शीश ।
गल में मोती हार भी, देकर शुभ आशीष ।। 2918/7162

हाथ सिया का जनक ने, दिया राम के हाथ ।
बोले, "जुग-जुग कीर्ति से, जीओ तुम, रघुनाथ!" ।। 2919/7162

वरमाला डाली सिया, राम गले, सह प्यार ।
पहनाया श्री राम ने, गले सिया के हार ।। 2920/7162

(जनक)

बोले जनक, राम! यह मेरी, पुत्री सीता, कांता तेरी ।
परम सुशीला पतिव्रता है, मंगल छाया धर्म रता है ।। 2738/5205

पाणिग्रहण करिए, रघुराई! हो मंगल ये सब सुखदाई ।
अभिनंदन हो, वीर जँवाई! सुर गण सब दें तुम्हें बधाई ।। 2739/5205

पुष्प वृष्टि मंगल बरसाई, सबने जय जय मधु धुन गाई ।
सजा मिलन ये सुंदर ऐसा, गंगा जमुना संगम जैसा ।। 2740/5205

दोहा॰ कहा पिताश्री जनक ने, "सुनो पुत्र रघुनाथ! ।
सीता पत्नी आपकी, कभी न छोड़ो हाथ ।। 2921/7162

"तुमरा सब खुशहाल हो, मिलें सुखों के भोग ।
हार्दिक अभिनंदन तुम्हें, देते हैं सब लोग" ।। 2922/7162

आए हैं सुर देवता, देने को वरदान ।
पुष्प वृष्टि शुभ हो रही, करने को कल्याण ।। 2923/7162

गंगा से जमुना मिली, पवित्र दोनों तोय ।
राघव से सीता मिली, मिलाप मंगल होय ।। 2924/7162

<u>संगीतश्रीकृष्णरामायण गीतमाला, पुष्प 515 of 763</u>

गज़ल

119. Weddings of Rāma, Lakshman, Bharat & Shatrughana

(जब दिल से मिलता)

शेर

जब दिल से मिलता दिल जवाँ, जिंदगी में बहार आती है ।

दिलों को मिले करार है, मगर जोशे फुहार आती है ।।

♫ रेरे रे- रे रेरेरे- रेसा मग-, म-गरे ग- मम-म ध-प- म- ।

धनि- नि- सांनि धप-प ध-, पम- प-म- गरे-ग म-गरे सा- ।।

स्थायी

आज मौसम बड़ा है सुहाना, प्यार के रंग में दिल दीवाना ।

♫ सा-रे ग-ग- पम- ग- रेग-म-, प-म प- ध-प म- प- मगरेसा- ।

अंरतरा-1

आज दो दिल अमन में मिले हैं, आज दो गुल चमन में खिले हैं ।

माता रानी की उन पर दुआ है, राधे रानी की उन पर कृपा है ।

सोऽनेऽ मेंऽ सुहागा मिलाया, सोने मेंऽ हैऽ सुहागा मिलाया ।।

♫ म-प ध- ध- निधध प- मप- ध-, प-ध नि- नि- सांनिनि ध- पधप म- ।

रेग म-म- म प- म- रेग- म-, सारे ग-ग- ग प- म- रेग- म- ।

सा-सा- सा- रेग-म- गरे-सा-, सारे ग- ग- मप-म- गरे-सा- ।।

अंतरा-2

आज शंकर ने डमरु बजाया, परियों ने है मंडप सजाया ।

हे प्रभो! लाख तेरा शुकर है,

तूने सूरज से चंदा मिलाया ।

तूने चंदा से सूरज मिलाया ।।

अंतरा-3

आज बंधु सखा सब हैं आए, ढेर आशीष उपहार लाए ।

गीत मंगल सुमंगल हैं गाए, आज धरती पे आनंद बिछा है ।

प्रीऽतिऽ में सुधा रस मिलाया,

प्रीति में है सुधा रस मिलाया ।।

अंतरा-4

राम राजा और सीता है रानी, इनकी मंगल है प्रैम कहानी ।

119. Weddings of Rāma, Lakshman, Bharat & Shatrughana

प्यार की ये अमर है कहानी ।
जीये जुग-जुग ये हंसों का जोड़ा,
सबसे प्रीति और नेहा लगाया ।
सबसे नेहा और प्रीति लगाया ।।

(फिर)

यथा यथा शुभ मुहरत आए, बारी-बारी ब्याह रचाए ।
भरत शत्रुघन अरु लछमन के, किए तीन संस्कार लगन के ।। 2741/5205

✍दोहा॰ **विवाह-मंडप में भरा, मंगल मोद अथाह ।**
दशरथ बोले, अब करें, और तीन सुत-ब्याह ।। 2925/7162

शुभ मुहूर्त जब आगए, प्रारब्ध थे प्रसन्न ।
भरत लखन शत्रुघ्न के, हुए ब्याह सम्पन्न ।। 2926/7162

(मिथिला नगरी से विदाई)

मुनिवर अगले दिन, जय कहके, निकल पड़े शुभ तड़के-तड़के ।
जनक नृपति की लेकर अनुमति, निकल पड़े श्री दशरथ रघुपति ।। 2642/5205

सब वृद्धों को राम-सिया ने, हाथ जोड़ कर प्रणाम कीन्हे ।
पितरों ने मधु आशिष दीन्हे, राम-सिया को शुभ रस भीने ।। 2743/5205

निकल पड़े जब अवध निवासी, जनक पुरी के सुजन उदासी ।
नयन जनक के अँसुअन गीले, सिया बिरह में, तन भी ढीले ।। 2744/5205

सिया, राम की हो गई संगी, राघव जी की अभिन्न अंगी ।
मंद गति से रथ के घोड़े, अवध चले मिथिला को छोड़े ।। 2745/5205

(तब)

सुधाजीत बोले बहिना को, भेजो भरत-शतुर्घना को ।
मेरे सोहबत केकय देसा; कैकेयी दरसाई तोसा ।। 2746/5205

भरत-शत्रुघन अपर राह से, मामा के घर गए चाह से ।
नानक मिलने मन आतुर था, केकय जनपद बहुत दूर था ।। 2747/5205

✍दोहा॰ **चारों पुत्र अवधेश के, वैदेहीं थीं चार ।**

119. Weddings of Rāma, Lakshman, Bharat & Shatrughana

उस मंडप में ठाट से, ब्याहे थे क्रमवार ।। 2927/7162

रामचंद्र अरु लखन थे, रथ में दोनों भ्रात ।
चले अवध के मार्ग से, पुलकित सबके गात ।। 2928/7162

भरत तथा शत्रुघ्न को, मामा जी के साथ ।
नाना जी से मिलन को, भेजा मँझली मात ।। 2929/7162

कैकेयी माता यथा, दीन्हा है आदेश ।
चले भरत-शत्रुघ्न हैं, रथ में केकय देश ।। 2930/7162

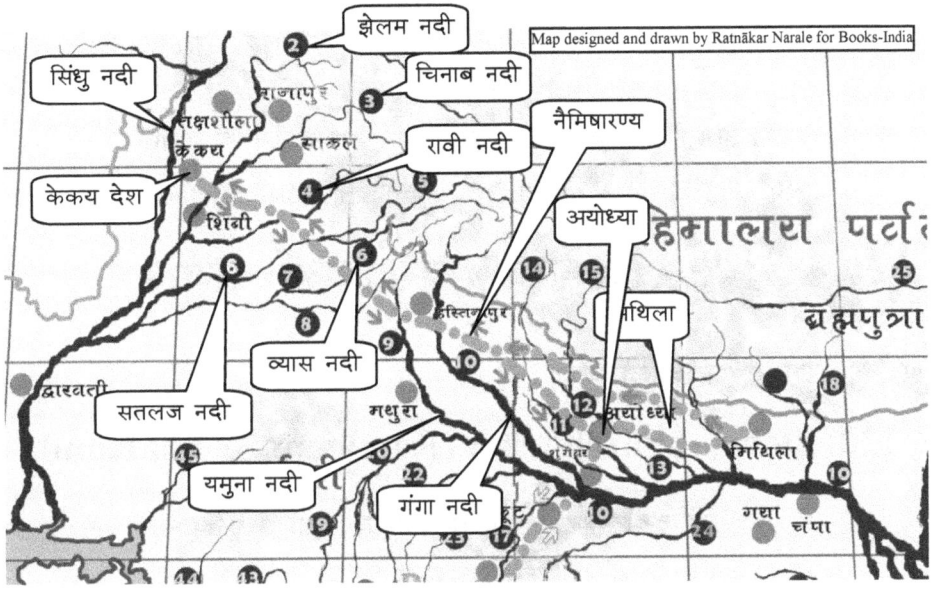

(राम लक्ष्मण अवध की राह पर)
रथ राघव का सबसे आगे, घोड़े जिसके टप् टप् भागे ।
उसके पीछे अवध निवासी, चले अवध को मुदित प्रवासी ।। 2748/5205

संगीतश्रीकृष्णरामायण गीतमाला, पुष्प 516 of 763

दादरा ताल

(राम लक्ष्मणादि के विवह की कथा)

स्थायी

120. Story of Parshurām (Rāmāyan, 1. Bāl Kānd)

गीत शारद ने मंजुल है गाया, साज नारद मुनि ने बजाया ।

रत्नाकर से है मंगल रचाया, रामायण को है सुंदर सजाया ।।

♫ म-ग म-म- म प-म- ग म-प-, रे-ग म-म- मध- प- मग-म- ।

रेगम-म म- म ध-प- गम-प-, रे-ग-म- म- म ध-प- मग-रे- ।।

अंतरा-1

राजा दशरथ फिर मिथिला को आया, साथ संपूर्ण परिवार लाया ।

भारे उत्सव में सबको बुलाकर, राम सीता का परिणय रचाया ।।

♫ सांसां निनिरेंरें सां- धधनि- ध प-म-, सांसां नि-रें-सां धधनि-ध प-म- ।

म-ग- म-म- म पपम- गम-प-, रे-ग म-म- म धधप- म्ग-रे- ।।

अंतरा-2

उसी मंडप में लछमन बिहाया, सबने आनंद आनंद पाया ।

भरत शत्रुघ्न को भी बिहा कर, सोऽनेऽ में सुहागा मिलाया ।।

बाल काण्ड : पन्द्रदहवाँ सर्ग

120. श्री परशुराम भार्गव की कथा :

120. Story of Parshurām (Rāmāyan, 1. Bāl Kānd)

♫ संगीतश्रीकृष्णरामायण छन्दमाला, मोती 340 of 501

चित्रलेखा छन्द[78]

। । ऽ, । । ऽ, । ऽ ।, ऽ । ।, । ऽ ।, ऽ ऽ

(परशुराम भार्गव)

पथ में जब चीखता हुआ, परशुराम आया ।

---

[78] ♫ **चित्रलेखा छन्द** : इस 17 वर्ण, 24 मात्रा वाले अत्यष्टि छन्द में स स ज भ ज गण और दो गुरु वर्ण आते हैं । इसका लक्षण सूत्र । । ऽ, । । ऽ, । ऽ ।, ऽ । ।, । ऽ ।, ऽ ऽ इस प्रकार होता है । विराम 10-7 पर विकल्प से होता है ।

▶ लक्षण गीत : ✍ **दोहा॰ मत्त चौबीस से बना, दो गुरु मात्रा अंत ।**

जहाँ स स ज भ ज आदि में, "चित्रलेखा" छंद ।। 2931/7162

120. Story of Parshurām (Rāmāyan, 1. Bāl Kānd)

कहता वह राम को, "तुझे अब करूँ सफाया ।। 1

शिव चाप पवित्र, राम! तू, किस लिए तुड़ाया?" ।

तब भार्गव को डराय, राघव उसे भगाया ।। 2

ॐ श्लोकः

यदाऽऽगतः पथं रोद्धुं परशुरामभार्गवः ।

दृष्ट्वा रामस्य शार्ङ्गं स प्रत्यगच्छद्विना युधम् ।। 1887/2422

कथा

(अचानक)

राह बहुत रघु काट चुके थे, वनराई में जरा रुके थे ।
आगे जब वे पुनः चले थे, चार कदम भी नहीं बढ़े थे ।। 2749/5205

झंझावात अचानक आया, पत्ते बूटे धूल उड़ाया ।
मानो तिरणाव्रत हो आया, गोकुल में है कहर मचाया ।। 2750/5205

माटी कंकड़ झाड़ झंखाड़ा, प्रखर बवंडर घास उखाड़ा ।
नभ में धूली धूसर बिखरा, सूरज ढक कर, हुआ अँधेरा ।। 2751/5205

पवन उड़ाया काँटे तीले, बेधक तीखे तेज नुकीले ।
तन को छेदे, चमड़ी छीले, प्राणों को पीड़ा से पी ले ।। 2752/5205

अजिर धूँधला हुआ बड़ा था, दिखे नहीं जो पास खड़ा था ।
सभी दिशा में घन तम छाया, नजर न आवे को है आया ।। 2753/5205

(और)

आँखें नाक न खोले जावे, साँसें धीमी रुक रुक आवे ।
बात एक की अपर न बूझे, कौन कहाँ है कछु ना सूझे ।। 2754/5205

मचा सब तरफ चंड शोर था, रोम-रोम में सिहर घोर था ।
रथ के घोड़े सब अकुलाए, भरमा कर थे नर घबड़ाये ।। 2755/5205

अवध जनों के हिरदय काँपे, साँस दाब कर सब थे हाँपे ।
डर के मारे सब थे अकड़े, खड़े सभी थे सिर को पकड़े ।। 2756/5205

120. Story of Parshurām (Rāmāyan, 1. Bāl Kānd)

दोहा॰ राघव का रथ सामने, पीछे दशरथ राज ।
उनके पीछे अवध के, चले निवासी आज ॥ 2932/7162

राघव थे जब जा रहे, मिथिला से निज धाम ।
रुके बराती राह में, करने को विश्राम ॥ 2933/7162

तभी अचानक आगए, आँधी और तूफान ।
समझ न आया क्या हुआ, किसका है यह काम ॥ 2934/7162

प्रखर बवंडर छा गया, उड़ी धूल सब ओर ।
नभ का सूरज ढक गया, बादल का घन शोर ॥ 2935/7162

काँटे तीले डंठलें, उड़ी हवा में घास ।
धूली कंकड़ यों चुभे, दुखा देह का माँस ॥ 2936/7162

आँखें खोली जाय ना, नजर न आवे पास ।
सभी खड़े सिर थामके, रुक रुक आवे साँस ॥ 2937/7162

रोम-रोम में सिहर थी, सबके तन में घोर ।
अकुलाए जन अश्व भी, कहर हुआ सब ओर ॥ 2938/7162

लगा तृणाव्रत आगया, फिर से है इक बार ।
सबको झंझावात में, डालेगा अब मार ॥ 2939/7162

(फिर)

शोर पवन जब हुआ शाँत था, धूली धूसर जब प्रशाँत था ।
लगे यहाँ कुछ होने वाला, आगे कछु है आने वाला ॥ 2757/5205

ऐसी बेला आन पधारे, परशुराम थे भुजा पसारे ।
खड़े व्याघ्र से आँखे फाड़े, राम सामने, पथ में आड़े ॥ 2758/5205

बीच में खड़े पथ को रोके, अपशब्दों में रघु को टोके ।
भौंहें चश्मे ताने त्योरी, जिह्वा लब पर फिर-फिर फेरी ॥ 2759/5205

कभी दाँत से होंठ चबाते, कभी अँगुलि दंत दबाते ।
लाल थोबड़ा आग बबूला, साँस उबलती क्रोध की ज्वाला ॥ 2760/5205

120. Story of Parshurām (Rāmāyan, 1. Bāl Kānd)

बोले अपने दम को तोड़े, गाल सिकोड़े, नाक मरोड़े ।
"शिव-धनु तूने क्यों है तोड़ा, अब तू बचे न मुझ से छोड़ा ।। 2761/5205

"इक्कीस बेरी भू पर मैंने, किए वार परशु से पैने ।
क्षत्रिय मारे हैं बहुतेरे, अब तव बारी हाथों मेरे" ।। 2762/5205

दोहा॰ शाँत हुआ जब कहर वो, धूली धूसर मंद ।
निकला सूरज गगन में, हुआ शोर सब बंद ।। 2940/7162

आगे परशुराम जी भार्गव खड़े निहार ।
बोले राघव जी उन्हें, क्या है ध्येय तिहार ।। 2941/7162

क्रोध तिहारा क्यों, प्रभो!, इतना क्यों उत्पात ।
लाल किया क्यों थोबड़ा, आखिर क्या है बात ।। 2942/7162

क्षत्रियमर्दन मैं बना, बोले परशुराम ।
तोड़ा तुमने शिव-धनु, अब न बचोगे, राम! ।। 2943/7162

इक्कीस बेरी मैं किए, क्षत्रित योद्धा ढेर ।
बारी तुमरी आगयी, राघव! अब की बेर ।। 2944/7162

(राम)

राम ने कहा, "भार्गव प्यारे! छोड़ो क्रोध कलह ये सारे ।
बिना अर्थ अपशब्द बखाना, बुरा कर्म है बैर बढ़ाना ।। 2763/5205

"अब तक मैंने सुनी तिहारी, बहुत विषैली बात तिहारी ।
पंडित भार्गव होकर ऐसे, शब्द घिनौने मुख में कैसे" ।। 2764/5205

बात बनी ना जब मार्दव से, छीना शार्ङ्ग धनुष भार्गव से ।
तीर तान कर शब्द उचारा, भंग करूँ अब दंभ तिहारा ।। 2765/5205

शर बींधेगा छाती तेरी, क्रोध उतरने लगे न देरी ।
यहीं गिरोगे होकर ढेरी, बस होगी बाईसवीं फेरी ।। 2766/5205

अगर पियारे बचना चाहो, क्षात्रों के पथ से हट जाओ ।
उल्टे मुख तुम वापस जाओ, पुनः इधर ना लौटे आओ ।। 2767/5205

120. Story of Parshurām (Rāmāyan, 1. Bāl Kānd)

✍दोहा॰ भार्गव से हरि ने कहा, सुनिये होकर शाँत ।
इतना क्रोध अयोग्य है, उचित नहीं आक्रांत ।। 2945/7162

होकर तुम पंडित, सखे! अनुचित तुमरी बात ।
मैं धनु यदि मम तान दूँ, पछताओगे, तात! ।। 2946/7162

इतना कह कर राम ने, बिना किए अपमान ।
परशुराम के हाथ से, छीनी शार्ङ्ग कमान ।। 2947/7162

बोले राघव प्रेम से, भार्गव को सुखबात ।
"लौटो तुम अब शाँति से, भला इसी में, तात!" ।। 2948/7162

(तब, राम को शार्ङ्ग धनु की प्राप्ति)
रामशब्द सुन वे थर्राये, पीठ फेर कर थे बर्राये ।
राम बचन को भार्गव माने, शक्ति हीन अपने को जाने ।। 2768/5205

सहम कर कहा, करो न ऐसा, शार्ङ्ग तीर ना छोड़ो अहि सा ।
जिस दिश बोलो उस दिश जाऊँ, लौटा वापस फिर ना आऊँ ।। 2769/5205

आप दया के सुख सागर हैं, दीनन के किरपा आगर हैं ।
क्षमा करो अपराध हमारा, अब ये धनु है शार्ङ्ग तुम्हारा ।। 2770/5205

✍दोहा॰ ताना धनु जब शार्ङ्ग वो, भार्गव पर श्री राम ।
सहमे परशूराम जी, लिया शाँति से काम ।। 2949/7162

बोले, वापस मैं चला, लौटूँगा नहिँ, राम! ।
जाओ सुख से अवध को, कुशल बने तव काम ।। 2950/7162

जब आए थे रोकने, भार्गव परशूराम ।
क्षत्रियमर्दन को तभी, किया पराङ्मुख राम ।। 2951/7162

(तब)
चले गए जब भार्गव दूरे, अवध जन भए हर्षित पूरे ।
नभ से नारद देख रहे थे, पुष्प राम पर फेंक रहे थे ।। 2771/5205

✍दोहा॰ वापस भार्गव जी गए, शाँत होगयी धूल ।

Sangit-Shri-Krishna-Ramayan

नारद थे बरसा रहे, रामचंद्र पर फूल ।। 2952/7162

संगीतश्रीकृष्णरामायण गीतमाला, पुष्प 517 of 763

दादरा ताल

(परशुराम जी की कथा)

स्थायी

गीत शारद ने मंजुल है गाया, साज नारद मुनि ने बजाया ।
रत्नाकर से है मंगल रचाया, रामायण को है सुंदर सजाया ।।
♫ म-ग म-म- म प-म- ग म-प-, रे-ग म-म- मध- प- मग-म- ।
रेगम-म म- म ध-प- गम-प-, रे-ग-म- म- म ध-प- मग-रे- ।।

अंतरा-1

आया भार्गव जब परशुऽ को लेके, होगया वो खड़ा राह रोके ।
बोला, शिव चाप क्यों तूने तोड़ा, तेरा करता हूँ अब मैं सफाया ।।
♫ सांसां नि-रें- सां- धधनि- ध प-म-, सांसांनि- रें- सांध- नि-ध प-म- ।
मग, मम म-म प- म-ग म-प-, रेग ममम- म धध प- मग-रे- ।।

अंतरा-2

क्षत्रियों का मैं मर्दन हूँ, रामा! क्षात्र निर्मूलन है मेरा कामा ।
इक्कीस बारी मैं उनको हराया, आज तुझको हराने मैं आया ।।

अंतरा-3

राम बोला, हे भार्गऽव प्यारे! एक शर मेरा ले प्राण तेरे ।
सुन राघव के बचन थर्राया, परशुरामऽ ने शीशऽ झुकाया ।।

(इति)

दोहा॰ मुनिवर नारद ने दिया, रत्नाकर को हाथ ।
शारद माता से मिला, काव्य स्फूर्ति का साथ ।। 2953/7162

चौपाई दोहे तथा, सजा गीत का ठाठ ।
हरि किरपा से अंत है, बाल काण्ड का पाठ ।। 2954/7162

Sangit-Shri-Krishna-Ramayan
रत्नाकर रचित संगीत-श्री-रामायण

अध्याय 2
अयोध्या काण्ड

अध्याय २

अयोध्या काण्ड

(अथ)

दोहा० सफल सकल इति है भया, बाल काण्ड निःशेष ।
पाठ अयोध्या काण्ड का, हुआ अथ श्रीगणेश ।। 2955/7162

अयोध्या काण्ड : पहला सर्ग

संगीतश्रीकृष्णरामायण गीतमाला, पुष्प 518 of 763

कहरवा ताल 8 मात्रा

(चाल और तबला ठेका के लिए देखिए हमारी *"नई संगीत रोशनी"* का गीत 86)

भजन

(शिव शंभो)

स्थायी

हे शिव शंभो! भवानी शंकर! सब संकट हारो ।

सा- रेग रेसासा-! धग-ग रेसासासा! धध धमंमंग रे-ग- - -रेमंगरेसा ।

अंतरा–1

आन पड़े हम भव मझधारे, हे डमरूधर हमें बचा रे! ।
प्रभु हमको तारो ।।

धमंमं मंध- मंध सांसां सांसांनिरेंसां-, सां- रेंगंरेंगंरेंसां सांसां- सांनिसां निध! ।
सारे गधमंग रेसासा- - -निसानिध ।।

अंतरा–2

भगत खड़े हैं तेरे दुआरे, तेरी दया की आशा धारे ।
अब मंगल कारो ।।

अंतरा–3

दान कृपा का कीजो प्रभु जी, प्रेम की छाया हमको दीजो ।
सब संकट टारो ।।

121. Story of Sītā's arrival at Ayodhyā *(2. Ayodhyā Kānd)*

 121. सिया-राम के अवधपुरी में आगमन की कथा :

121. Story of Sītā's arrival at Ayodhyā *(2. Ayodhyā Kānd)*

♪ संगीतश्रीकृष्णरामायण छन्दमाला, मोती 341 of 501

दीपार्ची छन्द[79]

S S S, I I S, I S I, I I S, I S I, I I S, I S I, S

(श्री सम सीता का आगमन)

आए राम-सिया विवाह करके, प्रणाम मिथिलेश को किए ।
आशीर्वाद बधाइयाँ जन सभी, सहर्ष अवधेश को दिये ।। 1
बाजे मंगल थे बजे अवध में, मकान सब ढंग से सजे ।
राहों में कर जोड़ अर्चक खड़े, सिया दरस रंग में रजे ।। 2

🕉 श्लोकौ

आगता स्वागते भव्ये रामेण सह जानकी ।
अयोध्यायां महानन्दे स्वागतोत्सवपर्वणि ।। 1888/2422

आशीर्वादाञ्शुभेच्छांश्च सर्वग्राममवर्षयत् ।
नाभवदीदृशो दिव्यो मोदोत्सवो पुरा कदा ।। 1889/2422

📖 कथा 📖

(अयोध्या नगरी)

पास अवध नगरी जब आई, शोभा दीप्ति देत दिखाई ।
ढोल नगाड़े देत सुनाई, राम-सिया के गीत बधाई ।। 2772/5205

नगर अयोध्या सजा पड़ा था, आगम उत्सव बहुत बड़ा था ।

---

[79] ♪ **दीपार्ची छन्द** : इस 22 वर्ण, 32 मात्रा वाले आकृति छन्द के चरणों में म स ज स ज स ज गण और एक गुरु वर्ण आता है । इसका लक्षण सूत्र S S S, I I S, I S I, I I S, I S I, I I S, I S I, S इस प्रकार है । विराम 12-10 पर विकल्प से होता है ।

▶ लक्षण गीत : 📜 दोहा॰ मत्त बाईस से बना, गुरु मात्रा से अंत ।
म स ज स ज स ज ग से सजा, "दीपार्ची" है छंद ।। 2956/7162

121. Story of Sītā's arrival at Ayodhyā (2. Ayodhyā Kānd)

बालक बूढ़े सब नर-नारी, स्वागत की थे करत तयारी ।। 2773/5205

सबके मन में हर्ष भरा था, यहाँ स्वर्ग का दर्श खरा था ।
पुष्प पताका मणि मालाएँ, महक सुगंधित धूप जलाए ।। 2774/5205

घर-घर सुरचित रंग रँगाए, तोरण भगवा ध्वज फहराये ।
सड़कें गलियाँ साफ थी सुथरी, लगे शहर में परियाँ उतरी ।। 2775/5205

राज मार्ग पर लोग खड़े थे, नर-नारी सब सजे बड़े थे ।
कर में पूजा थाल धरे थे, थाल में नाना पुष्प भरे थे ।। 2776/5205

दोहा॰ सिया आ रही अवध में, स्वागत जहाँ महान ।
हर्ष भरा सब नगर था, सज-धज स्वर्ग समान ।। 2957/7162

आए सीता-राम जब, अवध नगर के पास ।
दिखा दूर से क्षितिज पर, अद्‌भुत दिव्य प्रकाश ।। 2958/7162

ढोल नगाड़े शहर में, करत रहे हैं नाद ।
गीत सिया श्री राम के, प्रकट करत आह्लाद ।। 2959/7162

नगर अवध का है सजा, उत्सव है अभिराम ।
नर-नारी सब गा रहे, जय जय सीता राम! ।। 2960/7162

पुष्प पताका नगर में, महक सुगंधित धूप ।
यहाँ स्वर्ग का दर्श है, उत्सव सजा अनूप ।। 2961/7162

लोग राह में हैं खड़े, कर में पूजा थाल ।
हार सुवासित फूल के, सफेद पीले लाल ।। 2962/7162

♫ **संगीतश्रीकृष्णरामायण छन्दमाला, मोती 342 of 501**

राम छन्द

9 + 3 + ।ऽऽ

(सिया का अवध आगमन)

सजी दूल्हनिया, नई नवेली ।
आई अवध में, फूल चमेली ।। 1

121. Story of Sītā's arrival at Ayodhyā (2. Ayodhyā Kānd)

सिया दरशन को, जन नगरी के ।
खड़े उमंग में, हर डगरी पे ।। 2

(स्वागत)

सिय दर्शन को जन आतुर थे, राम मिलन को मन व्याकुल थे ।
राम-सिया का जय जयकारा, दशरथ नृप का जय जय नारा ।। 2777/5205

जनपद का हर नर बलिहारा, कौशल्या माता का प्यारा ।
रथ के आते सब जय बोले, बाँह पसारे हिरदय खोले ।। 2778/5205

जन-गण सब दरशन के रसिया, राम-सिया सबके मन बसिया ।
सबने कीन्ही सुमन की वृष्टि, राम-सिया ने किरपा दृष्टि ।। 2779/5205

सबके मुख में राम-सिया का, नाम निरंतर मन बसिया का ।
सबने उनके कमल चरण पर, पुष्प चढ़ाये शीश नवा कर ।। 2780/5205

दोहा॰ खड़े राह में लोग थे, सिय दर्शन की आस ।
राम-सिया की जय कहे, उन्हें मिलन की प्यास ।। 2963/7162

आए जब राघव सिया, सबके मुख पर हास ।
पुष्प वृष्टि सबने करी, आकर रथ के पास ।। 2964/7162

राम-सिया के चरण पर, लोग झुकाये शीश ।
दीन्ही मंगल कामना, हिरदय से आशीष ।। 2965/7162

दशरथ नृप की जय कही, सबने मिल कर साथ ।
जय कौशल्या की कही, उभय उठा कर हाथ ।। 2966/7162

राज महल में जब सब आए, मिल जुल कर हरि कीर्तन गाए ।
सिय आगम का उत्सव भारा, प्रेम भक्ति रस उबल अपारा ।। 2781/5205

महल सजा था इन्द्र भवन सा, कुबेर के अनमोल रतन सा ।
झूमर झूले झालर लड़ियाँ, हीरे मोती नग मणि कड़ियाँ ।। 2782/5205

दोहा॰ दिव्य अवध प्रासाद में, वीणा की झनकार ।
मोद हर्ष सुख से हुआ, राम-सिया सत्कार ।। 2967/7162

121. Story of Sītā's arrival at Ayodhyā (2. Ayodhyā Kānd)

हीरे मोती तेज से, रवि वत् सब चक चौंध ।
राम-सिया के प्रेम से, शुभ शशांक सा कौंध ।। 2968/7162

 संगीतश्रीकृष्णरामायण गीतमाला, पुष्प 519 of 763

खयाल : बागेश्री, तीन ताल

(रात सुहानी सुहाग की)

(चाल, तबला ठेका और तान के लिए देखिए हमारी "*नई संगीत रोशनी*" का गीत 33)

स्थायी

रात सुहानी सुहानी, रात सुहानी सुहानी सुहागी ।

रे सजनवा! मधुर सुखारी ।।

♪ गमधप धनि-धम मगमगरे-सा, गमधप धनि-धम मगम गरे-सा- ।

ग मधनिमधनिसां- - मगम गरे-सा ।।

अंतरा-1

सुमन की सेज सजी, मोतियन माला ।

शोभिवंत झूला है, चंदन वाला ।।

♪ गमध निध सांसां सांसां, धनिसांमं गंरेंसांसां ।

धधपधनिध मगमगरे- सा-, मधनिसां मगमगरे-सा ।।

अंतरा-2

रेशम की चदरिया, जरी बूटी बेला ।

सज-धज आई मैं, काजल काला ।।

 संगीतश्रीकृष्णरामायण गीतमाला, पुष्प 520 of 763

दादरा ताल

(राम-सिया के अवध आगमन की कथा)

स्थायी

गीत शारद ने मंजुल है गाया, साज नारद मुनि ने बजाया ।

रत्नाकर से है मंगल रचाया, रामायण को है सुंदर सजाया ।।

♪ म-ग म-म- म प-म- ग म-प-, रे-ग म-म- मध- प- मग-म- ।

122. Story of Shrī Rāma's Annointment (2. Ayodhyā Kānd)

रेगम-म म- म ध-प- गम-प-, रे-ग-म- म- म ध-प- मग-रे- ।।

अंतरा-1

राम सीता का आगम सुहाना, छेड़ा नगरी में पावन तराना ।

सबने गलियाँ घर कूचे सजाये, मीठे मंगल थे बाजे बजाये ।।

♬ सां-सां नि-रें- सां ध-निनि धप-म-, सांसां निनिरें- सां ध-निनि धप-म- ।

म-ग ममम- म- प-म- गम-प-, रेग म-म- म ध-प- मग-रे- ।।

अंतरा-2

राम सीता का स्वागत अवध में, जैसा मौसम गुलाबी शरद् में ।

सबने राघव के पग सिर नवाया, पुष्प सीता के सिर पर चढ़ाया ।।

अंतरा-3

बलिहारी थे जनपद के सारे, राम सीता थे नैनन के तारे ।

सबके मुख में थे जै जै के नारे, रामसीता का संगीत गाया ।।

अयोध्या काण्ड : दूसरा सर्ग

122. **श्री राम के राज तिलक की कथा :**

122. Story of Shrī Rāma's Annointment *(2. Ayodhyā Kānd)*

♬ **संगीतश्रीकृष्णरामायण छन्दमाला, मोती 343 of 501**

सुवदना छन्द[80]

ऽ ऽ ऽ, ऽ । ऽ, ऽ । ।, । । ।, । ऽ ऽ, ऽ । ।, । ऽ

(राम का राजतिलक)

बोले मंत्रीसभा में दशरथ, युवराजा आज चुनिये ।

---

[80] ♬ **सुवदना छन्द** : इस 20 वर्ण, 30 मात्रा वाले अतिधृति छन्द के चरणों में म र भ न य भ गण और एक लघु और एक गुरु वर्ण आता है । इसका लक्षण सूत्र ऽ ऽ ऽ, ऽ । ऽ, ऽ । ।, । । ।, । ऽ ऽ, ऽ । ।, । ऽ इस प्रकार है । यति 7-7-6 पर विकल्प से आता है ।

▶ लक्षण गीत : ✍ **दोहा॰ मत्त तीस का जो बना, लघु गुरु कल से अंत ।**

म र भ न य भ गण से सजा, कहा "सुवदना" छंद ।। 2969/7162

122. Story of Shrī Rāma's Annointment (2. Ayodhyā Kānd)

बूढ़ा मैं हो चुका हूँ, अब जनमत में देरी न करिए ।। 1
कौशल्या मातु बोली, सद् गुण सब हैं मेरे तनय में ।
कैकेयी ने कहा, अग्रज हरिहर है, वो ही कुँवर है ।। 2
बोली रानी सुमित्रा, हरि मुनिमन है राजा वह बने ।
मंत्री बोले, हमारा तन-मन प्रिय जो है राम, चुनिये ।। 3
बोला सौमित्र, मेरा हरि सुख बल सोता प्राण तरु है ।
स्वामी आदेश से, चंदन तिलक लगाया राजगुरु ने ।। 4

ॐ श्लोकाः

दशरथः सभामाह वृद्धो जातो जना अहम् ।
युवराजो वरीतव्यः कर्तव्यमभिषेचनम् ।। 1890/2422

तस्मादुवाच कौशल्या श्रीरामः पुरुषोत्तमः ।
तत उवाच कैकेयी युवराजोऽग्रजः सदा ।। 1891/2422

ब्रूते ततः सुमित्रा च श्रेष्ठो रामो नृपो भवेत् ।
आहुर्जनाः सुमन्त्रश्च रामः प्रियो भवेन्नृपः ।। 1892/2422

तत्पश्चादाह सौमित्रो रामो हि नृपतिर्भवेत् ।
श्रुत्वा सर्वं वसिष्ठेन श्रीरामो ह्यभिषेचितः ।। 1893/2422

कथा

(राजा दशरथ)

इधर लगन का शोर हो रहा, दशरथ चिंतित उधर खो रहा ।
हरि संसारी बना हुआ है, उस पर मम विश्वास घना है ।। 2783/5205

मेरी काया शिथिल हो रही, निवृत्ति की घड़ी आ रही ।
मुकुट राम के सिर पर रख दूँ, उसको अग्रज का मैं हक दूँ ।। 2784/5205

कोई लायक अन्य नहीं है, रघुकुल शोभा एक वही है ।
राघव मेरा प्राण पियारा, राम प्रजा का बना जियारा ।। 2785/5205

सिंहासन पर राम विराजे, युवराजा पद उसको साजे ।
डोर सौंप दूँ राम-सिया को, चैन पटेगी तभी जिया को ।। 2786/5205

122. Story of Shrī Rāma's Annointment (2. Ayodhyā Kānd)

दोहा॰ सुख सागर सा शाँत था, दशरथ का परिवार ।
इन्द्र पुरी सम सुख भरा, भू पर स्वर्ग दुआर ॥ 2970/7162

सबको चारों पुत्र ही, लगते एक समान ।
माता तीनों, चार को, करती प्रेम समान ॥ 2971/7162

उनमें अग्रज राम का, विशेष था सम्मान ।
सबके मन में था बसा, मुख में एक हि नाम ॥ 2972/7162

हरि, रघुकुल की साँस हैं, दशरथ जी की आस ।
तीन बंधु के पूज्य हैं; तीन मातु की प्यास ॥ 2973/7162

दशरथ बोले सचिव को, अवध राज्य की डोर ।
राम-सिया को सौंप दूँ, समय नहीं अब और ॥ 2974/7162

(और कहा)

सुन कर मेरी यह शुभ वाणी, हर्षित होंगी तीनों रानी ।
सुत मम चारों मुझे दुलारे, प्रमुदित होंगे जनपद वाले ॥ 2787/5205

कल मैं सबकी सभा बुलाऊँ, राय सभी की सुनूँ सुनाऊँ ।
होगा सो बहुमत से होगा, मुखड़ा जगत दिखाने जोगा ॥ 2788/5205

दोहा॰ तीनों मेरी रानियाँ, जनपद लोग सुजान ।
होंगे प्रमुदित सर्व ही, मेरे मत को जान ॥ 2975/7162

कल ही हम दरबार में, लेंगे सबकी राय ।
जन, बहुमत से जो कहें, कार्य किया वह जाय ॥ 2976/7162

(महारानी कौशल्या ने कहा)

मुझे चार सुत समान लगते, करो वही जो बहु जन कहते ।
चारों ही सुत आदर्श हैं, जिसे भी चुनो मुझे हर्ष है ॥ 2789/5205

परंपरा जो सदा चली है, दशरथ कुल में वही भली है ।
जो नर बहुजन को है जचता, वही पुरुष है राजा सजता ॥ 2790/5205

दोहा॰ माँ कौशल्या ने कहा, करें यही हम काम ।

यही धर्म का कर्म है, परंपरा के नाम ।। 2977/7162

"करो वही जो धर्म है," कहते सारे लोग ।
कौशल्या माँ ने कहा, "यह दैवी संजोग" ।। 2978/7162

चारों सुत मेरे लिए, निश्चित एक समान ।
जो बहुमत को मान्य हो, उसे मिले सम्मान ।। 2979/7162

(रानी सुमित्रा ने कहा)
राम-राज्य में सब सुख होंगे, जनपद जन के दुख न रहेंगे ।
जन निर्भय विचरेंगे त्यों ही, सिंह विचरते वन में ज्यों ही ।। 2791/5205

महिला अभय अटे[81] मन चाही, सिंहनियाँ हों ज्यों वन माही ।
सत्यशील जन-गण सब होंगे, कलह कपट से परे रहेंगे ।। 2792/5205

भेद भाव नहिँ होंगे जन में, देश भक्ति होगी हर मन में ।
होंगे सब रत नित परहित में, प्रसन्न होंगे धन किंचित् में ।। 2793/5205

✍दोहा॰ **मातु सुमित्रा ने कहा, राम-राज्य आदर्श ।**
दुखिया कोई ना रहे, न्याय नीति हो हर्ष ।। 2980/7162

सत्यशील होगी प्रजा, निर्भय नारी सर्व ।
कलह न छल कोई करे, न ही किसी में गर्व ।। 2981/7162

महिला सिंहनियाँ बनें, निर्भय चारों ओर ।
कभी न अत्याचार ना, होगा कोई चोर ।। 2982/7162

भेद भाव होगा नहीं, देश भक्त सब लोग ।
पर हित में रत हों सभी, किसी को न मद रोग ।। 2983/7162

(रानी कैकेयी ने कहा)
भरत शत्रुघन यहाँ नहीं हैं, लछमन कहता, वही सही है ।
राम चार में अग्रज भ्राता, तीनों माताओं को भाता ।। 2794/5205

---

[81] **अटे** = घूमे. विचरे, फिरे, फिरती है । अटना = घूमना ।

122. Story of Shrī Rāma's Annointment (2. Ayodhyā Kānd)

राम सभी में बहु लायक है, राम सभी को सुख दायक है ।
कीर्ति राम की सामाजिक है, नियुक्ति उसकी स्वाभाविक है ।। 2795/5205

राम बड़ा है अग्रज भाई, नियुक्ति उसकी हो, रघुराई! ।
राम पुत्र है मुझे पियारा, सिंहासन पर साजे भारा ।। 2796/5205

दोहा॰ कैकेयी ने फिर कहा, दशरथ के सुत चार ।
"अग्रज सुत का है सदा, राज्य ग्रहण अधिकार" ।। 2984/7162

"मैंने अपने पुत्र हैं, भेजे केकय देश ।
लछमन का प्रिय राम है, राम बने अवधेश" ।। 2985/7162

लखन भरत शत्रुघ्न का, राघव है प्रिय भ्रात ।
तीनों भाई राम को, कहते अपना तात ।। 2986/7162

सुख दायक श्री राम हैं, सब जनपद में श्रेष्ठ ।
माता त्रय का प्रेम हैं, चार बंधु में ज्येष्ठ ।। 2987/7162

अग्रज सुत श्री राम हैं, राम–नाम अविकार ।
"सिंहासन पर सत्य है, अग्रज का अधिकार" ।। 2988/7162

अग्रज सुत राजा बने, शास्त्र किए फरमान ।
"अग्रज पहला स्थान है, ईश्वर का वरदान" ।। 2989/7162

(गुरु वसिष्ठ ने कहा)

ॐ श्लोका:

परम: पुरुषो रामो रामश्च पुरुषोत्तम: ।
रघुनाथो महाभागो रघुवीरो नरोत्तम: ।। 1894/2422

कार्यपरायण: शूर: स सद्गुणप्रभाकर: ।
जनप्रियो दयावांश्च धर्मगोप्ताश्च राघव: ।। 1895/2422

गुणरत्नाकरो विज्ञ: क्षात्रधर्मसुरक्षक: ।
सर्वदक्ष: शुचिर्भद्रो राघवो हितकारक: ।। 1896/2422

दु:खहारी सदाचारी चित्तहारी मनोरम: ।

122. Story of Shrī Rāma's Annointment (2. Ayodhyā Kānd)

धीरश्च प्रतिभाशाली बलशाली महाजनः ।। 1897/2422

वेदवेत्ता च शास्त्रज्ञो वीरभद्रो महाबलः ।
अन्तर्यामी पुरोगामी सत्यसन्धो दृढव्रतः ।। 1898/2422

क्षात्रवरो महावीरः कुशाग्रबुद्धिमांश्च सः ।
पण्डितः पादुकाधारी राघवो नृपतिर्भवेत् ।। 1899/2422

✍ संस्कृतदोहकः
हे राम! त्वं जनप्रियः, त्वं हीरकश्च हेम ।
भवताद्युवराजो भवान्, वयं हृष्टा भवेम ।। 1139/7162

✍दोहा० वसिष्ठ कुलगुरु ने कहा, पुरुषोत्तम श्री राम ।
गुण रत्नाकर राम हैं, उन्हें तिलक सम्मान ।। 2990/7162

परम पुरुष श्री राम हैं, महाभाग श्री राम ।
सर्व नरोत्तम राम हैं, उचित उन्हीं का नाम ।। 2991/7162

कार्यपरायण राम हैं, शूर धनुर्धर राम ।
ज्ञान प्रभाकर राम हैं, दयावान हैं राम ।। 2992/7162

धर्मपरायण राम हैं, जनप्रिय हैं श्री राम ।
धर्म सुरक्षक राम हैं, शुचिर्भद्र श्री राम ।। 2993/7162

सर्वदक्ष श्री राम हैं, हित कारक हैं राम ।
विघ्न विनाशक राम हैं, महाबली श्री राम ।। 2994/7162

प्रतिभाशाली राम हैं, नयन मनोहर राम ।
ज्ञान वेद का राम को, वीरभद्र श्री राम ।। 2995/7162

अंतर्यामी राम हैं, पुरोगामी हैं राम ।
सत्यसंध श्री राम हैं, शस्त्र शास्त्र का ज्ञान ।। 2996/7162

महावीर श्री राम हैं, तीक्ष्ण बुद्धि श्री राम ।
सर्वमान्य श्री राम हैं, रघुवर हैं भगवान ।। 2997/7162

निष्कलंक श्री राम हैं, निर्मल स्वर्ण समान ।

122. Story of Shrī Rāma's Annointment (2. Ayodhyā Kānd)

उज्ज्वल हीरा राम हैं, युवराजा हों राम ।। 2998/7162

(मुनिवर विश्वामित्र ने कहा)

ॐ श्लोका:

राघव: शान्तमूर्तिश्च सीतापतिर्महामना ।
गुणेन्द्र: सत्यसन्धश्च रामो राजीवलोचन: ।। 1900/2422

दीननाथ: कृपावांश्च ज्ञानी दानी महाबल: ।
श्रीराम: सच्चिदानन्दो नीतिज्ञश्च धनुर्धर: ।। 1901/2422

पतितपावनो रामो राघव: प्रियदर्शन: ।
कृपालु: सत्यवान्राम: परम: करुणाकर: ।। 1902/2422

सर्वमङ्गलमाङ्गल्य:-चारुरूपो मनोहर: ।
ज्ञानसूर्यो महाबाहु:-युवराजो हरिर्भवेत् ।। 1903/2422

संस्कृतदोहक:

रघुवर श्रीधर भो: प्रभो! रघुवीरस्तव नाम ।
धनुर्धर रामचन्द्र त्वं, युवराजो भव राम ।। 1141/7162

दोहा॰ बोले विश्वामित्र जी, "करने को सिध काज ।
यथा शास्त्र, श्री राम को, तिलक लगाओ आज" ।।2999/7162

शाँतमूर्ति श्री राम हैं, सीतानाथ महान ।
कमल नयन श्री राम हैं, गुणेन्द्र हैं श्री राम ।। 3000/7162

राघव दीन-दयाल हैं, कृपावान श्री राम ।
दानशील श्री राम हैं, सत् चित् आनँद राम ।। 3001/7162

नीति तज्ञ श्री राम हैं, प्रियदर्शन हैं राम ।
पतितपावन राम है, सुंदर है श्री राम ।। 3002/7162

सत्यवान श्री राम हैं, करुणाकर श्री राम ।
सर्वमंगल राम है, चारु रूप श्री राम ।। 3003/7162

ज्ञान सूर्य श्री राम हैं, महाबाहु हैं राम ।

122. Story of Shrī Rāma's Annointment (2. Ayodhyā Kānd)

श्री श्रीधर श्रीराम हैं, युवराजा हों राम ।। **3004**/7162

(परम बंधु लक्ष्मण ने कहा)

राम है मेरे नित तन-मन में, हर निश-दिन में, हर पल छिन में ।
राम है मेरे हर सपनन में, हर अँसुअन में, हर अर्चन में ।। 2797/5205

राम है मेरे हर धरकन में, राम है मेरे हर कण-कण में ।
राम है मेरे हर सुमिरण में, हर पन्थन में, हर चिन्तन में ।। 2798/5205

मैं राघव का हूँ बलिहारा, राघव मेरा प्राण पियारा ।
राघव की मैं बायीं बाहु, राघव नृप हो यही मैं चाहूँ ।। 2799/5205

हरि स्वामी हो यही मैं कहूँ, राम चरण में सदा मैं रहूँ ।
राम युग पुरुष लगते मोहे, राम अवध के राजा सोहे ।। 2800/5205

दोहा॰ **लखन बंधुवर ने कहा, तन-मन मेरे प्राण ।**
राघव ही राजा बनें, सद्गुण की जो खाण[82] ।। **3005**/7162

तन-मन में मम राम हैं, निश-दिन एक हि नाम ।
सपनन में मम राम हैं, मम अर्चन में राम ।। **3006**/7162

हर धड़कन में राम हैं, मम कण-कण में राम ।
हर सुमिरण में राम हैं, मम चिंतन में राम ।। **3007**/7162

बलिहारी मैं राम का, प्राण पियारे राम ।
मैं हरि की बायीं भुजा, स्वामी मेरे राम ।। **3008**/7162

मैं राघव के चरण में, हर पंथन में राम ।
श्रीराघव युग पुरुष हैं, बनें अवध नृप राम ।। **3009**/7162

(प्रधान मंत्री सुमंत्र ने कहा)

राम प्रजा की आँख का तारा, जनपद जन का हरि रखवारा ।
राम सदा ही सेवा लीना, रक्षण राम सभी को दीन्हा ।। 2801/5205

---

[82] **खाण** : हिंदी = खान, खदान । मराठी = खाण, खदान ।

122. Story of Shrī Rāma's Annointment (2. Ayodhyā Kānd)

मन में भाव छुपे हों जेते, सेंत मेंत से अरथा लेते ।
सत्य शब्द के हैं रखवाले, मुख से निकला कभी न टाले ।। 2802/5205

राम काज की कीर्ति भारी, गाती निश-दिन जनता सारी ।
दुर्गम काम भगत के सारे, होते सरबस राम सहारे ।। 2803/5205

कर्म कुशल हैं राघव भारे, बंधु जनों के परम दुलारे ।
अनुरागी हैं हरि के सारे, अनुयाई हैं वीर विचारे ।। 2804/5205

नीति निपुण जग में हैं जाने, बोल चाल से मन पहिचाने ।
नयन मात्र से भीतर जाते, भेद अपर के मन का पाते ।। 2805/5205

राम ज्ञान के सागर जाने, बृहस्पति विद्या के माने ।
राज धर्म है उनको प्यारा, क्षात्र-धर्म है रोचक प्यारा ।। 2806/5205

हरि अवतार-तर्क-का न्यारा, युक्तिवाद में चतुर अपारा ।
कुशाग्र बुद्धि उसकी ऐसी, विद्युत बहती चंचल जैसी ।। 2807/5205

दोहा॰   दुर्गम कारज विश्व के, सुगम करत हैं राम ।
राम कृपा जिसको मिली, कठिन न कोई काम ।। 3010/7162

कर्म कुशल श्री राम हैं, जनपद के आदर्श ।
जन अनुयाई राम के, राम जनों के हर्ष ।। 3011/7162

नीति निपुण श्री राम हैं, सुख-दुख मोद न खेद ।
दृष्टिक्षेप से भाँपते, नर के मन का भेद ।। 3012/7162

राम ज्ञान के सिंधु हैं, विद्या के भँडार ।
क्षात्र-धर्म के विज्ञ हैं, ऋणि जिनका संसार ।। 3013/7162

तर्क चतुर श्री राम हैं, युक्तिवाद प्रवीण ।
तीव्र बुद्धि श्री राम की, जन हित में तल्लीन ।। 3014/7162

वाणी कोविद राम हैं, शस्त्र शास्त्र विद्वान ।
धनुर्वेद के तज्ञ हैं, उन्हें योग का ज्ञान ।। 3015/7162

(और)

122. Story of Shrī Rāma's Annointment (2. Ayodhyā Kānd)

शस्त्र–अस्त्र का हरि है ज्ञानी, धनुर्वेद में कहीं न सानी ।
एक बाण में काज सफल है, एक अकेले साध्य सकल हैं ।। 2808/5205

वेद वन्दना उसने जानी, पुराण उपनिषद् का है ज्ञानी ।
शास्त्र सभी हैं उसको आते, दान गान हैं उसको भाते ।। 2809/5205

मन विनोद से जन बहलाता, राम मनोरम है कहलाता ।
अद्वितीय है उसकी प्रतिभा, अतुलनीय है उसकी प्रतिमा ।। 2810/5205

वीर जनों में हरि है हीरा, बलवानों में है बलबीरा ।
धैर्यशाली में है वह धीरा, किरपा कारज करन अधीरा ।। 2811/5205

दोहा॰ वेद विदित श्री राम हैं, पंडित शास्त्र पुराण ।
अद्वितीय उनकी प्रभा, दान धर्म पटु राम ।। 3016/7162

मनोविनोदी राम हैं, तर्कशास्त्र निष्णात ।
दंभ कपट से हैं परे, सरल हृदय हर बात ।। 3017/7162

वीरों के हरि वीर हैं, धैर्यशील हैं धीर ।
कृपाशील श्री राम हैं, बलशाली बलबीर ।। 3018/7162

सद्गुण सागर राम हैं, अवगुण उनसे दूर ।
शुद्ध अग्नि सम राम हैं, समर नीति में शूर ।। 3019/7162

कर्मवीर श्री राम हैं, पावन गंगा नीर ।
रसना सुमधुर राम की, कामधेनु का क्षीर ।। 3020/7162

तेजस्वी छवि राम की, सूर्य चंद्र की ज्योत ।
मेधावी धी[83] राम की, सत् चित आनँद स्रोत ।। 3021/7162

(और भी)
राघव सद्गुण का भँडारा, शुद्ध अग्नि सा है अंगारा ।
दुर्गुण उसके आगे जलते, अवगुण दूर हि भागे चलते ।। 2812/5205

---

[83] **धी** (संस्कृत) : हिंदी = बुद्धि ।

वाद वितर्क से करे किनारा, दंभ कपट से रहे नियारा ।
कठोर कड़वे बोल न बोले, मधुर वचन से अमृत घोले ।। 2813/5205

उग्र धधकते वच के शोले, उनके आगे बनते ओले ।
करके हितकर मीठी बातें, जगत जनों के चित्त रिझाते ।। 2814/5205

पाप पातकी पास न आते, राग रंच भी रास न आते ।
माया आगर, किरपा सागर, सिंधु दया के, सुख रत्नाकर ।। 2815/5205

शिव पार्वती के अति अनुरागी, विष्णु कृपा से बहु बड़भागी ।
भक्ति योग के पूरण योगी, परहित कर्म करन के भोगी ।। 2816/5205

दोहा॰ **रामचंद्र सुख छाँव हैं, कल्पतरु सियराम ।**
राघव हैं चिंतामणी, पारस राघव नाम ।। 3022/7162

करुणा वत्सल राम हैं, मातु-पिता की प्रीत ।
भवसागर से पार हैं, राम-नाम आश्रित ।। 3023/7162

राम देह, देही तथा, राम श्वास नि:श्वास ।
परमात्मा श्री राम हैं, जिन्हें राम विश्वास ।। 3024/7162

विद्या बुद्धि तेज बल, नर को देवें राम ।
बनता नर सुखभाग है, जपे राम का नाम ।। 3025/7162

(अत:)

दोहा॰ **सचिव सुमंतर ने कहा, राम प्रजा के पाल ।**
राजतिलक के योग्य हैं, स्वामी! तुमरे लाल ।। 3026/7162

(उप महामंत्री ने कहा)

धर्म परायण कुशल उद्योगी, कारज करतब क्षण संजोगी ।
बैरी कोई नहीं राम का, हर नर उसको एक मान का ।। 2817/5205

न कोई शत्रु, न कोई प्यारा, नीति नियम से सद् व्यवहारा ।
निर्दोषी को गले लगाते, दोष युक्त को परे भगाते ।। 2818/5205

लाभ हानि में एक समाना, सुख-दुख उसने अलग न माना ।

122. Story of Shrī Rāma's Annointment (2. Ayodhyā Kānd)

जय पराजय चीज नहीं है, कार्य परायण नित्य सही है ।। 2819/5205

तुष्ट उसी में, मिलता जो भी, मिले ना मिले करम रत तो भी ।
उदासीन हैं, सुचिर्दक्ष हैं, परम ध्येय पर सदा लक्ष्य है ।। 2820/5205

✍ दोहा॰   धर्म परायण राम हैं, जिन्हें ज्ञान का योग ।
कर्म परायण राम हैं, सदा करत उद्योग ।। 3027/7162

बैरी कोई ना उन्हें, सब नर एक समान ।
राघव के दरबार में, पाते सब सम्मान ।। 3028/7162

निर्दोषी नर को गले, सदा लगाते राम ।
दोषी नर के दंड में, यथा दोष, परिणाम ।। 3029/7162

लाभ हानि सब एक हैं, सुख-दुख एक समान ।
विजय पराजय ना लखें, कार्य परायण राम ।। 3030/7162

शुचिर्दक्ष श्री राम हैं, ध्येय परायण राम ।
उदासीन उनकी मति, ज्ञेय राम के काम ।। 3031/7162

(तथा ही)
दुष्ट असुर को राघव मारे, सिद्धाश्रम हैं उसने तारे ।
क्रूर ताड़का उसने ताड़ी, ऋषि-मुनि जनता राघव तारी ।। 2821/5205

आप किए उपकार न बोले, अपर किए सो कभी न भूले ।
परहित कोई कुछ भी करते, नाम काम सब सदा सिमरते ।। 2822/5205

क्षात्र-धर्म को सदा बढ़ाते, वीर पुरुष को शीश चढ़ाते ।
वीर जनों से प्रीत लगाते, उनमें धीरज सदा जगाते ।। 2823/5205

निर्व्यसनी हैं, चतुर्दक्ष हैं, मतलब उनके सब समक्ष हैं ।
सराहना हो या हो निंदा, अविरत अविचल उनका पिंडा ।। 2824/5205

(और)
दीन दुखी को गले लगाते, पीड़ित के दुख दूर भगाते ।
देख दरिद्री दुखिया होते, दया दान से दुख सब धोते ।। 2825/5205

122. Story of Shrī Rāma's Annointment (2. Ayodhyā Kānd)

दोहा॰ असुरनिकंदन राम हैं, करते सुरजन त्राण ।
आत्मश्लाघ उनमें नहीं, पर हित उनके बाण ॥ 3032/7162

शीश बिठावें वीर को, क्षात्र-धर्म के नाम ।
आदर देते शूर को, करत कर्म निष्काम ॥ 3033/7162

निर्व्यसनी श्री राम हैं, दीनन के हैं नाथ ।
दुखिया के दुख झेलते, कृपा सिंधु रघुनाथ ॥ 3034/7162

(अत:)
संकट में हैं राम सहाई, विपदा देते तुरत भगाई ।
धर्म सुरक्षक सबल सहारे, विकट काल में हमें उबारे ॥ 2826/5205

दोहा॰ उपमंत्री ने भी कहा, धर्म परायण राम ।
राज तिलक उनको लगे, यही न्याय्य है काम ॥ 3035/7162

(अन्य मंत्रीगण ने कहा)
आर्त उदासी आतुर जो ही, देत शरण यदि आता कोई ।
पतित पावन राम कहाये, सचिदानंद घन धाम बताए ॥ 2827/5205

सरब सहायक सबके स्नेही, परम हितैषी सच्चे वे ही ।
लक्ष्य वेध के वरेण्य शूरे, धनुर्वेद में विदग्ध पूरे ॥ 2828/5205

अश्व सवारी उनको भाती, "महारथी" है उनकी ख्याति ।
दुख उनको है अपना ज्यों ही, अपर जनों का दुख है त्यों ही ॥ 2829/5205

राघव हैं सबके हितकारी, दीनन पर राघव उपकारी ।
स्तुति राघव की नारद गाते, शारद उनकी कीर्ति बताते ॥ 2830/5205

(अत:)
दोहा॰ मंत्री जन बोले सभी, नृप सोहे श्री राम ।
और कहीं कोई नहीं, जग में पावन नाम ॥ 3036/7162

सबके स्नेही राम हैं, सर्वसहायक राम ।
परम हितैषी राम हैं, सच्चे साथी राम ॥ 3037/7162

122. Story of Shrī Rāma's Annointment (2. Ayodhyā Kānd)

शब्दवेध श्री राम हैं, लक्ष्यवेध श्री राम ।
महाधनुर्धर राम हैं, वरेण्य नर हैं राम ।। 3038/7162

परम पवित्तर राम हैं, दया क्षमा के धाम ।
रघुकुल भूषण राम हैं, राम-नाम सत्नाम ।। 3039/7162

राज पुरुष श्री राम हैं, राज रत्न हैं राम ।
राज केसरी राम हैं, राज ईश श्री राम ।। 3040/7162

अनजाने जो भूल हो, राघव करते माफ ।
करते अत्याचार जो, उनका सुपड़ा साफ ।। 3041/7162

देते शरणन आर्त कों, बड़े कृपालु राम ।
स्तुति जिनकी गाते सभी, त्रिभुवन के भगवान ।। 3042/7162

(ऋषि-मुनि जनों ने कहा)

रामचन्द्र हैं अन्तर्यामी, अवध जनों के मन के स्वामी ।
धनुष राम ने करके धारण, असुर जनों का किया निवारण ।। 2831/5205

राम की सदा होवे पूजा, राम समाना नाही दूजा ।
राम सहायक, दीन-दयाला, संकट में निर्बल प्रतिपाला ।। 2832/5205

भगतन के हैं राम दुलारे, आराधक को राम उबारे ।
मुनिजन निश-दिन हरि को ध्याते, ऋषिगण हरि का कीर्तन गाते ।। 2833/5205

दोहा॰ सभी विश्व पर राम के, ऋण हैं अपरंपार ।
कोई नहीं चुका सके, अनगिनती उपकार ।। 3043/7162

राघव जग के बीज हैं, राघव सर्जनहार ।
राघव सत् के सार हैं, निसर्ग के आधार ।। 3044/7162

धरती के सब देवता, गाते राघव नाम ।
देवों का जो देवता, एक वही श्रीराम ।। 3045/7162

राम-नाम चिंतामणि, पूर्ण करे अभिलाष ।
जप तप राघव नाम का, करत पाप का नाश ।। 3046/7162

122. Story of Shrī Rāma's Annointment (2. Ayodhyā Kānd)

आर्त जनों के विघ्न है, सकल मिटाते राम ।
ऊँच नीच कोई नहीं, सब जन एक समान ।। 3047/7162

सब नाथों के नाथ हैं, राम हमारे साथ ।
रघुपति श्री रघुनाथ को, जोड़ो दानों हाथ ।। 3048/7162

मन वाणी अरु कर्म से, ध्यान लगा कर काम ।
फल की आशा के बिना, करते हैं श्री राम ।। 3049/7162

दीन-दयालु राखते, शरण पड़े की लाज ।
श्री राघव के छत्र में, रक्षित संत समाज ।। 3050/7162

पावन परमानंद हैं, रघुनंदन सुखरास ।
राम-राज्य में सुख बसे, जनपद को विश्वास ।। 3051/7162

सर्व विश्व का एक है, राघव सर्वाधार ।
राम-नाम मन में बसे, होकर एकाकार ।। 3052/7162

अगम महत्ता राम की, गगन समान अपार ।
परम पुरुष प्रभु राम की, लीला अपरंपार ।। 3053/7162

भूत प्रेत पिशाच भी, रहते कोसों दूर ।
विघ्न राम के सामने, होते चकनाचूर ।। 3054/7162

नीच दुष्ट कापुरुष ही, करे न राघव संग ।
कपट निकट श्री राम के, आकर होते भंग ।। 3055/7162

ज्ञान दीप का, राम है, स्निग्ध स्नेह का तेल ।
माता सम श्री राम में, दया क्षमा का मेल ।। 3056/7162

बीते जिसका, राम के, जप में निश-दिन काल ।
सुख सब तीनों लोक के, उसको प्राप्त त्रिकाल ।। 3057/7162

सदाचार सत्कर्म में, राघव सदा सहाय ।
देते शुभ आशीष वे, मंगल हस्त बढ़ाय ।। 3058/7162

राघव सुख धन भगत को, देते दिल को खोल ।

मधुर वचन वरदान के, देते अमृत घोल ।। 3059/7162

जो करता श्रीराम को, भक्ति प्रीति प्रदान ।
उसके सुहृद बंधु हैं, रामचंद्र भगवान ।। 3060/7162

जाप राम के नाम का, उजलाता तकदीर ।
सबसे मंगल भाग्य दे, नाम नदी का नीर ।। 3061/7162

राघव जननी जगत की, परम प्रेम का स्त्रोत ।
पावन आतम-ज्ञान की, उज्ज्वल जगमग ज्योत ।। 3062/7162

राघव माता भगत की, मधुर सुखों की गोद ।
सत् चित अरु आनंद है, नाम जाप का मोद ।। 3063/7162

मुख में जिसके है बसा, राम-नाम सुखकंद ।
मंगल राघव चरण का, उसे मिले आनंद ।। 3064/7162

राम-नाम जप शब्द हैं, सुखद सुगंधित फूल ।
केसर चंदन तिलक है, राम चरण की धूल ।। 3065/7162

राम-नाम का जो लुटे, मंगल वचन विलास ।
छत्र बने रहते सदा, राघव उसके पास ।। 3066/7162

लीला राघव नाम की, चितहारी रमणीक ।
अनुभव करता है वही, जो है तन्मय ठीक ।। 3067/7162

किरपा पाता है वही, विषयों से मन मार ।
अविचल चिंतन में लगा, जो है एकाकार ।। 3068/7162

लालच नाना भाँति के, करते रहें किलोल ।
मगर चित्त को दृढ़ रखें, राम! राम! जप बोल ।। 3069/7162

नाम जाप में ही सदा, मन तल्लीन निहाल ।
सुमिरण में डूबा रहे, तन्मय चित्त त्रिकाल ।। 3070/7162

परम पूज्य ध्यातव्य हैं, परमेश्वर श्रीराम ।
नारायण अवतार हैं, रामचंद्र भगवान ।। 3071/7162

122. Story of Shrī Rāma's Annointment (2. Ayodhyā Kānd)

कुशाग्र मति मय राम हैं, प्रतिभाशाली वीर ।
युक्तिवान हैं सद्गुणी, कठिन समय में धीर ।। 3072/7162

राम ज्ञान का सूर्य है, राम बुद्धि का मूल ।
सद्गुण से आपूर्य है, रहे न इसमें भूल ।। 3073/7162

सबके प्रिय प्रभु राम हैं, उनको सबसे प्रीत ।
राघव के गुणगान के, जनपद गाता गीत ।। 3074/7162

विपदा संकट राम के, आते नहीं समीप ।
विघ्न विनाशक राम हैं, राघव महामहीप ।। 3075/7162

चारु रूप परमेश हैं, पुरुषोत्तम श्री राम ।
नारायण अवतार हैं, निराकार सत्नाम ।। 3076/7162

सत्यधर्म के काज में, अर्पण कर दें देह ।
मातृभूमि से राम को, माता सम है स्नेह ।। 3077/7162

जनपद में राघव सदा, समान सबके बीच ।
जात पात निज गैर ना, ऊँच न कोई नीच ।। 3078/7162

पावन राघव राज्य में, पाप पनप ना पाय ।
शेर बसे जिस माँद में, गीदड़ वहाँ न जाय ।। 3079/7162

राघव नाम अनाम का, एक नाम सुखकार ।
जप कर उस परमेश को, भवसागर है पार ।। 3080/7162

चिंतामणि वह नाम है, राम-नाम सुध धाम ।
सफल करे सब काम वो, परम पूज्य श्री राम ।। 3081/7162

सिमर सिमर कर राम को, हुए भगत भव पार ।
पावन राघव चरण में, सुखी बसे संसार ।। 3082/7162

राम-नाम की ज्योत से, मिटे तमस अँधकार ।
दोष क्लेश अज्ञानता, विपदा दुख खूँखार ।। 3083/7162

122. Story of Shrī Rāma's Annointment (2. Ayodhyā Kānd)

साँझ-सवेरे सिमरिए, सुंदर सुखद स्वरूप ।
संत सुजन को सिद्धि दें, सीतापति सुरभूप ।। 3084/7162

रहे भरोसा राम पर, हमें सदा सब काल ।
विघ्न विनाशक राम हैं, राघव दीन-दयाल ।। 3085/7162

पावन पुण्य प्रतीक हैं, परम पुरुष प्रभु राम ।
पूज्य प्राण परमातमा, पूजनीय भगवान ।। 3086/7162

नाम नाद उमदा सदा, रहे हमें यह याद ।
अन्य नाम के नाद हैं, राम-नाम के बाद ।। 3087/7162

राम शाँति के दूत हैं, राम समान न और ।
सर्वसिद्ध श्री राम हैं, राम सत्य की ठौर ।। 3088/7162

राघव ज्ञाता विश्व का, आतमज्ञान निधान ।
चित्पावन परमेश हैं, रघुवर वेद विधान ।। 3089/7162

माया है श्री राम की, निसर्ग के सब भाव ।
प्रकृति के गुण तीन को, जिसने दिया स्वभाव ।। 3090/7162

रामचंद्र राजा बनें, परम पुरुष हैं श्रेष्ठ ।
अग्रज ही राजा बने, राम बंधु हैं ज्येष्ठ ।। 3091/7162

(और फिर)

✍दोहा॰ ऋषि-मुनि जन सबने कहा, पूजनीय हैं राम ।
दुःख निवारक राम हैं, ध्यायनीय हर याम ।। 3092/7162

जन प्रिय, स्वामी! राम हैं, असुरनिकंदन राम ।
राघव सम दूजा नहीं, राजतिलक के काम ।। 3093/7162

(राजा दशरथ)

मृत्यु समय जब निकट निहारा, वारिस का तब किया विचारा ।
अंत काल जब देखा आगे, सोचा नाहक देर न लागे ।। 2834/5205

क्या जाने कब दीया बूझे, करिए जल्दी जो सत् सूझे ।

उचित समय पर करिए काजा, सब मिल चुनिये उचित युवराजा ।। 2835/5205

✍दोहा॰ **दुर्बल जब होने लगी, जीर्ण देह में साँस ।**
दशरथ नृप को होगया, मृत्यु समय अहसास ।। 3094/7162

क्या जाने ये कब बुझे, दीप ज्वलित जो आज ।
उचित समय पर मैं चुनूँ, अपना अब युवराज ।। 3095/7162

(क्योंकि)

जर्जर अब मैं बहुत हुआ हूँ, अंत्य अवस्था लगे छूआ हूँ ।
दूर देश में भरत गया है, आना उसका कठिन भया है ।। 2836/5205

जीवन का अब नहीं ठिकाना, निश्चित निर्णय आज है लेना ।
केश काकुल पके पड़े हैं, नयनन व्याकुल थके पड़े हैं ।। 2837/5205

आखें दोनों क्षीण हुई हैं, टाँगे अब बलहीन हुई हैं ।
बाहें मेरी जीर्ण हुई हैं, क्षमता मेरी शीर्ण हुई है ।। 2838/5205

(और)

थरथर मेरी नबज काँपती, फिर-फिर मेरे साँस हाँफती ।
कान काम के रहे न मेरे, प्राण नाम के बचे हैं मेरे ।। 2839/5205

याद भुलक्कड़ भई है मेरी, शक्ति पाँव की गयी है मेरी ।
भार सहन मैं कर नहीं सकता, चार कदम मैं चल कर थकता ।। 2840/5205

काया करम नहीं कर सकती, खाया हजम नहीं कर सकती ।
धीरज मेरा हार गया है, मुझे बुढ़ापा मार गया है ।। 2841/5205

सबका मुझको भाव बतादो, अभिषेक प्रस्ताव बनादो ।
पँच सभासद निर्णय जो हो, निश्चय आज सभा में वो हो ।। 2842/5205

✍दोहा॰ **जर्जर अब मैं हो चुका, अंत अवस्था पास ।**
पक्का मुझको अब नहीं, जीवन पर विश्वास ।। 3096/7162

निश्चित निर्णय आज लूँ, जन मत के अनुसार ।
चाबी सुत के हाथ दूँ, सिर से उतरे भार ।। 3097/7162

122. Story of Shrī Rāma's Annointment (2. Ayodhyā Kānd)

बाल शीश के हैं पके, आँखें दोनों क्षीण ।
टाँगें निर्बल हो गई, बाँहें हैं बलहीन ।। 3098/7162

क्षमता मेरी जीर्ण है, याद गया हूँ भूल ।
साँसें दुर्बल होगयी, गातों में है शूल ।। 3099/7162

कान काम के हैं नहीं, प्राण गए हैं सूख ।
काया थरथर काँपती, मुझे लगे ना भूख ।। 3100/7162

खाना पचता है नहीं, पेट करे तकरार ।
मानो तो अब है मुझे, गया बुढ़ापा मार ।। 3101/7162

सबका मत क्या है कहो, करें उसी अनुसार ।
निर्णय क्या अभिषेक का, किस को पद अधिकार? ।। 3102/7162

(अत:)

रानीत्रय बोली मत एका, राम-नाम से हो अभिषेका ।
एक राय से अवध की प्रजा, बोली, राम बने युवराजा ।। 2843/5205

अन्य मनस्क सो आगे आवे, फिर ना कोई बात बनावे ।
एक राय से काम हुआ है, सभा राम को देत दुआ है ।। 2844/5205

राम-नाम का एक विचारा, किया सभी ने एक इशारा ।
सब करताल बजे सह घोषा, राम-सिया जय जय बड़ जोशा ।। 2845/5205

गुरुवर मुनिवर आशिष दीन्हे, अखिल सभा को हर्षित कीन्हे ।
पँच सभासद बोले जाओ, तिलक राम के भाल लगाओ ।। 2846/5205

✍दोहा॰ **रानी तीनों ने कहा, "नाम राम का एक" ।**
बोलीं, "कल सुख साथ हो, राम-नाम अभिषेक" ।। 3103/7162

"सबका मत है राम को, करो तिलक अभिषेक" ।
मंत्री गुरु मुनि बंधु का, मातात्रय मत एक ।। 3104/7162

एक राय से है चुना, सभा जनों ने राम ।
अब राघव का तिलक हो, शुभ होजावे काम ।। 3105/7162

122. Story of Shrī Rāma's Annointment (2. Ayodhyā Kānd)

"यदि विकल्प हो दूसरा, अभी बताओ नाम ।
कहो न कुछ भी बाद में, ना देना इलजाम" ।। 3106/7162

सब जन ताली मारके, हर्षित थे सह जोश ।
"एक साथ सबने किया, राम-सिया जय घोष" ।। 3107/7162

वसिष्ठ गुरुवर ने किया, तिलक राम के भाल ।
माता ने की आरती, लेकर पूजा थाल ।। 3108/7162

(फिर)

दशरथ ने सब सुना ध्यान से, विवेक सदसत् पूर्ण ज्ञान से ।
दीर्घ समय जब उसने सोचा, फिर-फिर मन में सब आलोचा ।। 287/5205

बोला, राघव होगा राजा, चारों ओर बजा दो बाजा ।
मेरी चिंता दूर भई है, भीति मरण की भाग गयी है ।। 2848/5205

कौन-कौन जनपद में जाओ, सुहृद राजे सभी बुलाओ ।
दौड़ो भागो विद्युत गति से, न्यौते भेजो निर्मल मति से ।। 2849/5205

अभिषेक की करो तयारी, कल ही हों सब रस्में पूरी ।
यथा सभी की अनुमति प्यारी, शीघ्र जुटो सब लगे न देरी ।। 2850/5205

✍**दोहा॰ सुन कर सबके वचन वे, विवेक सदसद् साथ ।**
दशरथ बोले, अब हुआ, राजकुँवर रघुनाथ ।। 3109/7162

निश्चिंतित मैं होगया, सब उलझन को फेंक ।
मरने का कछु डर नहीं, करिए अब अभिषेक ।। 3110/7162

करो तयारी यज्ञ की, राघव का अभिषेक ।
भेजो न्यौते देश में, आवे जन प्रत्येक ।। 3111/7162

(तैयारी)

विशाल मंडप रचें नियारा, मोती मंडित सजे पियारा ।
सुमन सुगंधित हार चढ़ाओ, हीरे सुवर्ण रत्न मढ़ाओ ।। 2851/5205

मणि मालाएँ झूमर झूले, शोभा सुघट न कोई भूलें ।

122. Story of Shrī Rāma's Annointment (2. Ayodhyā Kānd)

सभा भवन सब मणिक मढ़ा हो, सिंहासन इन्द्र से बड़ा हो ।। 2852/5205

अथक लगो सब काज सकल में, त्रुटि न हो किसी काम अमल में ।
यथा विधि से होम हवन हो, विधि विधान से याग यजन हो ।। 2853/5205

अवध नगर को खूब सजाओ, ढोल तँबुरे ताल बजाओ ।
अतिथि के उपहार मँगाओ, पूजा की सामग्री लाओ ।। 2854/5205

पुष्प कनेरी जूहि चमेली, गुलाब चम्पा गुलबकावली ।
दुर्वा समिधा बेला तुलसी, दधि घृत मधु गंगाजल कलसी ।। 2855/5205

कपूर चंदन स्वर्ण कस्तुरी, कुमकुम केसर सब सामग्री ।
धूप निरंजन अक्षत हल्दी, चँवर ध्वजा फल लाओ जल्दी ।। 2856/5205

✍दोहा॰ **करो खड़ा मंडप बड़ा, समतल भूमि देख ।**
बने सजावट सोहनी, निकाल चित्र सुरेख ।। 3112/7162

रंग सुरंगित सुमन के, मणि मोती के हार ।
झूले झूमर स्फटिक के, वस्त्र जरी के तार ।। 3113/7162

चंदन के आसन रखो, नरम गलीचे और ।
सिंहासन हीरक मढ़ा, इन्द्र पुरी की तौर ।। 3114/7162

लाओ पटु संगीत के, मृदंग वीणा साज ।
सरस्वती का दर्श हो, उस मंडप में आज ।। 3115/7162

पूर्ण शास्त्र से यज्ञ हो, विधि का यथा विधान ।
अर्धपूर्ण कछु ना रहे, अथक करो सब काम ।। 3116/7162

पूजा व्यंजन हों सभी, पुष्प पर्ण फल दूध ।
तुलसी दल घी दधि मधु, गंगा जल हों शुद्ध ।। 3117/7162

केसर चंदन कस्तुरी, कपूर कुमकुम धूप ।
चारु अतिथि–उपहार हों, बोले दशरथ भूप ।। 3118/7162

(परंतु)

अशुभ कुलक्षण घेर रहे हैं, अंतकाल में देर नहीं है ।

122. Story of Shrī Rāma's Annointment (2. Ayodhyā Kānd)

तेवर मुझको देत न तोसा, मुझको कल पर नहीं भरोसा ।। 2857/5205

सचिव राम को मंडप लाया, दशरथ सुत हरि को कंठ लगाया ।
बोला, कल युवराज बनोगे, कल सीता को रानी कहोगे ।। 2858/5205

इतना कह कर सभा भवन में, चला गया नृप कक्ष शयन में ।
मन चाहे सो खावे गोता, विधि विधान कुछ और हि होता ।। 2859/5205

दुर्दम अधम हृदय का कर्दम, दलदल जैसा धोखा हरदम ।
दुर्जन जिसकी जकड़े गर्दन, उसका निश्चित कर दे मर्दन ।। 2860/5205

जितने जपलो मनके माला, भाग्य पे जब हो परदा काला ।
अतः कह गए सुजन सियाने, "काम राम के, राम हि जाने" ।। 2861/5205

दोहा॰ दशरथ बोले, राम को, आओ मेरे पास ।
तुमको गले लगाइके, ले लूँ सुख की साँस ।। 3119/7162

दशरथ ने सुत को कहा, "होंगे तुम युवराज ।
सीता कल रानी बने, करें प्रतीक्षा आज" ।। 3120/7162

चुंबन देकर राम को, बहुत स्नेह के साथ ।
चले गए नृप शयन को, थकान उनके गात ।। 3121/7162

सुख सपनों को देखते, दशरथ नृप अवधेश ।
"राघव राजा रूप में, सीता रानी वेश" ।। 3122/7162

(मगर)

उलझाओ मन आपका, सपनों में दिन-रात ।
मगर घटत है सर्वदा, विधि विधान से बात ।। 3123/7162

अशुभ कुलक्षण टपकते, अंतकाल जब पास ।
तेवर लगते हैं बुरे, कल पर क्या विश्वास ।। 3124/7162

जो मम चाहे सोच लो, कुछ ना आवे काम ।
सद् गुरु ज्ञानी कह गए, "होनी जाने राम" ।। 3125/7162

122. Story of Shrī Rāma's Annointment (2. Ayodhyā Kānd)

 संगीतश्रीकृष्णरामायण गीतमाला, पुष्प 521 of 763

दादरा ताल

(राम के राजतिलक की कथा)

स्थायी

गीत शारद ने मंजुल है गाया, साज नारद मुनि ने बजाया ।
रत्नाकर से है मंगल रचाया, रामायण को है सुंदर सजाया ।।

♪ म–ग म–म– म प–म– ग म–प–, रे–ग म–म– मध– प– मग–म– ।
रेगम–म म– म ध–प– गम–प–, रे–ग–म– म– म ध–प– मग–रे– ।।

अंतरा-1

बोले दशरथ, मैं बूढ़ा हुआ हूँ, अभी युवराज चुनना मैं चाहूँ ।
उसने सबको सभा में बुलाया, सबके मन से हि वारिस चुनाया ।।

♪ सांसां निनिरेंरें, सां ध–नि– धप– म–, सांसां निनिरें–सां धधनि– ध प–म ।
म–ग ममम– मप– म– गम–प–, रे–ग मम म– म ध–पप मग–रे– ।।

अंतरा-2

बोली कौशल्या, राघव गुणी है, सुमित्रा ने कहा वो मुनि है ।
बोली कैकेयी, अग्रज वही है, राम का नाम तीनों सुझाया ।।

अंतरा-3

मुख्य मंत्री ने राघव को चाहा, उप मंत्री ने राघव सराहा ।
बोला लछमन, बने राम राजा, सारी जनता को राघव हि भाया ।।

अंतरा-4

कहे दशरथ, मैं अब थक चुका हूँ, साँस अंतिम धरे मैं रुका हूँ ।
तुम राघव को टीका लगाओ, गुरुवर ने फिर चंदन लगाया ।।

अयोध्या काण्ड : तीसरा सर्ग

123. कुब्जा मंथरा दासी की कथा :

123. Story of Maid Mantharā (Rāmāyan, 2. Ayodhyā Kānd)
123. Story of Maid Mantharā (Rāmāyan, 2. Ayodhyā Kānd)

♫ संगीतश्रीकृष्णरामायण छन्दमाला, मोती 344 of 501

सुंदरलेखा छन्द

ऽ ऽ ऽ, ऽ ऽ ।, । ऽ ऽ

(मंथरा दासी)

कैकेयी की मंथर दासी, कीन्ही रानी को कुलनासी ।
बोली कुब्जा-दुर्गुण-रासी, "भेजो रामा को वनवासी ।। 1
होगा तेरा ही सुत राजा, बाजेगा तेरा फिर बाजा ।
कौशल्या होगी तव दासी, छाएगी तेरे मुख हासी" ।। 2

ॐ **श्लोका:**

यथेच्छया च यावच्च कुर्यात्कोऽपि मनोरथान् ।
तथैव सर्वदा भाग्यं यथा दैवेन गुम्फितम् ।। 1904/2422

कैकेय्या मन्थरा दासी कैकेयीमकरोत्खलाम् ।
आह राज्ञीं ततः कुब्जा, "रामं प्रेषयतां वने ।। 1905/2422

कृत्वा दशरथं बद्धं प्रेमपाशे जडं सखि! ।
भरतं देहि राज्यं त्वं कौशल्यां च पृथक्कुरु" ।। 1906/2422

(भूमिका)

कह कर नहिँ आती आपत्ति, पल में लुटती सब संपत्ति ।
रखो सँभाले जीवन पूँजी, ताले में नहिँ लागे कुँजी ।। 2862/5205

चक्कर जब दुर्भाग्य चलावे, भंग रंग में तब पड़ जावे ।
बनी बात भी बिगड़े ऐसी, भूमि प्रलय में उजड़े जैसी ।। 2863/5205

काल कुचक्र चले जिस बेरी, बड़े बड़ों की बनती ढेरी ।
महा नगर मिलते माटी में, गिरि पर्वत गिरते घाटी में ।। 2864/5205

वज्रपात का जैसे रगड़ा, कस कर घाव लगावे तगड़ा ।
महावृक्ष भी विशाल लंबे, भस्म हुए रह जाते खंबे ।। 2865/5205

नन्ही सी भी इक चिनगारी, दावाग्नि हो घोर आहारी ।

123. Story of Maid Mantharā (Rāmāyan, 2. Ayodhyā Kānd)

निगले बनराई को भारी, खाक बनावे क्षण में सारी ।। 2866/5205

कालकूट की बूँद एक भी, जहर बनावे पयस नेक भी ।
अमृत गुण जिस नर को तारे, कालकूट उसको भी मारे ।। 2867/5205

भूमिकम्प का एक ही धक्का, निगले पुर को मारे फक्का ।
कीले कोट नगर के भारे, ढह गिरते हैं घर चौबारे ।। 2868/5205

दोहा॰ **बतला कर आता नहीं, संकट का आघात ।**
लुटती पूँजी जन्म की, पल में बन अज्ञात ।। 3126/7162

चक्कर जब दुर्भाग्य का, चलता अपने आप ।
होता बिन चेतावनी, सब चौपट चुपचाप ।। 3127/7162

रखो सँभाले लाख तुम, दौलत का संदूक ।
खिसके सब कुछ हाथ से, जब हो सिर बंदूक ।। 3128/7162

बनी बात भी बिगड़ती, जब हो पल प्रतिकूल ।
जब आता भूचाल है, पुर बन जाते धूल ।। 3129/7162

गिरती है जब दामनी, मीच न पाओ आँख ।
ऊँचे चौड़े वृक्ष भी, पल भर में ही राख ।। 3130/7162

एक हि कण स्फुलिंग का, दावानल की आग ।
वन को करता भस्म है, कोई सकै न भाग ।। 3131/7162

कालकूट की बूँद से, अमृत भी विष होय ।
विष के उस आघात से, बचा सके ना कोय ।। 3132/7162

(सूक्ति)

दोहा॰ **"दुनिया के संकट सभी, राम हटावे मौन ।**
संकट जो हो राम पर, उसे घटावे कौन" ।। 3133/7162

कथा

(कुब्जा)

कुचाल कुब्जा कुबड़ी काया, नाम मंथरा शनि की छाया ।

123. Story of Maid Mantharā (Rāmāyan, 2. Ayodhyā Kānd)

ईर्षा मत्सर विष की पुड़िया, कुल विद्रोही, पापी बुढ़िया ।। 2869/5205

आततयिनी अधम दुखरासी, कैकेयी की मुखिया दासी ।
कैकेयी को लगे पियारी, मुख जब खोले चले कटारी ।। 2870/5205

✍दोहा॰ **वृद्ध जर्जरा मंथरा, कपटी झूठी दुष्ट ।**
करती मीठे बोल से, कैकेयी को तुष्ट ।। 3134/7162

कुब्जा दासी मंथरा, कुल-कलहों की मूल ।
कैकेयी की लाड़ली, डालत उसको भूल ।। 3135/7162

दिल की काली मंथरा, भोली सूरत नार ।
कैकेयी पर डालती, जादू मंतर मार ।। 3136/7162

(उस दिन)
मंथर दासी वृद्ध जर्जरा, कपटी काली दुष्ट बर्बरा ।
झूठी जिद्दी विष की क्यारी, कैकेयी की भृत्या प्यारी ।। 2871/5205

लेकर कोई कुचाल मन में, कौशल्या के गयी भवन में ।
उसने देखा कक्ष सजीला, रौनक से चमचम-चमकीला ।। 2872/5205

पुष्प सुगंधित सुंदर माला, शुभ शुचि मणिगण मंडित वाला ।
शक्र सदन सा सुंदर सोहे, मंगल मय जो मन को मोहे ।। 7873/5205

वसन रेशमी सुंदर ऐसे, झूलत झूमर मंदिर जैसे ।
वादन गायन मधुर सुरीला, पुष्प सुगंधित रंग रसीला ।। 2874/5205

अनुपम शोभा जभी निहारी, आँखें फट कर भौचक धौरी ।
बोली, "रानी आज ये ऐसी, सज-धज शोभा अद्‌भुत कैसी" ।। 2875/5205

✍दोहा॰ **उस दिन आई झाँकने, कौशल्या के कक्ष ।**
चकाचौंध सब देख कर, जला जलन से वक्ष ।। 3137/7162

भवन सजा था सोहना, मोहक सुमन सुगंध ।
कर्ण मधुर संगीत की, ध्वनि थी मंजुल मंद ।। 3138/7162

शिव की सुंदर मूर्ति पर, फूल गुलाबी हार ।

धूप सुगंधित जल रहे, प्रसाद मीठे चार ।। 3139/7162

रौनक सुंदर देख कर, आँखे हुई सफेद ।
रानी को हँसमुख लखे, कुब्जा के मन खेद ।। 3140/7162

वस्त्र रेशमी मणि मढ़े, झूलत परदे लाल ।
फर्श ढके कालीन से, ऊपर मृग की छाल ।। 3141/7162

निहार शोभा भवन की, कुलटा के मन पाप ।
बोली, रानी! आज यों, हर्षित क्यों हैं आप? ।। 3142/7162

(कौशल्या)

मोद भरी कौशल्या बोली, सुना नहीं क्या तूने, भोली! ।
अभी अभी तो स्पष्ट बचन में, हुई घोषणा राज भवन में ।। 2876/5205

पीटी डौंडी नगर नगर में, जनपद के सब डगर डगर में ।
"तिलक राम को नृप कल देंगे, अभिसिंचित हरि आशिष लेंगे" ।। 2877/5205

उत्सव होगा अद्‌भुत न्यारा, प्रमुदित होगा जनपद सारा ।
मिट जावेगी मन की चिंता, दुखी हृदय की बुझेगी चिता ।। 2878/5205

✍**दोहा॰** **रानी बोली, क्या तुझे, मिली नहीं सुखबात ।**
"राघव कल राजा बने, रानी सीता साथ" ।। 3143/7162

दशरथ जी ने घोषणा, की है मंगलकार ।
कल है उत्सव अवध में, होगा मोद अपार ।। 3144/7162

नगर नगर में आज ही, किया गया ऐलान ।
किस जासूसी काम में, रत थे तेरे कान ।। 3145/7162

(राणी की शुभ वाणी सुन कर)

सुन कर वचन शुभ मंगल कारी, हिरदय उसके चली कटारी ।
समाचार अमृत रस वाला, लगा उसे कटु विष का प्याला ।। 2879/5205

मधुर कथन वह सुंदर वाला, कान पर बजा बम का गोला ।
शब्द सुहाने पावन वाले, बिजली बन बरसाए शोले ।। 2880/5205

123. Story of Maid Mantharā (Rāmāyan, 2. Ayodhyā Kānd)

चमके तारे नयनन आगे, होश ठिकाने उसके भागे ।
नखशिख काँप उठी थी कुब्जा, सिहर उठा तन परजा पुरजा ।। 2881/5205

उसे जलाया ईर्ष्या अग्नि, चक्कर खाकर आई ग्लानि ।
डर के मारे थी घबड़ायी, राम-नाम से वह थर्रायी ।। 2882/5205

उल्टे पाँव क्रोध की मारी, निकली कलह कपट की क्यारी ।
आई भागी राज सदन में, कैकेयी के कक्ष-शयन में ।। 2883/5205

✍दोहा॰ **सुन कर हितकर खबर वो, कुब्जा को दुखघात ।**
मत्सर के अतिरेक से, काँपे उसके गात ।। 3146/7162

रानी के मधु वचन वे, उसको लगे कठोर ।
विद्युत का झटका लगा, उसके तन को घोर ।। 3147/7162

कौशल्या ने जब कहा, श्री राघव का नाम ।
बोली दुष्टा क्रोध से, बिगड़ गया है काम ।। 3148/7162

खिसकी उल्टे पैर वो, तुरत वहाँ से भाग ।
कैकेयी के कक्ष में, गयी लगाने आग ।। 3149/7162

(रानी कैकेयी के शयन कक्ष में)
सभा भवन से आकर रानी, लेट गई चादर को तानी ।
राम-तिलक के स्मृति में खोई, शुभ सपनों के सुख में सोई ।। 284/5205

डाइन जब कमरे में आई, कैकेयी को सोती पाई ।
रानी थी चादर को ओढ़ी, खींच के उसने निंदिया तोड़ी ।। 2885/5205

✍दोहा॰ **कैकेयी थी मंच पर, लेटी चादर तान ।**
राम-तिलक के हर्ष में, खोई थी कृतकाम ।। 3150/7162

(कुब्जा)
चुड़ैल बोली, "उठ जा रानी, नौ में तेरी चढ़ा है पानी ।
किस्मत फूट गयी है तेरी, घोर विपत है तुझको घेरी ।। 2886/5205

"तेरे सिर में भ्रांत जगी है, घर को तेरे आग लगी है ।

123. Story of Maid Mantharā (Rāmāyan, 2. Ayodhyā Kānd)

दिमाग तेरा खायो कीड़ा, कल जो देगा तुझको पीड़ा ।। 2887/5205

"सुख सब तेरे हुए हैं रीते, दुख में दिन अब तेरे बीतें ।
किस झाँसे में तू है अंधी, कल से तू अब होगी बंदी ।। 2888/5205

"मुष्किल होगा तेरा जीना, नीर विहीना जैसी मीना ।
तूने आगत ना है जाना, पड़ी हुई है तू बलहीना" ।। 2889/5205

✍दोहा॰ तिलक लगेगा राम को, कुब्जा के मन दाह ।
भरत बने नृप अवध का, उसके मन में चाह ।। 3151/7162

कैकेयी के भवन में, आई जब शैतान ।
फूँके उसने द्वेष से, कैकेयी के कान ।। 3152/7162

बोली, "रानी! तुम यहाँ, सोई हो निश्चिंत ।
कल होना अभिषेक है, राघव का निश्चित" ।। 3153/7162

चुड़ैल बोली, उठ अरी! अभी नींद से जाग ।
तेरे सुख-संसार में, लगी हुई है आग ।। 3154/7162

फूटा तेरा भाग है, दुख में तेरी जान ।
चढ़ा नीर है नाव में, लेगा तेरे प्राण ।। 3155/7162

तेरे सिर की भ्रांत है, करत भूल की भीड़ ।
कीड़ा तेरे मगज का, देगा तुझको पीड़ ।। 3156/7162

सुख के दिन तेरे गए, अंत हुई है चैन ।
किस झाँसे में तू पड़ी, खोल अभी भी नैन ।। 3157/7162

नीर विहीना मीन तू, तड़पेगी दिन-रात ।
विघ्न निवारण के लिए, सुन ले मेरी बात ।। 3158/7162

(कैकेयी)

सुन बुढ़िया के शब्द अनूठे, तीखे कडुवे ओछे झूठे ।
टेढ़े-मेढ़े घटिया खोटे, नीच छिछोरे हलके हेठे ।। 2890/5205

123. Story of Maid Mantharā (Rāmāyan, 2. Ayodhyā Kānd)

उठी चौंक कर वह चौकन्नी, ठीक सँभाले अपनी चुन्नी ।
व्याकुल होकर नाक चढ़ाया, मुँह फुला कर रोष बढ़ाया ।। 2891/5205

फिर वह बोली, "चुप कर कुबड़े! मुख से अपने बचन ये सड़े ।
मुख में तेरे क्यों ये दुखड़े, कथन कमीने रूठे उखड़े ।। 2892/5205

कौन विपद् है इतनी भारी, आन अचानक मुझको घेरी ।
किस कारण ये शोर शराबा, अपशब्दों में चित्त खराबा" ।। 2893/5205

✍दोहा॰ **सुन कर कुब्जा के सड़े, झूठ अनूठे बोल ।**
उठी चौंक कर कैकयी, अपनी आँखें खोल ।। 3159/7162

रानी बोली रंज से, उस कुबड़ी को दुष्ट ।
क्यों यह कटु अपशब्द हैं, तेरे मुख में रुष्ट ।। 3160/7162

(मंथरा)

दासी बोली, "सुन ले मूढ़े, नाव डूबती पर आरूढ़े ।
खोल नैन तू अपने मूर्खे, कल कोसेंगे तुझको पुरखे ।। 2894/5205

"बात सनसनी सुनी मैं दुख से, कौशल्या के अपने मुख से ।
भरत के लिए नृप न रुका है, तिलक राम को लगा चुका है ।। 2895/5205

"तुझे कुचक्कर नहीं बताया, नृपति भरत को नहीं बनाया ।
कल सौतन सुत बनिहै राजा, उत्सव में कल बजिहै बाजा" ।। 2896/5205

माथे त्योड़ी डाले बोली, "यहाँ सो रही है तू भोली ।
उधर राम को तिलक लगा है, सुत तेरे से किया दगा है ।। 2897/5205

"कल होगा हरि का अभिषेका, उत्सव भारी होगा बाँका ।
भरत की चिंता मुझको खाई, तभी पास मैं तेरे आई ।। 2898/5205

"कूट नीति को तू नहिँ जानी, राज नीति तू नहिँ पहिचानी ।
मैं तो दुखसागर में डूबी, षड्यंत्रों से मैं हूँ ऊबी ।। 2899/5205

"अभी समय है नींद से जागे, सोच! आ रहा क्या है आगे ।
सुन मेरी, मैं दवा बताऊँ, उपाय तुझको नया सुनाऊँ" ।। 2900/5205

123. Story of Maid Mantharā (Rāmāyan, 2. Ayodhyā Kānd)

दोहा॰ दुष्टा बोली कसक से, अपनी नाक सिकोड़ ।
बात सुनी है सनसनी, रानी! मैं जी तोड़ ॥ 3161/7162

आज सभा दरबार में, बुना गया है जाल ।
मंत्री सब मिल कर वहाँ, रची कपट की चाल ॥ 3162/7162

तिलक राम को है लगा, कल होगा अभिषेक ।
उनके आगे झुक गया, नृप है घुटने टेक ॥ 3163/7162

राह भरत की ना तकी, झटपट कीन्हा काम ।
पीछे तेरी पीठ के, कुँवर बना है राम ॥ 3164/7162

तुझे बताया कुछ नहीं, क्या है उनकी चाल ।
दशरथ नृप ने छद्म से, की है आज कमाल ॥ 3165/7162

कौशल्या ने सब मुझे, बता दिये हैं काम ।
अब है उसके कक्ष में, चकाचौंध अभिराम ॥ 3166/7162

कूट नीति को जानले, राज नीति पहिचान ।
अभी नींद से जाग जा, कहना मेरा मान ॥ 3167/7162

(रानी बोली)
तिलक राम को लगा सभा में, जन बहुमत से अति शोभा में ।
उसको मैंने स्वयं चुना है, सबने मेरा विनय सुना है ॥ 2901/5205

मैं हूँ नृप की सबसे प्यारी, नृप ने सुन ली बिनती म्हारी ।
राम-भरत का प्यारा भाई, भरत राम को ही नृप चाही ॥ 2902/5205

बंधु वत्सल है श्री रामा, सदा सभी के आवे कामा ।
प्राण लखन का प्रिय रघुवर हैं, राम-कृपा अविरत उस पर है ॥ 2903/5205

नीर क्षीर सम राम-भरत हैं, स्नेह प्रेम से सदा बरत हैं ।
भरत लखन प्रिय भ्रात राम के, तीनों मेरे पुत्र काम के ॥ 2904/5205

दोहा॰ सुन कर कुब्जा का कहा, कैकेयी संभ्रान्त ।
बोली दासी को, अरी! होजा अब तू शाँत ॥ 3168/7162

123. Story of Maid Mantharā (Rāmāyan, 2. Ayodhyā Kānd)

तिलक राम को था लगा, मेरे सम्मुख आज ।
जन बहुमत से सब हुआ, नीति नियम से काज ।। 3169/7162

"राघव मैंने ही चुना, अग्रज सुत गुणवान" ।
मेरा कहना है सुना, सबने सह सम्मान ।। 3170/7162

प्यारी मैं नृप की सखी, नृप सुनते मम बात ।
मेरे सुजान पुत्र का, राघव है प्रिय भ्रात ।। 3171/7162

वत्सल भाई राम है, लखन लला का प्राण ।
तात भरत का राम है, राम बिना निष्प्राण ।। 3172/7162

(और)

मैंने केकय, भरत पठाया, संग मामु के आप बिठाया ।
मिलने नाना से मन उसका, लौटेगा जब हो मन उसका ।। 2905/5205

राघव मेरा परम पुत्र है, अभिषेक का वही पात्र है ।
रामचंद्र मुझको अति भाता, राम मुझे कहता है माता ।। 2906/5205

रामभद्र है मेरा प्यारा, अवध जनों की आँख का तारा ।
रामचंद्र है सुयोग्य भारी, राज तिलक का है अधिकारी ।। 2907/5205

दोहा॰ केकय मैंने भरत को, मामा जी के साथ ।
भेजा नाना के यहाँ, बड़ी खुशी के साथ ।। 3173/7162

लौटेंगे जब प्रेम से, भरत शत्रुघन साथ ।
हर्षित होंगे देख कर, कुँवर बना रघुनाथ ।। 3174/7162

मेरा ही सुत राम है, धर्म परायण क्षात्र ।
"अग्रज दशरथ राज का, अभिषेचन का पात्र" ।। 3175/7162

(दुष्टा बोली)

"राघव को मत दीन्हा तूने, आत्मघात है कीन्हा तूने ।
भूल हुई है तुझसे भारी, अपने पग पर मार कुठारी ।। 2908/5205

"तूने काम किया यह हीना, सुत अपना तू बेघर कीन्हा ।

123. Story of Maid Mantharā (Rāmāyan, 2. Ayodhyā Kānd)

दिमाग पर क्यों मारे ताले, विपरीत बुद्धि विनाश काले ।। 2909/5205

“नाम भरत का भ्रष्ट करेगी, कुल उसका तू नष्ट करेगी ।
अपना ही तू घात करेगी, दर दर ठोकर खात फिरेगी ।। 2910/5205

“यदि ऐसा तुम पाप करोगी, भूखी प्यासी आप मरोगी ।
दोस किया है भारी तूने, भविष्य तेरे होंगे सूने ।। 2911/5205

“सौतन ने है चक्कर फेरा, भाग्य भानु अब डूबा तेरा ।
घोर पराभव तुझको घेरे, छेंकेंगे दुख कष्ट घनेरे ।। 2912/5205

“सौतन की तू दासी होगी, कटुतर ताने रोज सहोगी ।
गाली गलौजी वचन करारे, झेलोगी चुप मन को मारे ।। 2913/5205

“कटु कुवचन तुझको अखरेंगे, मान प्रतिष्ठा सुख मुकरेंगे ।
सुत पर दैन्य दीनता छावे, ओछी तुच्छ हीनता आवे ।। 2914/5205

“क्यों हानि में हर्ष दिखाती, जब विपदा है तुझको खाती ।
सुनले मेरी सुमति सच्ची, कहती हूँ समयोचित अच्छी ।। 2915/5205

“मान, मानिनी! सम्मति मेरी, हित की तेरे सुनीति मेरी ।
खिसक रही सुख संपति तेरी, दुख संकट में संतति तेरी” ।। 2916/5205

दोहा॰ **फिर से दीन्हा मंथरा, कैकेयी को ज्ञान ।**
“अत्मघात अपना किया, चुन कर तूने राम” ।। 3176/7162

करके ओछी भूल ये, हारा तूने दाँव ।
मारी अपने हाथ से, कुठार अपने पाँव ।। 3177/7162

बिलकुल उलटा है किया, रानी! तूने काम ।
अपना बेटा आप ही, कीन्हा तू बेकाम ।। 3178/7162

विपरीत ऐसी बुद्धि से, आया विनाश काल ।
अपने सुत के साथ ही, होगी तू बेहाल ।। 3179/7162

करते सौतन-पुत्र को, अधिप अवध का आज ।
तुझको ऐसे पाप में, आई क्यों ना लाज ।। 3180/7162

123. Story of Maid Mantharā (Rāmāyan, 2. Ayodhyā Kānd)

सौतन को रानी किए, दासी होगी आप ।
किया भरत को भृत्य तू, कैसा है यह शाप ।। 3181/7162

भूखी प्यासी आप तू, भटके इसके बाद ।
भविष्य तूने भरत का, कीन्हा है बरबाद ।। 3182/7162

सुत का कीन्हा घात तू, नाम भरत का भ्रष्ट ।
और करेगी आप ही, अपना कुल तू नष्ट ।। 3483/7162

सौतन ने तेरा किया, आज पराभव घोर ।
उसके छल के सामने, चला न तेरा जोर ।। 3184/7162

सूरज तेरे भाग्य का, डूब गया है आज ।
तूने अपने भरत को, कीन्हा है मुहताज ।। 3185/7162

हानि में क्यों हर्ष तू, मना रही है, मूढ़! ।
तूने उनकी चाल का, ना जाना है गूढ़ ।। 3186/7162

(और आगे)

"तुझे राम की फिकर क्यों पड़ी, जहाँ भरत की जान यों अड़ी ।
रामचंद्र तुझको क्यों प्यारा, बिगाड़ कर अपना संसारा ।। 2917/5205

"राम-लखन का भावन होगा, भरत का तनिक भाव न होगा ।
राम लषण की सदा चलेगी, दाल भरत की नहीं गलेगी ।। 2918/5205

"राम लछन सब धन हड़पेंगे, भरत को नहीं कौड़ी देंगे ।
राम-लखन मिल राज करेंगे, तव सुत का सुख चैन हरेंगे" ।। 2919/5205

✍दोहा॰ **कहना मेरा मान ले, रानी! हित की बात ।**
उपाय अच्छा मैं कहूँ, देने उनको मात ।। 3187/7162

फिकर तुझे क्यों राम की, बचा भरत के प्राण ।
रामचंद्र को छोड़ तू, सुत का कर कल्याण ।। 3188/7162

राघव प्यारा क्यों तुझे, करके निज नुकसान ।
सबके आगे झूठ ही, बनने चली महान ।। 3189/7162

123. Story of Maid Mantharā (Rāmāyan, 2. Ayodhyā Kānd)

राम-लखन के राज्य में, तुम्हें मिलेंगे कष्ट ।
रानी तेरे भरत के, होंगे सुख सब नष्ट ।। 3190/7162

(और भी)

"सुख सुहाग वंचित ऊबेगी, दुःख सिंधु में तू डूबेगी ।
धन सुख संपद् सब जाएगी, अब अपमान सदा पाएगी ।। 2920/5205

"अब भी चेतन हो, मतमारी! बात मान ले हित की सारी ।
वरना सुख सब होगा ढेरी, बड़ी दुर्दशा होगी तेरी ।। 2921/5205

"रघु कुल की तू है पटरानी, कुटिल नीति से क्यों अनजानी ।
उनके कपटी धूर्त दाव को, क्यों ना समझे दुष्ट भाव को ।। 2922/5205

दोहा॰ **तेरी भी सब संपदा, राजा लेगा छीन ।**
सुहाग सुख भी जाएगा, जीएगी तू दीन ।। 3191/7162

पटरानी तू अवध की, नृप है तेरा दास ।
तू उससे जब रूठती, तेरे बिना उदास ।। 3192/7162

(और फिर)

"स्वामी तेरा दो शकली है, दिखता सच्चा, पर नकली है ।
बाहर मीठा, भीतर कटु है, चिकनी चुपड़ी वाणी-पटु है ।। 2923/5205

"प्रेम पाश में तुझको फाँसे, देकर तुझको झूठे झाँसे ।
तू है मन की सीधी भोली, ठगी जा रही रह कर पोली ।। 2924/5205

"स्वार्थ समझ ले आँखें खोले, भाव भाँप ले नृप क्या बोले ।
भरत पठाया केकय देसा, देकर तुझको मिथ्या तोसा" ।। 2925/5205

दोहा॰ **रानी! तेरा नाथ वो, दो शकली है नाग ।**
बाहर ठंढा बर्फ सा, भीतर उसके आग ।। 3193/7162

फाँसे तुझको प्रेम में, देकर झाँसे झूठ ।
भोली भाली तू सखी, सके न उससे रूठ ।। 3194/7162

(क्योंकि)

123. Story of Maid Mantharā (Rāmāyan, 2. Ayodhyā Kānd)

"किये बहाना जर का फोकट, तिलक राम का किया फटोफट ।
तेरा पति है बैरी तेरा, वही साँप अरु वही सपेरा ॥ 2926/5205

"सुत तेरा गौरव गुण धारी, रो रो भोगे दुखड़े भारी ।
होगा किंकर आज्ञाकारी, भृत्य राम का सह लाचारी ॥ 2927/5205

"सौतन का सुत होगा ऊँचा, वंश भरत का होगा नीचा ।
राम बनेगा कुल अधिकारी, भरत फिरेगा बना भिखारी" ॥ 2928/5205

दोहा॰ किये बहाना आयु का, चिंता करता पेश ।
तिलक राम का कर दिया, बिना भरत-आदेश ॥ 3195/7162

स्वामी तेरा साँप है, और सपेरा आप ।
स्वयं हि दे वरदान भी, स्वयं हि देता शाप ॥ 3196/7162

तेरा सुत गुणवान है, राज कुँवर के योग्य ।
सिंहासन उसको मिले, तुझे मिले सौभाग्य ॥ 3197/7162

(और)

"तेरे सुत ने दोष किया है, कोख तिहारी जन्म लिया है ।
अपने सुत को दास बनाते, लाज हिचक दुख क्यों ना आते ॥ 2929/5205

"भरत गुणी है, अति ज्ञानी है, पराक्रमी है, अभिमानी है ।
वीर पुरुष है, दुखहारी है, राज तिलक का अधिकारी है ॥ 2930/5205

"राघव से वह कमी नहीं है, उसकी आभा शमी नहीं है ।
राघव जब भी राजा होगा, देगा तुमको कटुतर सोगा ॥ 2931/5205

"राम वतन से निकाल देगा, तुम्हें मार कर सब सुख लेगा ।
तुम सबको मुहताज करेगा, बिन कण्टक फिर राज करेगा ॥ 2932/5205

"निश-दिन पीछे तू पछतावे, जो खोवे फिर हाथ न आवे ।
राज्य राम को अब तू देती, फिर तू रह जाएगी रोती" ॥ 2933/5205

दोहा॰ जन्म उसे तूने दिया, उसने तुझको तोष ।
यही भरत का पाप है, या फिर उसका दोष ॥ 3198/7162

123. Story of Maid Mantharā (Rāmāyan, 2. Ayodhyā Kānd)

रानी! तेरा भरत भी, नहीं राम से कम ।
सदाचार बल शौर्य में, चारों में उत्तम ।। 3199/7162

भरत गुणी है, वीर है, ज्ञानी पुरुष महान ।
पराक्रमी अति शूर है, उसे मिले सम्मान ।। 3200/7162

राज्य राम को दे रही, पछतावेगी बाद ।
निष्कासित जब तू बने, तब आवेगा याद ।। 3201/7162

(इस लिए)
"सुबुद्धि मेरी मान अभी भी, दुख ना घेरे तुझे कभी भी ।
नुसखा सुन ले, देवी! मेरा, सहज बहुत है सरल बतेरा" ।। 2934/5205

"भरत अवध का राजा होवे, नींद चैन की तू फिर सेवे ।
देश त्याग कर राघव जावे, वत्सर चौदह लौट न आवे" ।। 2935/5205

✍दोहा॰ **रानी! अब तू ठीक से, सुन ले एक इलाज ।**
जिससे तेरी कामना, सफल बनेगी आज ।। 3202/7162

राजा होगा अवध का, तेरा भरत महान ।
राम न होगा राज्य में, तभी तुझे सम्मान ।। 3203/7162

(चुडैल आगे बोली)
"दो-वर तुझको नृप ने दीन्हे, मुख अपने से प्रण थे कीन्हे ।
दोनों वर तू माँग अभी ही, फिर अवसर ना मिले कभी भी ।। 2936/5205

"पहले वर से भरत पद पावे, दूजे से हरि दण्डक जावे ।
पहले वर से राज्य मिलेगा, दूजे से अरि दूर हिलेगा" ।। 2937/5205

✍दोहा॰ **आगे बोली मंथरा, सुनो ढोंग की रीत ।**
यह नुसखा अपनाइके, तुझे मिलेगी जीत ।। 3204/7162

नेमी राजा था लड़ा, जब शंबर के साथ ।
नृप था आहत हो गया, दुष्ट असुर के हाथ ।। 3205/7162

तेरे कारण नृपति के, प्राण बचे दो बार ।

123. Story of Maid Mantharā (Rāmāyan, 2. Ayodhyā Kānd)

"दो-वर" दशरथ ने दिये, रानी! तुझ पर वार ।। 3206/7162

वर दोनों अब माँग ले, अभी समय है ठीक ।
फिर मौका ना आएगा, देवी! इससे नीक ।। 3207/7162

पहले वर से भरत को, मिले अवध का राज ।
कल होगी यह घोषणा, डौंडी सुने समाज ।। 3208/7162

दूजे वर से राम को, दंडक में वनवास ।
चौदह वर्ष न आ सके, लौट अवध के पास ।। 3209/7162

दंडक वन में राम की, ले लेंगे पशु जान ।
आ न सकेगा लौट कर, बिना गँवाए प्राण ।। 3210/7162

ढीली ना पड़ना कभी, बिना लिए वरदान ।
रहो हठीली स्वाँग में, जब तक बने न काम ।। 3211/7162

(अत:)

"अब तुम अपना कक्ष बिगाड़ो, इधर-उधर वस्तुएँ गिरा दो ।
नयनन पानी, मुख में लारें, लेट धरा पर, लो फुत्कारें ।। 2938/5205

"मैं नृप को संदेसा देती, आवेगा जब निबास सेती ।
उसको देखे रहना रोती, मुख दुखिया कर रहना सोती ।। 2939/5205

"वर दोनों पर रहो हठीली, किसी बात ना होना ढीली ।
पति क्रंदन पर ध्यान न देना, हठ करके वर दोनों लेना ।। 2940/5205

"दसरथ की तू अतिशय प्यारी, मानेगा वह जिद तव सारी ।
तड़पेगा, जब तू मुख फेरे, मुट्ठी में है रघुपति तेरे" ।। 2941/5205

✍दोहा॰ बिगाड़ दो अब कक्ष को, कर दो वस्त्र मलीन ।
लेटी तुम कालीन पर, लगना मरणासीन ।। 3212/7162

नयनन तुमरे नीर हो, आखें कर लो लाल ।
लारें निकलें तुंड से, और बिखेरो बाल ।। 3213/7162

(क्योंकि)

123. Story of Maid Mantharā (Rāmāyan, 2. Ayodhyā Kānd)

"प्रेम विनति जब उसको तू दे, अग्नि में वह हँस कर कूदे ।
रूठ-सिसकती जब तू बोले, बात कभी भी ना वह टाले ।। 2942/5205

"इस शिक्षा पर जभी डटेगी, पात राम की तभी कटेगी ।
देवी! तेरा दाव चलेगा, नृप बचनन से नहीं हिलेगा" ।। 2943/5205

✍दोहा॰ जाकर मैं नृप भवन में, उसको दूँ संदेश ।
नृप जब आवे कक्ष में, रोती आना पेश ।। 3214/7162

मुख तुम लेना फेर कर, जब वो आवे पास ।
स्वामी की तू प्रीत है, तू है उसकी साँस ।। 3215/7162

कूदेगा वह आग में, तुझको दुखिया देख ।
देगा अपने प्राण भी, अपना सब कुछ फेंक ।। 3216/7162

(मंथरा बोली, इसलिए)

"तारतम्य यह तुम अपनाओ, भाग्य पुत्र का आप बचाओ ।
देर करे तो पछताओगी, जीती बाजी तुम हारोगी ।। 2944/5205

"दाँव पेंच अवसर पर होवें, जोग दुबारा हाथ न आवे ।
कहीं समय ना चूका जावे, गया काल वापस ना आवे ।। 2945/5205

"सुत तेरा जब दुख में रोवे, पगली तू क्यों हर्षित होवे ।
भाग तिहारे शुभ हैं लेखे, फिर क्यों तू यों दुर्दिन देखे ।। 2946/5205

"तू प्यारी है नृप की रानी, नयनन तेरे क्यों हो पानी ।
मत सुनना कछु आनाकानी, आवे याद उसे तब नानी ।। 2947/5205

"पति-सुख तूने पाया पूरा, पति अब तेरा हुआ है बूढ़ा ।
अब सुत की तू सोच भलाई, तुझे उसी में मिले मलाई" ।। 2948/5205

✍दोहा॰ "सुन मेरा कहना, प्रिये! रोक पुत्र का ह्रास ।
राज्य दिला तू भरत को, राघव को वनवास ।। 3217/7162

"रघुपति की तू प्राण है, माने तेरी बात ।
कूट नीति से काम ले, करने राघव-घात ।। 3218/7162

123. Story of Maid Mantharā (Rāmāyan, 2. Ayodhyā Kānd)

"दो-वर नृप ने थे दिये, उन्हें माँग तू आज ।
ढीली मत पड़ना कभी, तभी बनेगा काज" ।। 3219/7162

(तत:)

कालकूट विष द्वेष खरल का, कूट कूट कर घोर गरल का ।
नागिन ने रानी को दीन्हा, बैर विकार तन उसका कीन्हा ।। 2949/5205

रानी में अब नीच विचारा, भूत शत्रुता का संचारा ।
द्वेष विषैला उसका देहा, क्रोध भनक से बिगड़ा नेहा ।। 2950/5205

दोहा॰ कालकूट विष द्वेष का, कूट कूट कर घोर ।
खूब पिलाई मंथरा, रानी की चितचोर ।। 3220/7162

यथा योजना थी बनी, तथा रची थी चाल ।
कैकेयी ने कक्ष का, किया भयानक हाल ।। 3221/7162

बार-बार कर शब्द प्रहारा, डायन ने मन मान बिगाड़ा ।
विनय भंग कटु बचनन कीन्हा, विष उसके मन में भर दीन्हा ।। 2951/5205

कुब्जा ने विष ऐसा घोला, रानी का मन डगमग डोला ।
दीर्घ साँस से रानी बोली, "अब तक पागल थी मैं भोली ।। 2952/5205

"कुब्जे! तेरी मति सुखकारी, नाव डूबती तू मम तारी ।
अब निश्चित होगा मम काजा, भरत अवध का होगा राजा" ।। 2953/5205

दोहा॰ पके बाल ज्यों शीर्ष से, नारी देत उखाड़ ।
कुब्जा ने कुल राम का, क्षण में दिया उजाड़ ।। 3222/7162

छेनी के शत चोट से, पत्थर जावे टूट ।
बार-बार आघात से, मन में आई फूट ।। 3223/7162

संगीतश्रीकृष्णरामायण गीतमाला, पुष्प 522 of 763

दादरा ताल

(मंथरा दासी की कथा)

स्थायी

124. Story of Kaikeyī's stubbornness (2. Ayodhyā Kānd)

गीत शारद ने मंजुल है गाया, साज नारद मुनि ने बजाया ।

रत्नाकर से है मंगल रचाया, रामायण को है सुंदर सजाया ।।

♫ म-ग म-म- म प-म- ग म-प-, रे-ग म-म- मध- प- मग-म- ।

रेगम-म म- म ध-प- गम-प-, रे-ग-म- म- म ध-प- मग-रे- ।।

अंतरा-1

कुब्जा बोली, तू ये क्या किया है, राम को तूने मत क्यों दिया है ।

कैकेयी! तूने खुद को हनाया, राम को तूने राजा बनाया ।।

♫ सांसां नि-रें-, सां ध- नि- ध-प- म-, सां-सां नि- नि-रें सांध नि- धप- म- ।

मगम-! म-म पप म- गम-प-, रे-ग म- म-म ध-प- मग-रे- ।।

अंतरा-2

होगा तेरा भरत उसका दासा, कीन्हा तेरे हि कुल का तू नासा ।

दे दे राघव को घोर बनबासा, बचे बाधा न काँटा बकाया ।।

अंतरा-3

मंथरा ने कुचक्कर चलाया, कैकेयी को वो उपदेस भाया ।

उसने तत्काल नाटक रचाया, उसने रो रो के शोर मचाया ।।

अयोध्या काण्ड : चौथा सर्ग

124. कैकेयी के हठ की कथा :

124. Story of Kaikeyī's stubbornness *(2. Ayodhyā Kānd)*

♫ संगीतश्रीकृष्णरामायण छन्दमाला, मोती 345 of 501

124. Story of Kaikeyī's stubbornness (2. Ayodhyā Kānd)

पनिश्रोणि छन्द [84]

ऽऽऽ, ऽ।।, ।।ऽ, ऽऽ

(हठी कैकेयी)

कैकेयी का जब बिगड़ा माथा, बोली, वे "दो-वर" अब दो, नाथा! ।
बेशर्मीली वह न पड़ी पोली, रानी दुष्टा दशरथ को बोली ।। 1

"राजा का मान भरत को दीजो, रामा को दंडक वन में भेजो ।
"वादे से ना तुम मुकरो, स्वामी! होगी सारे तव कुल की हानि" ।। 2

श्लोक:

राज्ञी मूढा यदा जाताऽयाचद्दशरथाद्वरौ ।
एकेन भरतो भूपोऽपरेण राघवो वने ।। 1907/2422

कथा

(कुब्जा)

गयी मंथरा नृप के पासा, उन्हें बुलाने देकर झाँसा ।
कैकेयी ने स्वरूप लीन्हा, उलट पुलट कमरे को कीन्हा ।। 2954/5205

दोहा॰ हुआ असर उस जहर का, लगी हृदय पर चोट ।
कैकेयी के मगज में, विवश आगयी खोट ।। 3225/7162

गयी मंथरा भवन में, लाने को अवधेश ।
सजल नैन से दे दिया, रानी का संदेश ।। 3226/7162

(कैकेयी)

अस्तव्यस्त आभूषण कीन्हे, माला मोती बिखेर दीन्हे ।
वस्त्र अंग के चुड़ मुड़ कीन्हे, वदन भिगो कर झूठ पसीने ।। 2955/5205

केश बिखेरे, नैन तरेरे, लाल गाल पर काजल फेरे ।

---

[84] ♪ **पनिश्रोणि छन्द** : इस 11 वर्ण, 18 मात्रा वाले त्रिष्टुभ् छन्द के चरणों में म भ स गण और दो गुरु वर्ण आते हैं । इसका लक्षण सूत्र ऽऽऽ, ऽ।।, ।।ऽ, ऽऽ इस प्रकार है । विराम चरणान्त होता है ।

▶ लक्षण गीत : **दोहा॰** मत्त अठारह का बना, दो गुरु कल से अंत ।
जहाँ म भ स गण आदि में, "पनिश्रोणि" वह छंद ।। 3224/7162

124. Story of Kaikeyī's stubbornness (2. Ayodhyā Kānd)

भौंहें तानी, माथे त्योड़ी, अखियन पानी, नाक मरोड़ी ।। 2956/5205

फुत्कारें कर नागन जैसी, गुरगुर करती बाघन जैसी ।
उसने धूली तन पर पोती, लेटी भू पर आरत रोती ।। 2957/5205

दोहा॰ कुब्जा ने जैसे रची, नौटंकी की चाल ।
कैकेयी करती गयी, कमरा माया जाल ।। 3227/7162

अस्तव्यस्त भूषण किए, मोती माला तोड़ ।
वस्त्र मलिन तन के किए, कंगन डाले फोड़ ।। 3228/7162

शकल बिगाड़ी आप ही, मुख पर काजल पोत ।
लेट गयी वह फर्श पर, हाय! हाय! कर रोत ।। 3229/7162

नागिन सी फुत्कारती, रोई बारम्बार ।
नैनन से बहने लगी, नकली अँसुअन धार ।। 3230/7162

(दशरथ)
नृप के आते खेल चलाया, उसे देख कर नृप चकराया ।
हिरदय उसका अति थर्राया, प्रिये! प्रिये! कर वह बर्राया ।। 2958/5205

टूटी मन वीणा की तारें, देह में बजी झन् झंकारे ।
चला प्रिया का जादू टोना, हिला जिया का कोना-कोना ।। 2959/5205

शब्द तोतले, मस्तक भनका, हुआ विमन नृप, माथा ठनका ।
तन में दुख था, सूखा मुख था, सुख विमुख, मुरझाया रुख था ।। 2960/5205

लूले पग से डगमग डोले, आया समीप होले-होले ।
कदम बढ़ाता, चक्कर खाता, साँस चढ़ाता, पीड़ा पाता ।। 2961/5205

व्याकुल चित से प्रिया निहारी, धूली लिपटी प्राण पियारी ।
सुध-बुध अपनी चित्त हरा कर, सुन्न पड़ी थी चित धरा पर ।। 2962/5205

दोहा॰ देख तमाशा वो नया, काँपे दशरथ गात ।
मन में व्याकुल होगए, देख नया उत्पात ।। 3231/7162

डगमग डगमग काँपते, चलते धीमी चाल ।

124. Story of Kaikeyī's stubbornness (2. Ayodhyā Kānd)

आए उसके पास वे, पूछन उसका हाल ।। 3232/7162

(नृप ने कहा)

काँपता हुआ हाथ पसारा, बेसुर सुर से उसे पुकारा ।
कहो क्रोध किस कारण सारा, किसने कटु क्या कहा करारा ।। 2963/5205

कर्म कौनसा तुम्हें सताया, दुखद शब्द क्या तुम्हें बताया ।
दाह देह में कौन धराया, डाँट डपट कर कौन डराया ।। 2964/5205

दोहा॰ बोलो मेरी प्रेयसी, बोले दशरथ भूप ।
धारण तुमने क्यों किया, यह दुखियारा रूप ।। 3233/7162

किसने दीन्हा कष्ट है, को बोला कटु बोल ।
तुमरे संयम का घड़ा, किसने कीन्हा डोल ।। 3234/7162

कैकेयी, मेरी प्रिये! शब्द मधुर अनमोल ।
सुनने मैं व्याकुल खड़ा, बोल सखी! मधु बोल ।। 3235/7162

(और)

तू क्यों कुपिता, बोल पियारी! क्यों पीड़ित है दुखी दुखारी ।
धन तुझको है किसका भावे, किसको धनिक बनाना चावे ।। 2965/5205

कौन तिहारे पथ में काँटा, पात तुम्हारा किसने काटा ।
वध हत्या तू किसकी चाहे, किसका दरस न तुझको भाए ।। 2966/5205

किस बंदे को बंद कराऊँ, किस बंदी को मुक्त कराऊँ ।
तेरी आज्ञा किसने तोड़ी, इच्छा तेरी किसने मोड़ी ।। 2967/5205

दुविधा में है किसने छोड़ा, नाजुक हिरदय किसने तोड़ा ।
किसने कपटी दाँव चलाया, किसने मन पर घाव लगाया ।। 2968/5205

दोहा॰ किसने, सजनी! है दिया, विषद देह का दाह ।
डाँटा किसने है तुम्हें, किसने रोकी राह ।। 3236/7162

किसने तेरे नैन में, दीन्हे आँसू आज ।
कौन दुखाया है तुझे, किससे तू नाराज ।। 3237/7162

124. Story of Kaikeyī's stubbornness (2. Ayodhyā Kānd)

किसने यों कुपिता किया, किसने दीन्ही पीर ।
किसका धन तू चाहती, करना किसे अमीर ॥ 3238/7162

किसको करना बंद है, कौन बिगाड़ा काज ।
किसको करना मुक्त है, क्या है भाया आज ॥ 3239/7162

तेरे पथ में को खड़ा, किसको करना दास ।
किसकी मृत्यु चाहती, किसका करना नास ॥ 3240/7162

किसने आज्ञा भंग की, किसने कीन्हा घात ।
क्यों तू इतनी है दुखी, प्रिये! बता दे बात ॥ 3241/7162

पटरानी तू अवध की, किसका है यह काम ।
किसमें इतनी धृष्टता, प्रिये! बता दे नाम ॥ 3242/7162

(और भी)

धन दौलत मेरी है तेरी, तू जो चाहे करदूँ ढेरी ।
बोलो जो भी मन में आवे, प्राण त्याग दूँ तू जो चावे ॥ 2969/5205

आसमान से ला दूँ तारें, सुख दुनिया के दे दूँ सारे ।
रूप कठोरा धारा क्यों है, रूठ गयी तू रानी! क्यों है ॥ 2970/5205

✍दोहा॰ नाम तिहारे मैं करूँ, अपना सारा राज ।
तारे ला दूँ तोड़ कर, आसमान से आज ॥ 3243/7162

धन दौलत मेरी, सखी! कर दूँ तेरे नाम ।
तू कहदे तो वार दूँ, तुझ पर अपने प्राण ॥ 3244/7162

(नृप-रानी संवाद)

सुन कर पति की विनम्र वाणी, उसे बना कर रति वश प्राणी ।
कराल मुद्रा धारण कीनी, पैने सुर में बोली रानी ॥ 2971/5205

किसने भी कटु नहीं किया है, किस ने भी कछु नहीं लिया है ।
सुनलो मेरी आज माँग क्या, वचन अगर दो, कहूँ बात क्या ॥ 2792/5205

✍दोहा॰ दशरथ को वश में किया, लंपट नर की तौर ।

124. Story of Kaikeyī's stubbornness (2. Ayodhyā Kānd)

बलि का बकरा मान कर, देखा उसकी ओर ।। 3245/7162

ज्योंही नृप ढीला पड़ा, देने उसको मात ।
कैकेयी ने तब कही, तीखे सुर में बात ।। 3246/7162

कोई कटु बोला नहीं, ना ही दीन्ही पीर ।
सखे! किसी ने ना दिया, मम नैनन में नीर ।। 3247/7162

वचन अगर दो, तो कहूँ, अपने मन का हाल ।
वादा तोड़ा तो अभी, प्राण तजूँ तत्काल ।। 3248/7162

(दशरथ)

मोह मुग्ध नृप विह्वल होकर, बोला उसको कर में लेकर ।
तुझसे प्यारा नहिं है मेरा, सिवा राम के और घनेरा ।। 2973/5205

जो भी तेरी माँग, करूँगा, वादे से मैं ना मुकरूँगा ।
बता काज क्या, छोड़ क्रोध को, इच्छित सारे लुटा मोद को ।। 2974/5205

दोहा॰ डूबा उसके मोह में, समझ न पाया गूढ़ ।
लेकर पत्नी बाँह में, वचन दिया, नृप मूढ़ ।। 3249/7162

"जो भी तेरी माँग मैं, पूर्ण करूँगा आज ।
छोड़ अभी इस क्रोध को, बतला क्या है काज" ।। 3250/7162

(कैकेयी)

हर्षित रानी बोली, "स्वामी! मेरे पति हो सच्चे प्रेमी ।
सुनो प्रेम से मेरी इच्छा, वचन भंग ना हो तो अच्छा" ।। 2975/5205

दोहा॰ रानी बोली हर्ष से, बाँध वचन में नाथ ।
"सच्चे प्रेमी आप हो, अतः कहूँ मैं बात" ।। 3251/7162

सुनो मुझे क्या चाहिए, ध्यान दीजिए नीक ।
उत्तर देना "हाँ" हि तुम, "ना" न सुनूँ तो ठीक ।। 3252/7162

(दशरथ)

नृप था भोला, मन का सच्चा, दुष्टनीति में बिल्कुल बच्चा ।

124. Story of Kaikeyī's stubbornness (2. Ayodhyā Kānd)

जान पड़ी थी विपत् काल में, मछली सम था फँसा जाल में ।। 2976/5205

दशरथ नृप था निर्बल दीना, जल के बाहर जैसी मीना ।
पंख कटी हो जैसी चिड़िया, शिशु कर में हो जैसी गुड़िया ।। 2977/5205

लंपट अंधा मन का भोला, वादों पर वादा था बोला ।
पग को था दलदल में डाला, कोई न उसका था रखवाला ।। 2978/5205

नृप नहीं जाना उसका नखरा, हाथ कसाई के था बकरा ।
आग में यथा पिघला लोहा, बिल्ली के पंजे में चूहा ।। 2979/5205

बना हुआ था भीगी बिल्ली, लगी हुई थी फूस में तिल्ली ।
पग पे अपने आप कुल्हाड़ी, मार चुका था मूढ़ अनाड़ी ।। 2980/5205

दोहा॰ सीधे सादे आदमी, दशरथ भोली जान ।
जान सके ना माजरा, दुष्टनीति-अज्ञान ।। 3253/7162

बिछा रखा था प्रेम का, कैकेयी ने जाल ।
दशरथ उसमें फँस गए, विपदा सके न टाल ।। 3254/7162

मछली अटकी जाल में, दशरथ निर्बल दीन ।
छटपट सारी व्यर्थ थी, जल के बाहर मीन ।। 3255/7162

अंधे की लाठी गयी, गूँगे को ना बैन ।
दलदल में हाथी फँसा, कटे विहग के डैन ।। 3256/7162

बनी कसाई कैकयी, देगी बकरा मार ।
बिल्ली को चूहा मिला, राजा बने शिकार ।। 3257/7162

दशरथ नृप के फूस में, लगी हुई है आग ।
बेड़ी पैरों में लगी, दूर सके ना भाग ।। 3258/7162

दीये में बाती नहीं, अंधकार में पाँव ।
हुआ तरी में छेद है, बीच भँवर में नाव ।। 3259/7162

वादों पर वादे किए, आव रहा ना ताव ।
कूटनीति का मूढ़ वो, हार चुका था दाँव ।। 3260/7162

124. Story of Kaikeyī's stubbornness (2. Ayodhyā Kānd)

पड़ी कुल्हाड़ी पाँव पर, जखमी अपने आप ।
सूली पर चढ़ने चले, बिना किए ही पाप ।। 3261/7162

(अत:)

जल भीनी दीये की बाती, छीनी थी अंधे से लाठी ।
बीच भँवर नौका में पानी, घायल कीन्हा नृप को, रानी ।। 2981/5205

वेणी कर में धर कर बोला, हाथ पीठ पर रख कर भोला ।
उत्तर तुझको "हाँ" ही दूँगा, "ना" का मुख में नाम न लूँगा ।। 2982/5205

जो भी बोलो सभी करूँगा, वादे से मैं ना मुकरूँगा ।
रघुकुल रीत सदा सिमरूँगा, वचन निभाते भले मरूँगा ।। 2983/5205

उत्तर प्रण का हाँ ही होगा, ना कहने कछु नाही होगा ।
भूप किया जब बस में ऐसा, साँप सँपेरा मूर्छित जैसा ।। 2984/5205

दोहा॰ कैकेयी को प्यार से, डाल बाहु का हार ।
हाथ पीठ पर फेर कर, धीरे से पुचकार ।। 3262/7162

दशरथ बोले स्नेह से, "माँगो सारा राज ।
उत्तर मेरा "हाँ" सुनो, "ना" न कहूँगा आज ।। 3263/7162

"तारे ला कर गगन से, तुझ पर दूँ मैं वार ।
हीरे लाऊँ ढूँढ कर, सात समुंदर पार ।। 3264/7162

"जो भी बोलो सब करूँ, वादा सकै न टूट ।
उत्तर प्रण का हाँ सुनो, आज न जाओ रूठ" ।। 3265/7162

दशरथ लंपट यों बने, देख सखी का रोष ।
साँप सँपेरे ने किया, तुमड़ी पर मदहोश ।। 3266/7162

हुई बतंगड़ बात थी, राई बनी पहाड़ ।
पिद्दी का था शोरबा, बिल्ली मार दहाड़ ।। 3267/7162

बिल्ली को चूहा मिला, मगर मच्छ को मीन ।
कैकेयी की पकड़ में, आए दशरथ दीन ।। 3268/7162

124. Story of Kaikeyī's stubbornness (2. Ayodhyā Kānd)

वश में करके नाथ को, फँसाय उनकी टाँग ।
बोली कैकेयी उसे, सुनो हमारी माँग ।। 3269/7162

(दो-वर)

तब रानी ने वह दुहराई, सुर-असुर घनघोर लड़ाई ।
याद दिलाई दो-वर वाली, दोनों अब दो, रानी बोली ।। 2985/5205

बनी हुई थी बात बतंगा, आग में कूदा हुआ पतंगा ।
नृप ना जाना उसकी भासा, लगा हुआ था गल में फाँसा ।। 2986/5205

शुष्क वृक्ष पर बरसी बिजली, मगरमच्छ के मुख में मछली ।
बोला, रानी! मैं न डरूँगा, जो बोलोगी वही करूँगा ।। 2987/5205

दोहा॰ रघु कुल की ये रीत है, वादा टूट न पाय ।
अब "ना" मत कहना, सखे! चाहे जो हो जाय ।। 3270/7162

(तब, कैकेयी)

"तथास्तु" जब था बोला नृप ने, तब दोनों वर माँगे उसने ।
"पहले वर से तिलक लगाओ, भरत अवध का भूप बनाओ ।। 2988/5205

"राघव वन में दूजे वर से, वत्सर चौदह भेजो घर से" ।
और मुझे कछु नहीं चाहिए, इतना देकर आप जाइए ।। 2989/5205

पुत्र प्रेम में बनो न पागल, विलाप करके बनो न विह्वल ।
वर के बदले करो न दंगल, चुकाय ऋण को, कर लो मंगल ।। 2990/5205

रघुकुल की अब रीत चलाओ, दिया वचन सो कर दिखलाओ ।
निज वादे पर स्थिर हो जाओ, वचन मुक्त तुम फिर हो जाओ ।। 2991/5205

दोहा॰ "तथास्तु" नृप ने जब कहा, पक्के प्रण के साथ ।
रानी बोली प्रेम से, सुनो, अयोध्यानाथ! ।। 3271/7162

"दो-वर दीन्हे थे मुझे, रण में, करलो याद ।
आज मुझे वे चाहिएं, इस अरसे के बाद ।। 3272/7162

"पहले वर से तुम करो, भरत अवध का भूप ।

124. Story of Kaikeyī's stubbornness (2. Ayodhyā Kānd)

दूजे वर से राम को, भेजो वन मुनि-रूप ।। 3273/7162

"राघव बनबासी बने, पूरे चौदह वर्ष ।
वादा पूरण तुम करो, तभी मुझे हो हर्ष" ।। 3274/7162

(फिर, दशरथ)

हिरदय बेधक सुन कर बचना, लाघव मुख से कुत्सित रचना ।
सुन्न हुआ नृप पीड़ित तनवा, शोक ग्रस्त हत दारुण मनवा ।। 2992/5205

हाँफ रहा था उसका सीना, टपक रहा था बहुत पसीना ।
फिसल रही थी मुख से लारें, निकल रही थी अँसुअन धारें ।। 2993/5205

आपा खोकर हक्का-बक्का, बंद बोलती, नृप भौचक्का ।
पाकर नागिन की विष बाधा, चक्कर खाकर लुड़का औंधा ।। 2994/5205

✍दोहा॰ **सुन कर रानी के कड़े, कटुतम तीखे बोल ।**
दशरथ नृप का हो गया, हिरदय डाँवा डोल ।। 3275/7162

तन-मन पीड़ा से भरा, हुई बोलती बंद ।
नागिन के उस डंक से, हुई साँस थी मंद ।। 3276/7162

आँखें आँसू से भरी, काया थी बल हीन ।
चक्कर खा कर गिर पड़े, दशरथ क्षण में तीन ।। 3277/7162

सुन कर कटुतम बेतुकी, बेधक पैनी बात ।
मूर्छित दशरथ थे भए, सुन्न पड़े थे गात ।। 3278/7162

(उसके बाद)

सचेत होकर जब नृप जागे, लगे कोसने निजै अभागे ।
दीन दुखी वह बड़े उदासी, सिर पर भारी चिन्ता रासी ।। 2995/5205

बिल्ली से ज्यों चूहा डरता, बोला रानी से डर करता ।
सखी! दया कर, त्याग कोप को, तेरे मुख की रोक तोप को ।। 2996/5205

धीरज बाँधे होष सँभाला, शब्द करारा आगे बोला ।
दुर्बुद्धि पातक आरूढ़े! तुझको है धिक्कार विमूढ़े! ।। 2997/5205

124. Story of Kaikeyī's stubbornness (2. Ayodhyā Kānd)

बोला, स्वर को करके गाढ़ा, तेरा क्या है राम बिगाड़ा ।
क्रोध क्यों तेरा उस पर इतना, निश-दिन तुझको पूजे जितना ।। 2998/5205

माँ! माँ! कहके तुझे पुकारे, स्नेहिल सुर जो सदा उचारे ।
लगे भरत को बहुत पियारा, बंधु लखन का प्राण जियारा ।। 2999/5205

बिना राम दो दिन ना जीऊँ, इससे अच्छा विष मैं पीऊँ ।
इतना कह कर अज का बेटा,[85] मुर्छित हो कर फिर से लेटा ।। 3000/5205

✍दोहा॰ **चेतन होकर फिर कहा, नृप ने दुख के साथ ।**
नीचे शीश झुकाइके, माथे रख कर हाथ ।। 3279/7162

मूरख तू है क्यों बनी, तुझको है धिक्कार ।
राघव पर क्यों क्रोध, जो, करता तुझसे प्यार ।। 3280/7162

माँ! माँ! कह कर जो तुझे, स्नेह करे दिन-रात ।
राम भरत-सा पुत्र है, उस पर क्यों आघात ।। 3281/7162

बिन राघव के मैं, प्रिये! जी न सकूँ दिन चार ।
इससे अच्छा मैं मरूँ, विष पी कर लाचार ।। 3282/7162

(फिर कुछ देर बाद)
चेतन हो कर नैनन खोले, पुन: विनय से उसको बोले ।
राम तिहारा सुत है, देवी! मातु प्यार का प्यासा जीवी ।। 3001/5205

उसकी महीमा जग है गाता, राम सभी सत् जन को भाता ।
कीर्ति उसकी सब जग जाना, उसको परम पुरुष है माना ।। 3002/5205

ऐसे सुत को यह दुख देते, तेरे वच क्यों झिझक न लेते ।
क्रूर कुटिल कटु शब्द सुनाते, मन तेरे क्यों ना शरमाते ।। 3003/5205

अघ ये तेरे मन क्यों आया, पापे! हिरदय क्यों न लजाया ।
तेरा ये विष कैसे पीऊँ, राम बिना मैं कैसे जीऊँ ।। 3004/5205

---

[85] **अज का बेटा** = i. अज राजा का पुत्र, दशरथ; ii. बली का बकरा बने हुए दशरथ ।

124. Story of Kaikeyī's stubbornness (2. Ayodhyā Kānd)

दोहा॰   जिसकी महिमा जान कर, जग गाता है गीत ।
सबको भाता राम है, सबसे उसको प्रीत ॥ 3283/7162

विमल मृदुल जो प्रेम से, सबको देता मोद ।
ऐसे सुत पर तू भला, क्यों करती है क्रोध ॥ 3284/7162

तेरे मन में ये भला, आया क्यों है पाप ।
सुत–बिरहा में भला, कैसे जीये बाप ॥ 3285/7162

(पहला वर)

भरत तुझे है जितना न्यारा, उतना ही वह मुझको प्यारा ।
राम–भरत में अंतर नाही, प्यारे सुत हैं मेरे दो हीं ॥ 3005/5205

पहला वर ले अरु चुप होजा, भरत बनेगा कल ही राजा ।
छोड़ हठ, सखी! बात बनाले, रूठे मन को, प्रिये! मनाले ॥ 3006/5205

राजमातु के स्वप्न रचाले, रघुकुल की तू लाज बचाले ।
मुराद खूँटी पर मैं टाँगूँ, राम की तुझे भिक्षा माँगू ॥ 3007/5205

तूने सदा राम गुण गाए, राम–नाम से तू सुख पाए ।
अब उसकी क्यों बनी है बैरन, बता कौन है इसका कारण ॥ 3008/5205

दोहा॰   भरत पुत्र तेरा यथा, वैसा ही सुत राम ।
दोनों सुत प्यारे मुझे, दोनों एक समान ॥ 3286/7162

उनमें करती भेद क्यों, क्यों बिगड़ी तुम आज ।
पहले वर से, हे प्रिये! मिले भरत को राज ॥ 3287/7162

अब तो हठ को छोड़ दे, सोच समझ कर ठीक ।
वन मत भेजो राम को, तुमसे माँगूँ भीख ॥ 3288/7162

(और)

आज सबेरे चुना राम को, तुम्हीं सराहा राम–नाम को ।
कौन तुझे फुसलाया एती, जिह्वा तेरी बनी है गैती ॥ 3009/5205

राम–भरत में भेद न लाया, समान दोनों पर थी माया ।

124. Story of Kaikeyī's stubbornness (2. Ayodhyā Kānd)

बोले वचन प्रेम रस भीने, आशिष मंगल उनको दीन्हे ।। 3010/5205

मधुर कथन तू किए राम के, स्नेहालिंगन गले थाम के ।
अब क्थों नैनों में यह लाली, बनी हुई क्यों विष की प्याली ।। 3011/5205

वत्सल सुत को कर बनवासी, मेरे गल क्यों डाले फाँसी ।
इसमें तू क्या पावे मेवा, जीवन क्या काटेगी बेवा ।। 3012/5205

✍दोहा॰ **आज सवेरे तू चुना, स्वयं राम को आप ।**
अब क्यों तेरे हृदय में, घोर समाया पाप ।। 3289/7162

कौन बिगाड़ा है तुझे, कौन दिया है कोह ।
किसने फूँके कान हैं, कौन किया विद्रोह ।। 3290/7162

राम-भरत में भेद क्यों, तेरे मन में आज ।
नागिन सी फुत्कार क्यों, बिना किसी भी लाज ।। 3291/7162

मेरा मरना देख कर, सफल बने क्या काज ।
विधवा होकर क्यों भला, जीना चाहे आज ।। 3292/7162

(और भी)

कुटुंब इतना भव्य हमारा, सेवक सैनिक का विस्तारा ।
उसमें उसका कोई न बैरी, तुझमें डाह कहाँ से ठैरी ।। 3013/5205

निश-दिन वो सेवा में तेरे, मात! मात! कह तुझे पुकारे ।
ऐसे प्रणत विनित सुत सेती, पाप द्वेष का सिर क्यों लेती ।। 3014/5205

ऐसे निर्मल नर से जलते, गात गात तव क्यों नहिँ गलते ।
मुख से बाण निकल जब जाता, लाख बुलाओ लौट न आता ।। 3015/5205

कृतांजली मम सुनलो विनती, चरण पड़ा मैं करूँ मनौती ।
नम्र भक्त सुत को पहिचानो, मिन्नत मेरी कृपया मानो ।। 3016/5205

✍दोहा॰ **रघु कुल इतना दिव्य है, उत्तम जिसका नाम ।**
उसकी रानी के भला, क्यों हों ओछे काम ।। 3293/7162

कुलीन कुल में तू पली, पाया प्रेम अथाह ।

तो फिर तेरे हृदय में, किसने डाली डाह ।। 3294/7162

आज अचानक, तू सखी! क्यों यह करती चूक ।
किसने पागल है किया, किसने दी है फूँक ।। 3295/7162

निश-दिन सेवा में लगा, रहता है सुत राम ।
माता कहता वो तुझे, तेरा दामन थाम ।। 3296/7162

ऐसे पावन पुत्र को, क्यों तू दे वनवास ।
पाप द्वेष का सिर लिए, क्यों खोती विश्वास ।। 3297/7162

परम पवित्तर पूत से, क्यों है ईर्ष्या आज ।
क्यों है तेरे मगज में, बेतुक ये अंदाज ।। 3298/7162

मुख से निकला शब्द वो, बनता है कटु बाण ।
मिटे न उसका व्रण कभी, लेने पर भी प्राण ।। 3299/7162

लांछन देवेगा तुझे, ऐसा कुत्सित काम ।
सारे वनिता-विश्व में, होगी तू बदनाम ।। 3300/7162

हाथ जोड़ नृप ने कहा, सुनो प्रार्थना आप ।
कृपा करो मम राम पर, जो है अति निष्पाप ।। 3301/7162

(और)

राजा होगा भरत कल तेरा, सकल तिहारा, जो है मेरा ।
हम सब तेरे दास बनेंगे, किरपा की तव आस धरेंगे ।। 3017/5205

सजल नयन रघुपति बतलाते, पत्नी को हर विध जतलाते ।
सुत को वनवासी न बनाओ, इस बूढ़े के प्राण बचाओ ।। 3018/5205

हम सब पर होगा उपकारा, कोप तजो तुम करो विचारा ।
सुनलो देवी! मेरी अरजी, आगे फिर है तेरी मरजी ।। 3019/5205

✍दोहा॰ रघुकुल इतना दिव्य है, नीति रीति आदर्श ।
नहीं किया दुष्कर्म को, कभी किसी ने स्पर्श ।। 3302/7162

फिर तुझमें मति पाप की, घुसी कहाँ से नीच ।

124. Story of Kaikeyī's stubbornness (2. Ayodhyā Kānd)

बतला किसने है तेरे, भरा मगज में कीच ।। 3303/7162

वचन विषैले बोलते, क्यों नहिँ आती लाज ।
क्यों है नागिन तू बनी, हमको डसने आज ।। 3304/7162

विनती तुझको मैं करूँ, दोनों हस्तक जोड़ ।
तिलक लगेगा भरत को, अब राघव को छोड़ ।। 3305/7162

(मगर)
बात नृपति ने कही रसीली, मगर न आई बाज हठीली ।
हुई न टस से मस दीवानी, अड़ी रही आग्रह पर रानी ।। 3020/5205

नृपक्रंदन से पड़ी न ढीली, रही पूर्ववत् ही अकड़ीली ।
लेकर साँस, वेणिका खोली, वचन विषैले फिर से बोली ।। 3021/5205

दोहा॰ कैकेयी को नाथ ने, बोली चोखी बात ।
मगर अड़ी वह माँग पर, अपने हठ के साथ ।। 3306/7162

लेकर नूतन साँस को, पा कर फिर से जोश ।
खोली अपनी वेणिका, दिखलाने को रोष ।। 3307/7162

नृप का करके अनसुना, रोना अरु अनुपाप ।
रही हठीली कैकयी, जतलाने संताप ।। 3308/7162

(रानी बोली)
पहले वर का किए दिखावा, अब क्योंकर ये है पछतावा ।
नहीं सुनूँगी कछु कहाने, मुझे न दो ये झूठ बहाने ।। 3022/5205

राम अगर ना गया विपिन को, भंग करोगे दिये बचन को ।
आत्मघात मैं तुरत करूँगी, विष पी कर मैं अभी मरूँगी ।। 3023/5205

सौतन का सुत मैं न सहूँगी, वन भेजे बिन नहीं रहूँगी ।
सौतन को मैं भ्रष्ट करूँगी, रघुकुल सारा नष्ट करूँगी ।। 3024/5205

पाप करोगे अति तुम भारी, अगर न मानी बात हमारी ।
वर अपने कों पूर्ण करो तुम, जीओ चाहे अभी मरो तुम ।। 3025/5205

124. Story of Kaikeyī's stubbornness (2. Ayodhyā Kānd)

✍दोहा॰ पहले वर को पाइके, नहीं हुआ संतोष ।
दूजा पाने के लिए, और बढ़ाया रोष ।। 3309/7162

बोली, भेजो राम को, अभी अभी वनवास ।
वरना, स्वामी! मैं करूँ, कुल का सत्यानास ।। 3310/7162

सौतन का सुत ना रहे, घर में मेरे पास ।
राज भरत का हो गया, तुम सब मेरे दास ।। 3311/7162

दूजा वर पूरा करो, बिना किए कछु देर ।
नृप को यों फटकार कर, लीन्हा मुखड़ा फेर ।। 3312/7162

जब नागिन ने यों डसा, पा कर ओछा जोश ।
उसके जहरी डंक से, नृप ने खोया होश ।। 3313/7162

(दशरथ जी)

पत्नी का वह देख अडंगा, राजा मन में करे अचंभा ।
हठ पर अड़ी पड़ी है रानी, नृप को होत बहुत हैरानी ।। 3026/5205

खंबा बन कर खड़ा सुन्न था, निरव विमन बन जुगत शून्य था ।
टुकुर टुकुर नृप विवश निहारे, उदास नैना सजल पसारे ।। 3027/5205

अचेत मूर्ति, बुझे दीप सा, बीच समुंदर खड़े द्वीप सा ।
विचार चक्र जब चला दुबारा, रंज क्लेश से भरा गुबारा ।। 3028/5205

चेतन होकर फिर मुख खोला, धीरे से भार्या को बोला ।
अपने सुत को विपिन पठाना, जीते जी है मरण उठाना ।। 3029/5205

✍दोहा॰ देख अडंगा दार का, दशरथ थे हैरान ।
समझ न पाए क्या करें, मुश्किल में है जान ।। 3314/7162

दशरथ निश्चल थे पड़े, खोये आधी सूझ ।
सोचत अब मैं क्या करूँ, रानी पावे बूझ ।। 3315/7162

(और)

जिसे प्यार से किया खड़ा है, नेहा जिसने दिया बड़ा है ।

124. Story of Kaikeyī's stubbornness (2. Ayodhyā Kānd)

उसको देश बहिष्कृत करना, उससे बुरा न दुष्कृत वरना ।। 3030/5205

रामचंद्र को वन भिजवाना, अपने कर से प्राण गँवाना ।
जब देखेगी वन को जाता, हाय! मरेगी रोती सीता ।। 3031/5205

नई नवेली घर है आई, मगर उजड़ता कुल है पाई ।
विदेह ने रघुकुल में दीन्ही, तूने सिया तू अभागन कीन्ही ।। 3032/5205

देख पति वन जाता प्यारा, वज्रघात है उस पर भारा ।
सुन उसकी वह गदगद बानी, उर होगा मम पानी पानी ।। 3033/5205

राम पियारी है वैदेही, पतिव्रता है निर्मल स्नेही ।
प्राण तजेगी पति के जाते, सोच सोच मम अंग कँपाते ।। 3034/5205

दोहा॰ नृप आए जब होश में, किट किट बाजे दाँत ।
फिर से पत्नी को कहा, सुनले मेरी बात ।। 3316/7162

जीवन मेरा राम है, उसके बिना न प्राण ।
उसको जाता देख कर, मुझे चुभेंगे बाण ।। 3317/7162

नई नवेली है सिया, आई लेकर आस ।
क्यों डाले फिर तू बता, उसके गल में फाँस ।। 3318/7162

राम पियारी है सिया, पतिव्रता वह नार ।
प्राण तजेगी बिरह में, उसको तो मत मार ।। 3319/7162

 संगीतश्रीकृष्णरामायण गीतमाला, पुष्प 523 of 763

(अगम हरि के काम)

स्थायी
रघुपति! अगम है काम तिहारे ।
♪ रे_ग_म_ग! पम_ग रे म-ग रेसा-रे- ।

अंतरा –1
जगत जनों के भय दुस्तारे, संकट सारे राम उतारे ।
विघ्न घोर जब राम को घेरे, तब कौन उसे दे सहारे ।।

124. Story of Kaikeyī's stubbornness (2. Ayodhyā Kānd)

♫ सासासा सारेरे ग- पम ग-रे-ग-, प-मग रे-म- प-म गरे-म- ।
प-ध नि-ध पम प-म ग म-प-, मम- ध-प मग- मप रेसा-रे- ।।

अंतरा -2

निश-दिन पाहि राम सखा रे, भगत जनों को साँझ सकारे ।
जब हो अपने पिता दुखारे, तब दूर से राम निहारे ।।

अंतरा -3

नई दुल्हनिया आई घर में, पति उसका भेजा हो वन में ।
सीता पर जब कष्ट घनेरे, तब कौन है उनको उबारे ।।

(और)

कौशल्या सुख स्नेहिल बाती, करती तव सेवा दिन-राती ।
उस पर क्या बीतेगी आगे, जरा सोच तू, अधम अभागे! ।। 3035/5205

लखन बिरह को कथं सहेगा, राम बिना वह कथं रहेगा ।
भरत पाप तव जब जानेगा, राम-पतन को ना मानेगा ।। 3036/5205

राम रतन जनपद का प्यारा, सबके मन का राजदुलारा ।
मंत्री गण का नंद पियारा, चीरो मत तुम प्रजा जियारा ।। 3037/5205

राघव जब देखूँ वन जाता, मर जाऊँगा मैं बिलखाता ।
निरपराध वह दंडित ऐसे, पातक तू भुगतेगी कैसे ।। 3038/5205

राम सुकोमल नित सुख भोगी, वल्कल धारे बन कर जोगी ।
कैसे बसे जहाँ गिरि पादप, हिंसक श्वापद वर्षा आतप ।। 3039/5205

✍दोहा॰ **कौशल्या होकर बड़ी, रानी राघव-मात ।**
तेरी सेवा में लगी, रहती है दिन-रात ।। 3320/7162

उस पर तेरा रोष क्यों, वह तो है निष्पाप ।
उससे सुत को छीन कर, तुझे लगेगा पाप ।। 3321/7162

देखूँगा मैं जब, प्रिये! वन में जाता राम ।
मर जाऊँगा बिलखता, तुमरा आँचल थाम ।। 3322/7162

नई नवेली है बहू, नहीं हुए दिन सात ।

124. Story of Kaikeyī's stubbornness (2. Ayodhyā Kānd)

कैसे वह सह पाएगी, दुख का यह आघात ।। 3323/7162

कैसे वर्षा धूप में, हिंस्र जीव के साथ ।
गिरि कंदर जलपात में, जीएगा रघुनाथ ।। 3324/7162

कोमल काया राम है, सुख में वह दिन-रात ।
कैसे वन में जी सके, वल्कल धारण गात ।। 3325/7162

निरपराध को दंड यों, क्यों देती हो शाप ।
कैसे इतना घोर ये, भुगतेगी तू पाप ।। 3326/7162

(कैकेयी-दशरथ अंतिम संवाद)

रानी बोली, मैं ना जानूँ, रोना तेरा मैं ना मानूँ ।
वर मेरे तुम मुझको दे दो, आगे जो होता होने दो ।। 3040/5205

तू थी मेरी प्रिया पियारी, आदर तुझे दिया मैं भारी ।
मेरा घात किया तू घोरा, लिहाज तूने किया न थोड़ा ।। 3041/5205

दी सब तुझको सुख की बातें, प्रेम मिलन में काटीं घातें ।
तुझको दी मैं मीठी रातें, संग तेरे, हर अवसर पाते ।। 3042/5205

फल उनका कटु मुझे दिया है, अब मेरा तू घात किया है ।
तुझे मधुर रस मैंने माना, विष देगी तू ये ना जाना ।। 3043/5205

आग पर शलभ दीवाना ज्यों, पागल था मैं तुझ पर भी त्यों ।
सदा दिया मैंने सुख तुझको, फल में तू दीन्हा दुख मुझको ।। 3044/5205

दोहा॰ मैंने तुझको आज तक, दीन्हा सच्चा प्यार ।
ये ना सोचा, यों मुझे, डालेगी तू मार ।। 3327/7162

इससे अच्छा तो मुझे, शंबर देता मार ।
तुझे लिए वो भागता, असुर, नरक के द्वार ।। 3328/7162

रानी अडिग डटी रही, अपने हठ पर ढीठ ।
टस से मस ना वह हुई, खड़ी घुमा कर पीठ ।। 3329/7162

(और)

124. Story of Kaikeyī's stubbornness (2. Ayodhyā Kānd)

रति रस तूने मुझे पिला कर, झूठा मीठा प्रेम दिला कर ।
जान मुझे तू भोला भाला, दो-वर फाँसा गल में डाला ।। 3045/5205

भरत भ्रातृ-भगत है न्यारा, सदाचार सद्‌गुण का प्यारा ।
मुझे मार कर क्या पाएगी, क्यों बेवा बन कर जीएगी ।। 3046/5205

पूर्व कर्म का घना पाप है, मेरा मारक बना शाप है ।
आज स्वप्न से मैं हूँ जागा, जाना कितना बना अभागा ।। 3047/5205

कह कर "भाग्य हुए हैं सूने," बढ़े नृपति उसके पग छूने ।
दो कर जोड़े, होले-होले, कदम काँपते डगमग डोले ।। 3048/5205

चार कदम ही आगे बढ़ कर, दशरथ गिरे वदन के बल पर ।
ग्लानि आकर भए अचेता, फिर से खोई अपनी चेता ।। 3049/5205

दोहा॰ **नृप बोला, मैंने तुझे, सुख दीन्हा दिन-रात ।**
उसके बदले तू किया, मूढ़े! मेरा घात ।। 3330/7162

रति रस दीन्हा तू मुझे, उसमें मिलाय विष ।
मेरी आँखें अब खुलीं, जब तू फोड़ा शीश ।। 3331/7162

भ्रातृ-भगत सुत भरत है, नीति धर्म का पाल ।
ना मानेगा वो कभी, तेरी पापी चाल ।। 3332/7162

इतना कह कर नृप पुनः, गए धरा पर लेट ।
दोनों आँखे मीच कर, मुख पर बाँह लपेट ।। 3333/7162

संगीतश्रीकृष्णरामायण गीतमाला, पुष्प 524 of 763

दादरा ताल

(कैकेयी के हठ की कथा)

स्थायी

गीत शारद ने मंजुल है गाया, साज नारद मुनि ने बजाया ।
रत्नाकर से है मंगल रचाया, रामायण को है सुंदर सजाया ।।

♫ म-ग म-म- म प-म- ग म-प-, रे-ग म-म- मध- प- मग-म- ।

125. Kaikeyī-Rāma dialogue (2. Ayodhyā Kānd)

रेगम-म म- म ध-प- गम-प-, रे-ग-म- म- म ध-प- मग-रे- ।।

अंतरा-1

कीन्ही फुत्कारें नागिऽन जैसी, करी गुरगुऽर बाघिऽन जैसी ।

धूली धूसर भी काया पे पोता, लेट भूमि पर स्वाँगऽ सजाया ।।

♫ सांसां नि-रें-सां ध-नि-ध प-म-, सांसां निनिरें-सां ध-नि-ध प-म- ।

म-ग म-म- म प-म- ग म-प-, रे-ग म-म- म- ध-प- मग-रे- ।।

अंतरा-2

नृप बोला, हुआ क्या तुझे है, दूँगा जो माँग रानी मुझे है ।

राज सारा हि ले ले तू मेरा, प्राण भी माँग ले आज, जाया![86] ।।

अंतरा-3

बोली, "राजा भरत को बनाओ, कल राघव को वन में पठाओ" ।

सुनके दशरथ बहुत घबराया, काँपता हाँफता मूऽर्झाया ।।

125. कैकेयी-राम संवाद की कथा :

125. Kaikeyī-Rāma dialogue (2. Ayodhyā Kānd)

♫ **संगीतश्रीकृष्णरामायण छन्दमाला, मोती 346 of 501**

वक्त्र छन्द[87]

ऽ । ।, ऽ ऽ ऽ, ऽ ऽ ऽ

(कैकेयी राम संवाद)

राघव को बोली कैकेयी, आज पिता तेरा सौदाई ।

देकर ये दो वादे मोहे, स्वाँग दिखाता है रे! तोहे ।। 1

तू पहले वादे से दे दे, नंदन मोरे को गद्दी ये ।

---

[86] जाया! = हे पत्नी!

[87] ♫ **वक्त्र छन्द** : इस छन्द को ♫ **स्निग्धा छन्द** भी कहते हैं । इस 9 वर्ण, 16 मात्रा वाले बृहति छन्द के चरणों में भ म म गण आते हैं । इसका लक्षण सूत्र ऽ । ।, ऽ ऽ ऽ, ऽ ऽ ऽ इस प्रकार है ।

▶ लक्षण गीत : ✍ **दोहा॰ सोलह मात्रा से सजा, नौ अक्षर का वृंद ।**

भ म म गणों से बना, वही "वक्त्र" है छंद ।। 3334/7162

125. Kaikeyī-Rāma dialogue (2. Ayodhyā Kānd)

दंडक तू दूजे से जावे, चौदह तू ना लौटा आवे ।। 2
राघव बोला, मैं जाता हूँ, राज्य उसे मैं दे देता हूँ ।
मैं कुल की मर्यादा जानूँ, बात पिता श्री की मैं मानूँ ।। 3

ॐ श्लोकौ

राममुवाच कैकेयी राघव शृणु मे वचः ।
द्वौ वरौ दत्तवान्मह्यं रघुपतिः पिता तव ।। 1908/2422

तस्मात्त्वं दण्डकं गच्छ कृत्वा च भरतं नृपम् ।
आह "तथास्तु" श्रीरामः कैकेयीं मातरं सुखम् ।। 1909/2422

कथा

(कैकेयी)
पति को उसने अचेत पाया, उसके मन मनगढ़ंत आया ।
उसने सचिव सुमंत्र बुलाया, "राम को लाओ" उसे बताया ।। 3050/5205

दोहा॰ पति को मूर्छित देख कर, चली नई वह चाल ।
भेजा सचिव सुमंत्र को, लाने दशरथलाल ।। 3335/7162

(दास)
भृत्य सचिव को गया बुलाने, जितना हो जल्दी से लाने ।
सचिव लगे थे धूम धाम में, अभिषेक के विविध काम में ।। 3051/5205

मंत्र पठन आरंभ हुआ था, पूजित विजयस्तंभ हुआ था ।
अतिथि सुजन सब खड़े हुए थे, मन में हर्षित बड़े हुए थे ।। 3052/5205

(तब, सुमंत्र से)
लगा रहे थे सुमंत्र चंदन, कहा भृत्य नें करके वन्दन ।
मँझली रानी बुला रही है, "तुरत राम को लाव" कही है ।। 3053/5205

(राम के कक्ष में)
पवन वेग से सुमंत्र धाया, तुरंत राम भवन में आया ।
यहाँ स्वर्ग सा खिला हाल था, देख सचिव का मन निहाल था ।। 3054/5205

राम सजा था कुमार सुंदर, देख प्रफुल्लित हुआ सुमंतर ।

125. Kaikeyī-Rāma dialogue (2. Ayodhyā Kānd)

शीश मुकुट कंचन मणिवर का, पीत पीतांबर शुभ कटि पर था ।। 3055/5205

कानन कुंडल मन को भाते, मोती माला हृदय लुभाते ।
मुंदरी सुंदर रघुनंदन की, पाँव खड़ाऊँ कठ चंदन की ।। 3056/5205

सिया सजी थी राज कुमारी, केश वेश सुशोभित भारी ।
सजे धजे थे सीता रामा, राजहंस जोड़ा अभिरामा ।। 3057/5205

सचिव राम को बोला, स्वामी! बुला रही कैकेयी रानी।
मेरे सह अब चलिए, ताता! राह तकत है, मँझली माता ।। 3058/5205

दोहा॰ गया सुमंतर भागता, लाने को श्री राम ।
बिना देर के, शीघ्र ही, सभी छोड़ कर काम ।। 3336/7162

राम-सिया थे कक्ष में, सजत रहे अभिराम ।
सीता कल रानी बने, अधिप बनेगा राम ।। 3337/7162

सिया सजी थी सुंदरी, स्वर्ग परी समतोल ।
पायल कुंडल कंगना, भूषण थे अनमोल ।। 3338/7162

राघव पहने मुकुट थे, गल में मोती हार ।
कर में मुंदरी स्वर्ण की, पाँव खड़ाऊँ डार ।। 3339/7162

मंत्री आया कक्ष में, लेकर वह संदेश ।
"राह तकत है मध्य-माँ, चलो साथ, अवधेश!" ।। 3340/7162

(राम)

बोले राघव प्रियतमा से, सचिव संदेसा लाया माँ से ।
साथ सचिव के मैं जाता हूँ, आशिष लेकर मैं आता हूँ ।। 3059/5205

उत्सव की होगी कुछ बाता, या अति उत्सुक होंगे ताता ।
द्वार तक चली पति के संगा, "आओ जल्दी" कही धर अंगा ।। 3060/5205

आकर सभी सुनाऊँ तुमको, समाचार शुभ, शुभे! सुमन को ।
अभिषेचन की घड़ी आ रही, परम हर्ष की लड़ी छा रही ।। 3061/5205

125. Kaikeyī-Rāma dialogue (2. Ayodhyā Kānd)

दोहा॰ कहा सिया से राम ने, माँ का है संदेश ।
आता मैं माँ से मिले, देखूँ क्या है शेष ।। 3341/7162

उत्सव का कछु काम हो, या माता को आस ।
या कोई हो पाहुना, आया नृप के पास ।। 3342/7162

आकर फिर तुमसे कहूँ, समाचार शुभ ठीक ।
आया है अभिषेक का, समय बहुत नजदीक ।। 3343/7162

(कैकेयी के शयन भवन में)
दौड़े-दौड़े पौड़ी चढ़ कर, राम चले तब आगे बढ़ कर ।
मातु कक्ष में ज्यों ही आए, दृश्य देख कर वे घबराये ।। 3062/5205

दोहा॰ राम भवन में जब गए, शीघ्र गति की चाल ।
हक्के-बक्के रह गए, देख पिता के हाल ।। 3344/7162

पितु पड़े थे औंधे नीचे, मातु खड़ी थी उनके पीछे ।
लंबी साँस कराह रहे थे, नयनन आँसू बहा रहे थे ।। 3063/5205

सिसक-सिसक कर रोय रहे थे, सचेत-अचेत हो हि रहे थे ।
सुत को एक टुक देख चेतना, पुनः खो गए, अकथ यातना ।। 3064/5205

दोहा॰ पिता पड़े हैं भूमि पर, मातु खड़ी है पास ।
पितृनयन में नीर हैं, सिसक रही है साँस ।। 3345/7162

नृप ने देखा राम को, एक निमिष गंभीर ।
पुनः खोगयी चेतना, अथक यातना पीड़ ।। 3346/7162

 संगीतश्रीकृष्णरामायण गीतमाला, पुष्प 525 of 763

(राम की बाते राम ही जाना)

स्थायी

सुख आना है या दुख आना, राम की बातें राम ही जाना ।
तिलक लगे कल, या बनबासा, राम ही जाने राम की भासा ।।

♪ सारे ग-म- म- प- मग रे-म-, नि-ध प म-प- मपम ग रेसा- ।

125. Kaikeyī-Rāma dialogue (2. Ayodhyā Kānd)

रेरेरे रेग- मम, ध- पमग-म-, प-प प म-प- म-ग ग रे-सा- ।।

अंतरा-1

शीश मुकुट कंचन मणिवर का, पीत पीतांबर शुभ कटि पर था ।
कानन कुंडल मन को भाते, हार गले के नयन लुभाते ।
मुंदरी मंगल रघुनंदन की, पग में खड़ाऊँ कठ चंदन की ।
राजपुत्र सजा था सुंदर, देख प्रफुल्लित हुआ सुमंत्र ।
हो अभिषेका या बनबासा, राम का निर्णय राम के पासा ।।

♫ सा-सा सारेरे रे-गग ममगरे सा-, रे-रे रेग-गग मम मम गग रे- ।
ग-गग म-मम पप मग रे-ग-, म-म मप- प- ममम गरे-ग- ।
पपप- ध-पम ममप-धध प-, धध ध धनि-ध- पप म-मम म- ।
सा-सारे-रे गरे- ग- म-मम, प-प पध-पप गम- पम-मम ।
रे- रेरेग-म- ध- पमग-म-, प-प प म-पप म-ग ग रे-सा- ।।

अंतरा-2

सिया सजी थी राजकुमारी, केश वेश सुशोभित भारी ।
सचिव संदेसा लाया माँ से, बोला सुस्मित राम, रमा से ।
साथ सचिव के मैं जाता हूँ, आशिष माँ का ले आता हूँ ।
द्वार तक चली पति के संगा, आओ जल्दी कही धर अंगा ।
सिया खड़ी है धर मन आसा, राम ही देवे उसे दिलासा ।।

अंतरा-3

जन जनपद के ऋषि-मुनि सारे, राजा अतिथि आन पधारे ।
समारोह की हुई तयारी, मंडप में जन हर्षित भारी ।
माता हठ पर अड़ी पड़ी है, विकट समस्या करी खड़ी है ।
पिता धरा पर चित पड़े हैं, राम सामने चकित खड़े हैं ।
लिखा जा रहा है इतिहासा, राम न जाने कोई निरासा ।।

(राम)

परम विनय से राम ने कहा, माते! पितु को क्या है हो रहा ।
मुझे देख कर हर्षित होते, आज फेरके मुख क्यों रोते ।। 3065/5205

अघ मेरा यदि होवे कोई, दो आज्ञा मैं करता सो ही ।

125. Kaikeyī-Rāma dialogue (2. Ayodhyā Kānd)

वचन भँग मैं नहीं करूँगा, तात के लिए सहँस मरूँगा ।। 3066/5205

दोहा॰ परम विनय से राम ने, कही मातु से बात ।
"आज अचानक क्या हुआ, अचेत क्यों हैं तात ।। 3347/7162

"मुझको आता देख कर, हर्षित जिनका गात ।
आज नैन में नीर है, क्यों न करत कछु बात" ।। 3348/7162

व्यथा पिता को क्यों घनी, कहो मुझे तुम, मात! ।
आज्ञा जो भी दो मुझे, करूँ वही मैं बात ।। 3349/7162

वचन भंग मैं ना करूँ, बिना किसी अपवाद ।
चाहे करते मैं मरूँ, तव आज्ञा के बाद ।। 3350/7162

(रानी का मनगढंत युक्तिवाद)

मूर्छित ना है पिता तिहारे, लेटा है लज्जा का मारे ।
तुमसे कहने डर है पाते, तुम्हें सुनाने मुझे बताते ।। 3067/5205

"सुत यदि मम कहना ना माना, हो जावे मम अति अपमाना" ।
यही सोच कर मुख ना खोले, तुमसे कहने मुझसे बोले ।। 3068/5205

यदि तुम इसका वचन निभाओ, नृप का मन हर्षित तुम पाओ ।
अगर हाँ कहो तभी बताऊँ, इसकी इच्छा तुम्हें सुनाऊँ ।। 3069/5205

सुनो पुत्र! ये कहना सच्चा, पिता के लिए मानो अच्छा ।
सत्य-धर्म से यदि डरोगे, रघु कुल को तुम नष्ट करोगे ।। 3070/5205

दोहा॰ पिता तिहारा ठीक है, ना वह पड़ा अचेत ।
स्वाँग धरा है लाज से, तुमको झाँसा देत ।। 3351/7162

डरत रहा है वो स्वयं, कहने मन की बात ।
मुझको कहता, "तुम करो," राघव पर आघात ।। 3352/7162

कितना दंभी है, रघो! देखो तुमरा बाप ।
अपने बदले में मुझे, देता अपना पाप ।। 3353/7162

125. Kaikeyī-Rāma dialogue (2. Ayodhyā Kānd)

इच्छा पितु की पूर्ण तुम, अगर करोगे आप ।
उठ बैठेगा हर्ष से, निर्भय होकर बाप ॥ 3354/7162

"हाँ" कह दोगे तो कहूँ, इच्छा पितु की, राम! ।
सत्यधर्म को पाल कर, बनो पुत्र! कृतकाम ॥ 3355/7162

प्रण में उसको फाँस कर, पति को दीन्ही मात ।
तथा वचन में बाँध कर, राघव पर आघात ॥ 3356/7162

(तब)
सुन कर कैकेयी की वाणी, राम को लगी अति हैरानी ।
बोले अनर्थ यह होते हैं, मेरे कारण पितु रोते हैं ॥ 3071/5205

मुझसे कहते भय हैं पाते, पीड़ित होकर हृदय दुखाते ।
हतभागा मैं धिक् है जीना, इससे अच्छा विष है पीना ॥ 3072/5205

कहो मात! मैं क्या कर पाऊँ, कैसे पितु की बात निभाऊँ ।
जल में डूबा मैं गल जाऊँ, कूद आग में या जल जाऊँ ॥ 3073/5205

दोहा॰ सुन कर माँ के शब्द वे, राघव थे हैरान ।
फिर भी संयम को धरे, शाँत रहे श्री राम ॥ 3357/7162

माते! तुम मुझको कहो, बात सहित संतोष ।
आज्ञा पितु की जो भी हो, तुम्हें न दूँगा दोष ॥ 3358/7162

"वचन पिता का मैं सुनूँ, बड़े प्रेम के साथ ।
प्राण जाय तो भी करूँ," बोले श्री रघुनाथ ॥ 3359/7162

(कैकेयी बोली)
सुनो राम! वह कथा पुरानी, यथा घटी थी तथा बखानी ।
अपनी बीती कहूँ कहानी, नृप को अब जो देती ग्लानि ॥ 3074/5205

छीना आसन जब इंदर का, युद्ध हुआ नृप से शंबर का ।
घाव अचानक लग कर भारा, नृप बेसुध हो गिरा बिचारा ॥ 3075/5205

मैंने रथ तब दूर भगाया, नृप को मैंने आप बचाया ।

125. Kaikeyī-Rāma dialogue (2. Ayodhyā Kānd)

स्वस्थ हुआ जब बोला मुझको, "वर जो माँगो, दूँगा तुझको" ॥ 3076/5205

यथा वचन, जब मम मन लागे, आज पुराने दो-वर माँगे ।
"भरत भूप हो पहले वर से, दूजे से तू वन जा घर से ॥ 3077/5205

"चौदह वत्सर बना प्रवासी, वन में तू होजा बनवासी" ।
पिता तुझे कहने को डरता, मगर यही उसका मन करता ॥ 3078/5205

✍ दोहा॰ "दो-वर" का वृत्तांत वो, नमक मिर्च के साथ ।
मँझली माँ कहती गयी, सुनत रहे रघुनाथ ॥ 3360/7162

बोली माता राम को, बहुत जता कर प्रीत ।
रखो पुत्र! तुम ध्यान में, रघु कुल की शुभ रीत ॥ 3361/7162

बाँध बचन में राम को, बड़े हुनर के साथ ।
बोली अपने काम की, "दो-वर" वाली बात ॥ 3362/7162

"पहले वर से, पुत्र! तुम, जाओ वन में आज ।
दूजे वर से भरत को, दे दो अपना राज" ॥ 3363/7162

🎵 संगीतश्रीकृष्णरामायण छन्दमाला, मोती 347 of 501

शिखरिणी छन्द

। ऽ ऽ, ऽ ऽ ऽ, । । ।, । । ऽ, ऽ । ।, । ऽ

🎵 सा ग- नि-सा-रे ग रे-, सा रे ग प! म ग रे, ग- रे ग रे सा-
(कैकेयी आदेश)

कहा कैकेयी ने, रघुवर! सुनो, "दो-वर" कथा ।
दिये जो राजा ने, रण पर मुझे, युद्ध जब था ॥ 1
अयोध्या की गद्दी, प्रथम वर से, दे भरत को ।
तथा दूजे से चौ-दश बरस तू, जा विपिन को ॥ 2

(अब)
इच्छा पितु की यदि सफल तू, करना चाहे खरी सकल तू ।
सुत! बचनन मम, मन में लाओ, सरल यहाँ से वन में जाओ ॥ 3079/5205

मुकुट सुमंगल हार उतारो, मृगछाला वल्कल तुम धारो ।

125. Kaikeyī-Rāma dialogue (2. Ayodhyā Kānd)

बसो विपिन में तुम दिन-राती, खाओगे तुम जड़ फल पाती ।। 3080/5205

पशु असुरों से मत घबड़ाना, वापस चौदह वर्ष न आना ।
तिलक भरत का जब भी होगा, तोष पिताश्री को तब होगा ।। 3081/5205

कहना चाहत यही भूप है, स्वाँग किए ये धरा रूप है ।
संकट से तुम उसको तारो, वचन सफल कर उसे उबारो ।। 3082/5205

दोहा॰ **इच्छा पितुवर की अगर, सफल करो तू, राम! ।**
पुत्र-धर्म को पाल कर, होंगे तुम कृतकाम ।। 3364/7162

कहना चाहत है यही, पिता तिहारा, राम! ।
मगर स्वाँग इसने रचा, करन मुझे बदनाम ।। 3365/7162

उसका संकट जान कर, करो शीघ्र तुम काम ।
उसे उबारो आज तुम, छोड़ो अब तुम धाम ।। 3366/7162

(फिर)

माँ बोली, ना देर लगाओ, अब तुम जल्दी वन में जाओ ।
कहो विदा तुम अब माता को, सीता अरु लछमन भ्राता को ।। 3083/5205

अवध नगर में तुमरे होते, पिता रहेंगे अविरत रोते ।
रोते रोते तन तज देंगे, पितृ-हनन अघ तुम पर देंगे ।। 3084/5205

दोहा॰ **पुत्र! अभी तुम शीर्श से, मुकुट उतारो हार ।**
राघव! बन जाओ वनी, कटि पर वल्कल धार ।। 3367/7162

मुनि बन कर वन में बसो, खाय कंद फल घास ।
चौदह वर्ष न लौटना, फिर आना पितु पास ।। 3368/7162

तिलक लगे जब भरत को, मिले अवध का राज ।
सुखी पिता होंगे तभी, सफल किए दो काज ।। 3369/7162

संकट में तुमरे पिता, घिरे हुए, रघुनाथ! ।
उन्हें उबारो, पुत्र! तुम, क्षात्र-धर्म के साथ ।। 3370/7162

(राम)

125. Kaikeyī-Rāma dialogue (2. Ayodhyā Kānd)

(स्वगत)

माता सौतेली के मुख से, निकले शब्द विषैले, सुख से ।
"वचन बाण वे बेधक पैने, हिरदय पर सब झेले मैंने" ।। 3085/5205

दोहा॰ मुख से मँझली मातु के, निकले पैने तीर ।
झेल रहे थे स्वगत ही, बिना जताए पीर ।। 3371/7162

(और)

बहुत दुःख वे बचनन दीन्हे, राघव फिर भी ढाढ़स कीन्हे ।
यत्किंचित् ना डगमग डोले, शाँत भाव से माँ को बोले ।। 3106/5205

दोहा॰ धीरज धारे थे खड़े, सुनत मातु की बात ।
श्री राघव सर्वज्ञ ने, सुना सर्व ही शाँत ।। 3372/7162

(फिर बोले)

"मुझे पिताश्री नहीं बताते, वन-आज्ञा वे नहीं सुनाते ।
फिर भी, माता! मैं अब जाता, वचन पिता का सभी निभाता ।। 3087/5205

"कहा तिहारा शिरोधार्य है, क्षात्र-धर्म ये मुझे आर्य है ।
तुम्ही पिता को समझा देना, अब तुम माँ! हर्षित हो जाना" ।। 3088/5205

दोहा॰ मुझे पिता ने ना कही, अपने मुख से बात ।
फिर भी मैं वन में चला, वचन निभाने, मात! ।। 3373/7162

"हाँ, माँ!" कह कर राम ने, तज कर मकुट लिबास ।
वल्कल धारण कर लिए, करने विपिन निबास ।। 3374/7162

संगीतश्रीकृष्णरामायण गीतमाला, पुष्प 526 of 763

खयाल : राग अल्हैया बिलावल,[88] तीन ताल 16 मात्रा

---

[88] **राग अल्हैया बिलावल** : यह बिलावल ठाठ का राग है । इसका आरोह है : सा, रे, ग रे ग प, ध नि सां । अवरोह है : सां नि ध प, ध नि ध प, म ग म रे, सा ।

▶ लक्षण गीत : **दोहा॰ वर्ज्य म आरोही रहे, अवरोही नि विशेष ।**

125. Kaikeyī-Rāma dialogue (2. Ayodhyā Kānd)

(चाल, तबला ठेका और तान के लिए देखिए हमारी *नई संगीत रोशनी* का गीत 36)

(भरत)

स्थायी
साफ कहो तुम दिल में क्या है, हँस कर बात बताओ हमको ।

♪ धनिसांध पमग मरे गमपमग मरे सा-, गग मरे गपनि निसां-रेंनिसां धनिधप ।

अंतरा-1
सच्चे बोल सुखावे रब को, मिल जुल कर सुख आवे सबको ।

♪ पप- निधनि निसां-सां- सांरें सां-, सांगं मंमंगं मरें सांसां सां-रेंनिसां धनिधप ।

अंतरा-2
प्यारे शब्द सुहावे मन को, तन से दूर भगावे गम को ।

 संगीतश्रीकृष्णरामायण गीतमाला, पुष्प 527 of 763

दादरा ताल
(कैकेयी राघव संवाद की कथा)

स्थायी
गीत शारद ने मंजुल है गाया, साज नारद मुनि ने बजाया ।
रत्नाकर से है मंगल रचाया, रामायण को है सुंदर सजाया ॥

♪ म-ग म-म- म प-म- ग म-प-, रे-ग म-म- मध- प- मग-म- ।
रेगम-म म- म ध-प- गम-प-, रे-ग-म- म- म ध-प- मग-रे- ॥

अंतरा-1
बोली कैकेऽयी, श्री राम प्यारे! स्वाँग तेरे पिता ने हैं धारे ।
दीन्हे मुझको थे "दो-वर" इसी ने, आज ये है मुकरने पे आया ॥

♪ सांसां नि-रें-सां, ध- नि-ध प-म-! सांसां नि-रें- सांध- नि- ध प-म- ।
मग ममम- म "प- मम" गम- प-, रे-ग म- म- मधधप- म ग-रे- ॥

अंतरा-2
पहले वर से भरत राज्य पावे, दूजे वर से तू बनबास जावे ।
तभी होवे वचन मुक्त राया, कैकेयी ने उसे खऽड़काया ॥

ध ग वादी संवाद से, "अल्हैया बिलावल" श्लेष ॥ 3375/7162

126. Rāma ordered to go to exile in the forest (Ayodhyā Kānd)

अंतरा-3

राम बोला, "डरो नाहीं माता! राम तेरा बचन है निभाता ।
राजा होगा भरत मेरा भैया, चला वन में मैं, खुश होजा मैया!" ।।

अयोध्या काण्ड : पाँचवाँ सर्ग

The 126. वनवास गमन की आज्ञा की कथा :

126. Rāma ordered to go to exile in the forest *(Ayodhyā Kānd)*

संगीतश्रीकृष्णरामायण छन्दमाला, मोती 348 of 501

विध्यंकमाला छन्द[89]

ऽ ऽ ।, ऽ ऽ ।, ऽ ऽ ।, ऽ ऽ

(कैकेयी आज्ञा)

कैकेइ बोली, सुनो राम प्यारे! आज्ञा हमारी पिता को उबारे ।
श्रृंगार सारे तिहारे उतारो, छाला खड़ाऊँ जटा-जूट धारो ।। 1
लेलो विदाई सिया से पियारी, भ्राता सगे मित्र माता तिहारी ।
"आज्ञा कहो जो हि मोहे करारी, पूरी करूँगा समूची तुम्हारी" ।। 1

श्लोकौ

तत उवाच केकेयी राघव स्वीकृतिस्तव ।
सन्तुष्टं पितरं कृत्वा वरमुक्तं करिष्यति ।। 1910/2422

विहाय राजचिह्नानि रामोऽगृह्णाद्धि वल्कलम् ।
मात्रे प्रणम्य शीर्षं स पितरमनमत्तथा । 1911/2422

(कैकेयी)

---

[89] **विध्यंकमाला छन्द** : इस 11 वर्ण, 19 मात्रा वाले त्रिष्टुभ् छन्द के चरणों में तीन त गण और दो गुरु आते हैं । इसका लक्षण सूत्र ऽ ऽ ।, ऽ ऽ ।, ऽ ऽ ।, ऽ ऽ इस प्रकार होता है । विराम चरणान्त होता है ।

▶ लक्षण गीत : **दोहा० मत्त उन्नीस का बना, दो गुरु मात्रा अंत ।**
तीन त गण का वृंद जो, "विध्यंकमाला" छंद ।। 3376/7162

126. Rāma ordered to go to exile in the forest (Ayodhyā Kānd)

कैकेयी ने हेतु सधाया, पतिमुख अपना कहा थमाया ।
"हाँ" सुनते ही, आतुर नारी, विपिन भेजने करी तयारी ।। 3089/5205

दोहा॰ रानी ने अपना कहा, पति-मुख दीन्हा थाम ।
मगर सचाई है कहाँ, जानत हैं श्री राम ।। 3377/7162

कुब्जा दासी ने बुरा, उगला है जो पाप ।
उसी चाल से जो चली, जानो पापी आप ।। 3378/7162

📖 कथा 📖

(सुमित्रा-राम संवाद)
कैकेयी को करके वन्दन, पितु पग पर सिर रख रघुनंदन ।
राज वस्त्र राघव ने त्यागे, माला मुकुट मातु के आगे ।। 3090/5205

पूज्य पिता को हाथ जोड़ कर, परम तात का साथ छोड़ कर ।
राम सुमित्रा माँ के आया, पद पर अपना शीश नवाया ।। 3091/5205

मिल कर वह छोटी माता से, गले लग गया अति ममता से ।
देख राम को वल्कल-धारी, उसके हिरदय चली कटारी ।। 3092/5205

दोहा॰ मँझली को वन्दन किए, पितु के छू कर पाँव ।
आए राघव मुनि बने, छोटी माँ के ठाँव ।। 3379/7162

माता के पग राम ने, नम्र झुकाया शीश ।
लगा गले फिर मातु के, रामचंद्र जगदीश ।। 3380/7162

लखा सुमित्रा ने जभी, वल्कल-धारी राम ।
बोली, राघव! पुत्रवर! किसका है यह काम ।। 3381/7162

(सुमित्रा)
हक्की-बक्की हुई निढाली, अवाक् कछु ना शब्द निकाली ।
ग्लानि आकर गिरी धड़ामा, झेला कर में उसको रामा ।। 3093/5205

गले राम ने उसे लगाया, विह्वलता को दूर भगाया ।
माता उस पर आशिष वारे, स्नेह प्रेम के वत्सल भारे ।। 3094/5205

126. Rāma ordered to go to exile in the forest (Ayodhyā Kānd)

रोती माता बोली, प्यारे! वल्कल तुमने क्यों हैं धारे ।
क्यों यह तेरा आज रूप है, तुझको होना आज भूप है ।। 3095/5205

दोहा॰ आज तुम्हें अभिषेक है, फिर क्यों ऐसा रूप ।
वल्कल में कोई भला, बनता है क्या भूप? ।। 3382/7162

मातु सुमित्रा से कहा, राघव ने वृत्तांत ।
और कहा, माते! सुनो, तुम सब मन से शाँत ।। 3383/7162

(राम)
"पितु-आज्ञा का यह पालन है, क्षात्र-धर्म का यह चालन है" ।
हँस कर मुझे विदा दो, माता! ताकि निऋण हो जावें ताता ।। 3096/5205

माता बोली, जाओ प्यारे! वचन पिता का सिर पर धारे ।
कभी न तू कछु धीरज हारे, माता ममता साथ तिहारे ।। 3097/5205

आगे बोली, जुग-जुग जीओ, जहाँ रहो सुत! धर्म निभाओ ।
आर्य कार्य कर पुण्य कमाओ, जीवन जग आदर्श बनाओ ।। 3098/5205

आशिष मेरे तुम पर प्यारे, शुभ वर्षण हों तुम पर सारे ।
नीति नियम कुल रीति बचाओ, एक नया इतिहास रचाओ ।। 3099/5205

दोहा॰ उनको राघव ने कही, "दो-वर" वाली बात ।
मँझली माँ के वचन भी, पुत्रधर्म के साथ ।। 3384/7162

बोला, मुझको दो विदा, वर-विमुक्त हों तात ।
माते! तुमरे स्नेह को, सिमरूँ मैं दिन-रात ।। 3385/7162

माता ने श्री राम को, दीन्हे आशिष ढेर ।
उसका माथा चूम कर, कहा, "करो मत देर" ।। 3386/7162

 संगीतश्रीकृष्णरामायण गीतमाला, पुष्प 528 of 763

दादरा ताल
(वनवास आज्ञा की कथा)
स्थायी

1392
रत्नाकर रचित संगीत-श्री-रामायण

127. Rāma-Sumitrā-Lakshman dialogue (2. Ayodhyā Kānd)

गीत शारद ने मंजुल है गाया, साज नारद मुनि ने बजाया ।

रत्नाकर से है मंगल रचाया, रामायण को है सुंदर सजाया ।।

♪ म-ग म-म- म प-म- ग म-प-, रे-ग म-म- मध- प- मग-म- ।

रेगम-म म- म ध-प- गम-प-, रे-ग-म- म- म ध-प- मग-रे- ।।

अंतरा-1

कैकयी बोली, मुकुट ये न धारो, वस्त्र सुंदर समूचे उतारो ।

राम को भस्म चंदन लगाया, चर्म वल्कल कटि पर पिन्हाया ।।

♪ सां-सां- नि-रें-, सांधध नि- ध प-म-, सां-सां नि-रेंरें सांध-नि- धप-म- ।

म-ग म- म-म प-मम गम-प-, रे-ग म-मम मध- पप मग-रे- ।।

अंतरा-2

लो विदाई सिया से तिहारे, मातु भाई तुम्हें जो पियारे ।

साथ वस्तुऽ न लो कुछ यहाँ से, संऽन्यासी वही है कहाया ।।

अंतरा-3

जो भी आज्ञा कहो, मेरी माते! होगी पालन तथा सारी बातें ।

पाँव छू कर अचेतन पिता के, राम लछमन से मिलने को आया ।।

127. **श्री राम-सुमित्रा-लक्ष्मण संवाद की कथा :**

127. Rāma-Sumitrā-Lakshman dialogue *(2. Ayodhyā Kānd)*

♪ **संगीतश्रीकृष्णरामायण छन्दमाला, मोती 349 of 501**

माणिक्यमाला छन्द[90]

। । ।, । ऽ ऽ, ऽ । ।, ऽ ऽ

(लक्ष्मण राम उर्मिला संवाद)

---

[90] ♪ **माणिक्यमाला छन्द :** इस 11 वर्ण, 16 मात्रा वाले त्रिष्टुभ् छन्द के चरणों में न य भ गण और दो गुरु वर्ण आते हैं । इसका लक्षण सूत्र । । ।, । ऽ ऽ, ऽ । ।, ऽ ऽ इस प्रकार है । विराम 6-5 पर विकल्प से होता है ।

▶ लक्षण गीत : ✍ **दोहा॰ सोलह मात्रा का बना, दो गुरु कल हों अंत ।**

जहाँ न य भ हों आदि में, "माणिक्यमाला" छंद ।। 3387/7162

127. Rāma-Sumitrā-Lakshman dialogue (2. Ayodhyā Kānd)

लछमन बोला, राघव भाई । कुकरम कीन्ही, कैकइ माई ।
रघुपति से मैं, जाकर बोलूँ । कपट भरी का, मैं छल खोलूँ ।। 1
रघुवर बोला, लक्ष्मण बंधो! मुनिमन सोचो, धीरज-सिंधो! ।
कुकरम माँ का दोष नहीं है । गत करनी का, धर्म यही है ।। 2
कहत सुमित्रा, "राघव प्यारे! वचन सभी हैं, सत्य तिहारे ।
सुत पितुआज्ञा, जो नित पाले । सद् गुण वाला, वो कहलाए" ।।

ॐ श्लोकाः

लक्ष्मण आह श्रीरामम्-अन्याय एष हे सखे! ।
"त्वं दण्डयसि निर्दोषं" वदिष्यामि नु मध्यमाम् ।। 1912/2422

उवाच लक्ष्मणं रामो मात्रे क्रोधं नु मा कुरु ।
एष तस्या न दोषो वै किन्त्वेतत्कर्मणः फलम् ।। 1913/2422

यथा पूर्वाणि कर्माणि तथाऽस्माकं फलानि भोः ।
रामचन्द्रं सुमित्राऽऽह सत्यं वदसि पुत्र त्वम् ।। 1914/2422

यो पालयति पित्राज्ञा स एव सद्गुणी सुतः ।
सुमित्रोवाच सौमित्रं त्वं रामानुज भाग्यवान् ।। 1915/2422

कथा

(लक्ष्मण)

सच्चा सुहृद सखा सुबंधु, साहस सेवा सत् सुख सिंधु ।
निर्भय पुरुष लषण गुणवाना, वीर क्षात्र बल प्रेम निधाना ।। 3100/5205

लछमन आकर बड़े क्रोध में, बोला माँ से वह विरोध में ।
मुझे न भायी बात राम की, नहीं लगे यह रीत काम की ।। 3101/5205

पिता धरा पर सुन्न पड़े हैं, राज्य त्याग पर राम अड़े हैं ।
निरपराध को दंड हो रहा, पुण्य कर्म में खंड हो रहा ।। 3102/5205

वह क्यों तज दे अपनी गद्दी, जिसका कोई नहीं विरोधी ।
न्याय बुद्धि की जो न बात है, आज्ञा ऐसी कही मात है ।। 3103/5205

127. Rāma-Sumitrā-Lakshman dialogue (2. Ayodhyā Kānd)

राघव को अनुनय है मेरा, उचित नहीं है यह व्यवहारा ।
तज देना अपना अधिकारा, वीर पुरुष का नहीं विचारा ।। 3104/5205

यदि कोई है राघव-बैरी, लाओ उसको आगे मेरी ।
सबक सिखाना उसको मैंने, बाण चला कर पैने पैने ।। 3105/5205

✍दोहा॰ **सच्चा साथी है सखा, लछमन बंधु सुजान ।**
साहस सेवा धर्म का, सुहृद प्रेम निधान ।। 3388/7162

निर्भय क्षत्रिय वीर है, परम पुरुष गुणवान ।
सदाचार का सिंधु वो, लक्ष्मण है बलवान ।। 3389/7162

(और)

मैं राघव का अभिन्न अंगी, तन-मन से मैं निश-दिन संगी ।
रण में जाऊँ साथ उसी के, वन में जाऊँ साथ उसी के ।। 3106/5205

बोलू मैं कैकेयी माँ से, तेरे कारण कुल है नासे ।
अभी कहूँ मैं पितु से, माते! आज्ञा अपनी वापस लेते ।। 3107/5205

✍दोहा॰ **लछमन आकर क्रोध में, बोला, हे श्रीराम! ।**
मुझको यह लगता नहीं, नीति नियम का काम ।। 3390/7162

पिता धरा पर हैं पड़े, मूर्छा खाकर आप ।
तुमको बेघर कर रहा, मँझली-माँ का पाप ।। 3391/7162

निरपराध को दंड क्यों, न्याय नीति का घात ।
जाकर करता हूँ अभी, मँझली माँ से बात ।। 3392/7162

♫ **संगीतश्रीकृष्णरामायण छन्दमाला, मोती 350 of 501**

वसंततिलका छन्द

ऽ ऽ ।, ऽ । ।, । ऽ ।, । ऽ ।, ऽ ऽ

♪ सा-नि़- सारे- रेसारे ग- मगरे- गरे-सा-

(राम सुमित्रा संवाद)

आँसू भरे नयन से, कहती सुमित्रा ।

127. Rāma-Sumitrā-Lakshman dialogue (2. Ayodhyā Kānd)

"तू रामचंद्र! हमरा, सुत है पियारा ।।
श्री रामचंद्र सुत! तू यह क्या किया है ।
ये वेश आज मुनि का, कह क्यों लिया है" ।। 1

बोला रमेश, पितु के, वर की कथा को ।
प्यारे पिता परम व्याकुल की, व्यथा को ।।
माँ ने कहा, "लखन के प्रिय राम बंधो! ।
आशीष लाख तुमको, प्रिय स्नेह सिंधो!" ।। 2

(राम)

यह सुन कर, बोले रघुराई, शाँत बनो मम भाई! माई![91] ।
कुल पर जो है विपदा आई, निमित्त उसका पिता न माई[92] ।। 3108/5205

ठीक नहीं है रोष जगाना, स्वीय जनों पर दोष लगाना ।
भावुकता के शिकार ना हों, स्वाभिमान का निबार चाहो ।। 3109/5205

यहाँ न कोई हमरा बैरी, सहन करो सब अब की बेरी ।
धैर्य धरो, प्रिय! कोप भगाओ, अपना तन ना आप जराओ ।। 3110/5205

जो हैं हमरे प्राण पियारे, उन पर क्यों संदेह तिहारे ।
अपनों पर यों कोप दिखाना, आपना आतम आप दुखाना ।। 3111/5205

दोहा॰ बोले राघव, लखन को, रहो शाँत तुम, भ्रात! ।
दोष मध्यमा का नहीं, तुम्हें हुई है भ्रांत ।। 3393/7162

किसी का न कोई यहाँ, बैरी है, मम भ्रात! ।
कोप न अपनों पर करो, मन न दुखाओ, तात! ।। 3394/7162

"कुल पर जो विपदा पड़ी, अपने ही हैं कर्म ।
कल तक हमने जो किए, यही कर्म का धर्म" ।। 3395/7162

---

[91] माई = सुमित्रा माता
[92] माई = कैकेयी माता

127. Rāma-Sumitrā-Lakshman dialogue (2. Ayodhyā Kānd)

अपनों पर ना तुम कभी, धरो भूल से रोष ।
कर्म-फलों का खेल ये, नहीं किसी का दोष ॥ 3396/7162

(और)

क्षात्र बाँकुरे तुम भट भारे, वीर विक्रमी लखन! दुलारे ।
न ये समर का समय, स्थान है, कार्य कर्म का यहाँ काम है ॥ 3112/5205

बल का प्रयोग गृह में लाना, वीर के लिए अधर्म जाना ।
सुख यश शासन वैभव से भी, धर्म पुण्य की सच है चाबी ॥ 3113/5205

धर्म कर्म ऊँचे हैं रहते, कबि कोबिद ज्ञानी हैं कहते ।
धर्म मार्ग सब वेद दिखाते, ऋद्धि सिद्धि का सार सिखाते ॥ 3114/5205

दोहा॰ ना यह लड़ने की घड़ी, ना झगड़े का स्थान ।
सोच समझ कर है यहाँ, कार्य कर्म का काम ॥ 3397/7162

तुम हो भट रण बाँकुरे, लक्ष्मण! वीर महान ।
मगर समर का यह नहीं, समय न यह है स्थान ॥ 3398/7162

अपनों से करके कलह, होगा सखे! अधर्म ।
सुख से शासन पुण्य है, यही क्षात्र का धर्म ॥ 3399/7162

यही कहत सब संत हैं, यही शास्त्र का सार ।
ऋद्धि सिद्धि का मार्ग है, यही धर्म-कासार ॥ 3400/7162

(और भी)

सदाचार हैं जिन्हें रिझाते, सत्य-धर्म ऋषि-मुनि समझाते ।
बचनन सत्य पिता के प्यारे, प्रण पूरण को हमें पुकारे ॥ 3115/5205

पिता वचन को करे पूर्ण जो, पुत्रक! सुपुत्र कहलावे सो ।
पितु का कहना पुत्र न टाले, आज्ञा पितु की सुख से पाले ॥ 3116/5205

पिता पियारे पूज्य हमारे, सुन्न पड़े हैं भूपति प्यारे ।
उनकी पीड़ा पुत्र उबारे, धर्म कर्म यह टरे न टारे ॥ 3117/5205

दोहा॰ बचन पिता ने जो कहे, वहीं निभाना कर्म ।

127. Rāma-Sumitrā-Lakshman dialogue (2. Ayodhyā Kānd)

सदाचार की नींव है, वही पुत्र का धर्म ।। 3401/7162

पिता पड़े हैं विपद् में, उन्हें हो रहा ताप ।
ऐसे दुर्घट काल में, उन्हें उबारो आप ।। 3402/7162

(क्योंकि)

कर्म आज जो सिर पर आया, उसी कर्म के फल की माया ।
जनम-जनम जो आप कमाया, कटु फल उसका अब है पाया ।। 3118/5205

यही योनि होनी की माया, जगत जनों में दैव कहाया ।
कर्म-फलों की यही गति है, दीन्ही माता को कुमति है ।। 3119/5205

विपरीत पल में विनाश बुद्धि, वश उस पर है करे कुबुद्धि ।
राम-भरत में भेद बताना, कटु फल उसका निश्चित आना ।। 3120/5205

पहले मधुर मृदु जो बोली, आज भेद का विष है घोली ।
पतिव्रता स्त्री गेह बचावे, कुल्टा नारी कलह मचावे ।। 3121/5205

दैव मध्यमा को भटकाया, फाँस नाथ के गल लटकाया ।
आज दैव वश बनी पराई, वरना क्यों वह करे बुराई ।। 3122/5205

समान कल तक पुत्र चार थे, सबके प्रति शुभ शुचि विचार थे ।
भेद भाव का कीड़ा मन में, आज देत है पीड़ा जन में ।। 3123/5205

दोहा॰ तत्त्व कर्म का जान कर, करता जो है काम ।
उस योगी का विश्व में, होता उज्ज्वल नाम ।। 3403/7162

विकट घड़ी ने आज जो, यहाँ बिगाड़ा काम ।
पूर्वकर्म का फल कहो, या "होनी" है नाम ।। 3404/7162

राम-भरत में तुम कभी, करो न कृत्रिम भेद ।
सत्य जानलो तो, सखे! होगा तुमको खेद ।। 3405/7162

भाग्य बिगाड़ा मातु ने, करके मति का नास ।
वरना क्यों वह पुत्र को, देती वन का वास ।। 3406/7162

क्यों वह लटकाती भला, पति के गल में फाँस ।

क्यों वह देती भरत को, भ्रातृ विरह का त्रास ।। 3407/7162

जिसकी रसना मधुर थी, अब है तेज कटार ।
"होनी" इसको जग कहे, "कर्म" कहत करतार ।। 3408/7162

(और)

तीनों माताएँ सम मानीं, एक न दूजी से कम जानी ।
बनी हुई पर मार कुल्हाड़ी, कर्म-फलों ने बात बिगाड़ी ।। 3124/5205

उसके मन में फूट है डाली, पूज्य पति को देत है गाली ।
दैव समर है आज रचायो, कुल-कलह की आग मचायो ।। 3125/5205

व्यूह विकट जो दैव रचावे, उस विपदा से कौन बचावे ।
जिसके सम्मुख बल सब हारे, उसको केवल धर्म निवारे ।। 3126/5205

✍दोहा॰ **चार बंधु की तीन माँ, बिना भेद का भाव ।**
कर्म-फलों ने है चला, मगर विकट यह दाँव ।। 3409/7162

ऐसे संकट काल में, जो है घटत अपाय ।
"पालन करना धर्म का, अब है उचित उपाय" ।। 3410/7162

(तथा ही)

दैव आज जो हमसे रूठा, उसके मुख कहलाया झूठा ।
नीतिभ्रष्ट जब बनती नारी, कुचाल की तब चले कटारी ।। 3127/5205

हतबल होते जिससे बीरे, शूर बहादर जग के पूरे ।
काज बने वो आर्य्य धर्म से, आस छोड़, निष्काम कर्म से ।। 3128/5205

✍दोहा॰ **रूठा हमसे दैव है, माँ को देकर भूल ।**
झूठे उसके वचन ने, दीन्हा सबको शूल ।। 3411/7162

नारी कुलटा हो जभी, चलती उल्टा दाँव ।
नारी के फिर रूप में, दैव लगाता घाव ।। 3412/7162

उसके आगे वीर भी, हारे पंडित लोग ।
आती है जब वो घड़ी, काम न आवे सोग ।। 3413/7162

127. Rāma-Sumitrā-Lakshman dialogue (2. Ayodhyā Kānd)

(अत:)

विवस्वान ने पुरा बखाया, योग कृष्ण ने उसे सिखाया ।
सौमित्रे! वह मति अपनाओ, कर्म योग की गति अजमाओ ।। 3129/5205

क्रोध कोप दुख रंज दिलावे, अधीर नर का हृदय हिलावे ।
छोड़ क्रोध सब शाँत सहाये, अविचल नर वह "धीर" कहाये ।। 3130/5205

संकट जब-जब घिर कर आते, तभी धीर नर परखे जाते ।
कैकेयी से कोप हटाओ, उस पर से ना स्नेह घटाओ ।। 3131/5205

भाई! धरियो मन में शाँति, दूर हटाओ कलह की भ्राँति ।
कार्य कर्म में रत हो जाओ, उसी कर्म को करे दिखाओ ।। 3132/5205

राग पाश में फँस कर भोली, पति को कटु बचनन है बोली ।
बन कर उसके सदा सहाई, मिल जुल कुल में रखो बनाई ।। 3133/5205

✍दोहा० **विवस्वान को कृष्ण ने, दिया कर्म का योग ।**
इक्षवाकु से था वही, पढ़े पुरातन लोग ।। 3414/7162

भले बुरे का आज ये, आया है संजोग ।
सखे! कर्म निष्काम का, करना उचित प्रयोग ।। 3415/7162

इसी योग के ज्ञान से, करो न माँ पर कोप ।
राग क्रोध के जोश से, चला रही है तोप ।। 3416/7162

कह कर कटुक्ति नाथ को, करत रही है चूक ।
पिया उसी आघात से, सुन्न पड़े हैं मूक ।। 3417/7162

शाँतमना बन कर हमीं, उसे दिखाएँ दोष ।
मिलाप कुल में हो तभी, पाएँगे सब तोष ।। 3418/7162

(अब)

अभिषेचन का जल ले लाओ, मुझे नहा कर वनी बनाओ ।
अभिषेक की सामग्री से, दीक्षा दो मुझको नगरी से ।। 3134/5205

मुझको जाता देख न रोना, विह्वल शोकाकुल मत होना ।

127. Rāma-Sumitrā-Lakshman dialogue (2. Ayodhyā Kānd)

मेरे पीछे ना घबड़ाना, विमूढ़ हो कर मत चकराना ।। 3135/5205

भरत अधिप के रह कर पासा, सेवा करियो बन कर दासा ।
सबको सुख तुम देना ऐसे, मेरी कमी न होवे जैसे ।। 3136/5205

मातु-पिता हैं कहे देवता, उनके प्रति नित रहे एकता ।
उनका आदर सुखकर होता, जो ना जाने, खावे गोता ।। 3137/5205

उनकी आज्ञा सुपुत्र पाले, कार्य कर्म यह टले न टाले ।
सेवा भाव सदा हो पूरा, उनका बचन न रहे अधूरा ।। 3138/5205

दोहा॰ लाओ मंडप से अभी, अभिषेचन का नीर ।
पूजा सामग्री सभी, लाओ मधु दधि क्षीर ।। 3419/7162

दीक्षा दो मुझको अभी, वनी[93] बनाओ आप ।
वन में जाकर मैं करूँ, पितुवर को निःशाप ।। 3420/7162

रोना मत मेरे लिए, ना मँझली पर क्रोध ।
तिलक भरत को जब लगे, करना नहीं विरोध ।। 3421/7162

(फिर, लखन)

सुन कर भाई से उपदेसा, लखन कहे, "मैं तज दूँ देसा ।
राम बिना मैं इत ना रहना, निश्चित है यह मेरा कहना" ।। 3139/5205

हरि के पीछे लखन चल पड़ा, हुआ क्रोध से लाल था बड़ा ।
बड़े भ्रातृ का बन कर अंगी, निकला वन को, बन कर संगी ।। 3140/5205

दोहा॰ मेरे पीछे ना कभी, घबड़ाना तुम, भ्रात! ।
ना ही हो तुमको द्विधा, ना हो दुख आघात ।। 3422/7162

सुन कर कहना बंधु का, बोला लखन सुजान ।
"मैं भी वल्कल धार कर, संग चलूँगा, राम!" ।। 3423/7162

राघव बोले लखन को, चलो न तुम वन, भ्रात! ।

---

[93] **वनी** = बनवासी, संन्यासी ।

127. Rāma-Sumitrā-Lakshman dialogue (2. Ayodhyā Kānd)

उर्मिल को बिरहा न दो, सुन लो मेरी बात ।। 3422/7162

लछमन बोला, रामजी! मैं हूँ तुमरा दास ।
तपस्विनी है उर्मिला, रहे पिता के पास ।। 3425/7162

(और फिर)

हरि के पीछे चल पड़ा, भाई लखन सुजान ।
वन्दन करके मातु को, लिए धनुष अरु बाण ।। 3426/7162

मातु-पिता नित पूज्य हों, जान उन्हें भगवान ।
उनकी आज्ञा में रहो, यही कार्य है काम ।। 3427/7162

(अत: सुमित्रा बोली)

लछमन को फिर देत विदाई, जाओ! बोली उसकी माई ।
परम पुत्र तुम लछमन, प्यारे! तुझ पर शत-शत जाऊँ वारे ।। 3141/5205

राम चरण में रहो सदा ही, विपरीत ना हो तुम्हें कदा ही ।
राम सहारा होवे जिसका, कौन बिगाड़े कछु भी उसका ।। 3142/5205

पिता जानियो अग्रज भाई, माता सम ही सिय भौजाई ।
माँ की गोदी छोड़ो, बेटा! संग तुम्हें अब भाई जेठा ।। 3143/5205

वन को नंदनवन तुम जानो, कर्मभूमि क्षत्रिय की मानो ।
आज तुम्हें जो योग मिला है, स्वर्ग द्वार ही आप खुला है ।। 3144/5205

दोहा॰ **मातु सुमित्रा ने उसे, देकर आशिष लाख ।**
किया विदा अति प्रेम से, सजल नयन के साथ ।। 3428/7162

बोली माता फिर उसे, "करो पुण्य का काम ।
राम पिता है अब तुझे, सखा बंधु गुरु राम ।। 3429/7162

"माता अब तुमरी सिया, चरण कमल को पूज ।
तुमसे भूल न हो कभी, रखो सदा यह सूझ" ।। 3430/7162

(और)

क्षत्रिय सुत! तुम भागवान हो, रामदास! तुम पुण्यवान हो ।

127. Rāma-Sumitrā-Lakshman dialogue (2. Ayodhyā Kānd)

सेवा में कछु चूक न लाना, पुत्र! वचन मम भूल न जाना ।। 3145/5205

सुस्ती क्रोध कलह से दूरे, जोश हर्ष धीरज से पूरे ।
सब कुछ सहना, समर बाँकुरे, उफ् ना कहना, रघुकुल शूरे! ।। 3146/5205

अब भाई है सुखदुख तेरा, तू राघव का सेवक चेरा ।
कर्म भूमि अब जानो वन में, सेवा धर्म सदा हों मन में ।। 3147/5205

धैर्य शौर्य बल सदा साथ हों, शाँति सत्य तव उभय हाथ हों ।
जहाँ कहीं भी, सुत! तू जावे, स्वस्ति वहाँ मंगल बस जावे ।। 3148/5205

जाओ वन को, लखन दुलारे! राघव हरि के, अनुचर प्यारे! ।
माता ने फिर कही बधाई, तिलक लगा कर करी विदाई ।। 3149/5205

दोहा॰ **मातु सुमित्रा ने कहा, सुनियो लखन कुमार! ।**
भाग्यवान हो पुत्र! तुम, भ्राता राम तुम्हार ।। 3431/7162

कोप कलह को रख परे, करो काम अनुकूल ।
धैर्य शौर्य बल शाँति से, हरो सर्व प्रतिकूल ।। 3432/7162

क्रोध भाव से तुम परे, रहो सदा, मम लाल! ।
सेवा में कछु भूल ना, करना किंचित काल ।। 3433/7162

सब सुख दाता राम हैं, तुम हो उनके दास ।
कर्म भूमि अब विपिन है, जहाँ तिहारा वास ।। 3434/7162

शौर्य धैर्य नित साथ हों, रहो सत्य प्रतिपाल ।
आशिष मंगल हैं तुम्हें, तिलक तिहारे भाल ।। 3435/7162

संगीतश्रीकृष्णरामायण गीतमाला, पुष्प 529 of 763

दादरा ताल

(राम लक्ष्मण सुमित्रा संवाद की कथा)

स्थायी

गीत शारद ने मंजुल है गाया, साज नारद मुनि ने बजाया ।

128. Rāma-Sītā dialogue (Rāmāyan, 2. Ayodhyā Kānd)

रत्नाकर से है मंगल रचाया, रामायण को है सुंदर सजाया ।।

♪ म–ग म–म– म प–म– ग म–प–, रे–ग म–म– मध– प– मग–म– ।

रेगम–म म– म ध–प– गम–प–, रे–ग–म– म– म ध–प– मग–रे– ।।

अंतरा–1

उस वनी राम के पास जाके, बोला लछमन, बड़ा क्रोध पाके ।

अभी जाकर मैं माँ से लड़ूँगा, किया अन्याय है तू! कहूँगा ।।

♪ सां– सांनि– रें–सां ध– नि–ध प–म–, सांसां निनिरेंरें, सांध– नि–ध प–म– ।

मग– म–मम म– प– म– गम–प–, रेग– म–म–म ध– प–! मग–रे– ।।

अंतरा–2

राम बोला, बनो शाँत भाई! मत कोसो तुम कैकेयी माई ।

दोष उसका नहीं मेरे भैया! पूर्व कर्मों की है सारी माया ।।

अंतरा–3

बोली माता सुमित्रा, पियारे! राम! सच्चे बचन हैं तिहारे ।

पूत माता–पिता को वो भाया, जिसने वादा है अपना निभाया ।।

अयोध्या काण्ड : छठा सर्ग

128. **श्री राम–सिया संवाद की कथा :**

128. Rāma-Sītā dialogue (Rāmāyan, 2. Ayodhyā Kānd)

♫ **संगीतश्रीकृष्णरामायण छन्दमाला, मोती 351 of 501**

कांता छन्द[94]

ऽ ऽ ऽ, ऽ ऽ ऽ, । ऽ ऽ, । ऽ ऽ

(राम–सिया संवाद)

---

[94] ♫ **कांता छन्द** : इस 12 वर्ण, 22 मात्रा वाले जगती छन्द के चरणों में म म य य गण आते हैं । इसका लक्षण सूत्र ऽ ऽ ऽ, ऽ ऽ ऽ, । ऽ ऽ, । ऽ ऽ इस प्रकार है । विराम 5–7 पर होता है ।

▶ लक्षण गीत : ✍ **दोहा॰ मत्त बाईस से बना, म म य य गण का वृंद ।**

बारह अक्षर से सजा, समझो "कांता" छंद ।। 3436/7162

128. Rāma-Sītā dialogue (Rāmāyan, 2. Ayodhyā Kānd)

भर्ता को, बैरागी बना है, निहारे ।
बोली सीता, ये क्या हुआ है, पियारे! ।। 1
क्या ये राजाओं का नया है तरीका ।
पोता क्यों है ये भस्म, जोगी सरीखा ।। 2

बाहों में लेके, राम बोला सिया को ।
सीते! रो रो यों, ना जलाओ जिया को ।। 3
जो भी आए हैं, सामने ये करारे ।
सीते! वो जानो, भाग्य सारे हमारे ।। 4

ॐ श्लोका:
अभवच्चकिता सीता दृष्ट्वा वल्कलधारिणम् ।
उवाच सा किमेषा वै नृपाणां नूतना प्रथा ।। 1916/2422

कथं च त्वं मुनिर्भूत्वा करिष्यस्यभिषेचनम् ।
आह स रुदतीं सीतां शृणु त्वं वरयोः कथाम् ।। 1917/2422

आगच्छामि त्वया साकं यदि गच्छसि त्वं वनम् ।
पतिं विना न जीवामि ब्रूते रामं पतिव्रता ।। 1918/2422

कथा

(सीता)
राह देखती सिया खड़ी थी, देरी पति को हुई बड़ी थी ।
पति-आहट पर आस गड़ी थी, अभिषेक की उसे पड़ी थी ।। 3150/5205

रूप देख कर संन्यासी का, उसका मुखड़ा पड़ गया फीका ।
सोचत, "यह तो वेश मुनि का, लागत नाहीं अभिषेक का" ।। 3151/5205

दोहा॰ राह तकत सिय, राम की, खड़ी कक्ष के द्वार ।
अभिषेचन चिंता उसे, खावे बारंबार ।। 34372/7162

संन्यासी के रूप में, आते लख कर राम ।
सोचा यह तो ना लगे, अभिषेचन परिधान ।। 3438/7162

(राम)

128. Rāma-Sītā dialogue (Rāmāyan, 2. Ayodhyā Kānd)

राघव आए विचार करते, नई वधू का दुःख सिमरते ।
कैसे बिरह सहेगी सीता, राघव के मन भारी चिंता ।। 3152/5205

कैसे काल कटेगा उसका, क्या हो सकता इस पर नुसका ।
मनोवेदना कैसी टाले, वियोग व्रत वह कैसी पाले ।। 3153/5205

सिंगार-सजी-सोलह सीता, खड़ी प्रतीक्षा में मनमीता ।
राघव बोले, बैठो रानी! सुनो प्रतिकूल क्या है होनी ।। 3154/5205

✍दोहा० **चलते-चलते सोचते, राम, सिया-दुखभार ।**
कैसे चौदह वर्ष वो, बिरह सहेगी नार ।। 3439/7162

कैसे काटेगी भला, इतना लंबा काल ।
नई नवेली है वधू, होगी वह बेहाल ।। 3440/7162

केसे बतलाऊँ उसे, बिगड़ा है जो काम ।
क्या उपाय इस पर करूँ, सोचत हैं श्री राम ।। 3441/7162

(और)

नृपति अवध का भरत बनेगा, अभिषेक अब उसका होगा ।
छोड़ अवध मुझको है जाना, वन में है अब मुझे ठिकाना ।। 3155/5205

वन का वास मुझे दी माता, होश गवा कर पड़े हैं ताता ।
आज्ञा जैसी दी कैकेयी, पालूँ मैं उसको, वैदेही! ।। 3156/5205

✍दोहा० **देख सिया को सजधजी, तकत पिया की राह ।**
खड़ी-खड़ी थक सी गयी, मृदुल जिया में दाह ।। 3442/7162

राघव ने उसको कहा, रानी! बैठो पास ।
राह हमारी देखते, तुम हो हुई उदास ।। 3443/7162

"दो-वर" वाली वो कथा, बोले सिय को राम ।
परम पिता की सब व्यथा, मँझली माँ का काम ।। 3444/7162

दिया चतुर्दश वर्ष का, माता ने वनवास ।
जाना है मुझको, सिये! वल्कल पहन लिबास ।। 3445/7162

128. Rāma-Sītā dialogue (Rāmāyan, 2. Ayodhyā Kānd)

(फिर भी)

भरत भ्रातृ है मेरा स्नेही, मेरा प्यारा है गुणगेही ।
इस भाँति सब कथा प्रिया से, कही राम ने सभी सिया से ।। 3157/5205

बात तुम्हें यदि लगे दुखारी, कुल हित में हो कृति तुम्हारी ।
दो कुल का तुम आदर, सीते! रखो चौदह वर्ष, वनिते! ।। 3158/5205

जो कहता हूँ चित से लखियो, बचनन मम सब मन में रखियो ।
करतब कारज किए, कराना, धर्म सनातन परम पुराना ।। 3159/5205

✍दोहा॰ **मूर्छित पितुवर हैं पड़े, उन्हें लगी है चोट ।**
करो भरत को भूप तुम, जब आवेगा लौट ।। 3446/7162

तुमको बिरहा की व्यथा, सहनी होगी आज ।
दो कुल की तुम शान हो, नारी-जग की लाज ।। 3447/7162

पतिव्रता आदर्श हो, राघव-भार्या आर्य ।
करो वही अब तुम, प्रिये! निर्णित जो है कार्य ।। 3448/7162

भरत बंधु अवधेश का, हो आदर सत्कार ।
निंदा मत करना कभी, ना उसका प्रतिकार ।। 3449/7162

(और)

होगा राजा भरत अवध का, उसका आदर हो विधि विध का ।
जल्प न करना उसके पीछे, जन-गण से जो उसके नीचे ।। 3160/5205

कठोर कुवचन कभी न कहना, राज रीति में सतर्क रहना ।
बिरह क्लेश को व्यक्त न करना, दुःख न उसके मन में भरना ।। 3161/5205

चार बंधु में भेद नहीं हो, रोष कहीं ना खेद कहीं हो ।
तीनों भाई सेवक मेरे, प्राण पियारे अनुचर चेरे ।। 3162/5205

देवर को तुम भ्राता समझो, अथवा पुत्र समाना बूझो ।
अपने को भौजाई जानो, या बहिना, या माई मानो ।। 3163/5205

✍दोहा॰ **वचन न कटु कहना कभी, रहना सोच विचार ।**

128. Rāma-Sītā dialogue (Rāmāyan, 2. Ayodhyā Kānd)

राज नीति से कर्म हो, सद् गुण से आचार ॥ 3450/7162

व्यक्त न हो बिरहा व्यथा, ना उसके मन भार ।
न हो भेद की भावना, बंधु सदा हम चार ॥ 3451/7162

रोष न हो तुझमें कभी, ना हो मन में खेद ।
मुख पर तुमरे मोद हो, नयनन में ना क्लेद[95] ॥ 3452/7162

देवर तुमरे भ्रात हों, तीनों पुत्र समान ।
तुम्हें भौज का मान हो, तथा मातु सम्मान ॥ 3453/7162

(और कहा)
मेरी जननी दुखी दुखारी, भाग्य विवश दु:खों की मारी ।
कैकेयी की बन कर दासी, देती उसके मुख पर हासी ॥ 3164/5205

विपदा संकट उसे सताए, माता जीवन कठिन बिताए ।
घेरी उसको बहुत उदासी, स्नेह प्यार की है वह प्यासी ॥ 3165/5205

दोहा॰ मेरी जननी है दुखी, दुर्दैवी दुखभाग ।
कभी जलावे ना उसे, सुत-बिरहा की आग ॥ 3454/7162

उसको सुख तुम दो, प्रिये! यही उसे है आस ।
सुख की प्यास बुझाइके, उसको दो विश्वास ॥ 3455/7162

(अत:)
देना प्रेम उसे बहुतेरा, करना उसका मान बतेरा ।
रहना उसके साथ सदा ही, विरह न काटे उसे कदा ही ॥ 3166/5205

माता तीनों एक निरखना, कैकेयी पर कोप न रखना ।
भेद भाव ना करना मन में, नेह भावना धरना जन में ॥ 3167/5205

मेरे पीछे डर मत धरना, पूजा अनशन जप तप करना ।
होम हवन व्रत माला जपना, चंचल मन पर ताला रखना ॥ 3168/5205

---

[95] क्लेद = पानी, आँसू, गीलापन ।

128. Rāma-Sītā dialogue (Rāmāyan, 2. Ayodhyā Kānd)

मुख मंगल से कहो विदाई, मुख न दुखी दे कभी दिखाई ।
वत्सर चौदह जब भी बीते, आऊँगा मधु मिलने, सीते! ।। 3169/5205

दोहा॰ उसको आदर दो सदा, करना उससे प्यार ।
उसको तुमरा साथ हो, हलका हो मन भार ।। 3456/7162

भेद भाव माँ तीन में, ना हो कछु अपमान ।
मँझली पर ना क्रोध हो, तीनों एक समान ।। 3457/7162

सीते! ना डरना कभी, पिता तिहारे साथ ।
पूजा, अनशन, होम हों, जप, तप, व्रत दिन-रात ।। 3458/7162

मंगल मुख से अब मुझे, कहो विदा सुख हाल ।
चौदह वर्ष बिताइके, आता हूँ तत्काल ।। 3459/7162

संगीतश्रीकृष्णरामायण छन्दमाला, मोती 352 of 501

वसंततिलका छन्द

ऽ ऽ ।, ऽ । ।, । ऽ ।, । ऽ ।, ऽ ऽ

सा-नि़- सारे-, रेसारे ग-मग! रे- गरे-सा-

(सीता प्रण)

बोली सिया, विपिन राघव! मैं चलूँगी ।
छोड़े मुझे, अगर तू विष पी मरूँगी ।। 1
स्वामी बिना, सुख नहीं मुझको पियारे ।
आऊँ तिहार सह मैं तज भोग सारे ।। 2

(तब, सीता)

सुन कर पति के बचनन सीता, बोली, यह तो सुझाव तीता ।
ऐसा कहने भई क्यों मति, पतिव्रता का भाग्य है पति ।। 3170/5205

पति जो भोगे, उसी में गति, संग पति के रहे सो सती ।
साथ वन चलूँ, मुझे न भीति, राज्य भोग में मुझे न प्रीति ।। 3171/5205

सुख में साथ यथा है मेरा, वैसा ही दुख में है तेरा ।
मुझे तजो ना बिन मम दोसा, साथ ले चलो होगा तोसा ।। 3172/5205

128. Rāma-Sītā dialogue (Rāmāyan, 2. Ayodhyā Kānd)

दोहा॰ सुन कर पति के वाक्य वे, सिय ने किया निषेध ।
बोली, स्वामी! है मुझे, तव वचनों पर खेद ।। 3460/7162

ऐसी वाणी क्यों कही, बात नहीं यह नीक ।
पतिव्रता का व्रत नहीं, जाना तुमने ठीक ।। 3461/7162

सुख-दुख बाँटू मैं सदा, बन कर पति का अंग ।
पति घर हो या विपिन में, रहूँ उन्हीं के संग ।। 3462/7162

कन्द-मूल फल पात भी, अमृत मुझको, राम! ।
बिना नाथ इस राज्य के, सुख सब हैं बेकाम ।। 3463/7162

संगीतश्रीकृष्णरामायण गीतमाला, पुष्प 530 of 763

भजन : राग केदार, कहरवा ताल 8 मात्रा
(चाल और तबला ठेका के लिए देखिए हमारी "*नई संगीत रोशनी*" का गीत 35)
(कानन ले चलो)

स्थायी

कानन ले चलो साथ नाथ मोहे, मन में उदासी रे ।
वन दंडक में साथ चलूँगी, बन कर दासी रे ।।

♫ -सारेसाम म-मग प-प प-ध मंप, -धसांध पप-मंपधप म- - सारे-सा- ।
-सारेसा मम-मग पप प-पध मंप, -धसां धप प-मंपधप म- -सारे-सा- ।।

अंतरा-1

जंगल मंगल स्थान करेंगे, निर्जन भूमि स्वर्ग कहेंगे ।
प्रभु! मैं तुमरी जनम-जनम की, हूँ सहवासी रे ।।

♫ -प-पप सां-सांसां धनिसां रेंसांनिधप, -प-पप सां-सां सां धनिसां रेंसांनिधप ।
-गंगं गंमं रेंरेंसां- -निनिनि सांधध प-, -प पपप-मंपधप म- -सारे-सा- ।।

अंतरा-2

जहाँ पति है वहाँ सती हो, जहाँ राम है वहाँ सिया हो ।
तुम दीपक छाया मैं तुमरी, जुग चौरासी रे ।।

128. Rāma-Sītā dialogue (Rāmāyan, 2. Ayodhyā Kānd)

(सीता)

वन में बसने मैं नहीं डरती, जित पति होवे उत मम धरती ।
पति जहँ बसता वह मम देसा, मुझको अधिक न दो उपदेसा ।। 3173/5205

मैं भी क्षत्रिय की हूँ बेटी, दुख सह सकती कोटि-कोटि ।
जैसे भी हो हर्ष करूँगी, साथ आपके भले मरूँगी ।। 3174/5205

नदियाँ पर्वत सर देखूँगी, तरुवर बेली सब निरखूँगी ।
नीर नदी का अमृत होगा, राज महल सुख अनृत होगा ।। 3175/5205

पति बिरहा में, नाथ! न जीऊँ, मुझे तजा तो विष मैं पीऊँ ।
एक घड़ी भी तुम बिन, रघुवर! नहीं रहूँगी मैं इस भू पर ।। 3176/5205

दोहा॰ वन का मुझको डर नहीं, पति जहँ वह मम देश ।
मैं भी क्षत्रिय नार हूँ, अधिक न दो उपदेश ।। 3464/7162

जंगल में मंगल मुझे, अगर तिहारा साथ ।
साथ आपके मैं मरूँ, या जीऊँ, रघुनाथ! ।। 3465/7162

देखूँ गिरि पर्वत नदी, तरु बेली के फूल ।
राज महल के सुख मुझे, तुम बिन देंगे शूल ।। 3466/7162

शशक विहग वन के मुझे, प्रिय हैं हरिण ललाम ।
मुझे तजोगे यदि यहाँ, दे दूँगी मैं प्राण ।। 3467/7162

संगीतश्रीकृष्णरामायण गीतमाला, पुष्प 531 of 763

खयाल : राग तिलंग, तीन ताल 16 मात्रा

(चाल, तबला ठेका और तान के लिए देखिए हमारी "*नई संगीत रोशनी*" का गीत 39)

(सीता विनती)

स्थायी

सैंया मोहे संग ले चलो दैया,
अकेली मोहे छोड़ ना जैंया ।
♫ सां-प सांनिप गम ग- - साग मपनिमप,

128. Rāma-Sītā dialogue (Rāmāyan, 2. Ayodhyā Kānd)

सासाग मपप निसां पनिसांगंसांगंसांनिपनिपमगमग– ।

अंतरा–1

विष का प्याला पी के मरूँगी,

पड़ूँगी तोहरे पैंया ।

♫ गम पनि सां–सां– पनि सां गं सांरेंनिसांनिप,

सासागम पपनिसां पनिसांगंसांगंसांनिपनिपमगमग– ।

अंतरा–2

तन–मन सब बलिहारी जाऊँ, सुनो रे राम रमैया ।

अश्रु बाण फिर सिया चलाया, रुदन अस्त्र से जिया जलाया ।
राघव ने फिर भी ना माना, जरा न कोई सुना बहाना ।। 3177/5205

दोहा॰ **सीता ने फिर हार कर, भरा नैन में तोय ।**
फिर भी राघव ने नहीं, सुना बहाना कोय ।। 3468/7162

संगीतश्रीकृष्णरामायण गीतमाला, पुष्प 532 of 763

खयाल : राग आसावरी, तीन ताल

(चाल, तबला ठेका और तान के लिए देखिए हमारी "*नई संगीत रोशनी*" का गीत 15)

(सिया विलाप)

स्थायी

अँखियन में जो अँसुअन आए, सावन के बादल बरसाए ।

♫ पमपसां ध– पधमप गरेमम प–प–, गं–रेंसां रें– सां–सांसां रेंरेंध–प– ।[96]

अंतरा–1

तिल काजल का जल में पिघला, गाल पे काली घटा उमड़ाये ।

♫ मम प–धध निध सांसांसां– सांसांसां–, नि–नि नि सां–सां– पगं रेंसांध–प– ।[97]

---

[96] **स्थायी तान :** 1. अखियन में जो– सारे मप निनि धप । सानि धप मग रेसा 2. अखियन में जो– रेम पनि धप मप । निनि धप गग रेसा 3. अखियन मप धप मप धसां । गंगं रेंरें सांसां निध । मप धप गग रेसा ।

[97] **अंतरा तान :** 1. तिल काजल का– सारे मम रेम पप । मप धध पध सासा 2. तिल काजल का जल में पिघला– सारे मप धध सां– । धसां रेंसां धप मप

128. Rāma-Sītā dialogue (Rāmāyan, 2. Ayodhyā Kānd)

अंतरा–2

गाल पे काली घटा सिया के, देख पिया का दिल कलपाए ।

(फिर राघव बोले)

हठी सिया का देख दीदारा, कहा राम ने उसे दुबारा ।
करके सब कुछ, सिये! विचारा, मानो कहना, प्रिये! हमारा ।। 3178/5205

कानन भीषण भय का सोता, वहाँ त्रास हर लमहा होता ।
क्रूर व्याघ्र हैं प्राण निगलते, वहाँ शरण ना त्राण हैं मिलते ।। 3179/5205

गिरि कंदर में होते चीते, मार दहाड़ी सियार फिरते ।
सिंह गर्जना, फण फुत्कारी, भालू सियार की चित्कारी ।। 3180/5205

सुन हाथी चिंघाड़ करारी, हिरदय पर है चले कटारी ।
अरण्य के हैं वे अधिकारी, उनकी बस्ती उनको प्यारी ।। 3181/5205

रीछ शेर जब राहें रोके, बन जाते हैं जीवन धोखे ।
वन में उनका जोर भयंकर, भागो जितना, पड़े न अंतर ।। 3182/5205

✍दोहा॰ **सीता का हठ देख कर, राम हुए हैरान ।**
बोले, तुम हमरी सुनो, जिसमें है कल्याण ।। 3469/7162

कानन भीषण स्थान है, क्रूर जंतु का धाम ।
वहाँ त्रास हर बात का, मिले शरण ना त्राण ।। 3470/7162

महा विषैले साँप हैं, वन में नाग भुजंग ।
मँडराते पशु हिंस्त्र हैं, नाना रंग विहंग ।। 3471/7162

वहाँ भयानक रीछ हैं, चीते सिंह सियार ।
डर जाओगी तुम वहाँ, नारी हो सुकुमार ।। 3472/7162

(और)

तरुअन पर भी महा भुजंगा, रूप विविध विध रंग विहंगा ।
काँटे कँटक तीले तीखे, कई विषैले प्रचंड दीखे ।। 3183/5205

घन कानन का भूतल चलते, क्लेश बतेरे पग-पग मिलते ।

128. Rāma-Sītā dialogue (Rāmāyan, 2. Ayodhyā Kānd)

धूली धूसर कंकड़ मिट्टी, कंट नुकीले, काटत चींटी ।। 3184/5205

अजगर साँप नाग बनैले, कीट कीटाणु बिच्छु बिषैले ।
हिंस्र जीव फिरते हैं वन में, मार-काट निश-दिन जीवन में ।। 3185/5205

कर्कश सुन कर उनकी बानी, नर को याद दिलावे नानी ।
विषधर ने काटा जो प्राणी, आहत पी न सके फिर पानी ।। 3186/5205

✍दोहा॰ **राह व्याघ्र जब रोकते, भाग सको ना आप ।**
करना पड़ता सामना, याद दिलाते बाप ।। 3473/7162

तरुअन के काँटे बड़े, पग-पग देते शूल ।
तन को आतप लगत हैं, अँखियन में भी धूल ।। 3474/7162

(और भी)

वन में वर्षा होती भारी, छा जाती है बदरी कारी ।
अंधकार घनघोर निशा में, शोर भयंकर चार दिशा में ।। 3187/5205

नदी नालों में जल की बाढ़ें, मगरमच्छ पशु फाड़त दाढ़ें ।
मच्छर जोक सताते जल में, पद फँसते कीचड़ दल दल में ।। 3188/5205

रहना कटि पर वल्कल धारे, निकले प्राण शीत के मारे ।
सिर पर जटा बढ़ा कर केसा, सोते उठते देवे क्लेसा ।। 3189/5205

गीली घास मिले सोने को, निर्मल जल न मिले पीने को ।
कन्द-मूल फल पत्ते खाने, दाल भात न मिले पकाने ।। 3190/5205

✍दोहा॰ **बरसे जब वर्षा घनी, छा जाता अँधकार ।**
नद-नालों पर नक्र का, होता है अधिकार ।। 3475/7162

वल्कल धारे देह को, चुभते शीत तुषार ।
सोना गीली घास पर, ऊपर ठंढ फुहार ।। 3476/7162

पीने को तब विपिन में, मिले न निर्मल नीर ।
कंद मूल फल पर्ण ही; मिलती वहाँ न खीर ।। 3477/7162

(तथा ही)

128. Rāma-Sītā dialogue (Rāmāyan, 2. Ayodhyā Kānd)

कभी अन्न में स्वाद न होता, रस हीना वह विषाद देता ।
कभी मिले ना तृण भी खाने, बिना अन्न दिन पड़ें बिताने ।। 3191/5205

पशुअन पंजे दंत पसारे, राक्षस भी उत दया बिसारे ।
घात-पात हर पथ में होता, प्राण निजी निर्बल है खोता ।। 3192/5205

झँझा घन जब वन में आती, आँधी झाड़ झँखाड़ उड़ाती ।
तीखे बेधक शूल हैं चुभते, शीघ्र ही वन से प्राण हैं ऊबते ।। 3193/5205

✍दोहा॰ **खाने में ना स्वाद भी, ना पीने में मोद ।**
कभी मिलेगी घास ही, या अनशन की गोद ।। 3478/7162

गिरि कंदर में असुर हैं, रहते निर्दय लोग ।
कभी विषैली पात भी, देते पीड़ा रोग ।। 3479/7162

वन में झँझावात जब, चलता है घन-घोर ।
आँधी औ तूफान का, सह न सकोगी शोर ।। 3480/7162

चक्रवात भी विपिन में, होते हैं जी तोड़ ।
उड़ते हैं झंखाड़ तब, देते माथा फोड़ ।। 3481/7162

(और भी)

क्रोध रंज ईर्ष्या को छोड़े, शम दम संयम तप के कोड़े ।
लोभ मोह मद माया त्यागे, ब्रह्मचर्य व्रत पालन लागे ।। 3194/5205

वन में बसने ना तव काया, कली कमल सी तू मम जाया ।
सकोगी नहीं, तुम वन बसने, घोर प्रखर संकट में फँसने ।। 3195/5205

संकट ऐसे देख घनेरे, शूरे डर जाते बलवीरे ।
कोमल कलिका तू है प्यारी, मृदुल अंगिनी तू है नारी ।। 3196/5205

क्लेश कष्ट कटु, मृदु काया को, कठोर है ये मम जाया को ।
हठ का काम नहीं ये, सीते! रो रो अँसुअन मत कर रीते ।। 3197/5205

✍दोहा॰ **बन में बसने के लिए, तेरा तन-मन स्वल्प ।**

वन में कोह न मोह है, ब्रह्मचर्य संकल्प ।। 3482/7162

कोमल कलिका, तू सिये! मृदुल कली मम दार ।
वन में बसने के लिए, बनी नहीं तू नार ।। 3483/7162

(और अंत में)

तुम मुझको जाने दो सुख से, मुझको बिरहा ना दो दुख से ।
भर्ता बोला भावुक भारी, भाषण भीषण भयंकर भूरि ।। 3198/5205

✍दोहा॰ **जाने दो मुझको, सिये! हर्षित मुख से आज ।**
विदा कहो हँस कर प्रिये! और न हो नाराज ।। 3484/7162

(सीता बोली)

✍दोहा॰ **सुन कर बातें राम की, हुई न वह भयभीत ।**
उसके मन में थी घनी, राम-नाम से प्रीत ।। 3485/7162

रो कर बोली, तुम बिना, सुरपुर नरक समान ।
साथ तिहारे मैं रहूँ, वन को सुरपुर मान ।। 3486/7162

डर दिखला कर शेर का, बनीं नहीं है बात ।
संगी जिसका राम हो, कौन करे आघात ।। 3487/7162

मैं कन्या नृप जनक की, मुझे न दो तुम मात ।
पतिव्रता श्री राम की; कब समझोगे बात ।। 3488/7162

(और)

सिया को नहीं भायी भीति, बोली मुझे चुनौती भाती ।
भव भय भाव भरी ये बातें, सुन कर भीरु जन डर जाते ।। 3199/5205

क्षात्र-धर्म ही तुमने जाना, पतिव्रता व्रत ना पहिचाना ।
क्षात्र-कर्म है महान जेता, साध्वी का प्रण कठोर तेता ।। 3200/5205

जो सत् सावित्री कर पावे, वो क्षत्रिय के बस ना आवे ।
नारी को जो जाने अबला, विवेक में वो नर है दुबला ।। 3201/5205

✍दोहा॰ **बातों से श्री राम की, डरावनी जी तोड़ ।**

1416
रत्नाकर रचित संगीत-श्री-रामायण

128. Rāma-Sītā dialogue (Rāmāyan, 2. Ayodhyā Kānd)

तनिक नहीं सीता डरी, विपदाओं से घोर ।। 3489/7162

बोली, भाती है मुझे, चुनौतियाँ, रघुवीर! ।
डरते हैं डरपोक ही, निडर कहे हैं वीर ।। 3490/7162

क्षात्र-धर्म का ही तुम्हें, पूर्ण हुआ है ज्ञान ।
पतिव्रता के धर्म की, तुम्हें नहीं पहचान ।। 3491/7162

जितना दुर्धर क्षात्र का, धर्म कहत हैं लोग ।
उससे बढ़कर घोर है, साध्वी का व्रत भोग ।। 3492/7162

सावित्री ने जो किया, धार्मिक कार्य कठोर ।
क्षत्रिय ना वह कर सके, कर्म, बिना कछु शोर ।। 3493/7162

(अत:)
मुझे साथ ले जाकर देखो, पतिव्रता सह सहना सीखो ।
सतीव्रता यों जिद पर अड़ गयी, सिया राम पर उल्टी पड़ गयी ।। 3222/5205

(सीता बोली)
नाथ रहूँगी मैं सुखकारी, साथ तुम्हारे मैं सुखियारी ।
पतिव्रता व्रत पितु सिखलाया, नारी-धर्म कर्म बतलाया ।। 3203/5205

क्या बोलेंगे जनक विदेही, तेरा पति कैसा, वैदेही! ।
पत्नी रक्षा करते डरता, घर पत्नी रख विपिन विचरता ।। 3204/5205

कैसा निष्ठुर है जामाता, दारा छोड़न नहिँ शरमाता ।
कोसेंगे सब लोग जगत के, बोलेंगे अपशब्द अहित के ।। 3205/5205

✍**दोहा॰ जिद पर सीता अड़ गयी, साथ ले चलो, नाथ! ।**
सीता का हठ देख कर, घबड़ाये रघुनाथ ।। 3494/7162

सीता ने फिर से कहा, वन में तुमरे पास ।
सुखदाई बन कर रहूँ, हूँगी नहीं उदास ।। 3495/7162

जनक राज की मैं सुता, क्या बोलेगा बाप ।
"भार्या गृह में छोड़ कर, चला गया पति आप ।। 3496/7162

128. Rāma-Sītā dialogue (Rāmāyan, 2. Ayodhyā Kānd)

"जामाता निर्लज बड़ा, निर्बल है श्री राम ।
पत्नीरक्षा से डरा," क्षात्र-धर्म बदनाम ।। 3497/7162

(इस लिए)

दुखड़े हो या तप हो वन में, होगा सुख मम तव चरणन में ।
अर्धांगिनी मैं आन-बान की, लालच तज कर खान-पान की ।। 3216/5205

तुम बिन नगर निवास नरक है, पति सह वन ही मुझे स्वर्ग है ।
रूखा सूखा मैं खा लूँगी, छाला वल्कल मैं पा लूँगी ।। 3207/5205

झाड़ी-झुर्मट में सो लूँगी, तरास-तर्कट मैं ढो लूँगी ।
पथ पथरीले चल मैं लूँगी, पग में कंट सकल मैं लूँगी ।। 3208/5205

कंकर-कर्दम मैं सह लूँगी, कर्कश को मृदु मैं कह लूँगी ।
दुर्दम दुर्घट दुःसह जो भी, सुगम सुघट सुख मुझको वो भी ।। 3209/5205

निर्भय निर्जन वन विचरूँगी, अपने प्रण से नहीं गिरूँगी ।
भोग विपिन के अमृत होंगे, मेरे वचन न अनृत होंगे ।। 3210/5205

✍दोहा॰ **वन में सुख हो या न हो, पग-पग दुख हों लाख ।**
सह लूँगी सब प्रेम से, बिना नीर के, आँख ।। 3498/7162

तुम बिन सुख मुझको नहीं, महलों में भी, राम! ।
कंद मूल फल खाइके, मुझे विपिन सुख धाम ।। 3499/7162

तीले-झुर्मट ही सही, वन के झाड़-झँखाड़ ।
तुमरी माया से, प्रभो! फेंकूँ सकल उखाड़ ।। 3500/7162

(और)

जो बोलोगे सो मानूँगी, तव आदेश अटल जानूँगी ।
ले न गए तो तुरत मरूँगी, विष पी कर मैं अंत करूँगी ।। 3211/5205

रो कर सिय फिर पति को लिपटी, बाहों में पतिबाँह समेटी ।
बोली, छोड़ूँगी ना तुमको, वियोग में ना डालो हमको ।। 3212/5205

✍दोहा॰ **जो बोलोगे सो करूँ, बिना किए तकरार ।**

128. Rāma-Sītā dialogue (Rāmāyan, 2. Ayodhyā Kānd)

नहीं ले गए तो मरूँ, बिरहा व्याकुल नार ।। 3501/7162

मुझे अवध में मत तजो, संग ले चलो राम ।
अगर नाथ हों विपिन में, वही मुझे सुखधाम ।। 3502/7162

जंगल ही मंगल मुझे, घास पात फल-फूल ।
वन्य-अन्न पकवान हों, कंद विपिन के मूल ।। 3503/7162

रो कर लिपटी नाथ को, बाहु-हार को डार ।
पति-बिरहा मत दो मुझे, बोली राघव नार ।। 3504/7162

(फिर, यह सुन कर, राम)
सीता को बाहों में धरके, बोले राम, उसे चुप करके ।
सुन कर शब्द तिहारे पैने, जानी वांछा तुमरी मैंने ।। 3213/5205

दोहा॰ सुन कर सीता का कहा, दृढ़ उसका संकल्प ।
राघव के मन अब नहीं, कोई बचा विकल्प ।। 3505/7162

अवाक् हो कर राम ने, मानी उसकी बात ।
एक निमिष फिर सोच कर, कहा स्नेह के साथ ।। 3506/7162

पतिव्रता हो तुम सिये! ध्रुव निश्चय की नार ।
तुमरे प्रण के सामने, मानी हमने हार ।। 3507/7162

लिखा हुआ यदि भाग्य में, है तुमरे वनवास ।
संग हमारे तुम, प्रिये! वन में करो निवास ।। 3508/7162

यहाँ रहो ना अब तुम रोती, चलो प्रिये! बन कर मम ज्योति ।
ब्रह्मचर्य व्रत धारण करके, पतिव्रता प्रण मन में धरके ।। 3214/5205

राग क्रोध मनमुटाव निगलो, बैरागन तुम बन कर निकलो ।
चलो लखन के साथ चलेंगे, मात[98] पिता से अनुमति लेंगे ।। 3215/5205

---

[98] **मात** = कौशल्या माता ।

128. Rāma-Sītā dialogue (Rāmāyan, 2. Ayodhyā Kānd)

दोहा॰ अच्छा तो फिर ठीक है, करो विपिन में वास ।
चौदह बरसों में लिखें, एक नया इतिहास ।। 3509/7162

अब न अवध में तुम रहो, चलो हमारे संग ।
ब्रह्मचर्य का व्रत लिए, पति-प्रण ना हो भंग ।। 3510/7162

राग क्रोध सब छोड़ दो, दो न किसी को दोष ।
मम जननी से अब मिलें, उसको दें संतोष ।। 3511/7162

लक्ष्मण को भी साथ लें, वो भी है तैयार ।
चलो पिताश्री को करें, साष्टांग नमस्कार ।। 3512/7162

(तब)

राज प्रसाधन तज कर सीता, पीत वसन में सजी वनिता ।
लेकर निर्मल स्नेह सरिता, चली देव के संग देवता ।। 3216/5205

मिथिला राजकुमारी सीता, जनकनंदिनी पूज्य वनिता ।
सपने बाँध अवध में आई, वंश अवध का उजड़ा पाई ।। 3217/5205

दोहा॰ राजवस्त्र तज कर वहाँ, पीली साढ़ी धार ।
सीता बन कर जोगिनी, चलने हुई तयार ।। 3513/7162

आई थी वह अवध में, स्वप्न-सुनहरे संग ।
सपने सुख-संसार के, मगर होत हैं भंग ।। 3514/7162

 संगीतश्रीकृष्णरामायण गीतमाला, पुष्प 533 of 763

बड़ा खयाल : राग भैरव – तीन ताल

(चाल, तबला ठेका और तान के लिए देखिए हमारी *नई संगीत रोशनी* का गीत 12)

(सिया अवध में आई)

स्थायी

सिया अवध में आई सखी, सिया अवध में आई, एरी ।
आशाएँ मन में लाई, चित में आस जगाई, सखी ।।

♪ गमध धपप पध पधमपम–ग– मग, गमध धपप पध पमपम–ग–, गमपम ।

128. Rāma-Sītā dialogue (Rāmāyan, 2. Ayodhyā Kānd)

गरेगमपमगरे-सा धृधृ निृसा रे-सा-, निृसा गम प-ग मपधनिसांनिधपमप, मग ।।

अंतरा-1

मगर उजड़ता घर सिय पाई, दुखी भई सीता माई, सखी ।

♫ ममम मधधनि- सांसां सांसां निरेंसां-, सांरें गंमं गंरेंसां- धनिसांनिधपमप, मग ।।

अंतरा-2

अब तो उसका एक सहाई, राम सखा सुखदाई, सखी ।

संगीतश्रीकृष्णरामायण गीतमाला, पुष्प 534 of 763

दादरा ताल

(राम-सिया संवाद की कथा)

स्थायी

गीत शारद ने मंजुल है गाया, साज नारद मुनि ने बजाया ।
रत्नाकर से है मंगल रचाया, रामायण को है सुंदर सजाया ।।

♫ म-ग म-म- म प-म- ग म-प-, रे-ग म-म- मध- प- मग-म- ।
रेगम-म म- म ध-प- गम-प-, रे-ग-म- म- म ध-प- मग-रे- ।।

अंतरा-1

डरी सीता पतिऽ को निहारे, बोली ये का भया है पियारे! ।
तोरे मन में है अब क्या समाया, काहे मुनि रूप तुमने सजाया ।।

♫ सांसां नि-रें- सांध- नि- धप-म-, सांसां नि- रें- सांध- नि- धप-म- ।
मग मम म- म पप म- गम-प-, रेग मम म-म धधप- मग-रे- ।।

अंतरा-2

राम ने ठीक उसको बूझाया, दो-वरों का वो ब्यौरा सुनाया ।
पुत्र का धर्म उसको जताया, मोहे वनवास है, मेरी जाया! ।।

अंतरा-3

बोली, सीता अहो राम प्यारे! मोल के हैं वचन ये तिहारे ।
साथ स्वामी का हर दम निभाना, धर्म नारी का ये है बताया ।।

129. Urmilā-Lakshman dialogue (Rāmāyan, 2. Ayodhyā Kānd)

129. उर्मिला-लक्ष्मण संवाद की कथा :

129. Urmilā-Lakshman dialogue *(Rāmāyan, 2. Ayodhyā Kānd)*

संगीतश्रीकृष्णरामायण छन्दमाला, मोती 353 of 501

तारक छन्द[99]

। । ऽ, । । ऽ, । । ऽ, । । ऽ, ऽ

(लक्ष्मण उर्मिला संवाद)

सुन उर्मिल, लक्ष्मण के वच रोते ।
"तुझको कहते मुझको दुख होते ।। 1
मँझली मम माँ हरि से छल कीन्हा ।
उसने उसको वन दंडक दीन्हा" ।। 2

प्रिय उर्मिल! "मैं प्रण में जकड़ा हूँ ।
इत तू उत राघव, बीच खड़ा हूँ ।। 3
तुझको तज मैं किस हालत जाऊँ ।
तज राघव भी रह मैं नहिं पाऊँ" ।। 4

"सच है तुमरे वच," उर्मिल बोली ।
"पर, नाथ! मुझे समझो मत पोली ।। 5
तुमने नित राघव-संग निभाया ।
अब भी तुम नाथ! रहो बन साया" ।। 6

श्लोका:

लक्ष्मण उर्मिलामाह वरद्वयस्य तां कथाम् ।

---

[99] **तारक छन्द** : इस 13 वर्ण, 18 मात्रा वाले शक्वरी छन्द के चरणों में चार स गण और एक गुरु वर्ण आता है । इसका लक्षण सूत्र । । ऽ, । । ऽ, । । ऽ, । । ऽ, ऽ इस प्रकार है । विराम चरण के अन्त में । ध्यान रहे कि यह छन्द **हनुमान चालिस** की चौपाइयों की तरह गाया जा सकता है ।

▶ लक्षण गीत : **दोहा॰ मत्त अठारह हों जहाँ, गुरु मात्रा से अंत ।
चार स गण की शृंखला, जानी "तारक" छंद ।। 3515/7162**

129. Urmilā-Lakshman dialogue (Rāmāyan, 2. Ayodhyā Kānd)

अस्मिन्स्थितौ मया किं वा करणीयं प्रिये वद ।। 1919/2422

रामेण सह गन्तुं हि वाञ्छामि विपिने सखि ।
रामस्याहं प्रियो भ्राता कथं त्वां च त्यजामि वै ।। 1920/2422

लक्ष्मणमुर्मिला ब्रूते त्वं राघवस्य जीवनम् ।
गच्छ त्वं वनमित्युक्त्वा लक्ष्मणमसान्त्वयत् ।। 1921/2422

मा कुरु मम चिन्तांस्त्वं क्षत्रिया!हं पतिव्रता ।
यदपि ते सखे दुःखं सदा दुःखं तदेव मे ।। 1922/2422

📖 **कथा** 📖

(लक्ष्मण–उर्मिला संवाद)

(लक्ष्मण)

अनुमति लेकर राघव जी की, दृढ़ता करके अपने जी की ।
निजी भवन में आया दौड़ा, पत्नी को कहने को ब्यौरा ।। 3218/5205

✍**दोहा॰** **लेकर अनुमति राम से, निकला लछमन भ्रात ।**
आया उर्मिल पास वो, करने उससे बात ।। 3516/7162

बाहों में धर कर उर्मिल को, देकर शाँति उसके दिल को ।
बोला, मैं राघव का प्रेमी, आजीवन उसका अनुगामी ।। 3219/5205

✍**दोहा॰** **धर उर्मिल को बाँह में, बोला लखन कुमार ।**
संकट आया राम पर, जो है दुखद अपार ।। 3517/7162

(उर्मिला बोली)

सखे! आज ये दुख क्यों मुख में, हुआ राम को क्या है सुख में ।
क्योंकर न्यारे वचन तिहारे, अवध भला क्यों राम बिना, रे! ।। 3220/5205

✍**दोहा॰** **उर्मिल बोली लखन को, राघव पर क्या क्लेश ।**
राम तजे क्यों अवध को, क्यों वह छोड़े देश ।। 3518/7162

(लक्ष्मण)

राघव मेरा अतुलित स्नेही, परम सहारा है गुण गेही ।
राघव मेरा अंतर् आत्मा, सुहृद प्राण साँस परमात्मा ।। 3221/5205

129. Urmilā-Lakshman dialogue (Rāmāyan, 2. Ayodhyā Kānd)

✍दोहा॰ **राघव वन को जा रहे, तज कर अपना देश ।**
देकर शासन भरत को, माता का आदेश ।। 3519/7162

राघव मेरा प्रेम है, सुहृद मेरा राम ।
अंतर् आत्मा राम हैं, परमात्मा मम राम ।। 3520/7162

अनुगामी मैं राम का, राघव मेरे प्राण ।
साँस-साँस में राम हैं, राघव मेरे त्राण ।। 3521/7162

(और)

भगत नम्र मैं राम का सदा, अग्रज-भाई राम का सखा ।
स्वामी मेरा राम आप है, सीता माता, राम बाप है ।। 3222/5205

राम हि मेरा है सुखकारी, एक सहारा सब दुखहारी ।
मेरे मुख नित राम-नाम है, राम चरण मम परम धाम है ।। 3223/5205

राम बिना मैं जीवनहीना, जैसी तड़पे जल बिन मीना ।
राम सिवा मैं रह नहीं पाऊँ, जहाँ राम हो उत मैं जाऊँ ।। 3224/5205

राघव नेहा अपरंपारा, राघव अवध जनों का प्यारा ।
राम कृपा से सबका पारा, बिना राम जग में अँधियारा ।। 3225/5205

राम रतन सबके मन भाया, राम अवध को स्वर्ग बनाया ।
राघव परम दया की गंगा, बिना राम के अवध अपंगा ।। 3226/5205

✍दोहा॰ **लछमन ने उससे कही, अपने मन की बात ।**
राघव मेरे स्वर्ग हैं, राघव मेरे तात ।। 3522/7162

स्नेही मेरे राम हैं, मेरे अंतर्याम ।
परम सहारा राम हैं, पथ दर्शक श्री राम ।। 3523/7162

नम्र भगत मैं राम का, वही मुझे हैं तात ।
स्वामी मेरे राम हैं, सीता मेरी मात ।। 3524/7162

सेवक हूँ मैं राम का, बंधु सखा मम राम ।
दुख हारक मम राम हैं, राघव हैं सुखधाम ।। 3525/7162

129. Urmilā-Lakshman dialogue (Rāmāyan, 2. Ayodhyā Kānd)

मेरे मुख नित राम हैं, राघव मम जगदीश ।
राम चरण पर हो सदा, निश-दिन मेरा शीश ।। 3526/7162

जीवन मेरा राम हैं, उन्हें मिला वनवास ।
राम जहाँ हों, मैं वहाँ, बन कर उनका दास ।। 3527/7162

(लखन बोला)
मँझली माता जाल बुनाया, राघव को वनवास सुनाया ।
मिले भरत को अब अभिषेका, राम बसे दंडक में एका ।। 3227/5205

राज वस्त्र सब राम उतारे, जावे वन में वल्कल धारे ।
संकट उसने किए खड़े हैं, पितुवर पीड़ित हुए पड़े हैं ।। 3228/5205

✎दोहा॰ लछमन फिर कहने लगा, "दो-वर" वाली बात ।
कैसा कीन्हा कांड है, अपनी मँझली मात ।। 3528/7162

वन में भेजत राम को, कटि पर वल्कल धार ।
मुकुट हार कुंडल कड़े, रेशम-वस्त्र उतार ।। 3529/7162

(और)
राम गमन तक नहीं रुकी है, सुत को लाने भेज चुकी है ।
शीघ्र वेग से भृत्य गया है, देश बहिष्कृत राम भया है ।। 3229/5205

✎दोहा॰ राम गमन तक ना रुकी, भेजा केकय दूत ।
राज्य भरत को सौंपने, सवार सिर पर भूत ।। 3530/7162

(अतः)
मँझली माँ को स्वीकृति देकर, मम जननी से आशिष लेकर ।
राम, सिया को बात बताने, निकला है उसको समझाने ।। 3230/5205

घोर विपद् बेला में ऐसे, हम चुप रह सकते हैं कैसे ।
आई उस पर विकट घड़ी है, घोर समस्या आन पड़ी है ।। 3231/5205

✎दोहा॰ आज्ञा को स्वीकार कर, पहने वल्कल छाल ।
मातु सुमित्रा से मिले, निकला दशरथ लाल ।। 3531/7162

129. Urmilā-Lakshman dialogue (Rāmāyan, 2. Ayodhyā Kānd)

सीता से मिलने गया, करने उससे बात ।
सुन कर सीता-मातु को, होगा दुख आघात ।। 3532/7162

घोर विपद् है राम पर, उसका हम दें साथ ।
जो दुखपल में साथ दे, वही है सच्चा भ्रात ।। 3533/7162

(और)

संग राम के मुझको जाना, बंधुधर्म है मुझे निभाना ।
करना सेवा तुम माता की, दुखी अभागे पूज्य पिता की ।। 3232/5205

त्याग हमें भी करना होगा, निष्फल जीवन वरना होगा ।
विषम समय में काम करे जो, सच्चा सहृद जाना है वो ।। 3233/5205

तज दूँगा मैं सुख की बातें, हरि सेवा में जागूँ रातें ।
प्राण प्रतिज्ञा है मम ऐसी, पत्थर पर हो रेखा जैसी ।। 3234/5205

✍दोहा॰ **जाऊँ राघव संग मैं, यही बंधु का धर्म ।**
तुम भी मुझको दो विदा, करें उचित यह कर्म ।। 3534/7162

तज दूँ सुख मैं महल के, रहूँ राम के पास ।
सेवा मैं उसकी करूँ, विनम्र बन कर दास ।। 3535/7162

(फिर)

धनुष बाण को लेकर कर में, उर्मिल को बोला मृदु स्वर में ।
लौटूँगा मैं सुख में वन से, मुझे विदा दो, हर्षित मन से ।। 3235/5205

इस कारज में हाथ बटाके, मुझे विदा दो कष्ट हटाके ।
भेजो वन मुझको बिन त्यौरी, मुझे रहे ना चिंता तोरी ।। 3236/5205

सास पूजना हँसते मुख से, निश-दिन रहना निर्मल सुख से ।
रखना मुझको मात्र स्मरण में, मेरी पत है राम चरण में ।। 3237/5205

✍दोहा॰ **कहो विदा मुझको, प्रिये! मुख पर लेकर हास ।**
चिंता में ना हम रहें, सफल करूँ वनवास ।। 3536/7162

मेरे जाते ना रहो, चिंता ग्रस्त उदास ।

129. Urmilā-Lakshman dialogue (Rāmāyan, 2. Ayodhyā Kānd)

सेवा माता की करो, पूजो तीनों सास ।। 3537/7162

सेवा दशरथ तात की, करना तुम दिन-रात ।
उनको बिरहा ना चुभे, सदा रहे यह ज्ञात ।। 3538/7162

(उर्मिला बोली)
सदा विनय से रहूँगी ऐसी, सतियाँ भारत की सत् जैसी ।
उर्मिल बोली, अँखियन आँसू, कर में कर धर, “विदाई तासु” ।। 3238/5205

✍दोहा॰ उर्मिल ने शुचि हृदय से, कहा लखन को, नाथ! ।
सब सिमरूँगी मैं सदा, अति श्रद्धा के साथ ।। 3539/7162

मातु-पिता का मैं करूँ, नित आदर सत्कार ।
भारत की मैं हूँ सती, धर्मचारिणी नार ।। 3540/7162

सुन कर मंगल वचन वे, उर्मिल के सुखकार ।
लछमन धनु शर को लिए, जाने हुआ तयार ।। 3541/7162

♫ संगीतश्रीकृष्णरामायण छन्दमाला, मोती 354 of 501

शार्दूलविक्रीडित छन्द

ऽ ऽ ऽ, । । ऽ, । ऽ ।, । । ऽ, ऽ ऽ ।, ऽ ऽ ।, ऽ

♪ सा-रे- ग-मग रे- गम- पमग रे-, ग- प-म ग- म-ग रे-

(उर्मिल लक्ष्मण आलाप)

देवी उर्मिल ने कहा लखन से, “जा राम के संग तू ।
तेरा राघव है सखा जनम से, जाका बना अंग तू ।। 1
ऐसी राघव की घड़ी कठिन में, मेरी न चिंता करो ।
जो है राघव ने किया प्रण महा, मैं भी जरासा करूँ” ।। 2

देवी उर्मिल को कहा लखन ने, “तू भी सती है खरी ।
तूने चौदह वर्ष आत्मवश की, गाढ़ी प्रतिज्ञा करी ।। 3
पीछे तू पितु मातु की लगन से, सेवा करोगी, प्रिये! ।
आऊँगा अब लौट के विपिन से, तेरी पिपासा लिए” ।। 4

(फिर)

129. Urmilā-Lakshman dialogue (Rāmāyan, 2. Ayodhyā Kānd)

राम-सिया जब लेने आए, चलने सिद्ध लखन को पाए ।
लेकर वह अनुमति पत्नी की, रघुकुल की बहू सबसे नीकी ।। 3239/5205

छाती से छाती को जोड़े, लछमन नयनन अश्रु छोड़े ।
बोला, राघव! अजस्रबाहो! वन में मेरे तुम्हीं पिता हो ।। 3240/5205

नमन दंडवत् सिय को करके, चरणन पर माथे को धरके ।
बोला, तुम माँ मेरी दैवी, मुझको तुम सुत मानो, देवी! ।। 3241/5205

सिय ने उर्मिल गले लगाई, बोली, बहिना! तुझे बधाई ।
पतिव्रता अरु तू सती सच्ची, नारी-जग में सबसे अच्छी ।। 3242/5205

दोहा॰ उर्मिल बोली लखन को, प्राण तुम्हें रघुनाथ ।
संगी बन कर राम के, जाओ राघव साथ ।। 3542/7162

सच्चा त्यागी है वही, पर हित जिसका याग ।
अपनी निंदिया छोड़ कर, अपर-भले में जाग ।। 3543/7162

(अत:)

सास ससुर परमातमा, यही वधू की शान ।
लाख बहू में एक वो, उर्मिल देवी जान ।। 3544/7162

राम-सिया लेने जभी, आए लखन दुआर ।
अनुज खड़ा था, संग में, चलने को तैयार ।। 3545/7162

करके वन्दन राम को, बोला चलिए, बाप! ।
सिय के पग रख शीश को, कहा "मातु" अब आप ।। 3546/7162

संगीतश्रीकृष्णरामायण गीतमाला, पुष्प 535 of 763

दादरा ताल

(उर्मिला लक्ष्मण संवाद की कथा)

स्थायी

गीत शारद ने मंजुल है गाया, साज नारद मुनि ने बजाया ।
रत्नाकर से है मंगल रचाया, रामायण को है सुंदर सजाया ।।

130. Story of Rāma-Sītā-Kausalyā dialogue (2. Ayodhyā Kānd)

♫ म–ग म–म– म प–म– ग म–प–, रे–ग म–म– मध– प– मग–म– ।
रेगम–म म– म ध–प– गम–प–, रे–ग–म– म– म ध–प– मग–रे– ।।

अंतरा–1

कहा उर्मिल से लछमन ने रोते, तुझे कहते मुझे कष्ट होते ।
मझली माता ने चक्कर चलाया, राम को वास वन में दिलाया ।।

♫ सांसां निनिरें– सां धधनिनि ध प–म–, सांसां निनिरें– सांध– नि–ध प–म– ।
म–ग म–म– म प–मम गम–प–, रे–ग म– म–म धध प– मग–रे– ।।

अंतरा–2

बोल, क्या मैं करूँ इस द्विधा में, तुझको छोडूँ प्रिये! किस विधा मैं ।
राम के संग है मेरी माया, मोहे जाने दे तू, मेरी जाया! ।।

अंतरा–3

उर्मिला ने कहा फिर पतिऽ से, त्याग बुद्धि की अमृत मतिऽ से ।
आज तक साथ तूने निभाया, राम का है तू अविभक्त साया ।।

अयोध्या काण्ड : सातवाँ सर्ग

130. श्री राम–सीता–कौशल्या संवाद की कथा :

130. Story of Rāma-Sītā-Kausalyā dialogue *(2. Ayodhyā Kānd)*

♫ संगीतश्रीकृष्णरामायण छन्दमाला, मोती 355 of 501

कुटिलक छन्द[100]

ऽ ऽ ऽ, ऽ । ।, । । ।, । ऽ ऽ, ऽ ऽ

[100] ♫ **कुटिलक छन्द :** इस 14 वर्ण, 22 मात्रा वाले छन्द के चरणों में म भ न य गण और दो गुरु वर्ण आते हैं । इसका लक्षण सूत्र ऽ ऽ ऽ, ऽ । ।, । । ।, । ऽ ऽ, ऽ ऽ इस प्रकार है । विराम 4–6–4 पर होता है । याद रहे कि इस छन्द की प्रथम चार एवं अन्तिम चार मात्राएँ दीर्घ होती हैं, तथा मध्यम छः मात्राएँ लघु ।

▶ लक्षण गीत : **दोहा॰ मत्त बाईस का बना, दो गुरु मात्रा अंत ।**
म भ न य गण हों आदि में, "कुटिलक" बोला छंद ।। 3547/7162

130. Story of Rāma-Sītā-Kausalyā dialogue (2. Ayodhyā Kānd)

(कौशल्या माता)

कौशल्या ने लख सुत मृग छाला धारे ।
बोली, ये क्या तुझ पर सुत बीता, प्यारे! ।। 1
रोती माँ को रघुवर समझाते बोला ।
कैकेयी माँ मुझ पर पहनाई चोला ।। 2

माँ बोली, तू पितु-बचनन में है बंधा ।
तो, जा बेटा! सफल विपिन का हो वादा ।। 3
माता बोली, तुम पति सह जाना सीते! ।
स्वामी को तू मत तज, फिर जो भी बीते ।। 4

श्लोकाः

यदा रामो मुनिर्भूत्वा कौशल्या मुपसङ्गतः ।
आह माता हरे राम मुनिवेषो कथं तव ।। 1923/2422

वरद्वयस्य रामस्तां कथां मातरमब्रवीत् ।
कथां तां दुःखदां श्रुत्वा मातुर्नयनयोर्जलम् ।। 1924/2422

आह सा रुदिता माता राम त्वं सुखदः सुतः ।
पुत्र भव यशस्वी त्वं नय सीतां त्वया सह ।। 1925/2422

कथा

(राम-सीता-लक्ष्मण)

लिए विदाई उर्मिल सती से, तीन वनी फिर कष्ट अति से ।
निकले राम-लखन अरु सीता, मिलने को कौशल्या माता ।। 3243/5205

दोहा॰ उर्मिल को कह कर विदा, कर्म योग में लीन ।
राम-सिया लछमन चले, सजल नयन वे तीन ।। 3548/7162

(तब)

तीन वनी जब माँ ने देखे, हिय में उसके चूभे मेखे ।
बोली दैया! ये क्या कीन्हा, किसने तुमको वल्कल दीन्हा ।। 3244/5205

दोहा॰ राम-लखन-सीता गए, वनी बनेले तीन ।

130. Story of Rāma-Sītā-Kausalyā dialogue (2. Ayodhyā Kānd)

कौशल्या के कक्ष में, पुत्रधर्म में लीन ।। 3549/7162

♪ संगीतश्रीकृष्णरामायण छन्दमाला, मोती 356 of 501
शार्दूलविक्रीडित छन्द

S S S, I I S, I S I, I I S, S S I, S S I, S

♪ सा-रे-ग- मग रे-गम-प मग रे-, ग-प-म ग-म- गरे-

(कौशल्या राम संवाद)

कौशल्या, लख रामचंद्र सुत को, भस्मांग काया किया ।
बोली, राघव रे! "वनी तपस का, क्यों रूप तूने लिया?" ।। 1
बोला राघव, "मातु! मैं वन चला, आज्ञा पिता की लिए ।
माता-मध्यम को पिता वर दिये, जो आज बाधा किये" ।। 2

(राम)
राघव ने माँ को समझाया, उलझाया हिरदय सुलझाया ।
वन गमन आदेश बताया, पुत्र-धर्म से उसे रिझाया ।। 3245/5205

दोहा॰ वल्कल में लख राम को, कौशल्या हैरान ।
बोली, सुत! ये क्या हुआ, क्यों वल्कल परिधान ।। 3550/7162

राघव ने माँ से कही, "दो-वर" वाली बात ।
और बताया, हैं पड़े, मूर्छित होकर तात ।। 3551/7162

कीन्हे वन्दन मातु के, पग पर मस्तक टेक ।
सीता राघव लखन ने, कीन्हे नमन अनेक ।। 3552/7162

सुन कैकेयी के सभी, निर्दय पापी काम ।
माता रोई बिलखती, लेकर प्रभु का नाम ।। 3553/7162

आज्ञा मुझको है मिली, करने को वनवास ।
पुत्र-धर्म को पालने, यह मैं लिया लिबास ।। 3554/7162

(माता बोली)
मैया बोली, मुझे खेद है, पुत्र-पुत्र में हुआ भेद है ।
तीन अनघ ये वनी बनाए, कोमल बालक विपिन बसाए ।। 3246/5205

130. Story of Rāma-Sītā-Kausalyā dialogue (2. Ayodhyā Kānd)

दंडक में कैसे दिन-राती, काटेंगे जीवन मृदु गाती ।
कन्द-मूल खाकर भी कैसे, जीयें राजकुँवर ये ऐसे ।। 3247/5205

सूखा फीका खा रसहीना, काटेंगे कटु काल कठीना ।
कैसे कंकड़ कंटक माही, सोएँगे कछु समझूँ नाही ।। 3248/5205

✍दोहा॰ **माता बोली राम को, मुझे बहुत है खेद ।**
कैकेयी ने है किया, राम-भरत में भेद ।। 3555/7162

कौशल्या ने फिर कहा, दंडक वन है घोर ।
कैसे उस वन में भला, होगा तुमरा ठौर ।। 3556/7162

कंद मूल रसहीन पर, कैसे जीवन, राम! ।
राज महल में तुम पले, निश-दिन सुख आराम ।। 3557/7162

वन में आतप ताप लू, ओले झंझावात ।
कैसे वर्षा ठंढ में, बीतेंगे दिन-रात ।। 3558/7162

(फिर बोली)
कीन्हा क्यों नहिँ कछु सुविचारा, सोच हि मेरा कँपे जियारा ।
तुम बिन, राघव! कैसे जीऊँ, वन में तुम सँग मैं भी आऊँ ।। 3249/5205

छोडूँ राज भवन के सुखड़े, भोगूँगी सब वन के दुखड़े ।
सौतन दूषित कुपित के पासा, कैसे हो मम सुगम निबासा ।। 3250/5205

✍दोहा॰ **माता बोली रोइके, सुनियो मेरी बात ।**
मैं भी आऊँ साथ में, वन में तुमरे साथ ।। 3559/7162

जीऊँगी मैं विरह में, कैसे तुम बिन, राम! ।
रानी कैकेयी मुझे, कर देगी बदनाम ।। 3560/7162

(फिर)
निहार माता हुई अधीरा, जननी से बोले रघुबीरा ।
यों तुम चिंता में मत रहना, सुनो शास्त्र का क्या है कहना ।। 3251/5205

वेद हमें है धर्म सिखाते, कार्य कर्म की राह दिखाते ।

130. Story of Rāma-Sītā-Kausalyā dialogue (2. Ayodhyā Kānd)

शास्त्र जो कहे वही कार्य है, विधि विधान ही धर्म आर्य है ।। 3252/5205

वसिष्ठ गुरु मुझको सिखलाए, कर्म धर्म नाता बतलाए ।
मुनि बाल्मीक से व्रत है आया, कहता हूँ जो मैंने पाया ।। 3253/5205

दोहा॰ देख राम को वल्कली, लखन सिया के साथ ।
माता ने अति शोक में, माथे मारा हाथ ।। 3561/7162

बोली, तुमने क्यों लिया, संन्यासी का रूप ।
देखेंगे तो क्या कहें, पितुवर दशरथ भूप ।। 3562/7162

कल तुमरा अभिषेक है, यह कैसा है वेष ।
क्या ये नूतन रीत है, तुमरी एक विशेष ।। 3563/7162

राघव ने माँ से कहा, "पति परमेश्वर जान ।
पति को तजना पाप है, चाहे निकले प्राण ।। 3564/7162

"पिता पड़े बेहोश हैं, उनकी सेवा धर्म ।
वेद शास्त्र जो कहत हैं, वहीं योग्य हैं कर्म" ।। 3565/7162

(उपदेश)
माता स्नेह सुधा की सरिता, पावन प्रेम पुँज सी वनिता ।
जननी सुत की जीवन ज्योति, हिरदय में जो बैठी होती ।। 3254/5205

फिर भी जो माँ भ्रम की मारी, सुत के पीछे धावे नारी ।
पति तज कर मूरख अविचारी, दुष्कृत करती है अति भारी ।। 3255/5205

पति परमेश्वर, पति जगदीश्वर, पतिव्रता का धर्म अनश्वर ।
पति तव आहत दुखी बड़ा है, मूर्छा खाकर गिरा पड़ा है ।। 3256/5205

दोहा॰ आए चारों देखने, नृप थे पड़े अचेत ।
उनकी आहट पाइके, आई नृप को चेत ।। 3566/7162

(और)
फिर-फिर से नृप आँखें खोले, वचन लड़खड़ाते टुक बोले ।
राघव बोले, देखो माते! होश तात के आते-जाते ।। 3257/5205

1433
रत्नाकर रचित संगीत-श्री-रामायण

130. Story of Rāma-Sītā-Kausalyā dialogue (2. Ayodhyā Kānd)

हृदय पिता का टूट चुका है, मँझली माँ से रूठ चुका है ।
उनको तेरी है दरकारा, उनको देदे अभी सहारा ॥ 3258/5205

उनको तुझसे है अति नेहा, उन्हें चाहिए तेरी सेवा ।
देख तुझे भी जाती वन को, घाव लगेगा उनके मन को ॥ 3259/5205

ऐसा कोई काम न करना, जिससे उनको मिले यातना ।
और नहीं तुम उनको दुख दो, मुश्किल पल में उनको सुख दो ॥ 3260/5205

फिर से ऐसी बात न कहना, पतिव्रता ही बन कर रहना ।
पति त्याग का दुष्ट उचारा, देता पातक अधम विचारा ॥ 3261/5205

दोहा॰ आए जब वे कक्ष में, गयी कैकयी छोड़ ।
जाते पल पति को कहा, "अब तू दम को तोड़" ॥ 3567/7162

कहा राम ने मातु से, पिता गए हैं टूट ।
मँझली माता से बड़े, तात गए हैं रूठ ॥ 3568/7162

सेवा तुम उनकी करो, आओ ना पति छोड़ ।
रहो निकट ही तुम सदा, अविरत नेहा जोड़ ॥ 3569/7162

ऐसा कुछ भी ना कहो, जिसमें किंचित् क्रोध ।
ऐसे मुश्किल काल में, उनको दो तुम मोद ॥ 3570/7162

(और भी)

प्रतिकूल है ये अधर्म वाणी, माते! होगी रघुकुल हानि ।
पति तज कर सुत के सह जाना, नहीं कहा है बहुत सियाना ॥ 3262/5205

साथ हमारे मेरा भाई, और संग आ रही लुगाई ।
चिंता मेरी करो न, माई! पूज पति अपना सुखदाई ॥ 3263/5205

त्याग पति का अधर्म जाना, आर्य धर्म पर कलंक लाना ।
पत्नी है पति की सुखदाती, संग पति के सदा सुहाती ॥ 3264/5205

पत्नी पति के विघ्न घटाती, कष्ट उठाती, दुःख मिटाती ।
सुख-दुख में है साथ निभाती, पति के मन को पत्नी भाती ॥ 3265/5205

130. Story of Rāma-Sītā-Kausalyā dialogue (2. Ayodhyā Kānd)

बन कर रहती पति की छाया, अर्ध रूप ही उसकी काया ।
पति वचनन पाले सो नारी, सुत हो पितु का आज्ञाकरी ।। 3266/5205

✍दोहा॰ **माते! पति को छोड़ कर, मत आ, बोले राम ।**
पति तजना प्रतिकूल है, अनीति का यह काम ।। 3571/7162

सीता मेरे संग है, और लखन भी साथ ।
चिंता मेरी मत करो, भज तू अपना नाथ ।। 3572/7162

त्याग नाथ का वर्ज्य है, अनार्य जाना काम ।
पत्नी पति के संग ही, सजती आठों याम ।। 3573/7162

पत्नी पति का सुख कही, संकट कष्ट उबार ।
पत्नी पति के दुख हरे, तभी उसे उद्धार ।। 3574/7162

पत्नी पति की छाँव है, अर्ध अंग कहलाय ।
पाले पति के वचन जो, नारी सो हि सुहाय ।। 3575/7162

(और)

तव भर्ता है अति सुखदाता, पति तजना क्यों मन में आता ।
आवेंगे दिन मंगल फिर से, उतरेगी दुख गठरी सिर से ।। 3267/5205

साथ पति के रह कर माते! उनकी सेवा कर सुखदाते! ।
सुत वियोग से दुखी तव भर्ता, होंगे तेरे सब हित कर्ता ।। 3268/5205

आएँगे फिर से दिन सुख के, भूलेगी तू दिन ये दुख के ।
चौदह वर्ष सँभालो माता, सिया लखन सह मैं घर आता ।। 3269/5205

तव चरणन में मैं फिर हूँगा, दुनिया का सब सुख मैं दूँगा ।
तू बिरहा में विह्वल ना हो, पितु भी मेरा बेकल ना हो ।। 3270/5205

धर्म सनातन शास्त्र बताते, रघुकुल की ये रीत है, माते! ।
सब मिल करिए कारज अब वो, जिससे पुण्य मिलेगा सबको ।। 3271/5205

सुन राघव की अमृत वाणी, तुष्ट हुई कौशल्या राणी ।
धर्म सार ये पूज्य बखानी, नयनन में प्रेमाश्रु पानी ।। 3272/5205

130. Story of Rāma-Sītā-Kausalyā dialogue (2. Ayodhyā Kānd)

दोहा॰ भर्ता तेरा है भला, सुखदाई गुणवान ।
पति को आत्मा मान ले, वो तेरा भगवान ॥ 3576/7162

आज घड़ी आई बुरी, कल बरसे सुख रास ।
धूप-छाँव का चक्र ये, दरसाता इतिहास ॥ 3577/7162

सुत वियोग का दुख लिए, व्याकुल हैं तव नाथ ।
ऐसे में दे सुख उन्हें, बोले श्री रघुनाथ ॥ 3578/7162

सब होंगे फिर साथ हम, सफल किए वनवास ।
दुख में धीरज ज्यों धरे, पतझड़ का वह गाछ ॥ 3579/7162

सब मिल कर हम साथ में, दुख को करें तमाम ।
करें विपद् का सामना, यही पुण्य का काम ॥ 3580/7162

सुन अमृत वच पुत्र के, माता को संतोष ।
बैठी पति के चरण में, दूर हुआ सब रोष ॥ 3581/7162

(माता बोली)

ब्रह्मा सम शुभ बचनन तेरे, कीन्हे गदगद हैं मन मेरे ।
भेजूँगी वन तुझको हँस के, पाले पितु प्रण तू वन बस के ॥ 3273/5205

अब ये निर्णय टले न टाले, खुले न खोले बंद ये ताले ।
विधि के आगे तनिक ना चले, और किसी की दाल ना गले ॥ 3274/5205

विषम गति ये दैव है लाई, निष्पापी को दंड दिलाई ।
घटना विधि ने विकट बनाई, बात मातु[101] से कटु सुनवाई ॥ 3275/5205

दोहा॰ माता बोली राम को, सुत! तेरे शिव बोल ।
कीन्हे गदगद हैं मुझे, दीन्हें नैनन खोल ॥ 3582/7162

भेजूँगी अब विपिन में, तुमको सुख के साथ ।
पुत्र-धर्म तव सफल हो, शुभ आशिष, रघुनाथ! ॥ 3583/7162

---

[101] **मातु** = कैकेयी माता ।

130. Story of Rāma-Sītā-Kausalyā dialogue (2. Ayodhyā Kānd)

(और, दुर्भाग्य)

भाग्य अगर ना बिगड़े होते, भूपति क्यों यों दुखड़े रोते ।
जाता क्यों तू घर को छोड़े, होते क्यों यों हमें बिछोड़े ।। 3276/5205

कष्ट शोक क्यों देता भारी, क्यों आती तुझ पर ये बारी ।
अब तुम, बेटा! रुको न रोके, मैं नहिँ आऊँ बाधा होके ।। 3277/5205

तुझको जाना है सुख छोड़े, विधि हम सबसे है मुख मोड़े ।
धर्म निभाने वन को जाना, मातु-पिता तज प्रेमी नाना ।। 3278/5205

विधि जो चाहे कौन हटावे, सत्य-धर्म को कौन घटावे ।
करिए वह जो हर्ष बढ़ावे, कुल पर बट्टा जो न मढ़ावे ।। 3279/5205

✍दोहा० निष्पापी को दंड हैं, दिये हमारे कर्म ।
आज विषम ये भाग्य हैं, उन्हीं कर्म का धर्म ।। 3584/7162

(माता सिया को बोली)

कौशल्या ने कहा सिया से, रहो जोड़ कर हिया पिया से ।
चूमा सिर को बहुत प्यार से, प्रेम-अश्रु की उष्ण धार से ।। 3280/5205

बोली, सीते! विपिन जा रही, संग राम के बहुत भा रही ।
पति परमेश्वर की तुम छाया, नारी आधी नर की काया ।। 3281/5205

गुण वाली प्रिय जो सतियाँ हैं, धर्मरता वो शुभमतियाँ हैं ।
साथ पति के सुख में दुख में, सदा सुहाती हैं हँसमुख में ।। 3282/5205

संकट विकट घिरी है विपदा, सीते! बन जा धैर्य संपदा ।
सदा रहो तुम मंगल मति की, एक निष्ठ हो सेवा पति की ।। 3283/5205

✍दोहा० उन्हीं फलों से हैं मिले, दुख ये सब जी तोड़ ।
भूपति दुख में रो रहे, पुत्र चले घर छोड़ ।। 3585/7162

सीता का सिर चूम कर, हार बाहु का डार ।
भीगे नैनन से दिया, कौशल्या ने प्यार ।। 3586/7162

बोली, सीते! विपिन में, पति तेरा परमेश ।

130. Story of Rāma-Sītā-Kausalyā dialogue (2. Ayodhyā Kānd)

तुम बन कर अर्धांगिनी, सकल निबारो क्लेश ।। 3587/7162

(और)

शोक न करना कभी कष्ट में, उफ् नहीं लाना कभी ओष्ठ में ।
करना धर्म न कदापि भंगा, सदा सुकर्म की बहती गंगा ।। 3284/5205

घोर विपद् में राम गिरा है, विपरीत उसका भाग्य फिरा है ।
सुमधुर सुवचन उसको देना, बाँट क्लेश सब उसके लेना ।। 3285/5205

मन में ना हो कभी उदासी, लाड़ प्रेम नित मुख पर हाँसी ।
कटु तव मुख में ना हो बाती, मन प्रसन्न शुभ हो दिन-राती ।। 3286/5205

वर्ष चौदह जब भी बीते, आना सत्वर मिलने, सीते! ।
फिर बोलेंगे हँस हँस बातें, ब्यौरे सुख-दुख के दिन-रातें ।। 3287/5205

✍दोहा० **मुख में तुमरे हों, सिये! केवल मीठे बोल ।**
तीते रूठे शब्द हैं, बिल्कुल मिट्टी मोल ।। 3588/7162

शब्द स्निग्ध ही प्रेम के, मुख में हों दिन-रात ।
अपनों पर कटु बोल का, मत करना आघात ।। 3589/7162

रसना संयम हो सदा, तुमरा बिन अपवाद ।
शब्द बाण मुख से चला, लौट न आवे बाद ।। 3590/7162

आस हीन होना नहीं, तुम धीरज को छोड़ ।
गिरे गगन भी टूट कर, आवे विपदा घोर ।। 3591/7162

सीते! बचनन मातु के, रखना निश-दिन याद ।
जब तक आओ लौट कर, चौदह बरसों बाद ।। 3592/7162

(सीता बोली)

सदा चलूँगी पति अनुसारे, पतिव्रता का निश्चय धारे ।
भूल कछु ही नहीं करूँगी, संयम करते भले मरूँगी ।। 3288/5205

भाव भरी मैं भगतिन नारी, भारत भू की कन्या न्यारी ।
जनक राज की राजकुमारी, विनय शील कुसुमों की क्यारी ।। 3289/5205

130. Story of Rāma-Sītā-Kausalyā dialogue (2. Ayodhyā Kānd)

धर्मपरा मैं, मेरी माता! करूँ वही जो बोले भर्ता ।
मर्यादा में सदा रहूँगी, त्रास कष्ट चुपचाप सहूँगी ।। 3290/5205

जो कहता है वही सुनूँगी, बोझा उस पर नहीं बनूँगी ।
मर्यादा मैं मति उत्तम की, गति मर्यादा-पुरुषोत्तम की ।। 3291/5205

दोहा॰ **सीता बोली मातु से, परम तिहारा प्यार ।**
यथा कहा है आपने, करूँ वही व्यवहार ।। 3593/7162

पति वचनों पर मैं चलूँ, पतिव्रता आदर्श ।
भूल नहीं कछु भी करूँ, ना मन में आमर्ष ।। 3594/7162

संयम धरके मैं रहूँ, धर्म परायण नार ।
मर्यादा में मैं बसूँ, रामचंद्र की दार ।। 3595/7162

(राम को माता बोली)

जाओ तुम, शुभ होवे तुमरे, आशिष मंगल तुझ पर मेरे ।
विघ्नहीन होवें दिन-राती, तुम सब पर बरसे सुख-शाँति ।। 3292/5205

जाओ वन में समय बिताओ, घर फिर सुख से लौटे आओ ।
गिरि पर्वत जंगल के जेते, सरित सरोवर जल के एते ।। 3293/5205

खग तरुवर सब जीव विपिन के, पशुअन कीटक सारे वन के ।
रवि शशि तारे नभमंडल के, तुमको देवें ग्रह मंगल के ।। 3294/5205

साथ तिहारे लछमन सीता, ध्यान लगाए रखना वनिता ।
सुख मय हो, सुत! तव हर घाती, संकट हीने हों दिन-राती ।। 3295/5205

ऋषि-मुनि संतन तुमको सेवें, सुर सब तुम को आशिष देवें ।
धर्म सनातन सत्य बनाओ, एक नया इतिहास रचाओ ।। 3296/5205

दोहा॰ **माता कौशल्या भई, मन में बहुत प्रसन्न ।**
शुभ आशिष दे कर उसे, बोली तुम हो धन्य ।। 3596/7162

जाओ वन में तुम, सिये! अपने पति के साथ ।
जिसकी पत्नी है सिया, भाग्यवान रघुनाथ ।। 3597/7162

तरु बेली खग विपिन के, पशु कीटक सब जीव ।
चंद्र सूर्य तारे तुम्हें, मंगल रहें अतीव ।। 3598/7162

ऋषि-मुनि संतन सुर सभी, दें तुमको सत्संग ।
विघ्न हीन हों विपिन में, तुमरे सभी प्रसंग ।। 3599/7162

गिरि नदियाँ कंदर सभी, तुमको दें सुख लाभ ।
राक्षस सब तुम जीत लो, राघव! तुम अमिताभ! ।। 3600/7162

संगीतश्रीकृष्णरामायण गीतमाला, पुष्प 536 of 763

दादरा ताल

(श्री राम सीता कौशल्या संवाद की कथा)

स्थायी

गीत शारद ने मंजुल है गाया, साज नारद मुनि ने बजाया ।
रत्नाकर से है मंगल रचाया, रामायण को है सुंदर सजाया ।।
♫ म-ग म-म- म प-म- ग म-प-, रे-ग म-म- मध- प- मग-म- ।
रेगम-म म- म ध-प- गम-प-, रे-ग-म- म- म ध-प- मग-रे- ।।

अंतरा-1

देख राघव जटा-जूट धारी, जिसके अभिषेक की थी तयारी ।
बोली, कौशल्या ये क्या किया है, बेटा! ये क्या तरीका नया है ।।
♫ सां-सां नि-रें- सांध- नि-ध प-म-, सां-सां निनिरें-सां ध- नि- धप-म- ।
मग, म-म-म प- म- गम- प-, रेग! म- म- मध-प- मग- रे- ।।

अंतरा-2

रोती माता को श्री राम बोला, बनबासी का है आज चोला ।
माँ को "दो-वर" का ब्यौरा बताया, उसको आशीष देने मनाया ।।

अंतरा-3

माते! इतनी न हो तुम दुखिऽता, तात की तुम बनो सुख सरिऽता ।
विघ्न कुल पर जभी भी है आया, तुमसे सबने सदा सुख है पाया ।।

अंतरा-4

131. The story of Rāma-Dashrath dialogue (2. Ayodhyā Kānd)
माता बोली, मेरे पुत्र! जाओ, तुम बचनन पिता के निभाओ ।
लछमन! तुमसे बढ़ कर न भैया, सीते! तुम हो रघुऽवर की छाया ।।

अयोध्या काण्ड : आठवाँ सर्ग

131. श्री राम–दशरथ संवाद की कथा :

131. The story of Rāma-Dashrath dialogue *(2. Ayodhyā Kānd)*

संगीतश्रीकृष्णरामायण छन्दमाला, मोती 357 of 501

शशिवदना छन्द[102]

। । ।, । ऽ ऽ

(राम–दशरथ संवाद)

दशरथ बोले, रघुवर प्यारे । तुझ बिन होंगे, मरण हमारे ।। 1
वन घन में ये, मृदुतनु तेरी । रह न सकेगी, जनक कुमारी ।। 2
अनुचर तेरा, लखन लला भी । अवध तजे यों, मुनि व्रत काहे ।। 3
दुख न सहेगा, अवध कुमारा । अति प्रिय भ्राता, भरत तुम्हारा ।। 4

ॐ श्लोक:

दृष्ट्वा सुतं वनं गच्छन्–मृतप्राय: पिताऽभवत् ।
आह दु:खेन रामं स मरिष्यामि गते त्वयि ।। 1926/2422

कथा

(कौशल्या)

फिर–फिर शुभ बचनन सेती, बोली जननी आशिष देती ।
जाओ सुत! कर्तव्य निभाओ, राह विश्व को उचित दिखाओ ।। 3297/5205

---

[102] शशिवदना छन्द : इस 6 वर्ण, 8 मात्रा के छन्द के चरण में न और य गण आते हैं । इसका लक्षण सूत्र । । ।, ऽ ऽ । इस प्रकार होता है । चरणान्त विराम होता है ।

▶ लक्षण गीत : दोहा० आठ मत्त हों चरण में, न य गण का जो वृंद ।
छ: वर्णों का संघ जो, "शशिवदना" है छंद ।। 3601/7162

131. The story of Rāma-Dashrath dialogue (2. Ayodhyā Kānd)

✍दोहा॰ माता बोली राम को, सफल करो तुम कार्य ।
पुत्रधर्म पालन करो, तुम हो सच्चे आर्य ।। 3602/7162

(राम, लक्ष्मण, सीता)

लेकर आशिष मंगल माँ के, राम-लखन-सिय शीश नवाके ।
आए तीनों चरण पिता के, कछु भी नाही समय बिताके ।। 3298/5205

राम लखन सीता जब आये, पूज्य पिता को सोते पाये ।
पितु के पग पर शीश टिकाते, नैन खोल कर भूपति चेते ।। 3299/5205

✍दोहा॰ राम-सिया लछमन तभी, कौसल मातु समेत ।
आए नृप को देखने, जो थे पड़े अचेत ।। 3603/7162

चारों कर को जोड़ कर, आए नृप के पास ।
शीश नवा कर थे खड़े; पितु की धीमी साँस ।। 3604/7162

(राम)

राघव बोले, पितु परमेश्वर! कृपा आपकी हो हम सब पर ।
लछमन सीता संग हमारे, आशिष दीजो, तात पियारे! ।। 3300/5205

✍दोहा॰ कहा पिता को राम ने, रख कर पग पर शीश ।
सिया लखन मम साथ हैं, दो हमको आशीष ।। 3605/7162

(दशरथ बोले)

परम शब्द सुन कर राघव से, दशरथ बोले अति मार्दव से ।
बेटा! मेरी मति भरमाई, कैकेयी कटु वच फरमाई ।। 3301/5205

मुझे मोह में उसने घेरा, तुझे पड़ा ये वन का फेरा ।
अनर्थ तुझ पर हुआ है जोही, दोष पूर्ण है मेरा सोही ।। 3302/5205

✍दोहा॰ दशरथ बोले तीन को, दंडक तुमरे भाग ।
मैंने जो "दो-वर" दिये, लगी उन्हीं से आग ।। 3606/7162

(राम बोला)

रोओ मत, पितु! विह्वल होके, धीर धरो तुम आँसू रोके ।

131. The story of Rāma-Dashrath dialogue (2. Ayodhyā Kānd)

हुआ वही है जो था होना, छोड़ो अब ये रोना-धोना ।। 3303/5205

होनी टलती नहिँ टाले से, कौन कहे ऊपर वाले से ।
धीरज धर के शाँति पाओ, भूप अवध का भरत बनाओ ।। 3304/5205

धर्म सनातन मैंने जाना, शब्द पिता का मैंने माना ।
आज्ञा माँ ने ज्यों दी मुझको, पूर्ण करूँगा त्यों ही उसको ।। 3305/5205

माता तीन करेगी सेवा, उन पर सुख बरसाओ, देवा! ।
भूप भरत में ध्यान लगाना, रूप राम का उसमें पाना ।। 3306/5205

दोहा॰ राघव बोले, हे पिता! रोने का नहिँ काम ।
हँस कर वचन निभाएगा, पुत्र तिहारा राम ।। 3607/7162

जो होना सो हो गया, होनी सको न रोक ।
कर्म-फलों के नियम ने, घेरे तीनों लोक ।। 3608/7162

होनी टले न टाल कर, उसका सूत्र अनूप ।
यथा शास्त्र, निश्चित करो, भरत अवध का भूप ।। 3609/7162

दिया धर्म वासिष्ठ ने, मनु ने दीन्ही नीति ।
पितु बचनन को पालना, रघुकुल की है रीति ।। 3610/7162

सेवा तुमरी, हे प्रभो! करिहै रानी तीन ।
भरत रूप में मैं रहूँ, पास तिहारे लीन ।। 3611/7162

(उधर, वसिष्ठ ऋषि)

वसिष्ठ सोच रहे मंडप में, देरी क्यों कारज मंगल में ।
चिंतित वे थे अति अचरज से, निकल पड़े मिलने दशरथ से ।। 3307/5205

शयन कक्ष में मुनिवर आए, देख दृश्य को वे चकराये ।
राघव ने उनको समझाया, "शाँत रहो," गुरुदेव! बताया ।। 3308/5205

दोहा॰ वसिष्ठ मंडप में खड़े, तकत राम की राह ।
सुमंत्र बोला, राम है, शमत मातु की दाह ।। 3612/7162

सुन कर बात सुमंत्र की, वसिष्ठ के मन ताप ।

131. The story of Rāma-Dashrath dialogue (2. Ayodhyā Kānd)

बोले, देखूँ बात क्या, जाकर उत मैं आप ।। 3613/7162

गुरुवर आए कक्ष में, चकित देख उत्पात ।
राघव ने गुरु को कही, "दो-वर" वाली बात ।। 3614/7162

(दशरथ बोले)

नृप बोले, मुनि! तुम भी जाओ, वन में सुत को राह दिखाओ ।
संग राम के सौ रथ होवें, निष्कंटक वन में पथ होवें ।। 3309/5205

राघव! वन में रथ से जाना, साथ शस्त्र सैनिक ले जाना ।
निश-दिन रक्षा होगी तेरी, चिंता दूर रहेगी मेरी ।। 3310/5205

रथ में द्रव्य भरो तुम इतना, बरसों बरस चलेगा जितना ।
सीता के पहरन सब होवें, किसी बात पर वह ना रोवे ।। 3311/5205

दोहा॰ नृप बोले, "मुनि! आप भी, जाना राघव साथ ।
राह दिखाना पुत्र को, बालक है रघुनाथ ।। 3615/7162

"रथ लेना बहु साथ में, अन्न वस्त्र का भार ।
सैनिक भी लो साथ में, संकट सकें निबार ।। 3616/7162

"कंबल तकिये साथ लो, सतरंजी उपधान ।
सीता के कपड़े सभी, चौके का सामान" ।। 3617/7162

(कैकेयी)

सुन कर नृप का वह आदेसा, कैकेयी के मन अंदेसा ।
खौल गया रानी का पारा, दृष्टिक्षेप को किया करारा ।। 3312/5205

बोली, "सैनिक साथ न जावे, कोई न हरि को राह दिखावे ।
चीज न कोई वो ले जावे, वन में खाली हाथ हि जावे ।। 3313/5205

"राज्य भरत का है अब सारा, सैनिक धन संपदा पसारा ।
राज्य अधूरा भरत न लेगा, दान धर्म ये नहीं चलेगा ।। 3314/5205

"राम अकेला वन में जावे, सीता को साथ न ले जावे ।
सेवा मेरी वो दिन-राती, करती जावे मम गुण गाती" ।। 3315/5205

131. The story of Rāma-Dashrath dialogue (2. Ayodhyā Kānd)

दोहा॰ कैकेयी ने जब सुना, वसिठ मिले अवधेश ।
आई दौड़ी कक्ष में, सुनने नृप आदेश ।। 3618/7162

सुन कर दशरथ का कहा, रानी के मन क्रोध ।
उसने तीखे शब्द में, नृप का किया विरोध ।। 3619/7162

बोली, "राघव को मिला, घर से है संन्यास ।
कुछ भी साथ न जाएगा, ना धन रथ ना दास ।। 3620/7162

"राज्य भरत का हो गया, उसकी है हर चीज ।
राम न कछु ले जाएगा, अन्न वस्त्र हरगिज ।। 3621/7162

"सीता साथ न जाएगी, करने वन में वास ।
मेरी सेवा में लगी, पूजेगी वह सास" ।। 3622/7162

(नृप बोले)

दशरथ बोले, "सुन अभिमानी! बड़ी बहू है घर की रानी ।
जाती वन उसको जाने दे, या रानी उसको होने दे ।। 3316/5205

"उसको ना वनवास मिला है, मार्‌ग तेरा होत खुला है ।
उसके पथ क्यों पड़ कर आड़ी, मारे अपने पाँव कुल्हाड़ी" ।। 3317/5205

दोहा॰ मँझली को नृप ने कहा, "मत कर तू अभिमान ।
बड़ी बहू को मिलत है, रानी का सम्मान ।। 3623/7162

"रानी का पद दे उसे, सेवा कर दिन-रात ।
या जाने दे वन उसे, रामचंद्र के साथ ।। 3624/7162

"वनवास मिला है राम को, सिया को न दुतकार ।
क्यों मारे तू, कैकई! अपने पाँव कुठार ।। 3625/7162

"तूने रघु को वन दिया, सीता का नहीं दोष ।
सीता को मत छेड़ तू, सँभलो अपने होश" ।। 3626/7162

(फिर)

रानी बोली, अच्छा जावे, चीज यहाँ से ना ले जावे ।

131. The story of Rāma-Dashrath dialogue (2. Ayodhyā Kānd)

कंगन कुंडल हार उतारे, जाए वन में वल्कल धारे ।। 3318/5205

दोहा॰ रानी बोली, "ठीक है, जावे राघव संग ।
मगर महल के कुछ नहीं, पहने भूषण अंग ।। 3627/7162

"साढ़ी कुंडल कंगना, पायल हार उतार ।
वन में राघव संग वो, जावे वल्कल धार" ।। 3628/7162

(सीता)

वल्कल देखे सिय घबड़ाई, निषेध में नासा सिकुड़ाई ।
पीत वसन में क्या हि खराबी, सुंदर जिस पर गोट गुलाबी ।। 3319/5205

चीर क्षुद्र से कैसे नारी, अंग ढक सकेगी बेचारी ।
साढ़ी ढके कंठ से एड़ी, वल्कल ढके न आधी पिंडी ।। 3320/5205

दोहा॰ लख कर वल्कल को, सिया, सिकुड़ायी निज अंग ।
बोली, "तन यह ना ढके, आवे कटि पर तंग ।। 3629/7162

"आधा तन ये ना ढके, लगते नंगे अंग ।
साढ़ी को मैं ना तजूँ, होती लज्जा भंग" ।। 3630/7162

(और फिर)

वल्कल तन से जभी लगाया, आधी उसकी ढकी न काया ।
कटि पर वह था इतना छोटा, तन पर ठीक न जाय लपेटा ।। 3321/5205

दुखी हुई लज्जा के मारे, रो रो पति की ओर निहारे ।
बोली, पहनूँ मैं यह कैसे, तन ना गोपे आधा जैसे ।। 3322/5205

हरि ने वल्कल रख कर कांधे, कहा साढ़ी के ऊपर बाँधे ।
अभी यहाँ से ऐसे चलना, वन में जा कर इसे बदलना ।। 3323/5205

दोहा॰ वल्कल सीता ने जभी, देखे देह लगाय ।
ढका न आधा अंग भी, ना ही लिपटा जाय ।। 3631/7162

सीता लज्जित सी खड़ी, लेकर नैनन नीर ।
कैसे पहनूँ मैं भला, वल्कल का यह चीर ।। 3632/7162

131. The story of Rāma-Dashrath dialogue (2. Ayodhyā Kānd)

राघव बोले, "तुम सिये! वल्कल कटि नजदीक ।
साढ़ी पर ही बांधलो, वन मैं करना ठीक" ।। 3633/7162

(तब वसिष्ठ मुनि ने कहा)

वसिष्ठ मुनि फिर बोले दुख से, "जाने दो सिय को वन सुख से ।
वनवासा नहिँ इसने पाया, व्रत ये इसने आप उठाया ।। 3324/5205

"सीता ओढ़े चर्म खंड क्यों, अनघा को ये व्यर्थ दंड क्यों ।
कैकेयी तू यों जाने दे, या शासन इसको पाने दे ।। 3325/5205

"बड़ी बहू रघुकुल नारी, जनपद की ये है अधिकारी ।
डाह क्रोध में तू है भूली, गल में अपने डाले शूली" ।। 3326/5205

✍दोहा॰ **फिर वसिष्ठ हो कर दुखी, बोले, "यह है पाप ।**
इसको वन है ना मिला, लीन्हा व्रत है आप ।। 3634/7162

"निरपराध को दंड क्यों, क्यों नारी-अपमान ।
या दो आजादी इसे, या रानी का स्थान" ।। 3635/7162

(और)

"कैकेयी क्यों बड़बड़ करती, कुछ भी कहने तुम नहिँ डरती ।
मत उगलो विष, साँप की भाँति, रसना को दुक दो विश्रांति ।। 3327/5205

"इस हठ से अब तुम हट जाओ, सिय को वल्कल ना पहनाओ ।
जावे सिया सवस्त्रा ऐसी, भूषण धारी खड़ी है जैसी ।। 3328/5205

सुन कर मुनि की बात करारी, रानी सहमी अब की बेरी ।
कैकयी आग बबूला होती, खिसकी फिर कमरे से रोती ।। 3329/5205

✍दोहा॰ **"कैकेयी! तुम अब करो, बकबक अपनी बंद ।**
क्यों डाले सबके तथा, अपने गल में फँद ।। 3636/7162

"सीता वन में जाएगी, साढ़ी भूषण साथ ।
हठ से तू हट जा अभी, मत कर आतम घात" ।। 3637/7162

कैकेयी मुनि से डरी, सहमी अबकी बार ।

131. The story of Rāma-Dashrath dialogue (2. Ayodhyā Kānd)

चुपके से फिर कक्ष से, खिसकी सिसकी मार ।। 3638/7162

♫ **संगीतश्रीकृष्णरामायण छन्दमाला, मोती 358 of 501**

शिखरिणी छन्द

। ऽ ऽ, ऽ ऽ ऽ, । । ।, । । ऽ, ऽ । ।, । ऽ

♫ साग- नि़-सा- रेगरे-, सारेगप मगरे, ग-रे! गरे सा-

(दशरथ विलाप)

भरे-आँसू नैना, दशरथ कहे, "राम! अब तू ।
मुझे देगा प्यारे, दरशन पुनः, आन कब तू ।। 1
मिलेगा रे बेटा! सब जगत का, पुण्य तुझको ।
बिना तेरे होते, सब अवध ये, शून्य मुझको" ।। 2

(दशरथ बोले)

कहा पिता ने, राघव प्यारे! कार्य सफल हों सभी तिहारे ।
आर्य जनों के सदा सुखारे! मन तोषक तुम, राम दुलारे! ।। 3330/5205

वन में जाओ निष्ठा धारे, जग तारक, तुम-सबको तारे ।
होगा अब मिलना कब तेरा, क्या होगा सुत! तब तक मेरा ।। 3331/5205

गले लगाया राम-लखन को, दीन्हे आशिष बहुत सुवन को ।
कर राघव का कर से छोड़े, मूर्छा खाई फिर मुख मोड़े ।। 3332/5205

पितु पद छू कर उन तीनों ने, तीन-तीन परिक्रम कीन्हे ।
पितु को अंतिम प्रणाम करके, निकल पड़े कर में कर धरके ।। 3333/5205

दोहा॰ दशरथ बोले राम को, "करो सफल वनवास ।
यों ही मैं लेटा रहूँ, तुमरी लेकर आस ।। 3639/7162

"आओ चौदह वर्ष का, पूर्ण किए व्रत घोर ।
तीनों को मैं फिर मिलूँ, ना इच्छा कुछ और" ।। 3640/7162

(फिर)

तीनों पितु के पैर पर, अपना माथा टेक ।
करके तीन परिक्रमा, निकल पड़े सुविवेक ।। 3641/7162

132. Rāma-Sītā-Lakshman going to forest (Ayodhyā Kānd)

संगीतश्रीकृष्णरामायण गीतमाला, पुष्प 537 of 763

दादरा ताल

(श्री राम दशरथ संवाद की कथा)

स्थायी

गीत शारद ने मंजुल है गाया, साज नारद मुनि ने बजाया ।
रत्नाकर से है मंगल रचाया, रामायण को है सुंदर सजाया ।।

♪ म-ग म-म- म प-म- ग म-प-, रे-ग म-म- मध- प- मग-म- ।
रेगम-म म- म ध-प- गम-प-, रे-ग-म- म- म ध-प- मग-रे- ।।

अंतरा-1

लेके मंगऽल आशीष माँ के, राम सीता लखन सिर नवाके ।
आए तीनों चरण में पिता के, धीरे-धीरे पिता को जगाया ।।

♪ सांसां नि-रें-सां ध-नि-ध प- म-, सां-सां नि-रें- सांधध निनि धप-म- ।
मग म-म- मपप म- गम- प-, रेग म-म- मध- प- मग-रे- ।।

अंतरा-2

बोले दशरथ, अरे राम प्यारे! तेरे कारज सफल होवे सारे ।
बेटा लछमन! तुम्ही सच्चे भ्राता, सीते रानी! तू आदर्श जाया ।।

अंतरा-3

कब मिलोगे पुनः, तुम पियारे! अब नहीं हैं भरोसे हमारे ।
मैंने सबको दुखों में है डाला, "लो विदा!" कहके फिर ग्लानि पाया ।।

अयोध्या काण्ड : नौवाँ सर्ग

132. श्री राम-लक्ष्मण-सीता वनवास गमन की कथा :

132. Rāma-Sītā-Lakshman going to forest *(Ayodhyā Kānd)*

♫ संगीतश्रीकृष्णरामायण छन्दमाला, मोती 359 of 501

132. Rāma-Sītā-Lakshman going to forest (Ayodhyā Kānd)

महेन्द्रवज्रा छन्द[103]

। । ऽ, । ऽ ऽ, । । ऽ, । ऽ ऽ

(वनवास गमन)

वन को चली, राघव संग सीता ।
हरि का धरे, हस्त सखी सुनीता ।। 1
पिछलै चला, लक्ष्मण है सुजाना ।
तज के वधू, उर्मिल को, सयाना ।। 2

श्लोक:

वनवासाय गच्छन्तो रामः सीता च लक्ष्मणः ।
रुदन्ति च जनाः सर्वे मातृद्वयं च पीडितम् ।। 1927/2422

कथा

(शयन कक्ष से)

गुरुवर आगे, तीनों पीछे, चले पौड़ियाँ उतरे नीचे ।
ज्यों ही वे मंडप में आए, सभा लोग कुहराम मचाए ।। 3334/5205

दोहा॰ **कह कर पितुवर को विदा, निकले जब रघुनाथ ।**
मंडप में आए चले, गुरुवर उनके साथ ।। 3643/7162

वल्कल-धारी राम को, देख सभी को रोष ।
मंडप वाले पाहुने, कीन्हा अति आक्रोश ।। 3644/7162

(मंडप में)

वल्कल-धारी राम निहारे, बोले क्या ये हाल तिहारे ।
सीता ने पीला पट पहना, किसका था यह बेतुक कहना ।। 3335/5205

---

[103] **महेन्द्रवज्रा छन्द** : इस 12 वर्ण, 18 मात्रा वाले जगती छन्द के चरणों में स य स य गण आते हैं । इसका लक्षण सूत्र । । ऽ, । ऽ ऽ, । । ऽ, । ऽ ऽ इस प्रकार है । विराम चरणान्त होता है । भुजंगप्रयात छन्द की तरह यह भी एक मनोरम छन्द है ।

▶ लक्षण गीत : **दोहा॰ मत्त अठारह का बना, स य स य गण का वृंद ।**
अक्षर बारह से सजा, "महेन्द्रवज्रा" छंद ।। 3642/7162

132. Rāma-Sītā-Lakshman going to forest (Ayodhyā Kānd)

गुरुवर ने उनको सुलझाया, पुत्र-धर्म सबको समझाया ।
जन समूह था हक्का-बक्का, कई गिर पड़े खाकर धक्का ।। 3336/5205

✍दोहा॰ **बोले अतिथि, वसिष्ठ को, सीय की साढ़ी पीत ।**
राघव ने वल्कल धरा, नई तिलक की रीत ।। 3645/7162

गुरुवर ने उनको कही, "दो-वर" वाली बात ।
पुत्रधर्म, दशरथ व्यथा, भी बतलाईं साथ ।। 3646/7162

जन समूह सब चकित था, दुख आश्चर्य समेत ।
कुछ श्रद्धालु गिर पड़े, मूर्छित हुए अचेत ।। 3647/7162

♫ **संगीतश्रीकृष्णरामायण छन्दमाला, मोती 360 of 501**

पृथ्वी छन्द

। ऽ ।, । । ऽ, । ऽ ।, । । ऽ, । ऽ ऽ, । ऽ

♫ मप- धपम गरे, गम- पमग रे-, सारे- मगरे सा-

(कैकई का आनंद)

चले विपिन में, सिया लखन को, लिए राम जी ।
दुखी जनन हैं, सभी अवध के, हँसे कैकई ।। 1
कहे, "भरत को, करूँ नृपति मैं, जभी आएगा ।
बिना हरि-सिया, सुखी अवध ये, मुझे भाएगा" ।। 2

(तब)

सबने कैकेयी को कोसा, त्याग राम-सिया का तोसा ।
सीता की सब सखियाँ आई, गला फाड़ कर सारी रोई ।। 3337/5205

पुर में फैली खबर सनसनी, "राम-लखन-सिय बने हैं वनी" ।
अभिषेक भरत का अब होगा, बोले सब, "ये हुआ है धोखा" ।। 3338/5205

घर-घर में था रोना-धोना, दुखी नगर का कोना-कोना ।
गुरुवर ने गायत्री गाया, सबने मंतर वह दोहराया ।। 3339/5205

✍दोहा॰ **सब जनपद जन ने दिया, कैकेयी को दोष ।**

132. Rāma-Sītā-Lakshman going to forest (Ayodhyā Kānd)

बोले, "रानी है भई, सत्ता से मदहोश" ॥ 3648/7162

सजल नयन थे सब भए, काँप रहे थे गात ।
खबर अवध में मिल गयी, विद्युत-गति के साथ ॥ 3649/7162

घर-घर में रोना मचा, जनपद सकल उदास ।
जनता दौड़ी आगयी, राज भवन के पास ॥ 3650/7162

राघव-दर्शन के लिए, पथ की दोनों ओर ।
खड़े हुए जन प्रीति से, दोनों हस्तक जोड़ ॥ 3651/7162

(फिर)

सभा जनों को प्रथम ढिठाया, वेदी पर राम को बिठाया ।
अभिषेचन जल हरि पर छिड़का, सबने कैकेयी को झिड़का ॥ 3340/5205

राघव पर वारना उतारा, राम-लखन-सिय जय जयकारा ।
सबने उनकी पूजा कीन्ही, मंगल इच्छा उनको दीन्ही ॥ 3341/5205

दोहा॰ मंडप में गुरु वसिठ ने, जोड़े दोनों हाथ ।
गायत्री के मंत्र को, गाया सबके साथ ॥ 3652/7162

वेदी पर बिठलाय कर, राम-लखन-सिय साथ ।
दीक्षा दी वनवास की, रो कर कौसल-मात ॥ 3653/7162

पूजा राघव की किए, बाँधी मौली हाथ ।
"जय जय," बोली सब सभा, "सिया-लखन-रघुनाथ!" ॥ 3654/7162

(और)

गंगा जल का तीरथ लोटा, सिर पर राघव जी ने पलटा ।
वेद मंत्र गाकर गायत्री, निकले तीनों वन के यात्री ॥ 3342/5205

बंधु लखन पीछे कर जोड़ा, राम-सिया के साथ चल पड़ा ।
गुरुवर मुनिवर राजा सारे, उनके पीछे अतिथि दुलारे ॥ 3343/5205

रथ सुमंत्र का द्वार खड़ा था, हार पुष्प से सजा बड़ा था ।
भगत लोग थे रथ को घेरे, राम निहारन नयन पसारे ॥ 3344/5205

132. Rāma-Sītā-Lakshman going to forest (Ayodhyā Kānd)

प्रथम सिया को राम चढ़ाया, लखन राम को हाथ बढ़ाया ।
लछमन हरि के बैठा बाँए, सिया राम के बैठी दाएँ ।। 3345/5205

✍दोहा॰ **गंगा जल को रामजी, अपने सिर पर डाल ।**
निकल पड़े वनवास को, यथा बुना था जाल ।। 3655/7162

राम-सिया रथ पर चढ़े, लखन चला कर जोड़ ।
गुरुवर, अतिथि, जन सभी, निकले मंडप छोड़ ।। 3656/7162

संगीतश्रीकृष्णरामायण गीतमाला, पुष्प 538 of 763

भजन : राग केदार कहरवा ताल

(सीता वन चली)

स्थायी

दुल्हनिया वन चली, राम की सीता, राज कुमारी, कोमल कलिका ।
रानी अवध की, जानकी माता ।।

♫ सारेसाप पप मंप ध-प प मंपम-, म-प पसांधप, म-धप ममरेसा ।
सां-सां सांनिध सांरें, सां-धप मंपम- ।।

अंतरा-1

मधुर मिलन में, दे गयी अँसुअन । रैन सुहाग की, हो गई बैरन ।
जीयो जुग-जुग, जानकी माता ।।

♫ पपसां सांसांसां रेंसां, निध सांरें सांनिधप । म-प पसां-ध प, म-धप म-रेसा ।
सां-सां- निध सांरें, सां-धप मंपम- ।।

अंतरा-2

जल अँखियन भर, रोवत लछमन । हाथ जोर सिय मातु को वन्दन ।
जै जय तुमरी जानकी माता ।।

अंतरा-3

रघुपति दशरथ, जल कर तन-मन । कोसत कैकई, रोकत क्रंदन ।
धन्य है तुमरी, जानकी माता ।।

अंतरा-4

अवध पुरी के, बेबस दुखी जन । गात हैं ब्रह्मा, विष्णुजी शंकर ।

132. Rāma-Sītā-Lakshman going to forest (Ayodhyā Kānd)

जीती रहो तुम, जानकी माता ।।

(माता)

कौशल्या रानी अकुलाती, मातु सुमित्रा भी बिलखाती ।
दोनों परम वेदना पाती, हुई अचेता चक्कर खाती ।। 3346/5205

उधर राम ने नहीं निहारा, कर्म बंध से रहा नियारा ।
बोला राघव, स्यंद[104] चलाओ, और समय ना यहाँ बिताओ।। 3347/5205

पथ के दोनों ओर किनारे, लोग खड़े थे राह निहारे ।
बढ़ा यान जब आगे-आगे, साथ चले जन भागे-भागे ।। 3348/5205

दोहा॰ रोई कौशल्या दुखी, और सुमित्रा मात ।
दोनों पाकर वेदना, भई अचेता गात ।। 3657/7162

लौट न देखा राम ने, गृह बंधन को तोड़ ।
सुमंत्र को बोले, "चलो!" कर्म धर्म को जोड़ ।। 3658/7162

संगीतश्रीकृष्णरामायण गीतमाला, पुष्प 539 of 763

चैती : दीपचंदी ताल

(चाल और तबला ठेका के लिए देखिए हमारी "*नई संगीत रोशनी*" का गीत 65)

(चले लंका अवध बिहारी)

स्थायी

चले लंका अवध बिहारी,
हो रामा, धनुस जटा धारी ।

♫ सारे- म-म- मप-ध सांसां-सां- -नि-,
धप ग-मगमधप, पधप- म-मगरे ग-सा- - - ।

अंतरा-1

नीर नयनन सकल नर-नारी,
आरती करत मनहारी । हो रामा॰

---

[104] स्यंद = रथ, स्यंदन ।

132. Rāma-Sītā-Lakshman going to forest (Ayodhyā Kānd)

♪ सांनि–ध– नि–सांरें–सांसां सां–निनि– धप–म मप–ध–,
मसासारे– म–म–मप– धसांसां–सां– –नि– । धप ग–मगम॰

अंतरा–2
संग सिया है रघुवर प्यारी, अंग पे पीत वसन डारी ।

अंतरा–3
पीछे लखन परम सुविचारी, राम–सिया का हितकारी ।

(और)

अवध पुरी पर मूर्छा छाई, आर्त नाद नगरी गूँजाई ।
जनपद जन सब रोये ऐसे, सावन बादर बरसे जैसे ॥ 3349/5205

बारी–बारी सब राघव से, हाथ मिलाते अति मार्दव से ।
देख सिया को शीश नवाते, त्याग लखन के धन्य कहाते ॥ 3350/5205

राम–सिया के दर्शन प्यासे, नीर नयन में, सभी उदासे ।
प्यासी दृष्टि दिये जा रहे, वृष्टि पुष्प की किए जा रहे ॥ 3351/5205

लोग उतारे राम आरती, राम–नाम जप सभी भारती ।
राम–नाम का जाप निरंतर, भजन राम के गाते सुंदर ॥ 3352/5205

दोहा॰ जनपद के जन थे खड़े, पथ की दोनों ओर ।
राघव को कर जोड़ते, रो कर करते शोर ॥ 3659/7162

सिय पग पर सिर टेकते, जन–गण श्रद्धावान ।
लछमन–स्नेह सराहते, कहत धन्य हैं राम ॥ 3660/7162

गाते भजनन भक्ति के, चलते–चलते साथ ।
प्रभु की मंगल आरती, जय सिय जय रघुनाथ ॥ 3661/7162

संगीतश्रीकृष्णरामायण गीतमाला, पुष्प 540 of 763

भजन : राग भैरवी

(वन को राम चले)

स्थायी

132. Rāma-Sītā-Lakshman going to forest (Ayodhyā Kānd)

वन को राम चले, सत् नाम चले, तज कर धाम चले ।

♪ रेसा रे- प-म रेग-, मम प-ध पम-, रेरे गग म-ग- रे-सा- ।

अंतरा–1

पापी कैकई ममता खोई, कुल-कलहों से नहीं घबराई ।
रामलला से गादी छीनी, छल से भरत के नाम कराई ।
किसी की न दाल गले ।।

♪ रेसारे ग-गग- ममम- प-प-, धध पमप- ध- पम गगम-प- ।
सा-सासारे- रे- ग-ग- म-प-, पप प धधप म- ध-प मग-रे- ।
रेरे ग ग म-ग रेसा- ।।

अंतरा–2

वचन पिता का पूर्ण कराने, वल्कल धर निकला रघुराई ।
पीछे पीछे लछमन भाई, संग सिया बनवास धराई ।
दिन सुख के हैं ढले ।।

अंतरा–3

अवध पुरी के दुखी नर-नारी, असुवन से सब देत विदाई ।
दसरथ ने गम से दम त्यागे, माता सुमित्रा बिरहाई ।
हिय सबका ही जले ।।

अंतरा–4

सबके दिल के टुकड़े टुकड़े, कैकई मन में थी हरषाई ।
भरत राम का सच्चा भाई, गादी अवध की जिन ठुकराई ।
फल छल के न फले ।।

अंतरा–5

वाह रे राम और लछमन भाई, धन्य-धन्य तू, सीतामाई! ।
जाओ तुमको राखे राई, ब्रह्मा विष्णु शंकर साईं ।
आशिष देत तले ।।

132. Rāma-Sītā-Lakshman going to forest (Ayodhyā Kānd)

(फिर)
रामचंद्र ने सबको रोका, कहा जनों से, बस हो शोका ।
जाओ घर अब अपने सारे, जाने दो अब हमको न्यारे ।। 3353/5205

मिला स्नेह है हमें तुम्हारा, गदगद हिरदय हिला हमारा ।
हम वन जाते, तुम घर अपने, मिलन स्थान अब निश के सपने ।। 3354/5205

दोहा॰ राघव ने सबको कहा, जाओ घर अब आप ।
स्नेह तिहारा मिल गया, अधिक न लो अब ताप ।। 3662/7162

हम तुमरा सुमिरण करें, मन ही मन दिन-रात ।
करो सफल वनवास तुम, फिर मिलते हैं साथ ।। 3663/7162

(लोग बोले)
सब जन बोले, राघव प्यारे! बहुत मधुर सब वचन तिहारे ।
घर जाने की हमें न इच्छा, साथ आपका लगता अच्छा ।। 3355/5205

हमें ले चलो साथ विपिन में, सब मिल कर हम बसिये वन में ।
वहीं राम का राज्य बनाएँ, अवध दुलारा वहीं बसाएँ ।। 3356/5205

सुख-शाँति से वर्ष बिताएँ, उत कैकयी ना हमें सताए ।
सिंहासन से तुम्हें धकेली, वही अवध में रहे अकेली ।। 3357/5205

हमने अब वापस नहीं जाना, उस रानी को मुख न दिखाना ।
सीता हमरी होगी रानी, वन में नगरी बनें सुहानी ।। 3358/5205

दोहा॰ जन बोले श्री राम को, मधुर आपके बोल ।

132. Rāma-Sītā-Lakshman going to forest (Ayodhyā Kānd)

संग तुम्हारा ही हमें, लगता अति अनमोल ।। 3664/7162

हम भी चलते साथ ही, वन में करने वास ।
वहीं राम का राज्य हो, हम सब तुमरे दास ।। 3665/7162

सुख-शाँति से हम रहें, कैकेयी से दूर ।
जंगल में हम खाँयगे, कंद मूल भरपूर ।। 3666/7162

(तब)
राघव बोले, जन-गण प्यारे! पुत्रधर्म ना रखो बिगाड़े ।
आज्ञा वन की मुझे मिली है, उस आज्ञा के हमीं बलि हैं ।। 3359/5205

वचन पिता का सिर पर धारे, निकले हम किस्मत के मारे ।
प्रण पूरा हमको करने दो, कर्म हमें अपने भरने दो ।। 3360/5205

दोहा॰ कहा सभी को राम ने, मीठी तुमरी बात ।
इससे होगा, प्रिय जनों! पुत्रधर्म का घात ।। 3667/7162

पिता-वचन को, सिर धरे, निकले हम घर छोड़ ।
निज प्रण हम पूरा करें, बिना वचन को तोड़ ।। 3668/7162

(राम उपदेश)
भरत बने नृप तुमरा प्यारा, उसकी सेवा धर्म तुम्हारा ।
जनपद का अब वह अधिकारी, अब तुम उसके आज्ञाकारी ।। 3361/5205

सदा भरत का आदर होवे, मम वियोग में वह ना रोवे ।
भरत विज्ञ है मेरा भ्राता, शूर वीर प्रजा का त्राता ।। 3362/5205

छत्र चमर उसके सिर डोले, जनपद जन गौरव से बोले ।
नीति न्याय में भरत निपुण है, दान धर्म में भरत करुण है ।। 3363/5205

दोहा॰ नृप तुमरा अब भरत है, करो उसी के काम ।
उसकी सेवा में लगो, सफल धर्म का नाम ।। 3669/7162

आदर हो नृप भरत का, जो सह सके वियोग ।
मुझको उसके रूप में, देखो तुम सब लोग ।। 3670/7162

132. Rāma-Sītā-Lakshman going to forest (Ayodhyā Kānd)

भरत समर में शूर है, न्यायदान में वीर ।
उसको किंचित् ना चुभे, भ्रातृ विरह की पीर ।। 3671/7162

(और)

भरत बहुत है भाता मोहे, भरत अवध का राजा सोहे ।
भरत सदा सबका सुखकारी, भरत समूचा सद्‌गुण धारी ।। 3364/5205

कारज विचलित तुम ना होना, कार्य भ्रष्ट बन धर्म न खोना ।
नियुक्त जिसके लिए कार्य जो, उसीके लिए सदा आर्य वो ।। 3365/5205

वेद शास्त्र ब्राह्मण कहते हैं, कर्तव्य करम से जो रहते हैं ।
वही संत सुजन जन जाने, वही सनातन महंत माने ।। 3366/5205

लौटो अब तुम घर को जाओ, "विदा" कहो, मन को समझाओ ।
मोद इसी में सकल मनाओ, यात्रा हमरी सफल बनाओ ।। 3367/5205

✍दोहा॰ **लौटो अब तुम अवध को, विपिन करें हम वास ।**
करो तयारी तिलक की, लेकर नया उलास ।। 3672/7162

भरत तुम्हारा नृप नया, सद् गुण का भँडार ।
प्रेम भरत का ना कभी, भूलेगा संसार ।। 3673/7162

(जनता)

सुन राघव के वचन निराले, बोले अकुलित जनपद वाले ।
तमसा तट तक आने हमको, अनुमति राघव कम से कम दो ।। 3368/5205

"ठीक है" बोले राघव हँस कर, चलो चलेंगे हम सब मिल कर ।
राम-लखन फिर गुरु के कर धर, चले जनों के साथ राह पर ।। 3369/5205

बालक बूढ़े तरुण नर-नारी, राम संग सुख पाए भारी ।
चलते-चलते वह घड़ी आई, तमसा नदिया दियी दिखाई ।। 3370/5205

✍दोहा॰ **जन बोले, तुम-संग ही, चलते तमसा तीर ।**
जाओ तुम नद पार, हम, लौटें पी कर नीर ।। 3674/7162

(फिर)

132. Rāma-Sītā-Lakshman going to forest (Ayodhyā Kānd)

अवध लोग जब तमसा पहुँचे, रवि ढलने आया था नीचे ।
रवि किरणों की जल पर लाली, बड़ी सुहानी सुंदर वाली ।। 3371/5205

(तब)

गुरुवर ने की अर्घ्य अर्चना, सीता गाई शैव प्रार्थना ।
सबने उसके पीछे गाया, मन में शिव गौरी को ध्याया ।। 3372/5205

नारद नभ से देख रहे थे, फूल जनों पर फेंक रहे थे ।
संग मुनि की वीणा तारें, नाद मिलाई जल की धारें ।। 3373/5205

सुर वे सुंदर सुन कर सारे, गौरी शंकर हिरदय वारे ।
बोले हम हैं तव बलिहारे, जुग-जुग जीयो, राघव प्यारे! ।। 3374/5205

✍दोहा॰ **नभ से नारद देखते, बरसाते हैं फूल ।**
आशिष शिव गौरी दिये, ग्रह सारे अनुकूल ।। 3675/7162

(जनता)

अवध लोग सब थके हुए थे, तमसा तट पर रुके हुए थे ।
सुमंत्र ने रथ के हय धौले, नहलाने को दोनों खोले ।। 3375/5205

नदिया का जल उन्हें पिलाया, दाना पानी घास खिलाया ।
जन मन नाही चाहा खाने, तमसा जल के भोजन कीन्हे ।। 3376/5205

मात-पिता के याद में खोई, सीता रथ में जाकर सोई ।
अवध जनों को गुरुवर बोले, "रात हुई है हम सब सो लें ।। 3377/5205

"अब कोई वापस ना लौटे, आओ नद रेती पर लेटें ।
पथ में अब हैं घने अंधेरे, तुम सब लौटो सुबह सवेरे ।। 3378/5205

"राम-लखन-सिय तड़के-तड़के, निकल पड़ेंगे आगे बढ़के ।
जन-गण! अब विश्रांति करिए, मुख में नाम राम का धरिए" ।। 3379/5205

✍दोहा॰ **तमसा तट जब आगया, गुजर चुकी थी शाम ।**
रात वहीं सबने किया, सरिता तट विश्राम ।। 3676/7162

(लखन)

132. Rāma-Sītā-Lakshman going to forest (Ayodhyā Kānd)

तमसा नद के इस तट सेती, उस तट तक थी गुलगुल रेती ।
मृदुला रेती सबको भाई, सबको निंदिया गहरी आई ।। 3380/5205

थक कर सोये सभी चैन में, लखन जागता रहा रैन में ।
खड़ा-खड़ा वह सोच रहा था, मन अपना आलोच रहा था ।। 3381/5205

मातु-पिता काटेंगे कैसी, विषाद की ये रैना ऐसी ।
सुमंत्र भी नहिँ राती सोया, रक्षा रथ की करता रोया ।। 3382/5205

दोनों चल कर चक्र लगाते, निशाचरन को दूर भगाते ।
लेटे-लेटे अपने मन में, पहुँच रहे थे राघव वन में ।। 3383/5205

दोहा॰   जन-गण मन में सोचते, कैकेयी आदेश ।
सीता दुखिया सोचती, मातु-पिता के क्लेश ।। 3677/7162

राघव वन को कर रहे, सपने में साक्षात् ।
लखन सुमंतर ने दिया, पहरा सारी रात ।। 3678/7162

(सवेरे)

स्यंदन[105] हरि का भोर सकारे, चला सामने नदी किनारे ।
खोज रहे थे कहाँ पर रुकें, नदी जहाँ पर पार हो सके ।। 3384/5205

चलते-चलते कहा सिया ने, रुको यहीं पर सूत सियाने ।
नीर यहाँ उथला लगता है, पार यहीं से हो सकता है ।। 3385/5205

दोहा॰   निकल पड़े श्री रामजी, होन लगी जब भोर ।
उत्तर तट से रथ चला, पश्चिम दिश की ओर ।। 3679/7162

प्रातः देखा जनन ने, चले गए हैं राम ।
आए लौटे अवध को, मुख में जपते नाम ।। 3680/7162

(उधर)

"सुमंत्र! रथ रोको यहाँ," बोली सिया हठात् ।

---
[105] स्यंदन = रथ, स्यंद ।

रोक दिया रथ सूत ने, बोला क्या है बात ।। 3681/7162

लगता उथला है यहाँ, तमसा नद का नीर ।
पार करेंगे हम यहीं, जाने परले तीर ।। 3682/7162

(और)

सीता ने यों बांधी साढ़ी, लगी यथा हो बनी खिलाड़ी ।
राम-लखन-सिय उतरे नद में, तैर लिया जल कुछ ही पल में ।। 3386/5205

सूत भी तैरा, घोड़े तैरे, रथ कठ का भी, परले तीरे ।
प्रातर्विधि मुख मार्जन करके, निकले फिर दिश दक्षिण धरके ।। 3387/5205

राह चली झाड़ी तरुअन में, नाले टीले थे उस वन में ।
राघव बोले देखो सीते! शाँत स्थान ये हैं जन रीते ।। 3388/5205

✍**दोहा॰ राम लखन सीता गए, तैरत परले तीर ।**
रथ सुमंत्र लाया वहाँ, तर कर तमसा नीर ।। 3683/7162

राह चले फिर विपिन की, निर्जन था वह स्थान ।
निसर्ग था बिखरा जहाँ, सुंदर शोभावान ।। 3684/7162

(यहाँ)

फल-फूलों के घन तरुवर हैं, रंग बिरंगे खग उन पर हैं ।
पुष्प पर्ण फल उनको भाते, रस पीने को उड़ कर आते ।। 3389/5205

तरु बेली पर मोद मनाते, गगन मँडल में हैं मँडराते ।
जितने भी यें पुष्प रंग हैं, उनके उतने भी तरंग हैं ।। 3390/5205

हरियाली है जहाँ-जहाँ पर, गिलहरियाँ खरगोश वहाँ पर ।
झाड़ी में देखो सारंगे, कुरंग सुंदर बारहसिंगे ।। 3391/5205

(हरिणों को देख कर)

सिय बोली, मृग मोहे भाते, रंग हरिण के चित्त लुभाते ।
कुदरत ने ये कीन्ही कैसी, चर्म मुलायम मखमल जैसी ।। 3392/5205

निसर्ग शोभा एती सुंदर, सनी हुई थी वन के अंदर ।

132. Rāma-Sītā-Lakshman going to forest (Ayodhyā Kānd)

दिखा रहे थे राम-सिया को, पूछ रही थी सिया पिया को ।। 3393/5205

✍दोहा॰ **वन की शोभा देख कर, सीता बोली, राम! ।**
सुंदर कितना विपिन है, कुसुमित अति अभिराम ।। 3685/7162

तरु बेलों को चूमते, चला हमारा यान ।
चिकने कोमल पात हैं, खींचत हमरा ध्यान ।। 3686/7162

तरुवर सघन विशाल हैं, शाख फलों से लीन ।
यहाँ न कोई बेल है, गंध पुष्प से हीन ।। 3687/7162

तरु बेली पर झूमते, लटके हैं लंगूर ।
शोभा रम्य अपार है, लखो जहाँ तक दूर ।। 3688/7162

कितने सुंदर हरिण हैं, लंबे पतले पैर ।
उछल कूद कर खेलते, दौड़ लगाते स्वैर ।। 3689/7162

सजे धजे खग वृंद की, चहल पहल सब ओर ।
मन कहता है, रामजी! यहीं जमाएँ ठौर ।। 3690/7162

(यों)

गिरि परले वह राह उतरती, चली ग्राम से ग्राम गुजरती ।
खेत मनोहर सड़क किनारे, किसान हल से करते क्यारे ।। 3394/5205

ग्वाले चरगाहों में दूरे, वत्सन गौएँ सफेद भूरे ।
दिखते चरते भैंसे घोड़े, गड़ेरियों की बकरी भेडें ।। 3395/5205

सींची गंगा जल से गीली, खेती हरी भरी हरियाली ।
पीपल बरगद बबूल बेरी, बेली बूटे भूमि घेरी ।। 3396/5205

ग्रामभूमि में वृक्ष निराले, आम्र अमरूद इमली केले ।
ग्राम निवासी वार्ता सुनके, 'रघुवर आए' पुर में उनके ।। 3397/5205

हर्षित सारे जन उद्‌गारे, "अहो भाग्य हैं!" आज हमारे ।
रघुकुल भूषण राघव प्यारे, आज हमारे ग्राम पधारे ।। 3398/5205

राम-सिया के दर्शन करने, आते जन पग स्पर्शन करने ।

132. Rāma-Sītā-Lakshman going to forest (Ayodhyā Kānd)

अवध राज के जन-गण प्यारे, लाते शुभ उपहार नियारे ।। 3399/5205

दोहा॰ टेढ़ी मेढ़ी थी चली, राह ग्राम से ग्राम ।
गिरि के परले पार थे, चरागाह खलिहान ।। 3691/7162

किसान ग्वाले खेत में, घोड़े बकरी गाय ।
गेहूँ तिल सरसों चने, मक्की साग उगाय ।। 3692/7162

सींचे पावन नीर से, हरे भरे सब खेत ।
बाग बगीचे फूल के, मनहर शोभा देत ।। 3693/7162

जभी गुजरते ग्राम से, स्वागत पाते राम ।
सिया-लखन को पूजता, हर्षित होकर ग्राम ।। 3694/7162

राम जनों में बैठ कर, कहते अपनी बात ।
ग्राम-ग्राम सत्संग में, राम बिताते रात ।। 3695/7162

(तब, राम)

पग में भगतन को बिठलाते, रघु उनको कुलदुख बतलाते ।
अँखियन आँसू भगत बहाते, राम-लखन-सिय धन्य कहाते ।। 3400/5205

राज वंश के राम पियारे, मृग छाला के वल्कल धारे ।
देख लोग दुख पाते भारे, अवाक् इक टुक नयन पसारे ।। 3401/5205

दोहा॰ रुकते राघव रात में, जो भी आता ग्राम ।
भगतन को अपनी कथा, बतलाते श्री राम ।। 3696/7162

आँखें आँसू से भरी, रोते भगतन लोग ।
कहते, "कितना दुखद है, दारुण ये संजोग" ।। 3697/7162

(जनपद जन)

पँच अन्न जो निश-दिन खाए, कंद मूल पर कैसी जीए ।
महलों में जो अहर्निश पली, जीये कैसी विपिन में कली ।। 3402/5205

दीनमना बन ग्राम नारियाँ, सजल नैन से भरीं सिसकियाँ ।
बिलख-बिलख सब सखियाँ रोती, सिया संग दुखभागी होती ।। 3403/5205

132. Rāma-Sītā-Lakshman going to forest (Ayodhyā Kānd)

पतिव्रता का हिया है पति, पिया के लिए जिया दे सती ।
बंधु प्रेम में निकला घर से, लखन चला राघव कर धर के ।। 3404/5205

दोहा॰ **जन पूछत आश्चर्य से, सीता कोमल गात ।**
कैसे वन फल मूल पर, जीएगी दिन-रात ।। 3698/7162

महलों में जो है पली, पाई है वनवास ।
राज कुमारी जानकी, रखती मुख पर हास ।। 3699/7162

पतिव्रता का व्रत लिए, चली पिया के संग ।
धर्मचारिणी नार है, पति का अभिन्न अंग ।। 3700/7162

(एवं)

ग्राम-ग्राम इस भाँति चलता, राघव रथ दक्षिण को बढ़ता ।
कुछ दिन चल कर बिना अडंगा, दिखी दूर से बहती गंगा ।। 3405/5205

दोहा॰ **ग्राम-ग्राम यों लाँघते, सीता सह रघुवीर ।**
यात्रा कुछ दिन की किए, आए गंगा तीर ।। 3701/7162

आई गंगा जाह्नवी, दिखा दूर से नीर ।
हिमकन्या भागीरथी, रथ में सिय रघुबीर ।। 3702/7162

संगीतश्रीकृष्णरामायण गीतमाला, पुष्प 541 of 763

दादरा ताल

133. Story of River Ganges (Rāmāyan, 2. Ayodhyā Kānd)

(वनवास गमन की कथा)

स्थायी

गीत शारद ने मंजुल है गाया, साज नारद मुनि ने बजाया ।
रत्नाकर से है मंगल रचाया, रामायण को है सुंदर सजाया ।।

♫ म-ग म-म- म प-म- ग म-प-, रे-ग म-म- मध- प- मग-म- ।
रेगम-म म- म ध-प- गम-प-, रे-ग-म- म- म ध-प- मग-रे- ।।

अंतरा-1

छूके पावन परम पग पिता के, राम कोमल कर धरके सिया के ।
पीछे लछमन भी था सिर झुकाया, देख सबका हि दिल था दुखाया ।।

♫ सांसां नि-रेंरें सांधध निनि धप- म-, सां-सां निरें- सां- धधनि- धप- म- ।
मग मममम म प- मम गम-प-, रे-ग म-म- म ध- प- मग-रे- ।।

अंतरा-2

रासते पर अवध जन खड़े थे, सभी व्याकुल दुखी मन बड़े थे ।
सबने राघव को शीश नवाया, सबने जै जै सिया राम गाया ।।

अंतरा-3

हाथ जोड़े खड़े सब किनारे, नैनन में अँसुऽअन की धारें ।
राम सीता को सबने सराहा, लछमन को गले से लगाया ।।

अयोध्या काण्ड : दसवाँ सर्ग

133. श्री गंगा मैया की कथा :

133. Story of River Ganges (Rāmāyan, 2. Ayodhyā Kānd)

♫ संगीतश्रीकृष्णरामायण छन्दमाला, मोती 361 of 501

सद्रत्नमाला छन्द[106]

[106] ♫ **सद्-रत्न-माला छन्द** : इस 20 वर्ण, 30 मात्रा वाले कृति छन्द के चरणों में म न स न म य गण और एक लघु और एक गुरु वर्ण आता है । इसका लक्षण सूत्र ऽ ऽ ऽ, । । ।, । । ऽ, । । ।, ऽ ऽ ऽ, । ऽ ऽ,

133. Story of River Ganges (Rāmāyan, 2. Ayodhyā Kānd)

ऽ ऽ ऽ, । । ।, । । ऽ, । । ।, ऽ ऽ ऽ, । ऽ ऽ, । ऽ

(गंगा मैया)

सीता राघव लखन जंगल चले, आज्ञा पिता की लिए ।
गंगा के जल पर निषाद गुह की, नौका सवारी किए ।। 1
सीता राघव लखन की परम नौ, गंगा नदी में बढ़ी ।
गंगे! राघव चरण के परस[107] से, तू भागवाना बड़ी ।। 2

ॐ श्लोका:

आगता जाह्नवीतीरे रामः सीता च लक्ष्मणः ।
सीतायाः पादस्पर्शेन गङ्गा भाग्यवती नदी ।। 1928/2422

गङ्गा भागीरथी माता हिमकन्या च जाह्नवी ।
त्रिपथगा च वैकुंठी पावना परमेश्वरी ।। 1928/2422

पवित्रा धवला पूज्या निर्मला शीतला शुभा ।
पापघ्ना मोक्षदा वन्द्या पुण्या देवी सनातना ।। 1930/2422

गङ्गाऽग्रजा हिमाद्रेस्तु गौरी मताऽनुजा तथा ।
जटायां जायते शम्भोः-गङ्गा सा शाङ्करी मता ।। 1931/2422

पुराणं स्तौति गङ्गां तां स्कन्दं भागवतं शिवम् ।
देवीभागवतं लिङ्गं मार्कण्डेयं च वामनम् ।। 1932/2422

अग्नि मत्स्यं वराहं च नारदीयं च पद्म च ।
भविष्यं ब्रह्मवैवर्तं ब्रह्माण्डं विष्णु ब्रह्म च ।। 1933/2422

✍दोहा॰ शंभुजटाओं से चली, जन्हु सुपुत्री होय ।
भगिरथ लाया भूमि पर, पावन अमृत तोय ।। 3704/7162

। ऽ इस प्रकार है । विराम 5-8-7 पर ।

▶ लक्षण गीत : ✍ दोहा॰ मत्त तीस का जो रचा, लघु गुरु कल हों अंत ।
"सद्रत्नमाला" कहा, म न स न म य का छंद ।। 3703/7162

[107] परस = स्पर्श

1467
रत्नाकर रचित संगीत-श्री-रामायण

133. Story of River Ganges (Rāmāyan, 2. Ayodhyā Kānd)

पावन शीतल पूज्य है, निर्मल गंगा नीर ।
जीवन उसका सिद्ध जो, आवे गंगा तीर ।। 3705/7162

गंगा हिमकन्या कही, गिरिजा गौरी नाम ।
गंगा सम बहु भाग्य की, और न नदी ललाम ।। 3706/7162

पुराण गाते कीर्ति के, गंगा के शुभ गान ।
स्कंद भागवत शिव तथा, मार्कण्डेय पुराण ।। 3707/7162

कथा

(गंगा)

निकली धौलागिरि से गंगा, जल निर्मल की जलधि तरंगा ।
हिमालय हिम द्रव की अनंगा, पावन निर्मल शीत तिरंगा ।। 3406/5205

"**गम्यति मोक्षं मुमुक्षु यस्मात्,**" गंगा वह कहलाती तस्मात् ।
धोती पाप आप जो अपगा, ꣳ ꣳ ꣳ ꣳ गं गं गंगा[108] ।। 3407/5205

तीन लोक में स्त्रोत जो बहते, त्रिपथगा नदी उसको कहते ।
जिससे प्यास बुझाते प्राणी, जीवन वो कहलाता पानी ।। 3408/5205

तट पर तेरे पादप बेली, तृण घन हरी भरी हरियाली ।
ताल साल वट तमाल वृक्षा, तुरग उरग कपि विहंग उक्षा[109] ।। 3409/5205

आम आँवला साग अरंडा, बबूल शीसम नीम लिसोड़ा ।
बरगद चंदन ढाक केवड़ा, कदंब पीपल बेल बहेड़ा ।। 3410/5205

प्लवंग भल्लुक शशक कुरंगा, मत्स्य कूर्म अहि नक्र भुजंगा ।
शंबु रेणुका सीपी मोती, गाय बकरियाँ भैंसें होती[110] ।। 3411/5205

खेती बाड़ी किसान धोबी, साधु संतन प्यासा जोभी ।

---

[108] ꣳ = ग्वं ।

[109] उक्षा = बैल; तुरग = तुरंग, घोड़ा; उरग = साँप ।

[110] शंबु = शंख, कुरंग = हरिण, रेणुका = रेती ।

133. Story of River Ganges (Rāmāyan, 2. Ayodhyā Kānd)

पंडित पूजक ऋषि-मुनि योगी, तेरे तट पर आते रोगी ।। 3412/5205

दोहा॰ **धौलागिरि से चल पड़ी, निर्मल जल की धार ।**
मुमुक्षु को दे मोक्ष जो, गंगा पवित्र नार ।। 3708/7162

पलते जिसके नीर पर, पादप पशु खग जीव ।
जल में जिसके हैं खिले, रंग रंग राजीव ।। 3709/7162

खेती जिसके तोय से, उपजे सोना सस्य ।
ऋषि-मुनि तट पर जप किए, पाते आत्म रहस्य ।। 3710/7162

बहती त्रिभुवन में नदी, पड़ा त्रिपथगा नाम ।
उसके तट पर आ रहे, सिया लखन श्री राम ।। 3711/7162

श्लोक:

गङ्गे मातः शिवे गौरि पापहारिणि मोक्षदे ।
जह्नुकन्ये शिरो नत्वा नमस्तुभ्यं नमो नमः ।। 1934/2422

संगीतश्रीकृष्णरामायण गीतमाला, पुष्प 542 of 763

दादरा ताल

(गंगा मैया की कथा)

स्थायी

गीत शारद ने मंजुल है गाया, साज नारद मुनि ने बजाया ।
रत्नाकर से है मंगल रचाया, रामायण को है सुंदर सजाया ।।

♫ म-ग म-म- म प-म- ग म-प-, रे-ग म-म- मध- प- मग-म- ।
रेगम-म म- म ध-प- गम-प-, रे-ग-म- म- म ध-प- मग-रे- ।।

अंतरा-1

निकले बनबास को राम सीता, साथ लछमन चला प्रीय भ्राता ।
भागवाना है तू गंगा मैया, तार दे आज माँ! उनकी नैया ।।

♫ सां-सां निनिरें-सां ध- नि-ध प-म-, सांसां निनिरें- सांध- नि-ध प-म- ।
म-गम-म- म प- म-ग म-प-, रे-ग म- म-म ध-! प-म ग-रे- ।।

अंतरा-2

134. Story of Guh Nishād (Rāmāyan, 2. Ayodhyā Kānd)

रामायण की बखानी यही है, इससे बढ़ कर कहानी नहीं है ।
मैया! इतिहास का ये कहाया, नीर नैनन में है आज लाया ।।

अंतरा–3

मैया! पावन तू गं गं है गंगा, जल निर्मल की जलधिऽ तरंगा ।
नेहा तुझ पर करे सारी दुनिया, छन्द गाकर सुहाना सवैया ।।

134. गुह निषाद की कथा :

134. Story of Guh Nishād (Rāmāyan, 2. Ayodhyā Kānd)

(निषादकथा)

संगीतश्रीकृष्णरामायण छन्दमाला, मोती 362 of 501

कुटिल छन्द[111]

। ऽ ।, ऽ । ।, । । ।, । ऽ ऽ, ऽ ऽ

(गुह निषाद)

निषाद ने अति सुखद चलाई नौका ।
मिला उसे सकल अघ मिटाने मौका ।। 1
सखा बना लखन–हरि–सिया का चंगा ।
तराय के अपर तट करायो गंगा ।। 2

श्लोक:

गङ्गाकूले यदा रामः सीता लक्ष्मण आगताः ।
अनयत्तां निषादो हि नौकया दक्षिणे तटे ।। 1935/2422

कथा

(शृंगिबेरपुर में)

[111] **कुटिल छन्द** : इस 14 वर्ण, 20 मात्रा वाले शक्वरी छन्द के चरणों में ज भ न य गण और दो गुरु वर्ण आते हैं । इसका लक्षण सूत्र । ऽ ।, ऽ । ।, । । ।, । ऽ ऽ, ऽ ऽ इस प्रकार है । विराम 4–10 वर्ण पर विकल्प से होता है ।

▶ लक्षण गीत : **दोहा॰ बीस मत्त का है बना, गुरु गुरु मात्रा अंत ।**
ज भ न य गण हों आदि में, वही "कुटिल" है छंद ।। 3712/7162

134. Story of Guh Nishād (Rāmāyan, 2. Ayodhyā Kānd)

गंगा अब दृष्टि में आई, देखो देखो, सीता माई! ।
बोला लखन, उठाय कलाई; देख जाह्नवी सिय हर्षाई ।। 3413/5205

दोहा॰ चलते-चलते, दूर से, दिखी नदी की धार ।
विशाल जिसका पाट था, जल विस्तार अपार ।। 3713/7162

राघव बोले यह नदी, गंगा मैया नाम ।
इसका नीर पवित्र है, देता सुरपुर धाम ।। 3714/7162

(निषाद)

शृंगिबेर है यह शुभ नगरी, रुकें यहाँ हम आज शर्वरी ।
बोले रघुपति मुझे याद है, नृप इस पुर का गुह निषाद है ।। 3414/5205

पुरुष चरित का निर्मल अच्छा, सेवक रघुकुल का है सच्चा ।
सुन हरि बचनन सचिव समूचे, रोका रथ वट तरु के नीचे ।। 3415/5205

दोहा॰ गंगा तट पर है बसा, शृंगिबेर शुभ ग्राम ।
राजा जहाँ निषाद है, गुह उसका शुभ नाम ।। 3715/7162

आज रात रुक कर यहाँ, निकलें कल भिनसार ।
निषाद-गुह रघुभक्त है, दशरथ नृप से प्यार ।। 3716/7162

सुन कर कहना राम का, रथ की खींच लगाम ।
सुमंत्र ने तरु के तले, खड़ा किया वह यान ।। 3717/7162

सुन कर, "राघव हैं रुके, रथ में अपने ग्राम" ।
निषाद गुह हर्षित हुआ, सुन राघव का नाम ।। 3718/7162

स्वागत करने राम का, आया दौड़ निषाद ।
लाया गंगा जल तथा, खाना भोजन स्वाद ।। 3719/7162

(जब निषाद आया)

शृंगिबेरपुर राघव आया, सुन कर निषाद मिलने धाया ।
लेकर ताजा भोजन-खाने, अलकनंदिनी का जल पीने ।। 3416/5205

लखा राम ने उसको आता, बोले, देखो लछमन भ्राता! ।

134. Story of Guh Nishād (Rāmāyan, 2. Ayodhyā Kānd)

भोजन हमरे कारण लाया, स्वभाव उसका मुझको भाया ।। 3417/5205

आकर हरि को गले लगाया, सीता-पद-रज माथे पाया ।
लछमन सम्मुख शीश नवाया, सबके मन को सुख दिलवाया ।। 3418/5205

पूछा कुशल क्षेम सब गुह ने, कहा छाल क्यों धारी तुमने ।
रानी पीत वसन क्यों पहने, कहाँ जा रहे वनी यों बने ।। 3419/5205

**दोहा॰ गले लगा कर राम को, सीता के पद भाल ।
लछमन को वन्दन किए, पूछा उनका हाल ।।** 3720/7162

**गुह ने पूछा राम से, वल्कल में क्यों आज ।
सीता पीले वस्त्र में, करना क्या है काज ।।** 3721/7162

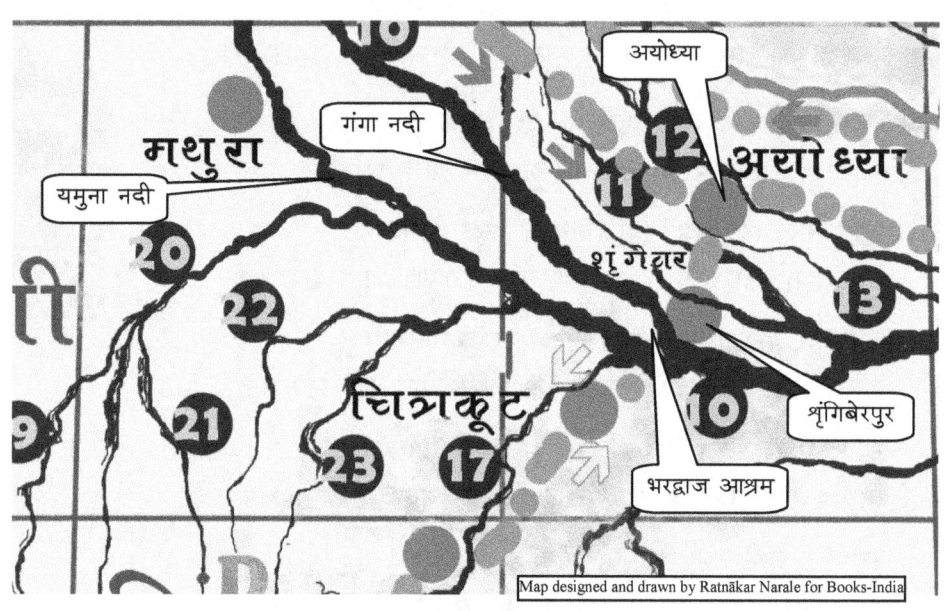

Map designed and drawn by Ratnākar Narale for Books-India

(तब)

हरि ने प्रण उसको बतलाया, पितु वचन उसको जतलाया ।
और कहा हम वनी बने हैं, क्यों की पीछे लगा शनी है ।। 3420/5205

सुन राघव की दुखी कहानी, आया गुह के नयनन पानी ।
गदगद निषाद ने हिय खोला, सजल नयन से फिर वह बोला ।। 3421/5205

134. Story of Guh Nishād (Rāmāyan, 2. Ayodhyā Kānd)

दोहा॰ गुह को राघव ने कही, "दो-वर" वाली बात ।
सुन कर हुआ निषाद का, रोमांचित था गात ।। 3722/7162

(निषाद)
राम! आप हमरे स्वामी हैं, हमरे जन तुमरे प्रेमी हैं ।
शृंगिबेर नृप तुम बन जाओ, अवध पुरी अब यहीं बसाओ ।। 3422/5205

सीता मैया जनकनंदिनी, शृंगिबेर की होगी रानी ।
वत्सर चौदह यहीं रहेगी, अब वनवासा नहीं करेगी ।। 3423/5205

लाया हूँ मैं भोजन खाओ, गंगा जल पी कर सुख पाओ ।
यहीं प्रभु! अब तुम रह जाओ, वन की यात्रा यहीं मनाओ ।। 3424/5205

दोहा॰ निषाद बोला राम से, भर कर नैनन नीर ।
बखान सुन कर आपकी, गदगद मैं, रघुवीर! ।। 3723/7162

हम रघुकुल के दास हैं, कार्य परायण धीर ।
आप हमारे नाथ हैं, रामचंद्र रघुबीर! ।। 3724/7162

शृंगिबेरपुर में बसो, राघव! तुम सिय साथ ।
अवध बसाओ अब यहाँ, नृप बन कर, रघुनाथ! ।। 3725/7162

(राम बोले)
रघुवर बोले सुन गुह भाई! सेवा तेरी हमने पाई ।
फिर उसको बोला श्रीधर ने, वचन तिहारे अति रस भीने ।। 3425/5205

तुमने हमको मीत बनाया, गौरव आदर हमने पाया ।
मगर, सखे! तुम यह सच जानो, हमें वनी वनवासी मानो ।। 3426/5205

आज्ञा माँ की पूरी करनी, पितु वाणी है मन में धरनी ।
कन्द-मूल पर हमको जीना, वन जो देगा वह है खाना ।। 3427/5205

वन ही है अब मुझे निवासा, वल्कल ही है मुझे लिबासा ।
माँ ने चौदह वर्ष कहे हैं, आँसू पितु के नयन बहे हैं ।। 3428/5205

दोहा॰ बोले राम निषाद को, बहुत दिया तुम प्यार ।

134. Story of Guh Nishād (Rāmāyan, 2. Ayodhyā Kānd)

भाई सम सेवा करी, अगणित तव उपकार ।। 3726/7162

प्रीत भरे तव वचन हैं, मगर असंभव बात ।
सखे! पिता के वचन से, बँधे हमारे हाथ ।। 3727/7162

(गुह)
सुत जिसके इतने गुण वाले, उसकी पत्नी विष क्यों घोले ।
बोला गुह राघव से, स्वामी! क्यों उसमें इतनी है खामी ।। 3429/5205

(राम)
राघव बोले सुन गुह भाई! दोष कैकयी का कछु नाही ।
कर्म-फलों की है यह माया, जिसने सब कुछ किया कराया ।। 3430/5205

माँ का कहना कीन्हा मैंने, बचन पिता को दीन्हा मैंने ।
रघुकुल नीति यही है, भाई! "प्राण जाई पर बचन न जाई" ।। 3431/5205

वचन तिहारे उचित नहीं हैं, जैसा होता, रचित वही है ।
राघव की वह अमृत वाणी, गुह के मन को अति हर्षाणी ।। 3432/5205

दोहा॰ इसी सनातन नीति से, रघुकुल की है रीत ।
आहुति देकर प्राण भी, करो वचन की जीत ।। 3728/7162

यही पिता ने है किया, यही राम का काम ।
यही लखन सिय को मिला, "कर्म" इसी का नाम ।। 3729/7162

अरण्य हमको है मिला, वहीं हमारा वास ।
गंगपार तुम ले चलो, बन कर रघुकुल दास ।। 3730/7162

(तब)
घन अरण्य में हमने जाना, वहीं कहा है हमें ठिकाना ।
पार हमें करवाओ गंगा, पवित्र माता देव-आपगा[112] ।। 3433/5205

सुन गुह की आँखे भर आई, बोला, रघुपति! तुम सुखदाई ।
मैं तव सेवक सदा रहूँगा, कार्य अकर्ता कभी न हूँगा ।। 3434/5205

---

[112] देवआपगा = देवनदी, सुरतरंगिणी, सुरनदी, सुरसरिता, गंगा ।

134. Story of Guh Nishād (Rāmāyan, 2. Ayodhyā Kānd)

(फिर)

राघव ने फिर भुज फैलाईं, गुह-छाती से छाती मिलाई ।
यथा देह से मिलता देही, तथा मिले दो मंगल स्नेही ।। 3435/5205

✍दोहा॰ **सुन कर कहना राम का, गुह की अँखियन नीर ।**
बोला, मैं सेवक, प्रभो! स्वामी तुम, रघुवीर! ।। 3731/7162

(सच्चा संगी)

सच्चे मीत कहे हैं तेते, प्रीत मीत को जो हैं देते ।
मीत, जो कहे, "जो कुछ मेरा, मानो मीत! सभी है तेरा" ।। 3436/5205

✍दोहा॰ **अपना जो तेरा कहे, वो है सच्चा मीत ।**
दुख पल में जो प्रेम दे, उसकी सच्ची प्रीत ।। 3732/7162

(और)

सुख में सगे समय सब घेरे, संपद् के संगी बहुतेरे ।
कठिन काल का जो है साथी, वही जानलो अपना हाथी ।। 3437/5205

जिसके घर में मिलते दाने, अतिथि उसीके घर हैं आने ।
उसके गृह क्या करना जाके, जिसके घर में पड़ते फाके ।। 3438/5205

दिन में सूरज नभ में भागे, निश में उसका पता न लागे ।
जिधर उतारा पानी भागे, राजा के बल रानी आगे ।। 3439/5205

जैसे पंछी तरु पतझड़ को, तज जाते बक सूखे सर को ।
मधु मक्खी देखे रस भीने, फूल तजे जो हैं रस हीने ।। 3440/5205

✍दोहा॰ **"जग में संगी बहुत हैं, मिलते नकली मीत ।**
कठिन काल में संग जो, सच्ची उसकी प्रीत ।। 3733/7162

"जिसके घर पकवान हैं, उसके मीत अनेक ।
जिसके घर अनशन सदा, उसका मित्र न एक ।। 3734/7162

"सूरज दिन में ही दिखे, उसे न भाए रात ।
जग में जब अँधकार हो, चंदा मितवा साथ" ।। 3735/7162

134. Story of Guh Nishād (Rāmāyan, 2. Ayodhyā Kānd)

(अत:)

मीत राम को निषाद जैसा, मिला, मिले ना ढूँढे ऐसा ।
स्नेह भाव से हिरदय दीन्हा, राघव पर सब अर्पण कीन्हा ।। 3441/5205

दोहा॰ "मिला राम को मीत है, निषाद जैसा ठीक ।
राघव के दुख काल में, स्नेह भाव का नीक" ।। 3736/7162

(गुह राम संवाद)

शाम ढली है अब मत जाओ, रात आज की यहीं बिताओ ।
अच्छा भैया! कहना माना, कल ही गंगा पार कराना ।। 3442/5205

गुह बोला, मेरे गृह आओ, रात हमारे सदन बिताओ ।
हरि बोले, हम वनी बने हैं, जहाँ खड़े है वहीं भले हैं ।। 3443/5205

दोहा॰ संध्या है अब हो गई, सूरज नभ के पार ।
अभी न, रघुवर! जाइए, सुबह चलो, सरकार! ।। 3737/7162

वट के नीचे तृण शैया कर, हम लेटेंगे भू मैया पर ।
गुह सुंदर सी सेज बिछायो, हय का दाना पानी लायो ।। 3444/5205

शिव गौरी के नाम सुमरते, लेटे राम-सिया जप करते ।
लक्ष्मण निषाद जागे राती, करते रहे विविध विध बाती ।। 3445/5205

दोहा॰ बाँह पसारे राम ने, गले लगाया मीत ।
बोले, तुम मम बंधु हो, यथा लखन से प्रीत ।। 3738/7162

गुह फिर बोला राम को, अब हम दोनों भ्रात ।
सदन हमारे, हे प्रभो! आज बिताओ रात ।। 3739/7162

राघव बोले हम यहीं, करें हमारा स्थान ।
सोएँगे आराम से, करते शिव का ध्यान ।। 3740/7162

शैया हमरी भूमि है, कंबल बरगद छाँव ।
तृण की खेस बिछाइके, बने हमारा ठाँव ।। 3741/7162

सेज बनाई घास की, सोने को उस रात ।

134. Story of Guh Nishād (Rāmāyan, 2. Ayodhyā Kānd)

लखन निषाद सुमंत्र थे, जागे करते बात ।। 3742/7162

(गुह, सुमंत्र, लक्ष्मण)

रामचंद्र के गुण की बातें, पुलकित हो कर कथा बताते ।
कहते अद्‌भुत अनुभव अपने, कल की यात्रा के शुभ सपने ।। 3446/5205

वर्णन अवध पुरी का सारा, रघुकुल का इतिहासा भारा ।
बीच बीच में गुह भी कहता, अपने भिल के कुल की महता ।। 3447/5205

✍दोहा॰ **कहता लखन निषाद को, रघु कुल का इतिहास ।**
बीच बीच में गुह कहे, भिल्लों के गुण खास ।। 3743/7162

सुमँत्र कहता अवध का, वर्णन अति अभिराम ।
दशरथ नृप की वीरता, शंबर से संग्राम ।। 3744/7162

(सवेरे)

राम-सिया जब सुबहो जागे, प्रात कर्म में पाँचों लागे ।
स्नान-ध्यान कर अपने-अपने, कारज पूरण कीन्हे सबने ।। 3448/5205

सुमंत्र ने रथ राम विहीना, अवध लौटने तयार कीन्हा ।
वट का क्षीर गुह ले आया, राम-लखन की जटा सजाया ।। 3449/5205

✍दोहा॰ **उषा काल में जाग कर, तीनों हुए तयार ।**
सचिव सुमंतर लौटने, रथ पर हुआ सवार ।। 3745/7162

गुह को बोला राम ने, जलाय "पूजा ज्योत"[113] ।
वनी बनाओ अब हमें, भस्म देह पर पोत ।। 3746/7162

काले कुंचित केश में, मल कर वट का क्षीर ।
लटें बना कर, की जटा, सजे वनी दो वीर ।। 3747/7162

(फिर)

रघुपति गुह को बोले धीरे, नौका लाओ गंगा तीरे ।

---

[113] **पूजा ज्योत :** वनवास के व्रत में शिव पूजा के लिए जलाई हुई घृत की ज्योति । इस ज्योति को "व्रत की ज्योत" अथवा "घृत की ज्योत" भी कहा जाता है ।

134. Story of Guh Nishād (Rāmāyan, 2. Ayodhyā Kānd)

कहो विदा अब हमें निषादा! शोक दुःख सब छोड़ विषादा ।। 3450/5205

मिला प्रेम बहु हमको तेरा, अब करिए हम वन का फेरा ।
चलो यहाँ से, मीत! हिलेंगे, लौटेंगे तब पुनः मिलेंगे ।। 3451/5205

दोहा॰ गुह को बोले रामजी, लाओ नाव, निषाद! ।
विदा करो अब तुम हमें, बंधो! बिना विषाद ।। 3748/7162

दिया प्रेम तुमने हमें, सदा करेंगे याद ।
पुनः मिलेंगे लौट कर, चौदह वर्षों बाद ।। 3749/7162

(तब)
एक बार फिर हाथ जोड़ कर, बोला निषाद सुन लो श्रीधर! ।
रहो वनी बन इसी ग्राम में, सेवा तुमरी करूँ, राम! मैं ।। 3452/5205

राघव बोले, बात खास है, अवध यहाँ से बहुत पास है ।
प्रेमी जन का मिलना जुलना, सदा रहेगा आना-जाना ।। 3453/5205

रहूँ जहाँ जाना पहिचाना, ना हो कोई आना-जाना ।
गंगा पार न कोई आवे, न ही किसी की याद सतावे ।। 3454/5205

(अतः)
दोहा॰ दुखिया होकर खेद से, ले आया गुह नाव ।
गंगा जल में की खड़ी, जहाँ पेड़ की छाँव ।। 3750/7162

नौका गंगा नीर में, देख खड़ी तैयार ।
राघव बोले सूत से, लौटो तुम गृह द्वार ।। 3751/7162

मातु-पिता सब सुजन को, कहो हमारा प्यार ।
कहना, "हम सब ठीक हैं, करत विपिन संचार ।। 3752/7162

"देना धीरज तात को, तकें न हमरी बाट ।
होगा मिलना प्रेम से, लौटें जब दिन काट" ।। 3753/7162

सुन कर बचनन राम के, पाया अतिशय क्लेश ।
सुमंत्र जब रोने लगा, दुख पाए अवधेश ।। 3754/7162

134. Story of Guh Nishād (Rāmāyan, 2. Ayodhyā Kānd)

(सुमंत्र)

कहा सूत ने, रघुवर देवा! करूँ तिहारी निश-दिन सेवा ।
रख लो मुझको अपने पासा, बनूँ सारथी, तुमरा दासा ।। 3455/5205

बोले श्रीधर, मत रो प्यारे! वचन मधुर हैं तुमरे सारे ।
प्रण में रथ की सैर नहीं है, चलने हमरे पैर सही हैं ।। 3456/5205

पा कर सान्त्वन अवधेश से, कहा सूत ने विदा क्लेश से ।
विदा के लिए हाथ हिला कर, राम-लखन-सिय चढ़े नाव पर ।। 3457/5205

दोहा॰ मंत्री बोला राम से, रखलो मुझको पास ।
रथ से सेवा मैं करूँ, बन कर तुमरा दास ।। 3755/7162

कहा सूत को राम ने, लेकर प्रण का नाम ।
आज्ञा जो हमको मिली, पैदल का है काम ।। 3756/7162

तुम लौटो अब अवध को, सबको कहो प्रणाम ।
बोलो दशरथ तात को, तुम्हें सिमरता राम ।। 3757/7162

संगीतश्रीकृष्णरामायण गीतमाला, पुष्प 543 of 763

भजन

(गंगा तट पर)

स्थायी

गंगा जल में नाव खड़ी, राम रमा के साथ चढ़ै ।
जल नयनन से, जल में पड़ै ।।

♪ म-प- धध नि- सां-नि धप-, म-म मप- प-, नि-ध पम- ।
पप मगमम प-, मम ग रेसा- ।।

अंतरा-1

राम-सिया का शोक हरै, लखन लला का, हाथ धरै ।

♪ सा-रे रेग- म- प-म गरे-, ममम गम- प- म-ग रेसा- ।

अंतरा-2

गिरी अवध पर विपद् की झड़ी, कैकई के मन, खुशी की लड़ी ।

134. Story of Guh Nishād (Rāmāyan, 2. Ayodhyā Kānd)

अंतरा–3

कहे निषाद ये कैसी घड़ी, सतयुग में कलि युग की कड़ी ।

(फिर)

बैठे जब तीनो सुखदाई, गुह ने नौका सुखद चलाई ।
सुमंत्र तट से हाथ हिलाता, ढ़ारस मन को आप दिलाता ।। 3458/5205

जल लहरों पर चढ़ती चढ़ती, धीरे-धीरे नौका बढ़ती ।
ओझल हो कर नैनन दूरे, आई नौका अपर किनारे ।। 3459/5205

दोहा॰ बैठे तीनों नाव में, जाने परले तीर ।
गंगा में नौका चली, सीता निरखत नीर ।। 3758/7162

(गंगा पर)

नैया ठीक चलाना भैया! नौका में हैं विश्व तरैया ।
आज नाव पर विश्वनाथ हैं, सबकी डोरी जिनके हाथ है ।। 3460/5205

दोहा॰ "सबकी डोरी जो धरे, बीच भँवर जब नाव ।
नौका पर वे आज हैं, चले विपिन के ठाँव" ।। 3759/7162

संगीतश्रीकृष्णरामायण गीतमाला, पुष्प 544 of 763

भजन

(हे केवट!)

स्थायी

नैया ठीक चलाना भैया, नाव में तेरी, राम रमैया ।

म–म– ध–प मग–रेसा रेगम–, ग–ग ग म–म–, धपम गरे–ग– ।

अंतरा–1

प्रभु निकले हैं पुण्य करम को, पूरण करने क्षात्र धरम को ।
छूते हरि के चरणन जल को, शाँत हो गई गंगा मैया ।।

सासा रेरेग– रे– प–म गरेरे ग–, रेगग मगगरे– प–म गरेरे सा– ।
नि–ध पम– प– ममगग मम प–, सा–रे सा– रेग– प–मग रे–ग– ।।

अंतरा–2

134. Story of Guh Nishād (Rāmāyan, 2. Ayodhyā Kānd)

आज सरित् के भाग्य हैं जागे, चरण प्रभु के जल को लागे ।
स्वागत करने खड़े हैं आगे, नारद शंकर कृष्ण कन्हैया ।।

अंतरा–3

सुविमल नीला गंगा जल है, विशाल शुचि शीतल निर्मल है ।
बीच धार में चली है नैया, देख के मनवा नाचे थैया ।।

अंतरा–4

जल पर फूल हैं लाल कमल के, रवि चमकाए रंग सलिल के ।
जल में मछली नक्र कछुए, बहुत बड़े हैं, दैया! दैया! ।।

राम-लखन ने जल में देखी, मछली रंग बिरंगी नीकी ।
जलज नक्र हैं चक्र लगाते, मीन उछल कर चित्त लुभाते ।। 3461/5205

सफेद नीली जल की धारें, तर्जन करती उभय किनारे ।
फेन दूध सम झाग सुहाती, भँवर गोल में हैं बलखाती ।। 3462/5205

बोले राम-लखन दो भ्राता, गंगे! तू मंगल है माता ।
राघव पग जल को जब लागे, भाग्य जाह्नवी के सब जागे ।। 3463/5205

दोहा॰ राम-सिया हैं नाव में, लछमन उनके साथ ।
गंगा माँ को परसने, जल में डालत हाथ ।। 3760/7162

अचरज से वे निरखते, रंग बिरंगे मीन ।
जल लहरों पर उछलते, लाल पीत रंगीन ।। 3761/7162

मोती जैसे बुदबुदे, घुमत चक्र में गोल ।
जल लहरों का दृश्य ये, लगा उन्हें अनमोल ।। 3762/7162

राघव बोले गंग से, "तू है मंगल मात ।
शंभु जटा से तू चली, शंकर तेरे तात ।। 3763/7162

"तेरी लहरों में सदा, बजते सुंदर साज ।
उनसे मनहर और ना, कोई भी आवाज ।। 3764/7162

"माते! अँचल की तेरे, शोभा अति अभिराम ।

पंछी पादप तीर पर, लगते बहुत ललाम ।। 3765/7162

"चली जटा से रुद्र की, गंगा पूज्य अपार ।
राम-सिया के स्पर्श से, चणामृत की धार ।। 3766/7162

"भगिरथ राजा ने करी, बहुत तपस्या घोर ।
लाया तुझको स्वर्ग से, बिंदुसरस तव ठौर ।। 3767/7162

"पानी तेरा भूमि पर, धारा बन कर सात ।
चली जन्हु के कर्ण से, बन कर गंगा मात ।। 3768/7162

"नलिनी, पवनी, हादिनी, पूर्वस्त्रोत अभिधान ।
सीता, सिंधु, सुचक्षिणी, पश्चिम सरिता नाम ।। 3769/7162

"आने हिमगिरि से तले, तू थी बहुत अधीर ।
मिल कर यमुना-सरयु से, पावन तीनों नीर" ।। 3770/7162

संगीतश्रीकृष्णरामायण गीतमाला, पुष्प 545 of 763

भजन : दादरा ताल, 6 मात्रा

(गंगा मैया)

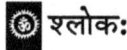

श्लोकः

जाह्नवी गोमती गंगा गायत्री गिरिजा च यः ।
भागिरथी नु यो ब्रूयात्-पापात्स मुच्यते नरः ।। 1936/2422

♫ सा-सासा- सा-सासा- ग-रे-, रे-रे-रे- मपम- ग- रे- ।
रे-म-पध- नि ध- प-म-, ध-प-म- प-मग- रेसा- ।।

स्थायी

गंगा मैया! तू मंगल है माता, तेरा अँचल है कितना सुहाना ।
तेरी लहरों में है गुनगुनाता, मैया! संगीत सरगम सुहाना ।।

♫ -मग म-ध- ध- पधपम म- - ग- म- -प - - - - -,
-गग गसाग- - ग- म-प- ध-प- - म- - म - - ।
-मग ममध- ध- पधप म-ग-म- -प - - - - -,

-गग गसाग-ग- म-प- ध-प- - म - - - - - ।।

अंतरा-1

निकली शंकर की काली जटा से, तुझको भगिरथ ने लाया धरा पे ।
तुझको जन्हू की कन्या है माना, तेरा इतिहास पावन पुराना ।।

♫ -सां-सां नि-रेंरें सां- निध नि- ध-प- - म - - - - -,
-सां-सां निनिरेंरें सां- निधनि- ध-प- - म - - - - - ।
-म-ग म-ध- ध- पधपम-ग- म- - प- - - - - - -,
-गग गसाग-ग- म-पप ध-प- -म- - म - - ।।

अंतरा-2

तेरे जल में हिमालय की माया, तुझमें जमुना का पानी समाया ।
सरयु को भी गले से लगाया, तूने उनको भी दीन्ही गरिमा ।।

अंतरा-3

तेरा तीरथ है लीला जगाता, सारे पापों से मुक्ति दिलाता ।
है सनातन तेरा मेरा नाता, बड़ी पावन नदी तू मेरी माँ ।।[114]

अंतरा-4

राम सीता हैं आँचल में तेरे, आज लछमन भी गोदी में तेरे ।
सारी नदियों में तू भागवाना, इसी कारण तू सबकी बड़ी माँ ।।

परले तट पर)

नौका केवट ठीक चलायो, शनैः शनैः नौ तट पर लायो ।
खड़े सामने कृष्ण कन्हाई, नारद शंकर देन बधाई ।। 3464/5205

उतरे नौ से जब रघुराई, सम्मुख देखे कृष्ण कनाई ।
विवस्वान भी स्वागत कीन्हे, सादर हरि को आशिष दीन्हे ।। 3465/5205

कहा काम तुम सफल करोगे, क्षात्र-धर्म को सबल करोगे ।
गुरु-मुनिवर सम्मान्य करोगे, मातु-पिता को धन्य करोगे ।। 3466/5205

---

[114] **सनातन नाता :** हे मैया! सनातन समय से ही हर जनम के अंत में मैं रक्षा के रूप में तेरी गोदी में विलीन होकर, पुनः नया जन्म लेकर धरती पर वापस आरहा हूँ ।

134. Story of Guh Nishād (Rāmāyan, 2. Ayodhyā Kānd)

आंदोलन आलिंगन करके, गंगा जी के दक्षिण तट से ।
राघव सीता का कर धरके, निकल पड़े पगडंडी पर से ।। 3467/5205

दोहा॰ केवट लायो नाव को, बहुत शाँति के साथ ।
वो है जानत नाव में, सिया संग रघुनाथ ।। 3771/7162

आई दक्षिण तीर जब, नाव, लिए जगदीश ।
वहाँ खड़े श्रीकृष्ण थे, नारद शंकर ईश ।। 3772/7162

आशिष दीन्हे हर्ष से, सिर पर कर को फेर ।
राम-सिया को प्रेम से, लछमन को भी ढेर ।। 3773/7162

करी परम शुभ कामना, "सफल बनो तुम, राम! ।
सब असुरों का नाश हो, मंगल हो सब काम" ।। 3774/7162

लिए विदाई रामजी, सीता लछमन साथ ।
निकले पगडंडी लिए, दक्षिण दिश, रघुनाथ ।। 3775/7162

दोहा॰ नौका दक्षिण तीर पर, आई जब सुखरूप ।
राम, लखन, उतरी सिया, लौटा फिर गुह भूप ।। 3776/7162

संगीतश्रीकृष्णरामायण गीतमाला, पुष्प 545-A of 763

खयाल : राग छायानट,[115] तीन ताल 16 मात्रा

(भील निषाद)

स्थायी

चली सजनी प्याऽरी सुखदाऽयी नैया,
डोऽलेऽ प्रिया मोऽरी जल पर, भैऽया! चली ।।

---

[115] **राग छायानट :** यह कल्याण ठाठ का राग है । इसका आरोह है : सा, रे, ग म प, ध नि सां । अवरोह है : सां नि ध प, म॑ प ध प, ग म रे सा ।

▶ लक्षण गीत : **दोहा॰ प रे वादि संवाद में, किसी न स्वर का त्याग ।**
अवरोही कोमल नि से, "छायानट" है राग ।। 3777/7162

134. Story of Guh Nishād (Rāmāyan, 2. Ayodhyā Kānd)

♪ रेग मनिधप रेगमप मगरेसा रेसासा– ।
सा–गमग प–निनि सांरेंसांध निप रेग ।।

अंतरा–1

राऽम सियाऽऽऽ केऽ चरण आऽज लगे ।
भीऽल निषाऽद के भाऽग्य जगेऽऽऽ ।
नौऽका जिसकीऽ में विश्व तरैऽया, चली ।।

♪ प–पप पधनिधनिनि सांसांसांसां –रेंसांसां ।
नि–निनि निधसांसां सां–सांसां धनिप– ।
म–ममग प–परें सांसांसांध निपरेग ।।

(फिर)

निषाद गुह को कहे विदाई, आगे पथ निकले रघुराई ।
आगे पीछे दोनों भाई, चली बीच में सीता माई ।। 3468/5205

विष्णु लक्ष्मी का अवतारा, शिव गौरी का रूप पियारा ।
राधा–कृष्ण स्वरूप नियारा, वन के पथ पर आज दीदारा ।। 3469/5205

दोहा॰ निषाद को कह कर विदा, आगे निकले राम ।
लौटा निषाद नाव में, शृंगिबेरपुर ग्राम ।। 3778/7162

चले विपिन की राह पर, श्री श्रीधर सुरभूप ।
देखो नर अवतार में, सीता–राम स्वरूप ।। 3779/7162

(नारद)

नभ से नारद देख रहे थे, पुष्प राह में फेंक रहे थे ।
वीणा तारों का मधु रव था, अद्भुत उनका यह अनुभव था ।। 3470/5205

राघव बोले, लछमन भाई! अनजानी है यह बनराई ।
सावधान तुम चलो सदा ही, लापवाही न हो कदा ही ।। 3471/5205

किसी भी कारण डरे न सीता, कभी करे ना दुख या चिंता ।
चौकन्ने बन चलना राहें, निहार पीछे दायें बायें ।। 3472/5205

अविरत सजग निहारे होना, झाड़ी झुरमट कोना–कोना ।

134. Story of Guh Nishād (Rāmāyan, 2. Ayodhyā Kānd)

कोई विपद् न आने पावे, भूल चूक नहिँ होने पावे ।। 3473/5205

दोहा॰ **आगे तीन बढ़े वनी, वन की भीषण राह ।**
सिया राम गंभीर थे, लछमन मन उत्साह ।। 3780/7162

नारद नभ से देखते, फूल राह पर फेंक ।
राघव बोले हम चलें, इधर-उधर सब देख ।। 3781/7162

चौकन्ना लछमन चला, निहार चारों ओर ।
कोई विपद् न आ सके, छोटी हो या घोर ।। 3782/7162

संगीतश्रीकृष्णरामायण गीतमाला, पुष्प 546 of 763

भजन

(पाँव मेरे कोमल)

स्थायी

पाँव मेरे कोमल, चाल मेरी नाजुक ।
नाथ मेरे! चलो जी, धीरे-धीरे - - - ।।

♪ ग-ग गग म-मम, प-प पप म-म-म ।
रे-रे रेरे! गग- ग, म-प- म-ग- ।।

अंतरा-1

जाना है जोजन, बिन किए भोजन ।
कब तक चलेंगे, धीरे-धीरे - - - ।।

♪ ध-ध- ध प-प-प, मम मम- ग-ग-ग ।
रेरे रेरे गग-ग, म-प- म-ग- ।।

अंतरा-2

हाथ मेरा धरो जी, साथ मेरा करो जी ।
बात मुझे कहो जी, धीरे-धीरे - - - ।।

अंतरा-3

वन में ही जाना है, कछु नहीं लाना है ।
जल्दी भी क्या है जी? धीरे-धीरे - - - ।।

(इस तरह)

134. Story of Guh Nishād (Rāmāyan, 2. Ayodhyā Kānd)

तीनों चलते दिन की बेला, राती जागे लखन अकेला ।
दिन में कन्द-मूल फल लाते, कथा सिया को राम सुनाते ।। 3474/5205

राम-लखन आहार जुगाते, भून पका कर तीनों खाते ।
दो प्रहरी तरुवर के नीचे, दो टुक लछमन आँखे मीचे ।। 3475/5205

सायं काले संध्या शिव जप, पूजा अर्चा नमन ध्यान तप ।
तृण पर्णों की सेज बिछाते, शयन विरम का स्थान बनाते ।। 3476/5205

निश में लेटे गिनते तारे, नभ के तीनों मिल कर सारे ।
शिव भजनन में दिल बहलाते, सुर में सुर वे तीन मिलाते ।। 3477/5205

दोहा॰ चलते दिन के काल में, रात समय आराम ।
जागे लछमन रात में, सोते सीता राम ।। 3783/7162

सीता को मध्याह्न में, कथा सुनाते राम ।
दो टुक तब तरु के तले, लखन करत विश्राम ।। 3784/7162

कभी अयोध्या की कथा, कभी भरत की बात ।
कभी सुमंतर सूत की, कभी सुमित्रा मात ।। 3785/7162

दशरथ नृप की वीरता, शंबर का संहार ।
रघुकुल का तिहास भी, वेद-ज्ञान का सार ।। 3786/7162

◎ **This way :** *In this manner, talking and having joy, they were walking during the day time and at night Lakshman would stay awake and be on guard. At lunch time he would gather roots and fruits. Shrī Rāma would tell stories about Ayodhyā, king Dashrath, Raghy dynasty or the teachings of the Vedas to Sītā. In the afternoon, Lakshman would close his eyes for few moments and rest. At the end of the day, they would do evening prayers and worship Shiva and meditate. At night they would prepare beds out of grass and leaves. Shrī Rāma and Sītā would lie down. On the clear night they would count the stars and all three would sing Shiva bhajans.* **3105/4006**

संगीतश्रीकृष्णरामायण गीतमाला, पुष्प 547 of 763

राग मालकंस, कहरवा ताल 8 मात्रा

भजन

(भला करो प्रभु)

स्थायी

134. Story of Guh Nishād (Rāmāyan, 2. Ayodhyā Kānd)

भला करो प्रभु चंदा धारी, व्यथा हरो शिव भव भंडारी ।

♪ सामगम गसा- निसा ध-नि- सा-सा-, साम- गम- मध सासा मधगमगसा ।

अंतरा-1

रूप परम शिव शंकर गौरी, छवि निरंजन सुंदर सारी ।
दया करो, कृपा करो, रक्षा करो, प्रभु सब सुख कारी ।।

♪ ग-म म धध निनि सां-सांसां गंनिसां-, निनि- निनि-निनि धनिसांनि ध-म- ।
साम- गम - - -, गमध मध - - -, मधनिसां निसां- म-ग- मधगमगसा ।।

अंतरा-2

काम अथक दुख भंजन कारी, धाम अजब तव रंजन कारी ।
दया करो, कृपा करो, रक्षा करो, प्रभु भव भय हारी ।।

अंतरा-3

माया अगम तव, बंबं भोले! छाया गजब तव अंबर डोले ।
दया करो, कृपा करो, रक्षा करो, प्रभु जग अवतारी ।।

(और)

कभी गृह की, कभी निषाद की, कभी पिताश्री के विषाद की ।
कभी उर्मिला, कभी भरत की, मिथिल अयोध्या, कभी जनक की ।। 3478/5205

मातु-पिता की करते बातें, तीनों की थी कटती रातें ।
आँख लगे कब पता न चलता, समय रात का निर्भय ढलता ।। 3479/5205

सूर्योदय से पहले जगते, नित्य कर्म सब निपट नहाते ।
पूजा पाठ ध्यान सब करके, पंथ पुनः आगे का धरते ।। 3480/5205

दक्षिण पश्चिम टेढ़ी मेढ़ी, राहें वन की विस्मय घेरी ।
कहीं चढ़ाई, कहीं उतरना, कहीं पार करना है झरना ।। 3481/5205

बिखरे कंकड़ कंट नुकीले, पथ में पत्थर कीचड़ गीले ।
इस भाँति योजन वे चलते, शाम समय तक आगे बढ़ते ।। 3482/5205

दोहा॰ राम-लखन करते जमा, कंद मूल फल पात ।
भून पका कर प्रेम से, तीनों मिल कर खात ।। 3787/7162

134. Story of Guh Nishād (Rāmāyan, 2. Ayodhyā Kānd)

संगीतश्रीकृष्णरामायण गीतमाला, पुष्प 548 of 763

दादरा ताल

(गुह निषाद की कथा)

स्थायी

गीत शारद ने मंजुल है गाया, साज नारद मुनि ने बजाया ।
रत्नाकर से है मंगल रचाया, रामायण को है सुंदर सजाया ।।

♫ म-ग म-म- म प-म- ग म-प-, रे-ग म-म- मध- प- मग-म- ।
रेगम-म म- म ध-प- गम-प-, रे-ग-म- म- म ध-प- मग-रे- ।।

अंतरा-1

आये राघव जब गंगा किनारे, शृंगिबेर पुर में कीन्हे उतारे ।
गुह निषाद उनको लेने को आया, खाने पीने का सामान लाया ।।

♫ सांसां नि-रें- सां- ध-नि- धप-म-, सांसां-निनि रें- सां ध-नि- धप-म- ।
म- गम-म म-म प-म- ग म-प-, रे-ग- म-म- म ध-प-म ग-रे- ।।

अंतरा-2

बोले राघव, सुनो गुऽह प्यारे! बड़े उपकार हम पर तिहारे ।
नाव हमरे लिए लाओ भैया! पार हमको कराओ गंगा मैया ।।

अंतरा-3

गंगा जल में खड़ी गुह की नैया, राम का दास शुभ है खेवैया ।
चढ़ रहे नाव राघव रमैया, धरके सीता की कोमल कलैया ।।

135. Story of Sage Bharadvāj (Rāmāyan, 2. Ayodhyā Kānd)

अयोध्या काण्ड : ग्यारहवाँ सर्ग

135. श्री भरद्वाज मुनि की कथा :

135. Story of Sage Bharadvāj *(Rāmāyan, 2. Ayodhyā Kānd)*

संगीतश्रीकृष्णरामायण छन्दमाला, मोती 363 of 501

वल्लकी छन्द[116]

ऽ । ऽ, ऽ । ।, । ऽ ।, ऽ ऽ ।, ऽ ऽ ।, ऽ ऽ ।, ऽ

(भरद्वाज मुनि)

शिष्य बाल्मीक मुनि का भरद्वाज शास्त्रास्त्र विद्वान था ।
विश्व विख्यात जमुना किनारे भरद्वाज का धाम था ।। 1
वंद्य के आश्रम महान में आज आया जभी राम था ।
राम को अग्निशर–मंत्र देके महाना किया काम था ।। 2

श्लोका:

भरद्वाजमुनेर्मठः कालिन्द्या उत्तरे तटे ।
अमिलत्तं यदा रामो मुनिर्हृष्टोऽभवद्बहुः ।। 1937/2422

अग्निशरस्य मन्त्रञ्च ब्रह्मज्ञानं सनातनम् ।
पुराणं कर्मसिद्धान्तं रामं स मुनिरब्रवीत् ।। 1938/2422

वनवासोचितं स्थानं किं रामः पृष्टवान्मुनिम् ।
चित्रकूटं मुनिर्ब्रूते कालिन्द्या दक्षिणे दिशि ।। 1939/2422

कथा

---

[116] **वल्लकी छन्द** : इस 19 वर्ण, 30 मात्रा वाले कृति छन्द के चरणों में र भ ज त त त गण और एक गुरु वर्ण आता है । इसका लक्षण सूत्र ऽ । ऽ, ऽ । ।, । ऽ ।, ऽ ऽ ।, ऽ ऽ ।, ऽ ऽ ।, ऽ इस प्रकार है । विराम 10–9 पर विकल्प से होता है ।

▶ लक्षण गीत : **दोहा॰ रचना मात्रा तीस की, गुरु कल से हो अंत ।**
र भ ज त त त गण की बनी, वही "वल्लकी" छंद ।। 3788/7162

135. Story of Sage Bharadvāj (Rāmāyan, 2. Ayodhyā Kānd)

(एक दिन)

वन की राहें चलते-चलते, प्रहर दूसरे सूरज ढलते ।
दूर से दिखा जमुना तट पर, भरद्वाज का आश्रम परिसर ॥ 3483/5205

(भरद्वाज आश्रम)

लखन सिया को कहा राम ने, दूर दिख रहा खड़ा सामने ।
भरद्वाज मुनि का वो मठ है, ज्ञानवान मुनिवर कर्मठ हैं ॥ 3484/5205

भरद्वाज हैं पंडित भारे, अत्री ऋषि के पुत्र उदारे ।
मनुष्य सुपठित परम सियाने, बाल्मिक मुनि के शिष्य पुराने ॥ 3485/5205

बातों बातों में रघुराई, आ पहुँचे मठ में सुखदाई ।
मुनिवर बैठे थे चिंतन में, नाम शिवा का धरके मन में ॥ 3486/5205

दोहा॰ चलते-चलते एक दिन, पहुँच गए श्री राम ।
लगभग संध्या काल में, भरद्वाज के धाम ॥ 3789/7162

जमुना तट पर था बसा, आश्रम बहु विख्यात ।
भरद्वाज इक शिष्य थे, बाल्मिक मुनि के ख्यात ॥ 3790/7162

ज्ञानी पंडित थे मुनि, अत्रि तपी के पुत्र ।
चार वेद के आपने, जाने थे सब सूत्र ॥ 3791/7162

(मुनिवर)

आहट पा कर नयनन खोले, देख राम को मुनिवर बोले ।
आओ सौम्य! कहाँ से आए, साथ भद्र ये कौन हैं लाए ॥ 3487/5205

कुशल क्षेम सब कहो पियारे! सूरत से तुम लगते वीरे ।
फिर भी तुम यों वल्कल धारे, वनवासी क्यों बने नियारे ॥ 3488/5205

(राम)

रघुवर ने सब कथा सुनाई, कहा साथ में है लघु भाई ।
यह मेरी है सती लुगाई, जृह तज कर है वन में आई ॥ 3489/5205

यहाँ कहीं इक स्थान बताएँ, जहाँ रुके हम रात बिताएँ ।
मुनि बोले, यह आश्रम मेरा, समझो अपना, करो उतारा ॥ 3490/5205

135. Story of Sage Bharadvāj (Rāmāyan, 2. Ayodhyā Kānd)

✍दोहा॰ भरद्वाज से राम ने, कह कर अपनी बात ।
पूछा कोई स्थान हो, जहाँ बिताएँ रात ।। 3792/7162

(और)

मुनिवर उनका स्वागत कीन्हे, खान-पान को भोजन दीन्हे ।
मध्य रात तक करते बातें, सभी सुमंगल सुख थे पाते ।। 3491/5205

मुनि ने उनको मंत्र सिखाए, अग्नि अस्त्र का सूत्र बताए ।
ब्रह्म ब्रह्मांड ब्रह्मा क्या है, विश्व निर्मिति का क्रम क्या है ।। 3492/5205

योगवासिष्ठ का मायने, यथा तथा ही कहा राम ने ।
मुनि ने सुन कर वचन राम के, कहा युवक हो बड़े काम के ।। 3483/5205

(और फिर)

मुनिवर मधुर सुधा बरसाते, वचन सदयता शुभ सरसाते ।
स्नेह भरी वाणी शुभ बोले, जिसमें थे वह अमृत घोले ।। 3494/5205

रघुवर राघव! तुम वनवासी, बने वनी हो रहित उदासी ।
राज-भोग है तुमने छोड़ा, अवध नगर से मुख है मोड़ा ।। 3495/5205

पितृ नेह है अमर तिहारा, मातु प्रेम तव प्रखर उजियारा ।
मुनिवर बोले, रहो यहीं तुम, अपर न जाओ और कहीं तुम ।। 3496/5205

कन्द-मूल फल यहाँ घनेरे, छाया शीतल, जल बहुतेरे ।
भोजन स्वादु मधुर रसीले, मिलते जहाँ-तहाँ बिन हीले ।। 3497/5205

कालिंदी के रहो किनारे, कष्ट न होगा किंचित, प्यारे! ।
चौदह वत्सर यहीं बिताओ, हमें मर्म के बचन बताओ ।। 3498/5205

✍दोहा॰ मुनिवर बोले राम को, यहाँ बिताओ रात ।
यदि चाहो तो तुम रहो, वर्ष चतुर्दश, तात! ।। 3793/7162

जमुना के वन में तुम्हें, कंद मूल फल पात ।
बहुत मिलेंगे स्वाद के, मन भावन दिन-रात ।। 3794/7162

(राम ने कहा)

135. Story of Sage Bharadvāj (Rāmāyan, 2. Ayodhyā Kānd)

राघव बोले, मुनिवर प्यारे! वचन बहुत हैं मधुर तिहारे ।
जात नहीं है मुझसे टारे, फिर भी देखो, सोच विचारे ।। 3499/5205

अवध यहाँ से ना है दूरे, लोग जहाँ के बहुत पियारे ।
लोग वहाँ से आते-जाते, सदा रहेंगे नेह लगाते ।। 3500/5205

दोहा॰ राघव बोले, हे मुने! सुखद तिहारे बोल ।
सहज न टारे जात हैं, इतने हैं अनमोल ।। 3795/7162

अवध यहाँ से पास है, लोग बहुत चितचोर ।
आना-जाना लोग का, डारेगा व्रत तोड़ ।। 3796/7162

(अत:)
कठिन बहुत इह बसना मेरा, गड़बड़ होगा आश्रम तेरा ।
अत: बताओ एक ठिकाना, जहाँ न हो जाना पहिचाना ।। 3501/5205

दोहा॰ मित्र समागम में चढ़े, भव बंधन का रंग ।
होगा उस आनंद में, पितु वचनों का भंग ।। 3797/7162

माता ने मुझको दिया, है वनवास प्रसंग ।
व्रत वह प्रण का सर्वदा, रखूँ सदा मैं संग ।। 3798/7162

अत: यहाँ से दूर जो, उचित हमारे स्थान ।
जहाँ न परिचित लोग हों, वहाँ करें हम धाम ।। 3799/7162

(मुनि)
मंद हास्य से बोले मुनिवर, स्थान एक है ऐसा सुंदर ।
जमुना नद के दक्षिण वन में, स्थल है ऐसा मेरे मन में ।। 3502/5205

दूर कोस दस पर है ऐसा, स्थान चाहिए तुमको जैसा ।
गंगा यमुना संगम परले, चित्रकूट पर्वत के मझले ।। 3503/5205

(चित्रकूट)
चित्रकूट गिरि आकर्षक है, स्वर्ग भूमि पर नैसर्गिक है ।
कन्द-मूल फल मधुर विपुल हैं, झरने शीतल जल पुष्कल हैं ।। 3504/5205

135. Story of Sage Bharadvāj (Rāmāyan, 2. Ayodhyā Kānd)

छाया शीतल का पर्वत है, शाँति सदा ही उत बरसत है ।
मुनियन का ही आना-जाना, कोई जाना ना पहिचाना ।। 3505/5205

बाल्मीक मनिवर के अनुयाई, वहाँ बसे वन में सुखदाई ।
निसर्ग शोभा वन में सुंदर, सुकून देती मन के अंदर ।। 3506/5205

तुम्हें मिलेगा स्थान उजाला, शोभित सुंदर जल फल वाला ।
वहाँ गाछ हैं शोभावाले, नाना फल हैं मधुर रसीले ।। 3507/5205

वनवासी के सुख की क्यारी, उसमें बसना है हितकारी ।
तापस ऋषि-मुनि यति उत रहते, जप तप व्रत रत सब नित रहते ।। 3508/5205

सुन कर बचनन हरि हरषाए, बोले, मुनिवर! कल हम जाएँ ।
तथास्तु कह कर मुनिऽ विरामे, शयन भवन में सभी बिराजे ।। 3509/5205

दोहा॰ **दक्षिण दिश में एक है, स्थान तिहारे योग्य ।**
खान-पान उत्तम जहाँ, शाँति तथा आरोग्य ।। 3800/7162

चित्रकूट में है बसा, देता मन को तोस ।
गंगा जमुना सरित् के, संगम से दस कोस ।। 3801/7162

स्वर्ग भूमि सम रम्य है, ऋषि-मुनियन का वास ।
अवध जनों से दूर है, नहीं किसी का त्रास ।। 3802/7162

अनुयाई बाल्मीक के, वहाँ बसे सुखसाथ ।
तुम्हें वहाँ सत्संग में, सुख होगा, रघुनाथ! ।। 3803/7162

संगीतश्रीकृष्णरामायण गीतमाला, पुष्प 549 of 763

दादरा ताल

(भरद्वाज मुनि की कथा)

स्थायी

गीत शारद ने मंजुल है गाया, साज नारद मुनि ने बजाया ।
रत्नाकर से है मंगल रचाया, रामायण को है सुंदर सजाया ।।

♪ म-ग़ म-म- म प-म- ग़ म-प-, रे-ग़ म-म- मध़- प- मग़-म- ।

136. Story of River Yamunā (Rāmāyan, 2. Ayodhyā Kānd)

रेगम-म म- म ध-प- गम-प-, रे-ग-म- म- म ध-प- मग-रे- ।।

अंतरा-1

शिष्य बाल्मीक मुनि का सयाना, था भरद्वाज गुण का खजाना ।

मंत्र राघव को मुनिवर सिखाया, अग्नि आयुध का तंत्र दिखाया ।।

♫ सांसां नि-रें-सां धध नि- धप-म-, सां सांनिनिरें-सां धध नि- धप-म- ।

म-ग म-म- म पपमम गम-प-, रेग- म-म- म ध-पप मग-रे- ।।

अंतरा-2

ब्रह्म ब्रह्माण्ड के सूत्र सारे, विश्व निर्माण के मूल भारे ।

सृष्टि चक्कर निरंतर बताया, कर्म सिद्धान्त का गुर[117] सुनाया ।।

अंतरा-3

राम बोला, मुनिऽवर पियारे! स्थान को[118] है जहाँ पर हमारे ।

वास का हो प्रयोजन समाया; नाम "चित्रकूऽट" मुनिवर बताया ।।

136. श्री यमुना रानी की कथा :

136. Story of River Yamunā (Rāmāyan, 2. Ayodhyā Kānd)

♫ संगीतश्रीकृष्णरामायण छन्दमाला, मोती 364 of 501

वासंती छन्द[119]

ऽ ऽ ऽ, ऽ ऽ ।, । । ।, ऽ ऽ ऽ, ऽ ऽ

(यमुना देवी)

---

[117] गुर = अत्यंत अच्छी युक्ति, अमोघ साधन, गुरुमंत्र ।

[118] को = कौनसा ।

[119] ♫ **वासंती छन्द** : इस 14 वर्ण, 24 मात्रा वाले शक्वरी छन्द के चरणों में म त न म गण और दो गुरु वर्ण आते हैं । इसका लक्षण सूत्र ऽ ऽ ऽ, ऽ ऽ ।, । । ।, ऽ ऽ ऽ, ऽ ऽ इस प्रकार है । विराम चरणान्त होता है ।

▶ लक्षण गीत : ✍ **दोहा॰ पद्य चौबीस मत्त का, दो गुरु मात्रा अंत ।**

म त न म गण की है कला, यह "वासंती" छंद ।। 3804/7162

136. Story of River Yamunā (Rāmāyan, 2. Ayodhyā Kānd)

जै जै कालिंदी! जय जमुना माता रानी! ।
कान्हा ने कीन्हा अमरित है तोरा पानी ।। 1
कालिंदी! तेरा जल भरती राधा गोपी ।
तेरे कूचे से क्षुधित न लौटा है कोऽपि ।। 2

ॐ श्लोका:

भरद्वाजो यथा ब्रूते रामचन्द्रं महामुनिः ।
यमुनातटिनीं प्रातो हि लङ्घयितुमागतः ।। 1940/2422

यमुना नर्मदा गंगा तापी गोदावरी तथा ।
पञ्च कन्याः कृता नद्यो धन्यां भारतमातरम् ।। 1941/2422

सूर्यसुता च संज्ञाभिः कालिन्दी यमुना नदी ।
भगिनी यमराजस्य हिमकन्या च सा मता ।। 1942/2422

कथा

(यमुना)

दोहा॰ कान्हा पर इस जगत के, जन हैं सभी निहाल ।
कालिंदी पर मुग्ध हैं, राधावर गोपाल ।। 3805/7162

यमुना के तट पर बसे, व्रज के तीनों ग्राम ।
मथुरा वृंदावन तथा, मधुबनगोकुल धाम ।। 3806/7162

शिशु लेकर वसुदेव जी, आए जमुना तीर ।
हरि चरणन के स्पर्श से, घटा नदी का नीर ।। 3807/7162

मधुबन में हरि जात हैं, लेकर बछड़े गाय ।
जमुना तटपर बांसुरी, सुंदर कृष्ण बजाय ।। 3808/7162

पनघट पर जब गोपियाँ, आतीं भरने नीर ।
कृष्ण सुदामा फोड़ते, मटकी जमुना तीर ।। 3809/7162

किया कालिया नाग ने, जभी विषैला नीर ।
कान्हा कूदा नीर में, आकर जमुना तीर ।। 3810/7162

136. Story of River Yamunā (Rāmāyan, 2. Ayodhyā Kānd)

केशव कूदा नीर में, जहाँ छुपा था साँप ।
ताड़ा कालिय कृष्ण ने, दूर हटाने पाप ।। 3811/7162

जमुना के तट है बसा, कुरुक्षेत्र का ग्राम ।
उस भूमि को है मिला, "धर्मक्षेत्र" का नाम ।। 3812/7162

♫ संगीतश्रीकृष्णरामायण छन्दमाला, मोती 365 of 501

शोकहर छन्द[120]

8, 8, 8, 4 + ऽ

(यमुना नदिया)

जमुनारानी पवित्रपानी राधाकृष्णविलासधरा ।
पापहारिणी तापहारिणी ब्रजवासीजनचित्तहरा[121] ।। 1

गिरिविहारिणी हृदयमोहिनी गोकुलभीतिविनाशकरा ।
शुभसुहासिनी मधुरभाषिणी धेनुवत्समनमोदभरा ।। 2

विमलवारिणी कमलधारिणी सीताराघववरग्रहिणी ।
मंगलवदनी चंचलरमणी पूज्यनीरगङ्गाभगिनी ।। 3

अघटनाशिनी अघनिषूदिनी स्वर्गसेउतरी सुरतटिनी ।
गोपमोहिनी गोपिमोदिनी मधुबनदूबहरितकरिणी[122] ।। 4

सुंदरललना मंजुलबैना नरपशुतरुआह्लादखरा ।
गहरापानी अनहदवाणी कर्णमधुरसुरनादभरा ।। 5

---

[120] ♫ **शोकहर छन्द** : इस 30 मात्रा वाले महातैथिक छन्द के चरणों में 8, 8, 8, 4 और अंत में एक गुरु मात्रा आती है । यह छन्द गाने के लिए बहुत सुंदर है ।

▶ लक्षण गीत : ✍ **दोहा॰ रचना मात्रा तीस की, गुरु कल से हो अंत ।**
विरम मत्त प्रति का, रुचिर "शोकहर" छंद ।। 3813/7162

[121] इस पद्य में : **धरा** = धारण करने वाली, **हरा** = हरने वाली, **भरा** = भरने वाली, **करा** = करने वाली ।

[122] दूब = दुर्वा, लंबी मुलायम घास ।

137. Story of the Chitrakūt mountain (2. Ayodhyā Kānd)

संगीतश्रीकृष्णरामायण गीतमाला, पुष्प 550 of 763

दादरा ताल

(जमुना नदी की कथा)

स्थायी

गीत शारद ने मंजुल है गाया, साज नारद मुनि ने बजाया ।
रत्नाकर से है मंगल रचाया, रामायण को है सुंदर सजाया ।।

♫ म-ग म-म- म प-म- ग म-प-, रे-ग म-म- मध- प- मग-म- ।
रेगम-म म- म ध-प- गम-प-, रे-ग-म- म- म ध-प- मग-रे- ।।

अंतरा-1

जै जै कालिंदी जै जमना रानी, आज अमृित भया तोरा पानी ।
भागवाना बड़ी तू सरिऽता, तोरी धारा में हैं राम सीता ।।

♫ सां सां नि-रें-सां ध- नि-ध प-म-, सां-सां निनिरें- सांध- नि-ध प-म- ।
म-गम-म- मप- म- गम-प-, रेग म-म- म ध- प-म ग-रे- ।।

अंतरा-2

तोरा जल कीन्हा कालिऽया काला, जाको कीन्हा पवित्तर गोपाला ।
सारे ब्रज की तुझी पर है माया, नीर गंगा में तेरा समाया ।।

अंतरा-3

कृष्ण राधा की तू है विलासा, सजा तेरे किनारे पे रासा ।
देवी! जो भी तेरे तट पे आया, तूने उसको गले से लगाया ।।

अयोध्या काण्ड : बारहवाँ सर्ग

137. चित्रकूट पर्वत की कथा :

137. Story of the Chitrakūt mountain *(2. Ayodhyā Kānd)*

♫ संगीतश्रीकृष्णरामायण छन्दमाला, मोती 366 of 501

137. Story of the Chitrakūt mountain (2. Ayodhyā Kānd)

सुंदर छन्द[123]

S I S, I I I, S I I, S I I, S I S

(चित्रकूट)

चित्रकूट गिरि का वन सुंदर रम्य है ।
भाग्यवान उससे अरु शैल न अन्य है ॥ 1

शैल सुंदर महाशुभ और नहीं दिखा ।
राम का चरित आदि महाकवि ने लिखा ॥ 2

🕉 श्लोकौ

(चित्रकूट:)

चित्रकूटो गिरिरम्यो गिरिवरेषु सुन्दरः ।
वाल्मीकेराश्रमः पूज्यः तमसातटिनीतटे ॥ 1943/2422

अत्र खगाश्च पुष्पाणि नीरं शुच्यञ्च स्वर्गवत् ।
इन्द्रभूमेः समं दृश्यम्-अन्यत्कुत्राप्यसम्भवम् ॥ 1944/2422

📖 कथा 📖

(आश्रम)

सरित् किनारे वन के अंदर, स्थान खोज कर शीतल सुंदर ।
बाल्मिक अनुयाई मुनियों ने, आश्रम अपने स्थापन कीन्हे ॥ 3510/5205

आश्रम थे गुरुकुल मुनियों के, योगी यति ऋषि सद्गुणियों के ।
वेद शास्त्र सब मुनि से पढ़ते, राम-नाम जप निश-दिन करते ॥ 3511/5205

(वहाँ)

चित्रकूट के विपिन सघन को, पावन कीन्हे ऋषि-मुनि वन को ।
आराधन कर हरि! हरि! नामा, कीन्हे मठ को तीरथ धामा ॥ 3512/5205

---

[123] 🎵 **सुंदर छन्द** : इस 15 वर्ण, 18 मात्रा वाले छन्द में र न भ भ र गण वर्ण आते हैं । इसका लक्षण सूत्र
S I S, I I I, S I I, S I I, S I S इस प्रकार है ।

▶ लक्षण गीत : 📖 दोहा॰ र न भ भ र गणों का बना, मत्त अठारह वृंद ।
अक्षर पन्द्रह से सजा, सुंदर "सुंदर" छंद ॥ 3814/7162

137. Story of the Chitrakūt mountain (2. Ayodhyā Kānd)

आश्रम शोभित स्वच्छ सुखारर, सरित किनारे नभ के तारे ।
तेज प्रकाश प्रखर मुनियन का, करत त्राण ऋषि-मुनि तरुवर का ।। 3513/5205

हरि! हरि! मुनिजन निश-दिन गाते, राक्षस उनके पास न आते ।
सदा सुरक्षित परिसर मठ का, डर नाही कछु भूत न शठ का ।। 3514/5205

दोहा॰ जग में पावन थे जहाँ, ऋषि-मुनियों के धाम ।
चित्रकूट गिरि को मिला, "बड़भागा-गिरि" नाम ।। 3815/7162

सरित् किनारे विपिन में, रम्य ढूँढ कर स्थान ।
स्थापन मुनियों ने किए, आश्रम बाल्मिक-नाम ।। 3816/7162

योगी ऋषि-मुनि सद्गुणी, गुरुकुल करत निबास ।
वेद शास्त्र संस्कृत गिरा, पढ़त सुनत दिन-रात ।। 3817/7162

गान भजन हरि नाम के, रचते गाते राग ।
बाल्मिक मुनि के तेज से, सबको था अनुराग ।। 3818/7162

सत् चित आनँद सादगी, मठ में थी भरपूर ।
मुनिवर के शुभ ओज से, रहते थे शठ दूर ।। 3819/7162

संगीतश्रीकृष्णरामायण छन्दमाला, मोती 367 of 501

कुंडल छन्द[124]

12 + 6 + ऽ ऽ

(रम्य चित्रकूट)

रंग विविध के खग फल तरु प्रसून न्यारे ।
अंग अंग चित्रकूट के लगते प्यारे ।। 1
संग निर्मल नीर शुचि शीतल की धारा ।

[124] **कुंडल छन्द :** इस 22 मात्रा वाले महारौद्र छन्द के अन्त में दो गुरु (ऽ ऽ) वर्ण आते हैं । यति 12-6 पर विकल्प से आता है ।

▶ लक्षण गीत : **दोहा॰ मत्त बाईस की कला, दो गुरु मात्रा अंत ।**
बारह कल पर यति जहाँ, जाना "कुंडल" छंद ।। 3820/7162

137. Story of the Chitrakūt mountain (2. Ayodhyā Kānd)

दंग करे मन सुंदर निसर्ग रस धारा ।। 2

(और)

इर्दगीर्द गुरुकुल के सारी, निसर्ग की शोभा थी न्यारी ।
दृश्य मनोहर हिरदयहारी, चहल पहल खग पशु की प्यारी ।। 3515/5205

स्वर-सरिता मंजुल धारों की, नादब्रह्म के सप्त सुरों की ।
गुनगुन गूँजन जल लहरों की, राम! राम! जस रट नहरों की ।। 3516/5205

किरण गगन से रवि शशि झड़ते, जल पर निश-दिन चम-चम करते ।
हीरे मोती जस उत बहते, "दृश्य मनोरम!" सब नित कहते ।। 3517/5205

दोहा॰ चित्रकूट गिरि रम्य का, कंज पुंज था रूप ।
बालमीक के काल में, कहलाता "गिरिभूप" ।। 3821/7162

गिरि पर बिखरे थे घने, सुंदर बेली वृक्ष ।
शोभा जिनकी शोभती, इन्द्रलोक सदृक्ष ।। 3822/7162

तरु बेली पर गूँजते, विहग भ्रमर के झुंड ।
इसी स्वर्ग के बीच में, बना यज्ञ का कुंड ।। 3823/7162

साम वेद के मंत्र का, होता मंगल गान ।
सुनते आसन में लगे, ऋषि-मुनि सिद्ध सुजान ।। 3824/7162

(उधर)

गिरि के ऊपर एक तलैया, नीला शुचि जल चित्त रमैया ।
झील किनारे रम्य बगैया, फल-फूलों की रंग मढैया ।। 3518/5205

रंग विविध विध भरा कुसम में, सौरभ सुंदर मधुरस उनमें ।
अलि भ्रमर भी रंग रंगीले, लाल गुलाबी नीले पीले ।। 3519/5205

मधुमक्खी बस रस पहिचाने, गुल को लाल न पीला जाने ।
रस भर भर कर अपने मुख में, भागे जाते घर अति सुख में ।। 3520/5205

दोहा॰ गिरि में एक तड़ाग था, निर्मल जिसका नीर ।
मनहारी आकाश सा, रंग नीर का नील ।। 3825/7162

137. Story of the Chitrakūt mountain (2. Ayodhyā Kānd)

जल में सुंदर रंग के, कमल लाल थे फूल ।
शोभा न्यारी देख कर, सब कुछ जाते भूल ।। 3826/7162

(और)

भृंग तितलियाँ सुमन मँडराते, केसर मधुरस पीने आते ।
उड़ते उड़ते चटक उतरते, पेड़ों के फल मधुर कुतरते ।। 3521/5205

शुक मैना का कलरव बोला, मोर पपीहे करत किलोला ।
चकोर चिड़िया चंचल चहकत, क्रौंच करंड कपोत कूजत ।। 3522/5205

बूटे सुंदर, पादप छाया, तले गलीचा हरित बिछाया ।
मृग का हरियाली पर रासा, अज गौ हय[125] मृदु खाते घासा ।। 3523/5205

मीन कमल दल तड़ाग तीरे, राजहंस बक कदंब कीरे[126] ।
बगुले मौन लगाते दंभी, दौड़ लगाते कुरंग[127] लंबी ।। 3524/5205

दोहा० भृंग सुमन पर तितलियाँ, करते मधु रस पान ।
खग मीठे फल खाइके, करते सुमधुर गान ।। 3827/7162

शशक पपीहे नाचते, हरियाली पर मोर ।
कलरव शुक मैना करे, चिड़िया क्रौंच चकोर ।। 3828/7162

छाया शीतल वृक्ष की, मनहर थे उद्यान ।
मृग अज गौ हय के लिए, घास भरे मैदान ।। 3829/7162

झील नीर में, मीन के, रंग बिरंगे झुंड ।
तट पर बगुले हंस थे, धरत मीन के मुंड ।। 3830/7162

सूर्य चमकता था कभी, कभी मेघ की छाँव ।
खेल खेलते लुक छुपी, आकर वे इस गाँव ।। 3831/7162

---

[125] हय = घोड़ा, तुरंग ।

[126] कीर = शुक, तोता ।

[127] कुरंग = हरिण ।

137. Story of the Chitrakūt mountain (2. Ayodhyā Kānd)

इतने सुंदर दृश्य थे, कैसी करें बखान ।
प्रकृति माता की खिली, मधुर यहाँ मुस्कान ।। 3832/7162

थके थकाये लोग जब, आते थे इस स्थान ।
दृश्य मनोहर देख कर, मिटती सभी थकान ।। 3833/7162

बाल्मिक मुनिवर धन्य हैं, धन्य शिष्य हैं तत्र ।
दशों दिशाएँ देख कर, सब खुश थे सर्वत्र ।। 3834/7162

(गुरुकुल)

गुरुकुल में गौ पायस भाता, छात्रन को बल बुद्धि देता ।
पाप ताप नहिँ आवे पासा, आधि व्याधि का होवे नासा ।। 3525/5205

शिष्य राम-रटन में लीना, पाठ मगन ज्यों जल में मीना ।
जस गुरुवर तस अंतेवासी,[128] राम-नाम रट भक्ति विलासी ।। 3526/5205

✍दोहा॰ **गुरुकुल में गौ मातु का, पीते ऋषि-मुनि दूध ।**
बुद्धि स्वास्थ्य वरदान से, पातक ताप अछूत ।। 3835/7162

शिक्षार्थी बाल्मीक के, परम शाँति के दूत ।
राम-नाम के जाप से, सबके मन थे पूत ।। 3836/7162

(यहाँ)

भक्ति पयस की अथक पिपासा, नित्य जगावे बाल्मिक मुनीसा ।
मुनिजन दूर दूर से आते, राम-नाम गुरुमंतर पाते ।। 3527/5205

संत सुजन सत्संग जमाते, नाम साधना पुण्य कमाते ।
राम-नाम के पावन गाने, भजन सुमंगल पाठ तराने ।। 3528/5205

राम-नाम सब जपते त्योंही, गूँजर रव अलि करते ज्योंही ।
राम-नाम सब मन में ऐसे, हिय की धड़कन तन में जैसे ।। 3529/5205

नाम राग से सुर रस सातों, सरगम रचते मुनि दिन-रातों ।

---

[128] अंतेवासी = छात्र, चेले ।

137. Story of the Chitrakūt mountain (2. Ayodhyā Kānd)

ऋषि-मुनि गाते, सुनते वेही, बाल्मिक गुरुवर के सब स्नेही ।। 3430/5205

नाम नाद हर दम शुभ होता, पाप ताप अघ तम को धोता ।
राम-नाम ज्यों ज्यों मन बसता, काम कोह त्यों त्यों तन नसता[129] ।। 3531/5205

राम-नाम प्रवचन की धारा, बुद्धि शुद्धि मति पुण्य विचारा ।
राम-नाम पद सुरस रसीले, नाम शब्द प्रेमामृत गीले ।। 3532/5205

नाम राम का शुभ अभिनंदन, नाम राम का अलखनिरंजन ।
राम-नाम ही सब दुख भंजन, राम-नाम से अंत्य विसर्जन ।। 3533/5205

राम-नाम ही एक सहारा, राम-नाम गुरु शिष्यों का प्यारा ।
राम! राम! रट साँझ सकारा, चित्रकूट में जय जयकारा ।। 3534/5205

दोहा॰ भक्ति परायण थे सभी, राम-नाम रस प्यास ।
गुरुवर ने सबमें भरी, राम दरस की आस ।। 3837/7162

राम-नाम भजते सभी, प्रति दिन सुबहो शाम ।
तन-मन में सबके सदा, जगा राम का नाम ।। 3838/7162

<u>संगीतश्रीकृष्णरामायण गीतमाला, पुष्प 551 of 763</u>

गज़ल

(चित्रकूट)

स्थायी

ये चित्रकूट परम रम्य है, भूमि यहाँ की अति धन्य है ।
राम! राम! रव कण-कण में है, श्री राम-नाम उमँग है ।।
♫ रे- प-पम-ग मगरे सा-ग रे-, ग-प- मग- म- गग रे-नि़ सा- ।
सा-सा! रे-रे! रेरे गग गग म- ग-, म- ग-रे सा-रे सानि़-ध़ सा- ।।

अंतरा-1

चित्रकूट के वन के अंदर, आश्रम हैं मुनियन के सुंदर ।
राम-नाम का सुख सुर सागर, सप्त स्वरों के तरंग हैं ।।

---

[129] नसता = तजता, दूर भागता ।

137. Story of the Chitrakūt mountain (2. Ayodhyā Kānd)

♫ सा-नि़ध़-नि़ सा- रेरे नि़- सा-सासा, म-गरे सासारेरे ग- म- ग-रेरे ।

सा-रे ग-म ग- मम पप म-गरे, ध-प मग- रे- सानि़-ध़ सा- ।।

अंतरा-2

चित्रकूट में स्वयं तराशा, विश्वकर्मा स्वर्ग का नक्शा ।

पुष्प पर्ण फल तरु पर पंछी, जिनके विविध विध रंग हैं ।।

अंतरा-3

सघन विपिन में शीतल सुंदर, जल सरिता से धौत सुमंगल ।

राम राम रव का रस उज्ज्वल, ये स्वर्ग का एक अंग है ।।

अंतरा-4

प्रति दिन ऋषि-मुनि जन सुर आते, कवि कोकिल से शुभ वर पाते ।

राम-नाम रस पी कर जाते, ये रामायण प्रारंभ है ।।

संगीतश्रीकृष्णरामायण गीतमाला, पुष्प 552 of 763

दादरा ताल

(चित्रकूट वर्णन की कथा)

स्थायी

गीत शारद ने मंजुल है गाया, साज नारद मुनि ने बजाया ।

रत्नाकर से है मंगल रचाया, रामायण को है सुंदर सजाया ।।

♫ म-ग़ म-म- म प-म- ग़ म-प-, रे-ग़ म-म- मध़- प- मग़-म- ।

रेग़म-म म- म ध़-प- ग़म-प-, रे-ग़-म- म- म ध़-प- मग़-रे- ।।

अंतरा-1

चित्रकूटऽ जहाँ वन घना था, वहाँ बाल्मिक आश्रम बना था ।

मुनिवर ने हरिऽ नाम गाया, गिरिवर को जो पावन बनाया ।।

♫ सांसांनि़-रें- सांध़- नि़नि़ ध़प- म-, सांसां नि़-रें-रें सां ध़-नि़नि़ ध़प- म- ।

मगम- म- मप- म-ग म-प-, रेगम- म- म ध़-प मग-रे- ।।

अंतरा-2

गिरिवर का ये का सुंदर नजारा, नीर निर्मल की अमरिऽत धारा ।

फूल तितली पशुऽ खग सनाया, इन्द्रभूमिऽ धरा पर बनाया ।।

138. Story of Rāma's arrival at Chitrakūt (2. Ayodhyā Kānd)

अंतरा-3

शुक मैना का कलरव किलोला, मोर पपीहे का मधु टेर बोला ।
तरु बेली की शीतऽल छाया, गुरुवर को गिरिऽवर है भाया ॥

 138. श्री राम के, चित्रकूट गमन की कथा :

138. Story of Rāma's arrival at Chitrakūt (2. Ayodhyā Kānd)

♪ संगीतश्रीकृष्णरामायण छन्दमाला, मोती 368 of 501

मत्तेभविक्रीडित छन्द[130]

। । S, S । ।, S । S, । । ।, S S S, । S S, । S

(चित्रकूट गमन)

जमुना पार किए चले लखन सीता राम नैऋत्य में ।
चलते योजन चित्रकूट गिरि की वे ओर औचित्य में ॥ 1
मुख से सुंदर नाम शंकर उमा के वे सुनाते चले ।
नभ से नारद शारदा लगन से वीणा बजाते भले ॥ 2

🕉 श्लोक:

शिवनामजपं कृत्वा गायन्तो भजनानि च ।
गच्छन्ति वनिनो भूत्वा विपिने वनवासिनः ॥ 1945/2422

📖 कथा 📖

(सवेरे)

प्रातर्विधि, मुख मार्जन करके, स्नान-ध्यान शिव अर्चन करके ।
कृपा मुनि की उपार्जन करके, प्रयाण कीन्हे प्रणाम करके ॥ 3535/5205

---

[130] ♪ **मत्तेभविक्रीडित छन्द** : इस 20 वर्ण, 30 मात्रा वाले छन्द के चरणों में स भ र न म य गण और एक लघु और एक गुरु वर्ण आता है । इसका लक्षण सूत्र । । S, S । ।, S । S, । । ।, S S S, । S S, । S इस प्रकार है । विराम 13-7 वर्ण पर विकल्प से होता है ।

▶ लक्षण गीत : 🖋 दोहा॰ लघु गुरु कल से अंत हो, मत्त तीस रचित ।
स भ र न म य का छंद है, "मत्तेभविक्रीडित" ॥ 3839/7162

138. Story of Rāma's arrival at Chitrakūt (2. Ayodhyā Kānd)

दोहा॰ सुबह सवेरे सब जगे, सुन मुर्गे की बाँग ।
विदा राम मठ से हुए, मुनि से अनुमति माँग ॥ 3840/7162

(गंगा जमुना संगम)

गंगा जमुना के संगम पर, प्रथम उन्हों ने स्नान–ध्यान कर ।
शिव मंदिर नव स्थापन कीन्हा, नद संगम को पावन कीन्हा ॥ 3536/5205

राम–लखन ने काष्ठ जमाया, लता बेल का डोर बनाया ।
काष्ठ बांध कर तरी बनाई, जमुना जल में नाव तराई ॥ 3537/5205

दोहा॰ नद का पाट विशाल था, सीता मुग्ध निहार ।
सीता को जमुना नदी, दीन्हा सुखद विहार ॥ 3841/7162

राम–लखन बेड़ा किए, जमुना कीन्ही पार ।
सिया मनाती मन्नतें, धन्यवाद बहु बार ॥ 3842/7162

जमुना रानी को मिला, राम–सिया का प्यार ।
लेकर तीनों को तरी, आई नदिया पार ॥ 3843/7162

जमुना मैया को कहे, राघव अँसुअन ढार ।
फिर से अगले जनम में, देना पथ उस पार ॥ 3844/7162

🎵 संगीत-श्रीकृष्णरामायण छन्दमाला, मोती 369 of 501

रत्नाकर छन्द

13, 11, 13, 13

राघव सीता लखन ने, करके नम्र प्रणाम ।
यमुना पर स्थापन किया, शिवजी का देवस्थान ॥

(चित्रकूट गमन)
(दक्षिण तट पर)

जमुना तट से पगडंडी पर, निकले लछमन सीता रघुवर ।
रटते शिव गौरी को मन में, चित्रकूट के निबिड़ विपिन में ॥ 3538/5205

दोहा॰ वन्य अन्न खाकर चले, चित्रकूट की ओर ।

138. Story of Rāma's arrival at Chitrakūt (2. Ayodhyā Kānd)

बोले, संध्या में रुकें, जहाँ मिलेगा ठौर ।। 3845/7162

संगीतश्रीकृष्णरामायण गीतमाला, पुष्प 553 of 763

भजन

(जगदंबे शिव गौरी)

स्थायी

जगदंबे- - - शिव गौ-री- - -, सब तेरी माया है- - - ।

♪ ध़ध़ऩि-सा- - - मग रे-सा- - -, सासा रे-ग- म-गरे सा- - - ।।

अंतरा-1

भव जल ये, मृगजल है । तू सुख की छाया है- - - ।

♪ सासा रेरे ग-, ममपप ध-, नि- धध प- म-गरे सा- - - ।

अंतरा-2

जो हमने कर्म किया, फल उसका पाया है- - - ।

अंतरा-3

भगत तेरा कर जोड़े, दर तेरे आया है- - - ।

(विपिन में)

घन तरुअन के बीच गुजरती, सड़क दिखाती दृश्य कुदरती ।
वनस्पति पशु कीट मकोड़े, पक्षी पतंग पन्नग टिड्डे ।। 3539/5205

अश्वत्थ कहीं बरगद की छाया, बबूल के काँटों की माया ।
आम्र वृक्ष पर कोयल गाते, किलोल करते मैना तोते ।। 3540/5205

लाल फूल टेसू के दिन में, लगते, आग लगी है वन में ।
चंपा पर सिंगार सुमन के, बेर आँवले फल जामुन के ।। 3541/5205

अर्जुन बरगद अनार इमली, अमलतास पर भौंरे तितली ।
नीड़ खगों के लटके सुंदर, नीम शाख पर बैठे बंदर ।। 3542/5205

पुष्प लता की पहने माला, शोभे शीशम शाल विशाला ।
चिड़िया दे शावक को दाना, कहीं साँप का दर्दुर खाना ।। 3543/5205

चींटीयों की दीर्घ कतारें, चलती ज्यों हों सैनिक सारे ।

138. Story of Rāma's arrival at Chitrakūt (2. Ayodhyā Kānd)

बेली कदंब तरु पर झूले, निहार लीला, मनवा भूले ।। 3544/5205

दोहा॰ वन-शोभा रमणीय थी, निसर्ग सर्ग अथाह ।
चली गुजरती विपिन में, टेढ़ी मेढ़ी राह ।। 3846/7162

पादप सुंदर थे घने, जिनकी चिकनी पात ।
जहाँ-जहाँ घन छाँव थी, बहता शीतल वात ।। 3847/7162

कहीं पेड़ अश्वत्थ के, जिनके वृंद विशाल ।
बूटे कहीं पलाश के, गुच्छ सुमन के लाल ।। 3848/7162

पौधे कहीं बबूल के, काँटे देते शूल ।
तरुवर चंपक के कहीं, सौरभ देते फूल ।। 3849/7162

कहीं वृक्षवर आम्र पर, कूहू कोयल तान ।
शुक मैना करते कहीं, सुमधुर कोमल गान ।। 3850/7162

दर्दुर करते रव कहीं, कहीं चटक के नीड़ ।
वल्मी दीमक के कहीं, कहीं कीट की भीड़ ।। 3851/7162

टीले कंदर थे कहीं, कहीं बड़ी चट्टान ।
शीतल झरने थे कहीं, कहीं हरित मैदान ।। 3852/7162

(और)

घन कानन में श्वापद फिरते, शेर सिंह गज सियार चीते ।
भरद्वाज मुनिवर थे कहते, छुपे गुफा में राक्षस रहते ।। 3545/5205

जहाँ हरी हरियाली झरने, वहाँ हंस बक आते तरने ।
तिलिहर सारस उड़ते फिरते, शब्द चहक के कर्ण पे गिरते ।। 3546/5205

गुटगूँ गूँज कपोत सुनाते, मोर चकोर किलोल सुहाते ।
इसी रम्य शुभ शाँत बनी में, सोम मुनि की कुटी बनी है ।। 3547/5205

राघव बोले, लछमन सीते! दिन प्रकाश के क्षण हैं बीते ।
चलो वहाँ पर रात बिताएँ, मुनि चरणन में चित्त लगाएँ ।। 3548/5205

दोहा॰ संगम से दस कोस पर, सोम सिद्ध का धाम ।

138. Story of Rāma's arrival at Chitrakūt (2. Ayodhyā Kānd)

दिन भर चल कर विपिन में, होन लगी जब शाम ।। 3853/7162

चलो यहीं पर हम करें, आज रात विश्राम ।
सोम बहुत विख्यात हैं, सिय से बोले राम ।। 3854/7162

(सोम मुनि)

आए जब हरि आश्रम द्वारे, सोम हो गए हर्षित भारे ।
बोले, पहचानी सी सूरत, लगती परिचित तुमरी मूरत ।। 3549/5205

सबको सम्यक् देकर आसन, बोले अपना समझो आश्रम ।
तीनों ने नत वन्दन कीन्हे, मुनिवर उनको आशिष दीन्हे ।। 3550/5205

वचन स्नेह आदर के भीने, कन्द-मूल फल भोजन दीन्हे ।
सोम सिद्ध ने करके स्वागत, कुशल क्षेम सब पूछे आगत ।। 3551/5205

दोहा॰ सोम सिद्ध के द्वार पर, आए जब श्री राम ।
मुनिवर हर्षित हो गए, सुन कर राघव नाम ।। 3855/7162

करके स्वागत राम का, दिया बैठने स्थान ।
कुशल क्षेम सब पूछ कर, कंद मूल जल-पान ।। 3856/7162

राघव सीता लखन को, भाया मुनि का भाव ।
वाणी मुनिवर की सुधी, वत्सल परम स्वभाव ।। 3857/7162

(राम सोम मुनि संवाद)

राघव बोले कहूँ मैं कथा, हमारी व्यथा यथा ही तथा ।
मुनिवर बोले, "मुझे है पता, कहो न कछु तुम, रघुवर ताता! ।। 3552/5205

"बाल्मिक मुझको बता गए हैं, प्रसंग मुझको नहीं नये हैं ।
तथा है आया यथा लिखा है, लिखा वही है यथा दिखा है ।। 3553/5205

"चित्रकूट में रहो अभी तुम, यथातथा वह करो सभी तुम ।
रहो यहाँ मन जैसा चाहे, और कछु अब कहना काहे" ।। 3554/5205

राघव बोले, "जो तव कहना, जहाँ कहोगे उत मैं रहना ।
जानूँ, गुरुवर! मैं तव भासा, तुमने जाना है इतिहासा" ।। 3555/5205

138. Story of Rāma's arrival at Chitrakūt (2. Ayodhyā Kānd)

(फिर)

हँस कर मुनिवर गए शयन को, लेटे, पिहित किए नयनन को ।
राम-लखन-सिय सोये सुख में, शिव गौरी जप जपते मुख में ।। 3556/5205

दोहा॰ **राघव जब कहने लगे, "दो-वर" वाली बात ।**
ऋषि बोले कुछ ना कहो, मैं जानूँ सब, तात! ।। 3858/7162

ऋषिवर बोले राम को, मुख पर लेकर हास ।
मैंने जाना है, सखे! तुमरा सब इतिहास ।। 3859/7162

बाल्मिक मुनि ने है कही, पूरण तुमरी बात ।
रघुकुल का ब्यौरा सभी, श्लोक छंद के साथ ।। 3860/7162

कल तुम जाओ भोर में, पश्चिम दिश की ओर ।
माल्यवती सरिता मिले, वहाँ करो तुम ठौर ।। 3861/7162

संगीतश्रीकृष्णरामायण गीतमाला, पुष्प 554 of 763

भजन

(शिव गौरी)

तेनूँ याद मैं कराँ, ओ शिव गौरी माते! ।

♪ म-प- नि-ध प- धनि-, सां- निध नि-ध- प-म-! ।

अंतरा-1

तेरा नाम मैं जपाँ, ओ जगदंबे माते! ।

♪ सां-नि- सां-नि ध- पम-, प- मग़रे-सा- रे-म-! ।।

अंतरा-2

तेरा ध्यान मैं धराँ, शिव वर मंगल दाते! ।

अंतरा-3

तेरी याद मैं कराँ, हर दम अंबे माते! ।

अंतरा-4

तेरे द्वार में खड़ा, तव किरतन गाते ।

(दूसरे दिन)

138. Story of Rāma's arrival at Chitrakūt (2. Ayodhyā Kānd)

माल्यवती नदिया के तट पर, स्थान खोज कर समतल सुंदर ।
कुटिया रचने सहित तसल्ली, शिव! शिव! कहते, गाड़ी बल्ली ।। 3557/5205

मनहर कुटिया लखन रचाई, पर्णकुटी सीता मन भायी ।
गदगद होकर सीता माई, बोली, "यह मम गृह," रघुराई! ।। 3558/5205

वास्तु विधि शुभ नारद कीन्हे, ऋषि-मुनि गण को न्यौता दीन्हे ।
आए तुलसी देन बधाई, शारद शंकर गौरी माई ।। 3559/5205

कुटी में सीता-राम पधारे, पीछे लछमन अनुज पियारे ।
मंगल पद ऋषि-मुनि सुर गाए, सबने पावन शकुन मनाए ।। 3560/5205

दोहा॰ **माल्यवती के तीर पर, सुगम खोज कर स्थान ।**
मनहर लछमन ने रची, पर्णकुटी अभिराम ।। 3862/7162

उद्घाटन मुनि ने किया, यथा शास्त्र का तंत्र ।
गाया सबने साथ में, गायत्री का मंत्र ।। 3863/7162

आए ऋषि-मुनि वृंद थे, शंकर तुलसी दास ।
नारद राधा-कृष्ण भी, यथा लिखा इतिहास ।। 3864/7162

संगीतश्रीकृष्णरामायण गीतमाला, पुष्प 555 of 763

भजन : राग आसावरी, कहरवा ताल

(बादल गरजायो)

स्थायी

बादल गरजायो, बरसायो, रोम-रोम हरसायो ।

♫ पसांनिसांप धमपधमपग- रेसारेमपम, प-प सां-सां सांरेंसांरेंगंरेंसां सांरेंसांनिधप- ।

अंतरा-1

उस माल्यवती नद के तट पे । चित्रकूट गिरि सावन ऋतु में ।
कुटी सीता के, ईर्द गीर्द में । रंग हरा मूँगा बिखरायो ।।

♫ मम प-पपध- निध सां- रेंनि सां-, प-धधसांसां सांगं सां-सांसां निसांनिध प- ।
सांसां सां-ध- मप ग-ग रे-रे सा-, रे-म मप- प-गं- रेंसांनिसांनिधप- ।।

अंतरा-2

1512
रत्नाकर रचित संगीत-श्री-रामायण

138. Story of Rāma's arrival at Chitrakūt (2. Ayodhyā Kānd)

कुटिया के सब चारों दिश् में । सुंदर तृण बेलें बूटे ।
फल पुष्पों के ओतप्रोत से । आनंद में सृष्टि लहरायो ।।

अंतरा–3

शुभ सुचि कुटिया के प्रांगण में । मैना बक शुक मोर पपीहे ।
चहके कोयलिया कुहू कुहू । सुन सीता का मन बहलायो ।।

(फिर)

चित्रकूट में बस कर रामा, हर्षित सिया लखन अभिरामा ।
मुनि जन आते दर्शन करने, राम–सिया के चरणन धरने ।। 3561/5205

दोहा॰ सीता बड़ी प्रसन्न थी, कुटिया देख ललाम ।
ऋषि–मुनि सह सत्संग में, समय बिताते राम ।। 3865/7162

संगीतश्रीकृष्णरामायण गीतमाला, पुष्प 556 of 763

दादरा ताल

(राम–सिया चित्रकूट गमन की कथा)

स्थायी

गीत शारद ने मंजुल है गाया, साज नारद मुनि ने बजाया ।
रत्नाकर से है मंगल रचाया, रामायण को है सुंदर सजाया ।।

♫ म–ग म–म– म प–म– ग म–प–, रे–ग म–म– मध– प– मग–म– ।
रेगम–म म– म ध–प– गम–प–, रे–ग–म– म– म ध–प– मग–रे– ।।

अंतरा–1

चले जमुना के तट से विपिन में, जपते गौरी औ शिव नाम मन में ।
चलते चलते बियाबान घन में, सोम मुनिवर का आवास आया ।।

♫ सांसां निनिरें– सां धध नि– धपप म–, सां–सां निनिरें– सां ध–ध–ध प–म– ।
म–ग ममम– मप–म–ग मम प–, रेग म–म–म ममध–प मग–रे– ।।

अंतरा–2

करके सादर गुरुऽ को प्रणामा, चले दक्षिऽण की ओर रामा ।
बोली सीता, सुनो जी रघुराया! स्थान खोजो बनाने कुटिऽया ।।

139. Story of Sumantra's arrival at Ayodhyā (Ayodhyā Kānd)

अंतरा-3

बड़ी सुंदर नदिऽया के तट पे, कीन्ही कुटिया लछिऽमन ने खट के ।
सिया बोली, विपिन मोहे भाया, चित्रकूऽट ने नेहा लगाया ।।

अयोध्या काण्ड : तेरहवाँ सर्ग

139. सुमंत्र के अयोध्या आगमन की कथा :

139. Story of Sumantra's arrival at Ayodhyā *(Ayodhyā Kānd)*

♫ संगीतश्रीकृष्णरामायण छन्दमाला, मोती 370 of 501

प्रभावती छन्द[131]

। ऽ ।, ऽ । ।, । । ऽ, । ऽ ।, ऽ

(सुमंत्र सूत)

राम-सिया-लछमन को कहे विदा ।
सुमंत्र सूत अवध लौट के चला ।। 1
सुमंत्र के हिरदय टूट थे रहे ।
अटूट थे अँसुअन नैन से बहे ।। 2

श्लोकः

गते रामे वने घोरे सुमन्त्रो व्यग्रमानसः ।
आयोध्यायामपश्यत्स सर्व खिन्नं श्मशानवत् ।। 1946/2422

हाथ हिलाता, जय जय करता, सूत खड़ा था दुख में मरता ।
ओझल हुई नदी पर राम लखन अरु सीता मैया ।। 3562/5205

---

[131] ♫ **प्रभावती छन्द** : इस छन्द को ♫ **कलावती छन्द** तथा ♫ **सदागति छन्द** भी कहा जाता है । इस 13 वर्ण, 18 मात्रा वाले अतिजगति छन्द के चरणों में ज भ स ज गण और एक गुरु वर्ण आता है । लक्षण सूत्र । ऽ ।, ऽ । ।, । । ऽ, । ऽ ।, ऽ इस प्रकार है । विराम 4-9 पर विकल्प से आता है ।

▶ लक्षण गीत : **दोहा॰ मत्त अठारह का बना, गुरु कल से है अंत ।**
ज भ स ज गण से जो सजा, "प्रभावती" है छंद ।। 3866/7162

139. Story of Sumantra's arrival at Ayodhyā (Ayodhyā Kānd)

✍दोहा॰ गंगा तट पर राम को, कह कर विदा सुमंत्र ।
खिन्नमना वापस चला, राम-नाम मुख मंत्र ।। 3867/7162

📖 **कथा** 📖

(अयोध्या में)

सजल नैन जब सुमंत्र आया, अवध पुरी को सूनी पाया ।
हर्ष कहीं पर नाम नहीं था, पुर में ना उल्लास कहीं था ।। 3563/5205

रथ को देखे, जन सब दौड़े, पूछा सबने, मन से कौड़े[132] ।
राम-लखन-सिय कहाँ हैं छोड़े, कहो कथन सब लंबे चौड़े ।। 3564/5205

✍दोहा॰ रथ को नीचे छोड़ कर, गया नृपति के पास ।
भूपति बैठे थे लिए, राम मिलन की आस ।। 3868/7162

(महल में)

✍दोहा॰ आया रथ जब महल में, बिना राम के साथ ।
हा हा करके रो उठे, दुख मय सबके गात ।। 3869/7162

शीश झुका कर सूत ने, बोला जो था ज्ञात ।
"राम हि जाने राम की, आगे वाली बात" ।। 3870/7162

(फिर)

✍दोहा॰ काया पीली थी पड़ी, मनवा खिन्न उदास ।
दशरथ अवाक्, देखते, खड़ा सामने दास ।। 3871/716

कहा सूत ने, "हे प्रभो! तज कर मेरा हाथ ।
गंग लाँघ राघव गए, नौका में गुह साथ" ।। 3872/7162

सुमंत्र ने नृप के पद छूए, समाचार सब बोले पूरे ।
सुन कर नृप आँसू भर नेता,[133] मूर्छा खाकर हुए अचेता ।। 3565/5205

---

[132] कौड़े = कडुए, कटु ।

[133] नेता = नेत्र ।

139. Story of Sumantra's arrival at Ayodhyā (Ayodhyā Kānd)

(कौशल्या, दशरथ से)

कौशल्या फिर दुखिया होती, दशरथ नृप को बोली रोती ।
सचिव राम के बिन है आया, पूछो क्या संदेसा लाया ।। 3566/5205

कहाँ हमारे राघव सीता, जीवन मम उनके बिन रीता ।
कहा, सिया से मुझे मिलादो, मोरा राघव वापस लादो ।। 3567/5205

निश-दिन रो रो आँसू पीऊँ, बिना राम मैं कैसे जीऊँ ।
मोहे मेरा रघु दरसादो, मोरा राम मुझे लौटादो ।। 3568/5205

मोहे हरि के बोल सुनादो, मोहे उसका पता बतादो ।
मुझको उस वन में पहुँचा दो, और मुझे दुख, स्वामी! ना दो ।। 3569/5205

कैकेयी तो यहाँ नहीं है, फिर क्यों मुख में कहा[134] नहीं है ।
बंद बोलती क्यों है ऐसी, कैकेयी हो समीप जैसी ।। 3570/5205

(फिर)

सुनकर कहना वह राणी का, तीखा चुभना कटु वाणी का ।
राजा बोला, सुमंत्र प्यारे, कहो कथन राघव के सारे ।। 3571/5205

बोलो क्षेम कुशल सीता के, वन की राहों पर वनिता के ।
कहो लखन लला है कैसा, भाई दूजा मिले न ऐसा ।। 3572/5205

दोहा॰ तीनों के कहदो सभी, कारज बेर-अबेर[135] ।
कैसे वन घनघोर में, रहते साँझ सबेर ।। 3873/7162

क्या खाते पीते तथा, साग पात वन बेर ।
कंकर-कंटक में कथं, चलते नंगे पैर ।। 3874/7162

थाम कलेजा भूप ने, पूछा उससे हाल ।
दारुण दुख से थे भरे, नृप दशरथ बेहाल ।। 3875/7162

---

[134] कहा = वचन, बोलती, शब्द ।

[135] **बेर-अबेर :** (हिंदी) समय-असमय पर । (संस्कृत) यदा-तदा । (मराठी) वेळीं-अवेळीं).

139. Story of Sumantra's arrival at Ayodhyā (Ayodhyā Kānd)

(सुमंत्र बोला)

आदि से अंतिम तक ब्यौरे, गंगा तट तक देखे दौरे ।
मीठे करके, जो थे कौड़े, मुख से दौड़े लंबे चौड़े ।। 3573/5205

बोला, राघव-सिय हर्षित हैं, मुख पर हास सदा दर्शित हैं ।
लछमन प्रेम विमल अर्पित है, राग रोष सब दुख वर्जित हैं ।। 3574/5205

राम-लखन-सिय निर्विकार हैं, वन में बसने को तयार हैं ।
चिंता प्रभु जी! करो न एती, उनको भीति नहिं वन सेती ।। 3575/5205

कन्द-मूल वन में बहुतेरे, ऋषि-मुनि तापस बसे बतेरे ।
रखो होसला धीरज धारो, सुत आने की राह निहारो ।। 3576/5205

✍दोहा॰ **दोनों हस्तक जोड़ कर, बोला सचिव सुजान ।**
घुटने दोनों टेक कर, धीमी किए जुबान ।। 3876/7162

राघव सीता लखन थे, लेकर मुख पर हास ।
उनको वन में छोड़ कर, मैं था हुआ उदास ।। 3877/7162

चिंता नृपवर! मत करो, राम-लखन हैं वीर ।
कंद मूल फल विपुल हैं, वन में निर्मल नीर ।। 3878/7162

(संदेसा)

नमस्कार करके फिर बोला, सोग न करिए, हे जगपाला! ।
राम-लखन-सिय का संदेसा, सुनियो शाँति से, अवधेसा! ।। 3577/5205

✍दोहा॰ **राघव ने है आपको, भेजा नम्र प्रणाम ।**
बोले, "निश-दिन मैं सदा, सिमरूँ तुमरा नाम ।। 3879/7162

"तीनों माताएँ मुझे, लगतीं एक समान" ।
बोले, "उनको दीजिए, मेरा बहु सम्मान ।। 3880/7162

"उर्मिल का बलिदान मैं, मानूँ अधिक विशेष ।
दीजो मम नेहा उसे, हिरदय का निःशेष ।। 3881/7162

"आशिष मंगल भरत को, मेरा जो प्रिय भ्रात ।

139. Story of Sumantra's arrival at Ayodhyā (Ayodhyā Kānd)

सुख-शाँति अरु नीति से, राज करे दिन-रात ॥ 3882/7162

"शत्रुघन को भी कहा, आशिष मंगल प्यार ।
सेवा भ्राता की करे, धर्म नीति अनुसार" ॥ 3883/7162

(और)

दोहा॰ सीता बोली वन्दना, मातु-पिता को लाख ।
पग पर मेरा शीश हैं, भक्ति भाव के साथ ॥ 3884/7162

लछमन ने दी वन्दना, झुक कर बारंबार ।
माता सह प्रिय तात को, कहा ढेर सा प्यार ॥ 3885/7162

(कौशल्या)

सुन कर सब कौशल्या रानी, बरसाई नैनन से पानी ।
बोली, काहे तुमने स्वामी! कीन्ही सुत की एती हानि ॥ 3578/5205

दोहा॰ कुत्सित दो-वर क्यों दिये, कैकेयी, को नाथ! ।
बिना विचारे क्यों किया, अहित पुत्र के साथ ॥ 3886/7162

सब सद्गुण हैं आप में, फिर क्यों ऐसी बात ।
बच्चों को वनवास क्यों, दीन्हा तुमने तात! ॥ 3887/7162

 संगीतश्रीकृष्णरामायण गीतमाला, पुष्प 557 of 763

दादरा ताल

(सुमंत्र के अयोध्या आगमन की कथा)

स्थायी

गीत शारद ने मंजुल है गाया, साज नारद मुनि ने बजाया ।
रत्नाकर से है मंगल रचाया, रामायण को है सुंदर सजाया ॥

♪ म-ग॒ म-म- म प-म- ग॒ म-प-, रे-ग॒ म-म- मध॒- प- मग॒-म- ।
रे॒गम-म म- म ध॒-प- ग॒म-प-, रे-ग॒-म- म- म ध॒-प- मग॒-रे- ॥

अंतरा-1

छोड़, राघव सिया और लखन को, निकला गंगा के तट से अवध को ।

140. Story of Dashrath's ascent to the heaven (Ayodhyā Kānd)

नीर नैनन लिए सूत आया, राजघर में हाहाकार पाया ।।

♫ सां-सां, नि-रेंरें सांध- निनि धपप म-, सां-सां नि-रें- सां धध नि- धपप म- ।

म-ग म-मम मप- म-ग म-प-, रे-गमम म- म-ध-प-म ग-रे- ।।

अंतरा-2

नृप दशरथ अचेता पड़े थे, पुत्र बिरहा का सोगा बड़े थे ।

पास बैठी थी कौशल्या रानी, रोती आरत "हाये हाय दैया!" ।।

अंतरा-3

खड़ा देखे सुमंतर को आगे, नृप दशरथ थे मूर्छा से जागे ।

बोले, वापस न क्यों उनको लाया, बिना राघव के जीना न भाया ।।

अयोध्या काण्ड : चौदहवाँ सर्ग

140. श्री दशरथ जी के स्वर्गारोहण की कथा :

140. Story of Dashrath's ascent to the heaven *(Ayodhyā Kānd)*

♫ संगीतश्रीकृष्णरामायण छन्दमाला, मोती 371 of 501

श्री छन्द[136]

। । ।, । ऽ ऽ, ऽ । ।, ऽ ऽ

(श्री दशरथ स्वर्गारोहण)

सुत-बिरहा जो आज मिलाया ।

फल कल का ही कर्म दिलाया ।। 1

दशरथ रानी को बतलाया ।

"श्रवण-कथा" को पूर्ण सुनाया ।। 2

निश-दिन राजा, "राम" कहाता ।

---

[136] ♫ **श्री छन्द** : इस 11 वर्ण, 15 मात्रा वाले छन्द के चरणों में न य भ गण और दो गुरु वर्ण आते हैं । इसका लक्षण सूत्र । । ।, । ऽ ऽ, ऽ । ।, ऽ ऽ इस प्रकार है । यति 6-5 पर विकल्प से आता है ।

▶ लक्षण गीत : ✍ **दोहा॰ पन्द्रह मात्रा में रचा, दो गुरु कल में अंत ।**

पद्य न य भ गण से सजा, पवित्र "श्री" है छंद ।। 3888/7162

140. Story of Dashrath's ascent to the heaven (Ayodhyā Kānd)

अँसुअन नैनों से बरसाता ।। 3
सुत मिलने की आस लगाया ।
दशरथ ने वैकुंठ मिलाया ।। 4

श्लोकौ

शप्तः श्रवणमात्रा स दशरथो यथा पुरा ।
राम राम रटन्दुःखी पुत्रस्य विरहे तथा ।। 1947/2422

सुमन्त्रसचिवं दृष्ट्वा विना रामं तमागतम् ।
दशरथो गतप्राणः स्वर्गस्थो निश्चलोऽभवत् ।। 1948/2422

कथा

(दशरथ)

सुन राणी की अनमन वाणी, दशरथ की काया थर्राणी ।
साँसें लंबी, गात पसीने, थर थर काँपे नृप के सीने ।। 3579/5205

दोहा॰ सुन रानी के प्रश्न वे, सत्य वचन प्रत्येक ।
बोले दशरथ, "लो सुनो! उत्तर सबका एक" ।। 3889/7162

(और)

रघुपति बोले सुनलो रानी, तुम्हें बताऊँ खरी कहानी ।
कर्म किया था मैंने जोही, फल आगे आया है सोही ।। 3580/5205

पातक मेरा बड़ा पुराना, दो-वचनों का बना बहाना ।
सुनले कृपया वर्णन मेरा, फिर मन पछतावेगा तेरा ।। 3581/5205

कोई कर्म करे नर जैसे, फल उसका वह पाता वैसे ।
बीज भूमि में बोया जोही, पौधा उगता उसका सो ही ।। 3582/5205

करनी जिसकी होती जैसी, मिलती है गति उसको वैसी ।
ढाक आम की बोयी जिसने, फल मीठे हैं पाने उसने ।। 3583/5205

जो बरते बन कर अन्याई, मिले पाप की उसे कमाई ।
कुकर्म से जो बाज न आवे, फल मिलने पर वह पछतावे ।। 3584/5205

140. Story of Dashrath's ascent to the heaven (Ayodhyā Kānd)

जेती बोई मैंने खेती, आज फली है देखो तेती ।
बुनता यथा जुलाहा धागे, बनता वस्त्र तथा ही आगे ।। 3585/5205

दोहा॰ कौशल्या ने जब कहा, समझूँ ना मैं बात ।
"दो-वर" तुमने क्यों दिये, करने अपना घात ।। 3890/7162

दशरथ बोले रोइके, सुनो बताऊँ आज ।
कारण इसका और है, कहते आवे लाज ।। 3891/7162

"दो-वर" से ना है घटी, पुत्र विरह की बात ।
घटना उसके पूर्व की, कीन्हा है यह घात ।। 3892/7162

कैकेयी ने ना किया, राम बिरह का काज ।
मेरी ही त्रुटि ने लला, हमसे छीना आज ।। 3893/7162

जो जस करता काम है, फल वैसा वह खात ।
बोया जैसा बीज हो, तस पौधे के पात ।। 3894/7162

"जेता जोता खेत मैं, तेता मिला अनाज ।
ज्यों था लेखा भाग्य का, त्यों ही दिखता आज" ।। 3895/7162

(पुरानी कहानी)
जैसा जैसा भाग लिखा है, वैसा वैसा राग दिखा है ।
सुनलो मेरी कर्म कहानी, जिसने कीन्ही कुल की हानि ।। 3586/5205

दोहा॰ रानी! मैं था जब युवा, शक्तिशाली कुमार ।
वन में जाता रात को, करने वन्य शिकार ।। 3896/7162

शब्द वेधिनी शर कला, मैं था अवगत वीर ।
आँख मूँद कर मारता, ठीक निशाने तीर ।। 3897/7162

"पशु हत्या दुष्कर्म है," किया कभी न विचार ।
हिंसा का फल पाप है, पापी के सिर भार ।। 3898/7162

(तो)
दोहा॰ गया विपिन मैं एक दिन, लेकर तरकश बाण ।

140. Story of Dashrath's ascent to the heaven (Ayodhyā Kānd)

भटका सारा दिन वहाँ, ताने तीर कमान ।। 3899/7162

मिला न कोई सामने, प्राणी वन्य शिकार ।
भूखा प्यासा ढूँढते, क्लान्त गया मैं हार ।। 3900/7162

संध्या तक मैं आगया, एक नदी के तीर ।
पानी पीने को रुका, रख कर नीचे तीर ।। 3901/7162

(वहाँ)

✍दोहा॰ नदी किनारे था वहाँ, जामुन वृक्ष विशाल ।
फल-गुच्छों से थी लदी, तरुवर की हर डाल ।। 3902/7162

चढ़ कर बैठा गाछ पर, जामुन मीठे खात ।
देखत बाट शिकार की, लगभग आधी रात ।। 3903/7162

(फिर अचानक)

✍दोहा॰ उस सूनी सी घात में, सुन कर बुद् बुद् नाद ।
सोचा, आया तीर पर, हाथी या करियाद ।। 3904/7162

झट से मैंने बाण को, दिया लक्ष्य पर छोड़ ।
पल भर में ही "हाय!" की, सुनी चीख जी-तोड़ ।। 3905/7162

कूदा नीचे पेड़ से, फेंक हाथ से बाण ।
भागा आया तो दिखी, नन्ही आहत जान ।। 3906/7162

प्यारा बालक था वहाँ, शर का हुआ शिकार ।
लहु-लुहान, वह कर रहा, 'हरि! हरि!' नाम पुकार ।। 3907/7162

मैंने धीरे से उसे, कर से लिया उठाय ।
शरीर से शर काढ़ कर, गोदी लिया बिठाय ।। 3908/7162

(श्रावण)

✍दोहा॰ बालक बोला, "हे प्रभो! मेरी क्यों ली जान ।
मैंने तुमरा क्या किया? क्यों मारा यह बाण ।। 3909/7162

"तापस वल्कल में सजा, जटा-जूट को धार ।

140. Story of Dashrath's ascent to the heaven (Ayodhyā Kānd)

इस बालक निर्दोष को, तुमने डाला मार ।। 3910/7162

"आया जल भरने यहाँ, मातु-पिता का दास ।
कैसे मेरे मरण पर, बुझे उन्हों की प्यास ।। 3911/7162

"अपने मरने का मुझे, नहीं दुःख लव लेश ।
दृष्टि हीन माता-पिता, कथं सहेंगे क्लेश ।। 3912/7162

"मुझे मरा वे जान कर, छोड़ेंगे निज प्राण ।
एक तीर से तीन की, लीन्ही तुमने जान" ।। 3913/7162

(दशरथ)

✍दोहा० सुन कर उसके शब्द वे, मैं था करुण निढाल ।
घबराया मैं काँप कर, हुआ हाल बेहाल ।। 3914/7162

(श्रवण)

✍दोहा० पीड़ित बालक ने कहा, "श्रवण हमारा नाम ।
राजन्! मेरा कीजिए, एक जरूरी काम ।। 3915/7162

"इस पगडंडी के सिरे, आम्र वृक्ष के पास ।
काँवड़ में बैठे हुए, लेकर मेरी आस ।। 3916/7162

"प्यासे मम माता-पिता, दोनों दृष्टि हीन ।
बूढ़े जर्जर-काय हैं, मुझ पर निर्भर दीन ।। 3917/7162

"रस्ता मेरा तक रहे, वे हैं बहुत अधीर ।
लोटा लेकर जाइए, भर कर नदिया नीर ।। 3918/7162

"पहले देना जल उन्हें, फिर कहना यह भेद ।
मेरा मरना बोल कर, फिर करना तुम खेद ।। 3919/7162

"मेरा मरना जान कर, वे दे देंगे जान" ।
बालक इतना बोल कर, छोड़ गया निज प्राण ।। 3920/7162

(दशरथ)

140. Story of Dashrath's ascent to the heaven (Ayodhyā Kānd)

✍दोहा० मृत बालक को छोड़ कर, उस नदिया के तीर ।
पगडंडी पर भागता, ले आया मैं नीर ।। 3921/7162

(माता)

✍दोहा० आहट मेरी पाइके, बोली माता रोय ।
"बेटा! देरी क्यों लगी, बाधा थी क्या कोय? ।। 3922/7162

"प्यासी तेरी मातु है, बहुत पिता को प्यास ।
चुप होकर तुम क्यों खड़े, आओ हमरे पास ।। 3923/7162

"एक सहारा हो तुम्हीं, हम हैं तुमरे दीन ।
प्राण हमारे तूहि है, हम तेरे आधीन ।। 3924/7162

"माता! कह दे तू मुझे, अपने मुख इक बार ।
सुन कर प्यारा शब्द वो, पाऊँगी तव प्यार" ।। 3925/7162

(तब)

✍दोहा० स्पर्श कराया कलश मैं, माँ के कर के साथ ।
उसने विद्युत वेग से, दूर हटाया हाथ ।। 3926/7162

बोले, "जल नहिँ चाहिए!" मातु-पिता इक साथ ।
मुख से तेरे, बिन सुने, नेह भरी कछु बात ।। 3927/7162

"होकर फिर लाचार मैं, कही दुखद वह बात ।
गलती से तव पुत्र का, हुआ है मुझसे घात! ।। 3928/7162

"पशु शावक समझा उसे, छोड़ा उस पर बाण ।
उसी बाण ने ले लिए, तुमरे सुत के प्राण ।। 3929/7162

"क्षमा करो मुझको अभी, दयावान पितु-मात! ।
पुत्र मुझे ही जान लो, सेवा में दिन-रात" ।। 3930/7162

(सुन कर)

✍दोहा० सुन कर मरना पुत्र का, तजे पिता ने प्राण ।
बोली माता-बिलखती, ले अब मेरी जान ।। 3931/7162

140. Story of Dashrath's ascent to the heaven (Ayodhyā Kānd)

बोली, "हम ज्यों जा रहे, लेकर पुत्र वियोग ।
तू भी लेकर यों मरे, पुत्र विरह का सोग" ।। 3932/7162

इस भाँति से विलपती, मुझको दे कर श्राप ।
स्वर्ग लोक को चल बसी, अंधी माता आप ।। 3933/7162

कर उनकी उत्तरक्रिया, भारी दुख के साथ ।
आया फिर रोता हुआ, घर मैं मलता हाथ ।। 3934/7162

♫ संगीतश्रीकृष्णरामायण छन्दमाला, मोती 372 of 501

हीरक छन्द[137]

ऽ । ।, । । ऽ, । । ।, । ऽ ।, । । ।, ऽ । ऽ

(श्रवण कथा)

बाण श्रवण के हिरदय में दशरथ का लगा ।
प्राण श्रवण के दशरथ का शरवर ले गया ।। 1
मातु श्रवण की, कटुतम श्राप वचन दे गयी ।
बात श्रवण माँ अनघ कही, सकल खरी भई ।। 2

(आगे दशरथ बोले)

✍दोहा॰ देवी! अब संजोग है, जैसा पाया शाप ।
मुझको आज जला रहा, राम विरह का ताप ।। 3936/7162

अनजाने में ही सही, हुआ मुझी से पाप ।
अब मुझको है भोगना, उस माता का शाप ।। 3937/7162

मिला कर्म का फल यही, नहीं किसी का दोष ।

---

[137] ♫ **हीरक छन्द** : इस छन्द के चरणों में 18 वर्ण, 23 मात्रा होती हैं । इसमें भ स न ज न र गण आते हैं । इसका लक्षण सूत्र ऽ । ।, । । ऽ, । । ।, । ऽ ।, । । ।, ऽ । ऽ इस प्रकार होता है । विराम 6-5-7 पर विकल्प से आता है ।

▶ लक्षण गीत : ✍ **दोहा॰ मत्त तेईस हों जहाँ, भ स न ज न र गण वृंद ।
वर्ण अठारह से बना, उज्ज्वल "हीरक" छंद ।। 3935/7162**

140. Story of Dashrath's ascent to the heaven (Ayodhyā Kānd)

निकलूँ मैं संतोष से, बिना किसी पर रोष ।। 3939/7162

"प्राण पखेरू उड़ रहे, तन से मेरे आज ।
जो होना था होगया, रखियो मेरी लाज ।। 3939/7162

"दीपक मेरा बुझ रहा, रिक्त हुआ है तेल ।
जीवन का मम जानिये, खतम हो रहा खेल ।। 3940/7162

"हाथ पाँव लूले पड़े, निकल रहे हैं प्राण ।
नाड़ी मेरी मंद है, बंद भए हैं कान ।। 3941/7162

"धीमी धीमी साँस है, नहीं तुंड में थूक ।
गात्र शिथिल हैं सब हुए, रुधिर रहा है सूख ।। 3942/7162

"शीतल है छाती बड़ी, शीतल हैं सब अंग ।
अंतिम क्षण में भी मुझे, नहीं राम का संग ।। 3943/7162

"नाम राम का अब रटूँ, फिर लूँ अंतिम साँस" ।
इतना कह रघुराज ने, बंद करी निज आँख ।। 3944/7162

(इति)

✍दोहा॰ यथा श्रवण के मातु ने, रो कर छोड़े प्राण ।
त्यों ही दशरथ ने तजी, पुत्र विरह में जान ।। 3945/7162

♫ संगीतश्रीकृष्णरामायण छन्दमाला, मोती 373 of 501

रसाला छन्द[138]

ऽ । ।, । । ।, । ऽ ।, ऽ । ।, । ऽ ।, । ऽ ।, ।

(दशरथ महाप्रयाण)

---

[138] ♫ **रसाला छन्द** : इस 19 वर्ण 24 मात्रा वाले छन्द में भ न ज भ ज ज गण और एक लघु मात्रा आती है । इसका सूत्र ऽ । ।, । । ।, । ऽ ।, ऽ । ।, । ऽ ।, । ऽ ।, । होता है । यह छन्द **सोरठा तथा रोला छन्द** के समान है ।

▶ लक्षण गीत : ✍ **दोहा॰ मत्त चौबीस हों जहाँ, लघु मात्रा स अंत ।
भ न ज भ ज ज गण का बना, कहो "रसाला" छंद** ।। 3946/7162

140. Story of Dashrath's ascent to the heaven (Ayodhyā Kānd)

पुत्र बिरह दिन-रात, एक रट राघव! राघव! ।
ढारत दशरथ नीर, अन्त्य क्षण लाघव लाघव ।। 1
प्राण तजत रघुराज, शीतल प्रशाँत पड़ा तन ।
स्वर्ग विरत रघुवीर, लेत हरि ईश्वर दर्शन ।। 2

(कौशल्या)

दोहा॰ हे शिव शंकर! अंबिके! हे मेरे जगदीश! ।
नाथ-विरह के शोक से, हृद् में निकले चीस ।। 3947/7162

मोक्ष हमारे नाथ को, देना भोलेनाथ! ।
आत्मा विगत उबारिए, कहूँ जोड़ कर हाथ ।। 3948/7162

संगीतश्रीकृष्णरामायण गीतमाला, पुष्प 558 of 763

दादरा ताल

(दशरथ स्वर्गारोहण की कथा)

स्थायी

गीत शारद ने मंजुल है गाया, साज नारद मुनि ने बजाया ।
रत्नाकर से है मंगल रचाया, रामायण को है सुंदर सजाया ।।
♫ म-ग म-म- म प-म- ग म-प-, रे-ग म-म- मध- प- मग-म- ।
रेगम-म म- म ध-प- गम-प-, रे-ग-म- म- म ध-प- मग-रे- ।।

अंतरा-1

बोले दशरथ, सुनो मेरी रानी! मेरी दारुण कहानी पुरानी ।
पुत्रबिरहा है जो आज आया, फल कल के है कर्मों का पाया ।।
♫ सांसां निनिरेंरें, सांध- नि-ध प-म-! सांसां नि-रेंरें सांध-नि- धप-म- ।
मगममम- म प- म-ग म-प-, रेग मम म- म ध-प- म ग-रे- ।।

अंतरा-2

एक-दिन मैंने मेरे शर से मारा, अंधी माता का श्रावण कुमारा ।
माता बोली, "तू सोगा करेगा, पुत्र बिरहा में तू भी मरेगा!" ।।

अंतरा-3

राम का नाम निश-दिन कहाता, और नैनन से आँसू बहाता ।

141. Story of Bharat's arrival at Ayodhyā (2. Ayodhyā Kānd)

हरि दरसन की आसा लगाया, स्वर्ग में है चला नेमी राया ।।

अयोध्या काण्ड : पन्द्रहवाँ सर्ग

 141. भरत के अयोध्या आगमन की कथा :

141. Story of Bharat's arrival at Ayodhyā *(2. Ayodhyā Kānd)*

🎵 संगीत-श्रीकृष्णरामायण छन्द-माला, मोती 374 of 501

बाला-1 छन्द[139]

S S I, I I I, S I I, S S I, I S S, S

(भरत आगमन)

दौड़ा भरत कुमार यदा केकय से आया ।
ताता दशरथ का शव, अभ्यंजन[140] में पाया ।। 1
बोला, "रघुवर भ्रात कहाँ है," जब माता को ।
बोली, "नृप अब हो तुम, भेजा वन है ताको" ।। 2
बोला, "रघुपति का पद लेना, नहिं मैं चाहूँ ।
मैं जाकर वन, राघव को, वापस ले आऊँ" ।। 3

श्लोक:

दशरथे गते स्वर्गे श्रीरामे च गते वने ।
वसिष्ठो मन्त्रणां कृत्वा भरतमानयद् द्रुतम् ।। 1949/2422

📖 कथा 📖

(कौशल्या व सुमित्रा)

---

[139] 🎵 **बाला-1 छन्द** : 16 वर्ण, 24 मात्रा वाले इस अष्टि छन्द के चरणों में त न भ त य गण और एक गुरु वर्ण आता है । लक्षण सूत्र S S I, I I I, S I I, S S I, I S S, S इस प्रकार है । विराम चरणान्त है ।

▶ लक्षण गीत : 📯 दोहा॰ मत्त चौबीस का बना, गुरु मात्रा से अंत ।
जहाँ त न भ त य गण वहाँ, "पहला-बाला" छंद ।। 3949/7162

[140] **अभ्यंजन** = तेल, रोगन ।

141. Story of Bharat's arrival at Ayodhyā (2. Ayodhyā Kānd)

रानी ने जब छूई काया, ठंढा पड़ा भूप को पाया ।
कहत सुमित्रा, साँस अड़ी है, दिल की धड़कन बंद पड़ी है ।। 3587/5205

हा हा करके दोनों रोईं, दु:ख शोक में दोनों खोईं ।
बही नयन से आँसू धारा, कही, "नाथ है स्वर्ग सिधारा" ।। 3588/5205

बोलीं, अब हम भई अनाथा, बिलखी पीट पीट कर माथा ।
सुमंत्र कीन्हा बहुत विलापा, नृप का भवन रुदन से व्यापा ।। 3589/5205

✍दोहा॰ प्राण पखेरू उड़ गए, जब पिंजर से भाग ।
भूप सिधारे स्वर्ग को, भव बंधन को त्याग ।। 3950/7162

(सुमंत्र व अन्य जन)

राज महल के सब नर-नारी, आर्त नाद शोकाकुल भारी ।
जनपद में सूर्योदय होते, सुन कर खबर लोग सब रोते ।। 3590/5205

शोक घोषणा सुन कर सारे, भए उदासी पीड़ित भारे ।
विद्युत गति से मातम धाया, पुर-पुर के घर-घर में छाया ।। 3591/5205

✍दोहा॰ रानी-दोनों ने किया, रो कर बहुत विलाप ।
रोया सूत सुमंत्र भी, पाकर हिरदय ताप ।। 3951/7162

भीषण मातम अवध में, "गुजरे कोशलनाथ" ।
विद्युत गति से फैलता, गया, शोक के साथ ।। 3952/7162

(सचिव संघ)

कुमार पास नहीं है कोई, उत्तर क्रिया करेगा जोही ।
सचिव संघ था चिंतित भारा, कौन करेगा दह संस्कारा ।। 3592/5205

विचार करके भई मंत्रणा, काज करन की बनी योजना ।
रखो तेल में शव राजा के, लाओ भरत वेग में जाके ।। 3593/5205

वही दाह संस्कार करेगा, वही राज्य का भार धरेगा ।
वसिष्ठ गुरु को किया प्रधाना, देखें जो सब सोच विधाना ।। 3594/5205

✍दोहा॰ पास पुत्र कोई न था, जिसे राज्य अधिकार ।

141. Story of Bharat's arrival at Ayodhyā (2. Ayodhyā Kānd)

मृत दशरथ का जो अभी, करे दाह संस्कार ।। 3953/7162

मंत्री गण ने तय किया, रखें तेल में देह ।
शीघ्र भरत को लाइए, केकय से सस्नेह ।। 3954/7162

(गुरुवर वसिष्ठ)
शीघ्र दूत गुरुवर ने भेजा, बोले साथ संदेशा लेजा ।
खास काम है, मारग लंबा, तुरंत चलिए, बिना विलंबा ।। 3595/5205

यहाँ जो हुआ, कछु ना कहना, कुछ भी पूछे, गूँगे रहना ।
पाए भरत न किंचित् क्लेसा, देना बस मेरा सँदेसा ।। 3596/5205

दोहा॰ गुरु ने भेजा दूत को, लाने भरत कुमार ।
बोलो, आओ शीघ्र ही, गुरुवर रहे पुकार ।। 3955/7162

कहना कछु भी ना उसे, अवध नगर का हाल ।
बोलो, "गुरुवर ने कहा, आने को तत्काल" ।। 3956/7162

(तब)
रथ को सुदृढ़ अश्व लगा कर, गुरु आज्ञा से जोश बढ़ा कर ।
चला दूत है पुलक चढ़ा कर, वायु वेग से यान भगा कर ।। 3597/5205

लाँघे विपिन नदी सर सारे, जनपद मारग में बहु भारे ।
चली अवध से अश्व सवारी, करके सब विध सर्व तयारी ।। 3598/5205

लाँघ गोमती गंगा माता, नैमिष अरण्य पथ में आता ।
पश्चिम दिश में जाते बढ़ते, कालिंदी नद को फिर तरते ।। 3599/5205

सरस्वती जब पार हो गई, उत्तर दिश को मोड़ की गयी ।
लाँघ पिपासा और शाल्मली, आया केकय शोभाशाली ।। 3600/5205

दोहा॰ पाकर घर को लौटने, माता का संदेश ।
भरत लीन था हो रहा, आने अपने देश ।। 3957/7162

लाया संदेसा तभी, मुनि वसिष्ठ का दूत ।
सुन कर तत्पर हो गया, कैकेयी का पूत ।। 3958/7162

141-a. Story of Naimishāranya

भरत, दूत के साथ ही, निकल पड़ा तत्काल ।
पीछे से शत्रुघ्न भी, रुका न दो दिन काल ।। 3959/7162

(उधर)

पाकर पूर्व संदेसा माँ का, भरत सज्ज था चलने बाँका ।
पाकर गुरुवर का आदेसा, भरत चल पड़ा बिन अंदेसा ।। 3601/5205

भरत सूत सह निकला रथ में, वृत्त अवध के पूछे पथ में ।
बोला, "मातु-पिताश्री कैसे, राम लखन सीता हैं कैसे" ।। 3602/5205

कहा दूत ने "सभी तथा हैं, ईश्वर ने सब रखे यथा हैं ।
राम हमारा जहाँ सखा है, चिंता में क्या वहाँ रखा है" ।। 3603/5205

लाँघे नद वन आगे-आगे, दक्षिण पूरब घोड़े भागे ।
कोशल जनपद में जब आए, दृश्य भरत ने अपूर्व पाए ।। 3604/5205

दोहा॰ केकय से रथ दौड़ता, दिश दक्षिण की ओर ।
नद नाले वन लाँघता, चला वायु की तौर ।। 3960/7162

करके नदिया शाल्मली, और पिपासा पार ।
आई नदी सरस्वती, पवित्र जल की धार ।। 3961/7162

आगे कुछ योजन चले, लीन्हा पूरब मोड़ ।
तेज वेग से राह पर, अश्व रहे थे दौड़ ।। 3962/7162

धूल हवा से उड़ रही, घुँघरू का था नाद ।
आगे यमुना थी नदी, कुछ अरसे के बाद ।। 3963/7162

यमुना सरिता लाँघ कर, करके बस जलपान ।
चला नैमिषारण्य में, पूर्व दिशा में यान ।। 3964/7162

141-a. Story of Naimishāranya

(नैमिषारण्य की कथा)

श्लोकौः

गङ्गानद्याश्च पूर्वतः प्रतीच्याः शरयोश्च यत् ।

141-A. New story of Satya-Nārāyan-Vrat (Ayodhyā Kānd)

पवित्रं नैमिषारण्यं शौनकक्षेत्रपावनम् ।। 1950/2422

शौनकेन महायज्ञाः कृता द्वादशवर्षयोः ।
यज्ञेषु देवता नैका आसन्सम्भूयकारिणः ।। 1951/2422

✍दोहा॰ गंगा नद के पूर्व में, नैमिष नाम अरण्य ।
शौनक ऋषि ने जो किया, सब विपिनों में धन्य ।। 3965/7162

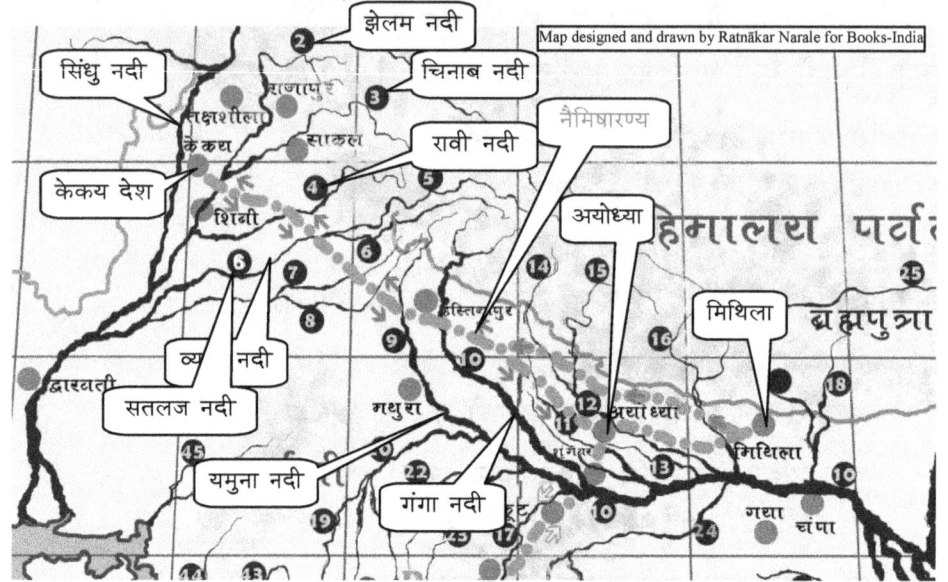

141-A. New story of Satya-Nārāyan-Vrat *(Ayodhyā Kānd)*

नयी सत्यनारायण व्रत कथा

ॐ श्लोकाः

व्याससुतेन सूतेन भारतवाचनं कृतम् ।
अत्रैव नैमिषारण्ये धार्मिके गोमतीतटे ।। 1952/2422

ततश्च नैमिषारण्यं यज्ञभूमीति संज्ञितम् ।
नैमिषं स्वर्गतुल्यं च पुराणविश्रुतं वनम् ।। 1953/2422

अस्मिन्हि नैमिषारण्ये सूतेनोवाच वै पुरा ।

141. Bharat's arrival at Ayodhyā continued (2. Ayodhyā Kānd)

पावनां परमां श्राव्यां सत्यनारायणां कथाम्[141] ॥ 1954/2422

(रत्नाकररचित सविस्तर हिंदी कथा देखिए परिशिष्ट-1)

दोहा॰ शौनक ऋषि के प्रश्न का, देने उत्तर ठीक ।
सत्-नारायण व्रत कथा, कही सूत ने नीक[142] ॥ 3966/7162

141. Bharat's arrival at Ayodhyā continued *(2. Ayodhyā Kānd)*

(और, फिर)

दोहा॰ नैमिष वन था अति घना, पथरीली थी राह ।
शुष्क उष्ण जब लू चले, तन को देती दाह ॥ 3967/7162

सत्यव्रत कथा दूत से, सुन कर योजन बाद ।
आगे गंगा थी नदी, देती माँ की याद ॥ 3968/7162

पी कर पावन नीर वो, करके सरिता पार ।
लगा यान फिर भागने, अश्व जिसे थे चार ॥ 3969/7162

भरत ने कहा दूत से, कैसे हैं मम तात ।
कैसीं हैं माता त्रयी, कैसे हैं मम भ्रात ॥ 3970/7162

---

[141] **सत्यनारायणां कथाम्** = संस्कृतश्लोकछन्दसि रत्नाकररचितां सविस्तरां सत्यनारायणकथां पश्यतु परिशिष्ट 1 मध्ये।

[142] **सत्यनारायण व्रत कथा** = फटका छंद में रत्नाकर रचित, विस्तृत हिंदी तथा संस्कृत सत्यनारायण व्रत कथा के लिए देखिए परिशिष्ट 1.

141. Bharat's arrival at Ayodhyā continued (2. Ayodhyā Kānd)

कैसी जनता अवध की, कहो शुभ समाचार ।
सिया मातु का अवध में, कैसा था सत्कार ।। 3971/7162

उत्तर कुछ भी ना मिला, ना कोई संकेत ।
चुप था सेवक राह में, पूरे ध्यान समेत ।। 3972/7162

"यथा ईश की है कृपा, तथा सभी दिन-रात" ।
प्रश्नों को यों टालता, सूत न बोला बात ।। 3973/7162

पार किए फिर गोमती, और शारदा नीर ।
आया स्यंदन भरत का, उत्तर तमसा तीर ।। 3974/7162

(इधर)

निस्तरंग सब पुरी पड़ी थी, बिछी उदासी यहाँ बड़ी थी ।
रहे नित्य जो सरबस नीकी, आज भरत को उजाड़ दीखी ।। 3605/5205

कहा भरत ये विषाद भारा, नगरी में क्यों बिखरा सारा ।
कहा दूत से उसने आगे, श्मशान सी क्यों नगरी लागे ।। 3620/5205

उत्तर भरत नहीं कछु पाया, जाना कुछ जा रहा छुपाया ।
कुछ गड़बड़ है उसने जाना, हुआ अहित, उसने पहिचाना ।। 3607/5205

नहीं पिता की प्रीत डगर में, प्रेम राम का नहीं नगर में ।
नेह सिया का नहीं हवा में, सुख न लखन का जन मनवा में ।। 3608/5205

✍दोहा॰ **अवध नगर सब शाँत था, सन्नाटा सब ओर ।**
बोला भरत, "ये क्या हुआ, कहाँ गया गुल शोर ।। 3975/7162

"विषाद से क्यों है भरी, नगरी ये शमशान ।
कुछ तो गड़बड़ है यहाँ, आया क्या तूफान ।। 3976/7162

"अवध में न पितु प्रेम है, ना राघव का मोद ।
सीता माँ का स्नेह ना, ना लछमन का क्रोध" ।। 3977/7162

(राज भवन में आकर)

गया अधोमुख राज महल में, दिखा न कुछ भी चहल पहल में ।

141. Bharat's arrival at Ayodhyā continued (2. Ayodhyā Kānd)

उखड़े-उखड़े सब थे मुखड़े, हर मुख पर थे लटके दुखड़े ।। 3609/5205

मातभवन में भूप नहीं हैं, सज-धज माँ के रूप नहीं हैं ।
अस्त व्यस्त था भवन समूचा, माँ से उसने कारण पूछा ।। 3610/5205

दोहा॰ मातु कक्ष में ना पिता, सजी नहीं है मात ।
अस्त व्यस्त बिखरा सभी, कक्ष लगा उत्पात ।। 3978/7162

(कैकेयी)

प्रथम कैकयी कछु ना बोली, बात भरत की उसने टाली ।
"यहाँ ठीक है!" बन कर भोली, बोल पड़ी वह बेशरमीली ।। 3611/5205

(फिर, माता ने)

पूछा मंगल प्रिय नाना का, कुशल क्षेम फिर शुभ मामा का ।
केकय जनपद में है कैसा, बतला सब जैसा है वैसा ।। 3612/5205

दोहा॰ कहा भरत ने मातु से, सब क्यों है चुपचाप ।
माता बोली भरत को, करो न चिंता आप ।। 3979/7162

सब कुछ ज्यों था त्यों हि है, अशुभ नहीं कुछ बात ।
सब कुछ मंगल है यहाँ, कुछ ना है उत्पात ।। 3980/7162

विषय बदलने के लिए, बोली, भरतकुमार! ।
नाना, मामा का कहो, मुझे शुभ समाचार ।। 3981/7162

(भरत)

बोला भरत बहुत अकुलाता, बोल मुझे तू मेरी माता! ।
हर जन क्या है भेद छुपाता, मेरे मन को बहुत दुखाता ।। 3613/5205

सात दिवस में भागा दौड़ा, मार्ग काटता लंबा चौड़ा ।
नीद ऊँघ विश्राम विहीना, बिना ध्यान से खाना पीना ।। 3614/5205

एक किए मैं खून पसीना, सफर दिवस मैं राती कीन्हा ।
संदेसा मिलते मैं धाया, लाँघ विपिन गिरि नद मैं आया ।। 3615/5205

दूत बात कछु नहीं बताया, मुख उसका कछु नहीं जताया ।

141. Bharat's arrival at Ayodhyā continued (2. Ayodhyā Kānd)

बोलो माता, पिता कहाँ हैं, सब सन्नाटा कथं यहाँ है ।। 3616/5205

(यों)

बारंबार भरत ने पूछा, "माता! बोलो वृत्त समूचा ।
परम पिता श्री गए कहाँ हैं, राम-लखन-सिय क्यों न यहाँ हैं ।। 3617/5205

"जो है बात मुझे तुम बोलो, जो हैं भेद समूचे खोलो" ।
तब माता ने बात बताई, उसे मनाने कथा बनाई ।। 3618/5205

✍दोहा॰ **माँ से पूछा भरत ने, "क्या है सच्ची बात ।**
छुपा रहे क्या, हैं सभी, मुझसे, बोलो मात! ।। 3982/7162

"घर में पितुवर हैं नहीं, कहाँ गए श्री राम ।
सीता भाभी भी नहीं, लखन गया किस काम ।। 3983/7162

"दो माता मायूस हैं, घर में नहीं उलास ।
नगरी सूनी है पड़ी, लगते सभी उदास ।। 3984/7162

"तेरे मुख के रंज से, लगता मुझको खेद ।
बोलो माते! बात क्या, मुझसे खोलो भेद" ।। 3985/7162

(कैकेयी)

बोली, "मैं तो तेरी माता, तेरा हित है मुझको भाता ।
तुझे अवध का करने राजा, मैंने तुरत रचाया साझा" ।। 3619/5205

अभिषेक की कथा बनाई, वर दोनों की व्यथा बताई ।
"हुआ प्रथम वर से तू राजा, दूजा राघव को वन भेजा ।। 3620/5205

"साथ लखन अरु सिया गए हैं, निष्कंटक तव काज भए हैं ।
धन गौरव राघव से छीना, पुत्र! भला मैं तेरा कीन्हा ।। 3621/5205

✍दोहा॰ **तब मुख खोला मातु ने, बोली सच्चे बोल ।**
"साजिश उसने जो रची, विष में चीनी घोल ।। 3986/7162

"तेरे ही हित के लिए, क्या क्या खेली खेल ।

141. Bharat's arrival at Ayodhyā continued (2. Ayodhyā Kānd)

कीन्हा तेरा मैं भला, कितने पापड़ बेल ।। 3987/7162

"कैसे तेरे तात को, मैंने किया लचार ।
मैंने पत्थर एक से, दो खग डाले मार" ।। 3988/7162

कैकेयी ने फिर कही, "दो-वर" वाली बात ।
बोली, ये मत समझ तू, कीन्हा मैंने घात ।। 3989/7162

पहले वर से अवध का, माँगा मैंने राज ।
कहा राम ने, "ठीक है," नहीं हुआ नाराज ।। 3990/7162

दूजे वर से राम को, दिया विपिन का वास ।
न ही बजेगी बाँसुरी, न ही बचा है बाँस ।। 3991/7162

वन में सीता भी गयी, लखन लला है साथ ।
"राम! राम!" के नाम से, गुजरे कोशलनाथ ।। 3992/7162

तुझको मुझ पर गर्व हो, कीन्हा तेरा काज ।
तुझसे पूछे ही बिना, दिया तुझे है राज ।। 3993/7162

(और)

"अड़चन, शत्रु, विघ्न विहीना, राज्य विभव सब तुझको दीन्हा ।
मैंने सौतन का हक छीना, सुख मय हो अब हमरा जीना ।। 3622/5205

"निहार राघव का वन जाना, भूले भूपति होष ठिकाना ।
राम! राम! का नाम पुकारे, पिता तिहारे स्वर्ग सिधारे ।। 3623/5205

(अब)

"बीच किसी की बाधा ना हो, करो राज अब जैसे चाहो ।
हटा राम सिय लखन बाप को, दिया निरंकुश राज आपको ।। 3624/5205

"पड़ा तेल में पिता देह है, करो दाह फिर सभी नेह है ।
तेरा सुख मैं दूना कीन्हा, मंगल मय अब तेरा जीना ।। 3625/5205

✍दोहा॰ अब ना शत्रु है बचा, ना ही विघ्न विकार ।
वैभवशाली राज्य पर, तेरा सब अधिकार ।। 3994/7162

141. Bharat's arrival at Ayodhyā continued (2. Ayodhyā Kānd)

सौतन का हक छीन कर, कीन्हा मारग साफ ।
तेरे हित में मैं नहीं, किया किसी को माफ ।। 3995/7162

(परंतु)

सुन कर विष मय उसकी की माया, क्षुब्ध भरत का सिर चकराया ।
पग से सिर तक ऐसे काँपा, उड़े हवा में जैसे साफा ।। 3626/5205

✍दोहा॰ **कटु बचनन वे विष भरे, सुन कर भरत कुमार ।**
काँपा ऐसा क्रोध में, जैसी वीणा तार ।। 3996/7162

(भरत)

बोला, "माते! तू है पापी, मोह कोह ईर्ष्या से व्यापी ।
कर्म नीच है तूने कीन्हा, ताप से भरा मेरा जीना ।। 3627/5205

"तूने सुख है जिसको माना, उसमें दुख है मैंने पाना ।
रघुकुल की तू रीत बिगाड़ी, क्षात्र-धर्म की नींव उखाड़ी ।। 3628/5205

"रीति सनातन है चल आई, नृप का पद पाता बड़ भाई ।
इस पर धर्मी, सदा हठीले, पड़ते कभी न उसमें ढीले ।। 3629/5205

"राज्य राम का है अधिकारा, कदाऽपि तुझसे टरे न टारा ।
तुझको किसने बोल बिगाड़ा, बीज द्रोह का किसने गाड़ा" ।। 3630/5205

✍दोहा॰ **अकुलाते फिर भरत ने, कहा मातु से, आप ।**
भारी ईर्ष्या क्रोध से, तूने कीन्हा पाप ।। 3997/7162

तेरे माथे में भरा, किसने है यह कीच ।
अधम घिनौने मोह से, काम किए क्यों नीच ।। 3998/7162

बो कर बीजक कलह का, उगला तूने पाप ।
सुख देने की भूल से, मुझे दिया तू ताप ।। 3999/7162

"पुत्र बड़ा ही नृप बने," रघुकुल की है रीत ।
धर्म सनातन है वही, क्षात्र-कर्म की नीत ।। 4000/7162

141. Bharat's arrival at Ayodhyā continued (2. Ayodhyā Kānd)

अवध राज्य है राम का, ना मेरा अधिकार ।

त्रैकालिक यह सत्य है, कभी टरे ना टार ।। 4001/7162

♫ **संगीतश्रीकृष्णरामायण छन्दमाला, मोती 375 of 501**

शिखरिणी छन्द

। ऽ ऽ, ऽ ऽ ऽ, । । ।, । । ऽ, ऽ । ।, । ऽ

♫ साग- नि़-सा-रेग रे-, सारेग पम गरेग-! रेग रेसा-

(भरत संकल्प)

कहे कैकेयी को, भरत, यह माते! छल भया ।
सुकर्मी को तूने, वनगमन से निसृत किया ।। 1
हमारे शास्त्रों ने, तिलकप्रभु है अग्रज कहा ।
उसे अन्यायों से, हरण करना पातक महा ।। 2
अयोध्या की गद्दी, ग्रहण करना मान्य न मुझे ।
बता! षडयंत्रों का, छल बल कहा, को यह तुझे ।। 3
जिसे तूने माना, सुख परम वो हीन दुख है ।
मुझे भ्राताश्री के, चरण कमलों में हि सुख है ।। 4

संगीतश्रीकृष्णरामायण गीतमाला, पुष्प 559 of 763

खयाल : राग अड़ाना,[143] **तीन ताल 16 मात्रा**

(भरत शोक)

स्थायी

जननी मोरी करत अंऽधेऽ ऽ ऽ ऽ ऽ र ऽ ।
राऽमचंद्र भयोऽ ऽ ऽ बनबासीऽ ऽ ।।

♫ रेंसारें निसां पनिम पसांसां-निधनि-प- ।

---

[143] **राग अड़ाना :** यह आसावरी ठाठ का राग है । इसका आरोह है : सा रे म प, ध नि सां । अवरोह है : सां ध नि प, म प ग म रे सा ।

▶ लक्षण गीत : **दोहा॰ कोमल ग नि अवरोह में, आरोह में ग वर्ज्य ।**
सां प वादि संवाद से, सजे "अड़ाना" तर्ज ।। 4002/7162

141. Bharat's arrival at Ayodhyā continued (2. Ayodhyā Kānd)

म-पपनि निम-गम रेसारेसारेसा ।।

अंतरा-1

जिन बिऽगाऽड़ीऽ मंऽथर दाऽसीऽ ।
भरत कहेऽ माँ! तूऽ कुल नासीऽ ऽ ।।

♪ मप धधनिसांसां- निसांरें- सांनिधनिप
मपनि सांगंमं रेंसां! निसां रेंसां निपरेंसां ।।

(और)

तुझको राघव इतना भाता, माता! माता! तुझे बुलाता ।
नई नवेली आई सीता, लखन मुझे है प्रिय लघु भ्राता ।। 3631/5205

रामचंद्र का ये आसन है, अवध राम का ही शासन है ।
तेरे साथ न हाथ बटाऊँ, मान राम का मैं न घटाऊँ ।। 3632/5205

तेरा दाव न होगा पूरा, रहे मनोरथ सदा अधूरा ।
नहीं चाहिए देना तेरा, पाप से सना काम घनेरा ।। 3633/5205

✍दोहा॰ माते! माते! स्नेह से, तुझे पुकारे राम ।
मुख में उसके था सदा, रहता तेरा नाम ।। 4003/7162

ऐसे प्यारे पुत्र पर, कीन्हा तू आघात ।
उसके निर्मल प्रेम पर, तूने मारी लात ।। 4004/7162

तुझको भाता राम था, सबसे अधिक प्रमाण ।
राम-भरत थे एक से, तेरे लिए समान ।। 4005/7162

इतने प्यारे पुत्र को, दीन्हा क्यों वनवास ।
जिसने दीन्हा है सदा, तेरे मुख पर हास ।। 4006/7162

नवी नवेली जो बहू, आई तेरे द्वार ।
तूने घर में ना रखी, उसको भी दिन चार ।। 4007/7162

लक्ष्मण भी था प्रिय तुझे, प्रिय मेरा लघु भ्रात ।
फिर क्यों माते! छल किया, तूने उसके साथ ।। 4008/7162

141. Bharat's arrival at Ayodhyā continued (2. Ayodhyā Kānd)

"तेरे पापी कपट में, ना मैं तेरे साथ ।
मैं राघव के राज्य को, नहीं लगाऊँ हाथ" ।। 4009/7162

(अत:)
माते! मैं वन में जाऊँगा, रामचंद्र को ले आऊँगा ।
उसका आसन उसको देके, फिर जीऊँगा, मन सुख लेके ।। 3634/5205

कुलीन होकर भी तू नारी, तूने पाप किया है भारी ।
पातक इतना तूने कीन्हा, जीवन जीएगी तू हीना ।। 3635/5205

जो था तुझको इतना प्यारा, उसको तूने जीवित मारा ।
जिसको थी तू इतनी प्यारी, उसको दीन्ही वन की बारी ।। 3636/5205

✍दोहा॰ **कहा भरत ने मातु को, "कीन्हा तू अन्याय ।**
दूँगा माते! राम को, नीति नियम से न्याय ।। 4010/7162

"जाऊँगा मैं विपिन में, जहाँ गए हैं राम ।
लाऊँगा मैं बंधु को, वापस अपने धाम" ।। 4011/7162

होते हुए कुलीन तू, कर्म किए हैं हीन ।
पापन कोई और ना, तुझसे अधिक मलीन ।। 4012/7162

माता को यों कोस कर, रोता बारंबार ।
निकल पड़ा वह कक्ष से, व्याकुल भरत कुमार ।। 4013/7162

(यों)
बार-बार माता को कोसा, उसे दिखाया उसका दोसा ।
चला वहाँ से व्याकुल होता, छोटी माँ से मिलने रोता ।। 3637/5205

✍दोहा॰ **कोसा अपनी मातु को, उसने बारंबार ।**
किया भरत ने शब्द का, बारंबार प्रहार ।। 4014/7162

रोता फिर मिलने गया, छोटी माँ के पास ।
माता ने अति प्रेम से, उसको दिया उलास ।। 4015/7162

मिल कर छोटी मातु से, आया भरत कुमार ।

141. Bharat's arrival at Ayodhyā continued (2. Ayodhyā Kānd)

मिलने कौसल मातु को, बन कर व्यथित अपार ।। 4016/7162

(कौशल्या माँ के पास)

मातु सुमित्रा से फिर मिलके, विचार बोले अपने दिल के ।
आकर माँ को लिपटा ऐसे, बंदरी का हो बेटा जैसे ।। 3638/5205

बोला, माते! मैं जाऊँगा, राघव को वापस लाऊँगा ।
मेरी जननी है अति क्रूरा, उसका दाव न होगा पूरा ।। 3639/5205

तेरा सुत करके वनवासी, लाई है घर दुख की रासी ।
टूटा तारा गिरता जैसे, गिरा मातु के पद पर वैसे ।। 3640/5205

✍दोहा॰ **लख कर जननी राम की, पिघला उसका कोह ।**
चिपका माता से यथा, चुंबक सेती लोह ।। 4017/7162

बोला, माते! राम ने, पाया है वनवास ।
उसमें मेरा दोष ना, मुझ पर कर विश्वास ।। 4018/7162

"मेरी माता ने किए, बहुत घिनौने काम ।
सीता सह वनवास को, भेजा तेरा राम" ।। 4019/7162

(और)

बोला, माते! शपथ मैं खाता, मेरा कुचक्र से नहिं नाता ।
माते! मुझको मान अदोषी, राम-दास मैं नम्र अरोषी ।। 3641/5205

✍दोहा॰ **"मुझको माते! दो क्षमा, अनाथ मैं बिन-राम ।**
लाऊँगा मैं विपिन से, वापस उसको धाम ।। 4020/7162

"मुझको शासन का नहीं, जनपद में अधिकार ।
ज्येष्ठ पुत्र राजा बने, यही नीति आचार" ।। 4021/7162

(और)

जो है पापी, राम-विरोधी, धर्म हीन जानो वह क्रोधी ।
नीच अधम खर वह कहलावे, अधर्म उसका उसे मिटावे ।। 3642/5205

जिसने राघव वनी बनाया, उसको मिले न सुख की छाया ।

141. Bharat's arrival at Ayodhyā continued (2. Ayodhyā Kānd)

जिसने ये षड्यंत्र रचाया, उसने निर्लज्ज को लजाया ।। 3643/5205

अपने कुल की जो है घाती, नीच नरक में वो है जाती ।
चरित्र में जो दाग लगावे, अपने घर में आग लगावे ।। 3644/5205

मार पिता को, उनकी गद्दी, मेरे सिर पर उसने लादी ।
अधर्म का मैं नहिँ हूँ आदी, देगा मुझको अति बरबादी ।। 3645/5205

✍दोहा॰ **"जिसने कीन्हा पाप ये, करके राम विरोध ।**
पता नहीं किस बात का, लीन्हा है प्रतिशोध ।। 4022/7162

"उसे मिटावे एक दिन, अधम उसी का पाप ।
रच कर यह षड्यंत्र वो, देगी खुद को ताप ।। 4023/7162

"अपने कुल को है दिया, दूषण उसने घोर ।
उस निर्लज को ना कहीं, सुखद मिलेगा ठौर" ।। 4024/7162

(यों)

सजल नयन से फिर बतलाया, माता को विश्वास दिलाया ।
मातु चरण पर पड़ता वैसे, पतझड़ पत्ता झड़ता जैसे ।। 3646/5205

राम-राज्य का है अधिकारी, मेरी जननी है अविचारी ।
उसे किसीने है भड़काया, वश में लाकर कीन्ही माया ।। 3647/5205

निरापराध को है वन दीन्हा, घोर पाप अपने सिर लीन्हा ।
भेजी वन में सिया बिचारी, माता मम है अत्याचारी ।। 3648/5205

✍दोहा॰ **"राज्य अवध का मात्र है, राघव का अधिकार ।**
माँ ने उससे छीन कर, कीन्हा अत्याचार ।। 4025/7162

"निरपराध को दंड है, दीन्हा उसने घोर ।
सिर पर लेगी पाप वह, न्याय धर्म की चोर" ।। 4026/7162

(और भी)

उग्र रूप जननी ने धारा, पुत्र विरह से पति को मारा ।
पति विद्रोही वह कुलनासी, अपने गल में डाले फाँसी ।। 3649/5205

141. Bharat's arrival at Ayodhyā continued (2. Ayodhyā Kānd)

लखनलला मम प्रिय भ्राता है, सुख उसका मुझको भाता है ।
माता ने दुख उसे दिया है, उस पर अति अन्याय किया है ।। 3650/5205

उर्मिल देवी खरी सती है, उसमें सच्ची त्याग मति है ।
उसका हिरदय मधु रस भीना, अनघ अमल है स्वार्थ विहीना ।। 3651/5205

बोला, माँ! मुझको अपनाओ, मुझे राम का दास बनाओ ।
मुझको रामअधीना जानो, मुझको अपराधी ना मानो ।। 3652/5205

दोहा॰ "मेरी जननी ने किया, कुल में है विद्रोह ।
राज्य वित्त अधिकार का, उसे हुआ है मोह ।। 4027/7162

"मैं राघव का दास हूँ, राजा हैं रघुनाथ ।
मम जननी के पाप में, ना है मेरा हाथ" ।। 4028/7162

(कौशल्या बोली)

दोहा॰ माता बोली भरत से, मत खो अपना होश ।
मुझे पूर्ण विश्वास है, तुम हो सुत! निर्दोष ।। 4029/7162

विधि विधान होवे यथा, तैसे होता काम ।
तेरे पितुवर चल बसे, लिए राम का नाम ।। 4030/7162

डट कर शासन में लगो, यथा मिला अधिकार ।
पूज्य तात स्वर्गीय का, करें दाह संस्कार ।। 4031/7162

मातु सुमित्रा से मिलो, वह भी बड़ी उदास ।
सुत उसका भी है गया, राम संग वनवास ।। 4032/7162

उर्मिल को दो हौसला, श्रेष्ठ उसी का याग ।
बिना किसी आपत्ति के, उसने कीन्हा त्याग ।। 4033/7162

सती न ऐसी और है, कहता है इतिहास ।
सान्त्वन देकर तुम उसे, उसके मुख दो हास ।। 4034/7162

(सुमित्रा और कैकेयी बोलीं)

बेटा! मन है शुद्ध तिहारा, लेना शपथ नहीं दरकारा ।

141. Bharat's arrival at Ayodhyā continued (2. Ayodhyā Kānd)

जाओ अब तुम आँखें पोछो, आगे क्या करना है सोचो ।। 3653/5205

दु:ख तेरा है मुझे सताता, करुणा मय मन मुझे बताता ।
सुत! तुम सच्चे राम सखा हो, बंधु-धर्म के खरे रखा हो ।। 3654/5205

दोहा॰ मातु सुमित्रा ने कहा, निर्मल तुमरा स्नेह ।
बंधु भक्त हो तुम खरे, अब न दुखाओ देह ।। 4035/7162

बोली माता कैकयी, कीन्ही मैंने भूल ।
मेरे पापी कर्म से, लगा सभी को शूल ।। 4036/7162

(और)

उत्तर क्रिया करो सुखदाई! सुत की राह तकत रघुराई ।
दुखी भरत को गुरुवर बोले, दाहकर्म अब पितु का हो ले ।। 3655/5205

दोहा॰ दोनों माता ने कहा, पितु को दो तुम दाह ।
देह तेल में है पड़ा, तकत तिहारी राह ।। 4037/7162

(तब)

विप्र पुरोहित पंडित आए, समिधा सामग्री सब लाए ।
शव-शिविका पर फूल सजाये, बाजे गाजे वाद्य बजाए ।। 3656/5205

अंतिम यात्रा में सब आए, "राम-नाम सत्य है" गाए ।
सुमन चढ़ाते श्मशान लाए, चंदन कठ की चिता चिनाए ।। 3657/5205

साम सूत्र पुरोहित गाते, दोनों सुत आहुति चढ़ाते ।
भरत राज ने अग्नि लाई, वन्दन करके चिता जलाई ।। 3658/5205

दोहा॰ अंतिम यात्रा जब चली, दशरथ की, सह सोग ।
"राम-नाम सब सत्य है," गाए पंडित लोग ।। 4038/7162

चंदन कठ की थी चिता, सजी पुष्प की सेज ।
सबके नैनन नीर थे, मुख सबके निस्तेज ।। 4039/7162

देख दशरथ की चिता, सब जन बोले, आह! ।
साम वेद के मंत्र से, भरत लगाया दाह ।। 4040/7162

141. Bharat's arrival at Ayodhyā continued (2. Ayodhyā Kānd)

 संगीतश्रीकृष्णरामायण गीतमाला, पुष्प 560 of 763

दादरा ताल

(भरत के अवध आगमन की कथा)

स्थायी

गीत शारद ने मंजुल है गाया, साज नारद मुनि ने बजाया ।
रत्नाकर से है मंगल रचाया, रामायण को है सुंदर सजाया ।।

♪ म-ग म-म- म प-म- ग म-प-, रे-ग म-म- मध- प- मग-म- ।
रेगम-म म- म ध-प- गम-प-, रे-ग-म- म- म ध-प- मग-रे- ।।

अंतरा-1

जब दशरथ ने प्राणों को त्यागा, आया केकय से भरत भागा-भागा ।
देखा नगरी में मातम है छाया, सबने दुख में है मुख लटकाया ।।

♪ सांसां निनिरेंरें सां ध-नि- ध प-म-, सांसां नि-रें- सां ध-ध- निध प-म- ।
मग ममम- म प-मम ग म-प-, रे-ग मम म- म धध प-पमग-रे- ।।

अंतरा-2

बोला, माते! पिता श्री कहाँ हैं, राम सीता लखन भी कहाँ हैं ।
माता ने जब उसे सब बताया, घोर सोगा भरत को सताया ।।

अंतरा-3

बोला, माते! तू पापन बड़ी है, स्वाऽर्थ के पाप में पड़ी है ।
तूने अमृत में है विष मिलाया, तुझको पागल है किसने बनाया ।।

अंतरा-4

मैं तो भ्राता की गद्दी न चाहूँ, वन से राघव को वापस ले आऊँ ।
तेरा ये पाप मुझको न भाया, मेरे जीवन में आगऽ लगाया ।।

अयोध्या काण्ड : सोलहवाँ सर्ग

142. भरत के चित्रकूट गमन की कथा :

142. Story of Bharat going to Chitrakūt (Ayodhyā Kānd)

142. Story of Bharat going to Chitrakūt *(Ayodhyā Kānd)*

♫ संगीतश्रीकृष्णरामायण छन्दमाला, मोती 376 of 501

उपमालिनी छन्द[144]

। । ।, । । ।, ऽ ऽ ।, ऽ । ।, ऽ । ऽ

(भरत का चित्रकूट गमन)

भरत–नृप मनाने चला सिय–राम को ।
विपिन, मुनि भरद्वाज के शुचि धाम को ।। 1
"भरत! घन जहाँ, चित्रकूट ललाम हैं" ।
उत, मुनिवर बोले, "सियापति राम हैं" ।। 2

श्लोका:

ज्ञात्वा मातुः स दुष्कृत्यं प्रतिज्ञां भरतोऽकरोत् ।
राज्यं दास्यामि रामाय स एव नृपतिः खलु ।। 1955/2422

भरतो राममानेतुं गच्छनासीत्सवाहिनीम् ।
आगतो जाह्नवीं तीर्त्वा भरद्वाजाश्रमे रघुः ।। 1956/2422

गच्छ त्वं चित्रकूटं हि भरद्वाज उवाच तम् ।
तत्रैव रामसीते स्तः यशस्वी भव राघव ।। 1957/2422

कथा

(भरत)

दोहा॰ **शोक सभा जब होगयी, दस दिन सबके साथ ।**
भरत शत्रुघन से कहे, सोचें वन की बात ।। 4042/7162

सुनत रही थी मंथरा, छुप कर वह आलाप ।
कहे भरत शत्रुघ्न को, किया इसीने पाप ।। 4043/7162

---

[144] ♫ **उपमालिनी छन्द** : इस 15 वर्ण, 20 मात्रा वाले अतिशक्वरी छन्द के चरणों में न न त भ र गण आते हैं । इसका लक्षण सूत्र । । ।, । । ।, ऽ ऽ ।, ऽ । ।, ऽ । ऽ इस प्रकार है ।

▶ लक्षण गीत : दोहा॰ **बीस मत्त से जो बना, अक्षर पन्द्रह वृंद ।**
न न त भ र गणों का बना, "उपमालिनी" है छंद ।। 4041/7162

142. Story of Bharat going to Chitrakūt (Ayodhyā Kānd)

इस कुब्जा की जीभ से, लगी भेद की आग ।
इसने सूरज वंश को, दीन्हा काला दाग ।। 4044/7162

(शत्रुघ्न)

दोहा॰ हाथ पकड़ शत्रुघ्न ने, मारी उसको लात ।
जूड़ा धरे घसीट कर, पीटा उसका गात ।। 4045/7162

रोका उसको भरत ने, मत लो इसकी जान ।
नारी हत्या पाप है, यद्यपि छल की खान ।। 4046/7162

(चौदह वे दिन पर)

दिन चौदह पर भरी सभा में, मंत्री बोले सब शोभा में ।
आज भरत अभिषेचित होगा, कोई ना अब चिंतित होगा ।। 3659/5205

कहा भरत ने, सभी सुखी हों, न कोई अबला कहीं दुखी हो ।
न कोई भूखा पिपासु सोये, न मातु कोई दुख में रोये ।। 3660/5205

चिंता कोई अब ना काटे, कोई नर न किसी को लूटे ।
कभी न चोरी, झूठ न बोले, न कोई मारे, न खून डोले ।। 3661/5205

मैं राघव का आज्ञाकारी, नहीं भ्रात का पद-अपहारी ।
अवध अगर पद मेरा होता, मुझको प्रभु अग्रज कर देता ।। 3662/5205

दोहा॰ चौदह दिन जब होगए, हुआ शाँत जब शोक ।
सभा बुलाई भरत ने, लगाय माँ पर रोक ।। 4047/7162

कहा सभा में भरत ने, देकर सबको मान ।
राम अवध के भूप हैं, मैं सेवक दरबान ।। 4048/7162

(वसिष्ठ)

दोहा॰ वसिष्ठ गुरुवर ने कहा, आज सचिव प्रत्येक ।
तिलक लगा कर भरत का, सिद्ध करें अभिषेक ।। 4049/7162

(भरत)

दोहा॰ करी भरत ने घोषणा, पूर्ण शपथ के साथ ।

142. Story of Bharat going to Chitrakūt (Ayodhyā Kānd)

"जाऊँगा मैं विपिन में, लाने को रघुनाथ ।। 4050/71625

"अवध राम का राज्य है, सभी जहाँ सुखभाग ।
वही राज हम फिर करें, लगे न कोई दाग" ।। 4051/71625

कोई भूखा ना रहे, ना ही दुख में रोय ।
सदा सुखी सब हों जहाँ, रामराज्य वह होय ।। 4052/7162

कोई चिंतित ना रहे, ना हो कोई दुष्ट ।
कोई अपहारी न हो, ना हो कोई भ्रष्ट ।। 4053/7162

कोई चोरी ना करे, ना ही बोले झूठ ।
मार कूट हो ना कहीं, ना ही कोई लूट ।। 4054/7162

"प्रभु के मन में अवध का, होता मेरा राज ।
अनुज बनाता राम को, अग्रज मुझको आज" ।। 4055/71625

(भरत प्रतिज्ञा)

अपर-उपाधी छीन दबाना, कर्म बुरा ये, नहीं फबाना ।
राघव को मैं वापस लाऊँ, कन्द-मूल या वन में खाऊँ ।। 3663/5205

नहीं चाहिये मुझको सत्ता, ना काटूँ राघव पत्ता ।
करो तयारी वन मैं जाऊँ, रामचंद्र को वापस लाऊँ ।। 3664/5205

दोहा० राजचिह्न सब तज दिये, पाँव खड़ाऊँ डार ।
वल्कल कटि धारण किए, शीश जटा संभार ।। 4056/7162

राघव आसन पर मुझे, कभी नहीं अधिकार ।
वापस लाऊँगा उन्हें, उनकी हो सरकार ।। 4057/7162

(फिर)

भरत वचन सुन, सब अधिकारी, भए उलासित मन में भारी ।
विजय भरत का घोष उचारा, राम-सिया का जय जयकारा ।। 3665/5205

सजल नयन से बोले सारे, सचिव पुरोहित पँच पियारे ।
चलो विपिन राघव को लाएँ, उसे अवध का भूप बनाएँ ।। 3666/5205

142. Story of Bharat going to Chitrakūt (Ayodhyā Kānd)

✍दोहा॰ मंत्री गण ने भरत की, कीन्ही जय जयकार ।
वापस लाने राम को, किया एक निर्धार ।। 4058/7162

(अत:)

वन यात्रा की करी तयारी, साथ चल पड़ी सेना भारी ।
तीनों रानी, गुरु अधिकारी, जनपद के जन सब शुभकारी ।। 3667/5205

भव्य भरत रथ सुमंत्र लाया, राघव-ध्वज से उसे सजाया ।
श्वेत अश्व का सुंदर भारा, सैनिक गाते राघव नारा ।। 3668/5205

पीछे अवध लोग उल्लासी, निकले वन जनपद के वासी ।
सजे धजे वन यात्री ऐसे, बरात के हि बराती जैसै ।। 3669/5205

✍दोहा॰ भारी सेना थी खड़ी, गुरुवर जनपद लोग ।
तीनों रानी चल पड़ीं, तज कर अपना सोग ।। 4059/7162

जन जनपद के भी चले, गुरु वसिष्ठ के साथ ।
राम-सिया की जै कही, उठाय दोनों हाथ ।। 4060/7162

(मगर)

सेना बढ़ती धीरे-धीरे, गयी निकट जब गंगा तीरे ।
देख उसे गुह-चर घबराये, खबर तुरत गुह को बतलाए ।। 3670/5205

बोले भारी सेना आई, कमर कसो अब करन लड़ाई ।
भिल्ल[145] सैन्य गुह ने बुलवाया, तयार होने उन्हें बताया ।। 3671/5205

आए सैनिक पैदल वाले, कवच ढाल शर लेकर भाले ।
हुई कतारें खड़ी भीलन की, देरी थी आदेश मिलन की ।। 3672/5205

✍दोहा॰ आई सेना भरत की, जब गंगा के पास ।
देख उसे घबड़ा गए, गुह-निषाद के दास ।। 4061/7162

---

[145] **भिल्ल** : विंध्य-सातपुड़ा-सह्याद्रि पर्वतों पर बसने वाली एक वीर वन्य जाति । इन्हें भिल, भील, भिल्ल, गोंड भी कहा जाता है ।

142. Story of Bharat going to Chitrakūt (Ayodhyā Kānd)

निषाद की सेना बढ़ी, लेकर भाले तीर ।
भरत सैन्य के सामने, खड़े हुए भिल वीर ॥ 4062/7162

(तब, भरत)

देख सामने आया धोखा, तुरत भरत ने रथ को रोका ।
बोला ये सब क्यों हैं आए, अब तो राघव हमें बचाए ॥ 3673/5205

साथ हमारे जनपद वासी, अरु मम जननी है कुलनासी ।
माता दोनों, सज्जन, योगी, रक्षा इनकी कैसी होगी ॥ 3674/5205

बोला भरत, सूत! तुम जाओ, उस सेनाधिप को समझाओ ।
कहो हम नहीं लड़ने आए, रामचंद्र को लेने धाए ॥ 3675/5205

दोहा॰ देख भिलन को सामने, लड़ने को तैयार ।
रोकी सेना भरत ने, संकट खड़ा निहार ॥ 4063/7162

भेजा सचिव सुमंत्र को, करने उनसे बात ।
पाकर आज्ञा भरत से, चला दूत निष्णात ॥ 4064/7162

(गुह निषाद)

को है देखो! क्या है बिगड़ा, पथ क्यों रोका करने झगड़ा ।
आज्ञा पाकर सुमंत्र धाया, भागा गुह के समीप आया ॥ 3676/5205

सुमंत्र देखे गुह हरषाया, गले लगा कर सुख दरशाया ।
बोला, भैया! क्यों आए हो, भारी सेना क्यों लाए हो ॥ 3677/5205

दोहा॰ निहार सचिव सुमंत्र को, निषाद हर्षित गात ।
बोला निषाद रंज से, क्या है, प्यारे! बात ॥ 4065/7162

सेना लेकर आगया, क्या है भरत-विचार ।
किससे लड़ना है उसे, किसका है संहार ॥ 4066/7162

(सुमंत्र)

सुमंत्र बोला, डरो न प्यारे! तुमसे लड़ने नहीं पधारे ।
भरत अवध–नृप साथ हमारे, चले विपिन में गंगा पारे ॥ 3678/5205

142. Story of Bharat going to Chitrakūt (Ayodhyā Kānd)

भरत भूप हमारा रघुराई, चला मनाने अपना भाई ।
निकले हैं राघव को लाने, वापस उसको राज्य दिलाने ।। 3679/5205

✍दोहा॰ **सुमंत्र बोला, मत डरो, तुम हो हमरे मीत ।**
राघव को लाने चला, भरत बंधु, सह प्रीत ।। 4067/7162

(परन्तु)

वन को जाना रघुराई का, रामचंद्र के लघु भाई का ।
गुह के मन अंदेशा डाला, कहा दाल में है कुछ काला ।। 3680/5205

✍दोहा॰ **सुना नाम जब राम का, निषाद को संदेह ।**
सेना लेकर जा रहा, कैसा है यह स्नेह ।। 4068/7162

(गुह बोला)

सेना लेकर विपिन में चला, कहता मेरा ध्येय है भला ।
इसकी माता चली है चाला, बेटा है छल करने वाला ।। 3681/5205

हमें लुभाने बात बनाता, वैसा सुत है जैसी माता ।
माता ने षड्यंत्र रचाया, बेटा सेना लेकर आया ।। 3682/5205

इसके मन में बैर समाया, हथियारे है लेकर आया ।
माता ने जो किया अधूरा, बेटा काम करेगा पूरा ।। 3683/5205

✍दोहा॰ **मुझे लुभाना चाहता, लिए स्नेह का नाम ।**
माता से जो ना बना, पुत्र करेगा काम ।। 4069/7162

पापी माता, सुत लिए, चली मारने राम ।
हमें भुलाना चाहती, करने पूरा काम ।। 4070/7162

(सुमंत्र बोला)

सुमंत्र ने गुह को सुलझाया, उस असमंजस को समझाया ।
भरत राम का दास बना है, उसे राम से प्रेम घना है ।। 3684/5205

तीनों माता को लाया है, संग वसिठ गुरु भी आया है ।
लड़ने की ये रीत नहीं है, घबड़ाने की बात नहीं है ।। 3685/5205

142. Story of Bharat going to Chitrakūt (Ayodhyā Kānd)

पिता तुल्य राघव को जाने, भ्रातृ धर्म को करतब माने ।
तुमको सच्ची बात बताई, मानो मेरी, निषाद भाई! ।। 3686/5205

दोहा॰ सुलझाने गुहराज को, कहा सचिव ने, तात! ।
तीनों माता संग हैं, वसिष्ठ गुरु भी साथ ।। 4071/7162

उनकी रक्षा के लिए, सेना हमरे संग ।
मेरा कहना मान लो, वचन न होगा भंग ।। 4072/7162

भरत राम का दास है, पितृ तुल्य हैं राम ।
वापस लाने बंधु को, निकला भरत सुजान ।। 4073/7162

(फिर)

गुह ने सचिव वचन को माना, हाथ बटाना करतब जाना ।
सुन कर निश्चय सचिव सुखाया, गुह के पास भरत को लाया ।। 3687/5205

सचिव भरत को बोला, स्वामी! गुह निषाद है राघव प्रेमी ।
रघुकुल का है यह सुखदाता, विपिन भेद का है अति ज्ञाता ।। 3688/5205

नौका का पुल नीर तराता, गंगा सरिता पार कराता ।
केवट लाकर हमें मिलेगा, साथ हमारे विपिन चलेगा ।। 3689/5205

रघुवर गुह का स्वागत कीन्हा, प्रेम भरा आलिंगन दीन्हा ।
गुह बोला यह जनपद मेरा, अर्पित है तुमको रघुबीरा ।। 3690/5205

मुझको अब तुम अपना जानो, मेरा सब कुछ अपना मानो ।
भरत अतिथि का स्वागत कीन्हा, मुक्त कंठ से आदर दीन्हा ।। 3691/5205

दोहा॰ माना कहना दूत का, निषाद ने तत्काल ।
स्वागत करके प्रेम से, चूमा उसका भाल ।। 4074/7162

निषाद बोला भरत को, राघव मेरा भ्रात ।
तुम राघव के दास हो, भाई तुम मम, तात! ।। 4075/7162

(और बोला)

समय साँझ का आया जब था, प्रीति भोज का प्रबंध सब था ।

142. Story of Bharat going to Chitrakūt (Ayodhyā Kānd)

कहा भरत ने, हे गुह भाई! कहाँ राम ने रात बिताई ।। 3692/5205

हमें दिखाओ स्थल पावन वो, देखेंगे उस मन भावन को ।
वहाँ बैठ कर हम रोएँगे, उसी स्थान पर हम सोएँगे ।। 3693/5205

राम गमन की बात बताना, आज रात तुम यहीं बिताना ।
सूर्योदय पर नाविक लाना, गंगा हमको पार कराना ।। 3694192

दोहा॰ रुको यहाँ तुम रात भर, भोजन मेरे साथ ।
चलो दिखाऊँ स्थान वो, जहाँ रुके रघुनाथ ।। 4076/7162

(तब, निषाद)

निषाद सबसे हाथ मिलाया, बरगद तरु के नीचे लाया ।
जहाँ राम की तृण शैया थी, सोई जहाँ सिया मैया थी ।। 3695/5205

साथ लखन के मैंने सारी, पहरा देते रात गुजारी ।
सुमंत्र भी उस रात न सोया, राघव के बिरहा में रोया ।। 3696/5205

दोहा॰ आए जब उस स्थान पर, गदगद सबके गात ।
छूआ बरगद वृक्ष वो, लगाय दक्षिण हाथ ।। 4077/7162

(और)

देख शयन स्थल राम-सिया के, आँसू नयनन, खंड जिया के ।
माता तीनों अश्रु ढारी, गले लगी फिर बारी-बारी ।। 3697/5205

उसी स्थान पर दिन के ढलते, लेटे वहाँ वेदना पाते ।
सभी रात भर रोते धोते, सोये जागे दुखिया होते ।। 3698/5205

गुह ने बीती बात सुनाई, रैना उनके साथ बिताई ।
रात्र बीत कर हुआ सवेरा, दिवस हुआ जब हटा अँधेरा ।। 3699/5205

मल्लाहों ने रजनी सारी, गंगा लाँघन करी तयारी ।
लगे साथ में सैनिक सारे, पुल नौका का आरे पारे ।। 3700/5205

दोहा॰ माता तीनों रो पड़ी, नैनन नीर अटूट ।
रोया भरत कुमार भी, गया नियंत्रण छूट ।। 4078/7162

142. Story of Bharat going to Chitrakūt (Ayodhyā Kānd)

सोये सब उस रात में, तृण की सेज बिछाय ।
राम मिलन के सोहने, सपने सुखद रचाय ।। 4079/7162

(सवेरे)

निकले सब जब गूँजी भेरी, गंगा लाँघन लगी न देरी ।
यात्री पहुँचे पार किनारे, सिया राम जय गाते नारे ।। 3701/5205

✍दोहा॰ **अरुणोदय से पूर्व ही, सारे हुए तयार ।**
राम-नाम गाते हुए, करने गंगा पार ।। 4080/7162

सेना सारी भरत की, आई गंगा तीर ।
गुह निषाद ने पुल किया, तरने गंगा नीर ।। 4041/7162

निकला गंगा तीर से, सकल भरत का संघ ।
चला विपिन में ठाठ से, लेकर नई उमँग ।। 4082/7162

यान भरत का सामने, पीछे सैनिक वीर ।
चले कतारें बाँध कर, पी कर गंगा नीर ।। 4083/7162

(फिर)

सैनिक चले कवायद करते, पैदल दायाँ बायाँ धरते ।
सींगे, बाजे, ढोल बजाते, जय जयकारा शोर मचाते ।। 3702/5205

रव हंगामा इसके जैसा, हुआ कभी ना वन में ऐसा ।
डरे शेर गज साँबर तीतर, रीछ बघेले सियार गीदड़ ।। 3703/5205

भागे वनचर तीतर बीतर, भूचाल जैसे वन के भीतर ।
रौंदे तरुवर बेली सुंदर, कोलाहल सब वन के अंदर ।। 3704/5205

✍दोहा॰ **भरत वाहिनी शोर में, चली दिखाती शान ।**
वनचर सब भयभीत थे, भागे लेकर प्राण ।। 4084/7162

चली भरत की वाहिनी, दक्षिण पथ के साथ ।
गाते नारे जोश में, जय जय जय रघुनाथ! ।। 4085/7162

दिखा दूर जब सामने, भरद्वाज मुनिवास ।

142. Story of Bharat going to Chitrakūt (Ayodhyā Kānd)

सेना को करके खड़ी, गया भरत मुनि पास ।। 4086/7162

(आश्रम में)

कर मुनिवर की वन्दना, दोनों जोड़े हाथ ।
शिष्ट भाव अनुसार ही, विनय सभ्यता साथ ।। 4087/7162

बोला, मुनिवर! भरत मैं, अग्रज मेरा राम ।
आया हूँ मैं अवध से, ढूँढन राघव धाम ।। 4088/7162

आगे सेना देख कर, भया उन्हें सन्देह ।
मन ही मन मुनि को लगा, झूठा इसका स्नेह ।। 4089/7162

(भरद्वाज)

कहा भरत को, सौम्य! क्यों, उठा रहे हो पैर ।
साथ तिहारे सैन्य है, चले मिटाने बैर ।। 4090/7162

त्याग राम ने है किया, देकर तुमको राज ।
बदला लेने के लिए, आए हो क्या आज ।। 4091/7162

राम-लखन अविजेय हैं, लौट यहाँ से भाग ।
तेरे हित की बात है, प्यारे! भ्रम को त्याग ।। 4092/7162

राम-लखन से लड़ सके, इतना ना तू वीर ।
लेगा तेरे प्राण वो, एक राम का तीर ।। 4093/7162

मुनिवर बोले, भरत को, सूर्य वंश के वीर ।
उल्लंघन करते नहीं, रीति रिवाज लकीर ।। 4094/7162

(भरत)

कहा भरत ने, हे मुने! मैं राघव का दास ।
वापस लाने मैं उन्हें, जाऊँ उनके पास ।। 4095/7162

माताएँ हैं साथ में, प्रिय जन लाए आस ।
उनकी रक्षा के लिए, लाई सेना खास ।। 4096/7162

मुनिवर! मेरा मानिये, कहना कृपया आप ।
मार्ग बता कर कीजिए, मेरा राम-मिलाप ।। 4097/7162

142. Story of Bharat going to Chitrakūt (Ayodhyā Kānd)

(मुनिवर)

मुनिवर बोले अब मुझे, तुझ पर है विश्वास ।
रुको यहाँ तुम रात में, सुख से लो नि:श्वास ।। 4098/7162

सुबह सवेरे चल पड़ो, कल दक्षिण की ओर ।
कालिंदी को पार कर, लो पश्चिम का मोड़ ।। 4099/7162

चित्रकूट गिरि पास है, सुंदर अति अभिराम ।
माल्यवती के छोर पर, तुम्हें मिलेंगे राम ।। 4100/7162

(फिर)

कहना मुनि का मान कर, अपना डेरा डाल ।
भरत संघ का रात में, गुजरा सुख से काल ।। 4101/7162

(सवेरे)

सूरज निकला नभ में ज्यों ही, सज्ज हुए सब चलने त्यों ही ।
मुनिवर से सब अनुमति पा कर, मिष्ट वचन में कीन्हे आदर ।। 3705/5205

सहर्ष मुनि ने आशिष दीन्हे, भरत संघ को विदाई कीन्हे ।
जमुना तट तक चले साथ में, समय बिताया बात-बात में ।। 3706/5205

दोहा॰ निकला रवि जब गगन में, भरत हुआ तैयार ।
अनुमति मुनिवर से लिए, करने यमुना पार ।। 4102/7162

(फिर)

पार किए मंदाकिनी सरिता, गाते, "जय जय राघव सीता" ।
चित्रकूट पर्वत पर चढ़ती, सेना आगे-आगे बढ़ती ।। 3707/5205

दोहा॰ गाती जय सिय राम की, सेना जमुना पार ।
चित्रकूट गिरि पर चढ़ी, करके एक कतार ।। 4103/7162

संगीतश्रीकृष्णरामायण गीतमाला, पुष्प 561 of 763

दादरा ताल

(भरत के चित्रकूट गमन की कथा)

स्थायी

1557
रत्नाकर रचित संगीत-श्री-रामायण

142. Story of Bharat going to Chitrakūt (Ayodhyā Kānd)

गीत शारद ने मंजुल है गाया, साज नारद मुनि ने बजाया ।
रत्नाकर से है मंगल रचाया, रामायण को है सुंदर सजाया ।।

♪ म-ग॒ म-म- म प-म- ग॒ म-प-, रे-ग॒ म म- मध॒- प- मग॒-म- ।
रेगम-म म- म ध॒-प- ग॒म-प-, रे-ग॒-म- म म ध॒प- मग॒-रे- ।।

अंतरा-1

चिता पावन पिता की चिनाके, दिन तेऽरह का सूतक मनाके ।
सभा जनपद की भरतऽ बुलाया, राम को लाने निश्चय बनाया ।।

♪ सांसां नि॒रेंरें सांध॒- नि॒- ध॒प-म-, सांसां नि॒-रेंरें सां ध॒-निनि॒ ध॒प-म- ।
मग॒- मममम म पपम- गम-प-, रे-ग म- म-म ध॒-प- मग॒-रे- ।।

अंतरा-2

निकली सेना भरत की अवध से, चली बाजे बजाते सुखद से ।
रुकी गंगा किनारा जब आया, पार उनको निषादऽ कराया ।।

अंतरा-3

आके भरद्वाज आश्रम जहाँ है, पूछा मुनिवर से, "राघव कहाँ हैं" ।
बोला, भ्राता को लेने मैं हूँ आया, "जाओ! चित्रकूट," मुनि ने बताया ।।

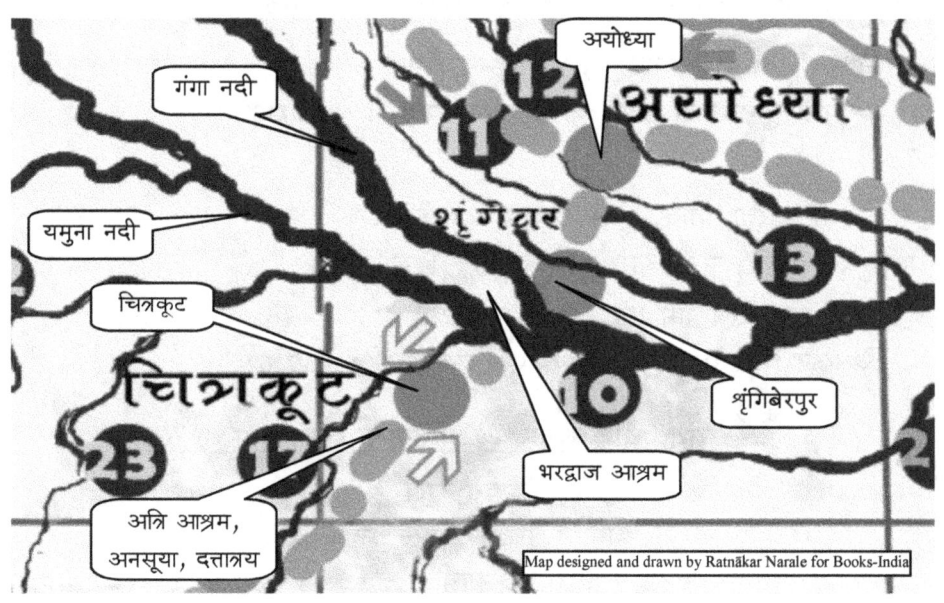

143. Story of Bharat's meeting with Rāma (2. Ayodhyā Kānd)

अयोध्या काण्ड : सतरहवाँ सर्ग

143. श्री राम–भरत मिलाप की कथा :

143. Story of Bharat's meeting with Rāma *(2. Ayodhyā Kānd)*

संगीतश्रीकृष्णरामायण छन्दमाला, मोती 377 of 501

प्रमुदिता छन्द[146]

ऽ । ।, ऽ । ऽ, । । ।, ऽ । ऽ, । । ।, ऽ

(भरत–मिलाप)

राघव से मिला भरत चित्रकूट वन में ।
अग्रज को लगा कर गले, कहा अनघ मैं ।। 1
भ्रात! "पिता गए स्वरग हैं, चलो अवध में ।
राज करो यथा नियम से, यही अरज है" ।। 2
राघव ने कहा, "भरत! बद्ध हूँ वचन में ।
मैं वन वर्ष चौदह रहूँ, पिता स्मरण में ।। 3
तात दिया यथा वचन मातु को, परम है ।
राज तुम्हीं करो अवध में, यही धरम है" ।। 4

ॐ श्लोकाः

भरतश्चित्रकूटे नु श्रीराममिलद्यदा ।
बन्धुमालिङ्गने बद्धाऽरुरोदिच्छिशुवत्तदा ।। 1958/2422

आह रामः कथं बन्धो रोदीषि त्वं मुहुर्मुहुः ।

---

[146] **प्रमुदिता छन्द** : इस 16 वर्ण, 22 मात्रा वाले अष्टि छन्द के चरणों में भ र न र न गण और एक गुरु वर्ण आता है । इसका लक्षण सूत्र ऽ । ।, ऽ । ऽ, । । ।, ऽ । ऽ, । । ।, ऽ इस प्रकार है । विराम 10–6 पर विकल्प से होता है ।

▶ लक्षण गीत : **दोहा॰ मत्त बाईस का बना, गुरु कल से हो अंत ।**
आदि भ र न र न गण जहाँ, कहा "प्रमुदिता" छंद ।। 4104/7162

143. Story of Bharat's meeting with Rāma (2. Ayodhyā Kānd)

ब्रूते राम पिताऽस्माकं कालकवलितोऽभवत् ।। 1959/2422

श्रुत्वा तां दारुणां वार्तां कटुं हृदयभेदिकाम् ।
रामलक्ष्मणजानक्यो विलापेनारुदन्भृशम् ।। 1960/2422

भरत आह श्रीराम रघुपतिस्त्वमग्रजः ।
पितृवचनमुक्तस्त्वं, रामो न सममन्यत ।। 1961/2422

📖 कथा 📖

(राम की कुटिया के पास)

✍दोहा॰ आई सेना ठाठ से, अधिक मचाती शोर ।
रामकुटी के पास में, माल्यवती की ओर ।। 4105/7162

दिखा भरत को दूर से, पर्णकुटी का धाम ।
भाभी शाक पका रही, पास उपस्थित राम ।। 4106/7162

राम-सिया को देख कर, सजल भरत के नैन ।
चरण कमल छूए बिना, उसे न आया चैन ।। 4107/7162

सेना उसने की खड़ी, वाम उठा कर हाथ ।
बोला, देखो सामने, भाभी अरु रघुनाथ ।। 4108/7162

सेना संघ रुके यहीं, मैं जाता हूँ आप ।
विनय प्रेम से बंधु का, शमन करूँ अनुताप ।। 4109/7162

(उधर)

✍दोहा॰ ईंधन लाने था गया, लखन लला संतुष्ट ।
सुन सेना का शोर वो, भागा आया रुष्ट ।। 4110/7162

बोला आग बुझाइके, जाओ कुटि में, मात! ।
सेना लेकर भरत है, आया करने घात ।। 4111/7162

मुझे, बंधु! आदेश दो, करने उनका नास ।
कैकेयी की चाल को, करदूँ अभी खलास ।। 4112/7162

(राम)

143. Story of Bharat's meeting with Rāma (2. Ayodhyā Kānd)

✍दोहा॰ कहा लखन ने राम से, मुझको है संदेह ।
आयी सेना साथ है, यह कैसा है स्नेह ।। 4113/7162

राघव बोले लखन को, तज दो अपना रोष ।
अनजाने में भरत को, कृपया मत दो दोष ।। 4114/7162

भरत प्रेम का पुंज है, आया हो चित खोल ।
आने दो उसको यहाँ, अशुभ न बोलो बोल ।। 4115/7162

(लखन)

✍दोहा॰ अगर भरत में स्नेह है, क्यों है सेना साथ ।
मुझे लगे विपरीत है, इसमें माँ का हाथ ।। 4116/7162

(राम)

✍दोहा॰ "भरत अवध का भूप है, भूलो मत यह बात ।
सेना नृप के साथ हो, यही नियम है, तात!" ।। 4117/7162

(भरत, आने पर)

✍दोहा॰ भरत निकट जब आगया, रामचंद्र के पास ।
बोला, नैनन सजल से, मैं हूँ तुमरा दास ।। 4118/7162

गिरा चरण पर राम के, बोला, हे रघुनाथ! ।
दया करो इस भक्त पर, चलिए मेरे साथ ।। 4119/7162

"अवध राज्य है आपका, मैं हूँ तुमरा दास ।
आया हूँ मैं शरण में, लेकर मन में आस ।। 4120/7162

"क्षमा करो मम मातु को, भूलो उसकी बात ।
अब तो पितु भी चल बसे, तुम्ही पिता हो, तात! ।। 4121/7162

"अवधराज बस आप हैं, तुम्ही हमारे बाप ।
ईर्ष्या से लाचार हो, जननी कीन्हा पाप" ।। 4122/7162

(और)

✍दोहा॰ "हाथ जोड़ बिनती करूँ, सुनो कृपालु राम ।

143. Story of Bharat's meeting with Rāma (2. Ayodhyā Kānd)

लखन सिया को साथ ले, चलिए वापस धाम ।। 4123/7162

"सिंहासन है आपका, ना वह मम अधिकार ।
सेवा तुमरी मैं करूँ, मुझे दीजिए प्यार ।। 4124/7162

"तीनों माता साथ हैं, अथ है सेना साथ ।
अवध जनों का है कहा, चलिए घर, रघुनाथ!" ।। 4125/7162

(राम)

रामचंद्र ने उसे उठाया, गले लगाकर साथ बिठाया ।
बड़े प्रेम से सिर को चूमा, उष्ण अश्रु से आदर कीन्हा ।। 3708/5205

देख भरत नृप महामना है, वल्कल-धारी मुनि बना है ।
दुबला दीन दुखी दुखियारा, बंधु भाव से प्रोत अपारा ।। 3709/5205

बोले राघव हृदय दग्ध से, साँस खीच कर सदय शब्द से ।
कहो भरत! प्रिय पिता की व्यथा, स्वर्गवास वृत यथा है तथा ।। 3710/5205

पितु के पीछे तुम रघुपति हो, जनपद के अब तुम अधिपति हो ।
तब क्यों तुम यों वल्कल धारे, राज काज तज विपिन पधारे ।। 3711/5205

✍ दोहा॰ सुन कर पितु के मृत्यु की, राम, भरत से बात ।
सिसकी दे कर रो पड़े, सह न सके आघात ।। 4126/7162

धीरज अरु बल छूट कर, गिरे भरत के काँध ।
दोनों बाँह पसार कर, लिया भुजा में बाँध ।। 4127/7162

बोले राघव भरत को, "नृप हो तुम बेजोड़ ।
क्यों आए हो विपिन में, राज्य काज सब छोड़" ।। 4128/7162

(भरत)

✍ दोहा॰ कहा भरत ने, हे सखे! सुनो पिता की बात ।
जैसी मैंने है सुनी, वही कहूँगा, तात! ।। 4129/7162

भूपति जब थे जा रहे, वहाँ न मैं, ना आप ।
देते देते, तन तजा, मम जननी को शाप ।। 4130/7162

143. Story of Bharat's meeting with Rāma (2. Ayodhyā Kānd)

पुत्र न कोई पास था, न मध्यमा का प्यार ।
राम-नाम का विरह ही, गया पिता को मार ।। 4131/7162

पूजनीय पितु भूप हैं, गए परम परलोक ।
रो रो पुत्र वियोग में, राम-नाम का शोक ।। 4132/7162

पिता गए, बिन स्नेह के, करते बहुत विलाप ।
मैं आया जब तेल में, पड़ा हुआ था बाप ।। 4133/7162

(और)

✍दोहा० मिलते ही संदेश मैं, सात दिवस दिन-रात ।
दौड़ा बिन विश्राम के, बिन जाने ही बात ।। 4134/7162

मैं आया जब देश में, ठप था कारोबार ।
दूजे दिन अवधेश का, किया अंत्य संस्कार ।। 4135/7162

"जाल मध्यमा ने बुना, खोकर अपने होश ।
रखो बंधु विश्वास तुम, उसमें ना मम दोष ।। 4136/7162

"जननी के षड्यंत्र में, ना है मेरा हाथ ।
ना ही मुझको ज्ञात था, ना मैं उसके साथ ।। 4137/7162

"मिला यद्यपि है मुझे, निष्कंटक सब राज ।
मिले मुझे यदि शीश पर, रत्न स्वर्ण का ताज ।। 4138/7162

"फिर भी मैं हतभाग्य हूँ, सुख-वर्षा के बीच ।
बिना बंधु-पितु-प्रेम के, मेरा जीवन नीच" ।। 4139/7162

(राम)

रामचंद्र फिर गदगद हिय से, पीछे मुड़ कर बोले सिय से ।
भूप श्वसुर तव अवध बिहारी, स्वर्ग सिधारे जन हितकारी ।। 3712/5205

✍दोहा० सीता को फिर राम ने, कही दुखद वह बात ।
सीते! भव को छोड़ कर, चले गए हैं तात ।। 4140/7162

143. Story of Bharat's meeting with Rāma (2. Ayodhyā Kānd)

प्रहर्षिणी छन्द[147]

ऽ ऽ ऽ, । । ।, । ऽ ।, ऽ । ऽ, ऽ

(दशरथ प्रयाण)

सीता को रघुपति ने कहा, विदेही! ।
देहों के सम मरता कभी न देही ।। 1
चोला है दशरथ ने तजा पुराना ।
लेने को अपर शरीर में ठिकाना ।। 2

(राम)

कहा राम ने, लछमन भाई, सुन भाई रे! देख घड़ी कैसी है आई ।
पिता गए तज कर संसारा, अब सूना अपना जग सारा ।। 3713/5205

बाहु-हार में, समेत सीता, हा! हा! रोये चारों भ्राता ।
कौशल्या कैकयी सुमित्रा, रोये गुरु गुह सूत सुमंत्रा ।। 3714/5205

✍दोहा॰ राघव ने फिर लखन को, बोली जब दुख-बात ।
सीता सह मिल कर गले, रोये चारों भ्रात ।। 4142/7162

(सीता)

मातु पीठ पै हाथ फिराती, टप-टप नैनन अश्रु गिराती ।
वनिता आदर देत विनीता, चरण पड़ी माता के सीता ।। 3715/5205

✍दोहा॰ माता के लग कर गले, दिया सिया ने प्यार ।
पड़ी चरण पर मातु के, नीर नैन से ढ़ार ।। 4143/7162

(कौशल्या)

✍दोहा॰ वैदेही को मातु ने, गले लगाया थाम ।

---

[147] ♫ **प्रहर्षिणी छन्द** : इस छन्द के चरणों में तेरह वर्ण, 20 मात्रा होती हैं । इसमें म न ज र गण और एक गुरु वर्ण आता है । इसका लक्षण सूत्र ऽ ऽ ऽ, । । ।, । ऽ ।, ऽ । ऽ, ऽ इस प्रकार होता है । विराम 3 और 10 वे वर्ण पर विकल्प से आता है ।

▶ लक्षण गीत : ✍ **दोहा॰ बीस मत्त का पद्य जो, गुरु मात्रा से अंत ।**
म न ज र गण जब आदि में "प्रहर्षिणी" है छंद ।। 4141/7162

143. Story of Bharat's meeting with Rāma (2. Ayodhyā Kānd)

चूमा सिर अति प्रेम से, लेकर शिव का नाम ।। 4144/7162

बोली सुत को रंज से, कैसे तेरे काम ।
कितनी दुबली होगयी, मेरी बेटी, राम! ।। 4145/7162

कहा सिया को मातु ने, "बेटी तेरा हाल ।
पतझड़ में हो पेड़ की, जैसी सूखी डाल ।। 4146//7162

"तेरा कोमल मखमली, कमल कली सा अंग ।
वन के कटु परिवेश में, पड़ा है पीला रंग" ।। 4147/7162

(अतः)

दोहा॰ "चलिए वापस घर चलें," बात पिया को बोल ।
"रहना इस वीरान में, लगता मिट्टी मोल" ।। 4148/7162

यहाँ न खाना स्वाद का, ना पीने का मोद ।
चल घर बेटी मैं तुझे, दूँगी माँ की गोद ।। 4149/7162

कहा लखन को मातु ने, उर्मिल भेजा प्यार ।
बोली, दीजो नाथ को, जब हो साक्षात्कार ।। 4150/7162

तेरी जाया है सती, वनिता जग में एक ।
बिना कहे सब सह रही, त्याग उसी का नेक ।। 4151/7162

फिर माता ने राम को, कहा, पुत्र रघुनाथ! ।
चल अब हमरे साथ तू, सुनले मेरी बात ।। 4152/7162

(सुमित्रा)

दोहा॰ मातु सुमित्रा राम से, बोली, सुत रघुराज! ।
पूज्य पिता के बाद तू, ले ले अपना राज ।। 4153/7162

भाग्यवान मम लाल है, रघुसुत लखन महान ।
निश-दिन है उसको मिला, तव चरणन में स्थान ।। 4154/7162

परम बंधु प्रिय है सखा, अनुज तुम्हारा, राम! ।
राम-सिया के बाद में, होगा उसका नाम ।। 4155/7162

उसकी पत्नी उर्मिला, अमर उसी का नाम ।
निज-सुख तज उसने चुना, बंधु-धर्म का काम ।। 4156/7162

(केकेयी)

✍दोहा॰ कैकेयी ने राम को, बोला सुत! रघुवीर! ।
क्षमा करो अपराध मम, मैं हूँ बहुत अधीर ।। 4157/7162

कुब्जा की मैं चाल में, आकर कीन्ही भूल ।
पापी कपटी दुष्ट मैं, सबको दीन्हा शूल ।। 4158/7162

कौशल्या का मैं किया, पग-पग है अपमान ।
लज्जित अपने आप से, जग में हूँ बदनाम ।। 4159/7162

मेरी आँखे खोल दी, पुत्र! भरत ने आज ।
मेरे करतब दुष्ट से, आई अब मैं बाज ।। 4160/7162

मुझको पश्चाताप है, कारज मम गद्दार ।
घर चल कर तुम लौट कर, कीजो मम उद्धार ।। 4161/7162

(भरत)

✍दोहा॰ कहा भरत ने राम को, मैं हूँ तुमरा दास ।
वनी बना कर तुम मुझे, रखलो अपने पास ।। 4162/7162

हाथ जोड़ विनती मेरी, सुनिये दया निधान! ।
सिया लखन को साथ ले, चलिए अपने धाम ।। 4163/7162

माँ ने पद मुझको दिया, जिसकी मुझे न चाह ।
गद्दी वापस दूँ तुम्हें, चलूँ मैं अपनी राह ।। 4164/7162

पद स्वीकारो वह तुम्हीं, वहीं तुम्हारा स्थान ।
तुम्हीं अवध के राज हो, वहीं तुम्हारा धाम ।। 4165/7162

(अत:)

अवध चलो अब, रामजी! माता की भी माँग ।
अब तो है वनवास की, बातें ऊटपटाँग ।। 4166/7162

143. Story of Bharat's meeting with Rāma (2. Ayodhyā Kānd)

करी मिन्नतें भरत ने, स्नेह विनय के साथ ।
चरण छुए श्री राम के, जोड़े दोनों हाथ ।। 4167/7162

नहीं पिता भी अब रहे, न हि माता में क्रोध ।
बाधाएँ अब मिट गयीं, सुनो ज्ञान का बोध ।। 4168/7162

हठ को छोड़ो, घर चलो, करो राज्य का भोग ।
वन-जीवन में क्या रखा, बोल रहे सब लोग ।। 4169/7162

(और)

✍दोहा॰ **नर का देह न फिर मिले, न ही भूमि का भोग ।**
राज्य परम आनंद का, आया अब संजोग ।। 4170/7162

मनुज जनम मिलता नहीं, बार-बार, हे राम! ।
अभी भोग इसका करो, कल का किसको ज्ञान ।। 4171/7162

(राम)

✍दोहा॰ **बोले राघव तत्त्व से, सुनो भरत! प्रिय भ्रात! ।**
गुरु वसिष्ठ ने जो कही, धर्म कर्म की बात ।। 4172/7162

बालमीक मुनि कह गए, योगवसिठ में बात ।
जन्म मरण का ज्ञान तुम, भूल गए हो, तात! ।। 4173/7162

(सुनो)

जो मिलता वो बाद बिछड़ता, योग वियोग सनातन नाता ।
ऐसा कौन जनम को आया, जिसने बिरहा कल नहीं पाया ।। 3716/5205

जन्म मरण है नियमित त्यों ही, यौवन जरा लगे हैं ज्यों ही ।
कौन किसी के लिए रुका है, काल के आगे नहिँ झुका है ।। 3717/5205

रहे सदा ही निश-दिन मन में, आया कार्य करो जीवन में ।
दिन ढल कर फिर लौट न आते, त्यों ही अवसर, जो हैं जाते ।। 3718/5205

सिंधु नीर जो नभ में जाता, वर्षा बरसे वापस आता ।
नीर बाष्प का अविरत नाता, जन्म मृत्यु सम आता जाता ।। 3719/5205

143. Story of Bharat's meeting with Rāma (2. Ayodhyā Kānd)

✍दोहा॰ **जो आता सो बिछुड़ता, यही नियति का खेल ।**
भवसागर के चक्र में, नहीं चिरंतन मेल ।। 4174/7162

ऐसा को जन्मा यहाँ, जो न गया भव छोड़ ।
मातु-पिता गुरु बंधु से, गया न नाता तोड़ ।। 4175/7162

कौन रुका किसके लिए, कौन अमर इन्सान ।
जीना मरना नित्य हैं, यौवन जरा समान ।। 4176/7162

लौटत नाहीं दिन ढले, पल जो जाता बीत ।
अविरत करता कार्य जो, मिले उसी को जीत ।। 4177/7162

नीर सिंधु का बाष्प बन, जाता धरती छोड़ ।
वर्षा बन कर लौटता, नूतन नाता जोड़ ।। 4178/7162

जन्म मृत्यु का चक्र ये, उसी नीर समान ।
आना-जाना है लगा, योग वियोग प्रदान ।। 4179/7162

(और ध्यान रहे)

हर पल छिन पर काया छीजे, फिर किस बल पर आसा कीजे ।
रूप रंग जो लगते नीके, कालावश सब पड़ते फीके ।। 3720/5205

छिन-छिन करके जीवन बीते, मान शान सब होते रीते ।
बैठो आस किसी की लावे, आयु निरंतर बीती जावे ।। 3721/5205

रुकता जब आगे का राही, पीछे वाला मिलता ज्यों ही ।
मर कर जन जो आगे जाते, तिन मिलते पीछे से नाते ।। 3722/5205

मिलती जिसको जीवन छाया, उसके संग मरण की माया ।
जौवन जाकर आय बुढ़ापा, तन पर रहता कँपन व्यापा ।। 3723/5205

✍दोहा॰ **नित्य सनातन हैं लगे, दोनों योग-वियोग ।**
ऐसा कोई ना हुआ, जिसको मिला न सोग ।। 4180/7162

युवा बुढ़ापा नित्य ज्यों, जन्म मरण का साथ ।
कोई तब कैसे बचे, काल करे जब घात ।। 4181/7162

143. Story of Bharat's meeting with Rāma (2. Ayodhyā Kānd)

दिन ढल कर ना लौटता, जब आती है रात ।
कार्य कर्म पहले करो, अवसर निकला जात ।। 4182/7162

(और भी)

भरा घड़ा ज्यों होता रीता, कोई सदा नहीं है जीता ।
चीज यहाँ हर आनी जानी, आय बुढ़ापा ढले जवानी ।। 3724/5205

गात-गात तब पड़ कर ढीले, तन झुरियाँ भर पड़ते पीले ।
केश श्वेत, मुख दंत शिथीले, घुटने गत, पग पड़ते लूले ।। 3725/5205

किस बल गर्व करोगे कैसा, पराधीन जब नर है ऐसा ।
स्वतंत्रता क्या चीज कहावे, जहाँ बनी पल में बिघड़ावे ।। 3726/5205

जिस पर कछु उपचार नहीं है, उसका होना सदा सही है ।
जिसका इलाज नहिँ है जाना, उस पर सोच किए क्यों रोना ।। 3727/5205

दोहा॰ गिरता तरु से फल पका, लगे हवा का झोंक ।
आयुष जी कर नर तथा, जाता है पर लोक ।। 4183/7162

मारे झपटा श्येन ज्यों, चिड़िया बचे न कोय ।
पाश तथा यम दूत का, मरण बुलावा होय ।। 4184/7162

जिसका ना उपचार है, ना जिस पर अधिकार ।
उस पर रो कर क्या मिले, नैनन अँसुअन ढार ।। 4185/7162

कौन यहाँ स्वाधीन है, सब जग उसके हाथ ।
काल-चक्र में सब फँसे, कोई चले न साथ ।। 4186/7162

(तथा ही)

सिंह झूँड पर झपटा मारे, शिकार चुन-चुन कर संहारे ।
चक्र काल का, किए चुनौती, ज्यों जी चाहे चुगता न्यौती ।। 3728/5205

जल सागर पर यथा बुदबुदे, भव सागर में तथा ही बंदे ।
मिलते जुलते फूट उचड़ते, मिल जुल कर दिल टूट बिछड़ते ।। 3729/5205

जल लहरों पर यथा बुलबुले, छोटे बड़े घने चमकीले ।

143. Story of Bharat's meeting with Rāma (2. Ayodhyā Kānd)

जनन जगत के तथा अकेले, राजा रंक जमाव कबीले ।। 3730/5205

जग में सुख-दुख बँटा है त्यों ही, कर्म-फलों से जुटा है ज्यों ही ।
गुरुदेव ने धर्म बताया, शास्त्र शब्द से कर्म कराया ।। 3731/5205

गुरुवर के हैं हम अनुयायी, जिनके वचन सदा सुखदाई ।
सत्य-धर्म हमरी अभिलाषा, पीड़ा शोक न हमें निराशा ।। 3732/5205

दोहा॰ जग में सुख-दुख है बँटा, दायाँ बायाँ हाथ ।
तथा कर्म से है जुटा, कर्म-फलों का साथ ।। 4187/7162

सुख-दुख जग में है बने, जैसे दिन अरु रात ।
दुख रजनी के बाद ही, आता सुखद प्रभात ।। 4188/7162

गुरुवर ने हमको कहा, सत्य-धर्म का मूल ।
क्रोध-शोक में डूब कर, मत करना तुम भूल ।। 4189/7162

(और कहा)

जन-सेवा की मति को धारे, परम गति को पिता सिधारे ।
दान धर्म से पूत पियारे, विलाप योग्य न पिता हमारे ।। 3733/5205

भरत बंधु! तुम जिद की त्यागो, अपने करतब करने जागो ।
रोना तज दो मेरे भ्राता! जाओ राज करो बन नेता ।। 3734/5205

(अत:)

चरण चिह्न पिता के लेखो, उनके पथ पर चलके देखो ।
हम दोनों का कर्म वही है, जो दिखलाया मार्ग सही है ।। 3735/5205

प्रण उनका नहिँ जावे टाला, वचन दिया सो जावे पाला ।
ऋण पितु के हैं मुझे चुकाने, बचनन उनके पूर्ण मुकाने ।। 3736/5205

उन गुरु जन का सुन कर कहना, पड़े नहीं पीछे पछताना ।
सोचो अब तुम भाई! ऐसी, सुख-शाँति दे पितु को जैसी ।। 3737/5205

दोहा॰ जन-सेवा अब धर्म है, तुम हो क्षत्रिय वीर ।
जाओ शासन अब करो, अधिक न ढारो नीर ।। 4190/7162

143. Story of Bharat's meeting with Rāma (2. Ayodhyā Kānd)

याद पिता को तुम रखो, हुए कर्म में लीन ।
अब तुम हठ को छोड़ कर, बनो विलाप विहीन ।। 4191/7162

चरित पिता का देख कर, बनो भरत! आदर्श ।
वचन भंग ना हम करें, न हि अकर्म को स्पर्श ।। 4192/7162

उतार दूँ ऋण पितृ के, पूरा कर वनवास ।
जाओ अब तुम लौट कर, मेरी है अरदास ।। 4193/7162

(भरत)

दोहा॰ सुन कर भी वच राम के, भरत न पाया तोष ।
बोला रघुपति को पुनः, सह विरोध, सह जोश ।। 4194/7162

माना मैंने, रामजी! तुम्हें वीर विख्यात ।
अगम कठिन कछु आपको, कहीं न कोई बात ।। 4195/7162

फिर भी मुझको, हे प्रभो! लगता है विपरीत ।
वन में बसता भूप है, तज कर कुल की रीत ।। 4196/7162

मम जननी है पापिनी, कर दूँ उसका घात ।
मगर न भाएगी तुम्हें, स्त्री हत्या की बात ।। 4197/7162

अग्रज, शासन छीन कर, वन में भेजा जाय ।
इसमें कैसा धर्म है, यह तो है अन्याय ।। 4198/7162

(अतः)

दोहा॰ मिट जावेगा जो हुआ, तुम पर है अपराध ।
चल कर शासन हाथ लो, होगा ना अपवाद[148] ।। 4199/7162

बिनती मेरी मानिये, वचन करो स्वीकार ।
वरना वन में मैं बसूँ, तुम सह वल्कल धार ।। 4200/7162

सब सुख मैं भी त्याग दूँ, बसूँ तिहारे साथ ।

---

[148] अपवाद = छुट exception.

143. Story of Bharat's meeting with Rāma (2. Ayodhyā Kānd)

लौटूँगा ना अवध को, सुनो प्रभो, रघुनाथ! ।। 4201/7162

(राम)

✍दोहा॰ **क्षात्र-धर्म ही न्याय है, वन हो, या हो राज ।**
पिता वचन को पालना, सत्य-धर्म का काज ।। 4202/7162

बोले रघुवर, सुन मम भाई! हठ को छोड़ो, हे सुखदाई! ।
पितु को मैंने वचन दिया है, उनको वर से मुक्त किया है ।। 3738/5205

पुत्र-धर्म को समझो, प्यारे! करो न्याय के फिर तुम नारे ।
सत्य-धर्म है वेद बखानी, मेरे मुख से सुनो पुरानी ।। 3739/5205

✍दोहा॰ **पितु-आज्ञा पालन करूँ, जब तक तन में जान ।**
सिद्ध करूँगा मैं उसे, देकर अपने प्राण ।। 4203/7162

धरो न धरना बैठ कर, तुम हो क्षत्रिय वीर ।
उठो, भरत रघुवर सखे! मन में धर कर धीर ।। 4204/7162

(फिर)

✍दोहा॰ **सबने बोला, ठीक हैं, राघव के उद्‌गार ।**
पितु-आज्ञा को पाल कर, कुल का है उद्धार ।। 4205/7162

सबने बोला भरत को, हठ को, सौम्य! निवार ।
चलो नीति को धार कर, राघव-मत अनुसार ।। 4206/7162

(अत:)

उठा भरत फिर मन अकुलाया, उसे राम ने कण्ठ लगाया ।
कहा लौट कर सुख से जाओ, जनपद के सब काज चलाओ ।। 3740/5205

करो, सखे! तुम शासन ऐसा, रघुकुल को शोभा दे जैसा ।
मातु बंधु को रखो सुखी तुम, स्वयं कभी ना बनो दुखी तुम ।। 3741/5205

गुजर चुका है जो था होना, अब उस पर है निष्फल रोना ।
गृह कलह मन में नहीं आवे, बिरहा क्षण मन को न सतावे ।। 3742/5205

संकल्प अटल मेरा जब है, आग्रह में क्या मतलब तब है ।

मानो कहना सबका, भाई! सुख से घर जाओ, सुखदाई! ।। 3743/5205

✍दोहा॰ **राघव बोले भरत को, करो नीति से काज ।**
ऊँचा रघुकुल नाम हो, सत्य-धर्म से राज ।। 4207/7162

मन में क्लेश न भेद हों, क्षमा करो अपराध ।
विरह सतावे ना तुम्हें, कभी आज के बाद ।। 4208/7162

दृढ़ मेरा संकल्प है, वन में चौदह वर्ष ।
रहूँ यथा प्रण है किया, तभी मुझे हो हर्ष ।। 4209/7162

(भरत)

भरत राम के आगे हारा, हठ जब मन से भागा सारा ।
बोला, एक कृपा हरि! करिए, पादुक तव मम कर में धरिए ।। 3744/5205

स्थान आपके इनको पूजूँ, सिंहासन पर मैं न बिराजूँ ।
राज करूँगा इनके नामा, राह तकूँगा तुमरी, रामा! ।। 3745/5205

बरस न चौदह यदि तुम आए, बचनन मेरे यदि न निभाए ।
राम! नाम लेकर मैं तेरा, ज्वाला में होजाऊँ ढेरा ।। 3746/5205

सिंहासन तव रहे अवध में, नाम तिहारे धरूँ सनद मैं ।
मैं तुमरा ही दास रहूँगा, नंदिग्राम में वास करूँगा ।। 3747/5205

(फिर, राम)

तथास्तु कह कर रघुभाई ने, भाई को आलिंगन दीन्हे ।
चारों भ्राता कण्ठ मिलाए, साथ सिया ने नीर बहाये ।। 3748/5205

राघव से जब अनुमति पाई, माता तब मन में हरषाई ।
राम-सिया को देत बधाई, आँखे सबकी थीं भर आई ।। 3749/5205

✍दोहा॰ **हरि के आगे हार कर, बोला भरत सुजान ।**
पादुक अपने, हे प्रभो! मुझको दो, श्रीराम! ।। 4210/7162

आसन पर इनको रखूँ, नृप मैं इनके नाम ।
शासन, राघव! मैं करूँ, जाकर नंदीग्राम ।। 4211/7162

143. Story of Bharat's meeting with Rāma (2. Ayodhyā Kānd)

राह तिहारी मैं तकूँ, राघव! चौदह वर्ष ।
तुम ना यदि लौटे तभी, जल जाऊँ सह हर्ष ।। 4212/7162

तथास्तु लेकर राम से, निकला भरत कुमार ।
आया लौटा अवध में, सिर पर पादुक धार ।। 4213/7162

संगीतश्रीकृष्णरामायण गीतमाला, पुष्प 562 of 763

दादरा ताल

(राम-भरत मिलाप की कथा)

स्थायी

गीत शारद ने मंजुल है गाया, साज नारद मुनि ने बजाया ।
रत्नाकर से है मंगल रचाया, रामायण को है सुंदर सजाया ।।
♫ म-ग म-म- म प-म- ग म-प-, रे-ग म-म- मध- प- मग-म- ।
रेगम-म म- म ध-प- गम-प-, रे-ग-म- म- म ध-प- मग-रे- ।।

अंतरा-1

देख सेना भरत की लखन ने, पाया विपरीत संदेह मन में ।
बोला, हमको ये हनने है आया, राम! उसका मैं कर दूँ सफाया ।।
♫ सां-सां नि-रें- सांधध नि- धपप म-, सांसां निनिरें-सां ध-नि-ध पप म- ।
मग म-म- म पपम- ग म-प-, रे-ग! म-म- म धधप- मग-रे- ।।

अंतरा-2

हाथ जोड़े भरत जऽब आया, राम को वो गले से लगाया ।
"चल बसे हैं पिताश्री," बताया, राम! तुमको मैं लेने को आया ।।

अंतरा-3

राम बोले, सुनो मेरे भाई! बात तुमने दुखद है सुनाई ।
फिर भी वादा जो मैंने किया है, वो तो पत्थर पे अक्षर भया है ।।

अंतरा-4

जाओ भाई! करो काज पूरा, रहे पितु का वचन ना अधूरा ।
राम ने भ्रात को समझाया, बस चौदह बरस में मैं आया ।।

144. Story of Bharat going to Nandigrām (2. Ayodhyā Kānd)

अयोध्या काण्ड : अठारहवाँ सर्ग

144. भरत के राज्यारोहण की कथा :

144. Story of Bharat going to Nandigrām *(2. Ayodhyā Kānd)*

संगीतश्रीकृष्णरामायण छन्दमाला, मोती 379 of 501

अरविंदक छन्द[149]

। । ।, । ऽ ।, । ऽ ।, ऽ । ।, ऽ । ऽ

(भरत राज्यारोहण)

चरणन वन्दन राम चंदर के किए ।
सिर पर पादुक पूज्य राघव की लिए ।। 1
भरत खुशी सह नंदिग्राम चला गया ।
अवध तजा अरु रामराज्य वहाँ किया ।। 2

श्लोक:

श्रीरामं वन्दनं कृत्वा धृत्वा शिरसि पादुके ।
आगतो नन्दिग्रामे स रामराज्यं हि स्थापितुम् ।। 1962/2422

---

[149] **अरविंदक छन्द** : इस 15 वर्ण, 20 मात्रा वाले अष्टि छन्द में न ज ज भ र गण आते हैं । लक्षण सूत्र । । ।, । ऽ ।, । ऽ ।, ऽ । ।, ऽ । ऽ है । विराम चरणांत ।

▶ लक्षण गीत : **दोहा॰ बीस मत्त का जो बना, सजा न ज ज भ र वृंद ।**
अक्षर पन्द्रह से सजा, "अरविंदक" है छंद ।। 4214/7162

144. Story of Bharat going to Nandigrām (2. Ayodhyā Kānd)

📖 कथा 📖

(भरत)

हरि की पादुक सिर पर धारे, भरत अवध में आन पधारे ।
उनको देखे प्रिय जन प्यारे, जनपद जन सब हर्षित भारे ।। 3750/5205

तीनों माता राज भवन में, आईं अति दुखियारी मन में ।
अपना दुख वे किससे बाँटे, अपना ही मन उनको काटे ।। 3751/5205

✍️दोहा॰   हरि-पादुक सिर पर धरे, आया भरत कुमार ।
अचरज जनपद लोग को, तापस भरत निहार ।। 4215f/7162

(राज सभा में)

वचन भरत ने अति अनमोले, राज सभा के आगे बोले ।
"राम हमारा अधिराजा है, हम सब उसकी आम प्रजा हैं" ।। 3752/5205

"अवध नगर का आसन नीका, रहे सुरक्षित राघवजी का ।
उसको मैंने पाँव लगाना, राघव का अपमान है जाना" ।। 3753/5205

"राज करूँगा नंदिग्राम से, काज चलेगा राम-नाम से ।
अनुमति दो नगरी तज जाऊँ, नंदिग्राम में सभा सजाऊँ" ।। 3754/5205

✍️दोहा॰   राज सभा में भरत ने, कहे वचन अनमोल ।
"नृप हमरे श्री राम हैं, बाजे उनका ढोल" ।। 4216/7162

अवध नगर है राम का, मेरा नंदीग्राम ।
अनुमति दो सब मिल मुझे, वहाँ करूँ मैं धाम ।। 4217/7162

(तब, भरत)

सिंहासन नग मोति जड़ाऊँ, ऊपर रक्खूँ राम-खड़ाऊँ ।
नंदिग्राम में, बन कर राजा, मृग छाला पर भरत बिराजा ।। 3755/5205

बोला, "अब ये पादुक दोनों, राघव के हैं प्रतिनिधि जानों ।
शासन होगा इनके नामा, राघव सेवा हमरा कामा ।। 3756/5205

144. Story of Bharat going to Nandigrām (2. Ayodhyā Kānd)

"पादुक राम-धरोहर भारी, आज हमारी है अधिकारी ।
मैं राजूँगा वल्कल-धारी, कन्द-मूल फल शाकाहारी" ।। 3757/5205

वचन सभा ने तुरत स्वीकारा, तथास्तु सह जय घोष उचारा ।
निकला भरत अवध को तज कर, समारोह में मुनि सम सज कर ।। 3758/5205

दोहा॰ **सभा-जनों ने भरत के, स्त्युत्य कहे सब काम ।**
सिंहासन पर पादुका, रखी राम के नाम ।। 4218/7162

नंदिग्राम में भरत जी, मृग की त्वाचा बिछाय ।
बैठे शासन के लिए, आगे सभा बिठाय ।। 4219/7162

कीन्हा वल्कल पहन कर, कंद मूल जल-पान ।
नीति नियम सब पाल कर, शासन राघव-नाम ।। 4220/7162

(फिर)

नीति न्याय से शासन कीन्हा, मान भरत ने सबको दीन्हा ।
रोटी कपड़ा सबको दीन्हा, कोइ न भूखा निवास हीना ।। 3759/5205

जनपद के सब जन थे बंधु, जनपद नेह भरा भवसिंधु ।
मधु के कुम्भ सभी के मुख थे, दूर भगाये सबने दुख थे ।। 3760/5205

सब थे राम-नाम अनुरागी, निर्मल मन, हँस मुख फल-त्यागी ।
रघु चरण पर भरत ने वारा, धन संपद् तन-मन सुख सारा ।। 3761/5205

विनय प्रीति से जनपद पाला, कार्यभार रघु-नाम सँभाला ।
नियम लोकमत के अनुसारे, जो भी जनप्रतिनिधि को प्यारे ।। 3762/5205

दोहा॰ **रोटी कपड़ा अवध में, सबको मिला मकान ।**
कोई भूखा ना रहा, "राम-राज्य" के नाम ।। 4221/7162

जनपद के जन बंधु थे, सबको सबसे प्यार ।
मुख में मंगल शब्द थे, दुःख हृदय से पार ।। 4222/7162

अनुरागी थे राम के, बूढ़े बाल जवान ।

144. Story of Bharat going to Nandigrām (2. Ayodhyā Kānd)

सबके मुख में रात दिन, एक राम का नाम ।। 4223/7162

विनय प्रीति से भरत ने, पाला जनपद ग्राम ।
जन मत के अनुसार ही, किया स्वर्ग सा धाम ।। 4224/7162

(और)

अपराधी पद से हट जाता, चाहे नृप हो, या नृप भ्राता ।
वर्ण चार सम्मान सहित थे, ऊँच नीच के भेद रहित थे ।। 3763/5205

वर्ण, कर्म का गुण था जाना, जन्म जाति से नहिँ था माना ।
यथा राम ने सदा बताया, तथा भरत ने किया कराया ।। 3764/5205

राम-राज्य यों रचा सुहाना, हर नर जिसमें सुखी सुजाना ।
सबने सीखी सौम्य समदृष्टि, सब बरसाते प्रेम की वृष्टि ।। 3765/5205

न कोई जिसमें कभी कराहा, अखिल विश्व ने जिसे सराहा ।
भारतीय शुभ युग कहलाया, राम-राज्य को भरत चलाया ।। 3766/5205

दोहा॰ अपराधी पद त्यागता, पद को अपने आप ।
चाहे जनता आम हो, या फिर नृप का बाप ।। 4225/7162

वर्ण-कर्म को मान था, नहीं जाति का मान ।
अखिल विश्व में एक था, राम-राज्य का नाम ।। 4226/7162

संगीतश्रीकृष्णरामायण गीतमाला, पुष्प 563 of 763

दादरा ताल

(भरत राज्यारोहण की कथा)

स्थायी

गीत शारद ने मंजुल है गाया, साज नारद मुनि ने बजाया ।
रत्नाकर से है मंगल रचाया, रामायण को है सुंदर सजाया ।।

म-ग म-म- म प-म- ग म-प-, रे-ग म-म- मध- प- मग-म- ।
रेगम-म म- म ध-प- गम-प-, रे-ग-म- म- म ध-प- मग-रे- ।।

अंतरा-1

144. Story of Bharat going to Nandigrām (2. Ayodhyā Kānd)

सिर पे राघव की पादुऽक धारे, लौटा भाई की आज्ञा स्वीकारे ।
सिंहासन वो अवध का न छूआ, नंदीग्रामऽ में आसन लगाया ।।

♪ सां- सां नि-रेंरें सां ध-नि-ध प-म-, सांसां नि-रें- सां ध-नि- धप-म- ।
मग-मम म- मपप म- ग म-प-, रेगम-म- म ध-पप मग-रे- ।।

अंतरा-2

जनपद में न कोई दुखी था, रोजी-रोटी से हर दम सुखी था ।
कोई चोरी फरेबी न डाका, कोई भूखा न झूठा न फाँका ।।

अंतरा-3

उसने जनता को सम्मान दीन्हा, रामराज्यऽ को स्थापित कीन्हा ।
सुख-शाँतिऽ से कामऽ सँभाला, राज राघव के नामऽ चलाया ।।

(इति)

दोहा॰ मुनिवर नारद हैं सदा, रत्नाकर के साथ ।
सरस्वती की है दया, करी कृपा रघुनाथ ।। 4227/7162

श्लोक गीत दोहे सजा, चौपाई का ठाठ ।
हरि किरपा से पूर्ण है, अवध काण्ड का पाठ ।। 4228/7162

144. Story of Bharat going to Nandigrām (2. Ayodhyā Kānd)

3. Aranya Kānd

अध्याय 3

अरण्य काण्ड

3. Aranya Kānd

3. Aranya Kānd

3. Aranya Kānd

अध्याय 3

अरण्य काण्ड

(अथ)

दोहा॰ यहाँ हुआ है इस तरह, अवध काण्ड निःशेष ।
अरण्य-काण्ड के पाठ का, अब विमल श्रीगणेश ।। 4229/7162

अरण्य काण्ड : पहला सर्ग

संगीतश्रीकृष्णरामायण गीतमाला, पुष्प 564 of 763

कहरवाताल 8 मात्रा

(चाल और तबला ठेका के लिए देखिए हमारी "*नई संगीत रोशनी*" का गीत 88)

(दर्शन दो अंबे)

स्थायी

दरशन दे दो, हमको अंबे, देवी चरण में ले लो ।
मोहे, अपनी शरण में ले लो, देवी दरशन दे दो ।। देवी॰

सांसारेंसां सां- निध, रेंसांरेंसां रें-सां-, निरेंसांनि धपग म प नि- - - - ।
धप, ममम- ममप म निप मग- -, सासा धधधप धपनिध पम- - - - - - ।।

अंतरा-1

दुर्गे दुर्घट नाम तिहारो, सबके पाप निबारो ।
भव सागर से ऊब गए हम, हमको आके उबारो ।।
देवी, दरशन दे दो, देवी! दरशन दे दो ।

धधध- धधधध धनिनि निनि-निप, पनिपम ग-प मम- - - म- - - ।
सांसा रेंसांसांसां निध सां-रे सांसां- सांनि, निरेंसांनि धपग मपनि- - - - ।। धप॰

अंतरा-2

आओ सपनन रूप निहारूँ, देवी मोहे निहारो ।
तेरे द्वारे आन खड़ा हूँ, मोरे कष्ट उतारो ।।
देवी, दरशन रे दो, देवी दरशन दे दो ।

145. Story of Virtuous Anasūyā (Rāmāyan, 3. Aranya Kānd)

145. साध्वी अनसूया की कथा :

145. Story of Virtuous Anasūyā *(Rāmāyan, 3. Aranya Kānd)*

♫ संगीतश्रीकृष्णरामायण छन्दमाला, मोती 380 of 501

मणिमाला छन्द[150]

ऽ ऽ ।, । ऽ ऽ, ऽ ऽ ।, । ऽ ऽ

(अनसूया)

अत्री ऋषि की स्त्री थी प्रीतम प्यारी ।
साध्वी अनसूया थी सद्गुण क्यारी ।। 1
पारायण वेदों के साठ करे वो ।
नारायण पूजा के पाठ करे वो ।। 2

अत्री मठ में थी सीता जब आई ।
दीन्ही अनसूया शालीन बधाई ।। 3
सीता उस माँ के आगे कर जोड़े ।
बोली, वन आई हूँ मैं घर छोड़े ।। 4

माता अनसूया दीन्ही उपदेसा ।
"कीजो पति का तू सीते! नित तोसा ।। 5
"हो काज तिहारे सीते! सब एते ।
"स्वामी सुख पावे, पाते सुर जेते" ।। 6

ॐ श्लोकाः

चित्रकूटं परित्यज्य रामः सीता च लक्ष्मणः ।
दण्डकं प्रति गच्छन्त अत्र्याश्रमे समागताः ।। 1963/2422

---

[150] ♫ **मणिमाला छन्द** : इस 12 वर्ण, 20 मात्रा वाले अष्टि छन्द के चरणों में त य त य गण आते हैं । इसका लक्षण सूत्र ऽ ऽ ।, । ऽ ऽ, ऽ ऽ ।, । ऽ ऽ इस प्रकार है । विराम 6-6 पर विकल्प से होता है ।

▶ लक्षण गीत : ✍ **दोहा॰ मत्त बीस का जो बुना, छः छः मात्रा वृंद ।**
त य त य गण की शृंखला, "मणिमाला" है छंद ।। 4230/7162

145-A. Story of Lord Dattātraya (Rāmāyan, 3. Aranya Kānd)

अनसूया मुनेर्भार्या साध्वी देवी पतिव्रता ।
पवित्रं पुण्यदं सीतां पातिव्रत्यमवर्णयत् ।। 1964/2422

दत्तात्रय: सुतस्तस्य पुण्यदाता दिगम्बर: ।
त्रिशीर्षश्च शिवानन्द: महाज्ञानी च सद्गुरु: ।। 1965/2422

145-A. Story of Lord Dattātraya *(Rāmāyan, 3. Aranya Kānd)*

📖 कथा 📖

गए भरत जन लौट अयोध्या, याद सतावे सुबहो संध्या ।
शब्द भरत के स्थान-स्थान में, फिर-फिर आते सदा ध्यान में ।। 3767/5205

माताओं की वाणी सुमधुर, गूँज कान में करता परिसर ।
स्मरण चक्र उनका, अटूट है, व्यग्र करत मन, चित्रकूट है ।। 3768/5205

अवध-लोग आते सुमिरन में, सेना के पद-चिह्न विपिन में ।
निहार उनको राघव रोते, लषण सिया भी दुखिया होते ।। 3769/5205

स्नेह पुन: वे जोड़ गए थे, छापा अपना छोड़ गए थे ।
विराग-जीवन छेड़ गए थे, चित्रकूट-गौ भेड़ भए थे ।। 3770/5205

याद सताती जगते सोते, सिमर-सिमर मन खाता गोते ।
ध्यान मनन आधे रह जाते, प्रण के व्रत में बाधा लाते ।। 3771/5205

दोहा॰ चित्रकूट से भरत के, अवध लौटने बाद ।
बंधु मातु गुरु वृंद की, आई फिर-फिर याद ।। 4231/7162

स्थान-स्थान से थे जुड़े, उनके सुमिरण **बोल** ।
प्रतिमा उनकी कर्ण में, सदा बजाती **ढोल** ।। 4232/7162

भरत जहाँ पर था खड़ा, भू पर घुटने **टेक** ।
स्मृति पट पर वे देखते, वहाँ दृश्य **प्रत्येक** ।। 4233/7162

शब्द बिलखते भरत के, गिरे नैन से **नीर** ।
आग्रह उसका स्नेह से, हृदय चलावे **तीर** ।। 4234/7162

145-A. Story of Lord Dattātraya (Rāmāyan, 3. Aranya Kānd)

कहता वह कर जोड़ कर, मुझको बारंबार ।
चलो सखे! तुम अवध को, लेने निज अधिकार ।। 4235/7162

गले लगाना भरत का, रखना पग पर शीश ।
स्नेह भरे फिर भरत को, सीता के आशीष ।। 4236/7162

रोना माता-तीन का, गुरुवर का उपदेश ।
अवध जनों की प्रार्थना, प्रेम भरा उद्देश ।। 4237/7162

सैन्य गया पद चिह्न को, स्थान-स्थान पर छोड़ ।
लीद अश्व की विपिन में, गयी वन्यता मोड़ ।। 4238/7162

(एक दिन)

शाँति अब नहीं यहाँ जिया को, राघव बोले लखन सिया को ।
चलो दूर चलते हैं आगे, यथा इतिहास के हों धागे ।। 3772/5205

तजने चित्रकूट गिरि प्यारा, कीन्हा सबने दृढ़ निर्धारा ।
ऐसा करके सोच विचारा, कुटिया त्यागी श्री रघुबीरा ।। 3773/5205

दक्षिण पश्चिम चल कर क्रम में, आए अत्री-ऋषि आश्रम में ।
अनसूया अरु अत्री ऋषि ने, राम-सिया के स्वागत कीन्हे ।। 3774/5205

अनसूया अति साध्वी मति की, कन्या कर्दम देवहूति की ।
सुपुत्र उसका दत्तात्रय था, दत्त दिगंबर सदय-हृदय था ।। 3775/5205

✍**दोहा॰** **राघव ने की एक दिन, लखन-सिया से बात ।**
याद यहाँ पर अवध की, जहाँ-तहाँ दिन-रात ।। 4239/7162

चलें यहाँ से दूर हम, चित्रकूट को छोड़ ।
मिले इसी इतिहास को, एक नया सा मोड़ ।। 4240/7162

"विधि का भी इस खेल में, कुछ हो मतलब साथ ।
कठपुतली हम हैं सभी, नाचत उसके हाथ" ।। 4241/7162

(अत:)

✍**दोहा॰** **निकल पड़े तीनों वनी, प्यारी कुटिया छोड़ ।**

145-A. Story of Lord Dattātraya (Rāmāyan, 3. Aranya Kānd)

जंगल के पथ पर चले, दक्षिण पश्चिम मोड़ ।। 4242/7162

आए जब तीनों वनी, अत्रि मुनि के द्वार ।
अनसूया ने शुभ किया, स्वागत दीठ-उतार ।। 4243/7162

साध्वी अनसूया सती, अत्रि ऋषि की नार ।
सुपुत्र उनका दत्त था, शिवजी का अवतार ।। 4244/7162

संगीत-श्रीकृष्णरामायण गीतमाला, पुष्प 565 of 763

भजन : कहरवाताल 8 मात्रा

(चाल और तबला ठेका के लिए देखिए हमारी *"नई संगीत रोशनी"* का गीत 85)

(दत्त गुरु)

स्थायी

दत्त गुरु मेरा, जय जय हो ।

दत्ता दिगंबर, शिव शिव ओम् । दत्ता दिगंबर, शिव शिव ओम्, बोलो ।

सद्गुरु मेरा, जय जय हो ।।

♪ मप पम पधधप, पध पम म- - - ।
निनि- निनि-निनि, सांरें सांनि ध-पम । निनि- निनि-निनि, सांरें सांनि ध-, धध ।
मपपम पधधप, पध पम म- - - ।।

अंतरा-1

मुख माँगे दान देता, सब से न्यारा न्यारा ।
जग में जिस का बोल बाला, हर हर ओम् ।
आहा! तीन मुखी सत् नाम कहो ।।

♪ गग गग म-म पप, नि- ध पम म-म- ।
नि- नि नि- नि नि-नि निनि, सांरें सांनि ध- ।
पप! मपप मपध धप पधप मम- - - ।।

अंतरा-2

दुख करे दूर सारे, सब से प्यारा प्यारा ।
सबसे ऊँचे नाम वाला, हर हर ओम् ।
आहा! दीन दुखी भगवान् कहो ।।

145. Story of Virtuous Anasūyā continued (3. Aranya Kānd)

अंतरा–3

सुख देता ढेर सारे, दत्तात्रय मेरा ।
हम पर उसने जादू डारा, हर हर ओम् ।
आहा! एक सखा सियराम कहो ।।

145. Story of Virtuous Anasūyā continued *(3. Aranya Kānd)*

📖 कथा 📖

(अनूसया)

अनसूया थी धर्मचारिणी, पतिव्रता कल्याण कारिणी ।
अनसूया ने कमाल कर दी, सूखी गंगा जल से भर दी ।। 3776/5205

दोहा॰   अनसूया थी जोगिनी, धर्मचारिणी नार ।
         पतिव्रता सुखकारिणी, अत्री मुनि की दार ।। 4245/7162

(सीता)

दोहा॰   इक दिन बैठी थी सिया, अनसूया के पास ।
         बोली, मुझको ज्ञान दो, सफल बने वनवास ।। 4246/7162

         सद्गुण इतना दीजिए, माते! मुझको आज ।
         उदास मैं ना हूँ कभी, ना ही बिगड़े काज ।। 4247/7162

         पतिव्रता मैं दृढ़ रहूँ, तन्मय पति की ओर ।
         मुझ पर कोई आ पड़े, अगर समस्या घोर ।। 4248/7162

         विचलित मेरा मन कभी, ना हो लालच, पाप ।
         माता! मुझको दीजिए, ऐसा आशिष आप ।। 4249/7162

         जग की सारी नारियाँ, सुन कर उसके बाद ।
         विचलित ना होवें कभी, किसी वजह के साथ ।। 4250/7162

(अनूसया)

दोहा॰   सुनलो सीते! गौर से, देकर अपना ध्यान ।
         मानव के कल्याण का, गूढ़ श्रेष्ठ यह ज्ञान ।। 4251/7162

         बोली वृद्धा तापसी, करके नम्र प्रणाम ।
         "कृपा अगम है राम की, जय जय जय सिय राम ।। 4252/7162

145. Story of Virtuous Anasūyā continued (3. Aranya Kānd)

"जीवन तेरा है, सिया! पावन गंग समान ।
स्त्री-जग में आदर्श तुम, जय जय जय सिय राम ।। 4253/7162

"तज कर गृह संसार को, देकर सब कुछ दान ।
आई वन में जानकी, जय जय जय सिय राम ।। 4254/7162

"आई वन घन-घोर में, बिना किसी अभिमान ।
दमके पति सह दामिनी, जय जय जय सिय राम" ।। 4255/7162

(और)

✍ दोहा॰ "पावन पति-अनुगामिनी, परे किए सुख-काम ।
तुम हो त्रिभुवन स्वामिनी, जय जय जय सिय राम ।। 4256/7162

"सीते! तुम बड़भागिनी, तुम्हें मिला पति राम ।
परम स्वर्ग अधिकारिणी, जय जय जय सिय राम ।। 4257/7162

"मति है सम जिसकी सदा, कर्म योग वरदान ।
पति-पथ ही अनुसारिणी, जय जय जय सिय राम ।। 4258/7162

"कर्म धर्म अनुसारिणी, हाथ राम का थाम ।
घोर विपद् हँस कर सहे, जय जय जय सिय राम" ।। 4259/7162

(और भी)

✍ दोहा॰ "पतिप्रेम से जो पगे,[151] नारी उसका नाम ।
पति-सेवा में जो लगे, जय जय जय सिय राम ।। 4260/7162

"जिसकी संपद् है पति, हिरदय पति का धाम ।
तन-मन पति पर वार दे, जय जय जय सिय राम ।। 4261/7162

"पति चिंतन में रत सदा, निश-दिन चारों याम ।
नारी त्रिभुवन जीत ले, जय जय जय सिय राम ।। 4262/7162

"पति सम चंगी कछु नहीं, धन दौलत की खान ।
पति होते, तंगी नहीं, जय जय जय सिय राम ।। 4263/7162

---

[151] पगना = प्रेम में डूबना ।

145. Story of Virtuous Anasūyā continued (3. Aranya Kānd)

"पतिप्रतिष्ठा पालती, देकर अपनी जान ।
पति परमेश्वर मानती, जय जय जय सिय राम ।। 4264/7162

"दुराचार से जो परे, वनिता उसका नाम ।
पर-नर जिसके बंधु हैं, जय जय जय सिय राम ।। 4265/7162

"सावित्री सम साधवी, होवे तेरा नाम ।
पति-संगत में तुम रहो, जय जय जय सिय राम ।। 4266/7162

"गौरी के नित संग ही, शिव शंकर भगवान ।
"गौरी कूदी आग में, जय जय जय सिय राम" ।। 4267/7162

(सीता)

बोली सीता, सच है तेरा, नाथ संग हो सदा बसेरा ।
साथ पति के सदा रहूँगी, सुख-दुख उसके सभी सहूँगी ।। 3777/5205

सच है, देवी! तेरा कहना, पति, सती का अमोल गहना ।
भोगूँ कभी न सुख वो कोई, पतिव्रता का धर्म न जोही ।। 3778/5205

दोहा॰ सीता बोली, हे सती! वच तुमरे अनमोल ।
तुमने दीन्हा ज्ञान है, देवी! अमृत घोल ।। 4268/7162

पतिव्रता का धर्म मैं, पालूँ इसके बाद ।
व्रत विचलित ना हूँ कभी, दीजो आशीर्वाद ।। 4269/7162

संगीतश्रीकृष्णरामायण गीतमाला, पुष्प 566 of 763

दादरा ताल

(अनसूया की कथा)

स्थायी

गीत शारद ने मंजुल है गाया, साज नारद मुनि ने बजाया ।
रत्नाकर से है मंगल रचाया, रामायण को है सुंदर सजाया ।।

म-ग म-म- म प-म- ग म-प-, रे-ग म-म- मध- प- मग-म- ।
रेगम-म म- म ध-प- गम-प-, रे-ग-म- म- म ध-प- मग-रे- ।।

146. Story of Sage Sharbhanga (Rāmāyan, 3. Aranya Kānd)

अंतरा-1

जबसे लौटा भरत था अयोध्या, उसकी यादें चुभी सुबह संध्या ।

बोले राघव, चलें दूर भैया! जहाँ घर की सतावे न माया ।।

♫ सां-सां नि-रें- सांधध नि- धप-म-, सां-सां नि-रें- सांध- निनिध प-म- ।

मग म-म-, मप- म-ग म-प-! रेग- मम म- मध-प- म ग-रे- ।।

अंतरा-2

चलते-चलते थके तीनों भारे, आए अत्री मुनिऽवर के द्वारे ।

अनसूया मुनिऽवर की जाया, धर्म नारी का सिय को सिखाया ।।

अंतरा-3

"पत्नी भर्ता की है पऽरछाया, सदा तुमरी उसी पर हो माया ।

घोर दुख भी कभी घिर के आया, पर नर हो सदा ही पराया" ।।

अरण्य काण्ड : दूसरा सर्ग

146. श्री शरभंग मुनि की कथा :

146. Story of Sage Sharbhanga *(Rāmāyan, 3. Aranya Kānd)*

♫ संगीतश्रीकृष्णरामायण छन्दमाला, मोती 381 of 501

शरमाला छन्द[152]

ऽ । ।, ऽ । ।, ऽ । ।, ऽ । ।, । । ऽ, ऽ

(शरभंग मुनि)

दंडक के वन में रहता मुनि शरभंगा ।

संत समाज उसे कहता सद् गुण गंगा ।। 1

[152] ♫ **शरमाला छन्द** : इस 16 वर्ण, 22 मात्रा वाले छन्द में चरण में भ भ भ भ स गण और एक गुरु वर्ण आता है । इसका लक्षण सूत्र ऽ । ।, ऽ । ।, ऽ । ।, ऽ । ।, । । ऽ, ऽ इस प्रकार होता है । इसके 7-9 वर्ण पर यति विकल्प से आता है ।

▶ लक्षण गीत : **दोहा० मत्त बाईस का रचा, गुरु मात्रा से अंत ।**

जहाँ भ भ भ भ स गण मिले, "शरमाला" वह छंद ।। 4270/7162

146. Story of Sage Sharbhanga (Rāmāyan, 3. Aranya Kānd)

आश्रम में उसके ऋषि तापस मुनि आते ।
ध्यान लगा कर वे मन में हरि हरि गाते ।। 2

श्लोकौ

शरभङ्गो महायोगी निवसति स्म दण्डके ।
ऋषयो मुनयस्तस्मात्-पठन्ति वेदवाङ्मयम् ।। 1966/2422

रामनाम जपन्ति स्म भजनकीर्तनानि च ।
स आह रामचन्द्रं त्वं सुतीक्ष्णं मिल राघव ।। 1967/2422

कथा

(वन के पथ पर)

दोहा॰ अनसूया को कह विदा, निकले सीता-राम ।
साथ लखन था गा रहा, जय जय सीता-राम ।। 4271/7162

राम-लखन-सिय वन-वन फिरते, आश्रम कुटियाँ ग्राम गुजरते ।
मिलते ऋषि-मुनि साधु जनों से, योगी तापस महामनों से ।। 3779/5205

सजग लखन रह कर दिन-राती, हरता विपदा जो बन आती ।
रामचंद्र का अनुज दुलारा, सेवक राम-सिया का प्यारा ।। 3780/5205

दोहा॰ वन से वन राघव चले, चले ग्राम से ग्राम ।
ऋषि-मुनि जन सत्संग में, गाते, जय सियराम! ।। 4272/7162

लछमन सेवा में लगा, रहता था दिन-रात ।
राघव उसके थे पिता, सीता उसकी मात ।। 4273/7162

(मुनि जन)

बैठ रामजी मुनि मंडल में, गाते सुनते रव मंगल में ।
मुनि जन गाते गीत हरि के, भिन्न राग में विविध तरीके ।। 3781/5205

दोहा॰ मुनि मंडल श्री राम को, विविध सुनाते गान ।
तन्मय गाते हरि! हरि! विविध राग की तान ।। 4274/7162

संगीतश्रीकृष्णरामायण गीतमाला, पुष्प 567 of 763

146. Story of Sage Sharbhanga (Rāmāyan, 3. Aranya Kānd)

(चाल और तबला ठेका के लिए देखिए

हमारी "*नई संगीत रोशनी*" का गीत 107)

भजन : राग बिलावल, कहरवा ताल 8 मात्रा

(रामायण चौपाई)

दोहा॰

राम-सिया वन को चले, लखन लला है साथ ।

मातु-पिता गृह को तजे, धन्य-धन्य रघुनाथ ।। 4275/7162

♫ नि-नि निनि- निनि सां - - निसां- - -, निनिनि निनि- रेंसां सां- - सां ।

नि-नि निनिप पप पग- परे- - -, ग-ग परेरेरे रेसा- -सा ।।

स्थायी

चंदन तिलक सुमंगल माथे, चंदन तिलक सुमंगल माथे ।

दशरथ नंदन राम सुहाते ।

श्री राम जय राम-, जय जय रामा, जय राम-सिया राम-, जय जय रामा ।।

जय राम-सिया राम, जय राम सियाराम-, जय जय रामा ।।

♫ -ग-गप रेरेसा सानि़प़रेरे गरेसारे, -ग-गप रेरेसा सा-नि़प़रेरे गरे-सा- ।

-पगपप निसांरेंसांनिप पगग परे-सा- ।

-गग गप रेरे सासा-, नि़प़ रेरे गरे-सा-ग, गग गप रेरेसासा-, नि़प़ रेरे गरे-सा- ।।

अंतरा-1

शीश जटा कटि वल्कल धारे, कानन कुंडल नयन लुभाते ।

जय राम-सिया राम, सियाराम जय जय रामा ।।

♫ -पगप पसां- सांसां- निनिनिरें ध-प-, -गगगप रे-सासा -नि़प़रे रेगरे-सा- ।

-गग गप रेरे सासा- नि़प़ रेरे गरे-सा-, गग गप रेरे सासा- नि़प़ रेरे गरे-सा- ।।

अंतरा-2

मुख मंडल पर हास्य बिराजे, विघ्न कष्ट कछु नाहि दुखाते ।

अंतरा-3

वीर धनुर्धर धीरज धारी, संकट मोचन राम कहाते ।

अंतरा-4

राम रमैया भव की नैया, राम-नाम नर को हरसाते ।

अंतरा-5

146. Story of Sage Sharbhanga (Rāmāyan, 3. Aranya Kānd)

राम सहारे, राम किनारे, राम-नाम सब दुख बिसराते ।

अंतरा-6

भीषण पाप मनुष के जेते, राम-नाम से सब छुट जाते ।

अंतरा-7

राम-सिया संग लछमन सोहे, लखन लला सब जन को भाते ।

अंतरा-8

राज काज सुख तज कर सारे, मातु-तात के बचन निभाते ।

अंतरा-9

सिया संग प्रभु वन में बिराजे, भगतन राम चरित शुभ गाते ।

अंतरा-10

वाह वाह रे दशरथ राजा! धन्य-धन्य कौशल्या माते! ।

दोहा॰

दीन-दयाला आप हैं, करुण कृपालु राम! ।
कौशल्या सुत, हे सखे! पाहि पाहि रे माम् ।। 4276/7162

♪ नि-नि निनि-नि- सां- -नि सां- - -, निनिनि निनि-रेंसां सां- -सां ।
नि-नि-निप पप-, ग- परे- - -! ग-ग परेरे रेसा सा- -सा ।।

(मुनि जन)

मुनि जन आते दर्शन पाने, भक्ति परम से भजनन गाने ।
सभा संत-संगम सत्संगा, विमल विचारा ज्ञान तरंगा ।। 3782/5205

दोहा॰ ऋषि-मुनि आते दूर से, देखन सचिदानंद ।
भक्ति सुधारस पान कर, पाते परमानंद ।। 4277/7162

(राहों में)

ग्राम-ग्राम में तरु बेली पर, तोते करत मधुर रव सुंदर ।
गाय बकरियाँ महिषी खेचर, गल में घंटी नाद मनोहर ।। 3783/5205

दूध दधि माखन घृत बालक, खाते, दीन्हा जो जग-पालक ।
वन-वन हरिण शशक कपि बंदर, तरु पर शुक मैना, खग अंबर ।। 3784/5205

वनचर पशु बहु भाँति दिखते, सब आपस में शाँति रखते ।
गुफा-गुफा मुनि आसन लीन्हो, दृश्य देख हरषाते तीनों ।। 3785/5205

146. Story of Sage Sharbhanga (Rāmāyan, 3. Aranya Kānd)

कहीं रात निर्जन में रुकते, कभी ग्राम मंदिर में टिकते ।
कभी रात दिन मौन मनाते, कभी भगत मिल मौज मनाते ।। 3786/5205

जिस थल राम-लखन-सिय आते, वन्य जनों से स्वागत पाते ।
जो भी ऋषि-मुनि मधु फल लाते, राम-लखन-सिय सुख से खाते ।। 3787/5205

दोहा॰   रुक कर राघव ग्राम में, जभी बिताते रात ।
पाते स्वागत जनन से, कंद मूल सौगात ।। 4278/7162

रुकते मंदिर में कभी, प्रभु चरणन में राम ।
निर्जन वन स्थल में कभी, कर लेते आराम ।। 4279/7162

(यों)
ग्राम-ग्राम वन-वन यों होते, मुनि वन जन में नेह पिरोते ।
आए आश्रम शरभंग मुनि के, दिव्य देह उत्तुंग गुनी के ।। 3788/5205

मुनिवर स्वागत उनका कीन्हा, बिराजने को आसन दीन्हा ।
राम-लखन-सिय शीश नवाए, हाथ जोड़ आभार जताए ।। 3789/5205

(शरभंग मुनि)
बहु विश्रुत थे मुनि शरभंगा, मुनि मंडल था उनका चंगा ।
दंडक वन में मुनि जन जितने, अनुयाई थे उनके उतने ।। 3790/5205

दोहा॰   चलते राह अरण्य की, लछमन सीता राम ।
आए मुनि शरभंग के, दंडक आश्रम धाम ।। 4280/7162

दंडक वन अति घोर में, असुरों का था जोर ।
ऋषि-मुनि जन सब तंग थे, हाय! हाय! का शोर ।। 4281/7162

यज्ञ कर्म मुनिवर थे करते, दुष्ट असुर उनसे थे डरते ।
असुर विदेशी दंडक वन में, भय डारे थे मुनि जन मन में ।। 3791/5205

दोहा॰   मुनि ने देखा राम को, तेजस्वी बलवीर ।
धनुष्य काँधे शोभता, और हाथ में तीर ।। 4282/7162

मुनिवर बोले राम से, यहीं करो तुम वास ।

146. Story of Sage Sharbhanga (Rāmāyan, 3. Aranya Kānd)

मुनि मंडल को मैं करूँ, रघुवर! तुमरा दास ।। 4283/7162

सुतीक्ष्ण मुनि से तुम मिलो, दंडक वन में आज ।
बतलावेंगे वे तुम्हें, स्थान, जहाँ हो काज ।। 4284/7162

वृद्ध बहुत मैं हो चुका, अंतिम मेरे श्वास ।
दर्शन तुमरे जो मिले, और न जीवन आस ।। 4285/7162

आज तुम्हारे दरस से, बुझी नैन की प्यास ।
सफल भई मम साधना, अब लूँ अंतिम साँस ।। 4286/7162

धन्य-धन्य मैं हो गया, जीवन मेरा पूत ।
इतना कह कर मुनि पड़े, यज्ञ कुंड में कूद ।। 4287/7162

संगीतश्रीकृष्णरामायण गीतमाला, पुष्प 568 of 763

दादरा ताल

(शरभंग मुनि की कथा)

स्थायी

गीत शारद ने मंजुल है गाया, साज नारद मुनि ने बजाया ।
रत्नाकर से है मंगल रचाया, रामायण को है सुंदर सजाया ।।
♫ म-ग म-म- म प-म- ग म-प-, रे-ग म-म- मध- प- मग-म- ।
रेगम-म म- म ध-प- गम-प-, रे-ग-म- म- म ध-प- मग-रे- ।।

अंतरा-1

कहके अत्री मुनिऽ को विदाई, चले दंडक की राह रघुराई ।
राम शरभंग मुनिऽ पास आया, शीश अपना मुनिऽ को झुकाया ।।
♫ सां-सां नि-रें- सांध- नि- ध-प-म-, सांसां नि-रेंरें सां ध-ध निधप-म- ।
म-ग ममम- मप- म-ग म-प-, रे-ग ममम- मध- प- मग-रे- ।।

अंतरा-2

बड़ा प्रख्यात संत शरभंगा, मुनि मंडल का नेता था चंगा ।
उसने राघव को पासऽ बिठाया, उसको असुरों से लड़ने ढिठाया ।।

अंतरा-3

147. Story of Sage Sutīkshna (Rāmāyan, 3. Aranya Kānd)
बोला, सुतीक्ष्ण मुनि से मिलोगे, उनसे आशीष उपदेस लोगे ।
इतना कह कर मुनिऽ गद्‌गदाया, उसने राघव गले से लगाया ।।

147. श्री सुतीक्ष्ण ऋषि की कथा :

147. Story of Sage Sutīkshna *(Rāmāyan, 3. Aranya Kānd)*

संगीतश्रीकृष्णरामायण छन्दमाला, मोती 382 of 501

निशिपालक छन्द[153]

ऽ । ।, । ऽ ।, । । ऽ, । । ।, ऽ । ऽ

(सुतीक्ष्ण मुनि)

दंडक महा विपिन में मुनि सुतीक्ष्ण थे ।
आयुध कला निपुण चापधर तीक्ष्ण थे ।। 1
राघव सुतीक्ष्ण मुनि से जब विदा लिऐ ।
तर्कश अनंत, मुनि दो, लखन को दिये ।। 2

श्लोका:

धनुर्धारी महाख्यात: सुतीक्ष्णो दण्डके वने ।
रामाय दत्तवान्दिव्यौ निषङ्गौ सशरौ मुनि: ।। 1968/2422

आह रामं स दैत्यानाम्-आतङ्कं दण्डके बहु ।
तेषां निर्दलनं कृत्वा दण्डकं निर्भयं कुरु ।। 1969/2422

घने वने हि विन्ध्याया: ख्यातोऽगस्त्यमुनेर्मठ: ।
अगस्त्यो मम भ्राताऽस्ति त्वां मुनिरुपदेक्ष्यति ।। 1970/2422

कथा

(राम)

---

[153] **निशिपालक छन्द :** इस 15 वर्ण, 20 मात्रा वाले छन्द के चरण में भ ज स न र गण आते हैं । इसका लक्षण सूत्र ऽ । ।, । ऽ ।, । । ऽ, । । ।, ऽ । ऽ इस प्रकार होता है । इसमें यति चरणान्त आता है ।

▶ लक्षण गीत : **दोहा० पद्य बीस कल का बना, जहाँ भ ज स न र वृंद ।**
पन्द्रह अक्षर से सजा, "निशिपालक" है छंद ।। 4288/7162

147. Story of Sage Sutīkshna (Rāmāyan, 3. Aranya Kānd)

रामचंद्र आश्रम जब आए, सुतीक्ष्ण मुनि को हर्षित पाए ।
मुनि राघव को निकट बिठाये, योग क्षेम पूछे बतलाए ।। 3792/5205

राघव बोले, ऋषिवर प्यारे! वचन विनय के सुनो हमारे ।
क्षात्र-धर्म ही कर्म हमारे, सदा करें उसके अनुसारे ।। 3793/5205

पति से माता दो-वर लीन्ही, पितु को आज्ञा उसने दीन्ही ।
माता का था पलटा भेजा, जिसने मुझको दंडक भेजा ।। 3794/5205

✍दोहा॰ **राघव बोले बैठ कर, सुतीक्ष्ण मुनि के संग ।**
मुझको तुमरे पास है, भेजा मुनि शरभंग ।। 4289/7162

राघव ने मुनि से कहा, अपना सब इतिहास ।
पूछा मुनि को राम ने, कहाँ करें हम वास ।। 4390/7162

(लक्ष्मण)

बोला लछमन, मुनिवर प्यारे! सुनो अब दुखी वचन हमारे ।
शरभंगा मुनि भ्राता तुमरे, कूद आग में आज है मरे ।। 3795/5205

✍दोहा॰ **मुनि को लछमन ने कहा, सुनो दुखी यह बात ।**
गुजर चुके शरभंग हैं, प्यारे तुमरे भ्रात ।। 4291/7162

(सुतीक्ष्ण मुनि)

मुनिवर बोले, लखन पियारे! कारज शरभंग के नियारे ।
तन को तजना राम चरण में, दुख नाही उस दिव्य मरण में ।। 3796/5205

✍दोहा॰ **तजे प्राण शरभंग ने, कहते जय जय राम ।**
मुनिवर बोले, "राम से, बड़ा राम का नाम" ।। 4292/7162

(और)

मुनिवर बोले, राघव! तेरे, दर्शन पाकर खुश मन मेरे ।
सत्य-धर्म का तू रक्षक है, क्रूर पापियों का भक्षक है ।। 3797/5205

तुम्हीं ताड़का सुबाहु मारे, कर्तब वही करो अब, प्यारे! ।
असुरों से हम सब हैं हारे, दंडक वन अब तू ही तारे ।। 3798/5205

✍दोहा॰ **ऋषिवर बोले राम से, विधि का है यह काम ।**
दंडक में तुम आगए, हमें बचाने, राम! ।। 4293/7162

147. Story of Sage Sutīkshna (Rāmāyan, 3. Aranya Kānd)

दर्शन पा कर आपके, अति प्रसन्न मैं, राम! ।
सत्य-धर्म के वीर तुम, होगा पावन काम ।। 4294/7162

तुमने ताड़ी ताड़का, एक बाण से मार ।
असुरों से हम तंग हैं, हमरा करो उबार ।। 4295/7162

(असुर जन)

कठिन समय में तुमरा आना, शुभ लक्षण है मैंने माना ।
अमृत दर्शन करके तेरे, प्रसन्न हृदय हुए हैं मेरे ।। 3799/5205

दंडक वन में असुर जनों का, कहर हुआ है दुष्ट मनों का ।
वनवासी ऋषि-मुनि जन सारे, तंग हुए हैं भय के मारे ।। 3800/5205

ना ही शाँति न सुख है वन में, भय ऋषि-मुनि मंगल के मन में ।
नर भक्षक असुरों की जाति, करती नर हत्या दिन-राती ।। 3801/5205

कपटी कुशील ये मुनि-द्वेषी, मुनि मर्दन में लगे विदेशी ।
कर्म घोर करने को आते, यज्ञ कर्म में बाधा लाते ।। 3802/5205

कई असुर जन हैं मायावी, रचते हैं षड्यंत्र प्रभावी ।
नर-नारी पशु रूप बनाते, हरण हनन कर मोद मनाते ।। 3803/5205

कष्ट मुनि जन सह नहीं सकते, वन में सुख से रह नहिँ सकते ।
दंडक वन में कुटी रचाओ, सत्य-धर्म को तुम्हीं बचाओ ।। 3804/5205

✍**दोहा॰** **कठिन काल में तुम यहाँ, आए हमरे पास ।**
शुभ हैं लक्षण ये, प्रभो! होंगे संकट नास ।। 4296/7162

जप तप हमरे बंद हैं, यज्ञ कुंड उध्वस्त ।
असुरों के कटु कर्म से, मुनि जन सारे त्रस्त ।। 4297/7162

नर भक्षक हैं असुर ये, फिरते वन दिन-रात ।
नर-नारी पशु रूप में, करते हमरा घात ।। 4298/7162

(धर्म-सूत्र)

जभी धर्म की होती ग्लानी, अधर्म बढ़ कर होती हानि ।
सुधर्म का तब ही परित्राता, दुष्ट दलन करने को आता ।। 3805/5205

147. Story of Sage Sutīkshna (Rāmāyan, 3. Aranya Kānd)

दोहा॰ "जब-जब हानि धर्म की, होत पाप के हाथ ।
आता रक्षक धर्म का, जैसे तुम, रघुनाथ!" ।। 4299/7162

श्लोक:

यदा यदा हि धर्मस्य हानिर्भवति भीषणा ।
तदा तदा स आयाति, भूमौ नारायणः स्वयम् ।। **1971**/2422

(विधि का खेला)

कुकर्म करके तुमरी माता, मरते छन में तुमरे ताता ।
तुमको जो आदेश किए हैं, उसमें शुभ संदेश दिये हैं ।। 3806/5205

बिना वैर तुम राक्षस हारो, सम दृष्टि से दुर्जन मारो ।
अतः प्रभु ने मेल रचा है, विश्व विधाता खेल रचा है ।। 3807/5205

विधि के यह उद्देश्य न होते, तो तुम दंडक में क्यों आते ।
साथ सिया को भी क्यों लाते? राज महल में सुख से सोते! ।। 3808/5205

दोहा॰ "माता ने तुमको दिया, घोर अधम आदेश ।
छुपा उसी में है भला, विधि का यह उद्देश ।। 4300/7162

"अगर भाग्य का यह रघो! ना होता उद्देश ।
क्यों आते सीता लिए, तज कर अपना देश ।। 4301/7162

"विवस्वान को कृष्ण ने, दिया बुद्धि का योग ।
यहाँ उसी समबुद्धि का, राघव! करो प्रयोग" ।। 4302/7162

(और)

इतना कह कर सुतीक्ष्ण मुनि ने, राघव को दो सायक[154] दीन्हे ।
अखंड इन बाणों को धारो, बिन बाधा दुर्जन संहारो ।। 3809/5205

तुम सत् जन का रक्षण कीजो, दीन जनों पर राघव रीझ्यो ।
धर्म सुरक्षण का तुम बीड़ा, उठाय हरलो हमरी पीड़ा ।। 3810/5205

दोहा॰ इतनी कह कर राम को, सुतीक्ष्ण मुनि ने बात ।
भाथे अक्षय बाण के, दिये लखन के हाथ ।। 4303/7162

---

[154] सायक = बाण, तीर

147. Story of Sage Sutīkshna (Rāmāyan, 3. Aranya Kānd)

(अगस्त्य मुनि)

मेरे भ्राता अगस्त्य मुनि हैं, सत्य-धर्म के अति ज्ञानी हैं ।
जाओ पूछो महामुनि से, स्थान वास का, उस ध्यानी से ।। 3811/5205

अगस्त्य मुनिवर बहुत श्रेष्ठ हैं, उनसे बढ़ कर मुनि न ज्येष्ठ है ।
कारूषा से अगस्त्य आए, विंध्या में हैं स्थान बसाए ।। 3812/5205

विंध्या का वन घोर जहाँ है, आश्रम मुनि का बना वहाँ है ।
जाकर पूछो अगस्त्य मुनि से, स्थान उचित तुम, उस सद्गुणी से ।। 3813/5205

मुनिवर तुमको बतलावेंगे, उचित तुम्हें उपदेसा देंगे ।
वहीं बनाओ कुटिया प्यारी, इच्छा माँ की होगी पूरी ।। 3814/5205

दोहा॰ **अगस्त्य मुनि मम भ्रात हैं, मिलो उन्हें तुम, राम! ।**
तुमको वे बतलायँगे, उचित वास का स्थान ।। 4304/7162

अगस्त्य से तुम थे मिले, कौशिक मुनि के साथ ।
दुष्ट ताड़का जब मरी, राघव! तुमरे हाथ ।। 4305/7162

अगस्त्य मुनि फिर चल दिये, कारूषा से, राम! ।
विंध्याचल में आ बसे, धर्म कर्म के नाम ।। 4306/7162

विंध्या गिरि में, पास ही, अगस्त्य मुनि का धाम ।
सघन विपिन में है बनी, मुनि की कुटिर ललाम ।। 4307/7162

संगीतश्रीकृष्णरामायण गीतमाला, पुष्प 569 of 763

दादरा ताल

(सुतीक्ष्ण मुनि की कथा)

स्थायी

गीत शारद ने मंजुल है गाया, साज नारद मुनि ने बजाया ।
रत्नाकर से है मंगल रचाया, रामायण को है सुंदर सजाया ।।

♫ म-ग म-म- म प-म- ग म-प-, रे-ग म-म- मध- प- मग-म- ।
रेगम-म म- म ध-प- गम-प-, रे-ग-म- म- म ध-प- मग-रे- ।।

अंतरा-1

148. Story-2 of Agastya muni (Rāmāyan, 3. Aranya Kānd)

मिला राघव सुतीक्ष्णा मुनिऽ से, शस्त्र ज्ञानी अनुऽपम गुणी से ।

बोला, दंडक बचाने मैं आया, शरभंगा से संदेस लाया ।।

♪ सांसां नि-रें- सांध-नि- धप-म-, सांसां नि-रें- सांध-निनि धप- म- ।

मग, म-मम मप-म- ग म-प-, रेगम-म- म ध-प-म ग-रे- ।।

अंतरा-2

मुनि बोले, तेरा आज आना, शुभ लक्षण ये है मैंने माना ।

असुरों का है दंडक में साया, मुनियन को बचाने तू आया ।।

अंतरा-3

होती जब-जब है सद् धर्म ग्लानिऽ, जग में आता है तब बागबानी ।

इतना कह कर अखंड-शर-भाथा, राम लखन के कर में थमाया ।।

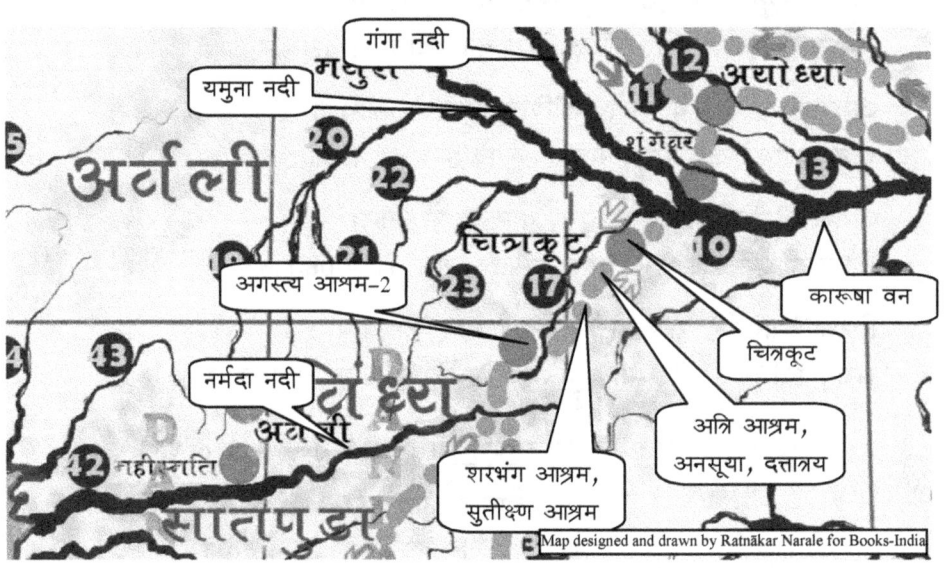

अरण्य काण्ड : तीसरा सर्ग

148. श्री अगस्त्य मुनि की कथा-2 :

148. Story-2 of Agastya muni *(Rāmāyan, 3. Aranya Kānd)*

♫ संगीतश्रीकृष्णरामायण छन्दमाला, मोती 383 of 501

148. Story-2 of Agastya muni (Rāmāyan, 3. Aranya Kānd)

फटका छन्द

8 + 8 + 8 + 6/5

(अगस्त्य मुनि)

विंध्याचल के, घन अरण्य में, अगस्त्य मुनि का, आश्रम था ।
संत जनन के, यज्ञ कर्म पर, क्रूर खलों का, आक्रम था ।। 1
रामचंद्र जब मिलने आए, मुनिवर बोले, राघव को ।
"पंचवटी" में, वास करो अरु, नष्ट करो तुम, दानव को ।। 2
अगस्त्य मुनि फिर, अनुमति लेकर, विंध्य गिरि के, पार गए ।
प्रतिस्थान में, अगस्त्य मुनि ने, स्थापन अपने, स्थान किए ।। 3

ॐ श्लोक:

अगस्त्यममिलद्रामो प्रष्टुं तमुचितं स्थलम् ।
दक्षिणे पञ्चवट्यां हि वस त्वं स उपादिशत् ।। 1972/2422

📖 कथा 📖

(लक्ष्मण)

सुतीक्ष्ण मुनि से लिए अनुज्ञा, राम चल पड़े, किए प्रतिज्ञा ।
राम लखन सीता सुखरासी, विन्ध्या में आए वनवासी ।। 3815/5205

विन्ध्याचल है पर्वत भारा, दिखे न उसका परला पारा ।
चट्टानों की दीर्घ कतारें, टीलों के उत्तुंग किनारे ।। 3816/5205

गिरि पर ऊँचे वृक्ष घने हैं, नभ को छूते शिखर बने हैं ।
झरने नाले अरु कंदर हैं, निसर्ग शोभा अति सुंदर है ।। 3817/5205

हिंस्त्र जीव हैं विपिन विचरते, पंछी गण आकाश विहरते ।
वन की राहों पर पत्थर हैं, पत्ते तृण काँटे कंकड़ हैं ।। 3818/5205

दोहा॰ **विंध्य-अद्रि उत्तुंग है, पर्वत महा विशाल ।**
नभ को छूते शिखर हैं, कुदरत करत कमाल ।। 4308/7162

चट्टानों की शृंखला, जंगल जिसमें घोर ।
दीर्घ वृक्षवर झुंड हैं, बिखरे चारों ओर ।। 4309/7162

148. Story-2 of Agastya muni (Rāmāyan, 3. Aranya Kānd)

निविड विपिन घन विन्ध्य में, आए जब श्री राम ।
विन्ध्याद्रि गिरि में दिखा, अगस्त्य मुनि का धाम ।। 4310/7162

मुनिवर का मठ देख कर, गया लखन मुनि पास ।
बोला, राघव आ रहे, सीता देवी साथ ।। 4311/7162

(अगस्त्य मुनि)

सुन लछमन के बचन रसीले, बड़े प्रेम से मुनिवर बोले ।
मुख में घी शक्कर हो तेरे, अहो! भाग्य चमकाये मेरे ।। 3819/5205

दर्शन राम-सिया के लेने, निश-दिन सपने देखे मैंने ।
लछमन शुभ ये तेरी बोली, भाग्य किवड़िया मेरी खोली ।। 3820/5205

मुनिवर के जब सम्मुख आए, राम-सिया ने शीश नवाए ।
मुनि ने उनका स्वागत कीन्हा, आदर करके आशिष दीन्हा ।। 3821/5205

सहर्ष मुनि ने खाना पीना, वनज पक्व-फल मधु रस दीन्हा ।
मीठी वह मुनिवर की वाणी, राम-सिया का मन हर्षाणी ।। 3822/5205

✍दोहा॰ **राघव मुनिवर से मिले, नम्र झुका कर शीश ।**
स्वागत राघव का किया, मुनि ने सह आशीष ।। 4312/7162

(सीता)

सीता बोली, रघुवर प्यारे! सरस्वती के तुम अवतारे ।
बतलाओ तुम एक ठिकाना, जहाँ उचित हो हमें टिकाना ।। 3823/5205

चित्रकूट सा स्थल अति सुंदर, स्थान कहो घन-वन के अंदर ।
नदी किनारे वन्य फूल हों, तरु बेली फल कंद मूल हों ।। 3824/5205

बिछी हरी मृदु हरियाली हो, रंग सुगंधी मतवाली हो ।
शशक हरिण मृग दिखते फिरते, जहाँ पर्ण पतझड़ के गिरते ।। 3825/5205

खग पशु रहते जहाँ नेह में, देख हर्षरस भरे देह में ।
अनूप सृष्टि का जहाँ खेल हो, नौ रस कीन्हा जहाँ मेल हो ।। 3826/5205

ऋषि-मुनियों का जहाँ वास हो, संत समागम जहाँ पास हो ।

148. Story-2 of Agastya muni (Rāmāyan, 3. Aranya Kānd)

असुरों का कछु नहीं त्रास हो, नई नींव का इतिहास हो ।। 3827/5205

दोहा॰ सुतीक्ष्ण को कह कर विदा, निकल पड़े श्रीराम ।
विन्ध्य शैल पर आगए, अगस्त्य मुनि के धाम ।। 4313/7162

सीता ने मुनि से कहा, आप गिरा[155] अवतार ।
वेद विशारद आप हैं, ज्ञान कला भँडार ।। 4314/7162

स्थान कहो ऐसा हमें, जहाँ कंद फल मूल ।
हरी घास, मृग शशक हो, जल तरु बेली फूल ।। 4315/7162

सुंदर प्रकृति में जहाँ, विविध रंग का खेल ।
नदिया के जल का जहाँ, खग पशुअन से मेल ।। 4316/7162

(राम)

राघव बोले, मुनिवर ज्ञानी! गुरुवर तत्त्व ज्ञान के दानी ।
हमको ऐसा स्थान बताओ, क्षात्र-धर्म का कर्म जहाँ हो ।। 3828/5205

मेरे व्रत तप जहाँ सबल हों, मुनि जन-सेवा जहाँ सफल हो ।
जहाँ सिया के मन प्रिय मृग हों, शोभा देखे, प्रसन्न दृग्[156] हो ।। 3829/5205

दोहा॰ बोले राम अगस्त्य को, कहो हमें वह स्थान ।
क्षात्र-धर्म के वीर को, जो हो शुभ वरदान ।। 4317/7162

जहाँ पूर्ण एकांत हो, ऋषि जन का सत्संग ।
मुनि मंडल में बैठ कर, चिंतन ना हो भंग ।। 4318/7162

हमरा व्रत जब सिद्ध हो, लौटेंगे हम देश ।
स्थान हमें ऐसा कहो, सिया न पाए क्लेश ।। 4319/7162

(अगस्त्य मुनिवर)

दिव्य धनुष शर देकर हरि को, मुनिवर बोले रोको अरि को ।

---

[155] **गिरा** = सरस्वती देवी ।

[156] **दृग्** = दृष्टि ।

148. Story-2 of Agastya muni (Rāmāyan, 3. Aranya Kānd)

गृह तज कर आई वैदेही, राखो इसको तुम गुण गेही ।। 3830/5205

वन में असुरों की चालों से, घात-पात करने वालों से ।
रघुवर! काम करो तुम सोही, कष्ट न सीता को दे जोही ।। 3831/5205

स्थान एक है सुरपुर जैसा, सिय ने चाहा बिलकुल वैसा ।
निसर्ग सुंदर सजावटी है, गोदावरी पर पंचवटी है ।। 3832/5205

दोहा॰ अगस्त्य बोले, हे प्रभो! होगा तुमरा काम ।
एक स्थान ऐसा हि है, पंचवटी है नाम ।। 4320/7162

अगस्त्य मुनि ने राम को, दिये धनुष तलवार ।
और बताए राम को, उनके दिव्य प्रहार ।। 4321/7162

कहा राम को गूढ़ वो, "आदित्य-हृदय" मंत्र[157] ।
अरि पर अंतिम काल में, प्रयोग करने तंत्र ।। 4322/7162

(पंचवटी)

खड़े पाँच वट वृक्ष जहाँ हैं, पंचवटी का स्थान वहाँ है ।
गोदावरी के तीर खड़ा है, पंचवटी मधु भरा घड़ा है ।। 3833/5205

दोहा॰ जहाँ पाँच वट वृक्ष हैं, खड़े नदी के तीर ।
पंचवटी वह स्थान है, पावन अमृत नीर ।। 4323/7162

गोदावरी पर है बसा, सुरपुर जैसा स्थान ।
क्षात्र-धर्म के कर्म में, करो वहाँ विश्राम ।। 4324/7162

(और)

दक्षिण में दस योजन दूरे, होंगे तुमरे कारज पूरे ।
पर्णकुटी तुम, राम पियारे! करियो गोदावरी किनारे ।। 3834/5205

पंचवटी का वन अति नामी, वृक्ष जहाँ के नभ अनुगामी ।
शीतल नद झरनों का पानी, प्रसन्न होगी सीता रानी ।। 3835/5205

---

[157] **आदित्य हृदय मंत्र** = वाल्मीकि रामायण, युद्ध कांड 107

148. Story-2 of Agastya muni (Rāmāyan, 3. Aranya Kānd)

हरी भरी है शोभा शाला, फूल फलों की घन वनमाला ।
हरिण वहाँ हैं रंग बिरंगे, खग पशु तरु से विपिन तिरंगे ॥ 3836/5205

लखन सिया सह वहाँ बिराजो, मुनि जन-गण की रक्षा कीजो ।
इतना कह कर अनुमति दीन्ही, राम-लखन-सिय प्रणती कीन्ही ॥ 3837/5205

दोहा॰   दक्षिण दिश में जाइयो, तुम दस योजन दूर ।
"दक्षिण-गंगा" तीर पर, मिले शाँति भरपूर ॥ 4325/7162

रंग बिरंगे फूल हैं, मृग साँभर खरगोश ।
हरियाली में कूदते, मन को देते तोष ॥ 4326/7162

कंद मूल फल बहुत हैं, शीतल निर्मल नीर ।
सीता ने चाही तथा, स्वर्ग-सुखों की भीड़ ॥ 4327/7162

वहाँ बसो तुम, रामजी! तपोभूमि वह स्थान ।
मुनि जन की रक्षा करो, धर्म कर्म के नाम ॥ 4328/7162

खड़े वहाँ पर पाँच हैं, वट के वृक्ष विशाल ।
<u>पंचवटी सुंदर रची, विधि ने किया कमाल</u> ॥ 4329/7162

(अगस्त्य विदाई)

रामचंद्र को दिये विदाई, बोले मुनिवर अति सुखदाई ।
काज यहाँ पर पूरण मेरा, अब मैं तजता अपना डेरा ॥ 3838/5205

दूर देश की पश्चिम घाटी, बुला रही है मुझको माटी ।
नई नींव है वहाँ रचानी, पर्णकुटी है वहाँ सजानी ॥ 3839/5205

अगस्त्य मुनि को शीश नवाके, निकले सियपति धनुष फबाके ।
आगे राघव-सीता रानी, लखन करे पीछे निगरानी ॥ 3840/5205

दोहा॰   इतना कह कर राम को, मुनि ने किया प्रणाम ।
कृतकृत्य मुनि होगए, धर्म कर्म के नाम ॥ 4330/7162

बोले मुनिवर राम को, तुमसे मिल कर, राम! ।
काज यहाँ का सिद्ध है, अब है दूजा काम ॥ 4331/7162

149. Story of Vindhyādri Mountain (3. Aranya Kānd)

बुला रही गोदावरी, मुझको दक्षिण देश ।
स्थापन करना है वहाँ, ऋषि-मुनि वृंद निवेश ।। 4332/7162

निकल पड़े फिर शीघ्र ही, मुनि आश्रम को छोड़ ।
किया नमन श्री राम ने, सादर कर को जोड़ ।। 4333/7162

संगीतश्रीकृष्णरामायण गीतमाला, पुष्प 570 of 763

दादरा ताल

(अगस्त्य मुनि की कथा-2)

स्थायी

गीत शारद ने मंजुल है गाया, साज नारद मुनि ने बजाया ।
रत्नाकर से है मंगल रचाया, रामायण को है सुंदर सजाया ।।
♫ म-ग म-म- म प-म- ग म-प-, रे-ग म-म- मध- प- मग-म- ।
रेगम-म म- म ध-प- गम-प-, रे-ग-म- म- म ध-प- मग-रे- ।।

अंतरा-1

जब विंध्याद्रि पर राम आए, वहाँ अऽगस्त्य का धाम पाए ।
राम मुनि पर सनेह बरसाया, मुनि राघव को देख हऽर्साया ।।
♫ सांसां नि-रें-सां धध नि-ध प-म-, सांसां नि-रें-सां ध- नि-ध प-म- ।
म-ग मम म- मप-प मगम-प-, रेग म-म- म ध-प ममग-रे- ।।

अंतरा-2

राम बोले, हमें स्थल बताओ, जहाँ हमरा लिखा वासता हो ।
मुनि आदर से मस्तक झुकाया, पंचवटी का ठिकाना बताया ।।

अंतरा-3

मुनि बोले, मुझे आज जाना, सह्याद्रि में धरम है बसाना ।
लेके राघव से मुनिवर विदाई, बोले तेरा भला हो, रऽघुराया! ।।

149. विंध्याद्रि पर्वत की कथा :

149. Story of Vindhyādri Mountain *(3. Aranya Kānd)*

(विंध्य पर्वत)

149. Story of Vindhyādri Mountain (3. Aranya Kānd)

गिरि राहों पर तेज नुकीले, पत्थर काँटे कँकड़ तीले ।
नदिया नाले कंदर टीले, पार करत पग पड़ते ढीले ।। 4241/5205

आँधी झँझा आतप ओले, वर्षा कीचड़ मार्‌ग गीले ।
जल प्रपात कहीं झरने झरते, जिनके इन्द्रधनुष मन हरते ।। 4242/5205

पादप ऊँचे बेली बूटे, शिखर गिरि के नभ को छूते ।
फूल पात पर कृमि अलबेले, वन्य पशु खग रंग रंगीले ।। 4243/5205

गिरि शिखरों की प्रचंड माला, पर्वत विंध्या महा विशाला ।
पुराण वङ्मय-गाथा कहती, विंध्याचल की बहु विध महती ।। 4244/5205

राम-सिया, अरु लक्ष्मण पीछे, विंध्या से जब उतरे नीचे ।
देख नर्मदा विशाल आगे, उनके होश ठिकाने भागे ।। 4245/5205

✍दोहा॰ **अति विशाल विंध्याद्रि है, गिरिवर पर्वत राज ।**
उत्तर-दक्षिण में यही, करता देश विभाज ।। 4334/7162

शिखर विंध्य के तुंग हैं, बहुगुन दीर्घ कतार ।
अंत न दिखता शैल का, बिखरा अचल अपार ।। 4335/7162

झंझा विंध्या में चले, वर्षा भी जी तोड़ ।
आतप उष्मा तेज का, प्रपात भी बेजोड़ ।। 4336/7162

नदियाँ टीले तरु घने, शिखर गगन से पार ।
गिरि के दक्षिण छोर है, नीर नर्मदा धार ।। 4337/7162

महावृक्ष नभ चूमते, वन के पशु खूँखार ।
कृमि अलबेले विपिन में, डंक देत हैं मार ।। 4338/7162

लखन सिया गिरि पर चढ़े, रटत राम का नाम ।
विंध्याद्रि की कीर्ति हैं, गाते बेद पुरान ।। 4339/7162

किया पार जब विंध्य का, विशाल तुंग पहाड़ ।
आगे देखी नर्मदा, नदिया जल की धार ।। 4340/7162

150. Story of River Narmadā (Rāmāyan, 3. Aranya Kānd)

संगीतश्रीकृष्णरामायण गीतमाला, पुष्प 571 of 763

दादरा ताल

(विंध्याद्रि पर्वत की कथा)

स्थायी

गीत शारद ने मंजुल है गाया, साज नारद मुनि ने बजाया ।
रत्नाकर से है मंगल रचाया, रामायण को है सुंदर सजाया ।।

म-ग म-म- म प-म- ग म-प-, रे-ग म-म- मध- प- मग-म- ।
रेगम-म म- म ध-प- गम-प-, रे-ग-म- म- म ध-प- मग-रे- ।।

अंतरा-1

पर्वतों में महा विंध्य जाना, ऐतिहासिक गिरि है महाना ।
आज राघव तेरे वन में आया, साथ सीता और लक्ष्मण को लाया ।।

सांसांनि-रें- सांध- नि-ध प-म-, सांसांनि-रेंरें सांध- नि- धप-म- ।
म-ग म-मम मप- पम ग म-प-, रे-ग म-म- म- ध-पम म ग-रे- ।।

अंतरा-2

ये गिरि है हिमाचल का भाई, इसकी कीर्ति है वेदों ने गाई ।
इसकी जानी है मुनियों ने माया, देख सीता का मन हरषाया ।।

अंतरा-3

इसके ऊँचे घनेरे शिखर हैं, गुफा कंदर सियारों के घर हैं ।
महावृक्षों की शीतल है छया, इसकी भूमि पर तृण है बिछाया ।।

150. श्री नर्मदा देवी की कथा :

150. Story of River Narmadā (Rāmāyan, 3. Aranya Kānd)

संगीतश्रीकृष्णरामायण छन्दमाला, मोती 384 of 501

150. Story of River Narmadā (Rāmāyan, 3. Aranya Kānd)

बालानंद-2 छन्द[158]

8 + 6, 8 + 6, 8 + 6, 8 + 6, 8 + 6, 8 + 6, 8 + 8, 8 + 8, 8 + 6, 8 + 6

(नर्मदा देवी)

अमृत कहता जग सारा, नदी नर्मदा की धारा ।
विंध्या गिरिवर से निकली, सातपुड़ा से फिर उछली ।
नाम राम का तू कहती, पश्चिम दिश को है बहती ।
राम चरण से, नाम स्मरण से ।
पवित्र जल का फव्वारा, महान नदिया की धारा ।। 1

तीरथ तेरा है न्यारा, देव देवता का प्यारा ।
निर्मल ये नीला पानी, जिसका ना कोई सानी ।
तू नदिया शुभ है गहरी, स्वर्गगंग सी तू नहरी ।
राम चरण से, नाम स्मरण से ।
पावन कहता जग सारा, मंगल सरिता की धारा ।। 2

ॐ श्लोकौः

ॐ ह्रीं श्रीं नर्मदां वन्दे सकलमलनाशिनीम् ।
अग्रजां रुद्रकन्यां तां पापघ्नां सुखदामहम् ।। 2025/2422

नर्मदा तटिनी पूज्या निःसृता विन्ध्यपर्वतात् ।
निर्मला नीलवर्णा सा पश्चिमाभिमुखा नदी ।। 2026/2422

दोहा॰ **गंगा यमुना नर्मदा, नदियाँ तीन विशाल ।**
वेद पुराणों ने कही, जिनकी कीर्ति त्रिकाल ।। 4342/7162

तीनों सरित पवित्र हैं, तीनों पावन धाम ।

---

[158] ♫ **बालानंद-2 छन्द :** बालानंद-1 छन्द में दो चरण 8-8 मात्रा के मिला कर बालानंद-2 छंद होता है । यह छन्द गाने के लिए बहुत मधुर है । **बालानंद-1 छन्द** में 14 मात्राएँ होती हैं । यति 8-6 पर विकल्प से आता है । गाने के लिए यह एक बहुत मधुर छन्द है । उसका सूत्र । । । । ऽ । ।, । । ऽ ऽ - ऽ ऽ ऽ । ।, ऽ ऽ ऽ - ऽ ऽ ऽ । ।, ऽ ऽ ऽ - । । ऽ, ऽ ऽ ऽ, ऽ ऽ ऽ है ।

▶ लक्षण गीत : **दोहा॰ पहले बालानंद में, मिलाय दो पद अंत ।**
आठ आठ के चरण से, "दूजा-बालानंद" ।। 4341/7162

150. Story of River Narmadā (Rāmāyan, 3. Aranya Kānd)

तीनों देवी-रूप हैं, तीनों मंगल नाम ।। 4343/7162

📖 **कथा** 📖

(लक्ष्मण)

✍**दोहा॰** **लछमन बोला, नर्मदे! तेरा नीर अथाह ।**
राघव दक्षिण हैं चले, उनको दीजो राह ।। 4344/7162

(नर्मदा)

✍**दोहा॰** **सुन कर उसकी अर्चना, शाँत हुआ नद नीर ।**
रेवा बोली राम को, "जाओ परले तीर!" ।। 4345/7162

देवी दीन्हे राम को, आशिष मंगल ढेर ।
बोली, रघुवर! जाइए, बिना किसी भी देर ।। 4346/7162

(फिर)

करके पार नर्मदा सरिता, बोले नद को राघव सीता ।
तेरी किरपा हम पर, देवी! तेरी महिमा ममता दैवी ।। 4246/5205

फिर नदिया को करके वन्दन, आगे बढ़े लखन रघुनंदन ।
सीता मन में है हरषाती, राघव को सुस्मित दरसाती ।। 4247/5205

✍**दोहा॰** **पार किए नद नर्मदा, वन्दन कीन्हा राम ।**
कृपा तिहारी अगम है, मंगल तेरे काम ।। 4347/7162

(सातपुड़ा)

✍**दोहा॰** **नद के दो तट पर बसे, अग्रज अनुज पहाड़ ।**
उत्तर में गिरि विंध्य है, सातपुड़ा नद पार ।। 4348/7162

विंध्या का गिरि एक है, सातपुड़ा के सात ।
दोनों गिरिवर बंधु हैं, नदी नर्मदा मात ।। 4349/7162

150. Story of River Narmadā (Rāmāyan, 3. Aranya Kānd)

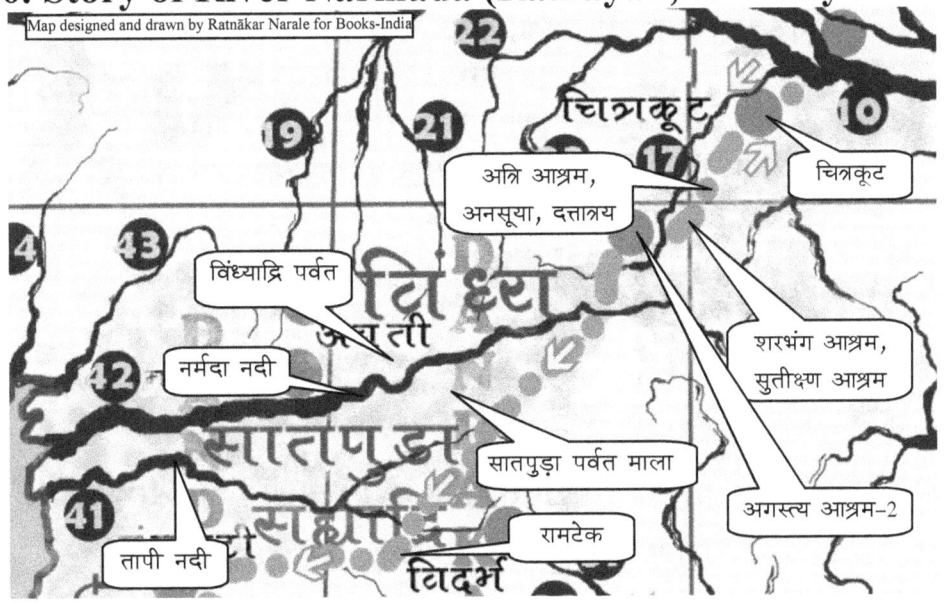

संगीतश्रीकृष्णरामायण गीतमाला, पुष्प 572 of 763

दादरा ताल

(नर्मदा देवी की कथा)

स्थायी

गीत शारद ने मंजुल है गाया, साज नारद मुनि ने बजाया ।

रत्नाकर से है मंगल रचाया, रामायण को है सुंदर सजाया ।।

♫ म-ग म-म- म प-म- ग म-प-, रे-ग म-म- मध- प- मग-म- ।

रेगम-म म- म ध-प- गम-प-, रे-ग-म- म- म ध-प- मग-रे- ।।

अंतरा-1

राऽघव ने नदी नर्मदा से, हाथ जोड़े कहा वन्दना से ।

संग लछमन और है मेरी जाया, हमें गोदावरी ने बुलाया ।।

♫ सां-निनि रें- सांध- नि-धप- म-, सांसां नि-रें- सांध- नि-धप- म- ।

मग! ममम म- प- मग- म-प-, रे-ग म-म-मध- प- मग-रे- ।।

अंतरा-2

माते! तेरी कृपा है अपारा, जानता है जिसे विश्व सारा ।

151. Story of Sātpudā Mountains (Rāmāyan, 3. Aranya Kānd)

देवी! हम पर रहे तेरी माया, शीश लछमन, सिया ने झुकाया ।।

अंतरा–3

नीर तेरा है पावन पुराना, तेरा तीरथ है पीयूष जाना ।

जोभी तेरे किनारे पर आया, जीवन का समाधान पाया ।।

अंतरा–4

राम तेरे किनारे खड़े हैं, धर्म रक्षा के रण में पड़े हैं ।

नीर माता ने धीमा कराया, और राघव का बेड़ा तराया ।।

151. सातपुड़ा पहाड़ की कथा :

151. Story of Sātpudā Mountains *(Rāmāyan, 3. Aranya Kānd)*

🎵 संगीतश्रीकृष्णरामायण छन्दमाला, मोती 385 of 501

नागरक छन्द [159]

S I I, S I S, I S

(सातपुड़ा गिरिराज)

सात शिखी जहाँ मिले । आपस में गले लगे ।। 1

पर्वतराज जो महा । सातपुड़ा उसे कहा ।। 2

🕉 श्लोक:

स्नेहेन यत्र तिष्ठन्ति गिरयः सप्तपङ्क्तिषु ।

गिरिवरेषु श्रेष्ठो यः सप्तपुडः स उच्यते ।। 2029/2422

📖 कथा 📖

(सातपुड़ा)

सप्तपदी गिरिवर को लाँघन, बढ़े जा रहे श्री रघुनंदन ।

---

[159] 🎵 **नागरक छन्द** : इस 8 वर्ण, 12 मात्रा वाले छन्द के चरण में भ र गण और एक लघु और एक गुरु वर्ण आता है । इसका लक्षण सूत्र S I I, S I S, I S इस प्रकार होता है । चरणान्त विराम होता है ।

▶ लक्षण गीत : 📖 दोहा॰ बारह मात्रा से सजा, लघु गुरु कल से अंत ।

भ र गण, अक्षर आठ का, कहा "नागरक" छंद ।। 4350/7162

151. Story of Sātpudā Mountains (Rāmāyan, 3. Aranya Kānd)

उनके पीछे लखन कुमारा, गाते राघव का जयकारा ।। 4248/5205

सात गिरि पर सात बसी थीं, सात जातियाँ आदिवासी की ।
सातों में था भाईचारा, वन्य ज्ञान का सघन भँडारा ।। 4249/5205

सातपुड़ा के जन वनवासी, वन्य जाति के विपिन निवासी ।
राम-लखन को आदर दीन्हा, युद्ध कला का आगर दीन्हा ।। 4250/5205

दोहा॰ पुराण शास्त्रों में कही, जिनकी स्तुति अपार ।
उनमें गिरिवर एक जो, सातपुड़ा है पहाड़ ।। 4351/7162

सरिता तापी नर्मदा, निकली जिससे धार ।
गौरवशाली गिरि वही, सातपुड़ा है पठार ।। 4352/7162

सात अचल भाई जहाँ, करते सात कतार ।
पर्वत भारत भूमि का, सातपुड़ा है पठार ।। 4353/7162

विंध्या का लघु बंधु है, खड़ा नर्मदा पार ।
सात शिखर मिलते जहाँ, है सातपुड़ा पहाड़ ।। 4354/7162

सातपुड़ा पर जब चढ़े, तब वनवासी लोग ।
कीन्हा आदर राम का, दिया स्नेह का भोग ।। 4355/7162

(यथा)

पेड़ उखाड़े कैसे लड़ना, शिला उठाये अरि पर बढ़ना ।
पत्थर वर्षा, जादू टोना, युद्ध निहत्था कैसे करना ।। 4251/5205

कठ पत्थर के सेतु बाँधना, हर विपदा में हेतु सधाना ।
हमराही में साहस भरना, नित्य निरंतर ढारस धरना ।। 4252/5205

दोहा॰ राघव-लछमन को दिया, समर कला विज्ञान ।
कठ पत्थर से युद्ध भी, सेतु गढ़न का ज्ञान ।। 4356/7162

 संगीतश्रीकृष्णरामायण गीतमाला, पुष्प 573 of 763

दादरा ताल

152. Story of River Tāpī (Rāmāyan, 3. Aranya Kānd)

(सातपुड़ा पठार की कथा)

स्थायी

गीत शारद ने मंजुल है गाया, साज नारद मुनि ने बजाया ।
रत्नाकर से है मंगल रचाया, रामायण को है सुंदर सजाया ।।

♫ म-ग म-म- म प-म- ग म-प-, रे-ग म-म- मध- प- मग-म- ।
रेगम-म म- म ध-प- गम-प-, रे-ग-म- म- म ध-प- मग-रे- ।।

अंतरा-1

पूज्य मानी गयी सर्वदा जो, पार करके नदी नर्मदा वो ।
राघव ने नया जोश पाया, सातपुऽड़ा पहाड़ऽ पे आया ।।

♫ सांसां नि-रें- सांध- नि-धप- म-, सांसां निनिरें- सांध- नि-धप- म- ।
मगमम म- मप- म-ग म-प-, रे-गम-म- मध-प- म ग-रे- ।।

अंतरा-2

सात पर्वत यहाँ भाई भाई, विंध्य पर्बत से जिनकी सगाई ।
नर्मदा है नदी उनकी माता, उनको राघव ने पावन बनाया ।।

अंतरा-3

आदिवासी जनों ने सराहा, रामजी को गले से लगाया ।
ज्ञान संगर का लछमन को दीन्हा, अभियांत्रिऽक गुणवान किऽया ।।

अरण्य काण्ड : चौथा सर्ग

152. श्री ताप्ती देवी की कथा :

152. Story of River Tāpī (Rāmāyan, 3. Aranya Kānd)

♫ संगीतश्रीकृष्णरामायण छन्दमाला, मोती 386 of 501

त्रयी छन्द[160]

---

[160] ♫ **त्रयी छन्द** : इस 10 वर्ण, 17 मात्रा वाले छन्द के चरण में तीन र गण एक गुरु वर्ण आता है । इसका लक्षण सूत्र ऽ । ऽ, ऽ । ऽ, ऽ । ऽ, ऽ इस प्रकार होता है । चरणान्त विराम होता है ।

▶ लक्षण गीत : ✍ **दोहा॰ सत्रह मात्रा का बना, गुरु कल से हो अंत ।**

152. Story of River Tāpī (Rāmāyan, 3. Aranya Kānd)

S I S, S I S, S I S, S

(तापी देवी)

सूर्य कन्या कही जो नदी है ।
धर्म दाती कही है सदी से ।। 1
"नर्मदा की," कही "दक्षिणा" भी ।
संग तापी बही सर्वदा ही ।। 2

🔅 श्लोकौ

सूर्यपुत्री नदी तापी, सूर्यकन्या च नर्मदा ।
तापी देवी महापुण्या पावना खलु पापहा ।। 2030/2422

अनुजा पावना तापी भानुकन्या च सा तथा ।
तापहा दुःखहा माता, तापि देवि! नमोस्तु ते ।। 2031/2422

🎵 संगीतश्रीकृष्णरामायण छन्दमाला, मोती 387 of 501

🔅 छन्द : हिंदी श्लोक

(नर्मदा-तापी)

दीदी बोली, लखो नीकी! किनारे पर हैं खड़े ।[161]
राम लखन वैदेही, दक्षिण देश को चले ।। 2032/2422

प्रवाह को करो मंदा, रस्ता दो प्रभु राम को ।
पुण्य प्राप्ति तुम्हें होगी, नाम कीर्ति तथा भला ।। 2033/2422

 संगीतश्रीकृष्णरामायण गीतमाला, पुष्प 574 of 763

भजन

(ताप्ति मैया)

स्थायी

जल का मंद करो, ता थैया! नाव में बैठे राम रमैया ।

तीन र गण का पद्य जो, "त्रयी" कहा है छंद ।। 4357/7162

[161] दीदी = नर्मदा नदी; नीकी = तापी नदी । देखिए आगे वाले दो दोहे ।

152. Story of River Tāpī (Rāmāyan, 3. Aranya Kānd)

♬ सारे ग- म-ग रेसा-, रे- ग-म-! ग-रे ग म-म- प-म गरे-ग- ।

अंतरा-1

बोला लछमन, तापी मैया! सुनियो अरज, पडूँ मैं पैंया ।

♬ म-प- धधधध, प-म- ग-म-! गगग- ममम, पम- ग- रे-ग- ।

अंतरा-2

लहरें बंद करो री, माता! राम संग है सीता मैया ।

अंतरा-3

कंज तरंग करो री, माता! बोला सादर, लक्ष्मण भैया ।

अंतरा-4

मन आनंद धरो री, माता! भव की राम चलावत नैया ।

📖 कथा 📖

✍दोहा॰ **सातपुड़ा को जब किया, राम-सिया ने पार ।**
आगे देखी बह रही, 'तापी' नद की धार ।। 4358/7162

दीदी नदिया नर्मदा, अनुजा तापी ओघ ।
दोनों की दिश एक है, एक समुंदर योग ।। 4359/7162

काट सागुवन पेड़ को, स्थूल बनाया पोत[162] **।**
लक्ष्मण ने, सह राम के, लाँघा नदिया स्रोत ।। 4360/7162

(लक्ष्मण)

बोला लछमन ने माता को, सुखद सफर दो तुम सीता को ।
किरपा कीन्ही तापी मैया, चली राम की जल पर नैया ।। 4253/5205

मंद नीर को माता कीन्हा, मार्ग राम को सुखकर दीन्हा ।
राघव नाव चलायो धीरे, लछमन तैरा पार किनारे ।। 4254/5205

तापी ने जल मंजुल कीन्हा, राम-सिया को साहस दीन्हा ।
नभ से नारद देख रहे थे, पुष्प सिया पर फेंक रहे थे ।। 4255/5205

---

[162] पोत = नौका, नाव ।

152. Story of River Tāpī (Rāmāyan, 3. Aranya Kānd)

झनक झनक झन् वीणा तारें, सुन कर मुदित भए मन भारे ।
नील गगन के टिम-टिम तारे, धरती पर थे स्वर्ग उतारे ।। 4256/5205

दोहा॰   लक्ष्मण ने की अर्चना, तापी नदिया तीर ।
"राम-सिया दक्षिण चले, मंद करो तव नीर" ।। 4361/7162

तापी देवी ने तभी, धीमा कीन्हा नीर ।
शाँत हुई लहरें सभी, पार चले रघुवीर ।। 4362/7162

नारद की वीणा बजी, तारों की झनकार ।
नील गगन की चाँदनी, हटा गयी अँधकार ।। 4363/7162

 संगीतश्रीकृष्णरामायण गीतमाला, पुष्प 575 of 763

खयाल : राग बागेश्री, तीन ताल 16 मात्रा

(चंदा चकोरी)

स्थायी

चंदा चकोरी, चंदा चकोरी, रात चाँदनी,
आसमान में टिम-टिम तारे । चंदा चकोरी, रात चाँदनी ।।

♪ रेसानिध निसा-म- म-प धमगरेसा, रेसानिध निसा-म-, म-प धमगरेसा,
गमधधनिसांसां सां- गग गम गरेसा, रेसानिध निसा-म-, म-प धमगरेसारे ।।

अंतरा-1

नील गगन से मोतियन बिखरे, धरती पर बैकुंठ उतारे ।

♪ गमध निसां सां सां- धनिसांगं रेंसांनिध, धनिसांमं गंरें सां-ग-ग मगरेसा ।

अंतरा-2

सुंदर सृष्टि, भुवन सुखारे, कण-कण तन-मन मंगल सारे ।

(चाँदनी रात)

चाँद गगन की प्रतिमा जल में, लगती सुंदर सरिता तल में ।
इन्द्र देवता नृप अंबर से, बोले "स्वस्ति" विश्वंभर[163] से ।। 4257/5205

---

[163] विश्वंभर = प्रभु राम ।

152. Story of River Tāpī (Rāmāyan, 3. Aranya Kānd)

शीतल निर्मल नदिया धारा, जिया सिया का हर्षित भारा ।
मिला सरित को मंगल मौका, पार हुई राघव की नौका ।। 4258/5205

बोले राघव, तापी माते! तेरी महिमा हम सब गाते ।
कीर्ति तेरी रहे निरंतर, धरती गावे, गावे अंबर ।। 4259/5205

दोहा॰ शीतल निर्मल नीर की, तापी सरिता धार ।
निहार राघव तीर पर, हर्षित हुई अपार ।। 4364/7162

रामचंद्र ने जब करी, तापी नदिया पार ।
राघव बोले सरित् को, तेरा जय जयकार ।। 4365/7162

संगीतश्रीकृष्णरामायण गीतमाला, पुष्प 576 of 763

दादरा ताल

(ताप्ति देवी की कथा)

स्थायी

गीत शारद ने मंजुल है गाया, साज नारद मुनि ने बजाया ।
रत्नाकर से है मंगल रचाया, रामायण को है सुंदर सजाया ।।
♫ म-ग म-म- म प-म- ग म-प-, रे-ग म-म- मध- प- मग-म- ।
रेगम-म म- म ध-प- गम-प-, रे-ग-म- म- म ध-प- मग-रे- ।।

अंतरा-1

"सूर्यकन्या" कही "धर्मदाती," तापी अनुजा नदी नर्मदा की ।
आज का दिन उसे भाग्य लाया, तीर पर आज श्री राम आया ।।
♫ सांसांनि-रें- सांध- नि-धप-म-, सांसां निनिरें- सांध- नि-धप- म- ।
म-ग म- मम मप- म-ग म-प-, रे-ग मम म-म ध-प-म ग-रे- ।।

अंतरा-2

देख निर्मल वो नदिया की धारा, हर्ष सीता के मन में अपारा ।
तापी नदिया ने बेड़ा तराया, राम-सीता को पार कराया ।।

अंतरा-3

राऽघव का चरण स्पर्श पाके, नीर अमृत भए ताप्ति माँ के ।

153. Story of Sahyādri Mountains (Rāmāyan, 3. Aranya Kānd)
नभ से नारद जी फूल बरसाया, नाद जै जै से जिया लऽहराया ।।

153. सह्याद्रि पर्वत की कथा :

153. Story of Sahyādri Mountains *(Rāmāyan, 3. Aranya Kānd)*

संगीतश्रीकृष्णरामायण छन्दमाला, मोती 388 of 501

अर्धक्षामा छन्द[164]

ऽ ऽ ऽ, ऽ ऽ ।, । ऽ ऽ

(सह्याद्रि गिरिवर)

लाँघी रामा ने जब तापी ।
आई सह्याद्री घन घाटी ।। 1
सह्याद्री के वीर मराठे ।
श्रद्धा जोड़े आकर बैठे ।। 2

श्लोक:

सह्याद्रिः पर्वतः श्रेष्ठः सर्वदक्षिणभारते ।
प्रक्तनाः पावनास्तमिन्-महानद्यो नु निःसृताः ।। 2034/2422

(आगे)

राघव वन में आगे बढ़ते, सह्याद्रि पर तीनों चढ़ते ।
पग-पग आगे चलते सुख में, राम-नाम था लछमन मुख में ।। 4260/5205

दोहा॰ राम-सिया आगे बढ़े, गावे लछमन गीत ।
राम-नाम जो गा रहा, है वह सच्चा मीत ।। 4367/7162

संगीतश्रीकृष्णरामायण गीतमाला, पुष्प 577 of 763

---

[164] **अर्धक्षामा छन्द** : इस 9 वर्ण, 16 मात्रा वाले छन्द के चरण में म त य गण आते हैं । इसका लक्षण सूत्र ऽ ऽ ऽ, ऽ ऽ ।, । ऽ ऽ है । चरणान्त विराम है ।

▶ लक्षण गीत : **दोहा॰ सोलह मात्रा में रचा, म त य गणों का वृंद ।**
"अर्धक्षामा" कहा जिसे, नौ अक्षर का वह छंद ।। 4366/7162

153. Story of Sahyādri Mountains (Rāmāyan, 3. Aranya Kānd)

भजन

(राघव राघव बोल)

स्थायी

घड़ी-घड़ी, राघव! राघव! बोल, रे, घड़ी-घड़ी, राघव! राघव! बोल ।

हरि बिन, जीवन मिट्टी मोल ।।

♫ सांनि धप-, सां-निध! प-धप! म-म, रे, गम पम-, प-मग! रे-गरे! सा-सा ।

सासा रेरे, प-मग रे-गरे सा-सा ।।

अंतरा-1

घर आँगन में, बजे विपिन में, राम-नाम का ढोल ।

♫ सारे ग-मम म-, धप- मगग म-, सा-रे म-ग रे- सा-सा ।

अंतरा-2

नया उजाला पड़े हृदय में, बंद खिड़की खोल ।

अंतरा-3

जीवन बिता बिना भजन के, मत कर टालम टोल ।

कथा

(सह्याद्रि)

तापी से दक्षिण जब आए, सह्याद्रि पर्वत को पाए ।

पूरब-पश्चिम है यह शाखा, दूजी उत्तर-दक्षिण रेखा ।। 4261/5205

दोहा॰ तापी से आगे बढ़े, योजन दक्षिण ओर ।

आकर पहुँचे रामजी, सह्याद्रि के छोर ।। 4368/7162

श्लोकाः

गिरिवरेषु सह्याद्रिः स प्राचीनतमो मतः ।

एका च प्राङ्मुखी शाखा दक्षिणाभिमुखी परा ।। 2035/2422

ज्वालामुख्यास्तु संभूतो नदीनां स पिता महान् ।।

पवित्रा भारते सर्वाः-ताः पूर्वाभिमुखास्तथा ।। 2036/2422

कन्यासु वैनगंगा च वर्धा गोदावरी तथा ।

153. Story of Sahyādri Mountains (Rāmāyan, 3. Aranya Kānd)

मांजरा प्रवरा भीमा नीरा कृष्णा मुळा तथा ।। 2037/2422

कोयना तुङ्गभद्रा च कावेरी वरदा तथा ।
घटप्रभा तथा ताम्री वैगाई च शरावती ।। 20381/2422

गोण्डा खोण्डाश्च मुण्डाश्च भिल्ला वैगाश्च कोरवाः ।
वारल्यः कातकर्यश्च सह्याद्रेरादिवासिनः ।। 2039/2422

✍दोहा॰ सर्वसनातन शैल है, गिरि सह्याद्रि महान ।
ज्वालामुखी–उद्‌भुत गिरि, भारत माँ वरदान ।। 4369/7162

विद्यमान दो शाख में, उत्तर–दक्षिण एक ।
पूरब पश्चिन दूसरी, राम रहे हैं देख ।। 4370/7162

पवित्र नदियों का पिता, गिरि सह्याद्रि विशाल ।
पावन सरिता हैं सभी, पूरब उनकी चाल ।। 4371/7162

✍दोहा॰ सह्याद्रि के हैं बड़े, ऊँचे शिखर अपार ।
चट्टानों की हैं लगीं, कतार पर हि कतार ।। 4372/7162

हरी करौंदा झाडियाँ, ढकती सघन पहाड़ ।
शेर बबर हैं मारते, कर्कश घोर दहाड़ ।। 4373/7162

लछमन से हैं सब डरे, वन्य जीव खूँखार ।
माँदों में हैं जा छुपे, लख कर लखन कुमार ।। 4374/7162

सह्याद्रि की कोख में, पले मराठे वीर ।
राम शरण में आगए, बने नम्र गंभीर ।। 4375/7162

सह्याद्रि का है उन्हें, चप्पा–चप्पा ज्ञात ।
रघुवर–सेवा में लगे, तन–मन से दिन–रात ।। 4376/7162

और जाति सह्याद्रि की, भिल्ल, कोरव, गोंड ।
मुंड, कातकर, वारली, वैग तथा ही खोंड ।। 4377/7162

(मराठे)

चुन कर फल मरट्ठे लाते, राघव अम्ल करौंदे खाते ।

153. Story of Sahyādri Mountains (Rāmāyan, 3. Aranya Kānd)

लछिमन को खट्टे फल भाए, बोला पहले कभी न खाए ।। 4262/5205

मर्द मराठे उन्हें रिझाते, नवीन बातें उन्हें बूझाते ।
पथ घाटी के उन्हें दिखाते, युद्ध कला भी उन्हें सिखाते ।। 4263/5205

पर्वत कगार कैसे चढ़ना, घाटियों में कैसे बढ़ना ।
छुप कर हमला कैसे करना, अनुचित पल में कैसे लड़ना ।। 4264/5205

✍दोहा॰ **वीर मराठे आगए, सुन कर राघव नाम ।**
बैठे राघव चरण में, दास बने सत्काम ।। 4378/7162

दिखलाते श्री लखन को, युद्ध कला के दाँव ।
छिप कर छापे मारना, सहसा करना घाव ।। 4379/7162

संगीतश्रीकृष्णरामायण गीतमाला, पुष्प 578 of 763

दादरा ताल

(सह्याद्रि की कथा)

स्थायी

गीत शारद ने मंजुल है गाया, साज नारद मुनि ने बजाया ।
रत्नाकर से है मंगल रचाया, रामायण को है सुंदर सजाया ।।

♫ म-ग म-म- म प-म- ग म-प-, रे-ग म-म- मध- प- मग-म- ।
रेगम-म म- म ध-प- गम-प-, रे-ग-म- म- म ध-प- मग-रे- ।।

अंतरा-1

मुख में राघव का नामऽ सिमरता, लक्ष्मण तापी के नीरऽ को तरता ।
पार नदिया को जब लाँघ आये, आगे सह्याद्रि पर्वत को पाया ।।

♫ सां- सां नि-रें- सां ध-नि- धपपम-, सांसां नि-रें- सां ध-नि- ध पपम- ।
म-ग ममम- म पप म-ग म-प-, रेग म-म-म ध-पप म ग-रे- ।।

अंतरा-2

सऽह्याद्रिऽ के वीरऽ मराठे, आके राघव की शरणन में बैठे ।
श्री राघव ने उनको बुलाया, अपनी शरणन में उनको मिलाया ।।

अंतरा-3

154. Story of the city of Rāmtek (Rāmāyan, 3. Aranya Kānd)
राह उनको मराठे दिखाते, छापे मारी के दाँवऽ सिखाते ।
उनका सद्‌गुण लछिमन को भाया, उनको सबने गले से लगाया ।।

अरण्य काण्ड : पाँचवाँ सर्ग

154. रामटेक[165] नगर की कथा :

154. Story of the city of Rāmtek *(Rāmāyan, 3. Aranya Kānd)*

संगीतश्रीकृष्णरामायण छन्दमाला, मोती 389 of 501

दीपक छन्द[166]

ऽ । ऽ, । । ।, ऽ । ।, ऽ ऽ

(रामटेक स्थापना)

यत्र राघव पड़ाव टिकाया ।
रामटेक वह ग्राम कहाया ।। 1
गाँव वो परम राम उबारा ।
राम को भगत संघ सराहा ।। 2

श्लोक:

यदा रामो विदर्भे स आगतः सह वानरैः ।
स्वागतनगरं पुण्यं रामटेकं तदुच्यते ।। 2040/2422

कथा

(राम)

---

[165] **रामटेक =** महाकवि कालिदास जी ने मेघदूत महाकाव्य में "रामटेक" को "रामगिरि" कहा है (स्निग्धच्छायातरुषु वसतिं रामगिरिर्याश्रमेषु ...) ।

[166] **दीपक छन्द :** इस 11 वर्ण, 16 मात्रा वाले छन्द के चरण में र न भ गण और दो गुरु वर्ण आते हैं । इसका लक्षण सूत्र ऽ । ऽ, । । ।, ऽ । ।, ऽ ऽ इस प्रकार से होता है । चरणान्त विराम है ।

लक्षण गीत : **दोहा॰ चमके सोलह मत्त से, दो गुरु कल से अंत ।**
र न भ गणों की जो प्रभा, "दीपक" उज्ज्वल छंद ।। 4380/7162

154. Story of the city of Rāmtek (Rāmāyan, 3. Aranya Kānd)

सह्याद्रि पर्वत जब लाँघे, वैनगंग थी नदिया आगे ।
नदिया का जल उथल जहाँ था, प्रवाह तरना सुगम वहाँ था ।। 4265/5205

ग्राम-ग्राम से राम गुजरते, मंदिर मठ में राम उतरते ।
जन-गण हरि दर्शन को आते, मूल कंद जल भोजन लाते ।। 4266/5205

राघव, कपिजन मिल कर खाते, राम निज व्यथा कथा बखाते ।
सुन कर उनके नीर नयन में, सिया के लिए विषाद मन में ।। 4267/5205

समय सभा में राम काटते, बंधु भाव से प्रेम बाँटते ।
सुन कर भगतन की मधु बातें, रघुनंदन मन में सुख पाते ।। 42685/5205

कथा मनोरंजक वे कहते, मन विनोद में निश-दिन रहते ।
ऋषि-मुनि के जब आगम होते, जप तप वेद पठन में खोते ।। 4269/5205

दोहा॰ **गिरि सह्याद्री लाँघ कर, आए दक्षिण राम ।**
दिखी वैनगंगा उन्हें, सरिता पावन नाम ।। 4381/7162

राम-सिया लछमन रुके, देख नदी का तीर ।
"प्राणहिता" भी है कहा, दक्षिण में यह नीर ।। 4382/7162

प्राणहिता को पार कर, आए विदर्भ देश ।
सीता लक्ष्मण हृष्ट थे, प्रसन्न थे अवधेश ।। 4383/7162

विशाल गिरि जब पार थे, समतल यहाँ प्रदेश ।
नदियाँ सारी थी बची, पार करन को शेष ।। 4384/7162

आगे बढ़ते रामजी, चले ग्राम से ग्राम ।
मठ मंदिर में रात को, करते थे विश्राम ।। 4385/7162

जन-गण आते दरस को, सुन कर, "आए राम" ।
भोजन लाते प्रेम से, रुके राम जिस ग्राम ।। 4386/7162

कथा सुनाते रामजी, जभी लगे सत्संग ।
सुन कर राघव की व्यथा, जन पाते थे रंज ।। 4387/7162

कभी सुनाते रामजी, कथा विनोदी व्यंग ।

154. Story of the city of Rāmtek (Rāmāyan, 3. Aranya Kānd)

कभी वेद के मंत्र से, प्रवचन में नव रंग ।। 4388/7162

बंधु भाव में बैठते, ऋषि-मुनि भगतन संग ।
लीला राघव वचन की, करती सबको दंग ।। 4389/7162

 संगीतश्रीकृष्णरामायण गीतमाला, पुष्प 579 of 763

भजन

(शरणं रामा)

स्थायी

शरणं रामा, शरणं नाथा, पाहि प्रभु रे! शरणं देवा ।

♪ निसारे- रे-ग-, पमग- रे-सा-, प-म गम- प-! पमग- रे-सा- ।

अंतरा-1

सुंदर रूपा, वन्दन भूपा, शरणं शरणं, सद् गुरु देवा ।

♪ रे-रेरे ग-म-, ध-पम ग-म-, धधनि- धपम-, प-मग रे-सा- ।

अंतरा-2

शुभ वर दाता, हरि रघुनाथा, त्राहि त्राहि भो:! सद् गुरु देवा ।

अंतरा-3

मंगल छाया, तेरी माया, स्वस्ति स्वस्ति ओम्! सद् गुरु देवा ।

(राम)

राम-लखन करके गल बातें, उनके साथ बिताते रातें ।
दिन का कारज निश्चित करके, सुबह सवेरे आगे बढ़ते ।। 4270/5205

विदर्भ में जब राघव आए, विराट स्वागत रघुवर पाए ।
प्रेम सुधा हर अधर बहाया, रामटेक वह नगर कहाया ।। 4271/5205

गान राम के, भजन राम के, भए जनन सब स्वजन राम के ।
समारोह में श्रीधर पूजा, हुआ न ऐसा उत्सव दूजा ।। 4272/5205

दोहा॰ राघव लक्ष्मण बैठ कर, करते जब आराम ।
करते निश्चित रात में, अगले दिन का काम ।। 4390/7162

विदर्भ के इक स्थान में, आए जब श्री राम ।

154. Story of the city of Rāmtek (Rāmāyan, 3. Aranya Kānd)

उत्सव भगतन ने किया, विराट शुभ अभिराम ।। 4391/7162

कभी न ऐसा था हुआ, प्रसन्नता का पर्व ।
प्रेम सुधारस था बहा, इतिहास में सर्व ।। 4392/7162

बसा नगर इस क्षेत्र पर, "रामटेक" शुभ नाम ।
टिके जहाँ पर राम थे, उसका शुचि परिणाम ।। 4393/7162

टीला सुंदर देख कर, मंदिर बना विशाल ।
लीला ने सियराम की, कीन्ही यहाँ कमाल ।। 4394/7162

संगीतश्रीकृष्णरामायण गीतमाला, पुष्प 580 of 763

भजन

(राम-नाम सुहाना)

स्थायी

राम-नाम सत् नाम सुहाना, श्री राम जय राम, जय जय रामा ।
♫ सा-रे ग-ग गग प-म गरे-ग-, प- म-ग रेरे ग-, रेरे गग रे-सा- ।

अंतरा-1

पीत पितांबर कटि पर सोहे, छवि निरंजन मन को मोहे ।
दशरथ सुत रघुवर श्री रामा, सीतापति रघुनंदन नामा ।।
♫ सां-नि धनि-धप निध पम प-ध-, निध- पम-मम- पप म ग-रे- ।
सासारेरे गग गगपप मग रे-ग-, म-ग- रेसा रेरेग-गग रे-सा- ।।

अंतरा-2

कमल लोचन सूरत प्यारी, मंगल मुख मूरत मनहारी ।
परम पुरुष परमेश्वर रामा, सुर नर पूजित हरि अभिरामा ।।

अंतरा-3

रघुपति राघव दीन-दयाला, भगतन के अविरत प्रति पाला ।
परम आतमा रूप ललामा, अंतर्यामी हिरदय धामा ।।

(पूजन)

पूजा थाली लेकर कर में, नगर नगर में डगर डगर में ।
राम-लखन के दर्शन करने, आते नर-नारी पग धरने ।। 4373/5205

154. Story of the city of Rāmtek (Rāmāyan, 3. Aranya Kānd)

रघुपति की सेवा थी ऐसी, भई स्वर्ग में सुरपति जैसी ।
गाता जन-गण का दल सारा, राम-नाम का जय जयकारा ।। 4374/5205

(अर्थात्, सारांश)

दोहा॰ सह्याद्रि गिरि लाँघ कर, आए विदर्भ राम ।
स्वागत राघव का हुआ, उत्सव बहुत ललाम ।। 4395/7162

राम जहाँ पर थे टिके, नगर बसा उस स्थान ।
"रामटेक" उस नगर को, मिला पवित्तर नाम ।। 4396/7162

मंदिर राघव का बना, लख कर ऊँचा स्थान ।
राम-लखन-सिय चरण में, पवन पुत्र हनुमान ।। 4397/7162

इर्द गिर्द सब ग्राम से, आते भगतन लोग ।
बैठे राघव चरण में, परम चढाते भोग ।। 4398/7162

संगीतश्रीकृष्णरामायण गीतमाला, पुष्प 581 of 763

दादरा ताल

(रामटेक नगरी की कथा)

स्थायी

गीत शारद ने मंजुल है गाया, साज नारद मुनि ने बजाया ।
रत्नाकर से है मंगल रचाया, रामायण को है सुंदर सजाया ।।
म-ग म-म- म प-म- ग म-प-, रे-ग म-म- मध- प- मग-म- ।
रेगम-म म- म ध-प- गम-प-, रे-ग-म- म- म ध-प- मग-रे- ।।

अंतरा-1

राघव जब विदर्भा में आया, इन्द्र पुरी सम वो स्वागऽत पाया ।
जहाँ राघव ने डेरा लगाया, गाँव वो रामटेकऽ कहाया ।।
सां-निनि रें- सांध-नि- ध प-म-, सांसां निनि रेंरें सां ध-नि-ध प-म- ।
मग म-मम म प-म- गम-प-, रे-ग म- म-मध-प- मग-रे- ।।

अंतरा-2

ग्राम-ग्रामों से संतऽन आते, राम अपनी व्यथा को सुनाते ।

155. Story of river Godāvarī (Rāmāyan, 3. Aranya Kānd)

सबने राघव का सद्गुण सराहा, सीता से भी सनेहा लगाया ।।

अंतरा-2

बोले राघव चलो दिऽन राती, हमें गोदावरी माँ बुलाती ।
राघव ने सभी को मिलाया, आगे बढ़ने का जोशऽ दिलाया ।।

अरण्य काण्ड : छठा सर्ग

155. श्री गोदावरी देवी की कथा :

155. Story of river Godāvarī *(Rāmāyan, 3. Aranya Kānd)*

♪ संगीतश्रीकृष्णरामायण छन्दमाला, मोती 390 of 501

चौपाई छन्द

(गोदावरी देवी)

नील जल गोदावरी रंगा ।
निर्मल अमृत की शुचि अंगा ।। 1
पावन पानी पवित्र अपगा ।
कहलाती है, "दक्षिण गंगा" ।। 2

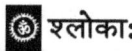 श्लोकाः

(द्वितीया पञ्चवटी)

गङ्गां च यमुनां तापीं गोदावरीं च नर्मदाम् ।
प्रगे पञ्च नदीः स्मृत्वा सर्वं पापं विनश्यति ।। 2045/2422

♪ म-म- म- पपप- ध-प-, ध-ध-धनि- ध प-मप- ।
मम- म-म मप- म-ग-, रे-ग- म-प- मग-रेग- ।।

सह्याद्रिः प्राक्तनो यावत्-तावद्गोदावरी नदी ।
पुरातनतमौ द्वौ तौ गिरिनदीषु भारते ।। 2046/2422

ज्येष्ठा नदी च प्राचीना गोदावरी महानदी ।
स्थूला नव बृहन्नद्यः-तस्या उपनदीषु च ।। 2047/2422

इन्द्रावती मुळा वर्धा धारणा प्रवरा तथा ।

155. Story of river Godāvarī (Rāmāyan, 3. Aranya Kānd)

शबरी वैनगंगा च प्राणहिता च कादवा ।। 2048/2422

गोदावर्यास्तटे सन्ति पुण्यस्थानानि काशिवत् ।
नाशिकं तीर्थक्षेत्रं च प्रतिस्थानं स्थितं तथा ।। 2049/2422

वटवृक्षास्थिता यत्र पञ्च गोदावरी तटे ।
तद्धि पञ्चवटी स्थानम्-आगतो यत्र राघवः ।। 2050/2422

दोहा॰ गंगा यमुना नर्मदा, तापी गोदा मात ।
सरिता पाँच पवित्र ये, पापघ्ना हैं ज्ञात ।। 4399/7162

प्राक्तन सह्याद्रि यथा, गोदावरी पुराण ।
सर्वपुरातन है नदी, कहते लोग सुजान ।। 4400/7162

इसके तट पर क्षेत्र हैं, पावन तीरथ धाम ।
नासिक त्र्यंबक हैं बसे, हरि-धाम, "प्रतिस्थान" ।। 4401/7162

वृक्ष पाँच बरगद जहाँ, पंचवटी वह स्थान ।
गोदावरी के तीर पर, आगत हैं श्रीराम ।। 4402/7162

📖 कथा 📖

बोले राम चलो दिन-राती, गोदावरी माँ हमें बुलाती ।
वहाँ करें हम अपनी कुटिया, जहाँ बहत है पावन नदिया ।। 4375/5205

दोहा॰ कहा लखन को राम ने, बढ़ते हम दिन-रात ।
दक्षिण-पश्चिम में चलो, लगभग योजन सात ।। 4403/7162

अगस्त्य मुनि को है पता, अपना अगला धाम ।
करनी है कुटिया वहाँ, पंचवटी है नाम ।। 4404/7162

पँचवटी वह स्थान है, अगस्त्य मुनि का काम ।
गोदावरी तट पर करी, मुनि ने शिव के नाम ।। 4405/7162

विंध्याचल से राम को, करके स्नेह प्रणाम ।
अगस्त्य मुनि थे चल पड़े, करने जन कल्याण ।। 4406/7162

155. Story of river Godāvarī (Rāmāyan, 3. Aranya Kānd)

<u>संगीतश्रीकृष्णरामायण छन्दमाला, मोती 391 of 501</u>

हिंदी श्लोक छन्द

4 + I S I S – 4 + I I S I

(पंचवटी)

श्री रामचंद्र जीं आए, गोदावरी किनारे हैं ।
अगस्त्य मुनि थे बोले, "पंचवटी" बसी जहाँ ।।

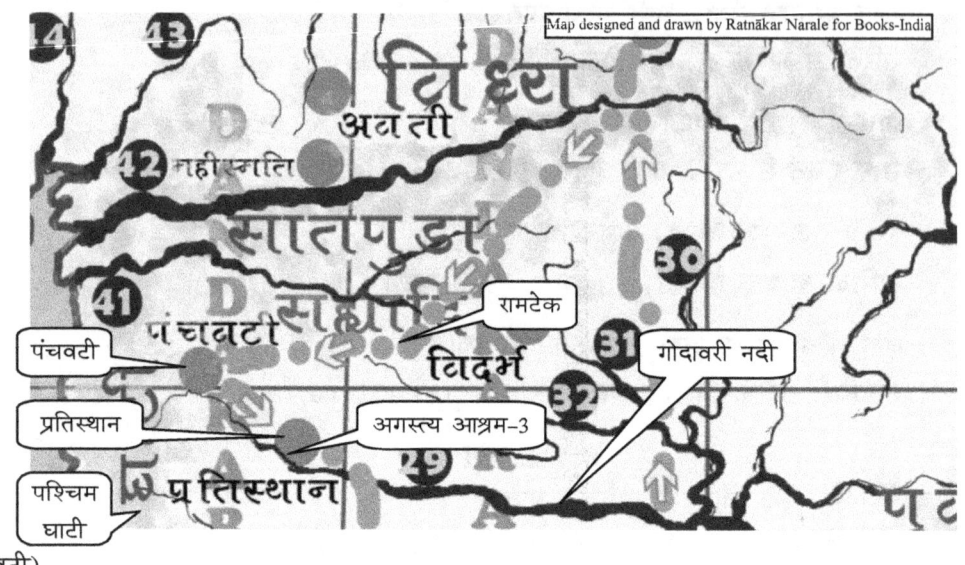

(पंचवटी)

पाँच जहाँ पर विशाल वट हैं, गोदावरी का पवित्र तट है ।
धाम परम है वहाँ बसाया, पंचवटी अभिधान है पाया ।। 4376/5205

विंध्या वन से मुनि जब धाए, गोदावरी के तट पर आए ।
प्रतिस्थान नवपुरी बसाई, राम दरस की आस लगाई ।। 4377/5205

दोहा॰ विंध्या से कह कर विदा, अगस्त्य सिद्ध महान ।
"प्रतिस्थान" में आ बसे, करने धार्मिक काम ।। 4407/7162

<u>संगीतश्रीकृष्णरामायण गीतमाला, पुष्प 582 of 763</u>

दादरा ताल

(देवी गोदावरी की कथा)

156. Shrī Rāma's arrival at Pañchavatī (3. Aranya Kānd)

स्थायी

गीत शारद ने मंजुल है गाया, साज नारद मुनि ने बजाया ।
रत्नाकर से है मंगल रचाया, रामायण को है सुंदर सजाया ।।

♫ म–ग म–म– म प–म– ग म–प–, रे–ग म–म– मध– प– मग–म– ।
रेगम–म म– म ध–प– गम–प–, रे–ग–म– म– म ध–प– मग–रे– ।।

अंतरा–1

नौ नदियों में मानी पुरानी, नद गोदावरी सबकी रानी ।
नीर इसका है तीरथ कहाया, मठ तट पर मुनि ने बनाया ।।

♫ सां– निनिरें– सां ध–नि– धप–म–, सांसां नि–रें–सांध– नि–ध प–म– ।
म–ग म–म– म प–मम गम–प–, रेग मम म– मध– प– मग–रे– ।।

अंतरा–2

विंध्या वन से मुनि जब था धाया, तट गोदावरी पर था आया ।
पाँच वट की जहाँ पर थी छाया, पंचवटी का वो तीरथ बसाया ।।

अंतरा–3

नीर इसका है अमृत की धारा, जिसका दैवी महा गुण है भारा ।
इसका तीरथ, चलाय कर माया, पूज्य "दक्षिण की गंगा" कहाया ।।

156. पंचवटी में श्री राम के आगमन की कथा :

156. Shrī Rāma's arrival at Pañchavatī *(3. Aranya Kānd)*

संगीतश्रीकृष्णरामायण छन्दमाला, मोती 392 of 501

कलभाषिणी छन्द[167]

। । ।, । ऽ ।, । ऽ ।, ऽ । ।, ऽ । ऽ

पंचवटी–1

---

[167] ♫ **कलभाषिणी छन्द** : इस 15 वर्ण, 20 मात्रा वाले छन्द के चरण में न ज ज भ र गण आते हैं । इसका लक्षण सूत्र । । ।, । ऽ ।, । ऽ ।, ऽ । ।, ऽ । ऽ इस प्रकार से है । यति चरणान्त आता है ।

▶ लक्षण गीत : **दोहा॰ बीस मत्त के चरण में, जहाँ न ज ज भ र वृंद ।**
कहा "कलभाषिणी" वही, पन्द्रह अक्षर छंद ।। 4408/7162

156. Shrī Rāma's arrival at Pañchavatī (3. Aranya Kānd)

बरगद पाँच महा जहाँ पर थे खड़े ।
स्थल वह "पंचवटी" सुविश्रुत थे बड़े ।। 1
लछमन-राघव को अगस्त्य यथा कहा ।
लछमन ने कुटिया ललाम रची वहाँ ।। 2

ॐ श्लोकः

पञ्चवट्यां यदा राम आगतः सीतया सह ।
यथेष्टा सीतया रम्यां लक्ष्मणोऽरचयत्कुटिम् ।। 1973/2422

कथा

दोहा॰ अगस्त्य ने जैसा कहा, सुंदर विन्ध्य[168] पहाड़ ।
पादप शोभा से सजे, कुसुमों का शृंगार ।। 4409/7162

(दंडक वन में)

अगस्त्य को कह कर विदा, चले राम वन राह ।
काँटे आतप मार्ग में, तन को देते दाह ।। 4410/7162

श्वापद उनको देखते, लेकर तरु की ओट ।
राक्षस उद्यत हैं छुपे, पुहुँचाने को चोट ।। 4411/7162

संगीतश्रीकृष्णरामायण गीतमाला, पुष्प 583 of 763

भजन : राग बागेश्री, कहरवा ताल
(पंचवटी)
(चाल और तबला के लिए देखिए "*नई संगीत रोशनी*" गीत 33)

स्थायी

निश-दिन संग में, नाथ हमारे! पीछे पीछे साथ तिहारे ।
पग पग चलूँ मैं, पंथ निहारे ।।

♪ साग मध पधसांनिध म- ग-रे रेम-म-! -मगरेसा म-म- -सागम धप-म- ।
-मध धध धध निध सां-नि धमगरेसा ।।

---

[168] **Vindhya :** In Valmiki Rāmāyaṇ, Vālmiki has called the North-South Sahyādri mountain range (पश्चिम घाटी) as Vindhya (विंध्य) (Araṇya kāṇḍ - 11.85-86); Kishkindhā kāṇḍ - 3.15, 48.2-3, 49.15, 49.22, 50.1, 56.3, 58.6, 63.2, etc.). He called it Shaila (शैल) in 4.50.3.

156. Shrī Rāma's arrival at Pañchavatī (3. Aranya Kānd)

अंतरा-1

राहों में काँटे हैं बिखरे, पशु बेशुमार डोरे डारे ।
धोखा पल छिन असुर जनों से, डगमग हैं अब भाग्य हमारे ।।

♪ -मगम ध- निधसां- सां- रेंनिसां-, -निनि सांगंरेंसांसां- नि-सां- नि-ध- ।
-ध-ध निनि धध मगग मरेरे सा-, -निसा मम ध- निध सां-नि धमगरेसा ।।

अंतरा-2

चल कर जोजन साँझ सकारे, अवध नगर को पीछे छोरे ।
आए पंचवटी के द्वारे, मनहर स्थान जो चित्त को हारे ।।

अंतरा-3

इस थल को आवास बनाएँ, वन तापोभूमि जाना जाए ।
रामायण की नींव सजाएँ, जन हित का इतिहास रचाएँ ।।

(और)

आए राघव दंडक वन में, यथा मध्यमा के था मन में ।
आज्ञा उसकी करके पूरी, राम हुए थे हर्षित भूरि ।। 3778/5205

अब कुटिया हम यहीं करेंगे, दंडक वन में हम विचरेंगे ।
ज्यों वे चलते वन की राहें, उन्हें निरखती असुर निगाहें ।। 3779/5205

राह में काँटे पत्थर बिखरे, पशु बेशुमार श्वापद चितरे ।
आगे रघुवर पीछे सीता, चलते-चलते दिन था बीता ।। 3780/5205

✍दोहा॰ **दंडक वन में आगए, हर्षित हो कर राम ।**
बोले, "इस वन में करें, सीते! हम विश्राम ।। 4412/7162

"कैकेयी माँ ने दिया, जो मुझको आदेश ।
दंडक वन में त्यों मुझे, लाया है परमेश" ।। 4413/7162

संगीतश्रीकृष्णरामायण गीतमाला, पुष्प 584 of 763

(सुंदर पंचवटी)

स्थायी

पंचवटी अति सुंदर है, जल धारा गिरि कंदर हैं ।
रंग भरे खग बंदर हैं, मोद विपिन के अंदर है ।।

156. Shrī Rāma's arrival at Pañchavatī (3. Aranya Kānd)

♬ सा–रेरेग– रेसा रे–गग म–, पप म–ग– रेरे सा–रेरे सा– ।

सा–सा सारे– रेरे ग–गग म–, प–प पमम म– ग–रेरे सा– ।।

अंतरा–1

पुष्प लताएँ तरु पर हैं, कमल दलों पर मधुकर हैं ।
चटक चहकते मधु रव हैं, सौरभ अनुपम मनहर है ।
मंगल रंग समुंदर है ।।

♬ प–प पप–प धध धध प–, गगग गग– गग ममपम ग– ।

सासासा सारेरेरे– गग मम प–, म–पप ममम गगरेरे सा– ।।

अंतरा–2

गिरि मंडल पर हरियाली, पवन शीत प्रभाशाली ।
स्वर्ग भूमि भूतल वाली, स्वयं इन्द्र जिसका माली ।
सींचत धरती अंबर है ।।

अंतरा–3

वीणा लेकर नारद जी, कुबेर गणपति शारद जी ।
किन्नर सुर कोविद सारे, आते पंचवटी के द्वारे ।
ब्रह्मा विष्णु शंकर हैं ।।

(सुंदर वन)

✍दोहा॰ आम्र उदुंबर आँवला, बरगद पीपल बेल[169] ।
कीकर शीसम शाल्मली, झूलत जिन पर बेल ।। 4414/7162

सेब शरीफा कर्दली, अनन्नास कचनार ।
खट्टे मीठे रस भरे, नींबू बेर अनार ।। 4415/7162

गुलाब चंपक केवड़ा, शहतूत अमलतास ।
जवाकुसम मधु मल्लिका, टेसू कुमुद पलास ।। 4416/7162

(यहाँ)

✍दोहा॰ तरु बेली थी सब लदी, फल–फूलों के साथ ।
लखन तरु से फेंकता, झेलत फल रघुनाथ ।। 4417/7162

---

[169] **बेल** = 1. बिल्व, बिल्व पर्ण का वृक्ष । 2. बेल = लता ।

156. Shrī Rāma's arrival at Pañchavatī (3. Aranya Kānd)

(हवा में)

✍दोहा॰ सुमन सुगंधी महकते, दृश्य बहुत रमणीक ।
पंचवटी की राह है, अद्भुत नैसर्गिक ।। 4418/7162

मैना शुक आकाश में, बगुले हंस चकोर ।
चकवे चिड़िया टिट्टिभी, करते अद्भुत शोर ।। 4419/7162

चट चट चीं चीं नीड़ में, शावक करते बोल ।
चोगा चुगने प्रेम से, करते चटक किलोल ।। 4420/7162

कौवे बक कठफोड़वे, कोयल चील कपोत ।
तीतर बगुले सारिका, मोर भ्रमर खद्योत ।। 4421/7162

(हरियाली पर)

✍दोहा॰ हरियाली में दौड़ते, खरहे[170] मृग हैं स्वैर ।
साँबर सारस नेवले, आपस में नहिँ बैर ।। 4422/7162

(झाड़ियों में)

✍दोहा॰ सुन कर गर्जन शेर की, काँपत सर्व शरीर ।
भैंसे भालू भेड़िये, पीते नदिया नीर ।। 4423/7162

(रात में)

✍दोहा॰ फिरत निशाचर रात में, मंडुक चुगद शृगाल ।
चमगादड़ वृक लोमड़ी, कीड़े वृश्चिक व्याल ।। 4424/7162

(राहों में)

✍दोहा॰ कंकड़ तीले राह में, पग-पग देते शूल ।
गरम हवा के झोंक से, उड़े आँख में धूल ।। 4425/7162

पश्चिम घाटी में गिरे, वर्षा मूसलाधार ।
छतरी सम तरुवर घने, रुकने का आधार ।। 4426/7162

पगडंडी नाला बने, चल नहिँ सकते आप ।
तरुवर की छतरी तले, खड़े रहो चुपचाप ।। 4427/7162

---

[170] **खरहा** = खरगोश ।

156. Shrī Rāma's arrival at Pañchavatī (3. Aranya Kānd)

वर्षा, गिरि सह्याद्रि में, क्षण क्षण बदले रूप ।
अकस्मात् वर्षा गिरे, फिर आजाती धूप ।। 4428/7162

(कुटिया)

योजन दस जब आगए, दक्षिण दिश में राम ।
बोली नद गोदावरी, "कुटिया रचो ललाम" ।। 4429/7162

निर्मल नदिया नीर में, किया उन्हों ने स्नान ।
दीन्हा माँ गोदावरी, उन्हें कृपा वरदान ।। 4430/7162

वर लेकर जब आगए, पंचवटी में राम ।
बोले इस स्थल रम्य को, चलो बनाएँ धाम ।। 4431/7162

निकट पाँच वटवृक्ष के, समतल भूमि देख ।
पर्ण कुटी की नींव की, गाड़ी सिय ने मेख ।। 4432/7162

लछमन लाया काट कर, बल्ली छत-सामान ।
बनी सिया के चाह की, कुटिया स्वर्ग समान ।। 4433/7162

बाड़ा चारों ओर था, आगे फाटक द्वार ।
बाहर हरियाली हरी, फूलों का सिंगार ।। 4434/7162

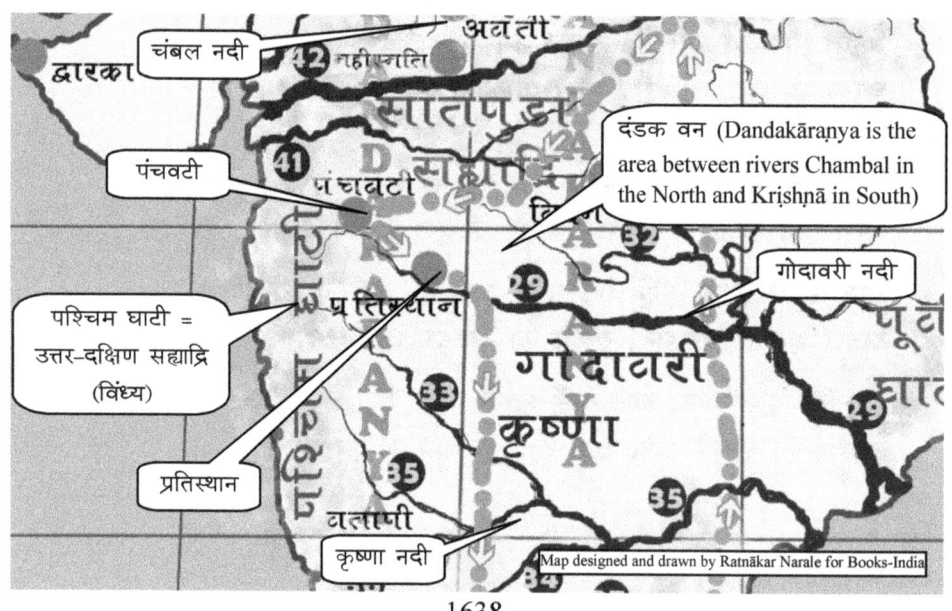

156. Shrī Rāma's arrival at Pañchavatī (3. Aranya Kānd)

(कुटिया के पास)

कन्द-मूल फल वन में केले, जब चाहे जो जितने ले ले ।
रुचिकर मीठे मधुर रसीले, लाल जामनी भूरे पीले ।। 3881/5205

हरियाली में झुंड हरिण के, रंग मनोहर दिखते जिनके ।
पंछी मँडराते तरु बेली, गाते उड़ते करते केली ।। 3882/5205

जल नदिया के शीतल नीले, मीन पकड़ते हंस बगूले ।
सीता रमती थी बगिया में, कभी विहरती जल- नदिया में ।। 3883/5205

सीता सज-धज बहुत सुहाई, संग राम निश-दिन सुखदाई ।
लखन लला नित आज्ञाकारी, प्रेमल भ्राता मित अनुसारी ।। 3884/5205

ईंधन फूल लखन जल लाता, कन्द-मूल फल लेकर आता ।
चूल्हा सीता का आँगन में, राघव सीता सह प्रांगन में ।। 3885/5205

सीता जब आँगन में खेले, रिमझिमते कण तन पर झेले ।
वर्षा गिर कर कुटिया छत पर, नीर उछलता सिय की गुत पर ।। 3886/5205

दोहा॰ **निर्मल जल फल मधुर थे, पंचवटी में ढेर ।**
आम्र वृक्ष पर कोकिला, मयूर करते टेर ।। 4435/7162

हरियाली में हरिण का, दिखता मनहर नाच ।
छाया देते थे घने, बरगद विशाल पाँच ।। 4436/7162

सीता सजती सुंदरी, कुसुमों के श्रृंगार ।
लछमन लाता काट कर, ईंधन, फल-आहार ।। 4437/7162

चूल्हा आँगन में लगा, करने रोटी पाक ।
सीता के सह रामजी, काटत सब्ज़ी शाक ।। 4438/7162

संगीतश्रीकृष्णरामायण गीतमाला, पुष्प 585 of 763

खयाल : राग मालकंस, कहरवा ताल 8 मात्रा

(रिम झिम बरसत)

स्थायी

1639
रत्नाकर रचित संगीत-श्री-रामायण

156. Shrī Rāma's arrival at Pañchavatī (3. Aranya Kānd)

रिम झिम बरसत बादल गरजत, सावन आयो, रंग लायो रे ।

♫ गग मम धधनिनि सां–धम गमगसा, सां–सांसां नि–नि– ध–निसां सांनिधमगसा ग–।

अंतरा–1

पंचवटी के हर प्रांगण में, फूल गुलाली, बिखरायो रे ।

♫ गगममध– नि– सांसां सां–गंनि सां–, निनिनि निनि–नि, निधनिसांनिधम ग–।

अंतरा–2

सिय की कुटी के दर आंगन में, गुत पर पानी, उछलायो रे ।

संगीतश्रीकृष्णरामायण गीतमाला, पुष्प 586 of 763

(चाल, तबला ठेका और तान के लिए देखिए
हमारी "*नई संगीत रोशनी*" का गीत 44)

राग : भिन्न षड्ज,[171] तीन ताल 16 मात्रा

(सावन की बिजुरी)

स्थायी

दमक दिखावे दामनिया, सरसर बादरिया जल बरसत ।
कड़ कड़ कड़कत बिजुरिया ।। दमक॰

♫ सांनिधग मग–सा– ऩिसाधऩिसागमधनिसां, निसांगंसांसां निधधधम– गमगगसासा ।

ऩिसा धऩि सागमध गमधनिसागमधनिसांसां ।। सांनिधग॰[172]

अंतरा–1

मोरनिया नाचे, मोर पपिहा, ठुमकत थिरकत नाचत थैया ।

---

[171] **राग भिन्न षड्ज :** यह बिलावल ठाठ का राग है । इसका आरोह है : सा ग म ध नि सां । अवरोह है : सां नि ध म ग सा ।

▶ लक्षण गीत : ✍ **दोहा॰ म सा वादि संवाद हो, रे प स्वरों का त्याग ।**
सकल शुद्ध स्वर से बना, "भिन्न–षड्ज" है राग ।। 4439/7162

[172] **स्थायी तान :** दमक दि 1. गग साऩि धऩि सऩि । धऩि धम़ धऩि साग । मग साऩि सासा 2. साऩि धऩि साग मग । साग मध मग साऩि । धऩि सा– सा– 3. सासा गम गग सासा । गम धध गम गग । साऩि धऩि सा– । **अंतरा तान :** मोरनि 1. सासा गम गग सासा । गम धनि धध मम । गम गग सासा 2. गम धनि सांनि धनि । सांनि धम गम गग । साऩि धऩि सा– ।

156. Shrī Rāma's arrival at Pañchavatī (3. Aranya Kānd)

♬ मध-निसां- नि-सां-, निसां मंगंसां, गंमंगंसांसां निधधध म-गम गमधनिसां ।

अंतरा-2

ठंढी फुहार दे गुदगुदियाँ । मन मोरा प्रणय के गीत रचैया ।

संगीतश्रीकृष्णरामायण गीतमाला, पुष्प 587 of 763

दादरा ताल

(पंचवटी में आगमन की कथा)

स्थायी

गीत शारद ने मंजुल है गाया, साज नारद मुनि ने बजाया ।
रत्नाकर से है मंगल रचाया, रामायण को है सुंदर सजाया ।।
♬ म-ग म-म- म प-म- ग म-प-, रे-ग म-म- मध- प- मग-म- ।
रेगम-म म- म ध-प- गम-प-, रे-ग-म- म- म ध-प- मग-रे- ।।

अंतरा-1

पाँच बरगद जहाँ पर खड़े थे, वन दंडक में विश्रुत बड़े थे ।
स्थान मंगल मुनिऽवर बताया, राम सीता ने पावन बनाया ।।
♬ सांसां निनिरेंरें सांध- नि- धप- म-, सांसां नि-रेंरें सां ध-निनि धप- म- ।
म-ग म-म- मप-मम गम-प-, रे-ग म-म- म ध-पप मग-रे- ।।

अंतरा-2

चाही सीता ने कुटिया थी जैसी, लछमन ने करी बस वैसी ।
चारों बाजू से बाड़ा लगाया, आगे सुंदर सा फाटक सजाया ।।

अंतरा-3

हरियाली में सारंग सुहाते, मृग सीता के नैन लुभाते ।
रंग फूलों ने स्वर्ग दरसाया, देख सीता का मन हऽर्साया ।।

157. Story of Shūrpankhā (Rāmāyan, 3. Aranya Kānd)

अरण्य काण्ड : सातवाँ सर्ग

157. शूर्पणखा की कथा :

157. Story of Shūrpankhā (Rāmāyan, 3. Aranya Kānd)

संगीतश्रीकृष्णरामायण छन्दमाला, मोती 393 of 501

ललना छन्द[173]

ऽ । ।, ऽ ऽ ऽ, । । ऽ, । । ऽ

(शूर्पणखा)

शूर्पणखा थी रावण की बहना ।
रावण माने है उसका कहना ।। 1
आसुर-लंका की वह भूषण थी ।
रावण-भाई थे खर-दूषण भी ।। 2

श्लोकौ

शूर्पणखाऽसुरी दुष्टा भगिनी रावणस्य या ।
परिणयाय प्रस्तोतुम्-आगता राम सन्निधौ ।। 1974/2422

अस्वीकरोद्यदा तस्याः प्रस्तावं सादरं हरिः ।
दुष्टाऽक्राम्यन्नु वैदेहीं, लक्ष्मणस्त्वरुणत्खलाम् ।। 1975/2422

कथा

(शूर्पणखा, एक दिन)

दोहा॰ जैसा था विधि ने रचा, भाग्य करम का खेल ।
इक दिन वन में होगया, चार जनों का मेल ।। 4441/7162

---

[173] **ललना छन्द** : इस 12 वर्ण, 18 मात्रा वाले छन्द के चरण में भ म स स गण आते हैं । इसका लक्षण सूत्र ऽ । ।, ऽ ऽ ऽ, । । ऽ, । । ऽ इस प्रकार है । यति 5-7 पर विकल्प से आता है ।

▶ लक्षण गीत : **दोहा॰ मत्त अठारह से सजा, भ म स स गण का वृंद ।
अक्षर बारह की कला, सुंदर "ललना" छंद ।। 4440/7162**

157. Story of Shūrpankhā (Rāmāyan, 3. Aranya Kānd)

सीता बगिया में खड़ी, सींच रही थी घास ।
चूल्हा आँगन में जला, रामचंद्र थे पास ।। 4442/7162

राघव लेकर टोकरी, चुगत रहे थे फूल ।
लछमन झाड़ी काट कर, खोद रहा था मूल ।। 4443/7162

ऐसे में इक कामिनी, आई राघव पास ।
विषय वासना में रता, करने अपना नास ।। 4444/7162

(और)

दोहा॰ मुख मंगल श्री राम का, जब देखा अभिराम ।
कुलटा बोली राम को, कौन कहाँ तव धाम ।। 4445/7162

मुखड़ा राज कुमार सा, लगता तेरा, नाथ! ।
वन में लाया क्यों, सखे! इस नारी को साथ ।। 4446/7162

बोली दुष्टा, राम को, लाज शर्म सब छोड़ ।
बिना किसी संकोच के, विषय वासना जोड़ ।। 4447/7162

नगरी तज कर क्यों यहाँ, कुटिया में है वास ।
चल अब मेरे संग तू, मजे चखाऊँ खास ।। 4448/7162

जटा-जूट को छोड़ दे, वल्कल करके त्याग ।
मुझसे लगन लगाइके, चल! चलते हैं भाग ।। 4449/7162

तन मम सुगठित देख ये, यौवन से भरपूर ।
सब कुछ तुम पर वार दूँ, चलो यहाँ से दूर ।। 4450/7162

(राम)

सुन कर गंदे वचन करारे, उस दुष्टा के अशिष्ट सारे ।
रघुवर बोले, सुनो श्रीमती! धारण करलो मन में शाँति ।। 3887/5205

राम-नाम है मेरा, माते! धर्म कर्म हैं मुझको भाते ।
सत्य-धर्म है हमें सिखाता, पर वनिता है बहिना माता ।। 3888/5205

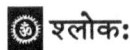

ॐ श्लोकः

157. Story of Shūrpankhā (Rāmāyan, 3. Aranya Kānd)

मातृवत्परदारा च वनिता भगिनी सुता ।
ज्ञाता पत्नी सखी लक्ष्मी चार्धांगिनी पतिव्रता ।। 1976/2422

(और)

धर्म पत्नी है मेरी सीता, वन में भेजी हमरी माता ।
अनुज लखन है मेरा भ्राता, बंधु-धर्म है सदा निभाता ।। 3889/5205

पितु मम दशरथ परम अवधेशा, जिनकी आज्ञा से मुनि वेशा ।
रघुकुल का मैं आज्ञाकारी, सत्य-धर्म का मैं अनुचारी ।। 3890/5205

दोहा॰ राघव बोले, श्रीमती! सीता मेरी दार ।
उधर खड़ा तरु काटता, भाई लखन कुमार ।। 4451/7162

नाम ध्येय अपना कहो, को है तुमरा गाँव ।
बहिना! सुख से बैठ कर, भोजन करके जाव ।। 4452/7162

कंद मूल की शाक है, फल मीठे रसदार ।
गरम रोटले हैं बने, बीच सिया का प्यार ।। 4453/7162

(और)

नाम ग्राम तुम काम सुनाओ, खान-पान करके फिर जाओ ।
सेवा कोई हमें बताओ, क्षात्र-धर्म में हमें लगाओ ।। 3891/5205

(कुलटा)

दोहा॰ सुन कर बैना राम के, उसको आया क्रोध ।
बोली, सिय को खाइके, तुझे सिखाऊँ बोध ।। 4454/7162

रूप सुहाना छोड़ कर, किया रूप विकराल ।
आँखें मोटी लाल सी, बिखरे भूरे बाल ।। 4455/7162

खड़ी हुई वो क्रोध में, खड्ग हाथ में धार ।
ऊँची तगड़ी राक्षसी, अधम असुंदर नार ।। 4456/7162

बोली, मेरे बंधु हैं, बसे समुंदर पार ।
बीर बिक्रमी असुर है, कोई सकै न मार ।। 4457/7162

157. Story of Shūrpankhā (Rāmāyan, 3. Aranya Kānd)

भाई दशमुख है महा, धीर असुर लंकेश ।
कुंभकर्ण मम भ्रात है, विभिषण के प्रति द्वेष ।। 4458/7162

खर-दूषण मम बंधु हैं, महावीर बलवान ।
"शूर्पणखा" मम नाम है, रानी मुझको जान ।। 4459/7162

(और)

मुनि मर्दन भाता हमें, रुचिकर नर का माँस ।
मेरे संगी तुम बनो, आओ मेरे पास ।। 4460/7162

तजो सिया को, हे सखे! मैं हूँ तेरी नार ।
मंत्र मुग्ध करदूँ तुम्हें, करलो मुझसे प्यार ।। 4461/7162

सीता को मैं खा हि लूँ, लक्ष्मण को भी साथ ।
तभी अकेले तुम मेरे, हो जाओगे नाथ ।। 4462/7162

(फिर)

इतना कह कर पापिनी, बड़े वेग के साथ ।
लपकी सिय को मारने, खड्ग घुमा कर हाथ ।। 4463/7162

विद्युत गति से लखन ने, कीन्हा परशू वार ।
कटी नाक उस धृष्ट की, सिय को सकी न मार ।। 4464/7162

संगीतश्रीकृष्णरामायण गीतमाला, पुष्प 588 of 763

भजन

(कोपी लछमन)

स्थायी

लछमन बहुत है कोपी, सीते! ।

♪ धधपम गगम म प-प-, गरेसा-!

अंतरा-1

मेरा बंधु बड़ा पियारा, स्नेहिल सुहृद सखा नियारा ।
दुख पल उसे न भाते, सीते! ।।

♪ म-पध नि-नि- सांनि- धप-म-, म-मम प-पप धनि- धप-म- ।

157. Story of Shūrpankhā (Rāmāyan, 3. Aranya Kānd)

मम पप धप- म गरेसा-, रेगम-! ।।

अंतरा-2

वीर पुरुष है छत्रिय बाँका, धीर है रण में मैंने आँका ।
छल बल उसे न आते, सीते! ।।

अंतरा-3

सीधा सादा भोला भाला, राजनीति में ढीला ढाला ।
उसको कुकर्म खाते, सीते! ।।

अंतरा-4

लछमन मेरा अभिन्न अंगी, निश-दिन मेरा बना है संगी ।
जग जन सद् गुण गाते, सीते! ।।

दोहा॰ चीख मारती जोर से, आग बबूला अंग ।
रोई कुलटा जोर से, "भयो रंग में भंग" ।। **4465**/7162

हाथ नाक पर दाबके, "हाय मर गयी, राम!" ।
लहू लुहान तन राक्षसी, बोली "बिगड़ा काम" ।। **4466**/7162

"बदला लूँगी पाप का, लछमन को मैं मार ।
रावन को बहकाउँगी, हार भुजा का डार" ।। **4467**/7162

(फिर, लंका में)

दोहा॰ गाली बकती राक्षसी, लंका पहुँची नीच ।
रोई ऊँचे शोर में, राज सभा के बीच ।। **4468**/7162

सनी रक्त से राक्षसी, देख सभा के लोग ।
हाय! हाय! करने लगे, भरा भवन में सोग ।। **4469**/7162

कोलाहल ऊँचा मचा, धधक उठा सब देश ।
लंका पर बिजली गिरी, क्रुद्ध हुआ लंकेश ।। **4470**/7162

संगीतश्रीकृष्णरामायण गीतमाला, पुष्प 589 of 763

दादरा ताल

158. Story of Khar Dushan (Rāmāyan, 3. Aranya Kānd)

(शूर्पणखा की कथा)

स्थायी

गीत शारद ने मंजुल है गाया, साज नारद मुनि ने बजाया ।

रत्नाकर से है मंगल रचाया, रामायण को है सुंदर सजाया ।।

♫ म-ग म-म- म प-म- ग म-प-, रे-ग म-म- मध- प- मग-म- ।

रेगम-म म- म ध-प- गम-प-, रे-ग-म- म- म ध-प- मग-रे- ।।

अंतरा-1

एक दिन शूर्पणखा रावण की दीदी, बोली राघव! तू कर मुझसे शादी ।

मेरा तुझ पर है राम! मन आया, मैंऽ सीता का करदूँ सफाया ।।

♫ सां- सां- नि-रें-सां ध-निनि ध प-म-, सांसां नि-रें- सां धध नि-ध प-म- ।

मग मम मम म प-म! मग म-प-, रेग म-म- म धधप- मग-रे- ।।

अंतरा-2

इतना कहकर वो शूर्पणखा कपटी, खड्ग लेकर सिया पर ज्यों झपटी ।

झट लछिऽमन ने परशुऽ चलाया, काटके नाक नकटी बनाया ।।

अंतरा-3

आई रोती वो रावण के पासा, बोली राघव लखन का हो नासा ।

खर-दूषण सभी को भड़काया, करदो सीता को रावन की जाया ।।

अरण्य काण्ड : आठवा सर्ग

The Aranya Kānd : Favascicule 8

158. असुर खर-दूषण की कथा :

158. Story of Khar Dushan (Rāmāyan, 3. Aranya Kānd)

♫ संगीतश्रीकृष्णरामायण छन्दमाला, मोती 394 of 501

भ्रमरावली छन्द[174]

---

[174] ♫ **भ्रमरावली छन्द** : इस 15 वर्ण, 20 मात्रा वाले जगती छन्द के चरण में पाँच स गण आते हैं । इसका

158. Story of Khar Dushan (Rāmāyan, 3. Aranya Kānd)

। । S, । । S, । । S, । । S, । । S

(खर-दूषण)

खर-दूषण बांधव रावण के प्रिय थे ।
रजनीचर निर्मम निर्भय निर्दय थे ।। 1
उनके दल के खल नायक चौदह थे ।
त्रिशिरा सुबली सम राक्षस बारह थे ।। 2

श्लोक:

लङ्केशभ्रातरौ दुष्टौ-असुरौ खरदूषणौ ।
आगतौ राघवं हन्तुं, राघवेण हतौ परम् ।। 1977/2422

कथा

(खर)

दोहा॰ खर बोला, बहिना प्रिये! हम हैं तेरे साथ ।
कौन तुम्हें घायल कियो, बोलो सारी बात ।। 4472/7162

किसका आया मरण है, घोर दुखों के साथ ।
नाक कान पद खड्ग से, काटूँ उसके हाथ ।। 4473/7162

टुकड़े करके देह के, कर दूँ उसका नास ।
मुंडी उसकी काट कर, लाऊँ तेरे पास ।। 4474/7162

(दूषण)

दूषण बोला, प्यारी बहना! इतने दुख में तुम ना रहना ।
कौन, कहाँ है निबास उसका, आया पास प्रलय है उसका ।। 3892/5205

तुझको ऐसा नाक विहीना, बोलो बहिना! किसने कीन्हा ।
अंत करूँ मैं किसका जीना, किसका रक्त तुझे है पीना ।। 3893/5205

उसकी काट-काट कर काया, तुझको जाए माँस खिलाया ।

लक्षण सूत्र । । S, । । S, । । S, । । S, । । S इस प्रकार से है । यति चरणान्त आता है ।

▶ लक्षण गीत : **दोहा॰** बीस मत्त का पद्य जो, पन्द्रह अक्षर वृंद ।
वही "भ्रमरावली" कहा, पाँच स गण का छंद ।। 4471/7162

158. Story of Khar Dushan (Rāmāyan, 3. Aranya Kānd)

चिल्लाओ मत, चुप होजाओ, हमें शत्रु का नाम बताओ ।। 3894/5205

✍दोहा॰ **बहिना का मुख देख कर, दूषण भया अवाक् ।**
राक्षस बोला, कौन वो, जिसने काटी नाक ।। 4475/7162

कहाँ शत्रु का वास है, क्या है उसका नाम ।
साथ दुष्ट के कौन हैं, करता क्या है काम ।। 4476/7162

काटूँगा उसका गला, भाग न पावे चोर ।
चुप होजा तू अब जरा, अधिक मचा मत शोर ।। 4477/7162

(रावण)

बहिना रावण की थी रोती, हा! हा! करते विह्वल होती ।
बोला, हमको कहो कहानी, बोलो किसकी करदूँ हानि ।। 3895/5205

कौन तुझे है विद्रूप कीन्हा, अंत करूँ मैं उसका जीना ।
किसने है असुरों को छेड़ा, बोल डूबाऊँ किसका बेड़ा ।। 3896/5205

किसने तेरी कीन्ही हाँसी, डालूँ उसके गल मैं फाँसी ।
जो है मानव तुझे सताया, कुल उसका सब करूँ सफाया ।। 3897/5205

✍दोहा॰ **निहार बहिना की व्यथा, रावण के मन क्रोध ।**
बोला, इस दुष्कर्म का, लेंगे हम प्रतिशोध ।। 4478/7162

बोलो को वो वीर है, बोलो उसका नाम ।
सेना अपनी भेज कर, करता उसे तमाम ।। 4479/7162

हम बलशाली वीर हैं, सेना हमरे पास ।
खर-दूषण को भेज कर, करते उसे खलास ।। 4480/7162

कैसे वो लड़ पाएगा, हमरे दल के साथ ।
खर-दूषण के सामने, होगी उनकी मात ।। 4481/7162

(शूर्पणखा)

✍दोहा॰ **देख बंधु का प्यार वो, क्रोधित जिसका गात ।**
बहिना ने उसको कही, वन की सारी बात ।। 4482/7162

158. Story of Khar Dushan (Rāmāyan, 3. Aranya Kānd)

दसरथ सुत हैं दो युवा, राम-लखन हैं नाम ।
सुंदर तरुणी साथ है, पंचवटी है धाम ॥ 4483/7162

दंडक वन में है बसा, पंचवटी का धाम ।
सह्याद्रि के विपिन में, कुटिया है अभिराम ॥ 4484/7162

दसमुख! लगन लगाइके, धरो सिया की बाँह ।
लहू लखन का मैं पीऊँ, करूँ राम से ब्याह ॥ 4485/7162

(फिर)

दोहा॰ खर-दूषण नृप बंधु का, देख अनूठा प्यार ।
शूर्पणखा रोने लगी, जोर दहाड़ें मार ॥ 4486/7162

लश्कर लेकर जाइए, शस्त्र-अस्त्र सरदार ।
लाओ सीता को यहाँ, राम-लखन को मार ॥ 4487/7162

सीता जैसी सुंदरी, जग में मिलै न कोय ।
ऐसी नारी विश्व में, और कहीं ना होय ॥ 4488/7162

उसको लाओ बांध कर, दसमुख नृप के पास ।
हत्या राघव की करो, करो लखन का नास ॥ 4489/7162

उस बैरी को मार कर, मुझको रुधिर पिलाव ।
बदला तीनों शत्रु से, मिल कर तीन चुकाव ॥ 4490/7162

(अत:)

सुन कर बचनन आवाहन के, सिर लीन्हो खर, काज बहन के ।
बोला, मैं सेना ले जाऊँ, राम-सिया को धर ले आऊँ ॥ 3898/5205

तुझे लखन का रक्त पिलाऊँ, माँस हाड़ मैं तुझे खिलाऊँ ।
रावन सिय की कर दूँ शादी, तुझे राम की कर दूँ मादी ॥ 3899/5205

दोहा॰ सुन आवाहन बहिन के, खर कीन्हा संकल्प ।
राम-लखन को मार कर, करूँ व्यथा मैं स्वल्प ॥ 4491/7162

राम-लखन का माँस मैं, तुझे खिलाऊँ काट ।

158. Story of Khar Dushan (Rāmāyan, 3. Aranya Kānd)

शादी सीता की करूँ, रावण से, बड़ ठाट ।। 4492/7162

बहिना भी फिर चल पड़ी, उन्हें दिखाने राम ।
सीता को बंदी करें, पूरण करने काम ।। 4493/7162

(और)

बोला, लेकर जाऊँ सेना, दंडक में अब राम बसे ना ।
लेकर निकला दल बल भारी, संग चल पड़ी बहिना प्यारी ।। 3900/5205

दोहा॰ **निकले खर-दूषण तभी, लेकर सेना साथ ।**
राम-लखन से समर में, करने दो-दो हाथ ।। 4494/7162

असुर अकंपन भी चला, त्रिशिरा-सुबली साथ ।
बोले, सेवा हम करें, और बटाएँ हाथ ।। 4495/7162

(फिर)

पंचवटी में जब खर आया, उसे बहिन ने राम दिखाया ।
आँगन बैंठे राघव सीता, रक्षण करता लक्ष्मण भ्राता ।। 3901/5205

दोहा॰ **पंचवटी में आगए, असुर बंधु तत्काल ।**
खर-दूषण आगे खड़े, पीछे सैन्य विशाल ।। 4496/7162

(राम)

राघव ने देखा खर आता, संग आसुरी सेना लाता ।
बोले, सिय! तू कुटिया में जा, हमको अक्षय शर धनु दे जा ।। 3902/5205

दोहा॰ **आई बहिना साथ में, दिखलाने को स्थान ।**
राम-लखन रहते कहाँ, सीता की पहिचान ।। 4497/7162

जान लिया श्रीराम ने, खर-दूषण का दाँव ।
कहा सिया को राम ने, तुम कुटिया में जाव ।। 4498/7162

अक्षय धनु दे-दो हमें, शर भाथों के साथ ।
रक्षा तेरी हम करें, बोले श्री रघुनाथ ।। 4499/7162

(और फिर)

158. Story of Khar Dushan (Rāmāyan, 3. Aranya Kānd)

खड़े होगए दोनों भ्राता, निरखत खर को आगे आता ।
राघव बोले खर को, प्यारे! सुनो लाभ के बचन हमारे ।। 3903/5205

ठीक नहीं है निष्फल लड़ना, मार-काटने आगे बढ़ना ।
बड़ा बुरा है कलह बढ़ाना, डाह क्रोध में भौंह चढ़ाना ।। 3904/5205

व्यर्थ किसी को दु:ख लगाना, आग हठ कपट की सुलगाना ।
पाप कहा है बैर जुड़ाना, कुकर्म सेती धर्म डुबाना ।। 3905/5205

ऋषि-मुनि जन की हत्या करना, कर्म घोर है हमने जाना ।
यज्ञ कर्म में बाधा लाना, हीन कर्म है हमने माना ।। 3906/5205

पर दारा को हाथ लगाना, कलुष बड़ा है जग में जाना ।
हिंसा वच तन-मन से करना, पातक सिर पर लेकर मरना ।। 3907/5205

दोहा॰ खड़े राम लछमन हुए, लेकर अक्षय बाण ।
बोले राघव असुर को, राखो अपने प्राण ।। 4500/7162

सुनो वचन तुम लाभ के, लड़ना बात न ठीक ।
हाथ मिलाओ प्रेम से, आकर तुम नजदीक ।। 4501/7162

सेना दल किस काम का, क्यों आए हो आप ।
शाँति में सबका भला, मार-काट हैं पाप ।। 4502/7162

(और)

सत्य-धर्म के हम पालक हैं, क्षात्र-कर्म के हम चालक हैं ।
नम्र भाव से शीश नवाओ, व्यर्थ न अपने प्राण गवाओ ।। 3908/5205

कन्द-मूल दल फल हम खाते, जप तप में हम समय बिताते ।
सत्य वचन हम सदा बताते, किसी जीव को नहीं सताते ।। 3909/5205

जीतेन्द्रिय हम सद् व्यवहारी, क्षात्र-धर्म के हैं अनुचारी ।
आत्म सुरक्षा विघ्न मिटाते, दुष्ट दमन को शस्त्र उठाते ।। 3910/5205

दोहा॰ रघुकुल के हम क्षात्र हैं, पितु दशरथ-रघुनाथ ।
किस बल पर तुम आगए, करने दो-दो हाथ ।। 4503/7162

158. Story of Khar Dushan (Rāmāyan, 3. Aranya Kānd)

ऋषि-मुनि जन तुमने हने, पर दारा अपमान ।
धर्म कर्म खंडित किए, असुर-राज के नाम ।। 4504/7162

कर्म परायण क्षात्र जो, रक्षक वह मैं राम ।
अनुज हमारा लखन है, इसको करो प्रणाम ।। 4505/7162

सीता हमरी दार है, उससे रहियो दूर ।
उसे लगाया हाथ तो, होंगे चकना चूर ।। 4506/7162

भेजा तुमको कौन है, क्या है मन में पाप ।
इससे आगे मत बढ़ो, देंगे तुमको ताप ।। 4507/7162

लड़ कर तुम्हें न लाभ है, होगा तुमरा नास ।
अब भी लौटो शाँति से, लेकर मुख पर हास ।। 4508/7162

(अत:)
बिन कारण मत खून बहाओ, उचित कर्म कर शूर कहाओ ।
दया क्षमा में अखंड सुख है, गर्व दर्प में दुख ही दुख है ।। 2911/5205

लड़ कर तुमको लाभ न होगा, सर्वनाश कर, लोगे सोगा ।
अब भी प्यारे! कछु नहिँ बिगड़ा, हाथ मिलाय मिटावो झगड़ा ।। 3912/5205

✍**दोहा॰** **नारद थे बरसा रहे, राम-लखन पर फूल ।**
बोले उज्वल कीजिए, दसरथ कुल अनुकूल ।। 4509/7162

(शुर्पणखा)
शुर्पणखा ने कहा राम से, सुनो बात तुम आराम से ।
यदि रोकनी है बरबादी, राघव! मुझसे करलो शादी ।। 3913/5205

भाई को तुम मार सुलादो, रक्त लखन का मुझे पिलादो ।
रावन को तुम सीता दे दो, आगे मत असुरों को छेड़ो ।। 3914/5205

छोड़ो सत्य-धर्म की भासा, सुन कर हमको आवे हासा ।
निमिष पाँच दूँ मैं अवकासा, आओ बन कर मेरे दासा ।। 3915/5205

✍**दोहा॰** **शुर्पणखा ने तब कहा, लूँगी बदला आज ।**

158. Story of Khar Dushan (Rāmāyan, 3. Aranya Kānd)

शादी मुझसे तुम करो, बिना किसी भी लाज ।। 4510/7162

राघव! मुझसे तुम करो, शादी बिन तकरार ।
मानो कहना तुम, सखे! मत करना इनकार ।। 4511/7162

पाँच निमिष के बीच में, डालो तुम हथियार ।
अथवा सेना आसुरी, देगी तुमको मार ।। 4512/7162

(फिर)
पाँच निमिष में राम-लखन ने, अक्षय शर दो अपने ताने ।
छठे निमिष इक बेरी खर ने, राम-लखन पर आक्रम कीन्हे ।। 3876/5205

टूट पड़े टिड्डी दल जैसे, खर के सैनिक राक्षस भैंसे ।
क्रूर निर्दयी शठ हथियारे, गाली गलोच बकते सारे ।। 3877/5205

दोहा॰ पाँच निमिष फिर राम थे, खड़े धनुष को धार ।
छठे निमिष खर ने किया, आक्रम बिन-ललकार ।। 4513/7162

(इधर से)
अक्षय धनु से शर जब बरसे, राक्षस प्राण बचाने तरसे ।
शस्त्र-अस्त्र असुरों के सारे, व्यर्थ हुई बरछी तलवारें ।। 3918/5205

विफल मनोरथ योद्धा खर के, मरे धड़ा-धड़ रण में गिरके ।
मरा खर जभी लछमन-शर से, भागे सब मरने के डर से ।। 3919/5205

बहिना ने उन सबको रोका, अपशब्दों में उनको टोका ।
बोली, दूषण! अब तुम जाओ, राम-लखन की वाट लगाओ ।। 3920/5205

मार लखन को मजे चखाओ, राम-सिया को धर कर लाओ ।
कुटिया उनकी तोड़ गिरादो, आग लगा कर भस्म करादो ।। 3921/5205

दोहा॰ अक्षय धनु से राम के, बरसे शर घनघोर ।
लछमन शर से खर मरा, बहुत मचा कर शोर ।। 4514/7162

(अत:)
दूषण चौदह दल कों लेकर, बहिना को आश्वासन देकर ।

158-A. Story of Dev Bāna weapon *(Rāmāyan, 3. Aranya Kānd)*

सुबली त्रिशिरा सोहबत आए, सशस्त्र राम-लखन पर धाए ॥ 3922/5205

भाले मुद्गर शर तलवारें, चम-चम करती जिनकी धारें ।
बकते राक्षस वचन करारे, "रावण जय" के गूँजे नारे ॥ 3923/5205

ढोल बजाते सिंघे भेरी, टूट पड़े जब सब इक बेरी ।
घोर युद्ध को लगी न देरी, दशा भयानक रण को घेरी ॥ 3924/5205

दोहा॰   राघव के शर से मरे, सुबली त्रिशिरा वीर ।
दूषण रण में आगया, देख रहे रघुवीर ॥ 4515/7162

(तब)
राघव बोले, लछिमन भाई! मृत्यु सब असुरों की आई ।
लड़ने पर ये उतार सारे, इनकी हत्या टरे न टारे ॥ 3925/5205

लातों के जो भूत दीवाने, बातों से वो कभी न माने ।
अपनी जिद के जो हैं पक्के, खाने दो अब उनको धक्के ॥ 3926/5205

क्रूर कुटिल ये हत्याकारी, ऋषि मुनी जन के अत्याचारी ।
पापों के फल लेने धाए, शापों के बल मरने आए ॥ 3927/5205

नाकों से ये चने चबाने, आए हैं ये धर्म दबाने ।
शर वर्षा अब प्रचंड कर दो, खंड-खंड वो घमंड करदो ॥ 3928/5205

दोहा॰   चौदह सेना असुर कीं, लेकर शर तलवार ।
टूट पड़ीं श्री राम पर, देने उसको मार ॥ 4516/7162

राघव बोले लखन को, छोड़ो अक्षय बाण ।
इनकी मृत्यु अटल है, लो अब इनके प्राण ॥ 4517/7162

158-A. Story of Dev Bāna weapon *(Rāmāyan, 3. Aranya Kānd)*

दोहा॰   तथास्तु कह कर अनुज ने, किया विनम्र प्रणाम ।
अक्षर शर फिर तान कर, बोला, जय जय राम! ॥ 4518/7162

तेज शरों से लखन ने, बींधे वीर अनेक ।
राघव के शर छेदते, गए असुर प्रत्येक ॥ 4519/7162

158-A. Story of Dev Bāna weapon (Rāmāyan, 3. Aranya Kānd)

सिर त्रिशिरा का कट गया, लगी देह को आग ।
दूजे से सुबली मरा, गया अकंपन भाग ।। 4520/7162

देव बाण ने राम के, चीरा दूषण देह ।
कट कर सिर नीचे गिरा, मिला मुक्ति का गेह ।। 4521/7162

(फिर)

दोहा॰ दूषण मरता देख कर, प्यारी बहिना रोय ।
साँसें उसकी रुक रही, बचा सकै ना कोय ।। 4522/7162

मूर्छा खाकर राक्षसी, बिना लगे ही बाण ।
गिरी धरा पर धाँय से, निकले तन से प्राण ।। 4523/7162

(अब)

दंडक वन अब असुर विहीना, संकट बाधा पीड़ा हीना ।
अक्षय शर से मरे सो मरे, भाग गए जो शरों से डरे ।। 3929/5205

भाग गए जो वन के वासी, लंका में बन गए निवासी ।
लंका में अब उन्हें सहारा, जहाँ राज रावण का सारा ।। 3930/5205

(और फिर)

ऋषि-मुनि तापस वन जन सारे, हुए विजय से हर्षित भारे ।
बोले, यज्ञ पठन वेदों का, होवे निर्भय बिन भेदों का ।। 3931/5205

अंत हुआ अब सबका शूल, कटा पाप के तरु का मूल ।
राम-लखन का जय जयकारा, कीन्हा ऋषि-मुनि उत्सव भारा ।। 3932/5205

दोहा॰ राघव लछमन ने किया, दंडक असुर विहीन ।
मुनि जन हर्षित होगए, जप तप में लवलीन ।। 4524/7162

संगीतश्रीकृष्णरामायण गीतमाला, पुष्प 590 of 763

दादरा ताल

(शस्त्रधर राम)

स्थायी

158-A. Story of Dev Bāna weapon (Rāmāyan, 3. Aranya Kānd)

श्री राम धरे जब, शस्त्र हाथ में, पाप न कोई बचना ।

बचना, साँप न कोई डसना ।।

♪ रे- ग-म मप- मम, प-ध प-म म-, म-म म प-ध- पपम- ।

पपप-, नि-ध प म-प- धपम- ।।

अंतरा–1

असुरों ने जब, संकट कीन्हा, राघव ने है रक्षण दीन्हा ।

अब, डर नहीं मन में बसना, बसना ।।

♪ सांसांसां रें- सांसां, नि-धनि सां-सां-, रें-सांनि ध- नि- सां-निध प-म- ।

गग, मम मम पप ध- पपम-, पपप- ।।

अंतरा–2

विघ्न कष्ट सब, राम उबारे, पाप ताप सब राम उतारे ।

अब, राम सहारा अपना, अपना ।।

(श्री राम बोले)

"कैकेयी ने छल क्यों कीन्हा, दशरथ राजा क्यों वर दीन्हा" ।

राघव बोले, "अनुज पियारे! विधि के देखो खेल नियारे" ।। 3933/5205

देखो आगे क्या क्या होता, कौन है पाता, कौन है खोता ।

पता उसी को है इतिहासा, जो समझे है विधि की भासा ।। 3934/5205

दोहा० कहा सिया को राम ने, "देखो विधि का खेल ।

किया दुखों के संग है, परम सुखों का मेल" ।। 4525/7162

दशरथ ने "दो-वर" दिये, माता ने वनवास ।

विधि ने यह सब है रचा, लिखने शुभ इतिहास ।। 4526/7162

"आगे है किसके लिए, लिखी जीत या हार ।

कल का किसको है पता, करें उचित व्यवहार" ।। 4527/7162

 संगीतश्रीकृष्णरामायण गीतमाला, पुष्प 591 of 763

दादरा ताल

159. Story of Demon Mārīch (Rāmāyan, 3. Aranya Kānd)

(खर-दूषण की कथा)

स्थायी

गीत शारद ने मंजुल है गाया, साज नारद मुनि ने बजाया ।
रत्नाकर से है मंगल रचाया, रामायण को है सुंदर सजाया ।।

♫ म-ग म-म- म प-म- ग म-प-, रे-ग म-म- मध- प- मग-म- ।
रेगम-म म- म ध-प- गम-प-, रे-ग-म- म- म ध-प- मग-रे- ।।

अंतरा-1

सुन बहिना की आरऽत वाणी, काया रावण की भई थर्राणी ।
उसने बहिना को साथऽ बिठाया, खर-दूषण को लड़ने पठाया ।।

♫ सांसां निनिरें- सां ध-नि-ध प-म-, सांसां नि-रें- सां धनि ध-प-म- ।
म-ग ममम- म प-म- गम-प-, रेग म-मम म ममध- मग-रे- ।।

अंतरा-2

जब राघव ने असुरों को देखा, बोला होगा जो विधि का है लेखा ।
खर-दूषण को राम समझाया, "होगा लड़ कर तिहारा सफाया" ।।

अंतरा-3

सेना असुरों की राघव पर धाई, छिड़ी दंडक में भारी लड़ाई ।
खर की सेना को लक्ष्मण धुलाया, राघव ने दूषण को सुलाया ।।

अरण्य काण्ड : नौवाँ सर्ग

159. मायावी मारीच की कथा :

159. Story of Demon Mārīch (Rāmāyan, 3. Aranya Kānd)

♫ **संगीतश्रीकृष्णरामायण छन्दमाला, मोती 395 of 501**

विजात छन्द[175]

---

[175] ♫ **विजात छन्द :** इस मानव छंद के आदि में एक लघु मात्रा होती है । चरण में चौदह मात्राएँ ।

▶ लक्षण गीत : ✍ **दोहा॰ चौदह मात्रा से बना, लघु मात्रा आरंभ ।**

159. Story of Demon Mārīch (Rāmāyan, 3. Aranya Kānd)

। + 13

(मायावी मारीच)

मरी ताड़िक राम शर से, मरा सुबाहु लखन कर से ।
जखमी मारिच भाग गया, वन दंडक निवासी भया ।।

श्लोकः

मरीचिरसुरश्छद्मी प्रेषितो रावणेन हि ।
काञ्चनमृगरूपेण सीतां प्रलब्धुमागतः ।। 1978/2422

कथा

(अकंपन)

दोहा॰ मरे असुर जब बाण से, गया अकंपन भाग ।
आया लंका द्वीप में, देने नृप को जाग ।। 4529/7162

बतलाई लंकेश को, खर-दूषण की हार ।
शूर्पणखा की मौत भी, असुरों का संहार ।। 4530/7162

(रावण)

सुन कर कथन असुर का सारा, लज्जित रावण क्रोधित भारा ।
बोला, कौन लाल माई का, नाश किया मेरे भाई का ।। 3935/5205

जिसने असुर राज्य को जीता, दंडक वन सब कीन्हा रीता ।
जड़ से हमरा पेड़ा उखाड़ा, उसने सारा खेल बिगाड़ा ।। 3936/5205

बोला, उसका विनाश कैसे, कहो करम कुछ करने जैसे ।
शस्त्र-अस्त्र हैं पास हमारे, वीर धुरंधर दास हमारे ।। 3937/5205

दोहा॰ रावण बोला क्रोध से, को माई का लाल ।
लड़ा हमारे बंधु से, मैं हूँ उसका काल ।। 4531/7162

जिसने मारे बंधु हैं, उसे बिछा कर जाल ।
विनष्ट जग से हम करें, उधेड़ उसकी खाल ।। 4532/7162

मानव जिसका वर्ग है, "विजात" है वह छन्द ।। 4528/7162

159. Story of Demon Mārīch (Rāmāyan, 3. Aranya Kānd)

शस्त्र-अस्त्र है संपदा, माया हमरे पास ।
वीर धुरंधर शूर हैं, असुर हमारे दास ।। 4533/7162

(अकंपन)

दोहा॰   हाथ अकंपन जोड़ कर, बोला सुनलो बात ।
दिव्य पुरुष श्री राम हैं, पुरुषोत्तम विख्यात ।। 4534/7162

राम धीर अरु वीर हैं, दिव्य भव्य हैं गात ।
बली धनुर्धर शूर है, लछमन उसका भ्रात ।। 4535/7162

उनको रण में मारना, बात असंभव, तात! ।
अक्षय शर बरसाइके, देंगे हमको मात[176] ।। 4536/7162

घोर भूल है, राम से, करना दो-दो हाथ ।
आत्मघात है माँगना, लड़ कर उसके साथ ।। 4537/7162

(फिर भी)

दंभ कपट पाखंड से, रच कर माया जाल ।
उसकी टाँग फँसाइके, बींधो उसका भाल ।। 4538/7162

भगिनी तव थी चाहती, सिय को लाय उठाय ।
तुमरी दार बनाइके, तुमरी गोद बिठाय ।। 4539/7162

सीता जैसी सुंदरी, नहिँ त्रिभुवन में कोय ।
ऐसी मंगल देवता, तुमरी रानी होय ।। 4540/7162

सीता उसकी प्रीत है, पतिव्रता विख्यात ।
सीता के सुख के लिए, राम करे हर बात ।। 4541/7162

(सीता)

राग रंग से बहुत सुहानी, हाव भाव से बड़ी लुभानी ।
नृप की वह रानी अनुरूपा, देवी दैवी परम स्वरूपा ।। 3938/5205

परम सुंदरी क्लेशविनाशी, सुरूप संपत् की है राशी ।

---

[176] मात = पराभव, पराजय, हार ।

159. Story of Demon Mārīch (Rāmāyan, 3. Aranya Kānd)

चंद्रमुखी शुभ हरिणीनैना, लक्ष्मीरूपा सुमधुरबैना ।। 3939/5205

दोहा॰ सीता है जग सुंदरी, देवी सम है रूप ।
तीनों जग में और ना, ऐसा परम स्वरूप ।। 4542/7162

(अत:)

दोहा॰ पति को दूर बुलाइके, माया जाल बिछाय ।
डाल सिया को मोह में, लंका लाव उठाय ।। 4543/7162

राम बिरह की आग में, जल कर प्राण गँवाय ।
सीता तुमरे हाथ में, तुमको शीश नवाय ।। 4544/7162

(रावण)

सुन कर वचन अकंपन चर के, चौंक पड़ा, फिर विचार करके ।
पुष्पक विमान लेकर धाया, मिलन मरिच से, दंडक आया ।। 3940/5205

दोहा॰ सुन बातें उस दास की, पाया असुर उलास ।
पुष्पक लेकर चल पड़ा, मारीची के पास ।। 4545/7162

मारिच बंधु सुबाहु का, रावण का अनुराग ।
दंडक वन में आ बसा, आरूषा से भाग ।। 4546/7162

(मारीच)

गौरव नृप का करके भारा, खान-पान आदर सत्कारा ।
कुशल क्षेम पूछा बतलाया, मारीची ने गले लगाया ।। 3941/5205

बोला, आज अचानक ऐसे, विमान लेकर आना कैसे ।
कौन समस्या बोलो आई, चैन तिहारी किसने खाई ।। 3942/5205

किसका मरना तुमने चाहा, किस ऋषि-मुनि को करना स्वाहा ।
क्यों गंभीर बने तुम एते, कष्ट तुम्हें अब क्या हैं देते ।। 3943/5205

जनपद में क्या मची खलबली, दाल कौनसी नहीं है गली ।
बोलो किसको बलि चढ़ाएँ, बोलो किसकी कली चुराएँ ।। 3944/5205

कौन तुम्हें है कलेस देता, को है तुमसे पंगे लेता ।

159. Story of Demon Mārīch (Rāmāyan, 3. Aranya Kānd)

लंका में क्या दुखी सगे हैं, दंडक तो अब शाँत लगे है ।। 3945/5205

(रावण)

रावण बोला, सुन लो भैया! इसी लिए तो मैं हूँ आया ।
घर में सब कुछ शाँत पड़ा है, दंडक में अरि राम खड़ा है ।। 3946/5205

राघव ने मम वीर उधेड़े, दंडक से सब असुर खदेड़े ।
असुर मंडल उजाड़ कीन्हा, मूल हमारा उखाड़ दीन्हा ।। 3947/5205

दंडक राक्षस बिना आज है, ऋषि-मुनियों का पुनः राज है ।
सुर समाज का हुआ भला है, असुरों का ही कटा गला है ।। 3248/5205

गयी हमारी गौरव महिमा, टूट गयी है संयम सीमा ।
असह्य है अपमानित जीना, विष लज्जा का पड़ता पीना ।। 3949/5205

दोहा॰ दंडक में मारीच के, गले लगा लंकेश ।
बोला, तेरा है भया, असुर-विहीना देश ।। 4547/7162

असुर हमारे राम ने, कीन्हे मार खलास ।
इसी लिए मैं आगया, चाचा! तुमरे पास ।। 4548/7162

फिर से दंडक में हुआ, ऋषि-मुनियों का राज ।
जप तप पूजा पाठ भी, यज्ञ होत हैं आज ।। 4549/7162

(अतः)

अनुचर ने है चाल बताई, माया की तरकीब रचाई ।
सीता का हम हरण करेंगे, राघव का वह मरण कहेंगे ।। 3950/5205

तुम हो मायावी शठ भारे, विश्रुत असुर जगत में सारे ।
रूप सुनहरे मृग का धारे, सिय को मोहित करलो, प्यारे! ।। 3951/5205

मृग धरने भेजेगी पति को, दूर भगाओ मूढ़ मति को ।
"लखन!" नाम से मारो हाँका; मैं सिय को लेजाऊँ लंका ।। 3952/5205

उसका बदला हमने लेना, उसको चकमा अब है देना ।
उपाय कोई नहीं पास है, तू ही मेरी एक आस है ।। 3953/5205

159. Story of Demon Mārīch (Rāmāyan, 3. Aranya Kānd)

✍दोहा॰ **तुम मायावी असुर हो, परम हमारे दास ।**
कांचन-मृग के रूप में, जाओ कुटिया पास ।। 4550/7162

चमकीली मृग की त्वचा, देगी मन को भ्राँत ।
भेजेगी धरने तुम्हें, सीता अपना काँत ।। 4551/7162

लेजाओ श्री राम को, तुम कुटिया से दूर ।
नाम पुकारो लखन का, करो शोर भरपूर ।। 4552/7162

भेजेगी सीता उसे, जभी बचाने राम ।
मैं जोगी के भेस में, करता अपना काम ।। 4553/7162

बदला लेने राम से, मुझको तेरी आस ।
तेरे जैसा दास ना, कोई मेरे पास ।। 4554/7162

(नारद, नभ से)
बोले नारद उन्हें निहारे, मारे तुमको पाप तिहारे ।
इसी लिए हैं हरि अवतारे, दंडक वन में आन पधारे ।। 3954/5205

इसी लिए तो कैकेयी ने, रामचंद्र को दंडक दीन्हे ।
इसी लिए तो सीता माई, पतिव्रता है वन में आई ।। 3955/5205

नारी पर यों हाथ उठाना, घोर पाप है तुमने ठाना ।
रावण! कारे कर्म तिहारे, पातक जिनके तुझको मारे ।। 3956/5205

गीदड़ को जब मौत बुलावे, ओर सहर की भागा जावे ।
पापी को जब पाप लुभावे, पुण्य करन से उसे भुलावे ।। 3957/5205

रावण जी! तुम पंडित होकर, कुकर्म क्रोध हवस में खोकर ।
अधम कर्म अब करने आए, कौन भला तुमको समझाये ।। 3958/5205

✍दोहा॰ **नारद नभ से देखते, पुष्प सिया पर डाल ।**
बोले, "रावण! तू स्वयं, बिंधेगा निज भाल ।। 4555/7162

"पंडित तुझको जग कहे, तुम हो नारी-चोर ।
नारी हरना पाप है, दंड मिलेगा घोर ।। 4556/7162

159. Story of Demon Mārīch (Rāmāyan, 3. Aranya Kānd)

"इसी लिए तो मातु ने, भेजा वन में राम ।
आई सीता साथ में, करने पूरण काम ।। 4557/7162

"विधि खेलत है खेल ये, तुम ना जानो बात ।
अपने कुल का आप ही, करवाओगे घात" ।। 4558/7162

(मारीच)

✍दोहा॰ मारिच बोला, "हे प्रभो! कर लो मन को शाँत ।
काहे मुख से सिंह के, चले चुराने दाँत ।। 4559/7162

किस मूरख ने है कही, तुमसे उल्टी बात ।
झगड़ा करके राम से, होगा आतमघात ।। 4560/7162

सपने में भी राम को, कृपया कभी न छेड़ ।
वरना वह शरपात से, लंका रखे उधेड़" ।। 4561/7162

(और)

✍दोहा॰ "बल नहीं तुझमें, हे सखे! करने ऐसा काम ।
लेने के देने तुझे, कर देंगे श्री राम ।। 4562/7162

"मिथिला जब तू था गया, आया मंडप छोड़ ।
शिव-धनु तुझसे ना उठा, उसने डाला तोड़ ।। 4563/7162

"वही वीर ये राम है, देगा तुझको मार ।
सिया वही है जानकी, रामचंद्र की दार ।। 4564/7162

"घर को वापस जा अभी, तज कर अपनी ऐंठ ।
सिया चुराना पाप है, चुप होकर तू बैठ ।। 4565/7162

"मेरी माता है मरी, उसका करते घात ।
मत ले बदला राम से, सुन ले मेरी बात ।। 4566/7162

"खर-दूषण सब मर मिटे, करने को जो काज ।
उसी मौत को माँगने, तू आया है आज" ।। 4567/7162

(रावण)

159. Story of Demon Mārīch (Rāmāyan, 3. Aranya Kānd)

✍दोहा॰ **रावण बोला फिर उसे, सखे! सँभालो होश ।**
तुझ पर जब डंडा पड़े, मुझे न देना दोष ।। 4568/7162

ऋषि-मुनि सब निर्भय भए, हमरे मूल उखाड़ ।
दौड़ गए राक्षस सभी, दंडक पड़ा उजाड़ ।। 4569/7162

(मारीच)

✍दोहा॰ **मारिच बोला, हे सखे! तुझे नहीं है ज्ञात ।**
इसी लिए तू कह रहा, ऐसी उल्टी बात । 4570/7162

मुझ पर डंडा पड़ चुका, जब था राघव बाल ।
गिरी ताड़का बाण से, सुबाहु भी तत्काल ।। 4571/7162

लछमन के शर ने मुझे, फेंका पर्वत पार ।
प्राण बचे मेरे, सखे! राघव के उपकार ।। 4572/7162

बरसों मैं रोता रहा, मिटा न उसका घाव ।
क्यों कहता फिर तू मुझे, चलने को यह दाँव ।। 4573/7162

(रावण)

रावण बोला, डर मत प्यारे! मायावी हम असुर नियारे ।
पड़े सिया यदि हाथ हमारे, शेष राम के बल तब सारे ।। 3959/5205

फिरे ढूँढता मारा मारा, खोजेगा वन दंडक सारा ।
उदास निर्बल हो फिर भारा, जाएगा वो हम से मारा ।। 3960/5205

(इस लिए)

साथ अगर तू मुझको देवे, काम सफल ये निश्चित होवे ।
तू मायावी वीर बड़ा है, डर के मारे मरा पड़ा है ।। 3961/5205

लेकर मन में भारी आसा, आया हूँ मैं तेरे पासा ।
जो कुछ करना, सुनलो प्यारे! लगो काम में बिना विचारे ।। 3962/5205

छल बल में तुम हो मेधावी, बन जाओ तुम मृग-मायावी ।
मोहक सुंदर रंग सुनहरा, चित्त लुभौना हो वह गहरा ।। 3963/5205

159. Story of Demon Mārīch (Rāmāyan, 3. Aranya Kānd)

खेलो सीता के उपवन में, बस जाओ तुम उसके मन में ।
राघव को भी मोहित करलो, माया से तुम उनको हरलो ।। 3964/5205

त्वचा मुलायम चम-चम तेरी, सीता जब देखे इक बेरी ।
भेजेगी राघव को धरने, बाकी सब मुझको दे करने ।। 3965/5205

माने ना यदि कहना मेरा, अंत समझले जीना तेरा ।
काम ये तुझे करना होगा, चाहे उसमें मरना होगा ।। 3966/5205

दोहा॰ अगर पियारे! तुम मुझे, दोगे इसमें साथ ।
सफल बनेगा काम ये, पछतावे रघुनाथ ।। 4574/7162

सीता को फिर वो कभी, पा न सकेगा राम ।
दंडक सारा ढूँढता, फिरे, बिना-आराम ।। 4575/7162

"करना होगा काम ये, तुझको बिन इनकार ।
चाहे मरना भी पड़े, यही तुझे अनिवार" ।। 4576/7162

(फिर)

दोहा॰ सुन कहना लंकेश का, गए पसीने छूट ।
काँपे अंग मरीच के, जीवन-आशा टूट ।। 4577/7162

मरना ही यदि है मुझे, मरूँ राम के हाथ ।
अवश मरीची फिर मिला, शठ रावण के साथ ।। 4578/7162

संगीतश्रीकृष्णरामायण गीतमाला, पुष्प 592 of 763

दादरा ताल

(मारिची की कथा)

स्थायी

गीत शारद ने मंजुल है गाया, साज नारद मुनि ने बजाया ।
रत्नाकर से है मंगल रचाया, रामायण को है सुंदर सजाया ।।

♪ म-ग म-म- म प-म- ग म-प-, रे-ग म-म- मध- प- मग-म- ।
रेगम-म म- म ध-प- गम-प-, रे-ग-म- म- म ध-प- मग-रे- ।।

160. Story of the Golden Deer (Rāmāyan, 3. Aranya Kānd)

अंतरा–1

खर–दूषण को राघव ने मारा, सुन रावण का चढ़ऽ गया पारा ।
लेके विऽमान दसमुऽख धाया, झट मारीऽच केऽ पास आया ।।

♪ सांसां नि–रें– सां ध–नि– ध प–म–, सांसां नि–रेंरें सां धध– निध प–म– ।
मग म–म–म मपम–ग म–प–, रेग म–म–म ध– प–म ग–रे– ।।

अंतरा–2

बोला, बंधो! सिया है चुराना, जाओ मृग का लिए रूप सोना ।
देख मखमल सी मृदु तेरी काया, सीऽताऽ पर चले तेरी माया ।।

अंतरा–3

बोला मारीच, रावऽण भैया! यहाँ क्यों है तू मरने को आया ।
राम बीरा है सबसे सवाया, तेरे कुल का करेगा सफाया ।।

अरण्य काण्ड : दसवाँ सर्ग

160. कांचन–मृग की कथा :

160. Story of the Golden Deer *(Rāmāyan, 3. Aranya Kānd)*

♪ संगीतश्रीकृष्णरामायण छन्दमाला, मोती 396 of 501

कलहंसी छन्द[177]

ऽ ऽ ।, । ऽ ऽ, । । ऽ, ऽ । ।, ऽ ऽ

(कांचन–मृग)

देखो कितना ये उमदा है मृग आया ।
भाती मन को है इसकी कांचन काया ।। 1
नाचे फुदके ये हरियाली पर प्यारा ।

---

[177] ♪ **कलहंसी छन्द** : इस 14 वर्ण, 22 मात्रा वाले छन्द में त य स भ गण और दो गुरु वर्ण आते हैं । इसका लक्षण सूत्र ऽ ऽ ।, । ऽ ऽ, । । ऽ, ऽ । ।, ऽ ऽ इस प्रकार है । यति 6–8 पर विकल्प से आता है ।

▶ लक्षण गीत : ✍ **दोहा॰ मत्त बाईस से रचा, दो गुरु कल हों अंत ।**
त य स भ गण का बना, "कलहंसी" है छंद ।। 4579/7162

160. Story of the Golden Deer (Rāmāyan, 3. Aranya Kānd)

देखा न कभी था मृग ऐसा मतवारा ।। 2

ॐ श्लोक:

पश्यति प्राङ्गणे सीता कुरङ्गं बहुसुन्दरम् ।
मृदुचर्म प्रियं रम्यं स्वर्णरङ्गं मनोरमम् ।। 1979/2422

📖 कथा 📖

(रावण)

दोहा॰ सुन स्वीकृति मारीच की, रावण प्रमुदित गात ।
बोला, अनुपम मित्र तू, समुचित तेरी बात ।। 4580/7162

चाचा मम तू है सखा, मेरा सच्चा मीत ।
स्नेही सुहृद तू भला, हितकर तेरी प्रीत ।। 4581/7162

जाओ अब तुम सामने, लेकर रूप अनूप ।
मैं पीछे से भिक्षु का, आऊँ लेकर रूप ।। 4582/7162

(मारिच)

दोहा॰ पुत्र ताड़का का चला, सिय-कुटिया की ओर ।
बना हुआ मृग सुनहरा, झूठ उचक्का चोर ।। 4583/7162

फुदक-फुदक फिरने लगा, उछल कूद सब ओर ।
तीर नैन से छोड़ता, अदा कामिनी तौर ।। 4584/7162

हरियाली में हरिण का, कांचन चमके रंग ।
लंबे सींग हिलाइके, सजे अंग का ढंग ।। 4585/7162

त्वचा मुलायम मखमली, दर्शक के मन भाय ।
लख कर सीता का जिया, उस दिश खींचा जाय ।। 4586/7162

कांचन-मृग को देख कर, चरता चारों ओर ।
बोली, कैसा चतुर है, चंचल ये चित चोर ।। 4587/7162

♪ संगीतश्रीकृष्णरामायण छन्दमाला, मोती 397 of 501

वसंततिलका छन्द

160. Story of the Golden Deer (Rāmāyan, 3. Aranya Kānd)

ऽ ऽ ।, ऽ । ।, । ऽ ।, । ऽ ।, ऽ ऽ

♫ सा–नि़– सारे–रे सारे ग–मग रे–ग रे–सा–

(मृग–माया)

आया अनूप मृग कांचन रंग वाला ।

देखो ललाम उसकी मृदु ढंग छाला ।। 1

नाचे, रघो! ठुमक आँगन में हमारे ।

बोली सिया, "मिरग को धरियो, पिया रे!" ।। 2

(सीता)

✍दोहा॰ **पति अरु देवर को सिया, लगी बुलाने पास ।**
"आओ तुरत" पुकारती, देखो अचरज खास ।। 4588/7162

मन मोहक मृग सुनहरा, चम–चम चमके रूप ।
चारु चित्र उद्यान में, जब हो तन पर धूप ।। 4589/7162

इधर–उधर वह भागता, धूप–छाँव में खेल ।
सुंदर भाव प्रभाव का, अपार सुंदर मेल ।। 4590/7162

संगीतश्रीकृष्णरामायण गीतमाला, पुष्प 593 of 763

खयाल : राग जौनपुरी,[178] तीन ताल 16 मात्रा

(चाल, तबला ठेका और तान के लिए देखिए हमारी "*नई संगीत रोशनी*" का गीत 41)

(मायावी मृग)

स्थायी

मन रिझावे सुनहरा हिरन रंग, मन रिझावे सुनहरा हिरन रंग ।

बगिया में मोरी क्रीडत कूदत, मृग लसित, करत मोरा मनवा दंग ।।

♫ पम पसां ध पगरेसारे रेमम प–प, पम पसांध पगरेसारे रेमम प–प ।

---

[178] 𝄞 **राग जौनपुरी** : यह आसावरी ठाठ का राग है । इसका आरोह है : सा रे म प, ध, नि सां । अवरोह है : सां नि ध प, म ग, रे सा ।

▶ लक्षण गीत : ✍ **दोहा॰ ग म ध नि स्वर कोमल जहाँ, आरोह है ग हीन ।**
ग ध वादी संवाद से, "जौनपुरी" रंगीन ।। 4591/7162

160. Story of the Golden Deer (Rāmāyan, 3. Aranya Kānd)

पधसां- सां निसांरेंसां धपगग रेमगरे, सासा सारेम मपप पध निसांरें गंसांध ।।

अंतरा-1

ठुमकत फुदकत नाच नचावे, मृदु छाला मोरा चित्त लुभावे ।
चंचल नैनन मन भरमाए, ताहि चाह करत मोहे तंग ।।

♪ ममपप धधनिनि सां -सां सांरेंनिसां-, पप पधसां- सां रें सांरेंगंरें सांनिसांधप ।
सां-सांसां ध-मप गग रेमगरेसा-, सारे म-म, मपध निसांरें गंसांध ।।

अंतरा-2

मृग की माया सिय नहीं जानी, मारिची को वो मृग मानी ।
दृष्टि सिय की भई दीवानी, तिन ललचावत कंज अंग ।।

(सीता)

दोहा॰ उसको लाओ पकड़ कर, बने पालतू मीत ।
कुटिया में उसको रखूँ, उससे जोड़ूँ प्रीत ।। 4592/7162

मीठी बातें मैं करूँ, निश-दिन उसके साथ ।
उठो पकड़ कर लाइयो, मृग को, प्रिय रघुनाथ! ।। 4593/7162

जाना धीरे पाँव से, आहट ना वह पाय ।
झपटो विद्युत वेग से, निश्चित पकड़ा जाय ।। 4594/7162

लौटूँगी जब अवध मैं, ले जाऊँगी साथ ।
सखियाँ मेरी प्रेम से, उसे लगावें हाथ ।। 4595/7162

(लक्ष्मण)

लछमन बोला, हे भौजाई, वन में असुर बड़े हरजाई ।
मुझको लगती असुरी माया, धर कर आया मृग की काया ।। 3967/5205

उसकी करनी लगती सारी, वह शठ है माया की क्यारी ।
उसने छले अनेक शिकारी, दिमाग मंदे मृगयाकारी ।। 3968/5205

बन कर आया हिरण अनोखा, देने वो नैनन को धोखा ।
ऐसे मृग नहिं देखे जाते, कृत्रिम तन है साफ बताते ।। 3969/5205

कथा कहानी में ही एते, सुवर्ण मृग हैं देखे जाते ।

160. Story of the Golden Deer (Rāmāyan, 3. Aranya Kānd)

भेजो मत भाई को पीछे, को जाने क्या जाल हैं बीछे ।। 3970/5205

उसकी शोभा दूरों देखो, उसके पीछे जी मत फेंको ।
पापी छलिया छलने आया, मुझको भूल न देने पाया ।। 3971/5205

✎दोहा॰ लछमन ने सिय को कहा, "असुरों की है चाल ।
हमें लुभाने के लिए, बिछा रहे हैं जाल ।। 4596/7162

"मृग सोने का ना सुना, ना ही देखा जाय ।
कथा पुराणों के लिए, ऐसा हरिण सुहाय ।। 4597/7162

"भेजो मत तुम राम को, सुनलो मेरी बात ।
उनको भ्रम में डाल कर, असुर करेंगे घात" ।। 4598/7162

(परंतु)
लेखा विधि का होवे जैसा, हरदम होते देखा वैसा ।
विषम घड़ी है जब भी आती, सद् बुद्धि भी गोते खाती ।। 3972/5205

विषम दिवस पर पंडित ज्ञानी, बन जाते हैं जन अज्ञानी ।
मन को घेरे जब अंदेसा, सुन नहिँ पावे सत् संदेसा ।। 3973/5205

अघट घड़ी जब आती नीचे, नर बढ़ता है आँखे मीचे ।
मृगजल को ही धरने धावे, माया चक्कर समझ न पावे ।। 3974/5205

घोर घटा घन जब घिर आती, रवि रश्मि दुर्बल हो जाती ।
सूर्य वंश सूरज रघुबीरा, निरख न पाया छल का फेरा ।। 3975/5205

कर्म-फलों का ये सब खेला, जैसा आया वैसा झेला ।
कडुआ फल जब कर्म दिलाता, पंडित नर की बुद्धि ढिलाता ।। 3976/5205

✎दोहा॰ "लेखा विधि का हो यथा, वैसे होता काम ।
विषम घड़ी हो जब लिखी, सुमति होत नाकाम ।। 4599/7162

"पंडित होते मूढ़ हैं, गोते खात सुजान ।
मृगजल पीने मन करे, माया सकै न जान ।। 4600/7162

"कर्म-फलों का फेर ये, कठपुतली का खेल ।

160. Story of the Golden Deer (Rāmāyan, 3. Aranya Kānd)

सीता हो या राम हो, लेना पड़ता झेल" ।। 4601/7162

(सीता)

जब हो कारज उल्टे होने, बुद्धि लगती पल्टे खाने ।
माया मोहित सीता माई, लछमन को बोली अकुलाई ।। 3977/5205

"अभी राम के सह तुम जाओ, कांचन-मृग को धर कर लाओ ।
उठो रामजी! शर ले जाओ, मिले न जीवित, हन कर लाओ ।। 3978/5205

"आसन होगा मृग की छाला, बैठ जुाऊँगी जप की माला ।
ध्यान मनन चिंतन दिन-राती, जिसकी गरिमा कही न जाती" ।। 3979/5205

दोहा॰ **माया सीता पर चली, निहार मृग का रूप ।**
उसके आगे राम भी, हार गए सुरभूप ।। 4602/7162

(राम)

सुन सीता का आग्रह भारा, राघव को कछु बचा न चारा ।
सीता को खुश करने भोला, लछमन को मृदु स्वर में बोला ।। 3980/5205

तेरी बात मुझे मन भाई, माने ना तेरी भौजाई ।
देख हिरन जो इतना सोहे, किस नारी का मन ना मोहे ।। 3981/5205

घर से इतनी दूर बिचारी, पिघली देख हरिन मनहारी ।
मृग का कांचन रंग सुहाना, बना सिया का चित्त लुभाना ।। 3982/5205

रंग रूप वो इतना सुंदर, अटका उसके मन के अंदर ।
निहार उसकी क्रीड़ा लीला, पड़ा सिया का विचार ढीला ।। 3983/5205

दोहा॰ **राघव बोले लखन को, सच्ची तेरी बात ।**
मगर सिया माने नहीं, बुद्धि हुई है भ्राँत ।। 4603/7162

सुनी न उसने लखन की, सरबस सच्ची बात ।
चली राम ना लखन की, दोनों को दी मात ।। 4604/7162

संगीतश्रीकृष्णरामायण गीतमाला, पुष्प 594 of 763

160. Story of the Golden Deer (Rāmāyan, 3. Aranya Kānd)

दादरा ताल

(कांचन-मृग की कथा)

स्थायी

गीत शारद ने मंजुल है गाया, साज नारद मुनि ने बजाया ।
रत्नाकर से है मंगल रचाया, रामायण को है सुंदर सजाया ।।

♫ म-ग म-म- म प-म- ग म-प-, रे-ग म-म- मध- प- मग-म- ।
रेगम-म म- म ध-प- गम-प-, रे-ग-म- म- म ध-प- मग-रे- ।।

अंतरा-1

आया मारीच मृग बन सुनहला, चर्म चमचमती नैनन में कजला ।
देख सीता का चित्त ललचाया, बोली पकड़ो जी इसे रऽघुराया! ।।

♫ सांसां नि-रें-सां धध निनि धपपम-, सां-सां निनिरेंरेंसां ध-निनि ध पपम- ।
म-ग म-म- म प-प मगम-प-, रेग ममम- म धध प-पग-रे-! ।।

अंतरा-2

बोला लछमन, सुनो मेरी माते! मृग एते पुराणों में होते ।
मृग की सुंदर सुनहरी सी काया, मोहे लगती है मारीच की माया ।।

अंतरा-3

सीता लछमन का कहना न मानी, उसने असुरों की माया न जानी ।
उसने लछमन को चुप कर बिठाया, राम को मृग धरनेऽ पठाया ।।

1673
रत्नाकर रचित संगीत-श्री-रामायण

161. Story of Lakshmans Divine Line (3. Aranya Kānd)
अरण्य काण्ड : ग्यारहवाँ सर्ग

161. लक्ष्मण रेखा की कथा :

161. Story of Lakshmans Divine Line *(3. Aranya Kānd)*

♪ संगीतश्रीकृष्णरामायण छन्दमाला, मोती 398 of 501

बालानंद-1 छन्द[179]

8 + 6

(लक्ष्मण रेखा)

लछमन संकट जब देखा - - -।
आँकी विद्युत की रेखा- ॥ 1
लाँघोगी यदि ये लेखा - - -।
शठ देगा-, माते!- धोखा- ॥ 2

🕉 श्लोकौ

दृष्ट्वा मृगं नु सीताया आकृष्टमभवन्मनः ।
अभणद्राघवं सीता गृह्णीतात्तं मृगं हरे ॥ 1980/2422

सशङ्को लक्ष्मणो भूत्वा विद्युद्रेखां स आलिखत् ।
अबोधयच्च सीतां स रेखां तां नहि लङ्घितुम् ॥ 1981/2422

📖 कथा 📖

(राम लक्ष्मण को)
बरसों वन में पड़ी अकेली, मुरझाई है कुसुम की कली ।
उसे चाहिए संगी कोई, सुतवत् लाड़ प्यार दे जोही ॥ 3984/5205

---

[179] ♪ **बालानंद-1 छन्द** : इस मात्रावृत्त में 14 मात्राएँ होती हैं । यति 8-6 पर विकल्प से आता है । गाने के लिए यह एक मधुर छन्द है । इस पद्य में सूत्र ।।।।S।।, ।।SS-SSS।।, SSS-SSS ।।, SSS-।।S, SSS, SSS है ।

▶ लक्षण गीत : 📖 दोहा॰ चौदह मात्रा में सजा, मनहर अक्षर वृंद ।
सुंदर रचना छंद की, जानी "बालानंद" ॥ 4605/7162

161. Story of Lakshmans Divine Line (3. Aranya Kānd)

उसके पीछे मैं जाता हूँ, उसे अभी मैं धर लाता हूँ ।
मृग के पीछे यों दौड़ूँगा, पकड़े बिना न मृग छोड़ूँगा ।। 3985/5205

हाथ न यदि वह आने वाला, सुख देगी उस मृग की छाला ।
सुंदर पशु है इक यह ऐसा, नहीं स्वर्ग में भी उस जैसा ।। 3986/5205

यदि मायावी है यह धोखा, हाथ न आवेगा वह सोखा ।
धनुष साथ मैं लेजाता हूँ, मार असुर को मैं लाता हूँ ।। 3987/5205

(मगर)

सीता को तुम रहना राखे, सावधान मन, चौकस आँखें ।
कुटिया को मत पल भी तजना, इससे बढ़कर कछु न समझना ।। 3988/5205

ध्यान कहीं ना खोने पावे, हानि कछु नहीं होने पावे ।
रखो सब तरफ तुम निगरानी, रहे सुरक्षित सीता रानी ।। 3989/5205

✍दोहा॰ **मैं जाता हूँ, तुम रुको, कहे लखन को राम ।**
सीता की रक्षा करो, बिगड़े ना कछु काम ।। 4606/7162

कुटिया ना तजना, सखे! रहे सदा अवधान ।
भूल न हो जावे कछु, रखो सिया पर ध्यान ।। 4607/7162

(इधर, मृग)

असुर सुन रहा था बचनन को, निरख रहा था राम-लखन को ।
राह राम की देख रहा था, उसे लुभाता खड़ा वहाँ था ।। 3990/5205

✍दोहा॰ **लछमन को समझाइके, निकल पड़े श्री राम ।**
असुर सुन रहे थे सभी, राघव-लखन बखान ।। 4608/7162

राघव हलके पाँव से, आकर मृग के पास ।
झपटे उस पर वेग से, लेकर लंबी साँस ।। 4609/7162

उछला मृग झट कूदके, विद्युत गति के साथ ।
गिरे राम धड़ाम से, पशु नहिँ आया हाथ ।। 4610/7162

खड़ा हुआ मृग सामने, भोला बन कर चोर ।

161. Story of Lakshmans Divine Line (3. Aranya Kānd)

उठे राम, तन झाड़ कर, फिर से पीछे दौड़ ।। 4611/7162

कूदे मृग पर, फिर गिरे, खुला जटा का जूट ।
धरी मृदुल दुम हिरन की, गयी हाथ से छूट ।। 4612/7162

लुके, छिपे, भागे, रुके, बहुत खिला कर खेल ।
फिर से प्रकट समीप वो, मृगतृष्णा का मेल ।। 4613/7162

आगे-आगे भागता, कपटी नकली क्रूर ।
लुभाय माया जाल में, उन्हें लेगया दूर ।। 4614/7162

(तब)

✍दोहा॰ मुश्किल जाना राम ने, मृग धरना, जब काम ।
मारा शर, धनु तान कर, लेने उसके प्राण ।। 4615/7162

शर लगते ही मृग गिरा, प्रकट मारिची रूप ।
बोला, "मुक्ति मिल गयी, मुझको अब, सुरभूप!" ।। 4616/7162

(फिर)

✍दोहा॰ चिल्लाया फिर जोर से, "हाय! हाय!" का साज ।
पहुँचाने संकेत की, रावण तक आवाज ।। 4617/7162

(और)

✍दोहा॰ राघव सम आवाज में, किया असुर चित्कार ।
"हे लक्ष्मण मुझको बचा!" चीखा बारंबार ।। 4618/7162

(तब)

✍दोहा॰ समझ गए राघव, हमें, छला असुर ने आज ।
लछमन ने जो था कहा, वही सही अंदाज ।। 4619/7162

मुझसे भारी भूल है, हुई भरम के साथ ।
हारा बाजी आज मैं, शठ मारिच के हाथ ।। 4620/7162

(मारीच)

✍दोहा॰ मरते मारिच ने कहा, "पूर्ण हुआ अब बैर" ।

161. Story of Lakshmans Divine Line (3. Aranya Kānd)

राघव निकले शोक में, वापस उल्टे पैर ।। 4621/7162

(रावण)

✍दोहा॰ **मारिच के संकेत से, रावण हुआ तयार ।**
सीता को हरने चला, वेश साधु का धार ।। 4622/7162

(सीता)

हाँक असुर की सुन कर सीता, बोली, पति पर क्या है बीता ।
जाओ लछमन उन्हें बचाओ, किंचित् ना अब देर लगाओ ।। 3991/5205

असुर जाल में भाई तेरा, फँसा पड़ा रघुराई मेरा ।
वायु वेग से लछमन दौड़ो, असुरों को तुम मार मरोड़ो ।। 3992/5205

✍दोहा॰ **सीता बोली लखन को, तुम्हें पुकारे राम ।**
जाओ जल्दी दौड़ कर, बिगड़ न जावे काम ।। 4623/7162

(लक्ष्मण)

लछमन बोला, सीता माई! आज्ञा मुझको दीन्हा भाई ।
कुटिया को बिलकुल ना छोड़ूँ, आज्ञा उसकी मैं ना तोड़ूँ ।। 3993/5205

असुर जनों से रक्षा तेरी, राम दिया है जिम्मेवारी ।
उसकी आज्ञा कैसे तोड़ूँ, तुझे अकेली कैसे छोड़ूँ ।। 3994/5205

✍दोहा॰ **लछमन बोला, जानकी! माते! सुनिये बात ।**
रक्षा तुमरी मैं करूँ, बोल गए हैं भ्रात ।। 4624/7162

माते! कहना राम का, कैसे टालूँ आज ।
असुरों की ये चाल है, बिगड़ न जावे काज ।। 4625/7162

क्षमा करो, जी जानकी! जरा सुनो मम बात ।
जग में सबसे वीर हैं, रामचंद्र मम भ्रात ।। 4626/7162

(सीता)

सुन कर लक्ष्मण की वह वाणी, बोली चिढ़ कर सीता राणी ।
मन में तेरे भरा जहर है, अब तो मुझको तुझसे डर है ।। 3995/5205

161. Story of Lakshmans Divine Line (3. Aranya Kānd)

मित्र रूप में शत्रु हमारा, आया है तू छद्मी भारा ।
तुझे बंधु से नहीं प्यार है, तू स्वार्थी मतलबी यार है ।। 3996/5205

बिन राघव के मैं नहिँ जीऊँ, आग में जलूँ, विष मैं पीऊँ ।
सती बनी मैं चिता चढ़ूँगी, तेरे पल्ले नहीं पड़ूँगी ।। 3997/5205

राघव का तू निश-दिन साया, अनुचर बन कर वन में आया ।
राघव जब है तुझे बुलाता, उसे बचाने क्यों नहीं जाता ।। 3998/5205

✍दोहा॰ **वचन लखन के सुन सिया, भई क्रोध से लाल ।**
बोली झल्लाकर उसे, चले न तेरी चाल ।। 4627/7162

माता कहता तू मुझे, मन में है कछु और ।
बना राम का दास तू, मगर हृदय में चोर ।। 4628/7162

तेरे हाथ न आउँगी, मैं राघव की दार ।
विष पी कर मर जाउँगी, पतिव्रता मैं नार ।। 4629/7162

(यों)

व्यग्र क्रोध से उस वनिता के, लालो लाल गाल सीता के ।
कटु बचनन जब काम न आए, सिया नीर के तीर चलाए ।। 3999/5205

✍दोहा॰ **हा! हा! कर वो रो पड़ी, ऊँचे सुर के साथ ।**
सीता बोली राम को, मुझे बचा रघुनाथ! ।। 4630/7162

(लक्ष्मण)

बोला लछमन विनय से, माते! हो न उदास ।
मैं तेरा ही पुत्र हूँ, रामचंद्र का दास ।। 4631/7162

जाता हूँ तेरे कहे, कहो न ऐसी बात ।
रोना मत तुम, जानकी! हो जाओ अब शाँत ।। 4632/7162

"ना वह सचमुच हरिण है, ना वह राम-पुकार ।
माया के भ्रम में पड़ी, क्यों तुम यों बेकार ।। 4633/7162

"होनी जब भी हानि हो, आते गलत विचार ।

161. Story of Lakshmans Divine Line (3. Aranya Kānd)

हरदम विनाश काल में, होता मनोविकार ॥ 4634/7162

"शंका आवे स्वजन पर, बैरी लगता मीत ।
हित भी तब हानि लगे, सुजन लगे विपरीत" ॥ 4635/7162

(और)

अति बलशाली राम हैं, कभी न पाएँ हार ।
आए यदि राक्षस सभी, देंगे सबको मार ॥ 4636/7162

हने सुबाहु ताड़का, दूषण डाला मार ।
उनके हम बैरी बने, अतः कुटिल व्यवहार ॥ 4637/7162

सौंप धरोहर हैं मुझे, गए कृपालु अगाध ।
जाता हूँ फिर भी अभी, क्षमा करें अपराध ॥ 4638/7162

(फिर)

इतना कह कर लखन ने, लेकर अपना तीर ।
कुटिया के चारों तरफ, खींची गोल लकीर ॥ 4639/7162

"रक्षा तुमरी अब करे, यही लखन की रेख ।
कोई लाँघ सके न ये, रहना सीमा देख ॥ 4640/7162

"सीमा रेखा से परे, मत जाना किसी काज ।
विद्युत-रेखा ये करे, तुमरी रक्षा आज" ॥ 4641/7162

🎵 संगीतश्रीकृष्णरामायण छन्दमाला, मोती 399 of 501

शिखरिणी छन्द

। S S, S S S, । । ।, । । S, S । ।, । S

🎵 सा ग- नि- सा- रे ग रे-, सा रे ग पम ग रे ग-, रे ग रे सा-

(विद्युत रेखा)

लगा दी है मैंने, चतुर् दिश रेखा, कुटिर के ।
तिहारी ये रक्षा, सरबस करेगी, असुर से ॥ 1

"किसी बेला, माते! तुम न करना, पार इसको ।
अभी ले आते हैं, पकड़ मृग या, मार उसको" ॥ 2

161. Story of Lakshmans Divine Line (3. Aranya Kānd)

संगीतश्रीकृष्णरामायण गीतमाला, पुष्प 595 of 763

(लक्ष्मण रेखा)

स्थायी

लखन ने रेख लगाई ।

♫ ममप प ध–प मगरेसा– ।

अंतरा–1

रावण मारीच जाल बिछाए, मृग–माया का मोह रचाए ।

भूल न हो, भौजाई! ।।

♫ सा–रेग रे–सासा प–म गरे–म–, पप प–ध– प– नि–ध पम–प– ।

म–प प ध–, पमगरेसा– ।।

अंतरा–2

संकट चारों ओर हैं छाए, राघव मृग के पीछे धाए ।

रोत है सीता माई ।।

अंतरा–3

छोड़ धरोहर, आज्ञा तोड़े, चला लखन सीता को छोड़े ।

क्षमा करो, रघुराई! ।।

अंतरा–4

बोला, रेखा पार न करिए, गैरन पर विश्वास न धरिए ।

सुनिये, सीता माई! ।।

161. Story of Lakshmans Divine Line (3. Aranya Kānd)

 संगीतश्रीकृष्णरामायण गीतमाला, पुष्प 596 of 763

दादरा ताल

(लक्ष्मण रेखा की कथा)

स्थायी

गीत शारद ने मंजुल है गाया, साज नारद मुनि ने बजाया ।
रत्नाकर से है मंगल रचाया, रामायण को है सुंदर सजाया ।।

♪ म-ग म-म- म प-म- ग म-प-, रे-ग म-म- मध- प- मग-म- ।
रेगम-म म- म ध-प- गम-प-, रे-ग-म- म- म ध-प- मग-रे- ।।

अंतरा-1

दौड़े राघव कुरंगम के पीछे, अपनी तीरऽ कमानऽ को खींचे ।
राम का शर हरिण को गिराया, माऽरीच ने लखन को बुलाया ।।

♪ सांसां नि-रें- सांध-निनि ध प-म-, सां-सां नि-रें- सांध-नि- ध प-म- ।
म-ग म- मम मपप म- गम-प-, रेगमम म- मधध प- मग-रे- ।।

अंतरा-2

हाँक सुन कर सिया घऽबड़ाई, बोली विपदा में हैं रघुराई ।
जाओ लछमन! तुम्हें है बुलाया, भागो जल्दी, बचाओ मोरा पिऽया ।।

अंतरा-3

बोला लछीमन, डरो तुम न माई! ये तो आवाज राघव की नाहीं ।
माऽरीच ने तुम्हें है ठगाया, तोहे भ्रम है असुर ने लगाया ।।

अंतरा-4

सीता लांछन लखन पर लगाई, गारी देकर कुटी से भगाई ।
अग्नि रेखा लछमन लगाया, "इसी सीमा में रहना," बताया ।।

अरण्य काण्ड : बारहवाँ सर्ग

162. सीता अपहरण की कथा :

162. Story of Sītā's abduction (Rāmāyan, 3. Aranya Kānd)
162. Story of Sītā's abduction *(Rāmāyan, 3. Aranya Kānd)*

♪ संगीतश्रीकृष्णरामायण छन्दमाला, मोती 400 of 501

बालानंद-1 छन्द

8 + 6

(सीता अपहरण)

रावण देख रहा मौका, सीता को देने धोखा ।
पापी आया ऋषि बनके ।
बोला, "माई! भिक्षा दे" ।। 1

दे दे भिक्षा श्रद्धा से, फाटक से बाहर आके ।
सिय ने रेखा पार करी ।
रावण उसकी बाँह धरी ।। 2

सीता बोली रो रो के, "कोई पापी को रोके ।
राम! पुकारूँ मैं तोहे ।
नाथ! बचाओ जी मोहे" ।। 3

☸ श्लोका:

रावण आगतस्तत्र गते रामे च लक्ष्मणे ।
मायावी रावणश्छद्मयपहर्तुं राघवप्रियाम् ।। 1982/2422

नारङ्गं वसनं धृत्वा काये च भस्मलेपनम् ।
करे कमण्डलुं मालां शिरसि जूटकं तथा ।। 1983/2422

भिक्षां देहि मुनिं देवि भगवान्पातु ते सदा ।
सीता ह्यलङ्घ्यद्रेखां रावणस्तामपाहरत् ।। 1984/2422

📖 कथा 📖

(रावण)
लखन कुटी से निकला ज्योंही, रावण भूषा बदली त्योंही ।
पोता भस्म देह पर नीका, माथे पर चंदन का टीका ।। 4000/5205

हाथ कमंडल, सिर पर चोटी, पाँव खड़ाऊँ, कर में सोटी ।

162. Story of Sītā's abduction (Rāmāyan, 3. Aranya Kānd)

रुद्र मणी की गल में माला, वस्त्र गेरुआ तन पर डाला ॥ 4001/5205

दोहा॰ लछमन कुटिया से जभी, निकला सहित कलेस ।
लीन्हा रावण ने तभी, भिक्षुक मुनि का भेस ॥ 4642/7162

जटा-जूट नकली सभी, हाथ कमंडलु धार ।
माथे चंदन पोत कर, वस्त्र गेरुए डार ॥ 4643/7162

(यों)
मुख में "भिक्षां देहि" उचारा, मन में चोरी का हि विचारा ।
आया सीता-कुटिया द्वारे, ठहरा लक्ष्मण-रेख निहारे ॥ 4002/5205

रेखा पर पग दीन्हा ज्योंही, विद्युत झटका मारा त्योंही ।
चारों ओर लगी है रेखा, आग उगलती, उसने देखा ॥ 4003/5205

सोचा यह तो बिजली रेखा, अंदर जाना बहुत है धोखा ।
मैं रेखा के पार न जाऊँ, सीता को इस पार बुलाऊँ ॥ 4004/5205

वहीं खड़ा वह बोला, "माई! अलख निरंजन, भिक्षां देहि" ।
सीता बोली भीतर आओ, कंद मूल जल फल लेजाओ ॥ 4005/5205

दोहा॰ भिक्षां देहि! का किया, मुख में शुभ उच्चार ।
सीता के अपहरण का, मन में नीच विचार ॥ 4644/7162

आया कुटिया द्वार पर, इधर-उधर को देख ।
विद्युत का झटका लगा, रुका देख कर रेख ॥ 4645/7162

(तब)
बोला, भीख यहीं से लूँगा, वरना शाप तुझे मैं दूँगा ।
जल्दी आओ देर हो रही, करो वही जो भिक्षु ने कही ॥ 4006/5205

दान भिक्षु को सभक्ति देना, मंगल आशिष सीते! लेना ।
भला पति का होगा, माई! पतिव्रते! झट भिक्षां देहि ॥ 4007/5205

कल्याण पति के होंगे तेरे, मिटें जनम-जनम के फेरे ।
पुत्र युगल की होगी माई, तुरत भिक्षु को भिक्षां देहि ॥ 4008/5205

162. Story of Sītā's abduction (Rāmāyan, 3. Aranya Kānd)

तेरा सफल बने बनबासा, तेरे कुल की नसे निरासा ।
मेरा वर तू ले ले, माई! झट से मुझको भिक्षां देहि ।। 4009/5205

✍दोहा॰ **वहीं खड़ा फिर होगया, "भिक्षां देहि" पुकार ।**
सीता बोली, आइए, खोलो फाटक द्वार ।। 4646/7162

रावण बोला भीख ना, लूँगा मैं उस पार ।
वरना तुझको शाप मैं, दे दूँगा खूँखार ।। 4647/7162

सीते! वर दूँगा तुझे, "पति का हो कल्याण ।
युगल पुत्र की माँ बने," दे दे भिक्षा दान ।। 4648/7162

चाहे कोई झूठ भी, दे देता वरदान ।
आशिष होता पूर्ण वो, विधि का बने विधान ।। 4649/7162

(फिर)
लखन-वचन को सीता भूली, आई रेखा लाँघे भोली ।
सीमा पार करी वो ज्योंही, कलाई रावण धर ली त्योंही ।। 4010/5205

✍दोहा॰ **वचन लखन के भूल कर, आई रेखा पार ।**
रावन ने पकड़ी सिया, रामचंद्र की नार ।। 4650/7162

♫ संगीतश्रीकृष्णरामायण छन्दमाला, मोती 401 of 501

भुजंगप्रयात छंद

। ऽ ऽ, । ऽ ऽ, । ऽ ऽ, । ऽ ऽ

♫ सारे- ग-म प-म- गरे- म- गरे- सा-

(सीता विलाप)

करी पार रेखा सिया ने यदा ही ।
उसे दैत्य दंभी उठाया तदा ही ।। 1
पुकारे सिया, "दौड़के राम! आओ ।
इसे मारके, नाथ! मोहे बचाओ" ।। 2

संगीतश्रीकृष्णरामायण गीतमाला, पुष्प 597 of 763

162. Story of Sītā's abduction (Rāmāyan, 3. Aranya Kānd)

(भिक्षां देहि)

स्थायी

सीता माई भिक्षां देहि ।

♫ सा–रे– ग–रे–! प–म– गरेसा– ।

अंतरा–1

वस्त्र गेरुए, सिर पर चोटी, हाथ कमंडलु, दाढ़ी खोटी ।

आया जोगी रावण द्रोही, निकला लछमन कुटि से ज्यों ही ।।

♫ सा–रे ग–रेसा–, रेरे गग म–म–, प–म गरे–मम, प–मग प–म– ।

नि–ध– प–म– ग–मम प–प–, ममप– धधपम पप म– गरे सा– ।।

अंतरा–2

राम गए हैं मृग के पीछे, लखन है निकला रेखा खींचे ।

सिया अकेली कुटिया माही, जैसी थी रावण ने चाही ।।

अंतरा–3

भिक्षा देने सीता आई, रावन उसकी धरी कलाई ।

शोर मचा रही है वैदेही, इत उसका रघु तारक नाही ।।

(तब)

सीता झपटी देने झटका, हाथ सिया का फिर भी अटका ।
उसे उठा कर रावण मटका, काँधे पर सीता को पटका ।। 4011/5205

उसे उठा कर जोर जबरिया, बोला चलियो पार सागरिया ।
रो कर बोली सिय बाँवरिया, मुझे बचाओ, ओ साँवरिया! ।। 4012/5205

सीता कीन्हा भारी दंगा, रावण जकड़े उसके अंगा ।
हाथ दूसरे कसे बाल में, फँसी सिया जस मृगी जाल में ।। 4013/5205

उसे चिढ़ाते, भिक्षां देहि, लाया विमान में वैदेही ।
काँधे से फिर उतार ताही, उड़ा दिशा वो दक्षिण माही ।। 4014/5205

✍**दोहा॰** **रोई सीता जोर से, "मुझे बचाओ राम! ।**
मैंने रेखा लाँघ दी, बिगड़ गया है काम" ।। 4651/7162

सीता ने लंकेश का, काटा दायाँ हाथ ।

162. Story of Sītā's abduction (Rāmāyan, 3. Aranya Kānd)

मारा चाटा असुर ने, बायें कर के साथ ॥ 4652/7162

सिया लड़ी लंकेश से, मगर न पाई छूट ।
केश पकड़ कर दुष्ट ने, जकड़ी उसकी जूट ॥ 4653/7162

उठाय काँधे पर उसे, वायुयान में डार ।
दक्षिण दिश में उड़ गया, लेकर रघु की दार ॥ 4654/7162

 संगीतश्रीकृष्णरामायण गीतमाला, पुष्प 598 of 763

दादरा ताल

(सीता अपहरण की कथा)

स्थायी

गीत शारद ने मंजुल है गाया, साज नारद मुनि ने बजाया ।
रत्नाकर से है मंगल रचाया, रामायण को है सुंदर सजाया ॥

♪ म-ग़ म-म- म प-म- ग़ म-प-, रे-ग़ म-म- मध़- प- मग़-म- ।
रेग़म-म म- म ध़-प- गम-प-, रे-ग़-म- म- म ध़-प- मग़-रे- ॥

अंतरा-1

निकला कुटिया से लछिमऽन ज्योंही, आया रावऽन मुनिऽ बनके त्योंही ।
ज्योंही रेखा को पाँवऽ लगाया, झटका बिजली का दसमुख ने पाया ॥

♪ सां-सां निनिरें- सां ध़ध़नि-ध़ प-म-, सांसां नि-रें-सां ध़ध़- नि-ध़ प-म- ।
मग म-म- म प-म- गम-प-, रे-ग ममम- म ध़ध़पप म ग-रे- ॥

अंतरा-2

बोला, माई! मैं भूखा बड़ा हूँ, भिक्षा लूँगा जहाँ मैं खड़ा हूँ ।
पार रेखा के सिय को बुलाया, और काँधे पर उसको उठाया ॥

अंतरा-3

लाया सीता को जोरऽ जबरिया, रोई सीता, "बचाओ साँवरिया" ।
राऽवन ने सिया को बिठाया, यान दक्षिण दिशा में उड़ाया ॥

163. Story of Sītā's lamentation (Rāmāyan, 3. Aranya Kānd)

अरण्य काण्ड : तरहवाँ सर्ग

 163. सीता के विलाप की कथा :

163. Story of Sītā's lamentation *(Rāmāyan, 3. Aranya Kānd)*

♪ संगीतश्रीकृष्णरामायण छन्दमाला, मोती 402 of 501

विद्युल्लेखा छन्द

ऽ ऽ ऽ, ऽ ऽ ऽ, ऽ ऽ

(सीता विलाप)

रामा! दारा रोये तोरी ।
मोहे, पापी कीन्हा चोरी ।। 1
नाथा! तारो लज्जा म्हारी ।
सीता बोली, मैं तो हारी ।। 2

🕉 श्लोक:

क्रन्दनस्ति प्रभो सीता त्राहि मे रघुनन्दन ।
नभसो वायुयानेन गच्छनस्ति महाखल: ।। 1985/2422

📖 कथा 📖

(सीता)

सीता बोली, को तुम मुनि हो, वस्त्र गेरुए में अवगुनि हो ।
नाम तिहारा, कहाँ धाम है, चोरी का क्या कहो काम है ।। 4015/5205

163. Story of Sītā's lamentation (Rāmāyan, 3. Aranya Kānd)

भेजा किसने तुम्हें अकेले, किस राक्षस के तुम हो चेले ।
क्यों तुमने ये पापड़ बेले, क्योंकर ये धोखे हैं झेले ।। 4016/5205

पति मेरा है अति बलशाली, तुझे मृत्यु है आने वाली ।
अभी लौटना सही काम है, बड़े दयालु हृदय राम हैं ।। 4017/5205

✍दोहा॰ **सीता बोली असुर से, चोरी का क्या काम ।**
मुझे छोड़ दे तू अभी, मेरा पति है राम ।। 4655/7162

राम दयालु वीर हैं, क्षमा करेंगे पाप ।
सच्चे मन से अगर तू, पछतावेगा आप ।। 4656/7162

आया तू किस काम से, वेष साधु का धार ।
बलशाली श्री राम हैं, तुझको देंगे मार ।। 4657/7162

रोई सीता बिलखती, राघव नाम पुकार ।
शोर मचाया यान में, उसने बारंबार ।। 4596/7162

(रावण)

रावन बोला, चुप हो सीते! वरना फल मैं दूँगा तीते ।
उसने ऋषि का भेस उतारा, विमान बाहर फेंका सारा ।। 4018/5205

✍दोहा॰ **रावण बोला, सुन सिये! मैं रावन लंकेस ।**
तुझे उठाने के लिए, धारा भिक्षुक भेस ।। 4658/7162

मंडप में मैं था वहाँ, सिये! स्वयंवर बेर ।
शिव-धनु मुझसे ना उठा, तूने दिया खदेड़ ।। 4659/7162

अब तू मुझसे ना बचे, दूर हमारा देश ।
अगर न मानी तू कहा, दूँगा तुझको क्लेश ।। 4660/7162

आ न सके राघव कभी, अरण्य करके पार ।
गहरी नदियाँ राह में, जिनके तीर अपार ।। 4661/7162

पर्वत सह्याद्रि तथा, गोदावरी विशाल ।
कृष्णा कावेरी नदी, सागर जल विकराल ।। 4662/7162

163. Story of Sītā's lamentation (Rāmāyan, 3. Aranya Kānd)

यह कह कर लंकेश ने, उतार मुनि का वेश ।
फेंका बाहर यान से; बाँधे अपने केश ।। 4663/7162

उड़ता चोगा गेरुआ, रावण का मुनिवेश ।
अटका बरगद पेड़ पर, भगवा चिह्न विशेष ।। 4664/7162

(और)
देखो प्रिये! असुर मैं राजा, लंका तक बजता मम बाजा ।
मैं हूँ नृप बलशाली भारा, जग मुझसे डरता है सारा ।। 4019/5205

दोहा॰ राक्षस बोला, हे सिये! मैं रावण लंकेश ।
कीर्ति हमारी जानते, जग के सारे देश ।। 4665/7162

डरते हैं मुझसे सभी, देश विदेशी लोग ।
जो मेरी सेवा करे, पाता सुख के भोग ।। 4666/7162

(मगर)
दंडक मेरी कर्म भूमि है, राघव ने वो करी सूनी है ।
जबसे राम बना बनवासी, हमरे कुल का बना बिनासी ।। 4020/5205

दोहा॰ दंडक मेरा खास है, कर्मभूमि का स्थान ।
असुर यहाँ के भारती, करते मुझे प्रणाम ।। 4667/7162

जबसे राघव है यहाँ, करने लगा निवास ।
मेरे असुर कुटुंब का, तबसे हुआ विनास ।। 4668/7162

(अत:)
मारिच लेकर मृग की काया, डाला तुम पर भ्रम की माया ।
राम-लखन को असुर भुलाया, उसने हन कर उन्हें सुलाया ।। 4021/5205

राम-लखन मारिच ने मारे, अब तू सीते! हाथ हमारे ।
रघु कुल की मैं की बरबादी, सीते! मुझसे करले शादी ।। 4022/5205

दोहा॰ इसी लिए हमने रचा, मृग-माया का खेल ।
तुझको डाला भूल में, करने मुझसे मेल ।। 4669/7162

163. Story of Sītā's lamentation (Rāmāyan, 3. Aranya Kānd)

मारिच लेकर आगया, सुवर्ण मृग का वेष ।
छद्मी भिक्षुक मैं बना, लगाय नकली केश ।। 4670/7162

राम-लखन हैं मर चुके, उसी असुर के हाथ ।
अब तू करले प्रेम से, शादी मेरे साथ ।। 4671/7162

(और)

मुझसे डरते सब तिर्लोकी, राम एक मम डर है जो की ।
अब राघव का कछु डर नाही, निडर पुन: मैं इस जग माही ।। 4023/5205

जब हम लंकापुर में जाएँ, कोई तुझको ढूँढ न पाए ।
अब मत बनो व्यर्थ अभिमानी, बन जाओ तुम मेरी रानी ।। 4024/5205

सुंदर मूरत देख तिहारी, मोहित मैं हूँ सखी! पियारी! ।
मैंने रूपमती कई नारी, करी अपहरण है बहु बेरी ।। 4025/5205

उन सबसे तू सुंदर नारी, बहुत सजे पटरानी मेरी ।
अन्य करेगीं तेरी सेवा, तू खाएगी मोदक मेवा ।। 4026/5205

✍दोहा॰ धरती पर डरते सभी, सुन कार मेरा नाम ।
मुझसे डरता जो नहीं, एक वही है राम ।। 4672/7162

जाएँगे जब हम, प्रिये! मेरे लंका देश ।
राघव ढूँढ न पाएगा, बोल पड़ा लंकेश ।। 4673/7162

लायी हैं मैंने कई, महा नारियाँ ज्येष्ठ ।
विश्व सुंदरी तू सिये! सब परियों में श्रेष्ठ ।। 4674/7162

रानी बन जा तू सिये! छोड़ अभी अभिमान ।
मेरे लंका देश में, तुझे मिले सम्मान ।। 4675/7162

(फिर)

हाथ सिया का उसने पकड़ा, पास सिया को उसने जकड़ा ।
सीता ने रावण को काटा, उसने उसको मारा चाँटा ।। 4027/5205

✍दोहा॰ इतना कह कर असुर ने, धरा सिया का हाथ ।

163. Story of Sītā's lamentation (Rāmāyan, 3. Aranya Kānd)

सीता ने उसको डसा, बड़ी जोर के साथ ।। 4676/7162

(सीता बोली)

सिय बोली, तू असुर नीच है, मन में तेरे भरी कीच है ।
पतिव्रता मैं दार राम की, तेरे बिलकुल नहीं काम की ।। 4028/5205

विमान नीचे कूद मरूँगी, आत्मघात मैं अभी करूँगी ।
हाथ छुड़ाने कीन्हा दंगा, बोली नर तू कामुक नंगा ।। 4029/5205

✍दोहा॰ **सीता बोली असुर को, तू है कुत्सित नीच ।**
तेरे जैसा अधम ना, और जगत के बीच ।। 4677/7162

पतिव्रता हूँ नार मैं, रामचंद्र की दार ।
तेरे हाथ न मैं पड़ूँ, होगी तेरी हार ।। 4678/7162

कूद पड़ूँगी यान से, दे दूँगी मैं जान ।
तू मुझको ना पा सके, चाहे ले मम प्राण ।। 4679/7162

(और)

रोती-धोती वह चिल्लाती, "मुझे बचाओ" कहे बुलाती ।
कहाँ फँसी हूँ, रघुपति आओ! मुझे बचाओ! मुझे बचाओ! ।। 4030/5205

हे पंछी गण खग शुक मैना! जाओ राघव को दो बैना ।
हे धरती सूरज! सुन लेना, हे तरुवर! संदेसा देना ।। 4031/5205

कहना काज हुए हैं टेढ़े, सिंह पत्नी को गीदड़ छेड़े ।
हंस पत्नी को कौआ छूए, आर्य नारी को चाहत मूए[180] ।। 4032/5205

✍दोहा॰ **सीता रोई यान में, मुझे बचाओ, राम! ।**
कहाँ फँसी मैं, रामजी! आकर रोको यान ।। 4680/7162

पंछी गण आकाश के! बादल! रोको यान ।
संदेसा दो नाथ को, मुझे बचावे आन ।। 4681/7162

---

[180] **मूआ, मुआ** = निगोड़ा, नाकारा, मरियल ।

163. Story of Sītā's lamentation (Rāmāyan, 3. Aranya Kānd)

हे तरु कोई! दीजिए, मेरा यह संदेश ।
वायुयान से है मुझे, भगा रहा लंकेश ।। 4682/7162

(जटायु)

उसी समय खग "जटायु" नामी, उड़ा जा रहा था नभ गामी ।
सुन कर पुकार उस नारी की, "मुझे बचाओ!" दुख भारी की ।। 4033/5205

वायुयान के सम्मुख आया, रावण को उसने बतलाया ।
भाई! नारी को मत छेड़ो, रोती है उसको तुम छोड़ो ।। 4034/5205

नारी पर यों हाथ उठाना, सिर पर है ये पाप बिठाना ।
पाप तुम्हें दुख में डारेगा, पति इसका तुमको मारेगा ।। 4035/5205

दोहा॰ उसी समय था जा रहा, उड़ता एक विहंग ।
जटायु, गाता नाम को, भक्ति भाव के संग ।। 4683/7162

सुन सीता की हाँक वो, "मुझे बचाओ नाथ!" ।
पंछी मुड़ कर आगया, शीघ्र वेग के साथ ।। 4684/7162

आया जब खग वीर वो, वायुयान के पास ।
देखी उसने जानकी, रोती हुई उदास ।। 4685/7162

जटायु ने लंकेश को, बोला, "स्त्री को छोड़" ।
"पर नारी को छेड़ना, पाप बहुत है घोर" ।। 4686/7162

(रावण)

बोला, असुर, "करूँ जो चाहे, बीच टोकता है तू काहे ।
जिसको जी चाहे दूँ धोखे, कौन भला तू मुझको रोके" ।। 4036/5205

दोहा॰ रावण बोला विहग को, "करता हूँ मैं पाप ।
क्या दुख है इससे तुझे, अपना रस्ता नाप" ।। 4687/7162

(सीता)

रोती सीता बोली, आओ! इस पापी से मुझे छुड़ाओ ।
पापी मुझको भगा रहा है, मुझको कल्मष लगा रहा है ।। 4037/5205

164. Story of Brave Jatāyu (Rāmāyan, 3. Aranya Kānd)

दोहा॰ खग को सीता ने कहा, मुझे छुड़ाओ, मीत! ।
रोको इसके यान को, इसे सिखाओ नीत ।। 4688/7162

संगीतश्रीकृष्णरामायण गीतमाला, पुष्प 599 of 763

दादरा ताल

(सीता विलाप की कथा)

स्थायी

गीत शारद ने मंजुल है गाया, साज नारद मुनि ने बजाया ।
रत्नाकर से है मंगल रचाया, रामायण को है सुंदर सजाया ।।
म–ग म–म– म प–म– ग म–प–, रे–ग म–म– मध– प– मग–म– ।
रेगम–म म– म ध–प– गम–प–, रे–ग–म– म– म ध–प– मग–रे– ।।

अंतरा–1

क्षमा कीजो मोहे रऽघुराई! मैंने लज्जित किया तोरा भाई ।
मृग धरने मैं तुमको पठाया, राऽवण ने मुझे है उठाया ।।
सांसां नि–रें– सांध– नि–धप–म–, सांसां नि–रें– सांध– नि–ध प–म– ।
मग ममम– म पपम– गम–प–, रेगमम म– मध– प– मग–रे– ।।

अंतरा–2

कितनी मूरख बनी थी मैं नारी, मैंने लछमन को दीन्ही थी गारी ।
जिसने मुझको था ठीक समझाया, मैंने उसी पर ही लँछन लगाया ।।

अंतरा–3

हेऽ खेचर! मुझे तुम बचाओ, मेरे स्वामी को जाकर बताओ ।
भोली सूरत बना कर ये आया, मोहे पापी असुर ने भगाया ।।

164. वीर जटायु की कथा :

164. Story of Brave Jatāyu (Rāmāyan, 3. Aranya Kānd)

संगीतश्रीकृष्णरामायण छन्दमाला, मोती 403 of 501

164. Story of Brave Jatāyu (Rāmāyan, 3. Aranya Kānd)

कुमुदनिभा छन्द[181]

। । ।, । ऽ ऽ, ऽ । ऽ, । ऽ ऽ

(वीर जटायु)

सुन कर सीता की विलाप बानी ।
लख कर नैनों में अटूट पानी ।। 1
खग उड़ आया वायुयान पासा ।
दसमुख से बोला विनम्र भासा ।। 2

"किस प्रभु की है ये कुलीन जाया ।
तज अब देवी को बिना सताया" ।। 3
दसमुख ने काटा जटायु डैना ।
विहग गिरा रक्तांग बंद नैना ।। 4

ॐ श्लोकाः

जटायुर्धार्मिको धीरो रघुकुलस्य सेवकः ।
नारीरक्षा प्रणस्तस्य जटायुः खगमानवः ।। 1986/2422

जटायुर्विहगो वीरो गच्छनासीद्यदा गृहे ।
सीतायाः क्रन्दनं श्रुत्वा विमाननिकषाऽऽगतः ।। 1987/2422

उवाच रावणं पक्षी कथं नयसि तां बलात्।
अबलापीडनं पापं मुञ्च तां महिलां सखे ।। 1988/2422

रावणो योद्धुमारब्धः खड्गेन पक्षिणा सह ।
जटायुरपतद्भूमौ-आहतो लिप्तशोणितः ।। 1989/2422

📖 कथा 📖

(जटायु)

---

[181] **कुमुदनिभा छन्द** : इस 12 वर्ण, 18 मात्रा वाले जगती छन्द के चरण में न य र य गण आते हैं । इसका लक्षण सूत्र । । ।, । ऽ ऽ, ऽ । ऽ, । ऽ ऽ इस प्रकार होता है ।

▶ लक्षण गीत : **दोहा॰ मत्त अठारह पद्य में, न य र य गण का वृंद ।**
बारह अक्षर से बना, "कुमुदनिभा" है छंद ।। 4689/7162

164. Story of Brave Jatāyu (Rāmāyan, 3. Aranya Kānd)

✍दोहा॰ लख कर रोती नार को, भया जटायु लाल ।
झपट पड़ा लंकेश पर, नोचा उसका गाल ।। 4690/7162

जटायु ने लंकेश को, किया चंचु से घाव ।
घायल दसमुख देह से, हुआ रुधिर का स्राव ।। 4691/7162

कहा असुर को, मैं तुझे, नोच गिराता, नीच! ।
नारी को तू छोड़ दे, तीन निमिष के बीच ।। 4692/7162

(मगर)

✍दोहा॰ रावण ने तलवार से, कीन्हा उस पर वार ।
हुए विहंग जटायु पर, बारंबार प्रहार ।। 4693/7162

लड़े परस्पर गगन में, दोनों क्रोध सवार ।
जटायु नख, पर,[182] चंचु से, रावण शर, तलवार ।। 4694/7162

(रावण)

✍दोहा॰ रावण बोला, पक्षि को, क्यों देता तू जान ।
उड़ जा अपने रासते, मेरा कहना मान ।। 4695/7162

(जटायु)

✍दोहा॰ वीर जटायु ने कहा, "सत्य-धर्म की आन ।
नारी-रक्षा मैं करूँ, चाहे निकले प्राण ।। 4696/7162

"नारी-रक्षा पुण्य है, जिसमें जात न पात ।
सबसे ऊँचा धर्म है, सबसे अच्छी बात" ।। 4697/7162

♫ संगीतश्रीकृष्णरामायण छन्दमाला, मोती 404 of 501

वसंततिलका छन्द

ऽ ऽ ।, ऽ । ।, । ऽ ।, । ऽ ।, ऽ ऽ

♫ सा–नि़- सारे-रे सारे ग–, मग रे-ग रे-सा-

(जटायु नीति)

---

[182] पर = पंख, डैना ।

164. Story of Brave Jatāyu (Rāmāyan, 3. Aranya Kānd)

देखी जटायु खग ने, रघु-दार रोती ।
लंकेश से लड़ रही, अति क्रुद्ध वो थी ।। 1
आया विमान-निकषा,[183] वह क्षुब्ध भारी ।
बोला, "अरे! तज उसे, अबला है नारी ।। 2
"नारी दुखार्त करना, बहु पाप जाना ।
देगा तुझे करम ये, कटु पाप नाना" ।। 3

(तब)

दोहा॰ लड़ते लड़ते खड्ग का, लगा जोर से वार ।
कटा पंख जटायु का, बही रक्त की धार ।। 4698/7162

विहंग अब ना उड़ सका, अधमूआ प्रभु-दास ।
गिरा भूमि पर धाँय से, गिनत आखिरी साँस ।। 4699/7162

आसमान से खग गिरा, लिए राम का नाम ।
हड्डी पसली चूर थी, फिर भी मुख में राम ।। 4700/7162

(सीता)

दोहा॰ सीता आर्त पुकारती, रो कर बारंबार ।
बोली, वीर जटायु को, "तेरी जय जय कार" ।। 4701/7162

 संगीतश्रीकृष्णरामायण गीतमाला, पुष्प 600 of 763

दादरा ताल

(वीर जटायु की कथा)

स्थायी

गीत शारद ने मंजुल है गाया, साज नारद मुनि ने बजाया ।
रत्नाकर से है मंगल रचाया, रामायण को है सुंदर सजाया ।।

म-ग म-म- म प-म- ग म-प, रे-ग म-म- मध- प- मग-म- ।
रेगम-म म- म ध-प- गम-प, रे-ग-म- म- म ध-प- मग-रे- ।।

---

[183] **निकषा** (सं) = (हिं) निकट, समीप ।

165. Story of Shrī Rāma's lamentation (3. Aranya Kānd)

अंतरा-1

उसी बेला उड़ा जा रहा था, राम का नाम शुभ गा रहा था ।

सुन सीता की आरऽत बानी, खग जटायु बचाने को आया ।।

♫ सांसां नि-रें- सांध- नि- धप- म-, सां-सां नि- रें-सां धध नि- धप- म- ।

मग म-म- म प-म-ग म-प-, रेरे गम-म- मध-प- प ग-रे- ।।

अंतरा-2

बोला, "नारी को छोड़ऽ दे भाई!" कीन्ही रावण ने उससे लड़ाई ।

चोंच की नोंक पंछी चुभाया, चंड तलवार रावन घुमाया ।।

अंतरा-3

कटा डैना पखेरू मुनिऽ का, गिरा लोहू धरा पर गुणी का ।

शीश अपना वो सिय को नवाया, प्राण हँस कर वो अपने गँवाया ।।

अरण्य काण्ड : चौदहवाँ सर्ग

165. श्री राम के विलाप की कथा :

165. Story of Shrī Rāma's lamentation *(3. Aranya Kānd)*

♫ संगीतश्रीकृष्णरामायण छन्दमाला, मोती 405 of 501

165. Story of Shrī Rāma's lamentation (3. Aranya Kānd)

गुणांगी छन्द[184]

ऽ ऽ ऽ, ऽ ऽ ।, । ऽ ।, ऽ ऽ

(राम विलाप)

सीते! सीते! राघव हैं पुकारे ।
ढूँढा सारा कानन, तू कहाँ रे! ।। 1
तोहे कोई बब्बर शेर खाया ।
या मायावी राक्षस है भगाया ।। 2

श्लोक:

मारीचं छद्मिनं हत्वा रामः प्रत्यागतो यदा ।
सीता कुट्यां न कुत्रापि प्राङ्गणे न च सा वने ।। 1990/2422

सीते सीतेऽभणन्रामो मातो मातश्च लक्ष्मणः ।
अपृच्छत्पादपान्रामो दृष्टा केनापि मे प्रिया ।। 1991/2422

संगीतश्रीकृष्णरामायण छन्दमाला, मोती 406 of 501

स्रग्धरा छन्द

ऽ ऽ ऽ, ऽ । ऽ, ऽ । ।, । । ।, । ऽ ऽ, । ऽ ऽ, । ऽ ऽ

(राम विलाप)

सीते सीते! पुकारे, उस घन वन में, राम आँसू बहायो ।
वैदेही! तू कहीं है, छुप कर चुप या, दैत्य तोहे भगायो ।। 1
पंछी! पेड़ों! बताओ, गगन पवन भोः! दार मेरी कहाँ है ।
बोला पक्षी जटायू, "असुर जित उड़ा, नार तोरी वहाँ है" ।। 2

कथा

---

[184] **गुणांगी छन्द** : इस 11 वर्ण, 19 मात्रा वाले त्रिष्टुभ् छन्द के चरण में म त ज गण और दो गुरु वर्ण आते हैं । इसका लक्षण सूत्र ऽ ऽ ऽ, ऽ ऽ ।, । ऽ ।, ऽ ऽ इस प्रकार होता है । यति 4–7 पर विकल्प से आता है ।

▶ लक्षण गीत : **दोहा॰ मत्त उन्नीस की कला, दो गुरु कल से अंत ।**
जहाँ म त ज गण हों सजे, वहाँ "गुणांगी" छंद ।। 4702/7162

165. Story of Shrī Rāma's lamentation (3. Aranya Kānd)

(उधर)

✍दोहा॰ **चकित, असुर का देख कर, मायावी वह काम ।**
दौड़े उल्टे पैर से, घबड़ा कर श्री राम ।। 4703/7162

उसी समय पर सामने, दिखा राम को भ्रात ।
उसे देख कर राम को, लगा बहुत आघात ।। 4704/7162

बोले, "प्यारे! आज ये, तुमने की है भूल ।
सिया अकेली छोड़ कर, काम किया प्रतिकूल ।। 4705/7162

"शकुन न लगते सामने, आज मुझे अनुकूल ।
घोर न कोई माजरा, हो जावे प्रतिकूल" ।। 4706/7162

शोकाकुल श्री रामजी, करने लगे विलाप ।
रोने लछमन भी लगा, करत बहुत अनुताप ।। 4707/7162

(लक्ष्मण)

छोड़ सिया को वहाँ अकेले, क्यों आए तुम, राघव बोले ।
बोला लखन, मुझे भौजाई, कह कर कडुए वचन सताई ।। 4038/5205

डरो नहीं, बंधो रघुराई! रखी सुरक्षित सीता माई ।
कुटिया के चारों दिश माही, मैंने विद्युत रेख लगाई ।। 4039/5205

पशु-पक्षी नहीं भीतर आवे, असुर न कोई हाथ लगावे ।
बोला है, "बाहर ना जाएँ, जब तक राघव घर ना आएँ" ।। 4040/5205

✍दोहा॰ **लछमन बोला राम को, क्षमा करो, मम भ्रात! ।**
भेजा मुझको मातु ने, कह कर कड़वी बात ।। 4708/7162

डरो न फिर भी, रामजी! मुझे यहाँ पर देख ।
कुटिया की सब ओर है, आँकी विद्युत रेख ।। 4709/7162

कोई शठ ना आ सके, ना श्वापद, ना चोर ।
कहा मातु को वो रहें, रेखा की इस ओर ।। 4710/7162

(राम)

165. Story of Shrī Rāma's lamentation (3. Aranya Kānd)

दोहा॰ जाल असुर ने है रचा, मेरे भाई! आज ।
उधर न जाने क्या बुरा, किया उन्हों ने काज ।। 4711/7162

शीघ्र वेग से रामजी, लाँघे फाटक द्वार ।
गए कुटी में दौड़ते, सीता! नाम पुकार ।। 4712/7162

(लक्ष्मण)

दोहा॰ माता! माता! लखन भी, उचारता घबड़ाय ।
कोना-कोना देखता, नैनन आँसू लाय ।। 4713/7162

(राम)

दोहा॰ सीता कुटिया में नहीं, कहीं नहीं आवाज ।
देखो नदिया तीर पर, गयी कहाँ है आज ।। 4714/7162

बगिया में बैठी छुपी, तुलसी माँ के पास ।
उपवन में जा कर छिपी, करने को उपहास ।। 4715/7162

श्वापद कोई खा गया, जिसे पेट में आग ।
मायावी ठग तो नहीं, गया उठा कर भाग ।। 4716/7162

लीला से शठ ने उसे, कीन्हा अंतर्धान ।
या फिर धोखा दे रहे, नैन हमारे म्लान ।। 4717/7162

संगीतश्रीकृष्णरामायण गीतमाला, पुष्प 601 of 763

भजन : राग तिलक कामोद

(कित गई सीता)

(चाल और तबला ठेका के लिए देखिए हमारी "*नई संगीत रोशनी*" का गीत 60)

स्थायी

कित गयी सीता प्राण पियारी, ढूँढत ढूँढत अखियाँ हारी ।

♪ निृसा रेरेप मगसानिृ निृपृनिृ सारेगनिृसा, रेमपध मपसांसां पधम- गरेगनिृसा ।

अंतरा-1

बोलो लछमन मोरे भाई, कहाँ है तोरी भौजाई ।
श्वापद कोई उसको खाई, छुपी तो नहीं वो बैठी ।

165. Story of Shrī Rāma's lamentation (3. Aranya Kānd)

या है असुर ने सीता उठाई, कित गयी ... ।।

♬ म-म- पपनिनि सां-सां- रेंनिसां-, पनि- सां रें-रेंसां सां-रेंगंनि-सां- ।
म-मम प-नि- सांसांसां- रेंनिसां-, पनि- सांरें सांरें- सां- रेंगंनि-सां- ।
पनि सां रेंनिसां प- पधम मगरेगनि़सा, नि़सा रेरेप ... ।।

अंतरा-2

कमल कुसुम सम कोमल काया, कहाँ गयी मोरी जाया ।
ठगी असुरों ने रच कर माया, कहाँ से संकट आया ।
खो गयी रे मोरी सीता प्यारी, कित गयी ... ।।

अंतरा-3

सुंदरतर रमणी अभिरामा, अनूप शुभ रूप ललामा ।
कहाँ गयी है तू बिन-रामा, तज अपनी कुटिया धामा ।
खोजी हमने भूमि सारी, कित गयी ... ।।

(राम)

✍दोहा॰ **बोले, "लक्ष्मण! था तेरा, सही रहा अनुमान ।**
असुरों का ये काम है, मृग-माया के नाम" ।। 4718/7162

(फिर)

✍दोहा॰ **इधर-उधर फिरने लगे, वन उपवन को छान ।**
आहट सुनने के लिए, उतावले थे कान ।। 4719/7162

पशु-पक्षी तरु बेल से, लगे पूछने राम ।
किसने देखी है कहो, सिय मेरी अभिराम ।। 4720/7162

फल-फूलों से पूछने, जाते उनके पास ।
गयी कहाँ है जानकी, करके मुझे उदास ।। 4721/7162

नद-नालों से बोलते, करदो मेरा काज ।
जीवित भी है या नहीं, मेरी सीता आज ।। 4722/7162

धरती गगन विशाल से, पूछत हैं रघुनाथ ।
कहाँ गयी मेरी सिया, तज कर मेरा साथ ।। 4723/7162

165. Story of Shrī Rāma's lamentation (3. Aranya Kānd)

संगीतश्रीकृष्णरामायण गीतमाला, पुष्प 602 of 763

भजन
(वैदेही अभिराम)

दोहा छन्द

स्थायी

चंद्र मुखी मनमोहिनी, वैदेही अभिराम ।
कमल लोचना जानकी, गयी कहाँ तज राम ।। 4724/7162

♪ सा-सा सारे- गगम-गम-, ध-ध-प- मपम-म ।
धधध नि-धप- ध-पध-, पम- पम- गरे सा-सा ।।

अंतरा-1

शुभ वदना शुचि श्यामला, सीता मंगल नाम ।
चारु चरित प्रिय दर्शिनी, गयी कहाँ तज धाम ।। 4725/7162

♪ रेरे गगम- मम प-मप-, ध-प- म-गग म-म ।
ध-ध निनिध पप ध-पध-, पम- पम- गरे सा-सा ।।

अंतरा-2

तुझे पुकारूँ मैथिली, उत्तर दे इक बार ।
संग मेरे रहती सदा, गयी कहाँ इस बार ।। 4726/7162

अंतरा-3

मन को मेरे, हे प्रिये! देकर दारुण दाह ।
नीतिनिपुण अनुगामिनी, गयी आज किस राह ।। 4727/7162

अंतरा-4

पतिव्रता सहचारिणी, आई तज अनुराग ।
पति परमेश्वर धारिणी, गयी कहाँ पति त्याग ।। 4728/7162

 संगीतश्रीकृष्णरामायण गीतमाला, पुष्प 603 of 763

भजन
(राम-सिया विलाप)

स्थायी

165. Story of Shrī Rāma's lamentation (3. Aranya Kānd)

कब, होगा मधुर मिलाप ।
करते राम विलाप, करती सिया विलाप ।।

♪ सासा, रे-रे- गगम गरे-रे ।
गगम- ध-प मप-प, धधप- मग- रेसा-सा ।।

अंतरा-1

सीता मेरी प्राण पियारी, बोलो किसने है वो निहारी ।
निकल कहाँ वो गयी है घर से, पूछे राघव खग तरुवर से ।
मोहे, कौन दिया है शाप ।।

♪ सा-रे- ग-म- प-प पनिपध-, पमप- धधप- ध- प गमरेग- ।
सासासा रेग- म- पप- प मम म-, ग-म प-पप धप मगरेरे सा- ।
धध-, नि-ध पम- ग- रे-सा ।।

अंतरा-2

लक्ष्मण-रेखा पार करी मैं, भूल बहुत ये घोर करी मैं ।
कहाँ फँसी मैं, मुझे छुड़ाओ, रघुपति आकर मुझे बचाओ ।
मैंने, किया कौनसा पाप ।।

अंतरा-3

रावण मारीच जाल बिछा कर, मृग-माया का स्वाँग सजाया ।
सिया राम के मन को रिझा कर, एक नया इतिहास रचाया ।
है, राम-सिया मन ताप ।।

♪ संगीतश्रीकृष्णरामायण छन्दमाला, मोती 407 of 501

पृथ्वी छन्द

I S I, I I S, I S I, I I S, I S S, I S

♪ मप- धपम ग-, गम- पमग रे-, सारे- मग रेसा-
(राघव विलाप)

सिया कुटिर में, नहीं अजिर में, कहाँ है गयी ।
छुपी चुहल[185] में, हरी असुर ने, तिरोभू भई ।। 1

---

[185] **कुटिर** = कुटिया, **अजिर** = आंगन, **चुहल** = ठिठोली, विनोद, परिहास, मजाक ।

165. Story of Shrī Rāma's lamentation (3. Aranya Kānd)

विलाप करते, दुखी नयन से, गिरे नीर थे ।
कहा लखन ने, "चलो विपिन में, उन्हें ढूँढते" ।। 2

(लक्ष्मण)

बोला लछमन, हे रघुराई! तजो शोक की अब अधिकाई ।
धारो धैर्य वीरता, बंधो! क्षत्रिय कर्म कृपा के सिंधो! ।। 4041/5205

उमंग नूतन मन में लाओ, पत्नी ढूँढन में लग जाओ ।
जो जन उत्साही जग माही, उनको काम कठिन कछु नाही ।। 4042/5205

दुष्कर काम जगत में जेते, सुकर सुघड़ सब उनके होते ।
अगम गिरि पर्वत गहराई, चढ़ जाते है हर ऊँचाई ।। 4043/5205

भूमि खोज कर सब दिश सारी, लाएँगे हम जनक दुलारी ।
गूहा वन सागर लाँघेंगे, वैदेही को हम पाएँगे ।। 4044/5205

खेद शोक नहिँ शोभा देता, वीतराग तुम इन्द्रिय जेता ।
बन उत्साही तुम धरलो आशा, राम! अब करो दूर निराशा ।। 4045/5205

हरि पुरुषोत्तम तुम कहलाते, तुमसे गति सब जग जन पाते ।
बंद करो अब रोना-धोना, चलो ढूँढते कोना-कोना ।। 4046/5205

✍दोहा॰ **लछमन बोला, हे प्रभो! करो न इतना शोक ।**
जो होना था सो हुआ, सके न हम वह रोक ।। 4729/7162

चलो विपिन में ढूँढते, चप्पा-चप्पा छान ।
नदियाँ कंदर गिरि सभी, देकर पूरण ध्यान ।। 4730/7162

उमँग नूतन ले चलें, करने सार्थक काम ।
सीता ढूँढन में लगें, हो जाएँ कृतकाम ।। 4731/7162

जग में ऐसी है कहाँ, अघट कहीं जो बात ।
किये परिश्रम घोर तो, सुकर सुघट ना, तात! ।। 4732/7162

तुम पुरुषोत्तम हो, प्रभो! तुमसे सब गति पात ।
बंद करो रोना अभी, चलो ढूँढने मात ।। 4733/7162

165-A. Story of Ashvattha Tree (Rāmāyan, 3. Aranya Kānd)

(राम)

दोहा॰ पाकर स्फूर्ति लखन से, मन में धीरज धार ।
लगे सिया की खोज में, करके सोच विचार ॥ 4734/7162

चप्पा-चप्पा छानने, लगे अनुज के साथ ।
गिरि कंदर सब देखते, पेड़ पात रघुनाथ ॥ 4735/7162

वृक्षराज अश्वत्थ की कथा

165-A. Story of Ashvattha Tree (Rāmāyan, 3. Aranya Kānd)

दोहा॰ बूटे वन के छानते, दिखा उन्हें तरु राज ।
जिसने पकड़े साधु के, वस्त्र राम के काज ॥ 4736/7162

चढ़ कर लछमन झाड़ पर, लाया वस्त्र उतार ।
उस चोगे की जेब में, मिली वस्तुएँ चार ॥ 4737/7162

नकली दाढ़ी-मूँछ भी, झोलि, जटा, जपमाल ।
उस तरुवर ने राम को, कहा भिक्षु का हाल ॥ 4738/7162

"आया शठ, मुनि स्वाँग में, कीन्ही भिक्षा माँग ।
सिया हरण करके गया, वायुयान से भाग ॥ 4739/7162

"दक्षिण दिश में है उड़ा, भाग गया है मूढ़ ।
साथी था मारीच का, यही भेद है गूढ़" ॥ 4740/7162

दीन्हे आशिष राम ने, बरगद को अभिराम ।
बोले, "तू तरुराज है, अमर रहे तव नाम" ॥ 4741/7162

 संगीतश्रीकृष्णरामायण गीतमाला, पुष्प 604 of 763

दादरा ताल

(राम विलाप की कथा)

स्थायी

गीत शारद ने मंजुल है गाया, साज नारद मुनि ने बजाया ।

166. Story of Jatāyu's death (Rāmāyan, 3. Aranya Kānd)

रत्नाकर से है मंगल रचाया, रामायण को है सुंदर सजाया ।।

♫ म-ग म-म- म प-म- ग म-प-, रे-ग म-म- मध- प- मग-म- ।

रेगम-म म- म ध-प- गम-प-, रे-ग-म- म- म ध-प- मग-रे- ।।

अंतरा-1

आते देखा जब लछमन को रामा, बोले प्रतिकूल हुआ है ये कामा ।

छोड़ सीता को क्यों है तू आया, माऽरीच ने है चक्कर चलाया ।।

♫ सांसां नि-रें- सां- धधनिनि ध- प-म-, सांसां निनिरें- सांध- नि- ध प-म- ।

म-ग म-म- म प- म- ग म-प-, रेगमम म- म ध-प- मग-रे- ।।

अंतरा-2

उल्टे पैरों गए दोनों भाई, कुटिया में कहीं सीय नाहीं ।

लगे करने विलाप रघुराया, नीर नैनन निरंतर बहाया ।।

अंतरा-3

बोला लछमन, उठो मेरे भाई! ढूँढने को चलो सीता माई ।।

गिरि कंदर समुंदर दरिऽया, जाएँगे जहाँ सीता मैया ।।

166. जटायु के स्वर्गारोहण की कथा :

166. Story of Jatāyu's death *(Rāmāyan, 3. Aranya Kānd)*

♫ संगीतश्रीकृष्णरामायण छन्दमाला, मोती 408 of 501

पद्ममाला छन्द,

सुचंद्रभा छन्द, केर छन्द[186]

[186] ♫ **पद्ममाला छन्द** : इस 8 वर्ण, 14 मात्रा वाले छन्द के चरणों में दो र गण और दो गुरु वर्ण आते हैं । इसका लक्षण सूत्र ऽ । ऽ, ऽ । ऽ, ऽ ऽ इस प्रकार होता है । चरणान्त विराम आता है ।

▶ लक्षण गीत : ✍ **दोहा॰ चौदह मात्रा पद्य में, दो गुरु मात्रा अंत ।**
वही "पद्ममाला" कहा, युगल र गण का छंद ।। 4742/7162

♫ **सुचंद्रभा छन्द** : इस 8 वर्ण, 13 मात्रा वाले छन्द के चरणों में य र गण और दो गुरु, अथवा पार्याय से अंतिम लघु वर्ण आता है । इसका लक्षण सूत्र । ऽ ऽ, ऽ । ऽ, ऽ ऽ इस प्रकार होता है । विराम चरणान्त है

166. Story of Jatāyu's death (Rāmāyan, 3. Aranya Kānd)

ऽ । ऽ, ऽ । ऽ, ऽ ऽ

। ऽ ऽ, ऽ । ऽ, ऽ ऽ – ऽ । ऽ, ऽ । ।, ऽ । ।, ऽ

(जटायु स्वर्गारोहण)

राम की अंक में लेटा, जटायू वीर है बाँका ।।

आखरी साँस चली उसकी ।

आ रही दर्द भरी सिसकी ।। 1

राम को शब्द वो बोला, सिया को दुष्ट ले दौड़ा ।।

आपकी धर्मवधू धर के ।

रामजी! ताड़ दियी कर से ।। 2

वायु के यान में डाले, गया है भाग वो राजा ।।

राम का नाम लिए मुख में ।

राम का दास गिरा दुख में ।। 3

♫ संगीतश्रीकृष्णरामायण छन्दमाला, मोती 409 of 501

वसंततिलका-छन्दः ।

ऽ ऽ ।, ऽ । ।, । ऽ ।, । ऽ ।, ऽ ऽ

♫ सा–नि़– सारे–रे सारेग– म गरे–ग रे–सा–

(जटायुविलापः)

रामं जटायुविहगः स उवाच दुःखी ।

यानेन भोः अपहृता दनुजेन देवी ।। 1

खड्गेन राम समितौ मम पक्ष्म छित्वा ।

मार्गेण दक्षिणदिशा च पलायितः सः ।। 2

।

▶ लक्षण गीत : **दोहा॰ मात्रा तेरह से बना, गुरु कल से है अंत ।**

य र गण जिसमें हों सजे, "सुचंद्रभा" है छंद ।। 4743/7162

♫ **केर छन्द** : इस 10 वर्ण, 15 मात्रा वाले छन्द के चरणों में र भ भ गण और एक गुरु वर्ण आता है । इसका लक्षण सूत्र ऽ । ऽ, ऽ । ।, ऽ । ।, ऽ इस प्रकार होता है । विराम चरणान्त है ।

▶ लक्षण गीत : **दोहा॰ पन्द्रह मात्रा से सजा, गुरु कल से हो अंत ।**

जहाँ र भ म हों आदि में, वहाँ "केर" है छंद ।। 4744/7162

166. Story of Jatāyu's death (Rāmāyan, 3. Aranya Kānd)

ॐ श्लोका:

दृष्टो पक्षी स रामेण जटायुः शोणशोणितः ।
आहतो मरणासन्नो मुखे यस्य, "हरे हरे!" ।। 1992/2422

पक्षछिन्नं खगं प्रेम्णा क्रोडयस्थापयद्धरिः ।
जटायुराह मां दैत्यः खड्गेन भृशमक्षिणोत् ।। 1993/2422

दुष्टः स वायुयानेन गतवान्दक्षिणां दिशाम् ।
विमाने वनिता तस्य क्रन्दन्नासीन्नु, "त्राहि माम्" ।। 1994/2422

📖 कथा 📖

(जटायु)

आगे चल कर जब वे आए, पड़ा हुआ आहत खग पाए ।
इधर-उधर उसके पर बिखरे, लगे रक्त के जिन पर छितरे ।। 4047/5205

राम-लखन को मिला काम का, भक्त जटायु-श्येन नाम का ।
रघुकुल का जो था अति प्रेमी, स्वामी जिसका दशरथ नेमी ।। 4048/5205

✍ दोहा॰ **चलते-चलते आगए, राम-लखन उस स्थान ।**
जहाँ जटायु था गिरा, होकर लहू लुहान ।। 4745/7162

कौन सखे! हो तुम कहो, पूछत खग को राम ।
रघुकुल का मैं दास हूँ, "जटायु" मेरा नाम ।। 4746/7162

(राम)

लहु लुहान उस खग-मानव को, देख दया आई राघव को ।
बोले, तुझको किसने मारा, कौन मृत्यु के घाट उतारा ।। 4049/5205

बैठे राघव अति विषाद में, शीश विहग का लिए गोद में ।
बोले, तुमरा कहो नाम क्या, और अधूरा रहा काम क्या ।। 4050/5205

✍ दोहा॰ **पास बैठ कर राम ने, लिया गोद में शीश ।**
जटायु को सहला रहे, किरपालु जगदीश ।। 4747/7162

राघव बोले, हे सखे! क्या है तुमरा नाम ।

166. Story of Jatāyu's death (Rāmāyan, 3. Aranya Kānd)

कटे तिहारे पंख हैं, किसका है यह काम ।। 4748/7162

काम तिहारा कौनसा, रहा अधूरा आज ।
पहले पूरण वह करूँ, फिर मैं अपना काज ।। 4749/7162

काम तेरा जो रहा अधूरा, मैं उसको कर दूँगा पूरा ।
लग जाऊँ तेरी खातिर मैं, मेरा काम करूँगा फिर मैं ।। 4051/5205

मैं हूँ दशरथ-नंदन रामा, अनुज मेरा यह लखन सुनामा ।
पत्नी मेरी हरण हुई है, ढूँढ रहे हम कहाँ गयी है ।। 4052/5205

तुमने यदि देखा है उसको, बोलो प्यारे! निर्भय मुझको ।
अपना दुखड़ा हमें जताओ, इच्छा तुम आखिरी बताओ ।। 4053/5205

दोहा॰ **मैं दशरथ का पुत्र हूँ, राघव मेरा नाम ।**
हरण दार मेरी हुई, ढूँढा विपिन तमाम ।। 4750/7162

तुमने यदि देखा उसे, कहो कौन था चोर ।
बतलाओ हमको, सखे! गया किधर की ओर ।। 4751/7162

संगीतश्रीकृष्णरामायण गीतमाला, पुष्प 605 of 763

(अमर वीर जटायु)

स्थायी दोहा, अंतरा चौपाई

स्थायी

चला जटायु स्वर्ग में, चढ़ आकाश तरंग ।
पड़ा राम की गोद में, रुधिर लिप्त सब अंग ।। 4752/7162

♫ गम- मम-म- प-म प-, पप प-म-ग रेम-म ।
पप- म-ग रे- ग-म प-, पपप म-ग रेग रे-रे ।।

अंतरा-1

राघव उसको गोद लिटाया, उसे सराहा, गले लगाया ।
जटायु अपना शीश झुकाया, और सिया का हाल बताया ।
अमर जटायु विहंग ।।

♫ सा-सासा रेरेग- प-म रेग-म-, पम- गम-प-, धप- मग-रे- ।

166. Story of Jatāyu's death (Rāmāyan, 3. Aranya Kānd)

सासा–सा रेरेरे- ग–ग रेसा–रे–, ग–ग रेग- म- प–म गरेगरे- ।

पपप मग–म गरे–रे ।।

अंतरा–2

बोले राघव अवध बिहारी, जटायु मेरा अति उपकारी ।

मेरे कारण तन है त्यागा, कटा मगर ये वीर न भागा ।

धैर्य न कीन्हा भंग ।।

अंतरा–3

लड़ा जटायु वीर ये ऐसे, क्षत्रिय मरता रण में जैसे ।

हाथ जोड़ लखन रघुराई, दीन्हे उसको बहुत बधाई ।

श्रीधर उसके संग ।।

(जटायु बोला)

✍दोहा॰ जटायु बोला, हे प्रभो! मैंने देखा चोर ।
वायुयान से है गया, दक्षिण दिश की ओर ।। 4753/7162

मैंने टोका चोर को, कह कर, "स्त्री को छोड़" ।
उसने पर तलवार से, दीन्हा मेरा तोड़ ।। 4754/7162

बिना पंख उड़ ना सका, रक्त लिप्त मम काय ।
राम! राम! कहता हुआ, गिरा धरा पर, धाँय! ।। 4755/7162

(श्रद्वांजली)

✍दोहा॰ लेटा राघव–गोद में, शिथिल पड़े सब अंग ।
खग–नैनन में नीर है, राघव आशिष संग ।। 4756/7162

नारी–रक्षा के लिए, खग ने रोका यान ।
काट दिये पर असुर ने, लेने उसके प्राण ।। 4757/7162

रावण आगे उड़ गया, पीछे पक्षी छोड़ ।
गिरा धरा पर धाँय से, पंख राम को जोड़ ।। 4758/7162

(लक्ष्मण)

✍दोहा॰ लछमन बोला राम से, "क्षात्र–धर्म का हीर ।

166. Story of Jatāyu's death (Rāmāyan, 3. Aranya Kānd)

आज जगत में एक है, परम जटायु वीर" ।। **4759**/7162

(जटायु)

मधुर राम की सुन कर रसना, पक्षी बोला विनीत वचना ।
नाम जटायु खग मानव हूँ, गरुड़ वंश का मैं, राघव! हूँ ।। 4054/5205

पितर हमारे रघुकुल दासा, पंचवटी में हमरा वासा ।
मोहे राम मिलन की आसा, पूरण आज भई अभिलासा ।। 4055/5205

दोहा॰ देख राम की वो दया, उसके मन अभिधान ।
जितना नाम महान है, उतने महान राम ।। 4760/7162

आगे बोला विहग वो, हम हैं रघुकुल दास ।
प्रभो! आपसे मिलन की, मुझे सदा थी आस ।। 4761/7162

(राम)

पितृदास को मिलकर वन में, हुए राम आनंदित मन में ।
अरुण-पुत्र को वन्दन कीन्हे, प्रेम भरे आलिंगन दीन्हे ।। 4056/5205

दोहा॰ मिल कर पितु के दास को, राघव को आनंद ।
रघुपति ने खग को दिया, आलिंगन सानंद ।। 4762/7162

(जटायु)

उड़ा जा रहा था मैं नभ में, नाम राम था मेरे लब में ।
सुन कर मैं नारी का रोना, आर्द्र पसीजा मेरा सीना ।। 4057/5205

देखा मैंने असुर जा रहा, अबला स्त्री को था सता रहा ।
सूरत से लगता था राजा, सिर पर स्वर्ण मुकुट था साजा ।। 4058/5205

निकट यान के मैं उड़ आया, "छोड़ वनिता," उसे बताया ।
नारी बोली, "मुझे बचाओ, अधम असुर से मुझे छुड़ाओ" ।। 4059/5205

दुष्ट असुर अपना मुख खोला, "नापो रस्ता!" मुझको बोला ।
सुन कर उसका कहना ओछा, मैंने उसका कपोल नोचा ।। 4060/5205

नख चंचु से घायल कीन्हा, फिर भी दुष्ट असुर नहिँ माना ।

166. Story of Jatāyu's death (Rāmāyan, 3. Aranya Kānd)

वार खड्ग से उसने कीन्हे, मेरे अंग रुधिर से भीने ।। 4061/5205

मैंने बोला छोड़ दे माई, उसने कीन्ही बड़ी लड़ाई ।
मैंने पर से मारा चाँटा, उसने खड्ग से पर को काटा ।। 4062/5205

✍दोहा॰ **उड़ा जा रहा था जभी, मैं नभ में स्वच्छंद ।**
"राम" नाम था गा रहा, मैं लेने आनंद ।। 4763/7162

मैंने नारी की सुनी, चीख पीड़ के साथ ।
अबला वह थी कह रही, "मुझे बचाओ, नाथ!"।। 4764/7162

सुन कर उसकी चीख मैं, आया उसकी ओर ।
वायुयान में रो रही, मचा रही थी शोर ।। 4765/7162

राजा कोई था खड़ा, पकड़े उसका हाथ ।
असुर रूप वह था लगा, मुझको, श्री रघुनाथ! ।। 4766/7162

सिर पर उसके मुकुट था, कर में शर-तलवार ।
लंबी मूँछें थी बढ़ी, चेहरा था खूँखार ।। 4767/7162

निहार अबला की व्यथा, और असुर का कर्म ।
जागी मम संवेदना, और क्षात्र का धर्म ।। 4768/7162

मैंने पूछा असुर को, "कौन रो रही नार ।
इस देवी पर क्यों, प्रभो! करते अत्याचार ।। 4769/7162

"नारी हरना पाप है, जाना यह आतंक ।
मिले मृत्यु का दंड ही, राजा हो या रंक" ।। 4770/7162

राजा बोला, क्या तुझे, करता मैं जो पाप ।
लेना देना क्या तुझे, अपना रस्ता नाप ।। 4771/7162

सुन कर कहना असुर का, मुझको आया क्रोध ।
चंचु-वार मैंने किया, उसे सिखाने बोध ।। 4772/7162

उसने अपने खड्ग से, काटा मेरा पंख ।

166. Story of Jatāyu's death (Rāmāyan, 3. Aranya Kānd)

उड़ न सका फिर मैं, रघो! रक्त सिक्त मम अंग ।। 4773/7162

(अत:)

लहु लुहान मैं इधर-उधर से, उड़ न सका मैं टूटे पर से ।
"हरे राम!" का मंतर गा कर, गिरा धरा पर मूर्छा खा कर ।। 4063/5205

अहो भाग्य! प्रभु जी! तुम आए, अपनी गोदी मुझे लिटाये ।
दर्शन पा कर राघव! तेरे, जीवन सार्थ भए हैं मेरे ।। 4064/5205

असुर उड़ गया दक्षिण दिश में, नारी सुंदर उसके वश में ।
रूप सुहाना उसका भारा, हो सकती है तेरी दारा ।। 4065/5205

जीवन मेरा सफल भया है, स्वर्ग द्वार तू मुझे दिया है ।
जाओ! तुमरी बड़ी दया है, देखो राक्षस किधर गया है ।। 4066/5205

✍दोहा॰ **गिरा धरा पर धाँय से, बिखरे मेरे पंख ।**
भाग्यवान मैं हो गया, मिला तिहारा अंक ।। 4774/7162

उड़ कर राजा यान से, भागा दक्षिण ओर ।
हो सकता है नार वह, पत्नी हो, प्रभु! तोर ।। 4775/7162

(फिर)

इतना कह कर वीर जटायु, पूरी कीन्ही अपनी आयु ।
उसको दाह दिये दो भ्राता, आगे निकले ढूँढन सीता ।। 4067/5205

✍दोहा॰ **इतना कह कर विहग ने, छोड़े अपने प्राण ।**
दाह-कर्म कर धर्म से, निकले लछमन राम ।। 4776/7162

संगीतश्रीकृष्णरामायण गीतमाला, पुष्प 606 of 763

(हे वीर जटायु!)

स्थायी

हे वीर जटायु प्यारे! अभिनंदन लाखों तेरे ।
तूने, नारी की रक्षा करने, प्राण गवाँए अपने ।।
बलिदान जो तूने कीन्हा, भारत की मिट्टी सोना ।

166. Story of Jatāyu's death (Rāmāyan, 3. Aranya Kānd)

जय हो भारत भूमि, जय जय भारत माता ।।

♫ सा- रे-रे रेग-रे- गमप-! धधप-मम ग-म- गरेसा- ।
सासा, रे-रे रे म-ग- रेरेग-, प-म गरे-ग- मगरे- ।।
रेरेग-ग ग रे-ग- म-प-, ध-पप म- ग-म- गरेग- ।
सासा रे- ग-रेरे ग-म-, धप मम ग-मम गरेसा- ।।

अंतरा-1

तेरी, भारत भक्ति सच्ची, तेरी कुरबानी है ऊँची ।
तुने सुन वेदों की वाणी, पर दारा माता जानी ।।
आदर्श है तेरा ऊँचा, सद्भाव है तेरा सच्चा ।
जय वेदों की भूमि, जय जय भाग्य विधाता ।।

♫ सासा, रे-रेरे ग-रे- ग-म-, पप मगरे-ग- म- पमग- ।
सासा रेरे ग-म- प- मगम-, पप ध-प- मगरे- गरेसा- ।।
सा-रे-रे रे ग-म- प-प-, धधप-प प म-गरे म-ग- ।
सासा रे-ग- रे- ग-म-, धप मम ग-मम गरे-सा- ।।

अंतरा-2

हे रामचंद्र रघुराई! हे जानकी सीता माई! ।
हे लखन लला सुखदाई! हे भारत सुत मम भाई! ।
तेरी आँख में आँसू केसे, जब वीर जटायु जैसै ।।
जय हो कर्म की भूमि, जय जय सीता माता ।।

♫ **संगीतश्रीकृष्णरामायण छन्दमाला, मोती 410 of 501**

स्वागता छन्द[187]

ऽ । ऽ, । । ।, ऽ । ।, ऽ ऽ

(जटायु)

---

[187] ♫ **स्वागता छन्द** : इस छन्द के चरणों में ग्यारह वर्ण, 16 मात्रा होती हैं । इसमें र न भ गण और दो गुरु वर्ण आते हैं । इसका लक्षण सूत्र ऽ । ऽ, । । ।, ऽ । ।, ऽ ऽ इस प्रकार होता है । पद के अन्त में विराम आता है ।

▶ लक्षण गीत : ✍ **दोहा॰ सोलह मात्रा से सजा, दो गुरु कल से अंत ।**
र न भ सजे हों गण जहाँ, वहाँ "स्वागता" छंद ।। 4777/7162

166. Story of Jatāyu's death (Rāmāyan, 3. Aranya Kānd)

राम-ऊरु पर शीश लिटायौ ।
राम-काज कर स्वर्ग मिलायौ ।। 1
धर्म कर्म कर प्राण गँवायौ ।
धन्य-धन्य खग वीर जटायू ।। 2

 संगीत-श्रीकृष्णरामायण गीतमाला, पुष्प 607 of 763

दादरा ताल

(जटायु के स्वर्गारोहण की कथा)

स्थायी

गीत शारद ने मंजुल है गाया, साज नारद मुनि ने बजाया ।
रत्नाकर से है मंगल रचाया, रामायण को है सुंदर सजाया ।।

♪ म-ग म-म- म प-म- ग म-प-, रे-ग म-म- मध- प- मग-म- ।
रेगम-म म- म ध-प- गम-प-, रे-ग-म- म- म ध-प- मग-रे- ।।

अंतरा-1

चलते-चलते वहाँ राम आया, जटायुऽ था जहाँ दम थमाया ।
राम ने वीर का सिर उठाया, अपनी गोदी में उसको लिटाया ।।

♪ सां-सां नि-रें- सांध- नि-ध प-म-, सांसांनि- रें- सांध- निनि धप-म- ।
म-ग म- म-म प- मम गम-प-, रे-ग म-म- म ध-प- मग-रे- ।।

अंतरा-2

खग बोला, "त्वरा राम! जाओ, उस नारी को जल्दी बचाओ ।
जिसको राजा असुर ने उठाया, वायुयान है दक्षिण उड़ाया ।।

अंतरा-3

"नारी-रक्षा मैं करने को धाया, खड्ग से उसने मुझको गिराया ।
उस नारी को सिर मैं नवाया, प्राण हँस कर यों मैंने गँवाया" ।।

 167. वीर संपाती की कथा :

167. Story of Brave Sampātī (Rāmāyan, 3. Aranya Kānd)
167. Story of Brave Sampātī (Rāmāyan, 3. Aranya Kānd)

♫ संगीतश्रीकृष्णरामायण छन्दमाला, मोती 411 of 501

लीलारत्न छन्द[188]

ऽ ऽ ऽ, ऽ ऽ ऽ, । । ऽ, ऽ ऽ ऽ

(संपाती)

बोला संपाती, राघव मेरे भ्राता! ।
ले भागा है लंकेस तिहारी सीता ।। 1
लंका जाने की राह अगस्ती जाने ।
बोलेंगे तोहे मारग लंका जाने ।। 2

श्लोकौ:

श्रीराममाह सम्पातिः–तवभार्यास्त्यपहृता ।
दशाननेन लङ्कायां रावणेन पलायिता ।। 2027/2422

नाहं जानामि मार्ग तं किन्तु जानात्यगस्त्य उत् ।
दर्शयाम्याश्रमं तस्य गोदावरी सरित्तटे ।। 2028/2422

कथा

(लक्ष्मण)

दोहा० हे देवी गोदावरी! बोला लखन कुमार ।
खड़े राम हैं तीर पर, मन में पीड़ अपार ।। 4779/7162

सीता खोजन हैं चले, राघव दक्षिण देश ।
असुर सिया को ले गया, करके नकली भेस ।। 4780/7162

दक्षिण दिश में जब उड़ा, असुर दुष्ट वो काग ।
तूने देखा क्या उसे, नभ से जाता भाग ।। 4781/7162

---

[188] ♫ **लीलारत्न छन्द** : इस 12 वर्ण, 22 मात्रा वाले छन्द के चरण में म, म स, म गण आते हैं । इसका लक्षण सूत्र ऽ ऽ ऽ, ऽ ऽ ऽ, । । ऽ, ऽ ऽ ऽ इस प्रकार होता है । यति चरणान्त है ।

▶ लक्षण गीत : **दोहा० मत्त बाईस की कला, म म स म गण का वृंद ।**
जाना "लीलारत्न" वो, बारह अक्षर छंद ।। 4778/7162

167. Story of Brave Sampātī (Rāmāyan, 3. Aranya Kānd)

(नर्मदा)

दोहा॰ बोली नद गोदावरी, एक करो तुम काम ।
संपाती जब आएगा, पूछो उससे नाम ।। 4782/7162

आता संपाती यहाँ, पीने को जल, तात! ।
खगवर वीर जटायु का, संपाती है भ्रात ।। 4783/7162

(संपाती)

दोहा॰ आया संपाती जभी, पीने नदिया नीर ।
लक्ष्मण ने पकड़ा उसे, नद के उत्तर तीर ।। 4784/7162

(राम)

दोहा॰ लक्ष्मण ले आया उसे, रामचंद्र के पास ।
राघव ने उसको कहा, तुम रघुकुल के दास ।। 4785/7162

तुमरे प्यारे बंधु को, जिसने डाला मार ।
उसने कीन्ही हरण है, मेरी प्रियतम नार ।। 4786/7162

वायुयान से असुर वो, भागा अपने धाम ।
बोलो, यदि तुमको पता, क्या है उसका नाम ।। 4787/7162

(संपाती)

राघव ने ज्यों ही कही, "जटायु-वध" की बात ।
फूट-फूट रोने लगा, संपाती दुख गात ।। 4788/7162

सुन कर दुख वृत्तांत वो, संपाती को खेद ।
जटायु का वध जान कर, खोला उसने भेद ।। 4789/7162

 संगीतश्रीकृष्णरामायण गीतमाला, पुष्प 608 of 763

दादरा ताल

(गोदावरी देवी की कथा)

स्थायी

गीत शारद ने मंजुल है गाया, साज नारद मुनि ने बजाया ।

167. Story of Brave Sampātī (Rāmāyan, 3. Aranya Kānd)

रत्नाकर से है मंगल रचाया, रामायण को है सुंदर सजाया ।।

♫ म-ग म-म- म प-म- ग म-प-, रे-ग म-म- मध- प- मग-म- ।

रेगम-म म- म ध-प- गम-प-, रे-ग-म- म- म ध-प- मग-रे- ।।

अंतरा-1

राऽघव ने गोदावरी माँ से, कर जोड़े कहा वन्दना से ।

मैया! देखी क्या तूने मेरी जाया, यान नभ से असुर जब भगाया ।।

♫ सां-निनि रें- सांध-निध- प- म-, सांसां नि-रें- सांध- नि-धप- म- ।

मग! म-म- म मप मग- म-प-, रे-ग मम म- मधध पप मग-रे- ।।

अंतरा-2

पूछो संपाती से बोली माता, नीर पीने को है रोज आता ।

संपाती ने कहा, रामराया! "रावण" है सिया को भगाया ।।

अंतरा-3

जाओ पूछो अगस्तिऽ जहाँ हैं, राजधानी असुर की कहाँ है ।

वह लंका नगर है कहाया, जहाँ रावण सिया को है लाया ।।

(संपाती)

दोहा० **बोला, मैंने है लखी, रोती नारी एक ।**
वायुयान से गगन में, मदद रही थी देख ।। 4790/7162

पीत वस्त्र धारण किए, हिला रही थी हाथ ।
"मुझे बचाओ" चीखती, सिया हि हो, रघुनाथ! ।। 4791/7162

राक्षस वो बलवान है, 'रावण' उसका नाम ।
महा द्वीप पर है बसा, 'लंका' उसका धाम ।। 4792/7162

इतना ही मुझको पता, अब आगे की बात ।
पूछो लंका रासता, अगस्त्य मुनि से, तात! ।। 4793/7162

मुनि अगस्त्य रहते वहाँ, गोदावरी के तीर ।
पूरब दिश में जाइए, दो योजन, रघुवीर! ।। 4794/7162

प्रतिस्थान की राह मैं, तुम्हें दिखाऊँ, तात! ।

167. Story of Brave Sampātī (Rāmāyan, 3. Aranya Kānd)

अगस्त्य मुनि से, रामजी! तुम्हीं करोगे बात ।। 4795/7162

मिलाय मुनि को राम से, खग संपाती वीर ।
लिया विदा श्री राम से, लेकर नैनन नीर ।। 4796/7162

संगीतश्रीकृष्णरामायण गीतमाला, पुष्प 609 of 763

दादरा ताल

(वीर संपाती)

स्थायी

गीत शारद ने मंजुल है गाया, साज नारद मुनि ने बजाया ।
रत्नाकर से है मंगल रचाया, रामायण को है सुंदर सजाया ।।
♫ म-ग म-म- म प-म- ग म-प-, रे-ग म-म- मध- प- मग-म- ।
रेगम-म म- म ध-प- गम-प-, रे-ग-म- म- म ध-प- मग-रे- ।।

अंतरा-1

संपाती जटायुऽ का भाई, बोला, प्यारेऽ सुनो रऽघुराई! ।
एक नारी को "रावण" चुराया, वायुयान है दक्षिण उड़ाया ।।
♫ सां-नि-रें- सांध-नि- ध प-म-, सांसां, नि-रें- सांध- नि-धप-म-! ।
मग म-म- म "प-मम" गम-प-, रेगम-म- म ध-पप मग-रे- ।।

अंतरा-2

जाओ पूछो अगस्तिऽ ऋषिऽ से, रास्ता वो कहेगा खुशी से ।
उसने राघव से आँख मिलाई, और आदर से शीश झुकाया ।।

अंतरा-3

उसको राघव ने आशीष दीन्हे, बोले, "तेरे होवे धन्य जीने" ।
उसके करतब को राघव सराहा, संपाती को पास बिठाया ।।

अरण्य काण्ड : पन्द्रहवाँ सर्ग

168. श्री अगस्त्य मुनि की कथा-3

168. Story-3 of Agastya muni (Rāmāyan, 3. Aranya Kānd)

168. Story-3 of Agastya muni *(Rāmāyan, 3. Aranya Kānd)*

♫ संगीतश्रीकृष्णरामायण छन्दमाला, मोती 412 of 501

मोहिनी छन्द[189]

12, 3 + । । ऽ

(अगस्त्य मुनि की कथा-2)

दंडक वन में, राघव, ढूँढत सिया,
जा रहे लेकर नीर नैनन पिया ।
प्रतिस्थान में हरि जब, प्रवेश किया,
अगस्त्य ने राघव को, आशिष दिया ।।

ॐ श्लोका:

यदा हता हि रामेण त्रिशिराखरदूषणाः ।
असुराणां गतं विघ्नं निर्विघ्नो दण्डकोऽभवत् ।। 2041/2422

अपहृता तदा सीता रावणेन हि छद्मना ।
श्रीरामो जानकीं लब्धुं सबन्धुं दक्षिणं गतः ।। 2042/2422

अगस्त्यममिलद्रामो प्रतिस्थाने नदीतटे ।
उक्तवाञ्च मुनिं रामः सीताया हरणं तथा ।। 2043/2422

📖 **कथा** 📖

(राम)

✍दोहा॰ **मुक्त हुआ जब विघ्न से, दण्डक पूर्ण प्रदेश ।**
सीता को अपहृत किया, रावण शठ लंकेश ।। 4798/7162

सीता ढूँढन काज को, लछमन अरु अवधेश ।
निकल पड़े आँसू लिए, जाने दक्षिण देश ।। 4799/7162

---

[189] ♫ **मोहिनी छन्द** : इस 19 मात्रा वाले अर्धसम मात्रिक छन्द के विषम चरण में 12 मात्रा होती हैं और सम चरण की 7 मात्रा स गण से अंत होती हैं । विराम 12 मात्रा पर होता है ।

▶ लक्षण गीत : ✍ **दोहा॰ बारह कल हों विषम में, मात्रा सम में सात ।**
लघु लघु गुरु से अंत का, छंद "मोहिनी" ज्ञात ।। 4797/7162

168. Story-3 of Agastya muni (Rāmāyan, 3. Aranya Kānd)

संपाती है साथ में, रामचंद्र का दास ।
'प्रतिस्थान' में आगए, अगस्त्य मुनि के पास ।। 4800/7162

राघव ने मुनि से कही, सिया हरण की बात ।
खर-दूषण के नाश का, यथा तथा वृत्तांत ।। 4801/7162

जटायु खग की वीरता, जिसने त्यागा देह ।
संपाती की मदद भी, रावण पर संदेह ।। 4802/7162

रावण ने यदि है किया, सिया हरण का काम ।
मुनिवर! बतलाओ हमें, उस रावण का धाम ।। 4803/7162

(अगस्त्य मुनि)

दोहा॰ मुनिवर बोले राम को, बहुत बुरी है बात ।
रावण ने पातक किया, उसका होगा घात ।। 4804/7162

पहले निश्चित हो पता, तुमको, हे श्री राम! ।
"सीता लंका में हि है, और कौनसे स्थान ।। 4805/7162

"ये दो बातें जान लो, पक्की सहित प्रमाण ।
फिर प्रवेश हो लंक में, पूर्ण किए अनुमान" ।। 4806/7162

संगीतश्रीकृष्णरामायण गीतमाला, पुष्प 610 of 763

दादरा ताल

(अगस्त्य मुनि की कथा-3)

स्थायी

गीत शारद ने मंजुल है गाया, साज नारद मुनि ने बजाया ।
रत्नाकर से है मंगल रचाया, रामायण को है सुंदर सजाया ।।

♫ म-ग म-म- म प-म- ग म-प-, रे-ग म-म- मध- प- मग-म- ।
रेगम-म म- म ध-प- गम-प-, रे-ग-म- म- म ध-प- मग-रे- ।।

अंतरा-1

देख राघव है आश्रम में आया, गुरु अऽगस्ति था हऽर्षाया ।

168-A. Gajendra Moksha (Rāmāyan, 3. Aranya Kānd)

मुनि, राघव को पासऽ बिठाया, उसको लंका का मार्‌ग बताया ।।

♪ सांसां नि–रें– सां ध–निनि ध प–म–, सांसां नि–रें–सां ध– निधप–म– ।

मग, म–म– म प–म– गम–प–, रे–ग म–म– म धपप मग–रे– ।।

अंतरा–2

बोले गुरुदेव, लंका में जाओ, पहले रावन को ठीक सऽमझाओ ।

यदि फिर भी वो बाजऽ न आया, तुम लड़ कर छुड़ाओ अपनी जाया ।।

अंतरा–2

राम कह कर मुनिऽ को "तथास्तुऽ," बोले, चिन्ता तुम गुरुवऽर! "माऽस्तुऽ"।।

तेरा उपदेस है हमको भाया, हम करेंगे जो तू है बताया ।।

गजेंद्र मोक्ष की कथा

168-A. Gajendra Moksha (Rāmāyan, 3. Aranya Kānd)

ॐ श्लोकः

गजेन्द्रमोक्षस्तोत्रं यो भक्तिपूर्णं पठेन्नरः ।

कृपा विष्णोर्भवेत्तस्मै स्वर्गलोकं स गच्छति ।। 2044/2422

(अगस्त्य मुनि)

दोहा॰ जब थे अगस्त्य विंध्य में, उन्हें मिले थे राम ।
मुनि आए गोदावरी, प्रतिस्थान में धाम ।। 4807/7162

पश्चिम घाटी में उन्हें, बहुत मिला सम्मान ।
भगत जनों की भीड़ थी, आश्रम तीर्थस्थान ।। 4808/7162

वैष्णव जन आते यहाँ, अगस्त्य मुनि के द्वार ।
विष्णु भक्ति की शक्ति से, पाते सुख–संसार ।। 4809/7162

पावन जल गोदावरी, जानी तीरथ धाम ।
हुई विश्व विख्यात वह, "दक्षिण–गंगा" नाम ।। 4810/7162

(इंद्रद्युम्न)

दोहा॰ एक विष्णु का भक्त था, "इन्द्रद्युम्न" शुभ नाम ।
त्रिकूट गिरि पर धाम था, जपता चारों याम ।। 4811/7162

168-A. Gajendra Moksha (Rāmāyan, 3. Aranya Kānd)

इक दिन वह था ध्यान में, जपत विष्णु का नाम ।
अगस्त्य मुनि मिलने उसे, आए उसके धाम ।। 4812/7162

इंद्रद्युम्न रत जाप में, विष्णु ध्यान में लिप्त ।
अविरत सुमिरण में लगा, होकर जगत-अलिप्त ।। 4813/7162

(गजेंद्र)

✍दोहा॰ उसने मुनि की ना सुनी, आने की आवाज ।
ना देखा उसने उन्हें, खोया था वह आज ।। 4814/7162

अपमानित मुनिवर हुए, बोले, यह तो पाप ।
अगस्त्य ने संताप से, दीन्हा उसको शाप ।। 4815/7162

अगस्त्य मुनिवर ने कहा, "अपमानित मैं आज" ।
तेरे इस अपराध से, तू होगा गजराज ।। 4816/7162

इंद्रद्युम्न को क्लेश था, निहार मुनि का रोष ।
बोला, मुने! क्षमा करो, अनजाने में दोष ।। 4817/7162

सुन कर उसकी प्रार्थना, अनजाने की भूल ।
मुनिवर को आई दया, कम करने को शूल ।। 4818/7162

(अगस्त्य मुनि)

✍दोहा॰ मुनिवर बोले, ठीक है, ले ले यह वरदान ।
परम मुक्ति देंगे तुझे, नारायण भगवान ।। 4819/7162

इंद्रद्युम्न हाथी बना, फिरता वन-वन रोज ।
नाम जाप करता हुआ, करत विष्णु की खोज ।। 4820/7162

(देवल मुन्रि)

✍दोहा॰ एक झील की छोर पर, देवल मुनि का धाम ।
ध्यान मगन रहते सदा, जपत विष्णु का नाम ।। 4821/7162

उसी झील पर एक दिन, आया इक गंधर्व ।
"हूहू" उसका नाम था, सुंदर जग में सर्व ।। 4822/7162

168-A. Gajendra Moksha (Rāmāyan, 3. Aranya Kānd)

परियाँ उसके संग थीं, मोहक जिनके अंग ।
जल केली में सब लगे, अशिष्ट जिसमें ढंग ।। 4823/7162

देख खेल अश्लील वो, देवल के मन क्रोध ।
मारा मंतर शाप का, देने उसको बोध ।। 4824/7162

(हूहू गंधर्व)

✍दोहा॰ मुनि ने उस गंधर्व को, बना दिया घड़ियाल ।
और कहा, तेरा बनें, श्री नारायण काल ।। 4825/7162

मगर मच्छ को देख कर, गयीं अप्सरा भाग ।
पड़ा रहा वह नीर में, पाकर दुख दुर्भाग ।। 4826/7162

(गजेंद्र मोक्ष)

✍दोहा॰ गजेन्द्र इक दिन आगया, उसी झील के तीर ।
मन उसका ललचा गया, निहार निर्मल नीर ।। 4827/7162

ज्यों ही उसने पाँव को, रखा नीर के बीच ।
आया हूहू नक्र वो, उसे मारने, नीच ।। 4828/7162

पकड़ा पाँव गजेंद्र का, हूहू ने मुख फाड़ ।
गजेंद्र से उस नीर में, कीन्ही उसने रार ।। 4829/7162

हाथी ने फिर हार कर, किया विष्णु का जाप ।
आर्त पुकारा विष्णु को, करके बहुत विलाप ।। 4830/7162

सुन कर रोना भगत का, चले विष्णु भगवान ।
करने आए सफल वो, अगस्त्य का वरदान ।। 4831/7162

गरुड़ध्वज श्री विष्णु ने, छोड़ सुदर्शन चक्र ।
देने मुक्ति गजेन्द्र को, मारा हूहू नक्र ।। 4832/7162

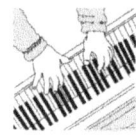

संगीतश्रीकृष्णरामायण गीतमाला, पुष्प 611 of 763

दादरा ताल

(गजेन्द्र मोक्ष)

168-B. Story of Shrī Rāma's departure from Pratisthān

स्थायी

गीत शारद ने मंजुल है गाया, साज नारद मुनि ने बजाया ।
रत्नाकर से है मंगल रचाया, रामायण को है सुंदर सजाया ।।
♫ म-ग म-म- म प-म- ग म-प-, रे-ग म-म- मध- प- मग-म- ।
रेगम-म म- म ध-प- गम-प-, रे-ग-म- म- म ध-प- मग-रे- ।।

अंतरा-1

बोला गजराज, मुझको बचाओ, इस पापी से मुझको छुड़ाओ ।
उसने रो रो के शोर मचाया, श्री विष्णु को उसने बुलाया ।।
♫ सांसां, निनिरें-सां धधनि- धप-म-, सांसां नि-रें- सां धधनि- धप-म- ।
म-ग म- म- म प-म गम-प-, रेग म-म- म धधप- मग-रे- ।।

अंतरा-2

सुना विष्णु ने उसका पुकारा, नक्र पापी को विष्णु ने मारा ।
छू कर माया से उस गज की काया, श्री विष्णु ने उसको बचाया ।।

श्री राम के प्रतिस्थान से प्रस्थान की कथा

168-B. Story of Shrī Rāma's departure from Pratisthān

♫ संगीतश्रीकृष्णरामायण छन्दमाला, मोती 413 of 501

मत्त समक छन्द

8 + । + 7

(लंका प्रस्थान)

प्रतिस्थान के हरि मंदिर से,
लेकर आशिष शुभ मंगल से ।
जाते राघव लछमन लंका,
लखन बजावत, हरि! हरि! डंका ।।

ॐ श्लोक:

अगस्त्याय नमस्ककृत्य श्रीराम: लक्ष्मणस्तथा ।
श्रीविष्णोर्वरं प्राप्तुं हरिमन्दिरमागतौ ।। 2051/2422

168-B. Story of Shrī Rāma's departure from Pratisthān

✍दोहा॰ पूछत राम अगस्त्य को, कहाँ है लंका धाम ।
मुझे मार्ग बतलाइए, करने यथेष्ट काम ।। 4833/7162

रावन शठ ये कौन है, कहिए उसका रूप ।
इतना पापी क्यों बना, असुरों का यह भूप ।। 4834/7162

"सीता को कैसे करें, मुक्त वहाँ से, तात! ।
बिना युद्ध कैसे बने, मेरे मन की बात ।। 4835/7162

"शाँति से यदि ना बने, सिया मुक्ति का काज ।
लड़ने की क्या युक्ति हो, मुझसे कहिए आज ।। 4836/7162

"नारी-हर्ता असुर वो, तस्कर है उद्दंड ।
उस पापी के, हे मुने! योग्य कहो क्या दंड" ।। 4837/7162

(अगस्त्य मुनि)

✍दोहा॰ मुनिवर बोले राम को, "करो शाँति से काम ।
अगर शाँति से ना बने, तभी करो संग्राम" ।। 4838/7162

(लंका)

विषाद को अब दूर भगाओ, क्रोश चार सौ दक्षिण जाओ ।
नदिया पर्वत लाँघो सारे, जाकर पहुँचो सिंधु किनारे ।। 4068/5205

जहाँ मिलेगा समुद्र कोना, सागर लाँघन तयार होना ।
लंका टापू योजन पर है, जहाँ बसा रावन का घर है ।। 4069/5205

✍दोहा॰ लंका उसका धाम है, कोस चार सौ दूर ।
निकलो प्रातः काल में, साहस से भरपूर ।। 4839/7162

कीजो दर्शन विष्णु के, पहले तुम, श्रीराम! ।
नारायण का स्थान है, प्रतिस्थान शुभ नाम ।। 4840/7162

अनेक नदियाँ राह में, आती हैं मशहूर ।
समुद्र कोना हो जहाँ, लंका योजन दूर ।। 4841/7162

(मगर)

चलते-चलते राह में, "प्रथम करो तुम काम ।

पाओ सच्चा मीत जो, तुम्हें साथ दे, राम! ।। 4842/7162

"सेना जिसके पास हो, रण में जो हो धीर ।
साहस निष्ठा पूर्ण हो, स्वामी-भक्त जो वीर ।। 4843/7162

"नीति युद्ध जो लड़ सके, क्षात्र-धर्म के नाम ।
रावण सेना प्रबल को, करे पराजित, राम! ।। 4844/7162

"सेना पहले हो खड़ी, फिर लंका प्रस्थान ।
बिन सेना के ना बने, सिया मुक्ति का काम ।। 4845/7162

"समदुक्खी समध्येय का, मिले तुम्हें जब मीत ।
परम दास सेवा करे, तब पाओगे जीत" ।। 4846/7162

(रावणकथा)

श्लोकाः

कैकश्या रावणः पुत्रः पिता तस्य च विश्रवा ।
भ्रातरः कुंभकर्णश्च कुबेरश्च विभीषणः ।। 2052/2422
♪ रे-रे-रे- रे-रेरे- ग-रे-, मम- म-म- प म-गग- ।
रे-रेरे- रे-गम-ग-रे, सासा-सा-सा- रेग-मग- ।।

स्वसा शूर्पणखा तस्य शूर्पणखी यतो हि सा ।
पत्नी मन्दोदरी देवी, मेघनादः सुतस्तथा ।। 2053/2422

रावणः स तपः कृत्वा वराञ्शिवस्य प्राप्तवान् ।
अमृतमुदरे कूप्यां दशमुखांश्च साहसम् ।। 2054/2422

महेशात्तु वरान्प्राप्य ततो भूत्वा महाबली ।
अपहृतं कुबेरस्य भ्रातुर्राज्यं च पुष्पकम् ।। 2055/2422

लंकाधिपः स पौलस्त्यो दशाननो महाऽसुरः ।
रावणः स महाक्रूरो बभूव राक्षसाधिपः ।। 2056/2422

(रावण चरित्र)

दोहा॰ माता जिसकी कैकशी, पिता विश्रवा नाम ।
रावण राक्षस क्रूर का, सुवर्ण लंका धाम ।। 4847/7162

168-B. Story of Shrī Rāma's departure from Pratisthān

बंधु विभीषण हैं भले, कुंभकर्ण, कुबेर ।
शूर्पणखा भगिनी प्रिया, छलती माया फेर ।। 4848/7162

पतिव्रता मंदोदरी, आस्तिक रावण दार ।
इन्द्रजीत सुत था बड़ा, छोटा अक्षकुमार ।। 4849/7162

(राम)

दोहा॰ "सुने हुए हैं नाम ये, आरूषा में पूर्व ।
कौशिक ने मुझको कहे, राक्षस-गण के सर्व ।। 4850/7162

(अज्ञानी रावण:, रत्नाकर उवाच)

श्लोका:

आतताई महापापी रावणो लंपट: खलु ।
जटायुर्हतस्तेन नि:शस्त्र: सात्विक: खग: ।। 2057/2422

अनारण्यो नृपो योगी, रावणेन हत: स्वयम् ।
भार्या नलकुबेरस्य रम्भा तेन बलात्कृता ।। 2058/2422

मदनमञ्जरी तेन कलत्रमृतुशर्मण: ।
कुशध्वजस्य कन्या च देववती बलात्कृते ।। 2059/2422

अनसूया सुलेखा च स्वाहादेवी च पङ्कजा ।
अपहृता स्त्रियो नैका रावणेन बलेन च ।। 2060/2422

अष्टावक्रो वसिष्ठश्च माण्डव्यो मुद्गलस्तथा ।
कुमारी तेन दत्तश्च नारदश्चापमानित: ।। 2061/2422

एवं तं रावणं ज्ञात्वा मूढं च पण्डितं तथा ।
शान्त्या पृष्ट्वा च युद्धं वा कुरु यथोचितं हरे ।। 2062/2422

दूत एतादृश: प्रेष्य: सीतां लब्धुं नु युक्तिवान् ।
सीतां यो गुप्तसन्देशं दातुञ्च शक्ष्यते खलु ।। 2063/2422

(अज्ञानी रावण)

रावण ज्ञानी ख्यात था, शिव का भक्त महान ।
घोर तपस्या को किए, मिले चार वरदान ।। 4851/7162

168-B. Story of Shrī Rāma's departure from Pratisthān

रावण को वर से मिला, महान बल भंडार ।
अमृत का वरदान भी, माया का अधिकार ।। 4852/7162

महाबली रावण बना, अत्याचारी, घोर ।
स्त्री लंपट, शठ, निर्दयी, हीन, घिनौना चोर ।। 4853/7162

झपटा राज्य कुबेर से, छीना पुष्पक यान ।
ऐंठी लंका स्वर्ण की, बना अधिप तूफान ।। 4854/7162

रावण लंपट चोर ने, मारा जटायु वीर ।
मरवाया मारीच को, चलाय राघव तीर ।। 4855/7162

अनारण्य नृप को हना, करके अत्याचार ।
रावण ने दूषित करी, नलकुबेर की दार ।। 4856/7162

देववती कुशध्वज सुता, रावण हवस शिकार ।
मदनमंजरी सुंदरी, ऋतुशर्मा की दार ।। 4857/7162

रावण ने अपहृत करी, अनसूया बल भार ।
स्वाहा देवी, पंकजा, और अनेकों नार ।। 4858/7162

रावण ने लांछित किए, अष्टावक्र सुजान ।
वसिष्ठ, मुद्गल, अश्विनी, नारद, दत्त महान ।। 4859/7162

(अगस्त्य मुनि ने कहा)

अगस्त्य बोले राम से, "रावण को इस रीत ।
ज्ञानी-मूरख जान कर, पाओ उस पर जीत" ।। 4860/7162

संगीतश्रीकृष्णरामायण छन्दमाला, मोती 414 of 501

सुंदरलेखा छन्द

ऽ ऽ ऽ, ऽ ऽ ।, । ऽ ऽ

(ज्ञानी रावण)

ज्ञानी होके, पाप कमायो ।
नारी-चोरी, नाम गमायो ।। 1
श्रीलंका का, रावण राजा ।

168-B. Story of Shrī Rāma's departure from Pratisthān

ढूँढे खात्मा, का दरवाजा ।। 2

(रावण)

रावण शठ है, स्त्री लंपट है, दुराचारी अधम कर्मठ है ।
ईर्ष्यालु है रंगरली है, मायावी कलि महाबली है ।। 4070/5205

क्रूर घोर है निर्दय दापी,[190] ज्ञानी होकर महान पापी ।
तस्कर नास्तिक दुराग्रही है, ख्याति उसकी अल्प कही है ।। 4071/5205

✍दोहा॰ **अगस्त्य मुनि ने राम को, कही काम की बात ।**
रावण लंपट, क्रूर है, अधम, विषैलागात ।। 4861/7162

निर्दय, पापी, चोर है, नास्तिक, मायाजाल ।
धर्म कर्म सद्भाव का, बना हुआ है काल ।। 4862/7162

चरित्र उसका जान कर, उचित करो व्यवहार ।
सदा सत्य की जीत हो, असत्य की हो हार ।। 4863/7162

(भीमा)

✍दोहा॰ **दक्षिण दिश को तुम बढ़ो, आवे "भीमा" तीर ।**
करके नद में स्नान तुम, करदो पावन नीर ।। 4864/7162

(कृष्णा)

✍दोहा॰ **फिर आवे "कृष्णा" नदी, मंगल जिसका नाम ।**
सरिता को वन्दन किए, आगे बढ़िये, राम! ।। 4865/7162

(अमरावती)

✍दोहा॰ **मानी कृष्णा सरित है, श्री विष्णु का रूप ।**
वहाँ रची अमरावती, इन्द्रदेव सुर भूप ।। 4866/7162

(कावेरी, कुंबकोणम्)

✍दोहा॰ **आगे वाली सरित का, "कावेरी" है नाम ।**
देवी शिव की भक्त थी, कुंभकोण शिव[191] धाम ।। 4867/7162

---

[190] दापी = दर्पयुक्त, अहंकारी ।

[191] शिव = पूज्य ।

168-B. Story of Shrī Rāma's departure from Pratisthān

(श्रीरंगम्)

✍दोहा॰ कवेर-मुनि की अंगजा, कावेरी उपनाम ।
जिसके तट पर है बसा, श्रीरंगम का धाम ।। 4868/7162

(तुंगभद्रा, शृंगेरी)

✍दोहा॰ "तुंगभद्रा" तरंगिणी, जब आएगी, राम! ।
शृंगेरी शुभ स्थान है, वेद पठन का धाम ।। 4869/7162

नीलगिरि से जो चली, तुंग पयस की धार ।
दक्षिण तट चल कर करो, पूर्वघाट को पार ।। 4870/7162

(वैगाई)

✍दोहा॰ "वैगाई" नद लाँघ कर, जाओ पूरब देश ।
नदिया के मुख तक बढ़ो, तब आवे सलिलेश ।। 4871/7162

(लंका)

✍दोहा॰ उस भूमि के अग्र से, आगे लंका देश ।
जहाँ बसा है असुर वो, अज्ञानी लंकेश ।। 4872/7162

(और)

भेजो दूत कुशल अति ज्ञानी, मधुर परिष्कृत जिसकी वाणी ।
करे शत्रु यदि हनन कामना, शूर वीर वो करे सामना ।। 4072/5205

(दूत)

✍दोहा॰ "राघव! भेजो दूत जो, जावे रावण देश ।
सीता देवी ढूँढ कर, उसको दे संदेश" ।। 4873/7162

वापस आवे लौट कर, सह प्रमाण तत्काल ।
आँखों देखा वो तुम्हें, बतलावे सब हाल ।। 4874/7162

(फिर)

फिर हो प्रवेश लंक में, लेकर दल बलवान ।
कहे, "सिया को छोड़ दे, करे शाँति से काम" ।। 4875/7162

कहो, "कर्म ये घोर है, नारी हरना पाप ।
सीता को तू सौंप दे, अथवा देंगे ताप" ।। 4876/7162

168-B. Story of Shrī Rāma's departure from Pratisthān

सुने न यदि चेतावनी, असुर घमंडी चोर ।
बोलो, "फल तुझको मिले, फिर इसका अति घोर" ।। 4877/7162

(राम)

दोहा॰ उत्तर मुनि से पाइके, मुदित भए श्री राम ।
बोले, आशिष दीजिए, सफल बने मम काम ।। 4878/7162

मंगल आशिष पाइके, करके उन्हें प्रणाम ।
प्रतिस्थान से चल पड़े, रामचंद्र भगवान ।। 4879/7162

संगीतश्रीकृष्णरामायण गीतमाला, पुष्प 612 of 763

दादरा ताल

(रावण की कथा)

स्थायी

गीत शारद ने मंजुल है गाया, साज नारद मुनि ने बजाया ।
रत्नाकर से है मंगल रचाया, रामायण को है सुंदर सजाया ।।

♫ म-ग म-म- म प-म- ग म-प-, रे-ग म-म- मध- प- मग-म- ।
रेगम-म म- म ध-प- गम-प-, रे-ग-म- म- म ध-प- मग-रे- ।।

अंतरा-1

क्रूर लंका का रावण है राजा, जहाँ उसका ही बजता है बाजा ।
जैसी अश्लील है उसकी माया, वैसी बुज़दिल बनी उसकी काया ।।

♫ सां-सां नि-रें- सां ध-निनि ध प-म-, सांसां नि-रें- सां धधनि- ध प-म- ।
मग म-म-म प- म-ग म-प-, रेग ममम- मध- प-म ग-रे- ।।

अंतरा-2

स्त्रीऽ लंपट व्यभिऽचारी पापी, बलशाली अधम शऽठ दापी ।
घोर कर्मों को उसने लजाया, चोर होकर भी ज्ञानी कहाया ।।

अंतरा-3

बड़ा निर्दय है नास्तिऽक भारा, उसने वीरऽ जटायुऽ को मारा ।
लंऽका में वो उधमऽ मचाया, राऽघव की सिया को है लाया ।।

Sangit-Shri-Krishna-Ramayan

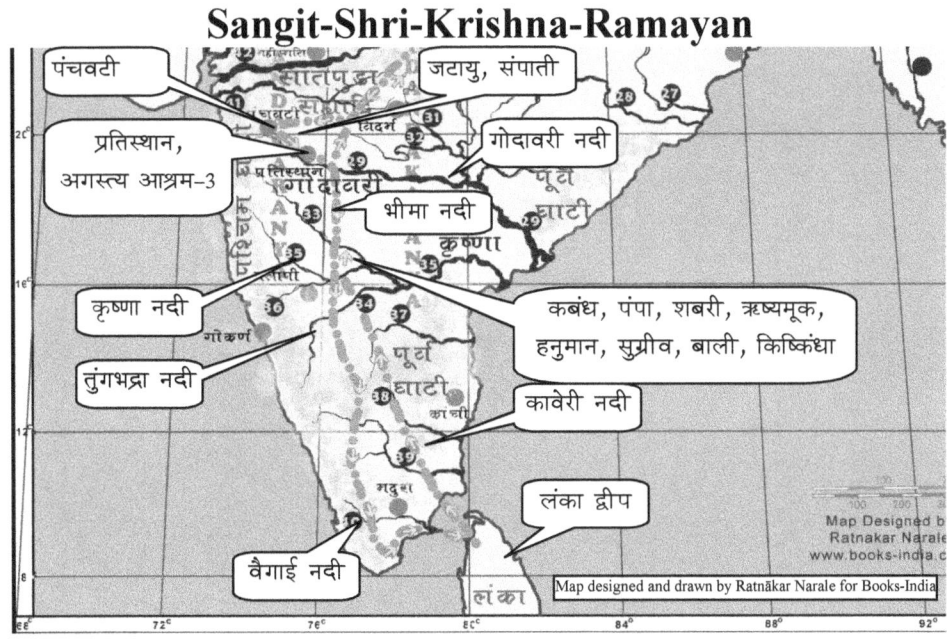

(इति)

✍ दोहा॰ मुनिवर नारद हैं सदा, रत्नाकर के पास ।
कृतज्ञ स्वरदा मातु का, रामचंद्र का दास ॥ 4880/7162

कीर्तन भजनों से सजा, चौपाई का ठाठ ।
हरि किरपा से है हुआ, अरण्य-काण्ड का पाठ ॥ 4881/7162

Sangit-Shri-Krishna-Ramayan

Sangit-Shri-Krishna-Ramayan

1734
रत्नाकर रचित संगीत-श्री-रामायण

Sangit-Shri-Krishna-Ramayan

अध्याय 4
किष्किन्धा काण्ड

Sangit-Shri-Krishna-Ramayan

1736
रत्नाकर रचित संगीत-श्री-रामायण

अध्याय 4

किष्किन्धा काण्ड

(अथ)

दोहा॰ हुआ भजन संगीत से, अरण्य काण्ड अवशेष ।
किष्किन्धा के काण्ड का, अब करूँ श्रीगणेश ।। 4882/7162

किष्किन्धा काण्ड : पहला सर्ग

संगीतश्रीकृष्णरामायण गीतमाला, पुष्प 613 of 763

कीर्तन : कहरव ताल 8 मात्रा

(शिव गणेश)

(चाल और तबला ठेका के लिए देखिए हमारी *"नई संगीत रोशनी"* का गीत 106)

देवाय, लंबोदराय, शिवनंदनाय, शिव ओम् ।
नाथाय, मुखमंगलाय, जगवन्दनाय, शिव ओम् ।।

♫ मम–म – –, रेमप–धपमम, रेमप–धपमम, रेम प– – – – – –प ।
धध–ध – –, साधप–धपमम, रेमप–धपमम, रेध प– – – – – –म ।।

अंतरा–1

रुद्राय, शिवशंकराय, दुखभंजनाय, हर ओम् ।
भद्राय, गंगाधराय, प्रभु त्र्यंबकाय, हर ओम् ।।

♫ सांसां–सां – –, सांसांरें–रेंरें–रें, रेंरेंरें–रेंरें–सां, धरें रेंसां– – – – –सां ।
धध–ध – –, ध–प–धपमम, रेमप–धपमम, रेध पम– – – – –म ।।

अंतरा–2

रामाय, रघुनंदनाय, मधुचंदनाय, हरि ओम् ।
वीराय, सीतावराय, पुरुषोत्तमाय, हरि ओम् ।।

अंतरा–3

श्यामाय, बंसीधराय, पीतांबराय, जय ओम् ।
कृष्णाय, राधावराय, दामोदराय, जय ओम् ।।

169. Story of Sītā's ornaments (4. Kishkindhā Kānd)

169. सीता के आभूषणों की कथा :

169. Story of Sītā's ornaments (4. Kishkindhā Kānd)

🎵 संगीतश्रीकृष्णरामायण छन्दमाला, मोती 415 of 501

कनक छन्द[192]

SSS, IIS, IIS

(सीता के गहनों की पोटली)

सीता ने तन से अपने, बाँधे पोटल में गहने ।
फेंके पुष्पक से गहने, सीता ने चुपके अपने ।। 1
देखी वो गठरी गिरती, नारी क्रंदन भी करती ।
दासों ने व पोटल थी, दीन्ही लाकर सुग्रिव को ।। 2

🕉 श्लोक:

सीता प्राक्षेपयत्स्या भूषणानि विमानतः ।
पोट्टलिकां ततस्तस्यां सुग्रीवाय चरा ददुः ।। 1995/2422

📖 कथा 📖

(सीता)

दोहा० पंख विहग का कट गया, बही रक्त की धार ।
क्रेधी रावण हँस पड़ा, सीता को दुखभार ।। 4884/7162

खग को गिरता देख कर, रोई छाती पीट ।
सीता बोली, हे सखे! तू ही सच्चा मीत ।। 4885/7162

विकट समय, जो साथ दे, उसकी सच्ची प्रीत ।
कार्य निभाते जो मरे, खरी उसी की जीत ।। 4886/7162

---

[192] 🎵 **कनक छन्द** : इस 9 वर्ण और 14 मात्रा वाले छन्द के चरणों में म स स गण आते हैं। इसका लक्षण सूत्र SSS, IIS, IIS इस प्रकार होता है। इसमें 5-9 पर विकल्प से विराम आता है।

▶ लक्षण गीत : दोहा० चौदह मात्रा हों जहाँ, म स स गणों का वृंद ।
नौ वर्णों से जो सजा, "कनक" कहा है छंद ।। 4883/7162

169. Story of Sītā's ornaments (4. Kishkindhā Kānd)

"नारी-रक्षा के लिए, जो करता बलिदान ।
असली बीरा[193] सोही है, जाना वही महान" ।। 4887/7162

(जब)

फूट-फूट रोती सिया, बैठी सिसकी मार ।
चुपके से कुछ आभरण, उसने दिये उतार ।। 4888/7162

बाँध दुपट्टे में उन्हें, गठरी करी तयार ।
नीचे देखा भूमि पर, लोग खड़े थे चार ।। 4889/7162

उनको सीता ने कहा, मेरा पति है राम ।
जा कर उनसे तुम कहो, आवे रावण-धाम ।। 4890/7162

(तब)

दोहा॰ ताक रहे थे यान को, लोग अवाजें मार ।
गठरी सीता मातु ने, दीन्ही नीचे डार ।। 4891/7162

"आन बचाओ रे मुझे!" बोली चीखें मार ।
सुन कर रावण ने उसे, दीन्ही थप्पड़ मार ।। 4892/7162

गठरी पकड़ी एक ने, मगर हुआ ना ज्ञात ।
रोती नारी कौन है, बोली क्या वह बात ।। 4893/7162

खोल उन्होंने पोटली, देखा भूषण भार ।
कुंडल कंगन अँगुठी, नथनी पायल हार ।। 4894/7162

गठरी दी सुग्रीव को, बात जान कर नेक ।
बोले, "दुखिया नारी ने, विमान से दी फेंक" ।। 4895/7162

 संगीत श्रीकृष्णरामायण गीतमाला, पुष्प 614 of 763

दादरा ताल
(सीता के आभूषणों की कथा)

---

[193] बीरा = भाई; वीर ।

170. Story of Sītā's arrival in Lankā (4. Kishkindhā Kānd)

स्थायी

गीत शारद ने मंजुल है गाया, साज नारद मुनि ने बजाया ।
रत्नाकर से है मंगल रचाया, रामायण को है सुंदर सजाया ।।

♫ म-ग म-म- म प-म- ग म-प-, रे-ग म-म- मध- प- मग-म- ।
रेगम-म म- म ध-प- गम-प-, रे-ग-म- म- म ध-प- मग-रे- ।।

अंतरा-1

देख गिरता जटायुऽ को नीचे, सीता बैठी दुखी नैन मीचे ।
उसने गहनों का बकुचा बनाया, उड़नखटोले से बाहर गिराया ।।

♫ सांसां निनिरें- सांध-नि- ध प-म-, सांसां नि-रें- सांध- नि-ध प-म- ।
म-ग ममम- म पपम- गम-प-, रेग-ममम- म ध-प- मग-रे- ।।

अंतरा-2

चार पथिकन ने गठरी उठायी, राजा सुग्रीव को लाकर दिखाई ।
बोले, इसमें है कुंडऽल माला, हार पैंजन हैं केयूर चुड़ियाँ ।।

अंतरा-3

किसी महिला ने यानऽ से फेंकी, रोती नारी वो हमने है देखी ।
नारी बोली, "बचाओ रे भैया! इस पापी से मोहे, हाय दैया!" ।।

किष्किन्धा काण्ड : दूसरा सर्ग

170. सीता के लंका प्रवेश की कथा :

170. Story of Sītā's arrival in Lankā *(4. Kishkindhā Kānd)*

♫ संगीतश्रीकृष्णरामायण छन्दमाला, मोती 416 of 501

लोला[194]

---

[194] ♫ **लोला छन्द** : इस 14 वर्ण, 24 मात्रा वाले छन्द के चरणों में म स म भ गण और दो गुरु वर्ण आते हैं । इसका लक्षण सूत्र ऽ ऽ ऽ, । । ऽ, ऽ ऽ ऽ, ऽ । ।, ऽ ऽ इस प्रकार होता है । विराम 7-7 पर विकल्प से आता है ।

▶ लक्षण गीत : ✍ **दोहा॰ मत्त चौबीस में रचा, दो गुरु कल से अंत ।**

170. Story of Sītā's arrival in Lankā (4. Kishkindhā Kānd)

ऽ ऽ ऽ, । । ऽ, ऽ ऽ ऽ, ऽ । ।, ऽ ऽ

(सीता लंका में)

लाँघे पर्वत सारे, लाँघे सागर पानी ।
लाया रावण लंका, सीता श्री रघुरानी ।। 1
सीता रो कर बोली, तू है रावण! पापी ।
हीना राक्षस ओछा, बेदर्दी शठ दापी ।। 2

श्लोक:

उल्लङ्घ्य वायुयानेन गिरिनदीश्च सागरम् ।
लङ्कायां रावणः सीताम्-आनयत बलेन हि ।। 1996/2422

कथा

(उधर)

इक शत जोजन नभ के पथ से, उड़ता रावन वायु रथ से ।
लाँघ समुंदर लंका आया, साथ चुरा कर सीता लाया ।। 4073/5205

अशोक वन में यान टिकाया, बोला अपना घर है आया ।
तुझको मैं लंका में लाया, आशय अपना सफल बनाया ।। 4074/5205

दोहा॰ **लाँध नदी गोदावरी, करके पर्वत पार ।**
बल जबरी से ले चला, रामचंद्र की दार ।। 4897/7162

सौ योजन उड़ता हुआ, रावण का वह यान ।
लाँघ समुंदर आगया, लंका बीच विमान ।। 4898/7162

रावण बोला, हे सिये! आया अपना धाम ।
गिरि सागर को पार कर, आ न सकेगा राम ।। 4899/7162

घर समझो अपना इसे, अशोक वन अभिराम ।
तुझको लंका लाइके, सफल हुआ मम काम ।। 4900/7162

(फिर)

म स म भ गण का वृंद जो, जाना "लोला" छंद ।। 4896/7162

170. Story of Sītā's arrival in Lankā (4. Kishkindhā Kānd)

रावण ने सेविका बुलाई, आज्ञा उनको कड़ी सुनाई ।
इसके पास न कोई आवे, इसे न कोई हाथ लगावे ।। 4075/5205

इसका कहना सब सुन लेना, जो माँगे सो इसको देना ।
अपनी संपत् इसे सुनाओ, प्रलोभनों से इसे लुभाओ ।। 4076/5205

हमरी होने, इसे मनाओ, हमरी रानी इसे बनाओ ।
इसे सुनाओ हमरी बातें, इसे सताओ तुम दिन-रातें ।। 4077/5205

इसको मेरे महल खेंचलो, अंत:पुर में इसे ले चलो ।
मुझको पति ये जब भी मानी, इसको तब मैं करदूँ रानी ।। 4078/5205

दोहा॰ यान देख कर दासियाँ, आईं विमान पास ।
रावण ने उनको कहा, यह नारी है खास ।। 4901/7162

इसकी सेवा तुम करो, देकर ध्यान विशेष ।
जो माँगे इसको मिले, इसे न हो कछु क्लेश ।। 4902/7162

इसे हमारी संपदा, छल बल यश की बात ।
वैभव माया वीरता, बतलाओ दिन-रात ।। 4903/7162

इसे मनाओ प्रेम से, या फिर छल के साथ ।
रानी हमरी यह बने, कहे हमें यह, "नाथ" ।। 4904/7162

(सीता)
सीता बोली, "महल में नहीं, प्रवेश मैं ना करूँगी कहीं ।
मुझको महलों के सुख ना दो, कुटिया मुझको यहीं बनादो" ।। 4079/5205

दोहा॰ दासी से उसने कहा, रखो सिया पर ध्यान ।
इसे महल में ले चलो, वहीं सिया का स्थान ।। 4905/7162

सीता बोली, "मैं नहीं, रहूँ महल में तोर ।
इसी वाटिका में करो, तृण की कुटिया मोर" ।। 4906/7162

(रावण)
रावण बोला, सब कुछ मेरा, स्वर्ण रत्न धन सीते! तेरा ।

170. Story of Sītā's arrival in Lankā (4. Kishkindhā Kānd)

मधुर भाषिणी! तू सुखदानी! सीते! मेरी बन जा रानी ।। 4080/5205

हठ छोड़ो मम हर्ष बढ़ाओ, यूँ न प्रिये! तुम नाक चढ़ाओ ।
पतिव्रता की भूलो बानी, सीते! मेरी बन जा रानी ।। 4081/5205

दोहा॰ रावण बोला, हे सिये! बन जा मेरी दार ।
स्वर्ण रत्न दूँगा तुझे, सर्व राज्य अधिकार ।। 4907/7162

हठ अपना तू छोड़ दे, मत कर अब अभिमान ।
मन से तू अब भूल जा, पतिव्रता की आन ।। 4908/7162

(और)

राघव जीवित रहा नहीं है, ना ही लक्ष्मण बचा कहीं है ।
मृग-माया ने तुम्हें भुलाया, राम-लखन को वहीं सुलाया ।। 4082/5205

स्वर्ण मृग नहीं असली होते, कहानियों में देखे जाते ।
जिसने था मृग स्वरूप धारा, उसने राम-लखन को मारा ।। 4083/5205

राघव लछमन दोनों सीते! सुन मेरी तू! अब नहिँ जीते ।
राम मिलन की मत कर आशा, तुझको होगी, प्रिये! निराशा ।। 4084/5205

अब क्यों मरे हुए के पीछे, सिया! पड़ी हो आँखे मीचे ।
अब तुम बाजा नया बजाओ, सीते! मेरी तुम बन जाओ ।। 4085/5205

दोहा॰ राम-लखन हैं मर चुके, अब क्यों रोती व्यर्थ ।
मुझको पति तू मान ले, जानो इसका अर्थ ।। 4909/7162

स्वर्ण हरिण होते नहीं, जग में असली रूप ।
कहानियों या स्वप्न में, ऐसे उचित स्वरूप ।। 4910/7162

राघव लछमन ने नहीं, समझा माया जाल ।
सीते! तेरी भूल से, सफल हमारी चाल ।। 4911/7162

(और भी)

तेरी कुटिया सूनी खड़ी है, राम-लखन बिन रिक्त पड़ी है ।
अपनी अधिक न कर तू हानि, सीते! मेरी बन जा रानी ।। 4081/5205

170. Story of Sītā's arrival in Lankā (4. Kishkindhā Kānd)

गरज नहीं है अब रोने की, लंका मेरी है सोने की ।
ऊँचे घर ये चौड़ी गलियाँ, गुल ये कलियाँ सुंदर बगिया ॥ 4087/5205

मेरी मुखिया, मेरी सखियाँ, धन दौलत तव पग में रखियाँ ।
इन सबको तुम अब अपनाओ, सीते! मेरी तुम बन जाओ ॥ 4088/5205

मैं लाया हूँ कई नारियाँ, कई ब्याही थीं, कई क्वारियाँ ।
सबने मेरी प्रीत है मानी, तू मेरी बन जा पटरानी ॥ 4089/5205

मेरी सेना है बलशाली, नहीं किसी से डरने वाली ।
इन सबको तुम मत ठुकराओ, सीते! मेरी तुम बन जाओ ॥ 4090/5205

दोहा॰ तेरी कुटिया है खड़ी, विना किसी उपयोग ।
महलों में अब तुम रहो, करो स्वर्ग सम भोग ॥ 4912/7162

राघव अब जीता नहीं, लछमन भी निष्प्राण ।
मुझसे शादी कर, प्रिये! भूल राम का नाम ॥ 4913/7162

हठ को छोड़ो तुम अभी, मरा हुआ है राम ।
जीवित भी हो वह अगर, आ न सके मम धाम ॥ 4914/7162

धन संपद् मेरी सभी, तेरी हुई तमाम ।
मेरे किंकर दासियाँ, तुझको करें प्रणाम ॥ 4915/7162

वल्कल-धारी राम तो, करता कुटिया वास ।
कांचन लंका का धनी, करलो अपना दास ॥ 4916/7162

राघव पैदल घूमता, सहता भूख पियास ।
हाथी घोड़े हैं यहाँ, आगे पीछे दास ॥ 4917/7162

राम-लखन हमने हने, उनकी आशा छोड़ ।
मुझको पति अब समझ ले, मुझसे नाता जोड़ ॥ 4918/7162

(सीता)

दोहा॰ सुन रावन की बात वो, शब्द अधम मक्कार ।
सीता बोली असुर से, "तुझको है धिक्कार! ॥ 4919/7162

170. Story of Sītā's arrival in Lankā (4. Kishkindhā Kānd)

"चुप कर, रावण पातकी! आगे कछु मत बोल ।
आत्मश्लाघ के खोखले, और बजा मत ढोल ॥ 4920/7162

"कोई राघव को नहीं, कभी सकेगा मार ।
रामचंद्र जब आयँगे, होगी तेरी हार" ॥ 4921/7162

(और)

 दोहा॰ "सिया चुरा कर राम की, घोर किया तू पाप ।
तू कहता राघव मरा, मगर मरेगा आप ॥ 4922/7162

"भरा हुआ है रे! तेरा, घड़ा पाप के साथ ।
फूटेगा सिर पर तेरे, जब आवें रघुनाथ ॥ 4923/7162

"पापी! तूने हैं किए, दुष्ट कर्म भरपूर ।
अब तू राघव बाण से, होगा चकनाचूर ॥ 4924/7162

"सौ पापों से कर्म का, घड़ा भरा है तोर ।
आएँगे जब रामजी, दंड मिलेगा घोर ॥ 4925/7162

"रावण! तेरी अकड़ का, काल हुआ है पूर्ण ।
ना तज कर ये हेकड़ी, होगा रे! तू चूर्ण ॥ 4926/7162

"चख लेगा फल पाप का, बरसेंगे जब बाण ।
पछतावेगा बाद में, निकलेंगे जब प्राण ॥ 4927/7162

"मेरे स्वामी राम हैं, अगर मरे भी होय ।
राघव की अर्धांगिनी, अपना सकै न कोय" ॥ 4928/7162

संगीतश्रीकृष्णरामायण गीतमाला, पुष्प 615 of 763

भजन : राग भैरवी

(हरि बचाओ!)

स्थायी

हरि बचाओ मुझे यहाँ से, तुरन्त आके मुझे छुड़ाओ ।

 ♪ साप– पपध॒मप ध॒नि– ध॒पम प–, गम॒ध॒ पमग॒– रेग॒– सानि॒–सा– ।

1745

170. Story of Sītā's arrival in Lankā (4. Kishkindhā Kānd)

अंतरा–1

पतिव्रता पर बुरी नजरिया, प्रभु तुम्हें कछु नहीं खबरिया ।
ओ सर्वज्ञानी, ओ सर्वगामी, लाँघ समुंदर लीला दिखाओ ।।
♪ ग॒म–मध॒– ध॒ध॒ नि॒नि॒– ध॒पपम–, ग॒म– मप– पप ध॒नि॒– ध॒पमम– ।
सा प–पध॒–मप, ध॒ नि॒–ध॒पमप–, ग॒मध॒ ध॒पमग॒ग॒ मग॒– सानि॒–सा– ।।

अंतरा–2

यहाँ न कोई किसी को लज्जा, न साधवी का कोई लिहज्जा ।
बुरे इरादे हैं साफ इनके, प्रभु जी! आके इन्हें जगाओ ।।

अंतरा–3

न जाने किस ओर, मैं कहाँ हूँ, जहाँ न सज्जन कोई, वहाँ हूँ ।
प्रभो! सागरिया लाँघे आओ, इन्हें समुंदर तले डुबाओ ।।

(आगे)

✍दोहा॰ "नीच असुर! तू मूढ़ है, चाहे मेरा हाथ ।
सपने में भी अघट है, तेरा मेरा साथ ।। 4929/7162

"पतिव्रता मैं नार हूँ, भजूँ राम दिन–रात ।
सीता को पाना नहीं, तेरे बस की बात ।। 4930/7162

"राम राग, मैं रागिनी, तेरा बेसुर ताल ।
गीत प्रीत के गाइके, कौआ करै कमाल ।। 4931/7162

"बिल्ली पर चूहा मरे, हँसनिया पर काग ।
मुझ पर भी तू त्यों मरे, अरे! यहाँ से भाग" ।। 4932/7162

"अघट मनोरथ क्यों करे, बिना अर्थ बकवास ।
लेकर पंगा राम से, होगा सत्यानास ।। 4933/7162

(और सुन)

✍दोहा॰ "लंका मेरी दूर है, पहुँच सके ना राम" ।
यह तो तेरी भूल है, बिगड़ेंगे तव काम ।। 4934/7162

"शूर वीर सेना बड़ी, नहिँ आवेगी काम ।

170. Story of Sītā's arrival in Lankā (4. Kishkindhā Kānd)

चरण कमल तू पकड़ ले, जब आवेंगे राम ।। 4935/7162

"रामचंद्र किरपालु हैं, कर देवेंगे माफ ।
वापस ले चल तू मुझे, कर ले पर्चा साफ" ।। 4936/7162

संगीतश्रीकृष्णरामायण गीतमाला, पुष्प 616 of 763

(साँवरिया)

स्थायी

जुड़ जुड़ जाती मैं तोहे साँवरिया ।
♫ गग गग म-म म ध-प मगरेरेसा- ।

अंतरा-1

जहाँ मैं होती रामा, जादू की गुड़िया ।
छुप-छुप आती मैं, लाँघ सागरिया ।।
♫ सानि़ सा रेरे- रेरे, पम ग मम-प- ।
निनि निनि ध-प म, प-म गरेरेसा- ।।

अंतरा-2

जहाँ मैं होती रामा, पर वाली चिड़िया ।
उड़ उड़ आती मैं, तोहरी अटरिया ।।

अंतरा-3

जहाँ मैं होती रामा, सपनों की परिया ।
निंदिया में तोहरी मैं, तकती सुरतिया ।।

अंतरा-4

जहाँ मैं होती रामा, रावन-माँ बुढ़िया ।
गिन गिन लगाती मैं, कनवा पकड़िया ।।

(रावण)

रावण बोला, भोंह चढ़ाता, मुखिया को, आवाज बढ़ाता ।
ले जाओ ये स्त्री अभिमानी, रखो वाटिका में दीवानी ।। 4091/5205

घमण्ड इसका चौपट करदो, इसमें हमरी भक्ति भरदो ।
नाम राम का ले नहिं पावे, बीती सब विस्मृत हो जावे ।। 4092/5205

170. Story of Sītā's arrival in Lankā (4. Kishkindhā Kānd)

सखियाँ सारी! इसे सताओ, बातें मेरी इसे बताओ ।
टोको निश-दिन, इसे मनाओ, रानी हमरी इसे बनाओ ।। 4093/5205

दोहा॰ नृप ने मुखिया को कहा, "अड़ियल है यह नार ।
अशोक वाटिका में रखो, इसका गर्व उतार ।। 4937/7162

"इसको मेरी कीर्ति की, बोलो निश-दिन बात ।
मेरी होने को कहो, इसको तुम दिन-रात" ।। 4938/7162

 संगीत-श्रीकृष्णरामायण गीतमाला, पुष्प 617 of 763

(हे राघव)

स्थायी

हे राघव प्राण पियारे– –, तेरी राह तकुँ मैं तू आ रे– – ।
♪ ध्रनि॒ नि॒सासासा रे–सा नि॒सा–रे– –, ग॒म प–म ग॒रे– म ग॒ रेसा सा– – ।

अंतरा–1

हाथ पड़ी मैं इस पापी के, पार सागर ले आया ।
नजर बुरी रावण की मुझ पर, चाहे करन मोहे जाया ।
दारा अपनी छोड़ के पापी, मुझ पर डोरे डारे ।।
♪ नि॒–ध॒ नि॒सां– सां– रेरे रे–म– ग॒–, म–म ममप मग॒ म–प– ।
धधध धनि॒– ध॒–पप म– पप ध॒–, नि॒–ध॒ पमम गग॒ म–प– ।
नि॒–ध॒– पपम– प–म ग॒ रे–म–, पप मम ग॒–मग॒ रेसासा– ।।

अंतरा–2

कोई संगी यहाँ नहीं है, काटत मोहे मेरा साया ।
सर्वगामी प्रभु सरबस ज्ञानी! मेरी बारी कहाँ हो ।
सकल जगत के ओ रखवारे, राघव! मोहे छुड़ा रे ।।

अंतरा–3

दोष हुआ है मेरे हाथों, पाई सजा ये मैंने ।
उमा जली जब इसी दोष में, शिवजी उसे उबारे ।
विघ्न विनाशी रामजी प्यारे, रघुवर! मुझे बचारे ।।

170. Story of Sītā's arrival in Lankā (4. Kishkindhā Kānd)

संगीतश्रीकृष्णरामायण गीतमाला, पुष्प 618 of 763

खयाल : राग हमीर,[195] तीन ताल 16 मात्रा

(सीता रुदन)

(चाल, तबला ठेका और तान के लिए देखिए हमारी "*नई संगीत रोशनी*" का गीत 29)

स्थायी

नयनवा कजरारे छलकाए नीर । नयनवा॰

♪ निधनिसांरेंसां– सांनिधप मंधमंपगम ध–ध । निधनिसांरेंसां–॰

अंतरा–1

मनवा काहे जिया कलपाए, पागल निश–दिन मोहे तरपाए ।

आजा सजनवा थक गयो मनवा, न धरत बिलकुल धीर ।। नयनवा॰

♪ पपसां– सां–सां– सांध सांसांसांरेंसां–, ध–धध सांसां सांसां सांरें सांनिध–प– ।

सां–गं गंमंरेंसां– धनि सांरें सांरेंसांनिधप, सां निधप मंधपगम ध–ध ।। निधनिसांरेंसां–॰

अंतरा–2

जियरा कैसो हम बहलाएँ, नैनन अँसुअन से भर आए ।

काहे सजनवा करत न बतिया, न सुनत बिरहन गीत ।।

संगीतश्रीकृष्णरामायण गीतमाला, पुष्प 619 of 763

दादरा ताल

(सीता के लंकाप्रवेश की कथा)

स्थायी

गीत शारद ने मंजुल है गाया, साज नारद मुनि ने बजाया ।

रत्नाकर से है मंगल रचाया, रामायण को है सुंदर सजाया ।।

♪ म–ग म–म– म प–म– ग म–प–, रे–ग म–म– मध– प– मग–म– ।

---

[195] 𝄞 **राग हमीर** : यह कल्याण ठाठ का राग है । इसका आरोह है : सा रे सा, ग म ध, नि ध, सां । अवरोह है : सां नि ध प, मं प ध प, ग म रे सा ।

▶ लक्षण गीत : ✍ **दोहा॰ दोनों मध्यम स्वर जहाँ, तीव्र म पंचम संग ।**

ध ग वादी संवाद से, "हमीर" मैं है रंग ।। 4939/7162

171. Story of Ashoka Vātikā (Rāmāyan, 4. Kishkindhā Kānd)

रेगम-म म- म ध-प- गम-प-, रे-ग-म- म- म ध-प- मग-रे- ।।

अंतरा-1

पार करके नदी वन समुंदर, यान उतरा जब लंका के अंदर ।

बोला रावन, मैं राघव हनाया, लछमन को भी हमने सुलाया ।।

♫ सां-सां नि-रें- सांध- निनि धप-मम, सांसां निनिरें- सां- ध-नि- ध प-म- ।

मग म-म-, म प-मम गम-प-, रेगमम म- म ध-प- मग-रे- ।।

अंतरा-2

उनके पीछे न आँसू बहाओ, सीते! मेरी प्रिया बन जाओ ।

इसी कारण मैं तोहे चुराया, काम अपना मैं पूरा कराया ।।

अंतरा-3

बोला दासी को, इसको सताओ, इसको मेरी कहानी बताओ ।

इसको मेरी दूल्हनिया बनाओ, उनको आदेस अपना सुनाया ।।

अंतरा-4

सीता बोली, तू रावण! है पापी, अत्याचारी कमीना है दापी ।

तूने मरने का साधन बनाया, तेरे कुल का समापन है आया ।।

किष्किन्धा काण्ड : तीसरा सर्ग

171. अशोक वटिका की कथा :

171. Story of Ashoka Vātikā (Rāmāyan, 4. Kishkindhā Kānd)

♫ संगीतश्रीकृष्णरामायण छन्दमाला, मोती 417 of 501

हरिगीतिका छन्द[196]

16 + 9 + । ऽ

---

[196] ♫ **हरिगीतिका छन्द :** इस छन्द के चरणों में 28 मात्राएँ होती हैं जिनके अन्त में एक लघु और एक गुरु वर्ण होता है । विराम 16-12 पर आता है ।

▶ लक्षण गीत : ✍ **दोहा॰ मात्रा अठ्ठाईस का, लघु गुरु कल से अंत ।**

सोलह कल पर यति जहाँ, वह "हरिगीतिका" छंद ।। 4940/7162

171. Story of Ashoka Vātikā (Rāmāyan, 4. Kishkindhā Kānd)

(अशोक वाटिका)

जग में सुंदर रावन की थी, अनुपम असोक बगिया ।
सीता को लागी वह बगिया, सब त्रिभुवन में घटिया ।। 1
जल फव्वारे नीर नहर थे, तरुवर सुमन बेलियाँ ।
सिया को लगे सब थे फीके, बिन राघव की बतियाँ ।। 2

ॐ श्लोक:

नैतावच्छोभना काऽपि यादृश्यशोकवाटिका ।
नारोचत तु सीतायै विना रामं धनुर्धरम् ।। 1997/2422

📖 कथा 📖

(वाटिका में)

दोहा॰ अशोक सुंदर वाटिका, फूली फली अपार ।
नीर विमल उद्यान में, पथ पर वृक्ष कतार ।। 4941/7162

घास से ढकी भूमि थी, कहीं नहीं थी धूल ।
निर्मल जल में थे खिले, नील कमल के फूल ।। 4942/7162

कमल दलों पर गूँजते, भ्रमर अली के साज ।
सलिल अमल में मीन का, चलता निर्भय राज ।। 4943/7162

रंग रंग की मछलियाँ, कछुए जलचर जीव ।
उछल कूद कर खेलते, मनहर लगत अतीव ।। 4944/7162

दादुर टर टर बोलते, दादुरियों के साथ ।
आहट पाते उछलते, लगा सको ना हाथ ।। 4945/7162

(और)

शीतल झोंके पवन के, करते हर्षित गात ।
तरु पर बेली झूमती, मंद पवन के साथ ।। 4946/7162

पथ पत्थर से सब सजे, भली भाँति की तौर ।
अशोक तरु की क्यारियाँ, पथ की दोनों ओर ।। 4947/7162

171. Story of Ashoka Vātikā (Rāmāyan, 4. Kishkindhā Kānd)

बाग सुहाने पुष्प के, रंगित खुशबूदार ।
जल फव्वारों से बने, इन्दर धनुष तुषार ।। 4948/7162

लता चमेली मंडवे, कंज कुसुम के कुंज ।
मँडराते रस चूसने, विहंग अलि के पुंज ।। 4949/7162

(मगर)

सुंदर ये रावन की बगिया, महल ये गलियाँ, कुसुम ये कलियाँ ।
फिर भी बिन राघव से बतिया, सीता को सब लागे घटिया ।। 4094/5205

कुटिया में मैं वास करूँगी, अथवा घुट कर यहीं मरूँगी ।
सुन कर असुरी मुखिया धाई, अशोक वन में कुटी बनाई ।। 4095/5205

✍दोहा॰ **"नहीं चाहिए ये मुझे, तेरे स्वर्ण मकान ।**
ना ही बाग, न दासियाँ; मुझे चाहिए राम ।। 4950/7162

"मैं कुटिया में ही रहूँ, वहीं मुझे आराम ।
तले वृक्ष के बैठ कर, जपूँ राम का नाम ।। 4951/7162

"सुन कर सीता का कहा, दासी ने अविलंब ।
कुटिया कीन्ही पर्ण की, सीता को आनंद" ।। 4952/7162

(क्योंकि)

संग राम का उसको भाता, अन्य किसी से उसे न नाता ।
राम-नाम इक उसको आता, निश-दिन बिरहा उसको खाता ।। 4096/5205

उसको चुभते दिन के काँटे, नागिन रतिया उसको काटे ।
पल छिन मनवा उसका हाँफे, घड़ी-घड़ी उसकी छतिया काँपे ।। 4097/5205

रो रो हरि को सिया पुकारे, पुकार करती राघव! आ रे ।
अशोक तरु के तले दुखीता, आस लगाए बैठे सीता ।। 4098/5205

✍दोहा॰ **"राम-नाम भाता मुझे, और नहीं कछु चाह ।**
बिरहा मुझको खात है, मन को देता दाह ।। 4953/7162

"दिन चुभते काँटे बने, डसती नागिन रात ।

171. Story of Ashoka Vātikā (Rāmāyan, 4. Kishkindhā Kānd)

छाती मोरी काँपती, बिन राघव से बात ।। 4954/7162

"राम-नाम जप मैं करूँ, राघव मेरा काँत ।
अशोक तरु की छाँव में, बैठूँगी मैं शाँत" ।। 4955/7162

संगीतश्रीकृष्णरामायण गीतमाला, पुष्प 620 of 763

खयाल : राग बागेश्री

(हे स्वामी!)

निस दिन तरसत नैना मेरे, मैं चंदा तू सूरज मेरा ।
धरती पर दिन रैन बसेरा ।।

♫ सांसां निनि धमपध ग-रेसा रे-सा-, रेसा निधसा- सा- मधनिप ग-रेसा ।
ममध- धध निध सां-नि धमगरेसा ।।

अंतरा-1

राह में बादल कारे बिखरे, रात में तारे आँखें मारे ।
स्वामी रघुपति! कबहु मिलोगे, थक गए नैना राह निहारे ।।

♫ ग-म म ध-निनि सां-सां- रेंनिसां-, नि-सां गं रें-सां- नि-सां- नि-ध- ।
पधनिध- निनिधध! मगम गरे-सा-, निसा मम ध-निध सां-नि धमगरेसा ।।

संगीतश्रीकृष्णरामायण गीतमाला, पुष्प 621 of 763

दादरा ताल

(अशोक वाटिका की कथा)

स्थायी

गीत शारद ने मंजुल है गाया, साज नारद मुनि ने बजाया ।
रत्नाकर से है मंगल रचाया, रामायण को है सुंदर सजाया ।।

♫ म-ग म-म- म प-म- ग म-प-, रे-ग म-म- मध- प- मग-म- ।
रेगम-म म- म ध-प- गम-प-, रे-ग-म- म- म ध-प- मग-रे- ।।

अंतरा-1

जग में सुंदर थी रावन की बगिया, जल फव्वारे तरु बेली कलियाँ ।
लगी सीता को त्रिभुवन में घटिया, बिना राघव की मीठीं वो बतियाँ ।।

172. Story of Queen Mandodarī (4. Kishkindhā Kānd)

♫ सां- सां नि-रें- सां ध-निनि ध पपम-, सांसां नि-रें-सां धध नि-ध पपम- ।

मग म-म- म पप-मम ग ममप-, रेग म-म- म ध-प- म गगरे- ।।

अंतरा-2

इसी वन में थी सीता की कुटिया, जहाँ तड़पाती असुरों की मुखिया ।

दिल दुखाती थी रावन की सखियाँ, सब रुलाती थी लाज न रखियाँ ।।

अंतरा-3

थर थर काँपत सीता की छतिया, डंख मारऽत नागिऽन रतिया ।

उसको चूभऽत रावन की बगिया, कासे बोले वो सारी ये बतिया ।।

172. **मंदोदरी देवी की कथा :**

172. Story of Queen Mandodarī (4. Kishkindhā Kānd)

♫ संगीतश्रीकृष्णरामायण छन्दमाला, मोती 418 of 501

गीतिका छन्द[197]

14 + 9 + । ऽ

(मंदोदरी)

आस्तिक भार्या नास्तिक की, देवी महाना खरी । 1

इस दुनिया में रावन की, संगिनी मंदोदरी । 2

ॐ श्लोकः

धार्मिका चास्तिका नारी यस्याः पतिस्तु नास्तिकः ।

देवी मन्दोदरी भार्या रावणस्य पतिव्रता ।। 1998/2422

📖 **कथा** 📖

(मंदोदरी)

---

[197] ♫ **गीतिका-1 छन्द :** इस छन्द के चरणों में 26 मात्राएँ होती हैं जिनके अन्त में एक लघु और एक गुरु वर्ण होता है । विराम 14-12 पर विकल्प से आता है ।

▶ लक्षण गीत : ✍ **दोहा॰ मत्त छब्बीस हों जहाँ, लघु गुरु मात्रा अंत ।**

चौदह कल पर यति सजे, वही "गीतिका" छंद ।। 4956/7162

172. Story of Queen Mandodarī (4. Kishkindhā Kānd)

दोहा॰   रावण की मंदोदरी, शत में देवी एक ।
पत्नी नास्तिक-असुर की, फिर भी आस्तिक नेक ॥ 4957/7162

रावण, वैरी राम का, करता ओछे काम ।
भगत असुरअर्धांगिनी, जपती निश-दिन राम ॥ 4958/7162

(सीता अपहरण पर)

सुन रावण का सिय को लाना, शोर मंदोदरी ने कीन्हा ।
आई वह रावण के पासा, करने को उसका उपहासा ॥ 4099/5205

बोली, तू लंपट है प्यासा, तुझे हवस की अधम पिपासा ।
इतनी कन्याएँ तू लाया, उठा भगा के लंका धाया ॥ 4100/5205

पर नारी को अवैध छूना, करता है रे! पातक दूना ।
करो मुक्त जो स्त्रीयाँ लाईं, वापस लौटा सीता माई ॥ 4101/5205

दोहा॰   सुन, "रावण लाया सिया," मंदोदरी को क्रोध ।
आई अशोक वाटिका, देने पति को बोध ॥ 4959/7162

बोली, "तू कामुक बड़ा, मत कर ऐसे पाप ।
नारी गौरव भंग से, पाएगा तू ताप ॥ 4960/7162

"छू कर नारी अपर की, मिलता दूना पाप ।
वापस लौटा दे सिया, करले पश्चाताप" ॥ 4961/7162

(सीता)

सीता है लक्ष्मी अवतारा, छीनेगी धन तेरा सारा ।
राम नहीं तुझको छोड़ेगा, नस-नस तेरी वो तोड़ेगा ॥ 4102/5205

राम विष्णु का है अवतारा, गर्व हरेगा तेरा सारा ।
राम! राम! तू अब भी भज रे! सीता को तू सादर तज रे! ॥ 4103/5205

राम दयालु बड़े आप हैं, कर देंगे सब दूर पाप हैं ।
अगर बाज तू नहिं आवेगा, मुझको तू विधवा कर देगा ॥ 4104/5205

इतनी तेरी संपत् सारी, तुझको लगती यदि है प्यारी ।

तज दे सीता को इक बेरी, रावण! अब तू मत कर देरी ।। 4105/5205

✍दोहा॰ **“सीता लक्ष्मी रूप है, धन की देवी आप ।**
छेड़ेगा यदि तू उसे, तुझको देगी शाप ।। 4962/7162

“राम विष्णु का रूप हैं, परम पूज्य अवतार ।
मत कर ओछे काम तू, देंगे तुझको मार ।। 4963/7162

“वापस लौटा दे सिया, मिट जावेगा पाप ।
राम दयालु देव हैं, क्षमा करेंगे आप” ।। 4964/7162

(और)

घोर कर्म ये तूने कीन्हा, बोझ पाप का सिर पर लीन्हा ।
वृथा गर्व से तू है फूला, कर्म-फलों को तू है भूला ।। 4106/5205

कुकर्म करते तू नहिं डरता, बिना सोच विचारे करता ।
रूठेगी सब ऋद्धि सिद्धि, विनाश काले विपरीत बुद्धि ।। 4107/5205

पतिव्रता तूने आलोची, आत्मघात की तूने सोची ।
पतिव्रता का व्रत है ऊँचा, जीवन पतिव्रता का शूचा ।। 4108/5205

✍दोहा॰ **“घोर कर्म तूने किया, लीन्हा सिर पर पाप ।**
वृथा गर्व में फूल कर, बना हुआ है साँप ।। 4965/7162

“पतिव्रता को छेड़ कर, कीन्हा आतमघात ।
लौटा दे रे! तू सिया, राम वीर निष्णात” ।। 4966/7162

(और सुन!)

माना वीर राम को मैंने, तीर लखन के बहुत हैं पैने ।
राघव को तूने अवहेला, अपने जीवन से तू खेला ।। 4109/5205

उनसे बिगाड़ मत तू प्यारे! कष्ट तुझे वे देंगे भारे ।
बात मान ले मेरी, सैंया! कहती हूँ मैं पड़ कर पैंया ।। 4110/5205

✍दोहा॰ **“राम अपारा वीर है, पैने उसके तीर ।**
उससे आज बिगाड़ कर, कल पाएगा पीर” ।। 4967/7162

172. Story of Queen Mandodarī (4. Kishkindhā Kānd)

(अन्त में)

दोहा॰ "तू तो ज्ञानी पुरुष था, अब क्यों ये अज्ञान ।
चल कर उल्टी राह से, होगा तू बदनाम ।। 4968/7162

"फूट-फूट कर रो रही, कुछ तो करो लिहाज ।
नारी हरना पाप है, तज दो उसको आज ।। 4969/7162

"तुझको शिवजी प्राप्त थे, अब क्यों नास्तिक भाव ।
दश मुख पा कर अब तुझे, बुरे कर्म का चाव ।। 4970/7162

"सीता जग की मात है, राम जगत के तात ।
उनसे मत कर बैर तू, सुन ले मेरी बात" ।। 4971/7162

संगीतश्रीकृष्णरामायण गीतमाला, पुष्प 622 of 763

दादरा ताल

(मंदोदरी की कथा)

स्थायी

गीत शारद ने मंजुल है गाया, साज नारद मुनि ने बजाया ।
रत्नाकर से है मंगल रचाया, रामायण को है सुंदर सजाया ।।

♫ म-ग म-म- म प-म- ग म-प-, रे-ग म-म- मध- प- मग-म- ।
रेगम-म म- म ध-प- गम-प-, रे-ग-म- म- म ध-प- मग-रे- ।।

अंतरा-1

देवी मंदोदरी पूज्य नारी, पत्नी रावन की आस्तिऽक भारी ।
सुन रावन है सीता को लाया, शोर मंदोदरी ने मचाया ।।

♫ सांसां नि-रें-सांध- नि-ध प-म-, सांसां नि-रेंरें सां ध-नि-ध प-म- ।
मग म-मम म प-म- ग म-प-, रे-ग म-म-मध- प- मग-रे- ।।

अंतरा-2

उसने रावन का कारज आलोचा, "पर नारी को छूना है ओछा ।
तूने अन्याय घोरऽ किया है, अपने सिर पर तू पातक लिया है ।।

अंतरा-3

173. Story of Kabandha (Rāmāyan, 4. Kishkindhā Kānd)

"राम विष्णुऽ का है अऽवतारा, सीता लक्ष्मी का रूपऽ है न्यारा ।
देवी अबला को क्यों तू सताया, छोड़ दे तू सिया को," बताया ।।

173. असुर भक्त कबंध की कथा :

173. Story of Kabandha (Rāmāyan, 4. Kishkindhā Kānd)

संगीतश्रीकृष्णरामायण छन्दमाला, मोती 419 of 501

कुंडलिया छन्द[198]

(असुर कबंध)

राम सेती कबंध ने, बोला, सुनिये, राम! ।
सुग्रीव से जाकर मिलो, तभी बने तव काम ।।
तभी बने तव काम, सम दुक्खी जब मित्र हो ।
जाओ रण में यदा, सेवक ऐसा तत्र हो ।।
ऋष्यमूक पर बसा, नृपकीश सुग्रीव नाम ।
हनुमत तिन दास है, सब कपियन में अभि-राम ।।

श्लोक:

जटायोरग्निसंस्कारं कृत्वा रामः पुरोऽसरत् ।
दक्षिणतो गतो रामो यथा जटायुरब्रवीत् ।। 1999/2422

मार्गेऽसुरकबन्धेन रामो दृष्टः सश्रद्धया ।
अब्रवीदसुरो रामं सुग्रीवं मिल त्वं सखे ।। 2000/2422

ऋष्यमूकगिरिं गच्छ पम्पावनस्य दक्षिणे ।
दास्यति त्वां सहाय्यं स समदुःखी कपिनृपः ।। 2001/2422

---

[198] **कुंडलिया छन्द** : इस मात्रिक छन्द में एक दोहे के बाद एक रोला नियोजित किया जाता है । प्रथम दोहे का चतुर्थ चरण रोले का प्रथम चरण होता है । कुण्डलिया के इस चरण में 11 मात्रा होती हैं । जिस शब्द से कुण्डलिया आरम्भ होती है उसी शब्द से वह समाप्त भी होती है ।

▶ लक्षण गीत : **दोहा॰ दोहा पहले हो जहाँ, रोला जिसका अंत ।**
वही शब्द आद्यंत हो, वह "कुंडलिया" छंद ।। 4972/7162

173. Story of Kabandha (Rāmāyan, 4. Kishkindhā Kānd)

📖 कथा 📖

(गोदावरी के पार)
राघव विषम समय में निरखे, सच्चा सेवक रण में परखे ।
सिया हरण दुख दीन्हा जेता, जटायु मरना दीन्हा तेता ।। 4111/5205

दोहा॰ दुखी हुए जितने घने, सिया हरण से राम ।
उतना दुख उनको दिया, जटायु का निर्वाण ।। 4973/7162

(कबंध)
दोहा॰ किये पार गोदावरी, दुखी मनस् रघुनाथ ।
पुनः सिया की खोज में, चले अनुज के साथ ।। 4974/7162

नद नाले गिरि लाँघते, टेढ़ी मेढ़ी राह ।
देखा आगे है खड़ा, असुर पसारे बाँह ।। 4975/7162

देख असुर को सामने, लछमन ताना तीर ।
बोला, राघव! मैं इसे, शर से डालूँ चीर ।। 4976/7162

(मगर, कबंध ने)
दोहा॰ सुना नाम जब "राम" का, कबंध ने सुख गात ।
कीन्हे ऊपर असुर ने, अपने दोनों हाथ ।। 4977/7162

(राम)
दोहा॰ राघव बोले लखन को, नहीं चलाओ तीर ।
शरणागत इस असुर के, देखो नयनन नीर ।। 4978/7162

राक्षस होकर भी, सखे! लगता है यह मीत ।
इसका लाभ उठाइये, इसके मन को जीत ।। 4979/7162

(अतः)
दोहा॰ राघव बोले, "कौन हो, क्या है तुमरा नाम ।
हाथ उठाये थे भला, कहो कौनसे काम ।। 4980/7162

"तब तो क्रोधित घोर थे, अब क्यों भए विनीत ।

173. Story of Kabandha (Rāmāyan, 4. Kishkindhā Kānd)

बोलो प्यारे! धैर्य से, हमको बात अतीत" ।। 4981/7162

(कबंध)

दोहा॰ राम-भक्त मैं दनुज हूँ, मेरा नाम कबंध ।
दंडक-असुरों से मेरा, नहीं तनिक संबंध ।। 4982/7162

परदेसी वे असुर हैं, मैं हूँ देसी माल ।
हम हैं क्रौंचारण्य में, दनु कुल के प्रतिपाल ।। 4983/7162

मम पितु हरि के दास थे, मुझे राम की आस ।
दरस राम का पाइके, मिटी रक्त की प्यास ।। 4984/7162

आया था मैं मारने, तुम्हें भुजा में बांध ।
एक बार मैं बाँध लूँ, कोई सकै न फाँद ।। 4985/7162

(अब)

दोहा॰ "राघव! दर्शन पाइके, मेरा भया उबार ।
मैं भी तुमरे शीश से, हलका कर दूँ भार ।। 4986/7162

"अब मैं तुमरा दास हूँ, मुझे स्वीकारो, राम! ।
मेरे लायक, हे प्रभो! कहदो कोई काम" ।। 4987/7162

(राम)

राघव बोले, कबंध प्यारे! अब तुम प्रिय हो भगत हमारे ।
सिया विरह के दुख हैं भारे, उसे ढूँढ कर हम हैं हारे ।। 4112/5205

जटायु खग ने हमें बताया, अबला को है असुर भगाया ।
उपाय कोई हमें बताओ, राह खोज की हमें जताओ ।। 4113/5205

दोहा॰ बोले राम कबंध को, "दो-वर" वाली बात ।
मेरी पत्नी खो गयी, मदद करो तुम, तात! ।। 4988/7162

हार गए हम ढूँढ कर, हमें चाहिए मीत ।
हमें मिलादे जो सखा, सिया विरह पर जीत ।। 4989/7162

(कबंध)

173. Story of Kabandha (Rāmāyan, 4. Kishkindhā Kānd)

कबंध बोला, सुन रघुराई! बात बताता हूँ सुखदाई ।
समदुखी जन से तुम मिल जाओ, मिलाप करके बात बढ़ाओ ।। 4114/5205

संकट में अब तुम हो ज्योंही, विपदा में सुग्रीव है त्यों ही ।
हुई अपहृत तुमरी पत्नी, खोई स्त्री उसने भी अपनी ।। 4115/5205

दोहा॰ कबंध बोला राम को, "बात बताऊँ खास ।
सम दुक्खी सुग्रीव है, उसे बनाओ दास ।। 4990/7162

"ऋष्यमूक गिरि पर बसा, कपिवर बहुत उदास ।
वह भी चाहे मित्र जो, उसके मुख दे हास ।। 4991/7162

"उसने भी खोई प्रिया, बिरह उसे है खात ।
उसको भी वह चाहिए, जो बनवा दे बात" ।। 4992/7162

(सुग्रीव)

ऋष्यमूक पर्वत का बासी, फिरता है वह बना उदासी ।
उसका अग्रज नामक बाली, मूढ़ मति, पर अति बलशाली ।। 4116/5205

जाओ दक्षिण दिश में आगे, सुंदर पंपा वन को लाँघे ।
वहाँ लखो सुग्रीव उदासी, ऋष्यमूक पर्वत का बासी ।। 4117/5205

जाकर, उससे स्नेह बढ़ाओ, मेल सजा कर मीत बनाओ ।
वह भी चाहे ऐसा कोई, वापस दार दिलाए जोही ।। 4118/5205

दोहा॰ पंपा सर के तीर से, जाओ दक्षिण ओर ।
शबरी की कुटिया मिले, पूछो उससे ठौर ।। 4993/7162

ऋष्यमूक पर आज ही, जाकर उसके पास ।
उसका काज बनाइके, करलो उसको दास ।। 4994/7162

 संगीतश्रीकृष्णरामायण गीतमाला, पुष्प 623 of 763

दादरा ताल

(कबंध की कथा)

174. Story of Shabarī's plums (4. Kishkindhā Kānd)

स्थायी

गीत शारद ने मंजुल है गाया, साज नारद मुनि ने बजाया ।
रत्नाकर से है मंगल रचाया, रामायण को है सुंदर सजाया ।।

♫ म-ग म-म- म प-म- ग म-प-, रे-ग म-म- मध- प- मग-म- ।
रेगम-म म- म ध-प- गम-प-, रे-ग-म- म- म ध-प- मग-रे- ।।

अंतरा-1

दाह संस्कार पंछी का करके, निकले राघऽव दक्षिण को धरके ।
रासते में कबंध दनु आया, उसको राघव गले से लगाया ।।

♫ सांसां नि-रें-सां ध-नि- ध पपम-, सां-सां नि-रें-सां ध-निनि ध पपम- ।
मगम- म- मप-प मग म-प-, रे-ग म-म- मध- प- मग-रे- ।।

अंतरा-2

बोला कबंऽध, हे स्वामी रामा! आया वन में बता कौन कामा ।
बोला राघव, असुर है चुराया, कुटिया से सिया मेरी जाया ।।

अंतरा-3

बोला कऽबंऽध, सुनो रऽघुराई! नृप सुग्रीव है सम दुःऽखी भाई ।
उसकी पत्नी मिलाऽदोऽ पिया को, फिर वो ढूँढेगा तुमरी सिया को ।।

अंतरा-4

पंपा सर के किनारे से जाओ, ऋऽष्यमुकऽ गिरिऽ पऽर आओ ।
जब बाली ने लड़ कर भगाया, वहाँ किऽला है सुग्रीव बनाया ।।

किष्किन्धा काण्ड : चौथा सर्ग

174. शबरी भीलनी के जूठे बेरों की कथा :

174. Story of Shabarī's plums (4. Kishkindhā Kānd)

♫ संगीतश्रीकृष्णरामायण छन्दमाला, मोती 420 of 501

174. Story of Shabarī's plums (4. Kishkindhā Kānd)

उद्‌गता छन्द[199]

। । ऽ, । ऽ ।, । । ऽ, ।
। । ।, । । ऽ, । ऽ ।, ऽ
ऽ । ।, । । ।, । ऽ ।, । ऽ
। । ऽ, । ऽ ।, । । ऽ, । ऽ ।, ऽ

(शबरी भीलनी)

शबरी भई सफल काज,
चरण हरि के पड़ी यदा ।
बेर चख-चख पके मधु जो,
मन से प्रदान करहिं नु राम को ।।

♫ संगीतश्रीकृष्णरामायण छन्दमाला, मोती 421 of 501

कुंडलिया छन्द

(शबरी)

राम आगमन को सजा, शबरी का था धाम ।
इक दिन दैवी योग से, आए कुटिया राम ।।
आए कुटिया राम, भाग्य भिलनिया के खुले ।
करने को उद्धार, दर्शन राघव के मिले ।।
जूठे शबरी दिये, बेर तिन स्नेह के नाम ।
हरि खायो प्रेम से, बोलो जय जय राम ।।

ॐ श्लोका:

---

[199] ♫ **उद्‌गता छन्द :** इस विषम वर्णवृत्त में पहले चरण में स ज स गण और एक लघु वर्ण के 10 अक्षर; दूसरे चरण में न स ज गण और एक गुरु वर्ण के 10 अक्षर; तीसरे चरण में भ न ज गण और एक लघु व एक गुरु के 11 अक्षर; और चौथे चरण में स ज स ज गण और एक गुरु वर्ण के 13 वर्ण होते हैं । इसका लक्षण सूत्र (1) । । ऽ, । ऽ ।, । । ऽ, ।; (2) । । ।, । । ऽ, । ऽ ।, ऽ; (3) ऽ । ।, । । ।, । ऽ ।, । ऽ; और (4) । । ऽ, । ऽ ।, । । ऽ, । ऽ ।, ऽ इस प्रकार यह छंद 44 वर्ण और 58 मात्रा का होता है । इसके पदान्त में विराम होता है ।

▶ लक्षण गीत : **दोहा॰ पद प्रथम में स ज स ल हों, द्वितीय न स ज ग वृंद ।**
भ न ज ल ग, स ज स ज ग जहाँ, वहाँ "उद्‌गता" छंद ।। 4995/7162

174. Story of Shabarī's plums (4. Kishkindhā Kānd)

यदा पम्पावने रामः सुग्रीवं लब्धुमागतः ।
दृष्टवान्कुटिरं तत्र मनोरमं पुरातनम् ।। 2002/2422

कुतुहलेन श्रीरामः प्राविशत्तस्य प्राङ्गणम् ।
उपविष्टा प्रतीक्षायाम्-अपश्यच्छबरीं प्रभुः ।। 2003/2422

दृष्ट्वा रामं हि हृष्टा साऽपतच्चरणयोः प्रभोः ।
दत्तवत्यासनं रामम्-आसनं लक्ष्मणं तथा ।। 2004/2422

आस्वाद्य चाददात्ताभ्यां मिष्टानि बदराणि सा ।
तान्यखादत्सुखं रामो लक्ष्मणस्तु विकल्पितः ।। 2005/2422

संगीतश्रीकृष्णरामायण गीतमाला, पुष्प 624 of 763

(शबरी-श्रीराम मिलन)

स्थायी

आए श्री हरी, आज मेरे घर आए ।

♫ रेग म- गरे-, म-ग रेरे- गरे सानिसा- ।

अंतरा-1

छोड़के घर, सखी! वन में पधारे, लछिमन को संग लाए ।

♫ प-पप पध, पध-! निध प मम- म-, पमगरे रे- गरे निसा-।

अंतरा-2

आकर कुटिया में, राम प्रभु ने, मेरे भाग्य जगाए ।

अंतरा-3

बेर जो चख-चख, दीन्हे मैंने, जूठे मेरे फल खाए ।

अंतरा-4

पंपा के वन रम्य बहुत हैं, उनके मन को भाए ।

कथा

दोहा॰ नद नाले वन लाँघते, निरखत निर्मल नीर ।
राघव लछमन आगए, पंपा पश्चिम तीर ।। 4996/7162

पंपा सरवर रमणिक भारा, दृष्य विविध का ललित नजारा ।

174. Story of Shabarī's plums (4. Kishkindhā Kānd)

तड़ाग का जल निर्मल नीला, मीन हंस कमल की लीला ।। 4119/5205

दूर किनारे तक जल सेती, बिखरी शुभ्र चमकती रेती ।
ईर्द गीर्द पादप हरियाली, स्वैर झूमती तरु पर बेली ।। 4120/5205

रंग रंग के प्रसून सुंदर, फबता जिनका रूप-समुंदर ।
नाना रुचि फल तरु वल्ली पर, बेर चिरौंजी आडू मधुतर ।। 4121/5205

दोहा॰ तरु माला से था सजा, सुमन मनोहर पुंज ।
मँडराते भिन् भिन् किए, मधुकर अलि के वृंद ।। 4997/7162

नीली निर्मल झील में, खिले कमल के फूल ।
जल लहरों पर पवन से, फूल रहे थे झूल ।। 4998/7162

राघव लछमन थे चले, शोभा परम निहार ।
दूर दिखाई दे रही, पर्णकुटी मनहार ।। 4999/7162

संगीतश्रीकृष्णरामायण गीतमाला, पुष्प 625 of 763

भजन

(शबरी भीलनी)

स्थायी

पंपा सर है महा सुख दाई, नीर है नीला देत दिखाई ।
शीतल मंद पवन पुरबाई, पश्चिम तीर चले रघुराई ।।

♫ ग-मं- पप प पमं- गग मं-प-, ध-ध ध नि-नि- रें-सां निध-नि- ।
ध-धध नि-ध पमंमं धपमं-ग-, रे-रेरे ग-ग गमं- मंधपमंग- ।।

अंतरा-1

फूल कमल के झील में नीले, जल लहरों पर डग मग डोले ।
भँवरे उन पर गूँजर बोले, यहाँ सृष्टि हरषाऽऽईऽऽ ।।

♫ ऩि-रे गमंमं मं- ध-प मं ग-मं-, धध धधनि- धध निसां निध प-मं- ।
धपमं- गग गग प-मग रे-रे-, सारे- ग-ग मंधपमं - - ग - - ।।

अंतरा-2

दूर किनारे शबरी की नीकी, पर्ण कुटी दिखती भीलनी की ।

174. Story of Shabarī's plums (4. Kishkindhā Kānd)

शबरी बेर है तोड़के लाई, निश-दिन राम दुहाऽऽईऽ ।।

(वहाँ, शबरी)

दोहा॰ पूर्व जनम में मालिनी, शबरी का था नाम ।
पाया पति से शाप था, करके घटिया काम ।। 5000/7162

पति ने उसको क्रोध से, बोले कटु उद्‍गार ।
"राम तिहारे फल चखें, तब तेरा उद्धार" ।। 5001/7162

पंपा वन में फिर जनी, लेकर "शबरी" नाम ।
वृद्धा भगतिन राम की, जपती हरि! हरि! नाम ।। 5002/7162

संगीतश्रीकृष्णरामायण छन्दमाला, मोती 422 of 501

विभ्रमा छन्द[200]

। । ।, । । ।, । । ऽ, । । ऽ, ऽ ऽ

(मातंग मुनि)

स्वपच कुलज द्विज था मुनि मातंगा ।
धरम करम गुण की बहती गंगा ।। 1
मनहर मठ उसका वन पंपा में ।
निश-दिन मन उसका अनुकंपा में ।। 2

(शबरी भिलनी)

मतंग ऋषि की शिष्या शबरी, हिरदय जिसका अमृत गगरी ।
भोली भीलनी दरशन प्यासी, वृद्धा पंपा विपिन निवासी ।। 4122/5205

निश-दिन मन में हरि! हरि! गाती, राम चरण की आस लगाती ।
रोज सवेरे वन में जाती, राम के लिए मधु फल लाती ।। 4123/5205

---

[200] **विभ्रमा छन्द :** इस 14 वर्ण, 18 मात्रा वाले छन्द के चरणों में न न स स गण और दो गुरु वर्ण आते हैं । इसका लक्षण सूत्र । । ।, । । ।, । । ऽ, । । ऽ, ऽ ऽ इस प्रकार होता है । इसमें चरणान्त विराम आता है ।

▶ लक्षण गीत : **दोहा॰ मत्त अठारह चरण में, दो गुरु कल से अंत ।**
न न स स गण क्रम में सजे, वही "विभ्रमा" छंद ।। 5003/7162

174. Story of Shabarī's plums (4. Kishkindhā Kānd)

दोहा॰ **शिष्या ऋषि मातंग की, शबरी भिलनी नार ।**
पंपा वन में थी बसी, उसे राम से प्यार ।। 5004/7162

निश-दिन जपती राम को, "कब आओगे, नाथ! ।
लाये मीठे बेर हैं, दरसन दो, रघुनाथ!" ।। 5005/7162

रोज लगाती भोग वो, लेकर हरि का नाम ।
को जाने किस दिवस पर, आजावेंगे राम ।। 5006/7162

हरि दरशन की आस थी उसको, चातक जैसी प्यास थी उसको ।
हरि आवेंगे, उसको श्रद्धा, ध्यान में रता शबरी वृद्धा ।। 4124/5205

दोहा॰ **प्रति दिन उसको एक ही, हरि दरशन की आस ।**
तकत राह वो राम की, चातक जैसी प्यास ।। 5007/7162

संगीतश्रीकृष्णरामायण गीतमाला, पुष्प 626 of 763

भजन : राग बहार,[201] कहरवा ताल 8 मात्रा

(शबरी)

स्थायी

मोहे हरि दरशन की आास लगी, चातक जैसी प्यास लगी ।

♫ धनि सांसां निपमप गम नि-ध निसां-, सां-सांसां निपमप ग-ग मरेसा ।

अंतरा-1

राम चंद्र मोहे दरस दिलादो, किरपा का मोहे पयस पिलादो ।
राघव जी मोसे नैन मिलादो, पल भर ही सही, कोई बात नहीं ।।

♫ प-प प मप गम निनिध निसां-सां-, निनिनि- सां- सांसां नि-सांसां निसांनिध ।
गंगंमं- रें- सांसां निनिध धनि-सां -, सांसां निप म पग मम नि-ध निसां- ।।

---

[201] **राग बहार :** यह काफी ठाठ का राग है । इसका आरोह है : सा म, म प ग म, ध नि सां । अवरोह है : सां, नि प म प, ग म, रे सा ।

▶ लक्षण गीत : दोहा॰ **वर्जित रे आरोह में, अवरोह में ध टार ।**
म सा वादी संवाद से, मृदु ग नि राग "बहार" ।। 5008/7162

174. Story of Shabarī's plums (4. Kishkindhā Kānd)

अीतरा–2

नंद लाल हरि राह दिखादो, जीवन की मोहे चाह दिलादो ।
माधव मोहे चैन दिलादो, क्षण भर ही सही, कोई बात नहीं ।।

अीतरा–3

नाम मनोहर मन में बसादो, प्रीय सखे मोरा काज करादो ।
बाँसुरी की मोहे बैन सुनादो, एक सुर ही सही, कोई बात नहीं ।।

(उस दिन)

कुटिया उसकी झील किनारे, उस दिन राघव आन पधारे ।
द्वार पर खड़े राम निहारे, पड़ी चरण पर "हरि!" उच्चारे ।। 4125/5205

देख राम, शबरी हरषाई, आँखें उसकी जल भर आई ।
अति आदर से प्रणाम कीन्हे, बैठो कह कर आसन दीन्हे ।। 4126/5205

विनय भक्ति से वृद्धा बोली, निर्मल सरला सिद्धा भोली ।
राम! लखन! अब भोजन पाओ, वन बेरों का भोग लगाओ ।। 4127/5205

✍दोहा॰ **उस दिन शबरी-द्वार पर, राघव खड़े निहार ।**
हरषा कर वृद्धा कहे, स्वागत प्रभो! तिहार ।। 5009/7162

नैनन आँसू प्रेम के, मुख पर उसके हास ।
आसन दीन्हा राम को, बैठी चरणन पास ।। 5010/7162

शबरी ने श्री राम को, दीन्हे जूठे बेर ।
चखे राम ने प्रेम से, रस भीने फल ढेर ।। 5011/7162

संगीतश्रीकृष्णरामायण गीतमाला, पुष्प 627 of 763

भजन

(शबरी के बेर)

स्थायी

शबरी हरि को बेर खिलाती ।
चख-चख उनमें नेह मिलाती, शबरी हरि को बेर खिलाती ।।

♪ सासारे- गग म- पमग मगरेसा- ।

174. Story of Shabarī's plums (4. Kishkindhā Kānd)

पप पप ममग– ध–प म‌ग‌रेग–, सा‌सा‌रे– गग म– पमग म‌गरेसा– ।।

अंतरा–1

भक्ति भाव रस भीने मीठे, राघव खाते बेर वे जूठे ।
भोली भीलनी प्रेम रसीले, फल में माँ की याद दिलाती ।।

♪ सा–रे ग–ग गग म–म प–प–, म–मम प–प– ध–प म ग–म– ।
प–प धधध– सां–नि ध–प–ध–, धध प– म– ग– प–म ग‌रेगसा– ।।

अंतरा–2

बात लखनवा समझ न पाए, राघव जूठे फल क्यों खाए ।
वन में बेर के ढेर पड़े हैं, मगर राम को ममता भाती ।।

अंतरा–3

बैठी राघव के चरणन में, आज प्रमोदित है वह मन में ।
शबरी पति का शाप सिमर कर, पूर्व जनम का पाप मिटाती ।।

 दोहा० दूर हुए हैं अब मेरे, पाप ताप अरु शोक ।
जाऊँगी शुभलोक को, कोई सकै न रोक ।। 5012/7162

 ♪ संगीत‌श्रीकृष्णरामायण छन्दमाला, मोती 423 of 501

वसंततिलका छन्द

S S I, S I I, I S I, I S I, S S

♪ सा–नि– सारे–रे सारे ग– मग‌रे– गरे– सा–

(शबरी उद्धार)

पंपा सुरम्य वन में, शबरी–कुटी है ।
वृद्धा सदा भजन चिंतन में जुटी है ।। 1
आए सियापति जभी शबरी–दुआरा ।
बोली, "सियापति! मुझे, तुमने उबारा" ।। 2

 संगीत‌श्रीकृष्णरामायण गीतमाला, पुष्प 628 of 763

भजन

(अमृत प्रीति)

स्थायी

174. Story of Shabarī's plums (4. Kishkindhā Kānd)

नाम हरि का डगरी डगरी, पंपा वन में शबरी ।

♪ सा-सा सारे- रे- ग॒ग॒म- ग॒मप-, नि॒-ध- पप म- ग॒रेसा- ।

अंतरा-1

कर में धर चंगेरी नीकी, दरसन प्यासी राघव जी की ।
लौटी जब कुटिया में शबरी, राम आरहे उसे न खबरी ।।

♪ मम प- ध॒ध नि॒-सांनिध- प-ध॒-, निनिनिनि ध-प ध-पम ग॒- म- ।
सा-रे- ग॒ग॒ ममप- म- ग॒गरे-, सा-सा सा-रेरे- ग॒प- म ग॒रेसा- ।।

अंतरा-2

देख श्रीराम को, हरसाई, आशिष मंगल वह बरसाई ।
गिरी चरण में भीलनी शबरी, आज उबारे उसे नरहरि ।।

अंतरा-3

चख कर बेर निजी मुख सेती, मीठे राघव जी को देती ।
जूठे बेर खिलाई शबरी, अमृत प्रीति जिनमें गहरी ।।

 संगीतश्रीकृष्णरामायण गीतमाला, पुष्प 629 of 763

भजन : राग रत्नाकर, कहरवा ताल 8 मात्रा

(शबरी उद्धार)

स्थायी

छूके तेरे पग, रघुनाथ! मनोरथ सिद्ध भए ।

♪ सानि॒ सा-सा- ग॒रे, सानि॒सा-सा! रेग॒-रेसा- म-ग॒ रेसा- ।

अंतरा-1

निश-दिन हरि की ध्याई मूरत, कभी न देखी जिसकी सूरत ।
आज, तेरे दरस भए, मेरे सारे ताप गए ।।

♪ सासा रेरे ग॒ग॒ म- ध-प- म-मम, ग॒म- प ध-प- ममम- प-पप ।
मम, ध-प- ममग॒ रेग॒-, रेग॒ रे-सा- म-ग॒ रेसा- ।।

अंतरा-2

झूठे बेर हरि खाए मीठे, चखे लखनवा, सुच्चे खट्टे ।
आज, मोहे ध्यान भए, मेरे सारे पाप गए ।।

अंतरा-3

174. Story of Shabarī's plums (4. Kishkindhā Kānd)

गत जनम के मूढ़ मति के, काम मेरे अरु श्राप पति के ।
आज, राम उबार दिये, मेरे सारे शाप गए ।।

(फिर)

शबरी बोली, सुन रघुराई! पंपा तीर महा सुखदाई ।
सिया साथ में क्यों ना आई, यहीं बसो तुम संग लुगाई ।। 4128/5205

तीर सरोवर बहुत सुहाना, मानव का मन सदा लुभाना ।
कमल मधुर मकरंद बहाते, नील पद्म अरविंद कहाते ।। 4129/5205

मधुकर सुंदर गुँजर करते, पराग तितली भ्रमर चुराते ।
कुसुम पवन से खा झकझोले, जल लहरों पर डगमग डोले ।। 4130/5205

तड़ाग का जल पवित्र नीला, पुष्पित पत्रित रचना लीला ।
चहचह करते पंछी वन में, मद भरता है पंपा मन में ।। 4131/5205

दोहा॰ शबरी बोली राम को, सुंदर पंपा तीर ।
यहाँ पुष्प फल नीर हैं, कोयल मैना कीर ।। 5013/7162

मृग सांबर खरगोश हैं, भँवरे तितली झुंड ।
शकुंत[202] मधुकर चूसते, पराग मधु के कुंड ।। 5014/7162

सीता को तुम क्यों नहीं, लाए अपने संग ।
बसते तुम इस विपिन में, यहाँ स्वर्ग के रंग ।। 5015/7162

(राम)

शबरी देवी! पंपा नीका, बिना सिया के लगता फीका ।
खग कलरव मधु जब होता है, बिरहा में मम मन रोता है ।। 4132/5205

इक दिन माता बिगड़ी मन में, मुझको भेजी दंडक वन में ।
संग चल पड़ी मेरी सीता, पतिव्रता प्रिय मेरी वनिता ।। 4133/5205

साथ में चला लखन लला भी, रोये धोये अवध जन सभी ।
निष्कासित हम अवध से भए, देख पिताश्री प्राण तज गए ।। 4134/5205

---

[202] **शकुंत** = नीलकंठ पक्षी Blue jay.

174. Story of Shabarī's plums (4. Kishkindhā Kānd)

अवध पुरी के हम अधिवासी, आए दंडक बन वनवासी ।
पंचवटी में अति मनहारी, लखन बनायो कुटिया प्यारी ।। 4135/5205

जैसी सीता ने थी चाही, वैसी लखन बनायो ताही ।
आगे सुंदर फूल बगीचा, अगल बगल में हरा गलीचा ।। 4136/5205

सीता को मृग पंछी भाते, खग रव उसका चित्त लुभाते ।
मृदु हरियाली तृण मृग खाते, फुदक-फुदक मन को बहलाते ।। 4137/5205

✍दोहा० **शबरी को हरि ने कहा, चोखी तुमरी बात ।**
पंपा सर अति रम्य है, सुखदाई दिन-रात ।। 5016/7162

पड़ते जब भी कान पर, शुक मैना के बैन ।
सिया बिरह की याद में, लुटती मन की चैन ।। 5017/7162

राघव ने फिर सब कही, "दो-वर" वाली बात ।
दंडक-वन मुझको दिया, कैकेयी मम मात ।। 5018/7162

साथ सिया भी चल पड़ी, पतिव्रता मम दार ।
अनुज लखन भी आगया, मुझे विराग निहार ।। 5019/7162

निष्कासित हम अवध से, करने को वनवास ।
दंडक वन में आगए, करके कठिन प्रवास ।। 5020/7162

पंचवटी में लखन ने, पर्णकुटी अभिराम ।
करी सिया के चाह की; स्वर्ग समाना धाम ।। 5021/7162

महलों से बढ़कर वहाँ, निसर्ग की थी शान ।
मृग तरु जल पुष्प ही, सीता चित्त रुझान ।। 5022/7162

(फिर एक दिन)

इक दिन हरिण सुनहला आया, सीता का वह चित्त चुराया ।
बोली, इसको मैं पालूँगी, प्यार करूँगी, मैं खेलूँगी ।। 8138/5205

सीता बोली, तुरंत जाओ! स्वर्ण हरिण को धर कर लाओ ।
असुरों ने ये चाल चली थी, जाल में फँसाई मछली थी ।। 4139/5205

174. Story of Shabarī's plums (4. Kishkindhā Kānd)

दोहा॰   ऐसे सुखमय काल में, पड़ा अचानक भंग ।
       इक दिन आया फुदकता, हरिण सुनहरा रंग ॥ 5023/7162

       कांचन-मृग को देख कर, पड़ी सिया को भ्रांत ।
       बोली, रघुपति! जाइए, पीछे पग-से-शाँत ॥ 5024/7162

       उसको धर कर लाइए, उसे बनाऊँ मीत ।
       मैं पालूँगी प्रेम से, उसे लगाऊँ प्रीत ॥ 5025/7162

(तब)
गए हरिण हम धरने ज्योंही, सिय को असुर भगाया त्योंही ।
स्वाँग भिक्षु मुनि का झुठला कर, वायुयान में तिन बिठला कर ॥ 4140/5205

दक्षिण दिश में शठ है भागा, कहाँ गया है पता न लागा ।
रोका उसको जटायु खग ने, प्राण समर्पण करके अपने ॥ 4141/5205

दोहा॰   गए पकड़ने हरिण हम, बिछा हुआ था जाल ।
       सिया अपहृत हो गई, असुरों की थी चाल ॥ 5026/7162

       वायुयान से असुर ने, किया सिया अपहार ।
       जटायु आया रोकने, दिया असुर ने मार ॥ 5027/7162

(अत:)
आए हैं हम ढूँढन सीता, घोर पेच है हम पर बीता ।
कोई ज्ञान बताओ माता! जिससे मन धीरज है पाता ॥ 4142/5205

दोहा॰   आए हैं हम ढूँढते, चप्पा-चप्पा छान ।
       मिलना है सुग्रीव से, उसे सम-दुखी जान ॥ 5028/7162

       "माते! हम को ज्ञान दो, करिए क्या हम काम ।
       मिले सुयश किस नीति से," बोले उसको राम ॥ 5029/7162

   संगीत-श्रीकृष्णरामायण गीतमाला, पुष्प 630 of 763

भजन

174. Story of Shabarī's plums (4. Kishkindhā Kānd)

(राम समस्या)

स्थायी

सीता बिन घर कैसे जाऊँ, माता को मैं क्या बतलाऊँ ।

♫ धनिसा- सासा रेरे म-गरे सा-रे-, ग-म- म- ग- मग रेगसा- ।

अंतरा–1

बिना सिया के अवध को जाना, मुझको लगता मरण समाना ।

बिन पत्नी क्या मुख दिखलाऊँ ।।

♫ रेग- मग- रे- ममम ग म-म-, पपम- गगरे- गगग गम-म- ।

धध पम- ग- गग मगरेगसा- ।।

अंतरा–2

पूछेंगे जन माता मेरी, कहाँ गयी है सीता तेरी ।

उन सबको मैं क्या समझाऊँ ।।

अंतरा–3

जीवन सूना बिन सीता के, हाल क्या मेरी मन मीता के ।

निश-दिन व्याकुल मैं अकुलाऊँ ।।

अंतरा–4

घोर पाप है पत्नी खोना, मुझे शाप ये किसने दीन्हा ।

बिरहा मन कैसे बहलाऊँ ।।

(शबरी)

✍दोहा॰ **शबरी वृद्धा ने कहा, दुखद तिहारी बात ।**
राघव प्यारे! अब उठो, धीरज लेकर साथ ।। 5030/7162

होगा मंगल सब, सखे! आगे बढ़ कर, राम! ।
निष्ठा से बन जात हैं, बहुत कठिन भी काम ।। 5031/7162

छोड़ो बीती बात को, रोको रुदन विलाप ।
वीर भाव लेकर बढ़ो, साथ अनुज के आप ।। 5032/7162

मुनि मतंग ने है कहा, "जो खटता दिन-रात ।
लाभ उसी को है सदा, बने उसी की बात" ।। 5033/7162

174. Story of Shabarī's plums (4. Kishkindhā Kānd)

विधि ने सब कुछ है लिखा, यथा तथा इतिहास ।
तेरा मेरा मिलन भी, मत हो राम! उदास ।। 5034/7162

(और)

काम अधम ये असुर किया है, सिर पर पातक प्रचुर लिया है ।
काम कमीना जो करता है, अपने पापों से मरता है ।। 4143/5205

वस्तु जग में जो भी खोती, बिन प्रयास के प्राप्त न होती ।
चीज न कोई ऐसी खोई, यत्न किए भी प्राप्त न होई ।। 4144/5205

उद्यम के जो नर अवलंबी, उनकी पहुँच बहुत है लंबी ।
कार्य समय पर फल है देता, दीर्घ सूत्री है विनाश पाता ।। 4145/5205

नर उत्साही नहिँ घबड़ाते, संकट में नहिँ वे चकराते ।
विपदा-सागर वे तर जाते, काम सफल वे ही कर पाते ।। 4146/5205

✍दोहा॰ **"काम असुर का अधम है, घोर किया है पाप ।**
जो लेता सिर पाप है, वह मरता है आप ।। 5035/7162

"खेद त्याग कर तुम बढ़ो, लगे रहो दिन-रात ।
हटो न अपने ध्येय से, तभी बनेगी बात" ।। 5036/7162

(फिर बोली)

पहले सिय का पता लगाओ, भेद मुक्ति का फिर तुम पाओ ।
दुष्ट जनों को मार मिटाओ, असुरों से फिर सिया छुड़ाओ ।। 4147/5205

✍दोहा॰ **"जग में दुर्लभ कुछ नहीं, करके अथक प्रयास ।**
उद्यम का फल सुयश है, देता मुख पर हास ।। 5037/7162

"ढूँढो तुम उस चोर को, कहाँ गया वह भाग ।
बढ़ो बिना अनुताप के, बिना किसी अनुराग" ।। 5038/7162

✍दोहा॰ **"पहले सीता का पता, फिर मोचन का भेद ।**
अगर न माना शाँति से, करो असुर शिरछेद" ।। 5039/7162

175. Story of Hanumān's birth (4. Kishkindhā Kānd)

संगीतश्रीकृष्णरामायण गीतमाला, पुष्प 631 of 763

दादरा ताल

(शबरी की कथा)

स्थायी

गीत शारद ने मंजुल है गाया, साज नारद मुनि ने बजाया ।
रत्नाकर से है मंगल रचाया, रामायण को है सुंदर सजाया ।।
♪ म-ग म-म- म प-म- ग म-प-, रे-ग म-म- मध- प- मग-म- ।
रेगम-म म- म ध-प- गम-प-, रे-ग-म- म- म ध-प- मग-रे- ।।

अंतरा-1

पंपा सरवर मनोहर बड़ा था, मानो वो स्वर्ग में ही खड़ा था ।
सरोवर के किनारे एक कुटिया, जिसमें रहती थी शबरी भिलनिया ।।
♪ सांसां निनिरें- सांध-नि- धप- म-, सांसां नि- नि-रें सां ध- नि- धप- म- ।
मगम- म- मपप- म-ग ममप-, रे-ग ममम- म धधप- मगगरे- ।।

अंतरा-2

झोंपड़ी में यदा राम आए, देख शबरी के हिय हऽरषाए ।
मेरी कुटिया में तू राम! आया, तुने सौभाग मेरा जगाया ।।

अंतरा-3

राम दरसन की आसऽ थी कीन्ही, बेर चख-चख के मीठे वो दीन्ही ।
बेर जूठे ही श्री राम खाया, बोला "इनमें है नेहा समाया" ।।

किष्किन्धा काण्ड : पाँचवाँ सर्ग

175. श्री हनुमान जन्म की कथा :

175. Story of Hanumān's birth (4. Kishkindhā Kānd)

♫ संगीतश्रीकृष्णरामायण छन्दमाला, मोती 424 of 501

रोला छन्द

11 - 13

175-A. Stoty of Puñjikasthalā (4. Kishkindhā Kānd)

(हनुमान जन्म)

जन्म लियो अभिराम, पवन पुत्र हनुमान ने ।
ज्ञान सिंधु गुणवान्, वज्र अंग बलवान ने ।
लीन्हो शिव अवतार, केसर नंदन कीश ने ।
सराहा परम दास, राघव जगदीश ने ।।

श्लोकः

अंजनी यस्य मातृश्रीः पितृश्रीः केसरी तथा ।
कपिः शिवावतारः स रामदासो महाबलः ।। 2006/2422

पुंजिकस्थला की कथा

175-A. Stoty of Puñjikasthalā (4. Kishkindhā Kānd)

कथा

(पूर्ववृत्त)

दोहा॰ इन्द्र देव की सुर पुरी, सजी बहुत थी आज ।
नाच रहीं थी अप्सरा, बाज रहे थे साज ।। 5040/7162

नाच रही थी मेनका, पुंजिकस्थला साथ ।
बजा रही थी तालियाँ, जोड़ हाथ से हाथ ।। 5041/7162

गाते गायक गायिका, गाने रस भरपूर ।
भक्ति भावना से भरे, कविवर काव्य चतुर ।। 5042/7162

संगीतश्रीकृष्णरामायण गीतमाला, पुष्प 632 of 763

तिलाना : कहरवा ताल 8 मात्रा

(तबला ठेका और स्वर लिपि के लिए देखिए हमारी "*नई संगीत रोशनी*" का गीत 68)

(पुंजिकस्थला)

स्थायी

तूम तन नन नन दीम्, तदारे दानी ।
नित न देरे ना, तदारे तदारे दानी ।
तूम तन नन नन दीम्, तदारे दानी ।

175-A. Stoty of Puñjikasthalā (4. Kishkindhā Kānd)

अंतरा–1

शंख नाद कराहिं शिव, अनहद छंद तरंग ।
भोले शंकर नाचिबे, बाजे डमरू संग ।
तदारे दानी, तूम तन नन नन दीम्, तदारे दानी ।।

अंतरा–2

ध ध कित्, ध ध कित्, तकित् तका कित् ।
तांडव नृत्य दिखावैं, ता दीम् त दीम् दीम् ।
त दीम् तन नन नन, भूमंडल सब दंग, तदारे दानी ।।

(तब)

✍दोहा॰ सुख दायक उस काल में, पड़ा अचानक खंड ।
इन्द्र द्वार दुर्वास जी, खड़े हुए उद्दंड ।। 5043/7162

मुनि लख इन्द्र अवाक् था, चुप किन्नर गंधर्व ।
खड़ी हो गई मेनका, शाँत स्वर्गजन सर्व ।। 5044/7162

संगीतश्रीकृष्णरामायण गीतमाला, पुष्प 633 of 763

तराना : राग जौनपुरी

(तबला ठेका और स्वर लिपि के लिए देखिए हमारी "*नई संगीत रोशनी*" का गीत 41)

(पुंजिकस्थला)

स्थायी

दिर् दिर् तन नन तन, तूम् तन नन नन
निता न देरे ना तदा रे दानि
तूम् तनन नन, दीम् तनन नन
तदारे तदारे दानि, तदारे तदारे दानि ।।

अंतर–1

ओदे तन ओदे तन, दीम् तन नन नन
तदीम तनन नन, तूम् तन नन नन
ना दिर् दानि तूँ दिर् दानि, तदारे तदारे दानि ।।

175-B. Stoty of Kesar and Añjanī (4. Kishkindhā Kānd)

(अंजनी की कहानी)

पुंजिकस्थला नाच रही थी, खोई तन-मन एक वही थी ।
इधर ना उधर जाना उसने, ना मुनिवर का आना उसने ।। 4148/5205

मुनिवर बोले, कौन ये नारी, नाच रही है भूत सवारी ।
लगे "मर्कटी" जैसी कोई, पागल अपनी सुध-बुध खोई ।। 4149/5205

दोहा॰ पुंजिकस्थला नाच में, खोई अपना ध्यान ।
उसने मुनिवर ना लखे, मुनि समझे अपमान ।। 5045/7162

(दुर्वासा मुनि)

मुनि दुर्वासा क्रोधित भारे, मुख से उगले कटु अंगारे ।
मुझको तू अपमानित कीन्हा, कोप मुझे है तूने दीन्हा ।। 4150/5205

शाप दिया मुनि उसको भारी, "बने भूमि पर तू कपि नारी" ।
सुन कर काँपी पुंजिकस्थला, क्षमा माँगती हुई विह्वला ।। 4151/5205

सब बोले, नर्तकी नई है, अंजाने में भूल भई है ।
अच्छी है यह भृत्या हमरी, कृपा पात्र है मुनिवर तुमरी ।। 4152/5205

दासी मुनि के चरण पखारे, आसन मुनि के लिए पसारे ।
बैठे शाँत मना दुर्वासा, बोले फिर करुणा की भासा ।। 4153/5205

दोहा॰ उसे नाचती देख कर, क्रोधित मुनि दुर्वास ।
बोले, "बँदरी कौन ये, होवे उसका नास" ।। 5046/7162

इन्द्र देव दुर्वास को, बोले, मुनि! हो शाँत ।
अंजाने में है भई, उससे ऐसी भ्राँत ।। 5047/7162

दासी ने मुनि-चरण में, क्षमा माँगली भीख ।
शाँतमना फिर मुनि भए, बोले अब है ठीक ।। 5048/7162

केसर और अंजनी की कथा

175-B. Stoty of Kesar and Añjanī *(4. Kishkindhā Kānd)*

(अंजनी को दुर्वासा मुनि का आशीर्वाद)

175-B. Stoty of Kesar and Añjanī (4. Kishkindhā Kānd)

होगा तुझको पुत्र महाना, महावीर अतुलित जग जाना ।
यथा विधि की घड़ी जब आई, धरती पर 'कुंजर' कुल पाई ।। 4154/5205

चन्द्र ज्योति सी कन्या नन्ही, पाई प्यारा नाम 'अंजनी' ।
उस अमरावती सुरम्य वन में, बसी अंजनी थी सब मन में ।। 4155/5205

दोहा० जब दुर्वासा खुश हुए, दीन्हा शुभ वरदान ।
बने "अंजनी" तू, तुझे, होगा पुत्र महान ।। 5049/7162

दुर्वासा बोले यथा, तथा हुआ फिर काम ।
दासी को अगले जनम, मिला अंजनी नाम ।। 5050/7162

कुंजर कुल में थी जनी, पिता बहुत बलवान ।
कन्या सुंदर चंद्र सी, अंजन-नैन प्रदान ।। 5051/7162

कैसे पाई अंजनी, केसर-कपि मुख लाल ।
सुनो कथा अब आ रही, विधि है करत कमाल ।। 5052/7162

📖 कथा 📖

(केसरी)

दोहा० उस उपवन के पास ही, इक था लघु उद्यान ।
रहता केसर नाम का, वानर वहाँ सुजान ।। 5053/7162

शिवरात्री त्यौहार पर, पावन सायं काल ।
भक्त शिवा को पूजने, आते थे हर साल ।। 5054/7162

(एक दिन)

दोहा० शिव मंदिर में एक दिन, शिव पूजा के बाद ।
सब भगतन के सामने, भया भयानक नाद ।। 5055/7162

शंबासादन नाम का, असुर शठ महाकाय ।
आ-धमका था गरजता, "हाय! हाय! हर हाय!" ।। 5056/7162

तोड़-फोड़ करने लगा, फल प्रसाद सब खाय ।
लगा जनों को मारने, घूसे चपत लगाय ।। 5057/7162

175-B. Stoty of Kesar and Añjanī (4. Kishkindhā Kānd)

(केसरी)

तभी केसरी कीश ने, पकड़ा उसका हाथ ।
मारा मुक्का पेट पर, बड़ी जोर के साथ ।। 5058/7162

दो वीरों का फिर हुआ, मल्लयुद्ध घमसान ।
गुत्थमगुत्था द्वंद्व में, उड़े असुर के प्राण ।। 5059/7162

(कुंजर)

कुंजर कपि हो हर्षित भारा, बोला, केसर! सुनो हमारा ।
केसर कपिवर करलो शादी, सजे अंजना तुमरी मादी ।। 4156/5205

ज्यों ही केसर ने हाँ बोली, सब कपियन ने मारी ताली ।
शिव मंदिर में शिव के आगे, बँधे शुभ जीवन के धागे ।। 4157/5205

✍दोहा॰ **कुंजर हर्षित गात था, निहार केसर तेज ।**
केसर को उसने कहा, तुम्हें कीर्ति की सेज ।। 5060/7162

मेरी कन्या अंजनी, सुंदर चंद्र समान ।
ब्याहो तुम उसको, सखे! होगा सुत बलवान ।। 5061/7162

मिला उसे वरदान है, दुर्वासा का नीक ।
सोच समझ कर हाँ कहो, तुम्हें लगे यदि ठीक ।। 5062/7162

सुन कर कुंजर का कहा, केसर प्रमुदित गात ।
केसर ने "हाँ" कह दिया, बड़े प्रेम के साथ ।। 5063/7162

कुंजर-कन्या अंजनी, ब्याही केसर साथ ।
शिव मंदिर में शुभ घड़ी, पीले कीन्हे हाथ ।। 5064/7162

(हनुमान जन्म)

पंपा वन में दोनों जाकर, मतंग ऋषि के आशिष पाकर ।
माँगा वर कपिवर संतति का, पुत्र प्राप्ति कुल सुख संपति का ।। 4158/5205

✍दोहा॰ **पंपा वन में जब बसे, केसर पवन कपीश ।**
दिया दिव्य सुत प्राप्ति का, मतँग ने आशीष ।। 5065/7162

175-B. Stoty of Kesar and Añjanī (4. Kishkindhā Kānd)

भाग्य लिखित जब थी घड़ी, चैत्र पूर्णिमा रूप ।
लिया जन्म शिव शंभु ने, कपि हनुमान स्वरूप ।। 5066/7162

दिव्य पुत्र को देख कर, शिव किरपा से प्राप्त ।
अंजनी केसर तुष्ट थे, दोनों सुख से व्याप्त ।। 5067/7162

 संगीतश्रीकृष्णरामायण गीतमाला, पुष्प 634 of 763

दादरा ताल

(हनुमान जन्म की कथा)

स्थायी

गीत शारद ने मंजुल है गाया, साज नारद मुनि ने बजाया ।
रत्नाकर से है मंगल रचाया, रामायण को है सुंदर सजाया ।।

♪ म-ग म-म- म प-म- ग म-प, रे-ग म-म- मध- प- मग-म- ।
रेगम-म म- म ध-प- गम-प, रे-ग-म- म- म ध-प- मग-रे- ।।

अंतरा-1

सुनो, हनुमत जनम कहानी, तन-मन को सदा नंद दानी ।
अंजनी ने सुपूत कपि पाया, रामायण में मसाला मिलाया ।।

♪ सांसां, निनिरेंरें सांधध नि- धप-म-, सांसां निनि रें- सांध- नि-ध प-म- ।
म-गम- म- मप-प मग म-प-, रे-ग-मम म- मध-प- मग-रे- ।।

अंतरा-2

पंपा वन में कपिऽवर था केसर, जाना जाता "पवन" नाम लेकर ।
शिव मंदिर में अंजनी से ब्याहा, पुत्र का रूप शिव ने धराया ।।

अंतरा-3

पुत्र बिक्रम का डंका बजाया, एक दिन सूरज को खाने को धाया ।
सूरज ने गदा वार हनु पर लगाया, कपि "हनुमान" तब से कहाया ।।

किष्किन्धा काण्ड : छठा सर्ग

176. Meeting between Shrī Rāma and Hanumān

176. श्री राम–हनुमान मिलन की कथा :

176. Meeting between Shrī Rāma and Hanumān

संगीतश्रीकृष्णरामायण छन्दमाला, मोती 425 of 501

सोरठा छन्द

7 + ।ऽ। – 8 + ऽ।ऽ

(राम–हनुमान मिलन)

परम श्रेष्ठ इक होय, मिलन राम–हनुमान का ।
उससे बड़ा न कोय, दुनिया में इस मान का ।।

ॐ श्लोका:

इतिहासयनन्यं किं वरिष्ठं मिलनं मतम्? ।
विश्वे श्रेष्ठतमं पुण्यं रामहनुमतोर्मतम् ।। 2007/2422

पूज्यं महत्त्वपूर्णं च स्मर्तव्यं रोमहर्षदम् ।
धार्मिकं हार्दिकं रम्यं सुखदंचैतिहासिकम् ।। 2008/2422

लेख्यं च पठितव्यं च रोमाञ्चकं च सुन्दरम् ।
श्राव्यं गेयं च श्रोतव्यं शुभं हृद्यं सनातनम् ।। 2009/2422

पवित्रं मङ्गलं धन्यं भावनं तुष्टिदायकम् ।
गुह्यं गूढं च वन्द्यं च रोचकं पापमोचकम् ।। 2010/2422

दोहा॰ सबसे उत्तम कौनसा, मिलन जगत में एक? ।
मेल राम–हनुमान का, जाना सबसे नेक ।। 5068/7162

वरिष्ठ जग इतिहास में, अपूर्व विश्वमहान ।
रामचंद्र से जब मिले, पवन पुत्र हनुमान ।। 5069/7162

हुआ न होगा फिर कभी, इससे मेल वरेण्य ।
स्मरण मिटाता पाप है, अटूट देता पुण्य ।। 5070/7162

महत्त्वपूर्ण शुभ पूज्य है, धार्मिक हार्दिक रम्य ।

176. Meeting between Shrī Rāma and Hanumān

रोचक रोमांचक तथा, संकट मोचक गम्य ।। 5071/7162

लेखनीय पठनीय जो, ज्ञेय गेय सुभ नाम ।
श्रव्य श्राव्य मंगल तथा, पावन है वरदान ।। 5072/7162

वन्दनीय है गूढ़ भी, सुख दायक जो मेल ।
हृद्य सनातन गुह्य का, विधि ने खेला खेल ।। 5073/7162

राम मिले हनुमान से, लिया मोड़ इतिहास ।
मिला कीश श्री राम से, बना राम का दास ।। 5074/7162

इतना सुंदर दिव्य सा, सुना कभी न मिलाप ।
इतना शुभ परिणाम हो, इतनी गहरी छाप ।। 5075/7162

📖 कथा 📖

(राम लक्ष्मण)

सुन कर शबरी का उपदेसा, निकले राघव तज कर क्लेसा ।
साहस धारण कर रघुराई, पीछे चलता लछमन भाई ।। 4159/5205

बंधु भाव का निर्मल सोता, राघव के मन को बल देता ।
लखन राम में हर्ष खिलाता, आहत मन को जोश दिलाता ।। 4160/5205

कबंध ने था यथा बताया, राघव को उपदेसा भाया ।
पंपा वन को पार जब किए, ऋष्यमूक पर्वत पर आए ।। 4161/5205

दोहा॰ सुन कर शबरी का कहा, शुभ उसका उपदेश ।
राम-लखन तत्पर हुए, त्याग दिया सब क्लेश ।। 5076/7162

कह कर शबरी को विदा, राम-लखन दो भ्रात ।
ऋष्यमूक गिरि पर चढ़े, मिलने सुग्रीव साथ ।। 5077/7162

(चार चर)

वन पथ पर चलते अनजाने, देखा उनको चार चरों ने ।
कौन धनुर्धर हैं ये बाँके, देखे चारों चुप-चुप झाँके ।। 4162/5205

अपने गिरि पर क्यों हैं आए, कौन मुसीबत ये हैं लाए ।

176. Meeting between Shrī Rāma and Hanumān

उल्टे पैरों चारों भागे, आए सुग्रीव नृप के आगे ।। 4163/5205

बोले, आए नवे नवेले, लगते बाली के दो चेले ।
बाण हाथ में, वल्कल धारे, बाली के होंगे हथियारे ।। 4164/5205

दोहा॰ वनपथ में उनको लखा, कीशचरों ने चार ।
चर बोले सुग्रीव को, संदेह समाचार ।। 5078/7162

बोले, गिरि पर आगए, दो बाली के वीर ।
तेजस्वी लगते युवा, दोनों लेकर तीर ।। 5079/7162

(सुग्रीव)
सुन, "बालीचर आए वन में," सुग्रीव था घबड़ाया मन में ।
सूख गया मुख, तन में पीड़ा, भया रुष्ट अरु बहुत अधीरा ।। 4165/5205

परामर्श फिर सुग्रीव कीन्हा, मंत्री गण का विमर्श लीन्हा ।
सब बोले तुम भेजो उसको, कुशल बुद्धि हो प्रदान जिसको ।। 4166/5205

वचन कथन का जिसे ध्यान हो, नीति नियम का जिसे ज्ञान हो ।
मधुर सुसंस्कृत जिसकी वाणी, सदाचार सद्गुण का ज्ञानी ।। 4167/5205

मुख पर चमके रवि की लाली, तेज प्रतापी हो बलशाली ।
युद्ध कला जिसको अवगत हो, शिवजी का जो परम भगत हो ।। 4168/5205

दूत बने वो, जिसे मान हो, कपिवर पदवी जिसे दान हो ।
कर्म बुद्धि का जो योगी हो, वह प्रतिनिधि पद का भोगी हो ।। 4169/5205

दोहा॰ "बाली-चर" के नाम से, सुग्रीव के मन द्वेष ।
मंत्रीगण ने तय किया, भेजें दूत विशेष ।। 5080/7162

सचिव, सुचेत कुशाग्र हो, जिसे नीति का ज्ञान ।
वेद विज्ञ, मतिमान हो, वचन कथन का ध्यान ।। 5081/7162

वाणी जिसकी मधुर हो, संस्कृत का हो ज्ञान ।
वाद सुसंस्कृत जो करे, अभ्यागत सम्मान ।। 5082/7162

शिवजी का जो भक्त हो, प्राप्त जिसे वरदान ।

176. Meeting between Shrī Rāma and Hanumān

कर्मयोग का सिद्ध जो, बुद्धियोग प्रदान ।। 5083/7162

मुख पर जिसके तेज हो, कपिवर हो बलवान ।
युद्ध कला अवगत जिसे, उसे दूत का मान ।। 5084/7162

(हनुमान)

दोहा॰ एक नाम सबने कहा, करे सचिव का काम ।
वाक् चतुर कपि महाबली, पवन पुत्र हनुमान ।। 5085/7162

बजरंगबली लाँगड़ी, अंजनीपुत्र कपीश ।
केसरीनंदन मारुति, कपिकेशरी हरीश ।। 5086/7162

पवनपुत्र को भेजिये, लेकर ब्राह्मण वेश ।
बालीदासों से मिले, साहस करके पेश ।। 5087/7162

(सुग्रीव)

दोहा॰ जाओ श्री हनुमान जी! लेकर द्विज का वेश ।
उचित प्रश्न से जानलो, क्या उनका उद्देश ।। 5088/7162

बालीचर पहिचान लो, ठीक किए अनुमान ।
या लो उनके प्राण या, वश करलो, हनुमान! ।। 5089/7162

कपटी उनको जान कर, चलना चातुर चाल ।
बाली के चर धूर्त हैं, बिछा रहे हैं जाल ।। 5090/7162

उन पर ना करुणा कभी, ना करना विश्वास ।
उनसे किरपा की कभी, ना करना तुम आस ।। 5091/7162

(हनुमान)

सुन सुग्रीव का अटपट कहना, हनुमत बोला अचिंत्य रहना ।
बिना जानते तुमने दीन्हा, उन दोनों पर कलंक हीना ।। 4170/5205

अनजाने ही क्यों ये डर है, "बाली के ही वे दो चर हैं?" ।
ऋष्यमूक पर जो भी आता, हमरा शत्रु ना कहलाता ।। 4171/5205

दोहा॰ हनुमत बोला, "हे प्रभो! बात नहीं यह ठीक ।

बिन परखे मत यों कहो, होजाओ निर्भीक" ।। 5092/7162

हनुमत फिर सुग्रीव को, करके नम्र प्रणाम ।
द्विज ब्रह्मण के रूप में, निकल पड़े हनुमान ।। 5093/7162

(सूक्तियाँ)

✍दोहा॰ **"अनजाने ही क्यों भला, करते हो अपमान ।**
उनको "बालीचर" कहा, बिन कोई परमाण ।। 5094/7162

"सदा हि सबका मान हो, कहता है हनुमान ।
पता नहीं किस भेस में, आजाएँ भगवान ।। 5095/7162

"दोष न दो निर्दोष को, लख कर रंग स्वरूप ।
काले कोले में छुपा, होता हीरक रूप ।। 5096/7162

"क्षुद्र कीट खद्योत भी, चमके नन्ही जान ।
क्षार समुंदर भी तथा, है मोती की खान ।। 5097/7162

"काँटे देते शूल हैं, गुलाब प्यारा फूल ।
मक्खी मारे डंक है, मधु में गुण अनुकूल ।। 5098/7162

"कीचड़ में पंकज उगे, मणिधर होता नाग ।
घन बादल में दामिनी, चिनगारी में आग ।। 5099/7162

"नारी में शक्ति खरी, हिरदय में अनुराग ।
एक नाद में ओम् है, सात सुरों में राग" ।। 5100/7162

(अत:)

पहले उनका मन पहिचानूँ, शत्रु मित्र फिर उनको मानूँ ।
बैरी को मैं मार भगाऊँ, स्नेही हो तो गले लगाऊँ ।। 4172/5205

(फिर)

नमस्कार सुग्रीव को करके, द्विज ब्राह्मण की भूषा धरके ।
निकला हनुमत कपिवर प्यारा, मिलने रघुवर से मनहारा ।। 4173/5205

✍दोहा॰ **मिलने रघुवर राम से, दूत बना हनुमान ।**

176. Meeting between Shrī Rāma and Hanumān

बहुत सोच विधि ने किया, अनुपम ये अनुमान ।। 5101/7162

संगीतश्रीकृष्णरामायण गीतमाला, पुष्प 635 of 763

भजन : राग काफी, कहरवा ताल 8 मात्रा

(रामदास)

स्थायी

रघु मिलन को आया दास पवन सुत ।
शिव की है माया गंगाधर की ।
किष्किंधा के घन गिरि वन में । सुग्रीव दूत, रे ।।

♫ सानि सासारे रे ग-म- प-प मगरे सानि । सासा रे रे ग-म- प-पमपध निसां ।
निधपमग- रे- रेनि धनि पध मप । गमगप सानिसा, गरेम ।।

अंतरा-1

वाणी कपीश की, शुद्ध सुसंस्कृत । देगई रामजी को, बिसवास रे ।
सामने जो है खड़ा, राम के । राघव दास है ।।

♫ प-प धमपनि सां-, रेंगंरें सांरेंनिसांसां । नि-निनि धनिपध नि, रेंसांरेंनिध प- ।
पनिधनि प- ध- मप-, गमग पम । गमगप सानिसा गरेम ।।

अंतरा-2

वाली ने सुग्रीव की, भार्या चुरा कर है ।
राम जी के हाथ, मरण सिधारा रे ।
सुग्रीव कपि को, राज मिला । अंगद नंद है ।।

अंतरा-3

शिवजी लीन्हे, रूप कपि के । सिया खोजके, वापस लाने ।
राम-सिया को, साथ मिलाने । दैवी रूप है ।।

(राम-हनुमान मिलन)

दोहा॰ **"मिलन राम-हनुमान का, अमित परम इतिहास ।**
राम चरण में आगया, रामचंद्र का दास ।। 5102/7162

"इससे बढ़ कर अरु नहीं, मेल किसी का खास ।
चल कर आया आप ही, दास राम के पास ।। 5103/7162

176. Meeting between Shrī Rāma and Hanumān

"परम विधाता ने दिया, रघुवर को वनवास ।
संगम सरिता का भया, बिना मिलन की आस ।। 5104/7162

"गंगा से यमुना मिली, यमुना बनी महान ।
रामचंद्र के मेल से, बना कीश भगवान ।। 5105/7162

"कारण-साधन जब मिलें, ठीक बने अनुमान ।
नारायण-नर मिलन ही, रामचंद्र-हनुमान" ।। 5106/7162

(तथा ही)

दोहा॰ "सुख में संगी हैं सभी, दुख में टिकै न कोय ।
जो संकट में साथ हो, सच्चा साथी होय ।। 5107/7162

"सदा सभी से यों मिलो, जैसे तन से प्राण ।
को जाने किस वेश में, आन मिलें भगवान" ।। 5108/7162

♪ संगीतश्रीकृष्णरामायण छन्दमाला, मोती 426 of 501
वसंततिलका छन्द

ऽऽ ।, ऽ ।।, ।ऽ ।, ।ऽ ।, ऽऽ

♪ सा-नि- सारे-रे सारेग-, मग रे-ग रे- सा-

(अनन्य मिलन)

बोला कपीश मिलके, प्रभु राम जी से ।
"आए प्रभो! विपिन में घन आप कैसे?" ।। 1
देखे सुजान कपि की, अभिराम माया ।
श्री राम ने झट गले, उसको लगाया ।। 2

ऐसा सुयोग न कभी, पहले भया था ।
वृत्तांत को सुखद मोड़, मिला नया था ।। 3
ऐसा प्रसंग जग में, न हुआ कभी भी ।
होगी न अन्य शुभ यों, घटना कहीं भी ।। 4

(हनुमान)

निकट राम के कपि जब आया, राम वदन लख वह हरषाया ।

176. Meeting between Shrī Rāma and Hanumān

हास्य मधुर स्मित मुख पर लाया, अमृत राघव पर बरसाया ।। 4174/5205

नम्र हृदय से प्रणाम कीन्हा, राम चरण रज माथे लीन्हा ।
सरस शब्द सह सुमधुर रसना, बोला सुखकर मृदुतर वचना ।। 4175/5205

✍दोहा॰ **देखा राघव को जभी, कपि का हर्षित गात ।**
रोम-रोम हनुमान का, पुलकित सुख के साथ ।। 5109/7162

मंद हास्य मुख पर लिया, हृदय बसा कर राम ।
जोड़े दोनों हाथ को, किया विनम्र प्रणाम ।। 5110/7162

चरणन शीश झुकाय कर, लीन्हो पद रज भाल ।
उत्तमतम रसना किए, बोला, "जय जगपाल!" ।। 5111/7162

(अथ)
करके विनय सहित शुश्रूषा, कहा आपकी भायी भूषा ।
वल्कल पहने तुम धनुधारी, लागत मोहे मंगलकारी ।। 4176/5205

चारु चिह्न शुचि मुख पर झलके, महावीर तुम अगणित बल के ।
चन्द्र वदन तव सरोज नैना, हनुमत बोला मीठी बैना ।। 4177/5205

✍दोहा॰ **सविनय वाणी में कहा, मंगल मय तव रूप ।**
मुखमंडल के तेज से, लगते हो सुरभूप ।। 5112/7162

वल्कल कटि पर शोभते, कर में धनुष तिहार ।
महावीर हो तुम, प्रभो! मैं नत तुम्हें निहार ।। 5113/7162

(और)
लघु-दीर्घ-काय का मैं योगी, स्वामी-सेवा का मैं भोगी ।
बंधु भाव तुमसे मैं चाहूँ, सुग्रीव से तुमको मिलवाऊँ ।। 4178/5205

परिचय अपना देकर बोला, सुग्रीव नृप का मैं हूँ चेला ।
कपि-मानव कुल से मैं आऊँ, पवन पुत्र हनुमान कहाऊँ ।। 4179/5205

चाहे मुझ पर करो भरौसा, या समझो मुझको चर जैसा ।
वानर कुल के कपिनर हम हैं, नेकी में हम कभी न कम हैं ।। 4180/5205

176. Meeting between Shrī Rāma and Hanumān

✍दोहा॰ योग "दीर्घ-लघु-काय" का, मुझको शिव की देन ।
स्वामी-सेवा धर्म है, मम कुल का, दिन रैन ।। 5114/7162

सुग्रीव का मैं सचिव हूँ, नाम मेरा हनुमान ।
लेजाऊँ तुमको, प्रभो! मम स्वामी के धाम ।। 5115/7162

(इति)

कपिवर कोकिल कथन करत है, कोमल केकी कण्ठ कहत है ।
विद्या गुण का वह सागर है, शूर वीर धीरज आगर है ।। 4181/5205

✍दोहा॰ वचन सुसंस्कृत रस भरे, दिव्य ओज का स्त्रोत ।
विनय पूर्ण रसना सजी, अमृत रस से प्रोत ।। 5116/7162

(फिर कहा)

मुख से तुम लगते हो राजा, मुनि भूषा का क्या है काजा ।
नाम धाम निज ज्ञात कराओ, वन आने का ध्येय बताओ ।। 4182/5205

✍दोहा॰ कमल-नयन, मुख चंद्र सा, लगते हो नृप आप ।
वन में मुनि-भूषा लिए, क्यों आगम परिताप ।। 5117/7162

नाम ध्येय अपना कहो, मुझे जानलो दास ।
सुग्रीव कपिवर से मिलें, मुझको है यह आस ।। 5118/7162

(लक्ष्मण)

लछमन बोला, राघव भाई! कपि लगता मुझको चर नाई ।
ऊपर बातें मीठी वाली, भीतर से हो सकता जाली ।। 4183/5205

✍दोहा॰ लछमन बोला राम को, कपि लगता चालाक ।
मुख में अमृत भाष है, मन में हो विष पाक[203] ।। 5119/7162

कपि आया द्विज वेष में, देने हमको झाँस ।
ऊपर मीठी बात है, हिरदय देखो झाँक ।। 5120/7162

(राम)

---

[203] पाक = रसोई ।

176. Meeting between Shrī Rāma and Hanumān

राघव बोले, लछमन प्यारे! कोसो मत बिन सोच विचारे ।
बातें इसकी वृथा नहीं हैं, छद्म न इनमें भरा कहीं है ।। 4184/5205

ओज युक्त है इसकी वाणी, दोष हीन है मन हर्षाणी ।
कला व्याकरण सब प्रदान हैं, वेद शास्त्र का इसे ज्ञान है ।। 4185/5205

शैली इसकी शुद्ध रसीली, कोमल विमला छन्द सजीली ।
सरल मधुर है इसकी भाषा, इसमें मैत्री की अभिलाषा ।। 4186/5205

लगता मुझको प्रामाणिक है, मति नौरस युत अति रमणिक है ।
सुग्रीव का ये परम दास है, जिसको मिलने हमें आस है ।। 4187/5205

दोहा॰ राघव बोले लखन को, "बोलो मत बिन सोच ।
बातें कपि की हैं सही, मुझे नहीं संकोच ।। 5121/7162

"श्लोक युक्त कपि कथन हैं, योग शास्त्र का ज्ञान ।
बुद्धिमान हनुमान हैं, लगते मुझे सुजान ।। 5122/7162

"छद्म मुक्त, शुभ वचन हैं, विनयशील मधु भाष ।
प्रामाणिक लगते मुझे, जिसे मित्र की आस ।। 5123/7162

"इसे वेद का ज्ञान है, शैली रस से सिक्त ।
विमल सुकोमल सरल है, विविध छंद से युक्त ।। 5124/7162

"ओज पूर्ण सब कथन है, नहीं कहीं भी दोष ।
कला व्याकरण से भरा, मधुर शब्द का कोश ।। 5125/7162

"क्षात्र-धर्म का वीर है, कार्मयोग का ज्ञान ।
बुद्धियोग का तज्ञ है, लगता मुझे सुजान ।। 5126/7162

"अनजाने ही ना कभी, करो किसी पर रोष ।
बिन पहिचाने तुम, सखे! मत दो इसको दोष" ।। 5127/7162

(सच है)

दोहा॰ "सदा सभी से प्रीत हो, सबका हो सम्मान ।
ना जाने किस रूप में, मिल जावें भगवान ।। 5128/7162

176. Meeting between Shrī Rāma and Hanumān

"पारस से लोहा मिला, ज्ञानी से गुणवान ।
सुनार को सोना मिला, राघव को हनुमान" ।। 5129/7162

(यों)
लखन लला को यों समझा कर, हनुमत के सब सद्गुण गा कर ।
राघव बोले, हनुमत प्यारे! नाम काम अब सुनो हमारे ।। 4188/5205

राम-नाम मम, सुत दशरथ का, अवध निवासी, कुल भगीरथ का ।
सूर्य वंश रवि सम उजियाला, इक्ष्वाकु ने उसे सँभाला ।। 4189/5205

दोहा॰ लछमन को समझाय यों, करके उसको शाँत ।
कपिवर हनुमत को कही, "दो-वर" वाली बात ।। 5130/7162

दशरथ नंदन राम हूँ, रवि कुल का मैं क्षात्र ।
यह लछमन मम अनुज है, वसिष्ठ के हम छात्र ।। 5131/7162

राघव ने कपि से कहा, हमें मित्र की आस ।
पितु-आज्ञा सिर पर धरे, निकले हम वनवास ।। 5132/7162

(एक दिन)
चला अगति का इक दिन फेरा, उजियारे पर घिरा अँधेरा ।
पापी कुब्जा, उसकी दाई, माँ के मन में बिगाड़ लाई ।। 4190/5205

माता पति से दो-वर लीन्हे, प्रथम राज पद मुझसे छीने ।
फिर दीन्हा मुझको वनवासा, वर्ष चतुर्दश विपिन निवासा ।। 4191/5205

पितु-आज्ञा को सिर पर धरके, निकला वल्कल धारण करके ।
साथ दार मम आई सीता, आया लखन अनुज मम भ्राता ।। 4192/5205

रोई सकल अवध की जनता, सबमें प्रेम भरी थी ममता ।
दूर नगर था भरत मम भाई, रो रो प्राण तजे रघुराई ।। 4193/5205

दोहा॰ चला कुचक्कर एक दिन, रघु कुल का दुर्भाग ।
लगी सुखी परिवार में, भेद भाव की आग ।। 5133/7162

दिया पिता ने मातु को, "दो-वर" का वरदान ।

माँ ने उस वरदान का, दिया घोर परिणाम ।। 5134/7162

माता ने वर माँग कर, दिया हमें वनवास ।
पिता हमारे चल बसे, होकर बहुत निरास ।। 5135/7162

निकले वल्कल पहन कर, अवध राज्य को त्याग ।
संग हमारी स्त्री चली, चला लखन अनुराग ।। 5136/7162

(अत:)

दोहा० नद नाले हम लाँघ कर, चित्रकूट कर पार ।
बसे दंडकारण्य में, पंचवटी के द्वार ।। 5137/7162

रची लखन ने झोंपड़ी, जैसी सिय की चाह ।
विहग हरिण फल-फूल थे, जल का शीत प्रवाह ।। 5138/7162

मृग पंछी जल फूल से, सिय को लगा लगाव ।
कन्द-मूल कछु चीज का, वहाँ कभी न अभाव ।। 5139/7162

पर्ण कुटी के सामने, सुंदर दिखता बाग ।
तरु पर खग आनंद में, गाते मंगल राग ।। 5140/7162

(एक दिन)

दोहा० गुजरे यों क्षण मोद में, सीता के दिन-रात ।
इक दिन अनजाने घटी, अनहोनी सी बात ।। 5141/7162

एक सुनहरा सोहना, आया मृग मृदु काय ।
सीता का इक झलक में, लीन्हा चित्त लुभाय ।। 5142/7162

इतना सुंदर पालतू, पशु ना देखा जाय ।
सीता बोली, हे प्रभो! उसको पकड़ा जाय ।। 5143/7162

पालूँगी मैं प्रेम से, दाना घास खिलाय ।
अपने हाथों लाइके, निर्मल नीर पिलाय ।। 5144/7162

(फिर)

दोहा० मीना जैसे नैन से, दिल पर तीर चलाय ।

176. Meeting between Shrī Rāma and Hanumān

मखमल सी उसकी त्वचा, मन को चाह लगाय ।। 5145/7162

लक्ष्मण बोला, जानकी! माया तुम्हें भुलाय ।
मृग सोने के रंग का, सपनों में हि सुहाय ।। 5146/7162

(परंतु)
ज्यों ही निकले हम मृग धरने, चली फटाफट चाल असुर ने ।
सीता को झुठलाय ठगाया, वायुयान में उसे भगाया ।। 4194/5205

रोई सीता शोर मचाते, मरा जटायु उसे बचाते ।
कबंध ने हमको समझाया, सुग्रीव नृप से मिलन सुझाया ।। 4195/5205

पंपा वन में फिर हम आकर, शबरी से उपदेसा पाकर ।
सुग्रीव कपि की आस लगाए, ऋष्यमूक पर्वत पर आए ।। 4196/5205

✍दोहा॰ **वचन लखन के सत्य थे, सिया न मानी बात ।**
हम निकले मृग के लिए, किया असुर ने घात ।। 5147/7162

सीता को लेकर गया, वायुयान से चोर ।
गया जटायु रोकने, सुन अबला का शोर ।। 5148/7162

काटे पंख जटायु के, राक्षस की तलवार ।
मम गोदी में खग मरा, वीरगति को धार ।। 5149/7162

कबंध ने हमको कहा, जाओ सुग्रीव पास ।
ऋष्यमूक गिरि पर बसा, कपिवर बहुत उदास ।। 5150/7162

आशिष शबरी से लिए, करने कृतार्थ काज ।
मिलना हम हैं चाहते, सुग्रीव कपि से आज ।। 5151/7162

(फिर राम बोले)
हनुमत! अब हम सुनना चाहें, सुग्रीव गृह त्यज आया काहे ।
उससे अब हम मिलना चाहें, तुम्ही दिखादो हमको राहें ।। 4197/5205

✍दोहा॰ **हनुमत! अब हमको कहो, क्यों सुग्रीव कपिराज ।**
किष्किंधा को छोड़ कर, इस गिरि पर है आज ।। 5152/7162

176. Meeting between Shrī Rāma and Hanumān

(हनुमान)

सुन कर दुख मय पूर्ण वो कथा, हनुमत जाना राम की व्यथा ।
समदुक्खी हैं नृप ये दोनों, दोनों का नहिँ तारण कोनों ।। 4198/5205

दोनों मिल कर, हित दोनों का, दास बनूँ मितवा दोनों का ।
दोनों नारी खरी सती हैं, दोनों खोईं अपने पति हैं ।। 4199/5205

दोहा॰ सुन कर दुख मय राम की, कथा भगत हनुमान ।
दोनों नृप का हित करूँ, कीन्हा मन अनुमान ।। 5153/7162

दोनों सम-दुख में घिरे; दोनों वीर महान ।
दोनों का मैं दास हूँ, जय जय जय सीता राम! ।। 5154/7162

संगीतश्रीकृष्णरामायण गीतमाला, पुष्प 636 of 763

दादरा ताल

(राम-हनुमान मिलन की कथा)

स्थायी

गीत शारद ने मंजुल है गाया, साज नारद मुनि ने बजाया ।
रत्नाकर से है मंगल रचाया, रामायण को है सुंदर सजाया ।।

♫ म-ग म-म- म प-म- ग म-प-, रे-ग म-म- मध- प- मग-म- ।
रेगम-म म- म ध-प- गम-प-, रे-ग-म- म- म ध-प- मग-रे- ।।

अंतरा-1

जग में सबसे भला मेल माना, मिला राघव से कपि हऽनुमाना ।

176. Meeting between Shrī Rāma and Hanumān

विधि सबसे बड़ा काम कीन्हा, राम जी से हनुऽमत मिलाया ।।

♪ सां- सां नि-रें- सांध- नि-ध प-म-, सांसां नि-रें- सां धध नि-धप-म- ।
मग म-म- मप- म-ग म-प-, रे-ग म- म- मध-पप मग-रे- ।।

अंतरा-2

दुखियन को वो आशा दिलाया, सम दुखियन को साथ में लाया ।
वीर रस में सुधा रस घुलाया, सोने में है सुहागा मिलाया ।।

अंतरा-3

ये मिलन है महा नंददाई, राम-हनुमान अब भाई भाई ।
योग हनुमान संगऽ में लाया, रामायण में है रंगऽ मिलाया ।।

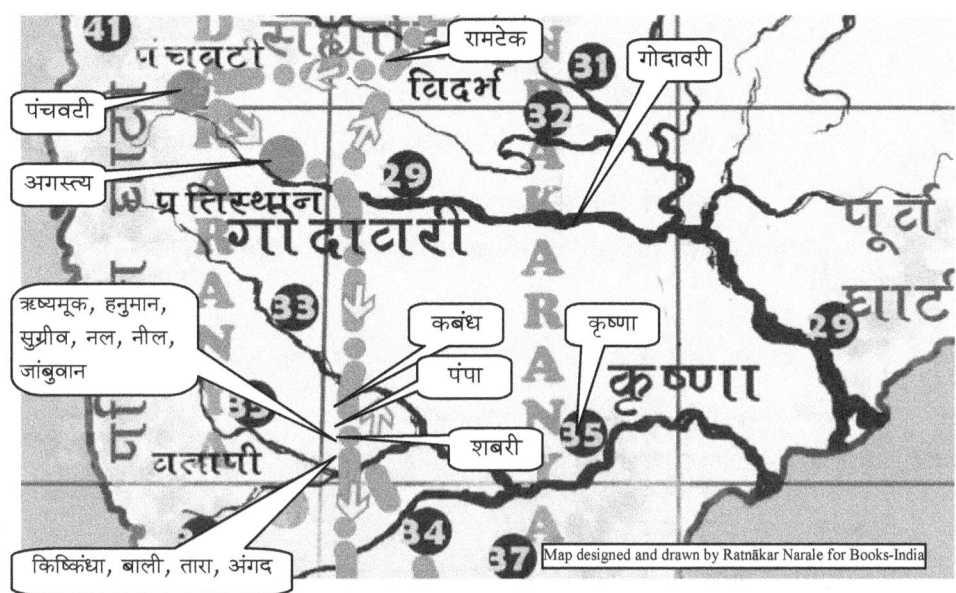

किष्किन्धा काण्ड : सातवाँ सर्ग

177. सुग्रीव पत्नी रुमा[204] हरण की कथा :

---

[204] रुमा = रूमा ।

177. Story of of Rumā's abduction (4. Kishkindhā Kānd)
177. Story of of Rumā's abduction *(4. Kishkindhā Kānd)*

♪ संगीतश्रीकृष्णरामायण छन्दमाला, मोती 427 of 501

त्रिभंगी छन्द[205]

I I I, I I S, S I I, I I I, S S I, I S I, S S I, I I S, I S S

(रुमा हरण कथा)

भ्रम वश रुमा का, हरण करके है,
चढ़वा लिया शीश पर पाप बाली ।
तब कहत तारा, परम वच,
"नारी हरना कही है कृति अतीव काली" ।।

🕉 श्लोकौ:

अपाहरद्यदा बाली बन्धुभार्यां बलेन हि ।
आह तारा नु भर्तारं स्त्रीपीडनमघं सखे ।। 2011/2422

एतत्पापं मतं घोरं मृत्युदण्डोऽस्ति पापिनम् ।
एषा नीतिर्मनोर्मान्या शास्त्रोक्ता च सनातना ।। 2012/2422

📖 कथा 📖

(हनुमान बोला)

किष्किन्धा से सुग्रीव धाया, ऋष्यमूक गिरि पर क्यों आया ।
तुम्हें सुनाऊँ अल्प बखानी, रुमा हरण की करुण कहानी ।। 4200/5205

दोहा॰ किष्किंधा को छोड़ कर, सुग्रीव कीश कपीश ।
ऋष्यमूक पर क्यों बसा, सुनो कहूँ, जगदीश! ।। 5156/7162

इन्द्र कुलज कपि-मानव बाली, किष्किन्धा नृप वैभवशाली ।

---

[205] ♪ **त्रिभंगी छन्द** : इस 27 वर्ण, 37 मात्रा वाले छन्द के चरणों में न स भ न त ज त स य गण आते हैं । लक्षण सूत्र I I I, I I S, S I I, I I I, S S I, I S I, S S I, I I S, I S S इस प्रकार होता है । इसमें 7-7-13 पर विकल्प से यति आता है ।

▶ लक्षण गीत : **दोहा॰** मत्त सैंतीस से सजा, न स भ न त ज त स य वृंद ।
अक्षर सत्ताईस का, कहा "त्रिभंगी" छंद ।। 5155/7162

177. Story of of Rumā's abduction (4. Kishkindhā Kānd)

बाली पत्नी सुंदर तारा, नीति निपुण शारद अवतारा ।। 4201/5205

(अंगद)

सुपुत्र उनका अंगद नामा, शूर वीर कपि सुबुद्धि धामा ।
वास्तु शिल्प का प्रकाण्ड ज्ञाता, नीति निपुण है यथा हि माता ।। 4203/5205

अंगद अंगज नृप बाली का, सुरूप सुंदर मुख लाली का ।
महावीर बलवान भुजा है, बाली नृप का सचिव सजा है ।। 4204/5205

(सुग्रीव)

उपनृप बाली का सुग्रीव था, बाहुबली कपि कंबु ग्रीव था ।
बंधु प्रेमी अनुज नियारा, उसे न कोई और पियारा ।। 4205/5205

बाली सुग्रीव बल में भृश[206] हैं, रूप रंग में वे सदृश हैं ।
दोनों ही आपस में प्रिय थे, बंधु भाव में वन्दनीय थे ।। 4206/5205

दोहा॰ किष्किंधा का भूपति, बाली नाम कपीश ।
सुग्रीव उसका बंधु श्री, स्वामीनिष्ठ है कीश ।। 5157/7162

किष्किंधा का भूप है, बाली अति बलवान ।
सुग्रीव उसका सचिव था, कपिवर बहुत सुजान ।। 5158/7162

तारा[207] बाली की वधू, अंगद उसका पुत्र ।
सुग्रीव-पत्नी है रुमा, कश्यप उनका गोत्र ।। 5159/7162

दोनों भाई एक से, रंग स्वरूप समान ।
रण नीति में धीर हैं, दोनों बंधु महान ।। 5160/7162

(एक दिन)

दोहा॰ एक दिवस "मय" नाम का, असुर मल्ल घनघोर ।
आया आधी रात में, बहुत मचाता शोर ।। 5161/7162

---

[206] **भृश** = प्रचंड, प्रकांड, अत्यधिक; शक्तिशाली ।
[207] **तारा** = कपिवर सुषेण जी की कन्या, बाली की पत्नी ।

177. Story of of Rumā's abduction (4. Kishkindhā Kānd)

खड़ा महल के सामने, बाली को ललकार ।
बोला, लड़ने आइयो, दूँगा तुझको मार ।। 5162/7162

सुन कर उसकी गर्वता, बाली के मन क्रोध ।
बोला, आकर मैं तुझे, अभी सिखाता बोध ।। 5163/7162

(सुग्रीव)

सुग्रीव बोला, हे सखे! मत सुन वह बकवाद ।
वापस लौटेगा स्वयं, थक जाने के बाद ।। 5164/7162

मूढ़ मति बाली महा, चला अकेला आप ।
सुग्रीव भी फिर साथ में, निकल पड़ा चुपचाप ।। 5165/7162

भागे दोनों वीर वे, धरने मय का हाथ ।
मय फिर उनको देख कर, काँपा भय के साथ ।। 5166/7162

(फिर)

✍दोहा॰ सुरंग में मय घुस गया, गया भागता दूर ।
बाली को ललकारता, मायावी मगरूर ।। 5167/7162

(बाली)

✍दोहा॰ बाली बोला, बंधु! तुम, रुको गुफा के द्वार ।
मैं आता हूँ भोर में, मायावी को मार ।। 5168/7162

"दोनों जाना खोह[208] में, ठीक नहीं है आज ।
यदि हम दोनों मर गए, कौन करेगा राज ।। 5169/7162

"मैं आता हूँ प्रात में, पूरण करके काज ।
यदि ना आऊँ लौट कर, तुम ले लेना राज ।। 5170/7162

"बिल का मुख पाषाण से, कर देना तुम बंद ।
ता की असुर न पा सके, तुमरे गल में फँद" ।। 5171/7162

---

[208] **खोह** = कंदर, गुफा, गुहा, बिल, सुरंग, खोह, विवर (आदि समानार्थक शब्दों का प्रयोग इस कविता में आया है ।)

177. Story of of Rumā's abduction (4. Kishkindhā Kānd)

(फिर)

✍दोहा॰ बीत गए थे दिन कई, नहिँ लौटा जब भ्रात ।
सब बोले, "मारा गया, बाली मय के हाथ" ।। 5172/7162

यथा बंधु ने था कहा, सुग्रीव ने पाषाण ।
बिल के मुख पर रख दिया, लेने मय के प्राण ।। 5173/7162

मंत्री मंडल ने कहा, करें दाह संस्कार ।
अगले नृप का सोचिए, नाम नीति अनुसार ।। 7174/7162

(तारा)

✍दोहा॰ तारा रानी ने तभी, कीन्हा ये ऐलान ।
"सुग्रीव अब राजा बने, अंगद बने प्रधान" ।। 5175/7162

(उधर)

✍दोहा॰ बाली मय से लड़ पड़ा, मुष्टि युद्ध दिन-रात ।
बार-बार आघात से, फटा असुर का गात ।। 5176/7162

मायावी जब मर गया, दुंदुभि-सुत बलवान ।
बाली बिल में फँस गया, बिल पर था पाषाण ।। 5177/7162

मूढ़ क्रुद्ध बाली भया, भरा क्रोध से गात ।
बोला, गद्दी के लिए, किया बंधु ने घात ।। 5178/7162

(फिर)

✍दोहा॰ कंदर की दीवार को, खोद खोद दिन-रात ।
बाली बाहर आगया, उसे लगे दिन सात ।। 5179/7162

बन कर बैरी बंधु का, बाली क्रोधित लाल ।
चला अनुज को मारने, बन कर उसका काल ।। 5180/7162

दाँत पीसता जोश में, आग बबूला लाल ।
टूट पड़ा सुग्रीव पर, बकता उसको गाल[209] ।। 5181/7162

---

[209] गाल (पंजाबी) = गाली (हिंदी)

177. Story of of Rumā's abduction (4. Kishkindhā Kānd)

(और)

दोहा॰ पत्नी उसकी छीन कर, उस पर किया प्रहार ।
किया बालि ने बंधु को, किष्किन्धा से पार ।। 5182/7162

सुग्रीव, पत्नी-विरह में, किष्किन्धा को त्याग ।
ऋष्यमूक गिरि पर बसा, लिए शोक की आग ।। 5183/7162

संगीतश्रीकृष्णरामायण गीतमाला, पुष्प 637 of 763

खयाल : राग रामकली,[210] तीन ताल 16 मात्रा

(रुमा-बिरहा)

स्थायी

रोऽये मोऽ ऽ ऽ ऽ री अँखियाँऽ ऽ ऽ,
जीऽया उदाऽ ऽ ऽ ऽ ऽ सीऽ, सखी! ।
राऽह तकूँऽ पी आऽयेऽ नाऽ ऽ ऽ ।।

♫ गमप- पध-पमंपपग मध़-प-,
गरे़ग पम-ग-रे़-सा-सा- गम ।
प-प पध़- सां- निनिध़प ध़निसांरें़संनिध़पऽऽ ।।

अंतरा-1

पल छिन मोऽराऽ कल न परत हैऽ,
पीऽ को खबरियाँऽ दीऽऽजियोऽ ऽ ऽ ।
हरि! रोऽवऽतऽऽ हैऽऽ मोकाऽ जियरवाऽ,
कबहुँऽ मिलेंगे पियाऽ ऽ ऽ ऽ, रो-ये ।।

♫ मम मम प-ध़- निनि सां सांसांसां सां-,

---

[210] **राग रामकली :** यह भैरव ठाठ का राग है । इसका आरोह है : सा ग, म प ध़, नि सां । अवरोह है : सां नि ध़ प, मं प, ध़ नि ध़, म ग, म रे़ सा । इसमें वादी स्वर प और संवादी स्वर सा है ।

▶ लक्षण गीत : **दोहा॰ अवरोह नि मृदु तिव्र मा, आरोही रे त्याग ।**
कोमल स्वर जिसमें ध है, "रामकली" वह राग ।। 5184/7162

177. Story of of Rumā's abduction (4. Kishkindhā Kānd)

ध- ध धनिसांसां- निसांरेंसांनिधप- ।

मम प-धधपमप मगम मध- निसांसांसां-,

धधसां- सांसां-सां धनिसांरेंसांनिधपगम, प-प ।।

(हनुमान)

दोहा॰ सुन मैं दुख सुग्रीव का, आया उसके पास ।
नारी-रक्षा के लिए, बन कर उसका दास ।। 5185/7162

बाली का मैं आप ही, कर देता संहार ।
मैं तो केवल दास हूँ, कैसे नृप दूँ ताड़ ।। 5186/7162

नृप से ही नृप लड़ सके, नीति नियम आधार ।
रामचंद्र नृप आप हैं, उसको सकते मार ।। 5187/7162

(तारा)

दोहा॰ पति को तारा ने कहा, "स्त्री चोरी है पाप ।
करके ऐसा पाप तुम, स्वयं मरोगे आप" ।। 5188/7162

(रुमा की कथा सुना कर)

दोहा॰ हनुमत बोला राम को, "चलिए मेरे साथ ।
हाथ जोड़ बिनती करूँ, राघव श्रीरघुनाथ!" ।। 5189/7162

संगीतश्रीकृष्णरामायण गीतमाला, पुष्प 638 of 763

दादरा ताल

(रुमा देवी हरण की कथा)

स्थायी

गीत शारद ने मंजुल है गाया, साज नारद मुनि ने बजाया ।
रत्नाकर से है मंगल रचाया, रामायण को है सुंदर सजाया ।।

♪ म-ग म-म- म प-म- ग म-प-, रे-ग म-म- मध- प- मग-म- ।
रेगम-म म- म ध-प- गम-प-, रे-ग-म- म- म ध-प- मग-रे- ।।

अंतरा-1

178. Story of Meeting between Sugrīva and Shrī Rāma

भ्रम में आकर जब बाली था बिगड़ा, कीन्हा सुग्रीव से बाली ने झगड़ा ।
रुमा भाभी को हाथऽ लगाया, किष्किंधा से भाई भगाया ।।

♪ सां- सां नि-रेंरें सां- ध-नि- ध पपम-, सांसां नि-रें- सां ध-नि- ध पपम- ।
मग म-म- म प-म- गम-प-, रेगम-म- म ध-प- मग-रे- ।।

अंतरा-2

रुमा देवी को बाली ने छीना, कीन्हा सुग्रीव का दु:सह्य जीना ।
जबसे घर छोड़ सुग्रीव आया, काल बिरहा में रो रो बिताया ।।

अंतरा-3

तारा बोली, "मरेगा तू बाली! नारी हरना है करतूत काली" ।
रुमा निष्पाप है बंधुजाया, "छोड़ दे तू रुमा को!" बताया ।।

किष्किन्धा काण्ड : आठवाँ सर्ग

178. श्री राम-सुग्रीव मिलन की कथा :

178. Story of Meeting between Sugrīva and Shrī Rāma

♪ संगीतश्रीकृष्णरामायण छन्दमाला, मोती 428 of 501

सुनंदिनी छन्द[211]

। S ।, S S ।, । S ।, S । S, S S ।, S S ।, । S ।, S । S

(राम सुग्रीव मिलन)

गले लगाया जब ऋष्यमूक का सुग्रीवमंत्री हनुमान राम ने ।
प्रफुल्लिताया हनुमान राम जी को लेगया वानरराज सामने ।। 1
प्रसन्नता से नृप हाथ जोड़के सुग्रीव आया हरि को निहारने ।

---

[211] ♪ सुनंदिनी छन्द : इस 24 वर्ण, 37 मात्रा वाले छन्द के चरण में ज त ज र त त ज र गण आते है ।
इसका लक्षण सूत्र । S ।, S S ।, । S ।, S । S, S S ।, S S ।, । S ।, S । S इस प्रकार होता है ।
इसके 12-12 वर्ण पर वैकल्पिक विराम होता है ।

▶ लक्षण गीत : 🖎 दोहा॰ मत्त सैंतीस का बना, ज त ज र त त ज र वृंद ।
वर्ण चौबीस से सजा, "सुनंदिनी" है छंद ।। 5190/7162

178. Story of Meeting between Sugrīva and Shrī Rāma

लगा गले वो नृप कीश हर्ष से, श्री राम के, और लगा सराहने ।। 2

श्लोकौ:

दृष्ट्वा रामं स सुग्रीवो भूरिः प्रसन्नमानसः ।
स्पृष्ट्वा स चरणौ तस्य रामं स्वदुःखमब्रवीत् ।। 2013/2422

रामोऽपि स्वस्य दुःखं तं नृपसुग्रीवमब्रवीत् ।
समदुःखौ नृपौ बन्धू जातौ सहचरौ तदा ।। 2014/2422

कथा

(हनुमान)

गंगा माता अखंड ज्योंही, साथ हमारा अविरत त्यों ही ।
चलो मिलें सुग्रीव भूप से, बंधु भावना मन अनूप से ।। 4207/5205

पगडंडी से आगे बढ़ते, कदम कदम वे गिरि पर चढ़ते ।
आए फिर ऊँचे टीले पर, सुग्रीव नृप के लघु किले पर ।। 4207/5205

दोहा॰ चलिए! कह कर चल पड़े, पहुँचे सुग्रीव पास ।
राम-लखन दो बंधु के संग राम का दास ।। 5191/7162

गिरि पर, वन की राह से, चढ़े राम-हनुमान ।
लखन लला पीछे चला, गाता जय जय राम! ।। 5192/7162

ऊँचे टीले पर दिखा, सुग्रीव नृप का धाम ।
किला मनोरम था बना, कपि सेना का काम ।। 5193/7162

(सुग्रीव)

साथ सचिव के, राम-लखन को, लख कर शाँति नृप के मन को ।
निहार कर मुख श्री रघुवर का, रहा तनिक ना तन में डर का ।। 4208/5205

उठ कर प्रणाम करने धाया, और भुजा का हार पिनाया ।
काँधे हरि के शीश टिकाया, आँसू की दो बूँद गिराया ।। 4209/5205

दोहा॰ कपि सँग देखे राम को, हरषाया सुग्रीव ।
कपिवर राघव से मिला, जोड़ ग्रीव से ग्रीव ।। 5194/7162

178. Story of Meeting between Sugrīva and Shrī Rāma

काँधे पर श्रीराम के, रख कर अपना शीश ।
ढारे मोती अश्रु के, हर्षित गात कपीश ।। 5195/7162

(राम)

कर कमलों से उसकी काया, धर कर हरि ने थप्पथपाया ।
कुशल क्षेम श्रीधर ने पूछा, अपना ब्यौरा कहा समूचा ।। 4210/5205

दोहा॰ सजल नयन श्री राम ने, कहा कुशल अरु क्षेम ।
पास बिठा कर कीश को, जतलाया निज प्रेम ।। 5196/7162

राघव ने सुग्रीव का, धरा हाथ में हाथ ।
बतलाई कपिराज को, "दो-वर" वाली बात ।। 5197/7162

बोले, मेरी दार को, लेकर भागा चोर ।
तोरी भी पत्नी रुमा, विरह सहत है घोर ।। 5198/7162

(फिर)

सुन राघव की करुण कहानी, सुग्रीव के नैनन में पानी ।
पोंछ-पाँछ कर अपना मुखड़ा, लगा सुनाने अपना दुखड़ा ।। 4211/5205

सुन सुग्रीव की दुखी कहानी, अखियाँ हरि की अश्रु बहानी ।
भेद भाव परस्पर खोये, सम दुक्खी दो यकजा रोये ।। 4212/5205

राघव बोले, सुग्रीव प्यारे! काज करेंगे प्रथम तिहारे ।
बाद चलो तुम असुर दुआरे, लाने सीता, संग हमारे ।। 4213/5205

दोहा॰ सुग्रीव ने अपनी कही, रुमा बिरह की बात ।
बोले राघव रोइके, सम दुक्खी हम भ्रात ।। 5199/7162

कहा राम ने कीश को, करें प्रथम तव काज ।
रूमा भाभी मुक्त हों, "करें योजना आज ।। 5200/7162

"फिर सीता को ढूँढने, निकलेंगे हम साथ ।
खोजेंगे सब विपिन ये, बोले श्री रघुनाथ ।। 5201/7162

"तुम अब मेरे बंधु हो, यथा लखन कुमार ।

179. Story of the fight between Sugrīva and Bālī

हम दोनों सम दुक्खी हैं, तुमरी व्यथा हमार" ।। 5202/7162

 संगीतश्रीकृष्णरामायण गीतमाला, पुष्प 639 of 763

दादरा ताल

(राम सुग्रीव मिलन की कथा)

स्थायी

गीत शारद ने मंजुल है गाया, साज नारद मुनि ने बजाया ।
रत्नाकर से है मंगल रचाया, रामायण को है सुंदर सजाया ।।

♪ म-ग म-म- म प-म- ग म-प-, रे-ग म-म- मध- प- मग-म- ।
रेगम-म म- म ध-प- गम-प-, रे-ग-म- म- म ध-प- मग-रे- ।।

अंतरा-1

वीर हनुमान-सुग्रीव-दासा, लाया राघव को स्वामी के पासा ।
देख राघव को सुग्रीव धाया, राघव को गले से लगाया ।।

♪ सांसां निनिरें-सां ध-नि-ध प-म-, सांसां नि-रें- सां ध-नि- ध प-म- ।
मग म-म- म प-मग म-प-, रेगम- म- मध- प- मग-रे- ।।

अंतरा-2

फिर काँधे से शीशऽ टिकाया, दो नैनों से टेसूँ गिराया ।
अपना दुख जब हरिऽ को सुनाया, दुःख राघव ने अपना बताया ।।

अंतरा-3

बोले श्रीराम, सुग्रीव प्यारे! एक जैसे हैं संकट हमारे ।
पहले निबटेगी तेरी समस्या, फिर खोजेंगे हम मेरी जाया ।।

किष्किन्धा काण्ड : नौवाँ सर्ग

179. सुग्रीव-बाली संग्राम की कथा :

179. Story of the fight between Sugrīva and Bālī

♪ संगीतश्रीकृष्णरामायण छन्दमाला, मोती 429 of 501

179. Story of the fight between Sugrīva and Bālī

चंद्रशाला छन्द + गोवृष छन्द[212]

ऽ ऽ ऽ, ऽ । ऽ, ऽ ऽ ।, ऽ ऽ ।, ऽ ऽ

ऽ ऽ ऽ, ऽ ऽ ।, । ऽ ऽ, । । ऽ, ऽ ऽ

(सुग्रीव बाली)

बोला श्री राम ने, हे कीश! सुग्रीव भाई! ।
तेरी रूमा, है अब मेरी प्रिय भौजाई ।। 1
नारी को है चुराना, पाप जाना महाना ।
बाली तेरा, भ्रात किया दोष महा हीना ।। 2

श्लोका:

सुग्रीवमाह श्रीरामो बन्धुजाया रुमा च मे ।
तस्या रक्षा मया कार्या बन्धुधर्मस्य कारणात् ।। 2015/2422

सुग्रीव आह भोः बालिन्–मुञ्च रुमां विनायुधम् ।
नीतिज्ञः क्षात्रधर्मज्ञः श्रीरामोऽस्ति मया सह ।। 2016/2422

सुग्रीवस्य वचो बाली नामन्यत स मूढवत् ।
बालीसुग्रीवसंग्रामे श्रीरामोऽहञ्च पापिनम् ।। 2017/2422

कथा

(सुग्रीव)

---

[212] **चंद्रशाला छन्द** : इस 14 वर्ण, 25 मात्रा वाले शक्वरी छन्द के चरण में म र त त गण और दो गुरु वर्ण आते हैं । इसका लक्षण सूत्र ऽ ऽ ऽ, ऽ । ऽ, ऽ ऽ ।, ऽ ऽ ।, ऽ ऽ इस प्रकार होता है । इसके 7–7 वर्ण पर विराम वैकल्पिक होता है ।

▶ लक्षण गीत : **दोहा० मत्त पच्चीस हों जहाँ, दो गुरु कल से अंत ।**
वही "चंद्रशाला" कहा, म र त त गण का छंद ।। 5203/7162

गोवृश छन्द : इस 14 वर्ण, 24 मात्रा वाले शक्वरी छन्द के चरण में म त य स गण और दो गुरु वर्ण आते हैं । इसका लक्षण सूत्र ऽ ऽ ऽ, ऽ ऽ ।, । ऽ ऽ, । । ऽ, ऽ ऽ इस प्रकार होता है । इसके 4–10 वर्ण पर वैकल्पिक विराम होता है ।

▶ लक्षण गीत : **दोहा० मत्त चौबीस का बना, दो गुरु कल से अंत ।**
म त य स गण का वृंद जो, समझो "गोवृश" छंद ।। 5204/7162

179. Story of the fight between Sugrīva and Bālī

दोहा॰ खुश हो कर फिर राम को, बोला वानर-राज ।
निकला, राघव! दिवस है, बड़े भाग्य का आज ॥ 5205/7162

आज मुझे, प्रभु! आपकी, कृपा मिली है खास ।
मेरा हनुमत आज से, बने आपका दास ॥ 5206/7162

ऋष, मारुत वानर बड़े, जितने मेरे पास ।
जामवंत, नल, नील भी, तुमरे हैं अब दास ॥ 5207/7162

(हनुमान)

दोहा॰ हनुमत ने फिर राम के, धरे चरण, सह प्यार ।
बोला, "रघुवर! आपने, किए बहुत उपकार ॥ 5208/7162

"नारायण तुम आप हो, संकट मोचन राम! ।
सब विध जग में आपका, होवे मंगल काम ॥ 5209/7162

"मेरा अब सब आपका, दल बल तन-मन प्राण ।
तुमरी सेवा में रहूँ, देकर जीवन दान" ॥ 5210/7162

(फिर, सुग्रीव)

दोहा॰ सुग्रीव ने की आरती, कह कर "जय रघुनाथ!" ।
कीन्ही पूजा राम की, परिक्रमा के साथ ॥ 5211/7162

करी प्रतिज्ञा प्राण से, करके शुद्ध विचार ।
बंधु भाव स्थापित किया, मीठे शब्द उचार ॥ 5212/7162

बोला, सुख-दुख एक हैं, तुमरे और हमार ।
तुमरे भाई तीन थे, अब हम भाई चार ॥ 5213/7162

सीता मेरी भौज है, करूँ तिहारे काम ।
रूमा तुमरी भोज है, उसे छुड़ादो, राम! ॥ 5214/7162

(और)

दोहा॰ रुमा पड़ी है कैद में, उसे बचाओ, राम! ।
नारी-रक्षा है बड़ा, क्षात्र-धर्म का काम ॥ 5215/7162

179. Story of the fight between Sugrīva and Bālī

नारी–रक्षा के लिए, मरा जटायु वीर ।
मेरी रूमा के लिए, राम! उठाओ तीर ।। 5216/7162

"मैं हृत–पत्नी हूँ, रघो! मुझको दो तुम साथ ।
हृत–पत्नी हो आप भी, तुमको मैं दूँ हाथ" ।। 5217/7162

मेरे कष्ट हरो, प्रभो! रखिये मेरी लाज ।
संकट मेरे टारिए, राघव! मेरे आज ।। 5218/7162

(राम)

सुग्रीव! अब तू मेरा भाई, मैं हूँ अब तेरा सुखदाई ।
राघव बोले, मैं–तू संगी, दोनों अब हम एक हि अंगी ।। 4214/5205

हरण हुई है रूमा भौजी, उसे छुड़ाने हम हैं फौजी ।
बाली को हम सबक सिखाएँ, उसे नीति की राह दिखाएँ ।। 4215/5205

✍दोहा॰ **"मेरा अब तू बंधु है, रूमा मेरी भौज ।**
मोचन भाभी का करें, फिर सीता की खोज ।। 5219/7162

"तू मेरा कपि बंधु है, मैं हूँ तेरा भ्रात ।
भौजाई मेरी रुमा, सिया भौज तव, तात! ।। 5220/7162

"अब हम दोनों बंधु हैं, क्षात्र–धर्म के नाम ।
भौजाई की मुक्ति है, भाई! मेरा काम" ।। 5221/7162

(क्योंकि)

बाली ने अपराध किया है, अपने सिर पर पाप लिया है ।
बंधु भाव को भ्रष्ट किया है, क्षात्र–धर्म को नष्ट किया है ।। 4216/5205

✍दोहा॰ **"पत्नी तुमरी छीन कर, बाली कीन्हा पाप ।**
उस नृप को दंडित करूँ, अवधपति मैं–आप" ।। 5222/7162

(अत:)

तेरा दुख हम शमन करेंगे, बाली–बल को दमन करेंगे ।
नारी–मुक्ति धरम कहेंगे, क्षात्र–धर्म का करम करेंगे ।। 4217/5205

179-A. Story of Sākhu Trees (Rāmāyan, 4. Kishkindhā Kānd)

अब वह आतंक रच नहिँ सकता, मेरे शर से बच नहिँ सकता ।
सुग्रीव! अब मत करना चिंता, मैं हूँ दुष्ट जनों का हंता ।। 4218/5205

✍दोहा॰ **"तेरा दुख हम टार दें, शठ बाली को मार ।**
नारी-मोचन धर्म है, क्षात्र-कर्म सुविचार ।। 5223/7162

"या रूमा को सौंप दे, उसके पति के हाथ ।
या हम उसको दंड दें," बोले श्री रघुनाथ ।। 5224/7162

साखु वृक्ष की कथा

179-A. Story of Sākhu Trees (Rāmāyan, 4. Kishkindhā Kānd)

(सुग्रीव)

सुन राघव की मधुरतर वाणी, मति सुग्रीव की अति हर्षाणी ।
बोला, रघुवर! बाण चलाओ, तुमरा धनुष प्रमाण दिलाओ ।। 4219/5205

बहुत धुरंधर कपि है बाली, शूर विक्रमी प्रभाव शाली ।
धीर सभी ने उसको जाना, डर है सबने उसका माना ।। 4220/5205

तुमरा अगर निशाना चूका, बाली यदि ना तुमसे रूका ।
बच निकला यदि प्रकोप भोगी, हम सबको फिर मुष्किल होगी ।। 4221/5205

✍दोहा॰ **सुन राघव के शब्द वे, सुग्रीव पुलकित देह ।**
मगर राम के बाण पर, उसके मन संदेह ।। 5225/7162

सुग्रीव बोला, राम से, बाली है अति वीर ।
प्रमाण दो, राघव! मुझे, आप चला कर तीर ।। 5226/7162

चूके यदि शर आपका, या हो शर कमजोर ।
बाली के फिर हाथ से, अनिष्ट होगा घोर ।। 5227/7162

(राम)

सुन कर वह सुग्रीव का कहना, राघव ने धनु तरकश पहना ।
बोला, प्यारे! प्रमाण दूँगा, समाधान मैं पूर्ण करूँगा ।। 4222/5205

देख! उधर तरु सात बड़े हैं, ऊँचे ताड़ समान खड़े हैं ।

179-B. Fight between Sugrīva and Bālī, continued

एक तीर से कट कर सारे, परिचय देंगे तुझको, प्यारे! ।। 4223/5205

दोहा॰ वहाँ साखु के वृक्ष हैं, सात सजाय कतार ।
प्रमाण देंगे वे तुझे, दिखलाय चमत्कार ।। 5228/7162

(फिर)

माला तरु की देख सामने, धनु को ताना सही राम ने ।
साँध निशाना शक्ति बाण का, छोड़ा शिवजी के सुनाम का ।। 4224/5205

निकला सायक सन्-सन् करता, पेड़ गिराता धन् धन् करता ।
सात साखु के वृक्ष गिर कटे, सुग्रीव मन से भरम मर मिटे ।। 4225/5205

ताली बजाय सुग्रीव चेले, वाह! वाह! राघव को बोले ।
शक्तिशाली धनुर्धर ऐसा, कभी न देखा नर तुझ जैसा ।। 4226/5205

दोहा॰ राघव बोले ठीक है, सच्ची तेरी बात ।
कर ले तू विश्वास, फिर, लड़ बाली के साथ ।। 5229/7162

देख वहाँ तरु सात हैं, ऊँचे ताड़ समान ।
एक चला कर बाण मैं, दूँगा तुझे प्रमाण ।। 5230/7162

छोड़ा शर श्री राम ने, लेकर शिव का नाम ।
सातों तरुवर कट गिरे, देने उचित प्रमाण ।। 5231/7162

179-B. Fight between Sugrīva and Bālī, continued

(सुग्रीव)

तेरे बल से राघव! मेरी, पत्नी लौट मिले इस बेरी ।
पत्नी अपहृत करके मेरी, पापी बाली होगा ढेरी ।। 4227/5205

उसने मुझको मार भगाया, दाग द्रोह का मुझे लगाया ।
मैं बोला, तू सुन एक बेरी, मगर सुनी ना उसने मेरी ।। 4228/5205

दोहा॰ कपि को बोला राम ने, पहले कर लो बात ।
बाली माने शाँति से, तो मत लड़ना, तात! ।। 5232/7162

सुग्रीव बोला, ठीक है, वचन तिहारे, राम! ।

179-B. Fight between Sugrīva and Bālī, continued

बहुत यत्न मैं कर चुका, मगर बना नहिँ काम ।। 5233/7162

बाली को मैंने कहा, क्षमा करो अपराध ।
तू मेरा भाई बड़ा, तेरी कृपा अगाध ।। 5234/7162

लौटा तू जब कुशल है, फिर क्यों इतना क्रोध ।
मुझको पश्चाताप है, हुआ भूल का बोध ।। 5235/7162

करो राज्य अब शान से, रखलो मुझको दास ।
तेरी सेवा मैं करूँ, रह कर तेरे पास ।। 5236/7162

तेरा सब मैंने रखा, ज्यों का त्यों ही राज ।
करी धरोहर वापसी, फिर क्यों तू नाराज ।। 5237/7162

(मगर)

✍दोहा॰ कहना मम माना नहीं, कट-कट पीसे दाँत ।
दौड़ा मुझको मारने, ठुकरा कर मम बात ।। 5238/7162

एक वस्त्र बस पहन कर, निकला मैं तज ग्राम ।
काटा काल कलेश में, कीन्हा गिरि पर धाम ।। 5239/7162

(अब)

✍दोहा॰ "मेरी पत्नी यदि मिले, मुझको, हे श्रीराम! ।
दास बनूँगा आपका, करूँ आपका काम" ।। 5240/7162

पूर्ण भरोसा है मुझे, तुम पर, हे रघुनाथ! ।
सफल मनोरथ क्यों न हो, जब तुम मेरे साथ ।। 5241/7162

(राम)

राघव बोले, सुग्रीव भाई! करिए जो तुझको सुखदाई ।
नारी-रक्षा ध्येय बनाएँ, तेरी पत्नी तुझको पाए ।। 4229/5205

बने योजना ऐसी, प्यारे! ध्येय सफल हो जिसमें सारे ।
पापी को भी मार मिटावे, चिंता तेरी दूर हटावे ।। 4230/5205

✍दोहा॰ समझाने सुग्रीव को, बोले प्रभु श्री राम ।

1813
रत्नाकर रचित संगीत-श्री-रामायण

सुखदाई! अब हम करें, पहले तेरा काम ।। 5242/7162

रक्षा रूमा की करें, उस बाली को ताड़ ।
नारी-रक्षा ध्येय है, बिन अनीति से लाड़ ।। 5243/7162

(योजना)

✍दोहा॰ कीन्ही फिर यों योजना, क्षात्र-धर्म अनुसार ।
नारी-रक्षा काज में, नहीं जीत या हार ।। 5244/7162

बाली को आवाज दो, मुष्टियुद्ध ललकार ।
"रूमा को वह छोड़ दे, या लड़ने तैयार ।। 5245/7162

"रूमा को यदि छोड़ दे, लड़ने का नहिँ काम ।
किष्किन्धा बाली बसे, ऋष्यमूक तव धाम ।। 5246/7162

"लड़ने को यदि आगया, बाली तेरे साथ ।
मुष्टियुद्ध में तुम, सखे! करना दो-दो हाथ ।। 5247/7162

"पेड़ के तले मैं खड़ा, मारूँ उसको बाण ।
एक वक्ष पर घाव से, तज देगा वह प्राण" ।। 5248/7162

(फिर)

✍दोहा॰ "तारा रानी फिर करे, किष्किन्धा में राज ।
रूमा को तू पाएगा, होगा तेरा काज" ।। 9246/7162

(सुग्रीव का प्रश्न)

राघव! तेरा कहना माना, अच्छी तेरी लगी योजना ।
मगर प्रश्न है मुझे सताता, क्षात्र-धर्म क्या हमें बताता ।। 4231/5205

बाली का वध करना, प्यारे! है क्या नीति के अनुसारे ।
क्षात्र श्रेष्ठ हैं हम तुम सारे, नीति बद्ध हैं हाथ हमारे ।। 4232/5205

✍दोहा॰ सुग्रीव बोला राम से, सफल बने अब काम ।
अच्छी हमरी योजना, क्षात्र-धर्म के नाम ।। 5250/7162

मगर कहो, श्री रामजी! "तुमने मारा तीर ।

179-B. Fight between Sugrīva and Bālī, continued

बाली के यदि पीठ पर, हम हों कैसे वीर ।। 5251/7162

"रण की नीति क्या कहे, क्षात्र-धर्म के साथ ।
नारी-हर्ता के लिए, नियम कहो, रघुनाथ!" ।। 5252/7162

(श्री राम का उत्तर)

सुग्रीव! सुन ले नीति रण की, शाँति होगी तेरे मन की ।
क्षात्र-धर्म का मैं हूँ ज्ञाता, पालन उसका मुझको आता ।। 4233/5205

मेरा अब तू है बड़ भाई, रूमा मेरी है भौजाई ।
जैसी सीता भाभी तेरी, दोनों हमरी जिम्मेदारी ।। 4234/5205

तेरी विनती वह नहिं माना, तुझको बैरी उसने जाना ।
भौजी को है बंदी कीन्हा, अपने सिर पर पातक लीन्हा ।। 4235/5205

पापी हीन अधम व्यभिचारी, नारी लुंठक अत्याचारी ।
रण में मरने का अधिकारी, यदि न सुने तह की ललकारी ।। 4236/5205

वार करूँ मैं पीठ पर नहीं, तीर लगे बस छाती पर ही ।
रण में युद्ध किए जब जाते, हमले दबे छुपे हैं होते ।। 4237/5205

किसी दाम पर नारी-रक्षा, क्षात्र-धर्म की पहली शिक्षा ।
नारी लुंठक पापी जाना, उसका हनन न पातक माना ।। 4238/5205

दोहा॰ बोले हरि सुग्रीव को, सुनो नीति तुम, तात! ।
क्षात्र-धर्म से मैं चलूँ, करने को हर बात ।। 5253/7162

प्रश्न तिहारा उचित है, करो न चिंता व्यर्थ ।
नीति-नियम को पाल कर, होगा नहीं अनर्थ ।। 5254/7162

"मुझे बंधु तूने कहा, रूमा मेरी भौज ।
भाभी तेरी है सिया, अब हम दो की फौज ।। 5255/7162

"अगवा सीता अरु रुमा, करने वाले मूढ़ ।
कीन्हे पातक घोर हैं, दोनों दुष्ट विमूढ़ ।। 5256/7162

"नारी हरना पाप है, उन्हें नहीं विश्वास ।

179-B. Fight between Sugrīva and Bālī, continued

रण पर मरने योग्य हैं, करके धर्म विनाश" ।। 5257/7162

बाली को यह ज्ञात हो, "साथ तिहारे राम" ।
छुप कर तीर न पीठ पर, मारेगा श्री राम ।। 5258/7162

"बाली नृप कपिसंघ का; राघव है अवधेश ।
राजा को राजा हने, यही नीति आदेश" ।। 5259/7162

सुन कर राघव का कहा, सुग्रीव भया प्रसन्न ।
बोला, राघव! अब चलें, करने यश संपन्न ।। 5260/7162

(तब, सुग्रीव)

सुन कर राघव से रण नीति, सुग्रीव के मन बची न भीति ।
सुग्रीव बोला, रघुपति! चलिए, रुमा-सिया की मुक्ति करिए ।। 4239/5205

(फिर)

दोहा॰ सुग्रीव-राघव चल पड़े, किष्किन्धा की ओर ।
वन में भय-बिन यों चले, सिंह राज की तौर ।। 5261/7162

किष्किन्धा जब आगए, यथा बनाया दाँव ।
राम खड़े तरु के तले, लिए वृक्ष की छाँव ।। 5262/7162

(और फिर)

दोहा॰ बालीगृह के सामने, सुग्रीव आकर आप ।
बोला, बाली! हे सखे! और न कर तू पाप ।। 5263/7162

मेरी रूमा छोड़ दे, उसका तनिक न दोष ।
मुझे सजा तू दे चुका, अब मत धर तू रोष ।। 5264/7162

आया हूँ, बंधो! यहाँ, लेने रूमा साथ ।
"बिना लड़ाई मान जा, मेरे सह रघुनाथ" ।। 5265/7162

नीति वीर श्री राम हैं, और न कर तू पाप ।
अगर अभी माना नहीं, देंगे तुझको ताप ।। 5266/7162

(और)

179-B. Fight between Sugrīva and Bālī, continued

✍दोहा॰ नारी हरना पाप है, यही नीति की रीत ।
क्षात्र-धर्म को टाल कर, फल होगा विपरीत ।। 5267/7162

दे दे रूमा शाँति से, लौटूँगा चुपचाप ।
ऋष्यमूक पर मैं बसूँ, तुझे न दूँगा ताप ।। 5268/7162

नारी हरना पाप है, यही नीति की रीत ।
मानेगा यदि तू नहीं, फल होगा विपरीत ।। 5269/7162

निर्णय तेरे हाथ है, करना सोच विचार ।
होजा सहमति के लिए, या लड़ने तैयार ।। 5270/7162

(तब)

✍दोहा॰ सुन कर सुग्रीव का कहा, क्रोधित बाली लाल ।
झपट पड़ा सुग्रीव पर, बन कर उसका काल ।। 5271/7162

बाली-सुग्रीव बंधु का, युद्ध हुआ घमसान ।
मुक्के पर मुक्के बजे, उठा-पटक तूफान ।। 5272/7162

दाँव पेच घूसे चले, करने को बलिदान ।
सुग्रीव कोसत राम को, कब छोड़ोगे बाण ।। 5273/7162

(राम)

एक से लगे दोनों भाई, भेद समझ न सके रघुराई ।
रंग अंग सम, दुविधा डाली, को है सुग्रीव, को है बाली ।। 4240/5205

तीर चलाऊँ तो मैं कैसे, दोनों दिखते एक हि जैसे ।
भूल से कहीं सुग्रीव को ही, तीर न मारूँ सगा है जोही ।। 4241/5205

✍दोहा॰ दोनों भाई राम को, लागे एक समान ।
दुविधा में राघव पड़े, नहीं चलाया बाण ।। 5274/7162

(अत:)

बाली ने सुग्रीव को पीटा, सुग्रीव खिसका मार घसीटा ।
क्योंकर राघव तीर न छोड़े, भागा सुग्रीव, कर को जोड़े ।। 4242/5205

179-B. Fight between Sugrīva and Bālī, continued

सुग्रीव दौड़े, युद्ध विरामा, अब नहिं बाण चलावे रामा ।
अपने घर फिर लौटा बाली, बकता मुख में गलोच गाली ।। 4243/5205

दोहा॰ तीर न सुग्रीव को लगे, बिगड़ न जावे काम ।
पीट रहा बाली उसे, तीर न छोड़े राम ।। 5275/7162

सुग्रीव भागा युद्ध से, बचाय अपने प्राण ।
समझ न पाया, राम ने, क्यों न चलाया बाण ।। 5276/7162

सुग्रीव के रण छोड़ते, लड़ना हुआ विराम ।
बाली भी घर आगया, चले गए श्रीराम ।। 5277/7162

(तारा)

दोहा॰ बाली घर पर आगया, हुआ क्रोध से लाल ।
भाई को गंदी बुरी, मुख से बकता गाल [213] ।। 5278/7162

सुन कर पति की गालियाँ, तारा बोली, नाथ! ।
गाली बकना गलत है, कुटुंबियों के साथ ।। 5279/7162

आगे बोली, "हे सखे! अभी सँभालो होश ।
रूमा को तुम छोड़ दो, उसका कछु नहिं दोष ।। 5280/7162

"तुमने कीन्हा पाप वो, जिसका फल है घोर ।
कर दोगे विधवा मुझे, तुम नारी के चोर ।। 5281/7162

"ऋष्यमूक पर राम हैं, बसे अनुज के साथ ।
<u>फल कडुआ चखवायँगे, तुझको श्री रघुनाथ</u> ।। 5282/7162

"नीति को मत त्याग तू, विनति करूँ, हे नाथ! ।
रूमा तेरी भौज है, मत रख अपने साथ" ।। 5283/7162

(और)

दोहा॰ "सुनो नाथ! मेरा कहा, कलह बुरी है बात ।

---

[213] **गाल (पंजाबी)** = गाली (हिंदी)

179-B. Fight between Sugrīva and Bālī, continued

भाई से लड़ कर, सखे! होगा कुल का घात ।। 5284/7162

"अंगद भी है कह रहा, उचित नहीं अभिमान ।
सुग्रीव सह नल-नील हैं, जाँबवंत हनुमान ।। 5285/7162

"संत तुम्हें सब तज गए, लख कर तुमरा पाप ।
छल बल से कब तक चले, तुम्हें लगेगा शाप" ।। 5286/7162

(और सुनो)

✍दोहा॰ "अधर्म का जब, धर्म को, खा जाता है पाप ।
रक्षण करने रामजी, आजाते हैं आप ।। 5287/7162

"वेद शास्त्र कहते सभी, हमको बारंबार ।
नारी-अपहर्ता अघी, इक दिन खाता मार" ।। 5288/7162

(अत:)

"मिल कर राघव से, सखे! करो अनुज से मेल ।
फूट-कलह की आग ये, खतम करेगी खेल ।। 5289/7162

"गले लगा कर अनुज को, उसे करो युवराज ।
रामचंद्र की ओट में, होता पूज्य समाज" ।। 5290/7162

(फिर)

बड़े प्रेम से उसको चिपटी, बाहु-हार से उसको लिपटी ।
बहुत विनय से उससे बोली, बात हमारी सुनलो बाली! ।। 4244/5205

✍दोहा॰ तारा ने अति प्रेम से, कहा, सुनो मम नाथ! ।
रूमा को तुम छोड़ दो, जावे पति के साथ ।। 5291/7162

(बाली)

इतना अनुनय बोली तारा, पतन नाथ का जावे टारा ।
परंतु बाली रहा हठीला, मूरख कपि वह पड़ा न ढीला ।। 4245/5205

झल्ला कर पत्नी को बोला, बंद करो तुम अपना रोला ।
बाली ने तारा को टोका, लात मार कर उसको रोका ।। 4246/5205

179-B. Fight between Sugrīva and Bālī, continued

✍दोहा॰ पत्नी की मानी नहीं, बाली ने शुभ बात ।
गाली देकर मूढ़ ने, उसको मारी लात ।। 5292/7162

(लखन)

सुग्रीव जब घर लौटा आया, लखन उसे लहुलुहान पाया ।
बोला, यह क्या हुआ है, भाई! रुमा संग में क्यों ना आई ।। 4247/5205

✍दोहा॰ सुग्रीव जब घर आगया, लतपत लहूलुहान ।
भाई! यह कैसे हुआ, बोला लखन सुजान ।। 5293/7162

रूमा भाभी क्यों नहीं, लाया अपने संग ।
मारा किसने है तुझे, रक्त लिप्त क्यों अंग ।। 5294/7162

(सुग्रीव)

भाई तेरा निकला जाली, बातें बोला मीठी वाली ।
आप ही मुझे युध में जोड़ा, तीर मगर ना उसने छोड़ा ।। 4248/5205

राघव आते सुग्रीव बोला, मैं भी कितना मूरख भोला ।
करके, राम! भरोसा तेरा, देख होगया चौपट मेरा ।। 4249/5205

तीर क्यों नहीं छोड़ा, प्यारे! डर क्या था प्रभु! मन में थारे ।
बोल कौनसा सुख तू पाता, अगर युद्ध में मैं मर जाता ।। 4250/5205

सहायक नहिँ यदि था होना, तो क्यों मुझको साहस दीन्हा ।
क्या जो मैंने पाप किया है, जिसका तुमने ताप दिया है ।। 4251/5205

✍दोहा॰ सुग्रीव बोला लखन से, बुरा हुआ है काम ।
पीटा बाली ने मुझे, तीर न छोड़े राम ।। 5295/7162

पहले मुझको राम ने, लड़ने किया तयार ।
बाण न छोड़ा राम ने, खाई मैंने मार ।। 5296/7162

(फिर)

राघव जब घर आगए, सुग्रीव को अति रोष ।
बोला कहिए, रामजी! मेरा क्या था दोष ।। 5297/7162

179-B. Fight between Sugrīva and Bālī, continued

तुमने शर छोड़ा न क्यों, मुझे पड़ी जब मार ।
झूठ वचन से क्यों किया, लड़ने मुझे तयार ।। 5298/7162

राघव बोले विनय से, क्षमा करो, कपिराज! ।
सुग्रीव! तेरा काम हम, सफल करेंगे आज ।। 5299/7162

(राम)

सुन कर सुग्रीव की दुख वाणी, राघव के नैनन में पानी ।
बोले, तुम यों बनो न रोषी, तुम समझो ना मुझको दोषी ।। 4252/5205

एक रूप तुम दोनों भाई, मुझको भेद न दिया दिखाई ।
कर न सका मैं निर्णय कोई, लक्ष्य न सूझा इक हो जोही ।। 4253/5205

भ्रम वश यदि शर तुझे मारता, अनर्थ मैं, सुग्रीव! कर जाता ।
रंग रूप सब अंग तिहारे, बाली सम हैं बने, पियारे! ।। 4254/5205

इक पल लगता ये है बाली, फिर लगता दूजा है बाली ।
आँखें फिर-फिर धोखा खाती, बाण छोड़ने नहिं वो देती ।। 4255/5205

✍ **दोहा॰ राघव नैनन नीर थे, वाणी दुख में लीन ।**
बोले, मुझे न दोष दो, मैं हूँ कपट विहीन ।। 53000/7162

"एक-रूप तुम बंधु हों, दिखा मुझे ना भेद ।
गलत निशाने तीर से, करना पड़ता खेद ।। 5301/7162

"कभी लगे बाली यही, तभी लगे वह आप ।
धोखे में शर छोड़ कर, कैसे करता पाप" ।। 5302/7162

(अत:)

अबकी चिह्न पहन कर जाना, जिससे तू जाए पहिचाना ।
पहन रुद्र की गल में माला, हुआ सज्ज रघुवर का चेला ।। 4256/5205

✍ **दोहा॰ कल जाओ तुम पहन कर, गले कुसुम का हार ।**
या माला हो रुद्र की, गल में अब की बार ।। 5303/7162

(तत:)

1821
रत्नाकर रचित संगीत-श्री-रामायण

179-B. Fight between Sugrīva and Bālī, continued

✍दोहा॰ राघव ने कपि से कहा, "काम करो तुम चार ।
गल में माला रुद्र की, पहनो तुम इस बार ।। 5304/7162

"बोलो बाली को, सखे! मत कर अत्याचार ।
फिर भी ना माने, तभी, करो युद्ध-ललकार ।। 5305/7162

"बाली को पहले कहो, संग हमारे राम ।
क्षात्र-धर्म से काम हो, नैतिक हो संग्राम ।। 5306/7162

"लड़ती वेला पीठ तुम, रखना मेरी ओर ।
मारूँ तीर न पीठ पर, मैं कायर की तौर" ।। 5307/7162

निकले मिलकर वे पुनः, करके सोच विचार ।
आगे सुग्रीव था चला, समेत अवध कुमार ।। 5308/7162

पीछे कपि नल-नील थे, जाँबवंत हनुमान ।
रूमा के सत्कार का, गाते सब शुभ गान ।। 5309/7162

पगडंडी पर थे चले, कहते हरि-जयकार ।
कपि सब गल में डालके, गजपुष्पा के हार ।। 5310/7162

(फिर)

किष्किन्धा में जब वे पहुँचे, रुके रामजी तरु के नीचे ।
सुग्रीव बाली के घर आया, भाई को ललकार लगाया ।। 4257/5205

"छोड़ रुमा को, मेरे भाई! मेरे सह आए रघुराई ।
लखन लला हरि अनुज सुनामा, नील जामवत नल हनुमाना ।। 4258/5205

"रूमा के बिन ना लौटूँगा, चाहे जीऊँ या हि मरूँगा ।
आज नहीं मैं डरने वाला, गल में मेरे रुद्र की माला ।। 4259/5205

"कहा मान ले बिना लड़ाई, तुझे उबारेंगे रघुराई ।
बन जा भैया! तू श्रद्धालु, रामचंद्र हैं बड़े दयालु" ।। 4260/5205

✍दोहा॰ किष्किंधा में जब गए, सुग्रीव के सह राम ।
संग नील नल थे कपि, और लखन हनुमान ।। 5311/7162

179-B. Fight between Sugrīva and Bālī, continued

रुके राम तरु के तले, और कपि थे साथ ।
जाओ सुग्रीव! शांति से, बोले श्री रघुनाथ ।। 5312/7162

"बातें जो मैंने कही, रखना चारों याद ।
प्रथम शाँति से तुम कहो, रण की बातें बाद" ।। 5313/7162

(अत:)

दोहा॰ बाली के घर जब गया, सुग्रीव सुख के साथ ।
बोला, "रूमा छोड़ दे, साक्षी हैं रघुनाथ" ।। 5314/7162

"लौटा जाऊँगा, सखे! किष्किंधा से पार ।
वापस ना आऊँ कभी, ना होगी तकरार ।। 5315/7162

"साक्षी मेरे वचन के, स्वयं सखा प्रभु राम ।
जांबुवान नल नील हैं, लखन और हनुमान ।। 5316/7162

"अभी शाँति से मान जा, बंधो! मेरी बात ।
राघव परम दयालु हैं, क्षमा करेंगे, तात!" ।। 5317/7162

(बाली)

दोहा॰ सुन कर सुग्रीव का कहा, बाली क्रोधित लाल ।
बोला, सुग्रीव! मैं तेरा, आज बनूँगा काल ।। 5318/7162

तूने कीन्हा घात है, तुझे न आई लाज ।
या तू मुझको मार दे, या मैं तुझको आज ।। 5319/7162

(तारा)

दोहा॰ तारा ने फिर से कहा, छू कर पति के पाँव ।
मत जाओ रे! तुम वहाँ, हारोगे तुम दाँव ।। 5320/7162

बाली! जाकर तुम मिलो, कृपा करेंगे राम ।
पलड़ा भारी हो तेरा, बने तिहारा काम ।। 5321/7162

रूमा को मिलवाइये, उसके पति के साथ ।
अत्याचारी लोग के, हन्ता हैं रघुनाथ ।। 5322/7162

179-B. Fight between Sugrīva and Bālī, continued

पाँव पड़ूँ मैं आपके, सुनिये मेरी बात ।
ठुकरा कर उस मूढ़ ने, मारी उसको लात ।। 5323/7162

(फिर, युद्ध)

दोहा॰ आया बाली दौड़ कर, लड़ा बंधु के साथ ।
गुत्थमगुत्था फिर हुए, करके दो–दो हाथ ।। 5324/7162

मेढ़े टक्कर मारते, नागों की फुत्कार ।
कुत्तों जैसे भोंकते, बंधु भाव दुत्कार ।। 5325/7162

द्वंद्व युद्ध घनघोर था, नोच उधेड़ी खाल ।
रीछ समान भिडंत में, शोणित लतपत लाल ।। 5326/7162

धक्कम धक्का मारते, सिर पर भूत सवार ।
दोनों बकरों की तरह, बलि चढ़ने तैयार ।। 5327/7162

जैसे दो गज लड़ रहे, करने घोर प्रहार ।
दोनो बैरी बन गए, भूल बंधु का प्यार ।। 5328/7162

सुग्रीव डर कर देखता, कहाँ खड़े हैं राम ।
"पीठ मेरी उस ओर हो, तभी बनेगा काम" ।। 5329/7162

बाली ने पकड़ी शिला, करने घोर प्रहार ।
विद्युत गति से राम का, शर छाती से पार ।। 5330/7162

बाली धरती पर गिरा, हाथ पैर को तान ।
पछतावा करते हुए, निकल रहे थे प्राण ।। 5331/7162

संगीतश्रीकृष्णरामायण गीतमाला, पुष्प 640 of 763

दादरा ताल

(बाली सुग्रीव युद्ध की कथा)

स्थायी

गीत शारद ने मंजुल है गाया, साज नारद मुनि ने बजाया ।
रत्नाकर से है मंगल रचाया, रामायण को है सुंदर सजाया ।।

179-B. Fight between Sugrīva and Bālī, continued

♫ म-ग म-म- म प-म- ग म-प-, रे-ग म-म- मध- प- मग-म- ।

रेगम-म म- म ध-प- गम-प-, रे-ग-म- म- म ध-प- मग-रे- ।।

अंतरा-1

राम बोला, सुग्रीव! हम हैं भाई, अब रूमा है मेऽरी भौजाई ।

बाली ने है चुराई तेरी जाया, अपने सिर पर है पापऽ उठाया ।।

♫ सांसां नि-रें-, सांध-ध नि- ध प-म-, सां- नि-रें- सां- ध-ध- निधप-म- ।

मग म- म- म-प-प मग म-प-, रे-ग मम मम म ध-प- मग-रे- ।।

अंतरा-2

बाली सुग्रीव की जब थी लड़ाई, तीर लेकर खड़े थे रघुराई ।

कौन बाली है जानऽ न पाया, राऽघव ने न तीरऽ चलाया ।।

अंतरा-3

बाली सुग्रीव की भई फिर लड़ाई, माला पहने था सुग्रीव भाई ।

राम बाली पर तीरऽ चलाया, बाण पापी को नीचे गिराया ।।

अंतरा-4

तारा बोली, ये सेवा खरी है, रक्षा नारी की तूने करी है ।

धर्म क्षात्रों का तूने निभाया, दंड पापी को तूने दिलाया ।।

किष्किन्धा काण्ड : दसवाँ सर्ग

180. Story of Queen Tārā (Rāmāyan, 4. Kishkindhā Kānd)

180. साध्वी तारा देवी की कथा :

180. Story of Queen Tārā (Rāmāyan, 4. Kishkindhā Kānd)

संगीतश्रीकृष्णरामायण छन्दमाला, मोती 430 of 501

चौपाई छन्द

(तारा देवी)

बोली, बाली-पत्नी तारा, तेरा पाप तुझे है मारा ।
नारी हरना अघ है भारा, मृत्यु दंड फिर टरे न टारा ।। 1
माता जानिये गैर दारा, उसको छूना अत्याचारा ।
मत करियो यह कारज कारा, यही समझलो सुनीति धारा ।। 2

श्लोक:

तारा देवी महापुण्या बालिपत्नी सुहासिनी ।
अवदद्वालिनं मूढं पापं ते त्वां ह्यमारयत् ।। 2018/2422

कथा

(तारा)

सुन कर, पति गया है मारा, आई राम चरण में तारा ।
बोली, प्रभुजी! मेरे पति को, अब तो भेजो तुम सद्‌गति को ।। 4261/5205

बाली को फिर बोली तारा, तुझको तेरे अघ ने मारा ।
पाप से हरी तू पर-नारी, भाई पर तू अत्याचारी ।। 4262/5205

दंड यही है कहा पाप का, कुकर्म का फल यही आपका ।
यद्यपि तूने पाप कमाया, भाग्यवान का पद है पाया ।। 4263/5205

हरि के हाथों जो मरता है, वास स्वर्ग में वो करता है ।
पूर्व जन्म के पुण्य तिहारे, भेजे तुझको स्वर्ग दुआरे ।। 4264/5205

दोहा॰ **सुन पति का दम तोड़ना, तारा आई भाग ।**
बोली, "राघव हे प्रभो! इसको दो सौभाग ।। 5332/7162

180. Story of Queen Tārā (Rāmāyan, 4. Kishkindhā Kānd)

"इसने माँगी है क्षमा, करके भी अपराध ।
रखना अपनी शरण में, पति को इसके बाद ॥ 5333/7162

"वध्य कहे हैं शास्त्र में, पापी नर जो चार ।
उनमें बाली एक है, करके अत्याचार" ॥ 5334/7162

(बाली से तारा बोली)
अत्याचारी स्वेच्छाचारी, बलात्कारी अधर्मकारी ।
वध्य कहे हैं क्षात्र-धर्म में, क्षात्र के लिए कृत्य कर्म हैं ॥ 4265/5205

अवध्य का जो है वध करता, पातक अपने सिर पर धरता ।
वध्य का नहीं वध जो करता, क्षात्र वध्य वह, अघ है भरता ॥ 4266/5205

नीति न्याय से देखो, स्वामी! क्षात्र-धर्म के तुम खलकामी ।
अनुजदार को जो हि सताता, प्राण दंड है धर्म बताता ॥ 4267/5205

तुमने रूमा पति से छीनी, न्याय तुला है उल्टी कीनी ।
पतिव्रता का धर्म बिगाड़ा, अपहर्ता को हरि ने ताड़ा ॥ 4268/5205

दोहा॰ "अत्याचारी मूढ़ जो, करता स्वेच्छाचार ।
बलात्कार या जो करे, अधर्म से व्यवहार ॥ 5335/7162

"अधर्मचारी चार ये, वध्य कहे हैं गात्र ।
क्षात्र के लिए उचित हैं, कर्म-धर्म के पात्र ॥ 5336/7162

"अवध्य का जो वध करे, उसके सिर पर पाप ।
वध न करे जो वध्य का, वध्य कहा वह आप" ॥ 5337/7162

इसी नीति के सूत्र से, वध्य बने तुम, नाथ! ।
प्राण दंड तुमको मिला, रामचंद्र के हाथ ॥ 5338/7162

(और आगे)
धर्म-सूत्र ने यही बताया, पतिव्रता को जिने सताया ।
आतताई वह स्वेच्छाचारी, प्राण दंड का है अधिकारी ॥ 4269/5205

रामचंद्र क्षत्रिय है भारा, रघु कुल में सूरज अवतारा ।

180. Story of Queen Tārā (Rāmāyan, 4. Kishkindhā Kānd)

रूमा का बन कर रखवारा, क्षात्र-धर्म से तुझको मारा ।। 4270/5205

✍दोहा॰ **धर्म नीति मनु ने कही, पापी जो उद्दंड ।**
पतिव्रता अगवा करे, उसे प्राण का दंड ।। 5339/7162

रामचंद्र क्षत्रीय हैं, रघु कुल रवि अवतार ।
मैंने तुमको था कहा, देंगे तुमको मार ।। 5340/7162

(तारा राम से बोली)

✍दोहा॰ **बात नीति की थी कही, बूझ न पाए नाथ ।**
विधवा मुझको कर गए, अबला दुखी अनाथ ।। 5341/7162

माथे कुमकुम पोंछ कर, चूड़ी हीने हाथ ।
बोली, अब जो ठीक है, कीजो श्री रघुनाथ! ।। 5342/7162

बिलख-बिलख फिर रो पड़ी, पति-बिरहा में डूब ।
मेरा सब कुछ लुट गया, दुखी हुई मैं खूब ।। 5343/7162

बाली ने ज्यों था कहा, सुग्रीव ले लें राज ।
अंगद को घोषित करो, प्रधान पद से आज ।। 5344/7162

(राम)

राघव बोले, देवी तारा! तुम हो शूरा, तटस्थ धीरा ।
परमात्मा है सुख-दुख दाता, त्रिलोक स्वामी जगत विधाता ।। 4271/5205

उसी कर्म का फल है आया, जिसको कोई टाल न पाया ।
बीज किसीने बोया जैसा, पावे फिर वो फल भी वैसा ।। 4272/5205

सुग्रीव को बोले रघुराई, देह दाह अब करिए भाई! ।
पुष्प हार चंदन कठ लाओ, आदर से शव चिता जलाओ ।। 4273/5205

✍दोहा॰ **तारा देवी को कही, राघव ने शुभ बात ।**
सुख-दुख दाता ईश ही, न्याय करे दिन-रात ।। 5345/7162

"जो होना था सो होगया," बोले श्री रघुनाथ ।
"भाई को अब दाह दें, हम आदर के साथ" ।। 5346/7162

180. Story of Queen Tārā (Rāmāyan, 4. Kishkindhā Kānd)

(फिर)

दाह-कर्म की हुई तयारी, विधि विधान के सब अनुसारी ।
रामचंद्र की आज्ञा जैसी, उत्तर क्रिया करी थी वैसी ।। 4274/5205

दोहा॰ दाह-कर्म विधि से किया, वेद मंत्र के साथ ।
शोक-गीत गाएँ सभी, उभय जोड़ कर हाथ ।। 5347/7162

(तारा)

चौदहवे दिन बोली तारा, राज काज नव करिए सारा ।
मनु ने बोली यथा है नीति, उसी नियम से धरिए प्रीति ।। 4275/5205

दोहा॰ तारा देवी ने कहा, तेरह दिन के बाद ।
राज्य नीति से अब करें, रख कर मनु को याद ।। 5348/7162

(रामराज्य)

"अत्याचार नहीं अब होवें, अबला कभी न दुख में रोवे ।
नारी हरण करे जो पापी, प्राण दंड पाए वो तापी ।। 4276/5205

"कोई कडुआ मुख ना खोले, गंदी गाली कोई न बोले ।
रणचंडी नर-नारी खेले, आगत संकट सब मिल झेलें ।। 4277/5205

"कोई कपि ना भूखा सोये, मातु न कोई बिरहा रोये ।
सबमें सबके प्रति आदर हो, मीठी बोली का आगर हो ।। 4278/5205

"मित्र पुत्र पति भाई राजा, सबके लिए नियम ये साजा ।
न्याय नीति से शासन होगा, सुग्रीव नृप का आसन होगा ।। 4279/5205

"कपि कपि सब हों भाई बंधु, नृप सुग्रीव हो किरपा सिंधु ।
कोई कपि ना कभी दुखी हो, जनपद में सब सदा सुखी हों ।। 4280/5205

"सबके जीवन हों सुविधा में, राम-राज्य हो किष्किन्धा में ।
रोटी कपड़ा हो सब घर में, स्त्री-रक्षा मति हो हर नर में" ।। 4281/5205

दोहा॰ सुग्रीव किष्किंधा-पति, अंगद सचिव प्रधान ।
तारा ने की नीति है, "राम-राज्य" के नाम ।। 5349/7162

180. Story of Queen Tārā (Rāmāyan, 4. Kishkindhā Kānd)

"किष्किंधा में अब कभी, ना हो अत्याचार ।
नीति नियम अनुसार ही, अब होगा व्यवहार ।। 5350/7162

"नारी हरना पाप है, मिले मृत्यु का दंड ।
अबला के सम्मान में, पड़े कभी ना खंड ।। 5351/7162

"गंदी भाषा ना कहे, कोई वानर वीर ।
ना चोरी, ना छल करे, ना दे कोई पीर ।। 5352/7162

"कोई भूखा ना रहे, ना बिरहा में रोय ।
रोटी कपड़ा घर मिले, जीवन सुखमय होय ।। 5353/7162

"सबमें ममता भाव हो, मुख में मीठे बोल ।
एक नीति में बद्ध हों, जनपद जन समतोल" ।। 5354/7162

संगीतश्रीकृष्णरामायण गीतमाला, पुष्प 641 of 763

(नारी जग की है रखवारी)

स्थायी

नारी जग की रखवारी, कुल की मंगल फुलवारी ।

♬ रे-ध- पप म- गगम-प-, सांसां निध प-निनि धपमगम- ।

अंतरा-1

माई बहिना बेटी प्यारी, पत्नी गोरी या न्यारी ।
फिर भी स्वर्ग से है प्यारी ।।

♬ सा-ग- ममम- प-ध- पमप-, सां-नि- ध-प- म- पधप- ।
गग ग- म-म म धप मगम- ।।

अंतरा-2

देवी देवता जानो वनिता, कवि कोविद की कोमल कविता ।
भूमि पर स्वर्ग उतारी ।।

अंतरा-3

सुमन सुगंधित रंगीन वाला, मंजुल मोहक संगीत माला ।
मंगल सुंदर सारी ।।

181. Sugrīva's annointment at Kishkindhā

<u>संगीतश्रीकृष्णरामायण गीतमाला, पुष्प 642 of 763</u>

दादरा ताल

(तारा देवी की कथा)

स्थायी

गीत शारद ने मंजुल है गाया, साज नारद मुनि ने बजाया ।
रत्नाकर से है मंगल रचाया, रामायण को है सुंदर सजाया ।।

म-ग म-म- म प-म- ग म-प-, रे-ग म-म- मध- प- मग-म- ।
रेगम-म म- म ध-प- गम-प-, रे-ग-म- म- म ध-प- मग-रे- ।।

अंतरा-1

पत्नी बाली की तारा सयानी, बोली राघव से, नैनन में पानी ।
प्राण बाली ने जो है गँवाया, अपने पापों का परिणाम पाया ।।

सांसां नि-रें- सां ध-नि- धप-म-, सांसां निनिरें- सां, ध-निनि ध प-म- ।
म-ग म-म- म प- म- गम-प-, रे-ग म-म- म मधप-म ग-रे- ।।

अंतरा-2

अब सुग्रीव राजा बनेगा, मंत्री पर्‌धान अंगद सजेगा ।
राज में अब न कोई अन्याया, कोई अपना न कोई पराया ।।

अंतरा-3

कोई भूखा न प्यासा भी सोये, कोई नारी न बिरहा में रोये ।
किष्किंधा सलोना बनाया, तारा रामऽ का राजऽ बसाया ।।

किष्किन्धा काण्ड : ग्यारहवाँ सर्ग

181. सुग्रीव के राज्यारोहण की कथा :

181. Sugrīva's annointment at Kishkindhā

<u>संगीतश्रीकृष्णरामायण छन्दमाला, मोती 431 of 501</u>

चौपाई छन्द

(राजा सुग्रीव)

181. Sugrīva's annointment at Kishkindhā

बाली पत्नी बोली तारा, क्रूर बाली जब गया है मारा ।
सुग्रीव नीति का कपि भारा, राज्य उसी का अब अधिकारा ।। 1
कपिजन गण का वह है प्यारा, शूर वीर कपिवर है न्यारा ।
रामचंद्र का बना सहारा, किष्किंधा का वही उबारा ।। 2

श्लोकौ:

बाली क्रूरो नु स्वर्गस्थः ब्रूते तारा प्रजाजनान् ।
सुग्रीवो खलु नीतिज्ञो किष्किन्धाया नृपो नवः ।। 2019/2422

अङ्गदो सचिवस्तस्य हनुमाञ्जाम्बुवान्नलो ।
नीलो हरिः सुषेणश्च कपयस्तस्य मन्त्रिणः ।। 2020/2422

कथा

(तारा)

बाली ने था ज्यों बतलाया, जनपद सुग्रीव का कहलाया ।
अंगद उसका बन कर मंत्री, फूँके किष्किन्धा की तंत्री ।। 4282/5205

तारा ने फिर तिलक लगाया, अंगद को युवराज बनाई ।
रूमारानी खूब सजाई, अभिनंदन के ढोल बजाई ।। 4283/5205

(रुमा)

दोहा॰ **रूमा बोली, राम ने, कीन्हा मेरा काज ।**
मिलवा कर पति से मुझे, राखी मेरी लाज ।। 5355/7162

पापी के घर में फँसी, रोती साँझ सकार ।
अबला की दुख से भरी, तूने सुनी पुकार ।। 5356/7162

अपने पति को पाइके, सफल हुई मैं आज ।
कृपा आपकी, रामजी! कीन्हा मंगल काज ।। 5357/7162

संगीतश्रीकृष्णरामायण गीतमाला, पुष्प 643 of 763

भजन

(किष्किंध में राम-राज्य)

181-A. Story of Rāmlīlā (Rāmāyan, 4. Kishkindhā Kānd)

स्थायी

तूने कीन्हा मेरा का - - ज । हरि! मैं, सफल मनोरथ आज ।

रामा, सफल मनोरथ आज ।

♫ गमगरे प-मग! रे-गम ग- -ग । पमग रे- गगग मप-मग रे-रे ।

गगमम, पपम गम-गरे सा- -सा ।।

अंतरा-1

किष्किंधा में नीति नियम का । पुण्य करम का, सत्य धरम का ।

राघव! तूने बसाया रा - - ज ।।

♫ प-मगरे- ग- रे-रे रेगग म- । प-म गरेरे म-, प-म गरेरे सा- ।

गगमम! प-म गम-गरे सा- -सा ।।

अंतरा-2

पतिव्रता का तू रखवारा । दीन जनों का तू है प्यारा ।

तेरे, सिर पर भव का ताज ।।

अंतरा-3

दुखिया थी मैं, फँसी जाल में । रोती निश-दिन बुरे हाल में ।

तूने, छेड़ा मंगल साज ।।

(तब)

जन जनपद के अति हर्षाए, प्रमोद से फूले न समाए ।
राग क्रोध मद सकल हटाये, कुल के काले कलह मिटाये ।। 4284/5205

✍दोहा॰ हरषाए कपि गण सभी, सबके मन में मोद ।
कटुता हिरदय से हटी, तजे कलह खल क्रोध ।। 5358/7162

181-A. Story of Rāmlīlā (Rāmāyan, 4. Kishkindhā Kānd)

(भक्त जन)

सुन कर राघव जी का आना, किष्किंधा को पूज्य बनाना ।
भगत लोग सब दिश से आते, राम लखन कपि दर्शन पाते ।। 4285/5205

किष्किंधा में लगता मेला, रामलीला का सजता खेला ।
राम चरित की रम्य कथाएँ, राम चरित की करुण व्यथाएँ ।। 4286/5205

181-A. Story of Rāmlīlā (Rāmāyan, 4. Kishkindhā Kānd)

✍दोहा॰ किष्किंधा में जब हुई, सुग्रीव की सरकार ।
राघव को सुग्रीव ने, बहुत कहे आभार ।। 5359/7162

आनंदोत्सव तब किया, संतों ने सह जोश ।
राम-सिया के गीत से, अभिनंदन का घोष ।। 5360/7162

किष्किंधा को राम ने, कीन्हा स्वर्ग समान ।
सुन कर आते जन सभी, निहारने भगवान ।। 5361/7162

होता जनपद में जभी, संत जनों का मेल ।
प्रस्तुत करते प्रेम से, रामलीला का खेल ।। 5362/7162

(नौटंकी)

✍दोहा॰ अभिनेता गण खेल के, पहने सुंदर वेश ।
करते अभिनय भूमिका, सज धज कपड़े केश ।। 5363/7162

कोई सजता जानकी, कोई बनता राम ।
कोई लखन कुमार तो, कोई कपि हनुमान ।। 5364/7162

कोई दशरथ सा सजे, कोई कौसल मात ।
कोई कैकेयी बना, करता तीखी बात ।। 5365/7162

कोई वसिष्ठ मुनि बने, कोई भरत कुमार ।
कोई विश्वामित्र जी, हाथ कमंडलु धार ।। 5366/7162

कोई मुनि बाल्मीक श्री, या रत्नाकर चोर ।
कोई व्याध-निषाद तो, कोई श्रवण किशोर ।। 5367/7162

कोई बनता ताड़का, कोई शबरी-रूप ।
कोई बाली कपि बने, कोई सुग्रीव भूप ।। 5368/7162

कोई पाखंडी बना, रावण नारी-चोर ।
कोई राक्षस मारिची, माया-मृग की तौर ।। 5369/7162

कलाकार सजते सभी, रामायण के पात्र ।
हेतु सभी का एक ही, जन मन रंजन मात्र ।। 5370/7162

181-A. Story of Rāmlīlā (Rāmāyan, 4. Kishkindhā Kānd)

(रामलीला)

हनन ताड़का उस असुरी का, मरण सुबाहु दुष्ट अरि का ।
राम विजय का जय जयकारा, देवी अहल्या का उद्धारा ।। 4287/5205

बरनन शिव-धनु के भंजन का, कीर्तन राम-सिया रंजन का ।
सुमिरण परशुराम पतन का, विवरण पावन अवध वतन का ।। 4288/5205

आगम श्री सीता माई का, षड्जंतर कुब्जा दाई का ।
दो-वर नृप के याद दिलाना, कैकेयी का नींव-हिलाना ।। 4289/5205

दशरथ से दो-वर भुगताना, राघव को वनवास सुनाना ।
भरत कुँवर करने की आसा, राम-लखन-सिय का वनवासा ।। 4290/5205

गुह निषाद की राघव सेवा, विषाद सचिव सुमंतर लेवा ।
दशरथ नृप का हरि! हरि! करना, सुत-बिरहा में रो रो मरना ।। 4291/5205

भरत अवध में वापस आना, राम गमन का प्रहार पाना ।
पूज्य पिता का देह बिछड़ना, माता पर फिर भरत बिगड़ना ।। 4292/5205

चित्रकूट में भ्राता आना, भरत-मिलाप प्रसंग सुहाना ।
हरि का पंचवटी में आना, कुटी पर्ण की वहाँ बनाना ।। 4293/5205

मृग-माया मारीच लगाना, शठ रावन का सिया भगाना ।
जटायु का रावण से लड़ना, पर कट के धरती पर गिरना ।। 4294/5205

अगस्त्य का नीति समझाना, लंका का मार्ग बतलाना ।
मुनिवर ने उपदेसा देना, राघव ने फिर आशिष लेना ।। 4295/5205

शबरी जूठे बेर खिलाना, राघव से हनुमत का मिलना ।
बाली का वध, रूमा मुक्ति, सुग्रीव नृप की उचित नियुक्ति ।। 4296/5205

(रामलीला)

✍**दोहा॰** **गौरी की अरदास से, रामायण आरंभ ।**
डाकू-रत्नाकर भया, बालमीक सानंद ।। 5371/7162

"मा निषाद ..." के श्लोक से, राम-चरित का छंद ।

181-A. Story of Rāmlīlā (Rāmāyan, 4. Kishkindhā Kānd)

नारद मुनिवर ने किया, रामकथा प्रारंभ ।। 5372/7162

(कथा)

✍दोहा॰ दशरथ के कुल की कथा; बाल श्रवण का घात ।
ब्यौरा शंबर युद्ध का; "दो-वर" वाली बात ।। 5373/7162

उत्सव राघव जन्म का; तीन मातु का प्यार ।
दिखलाया शशि राम को, दर्पण के आधार ।। 5374/7162

मार गिराई ताड़का, राघव ने तत्काल ।
कीन्हा विश्वामित्र ने, राघव का सत्कार ।। 5375/7162

सती अहल्या का किया, राघव ने उद्धार ।
सिया-स्वयंवर पर्व में, शिव-धनुष चमत्कार ।। 5376/7162

विवाह सीता-राम का, परशुराम की बात ।
सीता आगम अवध में, जनपद हर्षित गात ।। 5377/7162

(फिर)

✍दोहा॰ कुब्जा ने छल से जभी, बीच अड़ायी टाँग ।
कैकेयी ने की तभी, "दो-वर" वाली माँग ।। 5378/7162

दशरथ विह्वल शोक से; राघव को वनवास ।
लखन सिया भी चल पड़े, नगरी हुई उदास ।। 5379/7162

राघव दंडक जात हैं, सबके मन को क्लेश ।
"राम! राम!" कहते हुए, गए स्वर्ग अवधेश ।। 5380/7162

अवध भरत का लौटना, माता को धिक्कार ।
किया भरत ने तात का, देह दाह सँस्कार ।। 5381/7162

(और फिर)

✍दोहा॰ चित्रकूट में जब हुआ, राघव-भरत-मिलाप ।
राघव की पादुक लिए, लौटा वह निष्पाप ।। 5382/7162

राघव दंडक में बसे, जैसा कर्म-विपाक ।

1836
रत्नाकर रचित संगीत-श्री-रामायण

181. Sugrīva's annointment, continued

आई शूर्पनखा रति, लछमन काटी नाक ।। 5383/7162

मारिच कांचन-मृग बना, रच कर माया जाल ।
रावण ने हर ली सिया, चल कर कपटी चाल ।। 5384/7162

(उसके बाद)

दोहा॰ नारी-रक्षा के लिए, हुआ जटायु ढेर ।
कबंध का उपदेश भी; शबरी के जूठे बेर ।। 5385/7162

मिलन राम-हनुमान का, जिससे बड़ा न कोय ।
सुग्रीव बाली से लड़ा, मुक्ति रुमा की होय ।। 5386/7162

सुग्रीव को रूमा मिली, सबके मन आनंद ।
किष्किंधा में शाँति का, राज हुआ सानंद ।। 5387/7162

राघव लंका को चले, कपि सेना है साथ ।
कपि भट लंका जा रहे, गाते, जय रघुनाथ! ।। 5388/7162

181. Sugrīva's annointment, continued

(एक दिन, सुग्रीव)

सुग्रीव बोला, तारा भाभी! तुम जानो मनु बोला जोभी ।
किष्किन्धा की तुम्हीं हो सभी, हिरदय कंठ भुजाएँ नाभी ।। 4297/5205

शास्त्रों के सब नीति लेखे, हमने भाभी! तुझमें देखे ।
किष्किन्धा जनपद की चाबी, रहे तुम्हारे कर में, भाभी! ।। 4298/5205

दोहा॰ सुग्रीव कपिवर ने कहा, तारा भाभी! आप ।
करो प्रशासन नीति से, सदाचार निष्पाप ।। 5389/7162

(और कहा)

साथ राम के मैं जाऊँगा, सीता माँ वापस लाऊँगा ।
तब तक तुम्ही रहोगी रानी, राज नीति की तुम हो ज्ञानी ।। 4299/5205

वानर सेना मैं लेजाऊँ, राम काज में हाथ बटाऊँ ।
कृपा राम की हम सब पर है, हमको अब ना कोई डर है ।। 4300/5205

181. Sugrīva's annointment, continued

वानर सेना का मैं नेता, रामचंद्र को करूँ विजेता ।
जब सीता राघव को पाए, तब पूरा मम प्रण होजाए ।। 4301/5205

वानर सेना सजी सजीली, राम-नाम रस रँग रंगीली ।
वीर भाव सबने विलसाया, तेज प्रताप प्रखर विकसाया ।। 4302/5205

✍दोहा० **तारा रानी ने कहा, सुग्रीव हो अधिराज ।**
राघव के शुभ हाथ से, उसे तिलक हो आज ।। 5390/7162

सुग्रीव कपि घोषित हुए, किष्किंधा कपिराज ।
गौरव आदर से सजी, रूमा रानी आज ।। 5391/7162

(सुग्रीव)

✍दोहा० **सुग्रीव जब राजा बने, किष्किंधा के नाथ ।**
बोले, भाभी! राज्य का, पद लो अपने हाथ ।। 5392/7162

मुझको जाना है अभी, रामचंद्र के साथ ।
सीता भाभी की करें, खोज अथक दिन-रात ।। 5393/7162

वानर सेना थी सजी, सबमें था अति जोश ।
देख सैन्य कपिराज का, राघव-मन संतोष ।। 5394/7162

(नील, सुषेण, जंबुवान)
नील वीर था कपि अभियंता; आधि-व्याधि का सुषेण हंता ।
बुद्धिवान कपि जंबुवाना, अंगद सब का सचिव सुजाना ।। 4303/5205

✍दोहा० **अभियंता कपि नील था, सुषेण वैद्य सुजान ।**
जांबुवान सह वीर थे, अंगद हरि हनुमान ।। 5395/7162

(सुग्रीव)

सुग्रीव बोला राम को, चलिए सीता काज ।
जब तक सीता ना मिले, तारा का यह राज ।। 5396/7162

नृप सुग्रीव ने फिर कहा, छेड़ो मंगल साज ।
किष्किंधा में आज से, बसे राम-का-राज ।। 5397/7162

181. Sugrīva's annointment, continued

फिर बोला वह राम से, अब हो तुमरा काम ।
सीता भाभी खोजने, लगिये अब हम, राम! ॥ 5398/7162

ढूँढें गिरि कंदर सभी, ढूँढें वन के ताल ।
ढूँढेंगे चारों दिशा, ढूँढें नभ पाताल ॥ 5399/7162

बचेगा नहीं असुर वो, जहाँ छुपा है नाग ।
बाली को जो फल मिला, वही उसे दो भाग ॥ 5400/7162

(फिर)

सुग्रीव फिर राघव से बोला, रँग दो बसंती मेरा चोला ।
सीता को जो हरण किया है, ढूँढेंगे हम जहाँ गया है ॥ 4304/5205

खोजेंगे हम नभ पाताला, धीरज धारो, हे जगपाला! ।
तारा रानी नियम बनाई, नारी-हर्ता हनन सुनाई ॥ 4305/5205

बचेगा नहिँ असुर वो नंगा, लेकर यों रघुपति से पंगा ।
जो है हाल हुआ बाली का, होगा वही असुर जाली का ॥ 4306/5205

राम बस गया वानर तन में, राम-नाम था सबके मन में ।
जिन जीभों ने राम रमाया, उन जीवों ने पुण्य कमाया ॥ 4307/5205

 संगीतश्रीकृष्णरामायण गीतमाला, पुष्प 644 of 763

दादरा ताल

(सुग्रीव राज्यारोहण कथा)

स्थायी

गीत शारद ने मंजुल है गाया, साज नारद मुनि ने बजाया ।
रत्नाकर से है मंगल रचाया, रामायण को है सुंदर सजाया ॥

♪ म-ग म-म- म प-म- ग म-प-, रे-ग म-म- मध- प- मग-म- ।
रेगम-म म- म ध-प- गम-प-, रे-ग-म- म- म ध-प- मग-रे- ॥

अंतरा-1

तारा सुग्रीव को माला पिन्हाई, रुमारानी को खूबऽ सजाई ।

182. Story of identification of Sītā's ornaments

नृप, राघव को शीश नवाया, मंगल आशीष राघव से पाया ।।

♫ सांसां नि–रें– सां ध–नि– धप–म–, सांसांनि–रें– सां ध–नि– धप–म– ।

मग, म–म– म प–म– गम–प–, रेग– म–म–म ध–पप म ग–रे– ।।

अंतरा–2

अभिनंदन के नारे नगर में, ढोल आनंद के थे हर डगर में ।

किष्किंधा में नया राज आया, सबने राघव स्तुतिऽ गीत गाया ।।

अंतरा–3

सुग्रीव बैठा फिर राघव के पासा, बोला, श्रीराम! मैं तेरा दासा ।

राम! तूने है वादा निभाया, अब ढूँढेंगे हम तेरी जाया ।।

किष्किन्धा काण्ड : बारहवाँ सर्ग

182. सीता आभूषण पहिचान की कथा :

182. Story of identification of Sītā's ornaments

♫ संगीतश्रीकृष्णरामायण छन्दमाला, मोती 432 of 501

जाहमुखी छन्द[214]

ऽ । ।, ऽ । ।, ऽ । ।, ऽ । ।, ऽ ऽ

(आभूषण पहिचान)

कंगन कुंडल भूषण ना वह जाने ।

पावन पायल लक्ष्मण ने पहिचाने ।। 1

मंगल निर्मल पद्म सिया पग छूते ।

पायल पैंजन के शिव दर्शन होते ।। 2

---

[214] ♫ **जाहमुखी छन्द** : इस 14 वर्ण, 20 मात्रा वाले छन्द के चरण में चार भ गण और दो गुरु वर्ण आते हैं । इसका लक्षण सूत्र ऽ । ।, ऽ । ।, ऽ । ।, ऽ । ।, ऽ ऽ इस प्रकार होता है । चरणान्त विराम होता है ।

▶ लक्षण गीत : ✍ **दोहा॰ रचना मात्रा बीस की, दो गुरु कल से अंत ।**
चार भ गण का वृंद जो, "जहामुखी" है छंद ।। 5401/7162

182. Story of identification of Sītā's ornaments

ॐ श्लोकौ:

न स जानाति केयूरं कुण्डलं कङ्कणं तथा ।
जानाति लक्ष्मणः किन्तु सीतायाः नूपुरं शिवम् ।। 2021/2422

प्रातःकाले च सायं स्म नमस्कुर्वन्स पश्यति ।
आह तस्मातत्स एतानि मतुराभूषणानि हि ।। 2022/2422

📖 कथा 📖

(सुग्रीव)

दोहा॰ सुग्रीव बोला राम को, सफल हुआ मम काज ।
कृपा तिहारी से, प्रभो! पूर्ण मनोरथ आज ।। 5402/7162

रूमा मुझको मिल गयी, करिए अगला काम ।
सीता की अब खोज में, लागें आठों याम ।। 5403/7162

वन पर्वत सब छानरो, कहाँ छुपा है चोर ।
सीता को लेकर गया, दुष्ट किधर की ओर ।। 5404/7162

(और)

मेरे सब रण बाँकुरे, कपि जन बाँके वीर ।
गिरि कंदर, घर ग्राम के, ढूँढें नदिया नीर ।। 5405/7162

तन-मन धन मेरा, प्रभो! सब कुछ दूँगा वार ।
सीता ढूँढन काज में, ना मानेंगे हार ।। 5406/7162

(अतः)

अता-पता कोई मिले, करें जहाँ से खोज ।
तब तो हम आगे बढ़ें, उसी दिशा में रोज ।। 5407/7162

सुग्रीव बोला, राम को, रघुवर श्री रघुनाथ!।
चलो बनाएँ योजना, बैंठें दोनों साथ ।। 5408/7162

मेरी तो कपि मतिमंद हूँ, इस बारे में, तात! ।
सुमति आप ही दीजिए, तभी बनेगी बात ।। 5409/7162

182. Story of identification of Sītā's ornaments

निश-दिन मन में सोचते, किस विध करना काम ।
किस दिश में आगे बढ़ें, आज्ञा दीजै, राम! ।। 5410/7162

(राम)

सुन कर मधुर वचन कपिवर के, बोले राघव गदगद स्वर से ।
अब सीता का पता लगाते, लखा किसीने उसे भगाते ।। 4308/5205

पीटो डौंडी सारे वन में, पूछो जाकर कपि जन-गण में ।
अगर किसी ने देखी नारी, बिलख-बिलख कर रोती भारी ।। 4309/5205

अगर असुर को आते देखा, वायुयान को जाते देखा ।
पुकार उसकी सुनी किसी ने, वस्तु कोई चुनी किसी ने ।। 4310/5205

दोहा॰ **सुन कर वच सुग्रीव के, बोले गदगद राम ।**
अब सीता की खोज का, करिए मिल कर काम ।। 5411/7162

अंगद जावे विंध्य[215] में, लखे असुर सब ओर ।
प्रमाण कोई तो मिले, रावण ही है चोर ।। 5412/7162

पीटो डौंडी नगर में, किसने देखी नार ।
रोती, वायुयान में, जाती नभ से पार ।। 5413/7162

सुनी किसी ने है यदि, उसकी आर्त पुकार ।
या उसने कोई अगर, फेंकी चीज उतार ।। 5414/7162

(तब, अचानक)

नाम सुना जब वायुयान का, स्मरण भया कपि को विमान का ।
बोला, चार चरों ने मेरे, देखा जैसे बरणन तेरे ।। 4311/5205

वायुयान में थी वो नारी, प्राप्त कर रही पीड़ा भारी ।
मचा रही थी हो हंगामा, हाये रामा! हाये रामा! ।। 4312/5205

राजा कोई विमान सेती, भगा रहा था नारी रोती ।

---

[215] **विंध्य** : इस स्थान पर श्री वाल्मीक मुनि ने पश्चिम सहाद्रि को विंध्य कहा है (अरण्यकाण्ड 11.85-86; किष्किंधाकाण्ड 3.15, 48.2-3, 49.15, 49.22, 50.1, 56.3, 58.6, 63.2 आदि)।

182. Story of identification of Sītā's ornaments

हो सकती है तेरी दारा, मचा रही थी भारी शोरा ।। 4313/5205

बोल रही थी "कोई आओ, मुझे बचाओ! मुझे बचाओ!" ।
चार चरों को उसने देखा, वस्त्र यान से बाहर फेंका ।। 4314/5205

✍दोहा॰ **सुन कर नाम विमान का, अरु भूषण संभार ।**
बोला सुग्रीव राम को, मेरे सेवक चार; ।। 5415/7162

उनने देखा नार को, करत विलाप पुकार ।
बुला रही थी वो उन्हें, हाँक जोर से मार ।। 5416/7162

जिसने फेंका यान से, आभूषण का भार ।
हो सकता है नार वो, तुमरी ही हो दार ।। 5417/7162

(फिर)

एक दास ने उसको झेला, चारों ने फिर उसको खोला ।
दीखे उनको पत भारी के, भूषण सारे उस नारी के ।। 4315/5205

अभी वस्त्र मैं ले आता हूँ, भूषण सब तुमको देता हूँ ।
गहने भाभी के तुम जानो, निहार कर उनको पहिचानो ।। 4316/5205

(राम)

राघव बोले, सुग्रीव प्यारे! ले आओ तुम भूषण सारे ।
पास पकड़ कर मैं निरखूँगा, साथ लखन के मैं देखूँगा ।। 4317/5205

सुग्रीव भूषण लेकर आया, राघव के कर में पकड़ाया ।
छूते राघव, नीर नयन में, भए बहुत वे व्याकुल मन में ।। 4318/5205

सजल नयन से देख ना सके, वदन वस्त्र से राम ने ढके ।
बोले, लछमन! तुम ही देखो, भौजाई के है क्या परखो ।। 4319/5205

✍दोहा॰ **राघव ने कपि को कहा, लाओ वे श्रृंगार ।**
देखूँ सिय के तो नहीं, कंगन पायल हार ।। 5418/7162

सजल नयन से रामजी, देख सके ना ठीक ।
बोले, लछमन! तुम लखो, लेकर सब नजदीक ।। 5419/7162

182. Story of identification of Sītā's ornaments

(लक्ष्मण)

✍दोहा॰ दो कंकण कर में लिए, देखे लखन कुमार ।
बोला, मैं नहीं जानता, भाभी का कर-भार ।। 5420/7162

केयूर लेकर फिर कहा, मुझे नहीं पहिचान ।
भाभी क्या धारण करे, भुज-भूषण परिधान ।। 5421/7162

हार देख उसने कहा, मुझे नहीं है ज्ञान ।
भाभी क्या है पहनती, गल में माला नाम ।। 5422/7162

कांचन कुंडल कर्ण के, मुझे नहीं हैं ध्यान ।
को भूषण भूषित करे, भौजी जी के कान ।। 5423/7162

माथे की बिंदी उसे, नहीं रही थी ज्ञात ।
उनके सिर मुझको दिखा, घुँघट है दिन-रात ।। 5424/7162

(फिर)

✍दोहा॰ पायल पग के देख कर, बोला लखन सुजान ।
पग वन्दन करते समय, देखे दोनों याम ।। 5425/7162

पायल को मैं जानता, निश्चित है पहिचान ।
प्रति दिन आदर से लखे, नूपुर मैंने, राम! ।। 5426/7162

संगीतश्रीकृष्णरामायण गीतमाला, पुष्प 645 of 763

भजन : राग रत्नाकर, कहरवा ताल 8 मात्रा

(सीता आभूषण पहिचान)

स्थायी

ना जानूँ मैं, केयुर कंगन, ना बिंदिया ना हार ।
हरि! मोहे, पैंजन की पहिचान ।।

♫ सा- रे-ग- म-, प-मग रे-गग, प- मगरे- ग- म-म ।
सासा! रेग-, प-मग रे- गरेसा-सा ।।

अंतरा-1

182. Story of identification of Sītā's ornaments

पग पूजे मैं साँझ सकारे, मोहे, पायल का है ज्ञान ।

♪ रेरे ग-म- म- प-म गरे-ग-, मम-, प-मग रे- गरे सा-सा ।

अंतरा-2

अंग सिया के नहीं लखूँ में, मोहे, मातु सम सम्मान ।

अंतरा-3

ना मैं जानूँ, कंठी कुंडल, मोरा, चरणन पर ही ध्यान ।

अंतरा-4

मम भौजाई, हे रघुराई! नित, पुण्य करे परिधान ।

(राम)

राघव बोले, सुग्रीव प्यारे! भूषण हैं सीता के सारे ।
तुमरे चर जब उसने देखे, व्याहने उसके नीचे फेंके ।। 4320/5205

उसी असुर ने उसे भगाया, जटायु ने भी यही बताया ।
सीता का अपहरण भया है, दक्षिण दिश में असुर गया है ।। 4321/5205

दोहा॰ राघव बोले, हे कपे! सारा भूषण भार ।
सीता के ही है सखे! कंगन कुंडल हार ।। 5427/7162

तरु पर लटके वेष ने, कहा असुर का गूढ़ ।
दक्षिण दिश में है गया, विमान से वह मूढ़ ।। 5428/7162

जटायु ने भी है लखी, नारी करती शोर ।
सिया ढूँढने हम चलें, अब लंका की ओर ।। 5429/7162

(सुग्रीव)

किया नियम तारा ने जोही, मिले असुर को विकल्प सोही ।
या सीता को मुक्त करेगा, या लड़ कर वो मुफ्त मरेगा ।। 4322/5205

दोहा॰ सुग्रीव बोला राम से, तारा जाने नीत ।
नारी हरना पाप है, मुत्यु दंड की रीत ।। 5430/7162

संगीतश्रीकृष्णरामायण गीतमाला, पुष्प 646 of 763

183. Story of Shrī Rāma's departure from Kishkindhā

दादरा ताल

(सीता आभूषण पहिचान की कथा)

स्थायी

गीत शारद ने मंजुल है गाया, साज नारद मुनि ने बजाया ।
रत्नाकर से है मंगल रचाया, रामायण को है सुंदर सजाया ।।
♫ म-ग म-म- म प-म- ग म-प-, रे-ग म-म- मध- प- मग-म- ।
रेगम-म म- म ध-प- गम-प-, रे-ग-म- म- म ध-प- मग-रे- ।।

अंतरा-1

बोला सुग्रीव, राघव! सुनाओ, किस दिशा में बढ़ें हम सुझाओ ।
मेरी सेना है आदेश पाया, सबने मन में है जोश जगाया ।।
♫ सांसां नि-रें-सां, ध-नि-! धप-म-, सां- सांनि- रें- सांध- नि- धप-म- ।
मग म-म- म प-म-ग म-प-, रे-ग मम म- म ध-प- मग-रे- ।।

अंतरा-2

बोले राघव, पूछो ग्राम सेती, देखी नारी किसी ने है रोती ।
नीचे वस्तु अगर कोई फेंकी, यान से जब असुर है भगाया ।।

अंतरा-3

बोला सुग्रीव, मुझे याद आया, मेरे चर एक बकुऽचा था पाया ।
राऽघव को बकुऽचा दिखाया, बोला भूषण पिछानो रऽघुराया! ।।

अंतरा-4

कंठी केयूर कुंडल कंगना, बिंदी बेसर लखन ने न जाना ।
पायल हैं सिया के बताया, पग छूते मैं देखऽता आया ।।

किष्किन्धा काण्ड : तेरहवाँ सर्ग

183. किष्किंधा से प्रस्थान की कथा :

183. Story of Shrī Rāma's departure from Kishkindhā

♫ संगीतश्रीकृष्णरामायण छन्दमाला, मोती 433 of 501

183. Story of Shrī Rāma's departure from Kishkindhā

नीला छन्द[216]

ऽ ऽ ।, । । ।, ऽ । ऽ, । ऽ

(किष्किंधा से प्रस्थान)

आज्ञा जब रघुराज की मिली ।
सेना कपियन की बढ़े चली ।। 1
भीमा नद जल देख सामने ।
कीन्हा कपि दल ढीठ राम ने ।। 2

ॐ श्लोकौ:

सुग्रीवस्य महावीराः सेनायां कपयो जनाः ।
हनुमानङ्गदो नीलः सुषेणो जाम्बुवान्नलः ।। 2023/2422

आज्ञया रामचन्द्रस्य प्राचलत्कपिवाहिनी ।
किष्किन्धातो महासैन्यं श्रद्धायुक्तं महाबलम् ।। 2024/2422

📖 कथा 📖

(सुग्रीव)

सुग्रीव के सेनापति सारे, पत्थर कठ के आयुध धारे ।
सैनिक दल को "बढ़ो!" पुकारे, चले सजा कर दीर्घ कतारें ।। 4323/5205

कदम कदम से आगे जाते, ताल सजाते ढोल बजाते ।
कपि सेना की बढ़ी कातारें, राम विजय के गाते नारे ।। 4324/5205

दोहा॰ पंक्ति पंक्ति में थी खड़ी, लाँघन भीमा नीर ।
वानर सेना चल पड़ी, गरजत जय रघुवीर! ।। 5432/7162

दोहा॰ लेकर आज्ञा राम से, सुग्रीव नृप कपिराज ।
दीन्ही वानर सैन्य को, बढ़ने की आवाज ।। 5433/7162

---

[216] **नीला छन्द** : इस 11 वर्ण, 16 मात्रा छन्द के चरण में त न र गण और एक लघु और एक गुरु वर्ण आता है । इसका लक्षण सूत्र ऽ ऽ ।, । । ।, ऽ । ऽ, । ऽ इस प्रकार होता है । चरणान्त विराम होता है ।

▶ लक्षण गीत : **दोहा॰ सोलह मात्रा से सजा, लघु गुरु कल से अंत ।**
आदि त न र गण हों जहाँ, जानो "नीला" छंद ।। 5431/7162

183. Story of Shrī Rāma's departure from Kishkindhā

अंगद, कुंजर, केसरी, जाँबवंत, नल, नील ।
सुषेण, दधिमुख, मारुती, हरि, हनुमान, अनील ।। 5434/7162

सुंद, सुमाली, पुंडरी, सब सेनानी कपिवीर ।
हुए सज्ज दल बल लिए, युद्ध कुशल रण धीर ।। 5435/7162

टिड्डी दल सम छा गए, निष्ठा से सह जोश ।
किष्किन्धा से चल पड़े, करते जय जय घोष ।। 5436/7162

(संक्षिप्त वृत्तांत, अब तक)

दोहा॰ मुनि अगस्त्य ने था कहा, कहा असुर का धाम ।
दक्षिण दिश में चल पड़े, सेना लेकर राम ।। 5437/7162

अगस्त्य मुनि थे जानते, दक्षिण देश महान ।
मुनि ने दीन्हा राम को, रण का उत्तम ज्ञान ।। 5438/7162

सम-दंड की नीति से, करने रण पर काम ।
सीता को ढूँढन चले, राम लखन हनुमान ।। 5439/7162

संगीतश्रीकृष्णरामायण गीतमाला, पुष्प 647 of 763

दादरा ताल

(लंका के लिए प्रस्थान की कथा)

स्थायी

गीत शारद ने मंजुल है गाया, साज नारद मुनि ने बजाया ।
रत्नाकर से है मंगल रचाया, रामायण को है सुंदर सजाया ।।

♫ म-ग म-म- म प-म- ग म-प-, रे-ग म-म- मध- प- मग-म- ।
रेगम-म म- म ध-प- गम-प-, रे-ग-म- म- म ध-प- मग-रे- ।।

अंतरा-1

आज्ञा सुग्रीव को जब राम दीन्ही, सेना दक्षिण को प्रस्थान कीन्ही ।
नील अंगद हरी जंबुवाना, सुंद कुंजर सुषेण हनुमाना ।।

♫ सांसां नि-रें- सां धध नि-ध प-म-, सांसां नि-रेंरें सां ध-नि-ध प-म- ।
म-ग म-मम मप- म-गम-प-, रे-ग म-मम मध-प ममग-रे- ।।

183-A. Story of Shrī Rāma's departure for Lankā

अंतरा–2

जै जै सियराम कपि सब पुकारे, चली वानऽर सेना कतारें ।
बढ़ते दक्षिण की ओर बायाँ दायाँ, तीर भीमा नदिया का आया ।।

अंतरा–3

राह में झाड़ झंखाड़ तीले, खंड कंकऽड़ काँटे नुकीले ।
जब किष्किंधा को पार किऽया, आगे देखी विशाला नदिऽया ।।

183-A. Story of Shrī Rāma's departure for Lankā

(रामः)

ॐ श्लोकाः

मुनिवरो यथाऽऽदिष्टत्-स प्रतिस्थानमागतः ।
अत्र भक्तजना रामं दत्तवन्तः शुभागमम् ।। 2064/2422

दक्षिणाच्च पथाद्रामो भीमां कृष्णामलङ्घयत् ।
तुङ्गभद्रां च कावेरीं वैगाईं च नदीं तथा ।। 2065/2422

पूर्वघाटं स लङ्घित्वा दक्षिणाग्रे समागतः ।
ततः पूर्वेण मार्गेण सामुद्राखातमागतः ।। 2066/2422

इतस्तु योजनं दूरे लङ्का सा रावणस्य वै ।
लङ्घितव्यस्तु प्रश्नोऽस्ति ससैन्यं सागरः कथम् ।। 2067/2422

लङ्कायां केन गन्तव्यम्-अन्वेष्टुं जानकीमितः ।
कथं वा तत्र गच्छेच्च दुष्टेषु राक्षसेषु सः ।। 2068/2422

(संक्षिप्त वर्त्तांत, फिर)

दोहा॰ अगस्त्य मुनि ने ज्यों कहा, पंचवटी से राम ।
आए लछमन को लिए, प्रतिस्थान के ग्राम ।। 5440/7162

भगत जनों ने राम का, स्वागत किया महान ।
राघव ने सबको दिया, शुभ आशिष वरदान ।। 5441/7162

दक्षिण पथ से राम ने, भीमा करके पार ।
कृष्णा, तुँगभद्रा नदी, कावेरी की धार ।। 5442/7162

183-A. Story of Shrī Rāma's departure for Lankā

पूर्वघाट को लाँघ कर, वैगाई का तीर ।
पूर्व दिशा में निकल कर, दिखा सिंधु का नीर ।। 5443/7162

(सागर किनारे)

दोहा॰ लगी छावनी राम के, वानर दल की शूर ।
दिखी जहाँ से सामने, लंका योजन दूर ।। 5444/7162

संगीतश्रीकृष्णरामायण गीतमाला, पुष्प 648 of 763

दादरा ताल

(लंका प्रस्थान की कथा)

स्थायी

गीत शारद ने मंजुल है गाया, साज नारद मुनि ने बजाया ।
रत्नाकर से है मंगल रचाया, रामायण को है सुंदर सजाया ।।

म-ग म-म- म प-म- ग म-प-, रे-ग म-म- मध- प- मग-म- ।
रेगम-म म- म ध-प- गम-प-, रे-ग-म- म- म ध-प- मग-रे- ।।

अंतरा-1

लेके वरदान मंगल तीरथ से, निकले श्री राम दक्षिण के पथ से ।
भीमा कृष्णा को पारऽ लँघाया, तब कावेरी का तीर आया ।।

सांसां निनिरें-सां ध-निनि ध-पप म-, सां-सां नि- रें-सां ध-निनि ध पप म- ।
मग म-म- म प-म- गम-प-, रेग म-म-म ध- प-म ग-रे- ।।

अंतरा-2

फिर आई नदी तुंगभद्रा, नाम जिसका भी है भालचंद्रा ।
फिर वैगाई को पार किऽया, चल कर पूरब में, सागऽर पाया ।।

अंतरा-3

पार सागर के योजऽन दूरी, लोग लंका में रहते आसूरी ।
झंडा सागर किनारे गड़ाया, जहाँ कपियन ने डेरा लगाया ।।

(इति)

दोहा॰ नारद मुनि ने है दिया, रत्नाकर को दान ।
वाणी माँ ने है दिया, भक्ति भाव का ज्ञान ।। 5445/7162

183-A. Story of Shrī Rāma's departure for Lankā

दोहे भजनों से भरा, चौपाई का ठाठ ।
हरि किरपा से पूर्ण है, किष्किंधा का पाठ ।। 5446/7162

इति किष्किंधा काण्ड का, पाठ हुआ है शेष ।
अथ तुम सुंदर काण्ड का, बरणन सुनो विशेष ।। 5447/7162

मुनिवर नारद ने कहा, आखों देखा हाल ।
लिखता रत्नाकर वही, स्वरदा करै कमाल ।। 5448/7162

183-A. Story of Shrī Rāma's departure for Lankā

1852
रत्नाकर रचित संगीत-श्री-रामायण

Rāmāyan, 5. Sundar Kānd

अध्याय 5
सुंदर काण्ड

Rāmāyan, 5. Sundar Kānd

1853
रत्नाकर रचित संगीत-श्री-रामायण

Rāmāyan, 5. Sundar Kānd

1854
रत्नाकर रचित संगीत-श्री-रामायण

184. Story of the Search for Sītā (Rāmāyan, 5. Sundar Kānd)

अध्याय 5

सुंदर काण्ड

(अथ)

✍दोहा॰ गीत भजन संगीत का, किष्किन्धा कर शेष ।
सुंदर सुंदरकाण्ड का, होत अथ श्रीगणेश ।। 5449/7162

सुंदर काण्ड : पहला सर्ग

184. सीता के खोज की कथा :

184. Story of the Search for Sītā *(Rāmāyan, 5. Sundar Kānd)*

♫ संगीतश्रीकृष्णरामायण छन्दमाला, मोती 434 of 501

प्रफुल्लकदली छन्द[217]

। ऽ ।, । । ऽ, ऽ ऽ ऽ, ऽ ऽ

(सीता की खोज)

कहा लखन ने, वज्रांगी भेजो ।
कहाँ अवध की रानी है खोजो ।। 1
कपीश उड़के लंका में आया ।
अशोक वन में सीता को पाया ।। 2

ॐ श्लोकौ:

अग्रे लङ्कां स्थितां दृष्ट्वा सागरस्यापरे तटे ।
अचिन्त्ययत्प्रभुर्रामः सर्वे च कपयस्तथा ।। 2069/2422

---

[217] ♫ **प्रफुल्लकदली छन्द** : इस 11 वर्ण, 18 मात्रा वाले छन्द के चरण में ज स म गण और दो गुरु वर्ण आते हैं । इसका लक्षण सूत्र । ऽ ।, । । ऽ, ऽ ऽ ऽ, ऽ ऽ इस प्रकार होता है । चरणान्त विराम है ।

▶ लक्षण गीत : ✍ **दोहा॰ मत्त अठारह हों सजीं, दो गुरु कल से अंत ।
बना ज स म गण से वही, "प्रफुल्लकदली" छंद** ।। 5450/7162

184. Story of the Search for Sītā (Rāmāyan, 5. Sundar Kānd)

कथं च केन गन्तव्यम्-अन्वेष्टुं तत्र जानकीम् ।
एकपदे तदा सर्वे हनुमन्तमं नियोजयन् ।। 2070/2422

कथा

दोहा॰ लंका आगे देख कर, कपि गण में था जोश ।
उछल कूद कर, कर रहे, "रामचंद्र-जय" घोष ।। 5451/7162

सागर तट पर दौड़ते, करते ताली नाद ।
साहस सबमें था भरा, तन-मन में आह्लाद ।। 5452/7162

(राम)

दोहा॰ राम खड़े थे तीर पर, निरखत सागर नीर ।
सागर देखत राम को, सम्मुख श्री रघुबीर ।। 5453/7162

सागर बोला, गहन मैं, गहरा मेरा नीर ।
करुणा-सागर राम हैं, वीर धीर गंभीर ।। 5454/7162

संगीतश्रीकृष्णरामायण गीतमाला, पुष्प 649 of 763

भजन

(करुणा सागर)

स्थायी

दो सागर आमने सामने ।

♪ सा- रे-मग म-गरे- ग-रेसा- ।

अंतरा-1

एक नीर की भरी है गागर, एक दया का करुणा सागर ।
दोनों गहरे चित्त लुभाने ।।

♪ सा-रे ग-प म- धप- म म-मम, रे-ग मग- रे- गरेसा- सा-सासा ।
रे-ग- ममम- प-म गरे-सा- ।।

अंतरा-2

एक रत्न का भरा भँडारा, एक गुणों का स्रोत अपारा ।
दोनों अचल प्रतिष्ठित जाने ।।

184. Story of the Search for Sītā (Rāmāyan, 5. Sundar Kānd)

अंतरा–3

एक सरोत्तम, एक नरोत्तम, एक पयोधि, एक धी निधि ।
दोनों अथाह सुंदर माने ।।

दोहा॰ राम सोचते, किस तरह, जाएँ सागर पार ।
सीता खोजन-काज का, करिए सोच विचार ।। 5455/7162

(फिर)

दोहा॰ कपि दल बैठा चरण में, आकर हरि के पास ।
अंगद बोला, "रामजी! अब क्यों प्रभो! उदास" ।। 5456/7162

राघव बोले, कीश को, मैं हूँ करत विचार ।
सिया ढूँढने, सिंधु को, कौन करेगा पार ।। 5457/7162

संगीतश्रीकृष्णरामायण गीतमाला, पुष्प 650 of 763

गज़ल

(दो सागर)

स्थायी

एक सागर गहन वहाँ है, दूजा सागर परम यहाँ है ।
हनुमत उनके बीच खड़ा है, राम प्रभु के चरण पड़ा है ।।

♪ नि-सा ग-मम- पधनि धपध म-, ग-म- पधपम पमग निसा- रे- ।
रेरेगग ममम- नि-सा रेग- म-, पधनि मम- प- मगरे निसा- रे- ।।

अंतरा–1

नीर पयोधि जल से भरा है, किरपा सागर उससे बड़ा है ।

♪ म-प निसां-सां- रेंसांनि धप- ध-, निधपम ग-रेरे गरेसा निसा- रे- ।

अंतरा–2

जल सागर में मोती बिखरे, एक सद्गुण का मोती खरा है ।

अंतरा–3

एक सागर ढकी है धरा, एक धरा का भार धरा है ।

अंतरा–4

184. Story of the Search for Sītā (Rāmāyan, 5. Sundar Kānd)

एक सागर जल में डुबावे, दूजा भवजल से तरावै ।

(राम)

✍दोहा॰ **"भेजें अनुचर संयमी, बोले रघुपति राम ।**
जो न कहा, सो ना करे, अपने मन से काम ।। 5458/7162

"सीता ढूँढन काज में, करे न आज्ञा भंग ।
सीता की कर खोज वो, करदे हमको दंग" ।। 5459/7162

(अंगद)

कपियन से अंगद ने पूछा, हाथ करे कपि कोई ऊँचा ।
पार कर सकेगा जो सिंधु, कौन तुम्हारे में कपि बंधु ।। 4325/5205

✍दोहा॰ **दल को अंगद ने कहा, इक योजन यह नीर ।**
जाकर लंका देश को, कौन आ सके वीर ।। 5460/7162

काम वहाँ क्या करना सुनलो, बात ध्यान में सारी तुम लो ।
चुपके से तुमने है जाना, माता की है खोज लगाना ।। 4326/5205

राम-अँगुठी देकर कहना, "राम आरहे" निश्चल रहना ।
पूर्ण नगर का बोध लगाना, कहाँ क्या बना शोध लगाना ।। 4327/5205

रावण रहता कहाँ है पापी, नेता उसके को हैं दापी ।
कहाँ नगर में नहीं सुरक्षा, मन में लाना पूरा नक्षा ।। 4328/5205

शंका हो ना किसी असुर में, कपि आया है लंका पुर में ।
परम गुह्य हो तुमरा आना, सीता माँ की खोज लगाना ।। 4329/5205

नृप पा जावे अगर भनक भी, सीमा बंदी करेगा तभी ।
हमें न सागर तरने देगा, सिया मुक्ति ना करने देगा ।। 4330/5205

✍दोहा॰ **सुनो ध्यान से तुम वहाँ, क्या करना है काम ।**
"करना सो ही, जो कहा, क्षात्र-धर्म के नाम ।। 5461/7162

"छुपके से जाकर वहाँ, करो सिया का शोध ।

184. Story of the Search for Sītā (Rāmāyan, 5. Sundar Kānd)

ढूँढो माता है कहाँ, बिना किसी के बोध" ।। 5462/7162

राघव की मुँदरी उन्हें, देकर कहना बात ।
"रामचंद्र हैं आरहे, लेकर सेना साथ" ।। 5463/7162

"देखो लंका में कहाँ, रुकना हमको ठीक ।
इतना ही करके वहाँ, लौटो तुम निर्भीक ।। 5464/7162

"आज्ञा इतनी ही तुम्हें, और न करना काम ।
आज्ञा पालन पूर्ण हो, कहत रहे हैं राम" ।। 5465/7162

(और)

उचित किधर से हमें है जाना, स्थान उचित है तुमने पाना ।
लगे कहाँ पर हमरा डेरा, पड़े नगर पर कैसे घेरा ।। 4331/5205

कितने असुर वहाँ हैं जानो, उनमें रावण को पहिचानो ।
वापस चुपके से फिर आना, खबर सिया की तुमने लाना ।। 4332/5205

जो आज्ञा है सो अनुसरना, मनमानी तुम कछु मत करना ।
को सेवक है आज्ञाकारी, चतुर कुशल भट चपल विहारी ।। 4333/5205

को जो तुममें सिंधु तरेगा, धैर्य वीर्य से पार करेगा ।
असुरों से जो नहीं डरेगा, मनमानी जो नहीं करेगा ।। 4334/5205

✍दोहा॰ **जो बतलाया सो ही हो, आज्ञा दीन्ही राम ।**
अपने मन की मत करो, बिगड़ न जावे काम ।। 5466/7162

(सुषेण)

सुन कर बचनन सब अंगद के, मौन होगए कपि हर पद के ।
दे न सका जब उत्तर कोई, सुषेण बोला था मन जोही ।। 4335/5205

अंतर चौथा मैं तर जाऊँ, वापस फिर मैं आ नहिँ पाऊँ ।
सबसे बूढ़ा मैं कपिनर हूँ, गुण अनुभव में मैं कपिवर हूँ ।। 4336/5205

जवान कोई आगे आवे, जो सागर को तर कर जावे ।
वहाँ सिया की खोज लगावे, आई विपदा दूर भगावे ।। 4337/5205

184. Story of the Search for Sītā (Rāmāyan, 5. Sundar Kānd)

✍दोहा॰ **सुषेण बोला, हे कपे! वृद्ध कीश मैं तात! ।**
चतुर्थ योजन मैं तरूँ, नहीं बनेगी बात ।। 5467/7162

(जाँबवंत)

जामवान फिर उठा बोलने, मन का परदा लगा खोलने ।
अंतर आधा मैं तर जाऊँ, पूरा फिर मैं कर नहीं पाऊँ ।। 4338/5205

✍दोहा॰ **जाँबवंत ने फिर कहा, यदि मैं जाऊँ राम! ।**
आधा अंतर जा सकूँ, कुछ ना होगा काम ।। 5468/7162

(अंगद)

बोला अंगद, मैं हूँ नेता, धैर्य सकल का मैं हूँ जेता ।
अंतर योजन मैं तर पाऊँ, खोज सिया की लगा न पाऊँ ।। 4339/5205

✍दोहा॰ **अंगद बोला, मैं युवा, तर लूँ सागर पार ।**
ढूँढ न पाऊँगा सिया, बिना किसी आधार ।। 5469/7162

(सुग्रीव)

✍दोहा॰ **सुग्रीव बोला राम से, कहिए प्रभुजी! आप ।**
पवन पुत्र हनुमान को, बैठा जो चुपचाप ।। 5470/7162

सिंधु तरन की बात क्यों, जब है तुमरे पास ।
गरुड़ समाना जो उड़े, मारुत तुमरा दास ।। 5471/7162

उसमें बल धी[218] तेज है, वीरों का है वीर ।
शास्त्रों में विद्वान है, संकट में गंभीर ।। 5472/7162

(मुझे याद है)

✍दोहा॰ **बाल्य काल जिसका भरा, लीला से, भगवान! ।**
पूरब सूरज देख कर, लपक पड़ा हनुमान ।। 5473/7162

युग सहस्त्र योजन उड़ा, खाने फल वह लाल ।
हनु के बल जब आ गिरा, वक्र हो गए गाल ।। 5474/7162

---

[218] धी = बुद्धि ।

184. Story of the Search for Sītā (Rāmāyan, 5. Sundar Kānd)

(और)

✍दोहा॰ **दिव्य देह वज्रांग है, शिवजी का अवतार ।**
कंचन बरन कपीस है, चातुर प्रबल अपार ।। 5475/7162

दयावान गुणवान है, युक्तिवान बलवान ।
नीतिमान धृतिवान है, ज्ञानवान हनुमान ।। 5476/7162

योगीराज को सिद्ध है, "लघु-गुरु-काया" योग ।
सुनते नाम कपीश का, काँपत हैं सब लोग ।। 5477/7162

आज्ञा दो अब दास को, कथन सुनो, श्री राम! ।
नाम एक हनुमान जो, सफल करे तव काम ।। 5478/7162

(श्री राम)

विनयशील तुम कपिवर! जाओ, मम सीता की खोज लगाओ ।
योगीराज बिक्रम हनुमाना! विनति करत है तुमसे रामा ।। 4340/5205

उठो पवन सुत! उड़ो गगन में, लखो सिया को असुर भवन में ।
कहाँ रखी है मम प्रिय सीता, तपस्विनी करुणामय नीता ।। 4341/5205

पवन वेग से वायु विराजो, भवन-भवन तरु वन के खोजो ।
अंजनीसुत! मुंदरी मम लीजो, मिले अगर, सीता को दीजो ।। 4342/5205

✍दोहा॰ **जाओ कपिवर! लाँघ कर, योजन सागर नीर ।**
ढूँढो मेरी जानकी, बोले श्री रघुवीर ।। 5479/7162

अपना परिचय दीजियो, सौम्य रूप में, तात! ।
सिया न डर जावे कहीं, लख कर विराट गात ।। 5480/7162

हाथ जोड़ कर वन्दना, करो विनय के साथ ।
मुँदरी देकर सीय को, बोलो सुख से बात ।। 5481/7162

(और)

किसी असुर से कछु मत कहना, विषम समय में सचेत रहना ।
दीनानाथ! छलांग लगाओ, संकट मेरे दूर भगाओ ।। 4343/5205

184. Story of the Search for Sītā (Rāmāyan, 5. Sundar Kānd)

सिंह राज सम तुम हो सूरमे, विचरो कपि! तुम लंकापुर में ।
हम सब तुम पर आस धरे हैं, शुभ सुनने को कान खड़े हैं ।। 4344/5205

असुरों का भय तुमको नाही, तुमरे रूप डरावे ताही ।
सुक्ष्म रूप धर,[219] हे सुखदाई! ढूँढो अपनी सीता माई ।। 4345/5205

नारद स्डिाला दरस रहे हैं, पुष्प आप पर बरस रहे हैं ।
आशिष हमरे तुमरे पासा, सफल बनो तुम रघुवर दासा! ।। 4346/5205

दोहा॰ कुछ न किसी से भी कहो, छिप कर काम ।
लौटो करके काम ये, राह तकत हैं राम ।। 5482/7162

"और न कछु करना, सखे! अपने मन से बात ।
सच्चा सेवक क्षात्र वो, जिसको सीमा याद" ।। 5483/7162

आशिष हमरे, हैं सखे! मंगल तुमरे साथ ।
मुनिवर नारद कर रहे, फूलों की बरसात ।। 5484/7162

संगीतश्रीकृष्णरामायण गीतमाला, पुष्प 651 of 763

भजन

(जाओ हनुमान)

स्थायी

जाओ पवन पुत्र हनुमान! विनति करत हैं तुमको राम ।

♫ सारेगरे- ममप प-म गरेग-ग! रेरेग- ममम म पमगरे सा-सा ।

अंतरा-1

सागर पार छलाँग लगाओ, आई विपदा दूर भगाओ ।
कीजो हरि का काम ।।

♫ रे-रेरे ग-ग गम-म पमगरे-, म-म- पपप- ध-प मग-म- ।
रे-ग- मग रे- सा- ।।

अंतरा-2

---

[219] **सुक्ष्म रूप** = हनुमान चालिसा : 9 "**सूक्ष्म रूप धरि सियहिं दिखावा**, बिकट रूप धरि लंक जरावा" ।।

184. Story of the Search for Sītā (Rāmāyan, 5. Sundar Kānd)

ढूँढो घर-घर पुर लंका में, कहाँ है सीता अब शंका में ।

खोजो रावन धाम ।।

अंतरा-3

मुंदरी धर कर तुम मुख माही, उड़ो गगन में, त्राहि त्राहि! ।

लेकर हरि का नाम ।।

अंतरा-4

केसरी नंदन! हे दुख भंजन! हे सुर नाई! हे सुखदाई! ।

राह तकत सिय राम ।।

(वानर गण)

बोले सब कपिवर अधिकारी, हनुमत कपि है अति बलशाली ।
पवन पुत्र है सुख की राशी, संकट मोचन विघ्न विनाशी ।। 4347/5205

नीति निपुण है हमरा नेता, महामना निर्भय रण जेता ।
धर्म धुरंधर अथक उपकारी, सूक्ष्म रूप त्रिभुवन संचारी ।। 4348/5205

स्वामी भक्त है परम सहारे, बिगड़े काज तुरंत सँवारे ।
वही उछल कर लंका जावे, सिया खोज में सिद्धि पावे ।। 4349/5205

✍दोहा॰ **योग-विज्ञ हो तुम, सखे! धर्म रक्षक वीर ।**
हनुमत! तुम हो केसरी, स्वामी सेवक धीर ।। 5485/7162

बिगड़े काज सँवार दो, संकट मोचक कीश! ।
नीति निपुण बलबीर तुम, दीनानाथ कपीश ।। 5486/7162

(राम)

राघव ने अंगुठी उतारी, कपि को दीन्ही मंगलकारी ।
मुँदरी देत कपि को रामा, कहे सफल तू करियो कामा ।। 4350/5205

पहले अपना पॅचिय दीजो, मुँदरी देकर आशिष लीजो ।
"राघव आए हैं," तिन कहियो, सबकी दृष्टि बचाके रहियो ।। 4351/5205

✍दोहा॰ **राघव ने कपि से कहा, जाओ तुम, हनुमान! ।**
मुँदरी मेरी साथ लो, देगी सत्य प्रमाण ।। 5487/7162

184. Story of the Search for Sītā (Rāmāyan, 5. Sundar Kānd)

सीता को कहना, कपे! "आते हैं रघुनाथ ।
सेना वानर की लिए, रहो धैर्य्य के साथ" ।। 5488/7162

(हनुमान)

बोला हनुमत, जैसी आज्ञा, जानूँ भली तुम्हारी प्रज्ञा ।
जाता हूँ मैं ढूँढन माता, खोज लगा कर वापस आता ।। 4352/5205

धर कर मुंदरी अपने कर में, हनुमत सोचे अपने सिर में ।
राम-सिया की प्रेम निशानी, मैं निज-उँगली पर नहीं पानी ।। 4353/5205

धरी मुद्रिका कपि मुख माही, देख न पाए कोई ताही ।
रूप सुमंगल छोटे कीन्हे, देख मातु न डरेगी जिसमें ।। 4354/5205

(फिर)

पहले वन्दन किया राम को, फिर सुग्रीव अरु जंबूवान को ।
उड़ा हनूमत पूरब दिश में, जाने लंका को उस निश में ।। 4355/5205

✍दोहा॰ **हनुमत बोला राम को, जब तव आशिष साथ ।**
बात बनेगी क्यों नहीं, मेरे प्रिय रघुनाथ! ।। 5489/7162

"कारज उतना ही करूँ, जितना है आदेश ।
आज्ञा के भीतर रहूँ, जो दीन्ही अवधेश" ।। 5490/7162

लंका जाकर मैं करूँ, याद असुर का देश ।
सीता माता को कहाँ, लाया है लंकेश ।। 5491/7162

सिया मातु को ढूँढ कर, करूँ विनम्र प्रणाम ।
माता को फिर मुद्रिका, दूँगा पूज्य प्रमाण ।। 5492/7162

बोलूँगा अब आरहे, रघुपति सेना साथ ।
धरें हौसला हृदय में, कुछ दिन की है बात ।। 5493/7162

लेकर उचित प्रमाण मैं, लौटूँगा, रघुनाथ! ।
चूक न कोई मैं करूँ, "दो-वर" मुझको, नाथ! ।। 5494/7162

"छुप-छुप कर मैं जाउँगा, ढूँढूँ सीता मात ।

1864
रत्नाकर रचित संगीत-श्री-रामायण

184-A. Story of Demoness Sursā (Rāmāyan, 5. Sundar Kānd)

छुप कर वापस आउँगा, रावण को अज्ञात" ।। 5495/7162

(फिर)

दोहा॰ मुँदरी को मुख में रखे, निकला कपिवर वीर ।
वन्दन करके कपि उड़ा, जैसा रघुवर तीर ।। 5496/7162

(पवन)

दोहा॰ पिता पवन भी चकित थे, लख कर सुत बलवान ।
वायु वेग से है चला, सुत मेरा हनुमान ।। 5497/7162

कहे पवन फिर पुत्र को, सफल बने तव काम ।
जिसका ऐसा दास हो, धन्य-धन्य हैं राम ।। 5498/7162

मातु-अंजनी को कहे, पवन-पिता भगवान ।
पुत्र तेरा बलभीम है, महावीर हनुमान ।। 5499/7162

184-A. Story of Demoness Sursā *(Rāmāyan, 5. Sundar Kānd)*

दोहा॰ कपि ने गिरि मैनाक से, मारी जभी उड़ान ।
सुरसा अहिनी ने कहा, मम मुख आ, हनुमान! ।। 5500/7162

जल में सुरसा थी खड़ी, अपने मुख को फाड़ ।
कपि ने तन चौड़ा किया, अल्प पड़ा थोबाड़ ।। 5501/7162

अहिनी मुख दुगुना किया, कपि ने सूक्षम रूप ।
झट से मुख में जाइके, निकल उड़ा कपिभूप ।। 5502/7162

कपि ने सीखा कृष्ण से, "रूप-दीर्घ-लघु" योग ।
सुरसा का मुख लाँघने, कपि ने किया प्रयोग ।। 5503/7162

कभी अणु से सूक्ष्म है, या ब्रह्माण्ड स्वरूप ।
हनुमत को ये योग है, दिया द्वारिका भूप ।। 5504/7162

श्लोक:

परमाणोः क्षणे सूक्ष्मः पर्वतेभ्यो गुरुः क्षणे ।
दामोदरोऽददाद्योगं हनुमते पुरा स्वयम् ।। 2071/2422

184-B. Story of Hiranyanābh (Rāmāyan, 5. Sundar Kānd)
184-B. Story of Hiranyanābh *(Rāmāyan, 5. Sundar Kānd)*

✍दोहा॰ हिरण्यनाभ पहाड़ को, पवनानंद अमोघ ।
लाँघ गया अति वेग से, जैसे वारिद मेघ ।। 5505/7162

चाँद-सितारे देखते, कौन गगन में वीर ।
विद्युत गति से जा रहा, यथा राम का तीर ।। 5506/7162

(नारद)

✍दोहा॰ नारद मुनि ने, देख कर, कपि की परम उड़ान ।
कहा, प्रभो श्री राम जी!, "तुमरा दास महान" ।। 5507/7162

(लंका में)

✍दोहा॰ आया लंका में उड़ा, सीधा बाण समान ।
हनुमत सत्वर वेग से, जैसा गगन विमान ।। 5508/7162

आशिष राघव हैं दिये, सफल बनेगा काज ।
ढूँढन सीता-मातु को, आया लंका आज ।। 5509/7162

184-C. Story of Trikūt Mountain *(Rāmāyan, 5. Sundar Kānd)*

✍दोहा॰ नमन किए श्री राम को, लंबी मार उड़ान ।
आया लंका में कपि, सीधा बाण समान ।। 5510/7162

चंदा ने की चाँदनी, शुभ्र प्रकाशित रात ।।
त्रिकूट गिरि पर है खड़ा, करता लंका याद ।। 5511/7162

(यहाँ से)

✍दोहा॰ ऊँचे ऊँचे महल थे, छोटे बड़े मकान ।
सुंदर गलियाँ पथ बने, वन उद्यान महान ।। 5512/7162

सारी लंका छान कर, देखा ऐसा स्थान ।
जहाँ लगेगी छावनी, लड़ने को आसान ।। 5513/7162

मन में मोद मनाइके, सब चिंता को छोड़ ।
चला नगर में मारुती, भक्ति राम से जोड़ ।। 5514/7162

184-C. Story of Trikūt Mountain (Rāmāyan, 5. Sundar Kānd)

सारी नगरी छानने, मारी कई उड़ान ।
मन में नक्शा बाँधते, आई नयन थकान ।। 5515/7162

कुछ पल तरु पर बैठ कर, कीन्हा पूर्ण विचार ।
सूर्योदय के बाद में, किया नगर संचार ।। 5516/7162

(तब)

✍दोहा॰ राज भवन पर फिर चढ़ा, खिड़की-खिड़की झाँक ।
किस कमरे में कौन है, करत सिया की ताक ।। 5517/7162

सिया नहीं थी महल में, ना ही किसी मकान ।
लगा दास फिर छानने, एक-एक उद्यान ।। 5518/7162

(रावण)

हाथी घोडे असुर थे, गज शाला के बीच ।
वहीं खड़ा रावण दिखा, असुरों का नृप नीच ।। 5519/7162

राज महल के मध्य में, शिव मूर्ति के पास ।
बैठी थी मंदोदरी, रानी बहुत उदास ।। 5520/7162

आगे कमरों में दिखी, नारी बंद अनेक ।
रावण लाया था जिन्हें, रोती थी प्रत्येक ।। 5521/7162

सोचा सिय के साथ ही, इनको करदूँ मुक्त ।
आऊँ फिर सेना लिए, राम-लखन से युक्त ।। 5522/7162

मगर न आज्ञा थी मुझे, करने की उत्पात ।
सीता का अन्वेष ही; और न कोई बात ।। 5523/7162

(आगे)

✍दोहा॰ बागों में कपि को मिले, खाने को फल ढेर ।
लिए नाम श्री राम का, खाए उसने बेर ।। 5524/7162

सोच समझ कुछ काल में, होकर पुनः तयार ।
आया उपवन भव्य में, जो था गोलाकार ।। 5525/7162

184-D. Story of Ashok Vātikā (Rāmāyan, 5. Sundar Kānd)

(वहाँ)

लंबी चौड़ी राह में, दिखा खड़ा इक यान ।
लाया सिया उड़ाइके, होगा यही विमान ।। 5526/7162

माता है इस बाग में, हो अब अनुसंधान ।
चप्पा-चप्पा छानने, योग्य यही है स्थान ।। 5527/7162

बनी उधर थी वाटिका, जिसमें था जल-ताल ।
लगे यहाँ पर थे घने, अशोक वृक्ष विशाल ।। 5528/7162

184-D. Story of Ashok Vātikā *(Rāmāyan, 5. Sundar Kānd)*

दोहा॰ अशोक वन में कीश ने, कीन्हा जभी प्रवेश ।
फल-फूलों के थे दिखे, कुछ उद्यान विशेष ।। 5529/7162

नीर विमल की वापिका, कमल सुगंधित फूल ।
सुमन सुसौरभ सूँघते, पड़ती मन पर भूल ।। 5530/7162

पंछी रंग बिरंग के, जहाँ प्रसुन के पुंज ।
चंपा चंदन मालती, वहाँ भ्रमर के कुंज ।। 5531/7162

(सीता)

दोहा॰ सोचा बैठूँ मैं यहाँ, होती जब तक शाम ।
संध्या करने आएगी, देवी जपती राम ।। 5532/7162

फिर कपि की दृष्टि पड़ी, तले वृक्ष के दूर ।
बैठी देवी थी बहाँ, अवाक् था लंगूर ।। 5533/7162

तन पर पीले वस्त्र थे, बिन कुंडल के कान ।
कर में माला रुद्र की, जपती शिव भगवान ।। 5534/7162

आभा उसकी ताकते, करन लगा अनुमान ।
सीता माता है यही, जान गया हनुमान ।। 5535/7162

संगीतश्रीकृष्णरामायण गीतमाला, पुष्प 652 of 763

भजन : राग काफी

184-D. Story of Ashok Vātikā (Rāmāyan, 5. Sundar Kānd)

(संगीत स्वर लिपि, तबला ठेका, स्थायी और अंतरा तान के लिए
देखिए हमारी "*नई संगीत रोशनी*" का गीत 10)

(सीता बिरहा)

स्थायी

प्रभु मिलोगे अब कबहूँ, कहो मिलोगे कबहूँ ।
बिरहन अँसुअन कैसे सहूँ, प्रभु ।।

♪ सानि सारे-रे गग मम प - - मगरे, सानि सारे-रे गग मम प - - मगरे - - ।
रेनिधनि पधमप सांनिधपम पगरे, सानि ।।

अंतरा-1

निश-दिन तरसत बरसत नैना,
हाल मैं मन का कासे कहूँ ।
कहो मिलोगे अब कबहूँ, प्रभु ।।

♪ मम पध निनिसांसां रेंरेंगं.रेंसां रेंनिसां-,
नि-नि नि धनि धप निरेंसां रेंनि- ।
धप पनिधनि पध मप पधनिसांनिधपमगरे, सानि ।।

अंतरा-2

मन बेचैना मुश्किल रैना,
तुम बिन सजना कैसे रहूँ । कहो मिलोगे ...

(तो)

✍दोहा॰ सीता देवी देख कर, काँपे उसके गात ।
जाऊँ कैसे पास मैं, समझ न आवे बात ।। *5536*/7162

रोम-रोम हर्षित हुआ, हृदय रहा था काँप ।
मुंदरी मुख से काढ़ कर, कीन्ही उसने साफ ।। *5537*/7162

सोचा सपना तो नहीं, या है यह आभास ।
देखा चुटकी काट कर, तभी हुआ विश्वास ।। *5538*/7162

माता घबड़ा जायगी, मुझको देख विशाल ।
इस मंगल सुविचार से, रूप लिया "कपि बाल" ।। *5539*/7162

184-D. Story of Ashok Vātikā (Rāmāyan, 5. Sundar Kānd)

पेड़-पेड़ पर कूदता, लेकर मन में आस ।
सीता के उस पेड़ पर, गया राम का दास ।। 5540/7162

संगीतश्रीकृष्णरामायण गीतमाला, पुष्प 653 of 763

दादरा ताल

(सीता के खोज की कथा)

स्थायी

गीत शारद ने मंजुल है गाया, साज नारद मुनि ने बजाया ।
रत्नाकर से है मंगल रचाया, रामायण को है सुंदर सजाया ।।
♫ म-ग म-म- म प-म- ग म-प-, रे-ग म-म- मध- प- मग-म- ।
रेगम-म म- म ध-प- गम-प-, रे-ग-म- म- म ध-प- मग-रे- ।।

अंतरा-1

बोला राघव को सुग्रिऽव राजा, भेजो हनुमत को ढूँढऽन काजा ।
राम कपिवर को मुँदरी थमाया, मुंद्री हनुमान मुख में छुपाया ।।
♫ सांसां नि-रें- सां ध-नि-ध प-म-, सांसां निनिरेंरें सां ध-नि-ध प-म- ।
म-ग ममम- म पपम- गम-प-, रेग- ममम-म धध प- मग-रे- ।।

अंतरा-2

निकला हनुमान उड़ता गगन में, कूदा लंका के सुंदर नगर में ।
जब महलों में सीता न पाया, कपि रावन की बगिया में आया ।।

अंतरा-3

जब बैठा था धीरज न हारा, तब अचानक सिया को निहारा ।
कपि मन में बहुतऽ हर्षाया, सीता वाले तरु पऽर आया ।।

सुंदर काण्ड : दूसरा सर्ग

185. हनुमान समक्ष सीता पर रावण के अत्याचार की कथा :

185. Story of Rāvan's attrocicite on Sītā (5. Sundar Kānd)

185. Story of Rāvan's attrocicite on Sītā *(5. Sundar Kānd)*

संगीतश्रीकृष्णरामायण छन्दमाला, मोती 435 of 501

पादाकुलक छन्द

4 + 4 + 4 + 4

(रावण की चेतावनी)

तरु के नीचे सिय थी बैठी, डाली पर था स्थित हनुमाना ।
उसी समय पर रावण आया, बोला क्रुद्ध अधम अनुमाना ।। 1
"एलान सुनो अंतिम सीते! सुख के दिन अब तेरे बीते ।
"राम-लखन मैं कीन्हे रीते, अब मेरी हो जा, मन मीते! ।। 2
"त्रिमास में यदि तू ना मानी, याद दिलाऊँ तुझको नानी ।
"तब यदि मेरी बनी न जाया, कच्ची खाऊँ तेरी काया" ।। 3

श्लोकः

रावण आह सीतां त्वं यदि मां न वरिष्यसि ।
मांसं ते भक्षयिष्यामि विना शङ्कां विना दयाम् ।। 2072/2422

कथा

(असुरों की मुखिया)

उसी समय पर मुखिया आई, असुर आ रहा खबर बताई ।
सुन कर कपि डाली से लिपटा, दबक सिमट कर छुपके बैठा ।। 4356/5205

देखी उसने असुरी काली, बड़े भयानक दाँतों वाली ।
गल में मुंडी-माला डाली, महाकाय के मुख में गाली ।। 4357/5205

कर्कश वाणी परुष बहुतेरी, चारों ओर असुरियाँ घेरी ।
कर में लप-लप करत कटारी, आँखें लाल, लगी हथियारी ।। 4358/5205

दोहा॰ **उसी समय पर आगयी, रावन-मुखिया क्रूर ।**
बोली, सीते! आरहा, रावण नृप-आसुर ।। 5541/7162

असुरी-दासी देख कर, चुप बैठा हनुमान ।
क्षण में रावण आगया, जैसे हो तूफान ।। 5542/7162

185. Story of Rāvan's attrocicite on Sītā (5. Sundar Kānd)

महाकाय थी आसुरी, मोटे नैना लाल ।
तन पर उसके थे घने, भुरे रंग के बाल ।। 5543/7162

दाँत भयानक शेर से, जिनका पीला रंग ।
मुख में गंदी भाष थी, असभ्य जिसका ढंग ।। 5544/7162

कर में उसने थी धरी, लपलपती तलवार ।
गल में माला मुंड की, मुख में उसके लार ।। 5545/7162

ऊँचा उसका देह था, शरीर में दुर्गंध ।
कुछ भी बखान बोलते, गाली उसे पसंद ।। 5546/7162

(सीता)

देखा जब रावण है आया, काँपी थरथर उसकी काया ।
तन आँचल में लिपटा उसने, कूर्म समाना सिमटा उसने ।। 4359/5205

राम-नाम रटती वह वनिता, मुँड़ेरी पर बैठी सीता ।
बोली अब ये फिर क्यों आया, बार-बार है इसे बताया ।। 4360/5205

✍दोहा॰ **रावण आया देख के, लेकर असुरी साथ ।**
बैठी अंग समेट कर, काँपे सिय के गात ।। 5547/7162

राम-नाम रटती रही, सीता आँखें मीच ।
बोली, फिर क्यों अगया, रावण राक्षस नीच ।। 5548/7162

(रावण)

आया रावण शठ हरजाई, सिया डराने अधम कसाई ।
खड्ग हाथ में, मुख में गारी, हवस कामना मन में कारी ।। 4361/5205

बोला रावण, सुन ले सीते! वचन आखिरी हमरे तीते ।
क्लेश बहुत है तूने झेले, खेल बहुत है तूने खेले ।। 4362/5205

बिना अन्न के हुई है दुबली, कष्ट झेल कर भी ना बदली ।
सुख मैं तुझको चाहूँ देना, दुख तेरे चाहूँ हर लेना ।। 4363/5205

✍दोहा॰ **रावण बोला, सुन सिये! कहना अंतिम बार ।**

185. Story of Rāvan's attrocicite on Sītā (5. Sundar Kānd)

झेले हैं अति कष्ट तू, फिर भी अड़ियल नार ॥ 5549/7162

बैठी तू तरु के तले, नाम राम का ध्यात ।
ना तू खाती ठीक से, ना सोती दिन-रात ॥ 5550/7162

अब तक छूआ ना तुझे, राखी तेरी लाज ।
अंतिम बारी मैं तुझे, कहने आया आज ॥ 5551/7162

(और)

मैंने फिर-फिर तुझे कहा है, राघव जीवित नहीं रहा है ।
ना ही लछमन अब है जीता, मेरा कहना मानो सीता! ॥ 4364/5205

नहीं है संभव उसका जीना, बचा भी हो तो है बलहीना ।
तुझे खोज वो पा न सकेगा, लंका में वो आ न सकेगा ॥ 4365/5205

यान बिना वो क्या कर लेगा, समुद्र वो कैसे तर लेगा ।
आया भी तो बहुत डरेगा, समक्ष तेरे, यहाँ मरेगा ॥ 4366/5205

यहाँ राम आना सपना है, सीते! राज यहाँ अपना है ।
मेरे होते तुझको पाना, उसे असंभव काम महाना ॥ 4367/5205

दोहा॰ राघव अब जीता नहीं, मरा लखन भी साथ ।
सीते! तू अब प्रेम से, धरले मेरा हाथ ॥ 5552/7162

तू अब विधवा नार है, करले मेरा साथ ।
एक सहारा मैं तेरा, कह दे मुझको नाथ ॥ 5553/7162

(सुनो!)

शृंग अश्व के, पाँव साँप के, तथा असंभव राम आपके ।
दरिया में क्यों आग लगाती, स्वप्न दूर क्यों नहीं भगाती ॥ 4368/5205

तजो राम वो पतित भिखारी, फिरता होगा वल्कलधारी ।
मिथ्या सपनों से तुम जागो, यहाँ महल के सुख तुम भोगो ॥ 4369/5205

दोहा॰ जीवित भी यदि राम हो, वो है अब बलहीन ।
आ न सकेगा वो यहाँ, मुझको पूर्ण यकीन ॥ 5554/7162

185. Story of Rāvan's attrocicite on Sītā (5. Sundar Kānd)

भूल राम का नाम तू, हो जा मेरी दार ।
बिना यान कैसे भला, आवे सागर पार ।। 5555/7162

भूखा प्यासा घूमता, दंडक में दिन-रात ।
तेरा अब उस राम से, मिलन असंभव बात ।। 5556/7162

घोड़े के ना सींग हैं, न ही साँप के पाँव ।
लगे न जल को आग भी, छोड़ राम की चाव ।। 5557/7162

मिथ्या सपने छोड़ दे, सीते! अब तू जाग ।
तू मेरी रानी बने, खुल जावेंगे भाग ।। 5558/7162

(अत:)

सीते! मुझसे छोड़ो भीति, डरो न मुझसे जोड़ो प्रीति ।
मत कर तू अपनी बरबादी, सीते! मुझसे करले शादी ।। 4370/5205

हाँ यदि जल्दी नहीं कहेगी, जीवित ज्यादा नहीं रहेगी ।
जो मैं कहता करना होगा, अथवा तुझको मरना होगा ।। 4371/5205

मुझे प्रतीक्षा तेरी "हाँ" से, मुक्त न होगी कभी यहाँ से ।
नहीं आज तक छूआ तुझको, आज प्रिये! हाँ कह दे मुझको ।। 4372/5205

मानो अरज, करो मत देरी, हाँ कहदो मुझको इक बेरी ।
पटरानी मेरी बन जाओ, धन संपत् तुम मेरी पाओ ।। 4373/5205

यौवन के दीन जात हैं बीते, सुवर्ण अवसर होत हैं रीते ।
वस्त्र जीर्ण में खड़ी हो सीते! क्यों चखती हो फल तुम तीते ।। 4374/5205

सीते! बन कर रानी मेरी, लंका नगरी होगी तेरी ।
होगा सब, तू यथा कहेगी, आज्ञा तेरी अटल रहेगी ।। 4375/5205

वल्कल-धारी राघव तेरा, फिरता वन में मारा मारा ।
तज दे अब तू उसकी आसा, करले मेरी तू अभिलासा ।। 4376/5205

दोहा॰ बोलो जल्दी हाँ, सिये! बहुत न कर तू देर ।
तीन मास में ना पटी, दुख दूँगा मैं ढेर ।। 5559/7162

185. Story of Rāvan's attrocicite on Sītā (5. Sundar Kānd)

अब तक छूआ ना तुझे, ना लूटी मैं लाज ।
तेरा कीन्हा मान मैं, हाँ कह दे तू आज ।। 5560/7162

वस्त्र जीर्ण में हो खड़ी, देती तन को ताप ।
खाती पीती ठीक ना, निश-दिन राघव जाप ।। 5561/7162

मानी ना मेरा कहा, दुख दूँगा मैं लाख ।
सीते! तुझको आग में, कर दूँगा मैं राख ।। 5562/7162

पटरानी मेरी बनो, करो न सीते! देर ।
दे दूँगा मैं सब तुझे, धन संपद् के ढेर ।। 5563/7162

यौवन बीता जा रहा, तकते तेरी राह ।
हो जा मेरी तू, सिये! मुझको तेरी चाह ।। 5564/7162

वल्कल-धारी राम है, वन में उसका वास ।
आ न सकेगा वो यहाँ, तज दे उसकी आस ।। 5565/7162

(और)

रावण फिर मुखिया को बोला, तन-मन इसका करदो पोला ।
इसको रोज सुनाओ गाली, कर्ण कठोर दुखाने वाली ।। 4377/5205

✍दोहा॰ **उसने मुखिया से कहा, सीता हेकड़ नार ।**
खूब सताओ तुम इसे, कहो बने मम दार ।। 5566/7162

(सीता)

✍दोहा॰ **बंद असुर ने जब करी, बकबक वह बेकार ।**
सीता ने चिढ़ कर कहा, कितना तू मक्कार ।। 5567/7162

रघुकुल की नारी नहीं, करे असुर का साथ ।
क्योंकर सीता फिर वरे, पति जिसका रघुनाथ ।। 5568/7162

मैं राघव अनुगामिनी, तन-मन प्राण समेत ।
वल्कलधारी ही सही, वनवासी अनिकेत ।। 5569/7162

मैं राघव-सहचारिणी, सुख-दुख सहित त्रिकाल ।

185. Story of Rāvan's attrocicite on Sītā (5. Sundar Kānd)

आवे संकट क्लेश या, चंडवात भूचाल ।। 5570/7162

(सुन!)

✍दोहा॰ **जैसी चंदा चाँदनी, सावित्री सत्वान ।**
वैसी सीता, राम की, पत्नी परम सुजान ।। 5571/7162

नल की दमयंती यथा, अनुरागी गुणवान ।
सीता राघव की तथा, पतिव्रता प्रतिमान ।। 5572/7162

(और)

सुन कर बचनन नीच हठीले, रावण के अश्लील झूठीले ।
बोली सीता दुखिया होती, अश्रुपूर्ण अँखियन से रोती ।। 4378/5205

चाहे जितना मुझको डाँटो, चाहे पीटो मारो काटो ।
चाहे जितना दुख दो मुझको, कभी न चाहूँगी मैं तुझको ।। 4379/5205

चाहे जितना अत्याचारा, करले रावण! तू अविचारा ।
राघव जब लंका आवेंगे, तुझे सबक वो सिखलावेंगे ।। 4380/5205

✍दोहा॰ **चाहे तो मारो मुझे, कर लो अत्याचार ।**
जितनी दो पीड़ा मुझे, करके तुम अविचार ।। 5573/7162

काटो पीटो तुम मुझे, दुख दो जितनी बार ।
राघव की अर्धांगिनी, ना मानूँगी हार ।। 5574/7162

(और)

तू है कपटी कलिमल का डेरा, कर्दम क्रोध भरा बहुतेरा ।
रची हीन तू असुरी माया, कलुषित तेरी पापी काया ।। 4381/5205

शिव-धनु तुझसे जब ना टूटा, भाग्य तभी था तेरा फूटा ।
मंडप को जब तूने छोड़ा, राघव ने तब शिव-धनु तोड़ा ।। 4382/5205

अब राघव की मैं हूँ जाया, मेरे मन है राघव भाया ।
सुख-दुख में वो मेरा संगी, अविभाजित मैं उसकी अंगी ।। 4383/5205

मैं राघव की पतिव्रता हूँ, नारी कुल की पवित्रता हूँ ।

185. Story of Rāvan's attrocicite on Sītā (5. Sundar Kānd)

नर जाति में तू है पापी, तुझे मिलूँ मैं नहीं कदापि ।। 4384/5205

दोहा॰ तू है लंपट विष भरा, कपटी काला साँप ।
कूट-कूट तुझमें भरा, कालकूट सा पाप ।। 5575/7162

तुझसे शिव-धनु ना उठा, तू दंभी कमजोर ।
भागा मंडप छोड़के, कायर तू रणछोड़ ।। 5576/7162

राघव आएँगे जभी, होगा चकनाचूर ।
देखूँगी मैं फिर तुझे, कितना तू है शूर ।। 5577/7162

तू पापी मगरूर है, तू है नारी-चोर ।
रामचंद्र जब आयँगे, दंड मिलेगा घोर ।। 5578/7162

(और)

पत्नी तेरी जब है देवी, पर नारी का तू क्यों सेवी ।
अपने तन से कलुष भगा ले, निज पत्नी से प्रीत लगा ले ।। 4385/5205

नारी पर तू अत्याचारी, अपराधी ओछा व्यभिचारी ।
फल भुगतेगा कब करनी के, कब होंगे करतब तव नीके ।। 4386/5205

सपने में भी मेरी आसा, मत करना तू यह अभिलासा ।
वांछा तेरी देगी झासा, होगी तुझको बड़ी निरासा ।। 4387/5205

(अब)

तज दे कुकर्म अब तू सारे, कुत्सित मन के विकार कारे ।
राम-नाम तू भज ले न्यारे, दयालु राघव भव से तारे ।। 4388/5205

एक मात्र अब त्राण यही है, बचा सकेंगे प्राण वही है ।
धर ले राघव के पग-प्यारे, राम हरेंगे अघ तव सारे ।। 4389/5205

नहिँ तो होगा तेरा नासा, कुल का तेरे सकल बिनासा ।
राघव शर जब तक ना बरसे, तब तक करले सुकृत कर से ।। 4390/5205

दोहा॰ देवी तेरी दार है, करले उससे प्यार ।
पर नारी पर आँख क्यों, कैसा तू मक्कार ।। 5579/7162

185. Story of Rāvan's attrocicite on Sītā (5. Sundar Kānd)

कब सीखेगा धर्म तू, नीति नियम के काम ।
भुगतेगा सब पाप ये, कब लेगा तू नाम ।। 5580/7162

सपने में भी तू कभी, मत कर मेरी आस ।
अब भी आँखें खोल दे, गले लगेगा फाँस ।। 5581/7162

पत्नी तेरी है सती, बन जा उसका दास ।
राघव जी जब आयँगे, कुल का होगा नास ।। 5582/7162

ब्रह्मचारिणी मैं सती, पतिव्रता मैं नार ।
राम उठावेंगे तुझे, भू पर तू है भार ।। 5583/7162

(और)

ब्रह्मचर्य का व्रत मैं धारी, पतिव्रता मैं हूँ सत् नारी ।
दुर्व्यसनी तू रावण भारी, अब आई है तेरी बारी ।। 4391/5205

शरवत् पैने बचन सिया के, कीन्हे टुकड़े असुर जिया के ।
समक्ष कपि के यों खड़काया, सीता ने रावण भड़काया ।। 4392/5205

दोहा॰ सीता के सद्वचन से, रावण के मन रोष ।
सुन कर आना राम का, उड़े असुर के होश ।। 5584/7162

(रावण)

कटुतर कथन सिया के सच्चे, डसे असुर के मन को कच्चे ।
पा कर सत्य वचन का मारा, चढ़ा असुर के सिर का पारा ।। 4393/5205

होंट दाँत के तले चबाता, ऊँगल मुट्ठी बंद दबाता ।
भोंह चढ़ाते नैन तरेरे, उष्ण साँस, डर हिय को घेरे ।। 4394/5205

सोचा, जीवित है क्या राघव, आना उसका है क्या संभव ।
सीता का कहना सच है क्या, मुझको खतरा सचमुच है क्या ।। 4395/5205

राघव का चर आता है क्या, इसको खबर बताता है क्या ।
कल से अहनिश रख दूँ मुखिया, सीता को करने को दुखिया ।। 4396/5205

दोहा॰ रावण के मन डर जगा, "जीवित है क्या राम? ।

लंका यदि वो आगया, बिगड़ेगा मम काम" ।। 5585/7162

(और)

सुन कर सीता का खड़काना, रावण ने फिर मारा ताना ।
बचनन तेरे कटुतर पैने, सुने घृणा से अब तक मैंने ।। 4397/5205

अब सुन ले तू बचनन मेरे, आवे होश ठिकाने तेरे ।
वाणी मेरी तीत करारी, अब तेरी सुनने की बारी ।। 4398/5205

जब तक मुझे न पति तू माने, कठिन कष्ट में तेरे जीने ।
तीन मास में यदि ना मानी, तुझे बनाऊँ बल से रानी ।। 4399/5205

कंद मूल हैं राघव खाता, सुख तुझको वो क्या है देता ।
वन में भटके निश-दिन रामा, तुझे बनाया उसने भामा[220] ।। 4400/5205

जिह्वा तेरी बनी है तीखी, रंग रूप से पड़ी है फीकी ।
तुझे सुंदरी मैं कर दूँगा, तेरा जब मैं पति बनूँगा ।। 4401/5205

जो चाहे सो तुझको दूँगा, बन कर तेरा दास रहूँगा ।
सुख धन इतना तुम पाओगी, भूल राम को तुम जाओगी ।। 4402/5205

मत कर अब तू आना कानी, सीते! मत बन तू अभिमानी ।
मेरी महिमा तू नहिं जानी, मूढ़े! हो जा मेरी रानी ।। 4403/5205

✍दोहा॰ **रावण बोला, हे सिये! पैने तेरे बोल ।**
अब तक मैंने हैं सुने, अब मत मुख तू खोल ।। 5586/7162

तज तेरा अभिमान तू, मेरी महिमा जान ।
मैं रावण लंकेश हूँ, मुझको तू पहिचान ।। 5587/7162

बन जा मेरी तू, प्रिये! अपने हठ को छोड़ ।
सीते! तू शादी किए, मुझसे नाता जोड़ ।। 5588/7162

आगे बोला, सुन सिये! कान खोल कर बात ।

---

[220] भामा = क्रुद्धा स्त्री ।

185. Story of Rāvan's attrocicite on Sītā (5. Sundar Kānd)

तीन मास में मान जा, अथवा होगा घात ।। 5589/7162

सीते! तुझको काट कर, खाएँगे हम माँस ।
राघव तो है मर चुका, तू भी उसके पास ।। 5590/7162

(फिर)

रावण फिर मुखिया को बोला, कल से इसको करदो ढीला ।
डाँट डपट कर इसे डराओ, इसको नानी याद कराओ ।। 4404/5205

इसे सताओ जैसे चाहो, सीता को तुम सीधी लाओ ।
कल से कछु भी सोच न पाए, मेरे बस में वह आजाए ।। 4405/5205

इसको दुख दो कटु बहुतेरे, तंग करो तुम साँझ-सवेरे ।
इसको मेरी स्तुति बताओ, निश-दिन सब मिल सताओ ।। 4406/5205

प्रीत इसे मेरी समझाओ, शक्ति मेरी इसे बूझाओ ।
चाहे जैसा तुम फटकारो, मन चाहे सो ताने मारो ।। 4407/5205

दोहा॰ बोला फिर वह क्रोध में, दासी से लंकेश ।
कल से डाँटो तुम इसे, इसको दो अति क्लेश ।। 5591/7162

इसे सताओ तुम सभी, माने तुमरी बात ।
इसे बताओ तुम सभी, हमरी स्तुति दिन-रात ।। 5592/7162

कटु बचनन को बोल कर, इसे करो तुम तंग ।
इसे मनाओ, वह करे, ब्याह हमारे संग ।। 5593/7162

(रत्नाकर कहे, स्वगत)

दोहा॰ 'काम आज का कल करूँ,' विपरीत विचार तोर ।
तू ना जाने आ रहा, संकट तुझ पर घोर ।। 5594/7162

कपि बैठा है पेड़ पर, करने अपना काम ।
मुंदरी सिय को सौंप कर, ले आवेगा राम ।। 5595/7162

(मंदोदरी)

सुन दासी से, सिया है रोती, मंदोदरी आई झल्लाती ।

185. Story of Rāvan's attrocicite on Sītā (5. Sundar Kānd)

बाहों में सीता को पकड़ा, हलका कीन्हा उसका दुखड़ा ।। 4408/5205

बोली, जब तक मैं जीवित हूँ, तेरी रक्षा की दायित हूँ ।
रावण ना छूए तन तेरे, पुण्य कर्म यही हैं मेरे ।। 4409/5205

रावण! तू है अत्याचारी, दार लगे तुझको हर नारी ।
दिमाग में तेरे है कीड़ा, देता जो सज्जन को पीड़ा ।। 4410/5205

शिवजी तुझको जो वर दीन्हा, दुरुपयोग तू उसका कीन्हा ।
ईश्वर जो वर देना जाने, वापस भी वह लेना जाने ।। 4411/5205

(अनुप्रास)
सदय सुमंगल सुंदर सरिता, साध्वी शुचि है सुशीला सीता ।
सरला सुखदा सच्चिदानंदा, सुमन सौरभा सुरवरनंदा ।। 4412/5205

✍दोहा॰ **गयी वहाँ मंदोदरी, सुन कर सिया पुकार ।**
सीता को धर बाहु में, दीन्हा उसको प्यार ।। 5596/7162

बोली, सीते! मैं तुझे, दूँगी माँ का प्यार ।
इस पापी को ले चली, करे न अत्याचार ।। 5597/7162

शिव ने इसको वर दिया, इसने कीन्हा पाप ।
शिव अब वर वापस लिए, देंगे इसको शाप ।। 5598/7162

(और)

✍दोहा॰ **घोर असुर 'तारक' यथा, मरा स्कंद के हाथ ।**
तथा हि आकर अब इसे, मारेंगे रघुनाथ ।। 5599/7162

'हिरण्यकश्यप' की कथा, करलें फिर से याद ।
छल बल सीता पर किए, पछतावेगा बाद ।। 5600/7162

पापी 'भस्मासूर' ने, दिया ईश को ताप ।
भस्म किया श्री विष्णु ने, नारी बन कर आप ।। 5601/7162

पापी 'बाली' कीश ने, दिया रुमा को त्रास ।
रामचंद्र के बाण ने, उसका किया विनास ।। 5602/7162

185. Story of Rāvan's attrocicite on Sītā (5. Sundar Kānd)

(अत:)

✍दोहा॰ जाग नींद से तू अभी, ले ले हरि का नाम ।
धन बल तेरी संपदा, ना आवेगी काम ।। 5603/7162

अगर पाप की वासना, नहीं करेगा दूर ।
लंका तेरी स्वर्ण की, होगी चकनाचूर ।। 5604/7162

(और)

नारी को जो असुर सताता, उसको प्रभु है दंड बताता ।
जो करता है सो भरता है, नारी-हर्ता नर मरता है ।। 4413/5205

जीते जी मैं मरी हुई हूँ, विधवा तेरे जिये भई हूँ ।
बड़ी अभागन मैं हूँ नारी, पति जिसका लंपट व्यभिचारी ।। 4414/5205

✍दोहा॰ नारी हरना पाप है, मिले मृत्यु का दंड ।
इसी पाप के शाप से, होगा खंड-विखंड ।। 5605/7162

विधवा कर देगा मुझे, कुल का भी तू नास ।
छोड़ सिया को तू अभी, ले जा राघव पास ।। 5606/7162

(और)

जनम-जनम के पातक मेरे, दीन्हे लांछन मुझे घनेरे ।
शिवजी देंगे दंड अपारा, सिया उमा का है अवतारा ।। 4415/5205

तुझसे आवे मुझे लाज है, तुझसे विनती यही आज है ।
"बस में कर ले अपनी मति को, सिया सौंप दे उसके पति को" ।। 4416/5205

पता चले जब उसे सिया का, कर देगा तव नाश हिया का ।
कोई तेरी दार चुरावे, तो क्या तू ना उसे मरावे ।। 4417/5205

राघव कांता पतिव्रता है, उसमें मंगल विनम्रता है ।
कटु वचनों से उसे न झाड़ो, उस देवी को तुम मत ताड़ो ।। 4418/5205

इसको दुखिया करो न स्वामी! डरो राम है बड़ा तूफानी ।
उससे टक्कर जब तू लेगा, ध्वस्त असुरपुर वो कर देगा ।। 4419/5205

185. Story of Rāvan's attrocicite on Sītā (5. Sundar Kānd)

मार तुझे अविचार गया है, विनाश तेरा अटल भया है ।
अब भी तू पछतावा करले, रामचंद्र के पग तू धर ले ।। 4420/5205

✍दोहा॰ तेरे पापों ने मुझे, दीन्हे दुख हैं आज ।
तेरे जैसा पति मिला, लागे मुझको लाज ।। 5607/7162

राम विष्णु-अवतार हैं, सीता लक्ष्मी आप ।
छोड़ सिया को तू अभी, और न कर तू पाप ।। 5608/7162

कोई तेरी दार को, अगर चुरावे चोर ।
छोड़ेगा क्या तू उसे, बिना दंड के घोर ।। 5609/7162

राघव भी तुझको नहीं, छोड़ेंगे बिन-दंड ।
छोड़ सिया को तू अभी, होगा पुण्य प्रचंड ।। 5610/7162

(तब)
नभ से नारद मुनिवर देखे, पुष्प मंदोदरी पर फेंके ।
बोले सिय को छोड़ अकेले, कपि सीता को मुँदरी दे ले ।। 4421/5205

✍दोहा॰ बोली फिर मंदोदरी, चलो यहाँ से नाथ! ।
उसे अकेली छोड़ दो, अभी चैन के साथ ।। 5611/7162

संगीतश्रीकृष्णरामायण गीतमाला, पुष्प 654 of 763

भजन

(राम की दारा)

स्थायी

सिया, रामचंद्र की दारा है, तू उस पर अत्याचार न कर ।
तू, सीता को घर जाने दे ।।

♪ सानि़, रे-सानि़-ध नि़- सा-रे- सा-, ग- मम मम प-म-प-म ग रे-रे ।
म-, ध-पम ग- मम ग-रेनि़ सा- ।

अंतरा-1

सिय, शाश्वत जग की माता है, श्री राघव उसका भर्ता है ।
तू, उस देवी का हाथ न धर ।।

185-A. Story of the maid Trijatā (Rāmāyan, 5. Sundar Kānd)

♪ ग_ग_, म-मम पप प- ध_-पम प-, ध_- ध_-पम पपध_- पमग_- म- ।
प-, धध प-म- ग- म-ग रे सा-सा ।

अंतरा–2

श्री, राघव न्याय के दाता हैं, अरु लछमन उनका भ्राता है ।
तू, उनसे रण का विचार न कर ।।

अंतरा–3

श्री, राम दया के सागर हैं, शरणागत का तिन आदर है ।
तू, और घिनौने पाप न कर ।।

(फिर)

मंदोदरी की सुन कर बातें, चला गया रावण शरमाते ।
शीश झुकाया, सखियाँ घेरे, फिर-फिर जीभ अधर पर फेरे ।। 4422/5205

दोहा॰   आई जब मंदोदरी, हुआ रंग में भंग ।
चला गया रावण तभी, लेकर सखियाँ संग ।। 5612/7162

त्रिजटा दासी की कथा

185-A. Story of the maid Trijatā *(Rāmāyan, 5. Sundar Kānd)*

त्रिजटा दासी ठहरी पीछे, सिया चरण में, आँखें मीचे ।
बोली, मैंने देखा सपना, मुझे भरोसा उस पर अपना ।। 4423/5205

"कपिवर आकर लंक जरायो, रघुवर आकर तुझे बचायो ।
कपि आयो है लेकर मुंदरी," इतना कह कर गयी सुंदरी ।। 4424/5205

दोहा॰   उसी समय त्रिजटा चरी, गयी सिया के पास ।
बोली, सुन शुभ बात ये, मत हो और उदास ।। 5613/7162

सपना कल आया मुझे, दिखा राम का दास ।
मुँदरी लेकर राम की, आया तेरे पास ।। 5614/7162

विशाल फिर सेना लिए, लंका आए राम ।
तुझे बचा कर ले गए, रघुवर अपने धाम ।। 5615/7162

186. Story of meeting between Sītā and Hanumān

संगीतश्रीकृष्णरामायण गीतमाला, पुष्प 655 of 763

दादरा ताल

(सीता पर अत्याचार की कथा)

स्थायी

गीत शारद ने मंजुल है गाया, साज नारद मुनि ने बजाया ।
रत्नाकर से है मंगल रचाया, रामायण को है सुंदर सजाया ।।

♫ म-ग म-म- म प-म- ग म-प-, रे-ग म-म- मध- प- मग-म- ।
रेगम-म म- म ध-प- गम-प-, रे-ग-म- म- म ध-प- मग-रे- ।।

अंतरा-1

आया हनुमान तरु पऽर ज्योंही, आया दसमुख वहाँ पऽर त्योंही ।
बोला, सीते! होजा तू मेरी जाया, राऽघव को मैं मारऽ सुलाया ।।

♫ सांसां निनिरें-रें सांध नि-ध- प-म-, सांसां निनिरेंरें सांध- नि-ध प-म- ।
मग, म-म-! मप प म-ग म-प-, रे-ग- म- म ध-प- मग-रे- ।।

अंतरा-2

तीन मासों में यदि तू न मानी, सीते तेरी करूँगा मैं हानि ।
गाली देकर सिया को बताया, काट खाएँगे हम तेरी काया ।।

अंतरा-3

आई मंदोदरी, सुऽन रोना, सीता देवी का सान्त्वऽन कीन्हा ।
उसने राऽवन को हड़काया, पापी शठ को वहाँ से भगाया ।।

सुंदर काण्ड : तीसरा सर्ग

186. श्री हनुमान सीता मिलन की कथा :

186. Story of meeting between Sītā and Hanumān

♫ संगीतश्रीकृष्णरामायण छन्दमाला, मोती 436 of 501

186. Story of meeting between Sītā and Hanumān

भीमार्जुन छन्द[221]

ऽ ऽ ।, ऽ । ऽ, ऽ

(सीता हनुमान मिलन)

माते! निहार तोहे, संतोस आज मोहे ।
जीना कृतार्थ मेरा, कीन्हा स्वरूप तेरा ।। 1
दीन्ही मुझे अँगूठी, देने प्रमाण तोहे ।
श्रीरामचन्द्र स्वामी, भर्ता महान तेरा ।। 2

श्लोकौ

यदाऽमिलत्कपिः सीतां हृष्टरोमः स गद्गदः ।
सीतायाश्चरणयोः शीर्शम्-अस्थापयद्धि श्रद्धया ।। 2073/2422

मुद्रा रामस्य सीतायै हनुमानददाद्यदा ।
सीता हृष्टा त्वयाचत्तं प्रमाणं प्रत्ययमृतम् ।। 2074/2422

कथा

दोहा॰ **लौटी जब त्रिजटा चरी, मंगल मन के साथ ।**
सीता बैठी चैन से, जोड़े दोनों हाथ ।। 5617/7162

बोली, सपनन में सही, कब आओगे, नाथ! ।
भेजो लक्षण कोई तो, रघो! किसी के हाथ ।। 5618/7162

(सीता)

हे रघुबीरा! प्राण पियारे! संकट बिकट मुझे हैं घेरे ।
आज कहाँ हो ढूँढत मोहे, रो रो नाथ! पुकारूँ तोहे ।। 4425/5205

फँसी पड़ी हूँ इत पिंजर में, रानी तुमरी, बन किंकर मैं ।

---

[221] **भीमार्जुन छन्द :** इस छन्द को छन्दशास्त्र में भीमार्जन छन्द कहा है । इस 7 वर्ण, 12 मात्रा वाले छन्द के चरण में त र गण और एक गुरु वर्ण आता है । इसका लक्षण सूत्र ऽ ऽ ।, ऽ । ऽ, ऽ इस प्रकार होता है । चरणान्त विराम है । यह छन्द गाने में मधुर और भावना युक्त है ।

▶ लक्षण गीत : **दोहा॰ बारह मात्रा का बना, गुरु मात्रा से अंत ।**
त र गण का जो पद्य है, वह "भीमार्जुन" छंद ।। 5616/7162

186. Story of meeting between Sītā and Hanumān

जब-जब रावन उधम मचावे, मंदोदरी है मुझे बचावे ।। 4426/5205

कहूँ किसे मैं अपनी बातें, क्रंदन में कटतीं मम रातें ।
नागिन रतिया मुझको काटे, दिन भर मेरी छतिया काँपे ।। 4427/5205

रावन मुखिया मुझको डाँटे, दसमुख-सखी चुभोती काँटे ।
कभी दिखावे तेज कटारी, कभी सुनावे तीखी गारी ।। 4428/5205

चुड़ैल असुरी तरसाती है, कभी दाँत वो दरसाती है ।
कभी रोब से धमकाती है, कभी खड्ग वो चमकाती है ।। 4429/5205

दोहा॰ त्रिजटा की उस बात से, सिता के मन आस ।
बोली, "रघुपति रामजी! कब भेजोगे दास ।। 5619/7162

"अब सपनन में ही सही, लंका आओ, नाथ!" ।
रावण के वध के लिए, लाओ सेना साथ ।। 5620/7162

फँसी पड़ी मैं जाल में, बिन जल मीन समान ।
रखती है मंदोदरी, मेरा दृढ़ सम्मान ।। 5621/7162

संगीतश्रीकृष्णरामायण गीतमाला, पुष्प 656 of 763

खयाल : राग जयजयवंती,[222] तीन ताल 16 मात्रा

(सीता क्रन्दन)

स्थायी

रावन से, हरि! डर मोहे लागे, क्या है रघु! म्हारे भाग्य में आगे ।

♪ सा-धनि़ रेग, रेरे! गग मम मगमरेगरे, नि़- सा- रेग! रेसा निधपम पध मगमगरे ।

अंतरा-1

---

[222] **राग जयजयवंती :** यह खमाज ठाठ का राग है । इसका आरोह है : सा, रे रे रे ग रे सा, नि़ ध़ प़, रे ग म प, नि सां । अवरोह है : सां नि ध प, ध म रे ग रे सा ।

▶ लक्षण गीत : **दोहा॰ दो गांधार निषाद दो, आरोह में नि शुद्ध ।**
रे प वादी संवाद से, "जयजयवंती" सिद्ध ।। 5622/7162

186. Story of meeting between Sītā and Hanumān

लच्छन भेजो हरि! कछु मंगल को, रूठी मोरी किस्मत जागे ।

♫ मपनि- सं-सांसां रेंरेंगं रेंसांरेंनि सां-, सां-नि- ध-मप नि-धम रेगरे- ।

(हे राम!)

राघव! मेरे नाथ साँवरिया! आन बचाओ, मैं बाँवरिया ।
रावन की ये असोक बगिया, निर्मल नदिया, कनक नगरिया ।। 4430/5205

महल ये गलियाँ फूल ये कलियाँ, स्थान ये मोहे लागत छलिया ।
स्वर्ग तुल्य थी लगती बगिया, दंडक वन की अपनी कुटिया ।। 4431/5205

प्रभुजी! तुमको नहीं खबरिया, गयी सिया है कौन डगरिया ।
रावन पापी जोर जबरिया, लाया मोहे पार सागरिया ।। 4432/5205

रावन सखियाँ, उनकी मुखिया, निश-दिन मोहे करती दुखिया ।
दिन भर दुखड़े मुश्किल रतिया, कैसे बोलूँ तोसे बतिया ।। 4433/5205

रघुपति! तुम हो जग रखवारे, दुष्ट दमन कारण अवतारे ।
जब रावन की बारी आवे, मिट्टी में वो तब मिल जावे ।। 4434/5205

लछमन! मेरे सुत की नाई, लेकर आओ श्री रघुराई ।
यदि ना आए तीन मास में, प्राण तजूँगी रोक साँस मैं ।। 4435/5205

शुभ दिन मुझ पर आन घिरेंगे, तब मेरे दुर्भाग्य फिरेंगे ।
प्रभु! तुम आओगे बिन देरी, जब आवेगी मेरी बेरी ।। 4436/5205

✍दोहा॰ **सुन कर त्रिजटा का कहा, सीता के मन तोष ।**
बोली, राघव हे प्रभो! आओ सह जय घोष ।। 5623/7162

मैं किस पिंजर में पड़ी, नहीं जानते आप ।
सुवन, यहाँ के सुमन भी, देते मुझको ताप ।। 5624/7162

रावण की सखियाँ मुझे, कोसत हैं दिन-रात ।
साँवरिया! तुमरे बिना, किसे कहूँ मैं बात ।। 5625/7162

तीन मास में, हे रघो! अगर न आए आप ।
प्राण तजूँगी मैं, प्रभो! मर जाऊँ चुपचाप ।। 5626/7162

186. Story of meeting between Sītā and Hanumān

भागे-भागे तुम, प्रभो! आओ दीन कृपाल! ।
मेरी बारी, हे सखे! कहाँ छुपे, अरिकाल! ।। 5627/7162

संगीतश्रीकृष्णरामायण गीतमाला, पुष्प 657 of 763

(सिया विलाप)

स्थायी

दुष्ट से मुझको तार, रे रामा! इस, दुष्ट से मुझको तार ।
♫ रे-रे रे गगग- म-म, रे गपम-! गग, प-म ग रेसारे- ग-ग ।

अंतरा-1

कहाँ फँसी हूँ, ना मैं जानूँ, तुम आओगे, यही मैं मानूँ ।
तू, असुर को आकर मार । इस, दुःख से मुझको तार, रे रामा!।।
♫ सारे- गम- म-, ध- पम ग-म-, धप म-प-ध-, निध- प म-प- ।
म-, ममप प सांनिध ध-ध । गग, प-म ग रेसारे- ग-ग ।।

अंतरा-2

लक्षण कोई, भेजो प्रभु जी! संदेसा कछु, दीजो रघु जी!
तुम, सपनन आओ हमार । इस नरक से मुझको उबार, रे रामा!।।

अंतरा-3

मुँदरी दीन्ही, हनुमत बीरा, खबरिया लीन्ही, कपिवर हीरा ।
वह, बहुत कियो उपकार । इस, कष्ट से मुझको तार, रे रामा! ।।

(और)

पल लगते हैं दिन के जैसे, दिन हैं लंबे बरसों जैसे ।
लगता यहाँ पड़ी हूँ युग से, आओ हरि! सपनन की दृग से ।। 4437/5205

तुमरे सपनन प्रभु! मैं आऊँ, कहाँ फँसी हूँ तुम्हें बताऊँ ।
या चर कोई सपनन भेजो, कहाँ पड़ी हूँ खबरी लीजो ।। 4438/5205

दास तिहारा कोई आवे, प्रभु! कहाँ हो मुझे बतावे ।
मुझे सुनावे तुमरा आना, बंद करूँ फिर रोना-धोना ।। 4439/5205

भर कर फिर अँखियन में पानी, ज्यों ही बैठी सीता रानी ।

186. Story of meeting between Sītā and Hanumān

बोली, रो रो मैं बाँवरिया, मुझे बचाओ रे साँवरिया! ।। 4440/5205

दोहा॰ क्षण लगते हैं दिन मुझे, दिन लगते हैं माह ।
लगता, युग से हूँ यहाँ, देखत तुमरी राह ।। 562/7162

भेजो लक्षण, हे रघो! कुछ तो मेरे पास ।
खबर तिहारी दीजिए, भेजहिं अपना दास ।। 5629/7162

 संगीतश्रीकृष्णरामायण गीतमाला, पुष्प 658 of 763

भजन : राग पीलू[223]

(सीता बिरहा गीत)

स्थायी

रो रो मैं तो बाँवरिया, मोहे बचाओ हरि साँवरिया ।
रो रो मैं तो बाँवरिया, मोहे बचाओ हरि साँवरिया ।।

♪ ग॒रे सानि॒ सा-रेप ग॒रेसानि॒सा - - -, मपनि निसां-नि॒धप ध॒पग॒रेसानि॒सा ।
ग॒रे सानि॒ सा-रेप ग॒रेसानि॒सा - - -, ग-ग गम-म- रेमध॒पग॒रेसानि॒सा ।।

अंतरा–1

भोली झूठा कर पापी नजरिया, मोहे उठा कर जोर जबरिया ।
लाया उड़ा कर, पार सागरिया ।।

♪ सा-ग मप- पप -गमनि॒ पग॒रेसा -, ग-ग गम- मम पध॒नि ध॒निध॒पप-
मपनि निसां- नि॒धप रेमध॒ पग॒रेसा- ।।

अंतरा–2

रावन की ये सुवन नगरिया, महल ये गलियाँ, सुंदर बगिया ।
लागत मोहे, भुवन में घटिया ।।

अंतरा–3

---

[223] **राग पीलू :** यह काफी ठाठ का एक मिश्र राग है । इसका आरोह है : नि॒ सा, ग॒ रे ग, म प, ध॒ प, नी ध प सां । अवरोह है : नि॒ ध प म ग॒, नि॒ सा ।

▶ **लक्षण गीत : दोहा॰** शुद्ध व कोमल स्वर सभी, आरोही सब शुद्ध ।
कोमल स्वर अवरोह में, "पीलू" सुर समृद्ध ।। 5630/7162

186. Story of meeting between Sītā and Hanumān

मोहे लुभावत असुरों की मुखिया, ताने चुभावत दसमुख सखियाँ ।
हाय! रुलावत, लाज न रखियाँ ।।

अंतरा-4

खात है दिन, डसे नागिन रतिया, काटत मन अरु काँपत छतिया ।
नाथ बिना अब, कासे कहूँ बतिया ।

अंतरा-5

सिय को पुकारत रामजी दुखिया, रोत है लछमन व्याकुल अँखियाँ ।
आया है हनुमत, लेके मुँदरिया ।।

(हनुमान)

सोचे कपि अब धोखा नहिँ है, सिया मिलन का मौका यही है ।।
देखे कोई नहीं है खतरा, नीचे की डाली पर उतरा ।। 4441/5205

दोहा॰   जब बिलकुल सब शाँत था, तब राघव का दास ।
उतरा नीची डाल पर, आने सीता पास ।। 5631/7162

(सीता)

दोहा॰   आहट कपि की पाइके, नजर घुमाई मात ।
सुंदर कपि नन्हा लखे, कुतुहल उसके गात ।। 5632/7162

देख रही थी वो उसे, अति अचरज के बीच ।
दिखी कपि के हाथ में, पीत चमकती चीज ।। 5633/7162

नन्हा बंदर देख कर, बोली सीता मात ।
"मुख में मत वो डालियो, सुनियो मेरी बात ।। 5634/7162

"बेटा! दिखला दे मुझे, क्या है तेरे हाथ" ।
उसे पता क्या, चीज वो, भेजे हैं रघुनाथ ।। 5635/7162

(हनुमान)

सुन कर सीता की वो ममता, जस बच्चे को कहती माता ।
बोला कपि फिर मधु मुसका कर, डाली पर से नीचे आकर ।। 4442/5205

डरो न माता! मुझसे कोई, मैं हूँ तुमरा ही सुखदाई ।

186. Story of meeting between Sītā and Hanumān

डाली से कपि नीचे आया, सिय चरणों में शीश नवाया ।। 4443/5205

दोहा॰ **कृतांजलि नत शीश से, कपिवर निष्ठावान ।**
सीता को मधु बैन से, बोले श्री हनुमान ।। 5636/7162

माते! मैं रघुवीर का, नम्र भगत हूँ दास ।
ढूँढत सागर पार मैं, आया तुमरे पास ।। 5637/7162

तुमको मुंदरी सौंप कर, लौटूँ रघुपति पास ।
राघव लेने आयँगे, मन में धरिए आस ।। 5638/7162

तुम राघव की हो प्रिया, कहती आभा तोर ।
असुर-शिकंजे में फँसी, पड़ी विपत में घोर ।। 5639/7162

संगीतश्रीकृष्णरामायण छन्दमाला, मोती 437 of 501

शार्दूलविक्रीडित छन्द

ऽ ऽ ऽ, । । ऽ, । ऽ ।, । । ऽ, ऽ ऽ ।, ऽ ऽ ।, ऽ

सा–रे– ग–म, गरे–ग म–प मग रे–, ग–प– मग– म– गरे–

(सीता चरण पर हनुमान)

जोड़े हाथ, झुकाय शीश कपि ने, माता सिया से कहा ।
भेजे हैं प्रभु रामचंद्र मुझको, तोरे ठिकाने यहाँ ।। 1
देने को शुभ सा प्रमाण तुमको, दीन्ही मुझे अंगुठी ।
आते हैं अब कीश का दल लिए, लेने तुझे राम जी ।। 2

(अनमोले शब्द)

दोहा॰ **"मैं सीता हूँ राम की," बोली सिय जब बोल ।**
सुन कर कपि के कान में, बजे विजय के ढोल ।। 5640/7162

हर्षित होकर दास ने, लीन्हा मंगल रूप ।
माते! मुझसे मत डरो, बोला वानर भूप ।। 5641/7162

(तब)

मुंदरी देखे सिय चकाराई, तेरे पास ये कैसे आई ।
मेरे पति की प्राण पियारी, कहाँ मिली ये प्रेम की क्यारी ।। 4444/5205

186. Story of meeting between Sītā and Hanumān

मैं हूँ दशरथ बहू विनीता, जनक सुता वैदेही सीता ।
रामचंद्र की मैं परछाई, लखन लला की मैं भौजाई ।। 4445/5205

जभी ब्याह कर घर मैं आई, त्योंहि अचानक विपदा छाई ।
कीन्ही छल कैकेयी माई, आज्ञा दीन्ही अति दुखदाई ।। 4446/5205

उसने दिया बनों में जाना, तृण पर्णों में सेज सजाना ।
कंद मूल फल पत्ते खाना, जल नदिया नहरों का पीना ।। 4447/5205

पंचवटी में जब हम आए, राक्षस हमको बहुत सताए ।
हमें मारने तरसे सारे, राघव ने खर-दूषण मारे ।। 4448/5205

दोहा॰ मुंदरी लेकर हाथ में, कर राघव को याद ।
चकित भई सीता बड़ी, हर्षित पुलकित गात ।। 5642/7162

बोली सीता, यह तुझे, कहाँ मिली है चीज ।
राघव जी की मुंदरी, मेरे सुख की बीज ।। 5643/7162

मै हूँ राघव की प्रिया, सीता मेरा नाम ।
मैं नृप दशरथ की बहू, मेरा पति है राम ।। 5644/7162

जनक नंदिनी जानकी, पतिव्रता मैं नार ।
मिथिल कुमारी मैथिली, रामचंद्र की दार ।। 5645/7162

सीता ने कपि से कही, "दो-वर" वाली बात ।
जब से आई अवध मैं, दुखिया हूँ दिन-रात ।। 5646/7162

(फिर)

रावण फिर दंडक वन आया, कांचन-मृग की रचने माया ।
लछमन का कहना बिन माने, भेजा मैं राघव मृग लाने ।। 4449/5205

रघुपति जब मृग धरने धाया, रावण भेस बदल कर आया ।
मुझे उठा कर जोर जबरिया, मुझको लाया पार सागरिया ।। 4450/5205

तबसे यहाँ पड़ी मैं दुखिया, मुझे सतावे असुरी मुखिया ।
तुमसे मिल कर आस जगी है, राम मिलन की प्यास लगी है ।। 4451/5205

186. Story of meeting between Sītā and Hanumān

✍दोहा॰ दंडक में जब आगए, करने हम वनवास ।
कांचन का मृग आगया, करने हमरा नास ।। 5647/7162

रावण का वह असुर था, बिछा गया वह जाल ।
रावण आया मुनि बना, चलने अपनी चाल ।। 5648/7162

राम–लखन को चक्र में, डाला माया जाल ।
रावण ले आया मुझे, वायुयान में डाल ।। 5649/7162

(और)

कहो मुझे अब राम कहाँ है, कौन–कौन है राम जहाँ हैं ।
पता उन्हों ने कैसे पाया, कैसे तुमरा आना होया ।। 4452/5205

बोलो, अथ से इति तक सारा, राघव का बिरहा दुख भारा ।
कैसे वानर कुल के बीरे, राम–दास तुझ जैसे हीरे ।। 4453/5205

✍दोहा॰ सीता बोली तुम कहो, राघव जी का हाल ।
मेरे बिन राघव दुखी, कथं बिताते काल ।। 5650/7162

राघव को कैसे मिले, तेरे जैसे दास ।
आएँगे बिन यान के, कैसे मेरे पास ।। 5651/7162

इतने छोटे दास को, क्यों भेजे भगवान ।
कैसे सागर पार तू, आया नन्ही जान ।। 5652/7162

(फिर भी, सीता बोली)

✍दोहा॰ प्रमाण ऐसा दो मुझे, जिससे हो विश्वास ।
तुम रावण के चर नहीं, राघव के हो दास ।। 5653/7162

संगीतश्रीकृष्णरामायण गीतमाला, पुष्प 659 of 763

दादरा ताल

(सीता हनुमान मिलन की कथा)

स्थायी

गीत शारद ने मंजुल है गाया, साज नारद मुनि ने बजाया ।

186. Story of meeting between Sītā and Hanumān

रत्नाकर से है मंगल रचाया, रामायण को है सुंदर सजाया ।।

♫ म-ग म-म- म प-म- ग म-प-, रे-ग म-म- मध- प- मग-म- ।

रेगम-म म- म ध-प- गम-प-, रे-ग-म- म- म ध-प- मग-रे- ।।

अंतरा-1

खिसका रावण बगिऽया से ज्योंही, उतरा नीचे हनूमान त्योंही ।

सीस माता के पग में नवाया, अपना नाम और परिऽचय बताया ।।

♫ सां-सां नि-रेंरें सांध-नि-ध प-म-, सां-सां नि-रें- सांध-नि-ध प-म- ।

म-ग म-म- म पप म- गम-प-, रे-ग म- म- मध-पप मग-रे- ।।

अंतरा-2

माते! राघव ने मुझको है भेजा, बोला "मुंद्री ये साथ में लेजा" ।

राम सागर किनारे है आया, साथ वानर की सेना है लाया ।।

अंतरा-3

देख मुंद्री सिया हऽरसाई, नीर नैनऽन से बऽरसाई ।

बोली, श्री राम तुझको पठाया, इसका क्या है प्रमाण श्रद्धाया ।।

सुंदर काण्ड : चौथा सर्ग

187. छाती फाड़ हनुमान की कथा :

187. Story of Hanumān's ripping open his chest
187. Story of Hanumān's ripping open his chest

🎵 संगीतश्रीकृष्णरामायण छन्दमाला, मोती 438 of 501

श्रुतकीर्ति छन्द[224]

| | |, | S S, S | |, S S

(छती फाड़ हनुमान)

हनुमत छाती फाड़ दिखायो ।
"लखन-सिया-श्रीराम" लखायो ।।
तन-मन में क्या है दरसायो ।
कपिवर सीता को हरसायो ।।

श्लोकौ

दातुं तस्यै प्रमाणं स रामदासो महामना ।
सीताया अग्रतो वक्षं स्वहस्ताभ्यामपाटयत् ।। 2075/2422

सीता दृष्टवती तस्य देहे रामं व्यवस्थितम् ।
दृष्ट्वा तदवगच्छत्सा रामभक्तः स एव हि ।। 2076/2422

कथा

(हनुमान)

दोहा॰ सुन कर सीता का कहा, खड़े हुए हनुमान ।
बोले, पूरण भक्ति से, जय जय सीता राम ।। 5655/7162

प्रमाण दूँगा मैं तुम्हें, सुनलो मेरी, मात! ।
फिर जानो विश्वास से, राघव मेरे तात ।। 5656/7162

देवी! सुनलो मैं कथं, मिला राम के साथ ।

---

[224] 🎵 श्रुतकीर्ति छन्द : इस 11 वर्ण, 16 मात्रा वाले छन्द के चरण में न य भ गण और दो गुरु वर्ण आते हैं । इसका लक्षण सूत्र | | |, | S S, S | |, S S इस प्रकार होता है । चरणान्त विराम है ।

▶ लक्षण गीत : दोहा॰ मात्रा सोलह से सजा, दो गुरु कल हैं अंत ।
पद्य न य भ गण से रचा, "श्रुतकीर्ति" कहा छंद ।। 5654/7162

187. Story of Hanumān's ripping open his chest

फिर देखो निजि नैन से, हरि हैं मेरे नाथ ।। 5657/7162

निज परिचय पहले दिया, आत्मश्लाघ को छोड़ ।
फिर बोला, सिय मातु से, दोनों हस्तक जोड़ ।। 5658/7162

माँ! तुमसे मिल कर भया, सफल आज यह कीश ।
सुनिये अब, कैसे मिले, मुझे राम जगदीश ।। 5659/7162

(वृत्तांत वर्णन)

✍दोहा॰ असुर मरिच को मार कर, लौटे जब श्री राम ।
कुटिया में सीता न थी, बिगड़ गया था काम ।। 5660/7162

सीते! सीते! राम ने, किया बिरह का सोग ।
लछमन ने रो कर कहा, अघट भया संजोग ।। 5661/7162

चप्पा-चप्पा ढूँढने, लगा लखन भी साथ ।
पशु पंछी से पूछते, तरुअन से रघुनाथ ।। 5662/7162

"बोलो सीता है कहाँ, देखी किसने आज" ।
फिर बरगद के वृक्ष ने, दिया सरल अंदाज ।। 5663/7162

उस तरुवर ने था धरा, रावण का गणवेश ।
जिसमें माला रुद्र की, अरु नकली थे केस ।। 5664/7162

ऊँचे तरुवर ने दिया, राम-लखन को जाग ।
सिय लेकर दक्षिण गया, वायुयान से भाग ।। 5665/7162

(और)

✍दोहा॰ वीर जटायु ने कहा, "असुर बदल कर भेस ।
सीता माता को लिए, गया है दक्षिण देश" ।। 5666/7162

कबंध बोला राम से, जाओ सुग्रीव पास ।
वह भी पत्नी खोइके, अब है बहुत उदास ।। 5667/7162

शबरी ने भी राम को, दिया वही उपदेश ।
बोली, सुग्रीव को लिए, करो सिया अन्वेश ।। 5669/7162

187. Story of Hanumān's ripping open his chest

सुग्रीव ने भेजा मुझे, रामचंद्र के पास ।
राघव से जब मैं मिला, बना उन्हीं का दास ॥ 5669/7162

(फिर)

दोहा॰ बाली ने थी हरण की, सुग्रीव कपि की दार ।
रुमा राम ने मुक्त की, शर बाली को मार ॥ 5670/7162

पायल तुमरे देख कर, बोला लखन कुमार ।
"सिया मातु के हैं यही, पैंजन लच्छेदार" ॥ 5671/7162

(फिर)

दोहा॰ वानर सेना चल पड़ी, दक्षिण दिश की ओर ।
संपाती ने था कहा, लंका में सिय तोर ॥ 5672/7162

गिरि नदियाँ हम लाँघ कर, आए सागर तीर ।
फिर उड़ कर मैंने किया, पार समुंदर नीर ॥ 5673/7162

घर-घर वन-वन खोजता, आया पग में तोर ।
जीवन, माते! है भया, सकल सफल अब मोर ॥ 5674/7162

(और फिर)

हाथ जोड़ फिर बोला, माई! सकल कुशल हैं दोनों भाई ।
रामचंद्र ने मुझको भेजा, बोले मुंदरी मुख में लेजा ॥ 4454/5205

रामचंद्र का मैं हूँ दासा, जानूँ मैं भगती की भासा ।
राम चरण में मैंने वारा, तन-मन बल है जीवन सारा ॥ 4455/5205

दोहा॰ हाथ जोड़ कपि ने कहा, मैं राघव का दास ।
उनकी सेवा में लगा, आया तुमरे पास ॥ 5675/7162

कुशल लखन श्री राम हैं, कह कर किया प्रणाम ।
रघुवर भेजे मुंदरी, देने तुम्हें प्रमाण ॥ 5676/7162

(और)

कुशल राम ने पूछे तेरे, माई! सत्य कथन हैं मेरे ।

187. Story of Hanumān's ripping open his chest

पवन पुत्र मैं सुत अंजनी का, मुझको हरि वर दीन्हे नीका ।। 4456/5205

लछमन रघुवर चरणन सेवी, भेजा तुमको वन्दन, देवी! ।
बोला, भौजाई को कहिए, अब तो चिंता में मत रहिए ।। 4457/5205

स्नेहिल राघव का लघु भाई, लखन लला है सदा सहाई ।
सच्चा सेवक राघव भ्राता, रामचंद्र के संग सुहाता ।। 4458/5205

दोहा॰ कुशल क्षेम सब आपके, देवी! पूछत राम ।
लक्ष्मण ने भी है कहा, सादर तुम्हें प्रणाम ।। 5677/7162

लखन लला है राम का, भाई बहुत सुजान ।
सच्चा सेवक है सखा, स्नेही भगत महान ।। 5678/7162

(और कहा)

देवी! सुनो राम संदेसा, सुख-शाँति से, बिन अंदेसा ।
चलते-फिरते आते-जाते, रघुपति है नित तुमको ध्याते ।। 4459/5205

सुध-बुध अपनी सभी बिसारे, सोचे हरदम दुःख तिहारे ।
ध्यान मगन रहते सब बेरी, छवि अकेली हृदय में तेरी ।। 4460/5205

तुमरे गुण की करते बातें, तव बिरहा के गाने गाते ।
फिर-फिर वही कथन सुनाते, समय स्थान फरक नहीं पाते ।। 4461/5205

स्वाद मोद सुख छोड़े सारे, तेरी चिंता के हैं मारे ।
बिरहा दुख दिन प्रति दिन दूना, प्रभु को अरु सब लगता ऊना ।। 4462/5205

गदगद हिरदय जब भर आते, टप-टप आँसू तब गिर जाते ।
कंद मूल फल खाते रूखे, अनशन करके भए हैं सूखे ।। 4463/5205

आँख खुले जब भी झुँझलाते, सीते! सीते! प्रभु चिल्लाते ।
और कथन क्या कहने माते! अचरज राघव कैसे जीते ।। 4464/5205

दोहा॰ देवी माते! अब सुनो, श्री राघव का हाल ।
तुम बिन कैसे रामजी, दुखी बिताते काल ।। 5679/7162

चलते-फिरते रामजी, ध्याते तुमरा नाम ।

187. Story of Hanumān's ripping open his chest

लगी आस है एक ही, प्रभु को आठों याम ।। 5680/7162

सुध-बुध को खो कर दुखी, रहते हैं श्रीराम ।
ध्यान मगन रहते सदा, सिमरत तुमरा नाम ।। 5681/7162

तुमरी प्रतिमा हृदय में, मुख में तव गुण गान ।
बारबार तुमरी कथा, कहते दुखी बखान ।। 5682/7162

अपना आपा भूल कर, समय स्थान अवधान ।
सीते! सीते! जोर से, चिल्लाते हैं राम ।। 5683/7162

खाने में कछु स्वाद ना, ना पीने में मोद ।
सारे सुख को छोड़ कर, सदा विरह की गोद ।। 5684/7162

तुमरी चिंता में लगे, रहते हैं श्री राम ।
कैसी होगी लाड़ली, होगी वह किस धाम ।। 5685/7162

निश-दिन प्रभु ध्याते तुम्हें, चलते-फिरते राम ।
बात-बात पर रामजी, लेते तुमरा नाम ।। 5686/7162

रो रो कर मेरी सिया, बनी हुई बेहाल ।
कितने दुख है झेलती, होगी वह किस हाल ।। 5687/7162

अनशन करके राम के, हुए हैं दुबले गात ।
उसी बिरह ने है किया, तुम पर भी आघात ।। 5688/7162

गदगद मन जब हो उठे, नैनन भरता नीर ।
कभी अचानक सिसकते, असुरनिकंदन वीर ।। 5689/7162

और कथन कितने कहूँ, बिरहा के परिणाम ।
इतने दुख को झेल कर, जीवित हैं श्री राम ।। 5690/7162

(अब)

निश्चित जानो तुम वैदेही! बहुत शीघ्र राघव गुणगेही ।
लेकर वानर सेना भारी, तुम्हें छूड़ावेंगे सुखकारी ।। 4465/5205

रावण दंभी घोर घमंडी, होगा खंड-विखंड पखंडी ।

187. Story of Hanumān's ripping open his chest

गाड़े डंडा जब रणचंडी, लंका पर फहराये झंडी ।। 4466/5205

धैर्य शील रहो सह शाँति, दूर करो सब मन की भ्रांति ।
राम लखन सुग्रीव सब आते, रावण हन कर, तुम्हें बचाते ।। 4467/5205

✍दोहा॰ **निश्चित जानो मातु! तुम, मेरी बात प्रमाण ।**
वानर सेना को लिए, झट आएँगे राम ।। 5691/7162

रावण दंभी चोर वो, होगा खंड-विखंड ।
पाखंडी को रामजी, देंगे दंड अखंड ।। 5692/7162

रहो धैर्य्य से तुम अभी, मन में शाँति धार ।
राम-लखन हैं आरहे, सेना लिए अपार ।। 5693/7162

(फिर, हनुमान)

✍दोहा॰ **शिशु-स्वरूप मैंने लिया, छुपने को आसान ।**
ढूँढे मैंने गृह सभी, तुमको खोजन काम ।। 5694/7162

फिर आया मैं बाग में, दिखी यहाँ पर आप ।
दरसाऊँ मैं अब तुम्हें, मेरा रूप अमाप ।। 5695/7162

खड़ा हुआ फिर सामने, दीर्घ रूप को धार ।
अपने दोनों हाथ से, अपनी छाती फाड़ ।। 5696/7162

हिरदय में उसके दिखे, सिंहासन पर राम ।
बोली सीता हर्ष से, जय जय श्री हनुमान! ।। 5697/7162

♫ **संगीतश्रीकृष्णरामायण छन्दमाला, मोती 439 of 501**

वसंततिलका छन्द

ऽ ऽ ।, ऽ । ।, । ऽ ।, । ऽ ।, ऽ ऽ

♫ सा-नि़- सारे-रे सारेग-, मग़रे-ग़रे- सा-

(कण-कण में राम प्रमाण)

देने प्रमाण अपनी, 'हरि-दास्यता' का ।
बोला प्रणाम करके, कपि श्री सिया को ।। 1

187. Story of Hanumān's ripping open his chest

"देखो शरीर मम में, तुम क्या बसा है" ।
फाड़े स्ववक्ष कपि ने, सिय को दिखाने ॥ 2
मध्ये कपीश हृद में, सिय राम दोनों ।
आनंद कंद तनु में, अघ नाहि कोनों ॥ 3

(सीता)

सुन कर कपि का मधुतर कहना, राघव का बिरहाकुल रहना ।
सीता बोली, दुख मम सारे, हनुमत! अब हैं सर्व बिसारे ॥ 44683/5205

जाकर कहना तू रघुपति से, अथ से इति तक सूक्ष्म मति से ।
अत्याचारा तूने देखा, अपनी आँखों से अतिरेका ॥ 4469/5205

कैसे दिन हैं मेरे बीते, घोर कठिन कटु, सुख से रीते ।
निश-दिन तड़प-तड़प कर जीऊँ, क्लेश कष्ट के अँसुअन पीऊँ ॥ 4470/5205

दोहा॰ सुन कर कपि से, राम का, बिरहाकुल बेहाल ।
सीता जी अपनी व्याथा, बिसर गयीं कुछ काल ॥ 5698/7162

कपि से सीता ने कहा, होकर दुखी अपार ।
देखे तुमने जो अभी, मुझ पर अत्याचार ॥ 5699/7162

राघव से कहना, सखे! मेरी भी दुख-बात ।
क्लेश कष्ट जो हो रहे, मुझ पर भी दिन-रात ॥ 5700/7162

(और)

कहियो शीघ्र समय में आएँ, अथवा मेरा शव ही पाएँ ।
प्राण असुर ये मेरे लेंगे, काट भून कर सब खाएँगे ॥ 4471/5205

चाहे खंड-खंड हो जाऊँ, पर मैं लाज न देने पाऊँ ।
राम-नाम है आश्रय मेरा, पतिव्रता व्रत मुझको घेरा ॥ 4972/5205

दोहा॰ कपि को फिर बोली सिया, कहना प्रभु को हाल ।
देखी जो तूने यहाँ, दुष्ट असुर की चाल ॥ 5701/7162

कहियो, आवे रामजी, शीघ्र मास में तीन ।

187. Story of Hanumān's ripping open his chest

अथवा मेरा पायँगे, देह प्राण के हीन ।। 5702/7162

(फिर)

आशिष दीन्हा, गदगद सीता, "अष्ट सिद्धि नौ निधि तुम दाता" ।
भक्ति रसायन तुमरे पासा, तुम हो सच्चे रघुवर दासा ।। 4473/5205

पीत वस्त्र फिर तन के फाड़े, चूड़ामणि उस पट में बाँधे ।
देकर प्रमाण हनुमत कपि को, बोली दीजो यह रघुपति को ।। 4474/5205

दोहा॰ तन का पट फिर फाड़ कर, चूड़ामणी लपेट ।
बोली, प्रभु को दीजियो, शुभ सुमिरण की भेंट ।। 5703/7162

संगीतश्रीकृष्णरामायण गीतमाला, पुष्प 660 of 763

भजन

(पवन वेग से)

स्थायी

पवन वेग से, सुवन मेघ से, जाओ झट हनुमान ।
लाँघे सागर, सेना लेकर, ले आओ तुम श्री रा ऽ ऽ ऽ म ।
लाओ तुम श्री रा ऽ ऽ म ।।

♪ रेरेरे ग-ग ग-, पपप म-ग रे-, प-म- गग रेरेग-ग ।
म-म- प-पप, प-प- ध-पम, ध- प-म- गग रे- ग- - -ग ।।
मम मम गगरेग सा- - - सा ।।

अंतरा-1

रावन कहता कडवी बतियाँ, असुरी सतावे मोहे दिन रतिया ।
काँपत जियरा, धड़कत छतिया, धक धक सुबहो शाम ।
धक धक सुबहो शा ऽ ऽ म ।।

♪ सा-सासा रेरेरे- गगग- ममम-, पपध पम-प- पम गरे गगम- ।
प-पप धधप-, निनिधध पपध-, मम मम गगरे- ग-ग ।
मम मम गगरेग सा- - - सा ।।

अंतरा-2

187. Story of Hanumān's ripping open his chest

कहता, पति तव वल्कल-धारी, राघव जोगी विपिन विहारी ।
कटुतर रसना, लाज बिसारी, करत मेरा अपमान ।
करत मेरा अपमा ऽ ऽ न ।।

अंतरा–3

इस पिंजर से मुझे छुड़ाओ, इँस संकट से मुझे बचाओ ।
रघुवर आओ, न देर लगाओ, तुमको मेरी आन ।
तुमको मेरी आ ऽ ऽ न ।।

(हनुमान)

हनुमत, वन्दन माँ को करके, चूड़ामणि को कर में धर के ।
परिक्रमा माता को करके, निकल पड़ा पवन पर तर के ।। 4475/5205

✍ **दोहा॰** **वन्दन माता को किए, लेकर हाथ प्रमाण ।**
उड़ा इन्द्र के बाण सा, निकल पड़ा हनुमान ।। 5704/7162

संगीतश्रीकृष्णरामायण गीतमाला, पुष्प 661 of 763

दादरा ताल

(छाती फाड़ हनुमान की कथा)

स्थायी

गीत शारद ने मंजुल है गाया, साज नारद मुनि ने बजाया ।
रत्नाकर से है मंगल रचाया, रामायण को है सुंदर सजाया ।।

♫ म-ग म-म- म प-म- ग म-प-, रे-ग म-म- मध- प- मग-म- ।
रेगम-म म- म ध-प- गम-प-, रे-ग-म- म- म ध-प- मग-रे- ।।

अंतरा–1

बोला सीता को दास हनुऽमाना, मेरे तन-मन के कण-कण में रामा ।
राम रस से भरी है मेरी काया, उसने छाती को फाड़ऽ दिखाया ।।

♫ सांसां नि-रें- सां ध-ध निधप-म-, सांसां निनि रेंरें सां धध निनि ध प-म- ।
म-ग मम म- मप प मग म-प-, रे-ग म-म- म ध-प- मग-रे- ।।

अंतरा–2

उसके हिरदय में राघव खड़े थे, राम आनंद में खुश बड़े थे ।

188. Story of the good news : "Sītā found"

हाथ सीता के हाथऽ में बायाँ, लछमन ने धरा था कऽर दायाँ ।।

अंतरा-3

दृश्य सुंदर ये शिव अंबा देखे, पुष्प अंबर से नारऽद फेंके ।
गीत जै जै का सीता ने गाया, नाद डमरू का शंकर बजाया ।।

सुंदर काण्ड : पाँचवाँ सर्ग

 188. सीता-उपलब्धि के शुभ संदेश की कथा :

188. Story of the good news : "Sītā found"

 संगीतश्रीकृष्णरामायण छन्दमाला, मोती 440 of 501

शार्दूलविक्रीडित छन्द

S S S, I I S, I S I, I I S, S S I, S S I, S

♪ सा-रे- ग- मग‍रे- गम- पम ग‍रे-, ग-प-म ग-म-ग रे-

(सीता की खोज)

सीता को लभने उड़ा कपि लिए, आशीष श्री राम का ।
मुंद्री को मुख में रखे चल पड़ा, गाता जपा नाम का ।। 1
बोला अंगद राम को, प्रिय प्रभो! ये दास है काम का ।
देता है निज प्राण भी जब रहे, संदर्भ संग्राम का ।। 2

आया पार किए समुद्र जल वो, लंका घनी रात को ।
बैठा उच्च अशोक वृक्ष लखके, देखे सिया मात को ।। 3
ज्यों ही दृष्टि शुची सिया पर पड़ी, गातें हनू की खिलीं ।
मुंद्री राघव की प्रदान करके, बोला, "सिया है मिली" ।। 4

श्लोकौ

सीतायै स नमस्कृत्य नीत्वा चुडामणिं पटम् ।
आशीर्वादञ्च सीताया, रामं प्रत्यागतः कपिः ।। 2077/2422

दृष्ट्वा चीरं च सीतायाः-तस्याश्चूडामणिं तथा ।
भूरिर्हृष्टोऽभवद्रामः सर्वे च कपयस्तथा ।। 2078/2422

188. Story of the good news : "Sītā found"

♫ संगीतश्रीकृष्णरामायण छन्दमाला, मोती 441 of 501

मात्रा छन्द[225]

ऽ ऽ ऽ, । । ।, । । ।, ऽ ऽ

("सीता मिली" का संदेश)

लंका से जब हनुमत आया ।
संदेसा सुभ कपिवर लाया ।। 1
"माता है पथ तकत" बताया ।
संदेसा सुन हरि हरसाया ।। 2

📖 कथा 📖

(हनुमान)

✍दोहा॰ बिना किए कुछ अनकही, उड़ा राम का दास ।
माता लखती रह गयी, पहुँच गया आकाश ।। 5706/7162

सफल-मनोरथ आगया, राम चरण में दास ।
रघुवर बैठे थे जहाँ, मौन लगाए आस ।। 5707/7162

महावीर को देख कर, हर्षित थे सब लोग ।
नयनन प्रेमल अश्रु से, राम बिसारे सोग ।। 5708/7162

(फिर)

✍दोहा॰ भुज में कपि को बाँध कर, छाती से धर छात ।
प्रेमालिंगन से मिले, गदगद दोनों गात ।। 5709/7162

नारद बोले मेघ से, "अमृत मय यह नेह ।
वानरनारायण यहाँ, एक बने दो देह" ।। 5710/7162

(तब)

---

[225] ♫ **मात्रा छन्द** : इस 11 वर्ण, 16 मात्रा वाले छन्द के चरण में म न न गण और दो गुरु वर्ण आते हैं । इसका लक्षण सूत्र ऽ ऽ ऽ, । । ।, । । ।, ऽ ऽ इस प्रकार से होता है । चरणान्त विराम है ।

▶ लक्षण गीत : ✍ **दोहा॰ मात्रा सोलह से सजा, दो गुरु कल हों अंत ।**
म न न गणों का पद्य जो, समझो "मात्रा" छंद ।। 5705/7162

188. Story of the good news : "Sītā found"

✍दोहा॰ कपि गण सारे प्रेम से, बैठे चारों ओर ।
आतुर, सुनने के लिये, बिना मचाए शोर ।। 2711/7162

(यात्रा वृत्त)

✍दोहा॰ हनुमत बोला, मैं उड़ा, पूरब दिश की ओर ।
उतरा लंका द्वीप में, होन लगी जब भोर ।। 5712/7162

गिरि चढ़ कर मैंने लखी, लंका पुरी तमाम ।
नगरी में मुझको दिखा, उस रावण का धाम ।। 5713/7162

नक्शा लंका का मुझे, हुआ सकल जब याद ।
आया नगरी में उड़ा, सूर्योदय के बाद ।। 5714/7162

लेकर शिशु कपि रूप मैं, लंका किया प्रवेश ।
किसी को न संदेह हो, ना जाने लंकेश ।। 5715/7162

(वहाँ)

✍दोहा॰ नगरी में मनहर बने, बड़े-बड़े प्रासाद ।
सुंदर असुर निवास थे, बिना किसी अपवाद ।। 5716/7162

ललाम गलियाँ थी बनी, आकर्षक उद्यान ।
फल-फूलों के वृक्ष की, प्रचुर फबीली शान ।। 5717/7162

बार-बार पुर पर उड़े, लीन्ही नगरी छान ।
घर-घर फिर अन्वेश कर, कीन्ही सब पहिचान ।। 5718/7162

भूमि सारी छान कर, ढूँढा ऐसा स्थान ।
जहाँ लगेगी छावनी, लड़ने को आसान ।। 5719/7162

(फिर)

राज भवन पर फिर चढ़ा, लिए बाल कपि रूप ।
खिड़की-खिड़की झाँकता, किस कमरे में भूप ।। 5720/7162

हर कमरे में देख कर, कहीं मिली नहिँ मात ।
बैठा फिर मैं सोचता, उदास मेरा गात ।। 5721/7162

188. Story of the good news : "Sītā found"

राज महल पर बैठ कर, कीन्हा कुछ आराम ।
सोचा अब मैं क्या करूँ, मन में भजता राम ।। 5722/7162

(उसके बाद)

दोहा॰ निकला फिर मैं देखने, एक-एक कर बाग ।
बागों में मैंने सुने, मधुर खगों के राग ।। 5723/7162

उद्यानों में थे लगे, मीठे फल के पेड़ ।
खाए मैंने तोड़ कर, पके ढेर से बेर ।। 5724/7162

(फिर)

दोहा॰ आया इक उद्यान में, लंबी मार उड़ान ।
दिखा राह में था खड़ा, उस रावण का यान ।। 5725/7162

अशोक तरुओं से सजा, रावण का उद्यान ।
जिसके पथ में था खड़ा, पुष्पक नाम विमान ।। 5726/7162

पथ के दोनों छोर पर, अशोक वृक्ष विशाल ।
इतने सुंदर बाग की, और न कहीं मिसाल ।। 5727/7162

डाल-डाल पर वृक्ष के, लता रहीं थीं झूल ।
मंद पवन के झोंक से, बरस रहे थे फूल ।। 5728/7162

तरु मालाएँ शोभती, मनहर स्वर्ग समान ।
दो क्यारीं के बीच में, मुझको दिखा विमान ।। 5729/7162

वायुयान को देख कर, जागी मन में आस ।
सोचा, सीता, राम की, यहीं कहीं है पास ।। 5730/7162

(अशोक वाटिका में)

दोहा॰ अशोक तरु की वाटिका, सुंदर बनी विशाल ।
इन्द्र पुरी की थी वही, भू पर एक मिसाल ।। 5731/7162

इतनी सुंदर वाटिका, कहीं न होगी और ।

188. Story of the good news : "Sītā found"

वृक्ष लदे फल-फूल से, चँगेरी की तौर ।। 5732/7162

निर्मल जल के थे वहाँ, झरने झील अनेक ।
कमल कुसुम से था भरा, जल पुष्कर प्रत्येक ।। 5733/7162

प्रसून सौरभ से भरे, अमृत मधु के कुंड ।
खग तितली अलि भ्रमर के, तरु बेली पर झुँड ।। 5734/7162

पत्ते बूटे फूल के, रंग बिरंग अनंत ।
सुंदरता के चित्र का, कहीं नहीं था अंत ।। 5735/7162

जाकर ऊँची डाल पर, बैठा मन को मार ।
दृश्य जहाँ से दिख सके, सब तरुअन के पार ।। 5736/7162

(तब)

दोहा॰ पड़ी अचानक दृग् मेरी, एक स्थान पर दूर ।
बैठी थी तरु के तले, नारी तप में चूर ।। 5737/7162

तन पर पीले वस्त्र थे, कर में जप की माल ।
ध्यान मगन थी योगिनी, पद्मासन को डाल ।। 5738/7162

(मैंने सोचा)

दोहा॰ "इन असुरों में जोगिनी, कौन भला ये नार ।
होगी परदेसन वही, रामचंद्र की दार" ।। 5739/7162

इक पल अपनी आँख पर, हुआ नहीं विश्वास ।
सपने में हूँ, या मुझे, हुआ भरम आभास ।। 5740/7162

जब तक उसके वदन से, सुनूँ नहीं ये बोल ।
"मैं राघव की हूँ सिया," शब्द परम अनमोल ।। 5741/7162

तब तक मुझको ना लगे, सफल हुआ मम काम ।
राघव को मैं क्या कहूँ, जाकर रहित प्रमाण ।। 5742/7162

(अब)

दोहा॰ जाऊँ कैसे पास मैं, पूछूँ कैसे नाम ।

188. Story of the good news : "Sītā found"

पूछूँ कैसे मैं उसे, "क्या तव पति है राम?" ।। 5743/7162

अंग स्वेद से था भरा, हाथ रहे थे काँप ।
सूख गया था मुख तथा, साँस रही थी हाँफ ।। 5744/7162

(फिर भी)

दोहा॰ पेड़-पेड़ को लाँघता, डाल-डाल पर भाग ।
गया सिया के पेड़ पर, निर्जन जब था बाग ।। 5745/7162

संगीतश्रीकृष्णरामायण गीतमाला, पुष्प 662 of 763

(सीता दर्शन)

स्थायी

सीता, हनुमत को दरस दियो । री, जीवन कपि का सफल कियो ।।

सा-रे-, सारेगग म- रेमग रेसा- । नि़, सा-रेरे गग म- रेमग- रेसा- ।।

अंतरा-1

दास राम का, मुख में मुँदरी, उड़ कर आया, लंका नगरी ।
सिया लख कर, भान गयो ।।

सा-रे ग-ग ग-, पप म- गगरे-, गग मम प-प-, ध-पम ममम- ।
धप मम गग, रेमग रेसा- ।।

अंतरा-2

असोक तरु के, तले सोगिनी, राम-नाम को, जपत जोगिनी ।
मन, ध्यान में लीन भयो ।।

अंतरा-3

पीत वस्त्र है, तन पर डाला, पद्मासन है, कर में माला ।
कपि, तरु से देख रह्यो ।।

अंतरा-4

कैसे पूछूँ, "नाम तिहारा, तेरा पति क्या, राम पियारा" ।
तोहे, मंगल राम कह्यो ।।

(उस समय)

उसी समय पर रावण आया, साथ आसुरी मुखिया लाया ।

188. Story of the good news : "Sītā found"

उसको मैंने देखा आते, छिप कर बैठा सुनता बातें ।। 4476/5205

मातु मगन थी ध्यान लगाया, लात मार कर उसे जगाया ।
मुखिया बोली, उठजा सीते! तेरे भाग्य हुए हैं रीते ।। 4477/5205

✍दोहा० **उसी समय पर आगया, रावण सखियों साथ ।**
उसे देख मैं वृक्ष पर, बैठा दबोच गात ।। 5746/7162

माता थी हरि-ध्यान में, जोड़े दोनों हाथ ।
समाधि उसकी भंग की, मार असुर ने लात ।। 5747/7162

(मुखिया)
नीच कलूटी अधम आसुरी, डरावनी सी दुष्ट अघोरी ।
गोल नशीले नैन ततेरे, विशाल तन पर बाल बतेरे ।। 4478/5205

खड्ग हाथ में पकड़ा भारी, नर भक्षक, कटु बकती गारी ।
दशन शेर से तीखे पीले, बदबु उसकी त्वग् में ढीले ।। 4479/5205

(सीता)
खड़ा सामने रावण देखा, चुभा सिया के हिरदय मेखा ।
पाँव काँपने लगे सिया के, टुकड़े उसके हुए जिया के ।। 4480/5205

बोली फिर वो धीरज धरके, ठोड़ी अपनी उपर करके ।
क्यों आया तू यहाँ दुबेरा, पुनः पुनः मैं तुझे खदेड़ा ।। 4481/5205

✍दोहा० **खड़ा सामने जब हुआ, रावण नारी-चोर ।**
सीता ने तब काँप कर, देखा उसकी ओर ।। 5748/7162

बोली माता असुर को, तीखी कर आवाज ।
"मना किया आना तुझे, कब आवेगा बाज" ।। 5749/7162

(रावण)
रावण ने फिर निज मुख खोला, बचनन तीखे कड़वे बोला ।
सुन वैदेही! कोमल देही! हे गुणगेही! राघव नेही! ।। 4482/5205

कहना मेरा तूने टारा, पुनः कहूँगा नहीं दुबारा ।

188. Story of the good news : "Sītā found"

महा हठीली तू है नारी, भूल हो रही तेरी भारी ।। 4483/5205

असुरों ने है राघव मारा, मैं ही तेरा एक सहारा ।
राम न जाने सिया कहाँ है, आ नहिं पावे कभी यहाँ है ।। 4484/5205

या तू मुझसे लगन करेगी, या तू रो रो यहीं मरेगी ।
मेरी सेना है बलशाली, नहीं राम से डरने वाली ।। 4485/5205

✍दोहा॰ **रावण फिर बोला उसे, मृत है तेरा राम ।**
मुझसे शादी कर, प्रिये! लंका तेरा धाम ।। 5750/7162

कोई ना जाने कहाँ, सिया पड़ी बेहाल ।
आ न सके कोई यहाँ, सागर लाँघ विशाल ।। 5751/7162

तीन मास में तू, सखी! हो जा मेरी दार ।
अथवा तेरा माँस हम, खाएँ तुझको मार ।। 5752/7162

(और)

स्वप्न राम के तज दे सीते! फल मैं दूँगा तुझको तीते ।
मेरी बन कर सुख पाओगी, पटरानी तुम कहलाओगी ।। 4486/5205

हाथी घोड़े नौकर चाकर, मोती हीरे मुझको पा कर ।
मेरा सब कुछ तेरा होगा, हट जावेगा तेरा सोगा ।। 4487/5205

तज दे सीते! मुझसे चिढ़ना, ठीक नहीं है नृप से घिरणा ।
आज तक नहीं छूआ तुझको, अब तो तू हाँ कह दे मुझको ।। 4488/5205

✍दोहा॰ **छोड़ राम के स्वपन तू, मरा हुआ है राम ।**
अब निश-दिन तू क्यों भला, रटती उसका नाम ।। 5753/7162

अब राघव को भूल जा, बन जा मेरी नार ।
हाथी, घोड़े, रथ, यहाँ, संपद्, मोद, अपार ।। 5754/7162

(तथा ही)

वायुयान में रोज फिरोगी, स्वर्ग द्वार में आन गिरोगी ।
क्यों रहती हो बन कर बंदी, सीते! मुझसे करलो शादी ।। 4489/5205

188. Story of the good news : "Sītā found"

बड़ा धुरंधर मैं सेनानी, शस्त्र-अस्त्र आयुध तूफानी ।
मैं हूँ भारा आतंकवादी, सीते! मुझसे करले शादी ।। 4490/5205

दोहा॰   करके मुझसे ब्याह तुम, करलो हलका बोझ ।
वायुयान में मैं तुम्हें, सैर कराऊँ रोज ।। 5755/7162

मैं बलशाली वीर हूँ, लड़ न सकेगा राम ।
आएगा जिस दिन यहाँ, भेजूँ यम के धाम ।। 5756/7162

(और)

तेरी राह तकी है मैंने, तेरी लाज रखी है मैंने ।
अगर नहीं तू अब भी मानी, सीते! तेरी होगी हानि ।। 4491/5205

तुझको भारी दूँगा पीड़ा, यही उठाया मैंने बीड़ा ।
तोड़-फोड़ तुझको काटूँगा, तेरा माँस रुधिर चाटूँगा ।। 4492/5205

दोहा॰   निहार तेरी राह हैं, बीते इतने साल ।
अब होजा मेरी प्रिया, मुझको माला डाल ।। 5757/7162

दहशतवादी वीर मैं, मार चुका हूँ राम ।
मुझसे शादी तू करे, तभी मुझे आराम ।। 5758/7162

तीन मास में तू अगर, हुई न मेरी दार ।
खा जाएँगे हम तुझे, सीते! जीवित मार ।। 5759/7162

(जांबुवान)

दोहा॰   सुन कर हनुमत का कहा, जांबुवान को क्रोध ।
उसने सोचा मैं अभी, हनुमत को दूँ बोध ।। 5760/7162

तभी कथा के बीच में, बोला जाँबूवान ।
"चिढ़ कर तूने क्यों नहीं, लीन्ही उसकी जान ।। 5761/7162

"तोड़-फोड़ता पुष्प का, रावण का उद्यान ।
उसका सिर तू फोड़ता, जलाय पुष्पक यान ।। 5762/7162

"तूने सीता का सहा, क्यों इतना अपमान ।

188. Story of the good news : "Sītā found"

रण जेता कपि वीर तू, कैसा है हनुमान!" ।। 5763/7162

(हनुमान)
बात ठीक ये ना है प्यारे! अगर कहे तू सोच विचारे ।
मुझको आज्ञा थी जाने की, सिय को ढूँढ खबर लाने की ।। 4493/5205

और काम मैं कैसे करता, चाहे कारज करते मरता ।
रामचंद्र ने जो था बोला, वही काम था मैंने झेला ।। 4494/5205

सेवक सच्चा वो है प्यारे! जो स्वामी का वच अनुसारे ।
वही दास है आज्ञाकारी, वही पुण्य का है अधिकारी ।। 4495/5205

आज्ञा का जो पालन करता, बिन आज्ञा जो कुछ ना करता ।
सच्चा अनुचर वह है जाना, सच्चा सैनिक वह है माना ।। 4496/5205

सत्य-धर्म की यही है नीति, राम-राज्य की यही है रीति ।
तारा ने भी यही कहा है, सुग्रीव का मत यही रहा है ।। 4497/5205

दोहा॰ सोलह आने सत्य है, प्यारे! तेरी बात ।
मगर क्षात्र के धर्म से, देख जरा तू, तात! ।। 5764/7162

"आज्ञा स्वामी की यथा, तथा चले, सो क्षात्र ।
अपनी मनमानी करे, सेवक वही अपात्र ।। 5765/7162

"मुझको आज्ञा थी, सखे! सिया खोज की मात्र ।
अन्य काज ना कर सका, सेवक मेरा गात्र" ।। 5766/7162

(सूक्ति)
दोहा॰ "नृप-रावन का आप मैं, कर सकता संहार ।
मगर राम के काम का, मुझे नहीं अधिकार" ।। 5767/7162

(राम)
ठीक कहा है हनुमत प्यारे! परम भक्त वर तुम हो न्यारे ।
यात्रा वर्णन बोलो आगे, हम सबको कुतुहल हैं लागे ।। 4498/5205

दोहा॰ राघव बोले, ठीक है, परम भगत तू दास ।

188. Story of the good news : "Sītā found"

कथा बोल आगे, सखे! सुनने की है प्यास ।। 5768/7162

(रत्नाकर)

दोहा॰ सुनलो आगे की कथा, बोले श्री हनुमान ।
यथा घटी थी वह तथा, देकर पूरा ध्यान ।। 5769/7162

(हनुमान)

सुन कर अधम असुर की बातें, माता बोली तिन झल्लाते ।
कान खोल कर सुनले पापी! पतिव्रता मैं, तुझको तापी ।। 4499/5205

रामचंद्र की मैं हूँ रानी, उनका कोई ना है सानी ।
तू अबला को देता पीड़ा, तू है हीन नरक का कीड़ा ।। 4500/5205

पवित्र रघु कुल की मैं नारी, वैदेही हूँ जनक दुलारी ।
तू है असुर पातकी भारा, लंपट विषय हवस का मारा ।। 4501/5205

रामचंद्र यदि वल्कलधारी, पिता वचन के आज्ञाकारी ।
मैं राघव की धर्मचारिणी, सुखों दुखों में संगकारिणी ।। 4502/5205

रामचंद्र की चमक चाँदनी, राघव जी की मेघ दामिनी ।
चाहे मुझको मारो पीटो, मैं अचला हूँ चाहे काटो ।। 4503/5205

मैं नीति की स्त्री हूँ आर्या, पुरुषोत्तम राघव की भार्या ।
तेरा मेरा मेल न होगा, तेरा मुख ना देखन जोगा ।। 4504/5205

दोहा॰ सुन कर बातें असुर की, सीता के मन शोच ।
बोली, रावण! नीच तू, कुछ तो कर संकोच ।। 5770/7162

तू है कीड़ा नरक का, गंदा तुच्छ गलीज ।
तेरे मन में मैल है, तुझको नहीं तमीज ।। 5771/7162

होकर भी शिव की कृपा, वेद शास्त्र का ज्ञान ।
कुल कलंकित कर रहा, करके तू अज्ञान ।। 5772/7162

जनक सुता मैं जानकी, धर्मचारिणी नार ।
रघुकुल की मैं हूँ बहू, रामचंद्र की दार ।। 5773/7162

188. Story of the good news : "Sītā found"

सूनी कुटिया देख कर, हर लाया पर नार ।
स्वाँग रचा कर साधु का, तुझको है धिक्कार ।। 5774/7162

(और)

तू है अत्याचारी ओछा, तज पापी! तू मेरा पीछा ।
तू है माँस मद्य का सेवी, तेरी दार अभागन देवी ।। 4505/5205

भजले, रावण! राम राम तू, करले सीधे, उलट काम तू ।
सुनले मेरी तू इक बेरी, नेक काम में मत कर देरी ।। 4506/5205

जाकर तू पग उनके छू ले, पाप मिटेंगे ये मत भूले ।
बातें उनकी, रावण! सुनले, पाप पुण्य में इक तू चुनले ।। 4507/5205

राघव जब आएँगे लंका, बजे युद्ध का जब वो डंका ।
तेरा भाग्य तुझे दे झाँसा, कुल का तेरे होगा नासा ।। 4508/5205

दोहा॰ छू ले पद तू राम के, दया करेंगे नाथ ।
पाप सभी मिट जायँगे, सुन ले मेरी बात ।। 5775/7162

लंका में जब आयँगे, रामचंद्र रघुवीर ।
उतरेगा तेरा नशा, जब बरसेंगे तीर ।। 5776/7162

(तब)

शब्द सिया के सत्य नुकीले, कीन्हे पेंच असुर के ढीले ।
क्रोधित होकर रावण भड़का, बिजली सम सीता पर कड़का ।। 4509/5205

दाँत पीसता धीरे-धीरे, जीभ होंट पर फिर-फिर फेरे ।
कहा सिंह सी गर्जन करके, हस्त हवा में तर्जन करके ।। 4510/5205

राम-लखन से नहीं डरूँगा, तुझ पर अत्याचार करूँगा ।
कंद मूल फल खा कर कैसे, युद्ध करेंगे कुंभकरण से ।। 4511/5205

देखूँ अब क्या खेल रचावे, कैसे तुझको राम बचावे ।
जबके पास न कोई सेना, रावण से क्यों टक्कर लेना ।। 4512/5205

तुझको अवधि त्रय मासों की, अंत तिहारे फिर साँसों की ।

188. Story of the good news : "Sītā found"

तब तक मेरी बन जा रानी, नहीं सुनूँगा आनाकानी ।। 4513/5205

दोहा॰ किया सिया के शब्द ने, रावण पर आघात ।
पागल होकर असुर वो, लगा पीसने दाँत ।। 5777/7162

झल्लाकर लंकेश ने, कहा उठा कर हाथ ।
मारूँगा सीते! तुझे, राम-लखन के साथ ।। 5778/7162

(मंदोदरी)

सुन रावण की सीनातानी, सिय पर अत्याचारी वाणी ।
आई मंदोदरी वहाँ पर, रावण सीता खड़े जहाँ पर ।। 4514/5205

बोली, रावण! आत्मविनाशा! बस कर तेरा हीन तमाशा ।
लंका तेरी जभी जलेगी, पापी! तेरी दाल गलेगी ।। 4515/5205

अब तो मैं हूँ रघुकुल दासी, सीता की मैं विघ्नविनाशी ।
सीता को आँचल में लीन्हा, सिर पर उसके चुम्बन दीन्हा ।। 4516/5205

बोली, बेटी! मत घबराओ, बिरहा के आँसू न बहाओ ।
मैं हूँ अब तेरी रखवारी, तू है मेरी कन्या प्यारी ।। 4517/5205

राम-लखन अब इस कोपी को, मजे चखावे दृढ़ पापी को ।
विश्वास रखो, राघव आवेंगे, तुझको वापस ले जावेंगे ।। 4518/5205

शिव से मैं प्रार्थना करूँगी, तेरी मुक्ति उन्हें कहूँगी ।
इस पापी को ले जाती हूँ, तुमको तनहा दे जाती हूँ ।। 4519/5205

दोहा॰ सुन रावण की गर्जना, सिय पर अत्याचार ।
आई झट मंदोदरी, करने को प्रतिकार ।। 5779/7162

बोली, अब मैं राम की, दासी हूँ, लंकेश! ।
सीता मेरी है सुता, मत दो उसको क्लेश ।। 5780/7162

मेरी शिव से प्रार्थना, सत्य-धर्म के नाम ।
उसके मोचन के लिए, लंका आवें राम ।। 5781/7162

मंदोदरी ने फिर कहा, चलो यहाँ से नाथ! ।

188. Story of the good news : "Sītā found"

सिया अकेली छोड़ दो, अभी चैन के साथ ।। 5782/7162

(तब)

हाथ मसलता, मुख से बकता, और भला क्या कर भी सकता ।
चला गया रावण अभिमानी, छोड़ अकेली सीता रानी ।। 4520/5205

चला गया जब दसमुख वाला, अपना किए अशुभ मुख काला ।
एक अकेली छोड़ सिया को, देकर चैना दुखी जिया को ।। 4521/5205

दोहा॰ चला गया जब असुर वो, दास दासियाँ साथ ।
सीता कीन्ही प्रार्थना, जोड़े दोनों हाथ ।। 5783/7162

सीता बोली, रामजी! कीजो मम उद्धार ।
आओ या भेजो यहाँ, सेवक सागर पार ।। 5784/7162

बिरहा मुझको खा रही, रावण से भी त्रास ।
उड़ कर आओ रामजी! तुमरी सिया उदास ।। 5785/7162

तुमको मैं कैसे कहूँ, मेरा कहाँ निवास ।
मोहे ढूँढन भेजिये, कोई अपना दास ।। 5786/7162

सपने में आजाइये, बतलाऊँ मैं स्थान ।
कहाँ फँसी हूँ मैं, प्रभो! लेती तुमरा नाम ।। 5787/7162

(और)

राघव! तुम हो भयदुस्तारे, दीन-दयाला जग रखवारे ।
आफत में हैं प्राण हमारे, आकर रघुवर! बनो सहारे ।। 4522/5205

आज असुर ने उधम मचाया, मंदोदरी ने मुझे बचाया ।
क्षण बिरहा के मुझको खाते, किसको प्रभु! मैं बोलूँ बातें ।। 4523/5205

जिद अब मैं ना कभी करूँगी, किसी पर नहीं वहम करूँगी ।
लखन लला को पुत्र कहूँगी, ना मैं प्रभु! अब कछु चाहूँगी ।। 4524/5205

दोहा॰ विघ्न विनाशक आप हैं, मेरी सुनो पुकार ।
मैं संकट में हूँ फँसी, मेरा करो उबार ।। 5788/7162

188. Story of the good news : “Sītā found”

करता रावण रोज है, मुझ पर अत्याचार ।
किया त्राण मंदोदरी, उस राक्षस की दार ।। 5789/7162

मुझे बचाओ, रामजी! क्षमा करो मम भूल ।
लखन लला को चूक से, दीन्ही मैंने शूल ।। 5790/7162

पुत्र कहूँगी अब उसे, मुझे दिखी सच राह ।
राघव! तुमको देख लूँ, और न है कछु चाह ।। 5791/7162

(और भी)

मैंने, हरि! ये संकट लाया, फल सबने है कडुआ पाया ।
क्या तुम मुझको क्षमा करोगे, बाहों में, प्रभु! आन धरोगे ।। 4525/5205

सागर लाँघे, राघव! आओ, इस पापी पर शर बरसाओ ।
और न मोहे, राम! रुलाओ, इस पापी से मुझे छुड़ाओ ।। 4526/5205

लाया मोहे जोर जबरिया, शत योजन, ना तुम्हें खबरिया ।
कहूँ पवन से मेरी बतिया, जहाँ भी हो सुनलो साँवरिया! ।। 4527/5205

नाथ! समय अब माह दो रहे, पूरण चौदह वर्ष हो रहे ।
आओ अब बिन देर लगाए, प्रण की घड़ियाँ बीतीं जाएँ ।। 4528/5205

✍दोहा॰ **संकट, प्रभु! ये घोर है, लाया मैंने आप ।**
कडुआ फल तुमको दिया, बिगड़ गया है काज ।। 5792/7162

आओ जल्दी, रामजी! करके सागर पार ।
बैठी आस लगाइके, दुखिया तुमरी दार ।। 5793/7162

(हनुमान)

✍दोहा॰ **देखा जब कोई नहीं, इधर-उधर है पास ।**
माता बैठी है तले, मुंडेर पर उदास ।। 5794/7162

सोचा माता से मिलूँ, अब मौका है ठीक ।
उतरा ऊपर से तले, डाली पर नजदीक ।। 5795/7162

सुन कर ध्वनि वह, मातु ने, देखा मेरी ओर ।

188. Story of the good news : "Sītā found"

चमकी मुंदरी हाथ की, उनके चित की चोर ।। 5796/7162

(सीता)

✍दोहा॰ माता बोली हाथ में, क्या है पकड़ी चीज ।
दिखा मुझे आकर यहाँ, कहाँ मिली सुख बीज ।। 5797/7162

(तब)

✍दोहा॰ नीचे आकर पेड़ से, जोड़े दोनों हाथ ।
सिय के पग पर सिर रखा, बड़े विनय के साथ ।। 5798/7162

बोला फिर मधु बैन से, माते! मैं कपिराज ।
लाया मुँदरी राम की, तुमको देने आज ।। 5799/7162

दीन्ही मुँदरी भक्ति से, मैंने माँ के हाथ ।
कहा, अँगूठी आपको, भेजी है रघुनाथ ।। 5800/7162

लिए मुद्रिका मातु ने, देखी बारंबार ।
बोली, यह श्री राम का, निश्चित है उपहार ।। 5801/7162

परंतु बोली जानकी, अचरज की है बात ।
इतने नन्हे दास को, भेजे क्यों रघुनाथ ।। 5802/7162

इतना छोटा आप तू, आया सागर पार ।
कैसे इतनी दूर तू, ढूँढा मेरा द्वार ।। 5803/7162

(तब)

✍दोहा॰ हँस कर तब मैंने कहा, लीन्हा है शिशु रूप ।
ता की बिन अवरोध के, आ पाऊँ छुप-छूप ।। 5804/7162

डरो न माते! देख कर, असली मेरा रूप ।
राम-दास हनुमान हूँ, पवन पुत्र कपिभूप ।। 5805/7162

मूल रूप बन कर उन्हें, बतलाया इतिहास ।
तुम बिन माते! रामजी, रहते बहुत उदास ।। 5806/7162

आँसू उनके नैन से, प्रेम बिंदु की धार ।

188. Story of the good news : "Sītā found"

माते! सपने आज हैं, होत रहे साकार ।। 5807/7162

(फिर)

दोहा॰ बोली, "मैं हूँ जानकी, सीता, राघव दार ।
दशरथ की पहली बहू, अवध जनों का प्यार" ।। 5808/7162

संगीतश्रीकृष्णरामायण छन्दमाला, मोती 442 of 501

शिखरिणी छन्द

। ऽ ऽ, ऽ ऽ ऽ, । । ।, । । ऽ, ऽ । ।, । ऽ

साग- नि़-सा- रेग रे- सारेग पम गरेग-, रेगरेसा-

("सीता मिली")

"सिया लंका में है," सुन कर हँसे हर्ष अति से ।
पुनः आशावादी, रघुपति हुए शीघ्र गति से ।। 1
उठे आसंदी से, रघुवर लगे मारुति गले ।
कहे, "तू मेरा है, लखन सम भाई, कपि भले!" ।। 2

संगीतश्रीकृष्णरामायण छन्दमाला, मोती 443 of 501

शिखरिणी-छन्दः

। ऽ ऽ, ऽ ऽ ऽ, । । ।, । । ऽ, ऽ । ।, । ऽ

साग-नि़-सा- रेगरे- सारेगपमगरे ग-रेगरे सा-

संस्कृत

(सीतालब्धिः)

कपिर्ब्रूते रामं नलिनिनयनं मङ्गलवचः ।
"प्रभो! श्रीवैदेही दशमुखवने शोकव्यथिता" ।। 1
तदा श्रीरामस्तं मधुरवचनैराह प्लवगम् ।
"कपे! त्वं मे भ्राता प्रियतरसखा दासपरमः" ।। 2

हिंदी

(सीता मिली)

साग- नि़-सा-रेग रे-, सारेगपम गरे ग-रेग रेसा-

कहा वज्रांगी ने, अवधपति को वन्दन किए ।
"रघो! श्री सीता हैं, असुर-वन में व्यग्र दुखिता" ।। 1

188. Story of the good news : "Sītā found"

सिया-भर्ता बोले, पवन-सुत को आशिष दिये ।
"सखा तू है मेरा, प्रिय अनुज भी लक्ष्मण यथा" ॥ 2

मराठी

(सीता मिळाली)

♪ सा ग॒-नि॒- सा-रे ग॒ रे-, सा रे ग॒ पम ग॒रे ग॒-रे ग॒रे सा-

म्हणाला मारोती, नमन करुनी राम प्रभु ला ।
"तिथे माता आहे, दशमुख वनीं दुःख ग्रसिता" ॥ 1
रमेशाने त्याला, अथ म्हणुनि आलिंगन दिले ।
"गड्या वज्रांगी रे! मम परम तू दास व सखा" ॥ 2

(तब)

दोहा० "मैं हूँ सीता, राम की," सुन कर अमृत बैन ।
कपि गण सारे उठ खड़े, खोकर अपनी चैन ॥ 5809/7162

हा! हा! करते हर्ष में, नाचे वानर वीर ।
बोले लंका अब चलो, लेकर भाले तीर ॥ 5810/7162

 संगीतश्रीकृष्णरामायण गीतमाला, पुष्प 663 of 763

दादरा ताल

(सीता मिलने की खबर की कथा)

1922

रत्नाकर रचित संगीत-श्री-रामायण

Sangit-Shri-Krishna-Ramayan

स्थायी

गीत शारद ने मंजुल है गाया, साज नारद मुनि ने बजाया ।
रत्नाकर से है मंगल रचाया, रामायण को है सुंदर सजाया ।।

♪ म-ग म-म- म प-म- ग म-प-, रे-ग म-म- मध- प- मग-म- ।
रेगम-म म- म ध-प- गम-प-, रे-ग-म- म- म ध-प- मग-रे- ।।

अंतरा-1

लेकर सीता से चीर चूड़ामणिऽ, सीऽताऽ सेऽ मिलन की निशानी ।
करके वन्दन हनूमान धाया, पद कमलों में राघव के आया ।।

♪ सांसां- नि-रें- सां ध-ध निधपम-, सां-नि- रें- सांधध नि- धप-म- ।
म-ग म-मम मप-पम-ग म-प-, रेग ममम- म ध-प- म ग-रे- ।।

अंतरा-2

बोला, "माता है रावण के वन में, चीर भेजी है फाड़ऽ के तन से" ।
सुन संदेस राम हऽर्षाया, हनुमत को गले से लगाया ।।

अंतरा-3

राम बोले, "तू लखनऽ की नाई, हनुमानऽ तू! मेरा है भाई" ।
सब कपियन ने शोरऽ मचाया, और हनुमत को सिर पर उठाया ।।

(इति)

✍ दोहा॰ ऋषिवर नारद ने दिया, रत्नाकर को बोध ।
स्वरदा माता ने दिया, काव्य करन का मोद ।। 5811/7162

गीत छंद लय से भरा, सुंदरतम निःशेष ।
हरि किरपा से पूर्ण है, सुंदरकाण्ड विशेष ।। 5812/7162

Sangit-Shri-Krishna-Ramayan

1924
रत्नाकर रचित संगीत-श्री-रामायण

अध्याय 6
लंका काण्ड

1925
रत्नाकर रचित संगीत-श्री-रामायण

1926
रत्नाकर रचित संगीत-श्री-रामायण

Sangit-Shri-Krishna-Ramayan

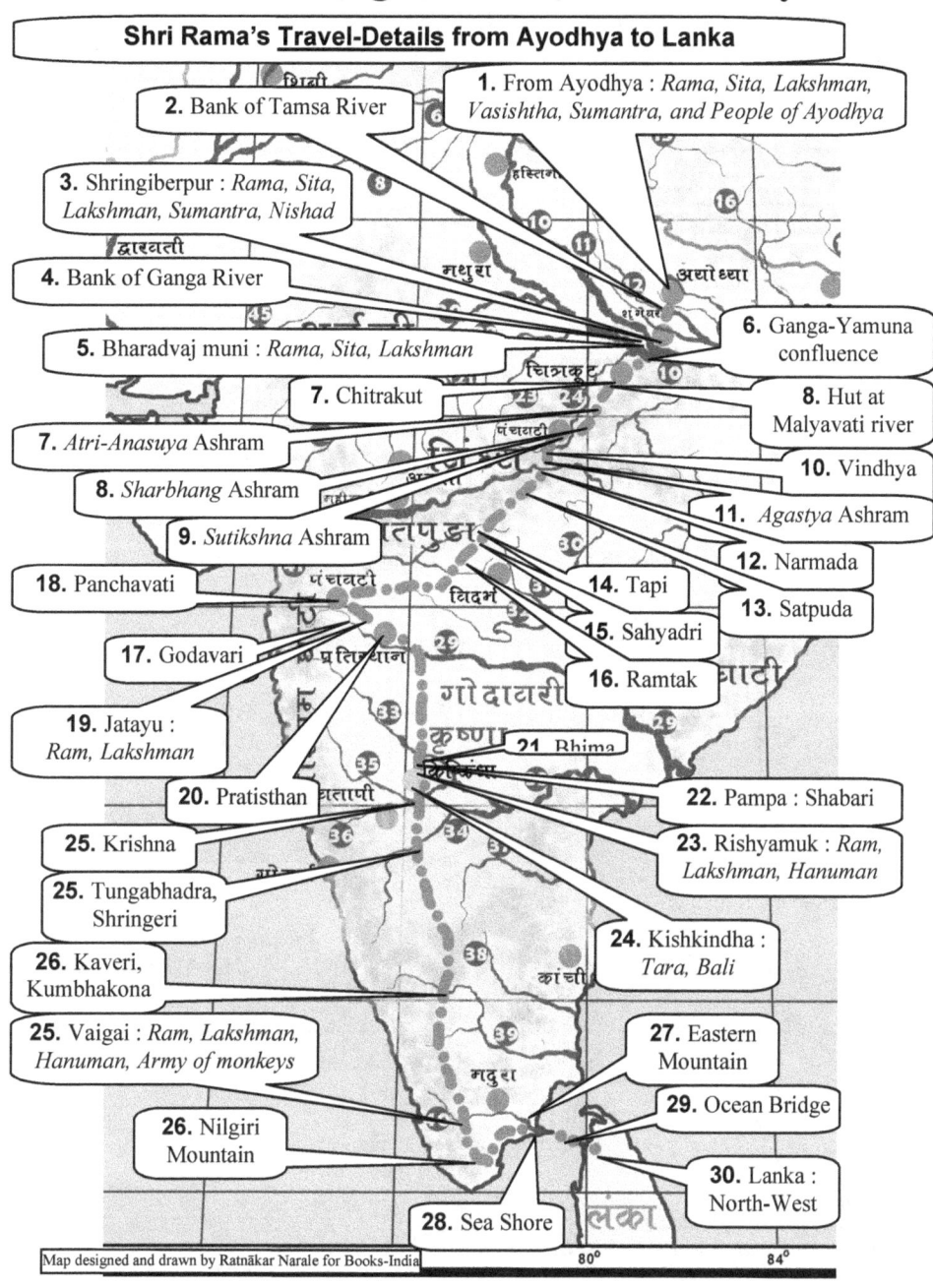

Sangit-Shri-Krishna-Ramayan

Shri Rama's Return Travel from Lanka to Ayodhya

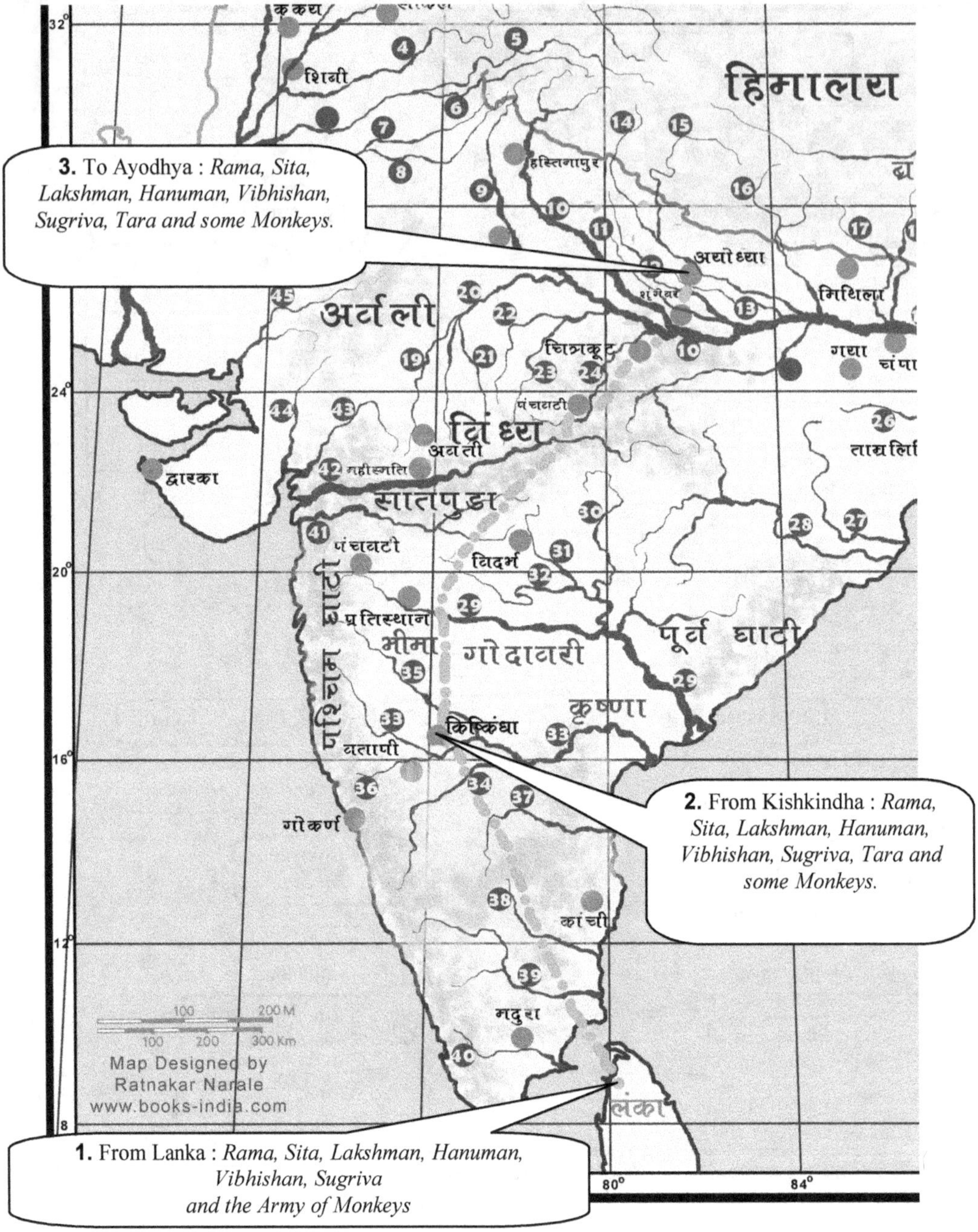

3. To Ayodhya : *Rama, Sita, Lakshman, Hanuman, Vibhishan, Sugriva, Tara and some Monkeys.*

2. From Kishkindha : *Rama, Sita, Lakshman, Hanuman, Vibhishan, Sugriva, Tara and some Monkeys.*

1. From Lanka : *Rama, Sita, Lakshman, Hanuman, Vibhishan, Sugriva and the Army of Monkeys*

1928

रत्नाकर रचित संगीत-श्री-रामायण

189. Story of building the bridge over the ocean

अध्याय 6

लंका काण्ड

(अथ)

✍दोहा॰ चौपाई दोहे सजा, सुंदरकाण्ड विशेष ।
अथ है लंका काण्ड का, सानंद श्रीगणेश ।। 5813/7162

लंका काण्ड : पहला सर्ग

189. सेतु बंधन की कथा :

189. Story of building the bridge over the ocean

♫ संगीतश्रीकृष्णरामायण छन्दमाला, मोती 444 of 501

तामरस छन्द[226]

। । ।, । ऽ ।, । ऽ ।, । ऽ ऽ

(सेतु बंधन)

हनुमत "राघव" नाम लिखायो ।
जल पर पाथर लाख तरायो ।। 1
हनुमत सागर सेतु बनायो ।
कपि दल सागर पार करायो ।। 2

ॐ श्लोका:

कथं तत्र नु गन्तव्यं सागरस्यापरे तटे ।
लङ्केशस्य हि लङ्कायां ससैन्यं च सुरक्षितम् ।। 2079/2422

---

[226] ♫ **तामरस छन्द** : इस 12 वर्ण, 16 मात्रा वाले छन्द में न ज ज य गण आते हैं । इसका लक्षण सूत्र । । ।, । ऽ ।, । ऽ ।, । ऽ ऽ इस प्रकार होता है । वर्ण 8–4 पर यति विकल्प से आता है ।

▶ लक्षण गीत : ✍ **दोहा॰ सोलह मात्रा से बना, न ज ज य गण का वृंद ।**
बारह अक्षर हों जहाँ, वहाँ "तामरस" छंद ।। 5814/7162

189. Story of building the bridge over the ocean

हनुमानाह श्रीरामं रचयिष्याम्यहं जले ।
विशालं सुदृढं सेतुं तत्र गन्तुं सुखं प्रभो ।। 2080/2422

ब्रूते तथास्तु श्रीरामो शिलासेतुर्जले भवेत् ।
नीलादयोऽरचन्सेतुं रामनामस्य मायया ।। 2081/2422

संगीतश्रीकृष्णरामायण गीतमाला, पुष्प 664 of 763

भजन : राग दुर्गा, दादरा ताल 6 मात्रा

(चाल और तबला ठेका के लिए देखिए हमारी "*नई संगीत रोशनी*" का गीत 71)

(सेतु बंधन)

स्थायी

स्थायी

राम लिखो, नाम लिखो, राम लिखो, नाम रे ।

♫ ध–ध पम–, प–प मरे–, सा–सा साध–, प–म म– – ।

अंतरा–1

शिला तरे, सेतु बने, स्वेद बिंदु ढार रे ।
राम जपो, नाम रटो, तभी बने काम रे ।।

♫ म–म पध–, सां–सां सांसां–, ध–सां रें–सां ध–ध प– – ।
ध–ध पम–, प–प मरे–, सासा– धध– प–म म– – ।।

अंतरा–2

जादू भरा, महा भला, राम राम–नाम रे ।
काम करो, काम करो, राम को लो थाम रे ।।

अंतरा–3

राह तके, सिया वहाँ, रात दिवस जाग के ।
अँगुठी को देख देख, कहे प्रभो राम रे ।।

📖 कथा 📖

(कपि गण)
उठाय काँधे पर हनुमाना, सुग्रीव अंगद जंबूवाना ।
हर्षित भारे कपिवर नाना, बोले जय जय जय हनुमाना ।। 4529/5205

189. Story of building the bridge over the ocean

कपि को राघव कंठ लगाए, सीता को तुम ढूँढके आए ।
चूड़ामणि तुम प्रमाण लाए, मेरा हिरदय तुम हरषाए ।। 4530/5205

✍दोहा॰ **गले लगाया राम ने, कपि हनुमान सुजान ।**
बोले, तू मम भ्रात है, लखन भरत समान ।। 5815/7162

काँधे पर हनुमान को, सबने लिया बिठाय ।
नाचे कपिजन हर्ष में, दोनों हाथ उठाय ।। 5816/7162

(फिर)

राघव बोले वानर वीरों, युद्ध कुशल मेरे रण धीरों ।
आओ सब मिल तर्क लड़ाएँ, सेना लंका कैसे जाए ।। 4531/5205

कैसे पार करेगी सेना, सागर लगता अंतर दूना ।
ना ही हम जा सकते उड़के, ना तर कर आ सकते मुड़के ।। 4532/5205

✍दोहा॰ **सबको राघव ने कहा, मिल कर करें विचार ।**
सेना अपनी किस तरह, जावे सागर पार ।। 5817/7162

ना उड़ सकते हम वहाँ, ना तर सकते नीर ।
लंका योजन दूर है, सागर–परले तीर ।। 5818/7162

(निर्णय)

अथाह सागर करना पारा, सह सेना दुस्तर ब्योपारा ।
जुगाड़ इस पर क्या हो न्यारा, काम सफल हो कथं हमारा ।। 4533/5205

विचार विनिमय हुए बतेरे, उपाय सोचे विविध प्रकारे ।
अंतिम निर्णय मंडल लीन्हा, समुद्र पर द्रुत सेतु बनाना ।। 4534/5205

मारग इतना सुदृढ़तम हो, सैन्य सकल के लिए न कम हो ।
पुल पत्थर का चिर स्थायी हो, जाने आने सुखदाई हो ।। 4535/5205

✍दोहा॰ **निर्णय कीन्हा, हम रचें, सागर सेतु विशाल ।**
देख–देख जिसको रहे, त्रिलोकनाथ निहाल ।। 5819/7162

सदृढ़ ऐसा पुल बने, ढहे न हमरे बाद ।

189. Story of building the bridge over the ocean

अमर विश्व में चिर रहे, शाश्वत उसकी याद ।। 5820/7162

(तब)

नील योजना, नल अभियंता, शिला शिल्प अंगद हनुमंता ।
कर्मचारी दल जांबूवंता, कपि कारज में लगे अनंता ।। 4536/5205

सोच समझ कर बड़े ज्ञान से, शीघ्र बनाएँ बड़े ध्यान से ।
सीमित अवधि हाथ हमारे, राघव किरपा साथ हमारे ।। 4537/5205

(लक्ष्मण)

दोहा॰   जितनी जल्दी हो सके, बने सेतु अभिराम ।
पता न रावण को चले, गोपनीय हो काम ।। 5821/7162

नील बनायो योजना, अंगद शिल्पाकार ।
हनुमत-नल लाते शिला, सुग्रीव था सरदार ।। 5822/7162

(अत:)

दोहा॰   आज्ञा सुग्रीव से लिए, सैनिक सब तत्काल ।
अपने-अपने काम में, करने लगे कमाल ।। 5823/7162

पत्थर गिरि से काट कर, ढोते कपि दल भार ।
गिरि से सागर तक खड़े, लंबी किए कतार ।। 5824/7162

सीता के शुभ नाम से, हुआ शिला का न्यास ।
विशाल सेतु प्रकल्प का, हुआ शुरू आयास ।। 5825/7162

सागर गहरा था बड़ा, पत्थर जाते डूब ।
आतप सूरज का कड़ा, देह तपावे धूप ।। 5826/7162

स्वेद बिंदु गिर कर हुआ, पावन सागर नीर ।
राम-नाम लिख अश्म को, तराय वानर वीर ।। 5827/7162

रचते पत्थर ध्यान से, सभी जोड़ कर प्रीत ।
लगे रात दिन काज में, गात राम के गीत ।। 5828/7162

♪ संगीतश्रीकृष्णरामायण छन्दमाला, मोती 445 of 501

189. Story of building the bridge over the ocean

पंचचामर-2 छन्द[227]

। ऽ ।, ऽ । ऽ, । ऽ ।, ऽ । ऽ, । ऽ ।, ऽ

(सेतु बंधन)

लिखे चलो, लिखे चलो, पवित्र नाम राम का ।
अटूट यत्न से बने समुद्र सेतु अश्म का ।। 1
बढ़े चलो, बढ़े चलो, बड़ा महान काम है ।
सिया अशोक बाग में जपे अखंड नाम है ।। 2

संगीतश्रीकृष्णरामायण गीतमाला, पुष्प 665 of 763

भजन

(चाल और तबला ठेका के लिए देखिए
हमारी "*नई संगीत रोशनी*" का सुंदर गीत 19)

(राम-भक्त हनुमान)

स्थायी

श्री राम का शुभ नाम लिख-लिख, पवन सुत शिला तरै ।
जल सेतु बंधन, सिंधु तारण, कपीश दल सेवा करै ।।
♫ सारे नि-सा ग- मग प-ध पप पप, पपप धम पनिधप मरे- ।
सारे नि-सा ग-मग, प-ध प-पप, पपप धम पनिधप मरे- ।।

अंतरा-1

जाँबवंत सुग्रीव हनुमत, राम-काज करन खटै ।
नल नील अंगद ऋष मरुत कपि, राम का शुभ नाम रटै ।।
♫ ग-मध-नि निसां-सां निरेंसांसां, नि-नि सां-सां सांसांनिरें सांधप ।

---

[227] ♫ **पंचचामर-2 छन्द :** सोलह वर्ण न न ज र ज ग गण वाले पूर्वोक्त **पंचचामर-1** का सूत्र । । । । । । ऽ । ऽ । ऽ । ऽ । ऽ । ऽ । ऽ इस प्रकार से होता है । इस 16 वर्ण, 24 मात्रा वाले **पंचचामर-2** छन्द में विराम 8, 8 या 4, 4, 4, 4 पर विकल्प से आता है । इसमें ज र ज र ज गण और एक गुरु वर्ण आता है, अर्थात् लघु गुरु वर्ण क्रम की पुनरावृत्ति होती है । इसका लक्षण सूत्र । ऽ ।, ऽ । ऽ, । ऽ ।, ऽ । ऽ, । ऽ ।, ऽ इस प्रकार है । कहरवा या दादारा ताल में गाने के लिए यह छन्द बहुत उपयुक्त है ।

▶ फफलक्षण गीत : **दोहा० सोलह मात्रा से सजा, लघु गुरु क्रम का वृंद ।**
"पंचचामर-द्वितीय" है, ज र ज र ज ग गण छंद ।। 5829/7162

189. Story of building the bridge over the ocean

गग प-प पधनिसां पनि धपम गग, प-प धम पनि धपम रे-सा ।।

अंतरा-2
भानु आतप तनु तपा कर, स्वेद बिंदु जल में गिरै ।
उस पूज्य पावन नीर में, शिला सेतु तारन काज करै ।।

अंतरा-3
लंका दहन, रावण हनन, सिंधु योजन दूर उड़ै ।
कपि वायुपुत्र वानर दल, सब राम जाप का मोद लुटै ।।

(राम-नाम)

दोहा॰ बिंदु-बिंदु से सिंधु है, शिला-शिला से पूल ।
पग-पग आगे बढ़ चले, निश-दिन कपि मिलजूल ।। 5830/7162

जाँबवंत, नल, नील भी, सुग्रीव, कपि हनुमान ।
ऋष्य, मरुत, अंगद सभी, लिखै राम का नाम ।। 5831/7162

राम-नाम से काम हो, राम-नाम से गीत ।
राम-नाम हर साँस में, राम-नाम से जीत ।। 5832/7162

राम-नाम ही आर है, राम-नाम ही पार ।
संकट मोचन काज में, राम-नाम असि-धार ।। 5833/7162

राम-नाम में तार है, भवसागर का पार ।
बिना नाम के हार है, रघुवर जीवन सार ।। 5834/7162

राम-नाम सुख देत है, सब विध दुक्ख मिटाय ।
भाता मुख में नाम है, हिरदय राम बिठाय ।। 5835/7162

मोती राघव नाम है, पावन अंतर्ज्योत ।
राम-नाम मन शाँति है, आत्मज्ञान का स्रोत ।। 5836/7162

राम-नाम जादू चले, जहर बने अमरीत ।
बने अघट भी सुघट है, बने हार से जीत ।। 5837/7162

राम-नाम रटते रहो, मन में धर कर धीर ।
राम-नाम पत्थर तरे, लाँघन सागर नीर ।। 5838/7162

189. Story of building the bridge over the ocean

संगीतश्रीकृष्णरामायण छन्दमाला, मोती 466 of 501

वसंततिलका छन्द

ऽ ऽ ।, ऽ । ।, । ऽ ।, । ऽ ।, ऽ ऽ

सा- नि़-सा रे-रे सारे ग- मगरे- गरे-सा-

(राम सेतु)

श्री राम-नाम-शुभ को, लिखके तराशे ।
चट्टान लाकर बड़े, जल पे तराये ।। 1
चौड़ा विशाल पुल सागर पे बना है ।
लंकेश को विमल-राघव ने हना है ।। 2

संगीतश्रीकृष्णरामायण गीतमाला, पुष्प 666 of 763

भजन : राग आसावरी, कहरवा ताल 8 मात्रा

(राघव मन रोये)

स्थायी

अँसुअन जल जो अश्क बहावे, राघव का मृदु मन दरसावे ।

-पमपसां धध पधमप गरेम मपधप-, -पधसांसां सां- सांसां सांगं रेंसां निसांधप ।

अंतरा-1

याद सिया की बिरहा पन में, साजन का दुखी मन तरसावे ।

-म-प धप- ध- सांसांसां- रेंनि सां-, -प-पध सां- सांसां सांरेंगं रेंसांध-प- ।

अंतरा-2

उत रावण के बाग में रोता, सीता मन-तोता घबरावे ।

अंतरा-3

इत हनुमाना धीरज वाला, सागर लाँघन सेतु बनावे ।

(राम-नाम)

राम-नाम है सब सुख दाता, राम-नाम सुख-दुख में भाता ।
राम-नाम सब समा सुहाता, राम-नाम सब मुख में भाता ।। 4538/5205

राम-नाम नैनन के मोती, राम-नाम है अंतर्ज्योति ।
राम-नाम है मन की शाँति, राम-नाम हृदय की भाँति ।। 4539/5205

189. Story of building the bridge over the ocean

राम-नाम का चल कर जादू, वस्तु विषैली बनती स्वादु ।
दुर्गम काज अगम अपारे, राम-नाम है सहज उबारे ।। 4540/5205

राम-नाम में प्रभाव ऐसे, अश्म जल तरे लकड़ी जैसे ।
राम-नाम से सब मंगल है, सेतु बंधन काम सफल है ।। 4541/5205

असंख्य पत्थर रच कर भारे, कीन्हा सेतु कपि गण सारे ।
बना सेतु सागर पर ऐसा, राज मार्ग भूमि पर जैसा ।। 4542/5205

दोहा॰ राम-नाम इस आर है, राम-नाम उस पार ।
राम-नाम मझधार है, राम नाम संसार ।। 5839/7162

राम-नाम से आदि हो, राम-नाम से अंत ।
राम-नाम से काम हो, कहते सज्जन संत ।। 5840/7162

राम-नाम लिख-लिख बना, सागर सेतु विशाल ।
पावन शाश्वत सेतु को, विश्व लखे चिरकाल ।। 5841/7162

 संगीतश्रीकृष्णरामायण गीतमाला, पुष्प 667 of 763

(जपो राम)

स्थायी

कहो राम, जपो राम, भजो राम ।
♪ सारे ग-ग, मग रे-, गरे सा-सा ।

अंतरा-1

राम-नाम है एक सहारा, एक किनारा, एक पियारा ।
राम तिहारा एक उबारा, एक उद्धारा, एक गुजारा ।
बोलो राम, गाओ राम ।।

♪ सा-रे ग-ग ग- प-म गरे-ग-, म-म मम-म-, ध-प मग-म- ।
ध-प मप-प- नि-ध पम-प-, ध-प मग-रे-, प-म गरे-सा- ।
सारे म-, गरे सा-सा ।।

अंतरा-2

1936

189. Story of building the bridge over the ocean

राम तुम्हारे सदा पास है, राम आस में साँस-साँस में ।
राम पवित्तर एक नाम है, राम ज्ञान है, राम ध्यान है ।
बोलो राम, गाओ राम ।।

अंतरा-3

राम तुम्हारा एक ही चारा, एक ही यारा, एक ही प्यारा ।
राम तुम्हारा है जग सारा, रटो राम का जय जय कारा ।
बोलो राम, गाओ राम ।।

 संगीतश्रीकृष्णरामायण गीतमाला, पुष्प 668 of 763

दादरा ताल

(सेतु बंधन की कथा)

स्थायी

गीत शारद ने मंजुल है गाया, साज नारद मुनि ने बजाया ।
रत्नाकर से है मंगल रचाया, रामायण को है सुंदर सजाया ।।
♪ म-ग म-म- म प-म- ग म-प-, रे-ग म-म- मध- प- मग-म- ।
रेगम-म म- म ध-प- गम-प-, रे-ग-म- म- म ध-प- मग-रे- ।।

अंतरा-1

सुन लंका में सीता का होना, उसका दिन-रात बिरहा में रोना ।
कपि बोले, चलो रे चलो भैया! लंका से छुड़ाने सीता मैया ।।
♪ सांसां नि-रें- सां ध-नि- ध प-म-, सां-सां निनि रें-सां धधनि- ध प-म- ।
मग म-म-, मप- प मग- म-प-! रेगम- म- मधध प-म ग-रे- ।।

अंतरा-2

दिन-राती लगे वीर सारे, लाए पत्थर उठा कऽर भारे ।
राम का नाम पत्थर तराया, नीर सागर पर सेतुऽ बनाया ।।

अंतरा-3

सीता देवी को लाऽनेऽ बेचैना, चली लंका में कपियन की सेना ।
हनुमत ने जो स्थानऽ बताया, उस पर राघव ने डेरा लगाया ।।

(तब)

189. Story of building the bridge over the ocean

राम-नाम के नारे गाते, चले वीर योजन लँघाते ।
एक-एक कपि नेता आगे, सेना उनके पीछे भागे ।। 4543/5205

उसी स्थान में पहुँची सेना, देख रखी थी जो हनुमाना ।
लगी छावनी वानर दल की, हर्षित पुलकित अगणित बल की ।। 4544/5205

दोहा॰ राम-नाम गाते चले, लाँघत सागर नीर ।
पुल से लंका आगए, राघव के कपि वीर ।। 5842/7162

आई सेना राम की, लेकर सब सामान ।
स्थान कहा हनुमान ने, लड़ने को आसान ।। 5843/7162

(सुग्रीव)
कार्य भाग सुग्रीव ने छाँटे, एक-एक दल में फिर बाँटे ।
कंद मूल फल दाना पानी, खान-पान की हो आसानी ।। 4545/5205

दवा दारु[228] की पूर्ण व्यवस्था, निरोग सारे भली अवस्था ।
वैद्य पुरोहित सेवक सारे, शिबिर सुरक्षा करते न्यारे ।। 4546/5205

दोहा॰ सैन्य सजाया व्यूह में, तत्परता के साथ ।
अगर आक्रमण आगया, करने दो-दो हाथ ।। 5844/7162

झटपट तंबू तान कर, डाला भव्य पड़ाव ।
चतुर चरों को भेज कर, कीन्हा भेद बचाव ।। 5845/7162

चतुर्वर्ग दल में बटे, सेवा के आधार ।
स्वास्थ्य सुरक्षा सैन्य की, खान-पान आगार ।। 5846/7162

(और)
मंत्री गण में भई मंत्रणा, अगला कदम कहाँ है रखना ।
प्रथम असुर से करें याचना, "छोड़ सिया को, लड़ाई बिना" ।। 4547/5205

दोहा॰ भरी सभा जब राम की, मंत्री गण के साथ ।
बनी योजना कार्य की, सुदृढ़ मन के साथ ।। 5847/7162

---

[228] **दारु** (सं) = लकड़ी, वनस्पति, औषधि ।

189. Story of building the bridge over the ocean

मंत्री बोले राम को, भेजो केसर-पूत ।
जावे रावण पास वो, बन कर हमरा दूत ।। 5848/7162

♫ संगीतश्रीकृष्णरामायण छन्दमाला, मोती 447 of 501

अनुकूला छन्द[229]

ऽ । ।, ऽ ऽ ।, । । ।, ऽ ऽ

(हनुमान दौत्य)

राघव बोले, हनुमत! जाओ ।
रावण को सादर समझाओ ।। 1
"छोड़ सिया तू, दसमुख प्यारे! ।
या फिर देंगे हरि दुख भारे" ।। 2

(राम)

हनुमत को बोले रघुराई, वायुपुत्र! अब तुम्ही सहाई ।
लखन यथा है मेरा भाई, तथा हि तुम हो बंधु की नाई ।। 4548/5205

मिलन असुर से अब तुम जाओ, भीति ना तुम मन में पाओ ।
खरी सभ्यता उसे दिखाओ, माना नहिँ तो मजे चखाओ ।। 4549/5205

तुमने ध्यान बचा कर रहना, रावण के आगे है कहना ।
"दे दे सखे! प्रेम से सीता, पावन है वह गंगा सरिता" ।। 4550/5205

तुमरी वाणी में आदर हो, कथन विनय से सब सादर हो ।
प्रेम भक्ति का सदा भाव हो, कभी अहम का कछु न घाव हो ।। 4551/5205

दोहा॰ कपि को बोला राम ने, तुम हो निर्भय दास ।
संदेसा हमरा लिए, जाओ रावण पास ।। 5850/7162

कहो, "छोड़ दे तू सिया, अभी शाँति के साथ ।

---

[229] ♫ **अनुकूला छन्द** : इस 11 वर्ण, 16 मात्रा वाले छन्द के चरण में भ त न गण और दो गुरु वर्ण आते हैं । इसका लक्षण सूत्र ऽ । ।, ऽ ऽ ।, । । ।, ऽ ऽ इस प्रकार होता है । चरणान्त यति होता है ।

▶ लक्षण गीत : **दोहा॰ सोलह मात्रा से सजा, दो गुरु कल से अंत ।**
जहाँ भ त न गण हों सजे, "अनुकूला" वह छंद ।। 5849/7162

189. Story of building the bridge over the ocean

कर देंगे तुझको क्षमा, दयालु हैं रघुनाथ" ।। 5851/7162

सीता पावन पूज्य है, देवी सती महान ।
उसको ना तू क्लेश दे, ना ही कर अपमान ।। 5852/7162

वाणी तुमरी मधुर हो, दरसावे सम्मान ।
स्नेह विनय का भाव हो, न हो अहं को स्थान ।। 5853/7162

(और)

कहो "छोड़ तू सीता मैया, पार लगेगी तेरी नैया ।
लड़ कर फिर सुख को तू तरसे, राम-लखन के शर जब बरसें" ।। 4552/5205

तुम पर यदि वो कर दे हल्ला, फिर तगड़ा तुम मारो बल्ला ।
अगर प्राण से तुमरे खेले, फिर दुखड़े वो अगणित झेले ।। 4553/5205

उसकी सेना मार भगाना, उसके बल का पता लगाना ।
असुर जनों को बहुत डराना, डाह कोह में असुर जराना ।। 4554/5205

नगरी में छाएगा सोगा, आत्मघात ये उसका होगा ।
यही काज है करने जाना, रावण से उत्तर है लाना ।। 4555/5205

दोहा॰ अगर शाँति से ना करे, रावण तुमसे बात ।
करो यथोचित तुम, सखे! दंड भेद आघात ।। 5854/7162

यदि वह तुमरे प्राण से, खेले, कर अविचार ।
आत्म-सुरक्षा के लिए, करो प्रबल प्रतिकार ।। 5855/7162

और काज तुम ये करो, परखो उसके वीर ।
कितना उसका सैन्य है, उसमें कितने हीर ।। 5856/7162

 संगीतश्रीकृष्णरामायण गीतमाला, पुष्प 669 of 763

दादरा ताल

(हनुमान दौत्य की कथा)

स्थायी

गीत शारद ने मंजुल है गाया, साज नारद मुनि ने बजाया ।

1940
रत्नाकर रचित संगीत-श्री-रामायण

189. Story of building the bridge over the ocean

रत्नाकर से है मंगल रचाया, रामायण को है सुंदर सजाया ।।

♪ म-ग॒ म-म- म प-म- ग॒ म-प-, रे-ग॒ म-म- मध॒- प- मग॒-म- ।
रेग॒म-म म- म ध॒-प- ग॒म-प-, रे-ग॒-म- म- म ध॒-प- मग॒-रे- ।।

अंतरा-1

बोले श्रीराम, हनुमान प्यारे! जाओ बन कर तुम दूतऽ हमारे ।
कहो रावण को छोड़ऽ दे सीता, वरना देंगे तुझे फऽल तीता ।।

♪ सांसां नि-रें-सां, धधनि-ध॒ प-म-! सांसां निनि रें- सां- ध॒-नि- धप-म- ।
मग॒ म-म- म प-म- ग॒ म-प-, रे-ग॒ ममम- मध॒- पमम ग-रे- ।।

अंतरा-2

प्रेम आदर से रावण को कहना, उसकी अज्ञान बातों को सहना ।
लेने सीता को राघव है आया, शांऽतिऽ से तू मानऽ जा भैया! ।।

अंतरा-3

यदि तुम पर वो हमला करेगा, यदि अन्याय से ना डरेगा ।
आत्म रक्षा के कारण तिहारा, प्रतिकार का है अऽधिकारा ।।

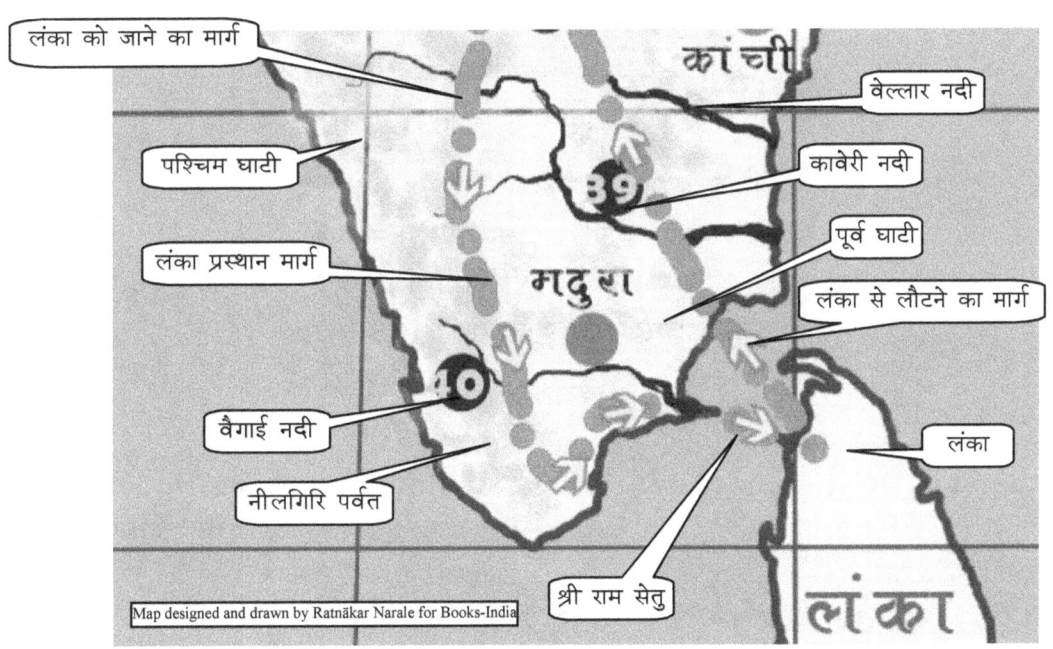

1941
रत्नाकर रचित संगीत-श्री-रामायण

190. Story of meeting between Rāvan and Hanumān

लंका काण्ड : दूसरा सर्ग

190. श्री हनुमान-रावण मिलन की कथा :

190. Story of meeting between Rāvan and Hanumān

संगीतश्रीकृष्णरामायण छन्दमाला, मोती 448 of 501

उद्यता छन्द[230]

ऽ ऽ ।, । । ।, ऽ । ऽ, । ऽ

(रावण हनुमान मिलन)

ज्ञानी कपि हनुमान नाम का ।
आया बन कर दूत राम का ।। 1
बोला, "नृप! कर काम काम का" ।
सीता तज! "कर त्राण प्राण का" ।। 2

बोला दसमुख रामदास से ।
भौंहें तन कर अट्टहास से ।। 3
भागो कपि! तुम, राम से कहो ।
सीता लड़ कर प्राप्त है, गहो ।। 4

बोला दशशिर, "कीश को धरो ।
जारो दुम हनुमान की, चरों!" ।। 5
जारी दुम बजरंग की जभी ।
लंका दशमुख की जली तभी ।। 6

श्लोका:

---

[230] उद्यता छन्द : इस 11 वर्ण, 16 मात्रा वाले छन्द के चरण में त न र गण और एक लघु और एक गुरु वर्ण आता है । इसका लक्षण सूत्र ऽ ऽ ।, । । ।, ऽ । ऽ, । ऽ इस प्रकार होता है । चरणान्त यति होता है ।

▶ लक्षण गीत : दोहा॰ सोलह मात्रा से सजा, लघु गुरु कल से अंत ।
त न र गणों का पद्य जो, वही "उद्यता" छंद ।। 5857/7162

190. Story of meeting between Rāvan and Hanumān

(रावणहनुमतोर्मिलनम्)

आगतो हनुमान्वीरो दूतो रामस्य मङ्गलः ।
रावणं मेलितुं किन्तु नैच्छत्स मिलितुं कपिम् ।। 2082/2422

♪ रे-रेरे- रेरेरे-ग-रे-, म-ग- रे-रे-रे ग-मग- ।
प-मग- मपध- प-म-, ग-ग-ग- रे-मग- रे-सा- ।।

निरुपाएन तस्माद्धि क्रुद्धं कर्तुं च रावणम् ।
उध्वस्तामकरोद्धूरिम्-अशोकवाटिकां कपिः ।। 2083/2422

दृष्ट्वा च वाटिकां भग्नां मेघनादोऽधरत्कपिम् ।
आनयच्च सभायां तं दूतं रावणसम्मुखम् ।। 2084/2422

रावणः कपिमपृच्छत्-दासो वा राघवस्य त्वम् ।
कस्त्वं कस्य च दूतस्त्वं कस्मै च कथमागतः ।। 2085/2422

कपिश्च रावणं ब्रूते कपीशो हनुमानहम् ।
सीता माता-पिता रामो रामः स्वामी च मे तथा ।। 2086/2422

रामाय देहि सीतां त्वं विना युद्धं सुखं नृप ।
नार्यपहरणं पापं मृत्युदण्डो भविष्यति ।। 2087/2422

लङ्काधीशोऽभवत्क्रुद्धः श्रुत्वा हनुमतो वचः ।
आह विभीषणो बन्धुं कपिर्दूतोऽनघः हि सः ।। 2088/2422

श्रुत्वा बन्धोर्वचः सत्यं रावणस्तमताडयत् ।
सभायाश्च बहिष्कृत्य गच्छ ब्रूते विभीषणम् ।। 2089/2422

📖 कथा 📖

(हनुमान)

✍दोहा॰ राघव से आज्ञा लिए, निकल पड़ा हनुमान ।
रावणपुरी में आगया, करने राघव-काम ।। 5858/7162

मगर नहीं उससे मिला, रावण लंकाधीश ।
"परदेसी तू है" कहा, "वानर जाति कपीश" ।। 5859/7162

190. Story of meeting between Rāvan and Hanumān

अशोक वाटिका ध्वंस की कथा

Story of the desteuction of Ashok-Vāṭika

(फिर)

दोहा॰ **हनुमत ने फिर आखिरी, सोचा एक उपाय ।**
अशोक सुंदर बाग में, कर दूँ घोर अपाय ।। 5860/7162

लंकापति के आयँगे, महावीर जब खास ।
हथिया कर ले जायँगे, मुझको रावण पास ।। 5861/7162

"देखूँ रावण सैन्य में, कौन-कौन हैं वीर ।
अस्त्र शस्त्र परिमाण क्या, कितने हैं रणधीर" ।। 5862/7162

(तब)

अशोक वन में उड़कर आया, पुष्प बाग में उधम मचाया ।
कुचल मसल फल पेड़ उखाड़े, प्रसून सुंदर बेल उजाड़े ।। 4556/5205

जल फव्वारे तोड़ गिराये, माली बगियाबान डराये ।
रावण पुतले फोड़ लिटाये, वन के रक्षक मार मिटाये ।। 4557/5205

दन् दन् चलते भूमि हिलाई, निर्मल जल में धूल मिलाई ।
घास पात झँखाड़ उड़ाया, जैसे झँझावात हो आया ।। 4558/5205

दोहा॰ **अशोक वन में आगया, उड़ कर कपि हनुमान ।**
उधम मचाया बाग में, किया बहुत नुकसान ।। 5863/7162

(फिर)

आकर बोले रावण दासा, "पुष्प वाटिका भई है नासा ।
विशाल बंदर उपवन आया, तोड़-फोड़ भूचाल मचाया ।। 4559/5205

"रमण स्थान अति अस्त व्यस्त है, दावानल सम भया ध्वस्त है ।
पुष्प वाटिका नष्ट भ्रष्ट है, कीजो जल्दी यथा इष्ट है" ।। 4560/5205

दोहा॰ **जल फव्वारे तोड़ कर, बहुत किया उत्पात ।**
पेड़ उखाड़े बाग के, ध्वस्त फूल फल पात ।। 5864/7162

190. Story of meeting between Rāvan and Hanumān

फोड़े पुतले मूर्तियाँ, गिरी झील में धूल ।
रावण सेवक डर गए, माली पाए भूल ।। 5865/7162

भागे-भागे आगए, सेवक रावण पास ।
बोले, "बंदर आगया, करने बगिया नास" ।। 5866/7162

(मुखिया)

खग जो तरु पर थे मंगल में, उड़ कर भागे नभ मंडल में ।
खग रव सुन कर डरी असुरियाँ, व्याकुल रोईं दसमुख सखियाँ ।। 4561/5205

रावण करीब आई मुखिया, बोली उसको, होती दुखिया ।
फुलवारी में आया बंदर, चौपट कीन्ही बगिया सुंदर ।। 4562/5205

भेजो सैनिक उसको धरने, पकड़ो उसको विनाश करने ।
सीता का वो लगता चेरा, जिसने ये है डंडा फेरा ।। 4563/5205

दोहा॰ रावण की दासी तभी, आई रावण पास ।
बोली, "उस कपि ने करी, पुष्प वाटिका नास ।। 5867/7162

"पुष्प लता सब ध्वस्त हैं, डाले पेड़ उखाड़ ।
तोड़-फोड़ पुतले किए, की है बाग उजाड़ ।। 5868/7162

"अपने से सुंदर मृग डरे, सभी गए हैं भाग ।
कपोत तोते उड़ गए, मैना चिड़िया काग ।। 5869/7162

"लगता सीता का सगा, या राघव का दास ।
भेजो सैनिक बाँकुरे, लाओ धर कर पास" ।। 5870/7162

(रावण)

दोहा॰ सुन सीता के नाम को, रावण के मन क्रोध ।
बोला, आया कौन है, करने हमें विरोध ।। 5871/7162

ध्वस्त किए मम वाटिका, किसका आया काल ।
उस बंदर को बाग से, डालो तुरत निकाल ।। 5872/7162

पकड़ो, ले आओ उसे, अभी हमरे पास ।

लौट न आवे फिर कभी, दुखी राम-का-दास ।। 5873/7162

घेरो चारों ओर से, कहीं न जावे भाग ।
तेल पूँछ पर डाल कर, उसे लगादो आग ।। 5874/7162

(किंकर)

✍दोहा॰ दौड़े आए बाग में, किंकर, धरने कीश ।
भागे उल्टे पैर वे, देखे विकट कपीश ।। 5875/7162

आए फिर से लौट कर, लेकर भाले तीर ।
ताने त्योरी भौंह की, लंकापति के वीर ।। 5876/7162

टूट पड़े हनुमान पर, घोर गर्जना साथ ।
बोले, पकड़ो कीश को, बाँधो उसके हाथ ।। 5877/7162

रावण अनुचर दौड़ते, आए जब ही पास ।
पीटा वृक्ष उखाड़ कर, दीन्हा उनको त्रास ।। 5878/7162

भाग गए, कछु मर गए, कुछ जो लौटे स्थान ।
बोले वानर वीर है, बलवत् शूर महान ।। 5879/7162

कुचला हमको कीश ने, भारी पेड़ उखाड़ ।
लड़ता केवल हाथ से, करता भारी रार ।। 5880/7162

बहुत बड़ा आकार है, जैसा मेरु पहाड़ ।
हाथी सा बल है उसे, सिंह समान दहाड़ ।। 5881/7162

(जंबुमाली)

✍दोहा॰ सुन कर क्रंदन भृत्य का, रावण को अति खेद ।
जंबूमाली को कहा, लाने कपि का भेद ।। 5882/7162

जंबूमाली पुत्र था, प्रहस्त का अति वीर ।
लड़ता आयुध विविध से, भाला मुद्‌गर तीर ।। 5883/7162

दल को लेकर वीर वो, आया आयुध धार ।
कपि ने पत्थर पेड़ से, दीन्ही उसको मार ।। 5884/7162

190-A. Story of Akshakumār (Rāmāyan, 6. Lankā Kānd)

190-A. Story of Akshakumār *(Rāmāyan, 6. Lankā Kānd)*

✍दोहा॰ आया जब वो लौट कर, लंकापति के पास ।
दसमुख उसको देख कर, फिर से भया उदास ।। 5785/7162

चिढ़ कर रावण ने तभी, कपि को देने मार ।
नायक सेना पाँच का, भेजा अक्षकुमार ।। 5886/7162

बोला, जाओ दौड़ते, लेकर सब हथियार ।
फाँसो अपने जाल में, लाओ उसको मार ।। 5887/7162

आया जब उस बाग में, योद्धा अक्षकुमार ।
कपि ने पत्थर फेंक कर, डाला उसको मार ।। 5888/7162

(तब)

✍दोहा॰ निहार नेता मर गया, भागे सैनिक वीर ।
तज कर सब हथियार को, बिना चलाए तीर ।। 5889/7162

देखा रावण ने अभी, मरा नहीं हनुमान ।
कुमार मेरा मर गया, बहुत भया अपमान ।। 5890/7162

(इन्द्रजीत)

✍दोहा॰ देख पिता को दुख भरा, क्रोधित पीड़ित लाल ।
इन्द्रजीत बोला उसे, मैं हूँ उसका काल ।। 5891/7162

मैं लाऊँगा पकड़ कर, अभी आपके पास ।
ना आया यदि पकड़ में, करता उसे खलास ।। 5892/7162

ब्रह्म अस्त्र के सामने, चले न उसकी एक ।
ठीक निशाना साँध कर, मारूँ उसको फेंक ।। 5893/7162

(तब)

✍दोहा॰ दसमुख के दस तुंड पर, चमका था जब हास ।
मेघनाद तब चल पड़ा, लिए अस्त्र वह खास ।। 5894/7162

हनुमत ने देखा उसे, ब्रह्म अस्त्र के साथ ।

सोचा अब मैं ना लड़ूँ, ऊपर कर दूँ हाथ ।। 5895/7162

चाहूँ तो विद्युत अभी, बन कर मैं चकचौंध ।
लेकर गिरिवर रूप मैं, डारूँ उसको रौंध ।। 5896/7162

(मगर)

ब्रह्म अस्त्र से गिर पड़ूँ, बिना किए अपमान ।
ज्यों ही फेंका अस्त्र वो, लेट गया हनुमान ।। 5897/7162

तुरन्त आए भागते, इन्द्रजीत के दास ।
जकड़ा कपि को डोर से, लाए रावण पास ।। 5898/7162

(रावण सभा में)

रावण ने फिर कर चतुराई, मंत्री गण की सभा बुलाई ।
आए असुर भूप सब नेता, शूर बिक्रमी वीर विजेता ।। 4564/5205

विभीषण को भी खास बुलाया, भरी सभा में कपि को लाया ।
यत्किंचित हनुमत ना काँपे, राई भर भी डरे न हाँपे ।। 4565/5205

मंत्री गण को कपि अवलोका, रावण बल लखने का मौका ।
दसमुख के सेनापति सब देखे, मन में उनके कीन्हे लेखे ।। 4566/5205

✍दोहा॰ रावण के दरबार में, देखे कपि ने वीर ।
रावण के मंत्री, सगे, अस्त्र शस्त्र धनु तीर ।। 5899/7162

(मंत्री गण)

कोई बोला कपि को मारो, कोई कहता खाल उतारो ।
कोई, उसकी दुम को काटो, टुकड़े तस असुरों में बाँटो ।। 4567/5205

कहा किसी ने आग लगादो, पार समुंदर इसे भगादो ।
कोई बोला इसको पीटो, टाँग पकड़ कर इसे घसीटो ।। 4568/5205

✍दोहा॰ रावण के नेता सभी, निहार कर हनुमान ।
अपने मन करने लगे, भिन्न भिन्न अनुमान ।। 5900/7162

एक कहा मारो इसे, दूजा काटो कान ।

190-A. Story of Akshakumār (Rāmāyan, 6. Lankā Kānd)

तीजा दुम को आग दो, और करो अपमान ।। 5901/7162

(रावण)

स्वर्ण मुकुट धर लंका राजा, सिंहासन पर उच्च बिराजा ।
रावण बोला, सचिव असुर को, दंड कहो क्या दें वानर को ।। 4569/5205

✍दोहा॰ **सेनाध्यक्ष प्रहस्त को, बोला तब लंकेश ।**
बोलो, इसका क्या करें, क्या दें इसको क्लेश ।। 5902/7162

(प्रहस्त)

प्रहस्त बोला, कपि को खोलो, भेद बताने उसको बोलो ।
पहले शपथ राम की लेले, ताकी सब कुछ सच्चा बोले ।। 4570/5205

पूछो इसको भेजा किसने, काम कौनसा दीन्हा उसने ।
इसने क्यों ये स्वाँग रचाया, आकर क्यों उत्पात मचाया ।। 4571/5205

हमरे अनुचर क्यों हैं ताड़े, क्योंकर हमरे बाग उजाड़े ।
सीता का ये क्या है लगता, राम के लिए क्या कर सकता ।। 4572/5205

✍दोहा॰ **ऊँचा सिंहासन लिए, बैठा लंकाधीश ।**
नीचे आसन पर प्रजा, और खड़ा था कीश ।। 5903/7162

प्रहस्त बोला, खोलिए, कपि के दोनों हाथ ।
बोलो सब कुछ सच कहे, राम-शपथ के साथ ।। 5904/7162

कौन, कहाँ से आगया, किसका है यह दास ।
इसने क्यों पंगा लिया, करके बगिया नास ।। 5905/7162

हमरे सेवक क्यों हने, फिर क्यों लेटा आप ।
सीता का ये क्या लगे, इसके मन क्या पाप ।। 5906/7162

(रावण)

बोला रावण, कपि को खोलो, कपि! तुम उत्तर निर्भय बोलो ।
शूर वीर तुम लगते अच्छे, उत्तर सब मैं चाहूँ सच्चे ।। 4573/5205

आतंक यदि तुम करने आए, मृत्यु दंड तुमको मिल जाए ।

190-A. Story of Akshakumār (Rāmāyan, 6. Lankā Kānd)

बोलो कौन, कहाँ से आए, मन में क्या है छल तुम लाए ।। 4574/5205

सीता से तुमरा क्या नाता, राम तुम्हारा है क्या दाता ।
बाग तोड़ तुमने क्या पाया, मेरा बुरा तुम्हें क्यों भाया ।। 4575/5205

✍दोहा॰ **प्रहस्त बोला, हे प्रभो! पूछो कपि से आप ।**
उत्तर दे कपि शपथ से, क्या है मन में पाप ।। 5907/7162

कहो, कौन हो तुम कपे! क्या है तुमरा नाम ।
क्या लगती तुमरी सिया, क्या लगता है राम ।। 5908/7162

क्या यह तुमरा स्वाँग है, या हो सचमुच कीश ।
बोल चाल से तुम हमें, लगते हो वागीश ।। 5909/7162

वाणी तुमरी सभ्य है, तुम्हें शास्त्र का ज्ञान ।
हमरे हर सरदार पर, तुमरा सूक्षम ध्यान ।। 5910/7162

खिचड़ी क्या है पक रही, तुमरे मन में आज ।
कहो गूढ़ अंदाज क्या, खोलो सारे राज ।। 5911/7162

हमको लगते वीर तुम, क्यों करते हो पाप ।
इन्द्रजीत को देख कर, लेट गए क्यों आप ।। 5913/7162

रावण बोला, खोल दूँ, तुमरे कर के पाश ।
उत्तर दो सब प्रश्न के, जो पूछत है दास ।। 5913/7162

करने यदि तू आगया, लंका में आतंक ।
मृत्यु दंड दूँगा तुझे, मैं राजा, तू रंक ।। 5914/7162

(हनुमान)

ज्योंही कपि बंधन से छूटा, लांगूल को हनुमान लपेटा ।
गोल-गोल तस करके ढेरी, आसन बनते लगी न देरी ।। 4576/5205

बैठा कपि आसन पर ऊँचा, रावण आसन कपि से नीचा ।
बोला, उत्तर सुनो हमारे, जो जो थे सब प्रश्न तिहारे ।। 4577/5205

सत्य कहूँगा शपथ राम की, सत्यसन्ध के लिए काम की ।

190-A. Story of Akshakumār (Rāmāyan, 6. Lankā Kānd)

सबसे सत्य सुना नहीं जाता, देखूँ तुमको कितना भाता ।। 4578/5205

दोहा॰ ज्यों ही बंधन खुल गए, लंबी करके पुच्छ ।
गोलाकार लपेट कर, आसन कीन्हा उच्च ।। 5915/7162

आसन सबसे तुंग पर, बैठ गये हनुमान ।
नीचे से रावण कहे, मेरा यह अपमान ।। 2916/7162

हनुमत बोले, अब सुनो, उत्तर तुम लंकेश! ।
राघव नीति नरेश हैं, आप नीति रंकेश ।। 5917/7162

उत्तर सब मैं सच कहूँ, शपथ राम की खाय ।
दुष्कर सुनना सत्य है, सबसे सुना न जाय ।। 5918/7162

(परिचय)

दोहा॰ पवन पुत्र हनुमान मैं, अंजनी का हूँ पूत ।
केसरीनंदन मैं कपि, रामचंद्र का दूत ।। 5919/7162

(सीता से नाता)

सीता लगती मेरी माता, रामचंद्र हैं मेरे ताता ।
स्वामी मेरे हैं रघुराई, लखन लला है छोटा भाई ।। 4579/5205

दोहा॰ सीता मेरी मातु है, रामचंद्र हैं तात ।
स्वामी मेरे राम हैं, लखन लला है भ्रात ।। 5920/7162

(कहाँ से आया)

किष्किन्धा से मैं हूँ आया, साथ वानरी सेना लाया ।
राम-लखन हैं हमरे नेता, असुरों पर जो सदा विजेता ।। 4580/5205

सीता माँ से बोल चुका हूँ, नत मस्तक मैं चरण झुका हूँ ।
खबर राम को बता चुका हूँ, सिय की हालत जता चुका हूँ ।। 4681/5205

दोहा॰ किष्किंधा से हम चले, सुग्रीव सेना साथ ।
हम सब उनके दास हैं, नेता हैं रघुनाथ ।। 5921/7162

नदियाँ पर्वत लाँघ कर, आए सागर तीर ।

1951
रत्नाकर रचित संगीत-श्री-रामायण

190-A. Story of Akshakumār (Rāmāyan, 6. Lankā Kānd)

सागर पर पुल बांध कर, आए हम सब बीर ।। 5922/7162

मिल कर सीता मातु को, दिया राम-संदेश ।
राघव को भी दे चुका, माता का आदेश ।। 5923/7162

(बाग क्यों उजाड़ा)

शाँति से नगरी में आया, मगर आपसे मिल नहिँ पाया ।
"परदेसी कपि" कह टरकाया, कुत्सितता से मुझे भगाया ।। 4582/5205

इस कारण मैं उपवन आया, उधम मचा कर तुम्हें जगाया ।
ब्रह्म अस्त्र से स्वयं गिर पड़ा, तभी सभा में यहाँ हूँ खड़ा ।। 4583/5205

(अब)

बाग उजाड़े बड़ा दुखी हूँ, राम काज में सदा सुखी हूँ ।
सीता को मैं लेने आया, साथ किसी को नहिँ हूँ लाया ।। 4584/5205

✍दोहा॰ **शाँति से तुमको कहा, मिलने की है आस ।**
संदेसा श्रीराम का, लाऊँ तुमरे पास ।। 5924/7162

"परदेसी" कह कर मुझे, तुमने किया अपाय ।
"तब तो बिन उत्पात के, ना था अन्य उपाय ।। 5925/7162

"रामचंद्र का दास मैं, आया बन कर दूत ।
तुमसे मिलने के लिए, अंग सँवारा भूत ।। 5926/7162

"क्षमस्व हो उत्पात ये, कीन्हा बहुत अपाय ।
मगर बिना उत्पात के, कोई न था उपाय ।। 5927/7162

"रामचंद्र जब आयँगे, नगरी में निर्भीक ।
टूट-फूट जो दिख रही, हो जावेगी ठीक" ।। 5928/7162

तोड़-फोड़ सब है मृषा, मिथ्या है उत्पात ।
ज्यों का त्यों हो जाएगा, घबराओ मत, तात! ।। 5929/7162

रामचंद्र भगवान हैं, सीता देवी नीक ।
उनकी लीला से सभी, हो जावेगा ठीक ।। 5930/7162

190-A. Story of Akshakumār (Rāmāyan, 6. Lankā Kānd)

(नारद जी)

रघुवर जब नगरी आवेगा, ज्यों था त्यों सब हो जावेगा ।
कुछ ना होगा टूटा-फूटा, जला न घर, मुरझाया बूटा ।। 4585/5205

नारद नभ से देख रहे थे, पुष्प कीश पर फेंक रहे थे ।
ब्रह्म विष्णु शिव शंकरजी ने, मंगल आशिष कपि को दीन्हे ।। 4586/5205

Story of Aksh Kumar, Continued

(रावण को उपदेश)

हाँ कह दो, राघव आएँगे, साथ सिया को ले जाएँगे ।
अपना मान बचालो प्यारे! अपने दास बचाओ सारे ।। 4587/5205

सीता की तुम की है चोरी, अब न चलेगी सीनाजोरी ।
बिना लड़ाई सीता दे दो, राघव से तुम आशिष ले लो ।। 4588/5205

नारी अपहर्ता है पापी, कालकूट विष से वह व्यापी ।
हीन कर्म है नारी हरना, मृत्यु दंड से पड़ता मरना ।। 4589/5205

तारा रानी कही है नीति, उसी नियम की धरले भीति ।
यदि नैतिक ना बूझो भासा, कुल अपना कर लोगे नासा ।। 4590/5205

चोरी से तू सीता लाया, देवी को तू कैद कराया ।
पतिव्रता का तू अपहारी, बना हुआ है अत्याचारी ।। 4591/5205

✍ दोहा॰   कपि ने रावण से कहा, सुनो, प्रभो! लंकेश ।
भेजा है श्री राम ने, तुमको शुभ संदेश ।। 5931/7162

"सीता लौटा दो, प्रभो! अभी प्रेम के साथ ।
पछताओगे तुम मगर, करके दो-दो हाथ ।। 5932/7162

"सीता के तुम चोर हो, घोर किया है पाप ।
सीता देवी ने दिया, तुमको कटुतम शाप ।। 5933/7162

"जो भी नारी का करे, हरण पाप उद्दंड ।
तारा रानी ने उसे, कहा मृत्यु का दंड" ।। 5934/7162

1953
रत्नाकर रचित संगीत-श्री-रामायण

190-A. Story of Akshakumār (Rāmāyan, 6. Lankā Kānd)

देख रहे थे गगन से, नारद मुनिवर ईश ।
फूल कीश पर बरसते, दे कर शुभ आशीष ।। 5935/7162

(और)

तुम असुरों के संरक्षक हो, लंकाजी के तुम रक्षक हो ।
मेरा कहना मानो, प्यारे! भला कहाँ है जानो, प्यारे! ।। 4592/5205

अभी समय है तह करने का, शाँति मार्ग से युध टरने का ।
सपने से तुम जागो प्यारे! राम चरण में लागो प्यारे ।। 4593/5205

निकल न जावे घड़ी हाथ से, समझौता हो रघुनाथ से ।
भूल हुई है कहना, प्यारे! दिमाग ठंडे तुम कर जोड़े ।। 4594/5205

अब भी राजन! कछु नहिँ बिगड़ा, सीता दिये, मिटा लो झगड़ा ।
चलो राम के चरण पड़ेंगे, बोलो हम यों नहीं लड़ेंगे ।। 4595/5205

रामचंद्र हैं बहुत दयालु, पछताओ तो बड़े कृपालु ।
शाँति से तुम भला करोगे, अथवा लड़ कर वृथा मरोगे ।। 4596/5205

✍दोहा॰ **"कहना मानो तुम अभी, बन जावेगा काम ।**
लौटा दो सीता अभी, बड़े दयालु राम ।। 5936/7162

"अभी समय है शाँति का, हो जावे ना देर ।
राघव से लड़ कर, सखे! हो जाओगे ढेर ।। 5937/7162

"जागो सपने से अभी, जाओ राघव पास ।
क्षमा माँगलो राम से, बनो राम के दास ।। 5938/7162

"भूल स्वयं तुम मान लो, ठंडा रखो दिमाग ।
राघव से यदि तुम लड़े, लगे राज्य में आग ।। 5939/7162

"हमसे, प्यारे! मत डरो, रहो, सखे! निर्भीक,
राम-सिया के मिलन पर, हो जावे सब ठीक ।। 5940/7162

"लंका तेरी शोभना, इतना सुंदर देश ।
मत कर सत्यानास तू, बचा इसे, लंकेश!" ।। 5941/7162

190-A. Story of Akshakumār (Rāmāyan, 6. Lankā Kānd)

श्लोकः

हरिर्हरति पापानि पश्चातापं कुरुष्व त्वम् ।
जानीहि त्वं दयालुंस्तं विष्णुरूपं जनार्दनम् ॥ 2090/2422

(रावण)

सुन कर कपि के उत्तर सारे, रावण काँपा भय के मारे ।
सेनापति को बोला, भाई! सीमा रक्षा हो अधिकाई ॥ 4597/5205

जल में पाँव न रखने पावे, कोई लंका में ना आवे ।
सागर रक्षा निश-दिन देखो, अतिक्रमक को काटो फेंको ॥ 4598/5205

किसी को नहीं आने दूँगा, सागर पार न करने दूँगा ।
समुद्र सेना खड़ी करूँगा, जल की रक्षा कड़ी करूँगा ॥ 4599/5205

(हनुमान)

बहुत गर्व से तुम मत फूलो, खर-दूषण का हाल न भूलो ।
हमने सागर-सेतु बाँधा, सेना सह सागर है लाँघा ॥ 4600/5205

रामचंद्र के कपिवर बीरे, रुके हुए हैं उत्तर तीरे ।
सत्य-धर्म है तुम्हें पुकारे, मृत्यु तुमरी खड़ी दुआरे ॥ 4601/5205

दोहा॰
हनुमत बोला, हे प्रभो! अब यह सब बेकाम ।
सेना लेकर आ चुके, लंका में हैं राम ॥ 5942/7162

सुन बातें हनुमान की, रावण के मन क्रोध ।
कपि की समुचित बात से, उसे न आया बोध ॥ 5943/7162

विनाश का क्षण आगया, अनुचित कीन्हा काज ।
रावण बोला, "तुम इसे, मृत्यु दंड दो आज" ॥ 5944/7162

 संगीतश्रीकृष्णरामायण गीतमाला, पुष्प 670 of 763

दादरा ताल

(रावण हनुमान मिलन की कथा)

स्थायी

1955
रत्नाकर रचित संगीत-श्री-रामायण

191. Story of Fire to Lankā (Rāmāyan, 6. Lankā Kānd)

गीत शारद ने मंजुल है गाया, साज नारद मुनि ने बजाया ।
रत्नाकर से है मंगल रचाया, रामायण को है सुंदर सजाया ।।
♫ म-ग म-म- म प-म- ग म-प-, रे-ग म-म- मध- प- मग-म- ।
रेगम-म म- म ध-प- गम-प-, रे-ग-म- म- म ध-प- मग-रे- ।।

अंतरा–1

आया नगरी में जब हऽनुमाना, मिलने बंदर से दसमुख न माना ।
सोचा हनुमान ने फिर उपाया, बाग सुंदर का कीन्हा सफाया ।।
♫ सांसां निनिरें- सां धध नि-धप-म-, सां-सां नि-रें- सां धधनिनि ध प-म- ।
मग ममम-म प- म- गम-प-, रे-ग म-म- म ध-प- मग-रे- ।।

अंतरा–2

जब उत्पाती बंदर निहारा, मचा बगिया में घोर हाहाकारा ।
लड़ने रावण का जो वीर आया, उसको हनुमत ने मारऽ भगाया ।।

अंतरा–3

फिर ब्रह्मास्त्र मेघनाद फेंका, उसके आदर से हनुमान लेटा ।
हनुमत को वो बाँधऽके लाया, कपि रावण के सम्मुऽख आया ।।

अंतरा–4

बोला रावण, तू काहे को आया, इतना दंगा तू क्यों है मचाया ।
कपि बोला, मैं संदेस लाया, "सीता लेने है श्री राम आया" ।।

लंका काण्ड : तीसरा सर्ग

191. लंका दहन की कथा :

191. Story of Fire to Lankā *(Rāmāyan, 6. Lankā Kānd)*

♫ संगीतश्रीकृष्णरामायण छन्दमाला, मोती 449 of 501

वार्ताहारी छन्द[231]

---

[231] ♫ **वार्ताहारी छन्द** : इस 11 वर्ण, 16 मात्रा वाले छन्द के चरण में न ज य गण और दो गुरु वर्ण आते हैं

191. Story of Fire to Lankā (Rāmāyan, 6. Lankā Kānd)

। । ।, । ऽ ।, । ऽ ऽ, ऽ ऽ

(लंका दहन)

कपिवर भाग गया दे धक्का ।
दसमुख देखत हक्का-बक्का ।। 1
घर-घर कूदत बीरा बाँका ।
कपि हनुमान जरायो लंका ।। 2

ॐ श्लोकौ

मानभग्नः सभां त्यक्त्वा गतो यदा विभीषणः ।
अज्वालयत्कपेः पृच्छं कर्तुं तमपमानितम् ।। 2091/2422

हनुमान्तत उत्प्लुत्य प्राज्वालयद्गृहान्कपिः ।
ग्रहीतुं न हि शक्तास्ते रावणसैनिकाः कपिम् ।। 2092/2422

कथा

(विभीषण)
बोला विभीषण, सुन रे भ्राता! दूत न वध्य कभी भी होता ।
मृत्यु दंड दूत नहीं पाता, तुझे नहीं ये शोभा देता ।। 4602/5205

दोहा॰ बिभिषण बोले बंधु को, निरपराध है दूत ।
दंडित मत कर कीश को, तुझ पर सवार भूत ।। 5946/7162

(क्योंकि)
अनुचर वचन न अपने कहता, पराधीन स्वामी पर रहता ।
जो भेजे सो उत्तरदाई, सो ही अपराधी दुखदाई ।। 4603/5205

डाकिया जो चिट्ठी लाए, यदि खबर वो बुरी बताए ।
उसका लिखने वाला दोषी, वाहक होता है निर्दोषी ।। 4604/5205

हनुमत नहीं है स्वेच्छाचारी, राघव है उसका अधिकारी ।

। इसका लक्षण सूत्र । । ।, । ऽ ।, । ऽ ऽ, ऽ ऽ इस प्रकार होता है । चरणान्त यति होता है ।

▶ लक्षण गीत : **दोहा॰ मात्रा सोलह से सजा, दो गुरु कल हों अंत ।**
जहाँ न ज य गण आदि में, "वार्ताहारी" छंद ।। 5945/7162

191. Story of Fire to Lankā (Rāmāyan, 6. Lankā Kānd)

अपना गुस्सा उस पर डारो, भेजो सेना उसको मारो ।। 4605/5205

दोहा॰ वचन विभीषण ने कहे, नीति नियम अनुसार ।
वानर केवल दूत है, निर्दोषी, सरकार! ।। 5947/7162

हनुमत केवल दास है, उसके नृप हैं राम ।
कपि को आजादी नहीं, मन से करने काम ।। 5948/7162

"अनुचर तोता भूप का, देते शास्त्र सबूत ।
मृत्यु दंड उसको मिले, जिसने भेजा दूत" ।। 5949/7162

(रावण)

रावण फिर भी था अभिमानी, उसने भाई की ना मानी ।
बोला, दुम को आग लगा दो, लांछित करके उसे भगा दो ।। 4606/5205

उसने दुम पर चीर लपेटा, उस पर पलटा तेल का लोटा ।
मशाल लाकर आग लगाई, हँस-हँस कर उसको सुलगाई ।। 4607/5205

दोहा॰ भाई की शुभ बात से, उसे न आई जाग ।
बोला, कपि की पूँछ में, अभी लगा दो आग ।। 5950/7162

अपमानित करदो उसे, होगा ठीक दिमाग ।
लौट न आवेगा पुनः, डर कर जावे भाग ।। 5951/7162

(मगर)

ज्यों ही हँसी असुर की टोली, रावण लगा बजाने ताली ।
त्यों ही हनुमत बंधन तोड़े, राम-नाम से दो कर जोड़े ।। 4608/5205

धक्का देकर राक्षस-गण को, धन्यवाद भी फिर रावण को ।
बंधन खुलने नहीं रुका हूँ, खुद ही उनको तोड़ चुका हूँ ।। 4609/5205

करता, राघव का जयकारा, लेकर दुम पर अग्नि भारा ।
चढ़ा महल पर देने ज्वाला, "पकड़ो कपि को," रावण बोला ।। 4610/5205

महल-महल पर आग लगाता, अपने पीछे असुर भगाता ।
कीश किसी के हाथ न आया, सारे पुर में आग लगाया ।। 4611/5205

191. Story of Fire to Lankā (Rāmāyan, 6. Lankā Kānd)

युद्ध का कपि बजायो डंका, रावण समक्ष जारी लंका ।
"हाय बचाओ!" का था हाँका, निकल गया कपि पुर से बाँका ।। 4612/5205

नभ मंडल तक धूआँ छाया, कहाँ कपि है, नजर न आया ।
जिसने पकड़ी राघव जाया, कपि दिखायो उसको माया ।। 4613/5205

✍दोहा॰ **ज्यों ही कपि की पूँछ को, रावण ने दी आग ।**
बंधन सारे तोड़ कर, शीघ्र गया कपि भाग ।। 5952/7162

महल-महल फिर कूद कर, कहता "जय जय राम" ।
आग लगी सब नगर में, जले असुर के धाम ।। 5953/7162

"जलें असुर के महल हीं, और न था उत्पात ।
जल ना जावे वाटिका, उत हैं सीता मात ।। 5954/7162

"हनुमत कूदा महल पर, बन कर रावण काल ।
जले असुर के महल ही, सिया सुरक्षित हाल ।। 5955/7162

"भूल न उसने की कभी, व्यर्थ जोश के साथ ।
आज्ञाकारी दास है, जानत हैं रघुनाथ ।। 5956/7162

"सावधान हनुमान थे, करने में हर काम ।
जिसका ऐसा दास हो, धन्य-धन्य श्री राम" ।। 5957/7162

पकड़ो-पकड़ो चीखते, दौड़े राक्षस वीर ।
हाथ न आया मारुती, रावण के मन पीड़ ।। 5958/7162

बजाय डंका युद्ध का, हनुमत लंक जराय ।
आग नगर में देख कर, रावण बोल, हाय! ।। 5959/7162

♫ **संगीतश्रीकृष्णरामायण छन्दमाला, मोती 450 of 501**

शार्दूलविक्रीडित छन्द

ऽ ऽ ऽ, । । ऽ, । ऽ ।, । । ऽ, ऽ ऽ ।, ऽ ऽ ।, ऽ

♪ सा-रे- ग-मग रे- गम-प मग रे-, ग-प-म ग-म-ग रे-

(रावण आग लगायो)

191. Story of Fire to Lankā (Rāmāyan, 6. Lankā Kānd)

क्रोधी रावण ने जराय कपि की, लांगूल सत्कार की ।
मारी है पग पे कुठार उसने, मिथ्या अहंकार की ।। 1
देखो ये हनुमान है उड़ रहा, बोला यथा राम ने ।
लंका रावण की जली भसम है, लंकेश के सामने ।। 2

संगीतश्रीकृष्णरामायण गीतमाला, पुष्प 671 of 763

कहरवाताल 8 मात्रा

(चाल और तबला ठेका के लिए देखिए हमारी "*नई संगीत रोशनी*" का गीत 84)

भजन

(लंका दहन)

स्थायी

बजायो युद्ध का डंका, जरायो मारुति लंका- - - ।

♫ धनिरेंसां- - नि-सां ध- पमंप- -, मगरेगसा - - ग-मध- नि-सां- - - ।

अंतरा-1

रावण को कहे विभिषण भाई, काहे रखै तू दार पराई ।
कपि को सौंप दे सीता, नहीं माना वो अडबंगा ।।

♫ -प-गम प- पप- निनिनिसां ध-प-, -प-ग मप-प - -निनिनि सांध-प ।
पधरें सां- - नि-सां ध- पमंप- -, मगरेग सा- -ग- म धधनि-सां- - ।।

अंतरा-2

राक्षस कपि की पूँछ जलाए, दावाग्नि को आप बुलाए ।
जलायो सोने की लंका, राम का दास ये बाँका ।।

अंतरा-3

शिव जी का अवतार सजायो, तांडव थैया नाच रचायो ।
डुबायो आग में लंका, "बचाओ!" एक है हाँका ।।

संगीतश्रीकृष्णरामायण गीतमाला, पुष्प 672 of 763

चौपाई

(सीता अन्वेश)

स्थायी

1960
रत्नाकर रचित संगीत-श्री-रामायण

191. Story of Fire to Lankā (Rāmāyan, 6. Lankā Kānd)

अंबर में उड़ कर हनुमंता, लंका जाकर, ढूँढी सीता ।

♫ नि–धप मं– पप धध पमंग–मं–, प–मंग मं–पप, मं–गसा रे–ग– ।

अंतरा–1

कहा चरण में रख कर माथा, मुंदरी भेजे हैं रघुनाथा ।

सुन कर, "लंका में है सीता," अति हरषाए हरि सुखदाता ।।

♫ सारे– गगग ग– मंमं गरे ग–मं–, निधप– मं–प– ध– पमंग–रे– ।

सासा रेरे, "ग–ग– मं– गरे ग–मं–," धध पमग–मं– पमं गसारे–ग– ।।

अंतरा–2

बोले, हनुमत! तुम मम भ्राता, अंक लिए कपि को, सियभर्ता ।

वानर गण को हर्ष अनंता, शीश उठाये कपि हनुमंता ।।

अंतरा–3

रावण को बोला हनुमंता, सुख से वापस दे दे सीता ।

माना नहीं वह शठ अड़बंगा, कीन्हा कपिवर से अति दंगा ।।

अंतरा–4

कपि लाँगुल पर पट कस डाला, तैल ऊँडेल लगाई ज्वाला ।

भंग करन दसमुख अभिमाना, लंक जरायो कपि हनुमंता ।।

संगीतश्रीकृष्णरामायण गीतमाला, पुष्प 673 of 763

दादरा ताल

(लंका दहन की कथा)

स्थायी

गीत शारद ने मंजुल है गाया, साज नारद मुनि ने बजाया ।

रत्नाकर से है मंगल रचाया, रामायण को है सुंदर सजाया ।।

♫ ♫ म–ग म–म– म प–म– ग म–प–, रे–ग म–म– मध– प– मग–म– ।

रेगम–म म– म ध–प– गम–प–, रे–ग–म– म– म ध–प– मग–रे– ।।

अंतरा–1

सुन राघव है लंका में आया, रावण का जिया घबराया ।

बोला, बंदर की पूँछऽ जलाओ, अपमानित नगर में घुमाओ ।।

192. Story of Vibhīshan (Rāmāyan, 6. Lankā Kānd)

♪ सांसां नि-रें- सां ध-नि- ध प-म-, सांनि-रें सां- धध नि-धप-म- ।
मग, म-म- म प-म- गम-प-, रेगम-मम मधध प- मग-रे- ॥

अंतरा-2

ज्योंही रावण ने ताली बजाई, त्योंही असुरों ने पूँछऽ जलाई ।
हाथ अपना कपि ने छुड़ाया, अपनेऽ को महल पर उड़ाया ॥

अंतरा-3

चला घर-घर को आगऽ लगाता, सारी नगरी में हा हा मचाता ।
"पकड़ो पकड़ो!" असुरऽ चिल्लाया, कपि हाथऽ किसी के न आया ॥

लंका काण्ड : चौथा सर्ग

192. नीति वीर विभीषण की कथा :

192. Story of Vibhīshan (Rāmāyan, 6. Lankā Kānd)

♪ संगीतश्रीकृष्णरामायण छन्दमाला, मोती 451 of 501

पतिता छन्द[232]

---

[232] ♪ **पतिता छन्द** : इस 11 वर्ण, 16 मात्रा वाले छन्द के चरण में न य भ गण और दो गुरु वर्ण आते हैं । इसका लक्षण सूत्र । । ।, ।ऽऽ, ऽ । ।, ऽऽ इस प्रकार है । यति 6-5 वर्ण पर विकल्प से आता है ।

▶ लक्षण गीत : 🎵 दोहा॰ सोलह मात्रा का बना, दो गुरु कल से अंत ।
भाव जहाँ गण न य भ गण का, "पतिता" जाना छंद ॥ 5960/7162

192. Story of Vibhīshan (Rāmāyan, 6. Lankā Kānd)

। । ।, । ऽ ऽ, ऽ । ।, ऽ ऽ

(विभीषण जी)

बिभिषण बोले, "रावण प्यारे! । अधम बड़े हैं, पाप तिहारे ।। 1

"रघुवर की तू, दार चुराई । हनुमत की तू, पूँछ जराई ।। 2

"हरकत ज्यादा, ना कर भाई! । दमन करेंगे, रे! रघुराई" ।। 3

सुन कर भाई, की सच बातें । चिढ़ कर मारी, रावण लातें ।। 4

ॐ श्लोका:

रावणस्य सदाचारी ज्ञानी बन्धुर्विभीषणः ।
आह लङ्काधिपं पापं किन्निमित्तं करोषि त्वम् ।। 2093/2422

राघवरघुवीरस्य धर्मपत्नीमचोरयः ।
हनुमतश्च लाङ्गूलम्-अज्वालयः कथं प्रभो ।। 2094/2422

रामः क्षात्रो महावीरो दण्डयिष्यति त्वां सखे ।
गच्छ रामं क्षमां याच दयावानस्ति राघवः ।। 2095/2422

कथा

(रावण)

राख साफ कर महल सजाए, पुन: जोश में ढोल बजाए ।
लंकापति ने सभा बुलाई, योद्धा सारे, विभीषण भाई ।। 4614/5205

भरी सभा सब असुर संघ की, सुंदर आसन मधु सुगंध की ।
मंत्री असुर मुकुट मणि धारे, श्रेष्ठ वस्त्र परिधान पधारे ।। 4615/5205

सबके मन में डर कपिवर का, रामचंद्र प्रभु विद्याधर का ।
उनकी दसमुख पर थी श्रद्धा, हर राक्षस डर से था बंधा ।। 4616/5205

रावण से थी सबको भीति, करे नीति या करे अनीति ।
रावण बोला, कपि हारेंगे, लड़ कर हम उनको मारेंगे ।। 4617/5205

दोहा॰ बुझी आग जब नगर की, रावण पाया होश ।
कहा, "राम को मार कर, पाऊँगा संतोष" ।। 5961/7162

हनुमत बोला है हमें, कहाँ रुका है राम ।

उस पर हमला हम करें, करने उसे तमाम ।। 5962/7162

(सेनापति प्रहस्त)

प्रहस्त बोला ऊँची बैना, लाऊँ चतुरांगिणी मैं सेना ।
सेनापति मैं लंकेसर का, करूँ सफाया उस रघुवर का ।। 4618/5205

चारों ओर बजेंगे मेरे, डंके बाजे ढोल नगाड़े ।
शस्त्र-अस्त्र के निनाद भारे, तलवारों की चम-चम धारें ।। 4619/5205

ज्योंही हमने संगर जीता, लंकापति की होगी सीता ।
राघव की होगी बरबादी, रावन की फिर होगी शादी ।। 4620/5205

✍दोहा॰ **सेनाध्यक्ष प्रहस्त ने, किया घोर ऐलान ।**
जाकर अब सेना लिए, मारूँगा मैं राम ।। 5963/7162

दल मेरा चतुरंग है, विश्रुत मेरा नाम ।
शस्त्र-अस्त्र परिपूर्ण है, नहीं बचेगा राम ।। 5964/7162

मैं संगर को जीत कर, कपियन को दूँ शोक ।
रावण की होगी सिया, कोई सकै न रोक ।। 5965/7162

(कुंभकर्ण)

मैं खा लूँगा राम-लखन को, फिर का बाधा बचे लड़न को ।
वानर क्या जानें संग्रामा, कंद मूल फल खावे रामा ।। 4621/5205

फिर भी बात कहूँ मैं, भाई! क्यों लाया तू सीता माई ।
पर नारी को हाथ लगाना, घोर पाप है मैंने माना ।। 4622/5205

✍दोहा॰ **कुंभकर्ण ने फिर कहा, मैं रावण का भ्रात ।**
राम-लखन को खा सकूँ, कोमल जिनके गात ।। 5966/7162

"मगर बात मैं नीति की, कहूँ सभा में आज ।
नारी हरना पाप है, रखो सिया की लाज ।। 5967/7162

"सीता को अगवा किए, घोर हुआ है दोष ।
लौटा दे सीता अभी, सँभाल, भाई! होश ।। 5968/7162

192. Story of Vibhīshan (Rāmāyan, 6. Lankā Kānd)

"रावण! ऐसे पाप में, रहे न मेरा हाथ ।
ऐसे पापी काम में, ना मैं तेरे साथ" ।। 5969/7162

(मंत्री महापार्थ)
महापार्थ फिर मंत्री बोला, मैं पहनूँ विषधर का चोला ।
सर्पबाण उसमें से निकलें, महानाग राघव को निगलें ।। 4623/5205

दोहा० महापार्थ ने फिर कहा, मैं हूँ विषधर वीर ।
मैं छोड़ूँगा राम पर, सविष नाग के तीर ।। 5970/7162

काटेंगें वे राम को, महा विषैले नाग ।
बचा सके ना प्राण वो, जा न सकेगा भाग ।। 5971/7162

(इन्द्रजीत)
आसन जब विभीषण ने छोड़ा, इन्द्रजीत ने मारा कोड़ा ।
करने शब्दाघात करारा, ताना मारा नीच छिछोरा ।। 4624/5205

बोला, कायर तुम हो चाचा! किस मिट्टी का तुमरा ढाँचा ।
आस्तिक क्यों है तुमरी मज्जा, असुर वंश पर तुम हो लज्जा ।। 4625/5205

सीता की क्यों चिंता करते, रावण से तुम क्यों नहिं डरते ।
राम-प्रेम क्यों मन में डाला, करने को अपना मुख काला ।। 4626/5205

नासमझी ये कौन सिखायो, राह गलत ये कौन दिखायो ।
मुख न दिखाना यहाँ दुबारा, लानत है तुम पर धिक्कारा! ।। 4627/5205

छोड़ो देश अभी तुम पापी! आर्य नीति के विवेक व्यापी ।
आए संकट भी बीतेंगे, बिना तिहारे हम जीतेंगे ।। 4628/5205

(विभीषण-इन्द्रजीत)
दोहा० कहा विभीषण ने, "सखे! मत कर इतना रोष ।
नीति से तू देख ले, इसमें अपना दोष ।। 5972/7162

"दूत कीश की पूँछ को, तूने दीन्ही आग ।
बंधन सारे तोड़ कर, निकल गया वह भाग ।। 5973/7162

192. Story of Vibhīshan (Rāmāyan, 6. Lankā Kānd)

"आग लगा कर पूँछ को, कपि को दीन्ही पीड़ ।
महल-महल सुलगाइके, भागा वानर वीर ।। 5974/7162

"आग लगाई आपने, वानर का क्या दोष ।
अपनी गलती का, सखे! हनुमत पर क्यों रोष? ।। 5975/7162

"पकड़ न पाया फिर उसे, कोई अपना वीर ।
भवन-भवन पर कूदता, चला गया कपि धीर" ।। 5976/7162

(अब, ओ रावण!)

दोहा॰ "सौंप पराई दार तू! उस स्वामी के हाथ ।
क्षमा करेंगे वे तुझे, कृपालु हैं रघुनाथ ।। 5977/7162

"मुख अनीति से मोड़ ले, मद के बंधन तोड़ ।
पातक तेरा घोर है, राघव को कर जोड़ ।। 5978/7162

"लड़ने का हठ छोड़ दे, करले योग्य विचार ।
घमंड का घट फोड़ दे, तब होगा उद्धार" ।। 5979/7162

(क्योंकि)

दोहा॰ "अजेय राघव लखन हैं, हिमगिरि सम हैं धीर ।
"उनकी सेना में बड़े, महाबली हैं वीर ।। 5980/7162

"राम-लखन वर क्षात्र हैं, तत्पर सजग निरोग ।
विपदा में भी धीर हैं, लिए कर्म का योग" ।। 5981/7162

(मगर)

दोहा॰ लड़ने के अपराध से, होगा तेरा घात ।
सेना बल तव व्यर्थ हैं, कर राघव से बात ।। 5982/7162

"राघव से वे क्या लड़ें, जिन्हें वासना रोग ।
व्यसनी कामुक आलसी, अधम विषय के भोग" । । 5983/7162

(अतः)

राघव को लौटा दे सीता, पातक सिर से कर ले रीता ।
बोला विभीषण, रावण भाई! क्यों रखता तू दार पराई ।। 4629/5205

1966
रत्नाकर रचित संगीत-श्री-रामायण

192. Story of Vibhīshan (Rāmāyan, 6. Lankā Kānd)

(रावण)

दोहा॰ सुन कर कहना बंधु का, बिगड़ा उस पर भ्रात ।
"द्रोही" कह कर असुर ने, उसको मारी लात ।। 5984/7162

बोला, जा तू राम के, यहाँ नहीं तव काज ।
मेरी नगरी छोड़ दे, निकल यहाँ से आज ।। 5985/7162

क्यों इतना डरपोक तू, होकर मेरा भ्रात ।
जग जेता मैं वीर हूँ, क्यों भूला यह बात ।। 5986/7162

(विभीषण)

दोहा॰ बहिष्कार मेरा करो, मगर सुनो सरकार ।
मेरी बात न टालिए, फिर से करो विचार ।। 5987/7162

इस पल यदि मैं चुप रहूँ, कुल का होगा नाश ।
मेरे प्यारे बंधुओं! मुझ पर हो विश्वास ।। 5988/7162

मेरा कहना सत्य है, न्याय नीति के साथ ।
यद्यपि तुम मुझसे बड़े, सुन लो मेरी बात ।। 5989/7162

इस संकट को टालने, सीता दे दो, भ्रात! ।
"फिर पछतावा क्यों करो, बस में जब हो बात" ।। 5990/7162

हाथ जोड़ विनती करूँ, मेरे सुनो विचार ।
सुनो तिहारे काम कीं, बात बताऊँ चार ।। 5991/7162

(चार बातें)

दोहा॰ "नारी हरना पाप है, लड़ने में है घात ।
मार-काट, छल छद्म से, परे रहो दिन-रात" ।। 5992/7162

(फिर)

खा कर उनकी चपतें लातें, पिता पुत्र की कड़वी बातें ।
होकर यों अपमानित भारा, चला गया विभीषण बेचारा ।। 4630/5205

खेद बिभीषण को हुआ, गया सभा को छोड़ ।

192. Story of Vibhīshan (Rāmāyan, 6. Lankā Kānd)

युद्ध न टारे टर सका, छाई घटा घनघोर ।। 5993/7162

संगीतश्रीकृष्णरामायण गीतमाला, पुष्प 674 of 763

भजन

(विभीषण भाई)

स्थायी

रामजी, देंगे तुझको प्यार ।

♫ रेगमग–, प–मग रेगरे– सा–सा ।

अंतरा–1

रावण तेरा कहा न माना, वो तुझको विद्रोही जाना ।

दुष्ट ने, कीन्हा है अविचार ।।

♫ सा–सासा रे–रे– पम– ग रे–ग–, म– ममम– प–धपम– ग–म– ।

रे–ग म–, प–मग म– गरेसा–सा ।।

अंतरा–2

रघुवर सेवा आज करेगा, लंका पर कल राज करेगा ।

राम है, विष्णु का अवतार ।।

अंतरा–3

नीति का तू सत्य पुजारी, कीर्ति होगी नित्य तिहारी ।

विश्व में, तेरी जय जयकार ।।

(रावण के भेदिये)

दोहा॰ भेजे चर लंकेश ने, दे कर वानर वेश ।
छिप कर राम पड़ाव में, करने गुप्त प्रवेश ।। 5994/7162

जान लिया कपि ने उन्हें, लख कर नकली रूप ।
पकड़ा उनको कंठ से, पवन पुत्र सुरभूप ।। 5995/7162

लाए राघव सामने, डरे हुए जासूस ।
बोला, इनका क्या करें, दिखते हैं मायूस ।। 5996/7162

(राम)

राघव बोले बैठो पासा, सदा सत्य हो तुमरी भासा ।

192. Story of Vibhīshan (Rāmāyan, 6. Lankā Kānd)

कहो कौन हो, कहाँ निबासा, वानर सा क्यों लिया लिबासा ।। 4631/5205

✍दोहा॰ राघव बोले, हे चरो! करो भोज, जल-पान ।
डरो न तुम हमसे, सखे! बोलो सत्य बखान ।। 5997/7162

मैं सीतापति राम हूँ, क्या हैं तुमरे नाम ।
किसने भेजा है तुम्हें, कहाँ तिहारा धाम ।। 5998/7162

कहो, बंधु! तुम कौन हो, क्यों यह लिया लिबास ।
क्या करने आए यहाँ, किसके हो तुम दास ।। 5999/7162

(गुप्त चर)

✍दोहा॰ चर बोले, यह भेस है, हमे दियो लंकेश ।
हम तो उसके दास हैं, हमको न दो कलेश ।। 6000/7162

(राम)

✍दोहा॰ हँस कर बोले रामजी, देखो सारे भेद ।
बतलादो सब असुर को, हमें न कोई खेद ।। 6001/7162

"सच बोलो तो दंड ना, देंगे तुम्हें न दोष ।
तुम तो केवल भृत्य हो, दूत सदा निर्दोष" ।। 6002/7162

तुम इसमें निर्दोष हो, तुमको मिले न दंड ।
जिसने भेजा है तुम्हें, होगा खंड-विखंड ।। 6003/7162

देखो तुम जो जी करे, बिना किसी भी लाज ।
सागर सेतु देख लो, निज नैनन से आज ।। 6004/7162

कन्द-मूल फल खाइए, बैठो हमरे साथ ।
फिर जाकर बतलाइए, जो देखी सब बात ।। 6005/7162

(और)

✍दोहा॰ जाकर रावण को कहो, "बुला रहे रघुनाथ ।
सीता को लौटाइये, वरना होगा घात" ।। 6006/7162

इतना कह कर राम ने, छोड़ दिये वे वीर ।

192. Story of Vibhīshan (Rāmāyan, 6. Lankā Kānd)

चले गए शरमाइके, दसमुख के मुखबिर ।। 6007/7162

(गुप्तचर)

आकर गुप्त चरों ने सारा, कहा हाल जो देखा न्यारा ।
बोले, ऐसे महामना से, लड़ कर अपना जीवन नासे ।। 4632/5205

वृत्त वहाँ का सब हम कहते, सुनो पते! मन प्रशान्त रहते ।
बतलाएँगे हाल समूचा, जीवन अनुभव सबसे ऊँचा ।। 4633/5205

स्वामी! उनके अस्त्र नहीं हैं, पत्थर पादप शस्त्र वहीं हैं ।
सेना में हैं वानर बीरे, इक से दूजे लगते हीरे ।। 4634/5205

दोहा० **आकर दूतों ने कहा, सुनो सत्य, लंकेश!।**
जीत गए हमरा जिया, परम पुरुष अवधेश ।। 6008/7162

सुनो प्रथम जो श्रव्य है, अनुभव हमरा आज ।
सोच विचारे फिर, प्रभो! होजाना नाराज ।। 6009/7162

लड़ कर ऐसे पुरुष से, होगा आतमघात ।
प्रताप उनका पुण्य है, वे हैं पावन, तात!।। 6010/7162

जब हमको हनुमान ने, लाया राघव पास ।
घबड़ाये थे हम, प्रभो! मन में बहुत उदास ।। 6011/7162

देखा हमने राम को, ज्यों ही पहली बार ।
आभा उनकी शाँत वो, जीता चित्त हमार ।। 6012/7162

कभी न देखा तेज वो, किसी पुरुष में दिव्य ।
हिरदय है श्री राम का, उससे ज्यादा भव्य ।। 6013/7162

(और)

कीन्हा मुक्त हमें जब रामा, पग छू कर हम किए प्रणामा ।
राम महात्मा नर है ऐसा, असुर जगत में बिभिसन जैसा ।। 4635/5205

हनुमत ने जब हमको पकड़ा, कंठ पकड़ कर, कर से जकड़ा ।
हमने छुटने मारा झटका, उसने हरि के आगे पटका ।। 4636/5205

192. Story of Vibhīshan (Rāmāyan, 6. Lankā Kānd)

हम राघव से डरे हुए थे, हाथ जोड़ कर खड़े हुए थे ।
मृत्यु दंड की हमरी आसा, कुछ ही पल में भई निरासा ॥ 4637/5205

रामचंद्र के मीठे बैना, सुन कर हमने पाई चैना ।
राम-लखन दोनों धनुधारी, सत्य-धर्म के सत्य पुजारी ॥ 4638/5205

दोहा॰   डरे हुए थे हम, प्रभो! मृत्यु दंड की आस ।
हाथ जोड़ कर थे खड़े, हमें न था विश्वास ॥ 6014/7162

बिठाय हमको राम ने, बिलकुल अपने पास ।
पूछा हमको प्रेम से, वाणी बहुत मिठास ॥ 6015/7162

राम-लखन किरपाल हैं, कपि सब उनके वीर ।
लड़ते पत्थर पेड़ से, राम-लखन धनु तीर ॥ 6016/7162

उनके पास न अश्व हैं, ना रथ, ना ही शस्त्र ।
हाथ हि उनके ढाल हैं, हस्त हि उनके अस्त्र ॥ 6017/7162

(और भी)
सेना दल के कपिवर सारे, रामचंद्र के प्राण पियारे ।
राघव पर है तन-मन वारे, शस्त्र भक्ति का, मन में धारे ॥ 4639/5205

रामचंद्र-अनुयाई पक्के, निश-दिन कपि सुखदाई सच्चे ।
राघवजी के अभिन्न अंगी, सुख-दुख में सब सदा हि संगी ॥ 4640/5205

सुग्रीव उनका है सेनानी, जामवान योगी है ध्यानी ।
हनुमत बलवत् आतम-ज्ञानी, बुद्धि हुनर का अंगद दानी ॥ 4641/5205

दोहा॰   राम सभी के प्राण हैं, सभी राम के प्राण ।
राम सभी की आस हैं, राम सभी के त्राण ॥ 6018/7162

राघव उनके संग हैं, अन्तरंग हैं राम ।
कपि राघव के अंग हैं, सब मुख राघव नाम ॥ 6019/7162

सेनापति सुग्रीव है, हनुमत है बलवान ।
जांबुवान गुणवान है, अंगद है मतिमान ॥ 6020/7162

192. Story of Vibhīshan (Rāmāyan, 6. Lankā Kānd)

(और बोले)

जब हमने था हनुमत पकड़ा, मारा पीटा दीन्हा दुखड़ा ।
दुर्गति करके मारी लातें, कड़वी घृणित सुनाई बातें ।। 4642/5205

हमने बोली कटु विष वाणी, उसकी कीन्ही खींचा तानी ।
विषम काम ज्यों होना होता, बुद्धि हमरी खाई गोता ।। 4643/5205

डोर बाँध कर दीन्हे धक्के, चाँटे थप्पड़ मारे मुक्के ।
हमने कछु नहिँ दया दिलाई, उसकी हमने पूँछ जलाई ।। 4644/5205

✍दोहा॰ **हमने जब हनुमान को, पकड़ा था, लंकेश! ।**
पीटा हमने था उसे, दीन्हा बहुत कलेश ।। 6021/7162

हमने कटु बातें कहीं, कीन्हा तस अपमान ।
उसको बाँधा डोर से, खींचा पशू समान ।। 6022/7162

हमने उसकी पूँछ को, घोर लगाई आग ।
प्राण बचाने के लिये, कीश गया वह भाग ।। 6023/7162

(मगर)

हमको जब हनुमत ने पकड़ा, राम सामने हमको जकड़ा ।
हमें राम ने पास बिठाया, सम्मानित कर हमें ढिठाया ।। 4645/5205

बोला, हमसे डरो न प्यारो! स्नेह भाव से धीरज धारो ।
देखो जो तुम देखन आए, पूछो जो तुमरा मन चाहे ।। 4646/5205

कंद मूल फल हमे खिलाए, रस अमृत सम मधुर पिलाए ।
कुशल क्षेम सब हमसे पूछा, अपना बीता कहा समूचा ।। 4647/5205

✍दोहा॰ **हमको जब हनुमान ने, पकड़ा रंगे हाथ ।**
हमें बिठाया प्रेम से, दयावान रघुनाथ ।। 6024/7162

हमको बोले रामजी, डरो न हमसे आप ।
तुम तो चर निर्दोष हों, तुम हों सब निष्पाप ।। 6025/7162

कंद मूल हमको दिये, पीने मधुरस पान ।

192. Story of Vibhīshan (Rāmāyan, 6. Lankā Kānd)

योग क्षेम पूछे हमें, किया बहुत सम्मान ।। 6026/7162

आगे बोले रामजी, देखो जो मन भाय ।
पूछो जो मन प्रश्न हैं, लो जो मन ललचाय ।। 6027/7162

(पुल)

कपि दल जल में अश्म गिराये, राम-नाम लिख शिला तराये ।
सागर लाँघे कपि दल आया, वग सेतु हमको दिखलाया ।। 4648/5205

राम-लखन हैं नीति शूरे, सत्य-धर्म के पालक पूरे ।
कहा, यहाँ से खबरी ले जा, संदेसा रघुपति ने भेजा ।। 4649/5205

भेद हमारे तुम ले जाओ, सब कुछ रावण को बतलाओ ।
"कहना सीता लेकर आवे, या लड़ने को सेना लावे" ।। 4650/5205

दोहा॰ हमें दिखाया राम ने, सागर सेतु विशाल ।
अश्म तराये नीर पर, राघव-नाम कमाल ।। 6028/7162

राजमार्ग सम सेतु पर, आई सेना पार ।
उत्तर लंका में लगा, उनका शिविर अपार ।। 6029/7162

मुक्त किया हमको तभी, बिना किसी भी दंड ।
राघव के सौजन्य से, हमको हर्ष प्रचंड ।। 6030/7162

दिया राम ने आपको, प्रेम सहित संदेश ।
"सीता लेकर आइए, या लड़ने, लंकेश!" ।। 6031/7162

(रावण)

"तथास्तु" कह कर शठ रावण ने, आज्ञा दीन्ही आक्रम करने ।
सेनापति को दसमुख बोला, राम शिविर पर कर दो हमला ।। 4651/5205

दोहा॰ तथास्तु कह कर असुर ने, किया अधम ऐलान ।
करो आक्रमण राम पर, बिना किसी आह्वान ।। 6032/7162

 संगीत श्रीकृष्णरामायण गीतमाला, पुष्प 675 of 763

1973
रत्नाकर रचित संगीत-श्री-रामायण

193. Story of Sarmā Devī (Rāmāyan, 6. Lankā Kānd)

दादरा ताल

(वीर विभीषण की कथा)

स्थायी

गीत शारद ने मंजुल है गाया, साज नारद मुनि ने बजाया ।
रत्नाकर से है मंगल रचाया, रामायण को है सुंदर सजाया ।।

♫ म–ग म–म– म प–म– ग म–प–, रे–ग म–म– मध– प– मग–म– ।
रेगम–म म– म ध–प– गम–प–, रे–ग–म– म– म ध–प– मग–रे– ।।

अंतरा–1

बोला विभीषण, ये राघव के बीरे, एक से एक बढ़ कर हैं हीरे ।
पूँछ हनुमत की तू है जलाया, तूने कपियन का क्रोधऽ जगाया ।।

♫ सांसां निनिरेंरें, सां ध–निन ध प–म–, सां–सां नि– रें–सां धध निनि ध प–म– ।
म–ग ममम म प– म– गम–प–, रे–ग ममम म ध–प– मग–रे– ।।

अंतरा–2

जाग नींदर से तू भाई, प्यारे! वरना नासेंगे कुल तेरे सारे ।
राम सीता को लेने है आया, सौंप दे प्रेम से उसकी जाया ।।

अंतरा–2

सुन विभीषण की सात्विक बातें, मारी रावण ने भाई को लातें ।
कहके, "कौन ये द्रोहऽ सिखाया," उसको नगरी से बाहर भगाया ।।

लंका काण्ड : पाँचवाँ सर्ग

193. सरमा देवी की कथा :

193. Story of Sarmā Devī (Rāmāyan, 6. Lankā Kānd)

♫ **संगीतश्रीकृष्णरामायण छन्दमाला, मोती 452 of 501**

पदपादाकुलक छन्द

। । + 14 अथवा ऽ + 14

(सरमा देवी)

193. Story of Sarmā Devī (Rāmāyan, 6. Lankā Kānd)

सरमा देवी बड़ी सयानी, जग जानी सद् गुण की क्यारी ।
असुरों में भी श्री राघव को, निश-दिन भजती वह थी न्यारी ।। 1
सरमा देवी बिभिषण नारी, समझाने सीता से बोली ।
तुम रावण की धमकी सुन कर, मत डरना, मत पड़ना पोली ।। 2

ॐ श्लोकः

विभीषणस्य भार्या सा ज्ञानिनी धीमती सती ।
चतुरा सरमा देवी रामनिष्ठा पतिव्रता ।। 2096/2422

कथा

दोहा॰ असुर जगत में था यथा, विभिषण को सम्मान ।
उसकी पत्नी थी तथा, "सरमा" बहुत सुजान ।। 6033/7162

(रावण)

दोहा॰ रावण ने की योजना, देत मूँछ पर ताव ।
आकर सिय के सामने, चला आखिरी दाँव ।। 6034/7162

रावण बोला, हे सिये! अब तो मेरी मान ।
निज नैनन से देख ले, मरा हुआ है राम ।। 6035/7162

रोए निश-दिन, तू सखी! रटत राम की बात ।
राम युद्ध में मर गया, रुधिर सना है गात ।। 6036/7162

नाथ मुझे अब मान तू, स्वर्ग गया रघुनाथ ।
उसकी तज अब आस तू, चल कर मेरे साथ ।। 6037/7162

रहो हमारे महल में, तज कर कुटिया वास ।
सीते! तुझसे ब्याह कर, हूँगा तेरा दास ।। 6038/7162

(क्योंकि)

दोहा॰ घोर लड़ाई थी छिड़ी, चले धनाधन् तीर ।
लड़े बहुत घनघोर थे, मेरे सैनिक वीर ।। 6039/7162

सेवक-विद्युतजिह्व ने, छोड़ा अपना तीर ।

193. Story of Sarmā Devī (Rāmāyan, 6. Lankā Kānd)

काटा सिर श्री राम का, ढेर हुआ बलबीर ।। 6040/7162

(विद्युतजिह्व)

दोहा॰ फिर रावण ने दास को, किया गुप्त संकेत ।
आज्ञा पा कर भृत्य वो, आया गठर समेत ।। 6041/7162

खोली गठरी दास ने, सिक्त रक्त से लाल ।
जिसमें सिर था राम सा, टीका-युक्त कपाल ।। 6042/7162

(तब)

दोहा॰ आँखें बिलकुल राम सी, गोरे कोमल गाल ।
नाक कान मुख सब राम से, राघव जैसे बाल ।। 6043/7162

रंग रूप सब रामसे, सुंदर भाल विशाल ।
कटे शीश को देख कर, बुरा सिया का हाल ।। 6044/7162

अजेय राघव वीर हैं, उन पर चले न तीर ।
जो राघव को मार दे, हुआ न ऐसा वीर ।। 6045/7162

फिर भी सीता डर गयी, मूर्छित भई अचेत ।
रावण बोला, खबर दो! जब हो सिया सचेत ।। 6046/7162

(सरमा)

दोहा॰ आई, रावण के गए, "सरमा" नामक नार ।
भौजाई लंकेश की, विभीषण जी की दार ।। 6047/7162

मुख पर जल छिड़का जभी, खुले जानकी-नैन ।
"हा राघव!" कह कर किया, उसने विह्वल बैन ।। 6048/7162

"कहाँ गए हो छोड़ कर, मेरे प्रिय रघुनाथ! ।
इस संकट के काल में, तज कर मेरा हाथ ।। 6049/7162

(मगर, सीता)

दोहा॰ "गिरे न तुमसा वीर यों, मुझे बहुत संदेह ।
बिना वदन पर तेज के, लगे न राघव देह" ।। 6050/7162

193. Story of Sarmā Devī (Rāmāyan, 6. Lankā Kānd)

(सरमा)

दोहा॰ **बोली सरमा सीय को, सच है तेरी बात ।**
शीश राम का ये नहीं, सुदृढ़ राघव गात ।। 6051/7162

माया कीन्ही असुर ने, तुम्हें भूल में डाल ।
बींधा उसने आप ही, किसी दास का भाल ।। 6052/7162

(क्योंकि)

दोहा॰ **उसे बंधु ने था कहा, रण में तेरी हार ।**
नहीं मिल सकेगी तुझे, रामचंद्र की दार ।। 6053/7162

दम घुट कर मर जाएगी, मगर न तेरे हाथ ।
आएगी सीता कभी, पति जिसका रघुनाथ ।। 6054/7162

संगीतश्रीकृष्णरामायण गीतमाला, पुष्प 676 of 763

खयाल : राग खमाज, तीन ताल 16 मात्रा

(सिया कहै)

स्थायी

सिया कहै कबहु मैं तुमको पाऊँगी ।
मैं तो नहीं रामजी जीऊँ तुमरे बिना ।।

♫ साग- गम- मपध म गमपनि- निसा- - - निसां- - ।
नि- सां- निसां- सांसांधसां- नि-धधप गमप-ध मग- ।।

अंतरा-1

पवन तरत आओ जी प्रभु मेरे, लेकर कपि को, मारन रावन ।
समुंदर लाँघके आओ,
मैं नहीं जीऊँ रामजी तुमरे बिना ।।

♫ निनिनि सांसांसां निसांसां- सां- निनि धप, गमपध गम ग-, सागगग म-मप ।
धमगमप नि-निसां- सां- -निसां- -,
नि- सां- निसां- सांसांधसां- नि-धधप गमप-ध मग- ।।

संगीतश्रीकृष्णरामायण गीतमाला, पुष्प 677 of 763

194. Story of meeting between Sītā and Vibhīshan

दादरा ताल

(सरमा देवी की कथा)

स्थायी

गीत शारद ने मंजुल है गाया, साज नारद मुनि ने बजाया ।
रत्नाकर से है मंगल रचाया, रामायण को है सुंदर सजाया ॥

♪ म-ग म-म- म प-म- ग म-प-, रे-ग म-म- मध- प- मग-म- ।
रेगम-म म- म ध-प- गम-प-, रे-ग-म- म- म ध-प- मग-रे- ॥

अंतरा–1

रावण ने सिया को भरमाया, कटा राघव सा शीश लेके आया ।
बोला, देखो मैं राघव हनाया, अब सीते! तू होजा मेरी जाया ॥

♪ सां-निनि रें- सांध ध नि-धप-म-, सांसां नि-रेंरें सां ध-ध नि-ध प-म- ।
मग, म-म- म- प-मम गम-प-, रेग म-म-! म धध प-म ग-रे- ॥

अंतरा–2

शीश देखे सिया मुर्छाई, देवी सरमा तभी तत्र आई ।
बोली, सीते! तेरा रामराया, रा^ऽवण ना कभी मार पाया ॥

अंतरा–3

यथा विभीषण था जाना सियाना, देवी सरमा भी जानी सुजाना ।
उसने सीता को धीरज दिलाया, विभीषण जी को उससे मिलाया ॥

लंका काण्ड : छठा सर्ग

194. विभीषण–सीता मिलन की कथा :

194. Story of meeting between Sītā and Vibhīshan

♪ संगीतश्रीकृष्णरामायण छन्दमाला, मोती 453 of 501

पादाकुलक छन्द

4 + 4 + 4 + 4

(विभीषण सीता संवाद)

रावण ने जब मारी लातें, गंदी गंदी बोली बातें ।

194. Story of meeting between Sītā and Vibhīshan

बोला बिभिषण, सीता माई! राघव अब है मेरा भाई ।। 1

जाकर हरि से अभी कहूँगा, राघव जी की शरण गहूँगा ।

सीता बोली, "प्रभु से कहिए, निश-दिन मेरे हिय में रहिए" ।। 2

ॐ श्लोकौ

यदाऽपमानितः बन्धुः-रावणेन बहिष्कृतः ।

विभीषणोऽमिलत्सीतां सान्त्वयितुं हरिप्रियाम् ।। 2097/2422

धैर्यं दातुं च सीतायै दातुमाशीर्वचस्तथा ।

आह विभीषणं सीता रामं त्वमानय द्रुतम् ।। 2098/2422

कथा

(विभीषण)

खा कर बड़ भाई से धक्का, विभीषण रंजित हक्का-बक्का ।

तजी बंधु की नगरी लंका, तजा बंधु को, बिन कछु शंका ।। 4652/5205

आया मिलने सीता माँ से, बोला, "रावण का कुल नासे" ।

मैंने दसमुख का कुल छोड़ा, राघव से है नाता जोड़ा ।। 4653/5205

दोहा॰ **भरी-सभा में बंधु से, खाकर बिभिसन लात ।**

बोला, "भाई! ये तेरा, होगा आतम घात ।। 6055/7162

"मैं नीति को ना तजूँ, चाहे निकले प्राण ।

धर्म परायण राम हैं, वही नीति के त्राण ।। 6056/7162

"अनीति जो भाई करे, उसका ना दूँ साथ ।

नीति नियम से जो चले, बंधु मेरा रघुनाथ" ।। 6057/7162

दुखी विभीषण जब चला, असुर-सभा को छोड़ ।

गया सिया के पास वो, हरि से नाता जोड़ ।। 6058/7162

(और)

राघव का मैं दास बनूँगा, अत्याचारी असुर हनूँगा ।

तुम पर अत्याचार हैं कीन्हे, तुमको दुखड़े बहुत हैं दीन्हे ।। 4654/5205

194. Story of meeting between Sītā and Vibhīshan

✍दोहा॰ **सीते! अब मैं जाउँगा, श्री राघव के पास ।**
पाकर आश्रय राम का, बनूँ उन्हीं का दास ।। 6059/7162

(और भी)

नीति को मैं नही छोड़ूँगा, भले भ्रात से मुख मोड़ूँगा ।
धर्म कर्म सदा ही जीता, अहंकार का घट है रीता ।। 4655/5205

राघव के आश्रय में जाते, बोलूँगा मैं तुमरी बातें ।
हनुमत ने है लंक जलाई, रावण की है दाल गलाई ।। 4656/5205

चिंता करो न अब तुम माते! राघव तुमको लेने आते ।
सर्व विजेता हैं रघुराई, राघव सबका हैं सुखदाई ।। 4657/5205

(सुभाषित)

✍दोहा॰ **अत्याचारी बंधु से, जिसने मारी लात ।**
मित्र सदाचारी भला, जिसकी सुखमय बात ।। 6060/7162

मैं नीति को ना तजूँ, तजूँ बंधु का हाथ ।
अब राघव का बंधु मैं, भाई मम रघुनाथ ।। 6061/7162

बोलूँगा मैं राम से, सीते! तुमरी बात ।
चिंता अब तुम मत करो, आवेंगे रघुनाथ ।। 6062/7162

(सीता)

विभिषण से फिर बोली सीता, मन का दुख अब हुआ है रीता ।
बोलो, "राघव! किरपा करिए, सुमिरण मेरा मन में धरिए" ।। 4658/5205

✍दोहा॰ **बोली विभीषण को सिया, "मिले तुम्हें जब राम ।**
कहना, मेरी याद हो, तुमको सुबहो शाम" ।। 6063/7162

संगीतश्रीकृष्णरामायण गीतमाला, पुष्प 678 of 763

खयाल : राग देस

(चाल, तबला ठेका और तान के लिए देखिए हमारी "*नई संगीत रोशनी*" का गीत 27)

(सीता विभीषण संवाद)

1980
रत्नाकर रचित संगीत-श्री-रामायण

194. Story of meeting between Sītā and Vibhīshan

स्थायी

विभीषण से बोली सीता, राघव से कहो दरशन दीजो ।

♫ रेरेमम प- नि-सां-निसां पनिसांरेंनिसां, रेंनिधप मपधप मगरे रेगरेम गरेगनिसा ।

अंतरा-1

राघव आओ मेरी नगरिया, दैया-रे दैया, रामा लीजो खबरिया ।

निश-दिन मेरा सुमिरन कीजो ।।

♫ म-मम प-नि- सां-सां सांरेंनिसां-, निसांरें रेंमं गंरेंसां- पनिसां रेंनिधप- ।

अंतरा-2

याद करे है तोरी सजनिया, राह में तेरी, रामा मोरी नज़रिया ।

वानर सेना साथ में लीजो ।।

संगीतश्रीकृष्णरामायण गीतमाला, पुष्प 679 of 763

दादरा ताल

(विभीषण सीता मिलन की कथा)

स्थायी

गीत शारद ने मंजुल है गाया, साज नारद मुनि ने बजाया ।

रत्नाकर से है मंगल रचाया, रामायण को है सुंदर सजाया ।।

♫ म-ग म-म- म प-म- ग म-प-, रे-ग म-म- मध- प- मग-म- ।

रेगम-म म- म ध-प- गम-प-, रे-ग-म- म- म ध-प- मग-रे- ।।

अंतरा-1

जब भाई ने पुर से भगाया, पास सीता के विभीषण आया ।

देवी सरमा ने परिचय दिलाया, विभीषण को सिया से मिलाया ।।

♫ सांसां नि-रें- सां धध नि- धप-म-, सां-सां नि-रें- सां धधनि-ध प-म- ।

मग ममम- म पपमम गम-प-, रेगमम म- मध- प- मग-रे- ।।

अंतरा-2

बोला विभीषण, मैं राघव का भाई, अब राघव मेरा सुऽखदाई ।

पापी रावण है नीतिऽ हनाया, मैंऽ राघव की शरणन में आया ।।

अंतरा-3

195. Meeting between Shrī Rāma and Vibhīshan

बोली सीता, विभीषऽण भाई! जब तुझको मिलें रामराई ।
पूछो, मोहे तो नाहीं भुलाया, कहो सीता ने जल्दी बुलाया ।।

195. विभीषण–राम मिलन की कथा :

195. Meeting between Shrī Rāma and Vibhīshan

संगीतश्रीकृष्णरामायण छन्दमाला, मोती 454 of 501

कमंद छन्द[233]

15, 13 + ऽ ऽ

(विभीषण राम संवाद)

लेकर सिया से संदेसा । आया बिभीषण रघुवर पासा ।
बोला, राम! मैं तव भाई । मुझको शरण दो, हे रघुराई! ।। 1
राम बोले, स्वागत होवे । धर्म प्रेमी तू लगता मोहे ।
अमात्य मम किया मैं तोहे । विभीषण! तू लंकेसा सोहे ।। 2

ॐ श्लोका:

सीतायाः प्रार्थनां दातुं रामाय स विभीषणः ।
बन्धोः पराङ्मुखो भूत्वा रामशरणमागतः ।। 2099/2422

आदरेण हि रामेण स्वीकृतः स विभीषणः ।
आह रामः सखा त्वं मे बन्धुश्च परमो मम ।। 2100/2422

नीतिज्ञस्त्वं सदाचारी लङ्काधीशस्त्वमेव हि ।
इत्युक्त्वा स च रामेण विभीषणोऽभिषेचितः ।। 2101/2422

दोहा॰ पहुँचाने श्री राम को, सीता का संदेश ।

---

[233] **कमंद छन्द** : इस 32 वर्ण के लाक्षणिक छन्द की अंतिम दो मात्रा गुरु होती हैं । इसका लक्षण सूत्र 15, 13 + ऽ ऽ इस प्रकार होता है ।

▶ लक्षण गीत : **दोहा॰ मत्त बत्तीस हों जिसे, दो गुरु मात्रा अंत ।**
पन्द्रह कल पर यति जहाँ, वह है छंद "कमंद" ।। 6064/7162

195. Meeting between Shrī Rāma and Vibhīshan

आया विभिषण हर्ष से, तज कर अपना देश ।। 6065/7162

विभिषण का श्री राम ने, बहुत किया सम्मान ।
बोले, तुम मेरे सखा, भाई हो सुखधाम ।। 6066/7162

तुम नीति के वीर हो, तुम ही लंकाधीश ।
इतना कह कर राम ने, मुकुट चढ़ाया शीश ।। 6067/7162

🕮 कथा 🕮

(सुग्रीव)
देखा इसी दिशा में आता, विभीषण रावण का लघु भ्राता ।
सुग्रीव वानरपति अकुलाया, हनूमान को पास बुलाया ।। 4659/5205

बोला, देखो को है आया, लगता रावण इसे पठाया ।
तुमको धरने को है धाया, इसको पकड़ो, करें सफाया ।। 4660/5205

राक्षस है यह असुर वंश का, विवेक इसमें नहीं अंश का ।
भले हि लीन्ही पंडित भूषा, राघव को ये देगा झाँसा ।। 4661/5205

✍दोहा॰ मिल कर सीता-मातु से, निकला विभिषण वीर ।
मिलने को श्री राम से, नैनन लेकर नीर ।। 6068/7162

विभिषण आता देख कर, प्रसन्न था हनुमान ।
सुग्रीव को संदेह था, राक्षस उसको मान ।। 6069/7162

(हनुमान)
सुग्रीव भाई! डरो न ऐसे, मार्जारी से मूषक जैसे ।
विभिषण है रावण का भाई, फिर भी उसमें बहुत भलाई ।। 4662/5205

रावण की उस राज सभा में, बंधन में था बद्ध खड़ा मैं ।
कोई बोला इसको डाँटो, इसको मारो, इसको काटो ।। 4663/5205

✍दोहा॰ विभिषण को हनुमान ने, लाया राघव पास ।
विभिषण बोले, रामजी! मैं अब तुमरा दास ।। 6070/7162

(तब)

195. Meeting between Shrī Rāma and Vibhīshan

विभिषण ने रावण ललकारा, बोला "ये तो है हरकारा[234] ।
मृत्यु दंड मत इसको बोलो, इसके बंधन को तुम खोलो" ।। 4664/5205

बोला, "तू है हमरा नेता, तुझको ये ना शोभा देता ।
तुम लौटा दो सीता, नारी हरना पातक तीता" ।। 4665/5205

✍ दोहा॰ विभिषण बोले, बंधु को, कपि है राघव दास ।
दंडित उसको मत करो, खोलो उसके पाश ।। 6071/7162

(मगर)

हिला न रावण अपने हठ से, विभीषण हार गया उस शठ से ।
रावण ने फिर क्रोध जगाया, लात मार कर भ्रात भगाया ।। 4666/5205

बोला, "तुम अब नगरी छोड़ो, हमसे तुम सब नाता तोड़ो ।
राघव अब है तुमरा भाई, उसको मानो तुम सुखदाई" ।। 4667/5205

✍ दोहा॰ रावण राक्षस मूढ़ ने, सुनी न उसकी बात ।
द्रोही कह कर बंधु को, मारी कस कर लात ।। 6082/7162

(सुग्रीव)

सुन कर वो हनुमत का कहना, सुग्रीव कपि लज्जा से सहमा ।
विभिषण का शुभ स्वागत कीन्हा, हाथ जोड़ कर आदर दीन्हा ।। 4668/5205

"कौन कहाँ से हो तुम आए, क्या हो तुम संदेसा लाए ।
राघव से यदि मिलना चावो, मेरे साथ चलो तुम आवो ।। 4669/5205

"जो कुछ कहना सच सच कहना, बात छुपाए चुप मत रहना ।
प्रभु राघव हैं बड़े दयालु, शरणागत पर बहुत कृपालु" ।। 4670/5205

✍ दोहा॰ राघव-बिभिषण जब मिले, मंगलमय था मेल ।
लगा असुर, सुर के गले, खेलत है विधि खेल ।। 6073/7162

बिभिषण बोले राम से, मुझ पर हो विश्वास ।

---

[234] हरकारा = दूत, संदेश वाहक ।

195. Meeting between Shrī Rāma and Vibhīshan

बनना चाहूँ मैं, प्रभो! परम तिहारा दास ।। 6074/7162

मैंने रावण को तजा, अब तुम मेरे भ्रात ।
मुझे शरण में लीजिए, रघुवर मेरे तात! ।। 6075/7162

मैंने रावण को कहा, दे दे सीता मात ।
भरी सभा में बंधु ने, मारी मुझको लात ।। 6076/7162

बोला, द्रोही अधम तू, मुझसे नाता तोड़ ।
जा राघव के पास तू, मेरी नगरी छोड़ ।। 6077/7162

नगरी तज कर मैं गया, वैदेही के पास ।
लाया हूँ संदेश मैं; मुझे दया की आस ।। 6078/7162

विभिषण को श्री राम ने, सादर किया प्रणाम ।
कहा, नीति के वीर तुम, तुमरा हो सम्मान ।। 6079/7162

(विभीषण)

विभिषण जी ने कीन्हे, नत मस्तक शुभ आशिष दीन्हे ।
बोला, "मैं रावण का भाई, मुझे शरण में लो रघुराई!" ।। 4671/5205

भाई की मैं करन भलाई, बोला "दे दे सीता माई" ।
सुन कर बिगड़ा मेरा भाई, कीन्ही मुझसे बहुत लड़ाई ।। 4672/5205

मैंने बोला, "मेरे भाई! काहे करता हाथापाई ।
जिसने हित की बात बताई, उसको तूने लात लगाई ।। 4673/5205

"लात मार कर मुझे धिकारा, भरी सभा से मुझे निकाला ।
पत्नी पुत्र घर तज कर सारा, आया हूँ, दो मुझे सहारा ।। 4674/5205

"रावण सीता को है पकड़ा, अत्याचारी देता दुखड़ा ।
मैंने उसको बहुत मनाया, मगर नीति वो समझ न पाया ।। 4675/5205

"बीच भँवर में मेरी नौका, मुझको सेवा का दो मौका ।
रावण ने है मुझे धकेला, घर तज कर मैं चला अकेला ।। 4676/5205

195. Meeting between Shrī Rāma and Vibhīshan

"राघव! मुझको चरणन लीजो, अपने पग में शरणन दीजो ।
मित्र बना में इत आया हूँ, किरपा की आशा लाया हूँ" ।। 4677/5205

✍दोहा॰ **करके वन्दन राम को, बोले विभिषण बात ।**
मुझे शरण में लीजिए, राघव! मेरे भ्रात! ।। 6080/7162

मैंने बोला बंधु को, मत कर ओछे काम ।
लौटा दो सीता अभी, कृपा करेंगे राम ।। 6081/7162

क्रोधित होकर बंधु ने, मारी मुझको लात ।
राज्य-बहिष्कृत कर मुझे, कीन्हा कुल पर घात ।। 6082/7162

(राम)

✍दोहा॰ **सुन कर विभीषण का कहा, राघव नैनन नीर ।**
बोले, नीति सुधर्म के, तुम हो सच्चे वीर ।। 6083/7162

लगे विभीषण के गले, देकर गाढ़ा प्यार ।
राघव ने हलका किया, उनके मन का भार ।। 6084/7162

बोले लछमन को, सखे! लाओ सागर नीर ।
अभिषेचित इनको करें, लगाय तिलक अबीर ।। 6085/7162

"लंका-नृप" विभिषण नये, घोषित करदो आज ।
रावण नृप-पद खो चुका, बिगड़ा असुर समाज ।। 6086/7162

तिलक लगा कर राम ने, बिना देर लव लेश ।
उद्घोषित भी कर दिया, विभिषण को – "लंकेश" ।। 6087/7162

(फिर)

✍दोहा॰ **पूछा राघव ने उन्हें, कैसा तुमरा देश ।**
रावण के व्यावहार का, वृत्त कहो, लंकेश! ।। 6088/7162

अभिनंदित उनको किया, सब कपियों ने साथ ।
बोले विभिषण हर्ष से, "जय जय सीतानाथ!" ।। 6089/7162

(रावण)

195. Meeting between Shrī Rāma and Vibhīshan

राचण सच है वीर विजेता, असुर जगत का अजेय नेता ।
कुंभकर्ण है छोटा भ्राता, मन मन गिन कर खाना खाता ।। 4678/5205

महाकाय है पहाड़ ऊँचा, असुरों में बलवान समूचा ।
मुट्ठी में नर सहज दबाता, कचकच दाँतों तले चबाता ।। 4679/5205

माँस मनुज का कच्चा खाता, गला फाड़ कर शोणित पीता ।
मास-मास निश-दिन है सोता, जगाए नहीं जागृत होता ।। 4680/5205

✍दोहा॰ **बिभिषण बोले, "हे रघो! सुनिये सह विस्तार ।**
विवरण रावण सैन्य के, सहित असुर परिवार" ।। 6090/7162

रावण राजा वीर है, मायावी तूफान ।
कुंभकर्ण पर्वत यथा, महाकाय बलवान ।। 6091/7162

रावण लंपट क्रूर है, उसे हवस की प्यास ।
कुंभकर्ण घस्मर बड़ा, सोता है छह मास ।। 6092/7162

रावण पापी है बड़ा, कपटी दंभी चोर ।
कुंभकर्ण हिंसक तथा, विध्वंसक है घोर ।। 6093/7162

रावण नरभक्षक यथा, जिसे रुधिर की प्यास ।
कुंभकर्ण भी है तथा, खाता नर-पशु माँस ।। 6094/7162

रावण बोला था, सिये! खाऊँ तेरा माँस ।
पीऊँ तेरा रक्त मैं, समय तुझे त्रय-मास ।। 6095/7162

(तथा ही, इन्द्रजीत)

इन्द्रजित् बलबीर कहाया, ब्रह्म अस्त्र है हाथ धराया ।
महावीर योद्धा है जाना, महा क्रूर है उसकी सेना ।। 4681/5205

प्रहस्त भारा सेनापति है, जिसकी अधम विषैली मति है ।
उसका बेटा जम्बूमाली, विविध शस्त्र धर है बलशाली ।। 4682/5205

✍दोहा॰ **इन्दजीत लंकेश का, मायावी है पूत ।**
उसके कर ब्रह्मास्त्र है, जैसे यम का दूत ।। 6096/7162

195. Meeting between Shrī Rāma and Vibhīshan

विजय इन्द्र पर पाइके, "इन्द्रजीत" है नाम ।
"मेघनाद" भी है कहा, गर्जन मेघ समान ।। 6097/7162

(और, मंदोदरी)

रावण पत्नी मंदोदरी है, असुरों में आस्तिक नारी है ।
शिव शंकर की भगतिन भारी, सीता की है सत् रखवारी ।। 4683/5205

मंदोदरी में विनम्रता है, नारी सच वह पतिव्रता है ।
नीति निपुण है, प्रीति-वरुण है, दयाशील है, हृदय करुण है ।। 4684/5205

दोहा॰ **रावण-स्त्री मंदोदरी, असुरों से है भिन्न ।**
शिवजी की भक्ति करे, कभी न होती खिन्न ।। 6098/7162

पतिव्रता मंदोदरी, नीति निपुण है नार ।
दयाशील है, करुण है, लंकाधिप की दार ।। 6099/7162

संगीतश्रीकृष्णरामायण गीतमाला, पुष्प 680 of 763

दादरा ताल

(विभीषण राम मिलन की कथा)

स्थायी

गीत शारद ने मंजुल है गाया, साज नारद मुनि ने बजाया ।
रत्नाकर से है मंगल रचाया, रामायण को है सुंदर सजाया ।।

♫ म-ग म-म- म प-म- ग म-प-, रे-ग म-म- मध- प- मग-म- ।
रेगम-म म- म ध-प- गम-प-, रे-ग-म- म- म ध-प- मग-रे- ।।

अंतरा-1

जब रावण का विभीषऽण भाई, निकला भाई से करके लड़ाई ।
सीता देवी से संदेश लाया, और राघव के चरणों में आया ।।

♫ सांसां नि-रेंरें सां धधनि-ध प-म-, सां-सां नि-रें- सां धधनि- धप-म- ।
म-ग म-म- म प-म-ग म-प-, रे-ग म-म- म धधप- म ग-रे- ।।

अंतरा-2

बोला, राघव! मैं तेरा हूँ भाई, अब तू ही मेरा सुऽखदाई ।

मुझे रावण नगर से भगाया, उसे राघव गले से लगाया ।।

अंतरा–3

बोला राघव, तू "लंकेश" सोहे, धर्मात्मा तू लगता है मोहे ।
उसको राघव ने तिलकऽ लगाया, कपियन ने फिर सिर पर उठाया ।।

लंका काण्ड : सातवाँ सर्ग

196. वीर अंगद के दौत्य की कथा :

196. Story of Angad's embassy *(Rāmāyan, 6. Lankā Kānd)*

♫ संगीतश्रीकृष्णरामायण छन्दमाला, मोती 455 of 501

सौरभवर्द्धिनी छन्द[235]

। । ।, । ऽ ऽ, । । ऽ, । ऽ

(अंगद दौत्य)

बिभिषण ने राघव से कहा ।
प्रतिनिधि भेजो फिर से वहाँ ।। 1
हनुमत ने अंगद को चुना ।
तह करने रावण से पुनः ।। 2

ॐ श्लोकः

आह विभीषणो रामम्–अङ्गदं प्रेषयाधुना ।
रावणेनाङ्गदः कीशः–तिरस्कृत्य पलायितः ।। 2102/2422

📖 कथा 📖

(रावण के सैनिक)

---

[235] ♫ **सौरभवर्द्धिनी छन्द** : इस 11 वर्ण, 15 मात्रा वाले छन्द के चरण में न य स गण और एक लघु और एक गुरु वर्ण आता है । इसका लक्षण सूत्र । । ।, । ऽ ऽ, । । ऽ, । ऽ इस प्रकार होता है । यति चरणान्त होता है ।

▶ लक्षण गीत : ✍ **दोहा॰ पन्द्रह मात्रा महकतीं, लघु गुरु कल हों अंत ।**
जानो "सौरभवर्द्धिनी," न य स गणों का छंद ।। 6100/7162

196. Story of Angad's embassy (Rāmāyan, 6. Lankā Kānd)

युद्ध वीर रावण के सूरमे, जितने भी थे लंका पुर में ।
शस्त्र-अस्त्र सब लेकर तीखे, मदिरा पी कर मदांध दीखे ।। 4685/5205

सेनापति सह सैनिक सारे, खड़े बजाते सिंग नगाड़े ।
राघव दल से लोहा लेने, उतावले थे टक्कर देने ।। 4686/5205

दोहा॰ आज्ञा दी लंकेश ने, होने को तैयार ।
हमला राघव पर करें, लिए कुंत तलवार ।। 6101/7162

योद्धा उद्यत होगये, लडने को रण घोर ।
गाते नारे विजय के, बहुत मचाया शोर ।। 6102/7162

दस सेनाएँ थी सजीं, दस सेनापति साथ ।
रावण सेना थी खड़ी, देख रहे रघुनाथ ।। 6103/7162

(उस समय)
राघव से मिल बिभिषण जी ने, सोच समझ कर निर्णय लीन्हे ।
एक बार फिर प्रतिनिधि भेजें, चेतावनी असुर को दीजें ।। 4687/5205

हनुमत बोला, "अंगद जावे, रावण को फिर से समझावे ।
शाँति से सीता को देगा, या फिर हमसे लोहा लेगा" ।। 4688/5205

दोहा॰ मंत्री-कपि सब राम के, विभीषणादिक धीर ।
बोले, भेजें हम पुनः, दूत परम कपि वीर ।। 6104/7162

हनुमत बोला, भेजिये, अंगद हमरा दूत ।
सब बोले, हाँ! योग्य है, कपि बाली-का-पूत ।। 6105/7162

(और)
"अभी नहीं यदि सीता देगा, पीछे से फिर पछतावेगा ।
उसकी होगी निष्फल आसा, कुल का भी तब होगा नासा" ।। 4689/5205

दोहा॰ विभिषण ने भी फिर कहा, भेजो अंगद दूत ।
रावण के सिर से हटे, व्यर्थ युद्ध का भूत ।। 6106/7162

सबने फिर घोषित किया, अंगद कपि का नाम ।

1990
रत्नाकर रचित संगीत-श्री-रामायण

196. Story of Angad's embassy (Rāmāyan, 6. Lankā Kānd)

जावे रावण पास वो, आशिष दीन्हे राम ।। 6107/7162

अंगद को फिर राम ने, कही नीति की बात ।
आदर हो लंकेश का, वाणी रहे उदात्त ।। 6108/7162

बोलोगे सम्मान से, रावण यद्यपि चोर ।
नृप का आदर हो सदा, चाहे कपटी घोर ।। 6109/7162

(अंगद)

तारा पुत्र गया जब नगरी, रावण अनुमति दी इस बेरी ।
अंगद बोला, रावण प्यारे! वचन शाँति से सुनो हमारे ।। 4690/5205

मैं हूँ प्रतिनिधि राघव जी का, जिनका नीति नियम है नीका ।
तूने सीता हरण करी है, तव सीमा पर आए हरि हैं ।। 4691/5205

सिय को दे दे बिना लड़ाई, इसमें प्यारे! तुम्हें भलाई ।
होश सँभालो में अब तुम प्यारे! तुमरा दोष तुम्हीं को मारे ।। 4692/5205

दैव योग से मैं आया हूँ, राघव-संदेसा लाया हूँ ।
सुन लोगे तो पाप जलेगा, नहीं सुना तो शाप मिलेगा ।। 4693/5205

और नहीं है तुमको चारा, हरि चरणन हैं तुम्हें सहारा ।
उनके जो शरणागत होगा, पद लंका का उसने भोगा ।। 4694/5205

करलो प्रभु से क्षमा याचना, हर लेंगे हरि सभी लाँछना ।
राघव से यदि करो सामना, असफल होगी हीन कामना ।। 4695/5205

✍दोहा॰ **निकला अंगद शिविर से, कह कर जय जय राम ।**
बोले बिभिषण जी उसे, सफल करो तुम काम ।। 6110/7162

आया अंगद नगर में, रावण के दरबार ।
बोला, सुनलो शाँति से, कहना मम, सरकार! ।। 6111/7162

मैं प्रतिनिधि हूँ राम का, करो शाँति स्वीकार ।
नीति वीर हम क्षात्र हैं, सदाचार अधिकार ।। 6112/7162

सीता को तुम छोड़ दो, बिना किसी तकरार ।

मगर करोगे बैर तो, तुम्हें पड़ेगी मार ।। 6113/7162

राघव का संदेश है, करलो तुम सत्कार ।
उनसे अब लड़ कर, प्रभो! तुम्हें मिलेगी हार ।। 6114/7162

(और भी)

बाली का बलवान पूत मैं, कपि दल सेवक राम दूत मैं ।
हनुमत का मैं हूँ अनुचारी, नीति धर्म का सत्य पुजारी ।। 4696/5205

काम असंभव नहीं राम को, तीन जगत में किसी याम को ।
घमंड तेरा खंड करंगे, तुझ दोषी पर दंड धरेंगे ।। 4697/5205

ज्ञानी पंडित है तू जाना, फिर क्यों ये अपराध घिनौना ।
नारी हरना है अज्ञाना, अब ना कोई चले बहाना ।। 4698/5205

इसी लिए बाली को मारा, नारी हरना पातक भारा ।
सीता दे कर करलो पारा, पुन: न अवसर मिले दुबारा ।। 4699/5205

झूठ मूठ ज्ञानी कहलाते, पंडित बन कर मन बहलाते ।
पर नारी पर अत्याचारा, करते ज्ञान गया क्यों मारा ।। 4700/5205

✍दोहा० **मैं बाली का पूत हूँ, रामचंद्र का दूत ।**
खेल बहुत अब हो चुके, हारोगे यह द्यूत ।। 6115/7162

रामचंद्र अविजेय हैं, तीनों जग में एक ।
उन्हें असंभव कुछ नहीं, कार्य सुलभ प्रत्येक ।। 6116/7162

तुम ज्ञानी विख्यात हो, फिर भी नारी-चोर ।
मृत्यु दंड तुमको मिले, अब न चले बरजोर ।। 6117/7162

"यह अंतिम अवसर, प्रभो! आया अपने आप ।
खो कर यह मौका, प्रभो! तुम्हें मिलेगा शाप" ।। 6118/7162

(फिर बोला)

यहाँ चैन में तुम हो सोये, विषय वासना में हो खोये ।
उधर कीश पाषाण तराये, सागर सेतु राम बनाए ।। 4701/5205

196. Story of Angad's embassy (Rāmāyan, 6. Lankā Kānd)

सेतु बना है विशाल न्यारा, दिखने में लगता है प्यारा ।
देखो तुम वह जाकर, प्यारे! मिट जावेंगे भरम तिहारे ।। 4702/5205

सागर पार किए सब आए, अब ना तेरे रुके रुकाये ।
जल रक्षा अब है बेकामा, पार कर लियो समुद्र रामा ।। 4703/5205

समय हाथ से निकल चुका है, तुमरे सोते नहीं रुका है ।
अब सोचो आगे क्या करना, वंश बचाना या है मरना ।। 4704/5205

भ्रम से जागो तुरत अभी भी, कोह मोह दो त्याग सभी भी ।
लौटा दो तुम सीता माई, इसी राह में तुम्हें भलाई ।। 4705/5205

दोहा॰ "यहाँ सुप्त तुम चैन से, विषय भोग में चूर ।
उधर बन चुका सेतु है, तुमरे दृग् से दूर ।। 6119/7162

"अश्म तराये नीर पर, लिख-लिख राघव नाम ।
विशाल सेतु है बना, आने तुमरे धाम ।। 6120/7162

"तुमरी सेना आसुरी, हमें सकी ना रोक ।
समय हाथ से जा चुका, अब क्यों ऐसा शोक ।। 6121/7162

"भ्रम से, प्यारे! जाग जा, कोह मोह को छोड़ ।
सीता माँ को छोड़ कर, स्नेह राम से जोड़" ।। 6122/7162

(रावण)
सुन कर बचनन अंगद कपि के, मुख दसमुख के पड़ गए फीके ।
बोला, कभी न मैं हारूँगा, रामदूत को मैं मारूँगा ।। 4706/5205

बचे कपि न, हरि लड़े कदापि, अत: आज ये बचे न पापी ।
बोला, किंकर! इसको पकड़ो, भाग न जाए, इसको जकड़ो ।। 4707/5205

(और)
भाग गया वो पिछली बेरी, इसको धरने लगे न देरी ।
इसको मारे राम डरेगा, हमसे झंझट नहीं करेगा ।। 4708/5205

कपि हमसे क्या युद्ध करेंगे, तलवारों से कटे मरेंगे ।

196. Story of Angad's embassy (Rāmāyan, 6. Lankā Kānd)

उनके पास न शस्त्र-अस्त्र हैं, ना ही अश्व न त्राणवस्त्र हैं ।। 4709/5205

डर कर राम स्वप्न से जागे, बोरी बिस्तर समेट के भागे ।
सीता फिर मेरी हो जाए, कोई हमरे बीच न आए ।। 4710/5205

✍दोहा॰ **सुन कर अंगद वीर से, राघव का संदेश ।**
"पकड़ो! राघव-दूत को," बोल पड़ा लंकेश ।। 6123/7162

रावण काँपा रंज से, हुआ क्रोध से लाल ।
बोला, कपि को बाँध कर, नोचो उसकी खाल ।। 6124/7162

अंगद की दुम काटदो, लौटेगा निज धाम ।
लड़ने फिर ना आएगा, डर जावेगा राम ।। 6125/7162

(और)

✍दोहा॰ **भाग गया था हाथ से, हनुमत पिछली बार ।**
भाग न पाए कीश ये, इसको डालो मार ।। 6126/7162

राघव के योद्धा सभी, वानर हैं निःशस्त्र ।
पास हमारे वीर हैं, अश्व शस्त्र हैं अस्त्र ।। 6127/7162

अंगद को हम मार दें, तभी बनेगा काम ।
डर जावेगा राम भी, लौटेगा निज धाम ।। 6128/7162

(तब)

आज्ञा पा कर सेवक दौड़े, लेकर खाँडे लंबे चौड़े ।
लेकिन अंगद सूरमा पक्का, भागा देकर धक्कम धक्का ।। 4711/5205

पंछी फिर से हाथ से उड़ा, असुर रह गया पुनः मुछमुड़ा ।
हाथ मसलता, कहा जोर से, करो आक्रमण नाद घोर से ।। 4712/5205

✍दोहा॰ **रावण से आज्ञा लिए, बढ़े असुर सरदार ।**
अंगद कपि को मारने, लेकर कर तलवार ।। 6129/7162

पकड़ न पाए कीश को, रावण के सब वीर ।
तलवारें ना चल सकीं, मार सके ना तीर ।। 6130/7162

196. Story of Angad's embassy (Rāmāyan, 6. Lankā Kānd)

अंगद उस दरबार से, बच कर आया भाग ।

राघव बोले क्लेश से, "रावण है हत-भाग" ।। 6131/7162

संगीतश्रीकृष्णरामायण गीतमाला, पुष्प 681 of 763

दादरा ताल

(अंगद के दौत्य की कथा)

स्थायी

गीत शारद ने मंजुल है गाया, साज नारद मुनि ने बजाया ।

रत्नाकर से है मंगल रचाया, रामायण को है सुंदर सजाया ।।

♪ म-ग म-म- म प-म- ग म-प-, रे-ग म-म- मध- प- मग-म- ।

रेगम-म म- म ध-प- गम-प-, रे-ग-म- म- म ध-प- मग-रे- ।।

अंतरा-1

बोला राघव से बिभिषण सभा में, दे दो आह्वान रावन को फिर से ।

नाम अंगद का हनुमत सुझाया, राम अंगद को नीतिऽ बूझाया ।।

♪ सांसां नि-रेंरें सां धधनि- धप- म-, सां सां नि-रें-सां ध-निनि ध पप- म- ।

म-ग म-मम म पपमम गम-प-, रेग म-मम म ध-प- मग-रे- ।।

अंतरा-2

कहा अंगद ने, "रावऽण प्यारे! देदे सीता को शाँतिऽ स्वीकारे ।

लेने राघव है लंका में आया, है दयालुऽ बड़ा रामराया" ।।

अंतरा-3

बोला रावण, "इस अनुचर को मारो, इसको काटो औ चमड़ी उतारो" ।

मार धक्का वो नगरी से धाया, असुरों के वो हाथऽ न आया ।।

लंका काण्ड : आठवाँ सर्ग

197. रावण द्वारा युद्ध ललकार की कथा :

197. Rāvan's "Decleration of War" on Shrī Rāma

197. Rāvan's "Decleration of War" on Shrī Rāma

♫ संगीतश्रीकृष्णरामायण छन्दमाला, मोती 456 of 501

पादाकुलक छन्द

4 + 4 + 4 + 4

(रावण की युद्ध ललकार)

अंगद कपि नगरी से खिसका, असुर न कीन्हे पीछा उसका ।
रावण का फिर भनका पारा, उसने राघव को ललकारा । 1
सेना निकली गाते नाले, लेकर खांडे मुद्गर भाले ।
आयुध लेकर होंट दबाते, दसमुख का जय नारा गाते ।। 2

ॐ श्लोक:

गते विभीषणे बाह्ये गते च वानराङ्गदे ।
रावण: क्रोधितो भूत्वा राघवमाह्वयद्युधि ।। 2103/2422

कथा

(रावण आक्रमण)

दोहा॰ अंगद उनके हाथ से, निकल गया जब भाग ।
रावण के सर्वांग में, लगी क्रोध की आग ।। 6132/7162

बोला, तुरंत युद्ध को, सेना करो तयार ।
बोलो धावा राम पर, बिना दिये ललकार ।। 6133/7162

दस सेना में बाँट कर, दस नेता थे साथ ।
रावण आया युद्ध को, देख रहे रघुनाथ ।। 6134/7162

(दो सेनाएँ)

दोहा॰ दोनों सेनाएँ जब बढ़ी, एक-दूसरी ओर ।
भिड़ी बीच मैदान में, गर्जन करती घोर ।। 6135/7162

एक असुर की वाहिनी, लंकापति के साथ ।
वानर सेना दूसरी, नेता श्री रघुनाथ ।। 6136/7162

197. Rāvan's "Decleration of War" on Shrī Rāma

एक गड़बड़ी में बढ़ी, जैसे बकरी भेड़ ।
दूजी उन पर जा पड़ी, लेकर पत्थर पेड़ ।। 6137/7162

एक करत है गर्जना, रावण–डींगें मार ।
दूजी करती अर्चना, राम–सिया जय कार ।। 6138/7162

(और)

शंख नगाड़े भेरियाँ, बजे युद्ध के ढोल ।
रणसिंघे छेने बजे, नारे मुख से बोल ।। 6139/7162

डंके असुरों के बजे, गर्जन का आक्रोश ।
मिल कर सब कपि कर रहे, राम–नाम का घोष ।। 6140/7162

राघव बोले सैन्य को, "युद्ध टरा नहिँ टार ।
छल बल से हम ना लड़ें, जीत मिले या हार" ।। 6141/7162

नेता रावण के बढ़े, रण पर अश्व सवार ।
वानर दल पैदल चले, असुरों को ललकार ।। 6142/7162

(भिडंत)

✍दोहा॰ हरिण झुंड पर ज्यों बढ़े, सिंह दहाड़ें मार ।
वीर राम के त्यों पड़े, करन असुर संहार ।। 6143/7162

राक्षस–कपिगण का वहाँ, युद्ध हुआ घमसान ।
मार–काट होने लगी, रणभूमि शमशान ।। 6144/7162

गूँजा नभ, धरती हिली, भया भयंकर पात[236] ।
नारद शंकर देखते, रावण का उत्पात ।। 6145/7162

(वहाँ)

असुर भयानक दाँतों वाले, चिपटी नाकें शरीर काले ।
जीभ लटकती कर में ढालें, गल में मुंडी माला डाले ।। 4713/5205

नर वानर के माँसाहारी, प्यास रुधिर की जिनको भारी ।

---

[236] पात = शस्त्रपात ।

197. Rāvan's "Decleration of War" on Shrī Rāma

तोंदें निकली अति बेढंगी, रक्त लाल रण भूमि रंगी ।। 4714/5205

भाले मुद्गर खड्ग घुमाते, खन्-खन् रव तलवार सुनाते ।
राम-लखन जब शर बरसाते, मुद्गर भाले काम न आते ।। 4715/5205

असुरों के सब होश भुलाते, पैने शर सिर काट सुलाते ।
हनूमान के वार गदा के, लेते उनके प्राण सदा के ।। 4716/5205

अंग भंग हत आँखें फेरे, मस्तक चूर असुर के ढेरे ।
चिल्लाते रावण के चेरे, भागे रण तज कर बहुतेरे ।। 4717/5205

फिर रावण की दहशत पाते, लौटे रण में लड़ने आते ।
फिर-फिर भिड़ते जय अनुरोधी, शस्त्र चलाते बन कर क्रोधी ।। 4718/5205

दोहा॰ रावण के योद्धा सभी, उँचे तगड़े वीर ।
युक्त विविध विध शस्त्र से, बरछी ढालें तीर ।। 6146/7162

माँसाहारी क्रूर हैं, जिन्हें रुधिर की प्यास ।
दाँत शेर से तीक्ष्ण हैं, मुख पर कुत्सित हास ।। 6147/7162

असुर घुमाते शस्त्र को, खड्ग, कुंत, तलवार ।
राघव कपि चंचल बड़े, असुर सके ना मार ।। 6148/7162

बरसाते शर रामजी, मिल कर लखन कुमार ।
पत्थर की वर्षा कपि, करते धूआँधार ।। 6149/7162

तीखे शर सिर काट कर, करते राक्षस ढेर ।
पत्थर से सिर फूटते, गिरते आँखे फेर ।। 6150/7162

 संगीतश्रीकृष्णरामायण गीतमाला, पुष्प 682 of 763

दादरा ताल

(रावण की युद्ध ललकार की कथा)

स्थायी

गीत शारद ने मंजुल है गाया, साज नारद मुनि ने बजाया ।

1998
रत्नाकर रचित संगीत-श्री-रामायण

198. Story of Jambumālī (Rāmāyan, 6. Lankā Kānd)

रत्नाकर से है मंगल रचाया, रामायण को है सुंदर सजाया ।।

♪ म-ग॒ म-म- म प-म- ग॒ म-प-, रे-ग॒ म-म- मध॒- प- मग॒-म- ।
रेग॒म-म म- म ध॒-प- गम-प-, रे-ग॒-म- म- म ध॒-प- मग॒-रे- ।।

अंतरा–1

निकला अंगद जब हाथों असुर के, बढ़ी रावण की सेना नगर से ।
असुरों ने था हमला चढ़ाया, जै जै रावण का शोरऽ मचाया ।।

♪ सां-सां नि॒-रेंरें सां- ध॒-नि॒- ध॒पप म-, सांसां नि॒रेंरें सां ध॒-नि॒- ध॒पप म- ।
मगम- म- म पपम- गम-प-, रे- ग॒- म-म- म ध॒-प- मग॒-रे- ।।

अंतरा–2

लेकर शस्त्रास्त्र तलवार भाले, खड्ग किरपाण मुद्गऽर ढालें ।
राऽघव को चरों ने बताया, सेना लेकर है रावऽण आया ।।

अंतरा–3

चली कपियन की सेना कतारें, "सीता राघव की जै जै" पुकारे ।
पेड़ पत्थर जो हाथऽ में आया, असुरों पर उसी को चलाया ।।

198. जंबुमाली की कथा :

198. Story of Jambumālī (Rāmāyan, 6. Lankā Kānd)

♪ संगीत‍श्रीकृष्णरामायण छन्दमाला, मोती 457 of 501

बाला–2 छन्द[237]

S S l, S S l, l S l, S S – S S l, S S l, l S l, S S
S S l, S S l, l S l, S S – l S l, S S l, l S l, S S

---

[237] ♪ **बाला–2 छन्द :** इस 11 वर्ण, 18-18-18-17 मात्रा वाले विषम छन्द के पहले तीन चरणों में त त ज गण और दो गुरु वर्ण और चतुर्थ चरण में ज त ज गण और दो गुरु वर्ण आते हैं । अत: इसका लक्षण सूत्र (1-3) S S l, S S l, l S l, S S (4) l S l, S S l, l S l, S S इस प्रकार होता है । यति चरणान्त होता है । यह छन्द गाने के लिए सुंदर है । इसकी चाल ♪ वसंततिलका छंद के लगभग समान होती है ।

▶ लक्षण गीत : ☙ दोहा॰ तीन चरण में त त ज हों, सबमें दो गुरु अंत ।
चतुर्थ में गण ज त ज वो, "द्वितीय–बाला" छंद ।। 6151/7162

198. Story of Jambumālī (Rāmāyan, 6. Lankā Kānd)

(जंबुमाली)

लंकेश सेनापति जंबुमाली । माला गले में दस मुंड वाली ।। 1
भाला गदा को कर में धरे है । विचार गंदे सिर में भरे हैं ।। 2

ॐ श्लोकः

जम्बुमाली महायोद्धा रावणस्य चमूपतिः ।
नीत्यनीत्योर्महायुद्धे वीरो हनुमता हतः ।। 2104/2422

📖 कथा 📖

(जब)

✍दोहा॰ बरसे राघव लखन के, शोले बन कर तीर ।
असुर धड़ा-धड़ मर गिरे, रावण के रण वीर ।। 6152/7162

(तब)

✍दोहा॰ दीन्हा जंबूमालि को, रावण ने विश्वास ।
मारो तुम हनुमान को, तभी राम का नास ।। 6153/7162

(फिर)

✍दोहा॰ गीदड़ जैसे दाँत को, चमका कर विकराल ।
टूट पड़ा हनुमान पर, बन कर उसका काल ।। 6154/7162

सियार झपटा सिंह पर, लेकर मुद्गर हाथ ।
राम-भक्त हनुमान जी, लड़े गदा के साथ ।। 6155/7162

(जंबुमाली)

✍दोहा॰ चक्कर गोल घुमाइके, कीन्हे मुद्गर वार ।
मार गदा पर झेलता, हनुमत पवन कुमार ।। 6156/7162

टेढ़े-मेढ़े वक्र भी, कीन्हे शस्त्र प्रहार ।
हनुमत ने सब दाँव का, किया कुशल प्रतिकार ।। 6157/7162

असुर अचंभित रह गया, कपि कौशल्य निहार ।
समझ न पाया कौनसा, करना इस पर वार ।। 6158/7162

(तब)

198-A. Story of Dhumrāksha (Rāmāyan, 6. Lankā Kānd)

मुद्गर भया जभी बेकामा, सोचा भाले से लूँ कामा ।
फेंके मुद्गर पकड़ा भाला, तीक्ष्ण नोंक का लंबा वाला ।। 4719/5205

लिए पैंतरे तौर तौर के, कुंत[238] घुमाया जोर जोर से ।
वार चलाए सभी दिशा में, लगा न कोई ठीक निशाने ।। 4720/5205

शस्त्र असुर ने विविध चलाए, हाथ पाँव भी खूब हिलाए ।
वायु पुत्र भी वायु जैसा, कोई घाव लगेगा कैसा? ।। 4721/5205

✍दोहा॰ मुद्गर का जब ना चला, कपि पर कोई वार ।
लीन्हा भाला हाथ में, लंबा जलाल दार ।। 6159/7162

कुंत घुमाया जोर से, मगर न आया काम ।
शस्त्र चलाए और भी, सभी रहे बेकाम ।। 6160/7162

पवनपुत्र वायु यथा, चले न कोई वार ।
रामदास-हनुमान को, कोई सकै न मार ।। 6161/7162

(फिर)

कसरत करके जभी थक गया, एक निमिष को जहाँ रुक गया ।
हनुमत कीन्हा गदा प्रहारा, सौ सुनार की एक लुहारा ।। 4722/5205

✍दोहा॰ कसरत करके थक गया, रुका निमिष बस एक ।
किया वार हनुमान ने, उसको विमूढ़ देख ।। 6162/7162

फोड़ा सिर उस वीर का, गिरा धरा पर, धाँय! ।
गया लुढ़कता गेंद सा, कहता मुख से, हाय! ।। 6163/7162

198-A. Story of Dhumrāksha *(Rāmāyan, 6. Lankā Kānd)*

(जंबुमाली)

गदा वार ने माथा फोड़ा, गिरा धरा पर जैसे रोड़ा ।
हा! हा! करता, लहू छिड़कता, ढलान भूमि, गया लुड़कता ।। 4723/5205

---

[238] कुंत = भाला ।

198-A. Story of Dhumrāksha (Rāmāyan, 6. Lankā Kānd)

दोहा॰ जंबूमाली जब थका, रुका निमिष की देर ।
कपि ने गदा प्रहार से, कीन्हा उसको ढेर ।। 6164/7162

जबूमाली जब मरा, हनूमान के हाथ ।
आया भट धुम्राक्ष था, बड़े वेग के साथ ।। 6165/7162

दोहा॰ आया जब धुम्राक्ष था, रावण-वीर महान ।
बोला, मैं हनुमान को, भेजूँगा यम-धाम ।। 6166/7162

ज्यों ही आया पास वो, किया वार हनुमान ।
एक गदा के वार से, गिरा दिया बलवान ।। 6167/7162

संगीतश्रीकृष्णरामायण गीतमाला, पुष्प 683 of 763

दादरा ताल

(हनुमान जंबुमाली की कथा)

स्थायी

गीत शारद ने मंजुल है गाया, साज नारद मुनि ने बजाया ।
रत्नाकर से है मंगल रचाया, रामायण को है सुंदर सजाया ।।
♫ म-ग म-म- म प-म- ग म-प-, रे-ग म-म- मध- प- मग-म- ।
रेगम-म म- म ध-प- गम-प-, रे-ग-म- म- म ध-प- मग-रे- ।।

अंतरा-1

बोला रावण, सुनो जंबुमाली! करो राघव का बल पहले खाली ।
उसके बल में है हनूमत की माया, अतः कपि का करो तुम सफाया ।।
♫ सांसां नि-रेंरें सांध- नि-धप-म-, सांसां नि-रेंरें सां धध निनिध प-म- ।
म-ग मम म- मप-पम ग म-प-, रेग- मम म- मध- पप मग-रे- ।।

अंतरा-2

क्रूर सेनापतिऽ मन का काला, आया लेकऽर मुद्‌गऽर भाला ।
शस्त्र प्रत्येक उसने चलाया, वार उनका हनुऽमत बचाया ।।

अंतरा-3

ज्योंही तलवार लेने झुका वो, एक पल के लिए टुक रुका वो ।

199. Story of battle between Angad and Akampan

त्योंही हनुमत गदा को फिराया, जंबुमाली को नीचे गिराया ।।

लंका काण्ड : नौवाँ सर्ग

 199. अंगद-अकंपन युद्ध की कथा :

199. Story of battle between Angad and Akampan

🎵 संगीतश्रीकृष्णरामायण छन्दमाला, मोती 458 of 501

पृथ्वी छन्द

। S ।, । । S, । S ।, । । S, । S S, । S

🎵 मप-धप मग-, गम-पम गरे-सा रे-मगरे सा-

(अकम्पन)

अकम्पन बड़ा, पुरातन अमात्य लंकेश का ।
यथा चतुर था, तथा असुर था महा द्वेष का ।। 1
"सिया हरण" का, कहा असुर को, दिया था यही ।
यदा समय[239] था, तदा समर में, रुका था नहीं ।। 2

श्लोक:

अकम्पनो महाछद्मी सचिवो रावणस्य स: ।
ससैन्यमागतो युद्धे-अङ्गदेन हतो रणे ।। 2105/2422

199-a. Story of Vajradaṅshtra

📖 कथा 📖

दोहा॰ धुम्राक्षासुर जब मरा, हनूमान के हाथ ।
वज्रदंष्ट्र नेता बना, बड़े शोर के साथ ।। 6168/7162

रावण ने उसको कहा, मारो वानर वीर ।
अंगद है बैरी बड़ा, उसको मारो तीर ।। 6169/7162

(अत:)

---

[239] समय = खर-दूषण के युद्ध का समय ।

199. battle between Angad and Akampan continued

दोहा॰   आया वो अति वेग से, बन कर अश्व सवार ।
धनुष तीर को तान कर, कपि को देने मार ॥ 6170/7162

वज्रदंष्ट्र से फिर हुआ, युद्ध भयंकर घोर ।
अंगद पर ना चल सका, उस राक्षस का जोर ॥ 6171/7162

ज्यों ही झपटा असुर वो, करने कपि पर वार ।
अंगद ने सिर काट कर, दीन्हा उसको मार ॥ 6172/7162

199. battle between Angad and Akampan continued

📖 कथा 📖

(तब, अकंपन)
सुन कर मरना वज्रदंष्ट्र का, भनका माथा नीतिभ्रष्ट का ।
रावण का बिगड़ा था भेजा,[240] अगला वीर अकंपन भेजा ॥ 4724/5205

बोला, सेना लेकर जाओ, सिर अंगद का उतार लाओ ।
वीर अकम्पन लगा काँपने, राम-नाम से लगा हाँफने ॥ 4725/5205

खर-दूषण वध देख चुका था, दंडक वन में नहीं रुका था ।
उल्टे पैरों तब था भागा, वही काम अब सिर पर लागा ॥ 4726/5205

दोहा॰   वज्रदंष्ट्र जब था मरा, अंगद कपि के हाथ ।
असुर अकंपन आगया, लड़ने अंगद साथ ॥ 6173/7162

अंगद कपि ने असुर की, लीन्ही सेना घेर ।
पत्थर की वर्षा किए, कीन्हे सैनिक ढेर ॥ 6174/7162

(फिर)
आज्ञा लेकर रण में आया, वीर आसुरी सेना लाया ।
भाले बरछी शर तलवारें, मुद्गर खाँडे लेकर आए ॥ 4727/5205

कपि वीरों ने उनको घेरा, कीन्हा उन पर पत्थर मारा ।

---

[240] भेजा = दिमाग, मस्तिष्क, खोपड़ी ।

199. battle between Angad and Akampan continued

मुद्गर भाले काम न आए, गिरे धड़ाधड़ पल्टी खाए ।। 4728/5205

गिरे दनादन् सिर पर रोड़े, भाग न पाए रण को छोड़े ।
आया था अंगद-वध करने, असुर अकम्पन रण में मरने ।। 4729/5205

अंगद ने इक पेड़ उखाड़ा, मार अकम्पन गात उधेड़ा ।
उसके असुर गए सब मारे, रण में बुरी तरह से हारे ।। 4730/5205

दोहा॰ पेड़ शिला के सामने, मुद्गर थे बेकाम ।
गिरे धड़ाधड़ असुर थे, अपने सिर को थाम ।। 6175/7162

अंगद ने फिर पेड़ से, करके प्रचंड वार ।
असुर अकंपन वीर को, दीन्ही घातक मार ।। 6176/7162

संगीतश्रीकृष्णरामायण गीतमाला, पुष्प 684 of 763

दादरा ताल

(अंगद अकंपन की कथा)

स्थायी

गीत शारद ने मंजुल है गाया, साज नारद मुनि ने बजाया ।
रत्नाकर से है मंगल रचाया, रामायण को है सुंदर सजाया ।।

♪ म-ग म-म- म प-म- ग म-प-, रे-ग म-म- मध- प- मग-म- ।
रेगम-म म- म ध-प- गम-प-, रे-ग-म- म- म ध-प- मग-रे- ।।

अंतरा-1

आया अंगद से लड़ने अकम्पन, खड्ग तलवार खांडों की खन्-खन् ।
सेना असुरों की साथऽ में लाया, शोर रण पे वो घोरऽ मचाया ।।

♪ सांसां नि-रेंरें सां धधनि- धप-मम, सांसां निनिरें-सां ध-नि- ध पप मम ।
मग ममम- म प-म- ग म-प-, रे-ग मम म- म ध-प- मग-रे- ।।

अंतरा-2

उसकी सेना को अंगद ने घेरा, कीन्हा पत्थर का मारा बतेरा ।
मार सिर पर असूरों ने खाया, रण से कोई भी भागऽ न पाया ।।

अंतरा-3

2005
रत्नाकर रचित संगीत-श्री-रामायण

200. Story of battle between Neel and Prahasta

एक तरुवर कपि ने उखाड़ा, अकम्पन का वो गातऽ उधेड़ा ।

अंऽगद ने असुर को हराया, भगवा राघव का ध्वज फऽहराया ।।

200. नील-प्रहस्त युद्ध की कथा :

200. Story of battle between Neel and Prahasta

संगीतश्रीकृष्णरामायण छन्दमाला, मोती 459 of 501

चेलांचल छन्द[241]

ऽ ऽ ।, ऽ । ।, । । ऽ, । ऽ ।, ऽ ऽ

(प्रहस्त)

नेता सभी जब नृप के भए सफाया ।
लंकेश ने प्रमुख प्रहस्त को बनाया ।। 1
फाड़ो ललाट लखन राम के, बताया ।
सेना प्रहस्त समर में प्रचंड लाया ।। 2

श्लोक:

प्रहस्तो वीरगर्विष्ठ उपसेनापतिर्महान् ।
मुख्यः प्रचण्डसेनाया नीलेन समरे हतः ।। 2106/2422

कथा

(रावण)

बारी आई सेनापति की, प्रहस्त नामक दुष्ट मति की ।
रावण बोला, अब तुम जाओ, विजय पताका तुम फहराओ ।। 4731/5205

तुमने युद्ध लड़े हैं भारे, तुमने वीर बहुत हैं मारे ।

---

[241] **चेलांचल छन्द** : इस 14 वर्ण, 21 मात्रा वाले छन्द के चरण में त भ स ज गण और दो गुरु वर्ण आते हैं । इसका लक्षण सूत्र ऽ ऽ ।, ऽ । ।, । । ऽ, । ऽ ।, ऽ ऽ इस प्रकार होता है । यति चरणान्त होता है ।

▶ लक्षण गीत : **दोहा॰ मत्त इक्कीस का बना, दो गुरु कल से अंत ।**
त भ स ज गण से जो सजा, वह “चेलाचल” छंद ।। 6177/7162

200. Story of battle between Neel and Prahasta

उनको अपना तेज दिखाओ, रण में उनको मजे चखाओ ।। 4732/5205

✍दोहा॰ **दुष्ट अकंपन जब मरा, अंगद-नल के हाथ ।**
बना प्रहस्त सेनापति, विशाल दल के साथ ।। 6178/7162

रावण ने उसको कहा, तुम हो भट रणधीर ।
तुमने रण जीते कई, मारे असंख्य वीर ।। 6179/7162

मारो अब तुम राम को, कर दो विजय हमार ।
आशा तुमसे है हमें, तुमरे धैर्य्य अपार ।। 6180/7162

(प्रहस्त)

प्रहस्त था अभिमानी ऐसा, घोर घमंडी रावण जैसा ।
बोला रावण को, "मैं जाऊँ, राघव सेना मार मिटाऊँ ।। 4733/5205

"मार-काट अँधेर मचाऊँ, कटे शीश के ढेर रचाऊँ ।
निष्कंटक तव देश बनाऊँ, तब तक मैं वापस ना आऊँ ।। 4734/5205

"कपि दल को दूँ मार करारी, हर वानर पर चले कटारी ।
अभंग कपि कोई ना छोड़ूँ, गले घोट कर नसें निचोड़ूँ ।। 4735/5205

"राम-लखन शर सेज पे सोयें, अंगद हनुमत दुख में रोयें ।
रक्त-क्रव्य का कीचड़ होवे, श्वान काक गिध गीदड़ खावें" ।। 4736/5205

प्रहस्त मद-मस्ती में झूला, अहंकार गुब्बारा फूला ।
रावण को आश्वासन देकर, निकला भारी सेना लेकर ।। 4737/5205

✍दोहा॰ **असुर अकंपन जब मरा, प्रहस्त अगला वीर ।**
सैनिक उसके साथ थे, लेकर खांडे तीर ।। 6181/7162

प्रहस्त दंभी वीर था, रावण का प्रिय दास ।
बोला, राघव का करूँ, अब मैं सत्यानास ।। 6182/7162

कपियन को मैं मार कर, शीश गिराऊँ ढेर ।
मेरी सेना राम को, क्षण में लेगी घेर ।। 6183/7162

200. Story of battle between Neel and Prahasta

सब कपियन को मार कर, देखो तुम, लंकेश! ।
कर देता हूँ आपका, निष्कंटक यह देश ।। 6184/7162

शर शय्या पर राम को, लिटाय मैं कृतकाम ।
अंगद हनुमत लखन भी, रोएँगे, "हे राम!" ।। 6185/7162

(मगर)

दोहा॰ आया प्रहस्त मारने, राम-लखन दो भ्रात ।
रोका विभीषण ने उसे, नील-सैन्य के साथ ।। 6186/7162

(फिर)

गर्जन करती नद की नाई, प्रहस्त की जब सेना आई ।
नील चमू ने राह अड़ाई, भिडंत होकर छिड़ी लड़ाई ।। 4738/5205

असुर खड्ग असि लेकर आए, पेड़ प्रस्तर कपि बरसाए ।
नंगे खाँडे रह गए नंगे, घायल असुर रुधिर से रंगे ।। 4739/5205

मृत्यु नाचती देखी आगे, राक्षस तीतर बीतर भागे ।
नील-नल बढ़े एक हि पल में, घेरा प्रहस्त को कपि दल ने ।। 4740/5205

प्रहस्त ने तलवार निकाली, मुख में बकता गंदी गाली ।
अंत समय में अंतिम दावाँ, करने अपने प्राण बचावाँ ।। 4741/5205

(नील, नल)

नील हस्त में तरु की डाली, तीखे लंबे काँटों वाली ।
प्रहस्त ने असि खूब चलाई, मगर पेड़ वो काट न पाई ।। 4742/5205

नील ने किया एक प्रहारा, गिरा अश्व से प्रहस्त भारा ।
नल ने वार गदा का माराा, उसे मृत्यु के मुख कों डारा ।। 4743/5205

राम-लखन-वध करने आया, बीच राह तक पहुँच न पाया ।
किसी कीश को काट न पाया, रक्त किसी का चाट न पाया ।। 4744/5205

दोहा॰ प्रहस्त सेना भव्य थी, गर्जन करती घोर ।
खड़ी होगयी क्रोध में, रण पर करती शोर ।। 6187/7162

200. Story of battle between Neel and Prahasta

विभीषण की सेना वहाँ, डटी राह को रोक ।
सेनाएँ नल-नील की, बनीं कुंत की नोक ।। 6188/7162

रावण का सेनापति, लिया नील ने घेर ।
नल ने गदा प्रहार से, कीन्हा उसको ढेर ।। 6189/7162

प्रहस्त की सेना लड़ी, विभीषण जी के साथ ।
मरा प्रहस्त सेनापति, कपिवर नल के हाथ ।। 6190/7162

(जांबुवान, सुग्रीव)
जांबुवान ने मृतक उठाया, काष्ठ चिता पर उसे लिटाया ।
दाह दिया सुग्रीव आदर से, दसमुख धुँआ देखत घर से ।। 4745/5205

दोहा॰ जांबुवान ने मृतक का, देह सहित सत्कार ।
दिया दाह सम्मान से, दिया अंत्य संस्कार ।। 6191/7162

कहा मंत्र सुग्रीव ने, जला चिता पर वीर ।
देखत रावण है धुआँ, लेकर नैनन नीर ।। 6192/7162

 संगीतश्रीकृष्णरामायण गीतमाला, पुष्प 685 of 763

दादरा ताल
(नील प्रहस्त की कथा)

स्थायी
गीत शारद ने मंजुल है गाया, साज नारद मुनि ने बजाया ।
रत्नाकर से है मंगल रचाया, रामायण को है सुंदर सजाया ।।

♪ म-ग म-म- म प-म- ग म-प-, रे-ग म-म- मध- प- मग-म- ।
रेगम-म म- म ध-प- गम-प-, रे-ग-म- म- म ध-प- मग-रे- ।।

अंतरा-1
रावण सा ही प्रहस था घमंडी, बोला, राघव की काटूँगा मुंडी ।
रावण से वो आशीष पाया, बड़ी सेना को साथऽ में लाया ।

♪ सांसां- नि- रें- सांधध नि धप-म-, सांसां, नि-रें- सां ध-नि-ध प-म- ।
म-गग म- म प-म-ग म-प-, रेग म-म- म ध-प- म ग-रे- ।।

201. Story of Kumbhakarna (Rāmāyan, 6. Lankā Kānd)

अंतरा–2

कहा विक्राल है मेरी सेना, आज वानऽर कोई बचेना ।
उसको नल–नील दल ने अड़ाया, पेड़ पत्थर से उसको लड़ाया ।।

अंतरा–3

अश्म वर्षा से घबड़ायी सेना, उनके मुद्‌गऽर खांडे चले ना ।
अश्व से नील उसको गिराया, टोला नल ने गदा का लगाया ।।

लंका काण्ड : दसवाँ सर्ग

201. कुंभकर्ण की कथा :

201. Story of Kumbhakarna *(Rāmāyan, 6. Lankā Kānd)*

संगीतश्रीकृष्णरामायण छन्दमाला, मोती 460 of 501

दिंडी छन्द

(कुंभकर्ण)

भोजन तृप्त है कुंभकर्ण सोया,
निद्रालु वो सुख सपनों में खोया ।
मनुष पशु भक्षक की विशाल काया,
उसको जगाने है, रावण आया ।।

श्लोकौ

रावणस्यानुजो वीरः कुम्भकर्णो महाबलः ।
महाकायो महानिद्रो नीतिप्रियो महामना ।। 2107/2422

बन्धुं सहायतां कर्तुं निद्राया जागृतोऽभवत् ।
विनाशमकरोद्युद्धे रामेण राक्षसो हतः ।। 2108/2422

कथा

(असुर सैनिक)

रण को छोड़ असुर जो भागे, खड़े हुए रावण के आगे ।
बोले हमको शत्रु हराये, राम–लखन तक पहुँच न पाए ।। 4746/5205

201. Story of Kumbhakarna (Rāmāyan, 6. Lankā Kānd)

व्यूह सैन्य का रचा न पाए, प्रहस्त को हम बचा न पाए ।
चारों दिश कपियों ने घेरा, चंडवात के जैसा फेरा ।। 4647/5205

शिला पेड़ जब हम पर बरसे, प्राण बचाने को हम तरसे ।
पेड़ अश्म हम काट न पाए, शस्त्र हमारे काम न आए ।। 4648/5205

✍दोहा॰ प्रहस्त राक्षस जब मरा, भाग गया रथपाल ।
आया रावण पास वो, कहने को सब हाल ।। 6193/7162

बोला, प्रहस्त मर गया, सैनिक सारे ढेर ।
प्रहस्त सेनाधीश था, हमरा अंतिम शेर ।। 6194/7162

(और)

बोले, कुंभकरण है ऐसा, जिसमें बल सौ हाथी जैसा ।
पहाड़ जैसा महाकाय है, एक हमारा वह उपाय है ।। 4749/5205

पेड़ पाथर से नहीं डरता, राम-लखन से वो नहिँ मरता ।
कपि सेना को वो रौंदेगा, विजय हमें अर्जित कर देगा ।। 4750/5205

✍दोहा॰ सेनानी सारे मरे, असुर बचे हैं दास ।
अब तो, स्वामी! एक ही, कुंभकर्ण है आस ।। 6195/7162

कुंभकर्ण तव भ्रात है, हाथी सम बलवान ।
महाकाय पर्वत यथा, वही करे अब त्राण ।। 6196/7162

पेड़ न पत्थर से डरे, उसे न मारे बाण ।
राम-लखन को मार कर, लेगा सबके प्राण ।। 6197/7162

रौंदेगा पद के तले, होगा राम समाप्त ।
बचेगा न हनुमान भी, हमें विजय फिर प्राप्त ।। 6198/7162

(रावण)

✍दोहा॰ सुन कर मरण प्रहस्त का, रावण के मन क्रोध ।
मरे सभी नेता मगर, करता रहा विरोध ।। 6199/7162

उठ कर बोला कोप से, जाओ हमरे दास! ।

201. Story of Kumbhakarna (Rāmāyan, 6. Lankā Kānd)

कुंभकरण मम बंधु को, लाओ मेरे पास ।। 6200/7162

(सेवक)

दोहा॰ सेवक आज्ञा पाइके, गए वेग से भाग ।
देने किसी प्रयोग से, कुंभकर्ण को जाग ।। 6201/7162

हिला-हिला कर थक गए, और मचा कर शोर ।
ढोल-नगाड़े पीट कर, घोष किया घनघोर ।। 6202/7162

डाला ठंडा नीर भी, उसके मुख पर, धाँय! ।
निद्रालु न फिर भी जगा, कीन्हे बहुत उपाय ।। 6203/7162

नींदासे के सामने, खास जायकेदार ।
रखे थाल पकवान के, माँस मसालेदार ।। 6204/7162

(कुंभकर्ण)

दोहा॰ गंध माँस की सूँघ कर, नींद गयी जब टूट ।
बोला, मुझको है लगी, अब तो भूख अटूट ।। 6205/7162

खाना सब कुछ खा लिया, गप-गप फक्के मार ।
सारी मदीरा पी गया, मारी घोर डकार ।। 6206/7162

बोला, मेरी नींद क्यों, तोड़ी, क्या है खास ।
किसकी आई मौत है, किसका खाऊँ माँस ।। 6207/7162

(दास)

दोहा॰ कहना कुछ है चाहता, दसमुख, तुमरा भ्रात ।
घोर विपद में है पड़ा, तुम्ही बचाओ, तात! ।। 6208/7162

(कुंभकर्ण)

दोहा॰ बोलो उसको वो यहाँ, आवे मेरे पास ।
मैं अधसोया हूँ अभी, ले लूँ थोड़ी साँस ।। 6209/7162

आया दसमुख भागता, करने उससे बात ।
बैठा उसके पास में, पकड़े उसका हाथ ।। 6210/7162

201. Story of Kumbhakarna (Rāmāyan, 6. Lankā Kānd)

(रावण)

रावण बोला, ओ मम भाई! आज घोर है विपदा आई ।
भ्रात! हमारे बनो सहारे, सब नेता मम गए हैं मारे ।। 4751/5205

हमें निराशा खूब भई है, नौका मेरी डूब रही है ।
बंधो! मेरा नाश हो रहा, तंग गले पर पाश हो रहा ।। 4752/5205

भुजा थाम लो, बंधो मेरे! असुर-कर्म निभेंगे तेरे ।
आलस निद्रा तज दो प्यारे! करदो बीरा! काज हमारे ।। 4753/5205

सेना लेकर रण में जाओ, वानर दल का अंत कराओ ।
मुठ में लछमन राम दबाओ, हनुमत अंगद कपि चबाओ ।। 4754/5205

शर की नोंक न तुम्हें दुखावे, तुमको कोई रोक न पावे ।
भ्रातृ भाव तुम रखो याद में, नीति न्याय को कहो बाद में ।। 4755/5205

✍दोहा० **कुंभकरण को प्रेम से, बोला रावण बात ।**
तुम हमरे प्रिय अनुज हो, हमें बचाओ, भ्रात! ।। 6211/7162

मैं हूँ संकट में पड़ा, कर दो हमरे त्राण ।
मारे मम नेता सभी, राम-लखन के बाण ।। 6212/7162

डूब रही नौका मेरी, मैं हूँ बहुत निराश ।
कसा जा रहा मौत का, मेरे गल पर पाश ।। 6213/7162

आलस निद्रा छोड़ दो, लगो हमारे संग ।
बंधु भाव से तुम करो, रंग राम का भंग ।। 6214/7162

रण पर आगे तुम बढ़ो, लेकर सैन्य अनंत ।
राम लखन हनुमान का, करदो प्यारे! अंत ।। 6215/7162

विजय मुझे मिलते, सिया, ब्याहेगी सह ठाठ ।
फिर तू दे देना मुझे, नीति नियम के पाठ ।। 6216/7162

(कुंभकर्ण)

✍दोहा० **कुंभकर्ण ने फिर कहा, सुन ले मेरी बात ।**

201. Story of Kumbhakarna (Rāmāyan, 6. Lankā Kānd)

"कदम तुम्हारा गलत है, बस कर, मेरे भ्रात! ।। 6217/7162

"नारी हरना देत है, असुरों को भी पाप ।
जाकर राघव पास तू, करले पश्चाताप ।। 6218/7162

"मुझसे, भाई! गलत ये, मत करवा तू काम ।
तेरे पातक में नहीं, मेरा वैरी राम" ।। 6219/7162

(क्योंकि)

दोहा० "अपनी नारी छोड़ कर, परनारी पर आँख ।
माने ना तू नीति को, समझाने पर लाख ।। 6220/7162

"खर-दूषण मारे गए, असुर जनों का घात ।
नीति में क्या शक्ति है, कब समझेगा बात ।। 6221/7162

"तूने विभीषण को तजा, मुझे बहुत है खेद ।
जाकर राघव पास वो, खोलेगा सब भेद ।। 6222/7162

"जो कहती मंदोदरी, सुनले मेरे भ्रात! ।
अहंकार मद छोड़ दे, तभी बनेगी बात" ।। 6223/7162

(अब)

दोहा० "मुझे धकेले मृत्यु में, करके तू अपराध ।
किसको तू मरवाएगा, बंधो! मेरे बाद ।। 6224/7162

"पुत्र सहित तू जाएगा, होने वहाँ खलास ।
पाप युक्त तव नीति से, होगा कुल का नास ।। 6225/7162

"तूने मेरी बात का, नहीं किया विश्वास ।
चापलूस जब मर गए, आया मेरे पास" ।। 6226/7162

(मगर, फिर)

दोहा० देकर यों लंकेश को, तीखी सी फटकार ।
बंधु भाव की चाव से, हुआ बंधु तैयार ।। 6227/7162

उठा महोदर नींद से, उग्र रूप को धार ।

201. Story of Kumbhakarna (Rāmāyan, 6. Lankā Kānd)

जोभी आया बीच में, दिया उसी को मार ।। 6228/7162

भाई के हित हेतु से, लेकर भीषण रूप ।
निकला लड़ने राम से, देखे लंका भूप ।। 6229/7162

(तब)

आधा सोया, आधा जागा, बंधु भाव का कच्चा धागा ।
जिसको आदर था सीता का, डर भी था उसको भ्राता का ।। 4756/5205

आधे मन से रण में आया, करना क्या है समझ न पाया ।
दन्-दन् चला महोदर भारा, भूमंडल कँपाता सारा ।। 4757/5205

रण में बिजली बन कर कड़का, आग बबूला बन कर भड़का ।
करने को कपि दल का भंजन, टूट पड़ा करने को खंडन ।। 4758/5205

सेना लेकर अंगद आया, पहाड़ लख कर ना थर्राया ।
कहा राम ने अंगद प्यारे! खड़े यहीं हम साथ तिहारे ।। 4759/5205

(और, फिर)

✍दोहा॰ **समर भयंकर जब छिड़ा, कुंभकर्ण के साथ ।**
रक्षा करने को बढ़े, बाण लिए रघुनाथ ।। 6230/7162

बरसे जब श्री राम के, सायक चंद्राकार ।
असुरों के सब काटते, गए गले से पार ।। 6231/7162

(अहो आश्चर्य!)

✍दोहा॰ **कुंभकर्ण ने राम को, देखा आँखें फाड़ ।**
बोला, अब है पकड़ में, आया ठीक शिकार ।। 6232/7162

एक बार वो सहम कर, रुका देख कर तेज ।
बोला, ये तो स्वर्ग में, देगा मुझको भेज ।। 6233/7162

फिर आया वो होश में, जरा सोच के बाद ।
असमंजस में जब पड़ा, आया रावण याद ।। 6234/7162

(और)

201. Story of Kumbhakarna (Rāmāyan, 6. Lankā Kānd)

दोहा॰ भ्रातृ भाव में जग पड़ा, और आसुरी चाव ।
झपटा फिर श्री राम पर, करने अंतिम घाव ।। 6235/7162

छोड़ा रघु ने वज्र सा, कुंभकर्ण पर तीर ।
गया शीश को छेदता, गिरा धरा पर वीर ।। 6236/7162

नारद थे बरसा रहे, सिया राम पर फूल ।
बोले, "रावण मूढ़ तू! होगा नष्ट समूल" ।। 6237/7162

(अंत में)
कुंभकर्ण रावण का भ्राता, असुर जगत में नीति ज्ञाता ।
बंधु भाव निभाने आया, रण में अपने प्राण गँवाया ।। 4760/5205

संगीतश्रीकृष्णरामायण गीतमाला, पुष्प 686 of 763

दादरा ताल

(कुंभकर्ण की कथा)

स्थायी

गीत शारद ने मंजुल है गाया, साज नारद मुनि ने बजाया ।
रत्नाकर से है मंगल रचाया, रामायण को है सुंदर सजाया ।।

♫ म-ग म-म- म प-म- ग म-प-, रे-ग म-म- मध- प- मग-म- ।
रेगम-म म- म ध-प- गम-प-, रे-ग-म- म- म ध-प- मग-रे- ।।

अंतरा-1

राऽवण का था कुँभकर्ण भ्राता, नीति करतब सदाचार ज्ञाता ।
मेरु जैसी बृहद् उसकी काया, सौ सौ हाथी का बल उसने पाया ।।

♫ सां-निनि रें- सां धधनि-ध प-म-, सांसां निनिरेंरें सांध-नि-ध प-म- ।
मग म-म- मपप म-ग म-प-, रे- ग- म-म- म धध प-म ग-रे- ।।

अंतरा-2

खाना मन मन से डट कर वो खाता, "निद्रा राक्षस" भी था वो कहाता ।
उसको रावण ने रण में पठाया, भाईचारा निभाने वो आया ।।

अंतरा-3

202. Story of Indrajīt (Rāmāyan, 6. Lankā Kānd)

कपियन को वो मुठ में दबाता, नर पशुअन को मुख में चबाता ।
ज्योंही राघव पर झपटा लगाया, राम का बाण उसको हनाया ।।

लंका काण्ड : ग्यारहवाँ सर्ग

202. इंद्रजीत मेघनाद की कथा :

202. Story of Indrajīt (Rāmāyan, 6. Lankā Kānd)

संगीतश्रीकृष्णरामायण छन्दमाला, मोती 461 of 501

चामर–2 छन्द + नारी छन्द[242]

ऽ । ऽ, । ऽ ।, ऽ + ऽ ऽ ऽ

(इन्द्रजीत)

सर्व विश्व इन्द्र से, भीता था ।
इन्द्रजीत ने उसे, जीता था ।। 1
जो पिता समान ही, तीता था ।
मेघनाद गर्व में, जीता था[243] ।। 2

श्लोक:

इन्द्रजीतो महाशूरो मायावी रावणाङ्गजः ।
ब्रह्मशस्त्रधरो वीरो लक्ष्मणेन रणे हतः ।। 2109/2422

---

[242] **चामर–2 छन्द :** इस 7 वर्ण, 11 मात्रा वाले छन्द के चरण में र ज गण और एक गुरु वर्ण आता है । इसका लक्षण सूत्र ऽ । ऽ, । ऽ ।, ऽ इस प्रकार होता है । चामर–1 छन्द पूर्वोक्त है ।

▶ लक्षण गीत : **दोहा॰ ग्यारह मात्रा का रचा, गुरु मात्रा से अंत ।**
रचना र ज गण की जहाँ, "द्वितीय–चामर" छंद ।। 6238/7162

नारी छन्द : इस तीन वर्ण, 6 मात्रा वाले छन्द में म गण आता है । इसका लक्षण सूत्र ऽ ऽ ऽ इस प्रकार है ।

▶ लक्षण गीत : **दोहा॰ छः मात्रा से जो बना, गुरु अक्षर का वृंद ।**
एक म गण ही सूत्र है, वह है "नारी" छंद ।। 6239/7162

[243] **1. जीता था = (जीतना)** जीत गया था । **2. जीता था = (जीना)** जीवन बिताता था ।

202. Story of Indrajīt (Rāmāyan, 6. Lankā Kānd)

📖 **कथा** 📖

(वानर सेना)

रामचंद्र के गीत सुहाने, कपियन के मुख कीर्ति गाने ।
धरती से अंबर गूँजाते, सुन कर नारद अति सुख पाते ।। 4761/5205

महा सोग असुरों पर छाया, पग से सिर रावण घबड़ाया ।
फूट-फूट कर दसमुख रोया, महान योद्धा भ्राता खोया ।। 4762/5205

✍दोहा॰ **कुंभकर्ण के मृत्यु से, असुरों को था सोग ।**
गीत विजय के गा रहे, हर्षित वानर लोग ।। 6240/7162

सुन कर मरना बंधु का, रावण को संताप ।
फूट-फूट कर रो पड़ा, करता बहुत विलाप ।। 6241/7162

(इंद्रजीत और अतिकाय)

देख पिता को विह्वल होते, दुख सागर में खाता गोते ।
किंकर्तव्य विमूढ़ा होते, बिलख-बिलख कर गदगद रोते ।। 4763/5205

इन्द्रजीत अकुलाता बोला, राघव ने संकट है मोला ।
उसने मेरा बैर है झेला, अंत करें हम उसका खेला ।। 4764/5205

आज्ञा दो मैं रण पर जाऊँ, राम-लखन की दाल गलाऊँ ।
ब्रह्म अस्त्र से उन्हें सुलाऊँ, सीता की तिन याद भुलाऊँ ।। 4765/5205

अतिकाय वीर राक्षस न्यारा, साथ चल पड़ा भाई प्यारा ।
लंकापति की आज्ञा लेकर, निकले पितु को आशा देकर ।। 4766/5205

✍दोहा॰ **देख पिता को अनमना, विह्वल पीड़ित गात ।**
इन्द्रजीत बोला उसे, घबड़ाओ मत, तात! ।। 6242/7162

मैं बलशाली वीर हूँ, माया मेरे पास ।
मारूँगा मैं राम को, रखो पूर्ण विश्वास ।। 6243/7162

सेना मेरी सबल है, शस्त्र-अस्त्र परिपूर्ण ।
ब्रह्म-अस्त्र से राम को, करदूँगा मैं चूर्ण ।। 6244/7162

202-A. Story of Atikāy (Rāmāyan, 6. Lankā Kānd)

आज्ञा दो मुझको, पिता! जाऊँ रण पर आज ।
राम-लखन को मार कर, तुम्हें करूँ कृतकाज ।। 6245/7162

मेरे सह अतिकाय भी, आवेगा मम भ्रात ।
महाप्रबल अतिकाय है, अनुमति हो, प्रिय तात! ।। 6246/7162

202-A. Story of Atikāy (Rāmāyan, 6. Lankā Kānd)

(अतिकाय)

अतिकाय असुर रण पर आया, शस्त्रों से था वीर सजाया ।
सुग्रीव दल पर ज्यों ही झपटा, गतप्राण धरती पर लपटा ।। 4767/5205

दोहा॰ **रावण-सुत अतिकाय है, जाना शूर अमाप ।**
टूट पड़ा सुग्रीव पर, मगर मरा वह आप ।। 6247/7162

(फिर)

उसके वध की खबरी पाते, मेघनाद की उबली गातें ।
बोला, राम सामने आए, प्राण न उसके बचने पाए ।। 4768/5205

दोहा॰ **सुन कर वध अतिकाय का, इंद्रजीत को रोष ।**
मारूँगा मैं राम को, तभी मिलेगा तोष ।। 6248/7162

संगीतश्रीकृष्णरामायण गीतमाला, पुष्प 687 of 763

भजन

(जाहि विध बुद्धि)

दोहा॰

नैनन नाही रोशनी, क्या दरपण का काम ।
बंजर कृषि की जोतनी, मेहनत सब बेकाम ।। 6249/7162

♫ म-मम प-प- ध-पध-, नि- धधपप मग म-म ।
ध-पम गग ग- म-गम-, सासारेरे गग म-ग-ग ।।

स्थायी

जाहि विध बुद्धि, ताहि विध काम ।

♫ सारे गग म-म-, पम गरे सा- ।

202-B. Story of the replica of Sītā (Rāmāyan, 6. Lankā Kānd)

अंतरा–1

द्यू मंडल बिच जाको डेरो, ताको करत प्रनाम ।

♪ रे– ग–मम मम प–मग रेगम–, म–प– मगरे गसा– ।

अंतरा–2

धरती पर जब मारे फेरो, कोई न हेरो नाम ।

अंतरा–3

हिरदय जाके बिखरो नेरो, का रावन का राम ।

202-B. Story of the replica of Sītā (*Rāmāyan, 6. Lankā Kānd*)

✍दोहा॰ इंद्रजीत रण में बढ़ा, लेकर सेना साथ ।
कपि दल आया लौट कर, हाय! हाय! रघुनाथ! ॥ 6250/7162

दल अंगद सुग्रीव के, खाकर भीषण मार ।
घबरा कर पीछे हटे, राम–लखन अब तार ॥ 6251/7162

आगे–आगे बढ़ चला, मेघनाद बिन रोक ।
सारे कपियों पर घिरा, जहाँ–तहाँ था शोक ॥ 6252/7162

विपदा में दल देख कर, कहे लखन को राम ।
अक्षय धनु लेकर चलें, रण में हमरा काम ॥ 6253/7162

(फिर)

✍दोहा॰ बरसे अक्षय लखन के, और राम के बाण ।
इन्द्रजीत झट रुक गया, करने अपना त्राण ॥ 6254/7162

नाटक माया का रचा, छलने राघव प्राण ।
मायावी सीता रची, राम न छोड़े बाण ॥ 6255/7162

(माया प्रयोग)

उसके रथ में सुंदरी, सीता–सम थी नार ।
केश खींच कर की खड़ी, मुख पर थप्पड़ मार ॥ 6256/7162

रोती नारी ने कहा, छोड़ हमारा हाथ ।
मत छू हमरा देह तू, मेरे पति रघुनाथ ॥ 6257/7162

202-B. Story of the replica of Sītā (Rāmāyan, 6. Lankā Kānd)

ब्याह करूँगी ना कभी, मैं रावण के साथ ।
प्राण तजूँगी मैं यहाँ, नाथ मेरे रघुनाथ ।। 6258/7162

मुझको अब तू छोड़ दे, जोड़ूँ तुझको हाथ ।
जो हैं धनुधर सामने, वह हैं मेरे नाथ ।। 6259/7162

बिलखाती बोली उसे, मत कर मुझे अनाथ ।
जीवित पति को छोड़ दे, पति मेरे रघुनाथ ।। 6260/7162

मुझे बचाओ रामजी! श्रीधर! हे जगनाथ! ।
रामचंद्र! हे रघुपते! राघव! जोड़ूँ हाथ! ।। 6261/7162

(तब)
दोहा॰ मेघनाद ने मेघ सा, करके नाद प्रचंड ।
गला भींच उस नार को, दिया मृत्यु का दण्ड ।। 6262/7162

(हनुमान)
दोहा॰ सीता मरती देख कर, काँपे राघव अंग ।
मूर्छा खाकर गिर पड़े, हुआ रंग में भंग ।। 6263/7162

हनुमत फिर श्रीराम को, बोला, हे रघुवीर! ।
क्या सच्चा है जानिये, फिर नैनन में नीर ।। 6264/7162

(लक्ष्मण)
दोहा॰ लछमन बैरी से भिड़ा, लेकर अखंड तीर ।
बाणों की वर्षा हुई, जैसे नभ से नीर ।। 6265/7162

(विभीषण)
दोहा॰ बोला विभिषण, "ओ हरे! सुनिये उसका भेद ।
मिथ्या सीता के मरे, क्यों है इतना खेद ।। 6266/7162

"ना वह सीता थी खरी, ना ही खींचे बाल ।
ना ही कोई नार थी, सब था माया जाल ।। 6267/7162

"अशोक वन में है सिया, भजती तुमरे नाम ।

202-C. Story of the Aindrāstra (Rāmāyan, 6. Lankā Kānd)

कोई उसको क्या हने, जिसके स्वामी राम" ।। 6268/7162

202-C. Story of the Aindrāstra *(Rāmāyan, 6. Lankā Kānd)*

दोहा॰ इन्द्रजीत ने लखन पर, किए अस्त्र से वार ।
लछमन के शर पात ने, किया सफल प्रतिकार ।। 6269/7162

छोड़ा फिर ऐन्द्रास्त्र को, लक्ष्मण ने घमसान ।
शीश काट कर ले गया, इन्द्रजीत के प्राण ।। 6270/7162

संगीतश्रीकृष्णरामायण गीतमाला, पुष्प 688 of 763

दादरा ताल

(इन्द्रजीत की कथा)

स्थायी

गीत शारद ने मंजुल है गाया, साज नारद मुनि ने बजाया ।
रत्नाकर से है मंगल रचाया, रामायण को है सुंदर सजाया ।।
♫ म–ग म–म– म प–म– ग म–प–, रे–ग म–म– मध– प– मग–म– ।
रेगम–म म– म ध–प– गम–प–, रे–ग–म– म– म ध–प– मग–रे– ।।

अंतरा–1

देख रावण को बिलखाते रोता, बंधु के मृत्यु से व्यग्र होता ।
पास रावण के मेघनाद आया, राम के वध की आसा दिलाया ।।
♫ सां–सां नि–रेंरें सां धधनि–ध प–म–, सांसां नि– रें–सां ध– नि–ध प–म– ।
म–ग म–मम म प–पम–ग म–प–, रेरे ग– मम म ध–प– मग–रे– ।।

अंतरा–2

लेकर सेना असुऽरन की भारी, आया रण में वो रथ पर सवारी ।
मृत सीता की रच कऽर माया, श्रीऽ राघव के नैन भरमाया ।।

अंतरा–3

बोला विभीषण, सुनो रे रऽघुबीरा! सीता वन में जपत नाम तेरा ।
ऐन्द्र का शर लखन ने चलाया, इन्द्रजीतऽ को निर्जीव सुलाया ।।

लंका काण्ड : बारहवाँ सर्ग

203. Story of battle between Ram and Rāvan

 203. श्री राम रावण युद्ध की कथा :

203. Story of battle between Ram and Rāvan

🎵 संगीतश्रीकृष्णरामायण छन्दमाला, मोती 462 of 501

पृथ्वी छन्द

| S |, | | S, | S |, | | S, | S S, | S

🎵 मप- धपम ग-ग म-, पमग रे-सा रे- मग रेसा-

(राम रावण युद्ध)

सुना मरण पुत्र का, असुर राज ने, था जभी ।
कहा दमन राम का, अटल मैं, करूँगा अभी ॥ 1
चढ़ा रथ लिए, चला समर में, लड़ा राम से ।
भिडंत सत् से, हुई असत् की, घमासान से ॥ 2

🕉 श्लोक:

पुत्रा: सेनानय: सर्वे यदा युद्धे दिवंगता: ।
आगतो रावणो योद्धुं रामेण सह राक्षस: ॥ 2110/2422

📖 कथा 📖

(सुग्रीव सुषेण)
सुन कर मरना मेघनाद का, वानर दल में जोश मोद का ।
सुग्रीव सुषेण नाचे गाए, राम-लखन को कंठ लगाए ॥ 4769/5205

बोले, जुग-जुग जीयो प्यारे! होंगे जग में नाम तुम्हारे ।
बलाढ्य बैरी को तुम मारे, हलके कीन्हे काज हमारे ॥ 4770/5205

एक आखिरी अरि को मारे, सीता होगी हाथ हमारे ।
रावण अब आता ही होगा, ज्योंही कम हो उसका सोगा ॥ 4771/5205

✏️दोहा॰ रावण के जब सब मरे, भाई, सुत, सरदार ।
        एक बचा वह आप ही, करने को प्रतिकार ॥ 6271/7162

        बोल रहे थे कपि सभी, राम-लखन जय कार ।

2023
रत्नाकर रचित संगीत-श्री-रामायण

203. Story of battle between Ram and Rāvan

मना रहे थे मोद से, इंद्रजीत-संहार ।। 6272/7162

(रावण)

सुन कर मृत्यु मेघनाद की, रावण के मन लहर क्रोध की ।
छम-छम आँसू गिरे नैन से, बोल नहीं कछु सका बैन से ।। 4772/5205

📝दोहा॰ सुना जभी लंकेश ने, पुत्र गया परलोक ।
छम-छम आँसू गिर पड़े, रावण के मन शोक ।। 6273/7162

मूर्छित होकर गिर पड़ा, वहीं युद्ध के बीच ।
सचिवों ने जागृत किया, मुख पर पानी सींच ।। 6274/7162

(फिर)

सचेत होकर फिर से क्रोधी, वानर दल का बना विरोधी ।
बोला, राम-लखन को मारूँ, सूर्य वंश को उजाड़ डारूँ ।। 4773/5205

घोर बवंडर बन कर आया, रण पर शर वर्षा बरसाया ।
बरसे रण पर बाण हजारों, बोले, राघव! हमको तारो ।। 4774/5205

📝दोहा॰ सचेत रावण जब हुआ, बना क्रोध में लाल ।
बोला, मैं अब राम का, बना हुआ हूँ काल ।। 6275/7162

मारूँगा मैं राम को, और लखन को साथ ।
आज इसी रण पर करूँ, रघु कुल का मैं घात ।। 6276/7162

रथ पर चढ़ कर आगया, बरसाने शर पात ।
कहर मचाया असुर ने, जैसे झंझावात ।। 6277/7162

(रावण)

रावण का रथ रण में आया, वानर दल में कहर मचाया ।
वानर दौड़े-दौड़े आए, राम-लखन को शीघ्र बुलाए ।। 4775/5205

ज्योंही रण में राघव आए, वानर नूतन उछाह पाए ।
रामचंद्र के सम्मुख आते, थमा दशानन आँख गड़ाते ।। 4776/5205

देखी कभी न आभा ऐसी, रणबीरे की, सूरज जैसी ।

2024
रत्नाकर रचित संगीत-श्री-रामायण

203. Story of battle between Ram and Rāvan

ताक रहा था मुख राघव का, रण में उतरा जस रवि भव का ।। 4777/5205

दोहा॰ घबड़ाये कपि-भट सभी, सह न सके आघात ।
आए राघव पास वे, कहने को दुख-बात ।। 8278/7162

राम-लखन जब आगए, रण पर लेकर तीर ।
नया जोश सब गात में, पाए वानर वीर ।। 6279/7162

(रावण)

दोहा॰ देखा रावण ने जभी, रामचंद्र का तेज ।
बोला, ये परलोक में, देगा मुझको भेज ।। 6280/7162

आभा देखी ना कभी, ऐसी सूर्य समान ।
लख कर मुखड़ा राम का, असुर हुआ हैरान ।। 6281/7162

(मगर फिर)

भाव आसुरी पुन: सँवारे, बढ़ा तीर को कर में धारे ।
छिड़ी लड़ाई अनृत-ऋत की, रावण-राघव विष-अमृत की ।। 4778/5205

रावण जो भी प्रहार कीन्हा, असफल राघव ने कर दीन्हा ।
तीखे शस्त्र-अस्त्र रावण के, कट जाते शर से राघव के ।। 4779/5205

दोहा॰ सँभाल अपने धैर्य को, रावण हुआ तयार ।
बढ़ा दिया रथ सामने, करने को प्रतिकार ।। 6282/7162

छिड़ी लड़ाई जोर से, ऋत-अनृत की घोर ।
अमृत, राघव रूप में, विष है रावण चोर ।। 6283/7162

 संगीत-श्रीकृष्णरामायण गीतमाला, पुष्प 689 of 763

दादरा ताल

(राम रावण युद्ध की कथा)

स्थायी

गीत शारद ने मंजुल है गाया, साज नारद मुनि ने बजाया ।
रत्नाकर से है मंगल रचाया, रामायण को है सुंदर सजाया ।।

204. Story of Sañjīvanī (Rāmāyan, 6. Lankā Kānd)

♫ म-ग म-म- म प-म- ग म-प-, रे-ग म-म- मध- प- मग-म- ।

रेगम-म म- म ध-प- गम-प-, रे-ग-म- म- म ध-प- मग-रे- ।।

अंतरा-1

सुन बेटा मरा है पियारा, जला पीड़ा से रावण जियारा ।

आँसू नैनन से छम-छम गिराया, भाव बदले का माथा फिराया ।।

♫ सांसां नि-रें- सांध- नि- धप-म-, सांसां नि-रें- सां ध-निनि धप-म- ।

मग म-मम म पप मम गम-प-, रे-ग ममम- म ध-प- मग-रे- ।।

अंतरा-2

बोला, रघुकुल का करदूँ बिनासा, मोहे लछमन के वध की पिपासा ।

चढ़ा रथ पर सनक दऽरसाया, कपि दल पर वो शर बऽरसाया ।।

अंतरा-3

छिड़ी अनृत से ऋत की लड़ाई, कीन्ही अमृत पर विष ने चढ़ाई ।

जब श्री राम सम्मुऽख आया, देख रावन का जिया सऽहमाया ।।

लंका काण्ड : तेरहवाँ सर्ग

204. संजीवनी जड़ी बूटी की कथा :

204. Story of Sañjīvanī (Rāmāyan, 6. Lankā Kānd)

♫ संगीतश्रीकृष्णरामायण छन्दमाला, मोती 463 of 501

पृथ्वी छन्द

। ऽ ।, । । ऽ, । ऽ ।, । । ऽ, । ऽ ऽ, । ऽ

♫ मप- धपम ग-ग म-, पम गरे-सा रे-मगरेसा-

(संजीवनी)

कहा बयद ने, रघो! अब उपाय संजीवनी ।

उड़ा गगन मारुती, सकल द्रोण लाया गिरि ।। 1

बचा लखन सूँघते, अनुपमा जड़ी की दवा ।

महा परम काम ये, शिव उमा कृपा से हुवा ।। 2

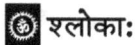

श्लोका:

204-A. Story of Amogh weapon (Rāmāyan, 6. Lankā Kānd)

अमोघास्त्रेण सौमित्रो यदा हि मूर्छितोऽभवत् ।
सुषेण आह श्रीरामम्-उपायमेकमेव हि ।। 2111/2422

सञ्जीवनी हि सौमित्रं दातुं शक्ष्यति चेतनाम् ।
रामचन्द्रं नमस्कृत्य हनुमान्गगनं गतः ।। 2112/2422

मारुतिः शीघ्रवेगेण सौषधमानयद्गिरिम् ।
अरक्षधनुमान्तस्मात्-बन्धुं रामानुजं प्रियम् ।। 2113/2422

204-A. Story of Amogh weapon *(Rāmāyan, 6. Lankā Kānd)*

📖 कथा 📖

✍दोहा॰ रावण ने जब राम पर, किया शक्ति का पात ।
लछमन ने निज बाण से, काट दिया आघात ।। 6284/7162

अस्त्र गिर पड़े भग्न हो, धरती पर बेकाम ।
टूटा शस्त्र, अटूट भी, रावण था हैरान ।। 6285/7162

देखा उसने राम का, लखन बना है त्राण ।
सोचा पहले चाहिए, इसके लेने प्राण ।। 6286/7162

छोड़ा फिर लंकेश ने, "अमोघ" नामक बाण ।
बोला इसको झेल ले, अब न बचेंगे प्राण ।। 6287/7162

(अत:)

✍दोहा॰ ज्यों ही लक्ष्मण को लगा, उसका "अमोघ" बाण ।
बोला, आयुध ये मेरा, लेगा तेरे प्राण ।। 6288/7162

धन्-धन् करता अस्त्र वो, गिरा लखन पर आन ।
अग्नि की बौछार से, लेने उसकी जान ।। 6289/7162

अमोघ अस्त्र विस्फोट से, डरे कीश प्रत्येक ।
लछमन के जो पास थे, आहत हुए अनेक ।। 6290/7162

शक्ति बाण की चोट से, लक्ष्मण हुआ अचेत ।
मूर्छा खाकर गिर पड़ा, यथा हुआ हो खेत ।। 6291/7162

204-A. Story of Amogh weapon (Rāmāyan, 6. Lankā Kānd)

मूर्छित भाई देख कर, सजल राम के नैन ।
वानर वीर निराश थे, नहीं किसी को चैन ।। 6292/7162

(तब)

✍दोहा॰ राघव ने शर पात से, राक्षस दिये खदेड़ ।
जो ना भागे क्षेत्र से, योद्धा दिये उधेड़ ।। 6293/7162

टूटे रथ को छोड़ कर, भागा रावण ठौर ।
लाने नव सामान को, नये सैन्य को और ।। 6294/7162

सेना सुग्रीव ने खड़ी, कीन्ही एक कतार ।
लखन लला का हो सके, बिन बाधा उपचार ।। 6295/7162

(राम)

✍दोहा॰ उसे सुरक्षित स्थान में, ले आऐ श्री राम ।
शीश गोद में ले लिया, देने को आराम ।। 6396/7162

रावण के उस बाण से, मूर्छित लखन कुमार ।
बोले राघव, बंधु से, शिव जी त्राण तुम्हार ।। 6297/7162

बचा आज मम भ्रात को, हे शिव भोले नाथ! ।
घुटने मस्तक टेक कर, तुमको जोडूँ हाथ ।। 6298/7162

राघव बोले बंधु को, खोल नैन इक बार ।
लखन! बुलाओ तुम मुझे, "राघव!" नाम पुकार ।। 6299/7162

उठो निहारो तुम मुझे, व्याकुल तुमरा भ्रात ।
दीन दुखी इस बंधु से, कुछ तो बोलो बात ।। 6300/7162

(और)

✍दोहा॰ मैं विपदा में हूँ घिरा, मत जा मुझको छोड़ ।
ऐसे मुष्किल काल में, तू मत दम को तोड़ ।। 6301/7162

तुझ बिन तेरे राम का, जीना है बेकार ।
कैसे सुख वह पाएगा, बिना लखन का प्यार ।। 6302/7162

204-A. Story of Amogh weapon (Rāmāyan, 6. Lankā Kānd)

तुझ बिन मन ये टूटता, मत तज मेरा साथ ।
घुटता दुखता फूटता, व्याकुल है रघुनाथ ।। 6303/7162

किस मुख से बतलाउँगा, पूछेगी जब मात ।
"कित है हमरा लाड़ला, राघव! तेरा भ्रात" ।। 6304/7162

(और भी)

दोहा॰ मुझे नहीँ ये चाहिए, विजय समर में आज ।
अनुज बिना मैं क्या करूँ, भव्य अवध का राज ।। 6305/7162

काज लगेंगे व्यर्थ ये, अगर न तेरा साथ ।
उस दरसन में अर्थ क्या, बिना-लखन, रघुनाथ ।। 6306/7162

सिया विरह का कल मुझे, जितना था दुख घोर ।
आज अनुज के यों पड़े, होता उससे और ।। 6307/7162

(तथा ही)

दोहा॰ जग में मिलते हैं बड़े, सुखदाई दिन-रात ।
ढूँढो तो मिलता नहीं, तेरे जैसा भ्रात ।। 6308/7162

जग तज यदि तू जाएगा, आऊँ तेरे साथ ।
जी ना पाऊँगा, सखे! तेरे बिना अनाथ ।। 6309/7162

सुख-दुख में तू संग था, बन कर मेरा अंग ।
बीच समर में तू नहीं, हुआ रंग में भंग ।। 6310/7162

(फिर बोले)

दोहा॰ मेरे लछमन को बचा, हे शंकर भगवान! ।
जीये मेरे साथ वो, उसको दो वरदान ।। 6311/7162

संगीतश्रीकृष्णरामायण गीतमाला, पुष्प 690 of 763

भजन

(लखन भाई)

स्थायी

204-B. Story of dialogue between Sushen and Hanumān

लखन भाई! तुम बिन मोहे सुख नाही ।

♫ रेरेग रेसा–! सासा रेरे गरे– मग रे–सा– – ।

अंतरा–1

सिया बिरहा के दुःख बड़े हैं, अंग अनुज! तव, शिथिल पड़े हैं ।
तुम बिन, नाही कछु जग माही ।।

♫ रेग मगरे– सा– रे–रे गम– प–, ग–ग मपप! पप, धधप मप– ध– ।
सासा रेरे, गरे गग– मग रे–सा– – ।।

अंतरा–2

नैन खोल अब लखन पियारे! और न सह सके मोरा जिया रे! ।
मोहे छोड़, लखन! मत जाई ।।

अंतरा–3

पहले ही जो, दुख थे भारे, भए हैं दुगुने, अनुज दुलारे! ।
व्यर्थ लगे अब, विजय भी, भाई! ।।

अंतरा–4

तुझ बिन घर सखे! कैसे मैं जाऊँ, माता को क्या मुखड़ा दिखाऊँ ।
शिव शंकर जी! पाहि मोहे पाहि! ।।

(वैद्य)

✍दोहा॰ **बैद्य–पुरोहित ने लखी, लखन लला की नाड़ ।**
नस–नस उसकी जाँच कर, किया नुक्स का ताड़ ।। 6312/7162

बोले, "लछमन का अभी, बुरा हाल है, राम! ।
बेहोशी में है पड़ा, मगर बचे हैं प्राण ।। 6313/7162

"इसे बचाने के लिए, अब है एक उपाय ।
तुरत जड़ी संजीवनी, लछमन को सूँघाय" ।। 6314/7162

(राम)

✍दोहा॰ **कहाँ मिलेगी ये जड़ी, जो दे जीवन दान ।**
पूछे राघव, वैद्य से, लाएगा हनुमान ।। 6315/7162

204-B. Story of dialogue between Sushen and Hanumān

204-B. Story of dialogue between Sushen and Hanumān

कथा

(सुशेष वैद्य)

उत्तर पूरब दिश शत योजन, द्रोणागिरि को जाओ खोजन ।
एक शिखर पर मृतसंजीवन, वनस्पति के बूटे हैं घन ।। 4780/5205

पात चमकती सुंदर चिकनी, वनस्पति है मृतसंजीवनी ।
हरी भरी जो दिखे सुहानी, वही औषधी तुम्हें है लानी ।। 4781/5205

पवन वेग से हनुमत! जाओ, दवा परख में भ्रम मत पाओ ।
ठीक-ठीक दवाई लाओ, प्रिय भ्राता के प्राण बचाओ ।। 4782/5205

दोहा॰ सौ योजन दिश पूर्व में, जाओ तुम हनुमान! ।
द्रोण मेरु के शिखर पर, क्षुप[244] संजीवन नाम ।। 6316/7162

सुंदर चिकनी हो जिसे, हरी चमकती पात ।
प्राण बचाने के लिए, दवा वही है ज्ञात ।। 6317/7162

सुषेण बोले, लखन के, संकट में है प्राण ।
पवन वेग से तुम उड़ो, पवन तनय हनुमान! ।। 6318/7162

(हनुमान)

दोहा॰ निकला हनुमत वेग से, क्षण में मार उड़ान ।
धरती से आकाश में, वायुपुत्र तूफान ।। 6319/7162

संगीतश्रीकृष्णरामायण गीतमाला, पुष्प 691 of 763

(चाल और तबला ठेका के लिए देखिए
हमारी "*नई संगीत रोशनी*" का गीत 102)

कीर्जन : कहरवा ताल

(जै हनुमान)

स्थायी

जै हनुमान जै जै, जय हनुमान, जै हनुमान महान ।

---

[244] **क्षुप** = छोटा तना, झाड़ी, पौधा ।

204-C. Story of the Drona mountain (6. Lankā Kānd)

जै हनुमान तूफान ।।

♫ सां- सांरेंसां- नि ध सांनि गंरेंसां- -सां, सां- सांरेंसांनिध पधपम- - - - -म ।

प- पधपमग रेगरेसा- - - - -सा ।।

अंतरा–1

सागर लाँघन जै हनुमान, जानकी ढूंढन जै हनुमान ।

सेतु बंधन जै हनुमान, प्रणाम तुमको जय हनुमान ।।

♫ पसांसां- सांरेंसांनि निसां रेंसांरें- -रें, रें-रेंगं रेंसांसांसां ध- निरेंरेंसां-सां ।

पसांसांसां सांरेंसांनि निसां रेंसांरें- -रें, रेंरें-गं रेंसांसां- ध- निरेंरेंसां- सां ।।

अंतरा–2

लंक जरावन जै हनुमान, लखन संजीवन जै हनुमान ।

असुर निकंदन जै हनुमान, प्रणाम तुमको जय हनुमान ।।

अंतरा–3

अंजनी नंदन जै हनुमान, सब दुख भंजन जै हनुमान ।

हे जग वन्दन श्री हनुमान, प्रणाम तुमको जय हनुमान ।।

204-C. Story of the Drona mountain *(6. Lankā Kānd)*

📖 **कथा** 📖

✍दोहा॰ **मेरु महागिरि द्रोण पर, पहुँचा जब हनुमान ।**
एक शिखर उसको दिखा, नभ तक था उत्थान ।। 6320/7162

उतरा गिरि पर मारुती, करने को अनुमान ।
कपि दुविधा में पड़ गया, सब क्षुप एक समान ।। 6321/7162

चिकनी सबकी पात थी, हरा सभी का रंग ।
सुंदर सभी सुहावने, एक सरीखे अंग ।। 6322/7162

(और)

✍दोहा॰ **किस पौधे को ले चलूँ, दिखते सभी समान ।**
फँसे लखन के प्राण हैं, बिगड़ न जाए काम ।। 6323/7162

शीघ्र लौटना है मुझे, इस औषध के साथ ।

अधिक समय अब है नहीं, राह तकत रघुनाथ ।। 6324/7162

(अत:)

दोहा॰ उखाड़ चोटी द्रोण की, उड़ा भगत हनुमान ।
सोचा, सुषेण वैद्य जी, कर लेंगे अनुमान ।। 6325/7162

शीघ्र वेग से मैं चलूँ, दिया राम ने काम ।
फँसे भ्रात के प्राण हैं, चिंता में हैं राम ।। 6326/7162

संगीतश्रीकृष्णरामायण गीतमाला, पुष्प 692 of 763

भजन : राग रात्नाकर, कहरवा ताल 8 मात्रा

(मेरे लछमन को बचा)

चाल : दोहा

स्थायी

मेरे लछमन को बचा, शंकर गौरीनाथ! ।
हाथ जोड़ बिनती करूँ, बोले श्री रघुनाथ ।। 6327/7162

♪ सा–रे– गगगग म– गम–, प–मग रे–ग–म–म ।
प–म ग–ग गगम– गम–, ग–ग म– गरेसा–सा ।।

अंतरा–1

राघव बोले बंधु को, खोलो नैन तिहार ।
मुख से "राम" पुकार दो, लछमन! तुम इक बार ।। 6328/7162

♪ सा–सासा रे–रे– म–ग म–, प–म– ग–रे गम–म ।
गग म– "प–म" गरे–ग म–, गगमम! पम गरे सा–सा ।।

अंतरा–2

संकट में हूँ मैं पड़ा, तू मत दम को तोड़ ।
तेरे बिन मैं क्या करूँ, मत जा मुझको छोड़ ।। 6329/7162

अंतरा–3

सिया बिरह का एक था, अब ये दूजा क्लेस ।
तेरे बिन मैं, हे सखे! कैसे जाऊँ देस ।। 6330/7162

अंतरा–4

204-C. Story of the Drona mountain (6. Lankā Kānd)

मातु बंधु को क्या कहूँ, कहाँ है उनका लाल ।
किस मुख से बतलाउँगा, "उसे ले गया काल" ।। 6331/7162

अंतरा–5

शक्ति बाण से क्षत हुआ, तू है पड़ा अचेत ।
बूटी लाने कपि गया, आया शैल समेत ।। 6332/7162

अंतरा–6

संजीवन उपचार से, बचें तुम्हारे प्राण ।
और न कछु मैं चाहुगा, हे शंकर भगवान! ।। 6333/7162

(लंका में)

हनुमत लंका में जब आया, बूटी समेत पर्वत लाया ।
देख राम का मन हरषाया, कपियन ने आदर बरसाया ।। 4783/5205

✍दोहा॰ बूटी लेकर आगया, जब कपिवर हनुमान ।
ताली मारे सब कपि, मुदित भए श्री राम ।। 6334/7162

(हनुमान)

बोला, मेरी समझ न आया, बूटी को पहिचान न पाया ।
समय नहीं था करने जाया, पर्वत उखाड़ कर मैं धाया ।। 4784/5205

बूटी समेत गिरि मैं लाया, भूल चूक का दोष बचाया ।
सुषेण जी तुम जल्दी जाओ, ठीक दवाई झट ले आओ ।। 4785/5205

✍दोहा॰ राघव बोले, क्यों कपे! लाया सकल पहाड़ ।
कपि बोला, मुझको सभी, लगे एकसे झाड़ ।। 6335/7162

जान न पाया कौनसा, लूँ मैं पेड़ उखाड़ ।
आया लेकर शिखर मैं, करें वैद्य उपचार ।। 6336/7162

(सुषेण जी)

सुषेण जी ने बूटी लाई, लछमन को विधि से सूँघाई ।
दिल की धड़कन, साँस बढ़ गयी, आँख खुली अरु चेतना भई ।। 4786/5205

मुख से "राघव!" नाम पुकारा, रामचंद्र ने उसे दुलारा ।

204-C. Story of the Drona mountain (6. Lankā Kānd)

बोले, मैं हूँ सच बड़भागा, मेरा अनुज मृत्यु से जागा ।। 4787/5205

दोहा॰   सूँघाया जब लखन को, संजीवन का पात ।
         खोलीं आँखें लखन ने, करन लगा फिर बात ।। 6337/7162

         बोला राघव को, चलो! करें असुर संहार ।
         माता देखत राह हैं, लेकर कर में हार ।। 6338/7162

🎵 संगीतश्रीकृष्णरामायण छन्दमाला, मोती 464 of 501
वसंततिलका छन्द

S S I, S I I, I S I, I S I, S S
🎵 सा–नि– सारे–रे सारे ग–, मग रे– गरे–सा–
(संजीवनी)

मारी उड़ान कपि ने, नभ में पहुँचा ।
लाया उठाय गिरि को, झट से समूचा ।। 1
संजीवनी लखन–जान यदा बचाई ।
श्री राम को शिव उमा, कहते बधाई! ।। 2

(जयकार)
सब दिश, "जय जय राघव!" गाजा, जय हनुमत का गूँजा बाजा ।
राघव ने निज हस्त बढ़ाया, हनुमत जी को कण्ठ लगाया ।। 4788/5205

दोहा॰   जब संजीवन सूँघ कर, खुली लखन की आँख ।
         बोले, शिव-गौरी, "रघो! तुम्हें बधाई लाख!" ।। 6339/7162

(और)
पुनर्जन्म ये तेरा, भाई! बना है मेरा अति सुखदाई ।
नभ से नारद देख रहे थे, पुष्प लखन पर फेंक रहे थे ।। 4789/5205

पुष्प लखन के तन पर गिरते, खड़ा होगया सुख से घिरते ।
बोला, उठो चलो सब रण में, जोश जगाओ नव कण–कण में ।। 4790/5205

दोहा॰   राघव बोले लखन को, प्यारे लखन सुजान! ।
         पुनर्जन्म तुझको दिया, शिव शंकर भगवान ।। 6340/7162

204-C. Story of the Drona mountain (6. Lankā Kānd)

देख रहे हैं गगन से, नारद तुमको, तात! ।
प्रसून हैं बरसा रहे, देकर आशिष साथ ।। 6341/7162

(और)

राघव जी! अब करो न देरी, रावण को मारें इस बेरी ।
चलो शीघ्र, बढ़ो अब रण में, माता राह तकत है वन में ।। 4791/5205

दोहा॰ **लछमन जीवित देख कर, सबमें आया जोश ।**
"जय जय सीता राम" का, हुआ निरंतर घोष ।। 6342/7162

लछमन बोला, रामजी! करें न हम अब देर ।
रावण को रण पर, रघो! मारेंगे इस बेर ।। 6343/7162

राह तकत है जानकी, चलिए, मेरे भ्रात! ।
नये जोश से हम बढ़ें, तभी बनेगी बात ।। 6344/7162

संगीतश्रीकृष्णरामायण गीतमाला, पुष्प 693 of 763

दादरा ताल

(संजीवन की कथा)

स्थायी

गीत शारद ने मंजुल है गाया, साज नारद मुनि ने बजाया ।
रत्नाकर से है मंगल रचाया, रामायण को है सुंदर सजाया ।।

♪ म-ग म-म- म प-म- ग म-प-, रे-ग म-म- मध- प- मग-म- ।
रेगम-म म- म ध-प- गम-प-, रे-ग-म- म- म ध-प- मग-रे- ।।

अंतरा-1

शर रावण ने जो भी चलाया, उसको लछमन ने काटऽ गिराया ।
फिर अमोघास्त्र रावण चलाया, शर लछमन को मूर्छित गिराया ।।

♪ सांसां नि-रेंरें सां ध- नि- धप-म-, सां-सां निनिरेंरें सां ध-नि- धप-म- ।
म- गम-म-म प-मम गम-प-, रे- गम-मम म ध-पप मग-रे- ।।

अंतरा-2

बोला राघव, मेरे भाग्य दाता! आज राखो मेरा प्रिऽय भ्राता ।

2036
रत्नाकर रचित संगीत-श्री-रामायण

205. Story of Rāvan's First head (Rāmāyan, 6. Lankā Kānd)

बिना जिसके लगे विश्व खोया, उसके बिरहा में श्री राम रोया ।।

अंतरा–3

बैद बोले, हनुमान! जाओ, द्रोण गिरि से संजीवऽन लाओ ।
वेग वायु से हनुमान धाया, द्रोण गिरि को उड़ा कऽर लाया ।।

अंतरा–4

बूटी ज्योंहि लखन को सूँघाई, आँख खोला श्री राघव का भाई ।
बोला, रण में चलो मेरे भैया! राह देखे उधर सीता मैया ।।

लंका काण्ड : चौदहवाँ सर्ग

205. रावण के प्रथम शीश की कथा :

205. Story of Rāvan's First head *(Rāmāyan, 6. Lankā Kānd)*

♫ संगीतश्रीकृष्णरामायण छन्दमाला, मोती 465 of 501

श्रितकमला छन्द[245]

ऽ । ।, ऽ । ।, । । ऽ, ऽ ऽ

(रावण का प्रथम शीश)

रावण जो शर रण में छोड़े ।
लक्ष्मण वो शर शर से तोड़े ।। 1
राघव ने कर शर का साटा ।
रावण का सिर धड़ से काटा ।। 2

ॐ श्लोक:

राघवश्चन्द्रबाणेन रावणस्याछिनच्छिरो ।
रावणो नापतद्भूमौ शीर्षं द्वितीयमागतम् ।। 2114/2422

---

[245] ♫ **श्रितकमला छन्द** : इस 11 वर्ण, 16 मात्रा वाले छन्द के चरण में भ भ स गण और दो गुरु वर्ण आते हैं । इसका लक्षण सूत्र ऽ । ।, ऽ । ।, । । ऽ, ऽ ऽ इस प्रकार होता है । यति चरणान्त होता है ।

▶ लक्षण गीत : **दोहा॰ सोलह मात्रा से बना, दो गुरु कल से अंत ।**
सजे भ भ स गण हों जहाँ, "श्रितकमला" वह छंद ।। 6345/7162

205. Story of Rāvan's First head (Rāmāyan, 6. Lankā Kānd)

कथा

(राम)

सुन कर बचनन लघु भाई के, बढ़े होसले रघुराई के ।
निकले अक्षय शर को ताने, पीछे लछमन वीर सयाने ।। 4792/5205

दसमुख भी दल लेकर आया, पाप उसे रण मरने लाया ।
बोला, मेरे वीर मरे हैं, अमृत घट मम मगर भरे हैं ।। 4793/5205

अमर असुर मैं, राम न जाने, शर उसके सब काम न आने ।
जावेगा वो थक कर हारा, रण में अब जावेगा मारा ।। 4794/5205

मेरे शर से होकर ढेरा, खावेंगे तन गीदड़ तेरा ।
मम शर से जावेगा चीरा, तेरा वानर हनुमत वीरा ।। 4795/5205

महा प्रतापी मैं तूफानी, त्रिभुवन में नहिं मेरा सानी ।
रामचंद्र नन्हा है बच्चा, खा जाऊँगा उसको कच्चा ।। 4796/5205

मेरे भाई तुम ने मारे, उसके बदले लूँगा पूरे ।
राम! तुझे मैं मार मिटाऊँ, फिर सीता को सहज पटाऊँ ।। 4797/5205

दोहा॰ **लक्ष्मण जागा नींद से, बोला चलिए, राम! ।**
माता देखत राह है, पड़ा अधूरा काम ।। 6346/7162

सुन कर बचनन बंधु के, राघव के मन जोश ।
निकले कपि नर बाँकुरे, करते जय जय घोष ।। 6347/7162

कपि दल लेकर आगए, रण में जब अवधेश ।
उनको आगे देख कर, रावण को आवेश ।। 6348/7162

बोला रावण राम को, मैं वीरों का वीर ।
मुझे न मारेगा कभी, राघव! तेरा तीर ।। 6349/7162

महा प्रतापी वीर मैं, त्रिभुवन में बस एक ।
लड़ सकता हूँ साथ में, तुझ-से वीर अनेक ।। 6350/7162

असुर अमर मैं वीर हूँ, तुझको दूँगा मार ।

205-A. Story of Chandra weapon (Rāmāyan, 6. Lankā Kānd)

सब नेता मम मर गए, तभी न मानूँ हार ।। 6351/7162

अमृत है मुझमें भरा, तुझे नहीं है ज्ञात ।
तेरे शर मेरा कभी, कर न सकेंगे घात ।। 6352/7162

नन्हा बालक, राम तू! मैं हूँ शूर महान ।
मेरे शर से तू मरे, लखन तथा हनुमान ।। 6353/7162

दशरथ-नंदन-राम को, बकता कटुतर बोल ।
आया रावण पीटता, आत्मश्लाघ के ढोल ।। 6354/7162

संगीतश्रीकृष्णरामायण गीतमाला, पुष्प 694 of 763

खयाल : राग पूर्वी

(आत्मश्लाघ)

स्थायी

मधुर बैन तू बोल, बजा मत झूठ अहम के ढोल ।

♪ पधमं पगम ग- गमंपधपमंगमंगमग-, मंरेग मंप मंधप पधमं पमं गमग- ।

अंतरा-1

ऋषि-मुनि संतन राह दिखावत, रे बंदे बंद नैन तू खोल ।

♪ मंमं गग मं-धमंध सां-सां सांनिरें सांसां,
नि निरेंगंरेंसांनि धपप धमंपमं ग- मग-ग ।

अंतरा-2

सद् गुरु बचनन ज्ञान सिखावत, कर मत टालम् टोल ।

अंतरा-3

कोह मोह छल दंभ बनावत, जीवन मिट्टी मोल ।

205-A. Story of Chandra weapon *(Rāmāyan, 6. Lankā Kānd)*

(युद्ध)

खड़ी होगयी दो सेनाएँ, रावण बाएँ राघव दाएँ ।
तीर प्रथम रावण ने छोड़ा, उसे राम के शर ने तोड़ा ।। 4798/5205

205-A. Story of Chandra weapon (Rāmāyan, 6. Lankā Kānd)

रण में शर से शर टकराते, शस्त्रधरों को कपि पथराते[246] ।
लड़े खूब असुर कपि हीरे, घायल दोनों दल के वीरे ।। 4799/5205

✍दोहा॰ **दो सेनाएँ थीं खड़ी, असत्-सत्य के नाम ।**
बाएँ रावण था खड़ा, दाएँ थे श्री राम ।। 6355/7162

शर पहला रावण चला, करने को शुरुआत ।
तोड़ा राघव ने उसे, करके शर आघात ।। 6356/7162

छिड़ी लड़ाई जोर से, बरस रहे थे बाण ।
आहत जो थे होगए, निकल रहे थे प्राण ।। 6357/7162

युद्ध हो रहा घोर था, उठा पटक दे मार ।
दोनों दल के बीच में, शर पत्थर तलवार ।। 6358/7162

(तब)

✍दोहा॰ **छोड़ा अरि पर राम ने, सायक चंद्राकार ।**
रावण का सिर काटता, गया बाण उस पार ।। 6359/7162

सबने सोचा असुर मर गया, असुरों के मन धाक भर गया ।
कपि समझे अरि हार चुका था, एक निमिष तब समर रुका था ।। 4800/5205

✍दोहा॰ **सिर रावण का कट गया, हुआ विलक्षण दर्श ।**
असुर डरे, "नृप मर गया!" सुर कपियन को हर्ष ।। 6360/7162

रावण-सिर था कट गया, धड़ था लहू लुहान ।
रावण रथ पर था खड़ा, गए नहीं थे प्राण ।। 6361/7162

रुका युद्ध क्षण के लिए, फिर सबको आश्चर्य ।
रावण का सिर दूसरा, निकला, जैसे सूर्य ।। 6362/7162

शीश निकलता देख कर, सभी अचंभित गात ।
असंमजस में राम थे, बूझ न पाए बात ।। 6363/7162

---

[246] पथराते = पत्थर मारते, पत्थरों का वर्षाव करते ।

206. Story of Rāvan's Second head (Rāmāyan, 6. Lankā Kānd)

संगीतश्रीकृष्णरामायण गीतमाला, पुष्प 695 of 763

दादरा ताल

(रावण के प्रथम शीश की कथा)

स्थायी

गीत शारद ने मंजुल है गाया, साज नारद मुनि ने बजाया ।
रत्नाकर से है मंगल रचाया, रामायण को है सुंदर सजाया ।।

♫ म-ग म-म- म प-म- ग म-प-, रे-ग म-म- मध- प- मग-म- ।
रेगम-म म- म ध-प- गम-प-, रे-ग-म- म- म ध-प- मग-रे- ।।

अंतरा-1

सुन भाई से उत्साही बैना, निकले श्री राम लेकऽर सेना ।
रण में लड़ने को रावण भी आया, साथ मरने को असुरों को लाया ।।

♫ सांसां नि-रें- सां ध-नि-ध प-म-, सां-सां नि- रें-सां ध-नि-ध प-म- ।
मम ग ममम- म प-मम ग म-प-, रे-ग ममम- म धधप- म ग-रे- ।।

अंतरा-2

जोभी रावण ने था बाण छोड़ा, राऽघव ने उसे शर से तोड़ा ।
चंद्र का अस्त्र राघव चलाया, काट रावण का सिर वो गिराया ।।

अंतरा-3

सबने सोचा अब रावण मरा है, वध रावण का राघव करा है ।
चली रावण की अद्भूत माया, दूजा सिर उसने धड़ पर उगाया ।।

206. रावण के द्वितीय शीश की कथा :

206. Story of Rāvan's Second head *(Rāmāyan, 6. Lankā Kānd)*

♫ संगीतश्रीकृष्णरामायण छन्दमाला, मोती 466 of 501

मयूरसारिणी छन्द[247]

---

[247] ♫ **मयूरसारिणी छन्द** : इस 10 वर्ण, 16 मात्रा वाले छन्द के चरण में र ज र गण और एक गुरु वर्ण आता है । इसका लक्षण सूत्र ऽ । ऽ, । ऽ ।, ऽ । ऽ, ऽ इस प्रकार होता है । यति चरणान्त होता है ।

206. Story of Rāvan's Second head (Rāmāyan, 6. Lankā Kānd)

S I S, I S I, S I S, S

(रावण का द्वितीय शीश)

एक शीश था कटा जहाँ से ।

शीश दूसरा उगा वहाँ पे ।। 1

राम देखता अचंभिता से ।

शत्रु है खड़ा बिना व्यथा से ।। 2

ॐ श्लोक:

रामो द्वितीयबाणेन रावणस्याछिनच्छिरो ।

रावणस्तिष्ठितस्तर्हि शीर्षं तृतीयमागतम् ।। 2115/2422

📖 कथा 📖

(दूसरा सिर)

एक कटा तो दूजा आया, सिर रावण ने नया उगाया ।

रावण खड़ा-खड़ा जब पाया, राघव को कछु समझ न आया ।। 4801/5205

रावण ज्यों का त्यों हि खड़ा था, असमंजस में राम पड़ा था ।

मति विभ्रम को राघव रोका, समझा ये है नैनन धोखा ।। 4802/5205

✍ दोहा॰ **शीश नया जब असुर का, उगा प्रथम के स्थान ।**

अचरज में सब पड़ गए, राम लखन हनुमान ।। 6365/7162

रावण जीवित देख कर, चकित भए रघुनाथ ।

असमंजस में पड़ गए, समझ न पाए बात ।।।। 6366/7162

(रावण)

अरि समझा था लखन हना है, मगर राम का त्राण बना है ।

रावण ने फिर शर बरसाए, लछमन के शर से टकराये ।। 4803/5205

रावण ने रथ और बढ़ाया, अग्नि अस्त्र का बाण चढ़ाया ।

डोर तान लछमन पर पेला, उड़ कर शर हनुमत ने झेला ।। 4804/5205

▶ लक्षण गीत : ✍ **दोहा॰ सोलह मात्रा से सजा, गुरु कल से हो अंत ।**

रंग र ज र गण से जहाँ, "मयूरसारिणी" छंद ।। 6364/7162

206. Story of Rāvan's Second head (Rāmāyan, 6. Lankā Kānd)

कपि लछमन के प्राण बचायो, रावण दल में कहर मचायो ।
काटों वाले पेड़ उखाड़े, घुमा-घुमा कर राक्षस ताड़े ।। 4805/5205

दोहा॰ अमोघास्त्र से जब हुआ, आहत लखन कुमार ।
रावण को विश्वास था, मरा लखन इस बार ।। 6667/7162

देखा रावण ने जभी, रण पर लखन कुमार ।
बना त्राण है राम का, अक्षय धनु को धार ।। 6668/7162

बोला, अब मैं लखन पर, छोडूँ शर खूँखार ।
घोर हमारा अस्त्र ये, देगा उसको मार ।। 6369/7162

रावण ने फिर लखन पर, चला अग्नि का बाण ।
हनुमत ने वह झेल कर, किया लखन का त्राण ।। 6370/7162

(इस लिए, रावण)

दोहा॰ मारूँगा मैं कीश को, अब यह पहिला काम ।
फिर मारूँगा लखन को, फिर मारूँगा राम ।। 6371/7162

(राम)

दोहा॰ फेंका दूजा राम ने, रावण पर फिर बाण ।
सिर दूजा भी कट गया, मगर न निकले प्राण ।। 6372/7162

सोचा असुर हुआ है लंबा, दोनों दल में पुनः अचंभा ।
नया तीसरा सिर उग आया, रावण खड़ा ही खड़ा पाया ।। 4806/5205

दोहा॰ कटा शीश लंकेश का, मगर न निकले प्राण ।
रावण का धड़ था खड़ा, रथ में अपने स्थान ।। 6373/7162

निकल पड़ा सिर तीसरा, सब थे रहे निहार ।
अचरज सबको था लगा, फिर से दूजी बार ।। 6374/7162

संगीतश्रीकृष्णरामायण गीतमाला, पुष्प 696 of 763

दादरा ताल

207. Story of Rāvan's Third head (Rāmāyan, 6. Lankā Kānd)

(रावण के द्वितीय शीश की कथा)

स्थायी

गीत शारद ने मंजुल है गाया, साज नारद मुनि ने बजाया ।

रत्नाकर से है मंगल रचाया, रामायण को है सुंदर सजाया ।।

♫ म-ग म-म- म प-म- ग म-प-, रे-ग म-म- मध- प- मग-म- ।

रेगम-म म- म ध-प- गम-प-, रे-ग-म- म- म ध-प- मग-रे- ।।

अंतरा-1

ज्यों का त्यों ही जब रावण खड़ा था, असमंजस में राघव पड़ा था ।

रथ रावण ने आगे बढ़ाया, अस्त्र अग्नि का धनु पर चढ़ाया ।।

♫ सां- सां नि- रें- सां- ध-निनि धप- म-, सांसांनि-रेंरें सां ध-निनि धप- म- ।

मग म-मम म प-म- गम-प-, रे-ग म-म- म धध पप मग-रे- ।।

अंतरा-2

डोर ताने लखन पऽर पेला, बीच में ही वो हनुमत ने झेला ।

कपि लछमन के प्राणऽ बचाया, अरि दल में फिर कहरऽ मचाया ।।

अंतरा-3

शर दूजा फिर राघव ने छोड़ा, शीश दूजा भी रावण का तोड़ा ।

शीश रावण का ज्योंही गिराया, सिर रावण ने तीजा उगाया ।।

207. रावण के तृतीय शीश की कथा :

207. Story of Rāvan's Third head *(Rāmāyan, 6. Lankā Kānd)*

♫ **संगीतश्रीकृष्णरामायण छन्दमाला, मोती 467 of 501**

उत्सुक छन्द[248]

---

[248] ♫ **उत्सुक छन्द** : इस 9 वर्ण, 13 मात्रा वाले छन्द के चरण में भ भ र गण आते हैं । इसका लक्षण सूत्र ऽ । ।, ऽ । ।, ऽ । ऽ इस प्रकार होता है । यति चरणान्त होता है ।

▶ लक्षण गीत : ✍ **दोहा॰ तेरह मात्रा से बना, भ भ र गणों का वृंद ।**

नौ अक्षर का पद्य जो, "उत्सुक" जाना छंद ।। 6375/7162

207. Story of Rāvan's Third head (Rāmāyan, 6. Lankā Kānd)

ऽ । ।, ऽ । ।, ऽ । ऽ

(रावण का तृतीय शीश)

रावण का सिर तीसरा ।
काट गया शर राम का ।। 1
रावण नीचु नहीं गिरा ।
राम न जानत, बात क्या ।। 2

श्लोक:

रामस्तृतीयबाणेन रावणस्याछिनच्छिरो ।
रावणो जीवितस्तर्हि शीर्षं चतुर्थमागतम् ।। 2116/2422

📖 कथा 📖

(रावण)

रावण ने राघव फटकारा, तुझसे मैं ना जाऊँ मारा ।
हनुमत ने मेरा शर झेला, उसको काटूँगा जस केला ।। 4807/5205

दल को रावण ने ललकारा, हनुमत को दो मार करारा ।
कपिवर अब नहीं बचने पाए, साजिश कछु नहिँ रचने पाए ।। 4808/5205

(राक्षस लोग)

✍दोहा॰ **रावण बोला राम को, अमर मुझे तू जान ।**
अपने शर से, राम तू! ले न सके मम प्राण ।। 6376/7162

बचे प्राण हैं लखन के, त्राण बना हनुमान ।
मेरे शर को झेल कर, कीन्हा मम अपमान ।। 6377/7162

(असुर सेना)

सुन कर रावण का वह घोषा, असुरों ने पाया नव जोशा ।
आए लेकर मुद्‌गर भाले, खड्‌ग ढाल तलवारों वाले ।। 4809/5205

राक्षस सैनिक आगे बढ़ते, रण के पथ में चढ़ाव चढ़ते ।
चूर नशे में मन भरमाते, विजय गीत रावण के गाते ।। 4810/5205

✍दोहा॰ **सुन कर रावण का कहा, असुर हुए तय्यार ।**

207. Story of Rāvan's Third head (Rāmāyan, 6. Lankā Kānd)

लेकर मुद्गर हाथ में, खड्ग ढाल तलवार ।। 6378/7162

रावण-सेना तीसरी, लड़ने रण पर आज ।
आई पिछले रासते, छुप कर करने काज ।। 6379/7162

आई सेना असुर की, गाते रावण गीत ।
मस्त नशे में चूर थी, पाने रण पर जीत ।। 6380/7162

(अंगद)

✍**दोहा॰** **निहार सेना असुर की, लिए ढाल तलवार ।**
अंगद ने हनुमान को, बोला उचित विचार ।। 6381/7162

(अंगद)

अंगद बोला, हनुमत! जाओ, द्रोण शिखर से शिला लाओ ।
असुर इधर जब आते देखे, हनुमत पाथर उन पर फेंके ।। 4811/5205

असुर दल दबा नीचे पूरा, भाग न पाया चकनाचूरा ।
अंगद ने मारुति उठाया, काँधे पर हर्ष से बिठाया ।। 4812/5205

राघव बोले "स्वस्ति स्वाहा!" अंगद कपि को बहुत सराहा ।
अंगद! तुम उपदेसा दीन्हा, काम बहुत ही अच्छा कीन्हा ।। 4813/5205

अंगद का शुभ नाम पुकारा, सबने बोला जय जयकारा ।
राघव को बोला हनुमंता, अंगद है भारा अभियंता ।। 4814/5205

सदा काम का तिन उपदेसा, इसमें बिल्कुल नहिँ अंदेसा ।
तारा सुत है बुद्धि वाला, आशिष दो उसको, जगपाला! ।। 4815/5205

✍**दोहा॰** **अंगद ने फिर ज्यों कहा, हनुमत किया उपाय ।**
द्रोण शैल के शिखर से, लाए अश्म उठाय ।। 6382/7162

हनुमत ने पत्थर बड़े, फेंके अरि पर ढेर ।
राक्षस पत्थर-मार से, भए अनेकों ढेर ।। 6383/7162

बरसाए प्रस्तर बड़े, असुरों पर हनुमान ।
मरे असुर उनके तले, लीन्ही सबकी जान ।। 6384/7162

207. Story of Rāvan's Third head (Rāmāyan, 6. Lankā Kānd)

राघव बोले प्रेम से, अंगद बहुत सुजान ।
यथा श्रेष्ठ हनुमान है, अंगद तथा महान ।। 6385/7162

अंगद ने हनुमान को, सुख से लिया उठाय ।
नाचा अंगद हर्ष से, काँधे उसे बिठाय ।। 6386/7162

(सुषेण)

दोहा॰ सुषेण बोले, हे कपे! "गिरिधारी" हनुमान! ।
रावण पर गिरि फेंक कर, ले लो उसकी जान ।। 6387/7162

(हनुमान)

दोहा॰ मैं सेवक, नृप राम हैं, नृप का नृप पर वार ।
मैं कैसे नृप से लड़ूँ, अनीति के अधार ।। 6388/7162

(राम)

राघव ने अंगद जय बोली, उसके कर में बाँधी मौली ।
बोले, जुग-जुग जीओ प्यारे! अमर रहेंगे नाम तिहारे ।। 4816/5205

हक्का-बक्का आँखें फाड़े, देखो रावण तुम्हें निहारे ।
करतब तुमरा असुर न जाने, होश असुर के नहीं ठिकाने ।। 4817/5205

दोहा॰ अंगद ने श्री राम का, कीन्हा जय जयकार ।
राघव बोले, अमर हो, अंगद! नाम तिहार ।। 6389/7162

धनुष तान कर राम ने, कीन्हा शर का वार ।
सिर रावण का देह से, कटा तीसरी बार ।। 6390/7162

 संगीतश्रीकृष्णरामायण गीतमाला, पुष्प 697 of 763

दादरा ताल
(रावण के तृतीय शीश की कथा)

स्थायी

गीत शारद ने मंजुल है गाया, साज नारद मुनि ने बजाया ।
रत्नाकर से है मंगल रचाया, रामायण को है सुंदर सजाया ।।

208. Story of Rāvan's Fourth head (Rāmāyan, 6. Lankā Kānd)

♫ म-ग म-म- म प-म- ग म-प-, रे-ग म-म- मध- प- मग-म- ।

रेगम-म म- म ध-प- गम-प-, रे-ग-म- म- म ध-प- मग-रे- ।।

अंतरा-1

बिगड़ा रावण हनूमत पर भारा, बोला तूने लखन को है तारा ।

व्यूह रच कर वो सेना पठाया, मारो हनुमत को, रावण बताया ।।

♫ सां-सां नि-रेंरें सांध-निनि ध- प-म-, सांसां नि-रें- सांधध नि- ध प-म- ।

म-ग मम मम म प-म- गम-प-, रेग मममम म, ध-पप मग-रे- ।।

अंतरा-2

बोला अंगद, शिला को उठाओ, असुरों पर हनूमत! गिराओ ।

हनुमत ने वो पत्थर उठाया, और उड़ कर अरिऽ पर गिराया ।।

अंतरा-3

दबा असुरों का दल नीचे पूरा, पत्थरों के तले चकनाचूरा ।

राम ने तीसरा शर चलाया, शीश रावण का तीजा कटाया ।।

208. रावण के चतुर्थ शीश की कथा :

208. Story of Rāvan's Fourth head *(Rāmāyan, 6. Lankā Kānd)*

♫ **संगीतश्रीकृष्णरामायण छन्दमाला, मोती 468 of 501**

प्रमिताक्षरा छन्द[249]

। । ऽ, । ऽ ।, । । ऽ, । । ऽ

(रावण का चौथा शीश)

कट के तृतीय सर रावण का ।

निकला चतुर्थ नव जीवन का ।। 1

फिर से चलाय शर राघव जी ।

[249] ♫ **प्रमिताक्षरा छन्द** : इस 12 वर्ण, 16 मात्रा वाले छन्द के चरण में स ज स स गण आते हैं । इसका लक्षण सूत्र । । ऽ, । ऽ ।, । । ऽ, । । ऽ इस प्रकार होता है । यति चरणान्त होता है ।

▶ लक्षण गीत : ✍ **दोहा॰ सोलह मात्रा हों जहाँ, स ज स स गण का वृंद ।**

बारह अक्षर से बना, "प्रमित अक्षरा" छंद ।। 6391/7162

208. Story of Rāvan's Fourth head (Rāmāyan, 6. Lankā Kānd)

छँटनी चतुर्थ सिर की कर दी ।। 2

ॐ श्लोक:

रामश्चतुर्थबाणेन रावणस्याछिनच्छिरो ।
रावणो निश्चलस्तर्हि शीर्षं पञ्चममागतम् ।। 2117/2422

कथा

(पुन: आश्चर्य)

देह असुर का शोणित भीना, खड़ा-खड़ा था पीड़ विहीना ।
सिर निकला फिर धड़ पर चौथा, जैसे बढ़ता कट कर पौधा ।। 4818/5205

सबको फिर से अचरज भारा, समझ न पाए कछु ब्यौपारा ।
ऐसा पहले कभी न देखा, कभी पढ़ा ना ऐसा लेखा ।। 4819/5205

सुर-असुर थे दंग निहारे, लगा असुर से सुर हैं हारे ।
कपि बोला, साहस मत हारो, बढ़ो सामने धीरज धारो ।। 4820/5205

बहुत क्रोध से रावण उबला, अंगद से है बिगड़ा खेला ।
उसको अब मैं सबक सिखाऊँ, असुर सैन्य का जोर दिखाऊँ ।। 4821/5205

दोहा॰ **कटा असुर का तीसरा, हरि के शर से शीश ।**
निकला चौथा सिर नया, चकित भए जगदीश ।। 6392/7162

रावण ने हँस कर किया, राघव को आह्वान ।
सेना भेजी राक्षसी, झगड़ालू तूफान ।। 6393/7162

(असुर सेना)

गिने-चुने कछु असुर जुटाये, स्वरूप उनके बृहत् झुठाये ।
महाकाय सी असुरी सेना, अंगद दल पर आक्रम कीना ।। 4822/5205

ऊँचे-तगड़े शरीर काले, मोटी-मोटी आँखों वाले ।
विशाल पंजे दन्ता तीखे, बहुत भयानक भूत सरीखे ।। 4823/5205

नर-भक्षक अरु रक्त पिपासु, कपि नर सुर सब बैरी जासु ।
कर में डंडे खांडे धारे, गर्जन शोर, लगाते नारे ।। 4824/5205

208. Story of Rāvan's Fourth head (Rāmāyan, 6. Lankā Kānd)

रावण का जय घोष उचारा, अंगद-हत्या एक विचारा ।
सुग्रीव ने जब उन्हें निहारा, अंगद को झट किया इशारा ।। 4825/5205

✍दोहा॰ **निकली सेना असुर की, गाते रावण नाम ।**
अंगद का वध था उन्हें, सबसे पहला काम ।। 6394/7162

ऊँचे तगड़े निर्दयी, मुस्टंडे रँगरूट ।
आए खांडे असि लिए, पड़े शत्रु पर टूट ।। 6395/7162।

(सुग्रीव)

सुग्रीव बोला, जल्दी जाओ, घास पात तृण पादप लाओ ।
सारे रण में शीघ्र बिछाओ, राक्षस आते, उन्हें जलाओ ।। 4826/5205

रण में जब सब राक्षस आए, रण कपियों से रीता पाए ।
सुग्रीव ने जब किया इशारा, कपि सब आए लिए मशाला ।। 4827/5205

अग्नि बाण दावाग्नि डाला, चारों ओर लगाई ज्वाला ।
बरसे सायक रण में जलते, जले असुर सैनिक कर मलते ।। 4828/5205

हा हा कार भया जब भारा, रावण देखे बिनु कछु चारा ।
जली चिता रण में थी भारी, बिन मौसम ही आई होरी ।। 4829/5205

रावण के सब गिने चुने भी, भस्मसात हो गए भूने भी ।
रावण जो था अकड़ू अहमा, दावानल को देखे सहमा ।। 4830/5205

✍दोहा॰ **कटा असुर का तीसरा, हरि के शर से शीश ।**
निकला चौथा सिर नया, चकित भए जगदीश ।। 6396/7162

रावण देखो कर रहा, राघव को आह्वान ।
लाया सेना राक्षसी, निर्दय क्रूर महान ।। 6397/7162

कपियन ने रण क्षेत्र में, बिछा दिये तृण पात ।
रावण दल का आग से, किया रात में घात ।। 6398/7162

चौथा शर छोड़ा जभी, लेने रावण प्राण ।
शीश काट कर पार था, अर्धचंद्र सा बाण ।। 6399/7162

209. Story of Rāvan's Fifth head (Rāmāyan, 6. Lankā Kānd)

संगीतश्रीकृष्णरामायण गीतमाला, पुष्प 698 of 763

दादरा ताल

(रावण के चतुर्थ शीश की कथा)

स्थायी

गीत शारद ने मंजुल है गाया, साज नारद मुनि ने बजाया ।
रत्नाकर से है मंगल रचाया, रामायण को है सुंदर सजाया ।।

♫ म-ग म-म- म प-म- ग म-प-, रे-ग म-म- मध- प- मग-म- ।
रेगम-म म- म ध-प- गम-प-, रे-ग-म- म- म ध-प- मग-रे- ।।

अंतरा-1

शीश चौथा निकलते निहारा, देखा सबने वो अद्भुत दीदारा ।
सेना चौथी फिर रावण पठाया, मारो अंगद को, उसने बताया ।।

♫ सां-सां नि-रें- सांधधनि- धप-म-, सांसां निनरें- सां धधनिनि धप-म- ।
मग म-म- म- प-मम गम-प-, रेग म-मम म, धधप- मग-रे- ।।

अंतरा-2

बोला सुग्रीव, कपियन को जाओ, घास सूखी को रण में बिछाओ ।
ज्योंही रण में असुर चमू आया, तृण को सुग्रीव अग्निऽ लगाया ।।

अंतरा-3

जली ज्वाला में चौथी वो सेना, घोर अग्नि में कोई बचे ना ।
चौथा राघव ने बाणऽ चलाया, शीश चौथा भी नीचे गिराया ।।

209. रावण के पंचम शीश की कथा :

209. Story of Rāvan's Fifth head *(Rāmāyan, 6. Lankā Kānd)*

♫ **संगीतश्रीकृष्णरामायण छन्दमाला, मोती 469 of 501**

तारक छन्द

। । ऽ, । । ऽ, । । ऽ, । । ऽ, ऽ

(रावण का पाँचवाँ शीश)

निकला सिर पंचम, जाकर चौथा ।

2051
रत्नाकर रचित संगीत-श्री-रामायण

209. Story of Rāvan's Fifth head (Rāmāyan, 6. Lankā Kānd)

ऋतु सावन में जस अंकुर पौधा ॥ 1
अगला फिर राघव बाण चलाया ।
सिर भू पर पंचम काट गिराया ॥ 2

श्लोक:

रामः पञ्चमबाणेन रावणस्याछिनच्छिरो ।
रावणो पूर्ववत्तर्हि शीर्षकं षष्ठमागतम् ॥ 2118/2422

कथा

(पंचन शीश)

पंचम शीश उगा रावण का, यथा हि किसलय हो सावन का ।
हा हा! करता रावण बोला, अवध्य है यह मेरा चोला ॥ 4831/5205

शिवजी से मैंने वर पाया, अमर बनी है मेरी काया ।
राम! यहाँ तू मरने आया, सीता होगी मेरी जाया ॥ 4832/5205

सुग्रीव ने है तुम्हें बचाया, उसका अब मैं करूँ सफाया ।
भाई सुत मम मरे भले हों, मेरे सारे वीर जले हों ॥ 4833/5205

सुग्रीव मेरे हाथ बचे ना, मेरे शर को टार सके ना ।
बहुत कला है मैंने पाई, सभी हुनर मेरे दुखदाई ॥ 48348/5205

सुग्रीव हमरे वीर जलाया, कपीस हमको पीर दिलाया ।
मूरख रण की नीति भुलाया, हमरे हाथों मरण बुलाया ॥ 4835/5205

दोहा॰ चौथा सिर लंकेश का, गिरा धरा पर, धाँय! ।
निकला सिर फिर पाँचवाँ, कपि जन बोले, हाय! ॥ 6400/7162

हा! हा! करता जोश में, रावण बोला बोल ।
राम सामने पीटता, आत्मश्लाघ के ढोल ॥ 6401/7162

"शिव ने मुझको वर दिया, अमर बना मैं, राम! ।
शस्त्र-अस्त्र जग के सभी, मुझ पर हैं बेकाम" ॥ 6402/7162

रावण बोला राम को, टले न शिव वरदान ।

मरूँ न तेरे हाथ मैं, निष्फल तेरे बाण ।। 6403/7162

मारूँगा सुग्रीव को, नहीं बचेगा आज ।
मैं मायावी वीर हूँ, दृढ़ मेरा अंदाज ।। 6404/7162

(नई चाल)

रात मध्य में जब सब सोये, थक कर सपनन में थे खोये ।
सेनापति को रावण भेजा, बोला असुर चमू तू ले जा ।। 4836/5205

राम-शिबिर में छुप कर जाना, सुग्रीव-शीश काट कर लाना ।
धारण करके कपड़े कारे, लेकर सब नंगी तलवारें ।। 4837/5205

सोया था जब कपि दल सारा, रण भूमि पर घना अँधेरा ।
चले असुर तलवारों वाले, तन पर काले कपड़े डाले ।। 4838/5205

कृष्ण वस्त्रधर भट रावण के, आगे बढ़ते बेडर बन के ।
अँधियारे में बन तमरूपी, आए रण में धर कर चुप्पी ।। 4839/5205

(फिर)

दोहा॰ काली आधी रात में, जब सोये थे कीश ।
सोये थे जब चैन से, रामचंद्र जगदीश ।। 6405/7162

रावण ने की योजना, अनीति के आधार ।
सोती सेना राम की, डालेंगे हम मार ।। 6406/7162

उसने भेजा सैन्य को, काले कपड़े डाल ।
आए असिधर रात में, बन कपियन के काल ।। 6407/7162

जांबुवान नल नील ने, सेना करी तयार ।
वर्षा पत्थर की किए, राक्षस डाले मार ।। 6408/7162

(इधर)

अन्य दल जब रतिया सोते, नील नल चमू पहरा देते ।
रण के चारों ओर छोर में, छुपे वीर थे रात घोर में ।। 4840/5205

तारा ध्रुव का देख रहा था, किरण समर पर फेंक रहा था ।

209. Story of Rāvan's Fifth head (Rāmāyan, 6. Lankā Kānd)

उन किरणों के सही सहारे, चमकी तलवारों की धारें ।। 4841/5205

निहार तलवारों की धारें, नील नल किए सजग कपि सारे ।
क्षण में रण में पत्थर बरसे, असुर न जाने गिरे किधर से ।। 4842/5205

कौन कहाँ है लक्षण सारे, दरसाती चम-चम असि धारें ।
असुर समर से भाग न पाए, हाय हाय! कर गए लिटाये ।। 4843/5205

सुन कर कोलाहल असुरन का, ध्यान पड़ा रण में लछमन का ।
उसने शब्द वेधी शर छोड़े, हा हा! बंद, असुर दम तोड़े ।। 4844/5205

नभ से नारद देख रहे थे, पुष्प नील पर फेंक रहे थे ।
आशिष नल पर नारद जी के, बरसे मंगल शुभ शुभ नीके ।। 4845/5205

✍दोहा॰ **रावण को ये राम की, पता नहीं थी बात ।**
सब सोते जब चैन से, नल दल जागत रात ।। 6409/7162

रावण सेना आगयी, सबके कर तलवार ।
नईं सभी तलवार कीं, चमक रहीं थीं धार ।। 6410/7162

ध्रुव तारे के किरण ने, चमकाईं असि धार ।
दिया चिह्न नल-नील को, करने को प्रतिकार ।। 6411/7162

उद्यत थे कपि नील के, सजाय एक कतार ।
आज्ञा जब नल से मिली, करने पत्थर-मार ।। 6412/7162

तलवारों की चमक ने, कहा, कहाँ है कौन ।
नल ने आज्ञा दी तभी, जब सारे थे मौन ।। 6413/7162

नल से आज्ञा पाइके, बरसे पत्थर ढेर ।
हाय! हाय! की चीख कों, बिलकुल लगी न देर ।। 6414/7162

सुन कर चीखें, हाय! कीं, लछमन समझा पीड़ ।
छोड़े उन पर लखन ने, शब्द वेध से तीर ।। 6415/7162

नारद थे बरसा रहे, पुष्प नील पर वार ।
आशिष नल को दे रहे, लखन लला को प्यार ।। 6416/7162

209. Story of Rāvan's Fifth head (Rāmāyan, 6. Lankā Kānd)

(उधर)

निशाचरों की गति विधि लखता, सुग्रीव-सिर की आशा रखता ।
रावण रथ पर उधर खड़ा था, राघव का शर निकल पड़ा था ।। 4846/5205

दोहा॰ रावण रथ पर था खड़ा, निरखत रण का हाल ।
राघव रण पर आगए, बींधन रावण भाल ।। 6417/7162

राघव का फिर पाँचवाँ, सूँ-सूँ करता बाण ।
सिर रावण का काटता, गया ठीक संधान ।। 6418/7162

संगीतश्रीकृष्णरामायण गीतमाला, पुष्प 699 of 763

दादरा ताल

(रावण के पंचम शीश की कथा)

स्थायी

गीत शारद ने मंजुल है गाया, साज नारद मुनि ने बजाया ।
रत्नाकर से है मंगल रचाया, रामायण को है सुंदर सजाया ।।

♫ म-ग म-म- म प-म- ग म-प-, रे-ग म-म- मध- प- मग-म- ।
रेगम-म म- म ध-प- गम-प-, रे-ग-म- म- म ध-प- मग-रे- ।।

अंतरा-1

शीश रावण ने पंचम उगाया, गीत असुरों ने जै जै का गाया ।
सेना पंचम को रावण पठाया, पहले सुग्रीव को मारो, बताया ।।

♫ सां-सां नि-रेंरें सां ध-निनि धप-म-, सां-सां निनिरें- सां ध- नि- ध प-म- ।
मग म-मम म प-मम गम-प-, रेरे म-मम म ध-प-, मग-रे- ।।

अंतरा-2

आए रण में असुर खड्ग वाले, रात काली में गणवेश काले ।
ध्रुव तारा खड्गों को चऽमकाया, असुरों की गति को दऽरसाया ।।

अंतरा-3

देख नल-नील खड्गों की धारें, अश्म वर्षा से राक्षऽस मारे ।
राम ने पाँचवाँ शर चलाया, पाँचवाँ सर असुर का उड़ाया ।।

210. रावण के षष्ठम शीश की कथा :

210. Story of Rāvan's Sixth head *(Rāmāyan, 6. Lankā Kānd)*

संगीतश्रीकृष्णरामायण छन्दमाला, मोती 470 of 501

परितोषा छन्द[250]

। । ऽ, । । ।, । ऽ ।, । ऽ ऽ

(रावण का छठा शीश)

सिर पंचम जब काट गिराया ।
सिर रावण छठवाँ उगवाया ।। 1
फिर षष्ठम शर राम पठाया ।
छठवाँ दशमुख शीश छँटाया ।। 2

श्लोक:

राघव: षष्ठबाणेन रावणस्याछिनच्छिरो ।
रावणो न मृतस्तर्हि शीर्षं सप्तममागतम् ।। 2119/2422

कथा

(जांबुवान)

उगा छठा सिर जब रावण का, वातावरण द्विविध था रण का ।
इधर निशाचर मरे पड़े थे, उधर कपि दल मुदित बड़े थे ।। 4847/5205

वीर नील नल का जयकारा, राम-सिया का मंगल नारा ।
कपियन ने पाई तलवारें, चम-चम करती जिनकी धारें ।। 4848/5205

भाले मुद्‌गर खड्‌ग कटारें, मिली शत्रु की जब वे हारे ।
वानर सेना अस्त्र शस्त्र से, खूब लदी अब त्राण वस्त्र से ।। 4849/5205

---

[250] **परितोषा छन्द :** इस 12 वर्ण, 16 मात्रा वाले छन्द में स न ज य गण आते हैं । इसका लक्षण सूत्र । ।ऽ, । । ।, । ऽ ।, । ऽ ऽ इस प्रकार होता है । यति चरणान्त होता है ।

▶ लक्षण गीत : **दोहा॰ सोलह मात्रा से सजा, स न ज य गण का वृंद ।**
बारह अक्षर की कला, "परितोषा" है छंद ।। 6419/7162

210. Story of Rāvan's Sixth head (Rāmāyan, 6. Lankā Kānd)

जाम्बुवान ने आज्ञा दीन्ही, चार अंग की सेना कीन्ही ।
अश्व सवारी लेकर भाले, पैदल दल में खड्गों वाले ।। 4850/5205

पेड़ उखाड़े लड़ने वाले, पत्थर वर्षा करने वाले ।
चारों सेना हरि को भातीं, राम काज में रत दिन-राती ।। 4851/5205

✍दोहा॰ **इधर निशाचर थे पड़े, रण पर आहत ढेर ।**
उधर मुदित कपि थे बड़े, जप की माला फेर ।। 6420/7162

जयकारा नल-नील का, लखन लला के गीत ।
नाचत कपि गण ताल में, ताली का संगीत ।। 6421/7162

कपियन को थे मिल गए, शस्त्र-अस्त्र तलवार ।
अश्व खड्ग मुद्गर सभी, असुरों के हर बार ।। 6422/7162

जांबुवान ने सैन्य के, विभाग कीन्हे चार ।
अस्त्र शस्त्र तलवार-धर, पैदल, अश्व-सवार ।। 6423/7162

जांबुवान ने यों किए, चार, सैन्य के अंग ।
सेना रण पर की खड़ी, नल के दल के संग ।। 6424/7162

(रावण)

सुन कर गौरव नील कपि का, खौला रुधिर असुर पापी का ।
बोला, मैं नल को मारूँगा, गला नील का मैं फारूँगा ।। 4852/5205

रावण भेजा नूतन सेना, बोला डंडा उनको देना ।
खूब तयारी करके जाना, शीश नील नल के ले आना ।। 4853/5205

✍दोहा॰ **सुन कर गौरव नील का, नल लछमन के काम ।**
रावण आया क्रोध में, अपना माथा थाम ।। 6425/7162

(मगर)

बचना तुम पत्थर पेड़ों से, पीटो उनको तुम कोड़ों से ।
उनके पास न अस्त्र शस्त्र हैं, ना ही अश्व न त्राण वस्त्र हैं ।। 4854/5205

लेकर जाओ मुद्गर भाले, तलवारें शर खड्ग नुकीले ।

2057
रत्नाकर रचित संगीत-श्री-रामायण

210-A. Story of Trishūl weapon (Rāmāyan, 6. Lankā Kānd)

कपि निहत्थे लड़ नहीं सकते, तुमरे आगे बढ़ नहीं सकते ।। 4855/5205

तुमरी सेना है बलशाली, उनसे नहीं है डरने वाली ।
उनको नानी याद दिलाओ, मार-काट कर उन्हें सुलाओ ।। 4856/5205

✍दोहा॰ **विशाल सेना की खड़ी, करने कपि संहार ।**
मारो नल अरु नील को, लिए ढाल तलवार ।। 6426/7162

निकली सेना असुर की, लड़ने को तैयार ।
कपि सेना निःशस्त्र का, करने को संहार ।। 6427/7162

खड़ी सामने देख कर, कपि सेना चतुरंग ।
अश्व ढाल असि से सजी, काँपे उनके अंग ।। 6428/7162

भागे उल्टे पैर सब, रण से असुर जुझार ।
आया रावण पास फिर, सेना का सरदार ।। 6429/7162

210-A. Story of Trishūl weapon *(Rāmāyan, 6. Lankā Kānd)*

सुन कर रावण का सब कहना, रण में आई असुरी सेना ।
छुपा हुआ कपि नल दाँएँ था, छुपा नील का दल बाँएँ था ।। 4857/5205

ज्यों ही देखी नल ने सेना, जांबू को संकेता दीन्हा ।
जाँबवंत ने दल चतुरंगी, कीन्ही खड़ी चतुर् दिश चंगी ।। 4858/5205

अश्व सवारी लेकर भाले, खड्ग पकड़ कर पैदल वाले ।
एक तरफ थे पत्थर-मारे, दूजी तरफा पादप-धारे ।। 4859/5205

जांबुवान था सबसे आगे, उसको देखे असुर सब भागे ।
रावण कछु भी समझ न पाया; उधर राम ने तीर चलाया ।। 4860/5205

✍दोहा॰ **कटा शीश जब पाँचवाँ, कपि दल को आनंद ।**
निहार सिर निकला छठा, हुआ हर्ष फिर मंद ।। 6430/7162

रावण बोला राम को, तेरे शर नाकाम ।
मुझको शर से मार तू, नहीं सकेगा, राम! ।। 6431/7162

210-A. Story of Trishūl weapon (Rāmāyan, 6. Lankā Kānd)

डरा न राघव, असुर से, सुनी न उसकी बात ।
त्रिशूल-शर हरि ने लिया, करने को आघात ।। 6432/7162

त्रिशूल-शर से राम ने, कीन्हा छठा प्रहार ।
रावण का सिर काटता, गया देह से पार ।। 6433/7162

संगीतश्रीकृष्णरामायण गीतमाला, पुष्प 700 of 763

दादरा ताल

(रावण के षष्ठम शीश की कथा)

स्थायी

गीत शारद ने मंजुल है गाया, साज नारद मुनि ने बजाया ।
रत्नाकर से है मंगल रचाया, रामायण को है सुंदर सजाया ।।
♫ म-ग म-म- म प-म- ग म-प-, रे-ग म-म- मध- प- मग-म- ।
रेगम-म म- म ध-प- गम-प-, रे-ग-म- म- म ध-प- मग-रे- ।।

अंतरा-1

शीश पंचम कटा जब असुर का, नया तन पर छठा शीश आया ।
छठी सेना को रावण पठाया, मारो नल-नील, उनको बताया ।।
♫ सां-सां नि-रेंरें सांध- निनि धपप म-, सांसां निनि रेंरें सांध- नि-ध प-म- ।
मग म-म- म प-मम गम-प-, रेग मम म-म, धध-प- मग-रे- ।।

अंतरा-2

आए सेनानी रावण के भारे, करके धारऽण आयुऽध सारे ।
रण में रावण का झंडा गड़ाया, जै जै रावण का डंका बजाया ।।

अंतरा-3

देख आगे चतुऽरंगी सेना, भए भौचक असुऽरों के नैना ।
जांबुवत उस चमू को डराया, दल असुरों का वापस भगाया ।।

अंतरा-4

जामवत को हरिऽ ने सराहा, कहा तूने अरिऽ को हराया ।
राम ने फिर छठा शर चलाया, रावण का छठा सर गिराया ।।

211. रावण के सप्तम शीश की कथा :

211. Story of Rāvan's Sevenyh head *(6. Lankā Kānd)*

संगीतश्रीकृष्णरामायण छन्दमाला, मोती 471 of 501

अर्पितमदना छन्द[251]

ऽ । ।, । । ऽ, । । ।, । ऽ ऽ

(रावण का सातवाँ शीश)

राघव छठवाँ सिर जब तोड़ा ।
सप्तम सिर रावण नव जोड़ा ।। 1
राघव फिर सप्तम शर छोड़ा ।
सप्तम सिर, वो विशिख[252] उधेड़ा ।। 2

श्लोक:

रामः सप्तमबाणेन रावणस्याछिनच्छिरो ।
न मृतो रावणस्तर्हि शीर्षमष्टममागतम् ।। 2120/2422

कथा

(रावण)

कटा सिर छठा जब रावण का, उगा सातवाँ नव जीवन का ।
देखे रावण रण में आगे, असुर आ रहे वापस भागे ।। 4861/5205

सेनापति पर वह झल्लाया, रण से वापस क्यों तू आया ।
रण छोड़े जो भागा आता, मृत्यु दंड वो मुझसे पाता ।। 4862/5205

जांबुवान ने तुझे डराया, रण से बाहर तुझे भगाया ।

---

[251] **अर्पितमदना छन्द** : इस 12 वर्ण, 16 मात्रा वाले छन्द के चरण में भ स न य गण आते हैं । इसका लक्षण सूत्र ऽ । ।, । । ऽ, । । ।, । ऽ ऽ इस प्रकार होता है । यति चरणान्त होता है ।

▶ लक्षण गीत : **दोहा॰ सोलह मात्रा का बना, भ स न य गण का वृंद ।**
बारह अक्षर से सजा, "अर्पितमदना" छंद ।। 6434/7162

[252] **विशिख** = बाण, तीर, शर ।

211-A. Story of Sudarshan weapon (Rāmāyan, 6. Lankā Kānd)

रावण ने फिर एक वार से, शीश उड़ाया खड्ग धार से ।। 4863/5205

दोहा॰ उगा शीश जब सातवाँ, लगी अहम पर चोट ।
देखी जब लंकेश ने, सेना आती लौट ।। 6435/7162

उस सेनापति से कहा, रावण ने उद्दंड ।
डर से रण को छोड़ कर, मिले मृत्यु का दंड ।। 6436/7162

रावण ने सरदार को, खूब लगाई डाँट ।
एक खड्ग के वार से, उड़ा दिया सिर छाँट ।। 6437/7162

नियुक्त रावण ने किया, नूतन सेनाधीश ।
भेजी सेना काटने, जांबुवान का शीश ।। 6438/7162

(फिर)
बोला, सेना वापस जावे, जाँबवंत का सिर ले आवे ।
इसमें पूर्ण सफलता पाओ, जय के बिना न वापस आओ ।। 4864/5205

हुआ क्रोध में रावण पगला, राम-द्वेष में आग बबूला ।
हिय से डर ना जावे उगला, ना ही उससे जावे निगला ।। 4865/5205

दोहा॰ नूतन सैन्याधीश को, बोला लंकाधीश ।
अब ना आना लौट कर, बिना कीश के शीश ।। 6439/7162

(रावण)
बार-बार हारे भी रण में, माने हार नहीं वह मन में ।
बोला, मैं तो असुर अमर हूँ, असुर सदा मैं विजय समर हूँ ।। 4866/5205

दोहा॰ रावण निराश था हुआ, रण पर बारंबार ।
फिर भी अड़ियल गावदी, माने ना वह हार ।। 6440/7162

211-A. Story of Sudarshan weapon *(Rāmāyan, 6. Lankā Kānd)*

(सुदर्शन अस्त्र की कथा)

(रावण)
निकली उसकी सेना डरती, द्विधा में पड़ी, फिर क्या करती ।
पीछे हटते डर रावण का, आगे बढ़ते भय राघव का ।। 4867/5205

211-A. Story of Sudarshan weapon (Rāmāyan, 6. Lankā Kānd)

सिर जंबू का न मिले कदाऽपि, अपना शीश बचे तो काफी ।
लड़ नहीं पाए डर के मारे, शरण हो लिए रण में हारे ।। 4868/5205

विभीषण सबको आदर दीन्हा, अपनी सेना में भर लीन्हा ।
रावण बोला, विभीषण द्रोही, मेरे शर से मरिबे जो ही ।। 4869/5205

दोहा॰ निकला सिर फिर सातवाँ, रावण का नव जात ।
रावण बोला क्रोध में, द्रोही है मम भ्रात ।। 6441/7162

नर जो इस संग्राम में, विभिषण का दे साथ ।
उस द्रोही कापुरुष के, काटेंगे हम हाथ ।। 6442/7162

भेजी रावण ने नई, सेना मुद्‌गर धार ।
विभीषण ने उनको कहा, करने ठीक विचार ।। 6443/7162

आई सेना आसुरी, होकर बहुत निराश ।
बढ़ी न आगे, नाहि वो, लौटी रावण पास ।। 6444/7162

सबने मुद्‌गर छोड़ कर, कीन्हे ऊपर हाथ ।
सब असुरों को राम ने, जोड़ा अपने साथ ।। 6445/7162

(सुदर्शन अस्त्र)

दोहा॰ छोड़ा हरि ने सातवाँ, बाण-सुदर्शन खास ।
रावण का सिर काटता, लौटा राघव पास ।। 6446/7162

संगीतश्रीकृष्णरामायण गीतमाला, पुष्प 701 of 763

दादरा ताल

(रावण के सप्तम शीश की कथा)

स्थायी

गीत शारद ने मंजुल है गाया, साज नारद मुनि ने बजाया ।
रत्नाकर से है मंगल रचाया, रामायण को है सुंदर सजाया ।।

♪ म-ग म-म- म प-म- ग म-प-, रे-ग म-म- मध- प- मग-म- ।
रेगम-म म- म ध-प- गम-प-, रे-ग-म- म- म ध-प- मग-रे- ।।

अंतरा–1

शीश सप्तम जब रावण उगाया, देखा रण से है दल लौट आया ।

उसने सेनापतिऽ को हनाया, उसी सेना को वापस पठाया ।।

♫ सां–सां नि–रेंरें सां– ध–निनि धप–म–, सां–सां निनि रें– सां धध नि–ध प–म– ।

म–ग म–म–मप– म– गम–प–, रेग– म–म– म ध–पप मग–रे– ।।

अंतरा–2

जांबुवत से असुर वे डरे थे, मरने की भी खटक से भरे थे ।

ना इधर ना उधर उनको छाया, उनका नेता बहुत घऽबड़ाया ।।

अंतरा–3

बिभीषण जी ने उनको बुलाया, अपनी सेना में सबको मिलाया ।

राम ने बाण सप्तम चलाया, तीर सिर काट कर लौट आया ।।

212. रावण के अष्टम शीश की कथा :

212. Story of Rāvan's Eighth head *(6. Lankā Kānd)*

♫ संगीतश्रीकृष्णरामायण छन्दमाला, मोती 472 of 501

बुद्‌बुदक छन्द[253]

। । ऽ, । । ।, । । ऽ, ऽ ऽ ।, ऽ

(रावण का आठवाँ शीश)

सिर राघव जब गिराया सातवाँ ।

झट रावण सिर उगाया आठवाँ ।। 1

फिर से शर वर चलाया राम ने ।

सर अष्टम हरि गिराया सामने ।। 2

---

[253] ♫ **बुद्‌बुदक छन्द :** इस 13 वर्ण, 18 मात्रा वाले छन्द के चरण में स न स त गण और एक गुरु वर्ण आता है । इसका लक्षण सूत्र । । ऽ, । । ।, । । ऽ, ऽ ऽ ।, ऽ इस प्रकार होता है । यति चरणान्त होता है ।

▶ लक्षण गीत : ✍ **दोहा॰ मत्त अठारह का बना, गुरु मात्रा से अंत ।**

तेरह अक्षर हों जहाँ, वही "बुद्‌बुदक" छंद ।। 6447/7162

212-A. Story of Kunta weapon (Rāmāyan 6. Lankā Kānd)

🕉 श्लोक:

श्रीरामोऽष्टमबाणेन रावणस्याछिनच्छिरो ।
सजीवो रावणस्तर्हि शीर्षं नवममागतम् ॥ 2121/2422

📖 कथा 📖

(रावण)

सप्तम सिर जब कटा असुर का, उगा आठवाँ फिर अंकुर सा ।
रावण बोला, विभीषण भाई! तुझे बचावे अब ना कोई ॥ 4870/5205

पहले मैं तुझको मारूँगा, राघव को फिर संहारूँगा ।
कपि नल हनुमत अंगद सारे, अब जावेंगे मुझसे मारे ॥ 4871/5205

दोहा॰ कटा शीश जब सातवाँ, निकला अष्टम शीश ।
अचरज से कपि देखते, देखत हैं जगदीश ॥ 6448/7162

रावण बोला क्रोध से, विभीषण मेरे भ्रात! ।
अब तुझको मैं मार दूँ, सुन ले मेरी बात ॥ 6449/7162

(राम)

नाम "विभीषण" रावण मुख से, सुना राम ने अतिशय दुख से ।
राघव बोले, रावण पापी! कितना है तू बर्बर दापी ॥ 4872/5205

पहले तू था मेरा बैरी, फिर सीता की कीन्ही चोरी ।
लात बंधु को तूने मारी, अब उसका वध इच्छा तेरी ॥ 4873/5205

दोहा॰ सुन कर रावण का कहा, उसको बोले राम ।
विभीषण मेरा बंधु है, मैं हूँ उसका त्राण ॥ 6450/7162

212-A. Story of Kunta weapon (Rāmāyan 6. Lankā Kānd)

(कुंतास्त्र की कथा)

📖 कथा 📖

(कुन्तास्त्र)

मैं विभीषण जी को तारूँगा, शर से अब तुझको मारूँगा ।

212-A. Story of Kunta weapon (Rāmāyan 6. Lankā Kānd)

अब ये रण है तेरा मेरा, तव भाई अब मेरा चेरा ।। 4874/5205

हो जा तयार धनु को धारे, तेरा मरना टरे न टारे ।
दुख मुझको है महान यद्वा, तेरी पत्नी होगी विधवा ।। 4875/5205

तेरी पत्नी साध्वी नारी, निश-दिन पूजा करती तेरी ।
तू उस पर भी अत्याचारी, तेरी मति गयी है मारी ।। 4876/5205

"मंदोदरी! क्षमा मैं चाहूँ, तेरी महिमा सदा सराहूँ ।
पति तेरा है अति अविचारी, अब है मरने का अधिकारी" ।। 4877/5205

✍दोहा॰ **राघव बोले असुर को, मत कर इतना पाप ।**
तेरी दार पतिव्रता, देगी तुझको शाप ।। 6451/7162

तेरा मेरा युद्ध है, भाई को मत मार ।
रण पर मरने के लिए, हो जा अब तैयार ।। 6452/7162

साध्वी है मंदोदरी, पवित्र तेरी दार ।
तेरे मरते वो सती, विधवा होगी नार ।। 6453/7162

क्षमा करो मंदोदरी! तुम हो मातु हमार ।
कैसे मैं सुख पाउँगा, तेरे पति को मार ।। 6454/7162

राघव ने शर आठवाँ, छोड़ा कुंताकार ।
रावण का सिर काटता, गया गगन से पार ।। 6455/7162

संगीतश्रीकृष्णरामायण गीतमाला, पुष्प 702 of 763

दादरा ताल

(रावण के अष्टम शीश की कथा)

स्थायी

गीत शारद ने मंजुल है गाया, साज नारद मुनि ने बजाया ।
रत्नाकर से है मंगल रचाया, रामायण को है सुंदर सजाया ।।

♫ म-ग म-म- म प-म- ग म-प-, रे-ग म-म- मध- प- मग-म- ।
रेगम-म म- म ध-प- गम-प-, रे-ग-म- म- म ध-प- मग-रे- ।।

213. Story of Rāvan's Ninth head (Rāmāyan, 6. Lankā Kānd)

अंतरा–1

बिगड़ा भाई पर रावण बतेरा, बोला अब राम भाई है तेरा ।

सेना अष्टम को रावण पठाया, पहले विभीषण को मारो बताया ।।

♪ सां–सां नि–रें– सां– ध–निनि धप–म–, सांसां निनि रें–सां ध–नि– ध प–म– ।

मग म–मम म प–मम गम–प–, रे–ग मम–मम म ध–प– मग–रे– ।।

अंतरा–2

कहा राघव ने, विभीषऽण प्यारे! तेरी रक्षा है करतब हमारे ।

अब रावण का मरना है आया, पाप उसने बहुत है कमाया ।।

अंतरा–3

माते मंदोदरी! मोहे दुख है, तू गँवाएगी स्वामी का सुख है ।

राम ने आठवाँ शर चलाया, शीश रावण का धड़ से उड़ाया ।।

213. रावण के नवम शीश की कथा :

213. Story of Rāvan's Ninth head *(Rāmāyan, 6. Lankā Kānd)*

♫ संगीतश्रीकृष्णरामायण छन्दमाला, मोती 473 of 501

श्रमितशिखंडी छन्द[254]

ऽ । ।, । । ऽ, ऽ । ।, ऽ ऽ

(रावण का नौवाँ शीश)

अष्टम सिर था काट गिराया ।

रावण फिर भी ना घबड़ाया ।। 1

शीश नवम श्री राघव देखा ।

रावण पर नौवाँ शर फेंका ।। 2

---

[254] ♪ **श्रमितशिखंडी छन्द** : इस 11 वर्ण, 16 मात्रा वाले छन्द के चरण में भ स भ गण और दो गुरु वर्ण आते हैं । इसका लक्षण सूत्र ऽ । ।, । । ऽ, ऽ । ।, ऽ ऽ इस प्रकार होता है । यति चरणान्त होता है ।

▶ लक्षण गीत : **दोहा॰ सोलह मात्रा से सजा, दो गुरु कल से अंत ।**

भ स भ गणों का पद्य जो, "श्रमितशिखंडी" छंद ।। 6456/7162

213. Story of Rāvan's Ninth head (Rāmāyan, 6. Lankā Kānd)

ॐ श्लोक:

रामो नवमबाणेन रावणस्याछिनच्छिरो ।
तदाऽपि नामरद्दुष्ट: शीर्षं दशममागतम् ।। 2122/2422

📖 **कथा** 📖

(रावण)

उगा नवम सिर जब रावण का, उसमें जोश चढ़ा सावन का ।
बोला, देखो अब शर वृष्टि, आह भरेगी सारी सृष्टि ।। 4878/5205

कर दूँगा सब जग जन-रीता, न रहे राम न बचिबे सीता ।
सुन कर रावण की अपवाणी, भई मंदोदरी थर्राणी ।। 4879/5205

✍ **दोहा॰** **रावण का जब आठवाँ, गिरा धरा पर शीश ।**
निकला नौवाँ मुंड है, देख रहे जगदीश ।। 6457/7162

रावण बोला राम से, निहार अब शर पात ।
जगत कराहेगा सभी, सह न सके आघात ।। 6458/7162

बचे न अब तू, ना सिया, ना जीये मम भ्रात ।
होगी धूँआधार अब, मेरी शर बरसात ।। 6459/7162

सुन कर रावण का कहा, राम-सिया का घात ।
घबराई मंदोदरी, काँपे उसके गात ।। 6460/7162

(मंदोदरी)

मंदोदरी संदेसा दीन्ही, रामचंद्र को विनती कीन्ही ।
बोली, राघव! तुम इस बेरी, चिंता सुत! कछु करो न मेरी ।। 4880/5205

जीते जी मैं विधवा भई हूँ, सत्य अभागन मैं हो गई हूँ ।
जीने की अब चाह नहीं है, मरने की भी राह नहीं है ।। 4881/5205

मेरा पति अति अत्याचारी, बना हुआ है लंपट भारी ।
उसकी मति मरी है ऐसी, सीता उसकी बेटी जैसी ।। 4882/5205

उसके पीछे वो मरता है, पाप कर्म से नहिँ डरता है ।

213. Story of Rāvan's Ninth head (Rāmāyan, 6. Lankā Kānd)

बल से हरण करी पर नारी, अतः मृत्यु का है अधिकारी ॥ 4883/5205

तारा रानी यही कही थी, उसकी नीति यही रही थी ।
बाली ने जो पाया कल को, रावण सुयोग्य है उस फल को ॥ 4884/5205

दोहा॰ बोली तब मंदोदरी, "राघव! मत कर शोक ।
होनी में, विधि को, सखे! कोई सकै न रोक" ॥ 6461/7162

बोली फिर मंदोदरी, "मेरा पति है चोर ।
धर्मपरायण रामजी! उसे दंड दो घोर ॥ 6462/7162

"विवस्वान को कृष्ण ने, यही कही थी नीत ।
धर्मयुद्ध में मानिये, एक शत्रु अरु मीत" ॥ 6463/7162

(और)

बेटा! मुक्त करो निज नारी, बंदी बन रो रही बिचारी ।
पालो पुत्रक! धर्म क्षात्र का, करो कर्म तुम सदा नीति का ॥ 4885/5205

उसमे मुझको हर्ष हि होगा, रण नीति में मुझे न सोगा ।
नृत अनृत की जहाँ लड़ाई, वहाँ न कोई पति पितु भाई ॥ 4886/5205

दोहा॰ चोरी की है चोर ने, पतिव्रता तव दार ।
बेटा! मुक्त करो उसे, रावण को तुम मार ॥ 6464/7162

(मंदोदरी)

करो कर्म तुम राघव! ऐसे, विश्व सराहे जुग-जुग जैसे ।
मेरा मंगल आशिष पाओ, सीता को कष्ट से छुड़ाओ ॥ 4887/5205

दोहा॰ कर्म करो तुम, रामजी! जिसमें क्षात्र सुहाय ।
पिंजर से लंकेश के, निर्दोष को छुड़ाय ॥ 6465/7162

(मगर)

अनुचित कोई काम न करना, रण नीति से कभी न डरना ।
धर्म युद्ध ये समझो प्यारे! काज सफल सब बनें तिहारे ॥ 4888/5205

दोहा॰ बोली जब मंदोदरी, धर्म कर्म की बात ।

213. Story of Rāvan's Ninth head (Rāmāyan, 6. Lankā Kānd)

बोले राघव, नीति जो, वही करूँगा, मात! ।। 6466/7162

(राम)

सुन बचनन मंदोदरी माँ के, गदगद अवध बिहारी बाँके ।
बोले, माते! वही करूँगा, क्षात्र-धर्म से नहीं डरूँगा ।। 4889/5205

✍दोहा॰ **मंदोदरी के नाम से, नौवाँ हरि का बाण ।**
काट गया सिर असुर का, जम कर ठीक निशान ।। 6467/7162

नवम असुर के शीश को, काटा राघव बाण ।
सिर तो धड़ से अलग था, मगर न निकले प्राण ।। 6468/7162

दसमुख के जब देह पर, निकला दसवाँ शीश ।
असमंजस में पड़ गए, रामचंद्र अवनीश ।। 6469/7162

संगीतश्रीकृष्णरामायण गीतमाला, पुष्प 703 of 763

दादरा ताल

(रावण के नवम शीश की कथा)

स्थायी

गीत शारद ने मंजुल है गाया, साज नारद मुनि ने बजाया ।
रत्नाकर से है मंगल रचाया, रामायण को है सुंदर सजाया ।।

♫ म-ग म-म- म प-म- ग म-प-, रे-ग म-म- मध- प- मग-म- ।
रेगम-म म- म ध-प- गम-प-, रे-ग-म- म- म ध-प- मग-रे- ।।

अंतरा-1

शीश नौवाँ जब निकला असुर का, बोला मारूँगा मैं राम सीता ।
घोर ऐलान उसने कराया, हिया मंदोदरी का डराया ।।

♫ सां-सां नि-रें- सां- धधनि- धपप म-, सांसां नि-रें-सां ध- नि-ध प-म- ।
म-ग म-म-म पपम- गम-प-, रेग म-म-मध- प- मग-रे- ।।

अंतरा-2

बोली मंदोरदी, "अब की बेरी, मारो पापी को, बिन चिंता मेरी" ।
उसने सीता को भी सऽमझाया, "राम आता है" उसको बताया ।।

अंतरा–3

"जहाँ सत् से असत् की लड़ाई, वहाँ भर्ता न भ्राता न भाई" ।
सुन, राघव ने तीरऽ चलाया, नौवे रावण के सिर को कटाया ।।

214. रावण के दशम शीश की कथा :

214. Story of Rāvan's Tenth head *(Rāmāyan, 6. Lankā Kānd)*

♫ संगीतश्रीकृष्णरामायण छन्दमाला, मोती 474 of 501

धृष्टपद छन्द[255]

ऽ । ।, ऽ । ।, । ऽ ।, । ऽ ऽ

(रावण का दसवाँ शीश)

रावण शीश दसवाँ जब पाया ।
राम कहे, "करत को यह माया" ।। 1
हे शिव जी! अब न और सताओ ।
संकट का कछु उपाय बताओ ।। 2

राघव को तब विभीषण बोला ।
नाभि रहस्य उसको सच खोला ।। 3
राघव! "पेट पर बाण चलाओ ।
रावण का उदर फाड़, गिराओ" ।। 4

ॐ श्लोका:

रावणेन पुनः प्राप्तं शीर्षकं दशमं यदा ।
रामोऽपृच्छच्छिवं देवम्–अत्र गुह्यं नु किं प्रभो ।। 2123/2422

आह विभीषणो रामं नाभ्यां ताडय त्वं शरम् ।

---

[255] ♫ **धृष्टपद छन्द** : इस 12 वर्ण, 17 मात्रा वाले छन्द के चरण में भ भ ज य गण आते हैं । इसका लक्षण सूत्र ऽ । ।, ऽ । ।, । ऽ ।, । ऽ ऽ इस प्रकार होता है । यति चरणान्त होता है ।

▶ लक्षण गीत : **दोहा॰ सत्रह मात्रा से सजा, भ भ ज य गण का वृंद ।
बारह मात्रा से बना, कहो "धृष्टपद" छंद ।। 6470/7162**

214. Story of Rāvan's Tenth head (Rāmāyan, 6. Lankā Kānd)

नाभ्यामस्त्यमृतं तस्य येन स ह्यमरः प्रभो ।। 2124/2422

श्रुत्वा विभीषणं रामः प्राक्षिपद्दशमं शरम् ।
भग्ननाभीः स लङ्केशोऽपतद्भूमौ रथात्तले ।। 2125/2422

📖 **कथा** 📖

(रावण)

कट कर सिर नौवाँ रावण का, निकला दसवाँ क्रोधी मन का ।
बोला, मैं हूँ अवध्य जो ही, अमर को कथं मारे कोई ।। 4890/5205

तीर चला कर थक जाओगे, मुझे मार ना तुम पाओगे ।
बाण कौनसा अब मारोगे, रण में राघव! तुम हारोगे ।। 4891/5205

सायक तुमरे सब बेकामा, लौटो रण से तुम अब, रामा! ।
मेरा घातक तीर नहीं है, न ही धनुर्धर वीर कहीं है ।। 4892/5205

✍दोहा॰ **निकला दसवाँ सिर जभी, रावण के मन क्रोध ।**
राघव का अपशब्द में, करने लगा विरोध ।। 6471/7162

किसी स्थान या काल में, मेरा करे विनाश ।
ऐसा कोई शस्त्र ही, नहीं किसी के पास ।। 6472/7162

रावण बोला राम को, कैसे हो तुम वीर ।
मैं अवध्य हूँ जान लो, निष्फल तुमरे तीर ।। 6473/7162

(और)

तोड़ शिव-धनु तुम अभिमानी, सीता थी तब मैंने पानी ।
मुझे रोक कर यहाँ दिखाओ, इतिहास अब नया लिखाओ ।। 4893/5205

कहाँ गया अब वह धनुधारी, जिसकी सबने डींगें मारी ।
कहाँ है जिसने हनी ताड़का, परशुराम जी पर जो कड़का ।। 4894/5205

खर-दूषण थे जिसने मारे, कहाँ गए हैं शर वह सारे ।
अब तो हार मान लो, प्यारे! शेष हुए सब तीर तिहारे ।। 4895/5205

✍दोहा॰ **शिव-धनुष को तोड़ कर, गर्व तुम्हें है, राम! ।**

सिया मुझे तब ना मिली, अब वह मेरी मान ।। 6474/7162

रण में अब तुम हार कर, होगा तव उपहास ।
राम-चरित का अब यहाँ, बने नया इतिहास ।। 6475/7162

जिसने मारी ताड़का, गया कहाँ वो वीर ।
खर-दूषण जिसने हने, एक चला कर तीर ।। 6476/7162

(राम)

दोहा॰ सुन रावण की डींग वो, शिव से बोले राम ।
असमंजस में हूँ पड़ा, क्यों बिगड़ा है काम ।। 6477/7162

खाली ना कोई गया, मेरे शर का वार ।
छोड़े शर नौ बार मैं, शीश कटे नौ बार ।। 6478/7162

हे शिवगौरी! बोलिए, क्या रहस्य है आज ।
"मेरे शर नाकाम क्यों, कहाँ छुपा है राज़ ।। 6479/7162

"हे मुनिवर नारद गुरो! भेजो कछु संदेस ।
बोलो अब मैं क्या करूँ, आओ लेकर भेस" ।। 6480/7162

संगीतश्रीकृष्णरामायण गीतमाला, पुष्प 704 of 763

भजन

(राम का विस्मय)

स्थायी

शर मेरे आज क्यों नाकाम हैं ।
क्या ये माजरा, किसका ये काम है ।।

♪ सासा रेरे- ग-रे ग- म-ग-रे सा- ।
रेग रे- गरेसा-, ध़ध़नि़- रे सा-नि़ सा- ।।

अंतरा-1

एक बाण में मरी ताड़का, एक बाण में बाली ।
एक बाण में गया सुबाहु, मारिच की जान निकाली ।

214. Story of Rāvan's Tenth head (Rāmāyan, 6. Lankā Kānd)

बाण मेरे क्यों, जात हैं खाली ।

आज ये, कैसी इम्तहान है ।।

♪ रे-ग म-म म- पम- ग-रेग-, प-म ग-रे ग- म-म- ।

प-म ग-म म- निध- पम-प-, ध-धप म- प-म गरे-ग- ।

सा-रे गम- म-, प-म ग रे-ग- ।

म-ग रे, सा-सा- ध़-नि़रे-नि़ सा- ।।

अंतरा-2

धनुर्वेद है पाया मैंने, विद्या सोलह जानी ।

शस्त्र कला सब सीखी मैंने, शास्त्र गहनता देखी ।

बाण मेरे क्यों, जात हैं खाली ।

आज ये, कैसा अज्ञान है ।।

अंतरा-3

शिव सायक मेरे तरकश में, इन्द्र धनुष बस मेरे ।

एक कटे सिर दूजा आवे, तंतर काम न आवे ।

बाण मेरे क्यों, जात हैं खाली ।

आज ये, उलझन महान है ।।

अंतरा-4

नारद आये, विभीषण बन कर ।

कहा उदर में, मारो तुम शर ।

बाण तेरा ये, जाय न खाली ।

आज ये, गूढ़ ज्ञान है ।।

(नारद जी, विभीषण बनकर)

✍दोहा॰ **पास तिहारे मैं खड़ा, पहन विभीषण भेस ।**
मारो शर को नाभि में, शिव का है संदेस ।। 6481/7162

शिव-संदेसा राम को, दिये विभीषण नाम ।
समाधान दे, होगए, मुनिवर अंतर्धान ।। 6482/7162

214. Story of Rāvan's Tenth head (Rāmāyan, 6. Lankā Kānd)

(फिर)

झट से उठ कर राम ने, लेकर शिव का नाम ।
छोड़ा दसवें बाण को, नाभि किए निशान ।। 6483/7162

(और)

दोहा॰ बाण उदर में ज्यों लगा, बोला, मेरे भ्रात! ।
सखे विभीषण! क्यों किया, तूने मेरा घात ।। 6484/7162

रथ से नीचे गिर पड़ा, रावण, फट कर पेट ।
हाय हाय! करता हुआ, गया धरा पर लेट ।। 6485/7162

 ♪ संगीतश्रीकृष्णरामायण छन्दमाला, मोती 475 of 501

भुजंगप्रयात छन्द

। ऽ ऽ, । ऽ ऽ, । ऽ ऽ, । ऽ ऽ

♪ सारे- ग-म प- म-ग रे-म-ग रे- सा-

(रावण वध)

चला राम ने बाण आखेट[256] पे है ।
लगा ठीक लंकेश के पेट में है ।। 1
फटा पेट तो गर्व सारा गया है ।
तभी आज लंकेश स्याना भया है ।। 2

 संगीतश्रीकृष्णरामायण गीतमाला, पुष्प 705 of 763

दादरा ताल

(रावण के दशम शीश की कथा)

स्थायी

गीत शारद ने मंजुल है गाया, साज नारद मुनि ने बजाया ।
रत्नाकर से है मंगल रचाया, रामायण को है सुंदर सजाया ।।

♪ म-ग म-म- म प-म- ग म-प-, रे-ग म-म- मध- प- मग-म- ।
रेगम-म म- म ध-प- गम-प-, रे-ग-म- म- मध-प- मग-रे- ।।

---

[256] आखेट = शिकार, ध्येय ।

215. Story of the Wise Rāvan (Rāmāyan, 6. Lankā Kānd)

अंतरा–1

शीश दसवाँ जब रावण ने पाया, बोला राघव, ये कैसी है माया ।

मेरा शर, जो सदा फल सधाया, आज कोई न क्यों काम आया ।।

♪ सां–सां निनिरें– सां– ध–निनि ध प–म–, सांसां नि–रेंरें, सां ध–नि– ध प–म– ।

मग मम, म– मप– मग मपप–, रे–ग म–म– म ध– प–म ग–रे– ।।

अंतरा–2

शिव गौरी मुझे सच बताओ, मुझे ऐसे न रण में सताओ ।

भेजो संदेस लेकर सहाया, कहो जो कुछ है मुझसे छुपाया ।।

अंतरा–3

आए नारद विभीषण के भेसा, शिव गौरी से लेकर संदेसा ।

"मारो नाभि में शर को" बताया, राम शिव नाम से शर चलाया ।।

अंतरा–4

पेट में जा घुसा बाण ज्योंही, गिरा रथ पर से रावऽण त्योंही ।

दंभ जाकर वो अज्ञान खोया, "भूल मेरी हुई" कहके रोया ।।

लंका काण्ड : पन्द्रहवाँ सर्ग

215. ज्ञानी रावण की कथा :

215. Story of the Wise Rāvan (Rāmāyan, 6. Lankā Kānd)

♪ संगीतश्रीकृष्णरामायण छन्दमाला, मोती 476 of 501

चौपाई छन्द

(ज्ञानी रावण)

काम कोह मद मत्सर माया ।

रावण ज्ञानी कहलाया ।। 1

राम बाण जब दंभ नशाया ।

ज्ञान पूर्ववत् वापस आया ।। 2

मरते दम जब मन था चंगा ।

215. Story of the Wise Rāvan (Rāmāyan, 6. Lankā Kānd)

बोला, सिय है पावन गंगा ।। 3
राम! अशोक वाटिका जाओ ।
धर्मचारिणी को अपनाओ ।। 4

शलोका:

यदा स आहतो जातो निस्सृतममृतं तथा ।
रावणो मरणासन्नो ज्ञानं स प्राप्तवान्तदा ।। 2126/2422

रावण आह श्रीरामं प्रभो दोषं क्षमस्व मे ।
सुपवित्राऽस्ति ते सीता योगिनी सा पतिव्रता ।। 2127/2422

अहङ्कारो हि मे राम घातकोऽस्ति प्रभो मम ।
भ्रातरं पुष्पकं देहि राज्यं चापि विभीषणम् ।। 2128/2422

कथा

(ज्ञानी रावण)

दोहा॰ अमृत गुत्थी जब फटी, कुमति गयी तब भाग ।
होश ठिकाने आगए, मिला सुमति को जाग ।। 6486/7162

कहती थी मंदोदरी, आज तलक जो बात ।
कुंभकर्ण ने भी कही, और विभीषण भ्रात ।। 6487/7162

सीता देवी ने कही, रो रो कर दिन-रात ।
तारा रानी ने कही, नीति नियम की बात ।। 6488/7162

हनुमत अंगद ने कही, समझाने की बात ।
सुर सज्जन कहते रहे, राम-लखन दिन-रात ।। 6489/7162

(अब)

दोहा॰ अहंकार जब ढह गया, दूर हुआ अज्ञान ।
संतों ने जो था दिया, याद पड़ा अब ज्ञान ।। 6490/7162

(रावण का पछतावा)

मेरी मति गयी थी मारी, नष्ट भई मम लंका सारी ।
दंडक में मैं दहशत कीन्ही, असुरों को मैं भड़कन दीन्ही ।। 4896/5205

215. Story of the Wise Rāvan (Rāmāyan, 6. Lankā Kānd)

कीन्हे मैंने अघ अनंत हैं, आज सभी का हुआ अंत है ।
शिवजी ने वर वापस लीन्हा, मुझको मरण आप है दीन्हा ।। 4897/5205

नारी हरना पाप सत्य है, अनाचार बल हीन कृत्य है ।
इसी पाप ने बाली मारा, आज किया है घात हमारा ।। 4898/5205

अब अज्ञान गया है मेरा, आज बना मैं राघव चेरा ।
परम शाँति है मेरे मन को, लंकापति पद दो विभीषण को ।। 4899/5205

सीता देवी पवित्र नारी, वन में राह तकत है तेरी ।
अशोक वन में, राघव! जाओ, सीता को अब तुम अपनाओ ।। 4900/5205

✍दोहा॰ **धन संपद् बल दर्प से, हुआ मुझे अभिमान ।**
मेरी मति मारी गयी, और मिला अज्ञान ।। 6491/7162

विंध्याद्रि के पार मैं, कीन्हा अपना राज ।
कारूषा, दंडक हुए, पूर्ण मुक्त हैं आज ।। 6492/7162

ताटक सुबाहु जब मरे, मुझे न आया ज्ञान ।
खर-दूषण सब मर मिटे, फिर भी था अज्ञान ।। 6493/7162

गए पुत्र सेनापति, भाई भी सब छोड़ ।
सम्मति आई ना मुझे, विनती करूँ कर जोड़ ।। 6494/7162

"राज्य विभीषण को मिले, वही नीति का वीर ।
पावन देवी है सिया, ज्यों गंगा का नीर" ।। 6495/7162

✍दोहा॰ **"धरती पर देवी कभी, लेती नारी-वेष ।**
सीता है वह एक ही," बोला शुभ, लंकेश ।। 6496/7162

♫ संगीतश्रीकृष्णरामायण छन्दमाला, मोती 477 of 501

भुजंगप्रयात छन्द

। ऽ ऽ, । ऽ ऽ, । ऽ ऽ, । ऽ ऽ

♫ सारे- ग-म प- म-ग रे-म-ग रे-सा-

(स्याना रावन)

215. Story of the Wise Rāvan (Rāmāyan, 6. Lankā Kānd)

चला राम ने बाण उद्धार कर्ता ।
किया आज लंकेश को नीति ज्ञाता ।। 1
कहा सत्य लंकेश ने, राम प्यारे! ।
किये है तुम्हीं ने समाधान मेरे ।। 2

प्रभो! आज तूने मुझे है उबारा ।
पुनः ना करूँ भूल ये मैं दुबारा ।। 3
सुनो राम प्यारे! मनौती हमारी ।
सिया निष्कलंका बहू है तिहारी ।। 4

(अंत)

राघव शर से आज मरूँ मैं, राघव कर से आज जरूँ मैं ।
सागर तट पर चिता जराओ, रक्षा मेरी वहाँ बहाओ ।। 4901/5205

✍दोहा॰ **राम बाण से मैं मरूँ, यह मेरा सौभाग ।**
राम हाथ से मैं जलूँ, वही मुझे दें आग ।। 6497/7162

सागर तट पर दाह दो, मुझको तुम, रघुवीर! ।
राख विसर्जित नीर में, लंका उत्तर तीर ।। 6498/7162

(फिर, क्षमा)

बोला, क्षमा करो रघुराई! क्षमा करो तुम विभीषण भाई! ।
क्षमा करो री सीता माई! क्षमा करो हनुमान गोसाँई ।। 4902/5205

क्षमा करो गौरीशंकर जी! क्षमा करो नारद मुनिवर जी! ।
क्षमा करो तुम लछमन भाई! क्षमा करो री मेरी लुगाई! ।। 4903/5205

क्षमा करो मेरे सुत प्यारे! कुंभकर्ण लघु भाई मेरे! ।
क्षमा करो सेनानी सारे! गए समर में जो भट मारे ।। 4904/5205

क्षमा करो रे अवध बिहारी! भूल हुई है मुझसे भारी ।
नारी तेरी कर बरजोरी, तेरे घर से कीन्ही चोरी ।। 4905/5205

✍दोहा॰ **क्षमा करो मुझको, प्रभो! दीन-दयालु राम! ।**
पतिव्रते सीते! तुम्हीं, क्षमा करो अज्ञान ।। 6499/7162

215. Story of the Wise Rāvan (Rāmāyan, 6. Lankā Kānd)

बंधु विभीषण भी मुझे, क्षमा करें हनुमान ।
क्षमा करो मंदोदरी, लक्ष्मण बंधु सुजान ।। 65007/7162

क्षमा करो मम सुत सभी, कुंभकर्ण कुबेर ।
नारी अपहृत जो करी, भट जो रण पर ढेर ।। 6501/7162

क्षमा करो ब्रह्मा गुरो! क्षमस्व शिव भगवान! ।
क्षमा करो नारद मुने! विफल हुआ वरदान ।। 6502/7162

क्षमा करो श्री रामजी! मैंने की है भूल ।
कीन्हा कुल का नास मैं, सबको दीन्हा शूल ।। 6503/7162

बल संपद् वरदान का, मुझमें था मद जोश ।
सब कुछ मेरा लुट गया, तब आया है होश ।। 6504/7162

संगीतश्रीकृष्णरामायण गीतमाला, पुष्प 706 of 763

भजन : राग आसावरी

(रावण पछतावा)

स्थायी

दया करो श्री अवध बिहारी, कृपा करो हरि सकल निहारी ।
क्षमा करो अपराध हमारे, भला करो हम शरण तिहारे ।।

♫ सामगम गसा- निसा धधनि निसा-सा-, साम- गम- मध सासाम धगमगसा ।
सामगम गसा- निसाधधनि निसा-सा-, साम- गम- मध सासाम धगमगसा ।।

अंतरा-1

भूल हुई है मुझसे भारी, मैंने की सीता की चोरी ।
सहन करो तुम प्रभु रघुराई! दया करो, हम शरण तिहारी ।।

♫ ग-म मध- नि- सांसांसां- गंनिसां -, नि-नि- नि- नि-धनि सांनि ध-म- ।
सामम गसा- निसा धध निनिसा-सा-, साम- गम- मध सासाम धगमगसा ।

अंतरा-2

रघु कुल रीति सदा चली आई, भगिनी सम हो अपर लुगाई ।
सहन करो सब सीता माई, दया करो, हम शरण तिहारी ।।

215. Story of the Wise Rāvan (Rāmāyan, 6. Lankā Kānd)

अंतरा–3

कुबेर! विभिषण मेरे भाई! जिन पर मैंने की जबराई ।
सहन करो मम हाथापाई, दया करो, हम शरण तिहारी ।।

अंतरा–4

पवन तनय! तुम परम सहाई, तुमरी मैं लाँगूल जलाई ।
सहन करो अब हनुमत साई! दया करो, हम शरण तिहारी ।।

(राम)

बोले राघव, लछमन भाई! सुन दसमुख की ज्ञान कमाई ।
पहले दसमुख था तूफानी, बना है अब वह नर बड़ ज्ञानी ।। 4906/5205

जब था असुर वह अभिमानी, तब तक हमरा दुश्मन–जानी ।
अब पछता कर बना है ज्ञानी, वैमनस्य पर फेरो पानी ।। 4907/5205

काम सफल नि:शेष हुआ है, मनमुटाव अब नाश हुआ है ।
उस परम ज्ञान को तुम पाओ, अभिनंदन वन्दन कर आओ ।। 4908/5205

पार हुआ रावण का बेड़ा, खतम हुआ है बैर बखेड़ा ।
विभीषण का ये ज्ञानी भ्राता, अपना भी है भाई, ताता! ।। 4909/5205

सूत्र नीति का है यह कहता, मृतक हमारा शत्रु न होता ।
दोष क्लेश दुख अवगुन सारे, मरते ही सब जाते मारे ।। 4910/5205

✍ **दोहा॰** **राघव बोले लखन को, सुनो असुर का ज्ञान ।**
गर्व दर्प अब है गया, अंत हुआ अज्ञान ।। 6505/7162

जब तक मन अज्ञान था, कीन्हा हमसे बैर ।
अब वो हमरा बंधु है, हमको नहिं है गैर ।। 6506/7162

(राम)

पाता है पछतावा जो ही, क्षमा पात्र नर होता सो ही ।
उस पर कृपा हमारी होवे, भक्त हमारा सो कहलावे ।। 4911/5205

यही हमारे कुल की रीति, वही हमारे राज्य की नीति ।
जहाँ क्षमा दया सुख–शाँति, वहीं देवताओं की बस्ती ।। 4912/5205

215. Story of the Wise Rāvan (Rāmāyan, 6. Lankā Kānd)

दोहा॰ दया क्षमा सुख-शाँति है, हमरे कुल की रीत ।
रहे हमारे राज्य में, सदा नीति अरु प्रीत ।। 6507/7162

भाई अब कपि-असुर हैं, खतम हुआ सब बैर ।
अभी घड़ी है शाँति की, अब ना कोई गैर ।। 6508/7162

जीवित नर में बैर हैं, दुर्गुण मत्सर पाप ।
छद्म शठ दुराचार हैं; मृतक देह निष्पाप ।। 6509/7162

(सुभाषित)

दोहा॰ युद्ध नीति कहती हमें, करो न मृत से बैर ।
मरने पर पातक सभी, जाते हैं भव तैर ।। 6510/7162

संगीतश्रीकृष्णरामायण गीतमाला, पुष्प 707 of 763

दादरा ताल

(ज्ञानी रावण की कथा)

स्थायी

गीत शारद ने मंजुल है गाया, साज नारद मुनि ने बजाया ।
रत्नाकर से है मंगल रचाया, रामायण को है सुंदर सजाया ।।

♫ म-ग म-म- म प-म- ग म-प-, रे-ग म-म- मध- प- मग-म- ।
रेगम-म म- म ध-प- गम-प-, रे-ग-म- म- म ध-प- मग-रे- ।।

अंतरा-1

भूल मेरी भई रऽघुराई! क्षमा चाहूँ मैं लछिमऽन भाई ।
सीता देवी को था मैं चुराया, नारी हरने का फल आज पाया ।।

♫ सां-सां नि-रें- सांध- नि-धप-म-, सांसां नि-रें- सां धधनि-ध प-म- ।
मग म-म- म प- म- गम-प-, रेग ममम- म धध प-म ग-रे- ।।

अंतरा-2

शिवजी वरदान वापऽस लीन्हो, आज निर्वाण है मुझको दीन्हो ।
अब अज्ञान मेरा गया है, ज्ञान प्राचीन अवगत भया है ।।

अंतरा-3

216. Story of Vibhīshan's annointmrnt (6. Lankā Kānd)
क्षमा कीजो मोहे सीता माई! मंदोदऽरी! कुंभऽकर्ण भाई! ।
मुनि नारद! विभीषऽण राया! गौरी शंकर! शरण में मैं आया ।।

216. विभीषण के राज्यारोहण की कथा :

216. Story of Vibhīshan's annointmrnt *(6. Lankā Kānd)*

संगीतश्रीकृष्णरामायण छन्दमाला, मोती 478 of 501

कलस्वनवंश छन्द[257]

ऽ । ।, ऽ । ।, ऽ ऽ ।, । ऽ

(विभीषण राज्यारोहण)

राघव ने जब क्कंकेश हना ।
धर्म्य विभीषण लंकेश बना ।। 1
मंगल पावन था साज बजा ।
आज विभीषण है भूप सजा ।। 2

श्लोक:

यथा हि रावणो ब्रूते विभीषणोऽभवन्नृपः ।
राघवो तिलकं कृत्वा सुशासनमुपादिशत् ।। 2129/2422

कथा

(लड़ाई के बाद)

सेना असुरों की सब हारी, मगर सुरों ने नहिँ वह मारी ।
विभीषण बोला, डरो न प्यारों! तुमरा अब मैं अधिपति, वीरों! ।। 4913/5205

दोहा॰ रावण दल हारा जभी, राघव दल के हाथ ।

---

[257] **कलस्वनवंश छन्द** : इस 11 वर्ण, 16 मात्रा वाले छन्द के चरण में भ भ त गण और एक लघु और एक गुरु वर्ण आता है । इसका लक्षण सूत्र ऽ । ।, ऽ । ।, ऽ ऽ ।, । ऽ इस प्रकार होता है । यति चरणान्त होता है ।

▶ लक्षण गीत : **दोहा॰ सोलह मात्रा का जहाँ, लघु गुरु कल से अंत ।**
"कलस्वनवंश" कहा जिसे, वही भ भ त गण छंद ।। 6511/7162

216. Story of Vibhīshan's annointmrnt (6. Lankā Kānd)

"किसी असुर को मत हनो!" बोले श्री रघुनाथ ।। 6512/7162

(सुर–असुर)

सुर–असुर फिर मिल कर सारे, कीन्हे "जय जय रघुपति" नारे ।
धरती से अंबर तक नारे, गूँजे लंका में जयकारे ।। 4914/5205

ऋषि–मुनि सुर गण लंका आए, बधाइयों के रव बरसाए ।
झंडे ऊँचे घन फहराये, विजय मोद में मन लहराये ।। 4915/5205

दोहा॰ वानर–राक्षस हैं सभी, भाई–भाई आज ।
लंका में अब होगया, परम "राम–का–राज" ।। 6513/7162

राम–सिया की जय कही, सबने मिल कर साथ ।
नारे गूँजे गगन तक, सबने जोड़े हाथ ।। 6514/7162

ऋषि–मुनि सुर गण आगए, स्वागत कीन्हे राम ।
बधाइयाँ बोले सभी, नृप विभीषण के नाम ।। 6515/7162

(विभीषण मंदोदरी को)

बोला, विभीषण मम प्रिय भाभी! फटी आज भाई की नाभि ।
मुक्ति आज सिया की होगी, सीता आज पिया की होगी ।। 4916/5205

अब लंका में पाप न होगा, दुख न किसी से जावे भोगा ।
रोये ना अब अबला दुख में, बीतेंगे सबके दिन सुख में ।। 4917/5205

दोहा॰ विभीषण बोले राम को, उत्सव करिए आज ।
सीता को मुक्ति मिली, बजें सुमंगल साज ।। 6516/7162

अब लंका में सुख मिलें, सबको ही दिन–रात ।
अबला होगी ना दुखी, हो न किसी का घात ।। 6517/7162

 संगीतश्रीकृष्णरामायण गीतमाला, पुष्प 708 of 763

दादरा ताल
(विभीषण-मंदोदरी)
स्थायी

2083
रत्नाकर रचित संगीत-श्री-रामायण

216. Story of Vibhīshan's annointmrnt (6. Lankā Kānd)

बोला, विभीषण सुनो मेरी भाभी, फटी आज है दसमुख की नाभि ।

♪ सानि, सासासासा ग॒रे– सा-नि॒ सा-रे–, सारे ग॒-ग॒– ग॒ पपमग॒ ग॒ रे-सा– ।

अंतरा–1

होनी मुक्ति है आज सिया की, सिया होवेगी आज पिया की ।
होगा राघव ने चाहा है जो भी ।।

♪ मप ध॒-ध॒– ध॒- नि॒-ध॒ पम- प-, पध॒ नि॒-नि॒-नि॒ सां-नि॒- ध॒प- म- ।
सारे ग॒-गग॒ ग॒ प-म- ग॒ रे- सा- ।।

अंतरा–2

अब न लंका में अँधेर होगा, नर निर्दोष ना तंग होगा ।
कोई गुंडा न होगा, न लोभी ।।

अंतरा–3

कोई अबला न अब दुख में रोये, बच्चा भूखा न अब कोई सोये ।
मिली हमको है किसमत की चाभी ।।

(राम)

दोहा॰ रावण की अरथी उठी, अति आदर के साथ ।
सागर पर सत्कार से, चिता रचे रघुनाथ ।। 6518/7162

(श्रद्धांजली)

दोहा॰ राघव बोले, सज्जनों! सब मिल जोड़ो हाथ ।
रावण को श्रद्धांजली, देंगे निष्ठा-साथ ।। 6519/7162

रावण निर्भय वीर था, शस्त्रधरों में श्रेष्ठ ।
वीर विभीषण बंधु का, भाई बलवत ज्येष्ठ ।। 6520/7162

कुल-कलह सब मिट गए, भया मृत्यु से पूत[258] ।
अहंकार को छोड़ कर, बना शाँति का दूत ।। 6521/7162

सिंहासन वो देगया, भाई को लंकेश ।
जीवन ज्योति बुझ गयी, दिया नीति संदेश ।। 6522/7162

---

[258] पूत = यहाँ पर : (1) पुनीत, पवित्र, पावन । अन्यथा : (2) पुत्र ।

216. Story of Vibhīshan's annointmrnt (6. Lankā Kānd)

रण में रावण है मरा, क्षत्रिय वीर समान ।
उसे, विभीषण दाह दें, नियम सहित सम्मान ।। 6523/7162

अंत्येष्ठी कर दीजिए, यथा वेद संस्कार ।
अर्पण हो श्रद्धांजली, मन से क्रोध निवार ।। 6524/7162

सुर-राक्षस भाई बनें, नीरव झंझावात ।
राज्य नीति विधि से करे, अब रावण का भ्रात ।। 6525/7162

(और)

रामचंद्र बोले असुरों से, अब क्या लाभ अधिक रोदन से ।
विभीषण राजा नीति निपुण हैं, ज्ञान अरुण है, हृदय करुण हैं ।। 4918/5205

राज्यारोहण विभीषण का हो, किसी असुर को आपत् ना हो ।
मंदोदरी अब होगी मंत्री, राज चले अब उसकी तंत्री ।। 4919/5205

सब में हो अब भाईचारा, करे न कोई कटु व्यवहारा ।
नारी पर ना अत्याचारा, निर्दोषी ना जाए मारा ।। 4920/5205

✍दोहा॰ **कहा सभा में राम ने, विभिषण हैं गुणवान ।**
नीति निपुण हैं, करुण हैं, दो उनको सम्मान ।। 6526/7162

तिलक विभीषण को लगे, मंदोदरी के हाथ ।
ना अब कटु व्यवहार या, बैर किसी के साथ ।। 6527/7162

(विभीषण)

सुन कर बचनन श्री राघव के, बोले विभीषण अति मार्दव से ।
धन्यवाद तुमको रघुराई! पूत किया मेरा बड़ भाई ।। 4921/5205

दसमुख अजेय योद्धा भारा, आज नीति के सम्मुख हारा ।
मर कर हमको मार्ग दिखाया, नीति का बल हमें सिखाया ।। 4922/5205

✍दोहा॰ **सुन कर राघव का कहा, विभीषण बोले, राम! ।**
धन्यवाद तुमको, प्रभो! घुटने टेक प्रणाम ।। 6528/7162

तुमने रावण बंधु को, किया पूज्य, रघुनाथ! ।

216. Story of Vibhīshan's annointmrnt (6. Lankā Kānd)

रावण ने माँगी क्षमा, जोड़ तुम्हीं को हाथ ।। 6529/7162

अनीति हारी नीति से, पाप पुण्य से आज ।
लंका में स्थापित करें, परम राम-का-राज ।। 6530/7162

(और)

पुरुष राम सा कहीं न दीखा, जिसको बैरी बंधु सरीखा ।
रावण को जो बंधु बनाया, भेद भाव ना उनको खाया ।। 4923/5205

दोहा॰ योग कृष्ण ने है कहा, समा-बुद्धि का नेक ।
योगी क्षत्रिय के लिए, शत्रु-मित्र सब एक ।। 6531/7162

संगीतश्रीकृष्णरामायण गीतमाला, पुष्प 709 of 763

खयाल : राग मारवा[259] तीन ताल, 16 मात्रा

(चाल, तबला ठेका और तान के लिए देखिए
हमारी "*नई संगीत रोशनी*" का गीत 37)

(रघुपति)

स्थायी

रघुपति राघव राम दुलारे, सदा दुखों को हरना हमारे ।
बिनति करत हम भगतन, सारे ।।

♫ ऩि<u>रे</u>गमं धमंधध सां-नि<u>रें</u> निधमंमंग, मंमं- ग<u>रे</u>ग<u>रे</u> सा- धनिध मंग<u>रे</u>सा- ।
ऩि<u>रे</u>ग गमंमं धध निनिधमं, ग<u>रे</u>ग<u>रे</u>सा ।।

अंतरा-1

हाथ जोड़ के शरण में तेरी, तन-मन अर्पण चरण में लीजो ।
सुफल सुभग शुभ गान तिहारे ।।

♫ मंगमं धसांसां सां- सांसांसां सां <u>रें</u>-सां-, नि<u>रें</u> ग<u>रें</u> मं:ग<u>रें</u>सां सां<u>रें</u>नि ध मंग<u>रे</u>सा ।

---

[259] **राग मारवा** : यह एक मारवा ठाठ का राग है । इसका आरोह है : सा <u>रे</u> ग मं ध नि सां । अवरोह : सां नि ध मं ग <u>रे</u> सा ।

▶ लक्षण गीत : **दोहा॰ रे कोमल, मा तिव्र हो, पंचम काम न कोय ।**
रे ध वादि संवाद से, राग "मारवा" होय ।। 6532/7162

216. Story of Vibhīshan's annointmrnt (6. Lankā Kānd)

निरेग गमंमं धध नि-ध मंगरेगरेसा ।।

अंतरा-2

प्रिय जानकी पास सदा ही, पवन तनय प्रभु दास तुम्हारे ।
सपनन में प्रभु आओ हमारे ।।

(विभीषण)

विभीषण बोले, हे प्रिय भाभी! फटी आज रावण की नाभि ।
पड़ा चिता पर अब है सोता, कालावधि के वश में होता ।। 4924/5205

मुनि जन जिसके डर से भागे, जाते आश्रम स्थल को त्यागे ।
दिव्य दैवी इति शक्ति वाला, निगल रही है उसको ज्वाला ।। 4925/5205

उसकी मुखिया तुम पटरानी, पति वियोग में है बिलखानी ।
देकर श्रद्धांजली अब मृत को, करो क्षमा तुम शरणागत को ।। 4926/5205

✍दोहा॰ **दुखी विभीषण ने कहा, देखो विधि की चाल ।**
कल जो था भक्षक बना, उसे खा गया काल ।। 6533/7162

चिता जली लंकेश की, लंका उत्तर तीर ।
रावण की रक्षा बही, मिला नीर में वीर ।। 6534/7162

भाभी! अब तुमरा धनी, गया काल के धाम ।
उसको दो श्रद्धांजली, करो राज्य के काम ।। 6535/7162

(राम)

✍दोहा॰ **दाह-कर्म जब हो गया, यथा नियम के साथ ।**
सभा विभीषण की भरी, बैठे श्री रघुनाथ ।। 6536/7162

बोले राघव, तिलक दें, नव राजा को आज ।
अर्जित लंका का हुआ, असुरराज को राज ।। 6537/7162

इच्छा मेरी है यही, और सभी की एक ।
आज विभीषण वीर का, किया जाय अभिषेक ।। 6538/7162

हाँ बोली मंदोदरी, किया सभी ने मान्य ।

216. Story of Vibhīshan's annointmrnt (6. Lankā Kānd)

तिलक विभीषण को लगे, होवेगा वह धन्य ।। 6539/7162

(अभिषेक)

दोहा॰ **सेवक लाया कलश में, जाकर सागर तीर ।**
नीला निर्मल सिंधु का, शीतल पावन नीर ।। 6540/7162

समिधा सामग्री सभी, पीला उत्तम चीर ।
मुकुट शीश लंकेश के, पहनाए रघुवीर ।। 6541/7162

सिंहासन आसीन था, रावण का प्रिय भ्रात ।
अभिषेचित घोषित हुए, लंका नृप विख्यात ।। 6542/7162

संगीतश्रीकृष्णरामायण गीतमाला, पुष्प 710 of 763

दादरा ताल

(विभीषण राज्याभिषेक की कथा)

स्थायी

गीत शारद ने मंजुल है गाया, साज नारद मुनि ने बजाया ।
रत्नाकर से है मंगल रचाया, रामायण को है सुंदर सजाया ।।

♪ म-ग म-म- म प-म- ग म-प-, रे-ग म-म- मध- प- मग-म- ।
रेगम-म म- म ध-प- गम-प-, रे-ग-म- म- म ध-प- मग-रे- ।।

अंतरा-1

बोला, विभीषण मेरी प्रिऽय भाभी! फटी दसमुख की है आज नाभि ।
अब कोई न उसको पराया, आज सीता की मुक्तिऽ कराया ।।

♪ सांसां, निनिरेंरें सांध- नि-ध प-म-, सांसां निनिरेंरें सां ध- नि-ध प-म- ।
मग म-म- म पपम- गम-प-, रे-ग म-म- म ध-प- मग-रे- ।।

अंतरा-2

बोली मंदोदरी सब सभा से, सुर-असुरों का अब भेद नासे ।
उसने विभीषण को राजा बनाया, फिर राघव ने तिलकऽ लगाया ।।

अंतरा-3

कहा राघव ने, लछिमऽन भाई! अब विभीषण है भूप सुखदाई ।

217. Rāma-Rājya in Lankā (Rāmāyan, 6. Lankā Kānd)
सिंहासन पर अधिप को बिठाया, रत्न का मुकुट शीशऽ चढ़ाया ।।

लंका काण्ड : सोलहवाँ सर्ग

217. श्रीलंका में रामराज्य की कथा :

217. Rāma-Rājya in Lankā (Rāmāyan, 6. Lankā Kānd)

संगीतश्रीकृष्णरामायण छन्दमाला, मोती 479 of 501

कलस्वनवंश छन्द

ऽ । ।, ऽ । ।, ऽ ऽ ।, । ऽ

(लंका में रामराज्य)

दानव मानव का भेद गया ।
राघव–शासन का देश भया ।। 1
प्यास न भूख न दुर्भिक्ष[260] पड़ा ।
सबको था घर रोटी कपड़ा ।। 2

श्लोकौ

विभीषणेन लङ्कायां रामराज्यमधिकृतम् ।
अधिकारः समो दत्तः सर्वेभ्यः सर्वतस्तथा ।। 2130/2422

अमुञ्चत स नार्यश्च काराभ्यो रावणस्य हि ।
स्त्रीपीडनं मतं पापं च मृत्युदण्डश्च पापिने ।। 2131/2422

(राम)

दोहा॰ राघव ने कपि को कहा, करो एक तुम काम ।
रखो द्रोण गिरि को पुनः, वापस उसके स्थान ।। 6543/7162

"संजीवन की औषधि," कपि को बोले राम ।
"आजावे जिससे, सखे! अन्य जनों के काम" ।। 6544/7162

---

[260] दुर्भिक्ष = अकाल ।

217. Rāma-Rājya in Lankā (Rāmāyan, 6. Lankā Kānd)

📖 कथा 📖

(विभीषण)

दोहा॰ किया विभीषण राज ने, सर्व प्रथम यह काज ।
बोला, जाकर तुम करो, मुक्त सिया को आज ॥ 6545/7162

मंत्री से उसने कहा, सुन लो देकर ध्यान ।
सारी अपहृत नारियाँ, लाओ सह सम्मान ॥ 6546/7162

उनको दो भंडार से, धन भूषण सम्मान ।
पहुँचाओ उनको अभी, अपने-अपने धाम ॥ 6547/7162

रावण लाया हरण कर, जहाँ-जहाँ से नार ।
ले जाओ उसको वहाँ, सह आदर सत्कार ॥ 6548/7162

(और)

दोहा॰ लाओ अशोक बाग से, सीता माँ को आज ।
रामचंद्र को सौंप दो, मधुर मिलन सह साज ॥ 6549/7162

बरसों से पथ ताकती, बैठी हुई उदास ।
आज बुझावे माँ सिया, निज नैनन की प्यास ॥ 6550/7162

करो व्यवस्था राम की, जाने को निज देश ।
व्याकुल चौदह वर्ष से, वहाँ भरत अवधेश ॥ 6551/7162

अवध निबासी हैं खड़े, मातु-बंधु सह क्लेस ।
मुनि जन, सज्जन हैं सभी, हिरदय खाए ठेस ॥ 6552/7162

(और भी)

दोहा॰ प्रबंध कपि गण का करो, जाने अपने धाम ।
उन सबको उपहार दो, करके बहु सम्मान ॥ 6553/7162

जो चाहे रहना यहाँ, लंका करे निबास ।
रोजी-रोटी गेह ले, रहे हमारे पास ॥ 6554/7162

आज्ञा सुग्रीव से लिए, स्वाभिमान के साथ ।

भाईचारे से रहें, हम हैं उनके नाथ ।। 6555/7162

"सुर-राक्षस भाई बनें, बन कर कृपा निधान ।
सबको सब सुविधा मिले," विस्मृत न हो विधान ।। 6556/7162

"कोई चोरी ना करे, न ही करे अपराध ।
बीता अत्याचार है," रहे सभी को याद ।। 6557/7162

कोई झगड़ा ना करे, न ही क्रोध से बात ।
मधुर बचन वाणी रहे, सबके मुख दिन-रात ।। 6558/7162

(और बताया)

दोहा॰ जन-गण मत से राज हो, यथा प्रजा का चाव ।
राजा जनता का सखा, पिता-पुत्र सम भाव ।। 6559/7162

राजा नर, प्रभु है प्रजा, प्रभु का नृप पर राज ।
नृप को दंडित प्रभु करे, यदि हो अनुचित काज ।। 6560/7162

चारों वर्ण समान हों, कोई न ऊँचा एक ।
चार कर्म हैं चार के, समान हैं प्रत्येक ।। 6561/7162

सबका शिष्टाचार हो, सबका हो सत्कार ।
भेदभाव छल वर्ज्य हों, सत्य-धर्म सरकार ।। 6562/7162

(और)

दोहा॰ शरणागत पर हो क्षमा, दीन दुखी पर प्रेम ।
शरण पड़े को लो गले, पूछो सकुशल क्षेम ।। 6563/7162

लोभ मोह मद को तजो, मत्सर का भी साथ ।
हिरदय में खल ना बसे, तभी बसत रघुनाथ ।। 6564/7162

आर्त जनों के दुख हरे, कर सेवा उपकार ।
मृदु बचनन से शुभ करे, वह नृप है सुखकार ।। 6565/7162

द्वेष दंभ छल कपट भी, वाणी कर्ण कठोर ।
घमँड वाद वितंड का, राजा कहा निठोर ।। 6566/7162

217. Rāma-Rājya in Lankā (Rāmāyan, 6. Lankā Kānd)

लंपट द्रोही भाव से, कलह अकारण होय ।
कुव्यसनी जिनका धनी, उनका तारक कोय ॥ 6567/7162

राग द्वेष से दूर जो, अहंकार से गैर ।
उस राजा के राज में, जनता की है खैर ॥ 6568/7162

(और आगे)

दोहा॰ तारा रानी ने किए, नियम नीति के साथ ।
पालन उनका हम करें, साक्षी हैं रघुनाथ ॥ 6569/7162

नारी हरना पाप है, देत मृत्यु का दंड ।
कोई छल बल ना करे, ना ही करे घमंड ॥ 6570/7162

सबको सम सम्मान हो, राजा हो या रंक ।
सभी प्रेम से पूर्ण हों, "रामराज्य" हो लंक ॥ 6571/7162

नारद नभ से देखते, विभीषण के शुभ काम ।
फूलन हैं बरसा रहे, रामराज्य के नाम ॥ 6572/7162

 संगीत-श्रीकृष्णरामायण गीतमाला, पुष्प 711 of 763

दादरा ताल
(लंका में रामयज्य की कथा)

स्थायी

गीत शारद ने मंजुल है गाया, साज नारद मुनि ने बजाया ।
रत्नाकर से है मंगल रचाया, रामायण को है सुंदर सजाया ॥

♪ म-ग म-म- म प-म- ग म-प-, रे-ग म-म- मध- प- मग-म- ।
रेगम-म म- म ध-प- गम-प-, रे-ग-म- म- म ध-प- मग-रे- ॥

अंतरा-1

पहला लंकेस ने कीन्हा कामा, मुक्त कीन्ही सभी बंद भामा ।
राऽवण था जहाँ से भगाया, सबको सम्मान से घर पुगाया[261] ॥

---

[261] **पुगाया** = पहुँचाया । पुगाना = पहुँचाना ।

218. Story of the meeting between Shrī Rāma and Sītā

♪ सां–सां नि–रें–सां ध– नि–ध प–म–, सांसां नि–रें– सांध– नि–ध प–म– ।

म–गम म– मप– म– गम–प–, रे–ग म–म–म ध– पप मग–रे– ।।

अंतरा–2

बोला, नृप दास, राजा प्रजा है, दोषी राजा बलि की अजा है ।

रोजी–रोटी वो सबको दिलाया, सुर–असुरों को साथऽ मिलाया ।।

अंतरा–3

रहे लंका में रहना जो चाहे, प्रिय बंधुऽ हैं कपि सारे मोहे ।

नीति नियमन से राज्यऽ चलाया, लंका "राम–का–राज" कहाया ।।

लंका काण्ड : सतरहवाँ सर्ग

218. श्री राम–सिया मिलन की कथा :

218. Story of the meeting between Shrī Rāma and Sītā

♫ संगीतश्रीकृष्णरामायण छन्दमाला, मोती 480 of 501

कूलचारिणी छन्द[262]

ऽ ।ऽ, ।ऽ ।, ऽऽऽ, ऽऽ

(लंका में राम–सिया मिलन)

राम से सिया मिली श्रीलंका में ।

सूर्यजा विलीन जैसी गंगा में ।। 1

पुष्प वृष्टि स्वर्ग से बैजंती की ।

नीलकंठ–पार्वतीदेवी ने की ।। 2

ॐ **श्लोका:**

मिलनं रामसीतायोः पवित्रं मङ्गलं शुभम् ।

---

[262] ♫ **कूलचारिणी छन्द** : इस 11 वर्ण, 19 मात्रा वाले छन्द के चरण में र ज म गण और दो गुरु वर्ण आते हैं । इसका लक्षण सूत्र ऽ ।ऽ, ।ऽ ।, ऽऽऽ, ऽऽ इस प्रकार होता है । यति चरणान्त होता है ।

▶ लक्षण गीत : ✍ **दोहा॰ मत्त उन्नीस से बना, दो गुरु कल से अंत ।**

छंद "कुलचारिणी" कहा, र ज म गग का वृंद ।। 6573/7162

218. Story of the meeting between Shrī Rāma and Sītā

आनन्ददायकं रम्यं लङ्कायामभवद्यदा ।। 2132/2422

आकाशात्पुष्पवृष्टिश्च सङ्गीतं नारदस्य च ।
सर्वमङ्गलमाङ्गल्यम्-लङ्कायामभवत्तदा ।। 2133/2422

शारदा शङ्करो गौरी लक्ष्मी विष्णुश्च देवता: ।
हनुमान्कपय: सर्वे प्रमुदिता जनास्तथा ।। 2134/2422

अपि च सर्वलङ्का सा सञ्जाता पूर्ववत्पुन: ।
नासीत्कुत्रापि विध्वंसो न कोऽपि मृतसैनिक: ।। 2135/2422

सर्वत्र शान्तता पूर्णा पुण्यं सर्वत्र स्वर्गवत् ।
शान्ति: सर्वेषु भूतेषु शान्तिर्विश्वे च सर्वथा ।। 2136/2422

📖 कथा 📖

(सीता हनुमान संवाद)
आज हवा में भरा हर्ष है, कण-कण में आनंद स्पर्श है ।
हटा तिमिर है दुराचार का, जोर-जबर के अंध:कार का ।। 4927/5205

✎दोहा॰ आज हवा में मोद है, सभी ओर आनंद ।
अँधकार सब हट गया, कष्ट होगए मंद ।। 6574/7162

ना ही अब रावण रहा, ना उसका आतंक ।
राम-राज्य अब है यहाँ, राजा के सम रंक ।। 6575/7162

(तब)
(हनुमान)

राघव जी की आज्ञा पाया, असोक वनिका हनुमत आया ।
उसको देखे सिय हरसाई, नैनन से अँसुअन बरसाई ।। 4928/5205

हनुमत बोला, जय जय माई! असुरों को जीते रघुराई ।
राघव है हर्षित बहुताई, कुशल क्षेम से लछमन भाई ।। 4929/5205

कपि जन सारे उलसित भारे, गाते राम-सिया जयकारे ।
विजयोत्सव का मोद मनाते, हिरदय में फूले न समाते ।। 4930/5205

218. Story of the meeting between Shrī Rāma and Sītā

यह सुभ संदेसा मैं लाया, तुम्हें बधाई देने आया ।
खबरी और सुनो मनहारी, नारी मुक्त भई हैं सारी ।। 4931/5205

📖दोहा॰   कपि, राघव आदेश से, आया सीता पास ।
बोला, "रावण मर गया, अंत हुआ वनवास" ।। 6576/7162

निहार कपि को, जानकी, प्रमुदित राघव दार ।
नैनन आँसू हर्ष के, बरसे छम-छम धार ।। 6577/7162

माता को कपि ने कहा, सुनिये सुख की बात ।
राघव जीते युद्ध हैं, करके रावण घात ।। 6578/7162

कपि जन सारे गा रहे, मंगल राघव गीत ।
"जय जय सीता-राम" से, मना रहे हैं जीत ।। 6579/7162

लाया हूँ मैं, जानकी! यह अति शुभ संदेश ।
माते! अब मन में न हो, तुमको कछु अंदेश ।। 6580/7162

(और)

📖दोहा॰   अंत हुआ आतंक है, मृत रावण के साथ ।
"लंका नृप विभीषण बनें," बोले हैं रघुनाथ ।। 6581/7162

रावण लाया जो स्त्रियाँ, मुक्त करेंगे आज ।
न्याय नीति से अब चलें, यहाँ राज्य के काज ।। 6582/7162

(और)

हर नारी को देकर चोली, सम्मानित कह मधुतर बोली ।
अपने-अपने घर पहुँचाई, जहाँ-जहाँ से थी वह लाई ।। 4932/5205

बंदी गृह सब किए हैं खाली, अब घर में रावन घरवाली ।
नारी हरना पाप महा है, मृत्यु दंड का शाप कहा है ।। 4933/5205

विभीषण राघव सम गुणगेही, सुर-असुर सब किए सनेही ।
बंधु भाव का पालन होगा, छल बल अत्याचार न सोगा ।। 4934/5205

📖दोहा॰   बंदी गृह सब खुल गए, प्रथम भया यह काम ।

नारी सब सम्मान से, पहुँचाईं निज धाम ।। 6583/7162

नारी हरना पाप है, कहा मृत्यु का दंड ।
भाई अब सुर-असुर हैं, बंधु-भाव अखंड ।। 6584/7162

(और भी)

शुभ वच और सुनो वैदेही! मंगल मुदित बने मन से ही ।
प्रबंध विभीषण कीन्हा नीका, हम सबको घर पहुँचाने का ।। 4935/5205

✍दोहा॰ **वचन सुनो शुभ और भी, वैदेही मम मात! ।**
कही विभीषण राज ने, बहुत सुखद है बात ।। 6585/7162

हमको वापस भेजने, नृप ने किया प्रबंध ।
राघव से जब तुम मिलो, तभी खरा आनंद ।। 6586/7162

(सीता)

सीता बोली, हनुमत प्यारे! लाख-लाख उपकार तिहारे ।
शुभ है तुमने खबर सुनाई, जीत गए हैं युध रघुराई ।। 4936/5205

पड़ी यहाँ मैं अपर सहारे, जहाँ भरे हैं क्लेश अपारे ।
दास दासियाँ देते दुखड़े, बचन सुनाते उखड़े-उखड़े ।। 4937/5205

फिर भी उनका दोष न जानूँ, रोष न उनपर मौजूँ[263] मानूँ ।
उनके कर्म न उनके सारे, नौकर ठहरे दास बिचारे ।। 4938/5205

यथा धनी हो वैसे दासा, बोले वे सब उसकी भासा ।
पराधीन वे सब अज्ञानी, उनके मुख में उसकी वाणी ।। 4939/5205

उन्हें क्षमा ही करती आई, रामचंद्र रघुपति की नाई ।
उसी न्याय की है पुण्याई,[264] आज घड़ी लाई सुखदाई ।। 4940/5205

✍दोहा॰ **सीता बोली, "हे कपे! तुमरे बहु उपकार ।**

---

[263] मौजूँ = उचित, योग्य, समुचित ।

[264] पुण्याई = पुण्य, पुण्यफल ।

राघव के जय में खरी, तुमरी है जयकार” ।। 6587/7162

दास दासियाँ असुर की, दीन्ही मुझको क्लेश ।
फिर भी उनका काम वो, ना मानूँ मैं दोष ।। 6588/7162

सेवक करते काम वो, जो उनको आदेश ।
उनसे कर्म बुरे सभी, करवाया लंकेश ।। 6589/7162

(और)

मृदुतर वाणी में फिर सीता, हनुमत कपि से बोली माता ।
उत्सुक मैं पति दर्शन पाने, चरण राम के शीश झुकाने ।। 4941/5205

कैसा है लछमन लघु भ्राता, मुझको जो सुत सम है भाता ।
जग में बिरला है यह भैया, रामचंद्र के सुख की शैया ।। 4942/5205

दोहा॰ पड़ी यहाँ मैं हूँ, सखे! सहती अत्याचार ।
आस लगाए नाथ की, राघव एक विचार ।। 6590/7162

सीता बोली स्नेह से, कैसा लखन कुमार ।
माता मुझको मान कर, करता मुझसे प्यार ।। 6591/7162

उतावली मैं हूँ, सखे! मिलने राघव साथ ।
जाकर राघव से कहो, जल्दी आओ नाथ! ।। 6592/7162

(फिर)

प्रियतर कपिवर! अब तुम जाओ, तुरंत रघुपति को ले आओ ।
प्रेम अश्रु से सीता माई, प्रिय हनुमत को कही विदाई ।। 4943/5205

(हनुमान)

देवी! प्रभाव से ही तेरे, यश सब राघव को हैं घेरे ।
दुर्दम दुर्जन दुष्ट दुखारे, दलित हुए हैं उसी सहारे ।। 4944/5205

तेरे कारण ही राघव ने, रावण जैसे असुर हैं हने ।
तारा रानी नीति बनाई, नारी हरना मृत्यु सुनाई ।। 4945/5205

नारी-हर्ता बाली अभागा, अपना पति तारा ने त्यागा ।

218. Story of the meeting between Shrī Rāma and Sītā

मंदोदरी ने किया वही है, अब ये मसला नया नहीं है ।। 4946/5205

नारी-रक्षा जटायु कीन्ही, प्राण आहुति अपनी दीन्ही ।
नारी-रक्षा का ये मुद्दा, राम-राज्य में पाया हुद्दा[265] ।। 4947/5205

दोहा॰ सीता को कपि ने कहा, देवी! तुमरा पुण्य ।
यश बल राघव को दिया, किया असुर को शून्य ।। 6593/7162

तुमरे कारण, जानकी! खर-दूषण सम वीर ।
किये राम ने ढेर हैं, परम चला कर तीर ।। 6594/7162

देखो दासी आ रही, लेने तुमको साथ ।
विदा कहूँ अब जोड़ कर, माते! दोनों हाथ ।। 6595/7162

(फिर)

चरण कमल छू सीता माँ के, उड़े कपीश्वर हनुमत बाँके ।
राघव पग में आकर कपि ने, सीता जी के वन्दन दीन्हे ।। 4948/5205

दोहा॰ छू कर सीता मातु के, चरण कमल, हनुमान ।
आया राघव चरण में, लिए सिया सम्मान ।। 6596/7162

(सीता)

विभीषण जी की दासी आई, बोली चलिए सीता माई! ।
स्नान-ध्यान कर आओ माते! यान खड़ा है बैठो सीते! ।। 4949/5205

दोहा॰ सीता को कर वन्दना, निकला जब हनुमान ।
दासी ने सिय से कहा, चलिए मिलने राम ।। 6597/7162

पीत वस्त्र में सिय सजी, गल में चंपक हार ।
जपती माला रुद्र की, पग में पादुक डार ।। 6598/7162

केश सुमंडित थे रचे, कर्णफूल अभिराम ।
कर में मुँदरी राम की, मंगल रूप ललाम ।। 6599/7162

---

[265] हुद्दा = पद, स्थान, उच्च स्थान ।

218. Story of the meeting between Shrī Rāma and Sītā

तन पर सिय के सादगी, पुष्प पर्ण श्रृंगार ।
नैन बसे श्री राम जी, मन में पति का प्यार ।। 6600/7162

कष्ट दुःख उपवास से, शुष्क भई थी नार ।
फिर भी अनुपम सुंदरी, मंगल रूप निखार ।। 6601/7162

संगीतश्रीकृष्णरामायण गीतमाला, पुष्प 712 of 763

भजन : राग आसावरी, कहरवा ताल 8 मात्रा

(सीता मैया)

स्थायी

सिय के तन पर सादगी साजे, साँस-साँस में राम विराजे ।
राम की मुंदरी कर में सोहे, वन्य पुष्प के भूषण पाए ।।

♫ सारे म- पप पप पमपसा ध-प-, म-म प-प प- ध-म पग-रेसा ।
सारेम म पपप- पम पसां ध-प-, म-म प-प प- ध-पम ग-रेसा- ।।

अंतरा-1

फीका है जिन इह जग सारा, राम एक तिन नैन का तारा ।
राम बिना सिय जीय घबराए, सुख दिन ना जाने कब आएँ ।।

♫ म-प- ध- निध सांसां सांसां रेनिसां-, नि-नि निमम मम निसांरें सां ध-प- ।
सारेम मप- पप पम पसांध-प-, मम मम प- प-ध- मप ग-रेसा ।।

अंतरा-2

तेरी जीवन अद्भुत गाथा, जाने तिन भव नहीं भरमाता ।
पढ़ते सुनते हिय भर आए, नयनन से अँसुअन टपकाए ।।

अंतरा-3

आओ सीता के गुण गाएँ, आसावरी शुभ राग सुनाएँ ।
भगत जनों के मन बहलाएँ, रामायण रस जिन कहलाए ।।

(यात्रा)

दोहा॰ चली सिया की पालकी, दासी किंकर साथ ।
पग में घँघरू बाँध कर, नचत हिला कर हाथ ।। 6602/7162

पायल छमछम बाजते, ठेका ताली ताल ।

218. Story of the meeting between Shrī Rāma and Sītā

हर्ष जोश से डोलते, गल में माला डाल ।। 6603/7162

संगीतश्रीकृष्णरामायण गीतमाला, पुष्प 713 of 763

खयाल : राग बागेश्री, तीन ताल 16 मात्रा

(पिया आयो)

स्थायी

सावन आयो री आयो, साजन आयो, मीत मेरो ।
री सजनिया! मैं बलिहारी ।।

♫ गमध-ध निधमम -मगम रे-सा, गमध-ध नि-धम, -मग मरेसा ।
सा गमधमधनि! सां- - -गगमरेसा- ।।

अंतरा-1

सावन भादों अखियन मेरी, साजन प्यारे, प्रीत घनेरी ।

♫ गमधनिसां सां-सां नि सांरेंसां नि सांनिध, सां-निध धमपध, म-ग गरे-सा- ।

(इधर)

यात्रा सीता की जभी, आई पथ के पास ।
उमड़ पड़ी जनता सभी, सिय दर्शन की आस ।। 6604/7162

जमघट जनता का घना, सबके नैनन तोय ।
रुकी राह में पालकी, आगे बढ़ै न कोय ।। 6605/7162

सीता-दरस उतावले, नहीं किसी को होश ।
सिया भला क्या कर सके, नहीं किसी का दोष ।। 6606/7162

(अत:)

✍दोहा॰ उतरी, तज कर पालकी, सीता पैदल चाल ।
पति से मिलने को चली, पादुक पग में डाल ।। 6607/7162

देख सिया को सामने, खड़ी भीड़ में भ्राँत ।
हनुमत आया भागता, किया जनों को शाँत ।। 6608/7162

दो पंक्ति में होगए, जन-गण, पथ को छोड़ ।
दर्शन की सबको पड़ी, वन्दन भी, कर जोड़ ।। 6609/7162

218. Story of the meeting between Shrī Rāma and Sītā

(और)

✍दोहा॰ लछमन ने देखी तभी, सिया हर्ष के साथ ।
गिरा चरण में मातु के, जोड़े दोनों हाथ ।। 6610/7162

पुष्प सभी बरसा रहे, सिया राम जय घोष ।
निहार राघव को, सिया, खड़ी हुई सह जोश ।। 6611/7162

सीता की सुंदर छवि, राघव हर्षित देख ।
मन मोहक सी दामिनी, सुंदर पतली रेख ।। 6612/7162

गदगद दोनों प्रेम से, अवाक् दोनों प्राण ।
कुछ पल दोनों थे खड़े, खो कर अपने ध्यान ।। 6613/7162

(फिर)

✍दोहा॰ भागी आई फिर सिया, जहाँ खड़े थे राम ।
अंजुलि दोनों जोड़ कर, पड़ी चरण में आन ।। 6614/7162

बोले राघव, लखन को, "छोड़ो अमृत बाण ।
जिससे मृत सैनिक सभी, पा जाएँगे प्राण ।। 6615/7162

"थके डरे सब वीर भी, होजावें निर्भीक ।
ध्वस्त हुई जो वाटिका, हो जावेगी ठीक" ।। 6616/7162

सिया राम से जब मिली, रावण वध के बाद ।
लंका पहले सी भई, कहीं न था उत्पात ।। 6617/7162

टूटा-फूटा कुछ कहीं, ना ही उजड़ा बाग ।
जाग उठे सैनिक सभी, हिरदय में अनुराग ।। 6618/7162

मृत योद्धा जीवित हुए, जटायु पाया प्राण ।
योद्धा सेवक भी जगे, दीर्घ आयु का दान ।। 6619/7162

♫ संगीतश्रीकृष्णरामायण छन्दमाला, मोती 481 of 501

शार्दूलविक्रीडित छन्द

ऽ ऽ ऽ, । । ऽ, । ऽ ।, । । ऽ, ऽ ऽ ।, ऽ ऽ ।, ऽ

218. Story of the meeting between Shrī Rāma and Sītā

♪ सा-रे- ग- मग रे-गम-प मगरे-, ग-प- मग- म- गरे-

(लंका ज्यों की त्यों)

लंका में जब रामचंद्र प्रभुजी, देवी सिया से मिले ।
कोई ना घर था जला, सुमन से पौधे पुनः थे खिले ।। 1
सेनानी रण में मरे अनघ जो, निद्रा घनी से जगे ।
ज्यों की त्यों नगरी भई कनक की, सानंद प्यारी लगे ।। 2

 संगीतश्रीकृष्णरामायण गीतमाला, पुष्प 714 of 763

दादरा ताल

(लंका ज्यों कि त्यों)

स्थायी

ज्यों थी त्यों, होगयी लंका आज, देख के शिव गौरी हैं निहाल ।

♪ ग- रे सा-, प-मग रेगरे- सा-सा, प-म ग- मम ग-म- ग रेसा-सा ।

अंतरा-1

हनुमत ने थी आग लगाई, रावण सेना मार भगाई ।
अशोक वन में आपत् काल, भई थी लंका जो बेहाल ।।

♪ मममम प- म- ध-प मग-म-, सा-सासा रे-रे- गमप पमगरे- ।
सासा-सा रेरे ग- प-मग रे-, सारे- ग- म-ग- म- गरेसा- ।।

अंतरा-2

ज्यों ही राघव मिले सिया से, ज्यों ही सीता मिली पिया से ।
होगयी लंका सुंदर हाल, देखिए राम कृपा की कमाल ।।

अंतरा-3

जला न टूटा कछु भी कहीं था, तरु बेली पर आँच नहीं था ।
नीर से निर्मल नीले ताल, हुआ सब पूर्व रूप तत्काल ।।

अंतरा-4

मरे अनघ जो असुर कपि थे, जगे निधन से सब पुनरपि थे ।
नगरी सब थी मालामाल, ना कहीं ध्वंस न कोई अकाल ।।

 संगीतश्रीकृष्णरामायण गीतमाला, पुष्प 715 of 763

219. Story of Agni-Parikshā (Rāmāyan, 6. Lankā Kānd)

दादरा ताल

(राम–सिया मिलन की कथा)

स्थायी

गीत शारद ने मंजुल है गाया, साज नारद मुनि ने बजाया ।
रत्नाकर से है मंगल रचाया, रामायण को है सुंदर सजाया ।।

♪ मग म-म- म प-म- ग म-प-, रेग म-म- म ध-प- मग-म- ।
रेगम- म- म ध-प- गम-प-, रेग-म- म- म ध-प- मग-रे- ।।

अंतरा–1

आई सेविऽका लेने सिया को, बोली चलिए जी मिलने पिया को ।
पग में सीता ने पादुऽक पाया, रुद्र माला से गल को सजाया ।।

♪ सांसां नि-रें-सां ध-नि- धप- म-, सांसां, निनिरें- सां धधनि- धप- म- ।
म- ग म-म- म प-म-ग म-प-, रेग म-म- म धध प- मग-रे- ।।

अंतरा–2

निकली देवी सिया पालकी से, नारे जै जै बजे ढोलकी से ।
सबका मन था अतीव हरषाया, सबने सीता पर नेह बऽरसाया ।।

अंतरा–3

देख राघव को, सीता निहाला, राम गदगद सिया जब निहारा ।
हाथ राघव ने आगे बढ़ाया, शीश चरणन में सीता नवाया ।।

अंतरा–4

हार बाहुऽ में धर कऽर सीता, राम बोले "तू पावन वनिऽता" ।
मरते दम था असुर ने बताया, ज्ञान निर्मल था जब उसने पाया ।।

लंका काण्ड : अठारहवाँ सर्ग

219. अग्नि परीक्षा की कथा :

219. Story of Agni-Parikshā (Rāmāyan, 6. Lankā Kānd)

♪ संगीतश्रीकृष्णरामायण छन्दमाला, मोती 482 of 501

219. Story of Agni-Parikshā (Rāmāyan, 6. Lankā Kānd)

चौपाई छन्द

(अग्निपरीक्षा)

पवित्रता का प्रमाण देने ।
सिया अग्नि में प्रयाण कीन्हे ।। 1
अग्नि देवता आशिष दीन्हा ।
स्तवन मान का कीन्हा ।। 2

ॐ श्लोका:

शेषं गतो यदा हर्षो रामं ब्रूते विभीषणः ।
अहं जानामि सीताऽस्ति पवित्रा च पतिव्रता ।। 2137/2422

सन्दिग्धाः सन्ति लोकास्तु विमूढा अल्पबुद्धयः ।
वाञ्छन्ति च प्रमाणं ते पावनादपि निर्मलात् ।। 2138/2422

दातुमृतं प्रमाणं तान्-नाशयितुं च विभ्रमम् ।
दत्ते साऽग्निपरीक्षां नु सर्वेषामभिसम्मुखम् ।। 2139/2422

कथा

(राम बोले)

धरा सिया को बाहु-हार में, आँसू धारा चक्षु चार में ।
"निष्कलंक तू निर्मल नारी," बोला रावण मरते बारी ।। 4950/5205

मरते दम में ज्ञानी भारा, रावण पाया शुध सुविचारा ।
उसकी बात खरी, वैदेही! तू है पावन सद् गुणगेही ।। 4951/5205

दोहा॰ लिया सिया को बाहु में, नैनन अँसुअन धार ।
निष्कलंक तुझको कहा, रावण मरती बार ।। 6620/7162

पतिव्रता तुम हो सिये! अमर तिहारी प्रीत ।
तुमरे व्रत के पुण्य से, हुई हमारी जीत ।। 6621/7162

(परंतु, विभीषण)

अति पवित्र है सीता माई, स्वयं कहा है दसमुख भाई ।
फिर भी रहते जन संदेही, यह चर्चा जानो, वैदेही! ।। 4952/5205

219. Story of Agni-Parikshā (Rāmāyan, 6. Lankā Kānd)

पर वश रहती है जो बाला, उस पर दोष न जावे टाला ।
जन-गण मन होता है काला, देख न पाते सही उजाला ।। 4953/5205

पतिव्रता स्त्री के भी आगे, पवित्रता का प्रमाण माँगे ।
राघव बोले "जग जन ऐसे, होते हैं, सीते! खर जैसे" ।। 4954/5205

दोहा॰ विभीषण बोले, "तुम सिये! अति पावन हो नार" ।
रावण ने मरते कहा, "ज्यों गंगा की धार" ।। 6622/7162

फिर भी नारी जाति पर, रहती जो पर-गेह ।
शक्की जनता जगत की, करती है संदेह ।। 6623/7162

पतिव्रता के क्लेश का, उसे नहीं सम्मान ।
पुनीत से भी पुण्य का, आकांक्षते प्रमाण ।। 6624/7162

(सीता)

उनके मुख से वाणी ऐसी, कठोर पहले सुनी न जैसी ।
बहुत वेदना सीता पाती, रो रो कर मन में अकुलाती ।। 4955/5205

बोली, राघव! "वचन ये पैने, इनसे प्रथम सुने हैं मैंने ।
तुमको आज हुआ ये क्या है, अविश्वास ये मन में काहे ।। 4956/5205

"मुझको चरित विहीना नारी, समझे हैं क्यों, कुलटा कारी ।
जन मन के तुम अंतर्यामी, होकर शंका क्यों ये, स्वामी! ।। 4957/5205

"मुझको यदि अब कहना यों था, रावण से युध रचा हि क्यों था ।
क्यों तुम हनुमत को ले आए, वानर बीरे भी क्यों लाए ।। 4958/5205

मैं मर जाती तीन मास में, देकर उनको रक्त माँस मैं ।
तुमको दुविधा आज न होती, दुख में यों मैं आज न रोती ।। 4959/5205

दोहा॰ सुन कर कडुए वचन वे, सीता बोली, हाय! ।
अति व्याकुल होकर कहा, यह तो है अन्याय ।। 6625/7162

इनके मन में बात ये, आई कैसे, राम! ।
मुझ पर यह संदेह क्यों, यों करने बदनाम ।। 6626/7162

219. Story of Agni-Parikshā (Rāmāyan, 6. Lankā Kānd)

पतिव्रता-प्रण के लिए, अर्पण कर दूँ प्राण ।
या जन जो हैं चाहते, मैं दूँ उन्हें प्रमाण ।। 6627/7162

अविश्वास ऐसा इन्हें, मन क्यों आया आज ।
क्यों आई सेना यहाँ, युध का क्या था काज ।। 6628/7162

अंतर्यामी आप हैं, फिर क्यों शंका, नाथ! ।
कन्या राजा जनक की, क्यों लाए हो साथ ।। 6629/7162

(और)

"वैदेही हूँ सुता जनक की, मूरत मैं हूँ बनी कनक की ।
संशय ऐसा सह नहीं पाऊँ, जल कर भस्म यहीं हो जाऊँ ।। 4960/5205

"लांछन ऐसा सह नहीं पाऊँ, इससे अच्छा मैं जल जाऊँ ।
पवित्र होकर प्रमाण दूँगी, भ्रम सबका मैं दूर करूँगी ।। 4961/5205

✍दोहा॰ **ब्रह्मचारिणी मैं, रघो! वैदेही सौभाग ।**
लांछन ऐसे ना सहूँ, कूद पड़ूँ मैं आग ।। 6630/7162

प्रमाण मुझसे लो अभी, पवित्रता के साथ ।
अग्नि देवता जो करे, सो ही निर्णय, नाथ! ।। 6631/7162

(फिर)

"रघुवर राघव की हूँ भार्या, जनक सुता मैं नारी आर्या" ।
सीता घोर प्रतिज्ञा कीन्ही, रामचंद्र को अनुमति दीन्ही ।। 4962/5205

राघव जी को व्यथा सुनाई, अग्नि परीक्षा चिता चिनाई ।
हाथ जोड़ कर श्रद्धा भीनी, परिक्रमा अग्नि की कीन्ही ।। 4963/5205

चारों बाजू बैठी जनता, राम लखन विभीषण हनुमंता ।
बीच जल रही चिता धधकती, सीता की वह चिंता करती ।। 4964/5205

✍दोहा॰ **जनक सुता मैं जानकी, अवधनाथ की दार ।**
पतिव्रता-व्रत भीष्म का, लखो अब चमत्कार ।। 6632/7162

बोली राघव को सिया, अनुमति है, श्री राम! ।

219. Story of Agni-Parikshā (Rāmāyan, 6. Lankā Kānd)

अग्नि-परीक्षा अब दिये, हूँगी मैं कृतकाम ।। 6633/7162

बैठे विभीषण, रामजी, लखन लला, हनुमान ।
कपि, राक्षस, मंदोदरी, आशिष करत प्रदान ।। 6634/7162

"अग्नि परीक्षा" के लिए, कमर कसी सानंद ।
चंदन-चिता जलाय कर, **बैठी नैनन बंद** ।। 6635/7162

(नारद)
नारद नभ से देख रहे थे, पुष्प सिया पर बरस रहे थे ।
बोले, "बेटी! मत घबराओ, अग्नि देवता का वर पाओ" ।। 4965/5205

दोहा॰   नारद ने सिय के लिए, कीन्हे मंगल काज ।
अग्नि देवता को कहा, "राखलो इसकी लाज" ।। 6636/7162

(सीता)
"अग्नि देवी! मुझे जलाओ, चमत्कार या आज चलाओ ।
पतिव्रता का मान बढ़ाओ, या मुझको तुम बलि चढ़ाओ" ।। 4966/5205

परिक्रमा ज्वाला की करके, बढ़ी आग में निष्ठा धरके ।
चली सिया मुख करके नीचे, अपने दोनों नैना मीचे ।। 4967/5205

दुखी लोग देते हुंकारे, फूल-गुलाब-बने, अंगारे ।
मंत्र मुग्ध थी जनता सारी, देख अग्नि में सीता प्यारी ।। 4968/5205

सजल नयन से सब थे रोते, देख सिया को व्याकुल होते ।
अग्नि शाँत हुआ वह ज्यों ही, सीता बाहर आई त्यों ही ।। 4969/5205

दोहा॰   सीता बोली, देवता! या तो मुझे बचाव ।
या फिर बकरा जान कर, बलि तुम मुझे चढ़ाव ।। 6637/7162

सुन सीता की प्रार्थना, फूल बने अँगार ।
मुग्ध भई जनता सभी, निरख कर चमत्कार ।। 6638/7162

सजल नयन से देखते, सब सीता का त्याग ।
पतिव्रता के सामने, हार गयी थी आग ।। 6639/7162

219. Story of Agni-Parikshā (Rāmāyan, 6. Lankā Kānd)

(अत:)

विनशे ना, जिसको रघु राखे, अमृत फल वो नर नित चाखे ।
दुर्दम निमिष भँवर के जेते, रामचंद्र हरदम हर लेते ।। 4970/5205

सती साध्वी सुंदर सीता, निष्कलंक निर्दोष विनीता ।
पवित्र पावन सीता रानी, जनता ने जगदंबा जानी ।। 4971/5205

सच्ची साक्षी चमक दामिनी, अग्नि पुनीत पूज्य भामिनी ।
जय जय जय जय सीतामाई! जय जय जय जय राघवराई! ।। 4972/5205

दोहा॰   मन ही मन राघव कहे, "तू ना जाने राम ।
         ऊपर से मानव बना, अंदर से भगवान ।। 6640/7162

         "राघव जिसको राखता, बिगड़ न पावे काम ।
         निर्मल पावन भगत का, जाने अंतर्याम" ।। 6641/7162

   संगीतश्रीकृष्णरामायण गीतमाला, पुष्प 716 of 763

दादरा ताल

(अग्नि परीक्षा की कथा)

स्थायी

गीत शारद ने मंजुल है गाया, साज नारद मुनि ने बजाया ।
रत्नाकर से है मंगल रचाया, रामायण को है सुंदर सजाया ।।

♪ म-ग म-म- म प-म- ग म-प-, रे-ग म-म- मध- प- मग-म- ।
  रेगम-म म- म ध-प- गम-प-, रे-ग-म- म- म ध-प- मग-रे- ।।

अंतरा-1

सीते! व्रत तेरा दुष्कर है भारा, इसी कारण वो रावण है हारा ।
तेरे व्रत के पराक्रम की माया, हमें संग्राम में यश है आया ।।

♪ सांसां! निनि रें-सां ध-निनि ध प-म-, सांसां नि-रेंरें सां ध-निनि ध प-म- ।
  मग मम म- मप-मम ग म-प-, रेग म-म-म ध- पप म ग-रे- ।।

अंतरा-2

बोला विभीषण, है निष्पाप सीता, फिर भी जन मन न जावेगा जीता ।

220. Story of Shrī Rāma's departure from Lankā

देवी निर्दोष से भी दुनिऽया, माँगे प्रमान शूचा सचाया ।।

अंतरा–3

सुन कटुतम वो बिभीषण की वाणी, छम् छम् सीता के नैनन में पाणी ।

उसने आसन चिता पर लगाया, अपने हाथों चिता को जलाया ।।

लंका काण्ड : उन्नीसवाँ सर्ग

220. लंका से प्रस्थान की कथा :

220. Story of Shrī Rāma's departure from Lankā

♫ संगीतश्रीकृष्णरामायण छन्दमाला, मोती 483 of 501

ईहामृगी छन्द[266]

ऽ ऽ ।, ऽ । ।, ऽ ऽ ।, ऽ ऽ

(लंका से प्रस्थान)

बोला विभीषण, श्री राम प्यारे! ।
प्रस्थान हैं कल, होने तिहारे ।। 1
हो यान से अब, जाना तिहारा ।
ये दास, राघव! जानो पियारा ।। 2

कथा

(राम)

कहा राम ने, मेरी सीता, देवी भवानी विमल वनिता ।
सर्व सुंदरी गौरी गरिमा, जग जाने अब उसकी महिमा ।। 4973/5205

लछमन बोला, मेरी माता, पुण्य भगवती, सुशील सीता ।

---

[266] ♫ **ईहामृगी छन्द** : इस 11 वर्ण, 18 मात्रा वाले छन्द के चरण में त भ त गण और दो गुरु वर्ण आते हैं । इसका लक्षण सूत्र ऽ ऽ ।, ऽ । ।, ऽ ऽ ।, ऽ ऽ इस प्रकार होता है । यति चरणान्त होता है ।

▶ लक्षण गीत : **दोहा० मत्त अठारह का जहाँ, दो गुरु कल से अंत ।**
कला त भ त गण की वही, "ईहामृगी" है छंद ।। 6642/7162

220. Story of Shrī Rāma's departure from Lankā

विभीषण मंदोदरी फिर बोले, सत्य तुला पर सिय को तोले ।। 4974/5205

सती लखी ना सिया सरीखी, ऐसी पतिव्रता ना दीखी ।
बोला हनुमत, सीते माते! दर्शन तुमरे सबको भाते ।। 4975/5205

सुर–असुर सब साक्षी दीन्हे, सीता के गुण शंसित कीन्हे ।
जन–गण सब मिल देत बधाई, सजल नैन से कहत विदाई ।। 4976/5205

हर्षित राघव अरु कपि सेना, सबने पाई मन में चैना ।
गदगद होकर फिर श्रीरामा, सीता सहित गए विश्रामा ।। 4977/5205

✍दोहा॰ **राघव बोले, "जानकी, देवी है साक्षात् ।**
पवित्र ज्वाला आग की, सीता के पश्चात्" ।। 6643/7162

लछमन बोला, "मातु है, पावन गंगा रूप ।
यथा पूज्य श्री राम हैं, परम पुरुष सुरभूप" ।। 6644/7162

विभीषण बोले राम को, "सीता पावन नार ।
निर्मल अमृत धार है, राघव! तेरी दार" ।। 6645/7162

बोली फिर मंदोदरी, "परम तोल के बोल ।
सीता गुण अनमोल हैं, सत्य तुला पर तोल ।। 6646/7162

"पतिव्रता है जानकी, सब सतियों में श्रेष्ठ ।
धर्मचारिणी है सिया, नारी जग में ज्येष्ठ" ।। 6647/7162

हनुमत बोला, "हे प्रभो! सुनो भगत का भाव ।
सीता देवी मातु है, सकल जगत की छाँव" ।। 6648/7162

असुर जनों ने भी कहा, "सीता हमरी मात" ।
वानर सेना ने कही, वही प्रेम से बात ।। 6649/7162

(फिर)

✍दोहा॰ **सभा विसर्जित हो गई, जब संध्या के बाद ।**
गए शयन को रामजी, शिव को करके याद ।। 6650/7162

(विभीषण)

220. Story of Shrī Rāma's departure from Lankā

विभीषण भोर सवेरे आए, संग वस्त्र भूषण भी लाए ।
बोले, रघुपति! मार्जन करिए, स्नान-ध्यान कर चंदन मलिए ।। 4978/5205

तिलक सुगंधित लगाय भाला, राज वस्त्र धारो, जगपाला! ।
सीता सजे धजे सिंगारा, सुवर्ण हीरक भूषण भारा ।। 4979/5205

✍दोहा॰ **विभीषण आए भोर में, लिए राज-पोशाक ।**
बोले, सजिए रामजी! जैसे गगन शशांक ।। 6651/7162

मार्जन करके, हे प्रभो! चंदन टीका भाल ।
तैल सुगंधित बाल में, वस्त्र रेशमी लाल ।। 6652/7162

सीता जी धारण करें, शुभ सोलह सिंगार ।
पहनें हीरक के सभी, आभूषण सँभार ।। 6653/7162

(तब)

राघव बोले, विभीषण प्यारे! राज चिह्न अब नहीं सुखारे ।
शुचि सुंदर ये शुभ्र हमारे, वस्त्र हमें भाते हैं सारे ।। 4980/5205

सीता बोली, विभीषण भाई! ठीक कह रहे राघवराई ।
मेरे भूषण किष्किन्धा में, विमान से थे फेंके मैंने ।। 4981/5205

पीत वस्त्र अब मुझे सुहाते, पुष्प पर्ण दल मुझे लुभाते ।
स्वर्ण हिरक में सौरभ नाही, मृदुल ताजगी गौरव नाही ।। 4982/5205

✍दोहा॰ **बोला नृप को राम ने, सुनो बात, लंकेश! ।**
व्रत हमरे वनवास का, नहीं हुआ निःशेष ।। 6654/7162

मृग छाला वल्कल जटा, हमको योग्य लिबास ।
राजवस्त्र परिधान की, हमें नहीं है प्यास ।। 6655/7162

सीता ने नृप से कहा, ठीक नाथ की बात ।
मैंने भूषण यान से, फेंक दिये थे, तात! ।। 6656/7162

पीत वस्त्र मम उचित हैं, भूषा का नहिँ काज ।
आभूषण दल पुष्प के, भाते हमको आज ।। 6657/7162

220. Story of Shrī Rāma's departure from Lankā

संगीतश्रीकृष्णरामायण गीतमाला, पुष्प 717 of 763

भजन

(सिया संग श्री राम सुहाते)

दोहा॰

राघव लंका से चले, वापस अपने देस ।
देत विदाई रोइके, विभीषण जी लंकेस ।। 6658/7162

राम सिया राम, सिया राम, जै जै रामा ।। टेक॰

♫ सा–सासा रे–रे– ग– रेग–, म–मम पमगरे ग–ग ।
म–म मम–म– प–मप–, धधधप म– रे–सा–सा ।।
सा– रेग म–, पम ग–ग, रे– ग– रेसासा– ।।

चौपाई

1. सिया संग श्री राम सुहाते, देख युगल मम नैन लुभाते ।
राम–सिया राम, सिया राम, जै जै रामा ।।

♫ सा–रे– ग–ग ग– प–म गरे–ग–, प–म गरेरे गग प–म गरे–सा– ।
सा– रेग म–, पम ग–ग, रे– ग– रेसासा– ।।

2. शुभ्र वस्त्र में रघुवर साजे, पीत वसन सिय तन पे बिराजे ।
3. पुष्प पर्ण आभूषण धारी, शुद्ध सादगी लगती प्यारी ।
4. जटा खड़ाऊँ पिनाक धारी, रामचंद्र की मूरत न्यारी ।
5. राम–सिया शुभ मंगलकरी, प्रभु चरणन में सब बलिहारी ।
6. राम लखन सीता हनुमंता, दर्शन पावन सुखद अनंता ।
7. सुर–असुर सब अमृत भीने, विभीषण को लंका पति कीन्हे ।
8. भरत मिलन की मन में आसा, राम–लखन–सिय हनुमत दासा ।
राम–सिया राम, सिया राम, जै जै रामा ।।

दोहा॰

भरत–मिलन की आस है, चाँद चकोर समान ।
सीता को लेकर चले, राम लखन हनुमान ।। 6659/7162

♫ गगग गगग म– प–म प–, ध–प मप–म गरे–रे ।
सा–सा सा– रे–गम गरे–, म–म गगग रेरेसा–सा ।।

220. Story of Shrī Rāma's departure from Lankā

(विभीषण)

सबके प्रयाण की तैयारी, मैंने करी हुई है सारी ।
फिर भी जो इत रहना चावे, लंका में वो बसने पावे ।। 4983/5205

सुर-असुर अब भाई भाई, बना गए हैं राघवराई ।
सबको होगी रोजी-रोटी, किसी की नहीं होगी खोटी ।। 4984/5205

सबको सेना में पद होगा, किसी को नहीं होवे सोगा ।
जब चाहो तुम वापस जाओ, जब चाहो तुम लौटे आओ ।। 4985/5205

दोहा॰ विभीषण बोले, रामजी! और जानकी मात! ।
ठीक कही तुमने, प्रभो! अपने मन की बात ।। 6660/7162

दिन है आज प्रयाण का, फिर भी सुनिये, राम! ।
जो रहना है चाहता, उसे यहाँ है धाम ।। 6661/7162

रोटी कपड़ा, काम भी, देंगे उसे मकान ।
जब चाहे वह जा सके, वापस अपने ग्राम ।। 6662/7162

जब चाहे वह आ सके, वापस हमरे देश ।
सभी असुर-सुर एक हैं, बोले श्री लंकेश ।। 6663/7162

(और कहा)

रामचंद्र प्रभु! हे भगवंता! महावीर तेरा हनुमंता ।
पंछी सम है हनुमत उड़ता, गदा पेड़ पत्थर से लड़ता ।। 4986/5205

हनुमत तेरा वीर है बाँका, राक्षस ताड़, जराई लंका ।
उसने ढूँढ निकाली सीता, जो है पावन गंगा सरिता ।। 4987/5205

सूक्ष्म दीर्घ काया है धरता, विघ्न विकट से नाही डरता ।
ऐसा जिसका होवे दासा, उसका कभी न होवे नासा ।। 4988/5205

दोहा॰ और कहा लंकेश ने, राम! तेरा हनुमान ।
पंछी सम उड़ता, प्रभो! महावीर तूफान ।। 6664/7162

उड़ कर आया कीश वो, ढूँढी सीता मात ।

220. Story of Shrī Rāma's departure from Lankā

सागर पर सेतु किए, कीन्हा रावण घात ।। 6665/7162

गदा पेड़ लेकर लड़े, उड़ता शैल उठाय ।
पूँछ जलाई असुर तो, डाली लंक जराय ।। 6666/7162

सूक्ष्म-दीर्घ-काया किए, करता विघ्न विनाश ।
उसका कैसे नाश हो, जिसका ऐसा दास ।। 6667/7162

संगीतश्रीकृष्णरामायण गीतमाला, पुष्प 718 of 763

(अमर तेरा हनुमान)

स्थायी

♫ **अमर तेरा हनुमान, रे रामा! परम तेरा हनुमान ।**
ममम मप- मगरे-, सा रेगम-! पपप मग- रेगसा-सा ।।

अंतरा-1

जा कर लंका, सिया खोज के, लाया शुभ पैगाम ।
हो रामा! शिष्य तेरा है महान ।।
♫ सा- सासा रे-ग-, पम- ग-रे ग-, म-म- पम गरेसा- ।
सा रेगम-! प-म गरे- ग रेसा-सा ।।

अंतरा-2

ढूँढन सीता, सेतु बाँधा, मारी एक उड़ान ।
हो रामा! सेवक तेरा सुजान ।।

अंतरा-3

लखन जियायै, उड़ा हवा में, लाया द्रोण पहाड़ ।
हो रामा! दास तेरा बलवान ।।

अंतरा-4

दसमुख सेना काट छाँट के, जीत लिया संग्राम ।
हो रामा! जय जय जय हनुमान ।।

(विभीषण)

राघव! तेरा लछमन भाई, वीर महान महा सुखदाई ।
सच्चा साथी सखा सुहाता, जग में और न पाया जाता ।। 4989/5205

220. Story of Shrī Rāma's departure from Lankā

प्रेम भक्ति का अथक भँडारा, स्नेहिल निर्मल जल की धारा ।
राम-लखन दो लगते ऐसे, एक दृष्टि दो नैना जैसे ।। 4990/5205

राघव! तेरी प्यारी सीता, धरती पर देवी है वनिता ।
राम-सिया का मेल है ऐसा, गंगा जमुना संगम जैसा ।। 4991/5205

✍दोहा॰ **विभीषण नृप ने फिर कहा, राघव! तेरा भ्रात ।**
लक्ष्मण सुखकर बंधु है, सेवा रत दिन-रात ।। 6668/7162

सच्चा साथी लखन है, योद्धा वीर महान ।
प्रेम भक्ति भँडार है, तेरा अनुज सुजान ।। 6669/7162

राम-लखन दो भ्रात हैं, जैसे दो ये नैन ।
जिसे लखनवा बंधु है, उसे चैन की रैन ।। 6670/7162

राघव! तेरी है सिया, जग में देवी रूप ।
सिया राम का मेल है, यमुना गंग स्वरूप ।। 6671/7162

(और)
मैं लंका का भूप भले हूँ, दास तिहारे सदा तले हूँ ।
मुझ पर कृपा सदा ही रखना, मेरा भला सदा ही लखना ।। 4992/5205

राघव! तूने रावण मारा, हम पर करम किया है भारा ।
असुरों को तू नीति सिखाई, सदाचार की रीति दिखाई ।। 4993/5205

सब कुछ संभव तेरे आगे, तुझे असंभव कछु ना लागे ।
चाहो तो लंका बस जाओ, लंका के तुम नृप बन जाओ ।। 4994/5205

✍दोहा॰ **विभीषण बोले राम से, और सुनो अरदास ।**
भले हि मैं लंकेश हूँ, मगर तिहारा दास ।। 6672/7162

कृपा सदा हो आपकी, मुझ पर, हे रघुनाथ! ।
आगे भी मैं चाहता, राघव! तुमरा साथ ।। 6673/7162

तुमने रावण मार कर, हमें दिखाई राह ।
नीति नियम के राज की, हमें दिलाई चाह ।। 6674/7162

220. Story of Shrī Rāma's departure from Lankā

विनती मेरी है, प्रभो! रहो यहीं अब आप ।
बन कर अब लंकेश तुम, रखो हमें निष्पाप ।। 6675/7162

(सुविचार)

लक्ष्मण बोला राम से, लंका स्वर्ग समान ।
यहीं बसें श्री-रामजी, यही कहें हम धाम ।।
कहा लखन को राम ने, जननी, जन्म-का-स्थान ।
सेवा उनकी, स्वर्ग से, जानो सदा महान ।।

(राम)

मधुर कथन हैं विभीषण प्यारे! बहुत सुखद सुविचार तिहारे ।
तुमरे बचनन बड़े लुभाने, मगर हमें हैं वचन निभाने ।। 4995/5205

वचन पिता का सिर पर धरके, निकले हैं हम अपने घर से ।
राह तक रही है मम माता, आकुल बैठा है मम भ्राता ।। 4996/5205

दोहा॰ राघव बोले, हे सखे! मधुर तिहारे बोल ।
स्नेह भावना आपकी, लगी हमें अनमोल ।। 6676/7162

मगर समस्या है हमें, हम हैं प्रण से बद्ध ।
पितु बचनों को पालने, निश्चित हम सन्नद्ध ।। 6677/7162

राह तकत है अवध में, माता हमरी तीन ।
बैठा आतुर भरत है, भ्रातृ भक्ति में लीन ।। 6678/7162

स्नेही जनता अवध की, देखत हमरी राह ।
सीता से मिलने उन्हें, बहुत लगी है चाह ।। 6679/7162

(फिर)

चलिए अब हम करें तयारी, नगरी है अति दूर हमारी ।
जिस पथ से हम इत हैं आए, उसी राह से वापस जाएँ ।। 4997/5205

दोहा॰ बोले हरि, लंकेश से, सफल भए सब काज ।
जाएँ अपने धाम को, निकलेंगे हम आज ।। 6680/7162

नगर हमारा दूर है, घड़ी न जावे बीत ।

220. Story of Shrī Rāma's departure from Lankā

भरत राह है देखता, मन में लेकर प्रीत ।। 6681/7162

बोला हनुमत राम से, चलिए मेरे बाप! ।
तुम्हें उड़ा कर अवध में, ले जाऊँ मैं आप ।। 6682/7162

वहाँ भरत पथ देखता, तुमरा है दिन-रात ।
चौदह वर्ष अब हो रहे, कुछ दिन की है बात ।। 6683/7162

 संगीतश्रीकृष्णरामायण गीतमाला, पुष्प 719 of 763

दादरा ताल
(लंका से प्रस्थान की कथा)

स्थायी

गीत शारद ने मंजुल है गाया, साज नारद मुनि ने बजाया ।
रत्नाकर से है मंगल रचाया, रामायण को है सुंदर सजाया ।।

♪ म-ग म-म- म प-म- ग म-प-, रे-ग म-म- मध- प- मग-म- ।
रेगम-म म- म ध-प- गम-प-, रे-ग-म- म- म ध-प- मग-रे- ।।

अंतरा-1

बोला विभीष ऽण, रघुवीर प्यारे! घर लंका ही अब है तिहारे ।
बोले राघव, वचन तेरा माना, पर हमको है वादा निभाना ।।

♪ सांसां निनिरें-सां, धधनि-ध प-म-! सांसां नि-रें- सां धध नि- धप-म- ।
मग म-मम, मपप म-ग म-प-, रेग म- म- म ध-प- मग-रे- ।।

अंतरा-2

राह देखे उधर मेरी माता, बैठा आकुल वहाँ मेरा भ्राता ।
सारा जनपद लखन का दुलारा, मिलने सीता से पुर तऽरसाया ।।

अंतरा-3

चलो चलने की करिए तयारी, दूर पुष्कल है नगरी हमारी ।
बोला हनुमत, डरो न रघुराया! दास लेजावे तुमको उड़ाया ।।

लंका काण्ड : बीसवाँ सर्ग

221. Story of Pushpak airplane (Rāmāyan, 6. Lankā Kānd)

221. पुष्पक विमान की कथा :

221. Story of Pushpak airplane *(Rāmāyan, 6. Lankā Kānd)*

संगीतश्रीकृष्णरामायण छन्दमाला, मोती 484 of 501

वरत्रा छन्द[267]

ऽ । ।, । ऽ ।, । ऽ ।, । ऽ ऽ

(पुष्पक विमान)

यान हलका पव[268] पुष्प समाना ।
नाम अति सम्यक् पुष्पक जाना ।। 1
ना हि इसमें कछु ईंधन लागे ।
इच्छित पते पर आप हि भागे ।। 2
अद्भुत विमान कुबेर बनाया ।
रावण जिसे बल से हड़पाया ।। 3

कथा

(विभीषण)

दोहा॰ **सुन कर कहना राम का, विभीषण मुख मुस्कान ।**
बोला, प्रभु सर्वज्ञ भी, बनते हैं अनजान ।। 6685/7162

(अत:)

दोहा॰ **कहा विभीषण ने, प्रभो! कहो न ऐसी बात ।**
प्रबँध तुमरे गमन का, किया हुआ है, तात! ।। 6686/7162

तुमको पुष्पक यान से, भेजूँगा, श्री राम! ।

---

[267] **वरत्रा छन्द** : इस 12 वर्ण, 17 मात्रा वाले छन्द के चरण में भ ज ज य गण आते हैं । इसका लक्षण सूत्र ऽ । ।, । ऽ ।, । ऽ ।, । ऽ ऽ इस प्रकार होता है । यति चरणान्त होता है ।

▶ लक्षण गीत : दोहा॰ **सत्रह मात्रा से सजा, भ ज ज य गण का वृंद ।**
बारह अक्षर का बना, कहो "वरत्रा" छंद ।। 6684/7162

[268] पव = पवन, हवा ।

शीघ्र अवध पहुँचाउँगा, तभी बने शुभ काम ।। 6687/7162

भरत तकत है राह को, घड़ी न जाए छूट ।
पैदल चल कर, रामजी! वचन न जाए टूट ।। 6688/7162

रामराज्य है आपने, कीन्हा मेरा राज ।
उसी नियम से कार्य ये, करना है सब आज ।। 6689/7162

(राम)

✍दोहा॰ **तुमरा कहना ठीक है, मगर सुनो, लंकेश! ।**
सब भक्तों को छोड़ कर, कैसे जाऊँ देश ।। 6690/7162

विमान में दो चार ही, बैठ सकेंगे लोग ।
बाकी पीछे छोड़ कर, मुझको होगा सोग ।। 6691/7162

ये सब मेरे प्राण हैं, मैं हूँ इनकी साँस ।
ये मेरे आधार हैं, मुझ पर इनकी आस ।। 6692/7162

(विभीषण)

ठीक कहा है तुमने स्वामी! तुमरे दास सभी हैं नामी ।
मैं भी सेवक दास तिहारा, इन सबसे मैं नहीं नियारा ।। 4998/5205

इनको ना मैं पीछे छोड़ूँ, ना ही इनसे मैं मुख मोड़ूँ ।
तुम सब सारे मिल कर जाओ, इसमें कछु संदेह न पाओ ।। 4999/5205

✍दोहा॰ **कहना तुमरा ठीक है, राघव! मेरे नाथ! ।**
मैं भी तुमरा दास हूँ, भेजूँ सबको साथ ।। 6693/7162

पीछे कोई ना रहे, जाओ सब मिल आज ।
सब ही मेरे भ्रात हैं, यही "राम–का–राज" ।। 6694/7162

ॐ श्लोकः

आह विभीषणः रामं दासोऽहं भवतः सखे ।
गच्छ पुष्पकयानेन यात्रा शीघ्रं भविष्यति ।। 2140/2422

गच्छतात्त्वं सुखं राम सीतया सह भारतं ।

221-A. Story of Kuber (Rāmāyan, 6. Lankā Kānd)

कुर्वन्नासन्प्रतीक्षां हि सर्वे प्रियजना गृहे ।। 2141/2422

221-A. Story of Kuber (Rāmāyan, 6. Lankā Kānd)

दोहा॰ पग में नीरज लाल है, कर में धन की ढेर ।
लक्ष्मी के दरबार में, बैठे यक्ष कुबेर ।। 6695/7162

लक्ष्मी जी से धन मिला, पुष्पक मिला विमान ।
सोने की लंका बनी, और बढ़ा सम्मान ।। 6696/7162

(रावण)

दोहा॰ वैभव लख लंकेश का, रावण के मन बैर ।
इक दिन छापा मार कर, दिया भगाय कुबेर ।। 6697/7162

लूटा धन उसका सभी, छीना पुष्पक यान ।
लूटी नगरी स्वर्ण की, असुर बना धनवान ।। 6698/7162

पहले ज्ञानी था बड़ा, ढका अहम् से ज्ञान ।
ज्यों ज्यों अज्ञानी बना, त्यों त्यों वह तुफान ।। 6699/7162

पुष्पक विमान की कथा

दोहा॰ पुष्पक विमान पुष्प सा, हलका है, रघुवीर! ।
इसी लिए उसको मिला, 'पुष्पक' नाम प्रवीर ।। 6700/7162

उसमें दो या चार ही, बैठ सकत हैं लोग ।
फिर भी चिंता कुछ नहीं, सुनिये गुह्य प्रयोग ।। 6701/7162

"इसमें जितने लोग हों, उतना ही आकार ।
सारी सेना भी चढ़े, सह लेगा सब भार ।। 6702/7162

"इसमें ना पानी लगे, ना ईंधन की बात ।
वायु वेग से यह चले, वायु हि है यह खात" ।। 6703/7162

इसी लिए इसको कहा, "पुष्पक" "वायु-यान" ।
वायु शक्ति ईंधन इसे, वायु वेग उड़ान ।। 6704/7162

पंछी सम ये उड़त है, लेकर सबको, राम! ।

221-A. Story of Kuber (Rāmāyan, 6. Lankā Kānd)

ठीक समय हो आएगा, रघुवर! तुमरा काम ।। 6705/7162

लंका से यह जाएगा, किष्किन्धा के द्वार ।
यात्री वहाँ उतार कर, अवध प्रयाण तिहार ।। 6706/7162

तुमको ये ले जाएगा, बिना किसी भी ताप ।
वापस फिर यह लौट कर, आए अपने आप ।। 6707/7162

ॐ श्लोका:

इन्धनेन विना दिव्यं वायुना चलनं भवेत् ।
सुवाह्यं पुष्पतुल्यं यत्-यानं पुष्पकमुच्यते ।। 2142/2422

आकारस्तस्य तावद्धि यावत्तस्मिन्हि यात्रिणः ।
गच्छति च स्वयं स्फूर्तम्-आत्मैव चालकं विना ।। 2143/2422

अहर्निशं च सज्जं यत्-तन्त्रं गुह्यमयं तथा ।
पुष्पकं दैविनं यानं वहति हनुमान्निव ।। 2144/2422

(राम)

विभीषण प्यारे! तुम सुखदाई, बहुत हर्ष की बात सुनाई ।
यान है ऐसा तुमरे पासा, जिसका अद्भुत है इतिहासा ।। 5000/5205

इसमें सच है विचित्र माया, इसकी लघु दीर्घ हो काया ।
इसने हनुमत का गुण पाया, या है यह हनुमत की छाया ।। 5001/5205

दोहा॰ विभीषण! न्यारा यान ये, सखे! तिहारे पास ।
पुष्पक नाम विमान का, अद्भुत है इतिहास ।। 6708/7162

इसमें गुण हनुमान के, स्वामी-सेवक यान ।
हनुमत सी क्षमता इसे, हनुमत तरह उड़ान ।। 6709/7162

हनुमत स्वामी भक्त है, हनुमत है बलवान ।
द्रोण शैल लेकर उड़ा, जैसे पुष्पक यान ।। 6710/7162

(और)

यद्यपि पुष्पक आप हि जावे, पहुँचा कर फिर लौटा आवे ।

221-A. Story of Kuber (Rāmāyan, 6. Lankā Kānd)

विभीषण! तुम भी चलो साथ में, सुग्रीव का कर धरे हाथ में ।। 5002/5205

यान तिहारा अति गुणकारी, चलो सभी नगरिया हमारी ।
तुम्हें मिलाऊँ मम माता से, भरत भ्रात से, सब जनता से ।। 5003/5205

पहले चल कर किष्किन्धा को, ले कर तारा नीतिदा[269] को ।
रूमा भाभी को लेलेंगे, अरु जो भी चलना चाहेंगे ।। 5004/5205

राघव बोले, सुग्रीव प्यारे! जिसने चलना साथ हमारे ।
बोलो बैठें, यान खड़ा है, समय बहुत अब अल्प पड़ा है ।। 5005/5205

दोहा॰   पुष्पक यद्यपि आप ही, जावे आवे यान ।
चलो विभीषण! आप भी, तुम्हें हमारी आन ।। 6711/7162

तुम्हें मिलाऊँ मातु से, भरत भ्रात से, तात! ।
जनपद जन प्यारे बड़े, सेवा रत दिन-रात ।। 6712/7162

पहले किष्किंधा रुकें, तारा को लें साथ ।
चलना चाहे और जो, बोले श्री रघुनाथ ।। 6713/7162

(फिर)
लोग यान में ज्यों ज्यों चढ़ते, गढ़न यान के त्यों त्यों बढ़ते ।
यात्री लेकर यान उड़ गया, उत्तर दिश में तुरत मुड़ गया ।। 5006/5205

दोहा॰   सुंदर पुष्पक यान था, उड़ने को तैयार ।
ज्यों जन चढ़ते यान में, त्यों बढ़ता आकार ।। 6714/7162

उड़ा यान लेकर सभी, यात्री, सह श्री राम ।
उत्तर दिश में मुड़ गया, उड़ता तीर समान ।। 6715/7162

 संगीतश्रीकृष्णरामायण गीतमाला, पुष्प 720 of 763

भजन

(पुष्पक विमान पर सियराम)

---

[269] **नीतिदा** = नीति का नियम देने वाली, तारा देवी ।

221-A. Story of Kuber (Rāmāyan, 6. Lankā Kānd)

स्थायी

पुष्पक विमान पर सियराम, संग में लछमन अरु हनुमान ।

धरती पर जन गाते गान, जै जै सीता, जै जै राम ।।

♫ सा-सासा रेरे-रे गग रेगम-म, प-म ग रेरेगग मग रेरेसा-सा ।

सासासा- गग रेसा रे-गम ग-ग, प- म- गरेग-, म- गरे सा-सा ।।

अंतरा-1

आसमान में यान वो भला, पवन वेग से अवध को चला ।

नारद शंकर करत प्रणाम, जै जै सीता, जै जै राम ।।

♫ प-पप-प प- नि-ध प- मप-, धधध ध-ध प- धपम ग- मप- ।

म-मप म-गरे ममग रेसा-सा, प- म- गरेग-, म- गरे सा-सा ।।

अंतरा-2

नील गगन के चाँद सितारे, हिरदय हारी नयनन प्यारे ।

चाँदनी में सागर अभिराम, जै जै सीता, जै जय राम ।।

अंतरा-3

पूर्व क्षितिज पर जब रवि उभरा, रंग गगन का हुआ सुनहरा ।

नदियाँ पर्वत विपिन ललाम, जै जै सीता, जै जय राम ।।

अंतरा-4

लोग अवध के भगत हैं बड़े, आतुर मन से राह में खड़े ।

हर लब पर हैं दो शुभ नाम, जै जै सीता, जै जय राम ।।

(तब)

✍दोहा॰ **लक्ष्मण ने लंकेश को, कहा, "ये कैसा यान?" ।**
ज्यों ज्यों ऊपर जा रहा, बधिर हो रहे कान ।। 6716/7162

मचल रहा मेरा जिया, मुख में आए लार ।
खाना ऊपर आ रहा, पेट करे तक़रार ।। 6717/7162

माथे पर भी स्वेद है, गरम हो रहे गाल ।
सिहरन चमड़ी पर चढ़ी, और हो रही लाल ।। 6718/7162

(विभीषण)

221-A. Story of Kuber (Rāmāyan, 6. Lankā Kānd)

दोहा॰ विभीषण बोला, हे सखे! घबराओ मत, यार! ।
होता है यों यान में, उड़ते पहली बार ।। 6719/7162

ठूँसो रूई कान में, हो जावे सब ठीक ।
चिंता बिलकुल मत करो, नभ है अब नजदीक ।। 6720/7162

(राम)

दोहा॰ राघव बोले, यान ये, चलता बादल चीर ।
कितना सुंदर दिख रहा, नीचे सागर नीर ।। 6721/7162

ऊपर नभ, नीचे धरा, कहीं न दिखता तीर ।
नील वर्ण आकाश से, नील समुंदर नीर ।। 6722/7162

बादल रूई से लगे, भूरे भाप पहाड़ ।
तरल हवा में तैरते, बिना किसी आधार ।। 6723/7162

सूर्य किरण से चमकती, लहर लहर पर धूप ।
जैसे सागर ने लिया, नभ मंडल का रूप ।। 6724/7162

(और)

धरती के पादप लगें, हरी हरी कालीन ।
जन-गण कुछ दिखते नहीं, समतल लगे जमीन ।। 6725/7162

मुझे अचंभा है लगे, पर्वत टीले देख ।
नदियाँ देखो लग रहीं, जैसी पतली रेख ।। 6726/7162

(सुग्रीव)

दोहा॰ सुग्रीव बोला, रामजी! उड़ता यान अधीर ।
वेग बहुत ही तेज है, जैसे धनु का तीर ।। 6727/7162

(फिर)

प्यारे हनुमत! देखलो, शोभा तुम, सुरभूप! ।
क्यों बैठे हो तुम यहाँ, बाहर सुंदर धूप ।। 6728/7162

(हनुमान)

दोहा॰ हनुमत बोला, क्या कहूँ, तुमको असली बात ।

221-A. Story of Kuber (Rāmāyan, 6. Lankā Kānd)

देख चुका हूँ ये सभी, नहीं नया कुछ, तात! ।। 67296/7162

देखे सब आकाश से, सागर तड़ाग ताल ।
गिरि कंदर नाले नदी, पादप ताल तमाल ।। 6730/7162

उड़ान मारी हैं कई, मैंने नभ से पार ।
सूरज तक भी था गया, बचपन में इक बार ।। 67318/7162

"जग जन कहते थे सदा, सपाट है संसार ।
अंबर से धरती दिखी, गोल गेंद आकार" ।। 6732/7162

संगीतश्रीकृष्णरामायण गीतमाला, पुष्प 721 of 763

दादरा ताल

(पुष्पक विमान की कथा)

स्थायी

गीत शारद ने मंजुल है गाया, साज नारद मुनि ने बजाया ।
रत्नाकर से है मंगल रचाया, रामायण को है सुंदर सजाया ।।
♫ म-ग म-म- म प-म- ग म-प-, रे-ग म-म- मध- प- मग-म- ।
रेगम-म म- म ध-प- गम-प-, रे-ग-म- म- म ध-प- मग-रे- ।।

अंतरा-1

बोला विभीषण, सुनो राम प्यारे! यान से ही गमन हैं तिहारे ।
धरती के पथ को दूर छुड़ाया, लेऽ जावेगा तुमको उड़ाया ।।
♫ सांसां निनिरेंरें, सांध- नि-ध प-म-! सां-सां नि- रें- सांधध नि- धप-म- ।
म-ग म- मम म प-म- गम-प-, रेग म-म-म मधप- मग-रे- ।।

अंतरा-2

इसमें पानी न ईंधन जलेगा, वायु के ही सहारे चलेगा ।
पुष्प सा है जो हलका बनाया, वायुयान ये पुष्पक कहाया ।।

अंतरा-3

जितने बैठेंगे इसमें प्रवासी, रूप वैसा ये लेकर निकासी ।
स्थान का नाम जो भी बताया, चला जावेगा ये बिन चलाया ।।

222. Story of Shrī Rāma's arrival at Kishkindhā
लंका काण्ड : इक्कीसवाँ सर्ग

 222. किष्किन्धा में आगमन की कथा :

222. Story of Shrī Rāma's arrival at Kishkindhā

🎵 संगीतश्रीकृष्णरामायण छन्दमाला, मोती 485 of 501

चंपकमाला छन्द
S I I, S S S, I I S, S

(किष्किंधा में सीता)

स्वागत किष्किंधा नगरी में,
आज सिया ने आगम कीन्हे ।
मंडप नीका पुष्प लता का,
तोरण बांधे फूल पताका ॥ 1

लेकर तारा पूजन थाली,
आरति कीन्ही मंगल वाली ।
राम-सिया ने आशिष दीन्हे,
पावन किष्किंधा पुर कीन्हे ॥ 2

🕉 श्लोक :
किष्किन्धायां यदा यानम्-आगतं पुष्पकं प्रभो: ।
सीताया: स्वागतं दिव्यं तारादेव्यकरोद्धृशम् ॥ 2145/2422

📖 कथा 📖

(किष्किंधा)

रवि जब नभ के मध्यम उभरा, पुष्पक विमान नीचे उतरा ।
यात्री गण सब हर्षित भारे, बोले राम-सिया जयकारे ॥ 5007/5205

कोई न जाने रघुवर आए, न कोई उनको लेने धाए ।
विमान देखे कपि घबराये, बोले, यह क्या संकट आए ॥ 5008/5205

222. Story of Shrī Rāma's arrival at Kishkindhā

✍दोहा॰ विमान उतरा भूमि पर, जब था तीजा याम ।
यात्री गण हर्षित सभी, बोले जय सियराम ।। 6733/7162

किष्किंधा के लोग ना, जानत आए राम ।
यान देख उनको लगा, क्या है यह तूफान ।। 6734/7162

कोई समझा विहग है, कोई बोला भूत ।
कुछ वानर थे डर गए, क्या है यह अद्‌भुत ।। 6735/7162

कोई बोला यान ये, देखा पिछली बार ।
लेकर जब था जा रहा, रोती राघव-दार ।। 6736/7162

लगता विमान आगया, लेकर श्री रघुनाथ ।
या रावण है आगया, लेकर सीता साथ ।। 6737/7162

(सुग्रीव)
सुग्रीव नृप को लख कर धाए, आनंदित बन आगे आए ।
कपिवर बोले जल्दी जाओ, स्वागत करने थाली लाओ ।। 5009/5205

राम-सिया हैं आन पधारे, चलो यान से उन्हें उतारें ।
किष्किन्धा के भाग्य हैं जागे, सीता माँ के पग हैं लागे ।। 5010/5205

करें सियासत्कार राज में, चलो फटोफट लगो काज में ।
पुष्प पताका दूब लगाओ, किष्किन्धा को खूब सजाओ ।। 5011/5205

✍दोहा॰ उड़नखटोला गगन से, उतरा बिन आवाज ।
पंख विशाल समेटता, यथा गरुड़ खगराज ।। 6738/7162

नृप-सुग्रीव को देख कर, आए कपि सब पास ।
राम-सिया को देख कर, सबको हुआ उलास ।। 6739/7162

बोले, सीता का करें, मंगल हम सत्कार ।
मंडप रचने में लगें, करके जय जयकार ।। 6740/7162

तारा रानी आगयी, लेकर पूजा थाल ।
तिलक लगाया राम को, कुमकुम सीता भाल ।। 6741/7162

222. Story of Shrī Rāma's arrival at Kishkindhā

(तारा)

सिय को लेने तारा आई, गुलाब गुल गुलदस्ता लाई ।
गले लगी दो महा नारियाँ, बनी भगिनियाँ श्रेष्ठ रानियाँ ।। 5012/5205

नर-नारी कपि सुंदर साजे, कर्णमधुर सुर गाजे बाजे ।
सिय दर्शन से सब हर्षाए, आनंदाश्रु जल बरसाए ।। 5013/5205

✍दोहा॰ **किष्किंधा में आगया, जब लंका से यान ।**
तारा कीन्ही आरती, सीता का सम्मान ।। 6742/7162

कपि सब बोले, आज हैं, जगे हमारे भाग ।
सीता के शुभ दरस ने, छेड़ा मंगल राग ।। 6743/7162

सीता के पग-रज लगे, किष्किंधा को आज ।
परम पवित्तर हो गया, नृप-सुग्रीव का राज ।। 6744/7162

(विभीषण)

राज सभा में जब सब बैठे, बोले जन सब बचनन मीठे ।
विभीषण जी ने प्रीत निभाई, सिया मिलन की कथा सुनाई ।। 5014/5205

हनूमान को बहुत सराहा, फूलों वाला हार पिनाहा ।
लीलाओं की करी बखानी, संजीवन की कही कहानी ।। 5015/5205

लंका दहन की बात बताई, सेतु बंधन कला कहाई ।
रावण वध का वर्णन बोला, कपि-चरित मधु रस में घोला ।। 5016/5205

राघव जी के अमृत भीने, परम चरित के बरणन कीन्हे ।
राम-राज्य लंका में कैसा, राम बसाया सुरपुर जैसा ।। 5017/5205

सीता की दुख भरी कहानी, नैनन से जो नीर बहानी ।
पतिव्रता की कही समीक्षा, और अंत में अग्नि परीक्षा ।। 5018/5205

✍दोहा॰ **सभा भरी सुग्रीव की, सब कपियों के साथ ।**
विभीषण जी बतला रहे, सुनो युद्ध की बात ।। 6745/7162

विभीषण ने हनुमान की, सराहना की ढेर ।

222. Story of Shrī Rāma's arrival at Kishkindhā

जिसने सबको सुख दिया, प्रतिदिन साँझ-सवेर ।। 6746/7162

गल में फिर हनुमान के, डाल सुमन का हार ।
सुग्रीव वानर राज ने, किया बहुत सत्कार ।। 6747/7162

नृप ने बतलाई कथा, बड़े जोश के साथ ।
ऋष्यमुक गिरि पर मिले, हनुमत से रघुनाथ ।। 6748/7162

ढूँढी सीता कीश ने, जाकर रावण धाम ।
सागर पर सेतु रचा, लिख-लिख राघव-नाम ।। 6749/7162

लंका ज्वालन की कथा, संजीवन की बात ।
रावण शठ के पेट पर, राघव-शर आघात ।। 6750/7162

अग्नि परीक्षा की कथा, कही क्लेश के साथ ।
पतिव्रता संकल्प की, महानता की बात ।। 6751/7162

लंका में फिर रामजी, किए राम-का-राज ।
लीला पुष्पक यान की, जो लाया है आज ।। 6752/7162

(सुग्रीव)

सुग्रीव बोला, हनुमत प्यारे! काज एक तुम करो हमारे ।
नंदिग्राम को उड़ कर जाओ, भरत भूप के दर्शन पाओ ।। 5019/5205

कहो, "अधिक मन मत तड़पाओ," राम आगमन उसे बताओ ।
अवध पुरी को वह जाएगा, सबको संदेसा दे देगा ।। 5020/5205

आते पथ, गुह से मिल आना, बाल्मीक मुनि को खबरी देना ।
शीघ्र गति से कपिवर जाओ, सफल मनोरथ लौटे आओ ।। 5021/5205

✍दोहा॰ सुग्रीव ने हनुमान को, भेजा नंदीग्राम ।
सूचित करने भरत को, "आते हैं श्रीराम" ।। 6753/7162

बालमीक मुनि से कहो, "लौट रहे रघुवीर" ।
आते पथ गुह से मिलो, जाकर गंगा तीर ।। 6754/7162

(हनुमान)

222. Story of Shrī Rāma's arrival at Kishkindhā

दोहा॰ बिन विलंब कपि उड़ पड़ा, लेकर राघव नाम ।
करके सीता मातु के, चरण सरोज प्रणाम ।। 6755/7162

आया नंदीग्राम में, भरतभूप के पास ।
देखा हनुमत ने उसे, नहीं हुआ विश्वास ।। 6756/7162

(क्योंकि)

दोहा॰ दुबला पतला साँवला, तनु पर वल्कल धार ।
मृगछाला आसीन था, शीश जटा संभार ।। 6757/7162

निश-दिन जिसके ध्यान में, एक नाम हो राम ।
उस मर्यादा वीर को, कपि ने किया प्रणाम ।। 6758/7162

(फिर)

दोहा॰ शीर्ष झुका कर नम्र हो, गया भरत के पास ।
बोला, मैं हनुमान हूँ, रामचंद्र का दास ।। 6759/7162

जिस स्वामी की आपको, लगी सतत है आस ।
अवध पुरी में आ रहे, बुझे नैन की प्यास ।। 6760/7162

पूर्ण किए वनवास को, लौट रहे रघुनाथ ।
लखन अनुज भी संग है, सिया मातु भी साथ ।। 6761/7162

(भरत)

दोहा॰ सुन कर "राघव" नाम को, उठा भरत लघु भ्रात ।
कण्ठ लगा हनुमान को, विद्युत गति के साथ ।। 6762/7162

कपि को पूछा भरत ने, कहाँ रुके हैं राम ।
ले आओ उनको, सखे! सफल करो मम काम ।। 6763/7162

कुशल क्षेम उनके कहो, कैसे हैं रघुनाथ ।
लछमन सीता भी कहो, कैसे हैं सब साथ ।। 6764/7162

स्वागत मैं उनका करूँ, बड़ उत्सव के साथ ।
अवध पुरी के द्वार में, जब पहुँचें रघुनाथ ।। 6765/7162

(हनुमान)

222. Story of Shrī Rāma's arrival at Kishkindhā

✍दोहा॰ हनुमत ने नृप भरत को, कहा सर्व वृत्तांत ।
स्वल्प वचन कह कर किया, भरत अनुज को शाँत ।। **6766**/7162

सिया हरण की सब कथा, खग जटायु का त्याग ।
सेतु विन्यास की क्रिया, लंका पुर की आग ।। **6767**/7162

लखन संजीवन की कथा, कुंभकर्ण का पात ।
दसमुख के वध की कथा, वायुयान की बात ।। **6768**/7162

(फिर)

✍दोहा॰ पुनः नमन वन्दन किए, विदा हुआ हनुमान ।
मुनिवर श्री बाल्मीक को, देने खबर बखान ।। **6769**/7162

मिल कर फिर गुहराज से, निकला मार उड़ान ।
लौटा राघव-चरण में, पवन पुत्र हनुमान ।। **6770**/7162

(इति)

✍दोहा॰ मुनिवर नारद ने कहा, रत्नाकर को सार ।
दीन्ही माता शारदा, राग छन्द की धार ।। **6771**/7162

भरा छन्द आनंद से, लंका कांड विशेष ।
हरि किरपा से पाठ ये, यहाँ हुआ निःशेष ।। **6772**/7162

संगीतश्रीकृष्णरामायण गीतमाला, पुष्प 722 of 763

दादरा ताल

(किष्किन्धा में आगमन की कथा)

स्थायी

गीत शारद ने मंजुल है गाया, साज नारद मुनि ने बजाया ।
रत्नाकर से है मंगल रचाया, रामायण को है सुंदर सजाया ।।

♫ म-ग म-म- म प-म- ग म-प-, रे-ग म-म- मध- प- मग-म- ।
रेगम-म म- म ध-प- गम-प-, रे-ग-म- म- म ध-प- मग-रे- ।।

अंतरा-1

उतरा वि॒मान जब दोपहर में, किष्किंधाऽ के पुराने शहर में ।

222. Story of Shrī Rāma's arrival at Kishkindhā

कोई जाना न राघव है आया, साथ लंका से सीता को लाया ।।

♪ सां-सां नि-रें-सां धध नि-धपप म-, सांसांनि- रें- सांध-नि- धपम म- ।
मग म-म- म प-म- ग म-प, रेग म-म- म ध-प- म ग-रे- ।।

अंतरा-2

तारा सीता को लेने को आई, नीर नैनन से दोनों बहाई ।
कपियन ने फिर मंडप रचाया, "सीता जै जै" से मोदऽ मनाया ।।

अंतरा-3

विभीषण ने सभा में बताया, "खोज सीता की हनुमत लगाया ।
साऽगर पर है सेतुऽ रचाया, लंका को था वो आग लगाया ।।

अंतरा-4

"हनुमत ने लखन को बचाया, शत्रु सेना पर संकट गिराया ।
राम, रावण को रण में हराया, कैद स्त्रियों को मुक्त कराया" ।।

7. Bharat Milap Kand

अध्याय 7

भरत-मिलाप काण्ड

■ Bharat Milap Kand

7. Bharat Milap Kand

223. Story of Bharat's meeting with Shrī Rāma

अध्याय 7

भरत-मिलाप काण्ड

(अथ)

दोहा॰ छन्द गीत दोहे सजा, संस्कृत श्लोक विशेष ।
कांड भरत-मिलाप का, अब होत श्रीगणेश ।। 6773/7162

भरत-मिलाप काण्ड : पहला सर्ग

223. भरत-मिलाप की कथा :

223. Story of Bharat's meeting with Shrī Rāma

संगीतश्रीकृष्णरामायण छन्दमाला, मोती 486 of 501

कुंडलिया छन्द

(भरत-मिलाप)

राम के गले से लगा, भ्राता भरत कुमार ।
छूकर पग सिय मातु के, बोला धन्य तुम्हार ।। 1
लछमन! धन्य तिहार, परम पर है तू भ्राता ।
ये सौभाग्य हमार, देता प्यार, तू ताता! ।। 2
माँ कौशल्या कहे, सीते! तू है अभिराम ।
हनुमत कर जोड़के, बोला जय जय सिय राम ।। 3

श्लोकौ:

अयोध्यायां स्वागतं भव्यं भरतेन कृतं शुभम् ।
रामलक्ष्मणसीतानां कपिनां च हनूमतः ।। 2146/2422

आरात्रिकं च पूजां च कौशल्या सुखदाऽकरोत् ।
अगायन्सुस्वरैः सर्वे गानानि मुदिता जनाः ।। 2147/2422

223. Story of Bharat's meeting with Shrī Rāma
📖 कथा 📖

(अवध में)
वापस राम-सिया का आना, सबके मन का बना लुभाना ।
जनपद जन में जोश समाया, सबने मिल कर नगर सजाया ।। 5022/5205

दोहा॰ राघव-सीता को लिए, आया पुष्पक यान ।
जनपद जन थे गा रहे, राघव के गुण गान ।। 6774/7162

बच्चे बूढ़े सब उमंग में, हाट-बाट सब सजे रंग में ।
कूचे गलियाँ स्वच्छ चकाचक, नगर सुहाना बना यकायक ।। 5023/5205

नगर द्वार से राज महल तक, बिछे राह पर गुलाब चंपक ।
पुष्प चमेली डगर डगर में, प्रसून सौरभ भरा नगर में ।। 5024/5205

ऊँचे तोरण बड़े लुभाने, आम्र पर्ण के बने सुहाने ।
विजय पताका राह राह में, घर-घर सुंदर सजे चाह में ।। 5025/5205

दोहा॰ नर-नारी छोटे बड़े, जनपद के सब लोग ।
खूब सजाने अवध को, प्रचुर किए उद्योग ।। 6775/7162

गलियाँ-कूचे नगर के, साफ किए बाजार ।
घर-मंदिर नौ रंग से, भूषित राज दुआर ।। 6776/7162

राजमार्ग पर फूल के, बिछे गलीचे लाल ।
खड़ी किनारे नारियाँ, लेकर पूजा थाल ।। 6777/7162

(और)
नर-नारी सब सज-धज आए, कर में पूजा थाली लाए ।
गुलाल केसर कुमकुम हल्दी, भर कर मेवा निकले जल्दी ।। 5026/5205

वेश सुरंगित पहने सारे, केश सुमंडित सुंदर कारे ।
अतर सुगंधित तन पर डारे, कनक अलंकृत भूषण भारे ।। 5027/5205

खड़ी पथों पर सुंदर बाला, लेकर कर में गुलाब माला ।
स्नेह सुधारस सबने डाला, सजा सहर सब सोभा वाला ।। 5028/5205

223. Story of Bharat's meeting with Shrī Rāma

✍दोहा॰ सुंदर बाला थीं खड़ी, लेकर कर में हार ।
राम-सिया के नाम को, गाते बारंबार ।। 6778/7162

सबने सुंदर रंग के, पहने वस्त्र ललाम ।
बालक बूढ़े गा रहे, जय सीता! जय राम! ।। 6779/7162

♫ संगीतश्रीकृष्णरामायण छन्दमाला, मोती 487 of 501

कांचनमाला छन्द[270]

ऽ । ।, ऽ ऽ

(भरत-मिलाप)

सुंदर बाला । लेकर माला । स्वागत कीन्हीं । राम-सिया का ।। 1
मंगल शोभा । देख वहाँ की । थामत सीता । हाथ पिया का ।। 2
पावन गाने । बालक गाए । मातु-पिता के । साथ तराने ।। 3
दीप जलाए । "स्नेह"[271] सुधा के । पुष्प सुगंधी । रंग सुहाने ।। 4

(और भी)

बढ़े वीर वर अश्व सवारी, बाजे बजते बारी-बारी ।
रत्नजडित गजराज सजीले, रेशम उन पर झूलत ढीले ।। 5029/5205

राज वस्त्र धर सैनिक भारे, शस्त्र-अस्त्र युत किए कतारें ।
रंग गेरुए चोगे डारे, गुरु जन मुनि गण मंत्र उचारे ।। 5030/5205

✍दोहा॰ हाथी मंगल थे सजे, जिन पर थे सरदार ।
अश्व कतारें थीं खड़ी, शोभित वीर सवार ।। 6781/7162

हाथ जोड़ कर थे खड़े, ऋषि-मुनियन के संघ ।

---

[270] ♫ **कांचनमाला छन्द** : इस 5 वर्ण, 6 मात्रा वाले सुप्रतिष्ठा छन्द के चरण में भ गण और दो गुरु वर्ण आते हैं । लक्षण सूत्र ऽ । ।, ऽ ऽ इस प्रकार है । विराम चरणान्त ।

▶ लक्षण गीत : ✍ **दोहा॰ आठ मत्त का संघ जो, दो गुरु कल से अंत ।**
जहाँ भ गण का तंत्र हो, "कांचनमाला" छंद ।। 6780/7162

[271] (हिंदी) **स्नेह** = (सं) **स्नेहन्** = 1. न॰ तेल । 2. पु॰ मित्र, मैत्री । 3. वि॰ प्रेम ।

223. Story of Bharat's meeting with Shrī Rāma

वस्त्र गेरुए डाल कर, लिप्त भस्म से अंग ।। 6782/7162

बाजे वाले शान से, बजा रहे थे ढोल ।
ताल मजीरे बाँसुरी, मनहर जिनके बोल ।। 6783/7162

(तथा ही)

जन मन मोद महाना छाया, सदय हृदय में हर्ष समाया ।
रथ में स्थित कौशल्या रानी, और सुमित्रा चित हर्षाणी ।। 5031/5205

करत प्रतीक्षा श्री रघुपति की, लखन लला सीता श्रीमती की ।
अवध द्वार पर खड़े लगन में, सूरज ढलने चला गगन में ।। 5032/5205

दोहा॰ **रथ में बैठी उर्मिला, कौशल्या के साथ ।**
करत सुमित्रा थी रही, कैकेयी से बात ।। 6784/7162

भरत खड़ा था सामने, तनु पर वल्कल धार ।
धरे हुए थे हाथ में, लाल गुलाबी हार ।। 6785/7162

सूरज ढलने था चला, जब चौथा था याम ।
दूर गगन में था दिखा, आता पुष्पक यान ।। 6786/7162

(तब)

वायुयान भूतल पर आया, राम-लखन-सीता को लाया ।
लाई माता पूजा थाली, सबने जोर बजाई ताली ।। 5033/5205

भरत सभी का स्वागत कीन्हा, हर्ष भरे आलिंगन दीन्हा ।
छू कर चरणन राम-सिया के, बोला मम कल्याण जिया के ।। 5034/5205

दोहा॰ **ज्यों ही उतरा भूमि पर, आसमान से यान ।**
सबने बोला जोर से, जय सीता! जय राम! ।। 6787/7162

साथ लखन के, यान से, उतरे सीता-राम ।
हार गले में भरत ने, पहनाए अभिराम ।। 6788/7162

माता तीनों ने करी, पूजा गाकर गान ।
गाए जन सब साथ में, ऋषि-मुनि संत सुजान ।। 6789/7162

223. Story of Bharat's meeting with Shrī Rāma

वर्षा फूलों की हुई, और हुआ जयकार ।
दीये नगरी में जले, लाखों लाख हजार ।। 6790/7162

(फिर)

दोहा॰ कौशल्या ने राम को, तिलक लगाया लाल ।
आलिंगन देकर उसे, चूमा उसका भाल ।। 6791/7162

राम-सिया अरु लखन की, करी आरती मात ।
देकर शुभ वरदान भी, धरे बाँह में गात ।। 6792/7162

मातु सुमित्रा ने उन्हें, दीन्हे आशिष ढेर ।
आँसू नैनन से गिरे, लीन्हा मुख को फेर ।। 6793/7162

कुशल क्षेम शत्रुघ्न ने, पूछा सब खुशहाल ।
लगाय उनके भाल पर, कुमकुम और गुलाल ।। 6794/7162

अवध जनों ने राम के, कीन्हे पूजन गान ।
राघव-सीता-लखन का, कीन्हा बहु सम्मान ।। 6795/7162

(और फिर)

दोहा॰ विभीषण, सुग्रीव, जामवत्, अंगद, नल, हनुमान ।
सुषेण, तारा, नील का, भरत किया बहु मान ।। 6796/7162

करता उन पर पुष्प की, वृष्टि सचिव सुमंत्र ।
वसिष्ठ ने स्वागत किया, बोल वेद के मंत्र ।। 6797/7162

संगीतश्रीकृष्णरामायण गीतमाला, पुष्प 723 of 763

(राम घर आए)

स्थायी

आज, राघव वन से आयो, सखी! घर-घर दीप जलाओ ।

♪ सानि़, सा-सासा रेरे सानि़ सारे-, रेरे! <u>गग</u> <u>गग</u> म-<u>ग</u> रेसासा- ।

अंतरा-1

दशरथ नंदन, चरणन बंदन, कमल नयन हरि आयो ।

सखी! मंजुल गीत सुनाओ ।।

♫ सासासासा रे-रेरे, गगगग म-गरे, गगग गमम मग रेग- ।

सारे! ग-गग म-ग रेसासा- ।।

अंतरा-2

जनक नंदिनी, अवध की रानी, हर्ष की ज्योत जगाई ।

सखी! दर्‌शन करने आओ ।।

अंतरा-3

अंजनी नंदन, सब जग वन्दन, हनुमत लीला दिखायो ।

सखी! अवध में आनंद छायो ।।

संगीतश्रीकृष्णरामायण गीतमाला, पुष्प 724 of 763

दादरा ताल

(भरत-मिलाप की कथा)

स्थायी

गीत शारद ने मंजुल है गाया, साज नारद मुनि ने बजाया ।

रत्नाकर से है मंगल रचाया, रामायण को है सुंदर सजाया ।।

♫ म-ग म-म- म प-म- ग म-प-, रे-ग म-म- मध- प- मग-म- ।

रेगम-म म- म ध-प- गम-प-, रे-ग-म- म- म ध-प- मग-रे- ।।

अंतरा-1

सुन राघव का जनपद में आना, सबके मन को मनोहर लुभाना ।

सबमें उत्साह भारा समाया, सबने नगरी को सुंदर सजाया ।।

♫ सांसां नि-रेंरें सां धधनिनि ध प-म-, सां-सां निनि रें- सांध-निनि धप-म- ।

म-ग म-म-म प-म- गम-प-, रे-ग ममम- म ध-पप मग-रे- ।।

अंतरा-2

लाके पूजन की मंगऽल थाली, माता कौशल्या दीठऽ उतारी ।

नीर नैनन भरे भरत आया, राम छाती से छाती मिलाया ।।

अंतरा-3

सारी जनता ने आरऽती कीन्ही, भक्ति भजनों की राग रस भीनी ।

224. Story of the Diwālī Festival (7. Bharat-Milāp Kānd)
राज मंदिर में राघव को लाया, सिंहासन पर भरत ने बिठाया ।।

भरत-मिलाप काण्ड : दूसरा सर्ग

224. दीवाली उत्सव की कथा :

224. Story of the Diwālī Festival *(7. Bharat-Milāp Kānd)*

संगीतश्रीकृष्णरामायण छन्दमाला, मोती 488 of 501

वासविलासिनी छन्द[272]

ऽ । ।, ऽ । ।, ऽ । ।, ऽ ऽ ऽ, ऽ

(दीवाली)

श्रीमत् राम-सिया घर आए, आली! ।
मंगल शोभित उत्सव है दीवाली ।। 1
दीप जलाय करो धन लक्ष्मी पूजा ।
यावत् स्नेहिल उत्सव नाही दूजा ।। 2

श्लोकौ:

लङ्काया रामसीतायोः-आगमनस्य पर्व यत् ।
दीपोत्सवो ह्यनुष्ठातुम्-ऋतस्य विजयोऽनृते ।। 2148/2422

लक्ष्मीपूजामहोद्धर्षः सम्भोजनस्य मण्डनम् ।
सुकर्मणो महानन्दो दीपावली स उच्यते ।। 2149/2422

कथा

(नारद)

---

[272] **वासविलासिनी छन्द** : इस 13 वर्ण, 20 मात्रा वाले छन्द के चरण में भ भ भ म गण और एक गुरु वर्ण आता है । इसका लक्षण सूत्र ऽ । ।, ऽ । ।, ऽ । ।, ऽ ऽ ऽ, ऽ इस प्रकार होता है । यति चरणान्त होता है ।

▶ लक्षण गीत : **दोहा॰ रचना मात्रा बीस की, गुरु मात्रा से अंत ।**
वह है "वासविलासिनी," भ भ भ म गण का छंद ।। 6798/7162

224. Story of the Diwālī Festival (7. Bharat-Milāp Kānd)

नभ से नारद देख रहे थे, पुष्प सभी पर फेंक रहे थे ।
बोले, रामसिया घर आना, होवे उत्सव जगत महाना ।। 5035/5205

दोहा॰ नारद शंकर गा रहे, सुर में बहुत मिठास ।
लौटे हैं राघव-सिया, सफल हुआ वनवास ।। 6799/7162

(तब)

दोहा॰ सूरज नभ से ढल गया, कृष्ण भई है रात ।
चलिए अब सब महल में, बोली कौशल मात ।। 6800/7162

अवध द्वार से महल तक, राह सजी अभिराम ।
उभय ओर ललना खड़ीं, कर में दीप ललाम ।। 6801/7162

दीपक थाली में सजे, चम-चम करती ज्योत ।
लहराती आभा लगे, टिमटिमते खद्योत ।। 6802/7162

(फिर)

दोहा॰ यात्रा ज्यों ही चल पड़ी, राम-सिया जय घोष ।
सब बालाएँ नाचतीं, हर्ष मोद सह जोश ।। 6803/7162

आतिशबाजी के उड़े, आसमान तक बाण ।
रंग धमाके से गिरे, तारा-वृष्टि समान ।। 6804/7162

लड्डू पेड़े रेवड़ी, अनार केले आम ।
देत प्रेम से जनों को, लखन भरत सिय राम ।। 6805/7162

तोरण घर-घर पर लगे, दीपक शोभावान ।
लक्ष्मी देवी के हुए, पूजा कीर्तन गान ।। 6806/7162

 संगीतश्रीकृष्णरामायण गीतमाला, पुष्प 725 of 763

(दिवाली भजन)
(चाल और तबला ठेका के लिए देखिए
हमारी "*नई संगीत रोशनी*" का गीत 81)
स्थायी

2142
रत्नाकर रचित संगीत-श्री-रामायण

224. Story of the Diwālī Festival (7. Bharat-Milāp Kānd)

घर-घर दीप जलाओ सखी री, आज दीवाली ।

घर-घर दीप जलाओ सखी री, आज दीवाली ।

आतशबाज़ी चलाओ रे भैया, आज दीवाली ।।

♫ पप पप पनि ध पम-म मम प, मग म-प-ध- - - ।

सांसां सांसां सां-सां निध-ध धध ध, धम -मधनिरेंसांध-पम ।

प-पप पनिध पम-म म मप, मग म-प-ध-पम ।।

अंतरा-1

लछमी पूजा करो रे भैया, लछमी पूजा करो रे भैया ।

मिर्दंग ढोल बजाओ, सखी री आज दीवाली ।।

♫ -ग-ग- गमम- मध धप पमम-, -सां-धनि सां-सांध -धनि रेंसां ध-पम ।

-पपपप पनिध पम-म, मम प मग म-प-ध- - - ।।

अंतरा-2

धन देवी की आरती मंगल, कीर्तन गान सुनाओ, सखी री ।

अंतरा-3

आज घर आयो दशरथ नंदन, अवध में आनंद छायो, सखी री ।

अंतरा-4

बाल बालिका वनिता सुंदर, रंग रंगोली सजायो, सखी री ।

दोहा॰ **घर-घर नगरी के सभी, रँगे रंग से सात ।**
शिव-गौरी बोले, "पुरी, इन्द्रधनुष की भाँत" ।। 6807/7162

रची रँगोली रंग की, सबने विविध प्रकार ।
आँगन आँगन में सजा, रामायण का सार ।। 6808/7162

संगीतश्रीकृष्णरामायण गीतमाला, पुष्प 726 of 763

भजन : राग भीमपलासी

(रंग रँगोली)

स्थायी

नीली पीली लाल रँगोली, राधा सजावत आज निराली ।

♫ पनिसांनि धपगम प-ग मगरेसा-, सामम गमपपम पनिनि निपनिसां- ।

224. Story of the Diwālī Festival (7. Bharat-Milāp Kānd)

अंतरा–1

घनश्याम की बाजे है मुरली, ऋतु सावन की धुन मतवाली ।
खेलत गोपी आँख मिचौली ।।

♪ पपप–म प गमपप नि– पनिसां–, निनि– निसांसांसां– पनि सांनिध–प– ।
प–गंगं रें–सां– नि–निनि निध–प– ।।

अंतरा–2

देखो कितनी सुंदर प्यारी, वृंदावन में हिरदय हारी ।
मातु यशोदा नंद को बोली ।।

अंतरा–3

नाचत ठुमकत है व्रजबाला, घर–घर पर है दीपक माला ।
वृंदावन में आज दीवाली ।।

(रामलीला उत्सव)

दोहा॰ ललना चुनरी ओढ़ कर, नीली, पीली, लाल ।
तितली जैसी लचकती, चली ठुमकती चाल ।। 6809/7162

पग में घूँघर बाँध कर, छम–छम करतीं नाद ।
बालाएँ थीं नाचती, पूजन–विधि के बाद ।। 6810/7162

(और भी)

दोहा॰ घर–घर में जन मँडली, राम–कथा के पाठ ।
कहत सुनत आनंद में, चौपाई के ठाठ ।। 6811/7162

कोई दसरथ की कथा, "दो–वर" वाली बात ।
कोई दोहा छन्द में, बाल श्रवण का घात ।। 6812/7162

कुब्जा कुल्टा की कथा, कैकेई के काम ।
कौशल्या की कीर्ति की, कोई करे बखान ।। 6813/7162

कोई दंडक की कथा, वल्कलधारी राम ।
राम–सिया के सोरठे, छंद लखन के नाम ।। 6814/7162

भरत भेंट का माजरा, चित्रकूट का वास ।

224. Story of the Diwālī Festival (7. Bharat-Milāp Kānd)

राम पादुका की कथा, भरत हृदय का त्रास ।। 6815/7162

(फिर)

दोहा॰ पंचवटी की झोंपड़ी, सुंदर स्वर्ग समान ।
माया-मृग का फुदकना, कांचन रंग ललाम ।। 6816/7162

कोई रावण भिक्षु का, हाव भाव के साथ ।
अभिनय सच्चा सा किए, धरे सिया का हाथ ।। 6817/7162

"भिक्षां देहि माम् तू," कह कर भिक्षुक बोल ।
लक्ष्मण रेखा से परे, रहता झोली खोल ।। 6818/7162

संगीतश्रीकृष्णरामायण गीतमाला, पुष्प 727 of 763

भजन

(भिक्षां देहि)

स्थायी

सीता माई भिक्षां देहि ।

♫ सा–रे– म–ग– प–म– ग–रे– ।

अंतरा–1

वस्त्र गेरुए, सिर पर चोटी । हाथ कमंडलु, दाढ़ी खोटी ।
जोगी बना है, रावण द्रोही ।।

♫ सा–रे ग–गग–, मम मम प–म– । ध–प मगमम प–मग रे–ग– ।
सा–रे रेम– ग–, प–मम ग–रे– ।।

अंतरा–2

राम गए हैं मृग के पीछे । लखन है निकला रेखा खींचे ।
सिया अकेली कुटिया माही ।।

अंतरा–3

भिक्षा देने सीता आई । रावन पकड़ी सिया कलाई ।
शोर मचा रही है वैदेही ।।

(तथा ही)

224. Story of the Diwālī Festival (7. Bharat-Milāp Kānd)

✍दोहा॰ कोई रो रो कर कहे, "बचा मुझे रघुनाथ!" ।
कोई विहग जटायु की, बात अश्रु के साथ ।। 6819/7162

कोई शबरी सी बने, वृद्धा नारी रूप ।
चख-चख जूठे बेर से, हर्षाते सुरभूप ।। 6820/7162

कोई गावे राग में, "मिले राम-हनुमान" ।
एक निमिष में पा लिया, 'रामदास' का मान ।। 6821/7162

बाली-सुग्रीव बंधु का, मुष्टियुद्ध संग्राम ।
तारा देवी की कथा, किष्किंधा के ग्राम ।। 6822/7162

(और फिर)

सेतु-बंधन की कथा, कपि दल के शुभ काम ।
पत्थर सागर पर तरे, लिख कर राघव नाम ।। 6823/7162

कोई मुँदरी की कथा, सिय हनुमत की भेंट ।
सीता देवी की व्यथा, यथा तथा ही ठेठ ।। 6824/7162

कोई बढ़िया खेलता, "छातीफाड़ हनुमान" ।
देता सीता मातु को, ठीक ठीक अनुमान ।। 6825/7162

लंक जरावन की कथा, संजीवन की बात ।
इंद्रजीत वध की कथा, कुंभकर्ण का घात ।। 6826/7162

रावण की दस-मुख कथा, युद्ध राम के साथ ।
कोई गाता गीत है, "जीत गए रघुनाथ" ।। 6827/7162

(साथ ही)

✍दोहा॰ कोई झूला झूलते, नाचत देकर ताल ।
कोई रचता अन्न के, विविध भाँति से थाल ।। 6828/7162

कोई पुष्पक यान का, करता बहुत बखान ।
कोई सीता मातु का, करे मधुर गुणगान ।। 6829/7162

उत्सव ये आनंद का, 'दीपावली' के नाम ।

225. Rāma's annointment as the King of Ayodhyā

सब जग में जाना गया, जय सीता जय राम ।। 6830/7162

 संगीतश्रीकृष्णरामायण गीतमाला, पुष्प 728 of 763

दादरा ताल

(दीवाली उत्सव)

स्थायी

गीत शारद ने मंजुल है गाया, साज नारद मुनि ने बजाया ।
रत्नाकर से है मंगल रचाया, रामायण को है सुंदर सजाया ।।

♪ म-ग म-म- म प-म- ग म-प-, रे-ग म-म- मध- प- मग-म- ।
रेगम-म म- म ध-प- गम-प-, रे-ग-म- म- म ध-प- मग-रे- ।।

अंतरा–1

ढला सूरज का तारा गगन से, रात काली भई जब नगर में ।
दीप माला से हर घर सजाया, चाँद की चाँदनी को लजाया ।।

♪ सांसां नि-रेंरें सां ध-नि- धपप म-, सां-सां नि-रें- सांध- निनि धपप म- ।
म-ग म-म- म पप मम गम-प-, रे-ग म- म-मध- प- मग-रे- ।।

अंतरा–2

सजे घर-घर पे तोरण पताका, सब नगर में पटाखे धमाका ।
लक्ष्मी माता को भोगऽ लगाया, दु:ख पापों को दूरऽ भगाया ।।

अंतरा–3

राम-सीता के स्तुति पाठ गाते, हनुमत की कथा को सुनाते ।
ऐसा घर-घर जो उत्सव सुहाया, सारे जग में "दीवाली" कहाया ।।

भरत-मिलाप काण्ड : तीसरा सर्ग

 225. श्री राम के राज्याभिषेक की कथा :

225. Rāma's annointment as the King of Ayodhyā

♪ संगीतश्रीकृष्णरामायण छन्दमाला, मोती 489 of 501

शार्दूलविक्रीडित छन्द

225. Rāma's annointment as the King of Ayodhyā

S S S, I I S, I S I, I I S, S S I, S S I, S
♪ सा-रे- ग-म गरे- गम-! पमग रे-, ग-प- म ग-म- गरे-

(रामराज्यारोहण)

राजा राम बना सखी! अवध का, रानी सिया है बनी ।
सोता है प्रभु रामचंद्र बल का, सीता है महायोगिनी ।। 1

लीला राघव की सदा अमर है, सीता जिसे संगिनी ।
ऐसे पुत्र सुता महा जनम दे, वो धन्य है मेदिनी ।। 2

श्लोका:

अद्य रामोऽभवद्राजा सीता राज्ञी च सङ्गिनी ।
दशरथोऽभवद्धन्यः कौशल्या दैवशालिनी ।। 2150/2422

राजा यावन्न भूतश्च न च पुनर्भविष्यति ।
न कोऽपि क्षुधितो राज्ये नानिकेतो न निर्धनः ।। 2151/2422

न कोऽपि कामुको मूढो न क्रूरः कृपणस्तथा ।
अदानी निष्ठुरो दुष्टो विद्याहीनो न नास्तिकः ।। 2152/2422

न कोऽपि भक्तिहीनश्च न दीनो न च व्याकुलः ।
अधर्मी नानृतो राज्ये कोऽपि कुत्रापि वर्तते ।। 2153/2422

दोहा॰
रामचंद्र राजा बने, सीता रानी आज ।
जय जय नारे अवध में, बजे सुमंगल साज ।। 6831/7162

धन्य-धन्य दशरथ हुए, कौशल्या बड़भाग ।
राजा राघव सा नहीं, हुआ, न होगा बाद ।। 6832/7162

"भूखा कोई ना जहाँ, ना ही प्यासा कोय ।
निर्धन बेघर भी नहीं, राज्य राम का होय ।। 6833/7162

"कामुक मूढ़ न क्रूर हो, दुष्ट न मक्खीचूस ।
अनपढ़ नास्तिक ना जहाँ, कोई हो कंजूस ।। 6834/7162

"भक्तिहीन कोई न हो, व्याकुल हो ना दीन ।
अनृत कोई नर न हो, अधर्म में जो लीन ।। 6835/7162

225. Rāma's annointment as the King of Ayodhyā

"जनता के सुख के लिए, चलता है हर काज ।
न्याय नीति से जो चले, वही राम-का-राज" ।। 6836/7162

📖 कथा 📖

(सिंहासन)
भरी सभा जब अवध नगर की, जय जय बोले सब रघुवर की ।
राम-सिया जब मंडप आए, सिंहासन पर पादुक पाए ।। 5036/5205

दोहा॰ पूछा राघव ने, जभी, भरा सभा दरबार ।
"सिंहासन पर पादुका, क्यों है, भरत कुमार?" ।। 6837/7162

भ्राता बोला, राम को, अवध न मेरा राज ।
सिंहासन है आपका, ले लो सब तुम आज ।। 6838/7162

मैंने कीन्हा आज तक, राज्य तिहारे नाम ।
रख कर मैंने पादुका, सिंहासन पर, राम! ।। 6839/7162

मैं था नंदिग्राम में, बैठा छाल बिछाय ।
आया हूँ इत आज मैं, चौदह वर्ष बिताय ।। 6840/7162

(भरत)
मृग छाला पर भरत विराजा, अवध पुरी जनपद का राजा ।
उठा भरत पादुक सिर धारे, बोला, राघव! आप पधारें ।। 5037/5205

पादुक तुमरे तुम ही डारो, निजी धरोहर आप सँभारो ।
ज्यों था त्यों ही राज रखा है, मैंने तुमरा प्रेम चखा है ।। 5038/5205

गिरा भरत सिय राम चरण में, बोला लीजो मुझे शरण में ।
राज काज सब मुझसे लेलो, मेरा पद लछमन को देदो ।। 5039/5205

जो तुमसे माता ने छीना, वो मैंने है वापस दीन्हा ।
तुम हो खरे अवध के राजा, सिंहासन है तुमको साजा ।। 5040/5205

दोहा॰ लेकर राघव-पादुका, आया भरत कुमार ।
"धरो धरोहर आपकी, शासन अवध तिहार" ।। 6841/7162

225. Rāma's annointment as the King of Ayodhyā

गिरा राम के चरण में, रो कर भरत कुमार ।
ले लो मुझको शरण में, बोला बारंबार ।। 6842/7162

"माँ ने तुमसे छीन कर, राज्य, पिता का प्यार ।
दिया मुझे है व्यर्थ ही, राज्यभोग अधिकार ।। 6843/7162

"मुझे नहीं यह चाहिए, पद का कछु अधिकार ।
दे दो मम पद लखन को, पद से मुझे न प्यार" ।। 6844/7162

(और)

तुम्हीं सँभालो धन भँडारा, करलो सेना का संभारा ।
हाथी घोड़े आयुध सारे, राघव! अब हैं सकल तिहारे ।। 5041/5205

भाई! राज वस्त्र अब धारो, तापस वल्कल जटा उतारो ।
सिंहासन लो अवध बिहारी, भूप बनो अब सत्ताधारी ।। 5042/5205

क्षौर कर्म की करो तयारी, पहनो सुंदर भूषण भारी ।
रघुवर! वस्त्र शस्त्र सब धारे, करो राज के सब सिंगारे ।। 5043/5205

✍दोहा॰ वल्कल जटा उतार कर, राजवस्त्र को धार ।
करो वेश भूषा, रघो! आभूषण शृंगार ।। 6845/7162

सेना को सँभाल लो, धन संपद् भँडार ।
सिंहासन पर बैठ कर, करो राज्य संभार ।। 6846/7162

(विजय यात्रा)

सजाई गयी रानी सीता, भूषित कीन्ही कौशल माता ।
मुख्य पुरोहित पंडित आए, वेद ऋचाएँ मंगल गाए ।। 5044/5205

हुई विजय रथ की तैयारी, सिया राम श्री हुए सवारी ।
रथ भरत ही आप चलायो, लखन शत्रुघन चँवर डुलायो ।। 5045/5205

विभीषण सुग्रीव छत्र धराये, हनुमत हरि के पाँव दबाये ।
ऋषि-मुनि गुरु जन मंत्र उचारे, कपि दल जय सिय राम पुकारे ।। 5046/5205

✍दोहा॰ मुनिवर बोले, रामजी! करिए अब जय घोष ।

225. Rāma's annointment as the King of Ayodhyā

निकले यात्रा नगर में, हर्ष सहित, सह जोश ।। 6847/7162

सीता, रानी थी सजी, कोमल सुंदर नार ।
स्वर्ग भूमि की अप्सरा, रामचंद्र की दार ।। 6848/7162

शोभा यात्रा सज गयी, सैनिक हुए तयार ।
नृप राघव, रानी सिया, रथ पर हुए सवार ।। 6849/7162

पंच पुरोहित गा रहे, वेद मंत्र के पाठ ।
भरत बन गया सारथी, घोड़े रथ को आठ ।। 6850/7162

चँवर डुलावत राम पर, लखन शत्रुघन भ्रात ।
हनुमत बैठा चरण में, छत्र विभीषण हाथ ।। 6851/7162

शोभा यात्रा चल पड़ी, बहुत मोद के साथ ।
यात्री गण सब गा रहे, जय सीता रघुनाथ! ।। 6852/7162

(तब)

आगे रथ श्री राघव जी का, पीछे जन सागर था नीका ।
अवध नगर में यात्रा भारी, चक्र लगा कर महल पधारी ।। 5047/5205

पितृ भवन में सब दरबारी, अभिषेक की करी तयारी ।
नगरी के जन सज्जन सारे, सुख आसन पर आन पधारे ।। 5048/5205

गंगा जल के घट मँगवाए, साधन सामग्री ले आए ।
शुभ समय पर भोर सवेरे, सूर्योदय के पहले फेरे ।। 5049/5205

सुमंत्र सचिव ने शंख बजाया, वसिष्ठ मुनि ने स्थान सजाया ।
गौतम जाबाली गुणग्रामी, वामदेव कात्यायन नामी ।। 5050/5205

दोहा॰ आगे रथ था राम का, फिर परिवार तमाम ।
ऋषि-मुनि जन पैदल चले, पीछे जनता आम ।। 6853/7162

अवध नगर में शान से, चक्र लगा कर एक ।
आई यात्रा महल में, करने को अभिषेक ।। 6854/7162

हुई तयारी महल में, शुरू हुआ अभिषेक ।

225. Rāma's annointment as the King of Ayodhyā

आए सज्जन अवध के, ऋषि-मुनि संत अनेक ।। 6855/7162

(तब)

(माता कौशल्या)

राम-सिया को मातु बुलाई, सुवर्ण चौकी पर बिठलाई ।
मुनि जनों ने पूजन कीन्हे, सचिवों ने जल सिंचन दीन्हे ।। 5051/5205

उनके पीछे सेना नेता, रण समर के सदा विजेता ।
फिर पुर के सब मुखिया वासी, ज्ञानी जन-गण अवध निवासी ।। 5052/5205

दोहा॰ **सुवर्ण आसन पर सिया, बैठी राघव साथ ।
राजा रानी थे सजे, लिए हाथ में हाथ ।। 6856/7162**

**वसिष्ठ ने पूजन किए, वेद ऋचा के पाठ ।
गौतम जाबाली तथा, कात्यायन के साथ ।। 6857/7162**

**तिलक लगाए भाल पर, मौली बाँधी हाथ ।
सीता रानी अवध की, राजा श्री रघुनाथ ।। 6858/7162**

संगीतश्रीकृष्णरामायण गीतमाला, पुष्प 729 of 763

भजन

(राम को तिलक लगा)

स्थायी

आज, राम को तिलक लगेगा, सखी! आनंद आनंद होगा ।

♫ सारे, म-ग रे मसम मनिधपमप-, मम! नि-धप ध-पम पमगरेसा- ।

अंतरा-1

**सीता हमरी रानी बनेगी, सुंदर भूषण रंग सजेगी ।
आज, राम-का-राज बसेगा, सखी! मंगल साज बजेगा ।।**

♫ सा-रे- गमग- प-म गरे-ग-, प-मग म-मम ध-प मग-म- ।
सासा, रे-रे रे ग-ग गम-म-, मम! नि-धप ध-पम पमगरेसा- ।।

अंतरा-2

सबने शोभित वसन हैं डारे, जन पद सत् जन आन पधारे ।

225. Rāma's annointment as the King of Ayodhyā

आज, ऋषि-मुनि मंत्र उचारे, सखी! कीर्तन गान सजेगा ।।

अंतरा-3

सप्त नदी जल सिंचन होगा, कोई न पुर में अकिंचन होगा ।
आज, स्वर्ग बिराजा होगा, सखी! राघव राज करेगा ।।

(और फिर)

सिंहासन पर राम बिराजे, बजे मोद के मंगल बाजे ।
परंपरा का सुंदर नीका, मुकुट स्वर्णमय दशरथ जी का ।। 5053/5205

वसिष्ठ गुरुवर हाथ बढ़ाये, मुकुट राम के शीश चढ़ाये ।
अंगद सिर पर पकड़ा छाता, झालर मोती सरें सुहाता ।। 5054/5205

सुग्रीव दाँये चमर झुलायो, विभीषण बाँये अपर डुलायो ।
किन्नर तुंबर गाने गाए, सुर स्वर अमृत रस बरसाए ।। 5055/5205

मौक्तिक हार सुमंगल वाला, राघव ने सिय के गल डाला ।
सीता सजी अवध की राणी, मन ही मन वह अति हर्षाणी ।। 5056/5205

दोहा॰ स्वर्ण मुकुट मणि रत्न का, रामचंद्र के शीश ।
मुनि वसिष्ठ ने था रखा, देकर शुभ आशीष ।। 6859/7162

राज छत्र नल ने धरा, सुग्रीव चमर डुलाय ।
शारद किन्नर गा रहे, माता तिलक लगाय ।। 6860/7162

सीता के गल राम ने, डाला मौक्तिक हार ।
सीता रानी अवध की, राघव नृप की नार ।। 6861/7162

मंगल आशिष ढेर से, पाए सीता राम ।
जनपद जन कटिबद्ध थे, रामराज्य के नाम ।। 6862/7162

(तब)

राम अवध के राजा जाने, राम-राज्य जनपद जन माने ।
मुदित मन भए सज्जन सारे, राम-सिया के जय जयकारे ।। 5057/5205

दोहा॰ सभा विसर्जित होगयी, राम हुए कृतकाम ।

226. Story of Rāma-Rājya (Rāmāyan, 7. Bharat-Milāp Kānd)

विभीषण सुग्रीव कपि सभी, मुदित हुए हनुमान ।। 6863/7162

संगीतश्रीकृष्णरामायण गीतमाला, पुष्प 730 of 763

दादरा ताल

(राम-राज्याभिषेक की कथा)

स्थायी

गीत शारद ने मंजुल है गाया, साज नारद मुनि ने बजाया ।
रत्नाकर से है मंगल रचाया, रामायण को है सुंदर सजाया ।।

♫ म-ग म-म- म प-म- ग म-प-, रे-ग म-म- मध- प- मग-म- ।
रेगम-म म- म ध-प- गम-प-, रे-ग-म- म- म ध-प- मग-रे- ।।

अंतरा-1

राम राजा अवध का महाना, राम-का-राज जनपद ने माना ।
अभिषेचित भया रामराया, आज "अवधेश" राघव कहाया ।।

♫ सां-सां नि-रें- सांधध नि- धप-म-, सां-सां नि- रें-सां धधनिनि ध प-म- ।
मगम-मम मप- म-गम-प-, रे-ग "मम्म-म" ध-पप मग-रे- ।।

अंतरा-2

दाँये सुग्रीऽव चँवरऽ डुलावे, बाँये विभीषण जी चमरऽ हिलावे ।
हार मोती का सुंदर बनाया, गले सीता के रामऽ पिन्हाया ।।

अंतरा-3

सिंहासन पर जब राघव बिराजे, बजे मोदऽ के मंगऽल बाजे ।
हाथ दक्षिण गुरुऽ ने बढ़ाया, शीश राघव के किरीट चढ़ाया ।।

भरत-मिलाप काण्ड : चौथा सर्ग

226. रामराज्य की कथा :

226. Story of Rāma-Rājya (Rāmāyan, 7. Bharat-Milāp Kānd)

♫ संगीतश्रीकृष्णरामायण छन्दमाला, मोती 490 of 501

226. Story of Rāma-Rājya (Rāmāyan, 7. Bharat-Milāp Kānd)

स्रग्विणी छन्द[273]

ऽ ।ऽ, ऽ ।ऽ, ऽ ।ऽ, ऽ ।ऽ

(रामराज्य)

भूप ऐसा हुआ है न होगा कभी ।
राज्य ऐसा हुआ है न होगा कभी ।। 1
राम के पास व्यापार लाते जभी ।
नीति के न्याय से तृप्त होते सभी ।। 2

📖 कथा 📖

(राम)

✍दोहा॰ राघव बोले सज्जनों, "कहूँ नीति की बात ।
जो शास्त्रों ने है कही, सुनो ध्यान के साथ ।। 6865/7162

"युग निर्माता नृप बने, तज कर मद अभिमान ।
स्वर्गभूमि भूतल करें, नृप का हो अभियान" ।। 6866/7162

(वचन)

✍दोहा॰ "दिये बचन को पालना, रघु कुल की है रीत ।
प्राण जाय पर बचन ना, उसकी होती जीत" ।। 6867/7162

(सदाचार)

✍दोहा॰ "सत्य शाँति सद्धर्म से, सदा सिद्धि सुख स्पष्ट ।
न्याय नीति निर्धार का, नर ना होवे नष्ट ।। 6868/7162

"नास्तिक होता नष्ट है, आस्तिक की है जीत ।
सच्चे श्रद्धावान से, हमें सदा है प्रीत ।। 6869/7162

---

[273] ♫ **स्रग्विणी छन्द** : इस बारह वर्ण, 20 मात्रा वाले छन्द के चरण में चार र गण आते हैं । इसका लक्षण सूत्र ऽ ।ऽ, ऽ ।ऽ, ऽ ।ऽ, ऽ ।ऽ इस प्रकार होता है । इसके पदान्त में विराम होता है । इस छन्द के अन्य नाम हैं ♫ **लक्ष्मीधर छन्द**, ♫ **लक्ष्मीधरा छन्द**, ♫ **कामिनी मोहन छन्द** और ♫ **श्रृंगारिणी छन्द**.

▶ लक्षण गीत : ✍ **दोहा॰ रचना मात्रा बीस की, चार र गण का वृंद ।**
बारह अक्षर का बना, कहो "स्रग्विणी" छंद ।। 6864/7162

226. Story of Rāma-Rājya (Rāmāyan, 7. Bharat-Milāp Kānd)

"सज्जन संतन से हमें, सदा लगी हो प्रीत ।
सत्यवान शुचि सौम्य जो, सदा उसी की जीत ।। 6870/7162

"दीन हीन जो हैं दुखी, कर उनका उद्धार ।
सत्कर्मी नरवर वही, माना है हितकार" ।। 6871/7162

♫ संगीतश्रीकृष्णरामायण छन्दमाला, मोती 491 of 501

स्त्रग्विणी छन्द

ऽ ।ऽ, ऽ ।ऽ, ऽ ।ऽ, ऽ ।ऽ

(रामराज्य)

राम के राज में दुष्ट कोई न था ।
ना कहीं जोर ना ही कहीं चोर था ।। 1
था सभी को सदा वस्त्र रोटी मकाँ ।
तात सा प्रेम पाते सभी राम का ।। 2

(और)

✍ दोहा॰ "दुराग्रही जो दुर्गुणी, दंभी दुर्मति दुष्ट ।
कुत्सित काले कर्म का, उसे कठिन दो कष्ट ।। 6872/7162

"चारों वर्ण समान हों, भेद भाव बेकार ।
नर-नारी का विश्व में, समान हो अधिकार ।। 6873/7162

"नृप सद्गुण भंडार हो, पावन गंगा नीर ।
चाल चलन में सरल हो, यथा धनुष का तीर ।। 6874/7162

"स्नेह सुधा से सब सनें, स्वजन सुजन सत्नाम ।
सुखद सुमंगल सादगी, सभी समय सुखधाम" ।। 6875/7162

(भ्रष्टाचार)

✍ दोहा॰ "कोई घूस न ले कभी, ना हो भ्रष्टाचार ।
कोई ना उत्कोच दें, न ही बने लाचार" ।। 6876/7162

(निष्काम)

✍ दोहा॰ "सुख-दुख में जो एक है, लाभ हानि को छोड़ ।

226. Story of Rāma-Rājya (Rāmāyan, 7. Bharat-Milāp Kānd)

वीतराग उस धीर को, संकट सकै न तोड़ ।। 6877/7162

"सच्चा संगी है वही, जो दुख में हो साथ ।
भाई सच्चा है वही, जो दे दुख में हाथ" ।। 6878/7162

(नारी-रक्षा)

दोहा॰ "पर नारी को मानिये, बेटी भगिनी मात ।
अपनी दारा से रहो, सदा स्नेह के साथ ।। 6879/7162

"नारी-रक्षा पुण्य है, मानत हैं जग-तीन ।
नारी हरना पाप है, कर्म बहुत ही हीन ।। 6880/7162

"अबला भूषण भूषिता, अभय कर सके सैर ।
जनपद जन रक्षा करें, बिना मोह वा बैर ।। 6881/7162

"ओम् स्वधा की शुभ ध्वनि, गृह मंदिर में होय ।
क्रन्दन का दुख रव कभी, नारी करे न कोय" ।। 6882/7162

(धर्म)

दोहा॰ "दुष्ट न लंपट भूप हो, धर्महीन व्यभिचार ।
क्रूर हृदय पापी न हो, ना हो भ्रष्टाचार ।। 6883/7162

"कर्म धर्म वर्तन करे, निश-दिन अपने आप ।
कर्महीन जन को मिले, रामराज्य में ताप ।। 6884/7162

"धर्म उच्चतम जानिये, क्षात्रधर्म शुभ नाम ।
सत्य-धर्म का रूप है, कार्य कर्म निष्काम" ।। 6885/7162

(राजा)

दोहा॰ "भूप प्रजा का पुत्र हो, प्रजा पिता-अरु-मात ।
आज्ञाकारी नम्र हो, जन सेवक दिन-रात ।। 6886/7162

"शस्त्र-अस्त्र का ज्ञान हो, जाने शास्त्र अनेक ।
क्षात्र पात्र रण वीर भी, लाखों में हो एक ।। 6887/7162

"युक्ति वाद का हो गुणी, राजा चतुर अपार ।

226. Story of Rāma-Rājya (Rāmāyan, 7. Bharat-Milāp Kānd)

बात चीत से मन हरे, बूझे मनोविकार ॥ 6888/7162

"लखे सत्य दृग् मात्र से, बिना बहाए स्वेद ।
जाने विद्युत वेग से, नीर क्षीर का भेद ॥ 6889/7162

"सागर हो सत्धर्म का, विद्या कला सुजान ।
राजधर्म में निपुण हो, क्षात्रधर्म विद्वान" ॥ 6890/7162

(और)

दोहा॰ "कर्म कुशल नृप हो सदा, नीति निपुण निष्णात ।
बोल चाल से जान ले, अपर हृदय की बात ॥ 6891/7162

"तन मन धन सेती करे, भला प्रजा का भूप ।
आपद् में अविचल रहे, यथा यज्ञ का यूप ॥ 6892/7162

"दुर्गम करतब राज्य के, सुगम करन में लीन ।
राज काज की हो सदा, कीर्ति कभी ना क्षीण ॥ 6893/7162

"वीर जनों में हीर हो, वीरों में बलबीर ।
धैर्यशील में धीर हो, निर्मल हृदय शरीर ॥ 6894/7162

"मुख में वाणी मिष्ट हो, अमृत रस की धार ।
हिरदय दीन-दयाल हो, मनुज[274] धर्म का सार" ॥ 6895/7162

(ज्ञान)

दोहा॰ "दावाग्नि में वन जले, वर्षा तारक होय ।
क्रोधाग्नि में जो जले, बचा सकै ना कोय ॥ 6896/7162

"पूजे संत महंत को, राजा सिद्ध सुजान ।
चंदन रूप सुगंध दे, जाने वेद पुरान" ॥ 6897/7162

(राजनीति)

दोहा॰ "पलड़े शासन तोल के, रहें सदा समतोल ।

---

[274] मनुज = 1. मनु से उत्पन्न. 2. मनुष्य

नहीं दंड में रोष हो, निर्णय हो अनमोल ।। 6898/7162

"नीति नियम के न्याय में, सब पाएँ संतोष ।
ढूँढे भी ना मिल सके, जिसमें कोई दोष ।। 6899/7162

"पक्षपात से दूर हो, राग द्वेष को छोड़ ।
बैर भाव से हो परे, स्नेह प्रेम को जोड़" ।। 6900/7162

(तथा ही)

दोहा॰ "शरणागत को शरण दे, क्षमा त्राण वरदान ।
निर्वासित पर कर कृपा, मदद दान सम्मान" ।। 6901/7162

(क्योंकि)

दोहा॰ "घर से निस्कासित हुए, पामर पा कर ग्लान ।
शरण और की पाइके, कर सकते हैं हान" ।। 6902/7162

(प्रजा)

दोहा॰ "प्रजा न कोई क्षुधित हो, रोए कोई न मात ।
दाना पानी विपुल हो, कहीं न दुख की बात ।। 6903/7162

"भूप प्रजा का दास हो, सेवा कर्म कठोर ।
अत्याचारी नृप न हो, दंभी और निठोर ।। 6904/7162

"सदा राज्य में शाँति हों, रहें मेल से लोग ।
रोटी कपड़ा धाम हो, सभी करें उद्योग" ।। 6905/7162

♫ संगीतश्रीकृष्णरामायण छन्दमाला, मोती 492 of 501

वसंततिलका छन्द

ऽ ऽ ।, ऽ । ।, । ऽ ।, । ऽ ।, ऽ ऽ

♫ सा-नि़- सारे- रे सारेग-, मगरे-ग रे-सा-

(राम का राज्य)

कोई कभी न अपना, अभिधान खोया ।
भूखा न दीन दुखिया, असहाय सोया ।। 1
नारी न आर्त दुखिता, अबला न रोती ।

सारी प्रजा शुचिमना, दिन-रात होती ।। 2

वाणी सुसौम्य सबकी, सब आत्मज्ञानी ।
सारे उदार नर थे, दिलदार दानी ।।
योगी सभी करम के, नर स्वाभिमानी ।
यों रामराज्य-जनता, सुखभाग जानी ।।

(और)

दोहा॰ "फूलें खेती बाड़ियाँ, कभी पड़े न अकाल ।
नर-नारी सब ही रहें, कर्मठ शाम-सकाल ।। 6906/7162

"नारी बालक नर सभी, निर्भय हो स्वच्छन्द ।
हाट-बाट घर ना रहें, डर से ताले बंद ।। 6907/7162

"प्रजा जनों का नृप करे, परित्राण दिन-रात ।
राजा को चाहे प्रजा, नृप हो स्नेहिल तात ।। 6908/7162

"रखवारा हो राज्य का, जनसेवा में लीन ।
तारा हो वह नैन का, राजा दोष विहीन" ।। 6909/7162

(अनुशासन)

"गुरु द्विज का सम्मान हो, मुक्त हस्त से दान ।
न्याय नीति से काम हो, अनुशासन पर ध्यान ।। 6910/7162

"सबके प्रति सद्भावना, मानव प्राणी जीव ।
भूत मात्र सब एक ही, रामराज्य की नींव ।। 6911/7162

"सत्य सौम्य सम सादगी, सबविध सुखी समाज ।
क्षमा शाँति करुणा जहाँ, वहीं राम-का-राज" ।। 6912/7162

संगीतश्रीकृष्णरामायण गीतमाला, पुष्प 731 of 763

भजन

(राम-राज्य)

स्थायी

226. Story of Rāma-Rājya (Rāmāyan, 7. Bharat-Milāp Kānd)

रामराज्य का नाम ही, जग में स्वर्ग का धाम ।

♫ सारेग-ग ग- मंधप मं-, धध प- मं-ग रे सा-सा ।

अंतरा-1

जहाँ न कोई दोष रोष हो, जन-गण मन संतोष कोश हो ।

हिरदय की सुख संपद् राम ।।

♫ सारे- ग मं-मं- ध-प मं-ग मं-, पप धध निनि नि-धप मं-ग मं- ।

पधनिसां नि- धप मं-गरे सा-सा ।।

अंतरा-2

श्रम आश्रम का सदा भोग हो, वैर भाव का नहीं रोग हो ।

भाई हो संपूरण ग्राम ।।

अंतरा-3

जग में नारी सजे शेरनी, युवती बाला लगे मोरनी ।

घर आंगन में मंगल काम ।।

संगीतश्रीकृष्णरामायण गीतमाला, पुष्प 732 of 763

दादरा ताल

(रामराज्य की कथा)

स्थायी

गीत शारद ने मंजुल है गाया, साज नारद मुनि ने बजाया ।

रत्नाकर से है मंगल रचाया, रामायण को है सुंदर सजाया ।।

♫ म-ग म-म- म प-म- ग म-प-, रे-ग म-म- मध- प- मग-म- ।

रेगम-म म- म ध-प- गम-प-, रे-ग-म- म- म ध-प- मग-रे- ।।

अंतरा-1

राम-का-राज आदर्श जाना, जिसमें था स्वर्ग का स्पर्श माना ।

पलड़े शासन के समतल सदा थे, राम जी क्रोध मत्सर विदा थे ।।

♫ सां-सां नि- रें-सां ध-नि-ध प-म-, सां-सां नि- रें-सां ध- नि-ध प-म- ।

मगम म-मम म पपमम गम- प-, रे-ग म- म-म ध-पप मग- रे- ।।

अंतरा-2

227. Story of the Pearl Necklace (7. Bharat-Milāp Kānd)

रोटी कपड़ा घर सबको सभी था, शाँति भंगा न होता कभी था ।
बैर का भाव मन से गया था, शरणागत पर वो करता दया था ।।

अंतरा–3

पुत्र राजा था, माता प्रजा थी, गृह लक्ष्मी की होती पूजा थी ।
दूसरों का किया जो था भाता, दूसरों से किया वो था जाता ।।

अंतरा–4

अपने मुख से जो निकला विधाना, प्राण देकर था उसको निभाना ।
यदि सुख–दुख भँवर के लगे थे, लाभ हानि सब अपने सगे थे ।।

भरत-मिलाप काण्ड : पाँचवाँ सर्ग

227. मोती के हार की कथा :

227. Story of the Pearl Necklace (7. Bharat-Milāp Kānd)

♫ संगीतश्रीकृष्णरामायण छन्दमाला, मोती 493 of 501

पथ्या आर्या छन्द[275]

(गाओ नाम)

श्रीराम! राम! गाओ, शुभ आशीर्वद राम का पाओ ।
श्रीकृष्ण! कृष्ण! गाओ, ब्रह्मा के धाम आजाओ ।।

कथा

(तिलक समारेह)

दोहा॰ राघव अभिषेचित हुए, मिला बहुत सम्मान ।
राम–सिया ने हृदय से, दिये अतिथि कों दान ।। 6914/7162

[275] ♫ **पथ्या आर्या छन्द** : जिस मात्रिक छंद की प्रथम पंक्ति 30 मात्रा की और द्वितीय पंक्ति 27 मात्रा की है वह आर्या छंद है । जिस आर्या छंद के प्रथम पाद में 12 मात्रा, दूसरे में 18, तिसरे में 12 और चौथे में 15 मात्रा होती हैं वह पथा आर्या छंद है ।

▶ लक्षण गीत : दोहा॰ मात्रा बारह विषम में, सम पद हों असमान ।
उस आर्या के छंद का, "पथ्या आर्या" नाम ।। 6913/7162

227. Story of the Pearl Necklace (7. Bharat-Milāp Kānd)

पहनाया फिर राम ने, सीता को उपहार ।
परंपरा गत जो चला, मौक्तिक माला हार ।। 6915/7162

(सभा विसर्जन)

विदा हुए जनपद जन सारे, लिए रत्न मणिमाला हीरे ।
सीता ने गल हार उतारा, प्रिय हनुमत के गल में डारा ।। 5058/5205

✍दोहा॰ **हुई विसर्जित जब सभा, सह आदर उपहार ।**
सीता ने हनुमान का, किया बहुत सत्कार ।। 6916/7162

राघव ने जो था दिया, मोती वाला हार ।
सीता ने वह दे दिया, कपि के गल में डार ।। 6917/7162

(हनुमान)

हनुमत ने उपहार निहारा, लिशक लिशक चमचमता न्यारा ।
कुतुहल से फिर उसे उतारा, उलट पुलट कर देखा सारा ।। 5059/5205

जाकर बैठा कपि इक कोने, चित्त हर लिया मोतीयों ने ।
एक-एक कर देखा मोती, अनुपम जिनकी आभा होती ।। 5060/5205

सोचा तेज कहाँ से इसमें, मन मेरा भरमाया जिसमें ।
हनुमत ने माला को तोड़ा, एक मणी दातों से फोड़ा ।। 5061/5205

मुख से कर में लेकर चूरा, अंदर बाहर देखा पूरा ।
मिला राम का अंग न उनमें, कहीं राम का रंग न उनमें ।। 5062/5205

एक-एक कर मनके सारे, फोड़े उसने मोती प्यारे ।
मनोभाव हनुमत का जोही, राघव ने पहिचाना सोही ।। 5063/5205

✍दोहा॰ **माता सीता ने दिया, हनुमत को उपहार ।**
मगर भगत के हृदय में, आया एक विचार ।। 6918/7162

माता ने क्या सोच कर, दिया हार अनमोल ।
क्या माता ने भक्ति का, चुका दिया है मोल? ।। 6919/7162

क्या इसमें भी राम हैं, रत्न रूप भगवान? ।

227. Story of the Pearl Necklace (7. Bharat-Milāp Kānd)

मोती ये अनमोल हैं, दिखते हैं अभिराम ॥ 6920/7162

हनुमत ने उपहार को, कर में लिया उतार ।
लख कर शोभा हार की, मन कुतुहल संचार ॥ 6921/7162

सोचे कपि, इस हार में, क्यों है इतना तेज ।
देखूँ इसमें ओज क्यों, किस गुण की ये सेज ॥ 6922/7162

कपि ने माला तोड़ कर, मोती लीन्हे हाथ ।
मुख में दाने फोड़ कर, ढूँढा गुण रघुनाथ ॥ 6923/7162

मिला न उनमें राम के, रंग रूप का तेज ।
थूँ-थूँ करते थूँकता, मनके सब निस्तेज ॥ 6924/7162

मुख से मोती फोड़ कर, लगा खोजने राम ।
भक्त हृदय के भाव को, समझ गए श्री राम ॥ 6925/7162

राघव ने वह देख कर, जाना उसका चाव ।
हँसे चित्त में जान कर, कपि के मन का भाव ॥ 6926/7162

 संगीतश्रीकृष्णरामायण गीतमाला, पुष्प 733 of 763

भजन

(राम जपो भवतु)

स्थायी

राम जपो भवतु, तन-मन से, नाम सदा वसतु, स्मरणन में ।
♪ सां-ध पगरे सारेप-, गरे गप ध-, ग-रे सारे- गगप-, गरेगप ध- ।

अंतरा-1

दशरथनंदं, जानकी छंदं, रघुकुलकुंदं, भज रे अनंतम् ।
देह तेरा पततु, चरणन में ॥
♪ गरेगपप-प-, सां-सांसां सांरेंसां, धधधधप-ध, पग रे गप-प- ।
ग-रे सारे- गगप-, गरेगप ध- ॥

अंतरा-2

अमृत अमलं, मंगल कमलं, जन-गण रमणं, भज हरि सुमनम् ।

227. Story of the Pearl Necklace (7. Bharat-Milāp Kānd)

चित्त तेरा भवतु, दरशन में ।।

अंतरा–3

पवन स्वामिनं, सुफल दायिनं, सागर तरणं, भव भय हरणम् ।
समय तेरा वहतु, भजनन में ।।

(सीता)

उतने में उत सीता आई, मोती चूरा भू पर पाई ।
बोली, प्यारे! ये क्या कीन्हा, हार कथं चूरा कर दीन्हा ।। 5064/5205

मूल्य मयी मोती के दाने, मुख में डार लगे तुम खाने ।
थूँ-थूँ कर फिर थूँके सारे, फोड़ दिये किस कारण, प्यारे! ।। 5065/5205

ढूँढा क्या प्रिय तुमने इनमें, वस्तु कछु ना होती जिनमें ।
प्रिय हनुमत! तुम मुझे बताओ, खोज भला क्या करना चाहो ।। 5066/5205

दोहा० दिखे सिया को भूमि पर, मोती चकनाचूर ।
बोली, कपि! ये क्यों किया, मनकों में था नूर ।। 6927/7162

व्याकुल सीता ने कहा, क्या है यह, हनुमान! ।
मोती सारे फोड़ कर, हार किया बेकाम ।। 6928/7162

(हनुमान)

दोहा० हाथ जोड़ कपि ने कहा, क्षमा करो उत्पात ।
मैं राघव को ढूँढता, और न कुछ थी बात ।। 6996/7162

माते! ऐसी चीज के, कहिए कितने दाम ।
जिसके अंतर् अंग में, बसे नहीं हों राम ।। 6930/7162

माते! मेरी भक्ति को, रत्नों से मत तोल ।
सिया राम के चरण रज, मुझको हैं अनमोल ।। 6931/7162

माता! मुझको दीजिए, केवल यह वरदान ।
सियाराम के काज में, अर्पित करदूँ प्राण ।। 6932/7162

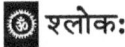 श्लोक:

227. Story of the Pearl Necklace (7. Bharat-Milāp Kānd)

हनुमानाह वैदेहीं सर्वस्वं राघवो हि मे ।
तस्य रत्नस्य किं मूल्यं यस्मिन्रामो न विद्यते ।। 2154/2422

(हनुमान)
जन दुनिया के इतने भोले, राम-नाम रत्ती ना तोले ।
धातु काँच माटी के टोटे, जग में मोल मनाते खोटे ।। 5067/5205

माते! मैं राघव अनुरागी, राम मातु मम गुरु पितु स्वामी ।
मैं तो माते! दास राम का, वही नाम है मुझे दाम का ।। 5068/5205

एक नाम मैं मन आराधूँ, रामचंद्र की सेवा साधूँ ।
संपद् वहीं मुझे है भाती, तन-मन में संचार लगाती ।। 5069/5205

माते! मैं सच्चा बड़भागी, मुझमें ज्योत नाम की जागी ।
राम-नाम लत मुझको लागी, नाम निरंतर मैं अनुरागी ।। 5070/5205

दोहा॰ अज्ञानी जन जगत के, होते हैं मतिमंद ।
मुल्य राम के नाम का, नहीं जानते चंद ।। 6933/7162

मोती राघव नाम के, दुनिया में अनमोल ।
शीशा मिट्टी मोल भी, उन्हें रतन बहुमोल ।। 6934/7162

सेवक मैं श्री राम का, माते! अब कृतकाम ।
मातु-पिता गुरुवर सखा, मेरे स्वामी राम ।। 6935/7162

आराधूँ मैं एक ही, निश-दिन मन में नाम ।
मुझे बड़ा है प्राण से, राम-नाम का दाम ।। 6936/7162

(सीता)
ठीक कहत हो हनुमत प्यारे! सत्य सभी हैं बचन तिहारे ।
देह वस्तु, राघव हैं देही, वस्तु दिव्य है राघव से ही ।। 5071/5205

जब मैं रोती थी उस वन में, नाम राम का ही था मन में ।
बिना नाम मम होती हत्या, बिना राम के सब जग मिथ्या ।। 5072/5205

तुमने सत्य कहा है, प्यारे! कण-कण में हैं राम तिहारे ।

227. Story of the Pearl Necklace (7. Bharat-Milāp Kānd)

तुमने प्रमाण मुझको दीन्हे, फाड़ कर वहाँ अपने सीने ।। 5073/5205

तुमरे भीतर मैंने देखे, राम प्रभु के दर्शन चोखे ।
अंग अंग में राघव तेरे, तू ही सच्चा मोती, प्यारे! ।। 5074/5205

✍दोहा॰ **सीता गदगद हो गई, सुन कर कपि की बात ।**
सीता ने हनुमान को, दीन्हा आशीर्वाद ।। 6937/7162

ठीक तिहारी बात है, तुमने दिया प्रमाण ।
तुमरी छाती में, सखे! बसे हुए हैं राम ।। 6938/7162

राम रतन तुझको मिला, तू रघुवर का दास ।
तुझमें राघव रंग है, तुझमें राघव वास ।। 6939/7162

धन्य-धन्य, प्रिय पुत्र! तुम, भक्तों के सिरमौर ।
तुम सम सारे विश्व में, भक्त न कोई और ।। 6940/7162

जब तक धरती पर रहे, गंगा की जलधार ।
गूँजे सारे विश्व में, तेरी जय जय कार ।। 6941/7162

तुम बिन सूना ही रहे, राघव का दरबार ।
राम कथा के पूर्व में, तेरा हो जयकार ।। 6942/7162

(अत:)

जिस जिनस में राम नहीं है, उसके कोई दाम नहीं हैं ।
जिस मुख में नित नाम नहीं है, उस जीवन से काम नहीं हैं ।। 5075/5205

जिन नयनन में राम की ज्योति, उनके अँसुअन सच्चे मोती ।
जिसे मिला है राघव साया, वही स्वर्ग जीते जी पाया ।। 5076/5205

जिसके हिरदय राम बसा है, जिसके मन में राम धँसा है ।
जिसने राम रतन हो पाया, उसको मोती से क्या माया ।। 5077/5205

जिसको राघव जाने भाई, जिसकी सीता देवी माई ।
जिसके स्वामी हैं रघुराई, उसको मोती रज की नाई ।। 5078/5205

राम रतन है तुमरे पासा, तभी कपि तुम रघुवर दासा ।

227. Story of the Pearl Necklace (7. Bharat-Milāp Kānd)

राम रूप तव अंग समाया, इसी लिए सुरभूप कहाया ।। 5079/5205

दोहा॰ राम रतन जिसको मिला, मोती से क्या काम ।
सर्व नाम में एक है, राम-नाम सत्नाम ।। 6943/7162

राम नहीं जिस वस्तु में, उसका कितना दाम ।
नाम नहीं जिस वदन में, वो जीवन क्या काम ।। 6944/7162

जिन नैनन में है जगी, राम-नाम की ज्योत ।
अँसुअन हैं उन नैन के, सच्चे मोती स्रोत ।। 6945/7162

साया जिस पर राम का, स्वर्ग उसे है धाम ।
राम रतन जिसको मिला, उसको धन क्या काम ।। 6946/7162

राघव जिसके तात हैं, सीता उसकी मात ।
स्वामी उसके राम हैं, राघव उसके भ्रात ।। 6947/7162

संगीतश्रीकृष्णरामायण गीतमाला, पुष्प 734 of 763

राग खमाज, दादरा ताल

(पवन तनय)

स्थायी

राम भगत पवन पुरुष, नीति निपुण परम वीर ।
कर्म कुशल कीश वदन, स्वार्थ त्यागी चरम धीर ।।

♫ सा-सा गगम पधग मपध, सां-सां निधम पधम ग-ग ।
नि-नि निनिनि सां-सां सांपध, सां-नि ध-म पधम ग-ग ।।

अंतरा-1

पवन तनय आंजनेय, बुद्धिशाली शक्तिमान ।
राम-लखन साथ तेरे, तुम अनुपम भक्तिमान ।।

♫ गमग मनिध सां-निसां-सां, पनिनिसां-सां निसांनिध-ध ।
सा-सा गगग म-म पधध, सांसां सांनिधम पधमग-ग ।।

अंतरा-2

गणपति सम ज्ञानवान, रवि समान कांतिमान ।

227. Story of the Pearl Necklace (7. Bharat-Milāp Kānd)

राम प्रभु हैं नाथ तेरे, तुम अतुलित बुद्धिमान ।।

अंतरा–3

कपिवर तुम रामदास, किर्तिमान पुण्यवान ।
राम रतन हाथ तेरे, गुण अगणित मूल्यावान ।।

दोहा॰ प्यारे! ऐसे द्रव्य के, ना है कोई दाम ।
जिसके अंतःकरण में, बसे नहीं हों राम ।। 6948/7162

तुमरे कण–कण में बसे, रामचंद्र भगवान ।
कपि! तुमरे मुख में सदा, राघव का ही नाम ।। 6949/7162

संगीतश्रीकृष्णरामायण छन्दमाला, मोती 494 of 501

पदपादाकुलक छन्द

2, 14

(मन में राम)

उस मनके का क्या दाम कहें ।
जिस के मन में ना राम रहे ।। 1
मुखड़ा जिसका दिखता सोना ।
पर हिरदय है विष का कोना ।। 2

दिखता सुंदर जिसका मुखड़ा ।
पर अंदर शीशे का टुकड़ा ।। 3
चाहे ना हो रूप अभिराम ।
तन–मन में हो बिराजत राम ।। 4

(रत्नाकर कहै)

दोहा॰ कीर्ति रूप न देखती, देखत तुमरे काम ।
कैकेयी सी सुंदरी, जग में है बदनाम ।। 6950/7162

संगीतश्रीकृष्णरामायण गीतमाला, पुष्प 735 of 763

दादरा ताल

(मोती के हार की कथा)

स्थायी

227. Story of the Pearl Necklace (7. Bharat-Milāp Kānd)

गीत शारद ने मंजुल है गाया, साज नारद मुनि ने बजाया ।
रत्नाकर से है मंगल रचाया, रामायण को है सुंदर सजाया ।।

♫ म-ग म-म- म प-म- ग म-प-, रे-ग म-म- मध- प- मग-म- ।
रेगम-म म- म ध-प- गम-प-, रे-ग-म- म- म ध-प- मग-रे- ।।

अंतरा-1

हार मोती का अपना पियारा, हनुमत को सिया ने पिन्हाया ।
बोली, मोती का सुंदर सजाया, तेरे गल में बहुत है सुहाया ।।

♫ सां-सां नि-रें- सां धधनि- धप-म-, सांसांनिनि रें- सांध- नि- धप-म- ।
मग, म-म- म प-मम गम-प-, रेग मम म- मधध प- मग-रे- ।।

अंतरा-2

देखे हनुमान मोती के दाने, बोला इनमें भरा क्या न जाने ।
जग में जो भी अलौकिक पाया, राम के तेज की है वो माया ।।

अंतरा-3

उसने माला से मोती वो तोड़े, दाऽतों से चबा कर वो फोड़े ।
देखा अंदर क्या इनमें समाया, राम का अंग उनमें न पाया ।।

अंतरा-4

बोली सीता, रे हनुमान प्यारे! क्यों तू फोड़े हैं मोती ये सारे ।
बोला, माते! ये मनके क्या कामा, मन के अंदर न जिनके हो रामा ।।

228. Story of the Washer man (7. Bharat-Milāp Kānd)

भरत-मिलाप काण्ड : छठा सर्ग

228. धोबी की कथा :

228. Story of the Washer man (7. Bharat-Milāp Kānd)

संगीतश्रीकृष्णरामायण छन्दमाला, मोती 495 of 501

पथ्या आर्या छन्द

(धोबी)

उस धोबी ने संशय पाकर, निज पत्नी को मारा ।
धोबी बोला, "राम नहीं मैं, वापस लें जो दारा" ।। 1
सुन कर कहना उस धोबी का, राघव भी सहमाया ।
आत्मसंयमी राम पर चली, उस धोबी की माया ।। 2

ॐ श्लोकौः

तत्रासीद्रामराज्ये तु रजको बहुसंशयी ।
अधार्मिको दुराचारी विवादी कलहप्रियः ।। 2155/2422

एकदा सोऽवदद्भार्यां रामेणानुचितं कृतम् ।
त्यक्ता न तेन वैदेही तस्यां विश्वस्य नोचितम् ।। 2156/2422

कथा

(रामराज्य)

दोहा॰ न्याय नीति के नियम से, करके गठित समाज ।
यथा शास्त्र, शुभ धर्म से, राघव कीन्हा राज ।। 6951/7162

राज्य राम करने लगे, तज कर गर्व प्रमाद ।
संकट जो थे आगए, उनका छोड़ विषाद ।। 6952/7162

सबके मन के भाव का, आदर कर रघुनाथ ।
सावधान सब समय थे, प्रजा जनों के साथ ।। 6953/7162

स्नेह सादगी शाँति से, सबको समझ समान ।

प्रजा जनों के कथन का, करते थे सम्मान ।। 6954/7162

(और)

✍दोहा॰ **जनपद जन भी प्रेम से, पूजित करते राम ।**
द्वेष द्रोह का देश में, कहीं नहीं था नाम ।। 6955/7162

प्रजा पितावत् पात्र थी, राघव पुत्र प्रमाण ।
सीता सबको स्निग्ध थी, प्यारी सुता समान ।। 6956/7162

(फिर भी)

✍दोहा॰ **जैसी कर की पाँच ही, ऊँगल नहीं समान ।**
वैसी जनता की मति, होती है असमान ।। 6957/7162

दस ऊँगल को जोड़ कर, करते लोग प्रणाम ।
उठाय कोई उँगली, कर देता अपमान ।। 6958/7162

श्वान पृच्छ टेढ़ी सदा, सीधी करै न कोय ।
रामराज्य के बीच भी, दुष्ट नीति नर होय ।। 6959/7162

(धोबी)

अवध पुरी में इक था धोबी, असुर वृत्ति का नामक जो भी ।
नहीं वह माना राघव नीति, उसे न पत्नी से थी प्रीति ।। 5080/5205

✍दोहा॰ **अवध पुरी में एक था, धोबी नर, खर जात ।**
माने ना वो नीति को, न ही किसी की बात ।। 6960/7162

पत्नी से ना प्रीत थी, ना ही उसे लगाव ।
लड़ना उसका काम था, लखे आव ना ताव ।। 6961/7162

(धेबिन)

इक दिन उसकी भई लड़ाई, धोबिन से फिर हाथा पाई ।
पत्नी बिगड़ी बहुत पति से, दुखी व्यथित थी हुई मति से ।। 5081/5205

रोती बिलखाती वह नारी, अपनी माँ की प्राण पियारी ।
आई घर अपनी माता के, चरण पड़ी अपने ताता के ।। 5082/5205

228. Story of the Washer man (7. Bharat-Milāp Kānd)

बोली, बापू! बिनती तुझको, घर अपने तुम रखलो मुझको ।
पति मेरा अति असुरी मति का, क्रोधी कोपी बिगड़ी गति का ।। 5083/5205

मैं नहिं उसके वापस जाना, अब है मेरा यही ठिकाना ।
मैं नहिं उसकी गाली खानी, यहीं मुझे दो दाना पानी ।। 5084/5205

दोहा॰ इक दिन धोबी दार से, झगड़ा बारंबार ।
हाथा पाई जब हुई, बिगड़ी उसकी नार ।। 6962/7162

रोती बिलखाती हुई, होकर बड़ी उदास ।
पति के घर को छोड़ कर, आई माँ के पास ।। 6963/7162

चरण पड़ी वो तात के, बोली, बापू! आप ।
रखलो मुझको पास ही, पति देता है ताप ।। 6964/7162

बापू ने उसको कही, सती धर्म की बात ।
"पति का घर तेरे लिए, सुख देवे दिन-रात" ।। 6965/7162

(बापू)
उसको बापू ने समझाया, पतिव्रता का वरत बूझाया ।
बेटी! तेरा हिरदय काया, पति के गृह में पद है पाया ।। 5085/5205

पति के घर की तू है रानी, यहाँ तुझे जीवन की हानि ।
बेटी! तुम अपने घर जाओ, यहाँ बहुत मत समय बिताओ ।। 5086/5205

अपने मन से बैर कढ़ाओ, पति के मन में प्रेम बढ़ाओ ।
यही भलाई का पथ जानो, बेटी! कहना मेरा मानो ।। 5087/5205

क्रोध रोष में घर को तजना, कैसे सहन करेगा सजना ।
तुरंत जाकर क्षमा याचना, करो सांत्वना, करो प्रार्थना ।। 5088/5205

दोहा॰ पतिव्रता संकल्प का, दीन्हा उसको ज्ञान ।
पति गृह ही मंदिर तुम्हें, वहीं तुझे हो स्थान ।। 6966/7162

स्वामी से ना बैर हो, बढ़े धनी से प्रेम ।
भला इसी में है तुम्हें, सदा इसी में क्षेम ।। 6967/7162

228. Story of the Washer man (7. Bharat-Milāp Kānd)

तजो क्रोध को तुम अभी, जाओ अपने गेह ।
करो क्षमा की याचना, तभी बढ़ेगा स्नेह ।। 6968/7162

"रानी तू पति के यहाँ, तू है नारी जात ।
जाओ घर अपने अभी, यहाँ न बीते रात" ।। 6969/7162

(बेटी)

बापू! तेरी जैसी आज्ञा, अब मैं पाई सुध-बुध प्रज्ञा ।
घर जाकर मैं नाथ जिया के, चरण धरूँगी परम पिया के ।। 5089/5205

रोती धोबिन जब घर आई, पति को फिर से क्रोधित पाई ।
उसे देख, वह मन का दुबला, धोबी पत्नी पर फिर उबला ।। 5090/5205

✍दोहा॰ **आज्ञा तुमरी है यथा, वही करूँगी काम ।**
रोती धोबन घर गयी, लीन्हे पति पग थाम ।। 6970/7162

(धोबी)

बोला, मैंने तुझे तजा है, तेरी त्रुटि की यही सजा है ।
"मैं वो राम नहीं दीवाना, जो पत्नी को लेने माना" ।। 5091/5205

पत्नी जो बाहर रह आती, घर नहिं वो वापस ली जाती ।
"यही है मेरे घर की नीति, रामराज्य की मुझे न भीति" ।। 5092/5205

✍दोहा॰ **पत्नी आती देख कर, धोबी के मन ताप ।**
बोला, तूने घर तजे, घोर किया है पाप ।। 6971/7162

धोबी भौंका क्रोध में, अपनी भौंहें तान ।
मैंने तुझको है तजा, मुझे पराया जान ।। 6972/7162

"मैं वह ना श्रीराम हूँ, जिसने कर अविचार ।
असुर-चुराई-दार को, लेने हुआ तयार" ।। 6930/7162

(राम)

सुन कर धोबी का वह कहना, हुआ राम का मन बेचैना ।
उसने मंत्री गण से पूछा, अवध जनों का भाव समूचा ।। 5093/5205

228. Story of the Washer man (7. Bharat-Milāp Kānd)

दोहा॰ सुन कर धोबी का कहा, हुए विकल मन राम ।
कहा सभा से राम ने, जानो जन मत आम ।। 6974/7162

(मंत्री)

धोबी ने जो बात कही है, चर्चा अब दिन-रात वही है ।
नगरी में अट्टहास वही है, सीता पर विश्वास नहीं है ।। 5094/5205

दोहा॰ मंत्री बोले राम को, हम हैं बहुत उदास ।
"सीता पर जनता नहीं, करती अब विश्वास ।। 6975/7162

"कहा विभीषण ने यथा, तथा जगत का ढँग ।
उसी नियम से सब चलें, राजा हो या रंक ।। 6976/7162

"अंतर्यामी आप हैं, जानत सदसद् भेद ।
फिर भी ये कहते हुए, हमें हो रहा खेद" ।। 6977/7162

(राम)

राघव सीता से फिर बोला, कैसा राजा हूँ मैं भोला ।
चलते जिनसे नगरी वाले, नियम वहीं ना मैंने पाले ।। 5095/5205

जनता का जो कहना होता, नृप को उससे रहना होता ।
जनता तेरा त्याग चाहती, इसकी मुझको आग दाहती ।। 5096/5205

कार्य मुझे अब क्या है कहिए, करना क्या अब मुझे चाहिए ।
जनता का मैं सुत हूँ जाना, जन मत मैंने वर है माना ।। 5097/5205

दोहा॰ कहा सिया से राम ने, कैसा नृप मैं राम ।
एक नियम से जग चले, दूजे से मम काम ।। 6978/7162

जनता का जो मत रहे, वही राज्य का सूत्र ।
जनता नारायण कही, नृप है उसका पुत्र ।। 6979/7162

करतब अब मैं क्या करूँ, कहो सही क्या काम ।
जनता से जनतंत्र है, सेवक है श्री राम ।। 6980/7162

कैसे मैं तुमको तजूँ, करने तृप्त समाज ।

2175
रत्नाकर रचित संगीत-श्री-रामायण

228. Story of the Washer man (7. Bharat-Milāp Kānd)

कैसे जन मत टाल दूँ, दुविधा में हूँ आज ।। 6981/7162

(सीता)

ना मैं मृग की लालच करती, ना रावण के छल में पड़ती ।
ना यों तुम पर संकट आते, ना हम पर सब दुख बरसाते ।। 5098/5205

ना जन मन में होती बातें, ना बेकल तुमरी दिन-रातें ।
ना तुमको यों लजना पड़ता, ना मुझको यों तजना पड़ता ।। 5099/5205

दोहा॰ सीता बोली राम को, "मेरा ही था दोष ।
मैं थी लालच में पड़ी, मृग देखे मदहोश ।। 6982/7162

"ना मैं तुमको भेजती, मृग के पीछे, राम! ।
ना होता लंकेश का, सफल कपट का काम ।। 6983/7162

"तुम्हें कष्ट मैंने दिया, करवाया संग्राम ।
अब दुविधा में मत पड़ो, तज दो मुझको, राम! ।। 6984/7162

"क्षात्र-धर्म पर तुम चलो, यही सत्य है राह ।
पत्नी से बढ़ कर, सखे! प्रजा जनों की चाह" ।। 6985/7162

(राम)

गर्भवती सीते! तू नारी, जावेगी तू कहाँ बिचारी ।
वसिष्ठ बाल्मिक गुरु जन मेरे, कर लेंगे अब रक्षण तेरे ।। 5100/5205

दोहा॰ गर्भवती तू नार है, नाजुक तेरा हाल ।
बालमीक मुनिवर तुझे, सीते! रखें सँभाल ।। 6986/7162

(विदाई)

यही राय करके सीता को, छोड़ा वन में जगमाता को ।
रोये लछमन हनुमत सारे, शोकाकुल जनपद जन भारे ।। 5101/5205

दोहा॰ निर्णय लेकर राम ने, बैठ सिया के साथ ।
तजा विपिन में दार को, दुखी हुए रघुनाथ ।। 6987/7162

(राम)

2176
रत्नाकर रचित संगीत-श्री-रामायण

228. Story of the Washer man (7. Bharat-Milāp Kānd)

सीता मेरी आँसू भीनी, नीति ने है मुझसे छीनी ।
सुवर्ण मूर्ति सिय की सुंदर, स्थापित होगी गृह के अंदर ।। 5102/5205

✍दोहा॰ वन में सीता छोड़ कर, व्याकुल पीड़ित राम ।
मूर्ति सिया की, स्वर्ण की, कीन्ही पूजन काम ।। 6988/7162

मूरत सच सीता लगे, सुंदर रूप ललाम ।
पूजा नित करने लगे, राम लखन हनुमान ।। 6989/7162

🌹 संगीतश्रीकृष्णरामायण गीतमाला, पुष्प 736 of 763

खयाल : राग यमन, तीन ताल

(सीता बिरहा)

स्थायी

निस दिन हों हम मन में तुम्हारे, सुखकर सुमिरन रखना सँभारे ।

♫ निनि पप रे- सासा गग ग मंनिधप-, गमंगप पधमंप निधप परे-सा- ।[276]

अंतरा-1

साथ तुम्हारे काल हैं गुजरे, दुख पल कारे सुख उजियारे ।

♫ पगप पसां-सां- निरेंगं रें सांनिधप, पगं रेंसां निधप- निध पपरे-सा- ।

अंतरा-2

मोद निमिष सब, नाथ पियारे, आज वे सारे लगते नियारे ।

🌹 संगीतश्रीकृष्णरामायण गीतमाला, पुष्प 737 of 763

दादरा ताल

(धोबी की कथा)

स्थायी

---

[276] **स्थायी तान :** निस दिन हों हम 1. निरे गमं पध निरें । सानि धप मंग रसा 2. निरे गमं गरे गमं । पध पमं गरे सा- 3. निनि धप मंग रेसा । निरे गमं पध निसा । **अंतरा तान :** साथ तुम्हारे 1. गरे गरे सानि सा- । निध निध पमं प- गरें गरें सांनि धप । निनि धप मंग रेसा 2. निरे गग रेग मंमं । गमं पप मंप धध पध निनि धनि सांसां । धनि सांसां धनि सांसां ।

Sangit-Shri-Krishna-Ramayan

गीत शारद ने मंजुल है गाया, साज नारद मुनि ने बजाया ।
रत्नाकर से है मंगल रचाया, रामायण को है सुंदर सजाया ।।

♪ म-ग म-म- म प-म- ग म-प, रे-ग म-म- मध- प- मग-म- ।
रेगम-म म- म ध-प- गम-प, रे-ग-म- म- म ध-प- मग-रे- ।।

अंतरा-1

राम के राज्य में इक था धोबी, उसने मानी न नीतिऽ थी जो भी ।
कोप मन में था उसके समाया, उसको पत्नी से लड़ना था भाया ।।

♪ सां-सां नि- रें-सां ध- निनि ध प-म-, सां-सां नि-रें- सां ध-नि- ध प- म- ।
म-ग मम म- म प-म- गम-प-, रे-ग म-म- म धधप- म ग-रे- ।।

अंतरा-2

एक दिन झगड़ा किया उसने भारा, क्रोध में उसने दारा को मारा ।
रोती मैके गयी उसकी जाया, उसको बापू ने वापस पठाया ।।

अंतरा-3

धोबी पत्नी को बोला, "अभागे! तू है समझी खड़ा राम आगे" ।
राम ने है सिया को स्वीकारा, पर मैंने तुझे है धिक्कारा ।।

अंतरा-4

सुन धोबी की कड़वी वो बातें, काँपी थरथर श्री राघव की गातें ।
राम सीता को सब कुछ बताया, त्याग तेरा है मुझको सुनाया ।।

(इति)

दोहा॰ नारद मुनि ने है कही, रत्नाकर को बात ।
सरस्वती से गीत हैं, मिले मुझे दिन-रात ।। 6990/7162

दोहे चौपाई सजा, राग छंद का ठाठ ।
राम कृपा से है बना, भरत-मिलन का पाठ ।। 6991/7162

Sangit-Shri-Krishna-Ramayan

अध्याय 8

लव-कुश काण्ड

8. Lav-Kush Kand

229. Story of the births of Lav and Kusha (8. Lav Kush Kānd)

अध्याय 8

लव-कुश काण्ड

(अथ)

दोहा॰ दोहे कीर्तन से सजे, कृपा करें अवधेश ।
मंगल लव-कुश-काण्ड का, अब होत श्रीगणेश ॥ 6992/7162

पहला सर्ग

 229. लव-कुश जन्म की कथा :

229. Story of the births of Lav and Kusha *(8. Lav Kush Kānd)*

 🎵 <u>संगीतश्रीकृष्णरामायण छन्दमाला, मोती 496 of 501</u>

शार्दूलविक्रीडित छन्द

S S S, I I S, I S I, I I S, S S I, S S I, S

🎵 सा–रे– ग़– म ग़ रे– ग़ म– प म ग़ रे–, ग़–प–म ग़– म–ग़ रे–

(लव-कुश)

सीता के सुत दो हुए युगल जो, श्री राम के रूप थे ।
नेहा से उनको लवांकुश कहा, भावी वही भूप थे ॥ 1
श्री वाल्मीक उन्हें चतुष्षठ कला, शस्त्रास्त्र ज्ञानी किया ।
माता ने उनको समस्त कुल का, वृत्तांत सारा दिया ॥ 2

🕉️ श्लोक:
सीताया युग्मजौ पुत्रौ लवकुशौ महाभटौ ।
रामस्य प्रतिरूपौ तौ सीतायाश्च समाकृती ॥ 2157/2422

📖 कथा 📖

(सीता)
सीता बोली, रघुवर प्यारे! मेरा त्याग न दोष तिहारे ।

229. Story of the births of Lav and Kusha (8. Lav Kush Kānd)

ना मैं मृग लालच में मरती, ना ही तुमसे आज बिछड़ती ।। 5103/5205

मेरा लालच, कीन्हा खीचड़ी, आज पुनः मैं तुमसे बिछड़ी ।
विषाद लेकर रोती मन में, कोसे सीता खुद को वन में ।। 5104/5205

दोहा॰ सीता बोली, रामजी! त्याग न तुमरा दोष ।
मृग-लालच मैंने किया, मुझे नहीं था होश ।। 6993/7162

सीता खुद को कोसती, मन में लिए विषाद ।
बिछड़ी तुमसे, हे प्रभो! रखना मेरी याद ।। 6994/7162

(फिर)

आए जब जन वनसंचारी, बोले गर्भवती है नारी ।
लगता इसको पति ने त्यागा, निर्दय नर है बड़ा अभागा ।। 5105/5205

लगती कुलीन है यह नारी, पड़ी विपद् में है बेचारी ।
नारी-रक्षा धर्म कहा है, इसमें मिलता पुण्य महा है ।। 5106/5205

(तब)

कोई बोला मैं रख लूँगा, इसको संरक्षण मैं दूँगा ।
दूजा बोला वसिठ मुनि के, आश्रम छोड़ो इसको गुणी के ।। 5107/5205

बेटा वहीं पलेगा प्यारा, वीर बनेगा ज्ञानी भारा ।
गुरुवर के चरणों में डालो, बोलो इन दोनों को पालो ।। 5108/5205

तीजा बोला भारद्वज के, मठ में इसको आएँ तज के ।
चौथा बोला बाल्मिक जी के, आश्रम इसके लिए हैं नीके ।। 5109/5205

चारों उसको लेकर धाए, बालमीक के मठ ले आए ।
गुरुवर ने उसको पहिचाना, बोले शुभ हो तुमरा आना ।। 5110/5205

दोहा॰ रोती नारी देख कर, आए पथिकन चार ।
बोले, वन में क्यों तजी, गर्भवती यह नार ।। 6995/7162

पहला बोला, मैं रखूँ, इसको अपने पास ।
दूजा बोला, ले चलें, वसिष्ठ मुनि के पास ।। 6996/7162

229. Story of the births of Lav and Kusha (8. Lav Kush Kānd)

तीजा बोला, ले चलो, भरद्वाज के धाम ।
चौथा बोला, बाल्मिकी, मुझे लगे शुभ नाम ।। 6997/7162

चार राहियों ने उसे, पहुँचाया मुनिधाम ।
बालमीक मुनि ने कहा, शुभ है तुमरा काम ।। 6998/7162

(वाल्मीकि)

कुछ कहने सिय ने मुख खोले, मगर बीच में मुनिवर बोले ।
कुछ भी मत बोलो तुम, सीते! करो न टेसूँ अब तुम रीते ।। 5111/5205

तुमरी गाथा मुझे पता है, नारद बोले यथा, तथा है ।
रामदास हनुमत आया था, अवध चले तुम बतलाया था ।। 5112/5205

रहो यहाँ तुम बड़े प्रेम से, होगा सब कुछ कुशल क्षेम से ।
यहाँ विविध फल पर्ण फूल हैं, शीत विपुल जल कंद मूल हैं ।। 5113/5205

दोहा॰   सीता ने मुनि को कहा, मैंने की है भूल ।
जिससे मुनिवर आज ये, काम हुआ प्रतिकूल ।। 6999/7162

सीता को मुनि ने कहा, "मत कलपाओ गात ।
नारद ने बोली यथा, तथा हो रही बात" ।। 7000/7162

यहाँ रहो निश्चिंत तुम, मन में रख विश्वास ।
सब कुछ वैसा हो रहा, यथा लिखा इतिहास ।। 7001/7162

(फिर)

यथा समय, सीता-सुत आए, चंद्र सूर्य सम जुगल सुहाये ।
मुनिवर लव-कुश नाम सुझाये, सिय नैनन की प्यास बुझाये ।। 5114/5205

दोहा॰   सुत सीता के आगए, पुत्र युगल अभिराम ।
बालमीक मुनि ने दिया, उनको "लव-कुश" नाम ।। 7002/7162

रावण ने था ज्यों दिया, सीता को वरदान[277] ।

---

[277] सीता को वरदान : देखिए कथा 162

229. Story of the births of Lav and Kusha (8. Lav Kush Kānd)

युगल पुत्र की माँ बनी, पुत्र हुए गुणवान ।। 7003/7162

मुनि आश्रम में, राम के, लव-कुश जुड़वाँ पूत ।
पढ़े लिखे, आगे बने, रामराज्य के दूत ।। 7004/7162

शास्त्र विशारद होगए, लव-कुश ब्रह्म स्वरूप ।
शस्त्र-अस्त्र पंडित बने, रामचंद्र प्रतिरूप ।। 7005/7162

साम वेद संगीत का, किए परिश्रम घोर ।
वादन पारंगत हुए, दश वर्षीय किशोर ।। 7006/7162

 संगीतश्रीकृष्णरामायण गीतमाला, पुष्प 738 of 763

दादरा ताल
(लव-कुश जन्म की कथा)

स्थायी

गीत शारद ने मंजुल है गाया, साज नारद मुनि ने बजाया ।
रत्नाकर से है मंगल रचाया, रामायण को है सुंदर सजाया ।।

♪ म-ग म-म- म प-म- ग म-प, रे-ग म-म- मध- प- मग-म- ।
रेगम-म म- म ध-प- गम-प, रे-ग-म- म- म ध-प- मग-रे- ।।

अंतरा-1

देख वन में वो गर्भिऽणी नारी, पास आए सुजन वन विहारी ।
पालकी में सिया को बिठाया, मुनि बाल्मीक के मठ में लाया ।।

♪ सां-सां निन रें- सां ध-नि-ध प-म-, सां-सां नि-रें- सांधध निनि धप-म- ।
मगम- म- मप- म- गम-प-, रेग म-म-म म- धध प मग-रे- ।।

अंतरा-2

कुछ मासों में सीता बियाई, हुई जुड़वाँ वो पुत्रों की माई ।
नाम लव-कुश मुनिऽवर बताया, नाम सीता को दोनों का भाया ।।

अंतरा-3

राम के रूप दोनों सुहाते, चाँद सूरज से लव-कुश थे भाते ।
बऽच्चों को मुनि ने पढ़ाया, शास्त्र संगीत पंडित बनाया ।।

230. Story of Shrī Rāma's Ashvamedh Yajña

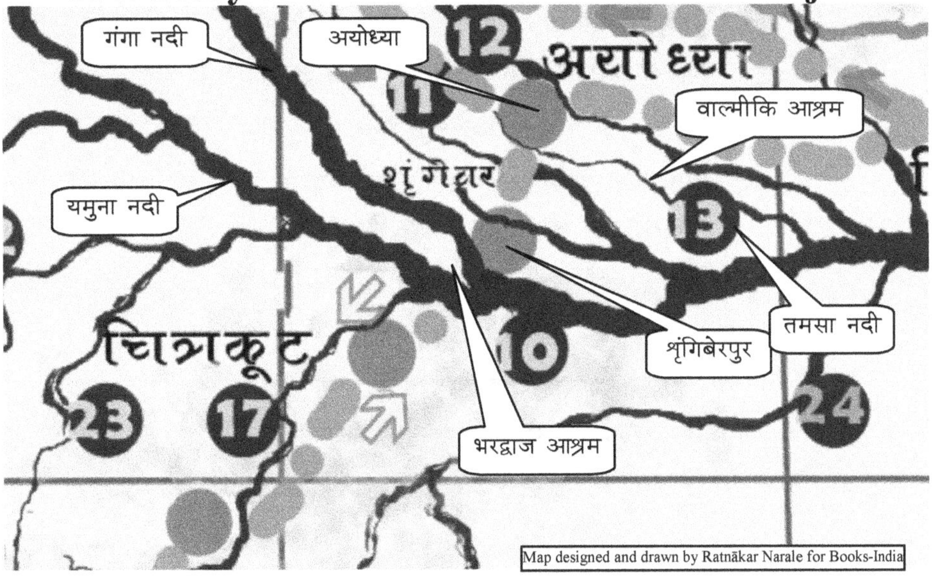

Map designed and drawn by Ratnākar Narale for Books-India

लव-कुश काण्ड : दूसरा सर्ग

230. अश्वमेध यज्ञ की कथा :

230. Story of Shrī Rāma's Ashvamedh Yajña

🎵 संगीतश्रीकृष्णरामायण छन्दमाला, मोती 497 of 501

अनिंदगुर्विन्दु छन्द[278]

। । ।, । ऽ ऽ, ऽ ऽ ।, ऽ । ऽ, ऽ ऽ

(अश्वमेध)

लव-कुश ने रोका अश्वमेध का घोड़ा ।
लड़ कर सेना से राम की, नहीं छोड़ा ॥ 1

---

[278] 🎵 अनंतगुर्विन्दु छन्द : इसके चरणों में चौदह वर्ण, 22 मात्रा होती हैं । इसमें न य त र गण और दो गुरु वर्ण आते हैं । इसका लक्षण सूत्र । । ।, । ऽ ऽ, ऽ ऽ ।, ऽ । ऽ, ऽ ऽ इस प्रकार होता है । यति चरणान्त ।

▶ लक्षण गीत : 🎵 दोहा॰ मत्त बाईस का बना, दो गुरु कल से अंत ।
कहिए "अनंतगुर्विन्दु," न य त र गण का छंद ॥ 7007/7162

230. Story of Shrī Rāma's Ashvamedh Yajña

हनुमत को बांधा रज्जु से, न वो बोला ।
अवध पुरी में लाया उसे, तदा खोला ॥ 2

रघुवर ने पूछा कौन है पिता तोरा ।
लव-कुश बोले श्री राम है पिता म्हारा ॥ 3

धरम हमें श्री बाल्मीक ने सिखाया है ।
प्रचलना नाना शस्त्रास्त्र का दिखाया है ॥ 4

श्लोक:

रामचन्द्रो महाराजा चक्रवर्ती महाबल: ।
अकरोदश्वमेधं स महायज्ञं हि धार्मिकम् ॥ 2158/2422

कथा

(अश्वमेध)

दोहा॰ रामराज्य आदर्श के, बीते जब दश वर्ष ।
अश्वमेध का राम ने, किया यज्ञ से हर्ष ॥ 7008/7162

(वसिष्ठ मुनि)

बसिठ मुनि राघव को बोले, अश्वमेध का योजन हो ले ।
सार्वभौम तुम भूप बने हो, सत्य इन्द्र के रूप सने हो ॥ 5115/5205

मुनि आज्ञा से भई तयारी, अश्व श्वेत निष्कलंक भारी ।
छोड़ा दिग्विजयन को पाने, जीत सकल त्रिभुवन को लाने ॥ 5116/5205

अश्व सजा था सुंदर भारा, छत्र पीठ पर मंगल धारा ।
टप-टप चलता वीर गति से, आगे बढ़ता वेग अति से ॥ 5117/5205

पीछे सैनिक दौड़े चोखे, यज्ञ अश्व कोई ना रोके ।
देश-देश के राजा भागे, हार गए सेना के आगे ॥ 5118/5205

दोहा॰ राम-राज्य के जब हुए, पूर्ण सफल दस वर्ष ।
वसिष्ठ बोले राम को, उत्सव हो सह हर्ष ॥ 7009/7162

सार्वभौम तुम अधिप हो, देवेन्द्र के समान ।

230. Story of Shrī Rāma's Ashvamedh Yajña

अश्वमेध के यज्ञ से, मिले हमें सम्मान ।। 7010/7162

श्वेत महाबल अश्व पर, सजा छत्र संभार ।
निकला पाने दिग्विजय, त्रिभुवन को ललकार ।। 7011/7162

आगे घोड़ा भागता, पीछे सैनिक लोक ।
चला अश्व जग जीतता, कोई सका न रोक ।। 7012/7162

तमसा पर जब आगया, अश्व जगत को जीत ।
लव-कुश ने पकड़ा उसे, सेना हुई चकित ।। 7013/7162

अश्व छुड़ाने सैन्य ने, शर का किया प्रहार ।
सेना का तगड़ा किया, लव-कुश ने प्रतिकार ।। 7014/7162

(फिर)

सकल देश में हार सकी ना, तमसा पर जब आई सेना ।
उनको दो शिशु दीखे आगे, धनुर्वेद क्रीड़ा में लागे ।। 5119/5205

लव ने देखा अश्व ललामा, सुंदर छतरी स्वर्ण लगामा ।
बोला कुश को, इसको पकड़ें, उसकी लगाम में ही जकड़ें ।। 5120/5205

अश्व अचानक खड़ा होगया, शिशु को देखे ध्यान खोगया ।
लव ने झट से पकड़ा घोड़ा, सैनिक बोले तभी न छोड़ा ।। 5121/5205

सैनिक बोले तुम बच्चे हों, अभी समझ में तुम कच्चे हों ।
लव-कुश बोले तीर उठाओ, फिर देखो तुम क्या फल पाओ ।। 5122/5205

जिसने धनु को हाथ लगाया, उसके ऊपर तीर बजाया ।
शर वृष्टि फिर कीन्ही भारी, भाग गयी हत सेना सारी ।। 5123/5205

दोहा॰ छुड़ा सके ना अश्व को, सैनिक लव-कुश हाथ ।
लौटी सेना हार कर, बड़ी लाज के साथ ।। 7015/7162

(तब)

बाल्मीक मुनिवर देख रहे थे, बोले नारद यही कहे थे ।
लव-कुश घोड़ा लेकर आए, मुनिवर को निजि विजय दिखाए ।। 5124/5205

230. Story of Shrī Rāma's Ashvamedh Yajña

✍दोहा॰ **मुनिवर बाल्मिक देखते, मगर पड़े ना बीच ।**
लव-कुश पर विश्वास था, बिना किसी हिचकिच ।। 7016/7162

बोले, ज्यों ही थी कही, नारद मुनि ने बात ।
बिलकुल वैसा हो रहा, बिना कतई अपवाद ।। 7017/7162

(राम)

सेना रोती वापस आई, राघव को सब बात बताई ।
लछमन बोला, मैं जाता हूँ, घोड़े को धर कर लाता हूँ ।। 5125/5205

✍दोहा॰ **आई सेना लौट कर, रोती राघव पास ।**
लछमन बोला, हार कर, सेना हुई उदास ।। 7018/7162

मैं जाता हूँ आप ही, धर लाता हूँ अश्व ।
भरत संग में चल पड़ा, अचरज में सब विश्व ।। 7019/7162

(लक्ष्मण भरत)

लखन-भरत भी जीत न पाए, उल्टे पैरों वापस आए ।
राघव बोले कौन बाल हैं, हनुमत देखो क्या कमाल है ।। 5126/5205

✍दोहा॰ **उत्सुकता थी विश्व में, क्या होगा परिणाम ।**
लव-कुश से होगा जभी, भरत-लखन संग्राम ।। 7020/7162

लखन-भरत भी ना सके, लव-कुश को जब जीत ।
आए वापस लौट कर, लव-कुश थे अविजीत ।। 7021/7162

राम कहे हनुमान को, लाओ अश्व हमार ।
जाकर देखो कौन हैं, ऐसे वीर कुमार ।। 7022/7162

(हनुमान)

तमसा पर जब हनुमत आए, लव-कुश में प्रतिराघव पाए ।
बोले ये राघव के सुत हैं, इनसे लड़ना नहीं उचित है ।। 5127/5205

कर ऊपर कर, किए इशारे, बोले, "बच्चों! हम तो हारे" ।
लव-कुश ने हनुमत को पकड़ा, डोर बाँध कर उनको जकड़ा ।। 5128/5205

230. Story of Shrī Rāma's Ashvamedh Yajña

हनुमत बोले मुनिवर को ही, मुझे ले चलो हरि पग यों ही ।
बाल्मीक बोले, स्वति स्वाहा! यही समय जो मैंने चाहा ।। 5129/5205

दोहा॰ लव-कुश-आभा देख कर, समझ गए हनुमान ।
"ये तो सुत हैं राम के, वीर कुमार महान" ।। 7023/7162

कपि ने हाथ उठायके, मानी अपनी हार ।
लव-कुश, कपि को बाँध कर, नाचे ताली मार ।। 7024/7162

हनुमत ने मुनि से कहा, यों ही बाँधे हाथ ।
मुझे ले चलो अवध को, देखेंगे रघुनाथ ।। 7025/7162

मुनिवर बोले, ठीक है, यही उचित है बात ।
तभी कथा आगे चले, यथा लिखी है, तात! ।। 7026/7162

अभी समय है आगया, मिलें राम से पुत्र ।
राघव से सीता मिले, यही कथा का सूत्र ।। 7027/7162

(फिर)

हनुमत को लव-कुश मुनि लाए, राघव ने कपि जकड़े पाए ।
बोले, हनुमत क्या है वाँधा,[279] किसने तुमको यों है बाँधा ।। 5130/5205

राघव बोले, हनुमत प्यारे! कौन किए ये हाल तिहारे ।
तुम तो सबसे चढ़ कर हीरे, तुम तो कभी नहीं थे हारे ।। 5131/5205

रावण का सुत अक्षकुमारा, असोक वन में तुमने मारा ।
अहिरावन की बाँह उखाड़ी, तुम हमरी हर विपद् उजाड़ी ।। 5132/5205

रावण दल था तुमसे हारा, जंबूमाली तुमने मारा ।
उनसे बढ़ कर शिशु ये शूरे, महान लगते जग में पूरे ।। 5133/5205

दोहा॰ लव-कुश-बाल्मीक ले गए, कपि को राघव पास ।
राघव बोले, क्या हुआ, कौन किया उपहास ।। 7028/7162

---

[279] वाँधा = बाधा, झंझट, माजरा ।

तुमने अक्षकुमार को, मारा पत्थर फेंक ।
काँपे तुमको देख कर, राक्षस क्रूर अनेक ।। 7029/7162

अहिरावण की बाँह भी, तुमने डाली तोड़ ।
जंबूमाली वीर भी, तुमने डाला फोड़ ।। 7030/7162

तुम रावण दरबार से, भागे धक्का मार ।
भूत पिशाच पलायते, तुमरे रूप निहार ।। 7031/7162

तुम तो सकल उठाइके, लाए द्रोण पहाड़ ।
डर कर दौड़े असुर भी, सुन कर एक दहाड़ ।। 7032/7162

तुम तो वीर महान हो, तुमसा को है वीर ।
किसने बाँधा है तुम्हें, बिना चलाए तीर ।। 7033/7162

(हनुमान)

दोहा॰ **हनुमत बोला राम को, बन कर भोला कीश ।**
मैं क्या जानूँ कौन ये, तुम जानो, जगदीश! ।। 7034/7162

(और)

देखो ये दो बाल खड़े हैं, मुझसे बढ़ कर वीर बड़े हैं ।
इनके आगे सेना हारी, लखन शत्रुघन की पत मारी ।। 5134/5205

परिचय इनको पूछो, स्वामी! आप यद्यपि अंतर्यामी ।
विश्व जान ले कौन खड़े हैं, जिनके तुमसे नैन लड़े हैं ।। 5135/5205

दोहा॰ **हनुमत बोला, रामजी! ये हैं बाल कुमार ।**
मुझसे बढ़ कर वीर हैं, मैंने मानी हार ।। 7035/7162

अंतर्यामी आप हैं, फिर भी, दया-निधान! ।
परिचय इनसे पूछिये, होगा जग कल्याण ।। 7036/7162

(राम)

दोहा॰ **कहो कुमारो! कौन हो, क्या हैं तुमरे नाम ।**
पिता तिहारे कौन हैं, क्या है उनका काम ।। 7037/7162

230. Story of Shrī Rāma's Ashvamedh Yajña

माता तुमरी कौन है, कहाँ तुम्हारा धाम ।
मेरा परिचय मैं कहूँ, "राघव" मेरा नाम ॥ 7038/7162

(और)

तुमने पाया है कहाँ, धनुर्वेद का ज्ञान ।
तुमरे गुरुवर कौन हैं, कहो सहित सम्मान ॥ 7039/7162

तुमने हनुमत को भला, कैसे बाँधा पाश ।
जिसने असुरों का किया, गदा चला कर नाश ॥ 7040/7162

जो ना रावण से डरा, असुरों को दी मार ।
संजीवन के काज में, लाया शैल उखाड़ ॥ 7041/7162

(लव-कुश)

सुनिये नृपवर! कथा हमारी, दूर करेगी व्यथा तिहारी ।
मैं लव, ये कुश मेरा भ्राता, युगल बंधु हम जानो, ताता! ॥ 5136/5205

कृपया पूर्ण कहानी सुनिये, फिर जो कहना सो नृप! कहिए ।
उत्तर सब प्रश्नों के सारे, मिल जाएँगे, प्रभो! तिहारे ॥ 5137/5205

बालक दोनों वीणाधारी, सुनाने लगे गाथा प्यारी ।
साम वेद के छन्द में सजी, अलंकार के रंग में रजी ॥ 5138/5205

बालक दोनों रघुवर प्यारे, लगे छेड़ने वीणा तारें ।
सुनाने लगे लव-कुश सुंदर, रामायण का कथा समुंदर ॥ 5139/5205

दोहा॰ लव-कुश बोले, तो सुनो, कथा हमारी, तात! ।
उत्तर अपने प्रश्न के, सभी प्रेम के साथ ॥ 7042/7162

वीणा तारें छेड़ कर, दोनों राम कुमार ।
लगे सुनाने राम को, कथा-समुंदर सार ॥ 7043/7162

 संगीतश्रीकृष्णरामायण गीतमाला, पुष्प 420 of 763

भजन : राग आसावरी, कहरवा ताल 8 मात्रा
(चाल और तबला ठेका के लिए देखिए हमारी "*नई संगीत रोशनी*" का गीत 76)

230. Story of Shrī Rāma's Ashvamedh Yajña

(लव-कुश)

स्थायी

सुना रहे हैं लव-कुश सुंदर, रामायण का कथा समुंदर ।

♫ पधनि सांनिपमं मं- -मंध निध म-गग, -गमधपरेरे सा- साध- धनिधपपप ।

अंतरा-1

ब्रह्मा बोले, नारद धाए, बाल्मीक लेखा, शारद गाए ।

मंगल पावन ये श्लोक सागर, आनंदित हैं भवानी शंकर ।।

♫ -गंगंगरें गं-गं- -गंगंगमं गंरेंरें-, -निसांनिध निरेंरें- -निरेंगंरें निरेंसां- ।

-प-सांनि पमंमंमं -मंमंधनिध म-गग, -गमधपरेरे सा- साध-ध निधपपप ।।

अंतरा-2

अवध पुरी में रघुकुल साजा, "दो-वर" दीन्हे दशरथ राजा ।

कैकयी कुब्जा रचा कुचक्कर, भेजा वन में राम सुमंगल ।।

अंतरा-3

हरिण सुनहरा, हरण सिया का, जटायु शबरी, वध बाली का ।

लंका दाहन, सेतु बंधन, लखन संजीवन, रावण भंजन ।।

अंतरा-4

लव-कुश बालक अश्व जीत कर, हारे हनुमत भरत लखन दल ।

भूप अवध का बना है राघव, हर्ष भरे हैं धरती अंबर ।।

(कथा)

दया धर्म सुख-शाँति प्रेमी, महा होगया दशरथ नेमी ।

230. Story of Shrī Rāma's Ashvamedh Yajña

दार तीन थीं नेमी जी की, मँझली उनको लगती नीकी ।। 5140/5205

कैकेयी को नृप दो-वर दीन्हा, आत्मघात अंजाने कीन्हा ।
नृप के पुत्र चार थे प्यारे, सबके ही नैनन के तारे ।। 5141/5205

वसिष्ठ मुनि से पाए शिक्षा, शस्त्र शास्त्र सब कला समीक्षा ।
बने धुरंधर शिव अवतारी, महा धनुर्धर जन हितकारी ।। 5142/5205

✍दोहा॰ **धर्म परायण वीर था, राजा एक महान ।**
रानी उसकी तीन थीं, मँझली उसकी जान ।। 7044/7162

मँझली को "दो-वर" दिये, बड़े मोह के साथ ।
अनजाने में कर गया, अपना आतमघात ।। 7045/7162

रघुपति के सुत चार थे, चारों वीर महान ।
वसिष्ठ विश्वामित्र ने, दिया शास्त्र का ज्ञान ।। 7046/7162

(एक दिन)

इक दिन अगस्त्य मठ से धाए, विश्वामित्र महामुनि आए ।
दशरथ राजा स्वागत कीन्हे, मुनिवर को अति आदर दीन्हे ।। 5143/5205

दशरथ बोले हम बड़भागे, तुमरे चरण अवध को लागे ।
जो माँगोगे सो मैं दूँगा, मुनिवर! "ना" मैं नहीं कहूँगा ।। 5144/5205

माँगो मुझसे चाँदी सोना, माँगो मुझसे मेरी सेना ।
मुनि बोले यह सब बेकामा, मुझे चाहिए तेरा रामा ।। 5145/5205

✍दोहा॰ **इक दिन विश्वामित्र जी, आए दशरथ धाम ।**
नृप ने बड़ सत्कार से, कीन्हा उन्हें प्रणाम ।। 7047/7162

दशरथ ने मुनि से कहा, सेवा कहिए, नाथ! ।
जो माँगोगे वार दूँ, बड़े प्रेम के साथ ।। 7048/7162

"ना" मैं उत्तर ना कहूँ, कहूँ शपथ के साथ ।
चाँदी सोना माँगलो, या सेना तैनात ।। 7049/7162

दशरथ को मुनि ने कहा, धन सब है बेकाम ।

230. Story of Shrī Rāma's Ashvamedh Yajña

मैं आया हूँ माँगने, पुत्र तिहारा, राम ।। 7050/7162

(विश्वामित्र)

मुनि बोले, "ताड़क वध करने, राम चाहिए, सब दुख हरने" ।
सुन कर मुनि की कटुतम वाणी, दशरथ नृप को आई ग्लानी ।। 5146/5205

वसिष्ठ ने उनको समझाया, वचन भंग है पाप बताया ।
दशरथ, स्नेहिल रस का भीना, हाथ राम का मुनि को दीन्हा ।। 5147/5205

लखन राम का बन कर संगी, निकला राघव का अनुषङ्गी ।
एक बाण में ताड़क मारी, दूजा सुबाहु-काया फाड़ी ।। 5148/5205

दोहा॰   वन में सुबाहु ताड़का, कीन्हा है उत्पात ।
राम-लखन के बाण से, होगा उनका पात ।। 7051/7162

वचन भंग अब मत करो, दे दूँगा मैं शाप ।
वादा तोड़ा अगर तो, लग जावेगा पाप ।। 7052/7162

निकल पड़े जब विपिन को, मुनि के सह रघुनाथ ।
लखन लला भी चल पड़ा, गुरु भाई के साथ ।। 7053/7162

एक बाण में राम ने, किया ताड़का पात ।
दूजे शर से लखन ने, कीन्हा सुबाहु घात ।। 7054/7162

(फिर)

बिस्वामित्तर अति हरषाए, राम-लखन को मिथिला लाए ।
मिथिला में उत्सव था भारा, सीता रचा स्वयंवर न्यारा ।। 5149/5205

शिव-धनु पर जो बाण चढ़ावे, वही सिया से माला पावे ।
रावणादि बलशाली आए, धनु पर तीर चढ़ा नहीं पाए ।। 5150/5205

राघव को गुरु आज्ञा दीन्ही, जनक राज ने भी हाँ कीन्ही ।
राघव तीर चढ़ायो ज्यों ही, शिव-धनु टूटा झट से त्यों ही ।। 5151/5205

देख अचंभा सिय हरषाई, माला रघुवर को पहराई ।
दसरथ बोले, बाजे बाजा, राम अवध का होगा राजा ।। 5152/5205

230. Story of Shrī Rāma's Ashvamedh Yajña

✍दोहा॰ **मिथिला नगरी में सजा, उत्सव बहुत विशाल ।**
रचा स्वयंवर जनक ने, शिव-धनु कियो कमाल ।। 7055/7162

रावणादि योद्धा सभी, चढ़ा न पाए तीर ।
शिव-धनु राघव हाथ में, टूट गया बिन पीर ।। 7056/7162

सीता ने फिर राम को, वर माला का हार ।
पहनाया अति हर्ष से, जनक किया सत्कार ।। 7057/7162

(मगर)
चली कुचक्कर कुब्जा कुल्टा, उसने खेल कराया उल्टा ।
चल कर अब दो-वर का पासा, राघव को दीन्हा वनवासा ।। 5153/5205

वन में मृग सिय को फुसलाया, रावण सीता को झुठलाया ।
उसे उठा कर जोर जबरिया, ले आया वह पार सागरिया ।। 5154/5205

✍दोहा॰ **चली कुचक्कर मंथरा, कैकेयी बदनाम ।**
दोनों वर को माँग कर, वन में भेजा राम ।। 7058/7162

संग लखन भी चल पड़ा, चली सिया भी साथ ।
चले अयोध्या छोड़ कर, दंडक में रघुनाथ ।। 7059/7162

वन में रावण ने चली, माया-मृग की चाल ।
सीता को शठ लेगया, वायुयान में डाल ।। 7060/7162

(अन्वेश)
लंका में सिय रो रो हारी, निकले राम, लभन को प्यारी ।
राह में मिला हनुमत बीरा, चला साथ में बन कर चेरा ।। 5155/5205

✍दोहा॰ **सीता-ढूँढन को चले, राम-लखन दो भ्रात ।**
मिला जटायु राह में, लहु से लथपथ गात ।। 7061/7162

जटायु, शबरी ने कहा, जाओ दक्षिण देश ।
हनुमत राघव से मिला, धन्य-धन्य अवधेश ।। 7062/7162

कपिसेना करने चली, सीता का अन्वेश ।

230. Story of Shrī Rāma's Ashvamedh Yajña

अगस्त्य मुनिवर ने कहा, कहाँ बसा लंकेश ।। 7063/7162

(हनुमान)

हनुमत उड़ कर लंका धाया, सीता माँ का पता लगाया ।
राम-नाम से उपल तराया, सागर जल पर सेतु बनाया ।। 5156/5205

राघव ने रावण को मारा, लाए सीता अवध दुबारा ।
राम-लखन-सिय घर जब आए, भरत अवध जन बहु हरषाए ।। 5157/5205

दोहा॰ हनुमत राघव से मिला, सर्व सुमंगल योग ।
कपि को राघव ने कहा, सिया बिरह का सोग ।। 7064/7162

लंका में कपि ने किया, सिया मातु का शोध ।
मुंदरी देकर राम की, दिया सिया को बोध ।। 7065/7162

सागर सेतु से हुई, सेना सागर पार ।
मारा रावण राम ने, किया सिया उद्धार ।। 7066/7162

(राम)

बने अवध के रघुपति राजा, नीति धर्म सकल शुभ साजा ।
गर्भवती पत्नी को तज कर, पूजे सुवर्ण मूरत सुंदर ।। 5158/5205

दोहा॰ राम अवध के नृप बने, नीति नियम के साथ ।
अवध प्रजा का तंत्र था, सेवक थे रघुनाथ ।। 7067/7162

झुके प्रजा के सामने, तजे सिया को राम ।
पूजत मूरत स्वर्ण की, सीता की अभिराम ।। 7068/7162

(सीता)

माता हमरी सीता रानी, राम पिता है सरबस ज्ञानी ।
बाल्मीक गुरु ने हमको पाला, शस्त्र शास्त्र का दिया उजाला ।। 5159/5205

दोहा॰ हमरी माता है सिया, पिता हमारे राम ।
हमें बालमिक ने दिया, ज्ञान राम के नाम ।। 7069/7162

230. Story of Shrī Rāma's Ashvamedh Yajña

संगीतश्रीकृष्णरामायण गीतमाला, पुष्प 739 of 763

दादरा ताल

(अश्वमेध यज्ञ की कथा)

स्थायी

गीत शारद ने मंजुल है गाया, साज नारद मुनि ने बजाया ।
रत्नाकर से है मंगल रचाया, रामायण को है सुंदर सजाया ।।

♫ म-ग म-म- म प-म- ग म-प-, रे-ग म-म- मध- प- मग-म- ।
रेगम-म म- म ध-प- गम-प-, रे-ग-म- म- म ध-प- मग-रे- ।।

अंतरा-1

बीते दश वर्ष जब रामजी के, राज्य आदर्श सुखदाई नीके ।
यज्ञ अश्वमेध राघव रचाया, दिग्विजय को घोड़ा पठाया ।।

♫ सांसां निनि रें-सां धध नि-धप- म-, सां-सां नि-रें-सां धधनि-ध प-म- ।
मग म-मम-म प-म- गम-प-, रेगमम म-म ध-प- मग-रे- ।।

अंतरा-2

जीत कर विश्व जब अश्व सेना, जो किसी से भी हारऽ सके ना ।
अश्व लव-कुश ने उनका अड़ाया, और सारी सेनाऽ को हराया ।।

अंतरा-3

रोती सेना जब वापऽस आई, हारे लछमन भरत वीर भाई ।
हनुमत की भी बाँधऽके काया, श्रीऽ राघव के दरबार लाया ।।

अंतरा-4

बोले राघव, कहो कौन तुम हो, कौन माता-पिता के सुवन हो ।
तार लव-कुश ने सुंदर बजाया, रामायण का समुंदर सजाया ।।

लव-कुश काण्ड : तीसरा सर्ग

231. धरणी भंग की कथा :

231. Story of Sītā's return back to Earth
231. Story of Sītā's return back to Earth

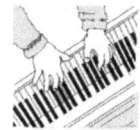 🎵 संगीतश्रीकृष्णरामायण छन्दमाला, मोती 498 of 501

भुजंगप्रयात छन्द

ISS, ISS, ISS, ISS

🎵 सारे– ग– मप– म–ग रे– म–ग रे–सा–!

(धरणी भंग)

सिया ने कहा, "नाथ श्री राम प्यारे! ।
लिखी भाग्य में है विदाई हमारे ॥ 1
यथा आपने, मैं तथा दुःख झेले" ।
अभी, भूमि माते! "मुझे गोद में ले" ॥ 2

🕉 श्लोकौ:

आह सीता प्रभुं रामं यथा भाग्यं तथा फलम् ।
यावत्कष्टं मया भुक्तं तावत्कष्टं त्वया प्रभो ॥ 2159/2422

अधुना हि समाप्तं मे कर्तव्यमिह राघव ।
प्रत्यागम्यं मया तत्र प्रभो यतोऽहमागता ॥ 2160/2422

📖 कथा 📖

(वाल्मीक मुनिवर)

दोहा॰ लख कर गुरु बाल्मीक को, चरण पड़े श्री राम ।
गुरु बोले, "लाओ सिया," तभी बने शुभ काम ॥ 7070/7162

दंड बहुत है पा चुकी, बिना किसी भी दोष ।
हमरे मठ में है सिया, निर्मल शुचि निर्दोष ॥ 7071/7162

निरपराध को दंड है, मिला कठिन तम घोर ।
ले आओ उसको यहाँ, मत दो बिरहा और ॥ 7072/7162

(राम)

दोहा॰ मुनिवर! कैसी है कहो, सीता मेरी प्राण ।
कैसे काटे हैं कहो, बरस दसों, बिन–राम ॥ 7073/7162

231. Story of Sītā's return back to Earth

(मुनिवर)

पत्नी तुमरी शुचि है, प्यारे! रो रो कर दश वर्ष गुजारे ।
सजल निरंतर उसके नैना, राम-नाम नित उसके बैना ।। 5160/5205

पूजी तुमने मूर्ति सिया की, उसने मूरत शिला पिया की ।
कन्द-मूल खाती दिन-राती, तव सुमिरण में चैना पाती ।। 5161/5205

उसके दोनों पुत्र पियारे, मैंने कीन्हे वीर नियारे ।
लव-कुश को मैं वेद सिखाया, सीता ने सन्मार्ग दिखाया ।। 5162/5205

तुमरे पुत्र तुम्हारे जैसे, वीर धुरंधर देखो ऐसे ।
बीरे सैनिक तुमरे हारे, हनुमत शरण हुआ बिन हारे ।। 5163/5205

कपि ने उनमें राम निहारा, बोला ये तो राम कुमारा ।
हाथ उठा कर बोला पकड़ो, मुझे डोर से बाँधो जकड़ो ।। 5164/5205

मुझे ले चलो स्वामी पासा, मैं हूँ जिनका अनन्य दासा ।
लव-कुश उसको जकड़े लाए, इसी लिए अब हम हैं आए ।। 5165/5205

(राम)

दोहा॰ लखन-भरत-हनुमान! तुम, लाओ अपनी मात ।
झटपट तुम जाओ, सखे! अरज करे तव भ्रात ।। 7074/7162

रथ में बैठे चल पड़े, तीनों आश्रम ओर ।
तमसा तट पर आगए, जहाँ सिया का ठौर ।। 7075/7162

(हनुमान)

दोहा॰ माते! हम हैं आपको, लेने आए साथ ।
आज्ञा गदगद हृदय से, दीन्ही हैं रघुनाथ ।। 7076/7162

क्षमा याचना चाहते, तुमसे राघव आप ।
निरपराध को दे दिया, दंड और संताप ।। 7077/7162

लव-कुश दोनों पुत्र हैं, बैठे उनके साथ ।
हर्षित दोनों हैं भए, पकड़ पिता का हाथ ।। 7078/7162

231. Story of Sītā's return back to Earth

लव-कुश ने गा कर कही, सबसे तुमरी बात ।
नीर राम के नैन में, दीन्हे दोनों भ्रात ।। 7079/7162

राघव बोले, हे प्रभो! बड़ी हुई है भूल ।
मैंने आतप ताप में, फेंक दिया है फूल ।। 7080/7162

(अवध में)

दोहा॰ सीता राघव चरण में, गिरी, सजल कर नैन ।
बोली रोती हाँफती, सहित काँपते बैन ।। 7081/7162

(सीता)

दोहा॰ क्षमा करो, हे रामजी! मेरी छोटी भूल ।
बहुत बड़ा संकट बनी, दीन्हा सबको शूल ।। 7082/7162

सुन ही लेती मैं अगर, लक्ष्मण का उपदेश ।
सफल न हो पाता कभी, रावण का उद्देश ।। 7083/7162

तजा मुझे तुमने, रघो! यथा प्रजा-आदेश ।
रहें न दुविधा आज ये, ना ही होगा क्लेश ।। 7084/7162

आगे बोली राम से, "तुमरा ना है दोष ।
मेरे जाने में मिला, जनता को संतोष ।। 7085/7162

"तुमने ये निःस्वार्थ ही, किया है कटुतम काज ।
जितना दुख आया मुझे, तुमको भी, रघुराज! ।। 7086/7162

"मेरे जीवन में यही, लिखा हुआ है, नाथ! ।
पल दो पल का, है प्रभो! हम दोनों का साथ ।। 7087/7162

"जाने दो मुझको, सखे! अब मत मुझको रोक ।
सहे दुःख इस लोक में, जाने दो पर लोक" ।। 7088/7162

संगीतश्रीकृष्णरामायण गीतमाला, पुष्प 740 of 763

भजन

(सीता महाप्रयाण)

231. Story of Sītā's return back to Earth

स्थायी

मोहे, जाने दे । भूमि सुता भूमि में जा रही ।
मोहे मत रोक रे । मोहे, जाने दे ।।

♪ गमगरे, गपपध म– । प-प पप- प-ध- प म- गरे- ।
मपप- मम गरेग प- । गमगरे, गपपध म- ।।

अंतरा–1

नन्हे तेरे लव-कुश दोनों, देखा ना तिन है जग कोनों ।
माता का प्रेम दे, जाओ मत सीते ।।

♪ गमगरे गमम– पप पप मपमग, रे-रे- ग- गग ध- पम ग-म- ।
गमगरे ग प-ध म-, गमगरे गम गपम- ।।

अंतरा–2

दुनिया ने तुझ को दुतकारा, बिना दोष के दोष है डारा ।
राघव को छोड़के, जाना मत सीते ।।

अंतरा–3

राघव मुझको जाना होगा, राधा बन कर आना होगा ।
शिव का आदेश है, श्यामा जाने दे ।।

(फिर)

दोहा॰
हे शंकर गौरी! बुझा, नीति नियम की आग ।
जला रही है राम के, अरु मेरे भी भाग ।। 7089/7162

धरती माँ! अब बस हुआ, राखो मेरी लाज ।
लाई मुझको तू हि है, वापस ले ले आज ।। 7090/7162

तांडव शिवजी ने रचा, खोली तीजी आँख ।
धरती पल में फट गयी, करके मिट्टी राख ।। 7091/7162

शिवजी! अब झेलो मुझे, नाथ! पसारो हाथ ।
तरेड़ में कूदी सिया, देख रहे रघुनाथ ।। 7092/7162

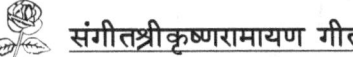
संगीतश्रीकृष्णरामायण गीतमाला, पुष्प 741 of 763

231. Story of Sītā's return back to Earth

खयाल : राग दरबारी कान्हड़ा

(चाल, तबला ठेका और तान के लिए देखिए
हमारी "*नई संगीत रोशनी*" का गीत 56)

(तांडव नृत्य)

स्थायी

छम-छम पायल घुँघरू बाजे, छम-छम पायल घुँघरू बाजे ।
साथ में डमडम डमरू बोले, गौरी शंकर तांडव नाचे ।।

♫ मम रेरे- सानिसा रेपग- गमरे सा, मम रेरे- सानिसा रेपग- गमरे सा ।
म-म म पप पप- मपसां- निध-निप, -सां-सां निपमप ग-गम रेसा ।।

अंतरा-1

गल में माला सर्प बिराजे, कटि पर हिरन की छाला साजे ।
शंख फूँकते बम् बम् भोले, धरती अंबर संग में डोले ।। छम॰

♫ मम प- निध-नि- सां-सां सांरेंनिसां-, निसां रेंरें रेंसांसां सां निसांरेंसां ध-निप ।
परेंरें रें-रेंसांरें गं- गंमं रें-सां-, मपसां- निपमप ग-ग म रेसा ।। मम॰

अंतरा-2

सिर पे गंगा, चंद्र जटा में, तन पर भसम बिभूति शिवा के ।
आँख तीसरी शंकर खोले, डम् डम डम् डम डमरू बोले ।।

संगीतश्रीकृष्णरामायण गीतमाला, पुष्प 742 of 763

तराना : राग मालकंस - तीन ताल

(संगीत स्वर लिपि, तबला ठेका, स्थायी और अंतरा तान के लिए
देखिए हमारी "*नई संगीत रोशनी*" का गीत 46)

(तांडव नृत्य)

स्थायी

तन ना दिर् दिर् दानि त दानि तानूम् तन नन तन
दीम् त दीम् त दीम् तूँम् तनन तन ।।

अंतरा

दिर् दिर् तन दिर् दिर् तन दीम् तन नन नन
तदारे तदारे दानि तूम् तन नन नन

231. Story of Sītā's return back to Earth

दीम् दीम् तन नन, दीम् दीम् तन नन

तिते कत गदि गिन ध - कत -

तिते कत गदि गिन धा - कत - तिते कत गदि गिन ।।

(नारद)

नारद नभ से देख रहे थे, पुष्प सिया पर फेंक रहे थे ।
बोले सच्ची पतीव्रता तू, जग से न्यारी सतीव्रता तू ।। 5166/5205

✍दोहा॰ **नारद थे बरसा रहे, सुमन सुगंध अनेक ।**
बोले, सीते! श्रेष्ठ तू, सब स्त्रियों में एक ।। 7093/7162

संगीतश्रीकृष्णरामायण गीतमाला, पुष्प 743 of 763

दादरा ताल

(धरणी भंग की कथा)

स्थायी

गीत शारद ने मंजुल है गाया, साज नारद मुनि ने बजाया ।
रत्नाकर से है मंगल रचाया, रामायण को है सुंदर सजाया ।।

♫ म-ग म-म- म प-म- ग म-प-, रे-ग म-म- मध- प- मग-म- ।
रेगम-म म- म ध-प- गम-प-, रे-ग-म- म- म ध-प- मग-रे- ।।

अंतरा-1

बोले बाल्मीक, श्री राम प्यारे! पास लाओ सिया को तिहारे ।
राम, लछमन को लाने पठाया, भाई भाभी को लेकऽर आया ।।

♫ सांसां नि-रें-सां, ध- नि-ध प-म-! सांसां नि-रें- सांध- नि- धप-म- ।
म-ग, ममम म प-म- गम-प-, रे-ग म-म- म ध-प-म ग-रे- ।।

अंतरा-2

सीता बोली, मेरे नाथ प्यारे! दुख झेले हैं तुमने करारे ।
जितना बिरहा का दुख मैंने पाया, उतना तेरे भी भागऽ में आया ।।

अंतरा-3

धरती माते! मुझे गोद में ले, तेरे अंदर मुझे मुक्ति दे दे ।
फटी धरती यथा शिव की माया, कूदी भूमि में राघव की जाया ।।

232. Story of the glory of the Name of Shrī Rāma

लव-कुश काण्ड : चौथा सर्ग

232. श्री राम-नाम महति की कथा :

232. Story of the glory of the Name of Shrī Rāma

(वन्दना)

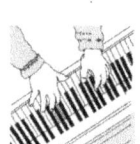

संगीतश्रीकृष्णरामायण छन्दमाला, मोती 499 of 501

शिखरिणी छन्द

। ऽ ऽ, ऽ ऽ ऽ, । । ।, । । ऽ, ऽ । ।, । ऽ

♫ साग- नि़-सा- रेगरे-, सारे गपम गरेग-, रेगरे सा-

(राम-नाम महती)

प्रभो! तेरी माया, मनज जब जाने, अमर है ।
उसी ने ही पाया, भव जलधि से निस्तरण है ।। 1
रघो! तेरा ही रे! परम सुख देता जपन है ।
नहीं आवे ताको, इह मरण से भी, निधन है ।। 2

संगीतश्रीकृष्णरामायण गीतमाला, पुष्प 744 of 763

भजन : राग खमाज, कहरवा ताल

(सरस्वती वन्दना, मराठी)

स्थायी

जै जै स्वरदा माता । देवी नमन तुला आता ।
दर्शन प्रांजळ सुंदर । आशिष पावन मंगल । मागू तुज गाता ।
जैऽ सरऽस्वती माताऽ ।।

♫ म- म- ममम- गमप- । पध निसांसां सांरेंसां निधरे- ।
पधपध नि-निध पधपध । पधपध नि-निध पधमम । पपप- धप मगरे- ।
प- प- पपपधप मगम- ।।

अंतरा-1

जो मागे गुण तुजला । बुद्धि ज्ञानाचा । देवी ऋद्धि मानाचा ।
श्रद्धा हृदयी जयाला । वाञ्छित मिळुनी तयाला ।

232. Story of the glory of the Name of Shrī Rāma

ध्येय सफळ त्याला । जै० ।।

♫ पम मगपम मग पमम-। सांरेंसांनि ध-पमप-। सांसां सांरेंसांनि ध-पमप-।

पधपध नीनीनी धपधम- । पधपध निनिनि धपधम- ।

प-प पधप मगरे- । प- प- पपपधप मगम- ।।

अंतरा-2

जो मागे सुर तुजला । सुंदर गानाचा । देवी मंजुळ तानेचा ।

संगित नृत्य शिकाया । अभिनय नाट्य शिकायाऽ ।

मार्ग सरळ त्याचा । जै० ।।

अंतरा-3

जो नर आर्त कलेचा । चित्राकारीचा । देवी वास्तुशिल्पाचा ।

चौसष्ट सगळी विद्या । अष्ट सिद्धीची लीला ।

प्राप्त सकळ त्याला । जै० ।।

अंतरा-4

जो कवि गायक लेखक । वाङ्मय विरचेता । देवी सरगम रचयेता ।

साहित्य साधन त्याला । बुद्धि चे धन त्याला ।

हेऽतु सबळ त्याचा । जै० ।।

अंतरा-5

जो शिक्षक नर ज्ञानी, बाण्याचा मानी । देवी विद्येचा वाणी ।

सेवा हृदयी ज्याच्या, ठेवा सात्त्विक ज्याचा,

हात सढळ त्याचा । जै० ।।

अंतरा-6

शुभ्र वसन नथ माळा । काजळ तिळ काळा । देवी मुकुट मणी नीळा ।

केयुर कंठी चाळा । कुंदन गजरा पिवळा ।

रंग तुझा ढवळा । जै० ।।

अंतरा-7

नारद किन्नर शंकर । तुमचे गुण गाती । देवी तुमचे ऋण ध्याती ।

शरण जो चरणी आला । भजन हे स्मरणी ज्याला ।

मोक्ष अटळ त्याला । जै० ।।

232. Story of the glory of the Name of Shrī Rāma

(रत्नाकर)

ॐ श्लोकः

इतीदं कीर्तितं शास्त्रं श्रीरामायणनामकम् ।
वाल्मीकितुलसीप्रोतं नीतिसूत्रं स्मराम्यहम् ।। 2161/2422

कथा

(अनुप्रास)

दोहा॰ परम पूर्ण परमातमा, पूज्य पुण्य प्रिय प्राण ।
पापहरक पुरुषोत्तमा, एक राम है नाम ।। 709/7162

पतित पावन प्रेम तू, परमेश्वर परिमाण ।
मनसा वचसा कर्मणा, प्रभु को प्रथम प्रणाम ।। 7095/7162

रामचरित चिंतामणी, रोचक चित्र चकोर ।
सुरचित रचना चाँदनी, चारु चमक चितचोर ।। 7096/7162

सुमिरण सुंदर सौख्य से, सजाय सुबहो शाम ।
सियापते! सब सौंप के, साधूँ मैं सुखधाम ।। 7097/7162

दीन-दयाल! दयानिधे! दाता दान उदार ।
दुःख दोष दबाइके, दीजो, देव! दीदार ।। 7098/7162

नाम नाद का नंद तू, नीति नियम निधान ।
निराकार निर्लेप जो, नमो नमो नित नाम ।। 7099/7162

एक धनी धन धान्य का, ध्यान ध्येय का धाम ।
धर्मधीर धी धीमहि! धैर्य धुरंधर राम ।। 7100/7162

भव भय भंजक भोः प्रभो! भाग्य भरो भगवान्! ।
भारत भूप भला करो, भजूँ भजूँ भगवान्! ।। 7101/7162

रोम-रोम रत राम में, राम रतन रममाण ।
राम राम रटता रहूँ, रत्नाकर मैं, राम! ।। 7102/7162

जो जपता जगनाथ को, उसे जगतमें जीत ।

232. Story of the glory of the Name of Shrī Rāma

जानकी जीवन रामजी, जय जय जय जगदीश! ।। 7103/7162

(राम–नाम)

🎵 संगीतश्रीकृष्णरामायण छन्दमाला, मोती 500 of 501

इन्द्रवज्रा छन्द ।

S S I, S S I, I S I, S S

(राम–नाम)

श्री राम तेरे शुभ नाम प्यारे ।
आनंद देते मन को हमारे ।। 1
तेरे बिना ना हमको किनारे ।
तू ही हमारे भव के सहारे ।। 2

रामाराण का कविता सागर, आदि श्लोक का कवि कृत आगर ।
राम चरित का मानसरोवर, अमूल्य धन की ज्ञान धरोहर ।। 5167/5205

राम कथा की अमृत वाणी, वाङ्मय जग की संस्कृत राणी ।
लाए आदि वाल्मीक ध्यानी, गाए अवधी तुलसी ज्ञानी ।। 5168/5205

दोहा॰ श्री रामायण की कथा, करत जगत कल्याण ।
गीत सिंधु, कवि आदि का, हरत सकल अज्ञान ।। 7104/7162

रामायण की ये कथा, पावन पुण्य स्वरूप ।
जो पढ़ता है भक्ति से, वह पाता सुरभूप ।। 7105/7162

सुख संपद् शुभ ज्ञान से, नर पाता सुविचार ।
मन में मंगल शाँति हो, विचरे मोद अपार ।। 7106/7162

सुदूर भागे भगत के, तन–मन से सब दोष ।
निर्मल अनुपम फिर बसे, निश–दिन चिर संतोष ।। 7107/7162

🎵 संगीतश्रीकृष्णरामायण छन्दमाला, मोती 501 of 501

सोरठ छन्द

7 + I S I − 8 + S I S

राम का अमर गान, हुलसी सुत ने दिया ।

232. Story of the glory of the Name of Shrī Rāma

काव्य जो शुभ महान, कल्याण विश्व का किया ।।

बूझी जिसने राम कहानी, नीति धर्म की उसने जानी ।
सूझी उसको बुद्धि सयानी, भव तारन में उसे न सानी ।। 5169/5205

✍दोहा॰ **रामायण सुख सादगी, सेवा स्नेह सिखाय ।**
त्याग नीति गुण धर्म का, सच्चा मार्ग दिखाय ।। 7109/7162

संगीतश्रीकृष्णरामायण गीतमाला, पुष्प 745 of 763

दादरा ताल

(राम-नाम महती की कथा)

स्थायी

गीत शारद ने मंजुल है गाया, साज नारद मुनि ने बजाया ।
रत्नाकर से है मंगल रचाया, रामायण को है सुंदर सजाया ।।

♫ म-ग म-म- म प-म- ग म-प-, रे-ग म-म- मध- प- मग-म- ।
रेगम-म म- म ध-प- गम-प-, रे-ग-म- म- म ध-प- मग-रे- ।।

अंतरा-1

बूझी जिसने ये रामऽ कथा है, मिटी उस नर की जीवन व्यथा है ।
उसने स्वर्गिऽक है ज्ञान पाया, भवसागर का तारऽ लगाया ।।

♫ सांसां निनिरें- सां ध-नि- धप- म-, सांसां निनि रेंरें सां ध-निनि धप- म- ।
म-ग म-म-म प- म-ग म-प-, रेगम-मम म ध-प- मग-रे- ।।

अंतरा-2

राम का नाम पापों को धोता, राम का नाम शुभ नाद होता ।
राम का नाम है जिसने गाया, पुण्य बुद्धि का आनंद पाया ।।

अंतरा-3

राम का नाम अमृत से गीला, प्रेम किरपा के रस से रसीला ।
जिसने राघव को मन में बसाया, उस पर दिन-रात ममता की माया ।।

(और)

मुख में जिसके राम न बसता, दुख है उसको निश-दिन डसता ।

232. Story of the glory of the Name of Shrī Rāma

मुख में जिसके राघव बसता, सुख मय उसका हर दम रस्ता ।। 5170/5205

राम-नाम रट साँझ-सवेरा, हट कर सारा पाप का घनेरा ।
रत्नाकर सा अधम लुटेरा, बना बाल्मीकि सियपति चेरा ।। 5171/5205

वचन पिता के करने पूरे, राज महल को तज कर प्यारे ।
सौतन माँ की जिद के मारे, राम गया वन वल्कल धारे ।। 5172/5205

सुख-दुख समान करके सीता, जस कहती श्री भगवद् गीता ।
वन को निकली कोमल वनिता, धर्मचारिणी जगत वन्दिता ।। 5173/5205

दोहा॰ मुख में जिसके राम का, निश-दिन बसता नाम ।
सुख मय उसका रास्ता, कर देते श्री राम ।। 7109/7162

जिसने लीन्हा नाम ना, दुख मय उसके काम ।
राम-नाम आधार है, राम-नाम सुख धाम ।। 7110/7162

रत्नाकर सा चोर भी, रट कर नाम अनंत ।
पाप ताप सब धोइके, बना बालमिक संत ।। 7111/7162

पितु-आज्ञा सिर पर धरे, वन को निकले राम ।
तज कर सुख सब महल के, मातु बंधु निज धाम ।। 7112/7162

निकली सीता साथ में, धर्मचारिणी नार ।
सुख-दुख दोनों सम किए, रामचंद्र की दार ।। 7113/7162

 संगीतश्रीकृष्णरामायण गीतमाला, पुष्प 746 of 763

भजन : राग खमाज, कहरवा ताल 8 मात्रा

(रामायण)

रामायण की अमर कहानी, मुनिवर कह गए ध्यानी, रे ।
राम कथा की अमृत वाणी, सुन सुन जन भए ज्ञानी, रे ।।

♪ पधम-गग रेसा सासाग गपम-म-, गमपप पप धसां निधपम मधपमग ।
गमध धध- ध- धनिधनि पधप -, गम पप पप धसां निधपम मधपमग ।।

अंतरा-1

232. Story of the glory of the Name of Shrī Rāma

राम-नाम का चल कर जादू,
पाप ताप सब भागे, रे ।
पापी लुटेरा रत्नाकर भी, बन गयो बाल्मीकि आगे, रे ।।

♪ गमध निसांसां सां- निनि सांरें निसांनिध,
नि-नि निसांसां सांसां पनिसांरेंनिसां- नि-धप ।
ग-ग मध-ध- धनिधनिपध प-, गम पप पपधसां धपगम मधपमग ।।

अंतरा-2
वचन पिता का सिर पर धर के, त्यागा राज को हासी, रे ।
सौतन माँ की तृप्ति करने, बना राम वनवासी, रे ।।

अंतरा-3
सुख-दुख दोनों समान कर के, जस कहती है गीता, रे ।
साथ पति के वन को निकली, धर्मचारिणी सीता, रे ।।

(महिमा)
पति के प्रण की करने रक्षा, स्वार्थ की कौड़ी मोल अपेक्षा ।
मौन उर्मिला सही तितिक्षा, बिना किए कछु गिला उपेक्षा ।। 5174/5205

लछमन का प्रण कड़ा महाना, बंधु प्रेम का बहु अभिमाना ।
करने तन का समर्पण दान, सरयु नदी में दे गया प्राण ।। 5175/5205

राज अवध का मान धरोहर, राखा चौदह साल बरोबर ।
राम लौटते दिया पूर्ववत्, धर्म भरत का विमल सूर्यवत् ।। 5176/5205

करतब नर का, नारी-रक्षा, जटायु पक्षी दे गया शिक्षा ।
तज कर अपनी प्राण सुरक्षा, दसमुख से लड़ दियी परीक्षा ।। 5177/5205

भक्ति सभीसे शक्ति भारी, सेवा सौरभ की फुलवारी ।
सच्ची सेवा कीन्ही सारी, पवन पुत्र हनुमत सुविचारी ।। 5178/5205

राम रमे जब जन तन-मन में, चमके चेतन उस जीवन में ।
राघव नाम बसे जिस मुख में, मोक्ष मिले उस नर को सुख में ।। 5179/5205

पुण्य पुरुष वह परम प्रतापी, सुध-बुध शुध से नस-नस व्यापी ।

232. Story of the glory of the Name of Shrī Rāma

महामना वह सद्गुण गेही, धर्म कर्म नित सत्य सनेही ।। 5180/5205

राम-नाम की अमृत धारा, व्यापे जिसका हिरदय सारा ।
पावन नर वह हरि अनुरागी, परम पूज्यतम पद का भोगी ।। 5181/5205

दोहा॰ नीति प्रीति श्रद्धा कृपा, जिस सत्ता की नींव ।
राम-राज्य जिस देश में, परम सुखी हर जीव ।। 7114/7162

श्लोक:
रत्नाकरोऽभवद्वाल्मी:-मराशब्दस्य मायया ।
तुलसीर्मानसं चक्रे रामशब्दस्य लीलया ।। 2162/2422

संगीतश्रीकृष्णरामायण गीतमाला, पुष्प 747 of 763

भजन

(राम कहानी)

स्थायी

सुनो जी राम कहानी, सुनो जी श्याम कहानी ।
दोनों समुंदर दोनों सुहानी, दोनों बड़ी पुरानी ।।

♫ सारे- ग- प-म गरे-म-, पमग रे- प-म गरेगसा- ।
सा-रे गम-मम प-म गरेसा-, सा-रे- गप- मगरेसा- ।।

अंतरा-1

दोनों ही नीति सिखलाती, दोनों ही प्रीति दिखलाती ।
एक मथुरा, एक अवध की, गंगा जमुना पानी ।।

♫ सा-रे ग- म-प- मगरे-ग-, रे-ग- म- प-ध- पमग-म- ।
सा-रे रेग-म-, प-म गरेरे ग-, सा-रे- गपम- गरेसा- ।।

अंतरा-2

बंधु लखन का प्रेम परम है, सुदामा मित्र अमर है ।
सीता दीन्ही त्याग निशानी, राधा प्रेम दीवानी ।।

अंतरा-3

एक में वीर कथाएँ बाँकी, एक में बाल-लीला की झाँकी ।

232. Story of the glory of the Name of Shrī Rāma

आदि वाल्मीकि व्यास की बानी, लावे आँख में पानी ।।

अंतरा–4

राम रखा हनुमत बलशाली, कृष्ण सखा अर्जुन धनुधारी ।
रावण कंसन दुर्योधन को, याद दिलाई नानी ।।

(अत:)

पापी डाकू चोर लुटेरा, "मरा मरा" रट कर बहुतेरा ।
पाप तरास मिटाकर सारा, जगत पसारो चिर उजियारा ।। 5182/5205

राम-नाम का जादू न्यारा, एक शब्द शुभ सबसे प्यारा ।
दूर भगाए गहरा कारा, तन-मन का सरबस अँधियारा ।। 5183/5205

चरित राम का नीति सिखाता, अँधियारे में राह दिखाता ।
सदाचार गुण परम लखाता, करनी के फल मधुर चखाता ।। 5184/5205

भाग जगाए, पुण्य लगाए, विघ्न हटाए, दु:ख हराए ।
मान सजाए, जान बचाए, राम-नाम सब काज कराए ।। 5185/5205

हरि किरपा भगतन को भाती, माँ ममता सम मन पर छाती ।
भवसागर में नाव तराती, केवट बनकर पार लगाती ।। 5186/5205

दोहा॰ चरित्र अनुपम राम का, जग विख्यात अपार ।
वाक्य-वाक्य जिसका करे, भवसागर से पार ।। 7115/7162

पापी डाकू चोर वो, जप कर राघव नाम ।
पाप ताप मिट कर भया, पावन पूज्य महान ।। 7116/7162

जादू राघव नाम का, पावन परम अपार ।
एक शब्द शुभ नाम का, दूर करे अँधकार ।। 7117/7162

राम-नाम वो दीप है, सदाचार की ज्योत ।
भवसागर का पार है, पुण्य ज्ञान का स्रोत ।। 7118/7162

श्लोकौ

कल्याणकारकं पुण्यं पावनानां च पावनम् ।

232. Story of the glory of the Name of Shrī Rāma

रामनाम समाधानं जीवितानां हि जीवनम् ।। 2163/2422

चरितं रघुवीरस्यैतद्रामायणनामकम् ।
सुरक्षकं दिवानक्तं पुंसां पातकनाशनम् ।। 2164/2422

संगीतश्रीकृष्णरामायण गीतमाला, पुष्प 748 of 763

भजन

(राम तेरो धाम)

स्थायी

हरि रे तेरो, धाम परम सत् नाम ।

♫ मग म गरे–, ध–प मगग मग रे–रे ।

अंतरा–1

शाँति निकेतन वही जहाँ से, लौटन का नहीं काम ।

♫ सा–रे गम–मम गप– धपम ग–, रे–गग मप मग रे–रे ।

अंतरा–2

बिन गल माला शीश तिलक के, पैदल घटत पर्याण ।

अंतरा–3

बैठ मजे से रथ में यम के, बिना दिये कछु दाम ।

(और)

निषाद केवट नैया लायो, प्रभु को गंगा पार करायो ।
रामसिया के आशिस पायो, भवसागर जिन पार तरायो ।। 5187/5205

रोका रावण को खग वर ने, रक्षा सीता माँ की करने ।
मृत्यु प्रभु के गोद में लीन्ही, जटायु किर्ति जग चिर कीन्ही ।। 5188/5205

सच्चे मन से भज कर नामा, शबरी भीलनी पा गई रामा ।
निर्मल निष्ठा आई कामा, भगत गयी वह प्रभु के धामा ।। 5189/5205

दोहा॰ निषाद केवट ने किया, रघु को गंगा पार ।
राघव आशिष से हुआ, भवसागर से तार ।। 7119/7162

जटायु राघव गोद में, लीन्ही अंतिम साँस ।

232. Story of the glory of the Name of Shrī Rāma

हरि सेवक खग वीर वो, लिया स्वर्ग में वास ।। 7120/7162

राम–नाम गाते चली, सच्चे मन से नार ।
शबरी मंगल भाव से, पाई थी उद्धार ।। 7121/7162

(और)

सुग्रीव कपि को राघव भाया, चरणन छूकर पुण्य कमाया ।
दारा उसने फिर से पाई, रामायण में कीर्ति कमाई ।। 5190/5205

अंगद सागर सेतु रचायो, समुद्र लंघन काज करायो ।
रामचंद्र की शरणन आयो, किष्किन्धा की गद्दी पायो ।। 5191/5205

मंदोदरी रावन को कोसी, बोली, पति! तुम शठ हो दोसी ।
मन पर मोरे छात उदासी, अत: भई मैं हरि की दासी ।। 5192/5205

✍दोहा॰ **सुग्रीव दीन्हा राम को, सेवक कपि हनुमान ।**
पाया पत्नी राज्य भी, रामायण में नाम ।। 7122/7162

अंगद कीन्ही राम की, सेवा सेतु रचाय ।
किष्किंधा का पति बना, हरि में ध्यान लगाय ।। 7123/7162

बनी भगत मंदोदरी, मन में आस्तिक भाव ।
सीता की रक्षा करी, शिवजी दीन्ही छाँव ।। 7124/7162

रावण दूषण ताड़का, सुबाहु खर मारीच ।
राम–लखन के बाण से, गिरे मुक्ति के बीच ।। 7125/7162

लक्ष्मण जाया उर्मिला, करके निर्मम त्याग ।
लिया परम पद स्वर्ग में, राम जगाया भाग ।। 7126/7162

भरत सुबंधु राम का, आज्ञाकारी दास ।
संग लखन शत्रुघ्न के, वैकुंठ में निबास ।। 7127/7162

राघव दर्शन पाइके, सहमा असुर कबंध ।
राघव–सेवा से भया, विमुक्ति से अनुबंध ।। 7128/7162

तारा, बाली की वधू, भई राम की दास ।

232. Story of the glory of the Name of Shrī Rāma

रामराज्य स्थापित किए, मिला स्वर्ग में वास ।। 7129/7162

अंगद ऋष नल नील भी, मरुत हरि जामवान ।
राघव की सेवा किए, स्वर्ग गए हनुमान ।। 7130/7162

बाली मरते दम किया, राम-नाम उद्गार ।
विनम्र पश्चाताप से, मिला उसे उद्धार ।। 7131/7162

रूमा देवी थी पड़ी, राम चरण में आन ।
सुग्रीव पत्नी को मिला, इन्द्रलोक में स्थान ।। 7132/7162

बाली अरु लंकेश में, जाग पड़ा था ज्ञान ।
पाए दोनों स्वर्ग थे; कंस नरक में धाम ।। 7133/7162

संपाती खग ने कहा, शठ रावण का नाम ।
राघव सेवा से मिला, उसको पावन धाम ।। 7134/7162

अगस्त्य विश्वामित्र ने, दीन्हे सद् उपदेश ।
सेवा कर निष्काम से, किया प्रसन्न रमेश ।। 7135/7162

सरमा पत्नी असुर की, विभीषण जी की दार ।
सेवा सीता की किए, पाई परम उबार ।। 7136/7162

राम-नाम रटती चली, बनी अहल्या शील ।
राम चरण से शुचि भई, अत्रिपत्नी सुशील ।। 7137/7162

दीन्हा सीता को सती, अनसूया उपदेश ।
पुण्य कर्म करके मिला, उसको स्वर्ग प्रवेश ।। 7138/7162

करके सेवा राम की, भरद्वाज शरभंग ।
सुतीक्ष्ण ऋषियन को मिला, स्वर्ग वास आनंद ।। 7139/7162

वन के ऋषि-मुनि भगत जो, लीन्हे राघव ध्यान ।
सत्संगी सब वृंद को, मिला स्वर्ग में स्थान ।। 7140/7162

लिख कर रघु की जीवनी, बाल्मीक तुलसी दास ।
पाया कविवर स्वर्ग में, स्थान, राम के पास ।। 7141/7162

232. Story of the glory of the Name of Shrī Rāma

(और भी)

बिभिसन रावन को समझायो, दसमुख नीति समझ न पायो ।
लात मार कर उसे भगायो, प्रभु तिन लंकेसर बनवायो ।। 5193/5205

राम-नाम निरंतर ज्योति, ढूँढन हनुमत फोड़े मोती ।
रामलखनसिय चित्र की भाँति, दरसावन को फाड़े छाती ।। 5194/5205

राम कहानी मन जिन कीन्ही, अमृत वाणी नर जिन पीनी ।
चिंता उसकी प्रभुजी लीन्ही, योनि परम पुन हरि तिन दीन्ही ।। 5195/5205

दोहा॰ विभीषण बोला राम को, लंकेसर का भेद ।
बना विभीषण भूप था, मिटा असुर का खेद ।। 7142/7162

हनुमत छाती फाड़ कर, दिखलायो श्री राम ।
तन-मन राम समाइके, कीश बना भगवान ।। 7143/7162

श्लोकाः

(श्रीरामचरितम्)

चरितं रघुनाथस्य श्लोकपदैः सुभाषितम् ।
एकेनैवाक्षरेणास्य मुच्यते भवसागरात् ।। 2165/2422

सासासा- रेरेरे-ग-रे-, ग-गगग- गम-मंम- ।
ग-ग-ग-ग-ममं-म-ग-, ध-मंम- मंमंम-गरे ।।

रामायणं हि सर्वेषां भुक्तिमुक्तिफलप्रदम् ।
स्मरणं रघुवीरस्य सर्वमङ्गलकारकम् ।। 2166/2422

पापी च मुच्यते पापाद्-आर्तो दुःखात्प्रमुच्यते ।
निष्पुत्रो लभते पुत्रं भवति निर्धनो धनी ।। 2167/2422

एतं रामायणं नित्यं त्रिकाले यः पठेन्नरः ।
रामकृपां ततः प्राप्य सर्वपापाद्विमुच्यते ।। 2168/2422

इतीदं पावनं शास्त्रं रत्नाकरेण वर्णितम् ।
प्रतिदिनं स्मरेन्नित्यं विघ्नं तस्य न विद्यते ।। 2169/2422

232. Story of the glory of the Name of Shrī Rāma

(जप)

कीर्तन गायन सुमिरन नामा, जपन तपन मन ध्यायन रामा ।
कथन स्तवन गुन निश-दिन नाना, देत परम फल पावन धामा ।। 5196/5205

उल्कामुख नृप बहु अभिमानी, बना भगत सुन राम कहानी ।
दसरथ बन हरि प्रीति लीन्ही, बैकुठ की फिर यात्रा कीन्ही ।। 5197/5205

तुलसी सुखारत रत्नावली, लाड़ प्रेम अरु आँखमिचौली ।
राम-नाम जब आँखें खोली, रामचरित की बोला बोली ।। 5198/5205

दीन जुलाहा लीन फकीरा, राम भगत सत् संत कबीरा ।
दोहावलि कवि नाम पसारा, जागृत कीन्हा जिन हि बिसारा ।। 5199/5205

दोहा॰ चिंतन वन्दन राम का, करके करना काम ।
पठन रटन शुभ नाम का, कहिए जय जय राम ।। 7144/7162

उल्कामुख हरि नाम का, करके अविरत जाप ।
आया दशरथ रूप में, नष्ट हुए सब पाप ।। 7145/7162

राम चरित मानस लिखा, तुलसीदास महान ।
गोस्वामी कवि संत को, मिला स्वर्ग का धाम ।। 7146/7162

राम-नाम दोहे लिखे, कविवर संत कबीर ।
दोहावली के नाम से, भया महान फकीर ।। 7147/7162

संगीतश्रीकृष्णरामायण गीतमाला, पुष्प 749 of 763

भजन

(राम-नाम सुखदाई)

स्थायी

जप ले रे राम राम, नाम सुखदाई ।

♪ रेग म म प- प-, प-ध पमग-रे- ।

अंतरा-1

हरि ओम् वन्दे वन्दे, प्रभु मोहे पाहि, हरि भगतन रघुवर पुर जाई ।

232. Story of the glory of the Name of Shrī Rāma

♪ सारे– ग–ग म–प– म–ग–, पम– म–ग रे–ग–, मम मममम ममपध पम ग–रे– ।

अंतरा-2
श्रीकृष्ण राधे राधे, जप सुखकारी, निश–दिन हरि हरि, भजु मन माही ।

अंतरा-3
जै शिव अंबे अंबे, सब दुखहारी, फिर भव सागर डर कछु नाही ।

(और)

राम भगत रामानंद स्वामी, पूज पूज हरि अंतर्यामी ।
निस दिन चिंतन मातरभूमि, धन्य करी जिसने भारतभूमि ।। 5200/5205

नाम कृष्ण का लेकर प्यारा, भगत परम वो भाई धीरा ।
बीस का प्याला पी गयी मीरा, ना हुई उईमा, ना ही पीरा ।। 5201/5205

 दोहा० स्वामी रामानंद ने, पूज पूज कर राम ।
भारत भूमि का किया, जग में उज्ज्वल नाम ।। 7148/7162

मीरा दीवानी भई, गा गा कर हरि नाम ।
विष का प्याला पी गयी, उसे लिया हरि थाम ।। 7149/7162

 संगीत०श्रीकृष्णरामायण गीतमाला, पुष्प 750 of 763

खयाल : राग तोड़ी, तीन ताल 16 मात्रा
(चाल, तान और तबला ठेका के लिए देखिए
हमारी *"नई संगीत रोशनी"* का गीत 54)

(मीरा)

स्थायी
मीरा पी गई बिस का प्याला, ना हुई उईमा ना भई पीरा ।
केसब की सब लीला ।।

♪ नि॒ध॒नि॒– सा– सासा रेग गम॑ रेगरेसा, ग – म॑प धधमंग ग– गम॑ रेगरेसा ।
ग–म॑ध सां– निधधनिसांरेंगंरें सांनिधपम॑गरेगरेसा ।।

अंतरा-1
राणा जी से नाता तोरा, जग जन से मीरा मुख मोरा ।
मोहन संग मन जोड़ा ।।

232. Story of the glory of the Name of Shrī Rāma

♪ ध॒र्म॑मं॒ग॒ मं॑– ध॒– ध॒नि॒सां॒सां॑– नि॒रें॑सा॑ं–, नि॒ध॒ नि॒नि॒ सां– सां॑–सां॒रें॑ गं॒रें॑ सां॒नि॒सां॒नि॒ध॑ ।
ध॒–ध॒र॒ग॒ रें॑सां॑ सां॒सां॒ ध॒नि॒सां॑रें॑गं॒रें॑सां॒नि॒ध॑प॒म॑ंग॒रे॒ग॒रे॒सा॑ ।।

अंतरा–2

राधावर का नाम पियारा, गाई निश–दिन हरि हरि मीरा ।
हँस कर जीवन छोड़ा ।।

(और)

रामदास गुरु सतगुरु नामा, दासबोध सुनीति परीणामा ।
स्तोत्रमारुति जगत को दीन्हा, शिवाजी राजा वन्दन कीन्हा ।। 5202/5205

ब्रह्मानंद कवि शाम सवेरे, राम भजन लिख–लिख बहुतेरे ।
सत्यानंद नशायो नेरे, आवन जावन के भी फेरे ।। 5203/5205

ओम शरण हरि, हरि हरि गायो, भगतन के मन भगति जगायो ।
हरि के कर में डोर धरायो, बेड़ा भव से पार करायो ।। 5204/5205

रत्नाकर मूरख अज्ञानी, मनमौजी जड़मति अभिमानी ।
चिंतन कर सियराम कहानी, पायो हरि किरपा धन ज्ञानी ।। 5205/5205

दोहा० रामदास स्वामी दिया, "दासबोध" का ज्ञान ।
राम कृपा से जगत को, मनश्लोक का दान ।। 7150/7162

कविवर ब्रह्मानंद जी, लिख्यो राम के गान ।
स्वामी सत्यानंद ने, राम चरित मधु तान ।। 7151/7162

राम कथा संगीत की, लिखकर छंदागार ।
रत्नाकर अज्ञान से, किया स्वयं उद्धार ।। 7152/7162

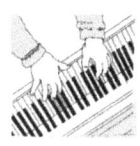 संगीतश्रीकृष्णरामायण गीतमाला, पुष्प 751 of 763

दादरा ताल
(श्री राधेरानी की अरदास की कथा)

स्थायी

गीत शारद ने मंजुल है गाया, साज नारद मुनि ने बजाया ।

232. Story of the glory of the Name of Shrī Rāma

रत्नाकर से है मंगल रचाया, रामायण को है सुंदर सजाया ।।

♫ म-ग म-म- म प-म- ग म-प-, रे-ग म-म- मध- प- मग-म- ।

रेगम-म म- म ध-प- गम-प-, रे-ग-म- म- म ध-प- मग-रे- ।।

अंतरा-1

यथा राधे ने बोला मुनिऽ से, सर्वगामी महा सद्गुणी से ।

नाऽरद ने कविऽ से लिखाया, शारद ने वो संगीत गाया ।।

♫ सांसां नि-रें- सां ध-नि- धप- म-, सां-सांनि-रें- सांध- निनिधप- म- ।

मगमम म- मप- म- गम-प-, रेगमम म- म ध-प-म ग-रे- ।।

अंतरा-2

दोहे चौपाइयाँ श्लोक नाना, साज तालो में सरगम तराना ।

कवि शब्दों का सागर मथाया, यथा सपने में नारद बताया ।।

अंतरा-3

राग छन्दों से नौ रस गलाया, गीत भजनों में उसको ढलाया ।

रत्नाकर से मुनिऽ ने बुनाया, शंकर ने उमा को सुनाया ।।

संगीतश्रीकृष्णरामायण गीतमाला, पुष्प 752 of 763

दादरा ताल

(सरस्वती कृपा)

स्थायी

ये मंगल औ सुंदर, है किरपा तिहारी । देवी! शारदे ।।

♫ म म-म- ग म-रे-, म म-म- गम-रे- । म-प म-गम- ।।

अंतरा-1

मेरी माँ! मेरी माँ! द्वार पे तेरे, आके खड़ा हूँ, देवी! ज्ञान दे ।

♫ मप ध-! निध- प-! पध- नि ध-प-, प-ध निध- प-! म-प म-ग म- ।

अंतरा-2

गरीमा गरीमा, अपारा तिहारी, भव में पड़ा हूँ, देवी! तार दे ।

अंतरा-3

तेरे बिना मैं, बीच भँवर में, कबसे खड़ा हूँ, देवी! ध्यान दे ।

232. Story of the glory of the Name of Shrī Rāma

अंतरा–4

सुनने को मंजुल, ये वीणा तिहारी, आतुर बड़ा हूँ, देवी! वागीशे ।

संगीतश्रीकृष्णरामायण गीतमाला, पुष्प 753 of 763

राग : खमाज, कहरवा ताल 8 मात्रा

(जै शिव दुर्गे)

स्थायी

जै शिव दुर्गे माते, जय, पार्वती सुख दाते ।

तेरे भगत पियारे, आन खड़े हैं दुआरे ।

जय अंबे माते ।।

♫ म– मम ममम– गमप–, पध, नि–ंसांसां रेंसां निधरे– ।

पधपध निनिनि धपधपध, पधप धनि– नि धपधम– ।

पप प–धप मगरे– ।।

अंतरा–1

तूने असुर निबारे, संकट दूर करे, देवी तूने विघ्न हरे ।

तेरी शरण में आऊँ, तेरे चरण मैं ध्याऊँ,

जय गौरी माते ।

♫ पममग पमम गपमम–, सांरेंसांनि ध–प मप–, सांसां सांरेंसांनि ध–प मप–।

पधपध निनिनि ध पधम–, पधपध निनिनि ध पधम– ।

प–प पधप– मगरे– ।।

अंतरा–2

भजन मैं तेरे गाऊँ, स्मरण में चित्त धरूँ । मैया नमन मैं लाख करूँ ।

देवी शेराँवाली, गिरिजा माता काली ।

जय दुर्गे माते ।।

अंतरा–3

रंभे तू जग माता, ज्योताँ वाली है, सती झंडे वाली है ।

लाटाँवाली माते, छपरा वाली माते ।

जय जय जगदंबे ।।

232. Story of the glory of the Name of Shrī Rāma

संगीतश्रीकृष्णरामायण गीतमाला, पुष्प 754 of 763

(महामंत्र)

हरे, राम राम राम, हरे रा–म! हरे राम राम राम, हरे रा–म!

हरे राम राम राम! हरे राम राम रा–म!

हरे राम राम राम, हरे राम!

♪ सारे, ग- ग- ग-, सारे ग-! रेग- म- म- म-, रेग म-!

मप ध-, ध- ध-! निध प- प- प-!

मग रे- रे- रे- सारे ग-! ।।

(समापन)

✏️दोहा॰ नारद शारद की कृपा, रामकृष्ण आशीष ।
गौरी की अरदास फिर, राधे का संदेश ।। 7153/7162

रत्नाकर कृत कवित में, संगीत समावेश ।
राम कृष्ण का चरित इति, पूर्ण होत निःशेष ।। 7154/7162

धन्य हुआ कवि आज ये, पाकर माँ आशीष ।
खड़ा तिहारी शरण में, नम्र झुका कर शीश ।। 7155/7162

सरस्वती माँ ने दिया, मुझको जो वरदान ।
वाणी से मैं कर सका, राम कृष्ण का गान ।। 7156/7162

चरित्र हरि का श्रवण कर, मिट जावें सब क्लेश ।
रहें सभी जन प्रेम से, रहे न ईर्ष्या द्वेष ।। 7157/7162

राम-राज्य हो विश्व में, मिटे सभी अज्ञान ।
रावण कंसों का कभी, रहे न नाम निशान ।। 7158/7162

रत्नाकर ने है किया, रामकृष्ण का गान ।
गीता के संदेश से, बने जगत कल्याण ।। 7159/7162

रामकृष्ण के चरित का, करके अमृत पान ।
उसी ज्ञान भँडार से, मिटे सभी अज्ञान ।। 7160/7162

232. Story of the glory of the Name of Shrī Rāma

इति रत्नाकररचितं सङ्गीतश्रीकृष्णरामायणं श्रीहरिकृपया सम्पूर्णम् ।।

(इति)

दोहा॰ **ब्रह्मर्षि नारद कहे, रत्नाकर को बात ।**
सरस्वती माँ से दिशा, मिली उसे दिन-रात ।। 7161/7162

कीर्तन भजनों से भरा, गीतों का यह ठाठ ।
राम कृपा से है बुना, लव-कुश काण्ड का पाठ ।। 7162/7162

आशा है कि श्री वाल्मीक, श्री व्यास, श्री तुलसीदास और श्री नारदमुनि के शुभ आशीषों से श्री राधेरानी और गौरी देवी के लिए लिखी हुई मेरी यह संगीत-श्री-कृष्ण-रामयण नामक कविता विनय एवं श्रद्धा के साथ सफल हुई है ।

संगीतश्रीकृष्णरामायण गीतमाला, पुष्प 755 of 765

राग : दरबारी, तीन ताल 16 मात्रा

(हरि के बिना)

स्थायी

स्थायी

हरि के बिना, नाही रे सुख जग माही ।
राम भगत के पितु और माई, और न दाता कोई ।।

अंतरा-1

राम पिता अरु राम ही माता, राम ही है सुखदाई ।

अंतरा-2

राम हमारा एक सहारा, राम! हमें तू त्राहि ।

अंतरा-3

राम नियारा, राम पियारा, राम! हमे पाहि पाही! ।

REFERENCES
REFERENCES
आधारसूची

Apte, Vaman Shivram; *The Practical Sanskrit English Dictionary*; MLBD Pubulishers. Pvt. Ltd, Dehli, 1998.
Narale, Ratnākar, *Gītā As She Is In Krishna's Own Words,* Books-India, Toronto, 2015
Narale, Ratnākar; *Sanskrit Grammar and Reference Book,* Books-India, Toronto, 2013.
Vettam Mani; *Purānic Encyclopaedia,* Motilal Banarasidass.
C. Collin Davies; *Historical Atlas of the Indian Peninsula*, Oxford Univ. Press.
Complete History of the World. Times Books, London, 7th ed.
Britannica Atlas. Encyclopaedia Britannica, Inc. Chicago.
Joseph E. Schwartzberg; *Historical Atlas of South Asia*. The Univ. of Chicago Press, Chicago and London, 1978.

श्री सत्यानंद जी महाराज; वाल्मीकीय रामायणसार, **श्री स्वामी सत्यानंद धर्मार्थ ट्रस्ट, नई दिल्ली 110014**
श्री पिङ्गलछन्दःशास्त्रम्, **काव्यमाला 01, पाण्डुरंग जावजी, मुंबई**
श्री भट्टकेदारविरचितम् वृत्तरत्नाकरम, **मोतीलाल बनारसीदास**
श्री ब्रह्मानंद भजनमाला
श्री कृष्णद्वैपायन व्यास, श्रीमद् भागवत पुराण, **हरिवंश.**
भानु, छन्दःप्रभाकर, **साहित्य सम्मेलन प्रयाग**
पं. जगदीश नारायण पाठक; राग दर्पण, **पाठक पब्लिकेशन, इलाहाबाद**
पं. विष्णुशर्मणा रागचंद्रिका, **निर्णयसागर ग्रंथालय, ग्रंथ 23, मुंबई 1911.**
देव बंसराज + रत्नाकर नराले; नई संगीत रोशनी, **पुस्तक भारती, टोरंटो 2013.**
आप्टे, वामन शिवराम; संस्कृत हिन्दी कोश, **मोतीलाल बनारसीदास पब्लिशर्स, दिल्ली, 1997.**
झा, पं. रामचंद्र व्याकरणाचार्य; रूपचन्द्रिका; **हरिदास संस्कृत ग्रंथमाला 156; चौखंबा संस्कृत सीरीज, वाराणसी, सं 2051.**
पाण्डेय, पण्डितरामनरायणदत्त शास्त्री; महाभारत **(संस्कृत-हिंदी) : गीताप्रेस, गोरखपुर.**
शर्मा, चतुर्वेदी द्वारकाप्रसाद; झा, पण्डित तारिणीश; संस्कृत-शब्दार्थ-कौस्तुभ; **रामनारायणलाल बेनीप्रसाद; इलाहाबाद 1928**
सोमयाजी, पं. धन्वाडगोपलकृष्णाचार्य; तिङन्तार्णवतरणि; कृष्णदास संस्कृत सी. 31; **कृष्णदास अकादमी, वाराणसी, 1980**

www.ingramcontent.com/pod-product-compliance
Lightning Source LLC
Chambersburg PA
CBHW081101080526
44587CB00021B/3408
* 9 7 8 1 8 9 7 4 1 6 9 0 7 *